NOWY SŁOWNIK
ANGIELSKO-POLSKI
POLSKO-ANGIELSKI

TADEUSZ PIOTROWSKI ZYGMUNT SALONI

NEW
English-Polish
Polish-English
DICTIONARY

TADEUSZ PIOTROWSKI ZYGMUNT SALONI

NOWY
SŁOWNIK
angielsko-polski
polsko-angielski

WYDAWNICTWO WILGA
EDITIONS SPOTKANIA

Projekt okładki: Piotr Jaworowski

ISBN 83-7156-047-8

A note to the English-speaking user

This is a dictionary specifically designed to cater for the needs of the Polish user. Therefore it is not especially useful to an English-speaking person, unless he or she knows Polish very well. The non-Polish user will not find any information, for example, on how to produce correct forms of Polish words, nor will he or she be guided as to the meanings of particular Polish words. We have also not supplied any description of the contents of the dictionary, or of the conventions of description, in English.

We believe, on the other hand, that users fluent in Polish will find much that is new and useful in this dictionary, which is an entirely new publication, and not an abridgement of any existing dictionary. We will be very glad to have any comments from such users.

878

078 507 51922

* Kuba
* STawek set.

Blevo.

Przeznaczenie i objętość słownika

Przedstawiamy Państwu pierwszy słownik z serii wydawnictw angielsko-polskich, które mamy zamiar opracować. Obecny słownik zawiera w sumie ok. 34 000 haseł, podhaseł i idiomów, z tego 21 000 w części angielsko-polskiej i 13 000 w części polsko-angielskiej. Przeznaczony jest dla Polaków, którzy już mieli jakiś kontakt z językiem angielskim. Podawane w nim informacje, dotyczące w zasadzie wyrazów angielskich, kierowane są do odbiorcy władającego biegle w mowie i piśmie językiem polskim. Oczywiście mogą z niego — z pewnymi ograniczeniami — korzystać także i te osoby, których językiem ojczystym jest język angielski, a które bardzo dobrze posługują się polszczyzną. Z tych powodów istotniejsze informacje zawarte są w części pierwszej: angielsko-polskiej.

Podstawowe konwencje

W słowniku staramy się konsekwentnie — przez dobór czcionki — rozróżniać poszczególne elementy artykułu hasłowego. Wyrazy i zwroty objaśniane podawane są **drukiem wytłuszczonym**, przykłady ich użycia — *kursywą*, odpowiedniki tłumaczeniowe — drukiem zwykłym, komentarze — *drukiem pochylonym* (nie kursywą). Wymowę podajemy w nawiasach kwadratowych.

Część Angielsko-Polska

Charakterystyka słownictwa

Znajdują się w niej wyrazy najbardziej charakterystyczne dla współczesnego języka angielskiego mówionego i pisanego. Ich dobór oparliśmy na własnej bazie danych. Wykorzystaliśmy także najlepsze współczesne słowniki brytyjskie przeznaczone dla cudzoziemców (wydawnictw: *Oxford University Press*, *Longman* i *Collins*). Zgodnie z polską tradycją słownikową zasadniczo podajemy wyrazy angielskie w wersji brytyjskiej (ściślej, z południa Anglii). Ważne wyrazy lub znaczenia charakterystyczne dla amerykańskiej angielszczyzny opatrywane są kwalifikatorem *US*. Wyrazy lub znaczenia występujące w wersji brytyjskiej, a nie używane w Stanach Zjednoczonych opatrywane są zaś kwalifikatorem *BR*. Okazjonalnie wprowadzone zostały kwalifikatory *AUSTR* i *SZKOT* dla wyrazów angielskich, charakterystycznych dla Australii i Szkocji.

Wymowa i pisownia

Ortografia i wymowa podawanych w słowniku wyrazów zgodna jest z regułami brytyjskimi. Dla ułatwienia podajemy — w wypadku wyraźnych odstępstw — także pisownię amerykańską (warianty amerykańskie opatrzone są kwalifikatorem *US*). Wymowy amerykańskiej nie podajemy. Musimy przy tym zastrzec, że zapis wymowy jest uogólniony. Wobec ogromnej różnorodności wariantów wymowy angielskiej staraliśmy się podać taki jej zapis, którego można by używać w miarę uniwersalnie. Najogólniej jednak zapis wymowy w naszym słowniku jest oparty na tzw. RP (*Received Pronunciation*). Warianty fonetyczne notowane są w najważniejszych wypadkach: przy formach słabych i mocnych wyrazów o charakterze gramatycznym (np. *have* albo *should*) oraz w tych sytuacjach, gdy możliwe są jaskrawo różne wymówienia tego samego wyrazu (np. z inaczej ulokowanym akcentem). Wymowa podana jest za pomocą znaków międzynarodowej transkrypcji fonetycznej w nieco uproszczonym wariancie. Oparliśmy się tu na konwencji opracowanej przez prof. Davida Abercrombiego. Wykaz stosowanych w słowniku znaków transkrypcji fonetycznej znajduje się niżej.

Konwencje opisu

Podstawową jednostką objaśnianą w słowniku jest wyraz w swojej postaci pisanej (tzw. wyraz graficzny) — rozpoznawany na podstawie liter, jakie się na niego składają. Wszystkie znaczenia, jakie da się przypisać wyrazowi graficznemu, występują razem. Dlatego w tym samym haśle opisywane są często nie powiązane znaczenia, wyrażane tym samym wyrazem graficznym (np. **can** 'móc' i **can** 'puszka'). W wypadku, gdy temu samemu wyrazowi graficznemu odpowiadają — w zależności od znaczenia —różne sposoby jego wymowy, artykuł hasłowy rozbijamy na powiązane z nimi części (patrz np. hasło **export**).

Jedno hasło obejmuje też różne znaczenia opisywanego wyrazu, bez względu na to, jaką częścią mowy jest dane znaczenie. Wewnątrz hasła poszczególne znaczenia są pogrupowane w zależności od charakteru gramatycznego polskiego odpowiednika. Najpierw np. podane są wszystkie odpowiedniki czasownikowe, potem — wszystkie rzeczownikowe itp.

Złożenia kilkuwyrazowe

Złożenia kilkuwyrazowe (np. **safety belt**), wśród nich także tzw. czasowniki złożone — *phrasal verbs* (np. **get up**), umieściliśmy w podhasłach. Natomiast wyrazy zawierające łącznik (np. **seat-belt**) podane są w osobnych hasłach. Jest to sprawa, na którą warto zwrócić uwagę, ponieważ w języku angielskim panuje duża dowolność w pisowni łącznej i rozdzielnej oraz pisowni z łącznikiem. Wypadki mogące nasuwać wątpliwości warto więc sprawdzać w kilku miejscach — jako podhasło i jako osobne hasło.

Gramatyka

W słowniku nie uwzględniliśmy takich form wyrazów, które dadzą się utworzyć w sposób regularny zgodnie z regułami gramatyki angielskiej. Takie formy to:

dla rzeczowników – formy liczby mnogiej (tworzonych przez dodanie -*s*, -*es*, albo przez zamianę końcowego -*y* na -*ies*);
dla przymiotników – form stopnia wyższego i najwyższego (tworzonych przez dodanie -*er*, -*est*, a także przez zamianę końcowego -*y* na -*ier*, -*iest*);

dla czasowników – form tworzonych przez dodanie do formy hasłowej końcówek: *-s*, *-es*, *-d*, *-ed*, *-ing*, albo zamianę końcowego *-y* na *-ies*, *-ied*.

Za zjawisko regularne, nie odnotowywane w słowniku, uważamy również podwajanie ostatniej litery spółgłoskowej (tzw. tematycznej) w różnych formach wyrazu (np. *kid — kidded*).

Podaliśmy natomiast nieregularne formy gramatyczne, które się tworzy w inny sposób, niż jest to wyżej opisane. Formy te przytoczone są w początkowej części artykułów hasłowych, po wyrazie hasłowym. Określenie, o jaką formę chodzi, podane jest tylko dla rzeczowników (*lm*, tzn. liczba mnoga). Nieregularne formy przymiotnika i czasownika podawane są w haśle bez komentarza. Ich charakter można odczytać na podstawie ich kolejności, przyjętej tradycyjnie w słownikach angielskich. Dla przymiotników podane są dodatkowo na drugim i trzecim miejscu nieregularne formy stopnia wyższego i najwyższego. Dla czasowników po formie hasłowej, czyli I formie podstawowej (bezokoliczniku bez *to*) następuje II forma podstawowa (czas przeszły) i III forma podstawowa (imiesłów przeszły). Jeśli po formie hasłowej występują dwie formy połączone słowem *lub*, obie mogą pełnić funkcję II i III formy podstawowej. Nieregularne formy czasownikowe podane są też jako odrębne hasła odsyłaczowe. W tych hasłach są one określone jako II lub III forma. I tak np. formy **gave**, **given** występują zarówno wewnątrz hasła **give**, jak i w osobnych hasłach odsyłaczowych.

Przy niektórych hasłach (np. **do**, **have**) umieściliśmy kwalifikator *GRAM*, który oznacza, że o danym wyrazie można (i trzeba!) szukać szerszej informacji w gramatykach języka angielskiego, ponieważ pełni on ważną funkcję w gramatyce angielskiej.

Gdy zachodzi potrzeba, przy poszczególnych wyrazach angielskich lub ich znaczeniach umieszczone są kwalifikatory wskazujące na zakres ich użycia. Wyżej wspomnieliśmy o kwalifikatorach wskazujących na ograniczenia geograficzne w użyciu wyrazów. Oprócz nich wprowadziliśmy kwalifikatory określające dziedzinę, z którą związane jest użycie wyrazu (np. *sport* albo *polit*), a także — charakter wypowiedzi, w których bywa używany dany wyraz: formalny lub nieformalny. Wykaz kwalifikatorów podany jest niżej w osobnym zestawieniu.

Znaczenia

Obszerniejsze artykuły hasłowe rozbite są na znaczenia. Jeśli wydaje się nam, że czytelnik mógłby mieć wątpliwości, w jaki sposób dopasować poszczególne odpowedniki polskie do różnych sytuacji użycia wyrazu angielskiego, podajemy w nawiasie krótkie komentarze ułatwiające orientację. Są to najczęściej wyrazy, z którymi łączy się dany odpowiednik polski bądź synonim odpowiednika.

Czasem odpowiedniki polskie zapisywane są w sposób skrótowy. Mianowicie jeśli część ekwiwalentu występuje w nawiasie, a jest podana drukiem zwykłym, np. **break** „łamać (się)", to oznacza to, że wyrażenie angielskie może być tłumaczone na dwa sposoby: z uwzględnieniem części nawiasowej lub bez niej — w przytoczonym przykładzie: **break** w odpowiednich kontekstach można tłumaczyć zarówno przez 'łamać', jak i 'łamać się'. Podobnie zapisanie przy **move** odpowiednika w postaci „(po)ruszać (się)" wskazuje, że w istocie mamy tu cztery odpowiedniki tego wyrazu angielskiego: 'ruszać', 'ruszać się', 'poruszać' i 'poruszać się'.

Idiomy

Idiomy są to wyrażenia, które muszą być tłumaczone jako całość, a nie wyraz po wyrazie (są to idiomy ze względu na możliwości ich tłumaczenia na język polski, natomiast Anglik może je traktować inaczej). Po znaczeniach opisujących poszczególne znaczenia danego wyrazu następuje część z idiomami, w których ten wyraz występuje. Ta część jest oddzielona od reszty hasła znakiem ◇. Jeśli dwa idiomy niewiele się od siebie różnią, podajemy je czasem w jednym punkcie, a części różniące dwa takie idiomy zapisujemy po dwóch stronach kreski ukośnej /. Jeśli może zachodzić wątpliwość, które części idiomów ulegają wymianie, zaznaczamy to znakiem * (np. w haśle **few**: „*quite a/a

good* few ładnych parę"); gdy znaku * nie ma, kreska / odnosi się do dwóch wyrazów występujących w jej bezpośrednim sąsiedztwie po jej obu stronach (np. w haśle **face**: „**to sb's face** prosto w twarz/oczy"). Idiom podawany jest w słowniku w haśle opisującym ten wyraz, który jest najbardziej charakterystyczny i rzadki. Jeśli czytelnik ma wątpliwości, w którym miejscu szukać danego idiomu, powinien poszukiwania zacząć od wyrazu najdłuższego (np. poszukiwanie zwrotu angielskiego **put up a fight** 'stawać do walki' należy rozpocząć od hasła **fight**, a nie od **put**).

Połączenia z innymi wyrazami

Podanie obszernych wskazówek dotyczących sposobu użycia wyrazów angielskich w stosunkowo niewielkim słowniku nie jest możliwe. Staraliśmy się jednak podać w tym zakresie informacje najważniejsze, przede wszystkim o podstawowej łączliwości składniowej opisywanych wyrazów, tzn. wskazać na przykład, z jakimi przyimkami może być używany dany czasownik. Informacje te podane są w nawiasie po polskim odpowiedniku opisywanego wyrazu. Z reguły podana jest tu kursywą typowa konstrukcja angielska, w której występuje objaśniany wyraz, po niej umieszczamy zwykłym drukiem odpowiednią konstrukcję polską, w której występuje przytoczony wcześniej polski odpowiednik, np. w haśle **mean**: „**2.** znaczyć, mieć znaczenie (*to sb* dla kogoś)".

CZĘŚĆ POLSKO-ANGIELSKA

Przeznaczenie

Część polsko-angielska ma inne cele i jest odmiennie zaprojektowana. Przede wszystkim, w odróżnieniu od części pierwszej, ma ona służyć Polakowi pomocą przy tworzeniu tekstów angielskich. Ze względu na to, że adresatem słownika jest użytkownik słabo znający angielski, staraliśmy się jak najbardziej mu pomóc w wyborze właściwego wyrażenia angielskiego. Stąd znacznie ograniczyliśmy bogactwo leksykalne w tej części. Ponieważ Polak w razie konieczności może łatwo znaleźć polskie wyrażenie synonimiczne do tego, którego szuka, a które nie figuruje w słowniku, część polsko-angielska zawiera jedynie najczęstsze wyrazy języka polskiego oraz te wyrazy, które są najbardziej użyteczne w życiu powszednim. Ograniczyliśmy także wybór odpowiedników angielskich, by użytkownik nie musiał wahać się co do wyboru jednego z kilku wyrazów angielskich, z których żaden nic mu nie mówi. Odpowiedniki angielskie to najczęstsze i najbardziej ogólne wyrazy języka angielskiego. Zakres użycia tych wyrazów opisaliśmy przez bardziej rozbudowany system określeń ułatwiających czytelnikowi ich wybór przez wskazanie łączliwości lub bliskoznacznika. Przed wyrazami i wyrażeniami angielskimi podane są niekiedy kwalifikatory wskazujące zabarwienie stylistyczne i zakres użycia.

Konwencje opisu

Konwencje opisu gramatycznego wyrazów polskich są zgodne z polską tradycją słownikową. Podane są w zasadzie tylko formy podstawowe wyrazów odmiennych w ich tradycyjnej postaci. Tak więc rzeczowniki zapisywane są w mianowniku (liczby pojedynczej), przymiotniki — w mianowniku liczby pojedynczej rodzaju męskiego (stopnia równego), czasowniki — w bezokoliczniku. Formy inne niż podstawowe, nawet bardzo różniące się od nich, nie są podawane ani w hasłach zasadniczych, ani w odsyłaczowych. Formy *tnie* należy więc szukać pod **ciąć**.

W wypadku czasowników ograniczamy się na ogół do postaci niedokonanej. Jeśli na przykład czytelnik nie znajdzie w słowniku czasownika **dotknąć**, to jego odpowiednika angielskiego powinien szukać pod **dotykać**.

Wyrazy polskie w naszym słowniku, przeznaczonym dla Polaków, nie są charakteryzowane pod względem gramatycznym. W wypadkach, gdy wyraz polski zanotowany w słowniku jest homonimiczny, podajemy w nawiasie wskazówki, jak należy go interpretować w poszczególnych częściach artykułu hasłowego, np.: „**otwarcie 1.** (*bez ogródek*) openly, directly **2.** (*początek*) opening". Podobnie, wyodrębniając różne znaczenia wyrazu polskiego, podajemy krótki komentarz, mający ułatwić czytelnikowi wybór właściwego odpowiednika angielskiego.

Kwalifikatory i znaki umowne

◇   wprowadza idiomy
/   oddziela wymienne części dwu wyrażeń zawierających część wspólną
*   oznacza granicę cześci wymiennej jednego z dwu wyrażeń zawierających część wspólną

AUSTR — australijskie
BR — brytyjskie
biol — biologiczne
chem — chemiczne
dawne
dial — dialektalne, gwarowe
fiz — fizyczne
form — formalne, oficjalne
fot — fotograficzne
GRAM — wyraz pełniący funkcję gramatyczną
gram — gramatyczne
iron — ironicznie
kolok — kolokwialne, mówione, nieoficjalne
komp — komputerowe, informatyczne
lm — liczba mnoga
lp — liczba pojedyncza
lit — literackie
lokal — lokalne, ograniczone terytorialnie
mar — marynarskie
mat — matematyczne
med — medyczne
muz — muzyczne
nieform — nieformalne
niestand — niestandardowe, niepoprawne

pejor — pejoratywne, ujemne
polit — polityczne
pot — potoczne
praw — prawne
przen — przenośne, metaforyczne
przest — przestarzałe
relig — religijne
rzad — rzadkie
sb — *somebody*
skr — skrót, skrócone
sport — sportowe
sth — *something*
szach — szachowe
SZKOT — szkockie
środ — środowiskowe (także slangowe)
teatr — teatralne
techn — techniczne
termin — terminologiczne
US — amerykańskie (z USA)
wojsk — wojskowe
wulg — wulgarne
żart — żartobliwe

Znaki fonetyczne

Samogłoski

i	— bid	o	— dog
i:	— bead	o:	— board
e	— bed	ei	— bake
ʌ	— bud	ai	— bide
æ	— bad	iə	— beer
ɑ:	— bard	eə	— bear
ə	— a	oi	— boy
ə:	— Bert	ou	— low
u	— book	au	— cow
u:	— boot		

Spółgłoski
(tylko znaki różne od liter polskich)

tʃ	— change	ʃ	— shoe
dʒ	— judge	ʒ	— pleasure
θ	— thick	ŋ	— ring
ð	— this		

Akcenty

ˈ — akcent główny;   ˌ — akcent poboczny

English-Polish
DICTIONARY

A

a (*także* **an**) [ə, ei] *GRAM* **1.** najczęściej nie tłumaczy się (*it is a horse* to koń) **2.** (*przed nazwiskami*) niejaki **3.** (*przy określaniu stawek*) za, na (*5 pounds an hour* 5 funtów za godzinę) **4.** (*z przeczeniami*) ani (*he did not say a word* nie powiedział ani słowa) **5.** (*z liczebnikami porządkowymi*) jedna (*a seventh* jedna siódma)

abacus ['æbəkəs] liczydło

abandon [ə'bændən] **1.** zostawiać, opuszczać **2.** zaprzestawać **3.** rzucać **4.** oddawać (*oneself to emotion* się emocji) ◇ **5. with abandon** beztrosko

abandonment [ə'bændənmənt] **1.** opuszczenie **2.** zaprzestanie

abashed [ə'bæʃt] *form* zakłopotany

abate [ə'beit] *form* zelżeć

abattoir ['æbətuɑ:] rzeźnia

abbess ['æbis] przeorysza

abbey ['æbi] opactwo, klasztor

abbot ['æbət] opat

abbreviate [ə'bri:vieit] skracać

abbreviated [ə'bri:vieitid] skrócony

abbreviation [ə,bri:vi'eiʃən] skrót, skrótowiec

abdicate ['æbdikeit] **1.** abdykować **2.** nie przyjmować

abdication [,æbdi'keiʃən] **1.** abdykacja **2.** odrzucenie

abdomen ['æbdəmən] brzuch

abdominal [æb'dominəl] brzuszny

abduct [æb'dʌkt] uprowadzać

abduction [æb'dʌkʃən] uprowadzenie

aberration [,æbə'reiʃən] zboczenie

abet [ə'bet] wspomagać (*coś złego*)

abhor [əb'ho:] nie cierpieć

abhorrence [əb'horəns] nienawiść (*of sth* do czegoś)

abhorrent [əb'horənt] znienawidzony

abide [ə'baid], **abode** [ə'boud] *lub* **abided**, **abode** *lub* **abided 1.** trwać ◇ **2. cannot abide** nie znosić

abide by stosować się do

abiding [ə'baidiŋ] długotrwały

ability [ə'biliti] **1.** zdolność, możliwość ◇ **2. to the best of one's ability/abilities** jak najlepiej można

abject ['æbdʒekt] **1.** okropny **2.** nędzny

ablaze [ə'bleiz] **1.** w płomieniach **2.** rozświetlony

able ['eibəl] **1.** zdolny ◇ **2. be able to** móc

able-bodied [,eibəl 'bodid] dobrze zbudowany

ably ['eibli] znakomicie

abnormal [æb'no:məl] nienormalny

abnormality [,æbno:'mæliti] nieprawidłowość

abnormally [æb'no:məli] 1. niezwykle 2. nienormalnie

aboard [ə'bo:d] 1. na pokładzie 2. wewnątrz (*pojazdu*)

abode [ə'boud] *form* 1. *patrz* abide: *II i III forma* 2. miejsce zamieszkania

abolish [ə'boliʃ] obalić

abolition [,æbə'liʃən] obalenie

abominable [ə'bominəbəl] 1. straszny ◊ 2. **Abominable Snowman** yeti

abominably [ə'bominəbli] okropnie

abort [ə'bo:t] 1. poronić, przerwać ciążę 2. przerwać (*przed zakończeniem*)

abortion [ə'bo:ʃən] aborcja, poronienie

abortive [ə'bo:tiv] nieskuteczny

abound [ə'baund] *form* być w obfitości, obfitować (*with/in sth* w coś)

about [ə'baut] 1. o 2. z 3. około 4. wokoło ◊ 5. **be about** istnieć, być dostępnym 6. **be about to do sth** mieć/zamierzać coś zrobić

about-turn [ə,baut'tə:n] 1. zwrot w tył 2. zmiana poglądów na przeciwne

above [ə'bʌv] 1. ponad 2. wyżej 3. powyżej 4. nad 5. **the above** powyższe
above board [ə'bʌv bo:d] uczciwy

abrasion [ə'breiʒən] *form* otarcie

abrasive [ə'breisiv] 1. szorstki 2. ścierny

abreast [ə'brest] 1. w szeregu ◊ 2. **keep abreast (of sth)** być na bieżąco (z czymś)

abridged [ə'bridʒd] skrócony

abroad [ə'bro:d] za granicą, za granicę

abrupt [ə'brʌpt] 1. nagły 2. ostry

abruptly [ə'brʌptli] 1. nagle 2. ostro

abscess ['æbses] ropień

abscond [əb'skond] uciec (*with sth* z czymś, *from somewhere* skądś)

absence ['æbsəns] 1. nieobecność 2. brak

absent ['æbsənt] 1. nieobecny 2. nieuważny

absentee [,æbsən'ti:] osoba nieobecna, (ktoś) nieobecny

absently ['æbsəntli] nieuważnie

absent-minded [,æbsənt 'maindid] roztargniony

absent-mindedly [,æbsənt 'maindidli] przez roztargnienie

absolute ['æbsəlu:t] 1. całkowity 2. zupełny 3. absolutny 4. absolut

absolutely ['æbsəlu:tli] 1. zupełnie 2. dokładnie tak

absolution [,æbsə'lu:ʃən] *form* rozgrzeszenie

absolve [əb'zolv] 1. rozgrzeszać 2. oczyszczać (*from/of* z)

absorb [əb'so:b] 1. wchłaniać 2. absorbować 3. przyswajać

absorbent [əb'so:bənt] wchłaniający

absorbing [əb'so:biŋ] (*książka*) pochłaniający

absorption [əb'so:pʃən] 1. zainteresowanie 2. wchłanianie

abstain [əb'stein] wstrzymywać się (*from doing sth* od zrobienia czegoś)

abstemious [əb'sti:miəs] *form* wstrzemięźliwy

abstention [əb'stenʃən] wstrzymanie się (od głosu)

abstinence ['æbstinəns] abstynencja

abstract I. ['æbstrækt] 1. abstrakcyjny 2. oderwany 3. streszczenie II. [əb'strækt] 4. streszczać

abstracted [æb'stræktid] wyobco-
wany

abstraction [æb'strækʃən] 1. abstrakcja 2. wyobcowanie

absurd [əb'sə:d] groteskowy, absurdalny

absurdity [əb'sə:diti] absurd

abundance [ə'bʌndəns] obfitość

abundant [ə'bʌndənt] obfity

abundantly [ə'bʌndəntli] 1. niezwykle 2. obficie

abuse I. [ə'bju:z] 1. nadużywać 2.
(przeklinać) obrzucać wymysłami
3. (źle traktować) znęcać się (sb
nad kimś) II. [ə'bju:s] 4. (przekleństwa) wymysły 5. (nad kimś)
znęcanie się 6. (władzy) nadużycie

abusive [ə'bju:siv] obraźliwy

abysmal [ə'bizməl] okropny, nędzny

abyss [ə'bis] 1. otchłań 2. przepaść

AC [,ei 'si:] (alternating current)
prąd zmienny

academic [,ækə'demik] 1. naukowy
2. uniwersytecki 3. akademicki 4.
zdolny 5. nauczyciel akademicki,
naukowiec

academy [ə'kædəmi] akademia

accede [æk'si:d] form przychylać się
(to do)

accelerate [æk'seləreit] przyspieszać

acceleration [æk,selə'reiʃən] przy-
spieszenie

accelerator [æk'seləreitə] akcelera-
tor, gaz

accent I. ['æksənt] 1. dialekt, akcent
2. akcent 3. nacisk II. [æk'sent] 4.
akcentować

accentuate [æk'sentʃueit] kłaść nacisk na

accept [æk'sept] 1. przyjmować, u-
znawać 2. pogodzić się (sth z
czymś) 3. akceptować

acceptable [ək'septəbəl] 1. uzna-
walny, akceptowalny 2. do przyjęcia

acceptance [ək'septəns] 1. przyjęcie 2. potwierdzenie przyjęcia (for
do) 3. akceptacja 4. zgoda na 5.
pogodzenie się (of z)

access ['ækses] 1. form dojście (to
do) 2. dostęp (to do) 3. (informacje z komputera) wydobywać

accessible [ək'sesəbəl] 1. dostępny
2. (łatwy) dostępny (to dla)

accession [ək'seʃən] akcesja

accessory [ək'sesəri] 1. akcesoria,
wyposażenie 2. (do stroju) dodatki 3. (przestępstwa) wspólnik

accident ['æksidənt] 1. przypadek
2. wypadek

accidental [,æksi'dentəl] przypadkowy

accident-prone ['æksidənt proun]
podatny na wypadki

acclaim [ə'kleim] form 1. wychwalać
2. aplauz

acclimatize [ə'klaimətaiz] 1. akli-
matyzować się 2. przywykać (to
do)

accolade ['ækəleid] form uznanie

accommodate [ə'koмədeit] 1.
przyjmować 2. wychodzić naprzeciw 3. pomieścić, zakwaterować

accommodating [ə'koмədeitiŋ] u-
czynny

accommodation [ə,koмə'deiʃən]
miejsce (zamieszkania, pracy, w
hotelu)

accompaniment [ə'kʌmpənimənt]
1. akompaniament 2. dodatek (to/
/of sth do czegoś)

accompanist [ə'kʌmpənist] akom-
paniator

accompany [ə'kʌmpəni] 1. towarzyszyć 2. akompaniować

accomplice [ə'kʌmplis] (*przestępstwa*) wspólnik

accomplish [ə'kʌmpliʃ] dokonać

accomplished [ə'kʌmpliʃt] znakomity

accomplishment [ə'kʌmpliʃmənt] 1. zdolność 2. dokonanie 3. spełnienie 4. wyczyn

accord [ə'ko:d] 1. dawać 2. *form* korespondować, zgadzać się (*with sth* z czymś) ◇ 3. of one's own accord z własnej woli 4. in accord w zgodzie (*with* z)

accordance [ə'ko:dəns] ◇ in accordance with zgodnie z

according to [ə'ko:diŋ tə] zgodnie z, według

accordingly [ə'ko:diŋli] odpowiednio, wedle zasługi

accordion [ə'ko:diən] akordeon

accost [ə'kost] zaczepić (*sb* kogoś)

account [ə'kaunt] 1. sprawozdanie (*of sth* z czegoś), opis (*of sth* czegoś) 2. -s rachunki księgowe 3. konto 4. rachunek ◇ 5. take sth into account, take account of sth brać coś pod uwagę 6. on account of z powodu, z przyczyny 7. on no account pod żadnym pozorem 8. of no account bez znaczenia
account for 1. wytłumaczyć się 2. składać się (*sth* na coś)

accountable [ə'kauntəbəl] odpowiedzialny (*for* za, *to* przed)

accountability [ə,kauntə'biliti] odpowiedzialność

accountancy [ə'kauntənsi] księgowość

accountant [ə'kauntənt] księgowy

accredited [ə'kreditid] 1. akredytowany (*to sth* przy czymś) 2. uznawany

accumulate [ə'kju:mjəleit] gromadzić

accumulation [ə,kju:mjə'leiʃən] 1. nagromadzenie 2. akumulacja

accuracy ['ækjərəsi] 1. dokładność 2. staranność, skrupulatność

accurate ['ækjərət] 1. wierny 2. dokładny

accusation [,ækju:'zeiʃən] oskarżenie

accuse [ə'kju:z] 1. obwiniać (*of sth* o coś) 2. oskarżać (*of sth* o coś)

accused [ə'kju:zd] oskarżony

accusing [ə'kju:ziŋ] oskarżycielski

accustom [ə'kʌstəm] przyzwyczajać (*oneself/sb to sth* się/kogoś do czegoś)

accustomed [ə'kʌstəmd] 1. zwykły, normalny ◇ 2. be accustomed być przyzwyczajonym (*to sth* do czegoś)

ace [eis] 1. as 2. *nieform* wyborowy, wyborny

ache [eik] 1. (*o części ciała albo całym ciele*) boleć (*his head aches* głowa go boli, *I ache all over* wszystko mnie boli) 2. mieć ochotę (*for/with sth* na coś, *to do sth* aby coś zrobić) 3. ból

achieve [ə'tʃi:v] osiągać

achievement [ə'tʃi:vmənt] 1. osiągnięcie, wyczyn 2. spełnienie

acid ['æsid] 1. kwas 2. LSD 3. kwasowy 4. kwaśny 5. jadowity ◇ 6. an acid test papierek lakmusowy

acidic [ə'sidik] kwasowy

acidity [ə'siditi] 1. kwasowość 2. jadowitość

acknowledge [ək'nolidʒ] 1. przyznawać (*that* że) 2. uznawać (*that* że, *sb as* kogoś za) 3. witać (*sb with a nod* kogoś ukłonem) 4. potwierdzać 5. odpowiadać (*sth* na coś)

acknowledgement [ək'nolidʒmənt] **1.** przyznanie się (*of sth* do czegoś) **2.** uznanie **3.** pozdrowienie **4.** potwierdzenie **5.** -s podziękowania

acne ['ækni] trądzik

acorn ['eiko:n] żołądź

acoustic [ə'ku:stik] akustyczny

acoustics [ə'ku:stiks] akustyka

acquaint [ə'kweint] *form* zaznajamiać się (*with* z)

acquaintance [ə'kweintəns] **1.** znajomy (*of sb* kogoś) **2.** znajomość ◊ **3. make sb's acquaintance** zaznajamiać się z kimś **4. a nodding/passing acquaintance** znajomość/znajomy z widzenia

acquiesce [ˌækwi'es] *form* zgadzać się (*to/in* na)

acquire [ə'kwaiə] **1.** zdobywać **2.** nabywać

acquisition [ˌækwi'ziʃən] **1.** nabytek, zdobycz **2.** nabycie

acquit [ə'kwit] **1.** uniewinniać ◊ **2. acquit oneself** *form* postępować, zachowywać się

acquittal [ə'kwitəl] uniewinnienie

acre ['eikə] akr (=4047 m^2)

acrid ['ækrid] **1.** palący **2.** zjadliwy

acrimonious [ˌækri'mouniəs] *form* (*spór*) zażarty, ostry

acrimony ['ækriməni] *form* zażartość

acrobat ['ækrəbat] akrobata

acrobatic [ˌækrə'bætik] **1.** akrobatyczny **2.** -s akrobatyka

across [ə'kros] **1.** przez **2.** w poprzek **3.** po drugiej stronie **4.** na szerokość

act [ækt] **1.** działać **2.** (*zachowywać się*) postępować (*towards* wobec) **3.** (*działać*) funkcjonować (*as* jako, *like* jak) **4.** (*w teatrze*) grać **5.**

(*działanie*) akt, postępek **6.** (*ludzie*) gra **7.** (*prawny*) ustawa, akt **8.** (*w teatrze*) akt **9.** (*na estradzie*) wstawka ◊ **10. in the act (of doing sth)** w trakcie (robienia czegoś)

act up 1. nawalać (*on sb* komuś) **2.** popisywać się (złym zachowaniem)

acting ['æktiŋ] **1.** aktorstwo **2.** p.(ełniący) o.(bowiązki)

action ['ækʃən] **1.** działanie **2.** postępek **3.** akcja ◊ **4. put sth in action** wprowadzać coś w działanie, wprowadzać coś do akcji **5. out of action** poza akcją

activate ['æktiveit] uruchamiać, aktywować

active ['æktiv] **1.** aktywny **2.** intensywny, energiczny

activist ['æktivist] działacz, aktywista

activity [æk'tiviti] **1.** działalność **2.** zajęcie **3.** praca

actor ['æktə] aktor

actress ['æktrəs] aktorka

actual ['æktʃuəl] **1.** rzeczywisty **2.** faktyczny, sam

actuality [ˌæktʃu'æliti] ◊ **in actuality** faktycznie, w istocie, właściwie

actually ['æktʃuəli] **1.** naprawdę **2.** faktycznie **3.** przy okazji, w istocie, w rzeczy samej, tak w ogóle **4.** chyba

acumen ['ækju:mən] żyłka, zdolności

acute [ə'kju:t] ostry

AD [ˌei 'di:] (*łac.* Anno Domini) po nar. Chr., n. e. (*dosłownie* Roku Pańskiego)

ad [æd] (*skrócone* **advertisement**) *nieform* ogłoszenie

adamant ['ædəmənt] niewzruszony (*about* co do)

Adam's apple [ˌædəmz 'æpəl] jabłko Adama, grdyka

adapt [ə'dæpt] **1.** dostosowywać się do (*to* do) **2.** przystosowywać (*to* do) **3.** adaptować (*for* dla/na)

adaptable [ə'dæptəbəl] łatwo dostosowujący się

adaptability [əˌdæptə'biliti] przystosowalność

adapter, adaptor [ə'dæptə] **1.** rozgałęźnik **2.** zasilacz

add [æd] **1.** dodawać **2.** zwiększać (*to sth* coś)
   add up 1. podsumowywać **2.** składać się w całość
   add up to razem wynosić

adder ['ædə] żmija

addict ['ædikt] **1.** narkoman **2.** zapaleniec

addicted [ə'diktid] **1.** uzależniony (*to* od) **2.** łakomy (*to* na)

addiction [ə'dikʃən] **1.** uzależnienie (*to* od), narkomania **2.** łakomstwo

addictive [ə'diktiv] powodujący uzależnienie

addition [ə'diʃən] **1.** dodatek **2.** dodanie **3.** dodawanie

additional [ə'diʃənəl] dodatkowy

additive ['æditiv] dodatek, przyprawa

address [ə'dres] **1.** adres (*at an address* pod adresem) **2.** (*zamieszkania*) miejsce **3.** przemowa **4.** (*list*) adresować **5.** przemawiać **6.** (*uwagę*) kierować **7.** (*do problemu, zadania*) zabrać się (*to* do)

adept ['ædept] zręczny, biegły (*at/in* w)

adequacy ['ædikwəsi] **1.** wystarczająco **2.** adekwatność

adequate ['ædikwit] **1.** wystarczają-

cy (*for* dla) **2.** właściwy (*to* do)

adhere [əd'hiə] **1.** przylegać (*to* do) **2.** stosować się (*to* do) **3.** trzymać się (*to sth* czegoś)

adherence [əd'hiərəns] przestrzeganie (*to sth* czegoś)

adherent [əd'hiərənt] stronnik

adhesion [əd'hi:ʒən] przylepność, przyleganie

adhesive [əd'hi:siv] **1.** substancja klejąca **2.** przylepny

ad hoc [ˌæd'hok] doraźny, ad hoc

adjacent [ə'dʒeisənt] sąsiadujący (*to* z)

adjective ['ædʒiktiv] przymiotnik

adjoin [ə'dʒoin] *form* przylegać (*sth* do czegoś), stykać się

adjourn [ə'dʒə:n] **1.** odraczać **2.** odkładać

adjournment [ə'dʒə:nmənt] odroczenie

adjudged [ə'dʒʌdʒd] *form* uznawany (za)

adjudicate [ə'dʒu:dikeit] wyrokować (*on* o)

adjunct ['ædʒʌŋkt] **1.** dodatek (*to/ /of* do) **2.** *gram* okolicznik

adjust [ə'dʒʌst] **1.** dostosowywać się (*to* do) **2.** poprawiać **3.** nastawiać, regulować

adjustable [ə'dʒʌstəbəl] dostosowywalny, nastawialny

adjustment [ə'dʒʌstmənt] **1.** regulacja **2.** dostosowywanie się (*to* do)

ad-lib [ˌæd'lib] **1.** improwizować **2.** a vista, bez przygotowania

administer [əd'ministə] **1.** zarządzać **2.** stosować **3.** *form* aplikować

administration [ədˌmini'streiʃən] **1.** administracja, zarządzanie **2.** stosowanie **3.** zarząd, władze **4.**

US rząd

administrative [əd'ministrətiv] administracyjny

administrator [əd'ministreitə] administrator, zarządca

admirable ['ædmərəbəl] znakomity, godny podziwu

admiral ['ædmərəl] admirał

admiration [ˌædmi'reiʃən] podziw (*for/of sb* dla kogoś)

admire [əd'maiə] podziwiać

admirer [əd'maiərə] wielbiciel

admiring [əd'maiəriŋ] pełen podziwu

admissible [əd'misəbəl] do przyjęcia

admission [əd'miʃən] 1. przyjęcie (*of/to* do) 2. wstęp 3. opłata za wstęp 4. przyznanie się (*of sth* do czegoś)

admit [əd'mit] 1. przyznać się (*sth* do czegoś) 2. przyjmować (*to* do) ◇ 3. admit defeat uznawać się za pokonanego

admittance [əd'mitəns] (zezwolenie na) wejście

admittedly [əd'mitidli] wprawdzie, co prawda

admonish [əd'moniʃ] *form* karcić

ado [ə'du:] *przest* ◇ without more/ /further ado bez ceregieli

adolescence [ˌædə'lesəns] okres dojrzewania

adolescent [ˌædə'lesənt] nieletni

adopt [ə'dopt] 1. adoptować 2. przyjmować

adoption [ə'dopʃən] 1. adopcja 2. przyjmowanie

adorable [ə'do:rəbəl] miły

adoration [ˌædə'reiʃən] uwielbienie

adore [ə'do:] uwielbiać

adorn [ə'do:n] przyozdabiać

adornment [ə'do:nmənt] 1. ozdoba 2. zdobnictwo, ozdabianie

adrift [ə'drift] dryfujący, w dryfie

adroit [ə'droit] *form* biegły, wprawny (*at/in* w)

adulation [ˌædʒu'leiʃən] czołobitność, adoracja

adult ['ædʌlt, ə'dʌlt] 1. dorosły 2. dojrzały

adulterate [ə'dʌltəreit] fałszować, chrzcić (mleko)

adultery [ə'dʌltəri] zdrada, cudzołóstwo

adulthood ['ædʌlthud] dorosłość

advance [əd'va:ns] 1. nadchodzić, nacierać 2. (*z wiedzą*) posuwać się naprzód 3. (*zaliczkę, pożyczkę*) wypłacać 4. (*wypłata*) zaliczka, pożyczka 5. -s umizgi 6. (*wiedzy*) postęp 7. (*zapłata*) uprzedni ◇ 8. in advance of w czołówce 9. in advance z góry, z wyprzedzeniem

advanced [əd'va:nst] 1. zaawansowany 2. wysoko rozwinięty

advancement [əd'va:nsmənt] 1. awans 2. rozwój

advantage [əd'va:ntidʒ] 1. przewaga 2. zaleta ◇ 3. to sb's advantage dla czyjegoś dobra 4. take advantage of wykorzystywać

advantageous [ˌædvən'teidʒəs] korzystny

advent ['ædvent] *form* 1. nadejście 2. Advent adwent

adventure [əd'ventʃə] przygoda

adventurer [əd'ventʃərə] 1. awanturnik 2. poszukiwacz przygód

adventurous [əd'ventʃərəs] 1. rzutki 2. żądny przygód

adverb ['ædvə:b] przysłówek

adversary ['ædvəsəri] przeciwnik

adverse ['ædvə:s] niekorzystny

advert ['ædvə:t] *nieform* reklama, ogłoszenie

advertise ['ædvətaiz] 1. reklamować 2. poszukiwać (*for a worker* pracownika)

advertisement [əd'və:tismənt] reklama, ogłoszenie

advertiser ['ædvətaizə] osoba (firma) reklamująca się

advertising ['ædvətaiziŋ] reklama, ogłoszenia

advice [əd'vais] rada

advisable [əd'vaizəbəl] celowy, sensowny

advise [əd'vaiz] 1. radzić 2. przestrzegać (*against* przeciwko) 3. doradzać (*on sth* coś)

adviser (*US* advisor) [əd'vaizə] doradca

advisory [əd'vaizəri] doradczy

advocate ['ædvəkeit] 1. być zwolennikiem 2. zwolennik 3. obrońca

aerial ['eəriəl] 1. powietrzny, napowietrzny 2. lotniczy 3. *BR* antena

aerodrome ['eərədroum] *BR* lotnisko

aeroplane ['eərəplein] *BR* samolot

aesthetic [i:s'θetik] estetyczny

afar [ə'fɑ:] *lit* ◊ from afar z oddali

affable ['æfəbəl] *lit* życzliwy, przyjacielski

affair [ə'feə] 1. sprawa 2. romans, przygoda

affect [ə'fekt] 1. mieć wpływ (*sth* na coś) 2. atakować 3. *form* silić się, pozować (*sth* na coś)

affectation [,æfek'teiʃən] afektacja

affected [ə'fektid] afektowany

affection [ə'fekʃən] uczucie

affectionate [ə'fekʃnət] uczuciowy, pełen uczucia

affiliated [ə'filieitid] afiliowany, przyłączony (*to* do)

affinity [ə'finiti] 1. bliskość, poczucie przynależności (*with/for* do) 2.

have an affinity with być podobnym do

affirm [ə'fə:m] *form* 1. stwierdzać, wyrażać 2. potwierdzać 2. (*poglądy*) głosić

affirmative [ə'fə:mətiv] *form* 1. twierdzący, potwierdzający ◊ 2. in the affirmative twierdząco

affix [ə'fiks] *form* umocować

afflict [ə'flikt] 1. udręczyć (*with/by an illness* chorobą) ◊ 2. be afflicted być nękanym (*with/by* przez)

affliction [ə'flikʃən] udręka

affluence ['æfluəns] *form* dostatek

affluent ['æfluənt] dostatni, majętny

afford [ə'fo:d] 1. pozwolić sobie (*sth* na coś, *to do sth* na to, by coś robić) 2. (*poparcia*) udzielać 3. (*przyjemność, możliwość*) dawać

affront [ə'frʌnt] 1. obraza (*to* dla) ◊ 2. be affronted być urażonym

afield [ə'fi:ld] ◊ from far afield z daleka

afloat [ə'flout] na powierzchni

afoot [ə'fut] szykowany

aforementioned [ə,fo:'menʃənd] *form* wyżej wspomniany

aforesaid [ə'fo:sed] *form* wyżej wspomniany

afraid [ə'freid] 1. wystraszony ◊ 2. be afraid bać się (*of sth* czegoś, *to do sth* zrobić coś) 3. I am afraid niestety, obawiam się

afresh [ə'freʃ] od nowa

Africa ['æfrikə] Afryka

African ['æfrikən] 1. afrykański 2. Afrykańczyk, Murzyn

after ['ɑ:ftə] 1. później, gdy 2. za 3. po ◊ 4. one after *the other*/another* jeden za drugim 5. day after day dzień za dniem 6. "after you!" „pan pierwszy!" 7.

be/go **after** sb ścigać kogoś
after-effect ['ɑ:ftərifekt] skutek późniejszy, następstwo
aftermath ['ɑ:ftəmæθ] pokłosie
afternoon [ɑ:ftə'nu:n] popołudnie, popołudniowy (*in the afternoon* po południu)
aftershave ['ɑ:ftəʃeiv] płyn po goleniu
afterthought ['ɑ:ftəθo:t] uzupełnienie (*czegoś powiedzianego lub zrobionego wcześniej*)
afterwards ['ɑ:ftəwədz] (*US* afterward) później
again [ə'gen, ə'gein] 1. znów 2. jeszcze raz ◊ 3. again and again, time and again wciąż, ciągle 4. then again jednak
against [ə'genst, ə'geinst] 1. (*opierać się*) o 2. (*komuś*) przeciw 3. (*prawu*) wbrew 4. (*wiatr*) pod 5. (*tle*) na
age [eidʒ] 1. wiek (*at the age of* w wieku, *10 years of age* w wieku 10 lat) 2. zaawansowany wiek, starość 3. wiek, okres 4. wiek, lata 5. starzeć się ◊ 6. under age nieletni 7. come of age dojść do pełnoletności
aged ['eidʒid] 1. wieku 2. leciwy
ageless ['eidʒlis] 1. nie starzejący się 2. odwieczny, ponadczasowy
agency ['eidʒənsi] agencja, biuro
agenda [ə'dʒendə] rozkład dnia
agent ['eidʒənt] 1. przedstawiciel, agent, impresario 2. czynnik
age-old [eidʒ'ould] wiekowy
aggravate ['ægrəveit] 1. pogarszać 2. irytować
aggregate ['ægrigət] zespół, wynik (*of sth* czegoś)
aggression [ə'greʃən] 1. agresywność 2. agresja

aggressive [ə'gresiv] 1. zaczepny, agresywny 2. rzutki
aggressor [ə'gresə] agresor
aggrieved [ə'gri:vd] zirytowany
aggro ['ægrou] *nieform* napastliwość, agresja
aghast [ə'gɑ:st] przerażony (*at sth* czymś)
agile ['ædʒail] 1. zwinny 2. żywy, sprawny
agility [ə'dʒiliti] 1. zwinność 2. sprawność
agitate ['ædʒiteit] 1. agitować, występować (*for* za, *against* przeciw) 2. wstrząsać 3. wzburzać
agitation [ˌædʒi'teiʃən] 1. podniecenie 2. agitacja
agitator ['ædʒiteitə] agitator, orędownik
ago [ə'gou] temu (*5 minutes ago* 5 minut temu)
agog [ə'gog] podniecony
agonize ['ægənaiz] zadręczać się, przemyśliwać
agonizing ['ægənaiziŋ] 1. dręczący 2. trudny
agony ['ægəni] cierpienie
agree [əg'ri:] 1. zgadzać się z (*with* z, na) ◊ 2. be agreed zgadzać się agree with służyć komuś (*sb* komuś: *it does not agree with her* to jej nie służy)
agreeable [əg'ri:əbəl] 1. przyjemny 2. miły (*to* dla) ◊ 3. be agreeable to chcieć
agreement [əg'ri:mənt] 1. umowa (*under an agreement* zgodnie z umową) 2. porozumienie, zgoda (*on/upon* co do) ◊ 3. in agreement w zgodzie
agriculture ['ægrikʌltʃə] rolnictwo
aground [ə'graund] na mieliznę
ah [ɑ:] och, ach, no, o

aha [ɑːˈhɑː] aha

ahead [əˈhed] 1. w przód 2. przed 3. naprzód 4. prowadzący

ahoy [əˈhoi] ahoj

aid [eid] 1. pomoc 2. pomagać, wspomagać ◊ 3. in aid of na wspomożenie 4. with the aid of przy pomocy

aide [eid] adiutant, asystent

AIDS [eidz] AIDS

ail [eil] *rzad* niedomagać

ailing [ˈeiliŋ] niedomagający

ailment [ˈeilmənt] dolegliwość

aim [eim] 1. mierzyć (*at* w) 2. starać się (*at/for* o, *to do sth* coś zrobić) 3. wymierzać (*at* w) 4. cel 5. celowanie ◊ 6. take aim celować (*at* do)

aimless [ˈeimlis] bezsensowny, bezcelowy

ain't [eint] 1. *niestand zamiast: am not, isn't, aren't* 2. *niestand zamiast: has not, have not*

air [eə] 1. powietrze 2. charakter 3. (*poglądy*) wygłaszać 4. wietrzyć ◊ 5. by air lotem 6. into thin air bez śladu 7. out of thin air nie wiadomo skąd 8. on the air na wizji/fonii
air force [ˈeəfoːs] siły powietrzne
air hostess [ˈeəhoustis] stewardesa
air raid [ˈeəreid] nalot
air terminal [ˈeə ˌtəːminəl] budynek lotów, terminal lotniczy

airborne [ˈeəboːn] 1. powietrzny 2. w powietrzu

air-conditioned [ˈeəkənˌdiʃənd] klimatyzowany

aircraft [ˈeəkrɑːft] 1. statek powietrzny

aircraft-carrier [ˈeəkrɑːft ˌkæriə] lotniskowiec

airfield [ˈeəfiːld] małe lotnisko

airing [ˈeəriŋ] 1. wietrzenie, przewietrzanie 2. rozgłaszanie

airless [ˈeəlis] duszny

airline [ˈeəlain] linia lotnicza

airliner [ˈeəlainə] samolot pasażerski

airmail [ˈeəmeil] poczta lotnicza

airplane [ˈeəplein] *US* samolot

airport [ˈeəpoːt] port lotniczy

airship [ˈeəʃip] sterowiec

airsick [ˈeəsik] chory na chorobę lokomocyjną

airspace [ˈeəspeis] przestrzeń powietrzna

airtight [ˈeətait] szczelny (*nie przepuszczający powietrza*)

air-traffic control [ˈeəˌtræfik kənˈtroul] kontrola lotów

airwaves [ˈeəweivz] fale radiowe

airy [ˈeəri] 1. przestronny 2. lekkomyślny, niepoważny

aisle [ail] 1. przejście (*między rzędami foteli, np. w teatrze, w samolocie*) 2. nawa

ajar [eˈdʒɑː] uchylony

akin [əˈkin] podobny (*to* do)

alacrity [əˈlækriti] ◊ *form* with alacrity skwapliwie

alarm [əˈlɑːm] 1. przestrach, trwoga (*in alarm* z przestrachem) 2. alarm 3. wystraszyć ◊ 4. sound/ /raise the alarm alarmować
alarm clock [əˈlɑːm klok] budzik

alarming [əˈlɑːmiŋ] zatrważający

alarmist [əˈlɑːmist] panikarz, panikarski

albeit [oːlˈbiːt] *form* choć

albino [ælˈbiːnou] albinos

album [ˈælbəm] album

alcoholic [ˌælkəˈholik] 1. alkoholowy 2. alkoholik

alcove [ˈælkouv] alkowa, nisza

ale [eil] ale (*piwo angielskie*)

alert [ə'lə:t] 1. ostrzegać (*to sth* o czymś) 2. uważny, czujny 3. alert ◊ 4. be on the alert być przygotowanym na wszystko

alias ['eiliəs] 1. pseudonim 2. czyli

alien ['eiliən] 1. obcy 2. niesamowity 3. odległy (*to* od) 4. obcokrajowiec 5. istota pozaziemska

alienate ['eiliəneit] 1. zrazić ◊ 2. be alienated być wyobcowanym (*from sth* skądś)

alienation [,eiliə'neiʃən] 1. wyobcowanie 2. niechęć

alight [ə'lait] 1. płonący 2. rozjarzony (*with sth* czymś) 3. siadać, lądować 4. *form* wysiadać (*from* z)

align [ə'lain] 1. wyrównywać, porządkować 2. sprzymierzać się (*with* z, *against* przeciwko)

alignment [ə'lainmənt] 1. wyrównanie, porządkowanie 2. sprzymierzenie się

alike [ə'laik] 1. podobny 2. podobnie 3. zarówno, po równi

alimony ['æliməni] alimenty

alive [ə'laiv] 1. żywy 2. aktywny 3. ożywiony ◊ 4. be alive żyć 5. come alive ożywiać się, być ożywionym

alkali ['ælkəlai] *chem* zasada

all [ɔ:l] 1. wszyscy 2. całkiem, całkowicie (*I'm all alone* jestem całkiem sam) 3. jedyne, wszystko (*all you do is ...* jedyne, co robisz, to ...) 4. *sport* po (*three all* po trzy) 5. tym (*all the more/better* tym bardziej/lepiej) ◊ 6. above all przede wszystkim 7. after all jednak 8. all in all czyli, ogółem 9. *nieform* not all that nie aż tak (*not all that good* nie aż tak dobrze) 10. it's all very well, but to wszystko cacy cacy, ale 11. at

all wcale 12. first of all przede wszystkim 13. for all przy całym (*for all her sensitivity* przy całej jej wrażliwości) 14. in all razem, ogółem 15. of all ze wszystkich (*the best of all* najlepszy ze wszystkich)

all clear [,ɔ:l 'kliə] „koniec niebezpieczeństwa"

all right [,ɔl:'rait] 1. w porządku 2. dobrze

Allah ['ælə] Allach

allay [ə'lei] *form* (emocję, *strach*) zredukować

allegation [,æli'geiʃən] insynuacja, zarzut

allege [ə'ledʒ] imputować, insynuować (*that* że)

alleged [ə'ledʒd] rzekomy

allegiance [ə'li:dʒəns] lojalność, oddanie (*to* dla)

allegorical [,æli'gorikəl] alegoryczny

allegory ['æligəri] alegoria

alleluia [,æli'lu:jə] alleluja

allergic [ə'lə:dʒik] alergiczny, uczulony (*to* na)

allergy ['ælədʒi] alergia, uczulenie (*to* na)

alleviate [ə'li:vieit] (*ból*) zmniejszać

alleviation [ə,li:vi'eiʃən] zmniejszenie, zelżenie (*of sth* czegoś)

alley ['æli] alejka, dróżka

alliance [ə'laiəns] przymierze, współpraca

allied ['ælaid, ə'laid] 1. sprzymierzony 2. podobny

alligator ['æligeitə] aligator

all-in [,ɔ:l'in] całkowity

all-night [,ɔ:l'nait] całonocny

allocate ['æləkeit] przydzielać, przeznaczać (*sth to sb* coś komuś, *for* na)

allocation [,ælə'keiʃən] przydział

allot [ə'lot] przydzielić (*to sb* komuś)

allotment [ə'lotmənt] **1.** *BR* działka, ogródek **2.** przydział (*of sth* czegoś)

all-out [‚o:l'aut] bezpardonowy

allow [ə'lau] **1.** pozwalać (*sb to do sth* coś komuś robić) **2.** przyznawać (*that sth* ‚że coś) ◇ **3.** be allowed to do sth móc coś zrobić; mieć pozwolenie, by coś zrobić **4.** be allowed sth mieć pozwolenie na coś **5.** allow me proszę mi pozwolić

allow for uwzględniać

allowable [ə'lauəbəl] dopuszczalny

allowance [ə'lauəns] **1.** zasiłek ◇ **2.** make allowances brać pod uwagę

alloy ['æloi] stop

all-powerful [‚o:l'pauəful] wszechpotężny

all-round [‚o:l'raund] wszechstronny

allude [ə'lu:d] *form* robić aluzje (*to* do)

allure [ə'luə] **1.** powab **2.** wabić

allusion [ə'lu:ʒən] aluzja (*to* do)

ally I. ['ælai] **1.** aliant **2.** sprzymierzeniec **II.** [ə'lai] **3.** ally oneself with sprzymierzać się z

almighty [o:l'maiti] **1.** (*także* the Almighty) wszechmocny **2.** (*nieform*) przeogromny

almond ['ɑ:mənd] migdał

almost ['o:lmoust] prawie

aloft [ə'loft] w górze

alone [ə'loun] **1.** sam **2.** samotnie **3.** tylko (*Mary alone* tylko Mary) **4.** jedynie (*pride alone* jedynie duma) ◇ **5.** *nieform* go it alone (robić coś) na własną rękę

along [ə'loŋ] **1.** wzdłuż **2.** przy (*along this road* przy tej drodze) ◇ **3.** take sb along zabrać kogoś **4.** all along cały czas **5.** along with wraz z

alongside [ə‚loŋ'said] **1.** obok **2.** razem z **3.** jeden obok drugiego

aloof [ə'lu:f] **1.** samotniczy, powściągliwy **2.** z dala (*from* od)

aloud [ə'laud] głośno, na głos

alphabet ['ælfəbet] alfabet

alpine ['ælpain] alpejski, wysokogórski

already [o:l'redi] już

alright [‚o:l'rait] *patrz* all (right)

also ['o:lsou] także

altar ['o:ltə] ołtarz

alter ['o:ltə] **1.** zmieniać (się) **2.** przerabiać

alteration [‚o:ltə'reiʃən] **1.** zmiana **2.** poprawka **3.** przeróbka

altercation [‚o:ltə'keiʃən] *form* zwada

alternate I. [o:l'tə:nət] **1.** naprzemienny **2.** co drugi **II.** ['o:ltəneit] **3.** przerzucać się (*between* między) **4.** następować (*with* na przemian z)

alternately [o:l'tə:nətli] na przemian

alternation [‚o:ltə'neiʃən] następstwo

alternating ['o:ltəneitiŋ] zmienny

alternative [o:l'tə:nətiv] **1.** alternatywa (*to* dla) **2.** możliwość **3.** alternatywny **4.** niekonwencjonalny

although [o:l'ðou] chociaż

altitude ['æltitju:d] wysokość

alto ['æltou] **1.** alt **2.** altowy

altogether [‚o:ltə'geðə] **1.** całkowicie **2.** całkiem **3.** wszystkiego (*to get $ 340 a week altogether* dostawać wszystkiego 340 dolarów tygodniowo)

always ['o:lweiz] zawsze

am [m, əm, æm] *patrz* be *1 os. lp cz.*

ter. jestem

a.m. [ˌeiˈem] (*łac.* ante meridiem, *ang.* before midday) przed południem (*w godz. 0–12*)

amalgamate [əˈmælgəmeit] łączyć się (*with* z)

amass [əˈmæs] zgromadzić

amateur [ˈæmətə] 1. hobbista, amator 2. domorosły, nieprofesjonalny

amateurish [ˈæmətəriʃ] domorosły, nieprofesjonalny

amaze [əˈmeiz] zadziwiać

amazement [əˈmeizmənt] zdumienie

amazing [əˈmeiziŋ] zdumiewający

ambassador [æmˈbæsədə] ambasador

amber [ˈæmbə] 1. bursztyn 2. bursztynowy, miodowy

ambidextrous [ˌæmbiˈdekstrəs] oburęczny

ambiguity [ˌæmbiˈgjuːity] niejednoznaczność

ambiguous [æmˈbigjuəs] dwuznaczny, niejednoznaczny

ambition [æmˈbiʃən] 1. ambicja (*her ambition is to* ma ambicję, by) 2. żądza wybicia się

ambitious [æmˈbiʃəs] 1. przebojowy 2. ambitny

ambivalent [æmˈbivələnt] ambiwalentny, dwuznaczny

amble [ˈæmbəl] 1. przechadzać się 2. krok spacerowy

ambulance [ˈæmbjuləns] karetka, ambulans

ambush [ˈæmbuʃ] 1. zasadzka 2. urządzać zasadzkę

ameliorate [əˈmiːliəreit] ulepszać

amen [ɑːˈmen] 1. amen 2. niech tak będzie

amenable [əˈmiːnəbəl] 1. skłonny (*to* do) 2. podlegający (*to sth* czemuś)

amend [əˈmend] 1. poprawiać, wprowadzać poprawki (*to* do) ◊ 2. make amends for rekompensować za

amendment [əˈmendmənt] poprawka (*to* do)

amenity [əˈmiːniti] udogodnienie, wygoda

America [əˈmerikə] Ameryka

American [əˈmerikən] 1. amerykański 2. Amerykanin

amiable [ˈeimiəbəl] przyjazny

amicable [ˈæmikəbəl] 1. przyjacielski 2. polubowny

amid(st) [əˈmid(st)] pośród

amiss [əˈmis] 1. nie w porządku ◊ 2. take sth amiss obrażać się na coś

ammonia [əˈmouniə] amoniak

ammunition [ˌæmjuˈniʃən] amunicja

amnesia [æmˈniːziə] amnezja

amnesty [ˈæmnəsti] amnestia

among(st) [əˈmʌŋ(st)] pomiędzy

amoral [ˌeiˈmorəl] amoralny

amorous [ˈæmərəs] *lit* erotyczny, kochliwy

amorphous [əˈmoːfəs] amorficzny, bezkształtny

amount [əˈmaunt] 1. ilość 2. dochodzić (*to* do) 3. sprowadzać się (*to* do) 4. sprowadzać się (*to* do), być równoznacznym (*to* z)

amp(ere) [ˈæmp(eə)] amper

amphibian [æmˈfibiən] płaz

amphibious [æmˈfibiəs] ziemno-wodny

amphitheatre [ˈæmfiθiətə] amfiteatr

ample [ˈæmpəl] 1. duży 2. wiele

amplification [ˌæmplifiˈkeiʃən] wyjaśnienie

amplifier [ˈæmplifaiə] wzmacniacz

amplify ['æmplifai] 1. wzmacniać 2. dawać dodatkowe wyjaśnienia

amply ['æmpli] obszernie

amputate ['æmpjuteit] amputować

amputation [,æmpju'teiʃən] amputacja

amuse [ə'mju:z] 1. rozbawiać 2. zabawiać (się)

amused [ə'mju:zd] rozbawiony

amusement [ə'mju:zmənt] 1. rozbawienie 2. zabawa 3. rozrywka

amusing [ə'mju:ziŋ] zabawny

an [ən, æn] patrz a; przed samogłoskami

anachronism [ə'nækrənizəm] anachronizm

anachronistic [ə,nækrə'nistik] anachroniczny

anaemia (US anemia) [ə'ni:miə] anemia

anaemic (US anemic) [ə'ni:mik] 1. cierpiący na anemię 2. anemiczny

anaesthesia (US anesthesia) [,ænis'θi:ziə] 1. anestezja 2. brak czucia

anal ['einəl] odbytowy

analgesic [,ænəl'dʒi:zik] środek przeciwbólowy

analoguous [ə'næləgəs] analogiczny (to do)

analogy [ə'nælədʒi] analogia (to/ /with do/z)

analyse (US analyze) ['ænəlaiz] analizować

analysis [ə'nælisis], lm analyses [ə'nælisi:z] 1. analiza 2. US psychoanaliza ◇ 3. in the last/final analysis w ostatecznym rozrachunku

analyst ['ænəlist] 1. analityk 2. US psychoanalityk

analytic(al) [,ænə'litik(əl)] analityczny

anarchist ['ænəkist] anarchista

anarchy ['ænəki] anarchia

anathema [ə'næθimə] 1. klątwa 2. coś znienawidzonego

anatomical [,ænə'tomikəl] anatomiczny

anatomy [ə'nætəmi] 1. anatomia 2. struktura

ancestor ['ænsəstə] przodek

ancestral [æn'sestrəl] rodowy

ancestry ['ænsəstri] ród, pochodzenie

anchor ['æŋkə] 1. kotwica 2. zakotwiczać 3. przymocowywać (to do)

anchovy ['æntʃəvi] sardela

ancient ['einʃənt] 1. starożytny 2. starodawny 3. sędziwy

ancillary [æn'siləri] 1. pomocniczy 2. podrzędny

and [ənd,ən, ænd] GRAM 1. i, a 2. (z dwoma przymiotnikami w stopniu wyższym) coraz (more and more coraz bardziej)

anecdote ['ænikdout] anegdota, żart

anemia [ə'ni:miə] US patrz anaemia

anemic [ə'ni:mik] US patrz anaemic

anemone [ə'neməni] anemon, zawilec

anesthesia [,ænis'θi:ziə] US patrz anaesthesia

anew [ə'nju:] lit od nowa

angel ['eindʒəl] anioł

angelic [æn'dʒelik] anielski

anger ['æŋgə] 1. gniew (towards/ /with na, at z powodu) 2. gniewać

angle ['æŋgəl] 1. kąt 2. narożnik, róg 3. (aspekt) strona 4. (prezentacja) punkt widzenia 5. (prezentować) nastawiać (to/towards na) ◇ 6. at an angle pod kątem, nachylony

angler ['æŋglə] wędkarz

Anglican ['æŋglikən] anglikański

angry ['æŋgri] 1. zły (*at/with* na, *about* z powodu, *for* za), gniewny 2. be angry with (sb) gniewać się na (kogoś)

anguish ['æŋgwiʃ] 1. cierpienie (*at/ /over* z powodu), udręka ◇ 2. in anguish cierpiący

angular ['æŋgjulə] kanciasty

animal ['æniməl] 1. zwierzę 2. ssak 3. zwierzęcy

animate I. ['ænimit] 1. ożywiony II. ['ænimeit] 2. ożywiać

animated ['ænimeitid] 1. ożywiony 2. animowany

animation [ˌæni'meiʃən] 1. ożywienie 2. animacja

animosity [ˌæni'mositi] niechęć, uraza (*to/towards* do, *against* przeciwko)

aniseed ['ænisi:d] anyż (*przyprawa*)

ankle ['æŋkəl] kostka

annals ['ænəlz] ◇ in the annals of sth w annałach czegoś

annex I. ['æneks] 1. skrzydło, dobudówka (*to* do) II. [ə'neks] 2. anektować (*to* do)

annihilate [ə'naiəleit] unicestwiać

annihilation [əˌnaiə'leiʃən] unicestwienie

anniversary [ˌæni'və:səri] rocznica

announce [ə'nauns] 1. ogłaszać, zawiadamiać 2. oznajmiać

announcement [ə'naunsmənt] 1. zawiadomienie 2. ogłoszenie

announcer [ə'naunsə] spiker

annoy [ə'noi] złościć, drażnić

annoyance [ə'noiəns] irytacja, rozzłoszczenie się

annual ['ænjuəl] 1. coroczny 2. roczny 3. rocznik 4. roślina jedno-

roczna

annul [ə'nʌl] anulować, rozwiązywać

anoint [ə'noint] namaszczać

anomalous [ə'nomələs] *form* nieprawidłowy

anomaly [ə'noməli] *form* anomalia

anon. [ə'non] *skrót stosow. w piśmie*: anonymous anonim, anonimowy

anonymous [ə'noniməs] anonimowy

anonymity [ˌænə'nimiti] anonimowość

anorak ['ænəræk] skafander, kurtka z kapturem

another [ə'nʌðə] 1. następny 2. inny ◇ 3. one another się, siebie, swój (*to look at one another* patrzeć na siebie, patrzeć po sobie) 4. one (thing) after another jedno za drugim

answer ['ɑ:nsə] 1. odpowiadać 2. (*drzwi — na dźwięk dzwonka*) otwierać 3. (*telefon*) odbierać 4. (*na pytanie*) odpowiedź 5. (*zza drzwi*) odzew 6. (*problemu*) rozwiązanie (*to sth* do czegoś) answer back odpyskowywać answer for 1. odpowiadać za, ręczyć za ◇ 2. have a lot to answer for być odpowiedzialnym (*za coś złego*)

answerable ['ɑ:nsərəbəl] odpowiedzialny (*to* przed, *for* za)

ant [ænt] mrówka

antagonism [æn'tægənizəm] antagonism (*towards* wobec)

antagonist [æn'tægənist] przeciwnik

antagonistic [ænˌtægə'nistik] przeciwny, antagonistyczny (*to/towards* wobec)

antagonize [æn'tægənaiz] zrażać sobie

antecedent [ˌænti'si:dənt] przodek,

poprzednik
antelope ['æntiloup] antylopa
antenatal [,ænti'neitəl] przednaro-
dzeniowy, przedporodowy
antenna [æn'tenə] **1.** *lm* **antennae**
[æn'teni:] czułek **2.** *lm* **antennas**
US antena
anthem ['ænθəm] hymn
anthology [æn'θolədʒi] antologia
anthropology [,ænθrə'polədʒi] antropologia
antibiotic [,æntibai'otik] antybiotyk
anticipate [æn'tisipeit] **1.** przewidywać **2.** wyczekiwać
anticipation [æn,tisi'peiʃən] **1.**
przewidywanie **2.** oczekiwanie
anticlimax [,ænti'klaimæks] zawód,
rozczarowanie
anti-clockwise [,ænti'klokwaiz] *BR*
przeciwny do ruchu wskazówek zegara
antics ['æntiks] **1.** zabawy **2.** wysko-
ki
anticyclone [,ænti'saikloun] obszar
wysokiego ciśnienia
antidote ['æntidout] odtrutka, anti-
dotum (*to* na)
antifreeze ['æntifri:z] substancja
przeciw zamarzaniu
antipathy [æn'tipəθi] antypatia (*to*
do)
antiquarian [,ænti'kweəriən] anty-
kwaryczny
antiquated ['æntikweitid] przestarzały
antique [æn'ti:k] antyk, zabytek
antiquity [æn'tikwiti] **1.** antyk, an-
tyczność **2.** zabytek **3.** starożytność
anti-Semitism [,ænti'semitizəm]
antysemityzm
antiseptic [,ænti'septik] środek odkażający

anti-social [,ænti'souʃəl] **1.** nietowa-
rzyski **2.** aspołeczny
antithesis [æn'tiθisis] *form* przeciwieństwo
antler ['æntlə] poroże
anus ['einəs] *med* odbyt
anvil ['ænvil] kowadło
anxiety [æŋ'zaiəti] **1.** niepokój **2.**
kłopot
anxious ['æŋkʃəs] **1.** zaniepokojony
2. niepokojący **3.** pragnący (*for
sth* czegoś, *to do sth* aby coś zrobić)
any ['eni] *GRAM* **1.** żaden, ani trochę, w ogóle (*she hasn't any children* nie ma (w ogóle) dzieci, *I
didn't take any cake* nie wziąłem
żadnego ciastka) **2.** (*z not, never,
w pytaniach: często nie tłumaczy
się*) trochę, nieco (*is there any water?* — *there isn't any* jest woda — nie ma; jest tam trochę wody? — nie ma wcale) **3.** jakiś, któryś (*can you see any (apples)?* wi-
dzisz jakieś (jabłka)?) **4.** jakikolwiek, którykolwiek (*any will do* ja-
kikolwiek/którykolwiek będzie się
nadawał) **5.** ani, wcale (*it isn't any
smaller* wcale nie jest mniejsze)
anybody ['enibodi] *patrz* **anyone**
anyhow ['enihau] **1.** *patrz* **anyway**
2. jakkolwiek
anyone ['eniwʌn], **anybody 1.** nikt
2. ktoś **3.** każdy
anything ['eniθiŋ] **1.** cokolwiek **2.**
nic
anyway ['eniwei] *także* **anyhow 1.**
w każdym razie **2.** tak w ogóle
anywhere ['eniweə] **1.** gdziekolwiek
2. nigdzie
apart [ə'pɑ:t] **1.** z dala (*from* od)
2. osobno, w rozłące ◊ **3.** **apart
from** z wyjątkiem

apartment [ə'pɑ:tmənt] 1. *US* mieszkanie 2. apartament

apathetic [ˌæpə'θetik] apatyczny

apathy ['æpəθi] apatia

ape [eip] 1. małpa człekokształtna 2. małpować

aperitif [əˌperi'ti:f] aperitif

aperture ['æpətʃə] 1. otwór 2. *fot* przesłona

apex ['eipeks] wierzchołek

aphorism ['æfərizəm] aforyzm

apiece [ə'pi:s] na osobę, na sztukę

aplomb [ə'plom] pewność siebie

apolitical [ˌeipə'litikəl] apolityczny

apologetic [əˌpolə'dʒetik] 1. przepraszający, usprawiedliwiający ◇ 2. be apologetic about/for przepraszać za

apologize [ə'polədʒaiz] prosić o wybaczenie, przepraszać (*to sb* kogoś, *for sth* za coś)

apology [ə'polədʒi] prośba o wybaczenie, przeprosiny

apoplexy ['æpəpleksi] apopleksja, udar

apostle [ə'postəl] apostoł

apostrophe [ə'postrəfi] apostrof (')

appal [ə'po:l] (*US* appall) zatrważać, napełniać niesmakiem

appalling [ə'po:liŋ] 1. zatrważający 2. okropny

apparatus [ˌæpə'reitəs] urządzenie

apparent [ə'pærənt] 1. pozorny 2. oczywisty, widoczny (*to* dla)

apparition [ˌæpə'riʃən] zjawa

appeal [ə'pi:l] 1. ubiegać się (*for* o), prosić 2. (*w sądzie*) odwoływać się (*to* do), apelować 3. (*do sądu*) składać odwołanie (*to* do, *against* przeciw) 4. podobać się, odpowiadać (*sth appeals to sb* coś się komuś podoba) 5. (*co się podoba*) atrakcja, urok 6. (*proszenie*) proś-

ba 7. (*w sądzie*) odwołanie (się), apelacja

appealing [ə'pi:liŋ] atrakcyjny

appear [ə'piə] 1. pojawiać się 2. ukazywać się 3. występować (*in* w) 4. stawiać się 5. wydawać się

appearance [ə'piərəns] 1. pojawienie się 2. wygląd, pozory ◇ 3. make an appearance występować 4. to/by all appearances na pozór

appease [ə'pi:z] *form* łagodzić

append [ə'pend] dołączać, dodawać

appendicitis [əˌpendi'saitis] *med* zapalenie wyrostka robaczkowego

appendix [ə'pendiks] 1. *lm* appendices [ə'pendisi:z] dodatek 2. *med* wyrostek robaczkowy

appetite ['æpitait] 1. apetyt 2. żądza (*for sth* czegoś)

appetizing ['æpitaiziŋ] apetyczny

applaud [ə'plo:d] oklaskiwać

applause [ə'plo:z] owacja, aplauz

apple ['æpəl] 1. jabłko ◇ 2. apple of someone's eye oczko w głowie

apple tree ['æpəl tri:] jabłoń

appliance [ə'plaiəns] urządzenie

applicable [ə'plikəbəl] 1. odnoszący się 2. be applicable odnosić się (*to sth* do czegoś)

applicant ['æplikənt] kandydat (*for* na/do)

application [ˌæpli'keiʃən] 1. podanie, zgłoszenie (*for* do/na) 2. zastosowanie 3. przykładanie się (*to* do)

applied [ə'plaid] stosowany

apply [ə'plai] 1. zgłaszać (swoją) kandydaturę (*for/to* na/do) 2. (*do roboty*) zabierać (*oneself to sth* się do czegoś), stosować (*oneself to sth* się do czegoś) 3. (*do osoby*) od-

nosić się (*to* do) 4. (*regułę*) stosować 5. (*np. proszek*) stosować
appoint [ə'point] 1. mianować (*to* na/do), *as* jako 2. *form* wyznaczać
appointment [ə'pointmənt] 1. mianowanie 2. stanowisko 3. spotkanie ◊ 4. **by appointment** zgodnie z wcześniejszą umową 5. **have an appointment** być umówionym (*with sb* z kimś) 6. **make an appointment with** umawiać się (*with sb* z kimś)
appraisal [ə'preizəl] 1. ocena ◊ 2. **make an appraisal of sth** oceniać coś
appraise [ə'preiz] oceniać
appreciable [ə'pri:ʃəbəl] znaczny
appreciate [ə'pri:ʃieit] 1. doceniać 2. w pełni zdawać sobie sprawę 3. być wdzięcznym (za coś) 4. zyskiwać na wartości
appreciation [ə,pri:ʃi'eiʃən] 1. uznanie 2. zrozumienie 3. wzrost wartości 4. ocena
appreciative [ə'pri:ʃətiv] 1. rozumiejący, doceniający ◊ 2. **be appreciative of sth** być wdzięcznym za coś
apprehension [,æpri'henʃən] *form* przeczucie, obawa
apprehensive [,æpri'hensiv] pełen obawy (*about* *o/co do*)
apprentice [ə'prentis] czeladnik, praktykant
apprenticeship [ə'prentisʃip] praktyka, terminowanie
approach [ə'proutʃ] 1. zbliżać się, nadchodzić 2. (*w sprawie*) zgłaszać się (*to sb* do kogoś, *about* w sprawie) 3. (*problemu*) podchodzić do 4. (*o liczbie*) dochodzić (*sth* do czegoś) 5. (*daty, terminu*) nadejście 6. dojście, dojazd

(*to* do) 7. (*do kogoś*) zgłoszenie się 8. (*do problemu*) podejście (*to* do)
approachable [ə'proutʃəbəl] 1. przystępny, przyjazny ◊ 2. **sth is approachable** do czegoś można dojść (*by* dzięki, *from* od)
approbation [ə,prə'beiʃən] *form* aprobata, zgoda
appropriate 1. [ə'proupriət] 1. stosowny (*to/for* do/dla) II. [ə'prouprieit] 2. *form* przywłaszczać
approval [ə'pru:vəl] 1. zgoda 2. podziw ◊ 3. **on aprroval** w okresie próbnym
approve [ə'pru:v] 1. pochwalać (*of sth* coś) 2. aprobować (*of sth* coś) 3. zgadzać się (*sth* na coś)
approx. *skrót stosow. w piśmie*: approximately w przybliżeniu
approximate I. [ə'proksimit] 1. przybliżony II. [ə'proksimeit] 2. zbliżać się (*to* do)
approximation [ə,proksi'meiʃən] 1. przybliżenie (*to/of* do) 2. oszacowanie
apricot ['eiprikot] brzoskwinia
April ['eipril] kwiecień
apron ['eiprən] fartuch
apt [æpt] 1. trafny ◊ 2. **be apt to do sth** zwykle coś robić
aptitude ['æptitju:d] zdolność (*for* do)
aquarium [ə'kweəriəm] akwarium
aquatic [ə'kwætik] wodny
Aquarius [ə'kweəriəs] Wodnik (*znak zodiaku*)
aqueduct ['ækwidʌkt] akwedukt
Arabian [ə'reibiən] arabski
arable ['ærəbəl] orny, uprawny
arbiter ['ɑ:bitə] *form* arbiter
arbitrary ['ɑ:bitrəri] arbitralny
arbitrate ['ɑ:bitreit] rozstrzygać
arbitration [,ɑ:bi'treiʃən] arbitraż

arc [ɑ:k] łuk

arcade [ɑ:'keid] podcienie, arkada

arch [ɑ:tʃ] 1. łuk 2. podbicie (stopy) 3. zagadkowy 4. wyginać (się) w łuk 5. arcy- (*arch enemy* arcywróg)

archaeology (*US* archeology) [ˌɑ:ki'olədʒi] archeologia

archaeologist [ˌɑ:ki'olədʒist] archeolog

archaic [ɑ:'keiik] archaiczny

archbishop [ˌɑ:tʃ'biʃəp] arcybiskup

archeology [ˌɑ:ki'olədʒi] *patrz* archaeology

archer ['ɑ:tʃə] łucznik

archery ['ɑ:tʃəri] łucznictwo

archetype ['ɑ:kitaip] archetyp, uosobienie

archipelago [ˌɑ:ki'peləgou] archipelag

architect ['ɑ:kitekt] architekt, budowniczy

architecture ['ɑ:kitektʃə] architektura

archive ['ɑ:kaiv] archiwum

ardent ['ɑ:dənt] zapalony

ardour (*US* ardor) ['ɑ:də] zapał (*for* do)

arduous ['ɑ:djuəs] nużący

are [ə, ɑ:] *patrz* be *2 os. lp lub 1–3 os. lm cz. ter.* jesteś, jesteśmy, jesteście, są

area ['eəriə] 1. obszar, region 2. miejsce 3. dziedzina ◇ 4. in area na obszarze, obszarem

arena [ə'ri:nə] arena

aren't [ɑ:nt] *ściągnięte* are not *lub* am not

arguable ['ɑ:gjuəbəl] 1. dyskusyjny 2. możliwy do wykazania

argue ['ɑ:gju:] 1. sprzeczać się (*with* z) 2. twierdzić (*that* że) 3. przekonywać (*for* o, *against* przeciwko)

◇ 4. argue sb out of sth wyperswadować coś komuś

argument ['ɑ:gju:mənt] 1. sprzeczka, kłótnia 2. argument (*for* za, *against* przeciwko) ◇ 3. have an argument sprzeczać się (*with sb* z kimś)

argumentative [ˌɑ:gju'mentətiv] kłótliwy

aria ['ɑ:riə] aria

arid ['ærid] jałowy

Aries ['eəri:z] Baran (*znak zodiaku*)

arise [ə'raiz], arose [ə'rouz], arisen [ə'rizən] powstawać

aristocracy [ˌæri'stokrəsi] arystokracja

aristocrat ['æristəkræt] arystokrata

arithmetic I. [ə'riθmətik] 1. arytmetyka II. [ˌæriθ'metik] 2. -s arytmetyka

ark [ɑ:k] arka

arm [ɑ:m] 1. ramię, ręka 2. -s broń ◇ 3. arm in arm ramię w ramię 4. with open arms z otwartymi ramionami 5. at arm's length na odległość wyciągniętej ręki 6. keep sb at arm's length trzymać kogoś na dystans 7. up in arms uzbrojony po zęby

armament ['ɑ:məmənt] 1. uzbrojenie 2. zbrojenie się

armchair ['ɑ:mtʃeə] fotel

armed [ɑ:md] 1. uzbrojony (*with sth* w coś) 2. zbrojny armed forces [ˌɑ:md 'fo:sis] siły zbrojne

armful ['ɑ:mful] naręcze

armistice ['ɑ:mistis] zawieszenie broni

armour ['ɑ:mə] (*US* armor) 1. pancerz 2. zbroja

armoured ['ɑ:məd] (*US* armored) pancerny, opancerzony

armpit ['ɑ:mpit] pacha
army ['ɑ:mi] wojsko, armia
aroma [ə'roumə] aromat
aromatic [ˌærə'mætik] aromatyczny
arose [ə'rouz] *patrz* **arise**: *II forma*
around [ə'raund] 1. w pobliżu, pod
ręką 2. dookoła 3. w koło 4. w
obwodzie (*2 meters around* 2 m
w obwodzie) 5. gdzieś (*w środ-
ku/pośrodku*)
arousal [ə'rauzəl] obudzenie, pobu-
dzenie
arouse [ə'rauz] 1. pobudzać, poruszać 2. prowokować 3. *lit* budzić
arr. *skrót stosow. w piśmie*: **arrival**
przyjazd
arrange [ə'reindʒ] 1. organizować
2. ustalać, umawiać się (*I've arranged with him to come for you*
umówiłem się z nim, że przyjdzie
po ciebie) 3. postarać się (*for sth* o
coś), załatwić (*it could be arranged
for me to meet him* można było załatwić, bym go spotkał) 4. układać 5. *muz* aranżować
arrangement [ə'reindʒmənt] 1. u-
stalenie, ułożenie 2. -s przygotowania (*for sth*) 3. układ, rozmieszczenie 4. *muz* aranżacja ◊ 5.
make an arrangement ustalać,
umawiać się
array [ə'rei] 1. zgromadzenie, wystawa 2. *form* prezentować, ukazywać
arrears [ə'riəz] 1. długi, dłużności ◊
2. **sth is in arrears** zalega się z
czymś 3. **in arrears** z dołu
arrest [ə'rest] 1. aresztowanie, zatrzymanie 2. aresztować 3. *form*
powstrzymywać 4. zajmować ◊ 5.
under arrest aresztowany
arrival [ə'raivəl] 1. przybycie, przyjazd 2. nadejście 3. przyjście na

świat 4. przybyły
arrive [ə'raiv] 1. przybywać, przyjeżdżać (*at/in* do) 2. dochodzić
(*at sth* do czegoś) 3. przychodzić
na świat 4. nadchodzić
arrogance ['ærəgəns] arogancja
arrogant ['ærəgənt] arogancki
arrow ['ærou] strzała, strzałka
arse [ɑ:s] *BR* dupa
arsenic ['ɑ:sənik] arszenik
arson ['ɑ:sən] umyślne podpalenie
art [ɑ:t] 1. sztuka 2. sztuki piękne 3.
artystyczny 4. -s kultura 5. -s humanistyka
artefact ['ɑ:təfækt] artefakt, wytwór
ludzi
artery ['ɑ:təri] tętnica
artful ['ɑ:tful] zręczny
arthritis [ɑ:'θraitis] artretyzm
artichoke ['ɑ:tiʃouk] 1. (*także globe
artichoke*) karczoch 2. (*także Jer-
usalem artichoke*) bulwa, topi-
nambur
article ['ɑ:tikəl] 1. artykuł 2. przedmiot, obiekt 3. *gram* przedimek
articulate I. [ɑ:'tikjulit] 1. wymowny II. [ɑ:'tikjuleit] 2. *form* artyku-
łować
articulated [ɑ:ˌtikju'leited] 1. arty-
kułowany ◊ 2. **articulated lorry**
ciągnik siodłowy
articulation [ɑ:ˌtikju'leiʃən] *form*
wyartykułowanie
artifact ['ɑ:tifækt] *patrz* **artefact**
artificial [ˌɑ:ti'fiʃəl] sztuczny
artificiality [ˌɑ:tifiʃi'æliti] sztucz-
ność
artillery [ɑ:'tiləri] artyleria
artisan [ˌɑ:ti'zæn] rzemieślnik
artist ['ɑ:tist] artysta
artistic [ɑ:'tistik] 1. artystyczny 2.
twórczy
artistry ['ɑ:tistri] sztuka

both [bouθ] 1. obaj (*of* z) ◇ 2. **both ... and ....** zarówno .... jak i ....; tak ... jak ... (*both you and me* zarówno ty jak i ja)

bother ['boðə] 1. niepokoić, przeszkadzać (*sb* komuś) (*I didn't bother about what I looked like* nie przeszkadzało mi, jak wyglądam) 2. -s kłopoty, problem ◇ 3. *nieform* **be a bother** naprzykrzać się 4. **not to bother with/about sth** nie martwić się o coś 5. **I can't be bothered** nie chce mi się, nie odpowiada mi

bottle ['botəl] 1. butelka 2. butelkować

bottle up zduszać

bottom ['botəm] 1. spód, dno 2. dół, ogon, siedzenie 3. dolny, najniższy 4. w dole, na dole ◇ 5. **get to the bottom** docierać do sedna

bottom out osiągać najniższy punkt

bottomless ['botəmlis] bezdenny

bough [bau] *lit* konar

bought [bo:t] *patrz* **buy**: *II i III forma*

boulder ['bouldə] skała, głaz

boulevard ['bu:lva:d] bulwar

bounce [bauns] 1. odbicie (się), podskok 2. odbijać (się) 3. podskakiwać 4. *nieform* (*o czeku*) nie mieć pokrycia

bounce back przychodzić do siebie

bouncer ['baunsə] *nieform* bramkarz, wykidajło

bouncy ['baunsi] energiczny

bound [baund] 1. *patrz* **bind**: *II i III forma* 2. (*umową*) związany (*by sth* czymś) 3. (*prawem*) zobowiązany (*to do sth* do czegoś) 4.

(*kogoś*) ograniczać (*by* przez) 5. (*dużymi skokami*) skakać 6. (*duży sus*) skok ◇ 7. **I'm bound to admit (that)** muszę przyznać (, że) 8. **be bound for** zmierzać 9. **be bound to do sth** z pewnością zrobić coś 10. **be bound up with sth** być związanym czymś 11. **out of bounds** zakazany, zabroniony

boundary ['baundəri] granica

boundless ['baundlis] bezgraniczny

bounds [baundz] granice

bounty ['baunti] *lit* 1. hojność 2. dary

bouquet [bu'kei] bukiet

bourgeois ['buəʒwa:] 1. mieszczański 2. burżuazyjny

bourgeoisie [,buəʒwa:'zi:] burżuazja

bout [baut] 1. napad, atak 2. spotkanie, walka

bow [bau] 1. kłaniać się (*to sb* komuś) 2. (*zwieszać głowę*) schylać głowę 3. (*zgadzać się*) *lit* skłaniać się (*to* do) 4. (*naciskom*) *lit* ulegać 5. (*powitanie*) ukłon 6. (*okrętu*) dziób 7. (*do strzelania*) łuk 8. (*we włosach*) kokarda 9. (*np. skrzypiec*) smyczek

bow down bić pokłony

bow out wycofywać się

bow tie [,bou'tai] muszka (*krawat*)

bowel ['bauəl] 1. jelito 2. -s wnętrzności

bowl [boul] 1. miska, miseczka 2. muszla

bow-legged ['bou,legd] krzywonogi

bowler ['boulə] *BR* melonik

bowling ['boulin] kręgle

box [boks] 1. pudełko, skrzynia 2. (*na formularzu*) ramka 3. (*w teatrze*) loża 4. *nieform* (*TV*) telewizja, pudło 5. (*produkty*) pacz-

kować **6.** *sport* boksować się
box in blokować, stłaczać
box office ['bok ,ofis] **1.** kasa **2.** kasowy (*sukces*)
boxer ['boksə] bokser
boxing ['boksiŋ] boks
    Boxing Day ['boksiŋ dei] *BR* drugi dzień Bożego Narodzenia (*26.12*)
boy [boi] **1.** chłopiec ◇ **2.** *US* "Boy!" „No!", „Ale!"
boycott ['boikot] **1.** bojkot **2.** bojkotować
boyfriend ['boifrend] chłopak, facet
boyhood ['boihud] okres chłopięcy, dzieciństwo
boyish ['boiiʃ] chłopięcy
Br (*skrócone: British*) brytyjski
bra [brɑ:] stanik
brace [breis] **1.** zebrać się (w sobie) **2.** (*przed upadkiem*) zabezpieczyć się **3.** (*ramiona*) napinać **4.** (*na zębach*) klamra **5.** (*proteza*) usztywnienie **6.** *BR* -s (*do spodni*) szelki
bracelet ['breislit] bransoletka
bracing ['breisiŋ] (*klimat, powietrze*) pobudzający
bracken ['brækən] paproć
bracket ['brækit] **1.** nawias **2.** umieszczać w nawiasach **3.** umieszczać (*together/with* razem z) **4.** grupa, przedział **5.** wspornik, podpórka
brag [bræg] przechwalać się
braid [breid] **1.** taśma z oplotem, galon **2.** *US* warkocz **3.** *US* zaplatać warkocze
Braille [breil] brajl
brain [brein] **1.** mózg ◇ **2.** *brains/a good brain* *(dobra) głowa/umysł* **3.** *nieform* have sth on the brain mieć coś na głowie **4.** *nieform* pick sb's brains ra-

dzić się kogoś (kompetentnego w danej sprawie)
brainchild ['breintʃaild] (oryginalny) pomysł
brainless ['breinlis] bezmózgi
brainstorm ['breinstɔ:m] **1.** *BR* zaćmienie (umysłu) **2.** *US* olśnienie
brainwash ['breinwoʃ] urabiać kogoś
brainwashing ['breinwoʃiŋ] pranie mózgu
brainwave ['breinweiv] *BR* olśnienie
brainy ['breini] *nieform* z głową
brake [breik] **1.** hamulec **2.** hamować ◇ **3.** put the brake on hamować
branch [brɑ:ntʃ] **1.** konar, **2.** gałąź **3.** filia, oddział **4.** władza
brand [brænd] **1.** marka **2.** rodzaj **3.** piętnować
    brand name ['brænd neim] nazwa firmowa
brandish ['brændiʃ] wywijać
brand-new [,brænd'nju:] fabrycznie nowy
brandy ['brændi] brandy, winiak
brash [bræʃ] nachalny, obcesowy
brass [brɑ:s] **1.** mosiądz **2.** tabliczka **3.** the brass instruments blaszane ◇ **4.** get down to brass tacks przejść do rzeczy
brassiere ['bræzjə] *form* biustonosz
brat [bræt] *nieform* bachor
bravado [brə'vɑ:dou] brawura
brave [breiv] **1.** odważny **2.** *lit* stawiać czoło, ryzykować ◇ **3.** put a brave face on sth robić dobrą minę do czegoś
bravery ['breivəri] odwaga
bravo ['brɑ:vou] *przest* brawo
brawl [brɔ:l] **1.** bójka **2.** bić się
brawn ['brɔ:n] mięśnie, siła fizyczna
brawny ['brɔ:ni] krzepki

bray [brei] 1. ryczeć (jak osioł) 2. wydawać głośne, niemiłe dźwięki

brazen ['breizən] bezczelny, bezwstydny

brazen (sth) out pokryć (coś) bezczelnością

brazier ['breizjə] (żelazny) kosz (na żarzący się koks)

breach [bri:tʃ] 1. form łamać, naruszać 2. form robić wyłom (sth w czymś) 3. naruszenie 4. form rozłam 5. form wyłom

bread [bred] 1. chleb ◊ 2. **bread and butter** chleb z masłem

breadcrumb ['bredkrʌm] 1. bułka tarta 2. okruchy

breadline ['bredlain] ◊ **be on the breadline** znajdować się pod kreską

breadth [bretθ] 1. szerokość 2. rozmach

breadwinner ['bredwinə] żywiciel rodziny

break [breik], **broke** [brouk], **broken** ['broukən] 1. rozbijać, łamać (się), rwać się (także przen) 2. (o maszynie) psuć się 3. (znajomość) przerywać, zrywać (with/away z) 4. (o nawyku) oduczać (sb of sth kogoś czegoś) 5. (siłę uderzenia) osłabiać 6. (wiadomość) przekazywać 7. (rekord) bić 8. (o dniu) rozjaśniać się, świtać 9. (o fali) załamywać się 10. (koniec znajomości) zerwanie (with z) 11. (np. kości) złamanie 12. (w pracy) przerwa 13. nieform szansa ◊ 14. **break even** wychodzić na zero 15. **break *free/sb's hold*** uwalniać się

break down 1. psuć się, stawać 2. załamywać się 3. rozkładać (się) 4. (drzwi) wyłamywać

break in 1. włamywać się 2. wtrącać się (on w) 3. przyuczać

break into 1. włamywać się 2. uderzyć, puścić się 3. wejść

break off 1. odrywać się, odchodzić 2. przerwać 3. zerwać

break out 1. wybuchać 2. występować

break through 1. przedzierać się 2. wychodzić, występować

break up 1. rozpadać się 2. rozchodzić się 3. przerywać 4. kończyć

breakable ['breikəbəl] kruchy

breakage ['breikidʒ] form 1. stłuczenie 2. stłuczki

breakaway ['breikəwei] (grupa) rozłamowy

breakdown ['breikdaun] 1. rozpad 2. załamanie (się) 3. awaria, defekt 4. klasyfikacja, analiza

breaker ['breikə] fala, bałwan

breakfast ['brekfəst] 1. śniadanie 2. form spożywać śniadanie

break-in ['breikin] włamanie

breakneck ['breiknek] karkołomny

breakthrough ['breikθru:] przełom

break-up ['breikʌp] rozpad

breakwater ['breik,wo:tə] falochron

breast [brest] 1. pierś ◊ 2. **make a clean breast of sth** wyspowiadać się z czegoś, wyznać coś

breastbone ['brestboun] mostek

breaststroke ['breststrouk] sport żabka

breath [breθ] 1. oddech (on the breath w oddechu) ◊ 2. **take a breath** łapać oddech 3. **out of breath** bez tchu 4. **get one's breath back** złapać oddech 5. **hold one's breath** wstrzymywać oddech 6. **take sb's breath away** zatykać dech 7.

under one's breath pod nosem
8. *save/don't waste* your
breath szkoda słów 9. a breath
of fresh air łyk świeżego powietrza

breathalyze ['breθəlaiz] badać
trzeźwość (kierowcy)

breathe [briːð] 1. oddychać 2. wydychać 3. *lit* szeptać, wzdychać 4. *lit* tchnąć (*into sth* w coś) ◇ 5. be breathing down sb's neck śledzić czyjś każdy ruch
breathe in wdychać, wciągać (powietrze)
breathe out wydychać

breather ['briːðə] *nieform* odetchnienie, odsapka

breathless ['breθlis] 1. zadyszany 2. bez tchu, z zapartym tchem

breathtaking ['breθteikiŋ] zapierający dech

bred [bred] *patrz* **breed**: *II i III forma*

breeches ['britʃis] bryczesy, ogrodniczki

breed [briːd], **bred** [bred], **bred** 1. hodować 2. rozmnażać (się) 3. rodzić 4. rasa 5. gatunek ◇ 6. *form* be bred for być wychowanym do 7. be born and bred in spędzić dzieciństwo (gdzieś)

breeding ['briːdiŋ] 1. wychowanie 2. hodowla 3. rozród

breeze [briːz] 1. bryza, wietrzyk ◇ 2. breeze into a place wpadać bezceremonialnie

breezy ['briːzi] 1. przewiewny 2. dynamiczny

brethren ['breðrən] *patrz* **brother**: *relig przest* bracia

brevity ['breviti] *form* 1. krótkotrwałość 2. lapidarność

brew [bruː] 1. parzyć 2. warzyć 3.

napar ◇ 4. be brewing wylęgać się, zanosić się na (coś)

brewer ['bruːə] piwowar

brewery ['bruːəri] browar

briar ['braiə] dzika róża

bribe [braib] 1. łapówka 2. dawać łapówkę, przekupywać

bribery ['braibəri] łapownictwo, przekupstwo

bric-a-brac ['brikəbræk] drobiazgi, bric-a-brac

brick [brik] cegła
brick up zamurowywać

bricklayer ['brikleiə] murarz

brickwork ['brikwəːk] murarstwo, mur, murarka

bride [braid] panna młoda

bridal ['braidəl] ślubny, weselny

bridegroom ['braidgruːm] pan młody

bridesmaid ['braidzmeid] druhna

bridge [bridʒ] 1. most 2. pomost 3. mostek (kapitański) 4. bridż ◇ 5. bridge the gap zapełniać lukę

bridle ['braidəl] 1. ogłowie, uzda 2. kiełznać 3. zesztywnieć

brief [briːf] 1. krótki 2. zwięzły 3. akta, sprawa 4. -s majtki 5. przygotowywać, instruować

briefcase ['briːfkeis] aktówka, teczka

briefing ['briːfiŋ] instruktaż, odprawa

briefly ['briːfli] 1. krótko 2. zwięźle 3. w skrócie

brigade [bri'geid] brygada

brigadier [ˌbrigə'diə] brygadier

bright [brait] 1. jasny, jaskrawy 2. (*przedmiot*) rozjarzony, świecący 3. bystry, lotny 4. (*pomysł*) świetny 5. (*człowiek*) pogodny 6. (*perspektywa*) pomyślny ◇ 7. bright and early skoro świt

brighten ['braitən] rozjaśniać (się)

brighten up 1. rozchmurzać się
2. rozjaśniać
brilliant ['briliənt] **1.** błyskotliwy **2.**
BR nieform świetny, znakomity **3.**
olśniewający, jaskrawy **4.** świetlisty, jarzący
brilliance ['briliəns] **1.** talent **2.** jasność **3.** roziskrzenie (się)
brim [brim] **1.** rondo ◊ **2. be brim**
ming with być pełnym **3. to the**
brim po brzegi
brim over 1. przelewać się **2. be**
brimming over with być pełnym
brine [brain] solanka
bring [briŋ], **brought** [bro:t],
brought 1. przynosić, przyprowadzać **2.** sprowadzać **3.** doprowadzać, sprowadzać **4.** kierować
(*against* przeciwko) ◊ **5. she**
can't bring herself to do sth
nie może się zmusić, by coś zrobić
bring about powodować
bring along przyprowadzać
bring back 1. przywracać **2.** ożywiać
bring down obalać
bring forward 1. przesuwać
wcześniej **2.** przedstawiać
bring in 1. wprowadzać **2.** przynosić
bring off *nieform* (skutecznie)
wypełniać, wykonywać
bring out 1. wypuszczać, wydawać **2.** wyzwalać
bring round/to cucić
bring up 1. wychowywać **2.**
przedstawiać **3.** wymiotować,
zwracać ◊ **4. well brought up**
dobrze wychowany
brisk [brisk] **1.** energiczny **2.** szybki
3. żwawy, dobry **4.** rześki
bristle ['brisəl] **1.** szczecina **2.** wło

sie **3.** jeżyć się, wstawać
bristle with być najeżonym (*sth*
czymś)
bristly ['brisli] szczeciniasty, pokryty szczeciną
Brit [brit] *nieform* Angol
britches ['britʃis] bryczesy, ogrodniczki
British ['britiʃ] **1.** brytyjski **2. the**
British Brytyjczycy
Britisher ['britiʃə] *US* Brytyjczyk
Briton ['britən] Brytyjczyk
brittle ['britəl] **1.** łamliwy, kruchy **2.**
bezwzględny, bez serca **3.** suchy
broach [broutʃ] poruszać (*a subject*
temat)
broad [bro:d] **1.** szeroki **2.** (*uczucie*)
powszechny **3.** (*teoria*) ogólny **4.**
(*mrugnięcie*) wyraźny **5.** (*dialekt*)
silny ◊ **6. in broad daylight** w
świetle dnia, w biały dzień
broad beans [,bro:d'bi:nz] bób
broadcast ['bro:dkɑ:st], **broadcast,**
broadcast 1. nadawać **2.** audycja
broadcaster ['bro:dkɑ:stə] dziennikarz (radiowy, telewizyjny)
broaden ['bro:dən] **1.** poszerzać (się)
2. rozszerzać
broaden out rozszerzać
broadly ['bro:dli] **1.** w zasadzie **2.**
szeroko ◊ **3. broadly (speak**
ing) ogólnie (mówiąc)
broadminded [,bro:d'maindid] tolerancyjny
brocade [brə'keid] brokat
broccoli ['brokəli] brokuły
brochure ['brouʃə] broszura, folder
broil [broil] *US* piec (na ruszcie)
broke [brouk] **1.** *patrz* break: *II for*
ma **2.** *nieform* goły (*bez pienię*
dzy) ◊ **3. go broke** bankrutować
broken ['broukən] **1.** *patrz* break:
III forma **2.** rozbity, złamany **3.**

(*maszyna*) zepsuty 4. (*linia*) przerywany 5. (*obietnica*) niedotrzymany 6. (*małżeństwo*) rozbity 7. (*angielski*) łamany

broken-down [ˌbroukən'daun] 1. zepsuty 2. rozwalający się

broken-hearted [ˌbroukən'hɑːtid] ze złamanym sercem

broker ['broukə] makler, pośrednik

bronchial tubes [ˌbroŋkiəl 'tjuːbz] *med* oskrzela

bronchitis [broŋ'kaitis] bronchit, zapalenie oskrzeli

bronze [bronz] 1. brąz 2. brązowy

bronzed [bronzd] pięknie opalony

brooch [broutʃ] broszka

brood [bruːd] 1. lęg 2. stado 3. rozmyślać ponuro

brooding ['bruːdiŋ] groźny, niepokojący

broody ['bruːdi] 1. zadumany 2. lęgowy

brook [bruk] strumień

broom [bruːm] miotła

broomstick ['bruːmˌstik] kij od miotły

broth [broθ] bulion

brothel ['broθəl] burdel

brother ['brʌðə] (*lm patrz także* **brethren**) brat

brotherhood ['brʌðəhud] braterstwo

brother-in-law ['brʌðərinloː] szwagier

brotherly ['brʌðəli] braterski

brought [broːt] *patrz* **bring**: *II i III forma*

brow [brau] 1. *form* brew 2. czoło 3. wierzchołek

browbeat ['braubiːt], **browbeat**, **browbeaten** ['braubiːtən] zmuszać (używając presji moralnej)

brown [braun] 1. brązowy 2. brązowić (się)

brownish ['brauniʃ] brązowawy

browse [brauz] 1. przeglądać 2. (*w książkach*) szperać

bruise [bruːz] 1. siniak 2. siniaczyć

brunette [bru'net] brunetka

brunt [brʌnt] ◇ **bear/take the brunt** brać ciężar

brush [brʌʃ] 1. pędzel 2. szczotka 3. starcie 4. odgarniać 5. ocierać się (*against* o) ◇ 6. **give a brush** czyścić szczotką
brush aside odrzucać, odpychać
brush up podciągać się (**sth/on sth** w czymś)

brushwood ['brʌʃwud] chrust

brusque [bruːsk] szorstki (w obejściu)

brussel(s) sprout [ˌbrʌsəl(z)-'spraut] brukselka

brutal ['bruːtəl] 1. brutalny 2. bezwzględny 3. niemiłosierny

brutality [bru'tæliti] brutalność

brutalize ['bruːtəlaiz] czynić bezwzględnym/brutalnym

brute [bruːt] 1. zwierzę, bydlę 2. zwierzak ◇ 3. **brute force** naga przemoc

brutish ['bruːtiʃ] zwierzęcy, brutalny

B.Sc. [ˌbiːes'siː] (*skrót: Bachelor of Science*) inż(ynier)

bubble ['bʌbəl] 1. bańka, bąbel 2. pienić się 3. bulgotać ◇ 4. **sb is bubbling with sth** kogoś coś ponosi
bubble gum ['bʌbəl gʌm] guma balonowa (do żucia)

bubbly ['bʌbli] 1. z bąbelkami 2. *nieform* szampan 3. (*osoba*) żywe srebro

buck [bʌk] 1. samiec 2. *nieform* dolec, dolar 3. brykać ◇ 4. *nieform*

make a fast buck szybko robić forsę 5. *nieform* pass the buck zwalać odpowiedzialność
buck up 1. podbudować ◇ 2. "buck up!" „głowa do góry"
bucket ['bʌkit] 1. wiadro 2. *nieform* kupa, dużo ◇ 3. kick the bucket strzelić w kalendarz, umrzeć
bucketful ['bʌkitful] wiadro
buckle ['bʌkəl] 1. klamra, sprzączka 2. zapinać 3. odkształcać się 4. uginać (się)
buckle down *nieform* wziąć się (*to sth* za coś)
bud [bʌd] 1. pączek 2. pączkować ◇ 3. be in bud pączkować 4. *nieform* nip sth in the bud ucinać coś w zarodku
Buddhism ['budizəm] Buddyzm
Buddhist ['budist] buddysta
budding ['bʌdiŋ] w zarodku, przyszły
buddy ['bʌdi] 1. *nieform* kumpel ◇ 2. *US* "buddy" „bracie"
budge [bʌdʒ] 1. odstępować (*on/ /from sth* od czegoś) ◇ 2. it won't budge nie da się ruszyć 3. he won't budge nie ustąpi
budgerigar ['bʌdʒərigɑ:] papużka falista
budget ['bʌdʒit] 1. budżet 2. planować budżet (*for* na) 3. oszczędny, tani
budget for uwzględniać (w wydatkach)
budgetary ['bʌdʒitəri] *form* budżetowy
budgie ['bʌdʒi] *nieform* papużka (falista)
buff [bʌf] 1. beżowy 2. *nieform* hobbysta, fan
buffalo ['bʌfəlou], *lm* buffaloes/ /buffalo 1. bawół 2. bizon

buffer ['bʌfə] 1. strefa/czynnik buforowy 2. bufor 3. zabezpieczyć się (*sth* przed czymś)
buffet I. ['bʌfit] 1. bić, uderzać ◇ 2. be buffeted by sth być doświadczanym przez coś II. ['bufei] 3. bufet, restauracja (dworcowa) 4. zimny bufet
buffet car ['bufei kɑ:] wagon barowy
buffoon [bʌ'fu:n] *przest* bufon
bug [bʌg] 1. robak (*też: owad*) 2. zarazek 3. podsłuch 4. zakładać podsłuch 4. *US nieform* męczyć (*sb* kogoś), niepokoić (*o czymś*) ◇ 5. *nieform* be bitten by a bug dostać świra
bugle ['bju:gəl] trąbka sygnałówka
build [bild], built [bilt], built 1. budować 2. tworzyć 3. (*ciała*) budowa
build into wbudowywać
build on/upon 1. bazować
build up 1. nagromadzać się 2. podpierać, podbudowywać 3. odżywiać (po chorobie)
builder ['bildə] budowlaniec, budowniczy
building ['bildiŋ] budynek
building society *BR* towarzystwo kredytujące kupno mieszkań lub domów
build-up ['bildʌp] rozbudowa, nagromadzenie
built [bilt] 1. *patrz* build: *II i III* forma 2. zbudowany
built-in wbudowany
built-up ['bild-ʌp] zabudowany
bulb [bʌlb] 1. cebulka 2. żarówka 3. bańka
bulbous ['bʌlbəs] bulwiasty, cebulkowaty
bulge [bʌldʒ] 1. sterczeć, wychodzić

2. wybrzuszenie ◇ 3. **be bulging with sth** uginać się od czegoś

bulk [bʌlk] 1. masa 2. większość ◇ 3. **in bulk** hurtowo

bulky ['bʌlki] obszerny, zwalisty

bull [bul] 1. byk 2. samiec (słonia, wieloryba)

bulldog ['buldog] buldog

bulldoze ['buldouz] 1. zburzyć (spychaczem) 2. przemieszczać (spychaczem)

bulldozer ['buldouzə] spychacz

bullet ['bulit] pocisk, nabój

bulletin ['bulətin] 1. wiadomości 2. biuletyn

bullet-proof ['bulitpru:f] kuloodporny

bullfight ['bulfait] corrida

bullion ['buljən] sztaby złota/srebra

bullock ['bulək] wół

bull's-eye ['bulzai] 1. środek (tarczy strzelniczej) 2. strzał w dziesiątkę

bully ['buli] 1. despota 2. tyranizować (sb into sth kogoś, by coś zrobił)

bulrush ['bulrʌʃ] pałka (szerokolistna)

bulwark ['bulwək] osłona (against przeciw)

bum [bʌm] nieform 1. US włóczęga, tramp 2. US nicpoń 3. pupa

bumble ['bʌmbəl] plątać się

bumblebee ['bʌmbəlbi:] trzmiel

bump [bʌmp] 1. wpadać (into sth na/w coś) 2. (na drodze) trząść się 3. (samochodowa) stłuczka 4. (dźwięk) stuknięcie 5. (w drodze) wybój 6. (na czole) guz
bump into nieform wpadać na (sb kogoś)
bump off nieform stuknąć (zabić)

bumper ['bʌmpə] 1. BR zderzak 2. (plon) rekordowy

bumptious ['bʌmpʃəs] nadęty

bumpy ['bʌmpi] wyboisty

bun [bʌn] 1. bułka (słodka) 2. kok

bunch [bʌntʃ] 1. nieform kupa, paczka (grupa ludzi) 2. bukiet, wiązanka 3. kiść, grono 4. pęk 5. skupiać się (together/up) 6. zgarniać, zbierać (together/up)

bundle ['bʌndəl] 1. tobół, tłumok, zawiniątko 2. pakować, wypychać
bundle off wysyłać (kogoś dokądś pośpiesznie)
bundle up zgarniać, zapakowywać

bung [bʌŋ] 1. szpunt, zatyczka, korek 2. nieform wsadzać, wtykać

bungalow ['bʌŋgəlou] bungalow, domek (parterowy, kempingowy)

bungle ['bʌŋgəl] partaczyć, fuszerować

bunion ['bʌnjən] odcisk

bunk [bʌŋk] 1. koja, prycza 2. nieform głupoty ◇ 3. nieform **do a bunk** zmywać się

bunker ['bʌŋkə] 1. bunkier 2. skład opału, pojemnik na opał

bunny ['bʌni] króliczek

bunting ['bʌntiŋ] wimpel, oflagowanie

buoy [boi] boja
buoy up ożywiać, podtrzymywać

buoyancy ['boiənsi] 1. pływalność 2. beztroska

buoyant ['boiənt] 1. pływający 2. beztroski 3. dynamiczny

burble ['bə:bəl] 1. pluskać 2. paplać

burden ['bə:dən] 1. ciężar 2. obarczać

bureau ['bjuərou], lm **bureaus** lub **bureaux** 1. BR sekretarzyk 2. US komoda 3. US biuro, urząd 4. filia

bureaucracy [bju'rokrəsi] 1. administracja 2. biurokracja

bureaucrat ['bjuərəkræt] urzędnik, biurokrata

bureaucratic [ˌbjuərə'krætik] biurokratyczny

bureaux ['bjuərouz] *patrz* bureau: lm

burglar ['bə:glə] włamywacz
  burglar alarm ['bə:glə əˌlɑ:m] alarm przeciwwłamaniowy

burglarize ['bə:gləraiz] *US* włamywać się

burglary ['bə:gləri] włamanie

burgle ['bə:gəl] włamywać się

burial ['beriəl] pochówek, pogrzeb

burly ['bə:li] zwalisty

burn [bə:n], **burnt** [bə:nt] *lub* burned, burnt *lub* burned 1. palić 2. (*jedzenie*) przypalać (się) 3. (*jedzeniem*) parzyć (się) 4. (*o słońcu*) spalać 5. (*uczuciem*) roznamiętniać się (*with sth* czymś) ◇ 6. **be burning** palić się
  burn down (*o budynku*) spalić (się)
  burn out wypalać (się)
  burn up spalić, wypalić (się)

burner ['bə:nə] palnik

burning ['bə:niŋ] 1. palący się 2. *przen* palący 3. rozżarzony, rozpalony

burnish ['bə:niʃ] polerować

burnt [bə:nt] *patrz* burn: II i III forma

burnt-out, **burnt-out** [ˌbə:nt'aut] wypalony

burp [bə:p] 1. czkać 2. czknięcie

burrow ['bʌrou] 1. nora 2. ryć (norę), przekopywać się, wkopywać się 3. grzebać

bursar ['bə:sə] *BR* kwestor

bursary ['bə:səri] *BR* stypendium

burst [bə:st], **burst**, **burst** 1. pękać,

rozwalać (się) 2. otworzyć (się) 3. wpadać (*into sth* dokądś), przelatywać (*through* przez) 4. pękać (*with* z) 5. salwa, zryw
  burst in on wpadać dokądś
  burst into 1. wybuchać (*np. tears* płaczem) 2. (*o kwiecie*) rozkwitać 3. (*o liściach*) zazieleniać się
  burst out 1. wybuchać (*laughing* śmiechem) 2. wybuchać

bursting 1. pełen (*with sth* czegoś) ◇ 2. **sb is bursting with sth** kogoś rozsadza coś 3. **bursting at the seams** naładowany do rozpuku

bury ['beri] 1. grzebać, 2. chować 3. pogrzebać 4. zatapiać się w (in) ◇ 5. **be buried away** być schowanym

bus [bʌs] 1. autobus 2. wozić autobusem ◇ 3. **by bus** autobusem

bush [buʃ] 1. krzak 2. busz ◇ 3. **beat about the bush** owijać w bawełnę

bushy ['buʃi] 1. krzaczasty 2. bujny

business ['biznis] 1. interes, biznes 2. firma 3. problem, zadanie 4. sprawa, rzecz ◇ 5. **go out of business** przestawać działać 6. **have no business** nie mieć prawa 7. *nieform* "mind your own business", "it's none of your business" „to nie twoja sprawa" 8. *nieform* **sb means business** ktoś mówi poważnie 9. **on business** w interesach

businesslike ['biznislaik] rzeczowy, solidny

businessman ['biznismən], *lm* businessmen ['biznismən] biznesmen, przedsiębiorca

businesswoman ['biznisˌwumən],

lm **businesswomen** ['biznis,wimin] biznesmenka

bust [bʌst], **busted** lub **bust, busted** lub **bust 1.** *nieform* rozwalać **2.** *nieform* rozwalony, kaput **3.** biust, popiersie ◊ **4.** *nieform* **go bust** bankrutować

bustle ['bʌsəl] **1.** spieszyć się **2.** wrzawa, krzątanina

busy ['bizi] **1.** zajęty **2.** pracowity **3.** ruchliwy ◊ **4. busy oneself with sth** zajmować się czymś ◊ **5. be busy doing sth** zajmować się czymś

busybody ['bizi,bodi] *nieform* wścibski

but [bət, bʌt] **1.** ale **2.** jednak **3.** oprócz (*everybody but him* wszyscy oprócz niego) **4.** *form* dopiero (co) (*he had but recently came out of hospital* dopiero co wyszedł ze szpitala) ◊ **5. but then** ale jednak, a jednak **6. but for** z wyjątkiem, gdyby nie

butcher ['butʃə] **1.** rzeźnik **2.** zaszlachtować, zarżnąć ◊ **3. the butcher's** rzeźnik, sklep mięsny

butchery ['butʃəri] rzeź, mord

butler ['bʌtlə] lokaj, ochmistrz, majordomus

butt [bʌt] **1.** uchwyt, kolba, nasada **2.** niedopałek **3.** beczka **4.** cel, obiekt (krytyki) **5.** bóść, uderzyć *z byka/bykiem*
butt in wtrącać się

butter ['bʌtə] **1.** masło **2.** smarować (masłem) ◊ **3. butter would not melt in sb's mouth** wygląda jak niewiniątko
butter up *nieform* podlizywać się (*sb* komuś)

buttercup ['bʌtəkʌp] jaskier

butterfly ['bʌtəflai] **1.** motyl **2.** (*w pływaniu*) styl motylkowy ◊ **3.** *nieform* **have butterflies (in one's stomach)** skręca się komu w żołądku (ze strachu)

buttock ['bʌtək] pośladek

button ['bʌtən] **1.** guzik **2.** *US* znaczek, etykietka **3.** zapinać
button up zapinać (się)

buttonhole ['bʌtənhoul] **1.** dziurka (od guzika) **2.** *BR* kwiat (w butonierce) **3.** łapać za frak

buttress ['bʌtris] **1.** przypora **2.** podpierać, wzmacniać (przyporami) **3.** wzmacniać

buxom ['bʌksəm] (*kobieta*) pulchny, jędrny, przy kości

buy [bai], **bought** [bo:t], **bought 1.** kupować **2.** zakup
buy out odkupywać
buy up wykupywać

buyer ['baiə] **1.** nabywca, kupujący **2.** kierownik (działu zaopatrzenia)

buzz [bʌz] **1.** brzęczenie **2.** szum **3.** brzęczeć **4.** buzować (*with* od) **5.** szumieć ◊ **6.** *nieform* **"buzz off"** „pryskaj", „spływaj"

buzzard ['bʌzəd] myszołów

buzzer ['bʌzə] brzęczyk

by [bai] **1.** przez **2.** *często tłumaczy się narzędnikiem* (*go by car* jechać samochodem) **3.** (*w określeniach miejsca*) obok, przy **4.** (*w określeniach czasu*) do (*it will be done by Tuesday* to będzie zrobione do wtorku) **5.** (*w określeniach pory dnia*) w (*by night* w nocy, nocą) **6.** (*przy wymiarach*) na (*2 metres by three* dwa metry na trzy) **7.** (*przyrost liczbowy*) o (*by one per cent* o jeden procent) **8.** (*o ilości*) na (*paid by the hour* opłacany na godzinę) **9.** zgodnie z, według (*by my watch* według mojego zegarka, *by* law zgodnie z prawem) **10.** (*trzymać*) za (*by the hand* za rękę) **11.** (*o twórczości*) autorstwa (*a book by Lem* książka autorstwa Lema) ◇ **12. by thousands** tysiącami **13. day by day** dzień po dniu, dzień za dniem **14. by yourself (a)** sam **(b)** samodzielnie

bye [bai] pa, cześć

by-election ['baii,lekʃən] *BR* wybory uzupełnaijące

bygone ['baigon] zeszły ◇ **2. let bygones be bygones** co było, to było

by(e)-law ['bailo:] zarządzenie lokalne

bypass ['baipɑ:s] **1.** pomijać **2.** omijać **3.** objazd, obwodnica miejska

byproduct ['bai,prodʌkt] produkt uboczny

bystander ['bai,stændə] przechodzień, widz

byte [bait] *komp* bajt

byway ['baiwei] boczna droga

byword ['baiwə:d] hasło, slogan

C

c [si:] **1. C(entury)** ['sentʃəri] w(iek) (*the *C14/14th C** XIV w.) **2. C(entigrade)** ['sentigreid], **C(elsius)** ['selsiəs] Celsjusza **3. c.(irca)** ['sə:kə] ok.(oło)

cab [kæb] **1.** taksówka **2.** kabina

cabaret ['kæbərei] kabaret

cabbage ['kæbidʒ] kapusta

cabin ['kæbin] **1.** kabina **2.** chata, domek

cabinet ['kæbinət] **1.** szafka, kredens **2.** gabinet, rada
    cabinet maker ['kæbinət ,meikə] stolarz

cable ['keibəl] **1.** lina **2.** kabel, przewód **3.** depeszować
    cable car ['keibəl kɑ:] kolejka linowa

cache [kæʃ] tajny skład, kryjówka

cackle ['kækəl] **1.** gdakać **2.** rechotać **3.** rechot

cacophony [kə'kofəni] *form* kakofonia

cactus ['kæktəs], *lm* **cactuses** *lub*

cacti ['kæktai] kaktus

cadaver [kə'dævə] *form* trup

cadaverous [kə'dævərəs] *form* trupioblady, chudy jak szkielet

cadence ['keidəns] *form* **1.** kadencja **2.** melodia

cadet [kə'det] kadet

cadge [kædʒ] *BR nieform* (*pożyczkę, pomoc*) wyciągać, ciągnąć (*from/ /off* od)

Caesarean [si'zeəriən] (*także* **Caesarean section** [si,zeəriən 'sekʃən]) cięcie cesarskie

café ['kæfei] bar

cafeteria [,kæfə'tiəriə] bar (samoobsługowy), stołówka

caffeine ['kæfi:n] kofeina

cage [keidʒ] **1.** klatka **2.** zamykać w klatce

cagey ['keidʒi] tajemniczy, wstrzemięźliwy

cahoots [kə'hu:ts] ◇ **in cahoots with** w zmowie z

cajole [kə'dʒoul] *form* ugadać (*sb*

into kogoś, aby), wyperswadować (*sb into* komuś, aby)

cake [keik] 1. ciasto, ciastko 2. placek 3. (*mydła*) kawałek ◊ 4. *nieform* a piece of cake łatwizna 5. be selling like hot cakes iść jak woda 6. you can't have your cake and eat it albo jedno, albo drugie

caked [keikd] 1. zastygły, zakrzepły 2. oblepiony

calamitous [kə'læmitəs] *form* straszny, fatalny

calamity [kə'læmiti] *form* klęska, nieszczęście

calcium ['kælsiəm] wapń

calculate ['kælkjuleit] 1. obliczać 2. kalkulować 3. wyrachowywać

calculation [ˌkælkju'leiʃən] 1. obliczenie, rachunek 2. *form* wyrachowanie

calendar ['kæləndə] 1. kalendarz 2. kalendarzowy

calf [kɑːf], *lm* **calves** [kɑːvz] 1. cielę, młode 2. łydka

calibre ['kælibə] 1. (*techn*) kaliber 2. format

call [kɔːl] 1. nazywać, zwać 2. (*kogoś*) wołać 3. (*dzwonić*) telefonować 4. (*lekarza*) wzywać 5. (*spotkanie*) ogłaszać, zapowiadać 6. (*do kogoś*) wstępować (*at sth* gdzieś) 7. (*o pociągu, statku*) zatrzymywać się, zawijać (*at a place* gdzieś) 8. (*telefoniczna*) rozmowa 9. (*potrzeba*) wezwanie (*for sth* do czegoś), zapotrzebowanie (*for* o) 10. (*ptaka*) głos ◊ 11. pay sb a call odwiedzać kogoś

call box ['kɔːl bɔks] budka (telefoniczna)

call for 1. przyjść po/do 2. domagać się 3. wymagać

call girl ['kɔːl gəːl] dziewczyna na telefon

call in wzywać

call off odwoływać

call on/upon 1. wzywać 2. odwiedzać

call out 1. wykrzykiwać 2. wzywać

call up 1. telefonować 2. powoływać (do wojska)

call upon *patrz* call on

caller ['kɔːlə] 1. gość, odwiedzający 2. dzwoniący

calling ['kɔːliŋ] powołanie

callous ['kæləs] gruboskórny

calm [kɑːm] 1. spokojny 2. spokój 3. uspokajać (się)

calm down uspokajać (się)

Calor gas ['kælə gæs] butan (gaz)

calorie ['kæləri] kaloria

calve [kɑːv] cielić się, wydawać młode

calves [kɑːvz] *patrz* calf: *lm*

came [keim] *patrz* come: *II forma*

camel ['kæməl] wielbłąd

cameo ['kæmiəu] 1. miniaturka, klejnocik 2. kamea

camera ['kæmərə] aparat (fotograficzny), kamera

cameraman ['kæmərəmən], *lm* **cameramen** ['kæmərəmən] kamerzysta

camomile ['kæməmail] rumianek

camouflage ['kæməflɑːʒ] 1. kamuflaż 2. *wojsk* zamaskowanie 3. kamuflażować się 4. *wojsk* maskować się

camp [kæmp] 1. obóz 2. obozować ◊ 3. set up camp rozbijać obóz

camp bed [ˌkæmp 'bed] łóżko składane

camp out obozować, mieszkać w namiocie

camping ['kæmpiŋ] obozowanie

campaign [kæm'pein] 1. kampania
2. prowadzić kampanię (for za)

campsite ['kæmpsait] obozowisko,
kemping

campus ['kæmpəs] kampus (teren z
budynkami uczelni)

can I. [kən, kæn] (zaprzecz. cannot
['kænət], can't [kɑːnt]), could,
could [kəd, kud] (zaprzecz.
couldn't ['kudənt]) GRAM 1.
móc 2. potrafić 3. umieć II. [kæn]
canned, canned 4. puszkować,
konserwować 5. puszka 6. kanister

canal [kə'næl] kanał

canary [kə'neəri] kanarek

cancel ['kænsəl] 1. odwoływać 2. rezygnować (sth z czegoś) 3. unieważniać 4. kasować
cancel out wykluczać się

cancellation [ˌkænsə'leiʃən] 1. odwołanie 2. rezygnacja

cancer ['kænsə] rak

candid ['kændid] szczery, otwarty

candidacy ['kændidəsi] kandydatura

candidate ['kændideit] kandydat

candied ['kændid] kandyzowany

candle ['kændəl] świeca

candlestick ['kændəlstik] świecznik

candour (US candor) ['kændə] o-
twartość, szczerość

candy ['kændi] US cukierek, słodycze

cane [kein] 1. trzcina 2. laska 3. the
cane chłosta 4. chłostać

canine ['keinain] psi

canister ['kænistə] 1. kanister 2.
puszka

cannabis ['kænəbis] haszysz

canned [kænd] 1. puszkowany, konserwowy 2. (muzyka) zarejestrowany, z play-backu

cannibal ['kænibəl] kanibal

cannibalize ['kænibəlaiz] rozbierać
na części (do powtórnego wyko-
rzystania)

cannon ['kænən], lm cannon lub
cannons 1. armata 2. lotnicze
działko szybkostrzelne

cannot ['kænət] patrz can

canny ['kæni] chytry

canoe [kə'nuː] kanoe, kanadyjka, kajak
canoeing [kə'nuːiŋ] kajakarstwo

canon ['kænən] 1. kanonik 2. (form)
kanon

canonize ['kænənaiz] kanonizować

canopy ['kænəpi] 1. baldachim 2.
sklepienie

can't [kɑːnt] patrz can

cantankerous [kæn'tæŋkərəs] form
zrzędliwy

canteen [kæn'tiːn] stołówka, kanty-
na

canter ['kæntə] 1. cwałować 2. cwał

canvas ['kænvəs] 1. płótno 2. płótno, obraz ◊ 3. under canvas w
namiocie

canvass ['kænvəs] 1. zabiegać (for o)
2. badać

canyon ['kænjən] kanion

cap [kæp] 1. czapka 2. (na butelkę) zakrętka 3. (antykoncepcyjny)
kapturek dopochwowy 4. (do zabawy) kapiszon 5. (jedno na drugim) przykrywać, pokrywać (with
sth czymś) 6. (dowcip) przewyższać, przelicytowywać

capability [ˌkeipə'biliti] 1. zdolności
2. potencjał

capable ['keipəbəl] 1. zdolny (of do)
2. zdolny, uzdolniony

capacious [kə'peiʃəs] pojemny

capacity [kə'pæsiti] 1. pojemność
2. zdolność 3. możliwości (for

w zakresie) **4.** *techn* wydajność, moc (produkcyjna, przerobowa) ◊ **5. filled to capacity** nabity, po brzegi, napełniony do ostateczności **6. in a ... capacity** w charakterze ... , jako ...

cape [keip] **1.** przylądek **2.** peleryna (krótka)

caper ['keipə] **1.** kapar **2.** żart **3.** hasać, hopsać

capillary [kə'piləri] naczynie włoskowate

capital ['kæpitəl] **1.** kapitał **2.** stolica **3.** wielka litera **4.** kapitałowy, inwestycyjny **5.** karany śmiercią ◊ **6.** *form* **make capital** zbijać kapitał (**of/out of** na czymś) na **capital letter** [,kæpitəl 'letə] wielka litera **capital punishment** [,kæpitəl 'pʌniʃmənt] kara śmierci

capitalism ['kæpitəlizəm] kapitalizm

capitalist ['kæpitəlist] **1.** kapitalistyczny **2.** kapitalista **3.** posiadacz

capitalistic ['kæpitəlistik] kapitalistyczny

capitalize (*także* **capitalise**) ['kæpitəlaiz] korzystać (*on/upon* z)

capitulate [kə'pitʃuleit] **1.** poddawać się (*to sb* komuś) **2.** przystać (*to* na)

capitulation [kə'pitʃu'leiʃən] kapitulacja

caprice [kə'pri:s] *form* kaprys

capricious [kə'priʃəs] kapryśny

Capricorn ['kæpriko:n] Koziorożec (*znak zodiaku lub zwrotnik*)

capsize [kæp'saiz] wywracać (się)

capsule ['kæpsju:l, 'kæpsjəl] **1.** kapsułka **2.** kapsuła **3.** kabina załogowa

captain ['kæptin] **1.** kapitan **2.** być

kapitanem

caption ['kæpʃən] podpis

captivate ['kæptiveit] fascynować

captive ['kæptiv] **1.** jeniec **2.** schwytany, zniewolony ◊ **3. take sb captive** chwytać kogoś **4. a captive audience** przymusowa publiczność

captivity [kæp'tiviti] niewola

capture ['kæptʃə] **1.** pojmanie **2.** pojmać **3.** zdobywać **4.** chwytać

car [ka:] **1.** *BR* samochód **2.** *US* wagon **3.** *BR* wagon (*do/dla*) (*dining car* wagon restauracyjny) **car park** ['ka: pa:k] *BR* parking

carafe [kə'ræf] karafka

caramel ['kærəməl] **1.** toffi **2.** karmel

carat ['kærət] karat (*0,2 g*)

caravan ['kærəvæn] **1.** przyczepa kempingowa **2.** karawana ◊ **2. go caravanning** spędzać wakacje na karawaningu

carbohydrate [ka:bəu'haidreit] węglowodan

carbon ['ka:bən] węgiel **carbon copy** [,ka:bən 'kopi] kopia kalkowa **carbon paper** ['ka:bən ,peipə] kalka (maszynowa)

carcass ['ka:kəs] (*zwierzęcia*) ciało, tusza

card [ka:d] **1.** karta (*także do gry*) **2.** legitymacja, przepustka **3.** kartka, widokówka **4.** *przen* atut

cardboard ['ka:dbo:d] tektura

cardiac ['ka:diæk] *med* nasercowy, sercowy

cardigan ['ka:digən] sweter (rozpinany)

cardinal ['ka:dənəl] **1.** kardynał **2.** *form* kardynalny

card-index ['ka:dindəks] kartoteka

care [keə] **1.** przywiązywać wagę

(*about* sth do czegoś) **2.** (*np. o dzieci*) troszczyć się (*about/for* sth o coś) **3.** *przest* (*czuć coś*) mieć u-czucie (*for* sb dla kogoś) **4.** *form* chcieć, mieć chęć **5.** (*rodziców, lekarska*) troska, opieka **6.** (*problem*) kłopot ◊ **7.** for all I care jeśli o mnie chodzi **8.** sb doesn't care about sth coś kogoś nie obchodzi **9.** *przest* sb doesn't care for sth coś komuś się nie podoba **10.** with care ostrożnie **11.** in care pod opieką państwa **12.** *nieform* "take care" „trzymaj się" **13.** take care of sth (a) opiekować się czymś, zajmować się czymś (b) potrafić się zająć **14.** take care to do sth pamiętać, by coś zrobić; z pewnością coś robić

career [kə'riə] **1.** zawód, zajęcie **2.** praca (*in* w) **3.** gnać, wpadać

careers [kə'riəz] zawodowy

carefree ['keəfri] beztroski

careful ['keəful] **1.** ostrożny (*with/of* sth z czymś) **2.** dokładny ◊ **3.** "be careful!" „uważaj!"

careless ['keələs] **1.** niedbały, nieostrożny **2.** beztroski

caress [kə'res] **1.** pieścić, gładzić **2.** pieszczota

caretaker ['keəteikə] dozorca, konserwator

cargo ['kɑːgou] ładunek

caricature ['kærikətʃuə] **1.** karykatura **2.** karykaturować

caring ['keəriŋ] **1.** troskliwy, czuły **2.** czułość

carnage ['kɑːnidʒ] *lit* rzeź

carnal ['kɑːnəl] *lit* cielesny, płciowy

carnation [kɑː'neiʃən] goździk

carnival ['kɑːnivəl] karnawał

carnivore ['kɑːnivoː] *form* zwierzę mięsożerne

carnivorous ['kɑːnivərəs] mięsożerny

carol ['kærəl] kolęda

carp [kɑːp] **1.** karp **2.** *lit* krytykować (*about/at* sth coś)

carpenter ['kɑːpintə] cieśla, stolarz

carpentry ['kɑːpintri] ciesielstwo, stolarstwo

carpet ['kɑːpit] **1.** dywan, wykładzina **2.** pokrywa **3.** kłaść dywan, pokrywać dywanem

carriage ['kæridʒ] **1.** *BR* wagon **2.** powóz

carried away [,kærid ə'wei] poniesiony, uniesiony

carrier ['kæriə] **1.** bagażnik **2.** transporter **3.** nosiciel **4.** nośnik

carrier bag ['kæriə bæg] *BR* torba (na zakupy), reklamówka

carrion ['kæriən] padlina

carrot ['kærət] **1.** marchewka **2.** *nieform* zachęta

carry ['kæri] **1.** nosić **2.** (*ludzi, towary*) przemieszczać, przewozić **3.** (*chorobę*) przenosić **4.** (*implikować*) pociągać za sobą **5.** (*pomysł*) wprowadzać **6.** (*w czasopiśmie*) zamieszczać, publikować **7.** (*o kobiecie, zwierzętach*) być w ciąży **8.** (*o głosie*) nieść (się) ◊ **9.** be carried przechodzić **10.** carry weight mieć wagę/znaczenie

carry on 1. kontynuować, iść dalej **2.** prowadzić

carry out 1. przeprowadzać **2.** spełniać

carry over przenosić

carry through przeprowadzać

carrycot ['kærikot] *BR* torba (*do przenoszenia niemowląt*)

cart [kɑːt] **1.** wóz **2.** *nieform* taszczyć

cartilage ['kɑːtəlidʒ] chrząstka

carton ['kɑːtən] karton
cartoon [kɑː'tuːn] 1. komiks 2. film rysunkowy 3. karykatura
cartridge ['kɑːtridʒ] nabój
carve [kɑːv] 1. rzeźbić 2. wycinać 3. kroić, dzielić
  carve out zdobywać (*for oneself* dla siebie)
  carve up podzielić, pokawałkować
carving ['kɑːviŋ] 1. rzeźba 2. rzeźbiarstwo
  carving knife ['kɑːviŋ naif] nóż do mięsa
cascade [kæ'skeid] 1. *lit* kaskada 2. spadać 3. *lit* spływać
case [keis] 1. przypadek (*także gram*) 2. (*sądowa*) sprawa 3. (*glosy*) argumenty (*for/against* za/ /przeciw) 4. (*np. na okulary*) pokrowiec, etui 5. skrzynia, walizka 6. (*drukarska*) kaszta ◇ 7. in that/which case w tym przypadku 8. sth is the case tak jest; jak jest 9. sth is a case of coś sprowadza się do 10. a case in point znakomity przykład 11. as/whatever the case may be zależnie od sytuacji 12. in any case w każdym razie 13. in case (of) w przypadku (czegoś)
cash [kæʃ] 1. gotówka, drobne 2. realizować (*cheques* czeki) ◇ 3. cash down płatne gotówką z góry 4. cash with order płatne przy zamówieniu 5. cash on delivery płatne przy odbiorze 6. pay (in) cash płacić gotówką
cashier [kæ'ʃiə] *BR* 1. kasjer 2. cashier's desk kasa
cashmere ['kæʃmiə] kaszmir
casing ['keisiŋ] obudowa, opakowanie

casino [kə'sinou] kasyno
cask [kɑːsk] beczka
casket ['kɑːskit] 1. skrzynka, szkatułka 2. trumna
casserole ['kæsəroul] 1. garnek, brytfanna 2. potrawka, ragout
cassette [kə'set] kaseta
  cassette recorder magnetofon (kasetowy)
cast [kɑːst], cast, cast 1. obsada 2. (*aktora*) obsadzać, dawać rolę (*as* jako) 3. (*spojrzenie*) rzucać 4. *lit* (*gromy*) ciskać, miotać 5. (*wątpliwości*) zasiewać (*on/upon* co do) 6. (*glos przy wyborach*) oddawać 7. (*posąg*) odlewać ◇ 8. cast one's mind back cofać się myślą
  cast about/around *lit* rozglądać się (*for* za)
  cast aside *form* odrzucać, odżegnywać się (*sb* od kogoś)
  cast off 1. *form* odrzucać 2. *techn* odrzucać linę
caste [kɑːst] kasta
caster ['kɑːstə] *patrz* castor
castigate ['kæstigeit] *form* ganić, gromić (*for* za)
casting ['kɑːstiŋ] 1. wybór obsady 2. odlew
cast-iron [ˌkɑːst'aiən] 1. żeliwny, z lanego żelaza 2. stuprocentowy, murowany
castle ['kɑːsəl] 1. zamek 2. wieża
cast-off ['kɑːstof] 1. przechodzony 2. przechodzone ubranie
castor ['kɑːstə] kółko, rolka
castrate [kæ'streit] *form* kastrować
castration [kæ'streiʃən] kastracja
casual ['kæʒuəl] 1. swobodny, naturalny 2. przypadkowy, przelotny 3. codzienny, nieformalny 4. -s ubranie codzienne 5. dorywczy

casually ['kæʒuəli] **1.** swobodnie, naturalnie **2.** przypadkowo **3.** swobodnie, po domowemu

casualty ['kæʒuəlti] **1.** ofiara **2.** -s straty **3.** na ostrym dyżurze

cat [kæt] kot

cataclysm ['kætəklizəm] *lit* kataklizm

catalogue (*US* catalog) ['kætəlog] **1.** katalog **2.** katalogować

catalyst ['kætəlist] *techn* katalizator

cataract ['kætərækt] katarakta

catastrophe [kə'tæstrəfi] katastrofa

catastrophic [,kætə'strofik] katastroficzny

catcall ['kætko:l] gwizd, wygwizdywanie

catch [kætʃ], **caught** [ko:t], **caught 1.** łapać, chwytać **2.** uderzyć, ugodzić (*sth* w coś) **3.** (*np. o kolcach*) wczepiać się (*on* w), przyczepiać się (*on* do) **4.** (*o zainteresowaniu*) pochłaniać **5.** (*o świetle*) odbijać (się w) **6.** (*o wietrze*) porywać **7.** połów, zdobycz **8.** (*przy drzwiach*) zatrzask, zamknięcie (*on* przy) **9.** problem, haczyk **10.** berek **11.** gra w piłkę (dwa ognie) ◇ **12. catch *sight/a glimpse of*** dostrzegać **13. catch the post** nadawać (list) przed odejściem poczty

catch at złapać

catch on 1. chwytać, rozumieć (*to sth* coś) **2.** przyjmować się

catch out łapać na błędzie (*sb* kogoś)

catch up 1. dochodzić (*with sth* do czegoś), doganiać (*with sb* kogoś) **2.** dorównywać (*with sb* komuś) **3.** nadrabiać (*on/with sth* zaległości w czymś) ◇ **4. be caught up in** być wmieszanym (w coś) **5. catch sb up** zrówny-

wać się z kimś

catch up with 1. chwytać **2.** docierać

catchment area ['kætʃmənt 'eəriə] **1.** dorzecze **2.** *BR* rejon

catch-phrase ['kætʃfreiz] hasło dnia, slogan

catchy ['kætʃi] chwytliwy

categorical [kæti'gorikəl] kategoryczny

categorize ['kætigəraiz] kategoryzować, dzielić

category ['kætigəri] kategoria

cater ['keitə] troszczyć się (*for/to* o), zaspokajać potrzeby (*for/to sb* czyjeś)

caterer ['keitərə] dostawca

catering ['keitəriŋ] **1.** dostawa żywności ◇ **2. do the catering** dostarczać żywność

caterpillar ['kætəpilə] gąsienica

cathedral [kə'θi:drəl] katedra

Catholic ['kæθəlik] **1.** katolik **2.** katolicki

cattle ['kætəl] bydło

catty ['kæti] zjadliwy, złośliwy

caucus ['ko:kəs] *form* **1.** *US* gremium, zebranie **2.** *BR pejor* koteria, klika

caught [ko:t] *patrz* catch: *II i III forma*

cauliflower ['koliflauə] kalafior

causal ['ko:zəl] przyczynowy, logiczny

causation [ko:'zeiʃən] *form* uwarunkowanie

cause [ko:z] **1.** przyczyna **2.** powód (*for* do) **3.** sprawiać, powodować **4.** sprawa ◇ **5. in a good cause** w dobrej sprawie

causeway ['ko:zwei] grobla

caustic ['ko:stik] **1.** kaustyczny, żrący **2.** kostyczny, zgryźliwy

caution ['ko:ʃən] **1.** ostrożność **2.** przestroga, ostrzeżenie **3.** ostrzegać, przestrzegać

cautious ['ko:ʃəs] ostrożny

cavalier [ˌkævə'liə] nonszalancki

cavalry ['kævəlri] **1.** kawaleria **2.** wojska zmechanizowane

cave [keiv] jaskinia
 cave in 1. zapadać się **2.** poddawać się

cavern ['kævən] pieczara

cavernous ['kævənəs] przepastny, ogromny

caviar(e) ['kævia:] kawior

cavity ['kæviti] **1.** jama **2.** dziura (w zębie), ubytek

cavort [kə'vo:t] baraszkować, zabawiać się

caw [ko:] krakać

cc ['si: 'si:] (f̱ cubic centimetre) cm³

CD [ˌsi: 'di:] (**compact disc**) płyta kompaktowa

cease [si:s] *form* **1.** kończyć się, ustawać **2.** przestawać **3.** zaprzestawać

ceasefire ['si:sfaiə] zawieszenie broni

ceaseless ['si:slis] *form* bezustanny

cedar ['si:də] cedr

cede [si:d] *form* cedować, przekazywać (*to sb/sth* komuś)

ceiling ['si:liŋ] **1.** sufit **2.** pułap

celebrate ['selibreit] **1.** świętować **2.** obchodzić **3.** celebrować

celebrated ['selibreitid] uznawany, doceniany

celebration [ˌseli'breiʃən] obchód

celebrity [si'lebriti] znakomitość

celery ['seləri] seler

celestial [sə'lestiəl] *form* niebiański

celibacy ['selibəsi] *form* **1.** celibat **2.** brak pożycia seksualnego

celibate ['seləbət] *form* **1.** bezżenny, w celibacie **2.** bez seksu

cell [sel] **1.** komórka **2.** cela **3.** ba-

teria

cellar ['selə] piwnica

cello ['tʃelou] wiolonczela

cellophane ['seləfein] celofan

cellular ['seljulə] **1.** komórkowy **2.** porowaty, puchaty

celluloid ['seljuloid] celuloid

Celsius ['selsiəs] skala Celsjusza

Celtic ['keltik, 'seltik] celtycki

cement [si'ment] **1.** cement **2.** beton **3.** klej **4.** zacementowywać, przycementowywać (*to* do), scementowywać (*together* razem) **5.** (*przyjaźń*) cementować, utwierdzać

cemetery ['semitri] cmentarz

censor ['sensə] **1.** cenzorować **2.** cenzor

censorship ['sensəʃip] cenzura

censure ['senʃə] *form* **1.** ganić, krytykować (*for* za) **2.** nagana

census ['sensəs] spis (ludności)

cent [sent] cent

centenary [sen'ti:nəri] stulecie

center ['sentə] *US patrz* centre

centigrade ['sentigreid] skala stustopniowa (*np. Celsjusza*)

centimetre (*US* **centimeter**) ['sentimi:tə] centymetr

centipede ['sentipi:d] stonoga

central ['sentrəl] **1.** centralny **2.** środkowy **3.** centralnie/dogodnie położony **4.** zasadniczy, główny (*to* dla)
 central heating [ˌsentrəl 'hi:tiŋ] centralne ogrzewanie

centralization [ˌsentrəlai'zeiʃən] centralizacja

centralize ['sentrəlaiz] centralizować

centre (*US* **center**) ['sentə] **1.** środek **2.** centrum, ośrodek **3.** centralny, środkowy **4.** centrowy
 centre around/on koncentrować się na

centred ['sentəd] skupiony, usytuowany (in wokół/w)

century ['sentʃəri] 1. wiek 2. stulecie

ceramic [si'ræmik] 1. ceramiczny 2. -s ceramika

cereal ['siəriəl] 1. zboże 2. płatki (zbożowe)

cerebral ['seribrəl] 1. form intelektualny, mózgowy 2. techn mózgowy

ceremonial [seri'mouniəl] 1. obrzędowy 2. ceremoniał, rytuał

ceremonious [seri'mouniəs] form ceremonialny

ceremony ['serəməni] 1. ceremonia, ceremoniał 2. wielki szacunek ◊ 3. without ceremony bez ceremonii, bez ceregieli

certain ['sə:tən] 1. pewny 2. form pewien 3. a certain pewien, niejaki ◊ 4. for certain z pewnością 5. sth is certain to (happen) coś na pewno (się zdarzy) 6. make certain upewniać się 7. to a certain extent w pewnym stopniu, w pewnej mierze

certainly ['sə:tənli] 1. na pewno 2. oczywiście ◊ 3. certainly not oczywiście, że nie

certainty ['sə:tənti] 1. pewność ◊ 2. be a certainty być pewnym

certificate [sə'tifikət] 1. zaświadczenie 2. świadectwo

certify ['sə:tifai] 1. zaświadczać, stwierdzać 2. uznawać 3. stwierdzać (np. chorobę umysłową), uważać (sb as kogoś za) ◊ 4. this is to certify that niniejszym stwierdza się, że

certitude ['sə:titju:d] form pewność

cessation [se'seiʃən] form zaprzestanie

chafe [tʃeif] 1. ocierać (się) 2. form sarkać (at na, under z powodu)

chaff [tʃɑ:f] plewy

chain [tʃein] 1. łańcuch 2. sieć (sklepów) 3. seria 4. przykuwać ◊ 5. in chains w niewoli

chain-smoke ['tʃeinsmouk] (papierosy) palić jednego za drugim

chair [tʃeə] 1. krzesło 2. katedra 3. przewodniczenie, kierownictwo 4. przewodniczyć

chairman ['tʃeəmən], lm chairmen ['tʃeəmən] przewodniczący (mężczyzna)

chairperson ['tʃeəpə:sən] przewodniczący

chairwoman ['tʃeəwumən], lm chairwomen ['tʃeəwimin] przewodnicząca

chalet ['ʃælei] domek, chatka

chalk [tʃɔ:k] 1. kreda 2. pisać (kredą)

chalk up zapisać na swoje konto

chalky ['tʃɔ:ki] kredowy, pokryty kredą

challenge ['tʃælindʒ] 1. wyzywać 2. podważać 3. wyzwanie 4. podważanie, kwestionowanie (to sth czegoś)

challenger ['tʃælindʒə] rywal (to sb czyjś)

challenging ['tʃælindʒiŋ] 1. stanowiący wyzwanie 2. wyzywający, prowokujący

chamber ['tʃeimbə] 1. sala 2. pomieszczenie 3. izba (handlowa, parlamentu itp.) 4. komora

chamber music ['tʃeimbə ˌmju:zik] muzyka kameralna

chambermaid ['tʃeimbəmeid] pokojówka

chameleon [kə'mi:liən] kameleon

chamois leather ['ʃæmi ˌleðə] ircha

champagne [ʃæm'pein] szampan
champion ['tʃæmpiən] 1. zwycięzca, mistrz 2. bojownik (of o) 3. walczyć (sth o coś)
championship ['tʃæmpiənʃip] 1. mistrzostwa 2. mistrzostwo
chance [tʃɑ:ns] 1. szansa (of doing sth zrobienia czegoś) 2. przypadek 3. okazja ◊ 5. take a chance podjąć ryzyko 6. by chance przypadkiem 7. form by any chance przez przypadek 8. chance to do sth przypadkiem coś zrobić
chancellor ['tʃɑ:nsələ] kanclerz
chandelier [ˌʃændə'liə] kandelabr
change [tʃeindʒ] 1. zmieniać (się) 2. (pieniądze) wymieniać, rozmieniać 3. (w ubranie) przebierać się 4. (rzeczy) zamieniać 5. (na pociąg) przesiadać się 6. (ubrania) zmiana 7. (np. żarówki) zmiana, wymiana 8. (pieniądze) drobne 9. monety 10. (z zapłaty) reszta ◊ 11. have change for 5$ (a) móc rozmienić 5 dolarów, (b) móc wydać resztę z 5 dolarów 12. make a change stanowić odmianę, być odmianą 13. for a change dla odmiany
change into zmieniać (się) (out z)
change over przerzucać się (from/to od/do), przejść (from/to z/na)
changeable ['tʃeindʒəbəl] zmienny
changeover ['tʃeindʒouvə] zmiana
channel ['tʃænəl] 1. kanał (także TV) 2. droga 3. kierować (into do) ◊ 4. the (English) Channel Kanał la Manche 5. through official channels drogą służbową
chant [tʃɑ:nt] 1. zaśpiew 2. śpiewać 3. prowadzić śpiew

chaos ['keios] chaos
chaotic [kei'otik] chaotyczny
chap [tʃæp] nieform facet, gość
chapel ['tʃæpəl] kaplica
chaperone ['ʃæpəroun] 1. przyzwoitka 2. pilnować, opiekować się
chaplain ['tʃæplin] kapelan
chapped [tʃæpt] spierzchnięty
chapter ['tʃæptə] rozdział
character ['kæriktə] 1. charakter 2. bohater 3. nieform typ 4. nieform ktoś, ziółko 5. techn znak (typograficzny) ◊ 6. in character (for sth) w typie (czegoś) 6. out of character (for sth) nie w typie (czegoś) 7. be ... in character mieć ... charakter
characteristic [ˌkæriktə'ristik] 1. typowy, charakterystyczny (of dla) 2. cecha charakterystyczna
characterize ['kæriktəraiz] charakteryzować
charade [ʃə'rɑ:d] farsa, gra
charcoal ['tʃɑ:koul] węgiel drzewny
charge [tʃɑ:dʒ] 1. liczyć, policzyć (for za) 2. (zapłatą) obciążać (sth to sb czymś kogoś) 3. (np. o wykroczenie) oskarżać (with sth o coś) 4. atakować, wpadać 5. (o baterii) ładować (się) 6. (za usługi) opłata, należność 7. (o przestępstwo) oskarżenie 8. (troska) opieka (of nad) 9. form podopieczny 10. (elektryczny, wybuchowy) ładunek ◊ 11. on charge naładowany 12. on a charge pod zarzutem (of sth czegoś) 13. free of charge bezpłatny, bezpłatnie 14. be in charge (of sth) być odpowiedzialnym za coś, zajmować się czymś, kierować czymś 15. take charge przejmować kierownictwo 16. take charge of zajmować się

chariot ['tʃæriət] rydwan

charisma [kə'rizmə] charyzmat

charismatic [kəriz'mætik] charyzmatyczny

charitable ['tʃæritəbəl] 1. uprzejmy, łaskawy (*towards* dla) 2. charytatywny, dobroczynny

charity ['tʃæriti] 1. dobroczynność, instytucja charytatywna 2. *form* dobroć, dobroczynność, miłosierdzie 3. *form* datek

charlatan ['ʃɑːlətən] *form* szarlatan

charm [tʃɑːm] 1. wdzięk, urok, czar 2. talizman 3. zaklęcie 4. oczarowywać 5. czarować

charming ['tʃɑːmiŋ] czarujący

charred [tʃɑːd] osmalony

chart [tʃɑːt] 1. wykres 2. mapa (*morza lub firmamentu*) 3. lista przebojów 4. śledzić

charter ['tʃɑːtə] 1. *form* statut, konstytucja 2. czarter 3. czarterowy 4. czarterować 5. *form* nadawać statut

chartered ['tʃɑːtəd] *BR form* dyplomowany, biegły

chase [tʃeis] 1. pościg 2. ścigać, gonić (się) (*after* za) 3. wypędzać 4. uganiać się (*after sth* za czymś)

chasm ['kæzəm] 1. rozpadlina, szczelina 2. *przen* przepaść

chaste [tʃeist] *przest* czysty, wierny

chasten ['tʃeisən] *form* kajać się

chastise [tʃæ'staiz] 1. *form* besztać 2. *przest* ćwiczyć, bić

chastity ['tʃæstiti] *przest* czystość, cnotliwość

chat [tʃæt] 1. gawędzić, rozmawiać 2. pogawędka

chat up *BR nieform* przygadywać się

château ['ʃætou, ʃæ'tou] dwór, zamek

chatter ['tʃætə] 1. trajkotać 2. szczebiotać 3. klekotać, szczękać 4. paplanina 5. klekotanie, szczękanie

chatterbox ['tʃætəboks] *nieform* gaduła, trajkotka

chatty ['tʃæti] rozmowny, gadatliwy

chauffeur ['ʃoufə, ʃou'fəː] 1. kierowca 2. wozić

chauvinism ['ʃouvinizəm] szowinizm

chauvinist ['ʃouvinist] 1. szowinista 2. szowinistyczny

cheap [tʃiːp] 1. tani 2. niewyszukany ◇ 3. **on the cheap** za psi pieniądz

cheat [tʃiːt] 1. oszukiwać 2. wyłudzać (*sb* u kogoś, *(out) of sth* coś) 3. wyłudzacz, oszust ◇ 4. **feel cheated** czuć się oszukanym

check [tʃek] (*patrz także* **cheque**) 1. sprawdzać (*on/with sb/sth* kogoś/coś) 2. (*przed zrobieniem czegoś*) powstrzymywać (się) 3. *szach* szachować 4. (*sprawdzenie*) kontrola (*on sth* czegoś) 5. (*pokwitowanie*) żeton kontrolny, kwit 6. *US* (*do zapłaty*) rachunek 7. *US* (*bankowy*) czek 8. *US* (*na liście*) oznaczenie, ptaszek 9. *szach* szach 10. (*na materiale*) kratka 11. (*materiał*) kratkowany ◇ 12. **in check** w szachu, pod kontrolą

check in/into 1. (za)meldować się 2. zgłaszać się (do odprawy)

check out 1. wymeldowywać się 2. sprawdzać, badać

check up wywiadywać się (*on sb* o kogoś)

checkered *US* ['tʃekəd] (*patrz* **chequered** *BR*) bujny, bogaty

checkers ['tʃekəz] *US* warcaby

check-in ['tʃekin] (*także* check-in

counter/desk) odprawa pasażerów

checkmate ['tʃekmeit] (szach i) mat

checkout ['tʃek-aut] kasa

checkpoint ['tʃekpoint] punkt kontroli

check-up ['tʃek-ʌp] *nieform* kontrola

cheek [tʃiːk] 1. policzek 2. *nieform* tupet 3. *nieform* obrażać

cheekbone ['tʃiːkboun] kość policzkowa

cheeky ['tʃiːki] bezczelny

cheer [tʃiə] 1. wznosić okrzyki na cześć (*sb* czyjąś) 2. dopingować 3. krzepić
cheer on dopingować
cheer up rozchmurzać (się)

cheering ['tʃiəriŋ] pokrzepiający

cheerful ['tʃiəful] 1. radosny, pogodny 2. beztroski

cheerily ['tʃiərili] *przest* radośnie

cheerio [tʃiəri'ou] *nieform* cześć, pa

cheerless ['tʃiəlis] ponury

cheers [tʃiːəz] ◇ "Cheers!" „Na zdrowie!"

cheery ['tʃiəri] *przest* radosny

cheese [tʃiːz] ser

cheesecake ['tʃiːzkeik] sernik

cheetah ['tʃiːtə] gepard

chef [ʃef] szef (kuchni)

chemical ['kemikəl] 1. chemiczny 2. substancja chemiczna

chemist ['kemist] 1. chemik 2. *BR* aptekarz ◇ 3. *BR* the chemist's apteka, drogeria

chemistry ['kemistri] 1. chemia 2. właściwości chemiczne

cheque *BR* (*US* check) [tʃek] 1. czek ◇ 2. pay by cheque płacić czekiem 3. blank cheque (a) czek in blanco (b) *przen* wolna ręka

chequebook *BR* (*US* checkbook) ['tʃekbuk] książeczka czekowa

chequered *BR* (*US* checkered) ['tʃekəd] urozmaicony, pełen wzlotów i upadków

cherish ['tʃeriʃ] 1. piastować, żywić 2. miłować, troszczyć się z miłością 3. dochowywać, utrzymywać

cherry ['tʃeri] 1. wiśnia, czereśnia 2. wiśniowy, czereśniowy

chess [tʃes] szachy

chessboard ['tʃesbɔːd] szachownica

chest [tʃest] 1. pierś, klatka piersiowa 2. skrzynia ◇ 3. *nieform* get sth off one's chest zrzucać ciężar z piersi
chest of drawers [ˌtʃest əv 'drɔːz] komoda

chestnut ['tʃesnʌt] 1. kasztan 2. kasztanowy

chew [tʃuː] 1. żuć, przeżuwać (*at sth* coś) 2. obgryzać 3. wygryzać 4. *nieform* przeżuwać (*on/over sth* coś)

chewing gum ['tʃuːiŋ gʌm] guma do żucia

chic [ʃiːk] 1. szykowny, wyrafinowany 2. szyk, wyrafinowanie

chick [tʃik] pisklę

chicken ['tʃikin] 1. kurczę 2. *nieform* tchórz
chicken out *nieform* wystraszyć się, spłoszyć się

chickenpox ['tʃikinpɔks] ospa wietrzna

chicory ['tʃikəri] cykoria

chide [tʃaid] *przest* strofować (*for* za)

chief [tʃiːf] 1. szef 2. dowódca 3. naczelny 4. główny

chiefly ['tʃiːfli] 1. zasadniczo 2. głównie

chieftain ['tʃiːftən] wódz

chiffon ['ʃifon] 1. szyfon 2. szyfon
chilblain ['tʃilblein] odmrożenie
child [tʃaild], lm children ['tʃildren]
dziecko
childbearing ['tʃaildbeəriŋ] poród
childbirth ['tʃaildbə:θ] poród, naro-
dziny
childhood ['tʃaildhud] dzieciństwo
childish ['tʃaildiʃ] dziecinny
childless ['tʃaildlis] bezdzietny
childlike ['tʃaildlaik] dziecięcy
childminder ['tʃaildmaində] opie-
kun(ka) (do dzieci)
children ['tʃildren] patrz child: lm
chill [tʃil] 1. chłodzić, schładzać 2.
przeziębienie 3. dreszcz 4. chłód
5. chłodny
chilli ['tʃili] czili
chilly ['tʃili] 1. chłodny ◇ 2. feel
chilly czuć chłód, czuć zimno
chime [tʃaim] 1. bić 2. bicie
chime in dołączyć się (with sth z
czymś), wtórować
chimney ['tʃimni] komin
chimneysweep ['tʃimniswi:p] kominiarz
chimpanzee [,tʃimpæn'zi:] szym-
mpans
chin [tʃin] broda, podbródek
china ['tʃainə] porcelana
chink [tʃiŋk] 1. szczelina 2. brzęk,
pobrzękiwanie 3. brzęczeć
chintz [tʃints] kreton, perkal
chip [tʃip] 1. BR -s frytki 2. US -s
chrupki (ziemniaczane) 3. techn
chip, kość 4. szczerba 5. odłamek,
wiórek, skrawek, drzazga 6. żeton
7. wyszczerbiać (się), obijać (się)
◇ 8. nieform when the chips
are down jak już dojdzie do o-
stateczności, jak już dojdzie do
rozstrzygnięcia, 9. nieform have
a chip on one's shoulder mieć

kompleks
chip in nieform 1. zrzucać się,
składać się 2. wtrącać się
chiropodist [ki'ropədist] pedikiu-
rzyst(k)a
chirp [tʃə:p] ćwierkać
chisel ['tʃizəl] 1. dłuto 2. dłutować,
wycinać
chivalrous ['ʃivəlrəs] rycerski
chivalry ['ʃivəlri] rycerskość
chlorine ['klo:ri:n] chlor
chlorophyll ['klo:rəfil] chlorofil
chocolate ['tʃoklit] 1. czekolada 2.
czekoladka
choice [tʃois] 1. wybór 2. dobór, a-
sortyment 3. wyborowy, najlepszy
◇ 4. have no choice but nie
mieć innego wyjścia oprócz
choir ['kwaiə] chór
choke [tʃouk] 1. dławić (się), dusić
(się) (on sth czymś) 2. zapychać
(with sth czymś) 3. przepustnica,
dławik
choke back tłumić
cholera ['kolərə] cholera
choose [tʃu:z], chose [tʃouz], chosen ['tʃouzən] 1. wybierać 2. postanawiać, chcieć ◇ 3. there is
little/not much to choose
between nie ma żadnej różnicy
między
choosy ['tʃu:zi] wybredny
chop [tʃop] 1. rąbać 2. siekać 3. kotlet ◇ 3. BR nieform be for the
chop być spisanym na straty 4.
nieform chop and change miotać się
chopper ['tʃopə] nieform 1. siekiera
2. helikopter
choppy ['tʃopi] pofalowany, pomarszczony
chopstick ['tʃopstik] pałeczka (do
jedzenia)

choral ['ko:rəl] chóralny

chord [ko:d] 1. akord ◇ 2. strike a chord zabrzmieć znajomo

chore [tʃo:] prace domowe, harówka

choreography [kori'ogrəfi] choreografia

chortle ['tʃo:rtəl] zaśmiewać się, uśmiać się

chorus ['ko:rəs] 1. chór 2. refren 3. zespół (chóralny lub baletowy) 4. lit mówić, śpiewać chórem

chose [tʃouz] patrz choose: II forma

chosen ['tʃouzən] 1. patrz choose: III forma 2. wybrany

Christ [kraist] Chrystus

christen ['krisən] 1. chrzcić 2. nieform ochrzcić, nazwać

christening ['krisəniŋ] chrzciny

Christian ['kristʃən] 1. chrześcijanin 2. chrześcijański
Christian name ['kristʃən neim] imię

Christianity [kristi'æniti] chrześcijaństwo

Christmas ['krisməs] Boże Narodzenie
Christmas Day [‚krisməs 'dei] pierwszy dzień Bożego Narodzenia
Christmas Eve [‚krisməs 'i:v] wigilia (Bożego Narodzenia)
Christmas tree ['krisməs tri:] choinka

chrome [kroum] chrom

chronic ['kronik] chroniczny

chronicle ['kronikəl] form 1. kronika 2. zapisywać (w kronikach)

chronological [‚kronə'lodʒikəl] chronologiczny

chrysalis ['krisəlis] 1. poczwarka 2. oprzęd

chrysanthemum [kri'sænθiməm] chryzantema

chubby ['tʃʌbi] pulchny

chuck [tʃʌk] nieform 1. rzucać 2. wyrzucać
chuck away/out nieform wyrzucać, wywalać

chuckle ['tʃʌkəl] podśmiewać się, chichotać

chug [tʃʌg] łoskotać, turkotać, stukotać

chum [tʃʌm] przest nieform 1. koleś 2. chłop

chunk [tʃʌŋk] nieform kawał

chunky ['tʃʌŋki] 1. zwalisty, rozłożysty 2. ogromniasty

church [tʃə:tʃ] kościół

churchman ['tʃə:tʃmən], lm churchmen ['tʃə:tʃmən] form duchowny

churchyard ['tʃə:tʃjɑːd] cmentarz

churlish ['tʃə:liʃ] grubiański

churn [tʃə:n] 1. maślnica 2. ubijać mleko/śmietanę 3. kotłować (się), mieszać 4. nieform wywracać się (w żołądku), czuć się niedobrze
churn out nieform produkować, wypluwać
churn up wzburzać, bełtać

chute [ʃu:t] zsyp

cider ['saidə] wino jabłkowe, jabłecznik

cigar [si'gɑ:] cygaro

cigarette [sigə'ret] papieros

cinch [sintʃ] nieform łatwizna

cinder ['sində] 1. -s popiół, żużel ◇ 2. burn sth to a cinder spalić coś na węgiel

cinema ['sinimə] kino

cinematic [sinə'mætik] kinowy

cinnamon ['sinəmən] cynamon

cipher ['saifə] szyfr

circa ['sə:kə] około

circle ['sə:kəl] 1. okrąg, koło 2. krąg 3. balkon 4. krążyć, okrążać ◇ 5.

be going round in circles kręcić się w kółko 6. come full circle zatoczyć pełny krąg

circuit ['sə:kit] 1. obwód 2. objazd, tura 3. tor ◊ 4. on circuit w/na turze objazdowej

circuitous [sə:'kju:itəs] *form* okrężny

circular ['sə:kjulə] 1. kolisty, okrągły 2. okólny, okrężny 3. okólnik

circularity [ˌsə:kju'læriti] błąd logiczny, błędne koło

circulate ['sə:kjuleit] 1. krążyć 2. rozpowszechniać, rozsyłać

circulation [ˌsə:kju'leiʃən] 1. obieg 2. nakład 3. krążenie

circumcise ['sə:kəmsaiz] obrzezywać

circumference [sə'kʌmfərəns] obwód

circumscribe ['sə:kəmskraib] *form* ograniczać

circumspect ['sə:kəmspekt] *form* rozważny (*about* w)

circumstance ['sə:kəmstəns] 1. -s okoliczności, warunki 2. -s warunki (*także materialne*) 3. *lit* zbieg okoliczności ◊ 4. in/under the circumstances w (tych) warunkach 5. in/under no circumstances pod żadnym pozorem

circumstantial [ˌsə:kəm'stænʃəl] *form* 1. poszlakowy ◊ 2. circumstantial evidence poszlaki

circus ['sə:kəs] cyrk

cissy ['sisi] *patrz* sissy

cistern ['sistən] 1. rezerwuar 2. zbiornik, cysterna

citadel ['sitədəl] cytadela

citation [sai'teiʃən] *form* 1. pochwała 2. cytata

cite [sait] *form* 1. przytaczać 2. pozywać, wzywać

citizen ['sitizən] obywatel

citizenship ['sitizənʃip] obywatelstwo

citrus ['sitrəs] cytrusowy

city ['siti] 1. miasto 2. the City centrum Londynu

civic ['sivik] 1. miejski 2. obywatelski ◊ 3. civic centre administracja miejska, magistrat

civil ['sivəl] 1. cywilny 2. społeczny, obywatelski 3. przyzwoity, uprzejmy

civil rights [ˌsivəl 'raits] prawa obywatelskie

civil servant [ˌsivəl 'sə:vənt] *BR* urzędnik administacji państwowej

Civil Service [ˌsivəl 'sə:vis] *BR* administacja państwowa

civil war [ˌsivəl 'wo:] wojna domowa

civilian [si'viliən] cywil

civility [si'viliti] przyzwoitość, uprzejmość

civilization [sivəlai'zeiʃən] cywilizacja

civilize (*także* civilise) ['sivəlaiz] cywilizować

civilized ['sivəlaizd] 1. cywilizowany 2. kulturalny

civilly ['sivəli] przyzwoicie, grzecznie

clad [klæd] *lit* przyodziany (*in* w)

claim [kleim] 1. twierdzić, utrzymywać 2. (*zasługi*) brać na siebie, przypisywać sobie 3. (*swoich praw*) żądać, domagać się 4. *form* (*o ogniu — czyjeś życie*) zabierać 5. (*stwierdzenie*) twierdzenie, sąd, deklaracja 6. żądanie, roszczenie ◊ 7. have a claim on/upon sb mieć (pewne) roszczenia wobec kogoś 8. make a claim domagać się 9. *form* lay claim to wysuwać żądania (wobec kogoś)

clairvoyant [kleə'voiənt] 1. jasnowidzący **2.** jasnowidz

clam [klæm] małż

clam up *nieform* zamknąć się

clamber ['klæmbə] gramolić się

clammy ['klæmi] lepki, kleisty

clamour (*US* **clamor**) ['klæmə] **1.** *form* żądać (*for sth* czegoś), wołać (*for* o) **2.** alarmować, protestować (*against* przeciwko) **3.** *lit* robić zgiełk **4.** zgiełk

clamp [klæmp] **1.** klamra, zacisk **2.** (klamrą, zaciskiem) przytwierdzać (*to* do), spinać (*together* razem) **3.** przymocowywać

clamp down on przyciskać, przyhamowywać (*on* coś)

clan [klæn] klan

clandestine [klæn'destin] *form* tajny, podziemny

clang [klæŋ] **1.** dźwięczeć, dzwonić **2.** dźwięk, odgłos

clank [klæŋk] **1.** szczękać **2.** szczęk

clap [klæp] **1.** klaskać **2.** klepać **3.** klaśnięcie **4.** aplauz **5.** łoskot

clapped-out [ˌklæpt'aut] *BR nieform* zdezelowany

claptrap ['klæptræp] *nieform* bzdura

clarify ['klærifai] wyjaśniać

clarification [ˌklærifi'keiʃən] wyjaśnienie, objaśnienie

clarinet [ˌklærə'net] klarnet

clarity ['klæriti] **1.** przejrzystość, jasność **2.** precyzyjność, precyzja

clash [klæʃ] **1.** kolidować, wchodzić w konflikt (*with* z) **2.** (*np. o mieczach*) szczękać, brzękać **3.** (*o kolorach, ideach*) kłócić się **4.** (*z policją*) starcie **5.** (*interesów*) kolizja, konflikt **6.** (*przedmiotów*) zderzenie (się) **7.** łoskot, hałas

clasp [klɑːsp] **1.** przytulać, przyciskać **2.** klamra, sprzączka

class [klɑːs] **1.** klasa, grupa **2.** zajęcia, lekcja **3.** klasa, warstwa (społeczna) **4.** klasyfikować (*as* jako), zaliczać (*with* do) ◊ **5.** in class na zajęciach, w szkole **6.** be in a class of one's own być jedynym w swojej klasie

classic ['klæsik] **1.** klasyczny, typowy **2.** dzieło klasyczne **3.** -s studia klasyczne

classical ['klæsikəl] **1.** klasyczny, tradycyjny **2.** (*muzyka*) klasyczny, poważny **3.** starożytny

classification [klæsifi'keiʃən] klasyfikacja

classified ['klæsifaid] **1.** zastrzeżony, tajny ◊ **2.**

classified ad(vertisement) drobne ogłoszenie

classify ['klæsifai] klasyfikować (*as* jako)

classmate ['klɑːsmeit] kolega (z klasy)

classroom ['klɑːsrum] klasa, sala szkolna

classy ['klɑːsi] *nieform* z klasą, na poziomie

clatter ['klætə] **1.** brzęk, stukot **2.** stukać, brzęczeć

clause [klɔːz] **1.** klauzula **2.** *gram* zdanie (składowe)

claustrophobia [klɔstrə'foubiə] klaustrofobia

claw [klɔː] **1.** szpon, pazur **2.** kleszcz **3.** drzeć pazurami

claw at wpijać się (pazurami)

clay [klei] glina

clean [kliːn] **1.** czysty **2.** (*opinia*) bez zarzutu **3.** (*sprzątać*) czyścić, myć **4.** *nieform* (*przebijać*) równo **5.** (*zapomnieć*) na śmierć, do cna ◊ **6.** *nieform* come clean wyjawiać, wyznawać

clean out 1. wyczyszczać, opróżniać **2.** *nieform* obdzierać, ogałacać

clean up 1. myć, czyścić **2.** sprzątać (*after sb* po kimś)

cleaner ['kli:nə] **1.** sprzątaczka **2.** pracz(ka) **3.** środek czyszczący, przyrząd do czyszczenia ◇ **4.** the cleaner's pralnia (chemiczna)

cleanliness ['klenlinis] schludność

cleanly I. ['kli:nli] gładko, porządnie **II.** ['klenli] schludny

cleanse [klenz] oczyszczać (*of/from* z)

cleanser ['klenzə] płyn do czyszczenia

clear [kliə] **1.** jasny, przejrzysty **2.** (*fakt*) widoczny, oczywisty **3.** (*myślenie*) jasny, precyzyjny **4.** (*powierzchnia, sumienie*) czysty **5.** (*miejsce*) oczyszczać, sprzątać (*of* z) **6.** (*umysł*) rozjaśnić (się) **7.** (*płot*) przesadzać, przeskakiwać **8.** (*o mgle*) rozchodzić się, ustępować **9.** (*reputację*) oczyszczać **10.** (*czek*) rozliczać, zatwierdzać, przyjmować ◇ **11.** be clear about sth być pewnym czegoś **12.** be clear of nie dotykać **13.** be cleared (a) zostać oczyszczonym (b) dawać wolną drogę **14.** clear one's throat odchrząkiwać **15.** make sth/oneself clear stwierdzać jasno **16.** stay/steer clear of trzymać się z daleka od **17.** be in the clear być *czystym/wolnym od podejrzeń*

clear away sprzątać, zabierać

clear off *nieform* zmywać się

clear out *nieform* **1.** wynosić się (*of* z) **2.** wyczyścić, wysprzątać

clear up 1. poskładać, posprzątać **2.** wyjaśniać **3.** przejaśniać się

clearance ['kliərəns] **1.** oczyszczanie **2.** zezwolenie (na wjazd/wyjazd, przylot/wylot) **3.** odprawa

clear-cut [kliə'kʌt] wyraźny, jednoznaczny

clear-headed [kliə'hedid] jasno myślący

clearing ['kliəriŋ] polana

clear-sighted [kliə'saitid] przenikliwy, przytomny

cleavage ['kli:vidʒ] **1.** *form* rozłam, rozszczepienie (*between* pomiędzy) **2.** rozstęp (między piersiami)

clef [klef] *muz* klucz

cleft [kleft] *lit* pęknięcie, szczelina (*between/in* pomiędzy/w)

clemency ['klemənsi] *form* łaskawość, wyrozumiałość

clench [klentʃ] zaciskać

clergy ['klə:dʒi] kler, duchowieństwo

clergyman ['klə:dʒimən], *lm* clergymen ['klə:dʒimən] duchowny

clerical ['klerikəl] **1.** biurowy **2.** *form* przynależny do duchowieństwa

clerk [klɑ:k] **1.** urzędnik **2.** protokolant **3.** *US* sprzedawca **4.** *US* recepcjonista

clever ['klevə] **1.** inteligentny, zdolny **2.** zmyślny, pomysłowy

cliché ['kli:ʃei] komunał

click [klik] **1.** pstrykać, terkotać **2.** *nieform* udać się, zaskoczyć **3.** pstryk(nięcie)

client ['klaiənt] klient

cliff [klif] klif, stromy brzeg

climactic [klai'mæktik] *form* szczytowy

climate ['klaimit] klimat

climatic [klai'mætik] klimatyczny

climax ['klaimæks] klimaks, punkt kulminacyjny

climb [klaim] **1.** wspinać się (*sth/to sth/up sth* na coś) **2.** piąć się, iść w górę **3.** wspinaczka, wspinanie się **climb down** schodzić, złazić

climber ['klaimə] **1.** wspinacz, alpinista **2.** roślina pnąca (się), pnącze

climbing ['klaimiŋ] alpinistyka, wspinaczka

clime [klaim] *lit* klimat, strefa

clinch [klintʃ] *nieform* załatwić

cling [kliŋ], **clung** [klʌŋ], **clung 1.** czepiać się (*to/on sth* czegoś) **2.** przywierać (*to* do) **3.** trzymać się (*to sb* kogoś), nie odstępować (*to sb* kogoś)

clinging ['kliŋiŋ] **1.** niesamodzielny **2.** przylegający

clinic ['klinik] klinika

clinical ['klinikəl] **1.** *med* medyczny, kliniczny **2.** sterylny, zimny

clink [kliŋk] **1.** brzęczeć **2.** brzęk

clip [klip] **1.** spinacz, zapięcie **2.** (wideo) klip **3.** spinać **4.** przycinać, wycinać

clipboard ['klipbo:d] notatnik

clippers ['klipə:z] nożyczki, szczypczyki

clipping ['klipiŋ] wycinek (prasowy)

clique [kli:k] klika

cloak [klouk] **1.** płaszcz, peleryna **2.** płaszczyk, pokrywka **3.** okryć, przykryć

cloakroom ['kloukru:m] **1.** garderoba, szatnia **2.** toaleta

clobber ['klobə] *nieform* **1.** bambetle, ciuchy **2.** przywalić, pobić

clock [klok] **1.** zegar **2.** programator, regulator **3.** licznik ◇ **4.** **round the clock** (przez) 24 godziny na dobę **5.** *przen* **put/turn the clock back** cofać wskazówki zegara **clock in 1.** podbijać kartę (zega-

rową) **2.** dochodzić (*at* do) **clock up** zaliczać

clockwise ['klokwaiz] zgodnie ze wskazówkami zegara

clockwork ['klokwə:k] **1.** mechanizm sprężynowy ◇ **2.** **like clockwork** jak w zegarku

clod [klod] bryła, gruda

clog [klog] **1.** zatykać, blokować **2.** chodak, drewniak **clog up** zablokowywać, zatykać (*with sth* czymś)

cloister ['kloistə] krużganek

clone [kloun] *techn* **1.** klon **2.** klonować

close I. [klouz] **1.** zamykać (się) **2.** (*rozmowę*) kończyć **3.** (*o napastniku*) zbliżać się (*on* do) **4.** *form* koniec, zakończenie II. [klous] **5.** (*podchodzić*) blisko **6.** bliski (*to sth* czegoś, np. śmiechu) **7.** (*podobieństwo*) duży, bliski **8.** (*kontrola*) dokładny, drobiazgowy **9.** (*np. ziemia*) ścisły, zwarty **10.** (*człowiek*) zamknięty (w sobie) **11.** *BR* (*pokój*) duszny **12.** (*w nazwach*) dziedziniec, plac ◇ **11. it was a close shave/thing/call** nieszczęście było o krok **13. close *by/at hand*** w pobliżu **14.** *inform* **close to/on** blisko, prawie **15. close to/up z** bliska **16. be close** przechodzić minimalną większością (głosów), wygrywać o pierś **close down** zamykać **close in** zbliżać się (*on/upon* do), otaczać (*on/upon sb* kogoś)

close-knit [klous 'nit] zwarty, blisko związany

close-set [klous 'set] blisko osadzony

closet ['klozit] **1.** *US* szafa ścienna **2.** skrywany, utrzymywany w tajemnicy ◊ **3. be closeted** przebywać za zamkniętymi drzwiami, naradzać się na osobności (*with sb* z kimś)

close-up ['klous ʌp] *fot* zbliżenie

closure ['klouʒə] **1.** zamknięcie **2.** blokada

clot [klot] **1.** skrzep **2.** *BR nieform* cep, pacan **3.** krzepnąć

cloth [kloθ] **1.** materiał **2.** szmatka

clothe [klouð] ubierać (się) (*in* w)

clothes [klouðz] ubranie

clothing ['klouðiŋ] ubranie, odzież

cloud [klaud] **1.** chmura **2.** zachmurzenie **3.** kłąb **4.** chmurzyć się **5.** pokrywać kłębami **6.** zaciemniać ◊ **7.** *nieform* **under a cloud** w niełasce
cloud over zachmurzać się

cloudy ['klaudi] **1.** zachmurzony, szary **2.** mętny

clout [klaut] *nieform* **1.** palnąć **2.** walnięcie **3.** siła przebicia

clove [klouv] **1.** goździk (*przyprawa*) **2.** ząbek (czosnku)

clover ['klouvə] koniczyna

clown [klaun] **1.** clown, klown **2.** *nieform* błazen **3.** błaznować

club [klʌb] **1.** klub **2.** kij **3.** pałka **4.** trefl **5.** bić (pałkami), pałować
club together składać się

cluck [klʌk] **1.** gdakać **2.** cmokać, kręcić głową (*over* nad)

clue [klu:] **1.** wskazówka, ślad **2.** (*w krzyżówce*) objaśnienie, hasło ◊ **3. not to have a clue** nie mieć pojęcia

clump [klʌmp] **1.** kępa, grupa **2.** tupać, stąpać

clumsy ['klʌmzi] **1.** niezgrabny **2.** nieporęczny, niezgrabny

clung [klʌŋ] *patrz* **cling:** *II i III forma*

clunk [klʌŋk] łomot

cluster ['klʌstə] **1.** grono, kiść **2.** grupka **3.** skupiać się

clutch [klʌtʃ] **1.** ściskać **2.** chwytać się (*at sth* czegoś) **3.** szpon, pazur **4.** sprzęgło **5.** lęg **6.** *lit* gremium, sztab ◊ **7.** *nieform* **in the clutches** w szponach

clutter ['klʌtə] **1.** bałagan, nieład **2.** zawalać (*sth up* coś)

c/o (*skrócone:* **care of** ['keərəv]) na adres, do rąk

co- [kou] współ-, ko-

Co. [kou] *skrócone:* company **1.** sp(ółka) ◊ **2.** *nieform* **&/and** **co.** i sp.(ółka)

coach [koutʃ] **1.** *BR* autobus (dalekobieżny), autokar **2.** wagon **3.** dyliżans, kareta **4.** trener **5.** trenować

coagulate [kou'ægjuleit] **1.** krzepnąć, koagulować **2.** gęstnieć, stygnąć

coal [koul] węgiel

coalesce [kouə'les] *form* łączyć się (*with* z), jednoczyć się

coalface ['koulfeis] *techn* przodek

coalfield ['koulfi:ld] pokład (węglowy), złoże (węgla)

coalition [ˌkouə'liʃən] koalicja

coalmine ['koulmain] kopalnia (węgla)

coalminer ['koulmainə] górnik (węglowy)

coarse [ko:s] **1.** gruby, szorstki **2.** grubiański, ordynarny

coast [koust] **1.** brzeg, wybrzeże ◊ **2. the coast is clear** droga wolna

coastal ['koustəl] przybrzeżny

coastguard ['koustgɑ:d] **1.** straż przybrzeżna **2.** funkcjonariusz straży przybrzeżnej

coastline ['koustlain] linia brzegowa

coat [kout] 1. płaszcz 2. futro (zwierzęcia) 3. powłoka 4. pokrywać (*with sth* czymś)
coat hanger ['kout hæŋgə] wieszak
coat of arms [ˌkout əv 'ɑ:mz] herb
coating ['koutiŋ] powłoka
coax [kouks] namawiać, nakłaniać
cobble(stone) ['kobəl(stoune)] 1. brukowiec 2. brukować
cobble together zebrać do kupy
cobra ['koubrə] kobra
cobweb ['kobweb] pajęczyna
cocaine [kou'kein] kokaina
cock [kok] 1. *BR* kogut 2. ustawiać, przesuwać ◇ 3. **keep one's ears cocked** nastawiać uszu
cock up *BR nieform* spieprzyć
cockatoo [kokə'tu:] kakadu
cockerel ['kokərəl] kogucik
cockeyed [kok'aid] skrzywiony
cockle ['kokəl] mięczak jadalny
cockney ['kokni] cockney (*dialekt londyński*)
cockpit ['kokpit] kabina
cockroach ['kokroutʃ] karaluch
cocksure ['kokʃo:] zbyt pewny siebie
cocktail ['kokteil] 1. koktail (alkoholowy) 2. mieszanka
cock-up ['kokʌp] *BR nieform* spieprzenie, bajzel
cocky ['koki] *nieform* zarozumiały
cocoa ['koukou] kakao
coconut ['koukounʌt] orzech kokosowy
cocoon [kə'ku:n] kokon
cocooned [kə'ku:nd] 1. opatulony 2. odizolowany
cod [kod] dorsz
coddle ['kodəl] rozpieszczać
code [koud] 1. kodeks 2. kod 3. kodować, szyfrować

code name [koud 'neim] kod, oznaczenie kodowe
codify ['koudifai] kodyfikować, ustalać
co-ed [kou'ed, 'koued] koedukacyjny
co-education [kouedju'keiʃən] koedukacyjny
coerce [kou'ə:s] *form* przymuszać (*into* do)
coexist [kouig'zist] współistnieć, koegzystować (*with* z)
coffee ['kofi] kawa
coffee table ['kofi teibəl] (niski) stolik
coffin ['kofin] trumna
cog [kog] 1. koło zębate, zębatka ◇ 2. **a cog in the machine** trybik w maszynie
cogent ['koudʒent] *form* przekonujący
cognac ['konjæk] koniak
cognitive ['kognitiv] *termin* kognitywny, poznawczy
cohabit [kou'hæbit] *form* współżyć (*with* z)
coherent [kou'hiərənt] spójny, koherentny
cohesion [kou'hiʒən] spójność, zwartość
cohesive [kou'hisiv] zwarty, spójny
coil [koil] 1. zwój, spirala 2. zwijać (się), tworzyć zwoje
coil up zwijać
coin [koin] 1. moneta 2. bić (monetę) 3. (*wyrażenie*) ukuć ◇ 4. **to coin a phrase** że się tak wyrażę
coinage ['koinidʒ] system monetarny, waluta
coincide [ˌkouin'said] 1. zbiegać się w czasie (*with* z) 2. pokrywać się (*with* z), zachodzić (*with* na) 3. współbrzmieć, pokrywać się
coincidence [kou'insidəns] zbieg o-

koliczności, przypadek

coincidental [kou͵insi'dentəl] przypadkowy

coke [kouk] **1.** koks **2.** *nieform* coca-cola **3.** *nieform* kokaina

colander ['kʌləndə] cedzak, durszlak

cold [kould] **1.** zimny **2.** oziębły, zimny **3.** zimno **4.** chłód **5.** przeziębienie, grypa ◇ **6.** sb is cold komuś jest zimno **7.** sth leaves sb cold coś mało kogoś wzrusza **8.** have/get cold feet about sth mieć stracha przed czymś **9.** catch cold łapać grypę
cold sweat [͵kould 'swet] ◇ be in a cold sweat być oblanym zimnym potem
cold war [͵kould 'wo:r] zimna wojna

cold-blooded [͵kould'blʌdid] zimnokrwisty

colic ['kolik] kolka

collaborate [kə'læbəreit] **1.** współpracować (*with* z) **2.** kolaborować (*with* z)

collaborator [kə͵læbə'reitə] **1.** współpracownik **2.** kolaborant

collaboration [kə͵læbə'reiʃən] współpraca

collapse [kə'læps] **1.** zawalać się **2.** (*o balonie*) zapadać się **3.** (*o stole*) składać się **3.** (*o instytucji*) rozpadać się **4.** (*tracić przytomność*) mdleć **5.** (*budynku*) zawalenie się **6.** (*sercowa*) zapaść

collapsible [kə'læpsəbəl] składany

collar ['kolə] **1.** kołnierzyk **2.** obroża **3.** *nieform* capnąć

collarbone ['koləboun] obojczyk

collate [kə'leit] porównywać, zestawiać

colleague ['koli:g] kolega

collect [kə'lekt] **1.** zbierać (się) **2.** odbierać (*from* z) **3.** (*dług*) ściągać **4.** *US* (*rozmowa telefoniczna*) płatny przez odbiorcę ◇ **5.** collect oneself zebrać się **6.** collect one's thoughts zebrać myśli
collect up zbierać

collected [kə'lektid] skupiony, opanowany

collection [kə'lekʃən] **1.** kolekcja, zbiór **2.** zbiorowisko **3.** (*podatków*) zbiórka, ściąganie **4.** odbieranie **5.** zbiórka, kolekta

collective [kə'lektiv] kolektywny, wspólny

collector [kə'lektə] **1.** kolekcjoner **2.** poborca, inkasent **3.** bileter

college ['kolidʒ] **1.** wyższa szkoła (*pedagogiczna*) **2.** szkoła pomaturalna **3.** seminarium nauczycielskie, kolegium **4.** (*uczelni*) wydział **5.** (*szkoła średnia*) liceum **6.** (*np. lekarzy*) izba, związek

collide [kə'laid] zderzać się (*with* z)

colliery ['koljəri] *BR* kopalnia węgla

collision [kə'liʒən] **1.** zderzenie **2.** kolizja

colloquial [kə'loukwiəl] kolokwialny, potoczny

collusion [kə'lu:ʒen] zmowa

cologne [kə'loun] woda kolońska

colon ['koulən] **1.** dwukropek **2.** jelito grube

colonel ['kə:nəl] pułkownik

colonial [kə'louniəl] kolonialny

colonist ['kolənist] kolonista, kolonizator

colonize ['kolənaiz] kolonizować

colony ['koləni] kolonia

color ['kʌlə] *US patrz* colour *BR*

colossal [kə'losəl] kolosalny

colour *BR* (*US* color) ['kʌlə] **1.** kolor, barwa **2.** kolor skóry **4.** (*lokalny*) koloryt **5.** -s (*sztandary*) bar-

wy, znaki **3.** (*TV, zdjęcie*) kolorowy **6.** (*materiał*) kolorować, barwić (się) **7.** (*czyjś sąd*) zabarwiać
◊ **8. in colour** w kolorze **9. with
flying colours** śpiewająco
colour in kolorować
colour blind ['kʌlə blaind] dalto-
nista
colour supplement [ˌkʌlə 'sʌpli-
mənt] *BR* barwny dodatek (do
niedzielnej gazety)
coloured (*US* **colored**) ['kʌləd] **1.**
koloru, ubarwiony na (*green-col-
oured* koloru zielonego) **2.** barwny
3. (*człowiek*) kolorowy
colourful (*US* **colorful**) ['kʌləfəl]
barwny
colouring (*US* **coloring**) ['kʌləriŋ]
1. ubarwienie **2.** barwa **3.** barwnik
colt [koult] źrebak
column ['koləm] **1.** kolumna **2.** felie-
ton
columnist ['koləmnist] felietonista
coma ['koumə] koma, śpiączka
comb [koum] **1.** grzebień **2.** czesać
3. przeczesywać (*for* za)
combat ['kombæt] **1.** walka **2.** bitwa
3. zwalczać
combination [ˌkombi'neiʃən] **1.** mieszanina, kombinacja **2.** szyfr, kod
combination lock [ˌkombi'neiʃən
lok] zamek szyfrowy
combine I. [kəm'bain] **1.** łączyć, połączyć **II.** ['kombain] **2.** zespół **3.**
koncern, kombinat
combustion [kəm'bʌstʃən] *form* zapłon, spalanie
come [kʌm], **came** [keim], **come 1.**
przybywać, przychodzić, **2.** rozpadać się (*to pieces*), rozchodzić
się (*apart*), odchodzić (*off/away*
od) **3.** dochodzić **4.** stawać się
(*come true* stawać się prawdą) **5.**

pochodzić (*from/of* z) **6.** wychodzić (*out of/of* z) **7.** być (*first/last*
pierwszym/ostatnim) **8.** (*np. w
sprzedaży*) być dostępnym (*in* w,
np.: in two colours w dwóch barwach) **9.** (*po przyjściu*) gdy przyjdzie (*Come winter* ... Gdy przyjdzie zima ...) **10.** (*ostatecznie*)
w końcu (*I have come to believe
her* w końcu uwierzyłem jej) ◊
11. to come w przyszłości **12.
come and go** przybywać i odchodzić **13. "come to think of it"**
„jak się dobrze zastanowić" **14. it
comes as a surprise** to stanowi
niespodziankę
come about zdarzać się, wydarzać się
come across 1. natykać się **2.**
wychodzić, docierać
come along 1. nadchodzić ◊ **2.**
nieform **sth is coming along
(nicely)** idzie z czymś (nieźle),
coś się ma (nieźle) **3. "come
along"** „chodź no"
come at podchodzić, nacierać
come back 1. wracać **2.** powracać
come by znajdować, dochodzić
do
come down 1. spadać **2.** przewracać się
come down on krytykować, napadać
come down to sprowadzać się
(do czegoś)
come down with zachorować
(na coś, *np.: she came down with
flu* grypa ją złożyła)
come for nadchodzić, nacierać
come forward wychodzić naprzeciw
come in 1. nadchodzić, docierać

2. wpływać 3. przyłączać się (*on
do*) 4. mieć rolę/funkcję
come in for spotykać (się)
come into 1. dochodzić (do czegoś) ◇ **2. come into one's own**
wychodzić na swoje
come off 1. wychodzić, udawać
się 2. wypadać (*well/badly* do-
brze/źle) ◇ **3. come off it** a idź-
że, a idź ty
come on 1. nadchodzić 2. włączać się ◇ **3. come on** no już, no
proszę, no no 4. **sth is coming on**
z czymś idzie
come on to dochodzić, brać się
(za coś)
come out 1. wychodzić 2. ujawniać się 3. ukazywać się, pokazywać się 4. wypadać, znajdować się
5. znikać ◇ **6. come out *for/in**
favour of* sth opowiadać się za
czymś **7. come out against sth**
opowiadać się przeciwko czemuś
come out in pokrywać się
come over 1. nachodzić, stawać
się 2. nadchodzić
come round 1. przejść (*to* na),
zmieniać poglądy (*to* na) 2. nadchodzić 3. dochodzić do siebie
come through 1. przechodzić
(przez coś) 2. być widocznym,
dawać się poznać 3. nadchodzić,
przychodzić
come to dochodzić (do czegoś)
come under 1. wchodzić w zakres 2. znajdować się pod czymś
come up 1. wznosić się 2. (*o
sprawie, nazwisku*) być wspomnia-
nym 3. (*o wypadku, okazji*) zdarzać się, nadarzać się 4. (*do wyborów*) wystawiać (*for* na), przedstawiać (*for* do/na) 5. (*o słońcu*) wschodzić 6. (*o sprawie*) sta-

wać, wchodzić na wokandę ◇ **7.**
be coming up zbliżać się
come up against natykać się, natrafiać
come up to dochodzić (do czegoś)
come up with wysuwać
come upon 1. natykać się 2. *lit*
owładnąć, opanować
comeback ['kʌmbæk] ◇ **make a**
comeback powracać
comedian [kə'mi:diən] komik
comedy ['kɔmidi] komedia
comely ['kʌmli] *przest* nadobny
comet ['kɔmit] kometa
comfort ['kʌmfət] **1.** wygoda **2.**
komfort **3.** otucha **4.** -s wygody
5. pocieszać ◇ **6. be a comfort**
być pokrzepieniem, być otuchą **7.**
be too (close) for comfort być
zbyt (blisko) dla poczucia spokoju
comfortable ['kʌmfətəbəl] **1.** wygodny **2.** *przest* bez trosk finan-
sowych, dostatni **3.** swobodny **4.**
w dobrym stanie **5.** dogodny, bez
wysiłku ◇ **6. be comfortable**
czuć się jak w domu **7. make one-**
self comfortable rozgaszczać się,
czuć się jak w domu
comic ['kɔmik] **1.** komiczny **2.** komik
3. *BR* komiks
comic strip ['kɔmik strip] komiks
comical ['kɔmikəl] komiczny
coming ['kʌmiŋ] **1.** nadchodzący ◇
2. comings and goings przypływy i odpływy
comma ['kɔmə] przecinek
command [kə'mænd] **1.** kazać, rozkazywać **2.** żądać, domagać się **3.**
(*posłuch*) zjednywać, wzbudzać **4.**
(*wojskiem*) dowodzić, komenderować **5.** (*np. w wojsku*) rozkaz **6.**
(*wojskowe*) dowództwo **7.** (*języka*)

opanowanie, znajomość ◇ 8. be in command (of sth) dowodzić (czymś) 9. be in command of oneself być opanowanym 10. be second in command być zastępcą 11. have sth at one's command władać czymś

commandant ['komǝndænt] dowódca

commandeer [ˌkomǝn'diǝ] 1. rekwirować 2. przejmować

commander [kǝ'mɑːndǝ] 1. wódz 2. komandor

commander-in-chief [kǝˌmɑːndǝrin'tʃiːf] głównodowodzący

commanding [kǝ'mɑːndiŋ] 1. przewodzący, panujący 2. imponujący, dominujący ◇ 4. commanding officer dowódca

commandment [kǝ'mɑːndmǝnt] 1. przykazanie ◇ 2. Ten Commandments Dziesięcioro Przykazań

commando [kǝ'mɑːndou] 1. jednostka do zadań specjalnych, komando 2. żołnierz z jednostki do zadań specjalnych, komandos

commemorate [kǝ'memoreit] 1. upamiętniać 2. obchodzić

commence [kǝ'mens] form rozpoczynać (się)

commend [kǝ'mend] 1. chwalić, udzielać pochwały (for za) 2. polecać (sth to sb coś komuś) ◇ 3. sth commends itself to sb coś jest aprobowane przez kogoś

commendable [kǝ'mendǝbǝl] chwalebny, godny polecenia

commendation [ˌkɒmen'deiʃǝn] pochwała

commensurate [kǝ'menʃǝrǝt] form proporcjonalny (with do), współmierny (with z)

comment ['koment] 1. komentować (on/upon sth coś), robić uwagi (on/upon o) 2. uwaga, komentarz (on o/co do) ◇ 3. no comment bez komentarzy

commentary ['komǝntǝri] 1. sprawozdanie (telewizyjne) 2. komentarz

commentator ['komǝnteitǝ] 1. sprawozdawca, reporter 2. komentator

commerce ['komǝːs] handel

commercial [kǝ'mǝːʃǝl] 1. handlowy, finansowy 2. komercyjny, na dużą skalę 3. reklama

commercialize [kǝ'mǝːʃǝlaiz] komercjalizować

commiserate [kǝ'mizǝreit] współczuć (with sb komuś)

commission [kǝ'miʃǝn] 1. zlecać, zamawiać 2. zamówienie, zlecenie 3. prowizja 4. komisja

commissionaire [kǝˌmiʃǝ'neǝ] portier

commissioner [kǝ'miʃǝnǝ] komisarz

commit [kǝ'mit] 1. popełniać 2. kierować, przeznaczać 3. oddawać (to do) ◇ 4. commit oneself to angażować się przy, zobowiązywać się (do czegoś) 5. commit sth to memory wyuczać się (na pamięć)

commitment [kǝ'mitmǝnt] 1. zaangażowanie (to w) 2. obowiązek ◇ 3. form give a commitment to zobowiązywać się (do czegoś)

committee [kǝ'miti] komitet

commodious [kǝ'moudiǝs] form przestronny

commodity [kǝ'moditi] form towar, artykuł (handlowy)

common ['komǝn] 1. powszechny, zwyczajny 2. (np. język) wspólny (to dla) 3. (np. kwiat) zwykły, pospolity 4. (zachowanie) prostac-

ki **6.** (*we wsi*) łąka (otwarta dla
wszystkich), trawnik ◇ **7. have
sth in common (with)** mieć
coś wspólnego (z) **8. in common with** jak i; podobnie jak
9. common or garden najzwy-
czajniejszy **10. for the common
good** dla dobra powszechnego **11.
common ground** punkt styczny;
wspólna podstawa
   Common Market [,komən 'mɑ:-
   kit] Wspólny Rynek, EWG
   common room ['komən ru:m]
   pokój dzienny
   common sense [,komən 'sens] **1.**
   zdrowy rozsądek **2.** zdroworozsąd-
   kowy
common-law [,komən'lo:] niezale-
galizowane, o trwałym pożyciu
(małżeństwo)
   common-law marriage konku-
   binat
commonplace ['komənpleis] pospolity, powszechny
commotion [kə'mouʃən] poruszenie
communal ['komjunəl] wspólny
commune ['komju:n] **1.** komuna **2.**
lit obcować (*with* z)
communicate [kə'mju:nikeit] **1.** komunikować się, przesyłać wiadomości **2.** porozumiewać się **3.**
przekazywać (*sth to sb* coś komuś)
4. nawiązywać kontakt, rozumieć
się
communication [kə,mjuni'keiʃən]
1. komunikacja, porozumiewanie
się **2. -s** telekomunikacja **3.** *form*
informacja
communicative [kə'mju:nikətiv] **1.**
komunikatywny, rozmowny **2.** komunikacyjny
communion [kə'mju:niən] **1.** *form*
łączność, współuczestnictwo **2.**

komunia
communiqué [kə'mju:nikei] komunikat, zawiadomienie
communist ['komjunist] **1.** komunista **2.** komunistyczny
community [kə'mju:niti] społeczność
   community centre [kə'mju:niti
   ,sentə] dom kultury
   community service [kə'mju:niti
   ,sə:vis] praca przymusowa (na
   rzecz społeczeństwa)
commute [kə'mju:t] dojeżdżać (do
pracy — *from* z)
commuter [kə'mju:tə] dojeżdżający
compact I. ['kompækt] **1.** zwarty
2. kompaktowy **3.** puderniczka **II.**
[kə'mpækt] **4.** *form* zbijać, zagęszczać
companion [kə'mpænjən] towarzysz
companionable [kə'mpænjənəbəl]
towarzyski
companionship [kə'mpænjənʃip]
towarzystwo
company ['kʌmpəni] **1.** spółka, firma **2.** zespół **3.** towarzystwo **4.**
wojsk kompania ◇ **5. keep sb
company** dotrzymywać towarzystwa komuś
comparable ['kompərəbəl] porów-
nywalny, dający się porównywać
(*to/with* z)
comparative [kəm'pærətiv] **1.** porównawczy **2.** względny **3.** *gram*
wyższy (stopień)
compare [kəm'peə] **1.** porównywać
(*A with/to B* A z B) ◇ **2. compare favourably/unfavour-
ably with** wypadać korzystnie/
/niekorzystnie w porównaniu (z
czymś) **3. A does not compare
with B** A nie wytrzymuje porównania z B **4. compared with/to**

w porównaniu z/do
comparison [kəm'pærisən] **1.** porównanie ◇ **2. in/by comparison (with/to)** w porównaniu (z czymś)
compartment [kəm'pɑːtmənt] **1.** przedział **2.** przegródka
compass ['kʌmpəs] **1.** kompas **2. -s** cyrkiel **3.** *form* zasięg, zakres
compassion [kəm'pæʃən] współczucie, litość
compassionate [kəm'pæʃənit] **1.** litościwy ◇ **2. compassionate leave** urlop okolicznościowy
compatible [kəm'pætəbəl] zgodny (*with* z), kompatybilny (*with* z)
compatriot [kəm'pætriət] rodak
compel [kəm'pel] **1.** zmuszać **2.** *form* zwracać, przyciągać
compelling [kəm'peliŋ] istotny
compensate ['kompənseit] **1.** rekompensować (*for* za) **2.** kompensować, równoważyć
compensation [,kompən'seiʃən] **1.** rekompensata, odszkodowanie **2.** kompensacja, przystosowanie **3.** rekompensata, pociecha
compensatory [kəm'pensətəri] **1.** rekompensacyjny, wyrównawczy **2.** resocjalizacyjny
compère ['kompeə] **1.** prezenter, konferansjer **2.** prowadzić konferansjerkę
compete [kəm'piːt] **1.** rywalizować, konkurować (*with/against* z/przeciwko) (*for* o) **2.** ubiegać się (*for* o) **3.** brać udział, współzawodniczyć
competence ['kompitəns] kompetencja, sprawność
competent ['kompitənt] kompetentny, sprawny
competition [,kompi'tiʃən] **1.** rywa-

lizacja (*for* o) **2.** konkurencja **3.** zawody, konkurs ◇ **4. be in competition** rywalizować, konkurować (*with sb/sth* z kimś/czymś)
competitive [kəm'petitiv] **1.** rywalizujący, współzawodniczący **2.** skłonny do rywalizacji, przebojowy, ostry **3.** konkurencyjny
competitor [kəm'petitə] **1.** konkurent **2.** zawodnik, uczestnik
compilation [,kompi'leiʃən] **1.** kompilacja, zbiór **2.** kompilowanie, zbieranie
compile [kəm'pail] kompilować, zestawiać
complacency [kəm'pleisənsi] samozadowolenie
complacent [kəm'pleisənt] zadowolony z siebie (*about* co do)
complain [kəm'plein] **1.** skarżyć się (*to sb* komuś, *of/at/about* na) **2.** narzekać (*of* na)
complaint [kəm'pleint] **1.** skarga, zażalenie **2.** problem **3.** dolegliwość
complement ['komplimənt] **1.** uzupełniać, uwydatniać **2.** uzupełnienie, uwydatnienie (*to sth* czegoś) **3.** *form* komplet, obsada **4.** *gram* orzecznik ◇ **5. full complement** pełen zestaw
complementary [,kompli'mentəri] uzupełniający (się) (*to* do)
complete [kəm'pliːt] **1.** całkowity, zupełny **2.** zakończony **3.** zakańczać **4.** uzupełniać **5.** wypełniać ◇ **6. complete with** łącznie/wraz z
completion [kəm'pliːʃən] ukończenie, zakończenie
complex ['kompleks] **1.** skomplikowany **2.** kompleks, zespół **3.** kompleks (*about* wobec/co do)
complexion [kəm'plekʃən] **1.** cera

2. *form* aspekt

complexity [kəm'pleksiti] **1.** skomplikowanie, złożoność **2.** -s zawiłość

compliance [kəm'plaiəns] *form* ustępliwość

compliant [kəm'plaiənt] *form* ustępliwy

complicate ['komplikeit] komplikować

complicated ['komplikeitid] skomplikowany

complication [‚kompli'keiʃən] komplikacja

complicity [kəm'plisiti] *form* współudział

compliment ['komplimənt] **1.** komplement **2.** *form* -s wyrazy uszanowania, pozdrowienia **3.** prawić komplementy (*on* co do, *for* za)

complimentary [‚kompli'mentəri] **1.** uprzejmy, wyrażający uznanie **2.** bezpłatny, okazowy

comply [kəm'plai] podporządkowywać się, ustępować (*with sth* czemuś)

component [kəm'pounənt] część (składowa), komponent

compose [kəm'pouz] **1.** *form* składać się **2.** komponować **3.** układać ◇ **4. compose oneself** uspokajać się

composed [kəm'pouzd] spokojny, opanowany

composer [kəm'pouzə] kompozytor

composite ['kompəzit] **1.** *form* złożony **2.** mieszanka, składanka

composition [‚kompə'ziʃən] **1.** skład **2.** wypracowanie **3.** kompozycja, utwór ◇ **4. of sb's composition** autorstwa

compost ['kompost] kompost

composure [kəm'pouʒə] *form* równowaga, spokój

compound I. ['kompaund] **1.** teren (zagrodzony), podwórze **2.** związek (chemiczny) **3.** mieszanka **II.** [kəm'paund] **4.** *form* mieszać, przygotowywać mieszaninę (*of/from* z) **5.** *form* potęgować, pogarszać

comprehend [‚kompri'hend] *form* pojmować, rozumieć

comprehensible [‚kompri'hensibəl] zrozumiały

comprehension [‚kompri'henʃən] **1.** pojmowanie **2.** rozumienie

comprehensive [‚kompri'hensiv] **1.** wyczerpujący, kompletny **2.** *BR* szkoła ogólnokształcąca

comprehensive school [‚kompri'hensiv sku:l] szkoła ogólnokształcąca

compress [kəm'pres] **1.** zaciskać, sprężać **2.** ściskać, kondensować

compression [kəm'preʃən] kompresja, sprężanie

comprise [kəm'praiz] *form* **1.** składać się (*of* z) **2.** stanowić, składać się na

compromise ['komprəmaiz] **1.** kompromis **2.** uzyskiwać kompromis **3.** kompromitować (*oneself* się) **4.** zaprzeczać, szargać

compulsion [kəm'pʌlʃən] **1.** natręctwo **2.** przymus

compulsive [kəm'pʌlsiv] **1.** nałogowy **2.** nie do oderwania się **3.** przymusowy

compulsory [kəm'pʌlsəri] obowiązkowy

computation [‚kompjə'teiʃən] obliczenie

compute [kəm'pju:t] obliczać, wyliczać

computer [kəm'pju:tə] **1.** komputer

◇ **2. by computer** przy pomocy komputera **3. on computer** w komputerze, w postaci cyfrowej

computerization [kəmˌpjuːtəraiˈzeiʃən] komputeryzacja

computerize [kəmˈpjuːtəraiz] **1.** komputeryzować **2.** przetwarzać na komputerze **3.** przechowywać (na nośniku komputerowym)

computing [kəmˈpjuːtiŋ] obliczenie komputerowe, przetwarzanie

comrade [ˈkomrid] **1.** towarzysz **2.** *przest* kamrat, kumpel

con [kon] *nieform* **1.** urabiać (*into* w), oszukiwać **2.** szwindel

concave [kənˈkeiv] wklęsły

conceal [kənˈsiːl] **1.** ukrywać (*from* przed) **2.** zakrywać

concealment [kənˈsiːlmənt] **1.** ukrycie **2.** miejsce ukrycia

concede [kənˈsiːd] **1.** przyznawać, przyznawać słuszność **2.** uznawać (*defeat* swoją przegraną)

conceit [kənˈsiːt] zarozumiałość

conceited [kənˈsiːtid] zarozumiały

conceivable [kənˈsiːvəbəl] wyobrażalny, do wyobrażenia

conceive [kənˈsiːv] **1.** wyobrażać sobie **2.** zajść w ciążę, począć

concentrate [ˈkonsəntreit] **1.** skupiać się (*on* na) **2.** koncentrować, skupiać **3.** koncentrat ◇ **4. concentrate the mind** dawać jasność umysłu

concentrated [ˈkonsəntreitid] **1.** stężony, zagęszczony **2.** skoncentrowany

concentration [ˌkonsənˈtreiʃən] **1.** koncentracja, skupienie (się) **2.** koncentracyjny

concentric [kənˈsentrik] koncentryczny, współśrodkowy

concept [ˈkonsept] pojęcie

conception [kənˈsepʃən] **1.** koncepcja, pomysł **2.** zamysł **3.** poczęcie

conceptual [kənˈseptʃuəl] *form* pojęciowy

concern [kənˈsəːn] **1.** problem, niepokój (*sb's concern is that* dla kogoś jest problemem, że) **2.** (*zainteresowanie*) troska (*for* o) **3.** sprawa (*of sb* czyjaś) **4.** (*przemysłowy*) koncern **5.** (*troskać*) niepokoić (*sb* kogoś) **6.** dotyczyć (*sb* kogoś) **7.** zajmować się (*with sth* czymś), tyczyć się (*with sth* czegoś), ◇ **8. concern oneself** zajmować się, kłopotać się (*with sth* czymś) **9. be of concern** być ważnym **10. as far as sth is concerned** jeśli chodzi o coś

concerned [kənˈsəːnd] **1.** zaniepokojony **2.** zaangażowany (*for everybody concerned* dla wszystkich zaangażowanych)

concerning [kənˈsəːniŋ] odnoszący się, tyczący, co się tyczy

concert [ˈkonsət] **1.** koncert ◇ **2. be in concert** występować (na żywo) **3.** *form* **in concert** wspólnie

concerted [kənˈsəːtid] **1.** zgodny, wspólny **2.** *nieform* wzmożony

concerto [kənˈtʃəːtou] *muz* koncert

concession [kənˈseʃən] **1.** ustępstwo **2.** koncesja ◇ **3. make a concession** czynić koncesje

conciliate [kənˈsilieit] *form* pogodzić się, udobruchać

conciliation [kənˌsiliˈeiʃən] pogodzenie się, pojednanie się

conciliatory [kənˈsiliətori] pojednawczy

concise [kənˈsaiz] zwięzły

conclude [kənˈkluːd] **1.** wyciągać wnioski, wnioskować (*from sth* z/na podstawie czegoś) **2.** *form* kończyć (się) **3.** *form* zawierać, finalizować

conclusion [kən'klu:ʒən] **1.** wniosek **2.** zakończenie, wynik **3.** finalizacja ◇ **4. jump to a conclusion** dochodzić pochopnie do wniosku **5. in conclusion** na zakończenie

conclusive [kən'klu:siv] rozstrzygający, decydujący, ostateczny

concoct [kən'kokt] **1.** sklecać **2.** preparować

concoction [kən'kokʃən] mikstura, potrawa (*of* z)

concomitant [kən'komitənt] *form* współistniejący (*with* z)

concord ['koŋko:d] *form* pogodzenie się, zgoda

concrete ['koŋkri:t] **1.** beton **2.** betonować **3.** konkretny **4.** namacalny

concur [kən'kə:] *form* **1.** zgadzać się (*with* z) **2.** potwierdzać (*that* że)

concurrence [kən'kʌrəns] *form* **1.** zgoda **2.** zbieg okoliczności, współwystępowanie

concurrent [kən'kʌrənt] współwystępujący (*with* z)

concussed [kən'kʌst] po wstrząsie mózgu

concussion [kən'kʌʃən] wstrząs mózgu

condemn [kən'dem] **1.** potępiać, ganić **2.** skazywać (*to* na) **3.** kwalifikować do rozbiórki/kasacji **4.** uznawać za nie nadający się do użytku

condemned [kən'demd] skazaniec, skazany (na śmierć)

condemnation [kondəm'neiʃən] potępienie, ostra krytyka

condensation [kondən'seiʃən] **1.** kondensacja **2.** skroplenie

condense [kən'dens] **1.** ścieśniać,

kondensować **2.** skraplać (się)

condescend [kondi'send] *form* zniżać się (*to sb* do kogoś), raczyć (*to do sth* coś zrobić)

condescending [kondi'sendiŋ] pełen wyższości, protekcjonalny

condescension [kondi'senʃən] protekcjonalność, poczucie wyższości

condition [kən'diʃən] **1.** warunek **2.** warunki, stan **3.** podstawa, warunek **4.** dolegliwość, choroba (*of/for* do/dla) **5.** warunkować, wyrabiać nawyk ◇ **6. have a heart condition** mieć chore serce **7. be out of condition** nie być w dobrej kondycji

conditional [kən'diʃənəl] **1.** warunkowy ◇ **2. be conditional on//upon sth** zależeć od czegoś, stanowić warunek czegoś

conditioner [kən'diʃənə] **1.** odżywka (do włosów) **2.** płyn zmiękczający

condolence [kən'douləns] kondolencje

condom ['kondəm] kondom, prezerwatywa

condominium [kondə'miniəm] mieszkanie własnościowe, budynek z mieszkaniami własnościowymi

condone [kən'doun] przyzwalać (*sth* na coś), rozgrzeszać

conducive [kən'dju:siv] ◇ **be conducive to** prowadzić do

conduct I. [kən'dʌkt] **1.** prowadzić, przeprowadzać **2.** dyrygować **3.** przewodzić ◇ **4.** *form* **conduct oneself** zachowywać się **II.** ['kondʌkt] **5.** prowadzenie, przeprowadzanie **6.** zachowanie (się)

conductor [kən'dʌktə] **1.** konduktor **2.** dyrygent **3.** przewodnik (elektryczny)

cone [koun] **1.** stożek **2.** szyszka **3.** rożek

confectionery [kənˈfekʃənəri] wyroby cukiernicze

confederation [kənˌfedəˈreiʃən] konfederacja, sprzymierzenie

confer [kənˈfəː] **1.** dyskutować (*with* z), radzić się (*with sb* kogoś) **2.** *form* obdarzać (*on/upon sb* kogoś)

conference [ˈkonfərəns] konferencja

confess [kənˈfes] **1.** przyznawać się (**to sth/sth** do czegoś), wyznawać (**to sth/sth** coś) **2.** spowiadać się ◇ **3.** "I must confess" „muszę przyznać", „szczerze mówiąc"

confessed [kənˈfest] jawny, otwarty

confession [kənˈfeʃən] **1.** przyznanie się **2.** wyznanie **3.** spowiedź ◇ **4. have a confession to make** chcieć się przyznać

confetti [kənˈfeti] konfetti

confidant [ˈkonfidænt] *form* powiernik

confide [kənˈfaid] wyznawać, zwierzać się (*to sb* komuś)
confide in zawierzać, pokładać zaufanie (*sb about sth* w kimś co do czegoś)

confidence [ˈkonfidəns] **1.** zaufanie, wiara (*in sb* w kimś) **2.** pewność siebie **3.** sekret, zwierzenie ◇ **4. a breach of confidence** zdrada zaufania **5. take sb into one's confidence** zwierzać się komuś

confident [ˈkonfidənt] **1.** pewny siebie ◇ **2. be confident** być przekonanym

confidently [ˈkonfidəntli] **1.** z przekonaniem **2.** z pewnością siebie

confidential [ˌkonfiˈdenʃəl] poufny

confiding [kənˈfaidiŋ] ufny

configuration [kənˌfigjəˈreiʃən] *form* układ, konfiguracja

confine [kənˈfain] **1.** ograniczać (*to* do) **2.** odosabniać, uwięzić (*to* w) ◇ **3. confine oneself** ograniczać się

confines [ˈkonfainz] granice

confinement [kənˈfainmənt] odosobnienie

confirm [kənˈfəːm] **1.** potwierdzać **2.** bierzmować

confirmation [ˌkonfəˈmeiʃən] **1.** potwierdzenie **2.** bierzmowanie, konfirmacja

confirmed [kənˈfəːmd] przekonany, niewzruszony

confiscate [ˈkonfiskeit] konfiskować (*sth from sb* coś od kogoś)

confiscation [ˌkonfiˈskeiʃən] konfiskata

conflagration [ˌkonfləˈgreiʃən] *form* pożoga

conflict I. [ˈkonflikt] **1.** konflikt, sprzeczność **2.** niezdecydowanie **3.** wojna **II.** [kənˈflikt] **4.** wchodzić w konflikt (*with* z)

conflicting [kənˈfliktiŋ] sprzeczny

conform [kənˈfoːm] **1.** podporządkowywać się (zwyczajom) **2.** stosować się (*to* do)

conformist [kənˈfoːmist] **1.** konformista **2.** konformistyczny

confound [kənˈfaund] wprawiać w zmieszanie

confront [kənˈfrʌnt] **1.** stawać (*with sth* przed/wobec czegoś) **2.** stawać naprzeciw **3.** przedstawiać (*sb with sth* komuś coś), konfrontować (*sb with sth* kogoś z czymś)

confrontation [ˌkonfrənˈteiʃən] konfrontacja, zwada

confuse [kənˈfjuːz] **1.** mylić (*A with B* A z B) **2.** mieszać **3.** pogarszać

confusing [kən'fju:ziŋ] mylący

confusion [kən'fju:ʒən] 1. pomyłka 2. chaos, zamieszanie 3. zagubienie, dezorientacja

congeal [kən'dʒi:l] tężeć, krzepnąć

congenial [kən'dʒi:niəl] *form* przyjemny

congenital [kən'dʒenitə:l] *med* wrodzony

congested [kən'dʒestid] zapchany, zatłoczony

congestion [kən'dʒestʃən] 1. zatłoczenie, przeludnienie 2. *med* zastój (krwi), blokada

conglomerate [kən'glomərit] koncern, konglomerat

conglomeration [kən,glomə'reiʃən] zbiór, konglomeracja

congratulate [kən'grætʃuleit] 1. gratulować, składać życzenia (*on* z okazji) ◇ 2. congratulate oneself mieć satysfakcję (*on sth* z czegoś)

congratulations [kən'grætʃu'leiʃəns] gratulacje, życzenia

congratulatory [kən,grætʃu'leitəri] gratulacyjny

congregate ['kongrigeit] zbierać się

congregation [,kongri'geiʃən] kongregacja, zgromadzenie wiernych

congress ['kəngres] kongres

conical ['konikəl] stożkowy

conifer ['kounifə] drzewo szpilkowe

conjecture [kən'dʒektʃə] *form* przypuszczenie, domniemanie

conjugal ['kondʒugəl] *form* małżeński

conjunction [kən'dʒʌŋkʃən] 1. *form* zespół 2. *gram* spójnik ◇ 3. in conjunction with wraz z

conjure ['kʌndʒə] 1. wyczarowywać ◇ 2. a name to conjure with nazwisko, przed którym wszystkie drzwi się otwierają

conjure up wyczarowywać

conjurer ['kʌndʒərə] iluzjonista, prestidigitator

conker ['koŋkə] kasztan

con-man ['konmən], *lm* con-men ['konmən] oszust, szalbierz

connect [kə'nekt] 1. przytwierdzać, przymocowywać (*A to B* A do B) 2. przyłączać, podłączać 3. łączyć (*sb to/with sth* kogoś z czymś)

connected [kə'nektid] 1. związany (*with* z) 2. mający koneksje (*well-connected* mający dobre koneksje) ◇ 3. be connected with odnosić się (do)

connection [kə'nekʃən] 1. relacja, związek (*between/with* pomiędzy) 2. połączenie, złącze 4. -s powiązania, koneksje (*także* znajomi) ◇ 5. in connection with w odniesieniu do 6. make a connection mieć połączenie

connive [kə'naiv] 1. przymykać oczy (*at* na) 2. konspirować, zmawiać się

connoisseur [,konə'sə:] koneser

connotation [,konə'teiʃən] konotacja, skojarzenie

conquer ['koŋkə] 1. podbijać 2. pokonywać, opanowywać

conqueror ['koŋkərə] zdobywca

conquest ['koŋkwest] 1. podbój 2. podbite ziemie 3. zdobycie, opanowanie

conscience ['konʃəns] 1. sumienie 2. przekonanie ◇ 3. bad/guilty conscience nieczyste sumienie 4. in all conscience w całym przekonaniu 5. on sb's conscience w czyimś sumieniu

conscience-stricken ['konʃəns,strikən] pełen wyrzutów sumienia

conscientious [ˌkonʃi'enʃəs] sumienny

conscious ['konʃəs] 1. przytomny 2.
świadomy 3. uczulony, wrażliwy
(*of* na) ◇ 4. be/become conscious of sth zdawać sobie sprawę z czegoś

consciousness ['konʃəsnis] przytomność, świadomość

conscript I. [kən'skript] 1. brać (do
wojska) 2. wcielać II. ['konskript]
3. poborowy

conscription [kən'skripʃən] pobór

consecrate ['konsikreit] poświęcać

consecration [ˌkonsi'kreiʃən] poświęcenie

consecutive [kən'sekjutiv] kolejny

consensus [kən'sensəs] konsensus

consent [kən'sent] 1. zgoda (*to* na)
2. zgadzać się (*to* na) ◇ 3. by
common consent za wspólną
zgodą 3. age of consent pełnoletność

consequence ['konsikwəns] 1. konsekwencja ◇ 2. in consequence
w rezultacie 3. *form of* consequence doniosły 4. *form of*
little consequence niezbyt ważny

consequent ['konsikwənt] *form* późniejszy, następujący

consequently ['konsikwəntli] czyli,
zgodnie z tym

conservation [ˌkonsə'veiʃən] ochrona (przyrody)

conservationist [ˌkonsə'veiʃənist] o-
chroniarz (przyrody)

conservatism [kən'sə:vətizəm] konserwatyzm

conservative [kən'sə:vətiv] 1. konserwatywny 2. konserwatysta 3.
ostrożny

conservatory [kən'sə:vətəri] 1. o-

ranżeria, cieplarnia 2. konserwatorium

conserve [kən'sə:v] 1. zachowywać,
oszczędzać 2. zabezpieczać, chronić

consider [kən'sidə] 1. uważać (*sb/
/sth as* kogoś/coś za) 2. rozważać,
przemyśliwać 3. brać pod uwagę, uwzględniać ◇ 4. all things
considered jak się wszystko weź-
mie pod uwagę, wszystko razem
wziąwszy

considerable [kən'sidərəbəl] znaczny

considerate [kən'sidəreit] pełen
względów, troskliwy (*to/towards*
wobec)

consideration [kən,sidə'reiʃən] 1.
przemyślenie, rozważenie 2. względy (*for* wobec/dla) 3. fakt, aspekt
◇ 4. take sth into consideration brać coś pod uwagę 5. be
under consideration być rozwa-
żanym

considering [kən'sidəriŋ] biorąc pod
uwagę

consign [kən'sain] *form* 1. odkładać,
składać, deponować (*to a place*
gdzieś) 2. powierzać 3. rzucać na
pastwę (*to sth* czegoś)

consignment [kən'sainmənt] partia
(towaru), przesyłka

consist [kən'sist] 1. składać się (*of* z)
2. polegać (*in* na)

consistency [kən'sistənsi] 1. konsekwencja, logika 2. konsystencja

consistent [kən'sistənt] 1. konsekwentny, wytrwały 2. spójny, logiczny ◇ 3. be consistent with
być zgodnym (z czymś)

consolation [ˌkonsə'leiʃən] pociecha,
pocieszenie

console I. [kən'soul] 1. pocieszać

(*by/with* przez) **II.** ['konsoul] **2.** konsola, pulpit (sterowniczy)

consolidate [kən'solideit] **1.** umacniać **2.** konsolidować, łączyć (się)

consolidation [kən,soli'deiʃən] **1.** umacnianie **2.** konsolidacja, łączenie

consonant ['konsənənt] spółgłoska

consort I. [kən'so:t] **1.** *form* przestawać (*with* z) **II.** ['konso:t] **2.** małżonka/małżonek (panującego)

consortium [kən'so:tiəm] konsorcjum

conspicuous [kən'spikjuəs] rzucający się w oczy, dobrze widoczny

conspiracy [kən'spirəsi] konspiracja, konspirowanie (*to* w celu)

conspire [kən'spaiə] **1.** konspirować (*against* przeciwko) (*with* wraz z) **2.** *lit* sprzysięgać się

constable ['kʌnstəbəl] *BR* posterunkowy

constabulary [kən'stæbjuləri] *BR* okręg policyjny

constancy ['konstənsi] stałość

constant ['konstənt] **1.** stały **2.** stabilny

constantly ['konstəntli] stale

constellation [,konsti'leiʃən] konstelacja

consternation [,konstə'neiʃən] konsternacja

constipated ['konstipeitəd] ◇ **be constipated** mieć zatwardzenie

constipation [,konsti'peiʃən] zatwardzenie

constituency [kən'stitʃuənsi] okręg wyborczy

constituent [kən'stitʃuənt] **1.** wyborca **2.** składnik

constituent part [kən'stitʃuənt-,pa:t] część składowa

constitute ['konstitju:t] **1.** stanowić

2. *form* konstytuować

constitution [,konsti'tju:ʃən] **1.** konstytucja, statut **2.** zdrowie **3.** skład

constitutional [,konsti'tju:ʃənəl] **1.** konstytucyjny, statutowy **2.** zasadniczy

constrain [kən'strein] *form* **1.** wywierać presję **2.** ograniczać ◇ **3. feel constrained to do sth** czuć się zmuszonym coś zrobić **4. feel constrained by sth** czuć się ograniczonym przez coś

constraint [kən'streint] *form* **1.** ograniczenie (*on/of sb* kogoś) **2.** skrępowanie **3.** przymus

constrict [kən'strikt] **1.** ściskać, uciskać **2.** ograniczać, zawężać

constriction [kən'strikʃən] **1.** ściskanie **2.** ograniczenie

construct I. [kən'strʌkt] **1.** budować, konstruować **2.** nadawać strukturę, rozwijać **II.** ['konstrʌkt] **3.** *form* konstrukt **4.** *form* konstrukcja

construction [kən'strʌkʃən] **1.** budowa **2.** struktura ◇ **3. be of (intricate) construction** mieć (skomplikowaną) strukturę **4. under construction** w budowie

constructive [kən'strʌktiv] konstruktywny

construe [kən'stru:] *form* interpretować (*as* jako)

consul ['konsəl] konsul

consulate ['konsjulit] konsulat

consult [kən'sʌlt] **1.** radzić się **2.** konsultować się (*each other* ze sobą, *with* z) **3.** zaglądać do

consultancy [kən'sʌltənsi] biuro konsultingowe

consultant [kən'sʌltənt] **1.** (lekarz) specjalista **2.** konsultant

consultation [ˌkonsəl'teiʃən] 1. narada 2. wizyta 3. konsultacja ◇ 4. have a consultation mieć wizytę (*with* u kogoś)

consultative [kən'sʌltətiv] *form* doradczy

consulting room [kən'sʌltiŋ ru:m] pokój przyjęć, gabinet (lekarski)

consume [kən'sju:m] 1. *form* konsumować 2. zużywać 3. *liter* zżerać, pochłaniać

consumer [kən'sju:mə] konsument

consummate I. ['konsəmeit] *form* 1. konsumować, spełniać 2. dopełniać, wykorzystywać, osiągać II. [kən'sʌmit] 3. skończony, doskonały

consumption [kən'sʌmpʃən] 1. zużycie 2. *form* konsumpcja ◇ 3. for sb's consumption dla czyjegoś użytku

contact ['kontækt] 1. kontakt, styczność 2. zetknięcie, styk 3. osoba kontaktowa 4. kontaktować się (*sb* z kimś) ◇ 5. come into contact stykać się, wchodzić w kontakt 6. make contact with sb/sth kontaktować się, wchodzić w kontakt z kimś/czymś 7. lose contact with sb tracić kontakt z kimś contact lens szkła kontaktowe

contagious [kən'teidʒəs] 1. zakaźny 2. zaraźliwy

contain [kən'tein] 1. zawierać 2. *form* hamować, trzymać w ryzach

container [kən'teinə] 1. pojemnik, kontener 2. kontenerowy

contaminate [kən'tæmineit] zakażać, zanieczyszczać

contaminated [kən'tæmineitid] zakażony, zanieczyszczony

contamination [kənˌtæmi'neiʃən] zakażenie, zanieczyszczenie

contemplate ['kontəmpleit] 1. rozważać, planować 2. przemyśliwać (nad czymś) 3. kontemplować, wpatrywać się (w coś)

contemplation [ˌkontəm'pleiʃən] kontemplacja

contemplative ['kontəmpleitiv] kontemplacyjny, kontemplujący

contemporary [kən'tempərəri] 1. współczesny 2. ówczesny

contempt [kən'temt] 1. pogarda ◇ 2. hold sb/sth in contempt mieć kogoś/coś w pogardzie

contemptible [kən'temtəbəl] godny pogardy

contemptuous [kən'temptʃuəs] *form* wzgardliwy

contend [kən'tend] 1. współzawodniczyć 2. *form* utrzymywać 3. borykać się (*with sth* z czymś) 4. ubiegać się (*with sb for sth* z kimś o coś)

contender [kən'tendə] pretendent (*for* do)

content I. ['kontent] 1. -s zawartość 2. treść II. [kən'tent] 3. chętny 4. zadowolony (*with* z) 5. zadowalać się (*with sth* czymś)

contented [kən'tentid] zadowolony

contention [kən'tenʃən] *form* 1. pogląd 2. spór, konflikt, debata ◇ 3. be in contention to do sth współzawodniczyć o zrobienie czegoś

contentious [kən'tenʃəs] *form* sporny

contentment [kən'tenmənt] zadowolenie

contest I. ['kontest] 1. zawody, konkurs 2. walka II. [kən'test] 3. brać udział (*sth* w czymś) 4. *form* zwalczać

contestant [kən'testənt] zawodnik,

biorący udział

context ['kontekst] kontekst

continent ['kontinənt] kontynent

continental [ˌkonti'nentəl] 1. kontynentalny 2. *BR* kontynentalny (europejski)

contingency [kən'tindʒənsi] *form* ewentualność

contingent [kən'tindʒənt] *form* 1. grupa, delegacja 2. oddział, siły ◊ 3. be contingent on sth być uwarunkowanym od czegoś

continual [kən'tinjuəl] 1. nieustanny 2. ustawiczny, ciągły

continuance [kən'tinjuəns] *form* trwałość, ciągłość

continuation [kənˌtinju'eiʃən] 1. kontynuowanie, trwałość 2. kontynuacja, przedłużenie

continue [kən'tinju:] 1. kontynuować 2. przedłużać (się) 3. ciągnąć (się) dalej 4. iść dalej (*with* z) 5. podążać

continuity [ˌkonti'nju:iti] ciągłość

continuous [kən'tinjuəs] 1. nieustanny 2. ciągły ◊ 3. gram continuous form forma ciągła (w języku angielskim)

continuum [kən'tinjuəm] *form* ciągłość, seria

contort [kən'to:t] wykrzywiać się, wykręcać się

contortion [kən'to:ʃən] wykręcanie się

contour ['kontuə] 1. *lit* kontur ◊ 2. contour line poziomica, warstwica

contraband ['kontrəbænd] kontrabanda, przemyt

contraception [ˌkontrə'sepʃən] antykoncepcja

contraceptive [ˌkontrə'septiv] (środek) antykoncepcyjny

contract I. ['kontrækt] 1. kontrakt, umowa II. [kən'trækt] 2. *form* zawierać umowę, podpisywać kontrakt 3. kurczyć (się) 4. *form* nabawić się, zachorować

contraction [kən'trækʃən] 1. kurczenie się 2. skrót

contractor [kən'træktə] kontrahent, przedsiębiorca, dostawca

contradict [ˌkontrə'dikt] 1. zaprzeczać 2. przeczyć

contradiction [ˌkontrə'dikʃən] 1. sprzeczność ◊ 2. a contradiction in terms sprzeczność sama w sobie

contradictory [ˌkontrə'diktəri] sprzeczny

contraption [kən'træpʃən] *nieform* urządzenie, dings

contrary ['kontrəri] 1. odmienny (*to* od), różniący się (*to* od) ◊ 2. on the contrary na odwrót, przeciwnie 3. contrary to wbrew, przeciwnie 4. the contrary coś innego/przeciwnego (np. *unless I hear to the contrary* dopóki nie dowiem się czegoś innego)

contrast I. ['kontra:st] 1. kontrast (*between* pomiędzy) 2. przeciwieństwo (*to* do) ◊ 5. by/in contrast na odwrót, odwrotnie 3. be in contrast with/to kontrastować z 4. in contrast to w przeciwieństwie do 5. be a contrast stanowić przeciwieństwo II. [kən'tra:st] 6. przeciwstawiać (*sth with/to sth* coś czemuś) 7. kontrastować, odróżniać się (*with* od)

contravene [ˌkontrə'vi:n] *form* naruszać, przekraczać

contribute [kən'tribju:t] 1. przyczyniać się (*to* do) 2. oferować, wpłacać (*to* na) 3. publikować (*to* w), nadsyłać (*to* do)

contribution [ˌkontriˈbjuːʃən] **1.** wkład (*to* do), udział (*to* w) **2.** wpłata, datek (*to* na rzecz) **3.** praca, publikacja (*to* w) ◊ **4. make a contribution to sth** przyczyniać się do czegoś

contributory [kənˈtribjutəri] *form* składowy, przyczyniający się

contrite [kənˈtrait] *lit* skruszony

contrivance [kənˈtraivəns] **1.** *nieform* urządzenie, dings **2.** pomysł, sztuczka

contrive [kənˈtraiv] *form* **1.** zdołać (*I contrived to escape* zdołałem uciec) **2.** aranżować, wymyślać

contrived [kənˈtraivd] wysilony, sztuczny

control [kənˈtroul] **1.** kontrola, panowanie (*of/over* nad) **2.** (*człowieka*) (samo-)opanowanie **3.** (*np w radiu*) pokrętło, regulator **4.** -s (*finansów*) metody kontroli **5.** (*kraj*) kontrolować, władać **6.** (*system*) regulować, obsługiwać **7.** (*cenami, polityką*) sprawować kontrolę (nad czymś) **8.** (*groźbę*) opanowywać ◊ **9. control oneself** panować nad sobą **10. be beyond/outside sb's control** nie zależeć od kogoś **11. in control** przy władzy **12. out of control** spod kontroli **13. under control** (a) pod kontrolą (b) opanowany **14. under sb's control** pod czyjąś władzą

controller [kənˈtroulə] kontroler

controversial [ˌkontrəˈvəːʃəl] kontrowersyjny

controversy [ˈkontrəvəːsi] kontrowersja

conundrum [kənˈnʌndrəm] *form* trudności, zagadka

conurbation [ˌkonəˈbeiʃən] *form* konurbacja

convalescence [ˌkonvəˈlesəns] rekonwalescencja

convalescent [ˌkonvəˈlesənt] rekonwalescencyjny

convene [kənˈviːn] *form* **1.** zwoływać, urządzać **2.** zbierać się

convenience [kənˈviːniəns] **1.** wygoda ◊ **2. for sb's convenience** dla czyichś potrzeb

convenience food mrożonki, półprodukty

convenient [kənˈviːniənt] wygodny, dogodny

convent [ˈkonvənt] **1.** klasztor (żeński) **2.** szkoła przyklasztorna

convention [kənˈvenʃən] **1.** konwencja **2.** układ **3.** kongres, zjazd

conventional [kənˈvenʃənəl] konwencjonalny

converge [kənˈvəːdʒ] **1.** zbiegać się **2.** dochodzić ze wszystkich stron (*on/upon* do) **3.** *form* podlegać konwergencji

conversant [kənˈvəːsənt] *form* zaznajomiony (*with* z)

conversation [ˌkonvəˈseiʃən] **1.** rozmowa ◊ **2. have a conversation** rozmawiać **3. make a conversation** konwersować, wdawać się w rozmowy

conversational [ˌkonvəˈseiʃənəl] konwersacyjny

converse I. [kənˈvəːs] *form* **1.** przeprowadzać rozmowę (*with* z) **II.** [ˈkonvəːs] **2.** odwrotny **3. the converse** odwrotność

conversely [kənˈvəːsli] na odwrót

conversion [kənˈvəːʃən] **1.** przekształcenie, konwersja **2.** nawrócenie (*from A to B* z A na B) **3.** wymiana

convert I. [kən'və:t] 1. przekształcać 2. przestawiać (*from sth to sth* z czegoś na coś) 3. nawracać (*to* na) 4. wymieniać (*into* na) II. ['konvə:t] 5. nawrócony

convertible [kən'və:təbəl] 1. wymienny 2. kabriolet

convex [kən'veks] *termin* wypukły

convey [kən'vei] 1. przekazywać, komunikować (*to sb* komuś) 2. *form* transportować

conveyor belt [kən'veiə belt] taśma transportowa

convict I. [kən'vikt] 1. skazywać, uznawać za winnego (*of sth* czegoś) II. ['konvikt] 2. *przest* skazaniec

conviction [kən'vikʃən] 1. przekonanie 2. udowodnienie winy, zasądzenie

convince [kən'vins] 1. przekonywać (*of/about* o) ◇ 2. be convinced of sth być przekonanym o czymś

convivial [kən'viviəl] *form* radosny

convoluted ['konvəlu:tid] *form* pokręcony

convoy ['konvoi] konwój

convulse [kən'vʌls] skręcać się

convulsion [kən'vʌlʃən] konwulsja

convulsive [kən'vʌlsiv] konwulsyjny

coo [ku:] gruchać

cook [ku:k] 1. gotować 2. kucharz
  cook book ['ku:k buk] książka kucharska
  cook up *nieform* pichcić

cooker ['ku:kə] kuchenka

cookery ['ku:kəri] sztuka kucharska
  cookery book ['ku:kəri buk] książka kucharska

cookie ['ku:ki] *US* herbatnik, ciastko

cooking ['ku:kiŋ] 1. gotowanie 2. kuchnia

cool [ku:l] 1. chłodny 2. (*ubranie*) cienki, przewiewny 3. chłodzić (się) 4. studzić (się) 5. chłód 6. (*ktoś*) zimny, zimnokrwisty ◇ 7. *nieform* play it cool zachowywać się jak gdyby nigdy nic 8. *nieform* keep cool utrzymywać spokój/opanowanie 9. *nieform* loose cool tracić spokój/opanowanie
  cool down 1. stygnąć, 2. chłodzić, studzić 3. uspokajać
  cool off ochładzać się

co-op ['kouop] *nieform* spółdzielczy (sklep, dom)

cooped up [,ku:pt 'ʌp] zamknięty, ścieśniony

co-operate [kou'opəreit] 1. współpracować (*with* z) 2. współdziałać (*with* z)

co-operation [kou,opə'reiʃən] 1. współpraca 2. współdziałanie

co-operative [kou'opərətiv] 1. spółdzielnia 2. wspólny, spółdzielczy 3. uczynny, posłuszny

co-opt [kou'opt] *form* dokooptowywać

co-ordinate [kou'o:dineit] 1. koordynować 2. organizować 3. *termin* współrzędna

coordination [kou,o:di'neiʃən] 1. koordynacja 2. organizacja

coordinator [kou'o:dineitə] 1. koordynator 2. organizator

cop [kop] *nieform* gliniarz
  cop out *nieform* wymigać się

cope [koup] radzić sobie, dawać radę (*with* z)

copious ['koupiəs] liczny, obfity

cop-out ['kopaut] *nieform* miganie się

copper 1. miedź 2. *nieform* gliniarz, policaj 3. *nieform* miedziak, moniak

copse [kops] gaj, zagajnik

copulate ['kopjuleit] kopulować,

spółkować (*with* z)

copy ['kopi] 1. kopia 2. egzemplarz 3. kopiować 4. naśladować 5. przepisywać, ściągać
copy down kopiować, spisywać
copy out kopiować, spisywać

copyright [ˌkopi'rait] 1. prawo autorskie, copyright ◇ 2. **copyright reserved** wszystkie prawa zastrzeżone

coral ['korəl] koral

cord [ko:d] 1. sznur 2. przewód, kabel (elektryczny) 3. struna 4. -s sztruksy

cordial ['ko:diəl] *form* 1. kordialny 2. sok owocowy (skoncentrowany), kordiał (alkoholowy)

cordiality [ˌko:di'æliti] kordialność

cordon ['ko:dən] kordon
cordon off odgradzać (kordonem)

corduroy ['ko:dəroɪ] sztruks

core [ko:] 1. ośrodek 2. owocnia 3. ogryzek 4. rdzeń, centrum 5. *form* sedno, kwintesencja ◇ 6. **to the core** na wskroś

cork [ko:k] korek

corkscrew ['ko:kskru:] korkociąg

corn [ko:n] 1. *BR* zboże 2. kukurydza 3. odcisk

corner ['ko:nə] 1. róg, kąt 2. (*drogi*) zakręt 3. *lit* (*świata*) zakątek, kraniec 4. *sport* rzut rożny, róg 5. (*ściganego*) osaczać 6. (*na drodze*) skręcać 7. (*rynek*) monopolizować ◇ 8. *nieform* **be in a corner** zapędzać się w (kozi) róg 9. **cut corners** iść na skróty, iść na łatwiznę

cornerstone ['ko:nəstoun] *lit* kamień węgielny, podstawa

cornet ['ko:nət] 1. kornet 2. wafel, rożek

cornflakes ['ko:nfleiks] płatki kukurydziane

cornflour ['ko:nflauə] mąka kukurydziana

corny ['ko:ni] *nieform* pospolity, szmirowaty

corollary [kə'roləri] *form* wniosek

coronary ['korənəri] *med* (choroba) wieńcowy

coronation [ˌkorə'neiʃən] koronacja

coroner ['korənə] koroner (*urzędnik badający przyczyny nagłej śmierci*)

corporal ['ko:pərəl] 1. kapral 2. cielesny (*corporal punishment* kara cielesna)

corporate ['ko:pərit] 1. firmowy, dotyczący firmy 2. wspólny, zbiorowy ◇ 3. **corporate body/person/institution** osoba prawna

corporation [ˌko:pə'reiʃən] 1. korporacja, (duża) firma 2. *BR* administracja miasta, miasto

corps [ko:], *lm* **corps** [ko:z] korpus

corpse [ko:ps] zwłoki

corpuscle ['ko:pʌsəl] ciałko krwi

correct [kə'rekt] 1. właściwy, dobry 2. bez zarzutu, korekt 3. korygować 4. poprawiać ◇ 5. **be correct** mieć rację

correction [kə'rekʃən] korekcja, poprawienie

corrective [kə'rektiv] 1. korekcyjny 2. korektywa, poprawka (*to* do)

correlate ['korileit] korelować

correlation [ˌkori'leiʃən] korelacja

correspond [ˌkori'spond] 1. odpowiadać (*to/with sth* czemuś) 2. zgadzać się (*to/with* z) 3. korespondować (*with* z)

correspondence [ˌkori'spondəns] 1. korespondencja 2. podobieństwo

correspondent [ˌkori'spondənt] 1. korespondent 2. dziennikarz, reporter

corresponding [ˌkoriˈspondiŋ] **1.** *form* odpowiedni, stosowny **2.** odpowiadający, podobny

corridor [ˈkorido:] korytarz

corroborate [kəˈrobəreit] *form* podpierać, umacniać

corroboration [kəˌrobəˈreiʃən] *form* poparcie, umocnienie

corrode [kəˈroud] korodować

corrosion [kəˈrouʒən] korozja

corrosive [kəˈrousiv] korodujący, gryzący

corrugated [ˈkorəgeitid] falisty

corrupt [kəˈrʌpt] **1.** skorumpowany **2.** korumpować **3.** psuć

corruption [kəˈrʌpʃən] **1.** korupcja **2.** zepsucie, demoralizacja

corset [ˈko:sit] gorset

cos [kəz] *nieform* (*skr* **because**) bo

cosmetic [kozˈmetik] **1.** kosmetyk **2.** kosmetyczny

cosmic [ˈkozmik] *form* kosmiczny

cosmonaut [ˈkozməno:t] kosmonauta (radziecki)

cosmopolitan [ˌkozməˈpolitən] **1.** kosmopolityczny **2.** kosmopolita

cosmos [ˈkozmos] kosmos

cosset [ˈkosit] rozpieszczać

cost [kost], cost, cost **1.** koszt **2.** cena **3.** kosztować ◇ **4. at all costs** za wszelką cenę **5. cost of living** koszty utrzymania

co-star [ˈkou sta:] **1.** grać jedną z czołowych ról, grać (*with* z) **2.** partner

cost-effective [ˌkostiˈfektiv] rentowny

costly [ˈkostli] **1.** kosztowny, drogi **2.** pracochłonny

costume [ˈkostju:m] **1.** kostium **2.** strój, ubiór

costume jewellery [ˈkostju:m

ˌdʒu:əlri] sztuczna biżuteria

cosy *BR* (*US* **cozy**) [ˈkouzi] **1.** przytulny **2.** wygodny **3.** miły **4.** osłona (na czajniczek)

cot [kot] **1.** *BR* łóżeczko (niemowlęce) **2.** *US* kozetka

cottage [ˈkotidʒ] chata

cottage cheese [ˌkotidʒ ˈtʃi:z] biały ser

cotton [ˈkotən] **1.** bawełna **2.** *BR* nici, włóczka

cotton on *nieform* kapnąć się (*to* co do)

cotton wool [ˌkotən ˈwul] wata

couch [kautʃ] **1.** kozetka, leżanka **2.** *form* formułować

cough [kof] **1.** kaszleć **2.** wykasływać **3.** kaszel

cough up 1. *nieform* bulić (*for* na) **2.** wykasływać

could [kəd, kud] *patrz* **can**

couldn't [ˈkudənt] *ściągnięte* **could not**: *patrz* **can**

could've [ˈkudə] *ściągnięte* **could have**: *patrz* **can**

council [ˈkaunsəl] **1.** *BR* rada **2.** narada **3.** kwaterunkowy

councillor [ˈkaunsələ] radny

counsel [ˈkaunsəl] **1.** *form* porada **2.** *form* doradzać **3.** adwokat

counsellor *BR* (*US* **counselor**) [ˈkaunsələ] doradca, radca (prawny)

count [kaunt] **1.** liczyć (*to/up to* do) **2.** liczyć się, zaliczać (się) **3.** znaczyć, mieć znaczenie (np. *count for a lot* mieć duże znaczenie) **4.** uznawać (*sb as* kogoś za) **5.** wliczać **6.** (*liczenie*) liczba, wyliczenie **7.** hrabia ◇ **8. count for nothing** nie liczyć się **9. on a count** z przyczyny **10. keep count** uwzględniać, nie tracić (z rachunku) **11. lose count** tracić rachubę **12. be out for the count** być nieprzytomny

count down liczyć wstecz (*zwłaszcza:* czas przed startem)

count noun ['kaunt naun] rzeczownik policzalny

count out 1. przeliczać **2.** *sport* wyliczać **3.** nie liczyć (na coś)

count up zliczać

count upon liczyć (na coś)

countable ['kauntəbəl] policzalny

countdown ['kauntdaun] odliczanie wstecz (czasu przed startem)

counter ['kauntə] **1.** lada, kontuar **2.** licznik **3.** pion, żeton **4.** przeciwdziałać (*by/with sth* czymś) **5.** *form* replikować (*by/with sth* czymś) ◇ **6.** *form* **run counter to** zaprzeczać, wchodzić w kolizję **7. under counter** spod lady, pod ladą

counteract [,kauntər'ækt] przeciwdziałać, neutralizować

counter-attack ['kauntərətæk] **1.** kontratakować **2.** kontratak

counterbalance [,kauntə'bæləns] **1.** przeciwwaga **2.** wyrównywać

counterclockwise [,kauntə'klokwaiz] *US* odwrotny do ruchu wskazówek zegara

counterfeit ['kauntəfit] **1.** fałszywy **2.** fałszować

counterfoil ['kauntəfoil] odcinek (dla posiadacza)

counterpane ['kauntəpein] *form* okrywa

counterpart ['kauntəpɑːt] odpowiednik

countess ['kauntis] hrabina

countless ['kauntlis] niezliczony

country ['kʌntri] **1.** kraj **2.** prowincja, kraina, region **3.** wieś **4.** coun-

try (muzyka) **5.** wiejski ◇ **6. the country** cały kraj

country and western [,kʌntri ən 'westən] muzyka country

country dancing taniec wiejski (anglosaski)

country house rezydencja wiejska

countryman ['kʌntrimən], *lm* **countrymen** ['kʌntrimən] rodak

countryside ['kʌntrisaid] wieś

county ['kaunti] hrabstwo (*jednostka terytorialna*)

coup [kuː], *lm* **coups** [kuːz] **1.** zamach stanu **2.** wyczyn

coup d'état [,kuː'deiˈtɑː], *lm* **coups d'état** zamach stanu

couple ['kʌpəl] **1.** para **2.** łączyć (się) ◇ **3. a couple of** kilka

coupon ['kuːpon] **1.** kupon **2.** odcinek

courage ['kʌridʒ] **1.** odwaga ◇ **2. take courage** nabierać otuchy/ /odwagi

courageous [kə'reidʒəs] odważny

courgette [ko'ʒet] cukinia

courier ['kuriə] **1.** przewodnik (turystyczny) **2.** kurier

course [koːs] **1.** kurs, zajęcia **2.** *BR* (*leku*) doza, seria **3.** (*przy posiłku*) danie **4.** (*także* **a course of action**) droga (postępowania) **5.** (*statku*) trasa, kurs **6.** *sport* tor, pole **6.** (*dziejów*) bieg **7.** (*lit*) o płynie ściekać ◇ **8. of course** oczywiście **9. of course not** oczywiście, że nie **10. on course** na kursie, zgodnie z kursem **11. off course** nie na kursie, niezgodnie z kursem **12. in the course of** w ciągu **13. as a matter of course** oczywiście, normalnie **14. run/take one's course** przebiegać naturalnie 15. in due course we właściwym czasie

court [co:t] 1. sąd (court of appeal sąd apelacyjny) 2. sport kort 3. (króla) dwór 4. podwórze, zaułek 5. przest zalecać się (sb do kogoś) ◊ 6. in court w sądzie 7. go to court over sth przedstawiać coś w sądzie 8. take sb to court pozwać kogoś do sądu 9. on/off court w czasie/poza grą 10. at court na dworze

court of inquiry [ˌco:t əv inˈkwaiəri] 1. komisja dochodzeniowa/śledcza 2. dochodzenie, śledztwo

court shoe ['co:t ʃu:] but na wysokim obcasie, szpilka

courteous ['kə:tiəs] grzeczny

courtesy ['kə:təsi] 1. grzeczność 2. uprzejmość ◊ 3. by courtesy of dzięki, dzięki uprzejmości

courthouse ['ko:thaus], lm courthouses ['ko:thauzis] US sąd (budynek)

courtier ['ko:tiə] dworzanin

court-martial [ˌko:t'mɑ:ʃəl], lm courts-martial [ˌko:ts'mɑ:ʃəl] 1. sąd wojskowy 2. sądzić przed sądem wojennym

courtroom ['ko:trum] sala posiedzeń (sądu)

courtship ['ko:tʃip] form zaloty

courtyard ['ko:tjɑ:d] podwórze

cousin ['kʌzən] kuzyn(ka)

cove [kouv] zatoczka

covenant ['kʌvənənt] konwencja, zobowiązanie

cover ['kʌvə] 1. przykrywać, zakrywać 2. (koszty) pokrywać 3. (odległość) pokonywać 4. (przepisy) obejmować, podlegać 5. (dom, życie) ubezpieczać 6. sport (prze-

ciwnika) kryć 7. (zagadnienie) omawiać, poruszać 8. (na maszynę) przykrycie, pokrywa 9. (czegoś nielegalnego) zasłona, osłona, tajemnica (for dla) 10. -s (na łóżko) pościel 11. (na książkę) okładka 12. (pieniężne) pokrycie (for sth czegoś) 13. (życia, domu) ubezpieczenie ◊ 14. take cover chronić się 15. be under cover być pod przykryciem 16. under cover of sth pod zasłoną czegoś 17. under separate cover odrębną przesyłką

cover up 1. przykrywać 2. zatuszowywać, ukrywać

coverage ['kʌvəridʒ] doniesienia

covering ['kʌvəriŋ] pokrycie

covering letter [ˌkʌvəriŋ 'letə] list towarzyszący

coverlet ['kʌvəlit] form kapa

covert ['kʌvət] form skryty, ukryty

covet ['kʌvit] form pożądać, łaknąć

covetous ['kʌvətəs] form pożądliwy

cow [kau] 1. krowa 2. form zastraszać

coward ['kauəd] tchórz

cowardice ['kauədis] tchórzostwo

cowardly ['kauədli] tchórzliwy

cowboy ['kauboi] 1. kowboy 2. BR hurra-biznesman

cower ['kauə] kulić się

cowshed ['kauʃed] obora

coy [koi] 1. kokietliwy, wstydliwy 2. małomówny

cozy US ['kouzi] patrz cosy BR

crab [kræb] krab

crack [kræk] 1. pękać 2. (o biczu) trzaskać 3. nieform poddawać się, załamywać się 4. (szyfr) łamać 5. (kawał) sprzedawać, opowiadać 6. szczelina (between pomiędzy, in w) 7. (na powierzchni) pęknięcie (*in* na) **8.** (*z bicza*) trzask, trzaśnięcie **9.** kawał, dowcipas **10.** (*oddział*) doborowy, uderzeniowy ◇ **11. at the crack of dawn** o pierwszym brzasku **12.** *nieform* **have a crack at sth** próbować czegoś

crack down dociskać śrubę (*on sb* komuś)

crack up *nieform* **1.** dostawać świra ◇ **2. sth is not all it's cracked up to be** coś nie jest znowu takie wspaniałe

crackdown ['krækdoun] rozprawa (*on* z)

cracker ['krækə] krakers

crackle ['krækəl] **1.** trzeszczeć **2.** trzeszczenie

crackpot ['krækpot] *nieform* **1.** świr **2.** świrowaty

cradle ['kreidəl] **1.** kołyska **2.** *lit* kolebka **3.** przytulać (do siebie)

craft [krɑːft] **1.** rzemiosło, sztuka **2.** *lm* **craft** statek

craftsman ['krɑːftsmən], *lm* **craftsmen** ['krɑːftsmən] **1.** rzemieślnik **2.** *przen* mistrz, artysta

craftsmanship ['krɑːftsmənʃip] **1.** biegłość, sztuka **2.** mistrzostwo

crafty ['krɑːfti] sprytny, przemyślny

crag [kræg] stroma skała

craggy ['krægi] **1.** urwisty **2.** pokryty bruzdami

cram [kræm] **1.** wpychać **2.** wkuwać (*for* do)

cramp [kræmp] **1.** kurcz ◇ **2.** *nieform* **cramp sb's style** nie pozwalać komuś zabłysnąć

cramped [kræmpt] ścieśniony, zatłoczony

crane [krein] **1.** dźwig **2.** żuraw **3.** wyciągać

crank [kræŋk] **1.** *nieform* wariat,

bzik **2.** korba, korbka **3.** kręcić korb(k)ą ◇ **4. crank down** zamykać **5. crank up** otwierać, zapalać

cranky ['kræŋki] *nieform* zbzikowany

cranny ['kræni] rysa, szpara

crash [kræʃ] **1.** rozbijać (się), roztrzaskiwać (się) **2.** (np. *crash sth open* otwierać coś z hukiem) **3.** (*o firmie*) upadać, krachować **4.** wypadek, zderzenie **5.** (*pioruna*) trzask **6.** (*firmy*) upadek, krach **crash helmet** ['kræʃ ˌhelmit] kask

crass [kræs] toporny

crate [kreit] skrzynka, kontener

crater ['kreitə] **1.** krater **2.** lej

cravat [krə'væt] chustka na szyję

crave [kreiv] łaknąć, pożądać (**sth/ /for sth** czegoś)

craving ['kreiviŋ] łaknienie, potrzeba (*for sth* czegoś)

crawl [krɔːl] **1.** pełzać, czołgać się **2.** raczkować **3.** *nieform* podlizywać się (*to sb* komuś) **4.** *sport* kraul ◇ **5. be crawling with** roić się (od czegoś) **6.** *nieform* **sth makes sb's skin crawl** coś sprawia, że się dostaje gęsiej skórki

crayon ['kreiən] kredka

craze [kreiz] szał, szaleństwo

crazed [kreizd] rozszalały

crazy ['kreizi] *nieform* **1.** zwariowany **2.** stuknięty (*about* na punkcie) ◇ **3. make/drive sb crazy** doprowadzać kogoś do szału

creak [kriːk] **1.** skrzypieć, piszczeć **2.** skrzypienie, piszczenie

creaky ['kriːki] skrzypiący

cream [kriːm] **1.** śmietana **2.** krem, śmietanka (kosmetyczna) **3.** *przen* śmietanka, kwiat **4.** kremowy **cream off** selekcjonować, odciągać, wybierać co najlepszego creamy ['kri:mi] 1. kremowy 2. śmietankowy, ze śmietan(k)ą

crease [kri:s] 1. fałda, zgniecenie 2. miąć, gnieść 3. marszczyć się, fałdować się

create [kri'eit] 1. stwarzać, powodować powstanie 2. produkować, wytwarzać 3. kreować

creation [kri'eiʃən] 1. utworzenie, stworzenie 2. *lit* dzieło (sztuki) 3. *lit* wytwór 4. kreacja

creative [kri'eitiv] twórczy

creator [kri'eitə] 1. twórca 2. the C. Stwórca

creature ['kri:tʃə] stworzenie

crèche [kreʃ] żłobek

credence ['kri:dəns] *form* 1. wiara ◇ 2. give/lend credence to sth u-wiarygadniać coś

credentials [kri'denʃəlz] *form* 1. referencje 2. zaświadczenia (z pracy) 3. dowód, zaświadczenie tożsamości

credibility [ˌkredi'biliti] wiarogodność

credible ['kredibəl] wiarogodny

credit ['kredit] 1. kredyt 2. zasługa, uznanie (*for* za) 3.. wdzięczność, podziękowania 4. (*w filmie*) czołówka 5. (*zasługi*) przypisywać (*sb with sth, sth to sb* komuś coś) 6. *form* dawać wiarę (*sth* w coś) ◇ 7. in credit wypłacalny 8. sth does sb credit ktoś zasługuje na uznanie za coś 9. to one's credit (a) trzeba to komuś przyznać (b) na czyimś koncie 10. give sb credit przypisywać komuś (zasługę) (*for sth* za coś) 11. deserve credit zasługiwać na uznanie

credit card ['kredit kɑ:d] karta kredytowa

creditable ['kreditəbəl] 1. niezły 2. zaszczytny

creditor ['kreditə] wierzyciel

credulity [krə'dju:liti] *form* łatwowierność

credulous ['kredjuləs] łatwowierny

creed [kri:d] 1. przekonania 2. wiara

creek [kri:k] 1. *BR* zatoka (morska wrzynająca się w ląd) 2. *US* strumień

creep [kri:p], crept [krept], crept 1. pełznąć, skradać się 2. *lit* nadciągać 3. *nieform* lizus, wstręciuch ◇ 4. *nieform* sth gives sb the creeps od czegoś kogoś ciarki przechodzą

creep in powoli wchodzić w użycie

creep up on 1. podpełzać, podkradać się (*sth* do czegoś) 2. opanowywać

creeper ['kri:pə] roślina pnąca, pnącze

creepy ['kri:pi] *nieform* koszmarny

cremate [kri'meit, 'kri:meit] kremować

cremation [kri'meiʃən] kremacja

crematorium [ˌkremə'to:riəm], *lm* crematoria [ˌkremə'to:riə] *lub* crematoriums krematorium

crepe [kreip] 1. krepa 2. kauczuk (na podeszwie)

crepe bandage bandaż elastyczny

crept [krept] *patrz* creep: *II i III forma*

crescendo [kri'ʃendou] 1. *muz* crescendo 2. *lit* duży poziom, zenit (dźwięków)

crescent ['kresənt] 1. ulica (idąca łukiem) 2. łuk, półksiężyc

crest [krest] 1. grzbiet, wierzchołek 2. grzebień, czub 3. herb, godło

crestfallen ['krestfo:lən] przybity

cretin ['kretin] kretyn

crevice ['krevis] szczelina

crew [kru:] 1. załoga, obsada 2. grupa, ekipa

crew cut włosy (ścięte na krótko)

crewman ['kru:mən], lm crewman ['kru:mən] członek (załogi, grupy)

crib [krib] 1. nieform zwalać, zrzynać (off od, from z) 2. przest ściąga 3. US łóżeczko (niemowlęce)

crick [krik] 1. kurcz ◊ 2. crick one's (neck) dostawać kurczy (w karku)

cricket ['krikit] 1. krykiet 2. świerszcz

crime [kraim] przestępstwo, zbrodnia (against przeciwko)

criminal ['kriminəl] 1. przestępca 2. kryminalny, przestępczy 3. haniebny, skandaliczny

crimp [krimp] ondulować

crimson ['krimzən] 1. purpurowy ◊ 2. go crimson purpurowieć

cringe [krindʒ] kurczyć się, kulić się

crinkle ['kriŋkəl] 1. marszczyć się 2. zmarszczka

cripple ['kripəl] 1. kaleka 2. robić kaleką 3. paraliżować, obezwładniać

crippled ['kripəld] dotknięty kalectwem

crippling ['kripliŋ] 1. upośledzający 2. wyniszczający, morderczy

crisis ['kraisis], lm crises ['kraisi:z] kryzys

crisp [krisp] 1. chrupki, kruchy 2. świeży, wymuskany 3. BR -s chrupki (ziemniaczane) 4. rześki 5. rzeczowy, wyrazisty

criss-cross ['kriskros] 1. krzyżować (się), przecinać (się) 2. krzyżujący się, przecinający się

criterion [krai'tiəriən], lm criteria [krai'tiəriə] kryterium (for/of sth czegoś, co do czegoś)

critic ['kritik] krytyk

critical ['kritikəl] 1. krytyczny (of wobec) 2. przełomowy, zasadniczy (to dla) 3. uważny, intensywny ◊ 4. be critical of sth krytykować coś

criticism ['kritisizəm] 1. krytyka 2. uwaga krytyczna

criticize ['kritisaiz] krytykować (sb for sth kogoś za coś)

critique [kri'ti:k] form recenzja, krytyka

croak [krouk] 1. rechotać, krakać 2. chrypieć, skrzeczeć 3. rechotanie, krakanie 4. chrypienie, skrzeczenie

crochet ['krouʃei] 1. szydełkowanie 2. szydełkować

crock [krok] przest gliniak

crockery ['krokəri] naczynia (ceramiczne)

crocodile ['krokədail] krokodyl

crocus ['kroukəs] krokus

croissant ['krwæsoŋ] rogalik

crony ['krouni] nieform kumpel

crook [kruk] 1. nieform żulik, bandyta 2. oszust 3. zagięcie 4. przest hak, laska (pasterska) 5. zginać

crooked ['krukid] 1. zgięty, wygięty 2. krzywy 3. oszukańczy

croon [kru:n] 1. mruczeć 2. nucić

crop [krop] 1. uprawa 2. zbiór, plon 3. nieform wytwór, zbiór 4. obcinać (krótko) 5. skubać

crop up nieform wyskakiwać

cropper ['kropə] nieform ◊ come a cropper mieć pecha, zrobić klapę

croquet ['kroukei] sport krokiet

croquette [krou'ket] krokiet (potrawa)

cross [kros] 1. przechodzić (sth przez

coś), przedostawać się (*sth* przez coś) **2.** zmierzać (*to* do), dostawać się (*into* do) **3.** (*o drogach*) krzyżować (się), przecinać (się) **4.** *lit* (*o uczuciu*) przebiegać, przemykać się **5.** (*nogi, ręce*) krzyżować, zakładać (*legs* nogę na nogę) **6.** (*o listach*) rozmijać się **7.** krzyż, krzyżyk **8.** (*ulic*) krzyżówka, skrzyżowanie (*between* pomiędzy) **9.** (*ktoś*) zły ◇ **10. cross oneself** (*w chrześcijaństwie*) przeżegnywać się **11. sth crosses the mind** coś przychodzi do głowy **12. cross one's fingers about sth** trzymać kciuki za coś
cross off wykreślać
cross out wykreślać
crossbar ['krosbɑ:] poprzeczka
crossbreed ['krosbri:d] mieszaniec
cross-country [ˌkros'kʌntri] **1.** przełajowy **2.** na przełaj **3.** bieg przełajowy
cross-examination [ˌkrosigzæmi-'neiʃən] przesłuchanie
cross-examine [ˌkrosig'zæmin] przesłuchiwać świadka (*przez stronę przeciwną w sądzie*)
cross-eyed ['krosaid] zezowaty
crossing ['krosiŋ] **1.** przeprawa **2.** przejście (dla pieszych)
cross-legged [ˌkros'legd] ze skrzyżowanymi nogami, po turecku
cross-purposes [ˌkros'pə:pəsiz] ◇ **be at cross-purposes** źle się rozumieć
cross-reference [ˌkros'refərəns] odnośnik
cross-roads ['krosroudz] **1.** skrzyżowanie ◇ **2. at a/the crossroads** na rozdrożu, przed dylematem
cross-section ['krossekʃən] **1.** przekrój **2.** grupa, sektor

crossword ['kroswə:d] krzyżówka **crossword puzzle** ['kroswə:d pʌzəl] krzyżówka
crotch [krotʃ] **1.** krocze **2.** krok
crotchety ['krotʃəti] *nieform* drażliwy
crouch [krautʃ] **1.** kucać, przykucać **2.** pochylać się (*over* nad)
crouton ['kru:ton] grzanka (do zupy)
crow [krou] **1.** wrona, kruk, gawron, kawka **2.** piać **3.** *nieform* piać (z zachwytu) (*about/over* nad) ◇ **4. as the crow flies** prosto jak z bicza strzelił
crowbar ['kroubɑ:] łom
crowd [kraud] **1.** tłum **2.** *nieform* ludzie, paka **3.** tłoczyć się (*round* wokół) **4.** oblegać **5.** włączać (się), wpychać (się) (*in/into* do)
crowded ['kraudid] **1.** zatłoczony (*with sth* czymś) **2.** zajęty, zapełniony (*with sth* czymś)
crown [kraun] **1.** korona **2. the crown** tron, władza królewska **5.** (*głowy*) ciemię, szczyt **3.** (*króla*) koronować **4.** *lit* (*mur*) zwieńczać **6.** (*życia*) być ukoronowaniem
crowning ['krauniŋ] ukoronowanie
crucial ['kru:ʃəl] decydujący, rozstrzygający (*to* dla)
crucifix ['kru:sifiks] krzyż, krucyfiks
crucifixion [ˌkru:si'fikʃən] ukrzyżowanie
crucify ['kru:sifai] krzyżować
crude [kru:d] **1.** prymitywny **2.** bezceremonialny, nachalny **3.** surowy
cruel ['kru:əl] okrutny, bezlitosny
cruelty ['kru:əlti] okrucieństwo
cruise [kru:z] **1.** rejs wycieczkowy **2.** pływać (w rejsie wycieczkowym) **3.** poruszać się (ze) stałą prędkością

cruise missile [kru:z 'misail] (rakietowy) pocisk samosterujący, cruise

cruiser ['kru:zə] 1. jacht 2. krążownik

crumb [krʌm] 1. okruch 2. miąższ

crumble ['krʌmbəl] 1. kruszyć (się) 2. rozpadać się

crumbly ['krʌmbli] kruchy, rozsypujący się

crummy ['krʌmi] *nieform* do chrzanu, podły

crumpet ['krʌmpit] bułka tostowa (specjalna)

crumple ['krʌmpəl] 1. gnieść 2. zapadać się, załamywać się
crumple up zmiąć

crunch [krʌntʃ] 1. chrupać 2. chrzęścić, roztrzaskiwać 3. chrzęst ◇ 4. **if/when it comes to the crunch** gdy do tego dojdzie

crunchy ['krʌntʃi] 1. chrupiący 2. chrzęszczący, skrzypiący

crusade [kru:'seid] 1. krucjata, misja 2. walczyć (*for* o), prowadzić krucjatę (*for* o)

crusader [kru:'seidə] bojownik

crush [krʌʃ] 1. zgniatać, miażdżyć 2. (*owoce*) rozgniatać, wyciskać 3. (*opozycję*) rozbijać, dławić 4. (*pogrążać*) załamywać 5. (*o tłumie*) ściskać (*against* o) 6. tłum, tłok ◇ 7. *nieform* **have a crush on sb** podkochiwać się w kimś

crust [krʌst] 1. skórka 2. skorupa 3. powłoka, warstwa

crutch [krʌtʃ] 1. kula (inwalidy) 2. pomoc, podpórka 3. krocze, krok ◇ 4. **on crutches** o kulach

crux [krʌks] sedno

cry [krai] 1. płakać 2. krzyczeć, wołać 3. płacz 4. krzyk, okrzyk ◇ 5. **be a far cry from sth** być dale-

ko od czegoś, bardzo się różnić od czegoś
cry off *nieform* odwoływać, wycofywać się
cry out 1. wykrzykiwać 2. zakrzykiwać
cry out for domagać się (czegoś), wołać o coś

crying ['kraiiŋ] skandaliczny, wołający o pomstę do nieba

crypt [kript] krypta

cryptic ['kriptik] zaszyfrowany, zamknięty

crystal ['kristəl] 1. kryształ 2. kryształ górski
crystal clear [‚kristəl 'kliə] 1. kryształowo czysty 2. przejrzysty jak kryształ

crystallize ['kristəlaiz] 1. precyzować (się), wykrystalizowywać (się) 2. krystalizować (się)

cub [kʌb] szczenię, młode

cubby-hole ['kʌbi houl] *przest* skrytka, bokówka

cube [kju:b] 1. sześcian 2. kostka 3. podnosić do *sześcianu/trzeciej potęgi*

cubic ['kju:bik] sześcienny, kubiczny

cubicle ['kju:bikəl] kabina

cuckoo ['kuku:] kukułka

cucumber ['kju:kʌmbə] ogórek

cuddle ['kʌdəl] 1. przytulać 2. uścisk, przytulenie
cuddle up *nieform* przytulać się (*against* do), otulać się

cuddly ['kʌdli] miły, do przytulania się

cudgel ['kʌdʒəl] 1. *przest* pałka ◇ 2. **take up the cudgels for** występować (*sth* za czymś), kruszyć kopie (*sb* o kogoś)

cue [kju:] 1. wskazówka, sygnał 2. kij (*np. bilardowy*) ◇ 3. **take**

one's cue from sb kierować się za kimś, naśladować kogoś 4. (right) on cue jak na zawołanie
cuff [kʌf] 1. mankiet 2. *nieform* klaps 3. dawać klapsa, dać w ucho ◇ 4. off the cuff z miejsca, na poczekaniu
cufflink ['kʌfliŋk] spinka (do mankietu)
cuisine [kwi'zi:n] 1. kuchnia 2. potrawy
cul-de-sac ['kʌldə,sæk, ,kuldə'sæk] droga bez przejazdu
culinary ['kʌlinəri] kulinarny
cull [kʌl] 1. zbierać, wybierać 2. selekcjonować 3. selekcja
culminate ['kʌlmineit] kulminować (*in* w), kończyć się (*in sth* czymś)
culmination [,kʌlmi'neiʃən] kulminacja
culpable ['kʌlpəbəl] *form* winny
culprit ['kʌlprit] winowajca, przestępca
cult [kʌlt] kult
cultivate ['kʌltiveit] 1. uprawiać 2. kultywować 3. rozwijać dobre stosunki/znajomość (z kimś)
cultivated ['kʌltiveitid] 1. kulturalny, wykształcony 2. uprawny
cultivation [,kʌlti'veiʃən] uprawa
cultural ['kʌltʃərəl] 1. kulturowy 2. kulturalny
culture ['kʌltʃə] kultura
cultured ['kʌltʃəd] kulturalny
cumbersome ['kʌmbəsəm] 1. nieporęczny 2. niewygodny, zawikłany
cumulative ['kju:mjulətiv] kumulatywny, narastający
cunning ['kʌniŋ] 1. sprytny, przebiegły, chytry 2. spryt, chytrość
cup [kʌp] 1. filiżanka, kubek (*miara w przepisach =0,22 l*) 2. kielich 3. puchar 4. zagłębienie (dłoni) 5.

trzymać (w dłoni/dłoniach), stulać
cupboard ['kʌbəd] kredens, spiżarnia
cupful ['kʌpful] filiżanka
curable ['kjuərəbəl] wyleczalny
curate ['kjuərit] wikary
curative ['kjuərətiv] leczniczy
curator [kjuə'reitə] 1. kustosz 2. kurator
curb [kə:b] (*patrz też kerb*) 1. powściągać, ograniczać, trzymać w ryzach 2. ograniczenie (*on sth* czegoś), okiełznanie (*on sth* czegoś)
curd [kə:d] 1. -s zsiadłe mleko 2. twaróg
curdle ['kə:dəl] zsiadać się
cure [kjuə] 1. leczyć, wyleczyć (*of* z) 2. wędzić 3. leczenie, wyleczenie (*of sth* czegoś) 4. lekarstwo, środek (*for* na)
curfew ['kə:fju:] godzina policyjna
curio ['kjuəriou] kuriosum
curiosity [,kjuəri'ositi] 1. ciekawość (*for* do) 2. osobliwość, rzadkość
curious ['kjuəriəs] 1. ciekawy (*about sth* czegoś) 2. interesujący
curiously ['kjuəriəsli] 1. z ciekawością, ciekawie 2. intrygująco ◇ 3. curiously (enough) co (bardzo) ciekawe
curl [kə:l] 1. lok, kędzior 2. (*włosów*) skręt, falistość 3. (*drutu, dymu*) spirala, zwój 4. (*o włosach*) skręcać (się) 5. (*o kocie*) stulać (się) 6. (*o dymie*) wychodzić/ruszać się skrętami ◇ 7. curl into a ball zwijać się w kłębek
curl up skulać się, zwijać się
curly ['kə:li] 1. kędzierzawy 2. *nieform* pokręcony
currant ['kʌrənt] 1. rodzynka (bezpestkowa) 2. porzeczka

currency ['kʌrənsi] 1. waluta 2. *form* obieg, popularność

current ['kʌrənt] 1. prąd 2. tendencja, trend 3. obecny, współczesny

current account ['kʌrənt ə,kaunt] *BR* rachunek bieżący

curriculum [kə'rikjuləm], *lm* curriculums [kə'rikjuləmz] *lub* curricula [kə'rikjulə] program (nauczania)

curriculum vitae [kə,rikjuləm 'vaiti:] życiorys

curse [kə:s] 1. przeklinać (*for* za) 2. przekleństwo 3. klątwa, przekleństwo (*on/upon* na)

cursed ['kə:sid] 1. przeklęty 2. dotknięty (*with sth* czymś)

cursory ['kə:səri] pobieżny

curt [kə:t] krótki, węzłowaty, szorstki

curtail [kə:'teil] obcinać, ograniczać

curtain ['kə:tən] 1. firanka, zasłona 2. kurtyna 3. kotara

curtain off zasłaniać, oddzielać (zasłoną)

curtained ['kə:tənd] zasłonięty

curtsy ['kə:tsi] 1. dygać (*to* przed) 2. dygnięcie ◊ 3. drop a curtsy dygać

curvature ['kə:vətʃə] krzywizna

curve [kə:v] 1. łuk, zakole, krzywa 2. zakrzywiać (się) 3. poruszać się po łuku

curvy ['kə:vi] zakrzywiony

cushion ['kuʃən] 1. poduszka 2. wyściółka 3. amortyzować, łagodzić, osłaniać

cushy ['kuʃi] *nieform* wygodny

custard ['kʌstəd] polewa waniliowa

custodian [kʌ'stoudiən] kustosz, strażnik, dozorca

custody ['kʌstədi] 1. opieka, dozór ◊ 2. in custody zatrzymany, w areszcie

custom ['kʌstəm] 1. zwyczaj 2. -s cło, odprawa celna, urząd celny 3. (stała) klientela

customs officer ['kʌstəmz ,ofisə] celnik

customary ['kʌstəməri] 1. zwyczajowy 2. zwykły

customer ['kʌstəmə] 1. (stały) klient 2. *nieform* facet, gość

custom-made [,kʌstəm'meid] robiony na zamówienie

cut [kʌt], cut, cut 1. ciąć (się), przecinać (się) 2. zacinać (się), ranić (się) 3. łatwo przechodzić (*through* przez, *np. przez tłum*) 4. przecinać, iść na skróty (*across/ through* przez, *np. przez pole*) 5. (*ilość*) obcinać, zmniejszać 6. (*utwór*) wycinać, skracać 7. (*o włosach*) obcinać, przycinać 8. (*talię*) przecinać 9. (*nacięcie*) cięcie, nacięcie 10. zacięcie, rana cięta 11. (*włosów*) przycięcie 12. (*utworu*) skrót 13. (*tekstu, filmu*) obcięcie, redukcja (*in sth* czegoś) 14. (*mięsa*) porcja, kawałek 15. (*powierzchnia*) cięty, nacięty 16. (*ubranie*) skrojony ◊ 17. be cut above (sb/sth) być o niebo lepszym od (kogoś/czegoś)

cut across przechodzić przez (coś), niwelować, nie honorować

cut back redukować, obcinać (*on sth* coś)

cut down 1. ograniczać, redukować (*on sth* coś) 2. ścinać

cut glass [,kʌt 'glɑ:s] cięte szkło

cut in 1. wtrącać się 2. ostro włączać się (w ruch uliczny)

cut off 1. odcinać (*from* od) 2. odcięty, odseparowany 3. przerywać

cut out 1. wycinać 2. przerywać, zaprzestawać 3. wyeliminowywać (*of* z) 4. przesłaniać, zasłaniać 5. przerywać, zatrzymywać się ◇ 6. be cut out for być stworzonym (*sth* do czegoś)

cut up 1. kroić, pokroić 2. *nieform* przygnębiony (*about* wobec)

cut-and-dried [ˌkʌt ən 'draid] gotowy, stereotypowy

cutback ['kʌtbæk] redukcja (zatrudnienia) (*in* w)

cute [kjuːt] *US* sympatyczny, fajny, milusi

cutlery ['kʌtləri] sztućce

cutlet ['kʌtlit] kotlet

cut-off (point) ['kʌtof (point)] termin ostateczny, granica

cut-out ['kʌtaut] 1. wyłącznik (automatyczny) 2. wycinek, wycięty kształt

cut-price [ˌkʌt'prais] tani, po obniżonej cenie

cutter ['kʌtə] 1. przecinak, nóż, diament 2. kuter

cut-throat ['kʌtθrout] na noże, na ostre

cutting ['kʌtiŋ] 1. wycinek 2. sadzonka, zraz 3. dotkliwy, bolesny

CV [ˌsiːˈviː] (*skrót*: curriculum vitae) życiorys

cwt *skrót stosowany wyłącznie na piśmie*: hundredweight (*patrz*)

cyanide ['saiənaid] cjanek (potasu)

cycle ['saikəl] 1. cykl 2. okres 3. *nieform* rower, motocykl 4. jechać (na rowerze)

cyclic ['saiklik] cykliczny

cyclist ['saiklist] rowerzysta

cyclone ['saikloun] cyklon

cygnet ['signit] łabędziątko

cylinder ['silində] 1. walec 2. cylinder

cylindrical [si'lindrikəl] cylindryczny, walcowaty

cymbal ['simbəl] *muz* talerz

cynic ['sinik] cynik

cynicism ['sinisizəm] cynizm

cypher ['saifə] (*też* cipher) szyfr

cypress ['saipris] cyprys

cyst [sis] cysta, torbiel

D

-'d [d, t] *ściągnięte*: 1. would 2. had

dab [dæb] 1. nanosić (*onto/on* na) 2. ścierać (*from* z), zdejmować (*from* z) 3. szczypta, odrobina ◇ 4. *BR nieform* dab hand mistrz, perfekcjonista

dabble ['dæbəl] zabawiać się (*in* w)

dachshund ['dækshund] jamnik

dad [dæd] *nieform* tato

daddy ['dædi] tatuś

daffodil ['dæfədil] narcyz (*zwłasz-cza* trąbkowy), żonkil

daft [dɑːft] *nieform* durny, przygłupiasty

dagger ['dægə] sztylet

daily ['deili] 1. codzienny 2. dzienny 3. dziennik 4. codziennie

dainty ['deinti] drobny, filigranowy

dairy ['deəri] 1. mleczarnia 2. mleczny

dais ['deiis] podium, platforma

daisy ['deizi] stokrotka

dam [dæm] 1. tama, zapora 2. przegradzać

dam up przegradzać

damage ['dæmidʒ] 1. uszkadzać 2. szkodzić 3. uszkodzenie (*to sth* czegoś) 4. szkoda 5. -s odszkodowanie

dame [deim] 1. dama (*tytuł szlachecki*) 2. *US nieform* kobieta, damulka

dammit ['dæmit] patrz damn

damn [dæm] 1. skazywać na potępienie, przeklinać 2. *nieform* (*także* **damn it, dammit**) cholera, szlag 3. *nieform* cholernie, jak cholera 4. *nieform* cholerny ◇ 5. *nieform* **I do not give/care a damn** gówno mnie to obchodzi

damnation [dæm'neiʃən] potępienie

damned ['dæmd] 1. potępiony 2. *nieform* jak cholera 3. *nieform* cholernie ◇ 4. *nieform* **I'll be damned if (I'll do it)** prędzej mnie szlag trafi, jak (to zrobię) 5. *nieform* **I'll be damned** cholera! 6. *nieform* **well I'm damned** cholera!

damning ['dæmniŋ] potępiający, obciążający

damp [dæmp] 1. wilgotny 2. wilgoć 3. zawilgocenie

damp down zduszać

dampen ['dæmpən] 1. tłumić 2. zwilżać

damson ['dæmzən] mirabelka, lubaszka (*śliwka*)

dance ['dɑːns] 1. tańczyć 2. taniec 3. tańce

dancer ['dɑːnsə] tancerz

dandelion ['dændilaiən] mlecz, mniszek

dandruff ['dændrəf] łupież

danger ['deindʒə] 1. niebezpieczeństwo 2. groźba 3. zagrożenie

dangerous ['deindʒərəs] groźny, niebezpieczny

dangle ['dæŋgəl] dyndać (się), bujać (się)

dank [dæŋk] zawilgocony

dapper ['dæpə] 1. zadbany, elegancki 2. niewielki

dappled ['dæpəld] *lit* cętkowany, nakrapiany

dare [deə] *GRAM* 1. śmieć, ośmielać się (*(to) do sth* coś zrobić) 2. wyzywać (*sb to do sth* kogoś do (zrobienia) czegoś) 3. wyzwanie ◇ 4. **don't you dare** nie waż się 5. **how dare you** jak (tak) można; jak śmiesz 6. **I *dare say/daresay*** sądzę, myślę

daren't [deənt] *ściągnięte* dare not

daring ['deəriŋ] 1. odważny, śmiały 2. odwaga, śmiałość

dark [dɑːk] 1. ciemny 2. ciemnowłosy 3. (*uwaga*) mroczny 4. (*okres*) ponury 5. ciemno 6. **the dark** ciemność, mrok 7. zmrok ◇ 8. **be in the dark (about sth)** nie mieć zielonego pojęcia (o czymś)

darken ['dɑːkən] 1. zaciemniać się 2. przyciemniać (się) 3. zachmurzać się

darkness ['dɑːknəs] ciemność

darkroom ['dɑːkrum] ciemnia

darling ['dɑːliŋ] 1. ukochany 2. kochanie 3. ulubieniec, pieszczoszek

darn [dɑːn] 1. cerować 2. cera

dart [dɑːt] 1. gnać, lecieć 2. rzucać 3. strzałka

darts [dɑːts] gra w strzałki

dash [dæʃ] 1. pędzić, rzucać się 2. (*gwałtownie*) rzucać 3. (*nadzieję*) niweczyć 4. *nieform* (*śpieszyć się*) lecieć 5. (*np. wódki*) odrobina szczypta **6.** myślnik ◇ **7. make a dash** rzucać się

dash off machnąć

dashboard ['dæʃbo:d] tablica rozdzielcza

dashing ['dæʃiŋ] dziarski

data ['deitə] dane

date [deit] **1.** data **2.** randka **3.** *US nieform* chłopak, dziewczyna, sympatia **4.** daktyl (*owoc*) **5.** (*wydarzenie*) datować **6.** (*o ubraniu*) wychodzić z mody **7.** *US nieform* chodzić (*sb* z kimś) ◇ **8. out of date** staromodny **9. to date** do dnia dzisiejszego **10. up to date** nowoczesny, modny

date back wywodzić się (*to* z)

date from pochodzić

dated ['deitid] przestarzały

daub [do:b] rozmazywać, zamazywać (*with sth* czymś)

daughter ['do:tə] córka

daughter-in-law ['do:tər in lo:] synowa

daunt [do:nt] **1.** odstraszać (*by sth* czymś) ◇ **2. be daunted** być stropionym

dawdle ['do:dəl] *nieform* guzdrać się

dawn [do:n] **1.** świt **2.** świtać

dawn on/upon *przen* świtać (*sth dawns on sb* coś komuś świta)

day [dei] **1.** dzień **2.** doba, (cały) dzień ◇ **3. by day** za dnia **3. day by day** codziennie **4.** *nieform* **call it a day** przerywać, kończyć **5.** *nieform* **sth makes one's day** coś budzi czyjąś radość **6. to the day** co do dnia **7. one day; some day; one of these days** pewnego dnia **8. have a good day** spędzić miło dzień

daybreak ['deibreik] brzask

daydream ['deidri:m] **1.** marzenia **2.** marzyć (*about/of* o)

daylight ['deilait] **1.** światło (dzienne) ◇ **2. before daylight** przed świtem

daytime ['deitaim] **the daytime** pora dzienna

day-to-day [,dei tə 'dei] codzienny

daze [deiz] **1.** oszałamiać ◇ **2. in a daze** oszołomiony

dazzle ['dæzəl] **1.** olśniewać, oszałamiać **2.** oślepiać **3.** blask

deacon ['di:kən] diakon

dead [ded] **1.** martwy **2.** zdrętwiały, ścierpnięty **3.** nieczynny **4.** całkowity **5.** *nieform* zupełnie, całkowicie ◇ **6. go dead** (a) drętwieć (b) odmawiać posłuszeństwa **7. stop dead** zatrzymywać się na dobre **8. the dead of (night)** środek (nocy) **9.** *nieform* **be dead to the world** spać jak zabity **10.** *nieform* **over my dead body** po moim trupie **11.** *nieform* **I wouldn't be seen dead (doing sth)** prędzej umrę (, nim to zrobię)

dead end [,ded 'end] **1.** ślepa ulica **2.** ślepy zaułek

dead heat [ded 'hi:t] nierozstrzygnięty bieg

deaden ['dedən] zagłuszać

deadline ['dedlain] termin (ostateczny)

deadlock ['dedlok] pat, martwy punkt

deadly ['dedli] **1.** śmiertelny **2.** śmiertelnie

deadpan ['dedpæn] *nieform* **1.** śmiertelnie poważny **2.** śmiertelnie poważnie

deadweight ['dedweit] przygniatający ciężar

deaf [def] **1.** głuchy (*to* na) ◇ **2. turn a deaf ear to sth** być głuchym na coś

deafen ['defən] ogłuszać

deafmute ['defmjuːt] głuchoniemy

deal [diːl], **dealt** [delt], **dealt** 1. *form* wymierzać 2. rozdawać, rozdzielać (*to sb* komuś) 3. umowa 4. rozdanie ◇ 5. **a good/great deal** wiele, dużo 6. **sb has had a bad deal** źle komuś poszło 7. *nieform iron* **big deal** wielka sprawa **deal in** prowadzić **deal out** (*karty*) rozdawać **deal with** 1. postępować 2. zajmować się

dealer ['diːlə] 1. kupiec, makler 2. rozdający (*karty*)

dealing ['diːliŋ] 1. postępowanie, traktowanie 2. business, transakcje

dealt [delt] *patrz* deal: *II i III forma*

dean [diːn] dziekan

dear [diə] 1. drogi 2. (*w liście*) kochany, drogi, szanowny 3. *przest* kosztowny 4. (*do osoby*) kochanie 5. *przest* (mój) drogi ◇ 6. "my dear" „o Boże"

dearly ['diəli] *form* 1. z całego serca ◇ 2. **pay dearly for** drogo zapłacić (za coś)

dearth [dəːθ] *form* niedostatek (*of sth* czegoś)

death [deθ] 1. śmierć ◇ 2. **at death's door** u progu śmierci 3. *nieform* **to death** na śmierć 4. *nieform* **be sick to death of sth** mieć czegoś serdecznie dość 5. *form* **put to death** zgładzić **death penalty** ['deθ ˌpenəlti] kara śmierci **death duty** ['deθ ˌdjuti] podatek spadkowy **death tax** ['deθ tæks] podatek spadkowy

deathly ['deθli] 1. śmiertelny 2. śmiertelnie

debar [di'bɑː] *form* zakazywać (*from sth* czegoś)

debase [di'beis] *form* obniżać

debatable [di'beitəbəl] dyskusyjny

debate [di'beit] 1. debata, dyskusja (*on/about* o, nad) 2. dyskutować 3. debatować (*doing sth* nad zrobieniem czegoś) ◇ 4. **open to debate** sporny, dyskusyjny

debauched [di'boːtʃt] *form* rozpustny

debauchery [di'boːtʃəri] *form* rozpusta

debilitate [di'biliteit] *form* osłabiać, paraliżować

debit ['debit] 1. obciążać 2. debet

debonair [ˌdebə'neə] elegancki, wyrafinowany

debris ['debri] 1. odłamki, szczątki 2. osad, pozostałości

debt [det] 1. dług ◇ 2. *form* **be in sb's debt** być czyimś dłużnikiem

debtor ['detə] dłużnik

debunk [di'bʌŋk] demaskować

debut ['deibjuː] 1. debiut ◇ 2. **make debut** debiutować

decade ['dekeid] dekada

decadent ['dekədənt] 1. zdeprawowany 2. o niskim standardzie

decaffeinated [di'kæfəneitid] pozbawiony kofeiny, bezkofeinowy

decanter [di'kæntə] karafka

decapitate [di'kæpiteit] *form* ucinać głowę

decathlon [di'kæθlən] *sport* dziesięciobój

decay [di'kei] 1. gnić 2. (*o budynkach*) niszczeć 3. (*o instytucjach*) podupadać, rozkładać się 4. (*np. roślin*) gnicie, rozkład 5. (*budynków*) niszczenie 6. (*insty-*

tucji) podupadanie
deceased [di'si:st] *form* zmarły
deceit [di'si:t] oszustwo, oszukiwanie
deceitful [di'si:tful] podstępny, o-szukujący
deceive [di'si:v] 1. oszukiwać (*sb* kogoś) ◊ 2. deceive oneself łudzić się
December [di'sembə] grudzień
decency ['di:sənsi] przyzwoitość
decent ['di:sənt] 1. przyzwoity 2. porządny
decentralize [di'sentrəlaiz] decentralizować
deception [di'sepʃən] 1. podstęp 2. oszustwo
deceptive [di'septiv] podstępny
decibel ['desibəl] *term* decybel
decide [di'said] 1. decydować (się) (*on/upon* na) 2. rozstrzygać 3. przesądzać, decydować 4. stwierdzać
deciduous [di'sidju:əs] liściasty
decimal ['desəməl] 1. dziesiętny 2. ułamek dziesiętny
decimate ['desəmeit] *form* dziesiątkować
decipher [di'saifə] odszyfrowywać
decision [di'siʒən] 1. decyzja (*on/ /about* w sprawie) 2. zdecydowanie
decisive [di'saisiv] 1. decydujący 2. zdecydowany, zdeterminowany
deck [dek] 1. piętro, poziom 2. (*na statku*) pokład 3. (*np. magnetofonowy*) deck 4. *US* (*kart*) talia 5. *lit* upiększać (*with sth* czymś) ◊ 6. on deck na pokładzie
deckchair ['dektʃeə] leżak
deckhand ['dekhænd] majtek
declaration [,deklə'reiʃən] 1. wyznanie, deklaracja 2. oznajmienie
declare [di'kleə] 1. oznajmiać 2.

deklarować, zadeklarować (*oneself* się) 3. ogłaszać 4. zgłaszać (do oclenia) ◊ 5. be declared (innocent) być (uniewinnionym), zostać ogłoszonym (niewinnym)
decline [di'klain] 1. zmniejszać się, pogarszać się 2. zmniejszenie (się), pogorszenie (się) 3. *form* odmawiać (przyjęcia) ◊ 4. be in decline zmniejszać się 5. on the decline w upadku
declutch [di:'klʌtʃ] wyłączać sprzęgło
decode [di:'koud] dekodować
decompose [,di:kəm'pouz] rozkładać się
decomposition [,di:kəmpə'ziʃən] rozkład
décor ['deikɔ:] wykończenie
decorate ['dekəreit] 1. ozdabiać 2. odnawiać 3. dekorować
decoration [,dekə'reiʃən] 1. ozdoba 2. wykończenie 3. odznaczenie
decorative ['dekərətiv] ozdobny
decorator ['dekəreitə] dekorator (*np. malarz, tapeciarz, kafelkarz*)
decorous ['dekərəs] *form* obyczajny, przyzwoity
decorum [di'kɔ:rəm] *form* obyczajność, przyzwoitość
decoy ['di:kɔi] 1. przynęta, wabik 2. wabić, odciągać
decrease [di'kri:s] 1. zmniejszać (się) 2. zmniejszenie, spadek
decree [di'kri:] 1. zarządzać, dekretować 2. dekret
decrepit [di'krepit] rozpadający się
decry [di'krai] *form* potępiać
dedicate ['dedikeit] poświęcać (się) (*to sth* czemuś, *sth to sb* coś komuś)
dedicated ['dedikeitid] oddany, o-fiarny

dedication [ˌdediˈkeiʃən] **1.** ofiarność, poświęcenie (się) **2.** dedykacja

deduce [diˈdjuːs] dedukować, wyciągać wnioski

deduct [diˈdʌkt] odejmować, potrącać

deduction [diˈdʌkʃən] **1.** dedukcja, wnioskowanie **2.** potrącenie, odliczenie

deed [diːd] **1.** *lit* czyn, wyczyn **2.** akt, umowa

deem [diːm] *form* sądzić, domniemywać

deep [diːp] **1.** głęboki **2.** intensywny **3.** niski **4.** głęboko ◇ **5.** be **(2 feet) deep** mieć głębokość (2 stóp) **6. deep down/inside sb** w czyimś sercu **8. go/run deep** sięgać sedna **9. be thrown in at the deep end** być rzuconym na głęboką wodę
deep freeze [diːpˈfriːz] zamrażarka

deepen [ˈdiːpən] **1.** pogłębiać **2.** stawać się głębszym

deep-seated [diːp ˈsiːtid] zakorzeniony

deer [diə], *lm* deer jeleń

deface [diˈfeis] szpecić, zamazywać

defamation [ˌdefəˈmeiʃən] *form* *praw* zniesławienie

default [diˈfoːlt] **1.** nie stawiać się (w sądzie) **2.** odmawiać zapłaty (*on/in sth* czegoś) **3.** niestawienie się (w sądzie) **4.** odmowa zapłaty **5.** *komp* domyślny ◇ **6. by default (a)** przez zaniedbanie **(b)** walkowerem

defeat [diˈfiːt] **1.** zwyciężać, pokonywać **2.** (*w głosowaniu*) odrzucać **3.** (*etyka*) zawodzić **4.** klęska **5.** przegrana

defecate [ˈdefəkeit] *form* wypróżniać się

defect I. [ˈdiːfekt] **1.** defekt, wada (*of/in sth* czegoś) **II.** [diˈfekt] **2.** odłączać się **3.** uciekać (*to* do)

defective [diˈfektiv] wadliwy, z defektem

defection [diˈfekʃən] odłączenie się

defector [diˈfektə] uciekinier, emigrant

defence (*US* defense) [diˈfens] obrona (*against* przed)

defenceless [diˈfenslis] bezbronny

defend [diˈfend] bronić

defendant [diˈfendənt] pozwany, oskarżony

defense *US* (*BR* defence) [diˈfens] obrona (*against* przed)

defensive [diˈfensiv] obronny

defer [diˈfəː] *form* **1.** odkładać, odraczać **2.** ustępować (*to sb* komuś), liczyć się (*to sb* z kimś)

deference [ˈdefərəns] względy, szacunek (*to sb* dla kogoś)

deferential [ˌdefəˈrenʃəl] pełen szacunku

defiance [diˈfaiəns] wyzwanie

defiant [diˈfaiənt] wyzywający, buntowniczy

deficiency [diˈfiʃənsi] **1.** niedostatek **2.** nieefektywność

deficient [diˈfiʃənt] **1.** *form* nieefektywny ◇ **2. be deficient in sth** mieć niewystarczająco czegoś

deficit [ˈdefisit] deficyt

defile [diˈfail] kalać, brukać

define [diˈfain] definiować

definite [ˈdefinit] **1.** określony, sprecyzowany **2.** pewny, prawdziwy **3.** zdecydowany
definite article [ˌdefinit ˈɑːtikəl] *gram* rodzajnik/przedimek określony

definitely ['definitli] 1. z pewnością, zdecydowanie 2. ostatecznie

definition [,defi'niʃən] 1. definicja 2. określoność, wyrazistość ◊ 3. by definition z definicji

definitive [di'finitiv] 1. ostateczny 2. podsumowujący, definitywny

deflate [di:'fleit] wypuszczać powietrze (*sth* z czegoś), pozbawiać się powietrza

deflect [di:'flekt] 1. odwracać 2. odchylać się

deform [di:'fo:m] deformować, zniekształcać

deformity [di:'fo:miti] 1. deformacja, zniekształcenie 2. ułomność

defrost [,di:'frost] 1. odmrażać (się) 2. rozmrażać

deft [deft] zgrabny, sprawny

defunct [di'fʌŋkt] *form* zmarły

defuse [di'fju:z] rozładowywać, rozbrajać

defy [di'fai] 1. przeciwstawiać się 2. nie poddawać się 3. wzywać (*sb to do sth* kogoś, by coś zrobił)

degenerate I. [di'dʒenəreit] 1. przeradzać się, przekształcać się (*into/to* w) II. [di'dʒenərit] 2. zdegenerowany 3. degenerat

degradation [,degrə'deiʃən] poniżenie, nędza

degrade [di'greid] poniżać, degradować

degree [di'gri:] 1. stopień ◊ 2. by degrees stopniowo 3. have a degree mieć stopień (naukowy), mieć wykształcenie uniwersyteckie 4. do/take a degree in sth studiować coś

dehydrate [,di:'haidreit] wysuszać (się), odwadniać (się)

deign [dein] *form* raczyć (*to do sth* coś robić)

deity ['di:iti] *form* bóstwo

dejected [di'dʒektid] *form* przygnębiony

dejection [di'dʒekʃən] *form* przygnębienie

delay [di'lei] 1. opóźniać, zwlekać 2. wstrzymywać 3. zwłoka, opóźnienie

delectable [di'lektəbəl] *lit* 1. rozkoszny 2. smakowity

delegate I. ['deligit] 1. delegat, reprezentant II. ['deligeit] 2. delegować 3. przekazywać, udzielać

delegation [,deli'geiʃən] delegacja

delete [di'li:t] 1. usuwać, wymazywać 2. *komp* kasować

deliberate I. [di'libərit] 1. rozmyślny, świadomy 2. rozważny II. [di'libəreit] 3. *form* obradować, roztrząsać (sprawę)

deliberation [di,libə'reiʃən] 1. rozważanie 2. -s obrady ◊ 3. with deliberation z rozwagą, z namaszczeniem

delicacy ['delikəsi] 1. delikatność 2. delikates, przysmak

delicate ['delikit] 1. delikatny 2. czuły

delicious [di'liʃəs] wyborny

delight [di'lait] 1. zachwyt 2. przyjemność, radość 3. zachwycać 4. radować się (*at/in sth* czymś)

delightful [di'laitfəl] zachwycający, rozkoszny

delinquency [di'liŋkwənsi] przestępczość (młodocianych)

delinquent [di'liŋkwənt] 1. przestępczy 2. (młodociany) przestępca

delirious [di'liəriəs] 1. majaczący, w gorączce 2. podekscytowany

delirium [di'liəriəm] majaczenie

deliver [di'livə] 1. dostarczać 2.

form przekazywać **3.** wygłaszać **4.** odbierać (dziecko)

delivery [di'livəri] **1.** doręczanie (poczty) **2.** dostawa **3.** sposób wygłaszania **4.** poród

delude [di'lu:d] łudzić (się)

deluge ['delju:dʒ] **1.** potop **2.** zalew **3.** zasypywać (*with sth* czymś)

delusion [di'lu:ʒən] złudzenie

de luxe [di'lʌks] luksusowy

delve [delv] **1.** wgłębiać się (*into* w) **2.** przekopywać

demand [di'mɑ:nd] **1.** domagać się, żądać (*sth from/of sb* czegoś od kogoś) **2.** wymagać (*of sb* od kogoś) **3.** żądanie **4.** zapotrzebowanie (*for* na) **5.** popyt (*for* na) **6.** -s wymagania (*on* od) ◇ **7.** in demand cieszący się popytem **8.** on demand na żądanie

demarcation [ˌdi:mɑ:'keiʃən] demarkacja, rozgraniczenie

demean [di'mi:n] *form* poniżać (się)

demeanour (*US* **demeanor**) [di'mi:nə] *form* zachowanie się, postawa

demented [di'mentid] szalony

demise [di'maiz] zgon

demobilize (*także* **demobilise**) [di:'moubilaiz] demobilizować

democracy [di'mokrəsi] **1.** demokracja **2.** państwo demokratyczne

democrat ['deməkræt] demokrata

democratic [ˌdemə'krætik] demokratyczny

demolish [di'moliʃ] **1.** burzyć **2.** obalać

demolition [ˌdemə'liʃən] **1.** zburzenie **2.** obalenie

demon ['di:mən] demon

demonic [di'monik] demoniczny, złowrogi

demonstrate ['demənstreit] **1.** wy-

kazywać **2.** dowodzić **3.** demonstrować (*także sth to sb* coś komuś)

demonstration [ˌdemən'streiʃən] **1.** demonstracja **2.** pokaz **3.** wykazanie **4.** okazanie

demonstrative [di'monstrətiv] wylewny

demoralize [di'morəlaiz] demoralizować

demote [di'mout] degradować

demur [di'mə:] *form* sprzeciwiać się, odmawiać

demure [di'mjuə] układny, skromny

den [den] nora

denial [di'naiəl] **1.** odmowa ◇ **2.** make a denial zaprzeczać, odrzucać

denigrate ['denigreit] *form* (niesłusznie) ganić, zniesławiać

denim ['denim] **1.** dżins **2.** -s dżinsy

denomination [diˌnomi'neiʃən] wyznanie

denote [di'nout] *form* **1.** określać **2.** oznaczać

denounce [di'nauns] oskarżać, demaskować (*sb as* kogoś jako)

dense [dens] **1.** gęsty **2.** *nieform* tępy

density ['densiti] gęstość

dent [dent] **1.** wginać **2.** wgięcie

dental ['dentəl] zębny

dentist ['dentist] dentysta

dentures ['dentʃəz] sztuczne szczęki/zęby

denude [di'nju:d] *form* ogołacać

denunciation [diˌnʌnsi'eiʃən] krytyka, zdemaskowanie

deny [di'nai] **1.** zaprzeczać **2.** odmawiać (*sth to sb* komuś czegoś)

deodorant [di:'oudərənt] dezodorant

depart [di'pɑ:t] **1.** odjeżdżać (*for* do) **2.** odbiegać, odstępować

(*from* od)

departed [di'pɑ:tid] *form* 1. miniony 2. zmarły

department [di'pɑ:tmənt] 1. instytut 2. wydział 3. departament

department store [di'pɑ:tmənt stoː] dom towarowy

departure [di:'pɑ:tʃə] 1. odjazd 2. odstąpienie (*from* od)

depend [di'pend] 1. zależeć (*on/upon* na) 2. polegać (*on/upon* na) ◇ 3. "it depends" „zależy" 4. depending on (sth) w zależności od (czegoś)

dependable [di'pendəbəl] niezawodny

dependant [di'pendənt] osoba na czyimś utrzymaniu

dependence [di'pendəns] zależność (*on/upon* od)

dependent [di'pendənt] 1. zależny (*on/upon* od) 2. osoba na czyimś utrzymaniu

depict [di'pikt] przedstawiać (*także: as* jako)

depiction [di'pikʃən] przedstawienie

deplete [di'pli:t] *form* wyczerpywać

deplorable [di'ploːrəbəl] *form* żałosny

deplore [di'ploː] *form* potępiać

deploy [di'ploi] rozmieszczać (w gotowości)

deport [di'poːt] deportować

deportment [di'poːtmənt] *form* zachowanie się, sposób poruszania się

depose [di'pouz] usuwać (ze stanowiska)

deposit [di'pozit] 1. osadzać (się) 2. (*pieniądze*) składać, deponować 3. (*minerałów*) złoże, osad 4. (*pieniężny*) depozyt 5. (*w banku*) wkład, lokata 6. (*przy kupnie*)

zadatek, pierwsza wpłata

depot ['depou] 1. skład 2. *US* stacja (kolejowa)

depraved [di'preivd] zdemoralizowany, zdeprawowany

depreciate [di'priːʃieit] tracić na wartości, deprecjonować (się)

depreciation [di,priːʃi'eiʃən] dewaluacja, deprecjacja

depress [di'pres] 1. deprymować, przygnębiać 2. obniżać

depressed [di'prest] 1. przygnębiony 2. podupadły

depression [di'preʃən] depresja

deprive [di'praiv] pozbawiać (*sb of sth* kogoś czegoś)

deprived [di'praivd] 1. pozbawiony wszystkiego 2. spauperyzowany

dept *skrót pisany:* department

depth [depθ] 1. głębokość 2. głębia ◇ 3. in depth intensywny 4. be out of depth nie orientować się

deputation [,depju'teiʃən] delegacja

deputize ['depjutaiz] zastępować (*for sb* kogoś)

deputy ['depjuti] zastępca

derail [,di:'reil] wykolejać

deranged [di'reindʒd] szalony

derelict ['derilikt] opuszczony, zaniedbany

deride [di'raid] *form* wyśmiewać

derision [di'riʒən] szyderstwo, wyśmiewanie się

derisory [di'raisəri] niepozorny, śmiesznie mały

derivation [,deri'veiʃən] pochodzenie

derivative [di'rivətiv] 1. pochodny, wtórny 2. rzecz pochodna

derive [di'raiv] 1. pochodzić, wywodzić się (*from* z) 2. *form* czerpać, otrzymywać (*A from B* A z B)

dermatitis [ˌdə:mə'taitis] zapalenie skóry

derogatory [di'rogətəri] negatywny, lekceważący

derrick ['derik] dźwig

descend [di'send] 1. *form* zniżać się (*sth* po czymś), schodzić (*sth* *z czegoś/po czymś*) 2. zjawiać się nagle (*on/upon sth* gdzieś), zwalać się (*on/upon* na) 3. zniżać się (*to* do)

descendant [di'sendənt] potomek

descent [di'sent] 1. zejście w dół, schodzenie 2. pochodzenie

describe [di'skraib] opisywać

description [di'skripʃən] 1. opis 2. opisywanie ◇ 3. of (this) description (takiego) rodzaju

descriptive [di'skriptiv] opisowy

desecrate ['desikreit] bezcześcić

desert I. ['dezət] 1. pustynia **II.** [di'zə:t] 2. porzucać 3. dezerterować

deserter [di'zə:tə] dezerter

deserve [di'zə:v] zasługiwać (*sth* na coś, *for sth* za coś)

design [di'zain] 1. projektować 2. (*np. testy*) obmyślać 3. (*budynku*) projektowanie 4. (*architektoniczny*) projekt 5. (*na ścianie*) wzór 6. *form* zamysł, zamiar 7. -s *pejor* zakusy (*on/upon sth* na coś), złe zamiary ◇ 8. be designed for sb/sth być przewidzianym dla kogoś/czegoś

designate ['dezigneit] 1. wyznaczać (*sth* coś, *sb to do sth* kogoś, aby coś zrobił) 2. mianować (*sb as sth* kogoś na jakieś stanowisko) 3. desygnować

designation [ˌdezi'gneiʃən] *form* mianowanie

designer [di'zainə] projektant

desirable [di'zaiərəbəl] 1. wskazany 2. atrakcyjny

desire [di'zaiə] 1. *form* chcieć, mieć ochotę 2. pożądać 3. ochota 4. pożądanie ◇ 5. leave *a lot/a great deal* to be desired pozostawiać wiele do życzenia

desirous [di'zaiərəs] *form* pragnący

desist [di'zist] *form* zaniechać (*from sth* czegoś)

desk [desk] biurko

desolate ['desələt] 1. bezludny 2. opuszczony

desolation [ˌdesə'leiʃən] 1. wyludnienie, pustka 2. uczucie opuszczenia

despair [di'speə] 1. rozpacz 2. rozpaczać (*at sth* nad czymś) 3. tracić nadzieję (*of doing sth* zrobienia czegoś)

despatch [di'spætʃ] patrz **dispatch**

desperate ['despərit] 1. doprowadzony do ostateczności 2. zdesperowany 3. beznadziejny 4. rozpaczliwie potrzebować (*for sth* czegoś)

desperation [ˌdespə'reiʃən] desperacja

despicable [di'spikəbəl] podły

despise [di'spaiz] pogardzać (*sb for sth* kimś za coś)

despite [di'spait] *form* (po)mimo

despondent [di'spondənt] zniechęcony (*about* co do)

despotic [di'spotik] *form* despotyczny

dessert [di'zə:t] deser

destination [ˌdesti'neiʃən] miejsce przeznaczenia

destined ['destind] przeznaczony (*for* na), stworzony (*for* do)

destiny ['destini] przeznaczenie

destitute ['destitju:t] bez środków

do życia

destitution [ˌdestiˈtjuːʃən] nędza

destroy [diˈstroi] 1. niszczyć 2. wybijać, zabijać

destroyer [diˈstroiə] niszczyciel

destruction [diˈstrʌkʃən] zniszczenie

destructive [diˈstrʌktiv] niszczycielski

desultory [ˈdesəltəri] *form* zniechęcony, chaotyczny

detach [diˈtætʃ] odczepiać, odłączać (*from* od)

detachable [diˈtætʃəbəl] zdejmowalny

detached [diˈtætʃt] 1. wolno stojący 2. bezstronny, zdystansowany

detachment [diˈtætʃmənt] 1. niezależność, obojętność 2. oddział

detail [ˈdiːteil] 1. szczegół 2. detal 3. *form* wyszczególniać ◇ 4. **in detail** szczegółowo

detain [diˈtein] *form* zatrzymywać

detect [diˈtekt] 1. wyczuwać 2. wykrywać

detection [diˈtekʃən] 1. wykrywanie 2. wykrycie

detective [diˈtektiv] detektyw

détente [ˈdeitont] *form* odprężenie

detention [diˈtenʃən] zatrzymanie, areszt

deter [diˈtə:] *form* odwodzić (*from* od)

detergent [diˈtə:dʒənt] detergent

deteriorate [diˈtiəriəreit] pogarszać się, psuć się

deterioration [diˌtiəriəˈreiʃən] pogarszanie się

determination [diˌtə:miˈneiʃən] 1. determinacja, zdecydowanie 2. ustalenie, określenie

determine [diˈtə:min] *form* 1. determinować 2. określać, ustalać 3.

stwierdzać 4. *form* postanawiać

determined [diˈtə:mind] zdecydowany

deterrent [diˈterənt] 1. środek odstraszający 2. odstraszający

detest [diˈtest] nie cierpieć

detestable [diˈtestəbəl] nienawistny

detonate [ˈdetəneit] detonować

detour [ˈdiːtuə] objazd

detract [diˈtrækt] umniejszać (*from sth* coś)

detriment [ˈdetrimənt] *form* ◇ **to the detriment of** ze szkodą dla (kogoś)

detrimental [ˌdetriˈmentəl] *form* szkodliwy (*to* dla)

deuce [djuːs] *sport* równowaga

devalue [diːˈvæljuː] 1. nie doceniać 2. dewaluować

devaluation [diːˌvæljuˈeiʃən] dewaluacja

devastate [ˈdevəsteit] dewastować

develop [diˈveləp] 1. rozwijać (się) 2. dostawać 3. opracowywać 4. wywoływać ◇ 5. **the computer develops a (new) fault** u komputera występuje (nowy) błąd

developer [diˈveləpə] 1. przedsiębiorca budowlany 2. wywoływacz ◇ 3. **be a (late) developer** (późno) się rozwijać

development [diˈveləpmənt] 1. rozwój 2. osiągnięcie 3. wypadek, wydarzenie

deviant [ˈdiːviənt] odbiegający od normy

deviate [ˈdiːvieit] 1. odchodzić, odbiegać (*from* od) 2. *US* odbiegający od normy

deviation [ˌdiːviˈeiʃən] dewiacja

device [diˈvais] 1. urządzenie 2. sposób, metoda ◇ 3. **leave sb to his own devices** pozostawić kogoś samemu sobie

devil ['devəl] 1. the devil szatan 2. diabeł, czart ◊ 3. *nieform* a (silly/poor) devil głupek, biedak 4. (what) the devil (co) u diabła

devilish ['devəliʃ] diabelski

devious ['di:viəs] 1. pokrętny, kręty 2. okrężny

devise [di'vais] obmyślać, wynajdować

devoid [di'void] *form* pozbawiony (*of sth* czegoś)

devolution [ˌdi:və'lu:ʃən] przekazanie uprawnień

devolve [di'volv] *form* przechodzić (*upon/on/to* na)

devote [di'vout] poświęcać (*oneself to sth* się czemuś)

devoted [di'voutid] 1. oddany (*to sb/sth* komuś/czemuś) 2. wytężony

devotee [ˌdevə'ti:] zapaleniec

devotion [di'vouʃən] 1. oddanie (*to sb* dla kogoś) 2. poświęcenie (*to sth* czemuś) 3. pobożność

devour [di'vauə] *form* 1. pożerać 2. pochłaniać

devout [di'vout] pobożny

dew [dju:] rosa

dexterous ['dekstərəs] *form* sprawny

diabetes [ˌdaiə'bi:ti:z] cukrzyca

diabetic [ˌdaiə'betik] 1. cukrzyk 2. (przeciw)cukrzycowy

diabolical [ˌdaiə'bolikəl] 1. *form* diaboliczny, szatański 2. *nieform przen* piekielny

diagnose ['daiəgnouz] diagnozować (*sth as* coś jako)

diagnosis [ˌdaiəg'nousis] *lm* diagnoses [ˌdaiəg'nousi:z] diagnoza

diagonal [dai'ægənəl] 1. poprzeczny, ukośny 2. przekątna

diagram ['daiəgræm] wykres

dial ['daiəl] 1. tarcza 2. strojenie, zakres 3. wybierać, wykręcać

dialect ['daiəlekt] dialekt

dialogue (*US* dialog) ['daiəlog] 1. dialog, porozumienie 2. rozmowa

diameter [dai'æmitə] średnica

diametrically [ˌdaiə'metrikli] diametralnie

diamond ['daiəmənd] 1. diament, brylant 2. romb 3. karo

diaper ['daiəpə] *US* pielucha

diaphragm ['daiəfræm] 1. przepona 2. przegroda, przysłona 3. wkładka antykoncepcyjna

diarrhoea [ˌdaiə'riə] biegunka

diary ['daiəri] dziennik, pamiętnik

dice [dais], *lm* dice 1. kostka (do gry) 2. krajać w kostkę

dicey ['daisi] *nieform* bojaźliwy

dichotomy [dai'kotəmi] *form* dychotomia

dictate I. [dik'teit] 1. dyktować 2. nakazywać (**sb/to sb** komuś) II. ['dikteit] 3. nakaz

dictation [dik'teiʃən] 1. dyktowanie 2. dyktat 3. dyktando

dictator [dik'teitə] dyktator

dictatorial [ˌdiktə'to:riəl] dyktatorski

dictatorship [dik'teitəʃip] dyktatura

diction ['dikʃən] dykcja

dictionary ['dikʃənəri] słownik

did [did] *patrz* do: *II* forma

didactic [dai'dæktik] *form* dydaktyczny

didn't ['didnt] *ściągnięte*: did not

die [dai], *lm* died [daid], died, forma na *-ing*: dying ['daiŋ] 1. umierać (*of* na) 2. (*o zwierzętach*) zdychać 3. *nieform* strasznie chcieć/potrze-

bować (*for sth* czegoś, *to do sth* coś zrobić) ◇ **4. die hard** wolno wymierać/zanikać
die away/down zamierać
die out zanikać, wymierać
diesel ['di:zəl] **1.** diesel **2.** (*także* d. oil) olej napędowy
diet ['daiət] **1.** pożywienie **2.** dieta **3.** dietetyczny **4.** być na diecie
differ ['difə] **1.** różnić się (*from* od, *in* w) **2.** nie zgadzać się (*with sb over/about sth* z kimś, *w czymś/co do czegoś**)
difference ['difərəns] **1.** różnica **2.** nieporozumienie ◇ **3. sth makes all the difference** coś zmienia postać rzeczy
different ['difərənt] różny (*from/to/ /than* od), różniący się
differential [,difə'renʃəl] **1.** zróżnicowany **2.** zróżnicowanie
differentiate [,difə'renʃieit] **1.** rozróżniać (*between* pomiędzy) (*A from/and B* A od B), odróżniać **2.** różnicować
difficult ['difikəlt] trudny (*for* dla)
difficulty ['difikəlti] **1.** trudność ◇ **2. have difficulty doing sth** robić coś z trudem/trudnością **3. in difficulty/difficulties** w przypadku trudności/kłopotów
diffident ['difidənt] płochliwy, nieśmiały
diffuse I. [di'fju:z] *form* **1.** rozpraszać się **2.** rozchodzić się **3.** szerzyć II. [di'fju:s] **4.** zagmatwany **5.** rozproszony
dig [dig], **dug** [dʌg], **dug 1.** kopać, wygrzebywać **2.** wkopywać się (*into* do/w) **3.** wciskać (się) (*into* w) **4.** szpilka, przytyk (*at sb* dla kogoś)
dig out 1. odkopywać (*of* z) **2.**

wygrzebywać
dig up 1. wykopywać **2.** wygrzebywać
digest I. [dai'dʒest] **1.** trawić **2.** przetrawiać II. ['daidʒest] **3.** przegląd
digestion [dai'dʒestʃən] **1.** trawienie **2.** system trawienny
digit ['didʒit] **1.** cyfra **2.** *term* palec
digital ['didʒitəl] cyfrowy
dignified ['dignifaid] dystyngowany
dignify ['dignifai] przydawać godności
dignitary ['dignitəri] *form* dostojnik
dignity ['digniti] **1.** dostojeństwo **2.** godność
digress [dai'gres] robić dygresję
digression [dai'greʃən] dygresja
dike [daik] *także* **dyke** grobla
dilapidated [di'læpideitid] zniszczony, zrujnowany
dilate [dai'leit] rozszerzać się
dilemma [di'lemə] dylemat
diligent ['dilidʒənt] pracowity, staranny
dilute [dai'lu:t] rozcieńczać
dim [dim] **1.** ciemny, mroczny **2.** niewyraźny **3.** zamazany **4.** *nieform* ciemny **5.** przygaszać (się)
dime [daim] dziesięciocentówka
dimension [dai'menʃən] **1.** aspekt (*to sth* czegoś) **2.** rozmiar **3.** wymiar
diminish [di'miniʃ] zmniejszać się
diminutive [di'minjutiv] *lit* miniaturowy, drobny
dimple ['dimpəl] dołek (*w policzku*)
din [din] *nieform* harmider
dine [dain] *form* obiadować
dine out jeść obiad (poza domem)
diner ['dainə] **1.** gość (w restauracji) **2.** *US* knajpka

dinghy ['diŋgi] ponton

dingy ['diŋdʒi] 1. obskurny 2. wyświechtany, spłowiały

dining room ['dainiŋ ru:m] 1. restauracja (hotelowa) 2. stołówka

dinner ['dinə] obiad
   dinner jacket ['dinə dʒækət] smoking
   dinner party ['dinə pɑːti] przyjęcie (z posiłkiem)

dinosaur ['dainəsɔ:] dinozaur

diocese ['daiəsis] diecezja

dip [dip] 1. zanurzać, moczyć (*in/ /into* w/do) 2. opadać, obniżać 3. wgłębienie 4. kąpiel

diphtheria [dif'θiəriə] dyfteryt, błonica

diphthong ['difθɒŋ] *gram* dyftong

diploma [di'ploumə] dyplom

diplomacy [di'plouməsi] dyplomacja

diplomat ['dipləmæt] dyplomata

diplomatic [,diplə'mætik] dyplomatyczny

dire ['daiə] *form* skrajny, straszny

direct [di'rekt] 1. bezpośredni 2. (*a tak*) otwarty 3. (*pochodzić*) bezpośrednio 4. (*przesyłać*) kierować (*sb* kogoś, *to sth* do czegoś, *a remark at sb* uwagę do kogoś) 5. (*film*) reżyserować 6. *form* (*akcją*) zarządzać 7. (*nakazywać*) przykazywać 8. (*potomek*) w prostej linii

direction [di'rekʃən] 1. kierunek 2. -s wskazówki 3. reżyseria, dyrekcja ◇ 4. **under sb's direction** pod czyimś kierownictwem

directive [di'rektiv] *form* wytyczna

directly [di'rektli] 1. bezpośrednio 2. otwarcie 3. niebawem 4. kiedy tylko, od razu (, jak)

director [di'rektə] 1. dyrektor 2. reżyser

directory [di'rektəri] 1. spis, książka (*adresowa, telefoniczna*) 2. *komp* katalog

dirt [də:t] 1. brud, kurz 2. błoto, ziemia

dirty ['də:ti] 1. brudny 2. brudzić (się) 3. nieprzyzwoity

disability [,disə'biliti] *form* inwalidztwo, ułomność

disable [dis'eibəl] okaleczać

disabled [dis'eibəld] kaleki, ułomny

disadvantage [,disəd'vɑːntidʒ] 1. strona ujemna, wada ◇ 2. **at a disadvantage** w niekorzystnym położeniu 3. **to sb's disadvantage** na czyjąś niekorzyść

disadvantageous [,disəd'vɑːntidʒəs] niekorzystny (*to sb* dla kogoś)

disagree [,disə'gri:] 1. nie zgadzać się (*with* z, *about* co do) 2. *nieform* szkodzić (*with sb* komuś)

disagreeable [,disə'gri:əbəl] 1. nieprzyjemny 2. niemiły, przykry

disagreement [,disə'gri:mənt] 1. niezgoda, rozbieżność opinii 2. kłótnia

disallow [,disə'lau] *form* oddalać, odrzucać

disappear [,disə'piə] 1. znikać 2. ginąć

disappoint [,disə'point] rozczarowywać

disappointed [,disə'pointid] rozczarowany (*in/with sb/sth* kimś/ /czymś, *about/at sth* czymś)

disappointment [,disə'pointmənt] 1. rozczarowanie 2. zawód

disapproval [,disə'pru:vəl] dezaprobata

disapprove [,disə'pru:v] przyjmować z dezaprobatą (*of sth* coś)

disarm [dis'ɑ:m] rozbrajać (się)

disarmament [dis'ɑ:məmənt] rozbrojenie

disarray [ˌdisə'rei] *form* ◇ **1. be
(thrown) into disarray** być w
chaosie **2. be in disarray** być w
nieładzie

disaster [di'zɑ:stə] **1.** klęska **2.** katastrofa

disastrous [di'zɑ:strəs] **1.** katastro-
falny **2.** okropny

disband [dis'bænd] rozwiązywać
(się), rozchodzić (się)

disbelief [ˌdisbi'li:f] niewiara

disbelieve [ˌdisbi'li:v] *form* nie dawać wiary

disc (*US* **disk**) [disk] **1.** krążek, tarcza **2.** *med* dysk, krążek między-
kręgowy **3.** płyta (*np. gramofonowa*) **4.** *komp* dysk, dyskietka

discard [dis'kɑ:d] pozbywać się, wyrzucać

discern [di'sə:n] *form* **1.** dostrzegać
2. spostrzegać

discerning [di'sə:niŋ] przenikliwy,
bystry

discharge I. [dis'tʃɑ:dʒ] **1.** zwalniać
2. *form* (*zadanie, obowiązki*) wypełniać **3.** *form* (*ścieki, substancje*) wydzielać, zrzucać, spuszczać
II. ['distʃɑ:dʒ] **4.** (*ze szpitala, wojska*) zwolnienie **5.** *form* (*ścieków*)
spuszczanie, zrzucanie **6.** *form* (*z
nosa*) wydzielina

disciple [di'saipəl] uczeń

disciplinary ['disiplinəri] dyscypli-
narny

discipline ['disiplin] **1.** dyscyplina
2. zdyscyplinowanie, karność **3.**
zdyscyplinowywać, kontrolować **4.**
karać

disclaim [dis'kleim] *form* wypierać
się

disclose [dis'klouz] ujawniać

disclosure [dis'klouʒə] *form* ujawnienie

disco ['diskou] *nieform* dyskoteka

discolour (*US* **discolor**) [dis'kʌlə]
odbarwiać (się)

discomfort [dis'kʌmfət] **1.** dolegliwość **2.** niepokój **3. -s** niedogod-
ności

disconcert [ˌdiskən'sə:t] *form* zbijać
z tropu

disconcerting [ˌdiskən'sə:tiŋ] kłopotliwy

disconnect [ˌdiskə'nekt] rozłączać

disconnected [ˌdiskə'nektid] nie po-
wiązany

disconsolate [dis'konsələt] *form* posępny

discontent [ˌdiskən'tent] niezadowolenie

discontented [ˌdiskən'tentid] niezadowolony

discontinue [ˌdiskən'tinju:] *form*
przerywać

discord ['disko:d] **1.** *liter* niezgoda
2. *muz* dysonans

discordant [di'sko:dənt] **1.** *form* niezgodny **2.** *muz* dysonansowy

discotheque ['diskətək] dyskoteka

discount I. ['diskaunt] **1.** obniżka,
rabat II. [di'skaunt] **2.** nie liczyć
się (*sb z kimś*)

discourage [dis'kʌridʒ] **1.** zniechęcać **2.** odwodzić (*sb from sth* kogoś od czegoś*)

discourse ['disko:s] **1.** rozprawa **2.**
form rozprawiać (*on/upon* o) **3.**
form dyskurs

discover [dis'kʌvə] **1.** odkrywać **2.**
odnajdować

discovery [dis'kʌvəri] **1.** odkrycie **2.**
stwierdzenie

discredit [dis'kredit] *form* **1.** dyskredytować **2.** podważać, falsyfi-

kować **3.** niesława **4.** utrata zaufania
discreet [di'skri:t] dyskretny
discrepancy [di'skrepənsi] rozbieżność (*between/in* pomiędzy)
discretion [di'skreʃən] **1.** dyskrecja
2. rozwaga ◊ **3. at the discretion of sb** według czyjegoś uzna-
nia
discriminate [di'skrimineit] **1.** rozróżniać (*between* (po)między) **2.**
dyskryminować (*against sb* kogoś)
3. faworyzować (*in favour of sb*
kogoś)
discriminating [di'skrimineitiŋ]
wnikliwy, przenikliwy
discrimination [di,skrimi'neiʃən] **1.**
dyskryminacja (*against* przeciw-
ko) **2.** rozróżnianie (*between* pomiędzy) **3.** przenikliwość, (dobry)
smak
discursive [di'skə:siv] *form* rozwlekły
discus ['diskəs] *sport* dysk
discuss [di'skʌs] omawiać, dyskutować
discussion [di'skʌʃən] **1.** dyskusja
2. debata, debatowanie ◊ **3. under discussion** omawiany, w toku załatwiania
disdain [dis'dein] *form* **1.** wzgarda
(*for* dla) **2.** gardzić, wzgardzać
disease [di'zi:z] choroba, schorzenie
diseased [di'zi:zd] chory (*organ*)
disembark [,disim'ba:k] *form* wyładowywać, wysiadać (*from* z)
disenchanted [,disin'tʃa:ntid] *form*
rozczarowany
disenchantment [,disin'tʃa:ntmənt]
form rozczarowanie
disengage [,disiŋ'geidʒ] *form* odłączać (się) (*from* z)
disentangle [,disin'tæŋgəl] rozplą-

tywać, odplątywać (*sth from sth*
coś z czegoś)
disfavour (*US* **disfavor**) [dis'feivə]
form **1.** dezaprobata **2.** niełaska
disfigure [dis'figə] *form* zniekształcać
disgrace [dis'greis] **1.** hańba (*on*
dla) **2.** wstyd **3.** kompromitować
(*sb* kogoś, *oneself* się) ◊ **4. be a
disgrace to sb** przynosić komuś
wstyd **5. in disgrace** w niełasce
disgraceful [dis'greisful] haniebny
disgruntled [dis'grʌntlid] sarkający,
skwaszony
disguise [dis'gaiz] **1.** przebranie **2.**
przebierać (*oneself* się) **3.** skrywać
4. zmieniać ◊ **5. disguised as**
przebrany jako/za
disgust [dis'gʌst] **1.** odraza, wstręt
2. brzydzić ◊ **3. in disgust** z o-
brzydzeniem
disgusting [dis'gʌstiŋ] obrzydliwy
dish [diʃ] **1.** półmisek, misa, talerz
2. potrawa, danie **3. -s** naczynia
(kuchenne/stołowe) ◊ **4. do the
dishes** zmywać naczynia
dish out *nieform* rozdawać
dish up nakładać
dishcloth ['diʃkloθ] ścierka do naczyń
disheartened [dis'ha:tənd] *form*
zniechęcony
dishevelled (*US* **disheveled**) [di-
'ʃevəld] **1.** rozczochrany **2.** niechlujny
dishonest [dis'onist] nieuczciwy
dishonour (*US* **dishonor**) [dis'onə]
form **1.** hańba, zniesławienie **2.**
sprowadzać hańbę
dishwasher ['diʃwoʃə] zmywarka do
naczyń
disillusion [,disi'lu:ʒən] **1.** rozczarowywać **2.** rozczarowanie

dislike [dis'laik] **1.** nie cierpieć **2.** niechęć, odraza (*of/for sb* do kogoś) ◊ **3. take a dislike to** powziąć niechęć do (kogoś)

dislocate ['disləkeit] **1.** zwichnąć **2.** *form* zaburzać, hamować

dislodge [dis'lodʒ] przemieszczać

disloyal [dis'loiəl] nielojalny (*to* wobec)

dismal ['dizməl] **1.** ponury, posępny **2.** słaby, nędzny

dismantle [dis'mæntəl] rozbierać (na części)

dismay [dis'mei] **1.** przerażenie **2.** niesmak, rozczarowanie **3.** rozczarowywać **4.** wystraszyć

dismember [dis'membə] rozczłonkowywać, rozdzierać

dismiss [dis'mis] **1.** odrzucać **2.** wyrzucać **3.** zwalniać

dismissal [dis'misəl] **1.** zwolnienie **2.** zbycie

dismount [dis'maunt] *form* zsiadać (*from* z)

disobedience [ˌdisə'bi:diəns] nieposłuszeństwo

disobedient [ˌdisə'bi:diənt] nieposłuszny

disobey [ˌdisə'bei] nie słuchać się, być nieposłusznym

disorder [dis'o:də] **1.** bałagan **2.** nieład **3.** zamieszki **4.** dolegliwość

disorderly [dis'o:dəli] **1.** nieporządny **2.** burzliwy, wzburzony

disorganized [dis'o:gənaizd] **1.** zdezorganizowany **2.** chaotyczny, nieporządny

disorientated [dis'o:riənteitid] zdezorientowany

disown [dis'oun] wyrzekać się

disparage [di'spæridʒ] *form* dyskredytować

disparity [di'spæriti] *form* różnica

(*between/in* między/w)

dispassionate [dis'pæʃənit] bezstronny, beznamiętny

dispatch (*także* **despatch**) [di'spætʃ] *form* **1.** odprawiać, wysyłać **2.** sprawozdanie

dispel [di'spel] rozwiewać

dispensable [di'spensəbəl] zbyteczny

dispensary [di'spensəri] **1.** apteka **2.** poradnia

dispensation [ˌdispən'seiʃən] *form* zgoda, dyspensa

dispense [di'spens] **1.** *form* udzielać **2.** wydawać
    dispense with pożegnać się, rozstać się (*sb* z kimś)

dispenser [di'spensə] automat, maszyna

dispensing chemist [diˌspensiŋ 'kemist] *BR* aptekarz

disperse [di'spə:s] **1.** rozpraszać (się) **2.** rozprzestrzeniać się

dispirited [di'spiritid] przygnębiony

displace [dis'pleis] **1.** wypierać (*sth as* coś jako) **2.** przesiedlać, wysiedlać

display [di'splei] **1.** wystawiać **2.** przejawiać **3.** wystawa **4.** pokaz **5.** przejaw, objaw ◊ **6. on display** na widoku, wystawiony

displease [dis'pli:z] *form* oburzać, drażnić

displeasure [dis'pleʒə] niezadowolenie, oburzenie

disposable [di'spouzəbəl] jednorazowego użytku, do wyrzucenia

disposal [di'spouzəl] **1.** pozbywanie się, usuwanie ◊ **2. at sb's disposal** do czyjejś dyspozycji

dispose of [di'spouz əv] pozbywać się

disposed [di'spouzd] *form* **1.** skłonny, gotowy ◇ 2. **well disposed** dobrze usposobiony

disposition [ˌdispəˈziʃən] *form* 1. usposobienie 2. skłonność

dispossess [ˌdispəˈzes] wywłaszczać, wysiedlać

disproportionate [ˌdisprəˈpoːʃənit] nieproporcjonalny

disprove [disˈpruːv] obalać, falsyfikować

dispute [diˈspjuːt] 1. nieporozumienie 2. podważać, zaprzeczać 3. walczyć o ◇ 4. **in dispute** sporny 5. **be in dispute** spierać się

disqualify [disˈkwolifai] 1. dyskwalifikować 2. wydawać zakaz (*from doing sth* czegoś)

disquiet [disˈkwaiət] *form* zaniepokojenie

disregard [ˌdisriˈgɑːd] 1. lekceważyć 2. lekceważenie, niezwracanie uwagi (*for/of* na)

disrepair [ˌdisriˈpeə] ◇ **in disrepair** zaniedbany, zepsuty

disreputable [disˈrepjutəbəl] o złej reputacji

disrepute [ˌdisriˈpjuːt] *form* 1. **bring sth into disrepute** dyskredytować coś 2. **fall into disrepute** zostać zdyskredytowanym

disrespect [ˌdisriˈspekt] brak szacunku/poważania (*for* dla)

disrupt [disˈrʌpt] przerywać

dissatisfaction [diˌsætisˈfækʃən] niezadowolenie

dissatisfied [diˈsætisfaid] niezadowolony

dissect [diˈsekt] robić sekcję

disseminate [diˈsemineit] *form* rozpowszechniać, szerzyć

dissension [diˈsenʃən] *form* niesnaski, zwada

dissent [diˈsent] *form* 1. odstępstwo,

innomyślność 2. różnić się w poglądach (*from* od)

dissenter [diˈsentə] *form* dysydent

dissertation [ˌdisəˈteiʃən] *form* dysertacja

disservice [diˈsəːvis] *form* szkoda

dissident [ˈdisidənt] *form* dysydent

dissimilar [diˈsimilə] *form* odmienny (*to* od)

dissipate [ˈdisipeit] *form* 1. rozpraszać (się) 2. roztrwaniać

dissociate [diˈsouʃeit] 1. odcinać się (*from* od) 2. rozdzielać (*A from B* A od B)

dissolute [ˈdisəluːt] *form* rozwiązły

dissolution [ˌdisəˈluːʃən] *form* rozwiązanie

dissolve [diˈzolv] 1. rozpuszczać (się) 2. *form* rozwiązywać **dissolve in/into** *lit* rozpływać się (*sth* w czymś)

dissuade [diˈsweid] *form* odwodzić (*from* od)

distance [ˈdistəns] 1. odległość 2. oddalenie 3. *form* odseparowywać ◇ 4. **in the distance** w oddali

distant [ˈdistənt] 1. odległy (*from* od) 2. daleki 3. pełen rezerwy 4. nieobecny

distaste [disˈteist] niesmak

distasteful [disˈteistful] odstręczający (*to* dla)

distended [diˈstendid] *form* wydęty, rozszerzony

distil (*US* **distill**) [diˈstil] 1. destylować 2. *form* wyselekcjonowywać, wypreparowywać

distillery [diˈstiləri] gorzelnia

distinct [diˈstiŋkt] 1. odrębny 2. wyraźny

distinction [diˈstiŋkʃən] 1. rozróżnienie (*between* pomiędzy) 2. wyróżnienie 3. wysokiej rangi ◇ 4.

draw/make a distinction rozróżniać

distinctive [di'stiŋktiv] wyróżniający (się)

distinguish [di'stiŋgwiʃ] 1. rozróżniać (*between* pomiędzy) 2. wyróżniać (*A from B* A z B) 3. wyróżniać się 4. rozpoznawać

distinguishable [di'stiŋgwiʃəbəl] rozróżnialny (*from* od)

distinguished [di'stiŋgwiʃt] wybitny, znakomity

distort [di'stɔ:t] zniekształcać (się)

distract [di'strækt] 1. odciągać (*from* od), rozpraszać 2. rozrywać

distracted [di'stræktid] rozproszony

distraction [di'strækʃən] 1. rozproszenie uwagi 2. rozrywka ◇ 3. **drive sb to distraction** doprowdzać kogoś do szaleństwa

distraught [di'strɔ:t] podekscytowany, zmieszany

distress [di'stres] 1. cierpienie, boleść 2. niebezpieczeństwo 3. martwić, zadawać cierpienie

distribute [di'stribju:t] 1. rozprowadzać 2. dystrybuować 3. dzielić

distribution [,distri'bju:ʃən] rozkład, dystrybucja

district ['distrikt] dzielnica, dystrykt

distrust [dis'trʌst] 1. nie mieć zaufania (do kogoś) 2. brak zaufania

distrustful [dis'trʌstful] nieufny, niedowierzający (*of sth* czemuś)

disturb [di'stə:b] 1. przeszkadzać 2. wzburzać 3. ruszać, zmieniać (położenie) 4. zakłócać

disturbance [di'stə:bəns] 1. zamieszki 2. zaburzenia

disturbed [di'stə:bd] 1. niezrównoważony 2. wzburzony 3. nie-

spokojny, niedobry

disturbing [di'stə:biŋ] niepokojący

disuse [dis'ju:z] 1. nieużywanie ◇ 2. **fall into disuse** przestać być używanym

disused [dis'ju:zd] opuszczony

ditch [ditʃ] 1. rów 2. *nieform* rzucać 3. *nieform* porzucać, wywalać

dither ['diðə] wahać się (*about* co do)

ditto ['ditou] to samo, toż samo **ditto sign/mark** ['ditou,mɑ:k] znak powtórzenia (– " –)

divan [di'væn] otomana

dive [daiv], **dived** *lub* **dove** [douv], **dived** 1. wskakiwać, zanurzać się (*into* do) 2. nurkować (*into* w) 3. rzucać się, dawać nura 4. zanurzać rękę (*into* do/w) 5. zanurzenie się, nurek

diver ['daivə] nurek

diverge [dai'və:dʒ] *form* rozchodzić się (*from* od), odbiegać (*from sth* od siebie)

diverse [dai'və:s] *form* odmienny, różnoraki

diversify [dai'və:sifai] rozszerzać zakres, urozmaicać

diversion [dai'və:ʃən] 1. rozrywka, atrakcja 2. odwrócenie uwagi 3. objazd 4. (*trasy, kierunku, celu*) zmiana

diversity [dai'və:siti] różnorodność, zróżnicowanie

divert [dai'və:t] 1. kierować (*gdzie indziej*) 2. przeznaczać (*sth from A to B* coś z A na B) 3. odwracać

divide [di'vaid] 1. dzielić (się) 2. różnić (się) 3. dzielić (*by/into* przez) 4. rozłam

divide up 1. dzielić 2. rozdzielać

dividend ['dividənd] 1. dywidenda ◇ 2. **pay dividend** dobrze się odpłacać

divine [di'vain] 1. boski 2. *lit* przepowiadać

diving board ['daiviŋ bo:d] trampolina

divinity [di'viniti] 1. boskość 2. bóstwo 3. teologia, religia

divisible [di'vizibəl] podzielny (*by* przez)

division [di'viʒən] 1. podział (*into* na) 2. dzielenie 3. sekcja, dział 4. *sport* liga 5. *wojsk* dywizja

divisive [di'vaisiv] *form* dzielący

divorce [di'vo:s] 1. rozwód 2. rozwodzić się (*sb* z kimś) 3. *form* rozdzielać

divorcé [di,vo:'si:] rozwiedziony

divorcée [di,vo:'si:] rozwiedziona

divulge [dai'vʌldʒ] *form* odkrywać, odsłaniać

dizzy ['dizi] 1. *lit* oszałamiający ◇ 2. feel dizzy czuć zawrót głowy

do [du, də, du:] (*3. os. l.poj. czasu ter.* does [dʌz, dəz]), did [did], did
I. *GRAM czasownik bez swojego znaczenia* 1. *służy do tworzenia przeczenia i pytań w prostych czasach teraźniejszych i przeszłych* (*do you understand?* czy rozumiesz?, *I do not understand* nie rozumiem, *did you not know?* wiedziałeś?, *no, I did not know* nie, nie wiedziałem *don't do that* nie rób tego) 2. *zastępuje inny czasownik przy konieczności jego powtórzenia* (*you work harder than I do* pracujesz ciężej niż ja) 3. *prawda/nieprawda, czy(ż) nie, nie?* (*you want to go there, don't you?* chcesz tam pójść, nieprawda?) 4. *służy do uwydatnienia znaczenia innego czasownika* (*do come here!* przyjdź tu (koniecznie))
II. *czasownik pełnoznaczny* 5. robić 6. pracować 7. zajmować się 8. (*o resultacie, wyniku*) wystarczać 9. wypadać (*They did well on the exam* Wypadli dobrze na egzaminie)
III. [du:], *lm* dos *lub* do's [du:z] 10. *BR nieform* impreza
◇ 11. sth will do coś *wystarczy/będzie wystarczające* 12. how do you do dzień dobry 13. do one's best starać się, jak się potrafi 14. A has sth to do with B A ma coś wspólnego z B 15. sb could do with sth komuś by dobrze zrobiło coś 16. do's and dont's tak i nie
do away with pozbywać się
do down *nieform* zjechać
do for *nieform* 1. wykończyć ◇ 2. be done for być skończonym
do in *nieform* załatwić
do sb out of *nieform* wycyganiać od kogoś
do up 1. zawiązywać 2. wykańczać 3. opakowywać 4. zapinać
do without obywać się bez (*sth* czegoś)

docile ['dousail] potulny, uległy

dock [dok] 1. dok, basen portowy 2. ława oskarżonych (*in the dock* na ławie oskarżonych) 3. wchodzić do doku 4. odejmować, zmniejszać

doctor ['doktə] 1. doktor 2. lekarz 3. manipulować 4. zatruwać ◇ 5. the doctor's poradnia lekarska

doctrinaire [,doktri'neə] *form* doktryner

doctrine ['doktrin] doktryna

document ['dokjumənt] 1. dokument 2. udokumentowywać

documentary [,dokju'mentəri] 1.

program dokumentalny 2. dokumentacyjny

documentation [ˌdokjumen'teiʃən] dokumentacja

doddle ['dodəl] *nieform BR* łatwizna, pestka

dodge [dodʒ] 1. uskakiwać (przed kimś) 2. omijać, pozostawiać z boku

dodgy ['dodʒi] *BR nieform* dziurawy

doe [dou] samica (*jelenia, królika, zająca*)

does [dəz, dʌz] *patrz do: 3 os. l. poj. czasu ter.*

doesn't ['dʌzənt] *ściągnięte*: does not

dog [dog] 1. pies (*gatunek*) 2. pies (*samiec*) 3. chodzić (*sb za kimś*) ślad w ślad 4. prześladować

dog-collar ['dogkolə] *nieform* 1. obroża 2. koloratka

dog-eared ['dogiəd] z oślimi uszami

dogged [dogd] zacięty, uparty

dogma ['dogmə] dogmat

dogmatic [dog'mætik] dogmatyczny

dogsbody ['dogzbodi] *BR nieform* popychadło

doing ['du:iŋ] 1. *patrz do: forma z* *-ing* 2. praca 3. -s poczynania

do-it-yourself [ˌdu:itjə'self] *nieform* majsterkowanie, zrób to sam

doldrums ['doldrəmz] *nieform* ◊ in the doldrums w zastoju

dole [doul] *BR* zasiłek
dole out wydzielać

doleful ['doulful] żalosny, posępny

doll [dol] lalka

dollar ['dolə] dolar

dolled up [dold 'ʌp] *nieform* wysztafirowany

dollop ['doləp] *nieform* kupka, ociupinka

dolphin ['dolfin] delfin

domain [də'mein] 1. domena, dziedzina 2. obszar

dome [doum] kopuła

domestic [də'mestik] 1. krajowy 2. domowy 3. domatorski 4. do użytku w domu 5. udomowiony

domesticate [də'mestikeit] oswajać, udomawiać

domesticity [ˌdoumes'tisiti] *form* domatorstwo

domicile ['domisail] *form* miejsce (stałego) zamieszkania

dominance ['dominəns] 1. dominacja (*over* nad/w) 2. władza, przewaga

dominant ['dominənt] dominujący

dominate ['domineit] 1. zdominowywać, dominować nad 2. panować (*sth* nad czymś)

domineering [ˌdomi'niəriŋ] despotyczny

dominion [də'miniən] *form* 1. dominacja (*over* nad) 2. dominium

domino ['dominou] domino

don [don] wykładowca

donate [dou'neit] przekazywać, ofiarowywać

donation [dou'neiʃən] donacja, dar

done [dʌn] 1. *patrz do: III forma* ◊ 2. over and done with zakończone na amen 3. "done" „przyjęte"

donkey ['doŋki] osioł

donor ['dounə] 1. dawca (*zwłaszcza* krwi) 2. ofiarodawca

don't [dount] *ściągnięte*: do not

doodle ['du:dəl] mazać, smarować

doom [du:m] zguba, (zły) los

doomed [du:md] 1. skazany na zgubę, zgubiony ◊ 2. sb is doomed to komuś przeznaczone jest, a-by/że

door [do:] 1. drzwi, brama ◊ 2.

next door po sąsiedzku, w sąsiedniej bramie **3. out of doors** na dworze

doorbell ['do:bel] dzwonek do drzwi

doorknob ['do:nob] klamka (*gałka*)

doormat ['do:mæt] wycieraczka

doorstep ['do:step] **1.** stopień przy drzwiach ◇ **2. on sb's doorstep** u drzwi, u progu

door-to-door [,do:tə'do:] od bramy do bramy, obchodny

doorway ['do:wei] przejście, drzwi

dope [doup] **1.** *nieform* narkotyk **2.** *nieform* dureń **3.** narkotyzować

dopey ['doupi] **1.** omroczony, oszołomiony (*narkotykami*) **2.** *nieform* durny

dormant ['do:mənt] uśpiony

dormitory ['do:mitəri] **1.** sypialnia **2.** akademik, internat

dosage ['dousidʒ] dawka

dose [dous] **1.** doza, dawka **2.** dawkować, podawać lekarstwa

doss down [dos 'daun] *nieform* uwalić się (do snu)

dossier ['dosiei] dossier, akta

dot [dot] **1.** kropka, plamka **2.** występować pojedynczo ◇ **3.** *nieform* **on the dot** co do sekundy

dote [dout] ubóstwiać (*on/upon sb* kogoś)

dotted ['dotid] kropkowany

dotty ['doti] *nieform* stuknięty

double ['dʌbəl] **1.** podwójnie, dwa razy **2.** podwójny **3.** podwajać (się) **4.** służyć też (*as* jako) **5.** *sport* -s debel ◇ **6. bend double** zginać się we dwoje

double back nawracać

double bass [,dʌbəl'beis] kontrabas

double chin [,dʌbəl'tʃin] podwójny podbródek

double up zginać się

double-breasted [,dʌbəl'brestid] dwurzędowy (*marynarka*)

double-check [,dʌbəl'tʃek] sprawdzać powtórnie

double-cross [,dʌbəl'kros] *nieform* postępować fałszywie (*sb* z kimś)

double-decker [,dʌbəl'dekə] autobus piętrowy, piętrus

double-glazing [,dʌbəl'gleiziŋ] podwójne oszklenie

doubly ['dʌbli] podwójnie

doubt [daut] **1.** zwątpienie **2.** mieć wątpliwości, wątpić **3.** podawać w wątpliwość **4.** podważać ◇ **5. there is no doubt about sth** nie ma wątpliwości co do czegoś **6. have no doubt about sth** nie mieć wątpliwości co do czegoś **7. no doubt** niewątpliwie, bez wątpienia **8. without (a) doubt** z pewnością **9. beyond a doubt** poza wszelką wątpliwość **10. open to doubt** podejrzany, wątpliwy **11. in doubt** podejrzany, wątpliwy **12. cast doubt on sth** stawiać pod znakiem zapytania **13. when/if in doubt** w przypadku wątpliwości

doubtful ['dautful] **1.** wątpliwy **2.** pełen wątpliwości, powątpiewający (*about/of* w, co do) ◇ **3. be doubtful of** mieć wątpliwości co do

doubtless ['dautlis] z pewnością

dough [dou] **1.** ciasto (*surowe*) **2.** *nieform* forsa

doughnut ['dounʌt] donat, amerykański pączek

dour [duə] ponury, odstręczający

douse [daus] **1.** gasić **2.** oblewać się

dove [douv] **1.** gołąb **2.** *US patrz* dive: *II forma*

dowdy ['daudi] niemodny

down [daun] **1.** w dole, w dół **2.** (*geograficznie*) na południu, na południe **3.** (*o czynnościach*) do końca (*let the fire burn down* niech ogień się dopali) **4.** (*kogoś*) zwalić (na ziemię) **5.** (*kieliszek*) wychylać **6.** (*człowiek*) przygnębiony **7.** puch ◊ **8. down to** aż do **9. go/be down** spadać **10. sit down** siadać **11.** *nieform* **be down with sth** być ściętym czymś **12.** *nieform* **feel down** podle się czuć **13.** "**Down with X**" „Precz z X"

down-and-out [,daunənd'aut] rozbitek życiowy

down-at-heel [,daunət'hi:l] (*o obuwiu*) zdarty

downcast ['daunkɑ:st] *form* **1.** przygnębiony, pesymistyczny **2.** zwrócony w dół

downfall ['daunfo:l] **1.** upadek **2.** przyczyna upadku

downgrade ['daungreid] pomniejszać znaczenie

downhearted [,daun'hɑ:tid] *przest* przygnębiony

downhill [,daun'hil] **1.** spadzisty **2.** w dół (zbocza) **3.** łatwy, z górki ◊ **4. go downhill** staczać się, pogarszać się

downpour ['daunpo:] ulewa

downright [,daun'rait] zupełnie, całkowicie

downstairs [,daun'steəz] **1.** na dół (*po schodach*) **2.** na dole, na parterze **3.** parterowy

downstream [,daun'stri:m] w dół (*rzeki*)

down-to-earth [,dauntə'ə:θ] przyziemny, solidny

downtown [,daun'taun] *US* **1.** do

centrum **2.** centralny, w centrum

downtrodden ['daun,trodən] zdeptany, złamany, wdeptany w ziemię

downward(s) ['daunwəd(z)] **1.** w dół, na dół **2.** skierowany w dół **3.** spadający, schodzący w dół ◊ **4. from (the director) downward** od (dyrektora) w dół

downwind [,daun'wind] (wraz) z wiatrem

downy ['dauni] **1.** puszysty **2.** puchaty

dowry ['dauəri] wiano

dowse [daus] *patrz* **douse**

doze [douz] **1.** drzemać **2.** drzemka **doze off** zdrzemnąć się

dozen ['dʌzən] **1.** tuzin **2.** -s kilkadziesiąt, wiele

dozy ['douzi] śpiący

Dr *skrót pisany*: **Doctor** dr

drab [dræb] szary, poszarzały

draconian [drei'kouniən] drakoński

draft [drɑ:ft] **1.** *US* — *patrz* **draught 2.** szkic, wstępna wersja **3.** pisać wstępną wersję **4.** przenosić, odkomenderowywać ◊ **5.** *US* **be drafted** być wcielonym do wojska

draftsman ['drɑ:ftsmən] *US* — *patrz* **draughtsman**

drafty ['drɑ:fti] *US* — *patrz* **draughty**

drag [dræg] **1.** wlec (się), ciągnąć (się) **2.** *nieform* sztachnięcie się (*on/at a cigarette* papierosem) **3.** *nieform* nuda, nudziarstwo ◊ **4. in drag** w damskich ciuchach **5. be a drag** być kulą u nogi

drag down pogrążać, ściągać w dół

drag into wciągać do (*sth* czegoś)

drag on ciągnąć się

drag out 1. przeciągać **2.** wyciągać (*of* z)

dragon ['drægən] smok

dragonfly ['drægənflai] ważka

drain [drein] **1.** ociekać, drenować **2.** (*o płynie*) wyciekać **3.** (*napój*) wypijać, wysuszać **4.** (*o uczuciu*) uchodzić, uciekać **5.** (*zasoby*) wyczerpywać **6.** (*zasobów*) drenaż, odprowadzanie **7.** (*np. melioracyjny*) ściek, dren **8.** (*do kanału*) kratka ściekowa ◊ **9. down the drain** do kubła na śmieci

drainage ['dreinidʒ] **1.** kanalizacja **2.** odprowadzanie (wody), melioracja

drainpipe ['dreinpaip] rynna

drake [dreik] kaczor

drama ['drɑ:mə] **1.** dramat **2.** teatr, dramaturgia **3.** dramatyczność

dramatic [drə'mætik] **1.** dramatyczny **2.** teatralny **3.** -s dramaturgia **4.** -s teatralne zachowanie

dramatist ['dræmətist] dramaturg

dramatize (*także* **dramatise**) ['dræmətaiz] **1.** przerabiać na utwór sceniczny **2.** dramatyzować

drank [dræŋk] *patrz* **drink**: *II forma*

drape [dreip] **1.** drapować **2.** przystrajać **3.** *US* -s zasłony

draper ['dreipə] sprzedawca tekstyliów

drapery ['dreipəri] **1.** draperie, udrapowanie **2.** *BR* materiały (tekstylne)

drastic ['dræstik] **1.** drastyczny **2.** nagły

draught (*US* **draft**) [drɑ:ft] **1.** przeciąg, powiew **2.** łyk, wdech **3.** (*piwo*) z beczki **4.** -s *BR* warcaby

draughtsman (*US* **draftsman**) ['drɑ:ftsmən], *lm* **draughtsmen** ['drɑ:ftsmən] kreślarz

draughty (*US* **drafty**) ['drɑ:fti] przewiewny, wystawiony na przeciągi

draw [dro:], **drew** [dru:], **drawn** [dro:n] **1.** rysować **2.** ciągnąć **3.** (*pieniądze, wnioski, broń*) wyciągać **4.** (*oddalać się*) odjeżdżać, odsuwać się (*away, back*) **5.** podjeżdżać, zbliżać się, przysuwać się (*near*) **6.** (*zasłony*) zaciągać **7.** (*oddech*) wciągać, zaczerpywać **8.** (*próbkę*) wybierać, selekcjonować **9.** (*np. porównania, rozróżnienia*) przedstawiać, przeprowadzać **10.** (*np. krytykę, pochwały*) otrzymywać **11.** (*zainteresowanie*) przyciągać **12.** (*w grze*) remisować **13.** (*rezultat gry*) remis ◊ **14. draw to an end** (**to a close**) dochodzić do końca **15. draw attention to** zwracać uwagę na

draw into wciągać do

draw on 1. polegać (*sth* na czymś) **2.** zaciągać się

draw out 1. wyciągać **2.** podejmować (*pieniądze*)

draw up 1. przygotowywać **2.** nadjeżdżać

draw upon polegać na, opierać się (*sth* na czymś)

drawback ['dro:bæk] wada, zła strona

drawer ['dro:ə] szuflada

drawing ['dro:iŋ] rysunek

drawing pin ['dro:iŋ pin] *BR* pinezka

drawing room ['dro:iŋru:m] *form* salon

drawl [dro:l] **1.** zaciągać, cedzić **2.** zaciąganie, cedzenie

drawn [dro:n] **1.** *patrz* **draw**: *III forma* **2.** zaciągnięty **3.** wymęczony, wynędzniały

dread [dred] 1. bać się 2. strach (*of przed*) ◊ 3. dread to think of sth bać się pomyśleć o czymś

dreadful ['dredful] 1. okropny 2. straszny

dream [dri:m], dreamed [dri:md, dremt] *lub* dreamt [dremt], dreamed *lub* dreamt 1. śnić (*of/about* o) 2. marzyć (*of/about* o) 3. sen (*of/about* o) 4. marzenie (*of/about* o) 5. (*praca, dom*) jak z marzenia

dream up *nieform* wymyślać

dreamer ['dri:mə] marzyciel

dreamt [dremt] *patrz* dream: *II i III forma*

dreamy ['dri:mi] 1. marzycielski 2. wymarzony

dreary ['driəri] ponury, posępny

dredge [dredʒ] pogłębiać

dregs [dregz] 1. fusy 2. szumowiny

drenched [drentʃt] przemoczony

dress [dres] 1. sukienka, suknia 2. ubranie 3. ubierać (się) 4. (*ranę*) opatrywać 5. (*np. sałatkę*) przybierać ◊ 6. get dressed ubierać się

dress up 1. stroić się 2. przebierać się

dress-circle ['dresə:kəl] balkon (*pierwszy*)

dresser ['dresə] 1. komoda, serwantka ◊ 2. sb is a (neat) dresser ktoś ubiera się (schludnie)

dressing ['dresiŋ] 1. opatrunek 2. sos, przyprawa

dressing gown ['dresiŋgaun] szlafrok

dressing room ['dresiŋru:m] garderoba

dressing table ['dresiŋteibəl] toaletka

dressing-down [dresiŋ'daun] bura, zbesztanie

dressmaker ['dresmeikə] krawcowa

drew [dru:] *patrz* draw: *II forma*

dribble ['dribəl] 1. ściekać 2. strużka 3. ślinić się

dried [draid] 1. *patrz* dry *II i III forma* 2. suszony 3. w proszku

drier ['draiə] *patrz* dryer

drift [drift] 1. dryfować, unosić się 2. przesuwać się 3. (*o wypadkach*) zmierzać, zdążać 4. wędrować, błąkać się (*around* z miejsca na miejsce) 5. (*śniegu*) zaspa 6. (*wywodu*) teza, główna linia 7. (*rozwoju wypadków*) trend, kierunek

drift off zapadać się (*to* w)

driftwood ['driftwud] drewno (*wyrzucone przez wodę*)

drill [dril] 1. świder, wiertarka 2. (*w szkole, wojsku*) ćwiczenie 3. (*przy nauce*) dryl, ćwiczenie wdrażające 4. (*dziurę*) wiercić 5. (*przez wiercenie*) szukać (*for oil* ropy naftowej) 6. (*w szkole, wojsku*) ćwiczyć

drink [driŋk], drank [dræŋk], drunk [drʌŋk] 1. pić 2. coś do picia 3. drink

drink to wypić toast (*sb* na cześć kogoś)

drinker ['driŋkə] alkoholik, pijak

drip [drip] 1. kapać, skapywać 2. kropienie 3. kroplówka

drive [draiv], drove [drouv], driven ['drivən] 1. prowadzić (*samochód*) 2. (*samochodem*) zawozić, podrzucać 3. (*np. generatory*) napędzać 4. (*słup*) wbijać 5. (*zwierzęta*) przepędzać 6. (*do szału, do długów*) doprowadzać (*into* do) 7. (*w samochodzie*) jazda, przejażdżka 8. (*do pałacu*) podjazd 9. (*kierować*) powodować (*sb* kimś) 10. *komp* (*do dyskietek*) napęd 11.

(*zapał*) entuzjazm **12.** (*kampania*) akcja ◇ **13. drive sb crazy** doprowadzać kogoś do szału **14. what sb is driving at** do czego ktoś zmierza

drive at napomykać (*sth* o czymś), robić aluzję (*sth* do czegoś)

drive-in ['draivin] (*restauracja, sklep*) dla zmotoryzowanych (*bez wysiadania z samochodu*)

drivel ['drivəl] bzdura, głupoty

driven ['drivən] *patrz* **drive:** *III forma*

driver ['draivə] kierowca

driver's licence ['draivəz ˌlaisəns] *US* prawo jazdy

driveway ['draivwei] podjazd

driving ['draiviŋ] **1.** jazda, prowadzenie (pojazdu) **2.** napędowy

driving licence ['draiviŋ ˌlaisəns] *BR* prawo jazdy

drizzle ['drizəl] **1.** kapuśniak, deszczyk **2.** padać, dżdżyć

droll [droul] zabawny, śmieszny

dromedary ['drʌmədəri] dromader

drone [droun] **1.** huczeć, buczeć **2.** truteń

drone on brzęczeć monotonnie

drool [dru:l] ślinić się *także nieform* (*over/at sb* nad kimś)

droop [dru:p] zwisać, obwisać

drop [drop] **1.** upuszczać, zrzucać **2.** spadać, padać **3.** (*o poziomie*) opadać **4.** (*o głosie*) zniżać (się) **5.** (*np. sprawy*) rzucać **6.** (*z wizytą*) wpadać **7.** *nieform* (*z samochodu*) wypuszczać, wyrzucać, podrzucać **8.** (*cieczy*) kropla **9.** (*o słodyczach*) pastylka **10.** (*wysokość*) spadek (*a 50 meter drop* spadek 50-metrowy) ◇ **9.** *nieform* **drop dead** padać martwym **11.**

nieform **drop a line** skrobnąć liścik **12. drop a hint** napomykać

drop by wpadać

drop in *nieform* wpadać (*on sb* do kogoś)

drop off 1. zapadać (*to sleep* w sen) **2.** podrzucać

drop out wyskakiwać, odpadać (*of sth* z czegoś)

drop-out ['drop aut] *nieform* **1.** dziwadło, odszczepieniec **2.** nieukończony student

droppings ['dropiŋz] odchody

dross [dros] śmiecie

drought [draut] susza

drove [drouv] **1.** *patrz* **drive:** *II forma* **2. -s** stada, tabuny

drown [droun] **1.** topić się, tonąć **2.** zagłuszać ◇ **3. drown one's sorrows** topić swoje smutki

drowse [drauz] drzemać

drowsy ['drauzi] senny

drudge [drʌdʒ] **1.** wół roboczy, koń w kieracie **2.** harować

drudgery ['drʌdʒeri] harówka, kierat

drug [drʌg] **1.** lekarstwo **2.** narkotyk **3.** narkotyzować, usypiać **4.** dodawać narkotyki

druggist ['drʌgist] *US* aptekarz

drugstore ['drʌgstoː] *US* drogeria (*także sklep uniwersalny*)

drum [drʌm] **1.** bęben **2.** beczka **3.** bębnić

drum into *nieform* wbijać (*sth* w coś)

drum up *nieform* wydębiać, wybębniać

drummer ['drʌmə] perkusista, dobosz

drunk [drʌŋk] **1.** *patrz* **drink:** *III forma* **2.** pijany **3.** pijak

drunkard ['drʌŋkəd] pijak

drunken ['drʌŋkən] **1.** pijacki **2.** pijany

dry [drai], **dried** [draid], **dried 1.** suszyć (się) **2.** suchy **3.** bezdeszczowy **4.** sarkastyczny, cienki **5.** (*wino*) wytrawny
dry out wysychać
dry up 1. wysychać **2.** wycierać **3.** przerywać (się)

dry-clean [ˌdrai'kli:n] czyścić chemicznie

dryer (*także* **drier**) ['draiə] **1.** *patrz* **dry**: *stopień wyż.* suchszy **2.** suszarka

dual ['dju:əl] **1.** podwójny **2.** dwupasmowy

dub [dʌb] **1.** nazywać, mianować **2.** podkładać dubbing

dubious ['dju:biəs] **1.** podejrzany **2.** wątpliwy

duchess ['dʌtʃəs] księżna

duck [dʌk], *lm* **ducks** *lub* **duck 1.** kaczka **2.** uchylać się, schylać się **3.** wskakiwać, uskakiwać **4.** unikać ◇ **5.** *nieform* **take to sth like a duck to water** być w swoim żywiole w czymś
duck out wymigiwać się (*of* z)

duckling ['dʌkliŋ] kaczątko

duct [dʌkt] **1.** przewód, rura **2.** kanalik

dud [dʌd] **1.** *nieform* niewypał, coś do niczego **2.** do niczego, do bani

due [dju:] **1.** należności, składki **2.** *form* należny (*to sb* komuś) **3.** *form* uważny, należny **4.** prosto (*east* na wschód) ◇ **5.** **due to** z powodu, z racji **6.** **be due** mieć **7.** **be due (to do sth)** mieć (coś zrobić) **8.** *form* **in due course** we właściwym czasie **9.** **give sb (his) due** oddać komuś sprawiedliwość

duel ['dju:əl] pojedynek

duet [dju:'et] duet

duffel coat (*także* **duffle coat**) ['dʌfəl kout] skafander

dug [dʌg], **dug** *patrz* **dig**: *II i III forma*

duke ['dju:k] książę

dulcet ['dʌlsit] *lit* miodopłynny, słodki

dull [dʌl] **1.** nudny **2.** (*kolor*) szary, ciemny **3.** (*osoba*) bez wyrazu, apatyczny **4.** (*dzień*) zachmurzony **5.** (*dźwięk*) głuchy **6.** (*o doznaniach*) przyćmiony, przytępiony **7.** (*doznania*) stępiać **8.** *lit* (*o blasku*) ściemniać się

duly ['dju:li] **1.** *form* prawidłowo **2.** w porę, zgodnie z przewidywaniami

dumb [dʌm] **1.** niemy **2.** oniemiały **3.** *nieform* debilny **4.** bezgłośny, bezsłowny

dumfounded ['dʌmfaundid] oniemiały

dummy ['dʌmi] **1.** *BR* smoczek **2.** manekin **3.** niby, pseudo

dump [dʌmp] **1.** składować **2.** zwalać, zrzucać **3.** *nieform* wysypisko (śmieci) **4.** (*miejscowość*) dziura ◇ **5.** *nieform* **in the dumps** w dołku

dumping ground ['dʌmpiŋ ˌgraund] składowisko

dumpling ['dʌmpliŋ] kluska, knedel

dumpy ['dʌmpi] przysadzisty

dunce ['dʌns] tuman, bałwan

dune ['dju:n] wydma

dung [dʌŋ] łajno

dungarees [dʌŋgə'ri:z] ogrodniczki

dungeon ['dʌndʒən] loch, więzienie

dunk [dʌŋk] *nieform* maczać (*in sth* w czymś)

dupe [dju:p] **1.** wrobić kogoś (*into* w) **2.** ofiara

duplicate I. ['dju:plikeit] **1.** powielać, duplikować II. ['dju:plikit] **2.** duplikat, kopia **3.** zapasowy, podwójny, w dwóch egzemplarzach ◇ **4. in duplicate** z kopią, podwójny

duplicator ['dju:plikeitə] powielacz, kopiarka

durability [ˌdjuərə'biliti] wytrzymałość, trwałość

durable ['djuərəbəl] wytrzymały, trwały

duration [dju'reiʃən] *form* trwanie, czas trwania

during ['djuriŋ] podczas, w czasie

dusk [dʌsk] zmierzch

dusky ['dʌski] ciemny

dust [dʌst] **1.** pył **2.** kurz **3.** odkurzać **4.** posypywać
  dust jacket ['dʌst ˌdʒækit] obwoluta

dustbin ['dʌstbin] *BR* kosz na śmieci

dustcart ['dʌstkɑ:t] *BR* śmieciarka

duster ['dʌstə] ścierka do kurzu

dustman ['dʌstmən], *lm* **dustmen** ['dʌstmən] *BR* śmieciarz

dustpan ['dʌstpæn] śmietniczka

dust-up ['dʌstʌp] *nieform* sprzeczka, nieporozumienie

dusty ['dʌsti] zakurzony, zapylony

dutiable ['dju:tiəbəl] podlegający cłu

dutiful ['dju:tiful] obowiązkowy

duty ['dju:ti] **1.** obowiązek **2.** praca, powinność **3. -s** zadania **4.** cło **5.** podatek ◇ **6. on duty** na służbie **7. off duty** nie na służbie

duty-free [ˌdju:ti 'fri:] bezcłowy

duvet ['du:vei] *BR* pierzyna

dwarf [dwo:f] **1.** przygniatać, pomniejszać **2.** karłowaty **3.** karzeł

dwell [dwel], **dwelled** *lub* **dwelt** [dwelt], **dwelled** *lub* **dwelt** *przest* zamieszkiwać
  dwell on rozpamiętywać, rozważać

dweller ['dwelə] mieszkaniec

dwelling ['dweliŋ] *form* domostwo

dwelt [dwelt] *patrz* **dwell:** *II i III forma*

dwindle ['dwindəl] kurczyć się

dye [dai] **1.** barwić, farbować **2.** barwnik

dying ['daiiŋ] **1.** *patrz* **die:** *forma z -ing* **2.** umierający **3.** zamierający, obumierający

dyke (*także* **dike**) [daik] grobla

dynamic [dai'næmik] **1.** dynamiczny **2. -s** dynamika

dynamism ['dainəmizəm] dynamiczność

dynamite ['dainəmait] **1.** dynamit **2.** wysadzać (dynamitem)

dynamo ['dainəmou] dynamo

dynasty ['dinəsti] dynastia

dysentery ['disəntri] dyzenteria

dyspepsia [dis'pepsiə] niestrawność

dyspeptic [dis'peptik] **1.** cierpiący na niestrawność **2.** zgryźliwy

E

E [i:] *skrót* **East** w(schód)

each [i:tʃ] **1.** każdy (*of* z) **2.** sztuka

(*they cost 5 $ each* kosztują po 5 dolarów sztuka) ◇ **3. each other** siebie, się (wzajemnie)

eager ['i:gə] **1.** chętny (*for* do), gorąco pragnący (*for sth* czegoś) ◊ **2.** sb is eager to do sth ktoś bardzo chce coś zrobić

eagle ['i:gəl] orzeł

ear [iə] **1.** ucho **2.** słuch **3.** kłos ◊ **4.** keep/have one's ear to the ground mieć uszy szeroko otwarte **5.** by ear ze słuchu **6.** turn a deaf ear to sth być głuchym na coś, nie zwracać uwagi na coś **7.** give *an/a willing* ear to sb (chętnie) kogoś wysłuchiwać

eardrum ['iədrʌm] bębenek (uszny)

earl [ə:l] hrabia

earlier ['ə:liə] **1.** (*patrz* early: *stopień wyższy*) wcześniej ◊ **2.** earlier on wcześniej

earlobe ['iəloub] płatek ucha

early ['ə:li] **1.** wczesny **2.** dawny **3.** przedwczesny **4.** wcześnie **5.** przedwcześnie ◊ **6.** as early as już **7.** at the earliest najwcześniej **8.** it is early days za wcześnie (jeszcze)

earmarked ['iəmɑ:kt] zarezerwowany, odłożony

earn [ə:n] **1.** zarabiać (na) **2.** wypracować, przynosić **3.** zasłużyć na

earnest ['ə:nəst] **1.** poważny, zasadniczy ◊ **2.** in earnest poważny, poważnie

earnings ['ə:niŋz] zarobki

earphone ['iəfoun] słuchawka

earplug ['iəplʌg] zatyczka do ucha

earring ['iəriŋ] kolczyk

earshot ['iəʃot] ◊ **1.** within earshot w zasięgu słuchu **2.** out of earshot poza zasięgiem słuchu

earsplitting ['iəsplitiŋ] rozdzierający uszy

earth [ə:θ] **1.** ziemia **2.** uziemienie ◊ **3.** *how/why/what/where* on earth *jak/czemu/co/gdzie* *u licha/do cholery* **4.** on earth na świecie **5.** *nieform* the earth fortunę (*np. cost* kosztować)

earthen ['ə:θən] **1.** gliniany **2.** ziemny

earthenware ['ə:θənweə] **1.** gliniany **2.** wyroby gliniane

earthly ['ə:θli] **1.** ziemski ◊ **2.** (there is) no earthly reason (nie ma) najmniejszego powodu

earthquake ['ə:θkweik] trzęsienie ziemi

earthworm ['ə:θwə:m] dżdżownica

earthy ['ə:θi] **1.** bezwstydny, rubaszny, **2.** (*cera*) ziemisty

ease [i:z] **1.** łatwość **2.** *form* dostatek **3.** (*trudność, ból*) łagodzić, załagadzać **4.** (*o bólu*) słabnąć **5.** (*o deszczu*) zmniejszać (się) **6.** postępować delikatnie/ostrożnie/łagodnie (*ease a screw off* poluzować śrubę) ◊ **6.** at ease swobodny, swobodnie **7.** ill at ease skrępowany **8.** "At ease" „Spocznij!"

ease off zmniejszać się, słabnąć

easel ['i:zəl] sztalugi

easily ['i:zili] **1.** łatwo **2.** z pewnością

east [i:st] **1.** wschód **2.** wschodni **3.** na wschód

Easter ['i:stə] Wielkanoc

Easter Egg ['i:stər eg] czekoladowe jajko wielkanocne

easterly ['i:stəli] **1.** wschodni **2.** wysunięty na wschód

eastern ['i:stən] wschodni

eastward ['i:stwəd] **1.** na wschód **2.** wschodni

easy ['i:zi] **1.** łatwy **2.** łatwo **3.** swobodny, na luzie ◊ **4.** easier said than done łatwiej powiedzieć niż zrobić **5.** *nieform* **take it/things easy** nie przejmować się **6.** *nieform* **go easy on sth** dać sobie z czymś spokój

easy chair ['i:zi tʃeə] fotel

easy-going ['i:zi,goiŋ] spokojny, łagodny

eat [i:t], **ate** [et, eit], **eaten** [i:tən] **1.** jeść **2.** (*np. o kwasie*) żreć, wyżerać

eat into wżerać się w

eat up zjadać, wyjadać (do końca)

eatable ['i:təbəl] jadalny

eaten [i:tən] *patrz* eaten: *III forma*

eater ['i:tə] *np. (slow) eater* ktoś, kto (wolno) je

eaves ['i:vz] okap (domu)

eavesdrop ['i:vzdrop] podsłuchiwać

ebb [eb] **1.** *lit* odpływać **2.** opadać **3.** odpływ, opadanie ◇ **4.** *przen* **at a low ebb** w dołku **5.** **the ebb and flow of sth** przypływy i odpływy czegoś

ebony ['ebəni] **1.** heban **2.** hebanowy

ebullient [i'bʌliənt] *form* entuzjastyczny

eccentric [ik'sentrik] **1.** ekscentryczny **2.** ekscentryk

ecclesiastical [i,kli:zi'æstikəl] eklezjastyczny, kościelny

echo ['ekou] **1.** echo **2.** odgłos **3.** odbijać się **4.** powtarzać (jak echo)

éclair [i'kleə] eklerka

eclectic [i'klektik] *form* eklektyczny

eclipse [i'klips] **1.** zaćmienie **2.** zmierzch, upadek **3.** przesłaniać, odsuwać w cień

ecologist [i'kolədʒist] ekolog

ecology [i'kolədʒi] ekologia

economic [i:kə'nomik] **1.** ekonomiczny, gospodarczy **2.** zyskowny **3. -s** ekonomia

economical [i:kə'nomikəl] oszczędny

economist [i:'konəmist] ekonomista

economize [i:'konəmaiz] oszczędzać (*on* na)

economy [i:'konəmi] **1.** gospodarka, ekonomia **2.** oszczędność **3.** oszczędny, tani (*economy class* najtańsza klasa) ◇ **3. make economies** oszczędzać, robić oszczędności

ecstasy ['ekstəsi] ekstaza, zachwyt

ecstatic [iks'tætik] ekstatyczny

ecumenical [,i:kju:'menikəl] *form* ekumeniczny

eczema ['ekzimə] egzema

eddy ['edi] **1.** wirować **2.** wir

edge [edʒ] **1.** krawędź, brzeg **2.** (*np. noża*) ostrze **3.** (*w głosie*) ostry ton, zła nuta (*to sb's voice* w czyimś głosie) **4.** (*górowanie*) przewaga (*over* nad) **5.** (*np. ogród*) obramować, tworzyć ramy **6.** (*przemieszczać się*) sunąć powoli (*to* do), odsuwać się (powoli) (*away from* od) ◇ **7. on edge** na krawędzi rozpaczy, zdenerwowany

edgeways ['edʒweiz] **1.** ku krawędzi ◇ **2.** *form* **sb cannot get a word in edgeways** ktoś nie może wtrącić (ani) słowa

edging ['edʒiŋ] obramowanie, obszycie

edgy ['edʒi] drażliwy

edible ['edibəl] jadalny

edict ['i:dict] *form* edykt, rozporządzenie

edifice ['edifis] *form* **1.** budynek, gmach **2.** struktura

edify ['edifai] *form* pouczać, działać budująco

edit ['edit] redagować

edition [i'diʃən] wydanie

editor ['editə] redaktor (naczelny)

editorial [,edi'to:riəl] 1. redakcyjny 2. artykuł wstępny (od redakcji)

editorship ['editəʃip] redakcja, redagowanie

educate ['edjəkeit] 1. kształcić 2. pouczać, informować

education [,edjə'keiʃən] 1. szkolnictwo 2. wykształcenie

educational [,edjə'keiʃənəl] edukacyjny

educationalist [,edjə'keiʃənəlist] metodyk

educator ['edjəkeitə] form wychowawca, nauczyciel

EEC [,i:i:'si:] (European Economic Community) EWG (Europejska Wspólnota Gospodarcza)

eel [i:l] węgorz

eerie ['iəri] niesamowity, dziwny

efface [i'feis] form wymazywać, ścierać

effect [i'fekt] 1. skutek, rezultat 2. efekt, wpływ (on sth na coś) 3. form wpływać, powodować ◊ 4. for effect dla efektu 5. in effect w rezultacie 6. to this/that/the effect (that) w tym sensie (, że) 7. go/come/be put into effect *wchodzić/zostać wprowadzonym* w życie

effective [i'fektiv] 1. efektywny 2. faktyczny, rzeczywisty 3. obowiązujący, ważny

effeminate [i'feminət] zniewieściały

efficient [i'fiʃənt] wydajny, efektywny

effigy ['efidʒi] 1. form wizerunek, statua ◊ 2. burn sb in effigy spalić czyjąś kukłę

effluent ['efluənt] form ściek

effort ['efət] 1. wysiłek 2. dokonanie, wyczyn ◊ 3. make the ef-

fort to do sth podejmować wysiłek zrobienia czegoś 4. sth is worth the effort coś jest warte zachodu

effortless ['efətləs] bez wysiłku

effrontery [i'frʌntəri] form bezczelność, grubiaństwo

e.g. [i: dʒi:] skrót łac. exempli gratia na przykład

egalitarian [i,gæli'teəriən] form egalitarny

egg [eg] jajko
    egg on podbechtywać, podjudzać

eggcup ['egkʌp] kieliszek do jajek

egghead ['eghed] jajogłowy

eggplant ['egplɑ:nt] US bakłażan

eggshell ['egʃel] skorupka (jajka)

eh [ei] 1. co?, nie? 2. e?, jak?

eiderdown ['aidədaun] pierzyna

eight ['eit] osiem

eighteen [ei'ti:n] osiemnaście

eighteenth [ei'ti:nθ] osiemnasty

eighth ['eitθ] ósmy

eightieth ['eitiθ] osiemdziesiąty

eighty ['eiti] osiemdziesiąt

either ['aiðə] GRAM 1. jeden, któryś (of z) (take either of those weź jeden z nich) 2. każdy, jakikolwiek (of z) (either can be taken można wziąć jakikolwiek) 3. żaden (he doesn't want either nie chce żadnego) 4. także, też (they cannot swim either oni także nie umieją pływać) 5. oba (they are on either sides of the room znajdują się po obu stronach pomieszczenia) ◊ 6. either ... or ... albo ... albo ... 7. either way w każdym bądź razie

eject [i'dʒekt] 1. wyrzucać 2. usuwać

eke out [i:k 'aut] 1. podtrzymywać, uzupełniać 2. ledwo zarabiać (a living na życie)

elaborate I. [ɪ'læbərət] 1. skompli-

kowany **II.** [i'læbəreit] **2.** rozszerzać (*on sth* coś), uzupełniać (*on
sth* coś) **3.** opracowywać (w szczegółach)
elapse [i'læps] *form* upływać
elastic [i'læstik] **1.** guma **2.** elastyczny
elated [i'leitid] podniecony
elation [i'leiʃən] podniecenie, uniesienie
elbow ['elbou] **1.** łokieć **2.** (*także* elbow away) odpychać (łokciem)
elder ['eldə] **1.** starszy **2.** *form* -s
starsi **3.** -s starszyzna, starcy **4.**
bez (czarny)
elderly ['eldəli] **1.** starszy **2.** the e.
starsi **3.** starodawny
eldest ['eldist] najstarszy
elect [i'lekt] **1.** wybierać (*as* jako/na,
to do) **2.** *form* chcieć
election [i'lekʃən] **1.** wybory **2.** wybór
elector [i'lektə] wyborca
electoral [i'lektərəl] wyborczy
electorate [i'lektərət] elektorat
electric [i'lektrik] **1.** elektryczny **2.**
naelektryzowany
electric chair [i'lektrik tʃeə] krzesło elektryczne
electric shock [i'lektrik ʃok]
wstrząs elektryczny, porażenie
prądem
electrical [i'lektrikəl] **1.** elektryczny
2. (*przemysł*) energetyczny
electrician [i,lek'triʃən] elektryk
electricity [i,lek'trisiti] elektryczność
electrify [i'lektrifai] **1.** elektryzować
2. elektryfikować
electrocute [i'lektrəkju:t] śmiertelnie porazić prądem (*oneself* się)
electrode [i'lektroud] elektroda
electron [i'lektron] elektron

electronic [ilek'tronik] elektroniczny
electronics [ilek'troniks] **1.** elektronika **2.** sprzęt elektroniczny
elegant ['eligənt] **1.** elegancki **2.** wy-
tworny
elegy ['elədʒi] elegia
element ['eləmənt] **1.** element, składnik **2.** -s (*wiedzy*) podstawy
3. *zwykle* -s (*w społeczeństwie*)
ugrupowania, elementy **4.** (*np.
prawdy, wątpliwości*) doza, cień **5.**
chem pierwiastek **6.** grzałka, spirala (*np. w bojlerze*) **7.** -s żywioł,
niepogoda ◊ **8.** be in one's element być w swoim żywiole
elemental [,elə'mentəl] *lit* żywiołowy, niepohamowany
elementary [,elə'mentəri] **1.** elementarny **2.** podstawowy
elephant ['eləfənt] słoń
elevate ['eliveit] **1.** wywyższać, wynosić (*to/into* do) **2.** wznosić,
podnosić
elevated ['eliveitid] **1.** wysoko po-
stawiony **2.** wzniosły **3.** (*teren*)
podwyższony, wyniosły
elevation [,elə'veiʃən] *form* **1.** wy-
niesienie, wzniesienie (*to* na/do)
2. wzniesienie, wysokość
elevator ['eliveitə] *US* winda
eleven [i'levən] jedenaście
eleventh [i'levənθ] **1.** jedenasty ◊
2. the eleventh hour pięć minut
przed dwunastą
elf [elf], *lm* elves [elvz] elf, krasnoludek
elicit [i'lisit] *form* **1.** wywoływać
(*from* ze strony) **2.** wydobywać
eligible ['elidʒəbl] **1.** kwalifikujący
się (*for* do) **2.** (*kobieta*) do wzięcia
eliminate [i'limineit] eliminować, u-
suwać (*from* z)

elite [i'li:t] 1. elita 2. elitarny

elitism [i'li:tizəm] elitarność

elixir [i'liksiə] eliksir

elk [elk] 1. łoś 2. US wapiti

ellipse [i'lips] elipsa

elm [elm] wiąz

elocution [,elə'kju:ʃən] dobra wymowa

elongated ['i:loŋgeitid] wydłużony

elope [i'loup] uciekać (, by wziąć ślub) (with z)

eloquent ['eləkwənt] wymowny, elokwentny

else [els] 1. inny, jeszcze (somewhere else gdzie indziej, nothing else nic innego, what else co jeszcze) ◊ 2. or else albo (też)

elsewhere ['elsweə] gdzie indziej, gdziekolwiek

elucidate [i'lu:sideit] form wyjaśniać

elude [i'lu:d] form 1. umykać 2. unikać

elusive [i'lu:siv] form nieuchwytny, trudny do uchwycenia

elves [elvz] patrz elf: lm

emaciated [i'meiʃieitid] wychudzony, wyniszczony

emanate ['eməneit] form 1. emanować (from od/z) 2. wypływać, pochodzić

emancipate [i'mænsipeit] form emancypować

embalm [im'ba:m] balsamować

embankment [im'bæŋkmənt] nasyp

embargo [im'ba:gou] 1. embargo (on na) 2. nakładać embargo (on na)

embark [im'ba:k] 1. zaczynać (on/ /upon sth na coś), puszczać się (on/upon na) 2. wsiadać, wchodzić (on na (pokład))

embarrass [im'bærəs] 1. kłopotać, zawstydzać 2. stwarzać problemy/kłopoty

embarrassed [im'bærəst] zakłopotany

embarrassing [im'bærəsiŋ] kłopotliwy, krępujący

embarrassment [im'bærəsmənt] 1. zakłopotanie, skrępowanie 2. kłopot, powód skrępowania

embassy ['embəsi] ambasada

embattled [im'bætəld] osaczony

embedded [im'bedid] 1. uwięzły (in w) 2. zakorzeniony

embellish [im'beliʃ] form upiększać, przystrajać

ember ['embə] żar, niewygasły węgiel/drewno

embezzle [im'bezəl] sprzeniewierzać, przywłaszczać

embitter [im'bitə] gorzknieć

emblazoned [im'bleizənd] ozdobiony (with sth czymś), uwidoczniony (on sth na czymś)

emblem ['embləm] 1. godło 2. oznaka

embodiment [im'bodəmənt] form uosobienie

embody [im'bodi] 1. ucieleśniać 2. włączać, uwzględniać

emboldened [im'bouldənd] ośmielony

embossed [im'bost] tłoczony

embrace [im'breis] 1. obejmować, ściskać 2. uścisk 3. obejmować, zawierać 4. form przystawać (sth do czegoś)

embroider [im'broidə] wyszywać, haftować

embroidery [im'broidəri] 1. wyszywanie, haftowanie 2. haft, ornament

embroil [im'broil] wdawać się

embryo ['embriou] embrion, zarodek

embryonic [,embri'onik] form zarodkowy, embrionalny

emerald ['emərəld] 1. szmaragd 2. szmaragdowy

emerge [i'mə:dʒ] 1. wyłaniać się, wychodzić (from/out of z) 2. pojawiać się

emergency [i'mə:dʒənsi] 1. (nagły) wypadek 2. przymusowy 3. ratowniczy, ratunkowy

emergent [i'mə:dʒənt] form pojawiający się, wyłaniający się

emigrate ['emigreit] emigrować (to/ /from do/z)

emigration [,emi'greiʃən] emigracja

émigré ['emigrei] form emigrant (polityczny), uchodźca

eminent ['eminənt] wybitny

eminently ['eminəntli] form w większości, przeważnie

emissary ['emisəri] form emisariusz

emission [i'miʃən] form emisja, wydzielanie

emit [i'mit] form wydzielać, emitować

emotion [i'mouʃən] emocja, uczucie

emotional [i'mouʃənəl] emocjonalny, uczuciowy

emotive [i'moutiv] odwołujący się do uczuć

empathy ['empəθi] wczucie się, empatia

emperor ['empərə] cesarz, imperator

emphasis ['emfəsis] 1. znaczenie, nacisk 2. akcent, przycisk

emphasize ['emfəsaiz] podkreślać, kłaść nacisk

emphatic [im'fætik] 1. dobitny 2. stanowczy 3. emfatyczny, wyrazisty

empire ['empaiə] imperium, cesarstwo

empirical [im'pirikəl] form empi-

ryczny

empiricism [im'pirisizəm] termin empiria

employ [im'ploi] 1. zatrudniać (as jako) 2. form używać, posługiwać się

employee [imploi'i:] pracownik

employer [im'ploiə] pracodawca

employment [im'ploimənt] zatrudnienie, praca

empower [im'pauə] form upoważniać, przyznawać prawo

empress ['empris] cesarzowa

emptiness ['emtinəs] pustka

empty ['emti] 1. pusty 2. opróżniać (się) 3. usuwać, wylewać

empty-handed [,emti'hændid] z pustymi rękoma

emulate ['emjəleit] form naśladować

enable [i'neibəl] form pozwalać, umożliwiać

enact [i'nækt] 1. termin nadawać moc prawną 2. form odgrywać

enamel [i'næməl] 1. emalia 2. szkliwo

enamoured (US enamored) [i'næməd] rozmiłowany (of w)

encapsulate [iŋ'kæpsjəleit] form zwięźle obejmować

encase [iŋ'keis] okrywać, zamykać (in w)

enchanted [in'tʃa:ntid] 1. oczarowany 2. zaczarowany

encircle [in'sə:kəl] otaczać, okrążać

enclave ['eŋkleiv] form enklawa

enclose [iŋ'klouz] 1. zawierać, otaczać (in w, with sth czymś) 2. załączać

enclosure [iŋ'klouʒə] 1. ogrodzony teren 2. załącznik

encode [iŋ'koud] kodować, szyfrować

encompass [iŋ'kʌmpəs] form obejmować

encore ['oŋko:] bis

encounter [iŋ'kauntə] 1. form napotykać 2. doznawać 3. spotkanie 4. doznanie

encourage [iŋ'kʌridʒ] 1. zachęcać, ośmielać 2. popierać

encouraging [iŋ'kʌrədʒiŋ] ośmielający, zachęcający

encroach [iŋ'kroutʃ] 1. naruszać (on/upon sth coś) 2. wedrzeć się, wtargnąć (on/upon do/na)

encrusted [iŋ'krʌstid] inkrustowany

encumber [iŋ'kʌmbə] form obarczać, krępować

encumbrance [iŋ'kʌmbrəns] form obciążenie, skrępowanie

encyclopedia (także encyclopaedia) [in,saiklə'pi:diə] encyklopedia

end [end] 1. koniec 2. zakończenie, kres (to/of sth czegoś) 3. cel 4. kończyć (się) (with/in sth czymś, on sth czymś) ◊ 5. at an end przy końcu 6. come to an end kończyć się 7. nieform at the end of the day na samym końcu 8. in the end w końcu 9. make ends meet wiązać koniec z końcem 10. nieform no end bez końca 11. on end bez przerwy

end up kończyć

endanger [in'deindʒə] zagrażać

endear [in'diə] 1. form czynić miłym (to dla) ◊ 2. endear oneself być miłym (to dla)

endeavour (US endeavor) [in'devə] 1. usiłować, próbować 2. form usiłowanie, wysiłek, próba

endemic [en'demik] form endemiczny

ending ['endiŋ] zakończenie

endless ['endlis] 1. bezustanny 2. nieskończony

endorse [in'do:s] 1. popierać 2. żyrować

endow [in'dau] form obdarzać, obdarowywać

endurable [in'djuərəbə] wytrzymały

endurance [in'djuərəns] wytrzymałość

endure [in'djuə] 1. wytrzymywać 2. trwać

enemy ['enəmi] wróg

energetic [,enə'dʒetik] 1. energiczny 2. dynamiczny

energy ['enədʒi] energia

enfold [in'fould] otaczać (in sth czymś)

enforce [in'fo:s] 1. wprowadzać w życie 2. wymuszać

engage [iŋ'geidʒ] 1. form angażować (się) (in/on w) 2. form zajmować 3. zatrudniać, angażować ◊ 4. form engage sb in conversation zajmować kogoś rozmową

engaged [iŋ'geidʒd] 1. zaręczony (to sb z kimś) 2. (telefon) zajęty

engagement [iŋ'geidʒmənt] form 1. spotkanie 2. engagement, występ 3. zaręczyny

engender [in'dʒendə] form powodować, rodzić

engine ['endʒin] 1. silnik 2. lokomotywa

engineer [,endʒi'niə] 1. inżynier (także okrętowy) 2. technik, instalator 3. przen manipulować, sterować

engineering [,endʒi'niəriŋ] inżynieria

English ['iŋgliʃ] 1. angielski 2. język angielski 3. the E. Anglicy

Englishman ['iŋgliʃmən], lm Englishmen ['iŋgliʃmən] Anglik

Englishwoman ['iŋgliʃwumən], lm

Englishwomen [ˈiŋgliʃwimin]
Angielka

engrave [iŋˈgreiv] **1.** grawerować **2.** *lit* wryć się (*on* w)

engraving [iŋˈgreiviŋ] rycina, grafika

engrossed [iŋˈgroust] pogrążony, zatopiony (*in* w)

engulf [iŋˈgʌlf] *lit* ogarniać, pochłaniać

enhance [inˈhɑːns] polepszać, zwiększać

enigma [iˈnigmə] enigma, zagadka

enigmatic [ˌeniˈgmætik] engimatyczny

enjoy [inˈdʒoi] **1.** lubić (*doing sth* coś robić) **2.** podobać się (*he enjoyed the book* książka mu się podobała) **3.** (*zdrowiem, przewagą*) cieszyć się, mieć ◊ **4. enjoy oneself** dobrze się bawić

enjoyable [inˈdʒoiəbəl] przyjemny, miły

enjoyment [inˈdʒoimənt] **1.** radość **2.** przyjemność

enlarge [inˈlɑːdʒ] **1.** powiększać **2.** robić powiększenie
    enlarge on/upon *form* rozwodzić się (nad)

enlargement [inˈlɑːdʒmənt] powiększenie

enlighten [inˈlaitən] *form* oświecać

enlightenment [inˈlaitənmənt] oświecenie

enlist [inˈlist] **1.** zaciągać (się) (*in//into* do) **2.** zdobywać (*np.: sb's help* czyjąś pomoc)

enliven [inˈlaivən] ożywiać

enmity [ˈenmiti] *form* wrogość

ennoble [iˈnoubəl] *form* uszlachetniać

enormity [iˈnoːmiti] ogrom

enormous [iˈnoːməs] **1.** gigantyczny

2. ogromny

enough [iˈnʌf] **1.** wystarczająco (*it is enough to have 20 $* wystarczy mieć 20 $), (*it is big enough to* jest wystarczająco duże) **2.** dość (*push strongly enough* pchać dość mocno) ◊ **3. strangely enough** to (dość) dziwne **4. enough is enough** już dość

enquire [inˈkwaiə] *patrz* inquire

enquiry [inˈkwaiəri] *patrz* inquiry

enrage [inˈreidʒ] rozwścieczać

enrich [inˈritʃ] wzbogacać

enrol (*US* **enroll**) [inˈroul] zapisywać się

en route [ˌon ˈruːt] po/w drodze

ensign [ˈensain] **1.** flaga, bandera **2.** *wojsk* chorąży

enslave [inˈsleiv] **1.** czynić niewolnikiem **2.** zniewalać

ensue [inˈsjuː] *form* następować

ensure (*US* **insure**) [inˈʃuə] zapewniać, gwarantować

entail [inˈteil] pociągać za sobą

entangle [inˈtæŋgəl] **1.** zaplątywać się (*in* w) **2.** wplątywać się

entanglement [inˈtæŋgləmənt] poplątanie

enter [ˈentə] **1.** wchodzić (*sth* do czegoś) **2.** (*do organizacji*) wstępować **3.** (*o cesze, sprawie*) pojawiać się **4.** (*w okres*) wchodzić **5.** (*w zawodach*) brać udział (*także: for*) **6.** (*o danych*) wprowadzać, wpisywać (*in* do)
    enter into 1. przystępować (*sth* do czegoś), uczestniczyć (*sth* w czymś) **2.** mieć rolę

enterprise [ˈentəpraiz] **1.** firma, przedsiębiorstwo, interes **2.** przedsięwzięcie **3.** sektor, gospodarka **4.** przedsiębiorczość

enterprising [ˈentəpraiziŋ] przedsiębiorczy

entertain [,entə'tein] **1.** zabawiać **2.** przyjmować, ugaszczać **3.** *form* żywić, mieć

entertainer [,entə'teinə] artysta kabaretowy

entertainment [,entə'teinmənt] **1.** rozrywka **2.** występ

enthrall (*także* **enthral**) [in'θro:l] przykuwać

enthuse [in'θju:z] entuzjazmować się (*over/about sth* czymś)

enthusiasm [in'θju:ziæzəm] **1.** entuzjazm (*for* *dla/co do*) **2.** *lit* zainteresowanie

enthusiast [in'θju:ziæst] entuzjasta

enthusiastic [in,θju:zi'æstik] entuzjastyczny (*about* co do)

entice [in'tais] wabić, nęcić

entire [in'taiə] cały, całkowity

entirety [in'taiərəti] ◇ *form* **in its entirety** w całości

entitle [in'taitəl] **1.** tytułować **2.** upoważniać (*to* do)

entitled [in'taitəld] zatytułowany

entitlement [in'taitəlmənt] *form* prawo (*to* do)

entity ['entiti] *form* jednostka, całostka

entourage [ontu:'rɑ:ʒ] świta

entrails ['entreilz] *lit* wnętrzności

entrance I. ['entrəns] **1.** wejście **2.** prawo wejścia **3.** dostęp II. [in'trɑ:ns] **4.** oczarowywać, wprawiać w trans

entrant ['entrənt] **1.** nowoprzyjęty **2.** (*konkursu*) uczestnik

entrenched [in'trentʃt] *form* zakorzeniony, wpojony

entrepreneur [,ontrəprə'nə:] przedsiębiorca

entrust [in'trʌst] powierzać (*sth to sb* coś komuś, *sb with sth* komuś

coś)

entry ['entri] **1.** zgłoszenie **2.** (*w konkursie*) uczestnictwo **3.** (*w księdze*) wpis **4.** (*czyjeś, do budynku*) wejście **5.** (*do kraju, domu*) prawo wejścia, wjazdu **6.** (*w słowniku*) hasło ◇ **7. no entry** wstęp wzbroniony

entwine [in'twain] *form* splatać (*in/ /with* z)

enumerate [i'nju:məreit] *form* wyliczać

enunciate [i'nʌnsieit] **1.** *form* starannie wymawiać **2.** wyłuszczać

envelop [in'veləp] otulać, spowijać

envelope ['envəloup] koperta

enviable ['enviəbəl] godny zazdrości

envious ['enviəs] zazdrosny

environment [in'vaiərənmənt] **1.** otoczenie, środowisko **2.** przyroda, środowisko naturalne

environmental [in,vaiərən'mentəl] **1.** przyrodniczy **2.** dotyczący środowiska

environmentalist [in,vaiərən'mentəlist] ochroniarz (przyrody), ekolog

envisage [in'vizidʒ] *form* przewidywać, wyobrażać sobie

envoy ['envoi] wysłannik (dyplomatyczny), poseł

envy ['envi] **1.** zazdrościć **2.** zazdrość ◇ **3. the envy of sb** przedmiot zazdrości dla kogoś

ephemeral [i'femərəl] *lit* efemeryczny

epic ['epik] **1.** epopeja **2.** epicki, bohaterski

epidemic [,epi'demik] epidemia

epilepsy ['epilepsi] epilepsja, padaczka

epileptic [,epi'leptik] **1.** chory na padaczkę, epileptyk **2.** padaczkowy, epileptyczny

epilogue ['epilog] epilog

episcopal [i'piskəpəl] *form* biskupi, episkopalny

episode ['episoud] **1.** epizod, zdarzenie **2.** odcinek

epitaph ['epitɑ:f] epitafium, napis nagrobny

epithet ['epiθet] *form* epitet, określenie

epitome [i'pitəmi] *form* the e. wzór, uosobienie

epitomize (*także* **epitomise**) [i'pitəmaiz] obrazować, przedstawiać

epoch ['i:pok] *form* epoka

equable ['ekwəbəl] zrównoważony, spokojny

equal ['i:kwəl] **1.** równy (*to sth* czemuś), jednakowy **2.** (ktoś) równorzędny **3.** *form* przysposobiony (*to* do), zdolny sprostać (*to sth* czemuś) **4.** równać się **5.** dorównywać ◇ **6. on equal terms** na równych prawach

equality [i'kwoliti] równość

equalize ['i:kwəlaiz] zrównywać (się), dorównywać

equally ['i:kwəli] **1.** równo **2.** tak samo, jednakowo, równie **3.** w tym samym stopniu, tak samo

equals sign ['i:kwəlz sain] znak równości (=)

equanimity [,ekwə'nimiti] *form* pogoda ducha, opanowanie

equate [i'kweit] *form* zrównywać (*with/to* z)

equation [i'kweiʒən] równanie

equator [i'kweitə] the e. równik

equatorial [,ekwə'toriəl] równikowy

equestrian [i'kwestriən] *form* jeździecki, konny

equidistant [,i:kwi'distənt] odległy równo (*from* od)

equilibrium [,i:kwi'libriəm] *form* równowaga

equinox ['i:kwinoks] zrównanie dnia z nocą, równonoc

equip [i'kwip] **1.** ekwipować (się), zaopatrywać (się) (*with* w) **2.** wyposażać (*with* w) **3.** dawać, przygotowywać (*sb for sth* kogoś do czegoś)

equipment [i'kwipmənt] wyposażenie, ekwipunek, sprzęt

equitable ['ekwitəbəl] *form* sprawiedliwy, słuszny

equity ['ekwiti] *form* sprawiedliwość, słuszność

equivalence [i'kwivələns] równoważność, ekwiwalencja

equivalent [i'kwivələnt] **1.** *form* ekwiwalentny, odpowiadający **2.** ekwiwalent, odpowiednik (*of sth* czegoś)

equivocal [i'kwivəkəl] *form* dwuznaczny, niejednoznaczny

equivocate [i'kwivəkeit] wyrażać się dwuznacznie, niejasno

er [ə, ə:] e...

era ['iərə] era, okres

eradicate [i'rædikeit] *form* wykorzeniać

erase [i'reiz] **1.** usuwać **2.** wymazywać

eraser [i'reizə] *US* gumka (do wymazywania)

erect [i'rekt] **1.** *form* wznosić **2.** montować, składać **3.** wyprostowany

erection [i'rekʃən] **1.** wzniesienie **2.** erekcja, wzwód **3.** (wzwiedziony) członek

erode [i'roud] **1.** podminowywać, podkopywać **2.** poddawać erozji, wydrążać

erosion [i'rouʒən] **1.** erozja **2.** *przen*

stopniowe zanikanie

erotic [i'rotik] erotyczny

eroticism [i'rotisizəm] erotyzm, erotyka

err [ə:] 1. *form* błądzić, popełniać błędy (*to err is human* błądzić jest rzeczą ludzką) 2. **err on the side of sth** grzeszyć nadmiarem czegoś

errand ['erənd] 1. sprawunek ◇ 2. **go on an errand, run errands** biegać na posyłki

erratic [i'rætik] zmienny, kapryśny

erroneous [i'rouniəs] *form* błędny

error ['erə] 1. błąd ◇ 2. **in error** przez pomyłkę

erudite ['erudait] erudycyjny

erupt [i'rʌpt] 1. wybuchać 2. *przen* wrzeć, eksplodować

escalate ['eskəleit] wzmagać (się), wzrastać

escalator ['eskəleitə] ruchome schody

escapade ['eskəpeid] eskapada

escape [i'skeip] 1. unikać (*from sth* czegoś) 2. (*np. z więzienia*) uciekać (*from/to* z/do) 3. (*z wypadku*) wychodzić (cało) 4. (*uwadze*) umykać 5. (*o gazach, cieczach*) uchodzić 6. ucieczka (*from* z, od)

escapism [i'skeipizəm] eskapizm

escort I. ['esko:t] 1. eskorta, eskortujący II. [i'sko:t] 2. eskortować

esoteric [ˌesou'terik] *form* ezoteryczny

especial [i'speʃəl] specjalny, szczególny

especially [i'speʃəli] 1. w szczególności 2. szczególnie

espionage ['espiənɑːʒ] szpiegostwo

Esq. *skrócone* **esquire** [i'skwaiə] (*po nazwisku*) pan

essay ['esei] 1. wypracowanie 2. esej

essayist ['eseiist] eseista

essence ['esəns] 1. istota, podstawa 2. esencja ◇ 3. **in essence** w zasadzie

essential [i'senʃəl] 1. zasadniczy, nieodzowny (*for/to* do, dla) 2. istotny 3. -s sprawy/cechy zasadnicze 4. (*zwykle* -s) to, co nieodzowne

essentially [i'senʃəli] w zasadzie

establish [i'stæbliʃ] 1. zakładać 2. ustanawiać 3. ustalać (*as* jako) 4. zyskiwać uznanie ◇ 5. **establish oneself** urządzać się, pojawiać się

establishment [i'stæbliʃmənt] 1. założenie 2. firma, zakład 3. **the establishment** establishment, grupa rządząca

estate [i'steit] 1. posiadłość (ziemska) 2. dzielnica, osiedle 3. majątek

estate agent [i'steit ˌeidʒənt] *BR* (*US* **real estate agent**) pośrednik sprzedaży i kupna nieruchomości

estate car [i'steit kɑː] *BR* (samochód) kombi

esteem [i'stiːm] 1. *form* szacunek, respekt ◇ 2. **hold sb in high esteem** mieć kogoś w wielkim poważaniu

esthetic [iːs'θetik] *US patrz* **aesthetic**

estimate I. ['estimeit] 1. szacować, oceniać II. ['estimit] 2. szacunek, ocena 3. kosztorys

estimation [ˌesti'meiʃən] 1. ocena 2. szacunek, oszacowanie

estranged [i'streindʒd] 1. odseparowany (*from* od) 2. odosobniony, pokłócony (*from* z)

estuary ['estjuəri] ujście

etc. [it'setərə] *skrót pisany* et cetera itd., itp.

etch [etʃ] 1. grawerować 2. wytrawiać (*jak w akwaforcie*)

etching ['etʃiŋ] 1. rycina, (*zwł.*) akwaforta 2. wygrawerowanie

eternal [i'tə:nəl] 1. wieczny 2. odwieczny

eternity [i'tə:niti] 1. wieczność 2. *nieform* wiek, wieki

ether ['iθə] eter

ethic ['eθik] 1. etos 2. -s etyka

ethical ['eθikəl] etyczny

ethnic ['eθnik] etniczny

etiquette ['etiket] etykieta

Eucharist ['ju:kərist] the E. eucharystia

eulogy ['ju:lədʒi] *form* panegiryk, utwór pochwalny

eunuch ['ju:nək] eunuch

euphemism ['ju:fəmizəm] eufemizm

euphoria [ju:'fo:riə] euforia

euphoric [ju:'fo:rik] euforyczny

European [ˌjuərə'pi:ən] 1. europejski 2. Europejczyk

euthanasia [ˌju:θə'neiziə] eutanazja

evacuate [i'vækjueit] ewakuować

evade [i'veid] 1. unikać (*sth* czegoś), uchylać się (*sth* od czegoś) 2. odchylać się, umykać (*sb/sth* przed kimś/czymś)

evaluate [i'væljueit] oceniać

evaluation [iˌvælju'eiʃən] ocena, oszacowanie

evangelical [ˌi:væn'dʒelikəl] 1. ewangeliczny 2. ewangelicki, protestancki

evangelist [i'vændʒelist] ewangelista

evaporate [i'væpəreit] 1. parować 2. wyparowywać

evasion [i'veiʒən] 1. uchylanie się (*of* od) 2. wykręt, wykręcanie się

evasive [i'veisiv] 1. wykrętny, wymijający ◇ 2. take evasive action wykonywać manewr wymijający

eve [i:v] 1. przeddzień 2. wigilia

even ['i:vən] 1. nawet 2. (*np. lepszy*) jeszcze 3. (*tempo, temperatura*) stały 4. (*powierzchnia*) równy 5. (*rozmieszczenie*) równomierny 6. (*szanse, pojedynek*) wyrównany 7. (*wynik*) równie prawdopodobny, pięćdziesięcioprocentowy 8. (*liczba*) parzysty ◇ 9. even if/though jeżeli nawet, choćby 10. even so a jednak, w każdym razie 11. *nieform* get even porachować się (*with* z) even out wyrównywać

evening ['i:vniŋ] wieczór
evening class ['i:vniŋ klɑ:s] zajęcia zaoczne, szkoła wieczorowa
evening dress ['i:vniŋ dres] 1. strój wieczorowy 2. suknia wieczorowa

event [i'vent] 1. wydarzenie, zdarzenie 2. *sport* dyscyplina, spotkanie ◇ 3. *form* in the event (that) w wypadku (, gdy) 4. at all events, in any event w każdym razie 5. *form* in the event w końcowym rozrachunku

eventful [i'ventfəl] pełen wydarzeń, doniosły

eventual [i'ventʃuəl] ostateczny

eventuality [iˌventʃu'æliti] *form* możliwość, ewentualność

ever ['evə] 1. kiedykolwiek 2. wciąż 3. zawsze, przeważnie 4. (*w pytaniach*) -że, -ż (*why ever* czemuż, *who ever* któż, *when ever* kiedyż) ◇ 5. ever since od kiedy, od tego czasu 6. *nieform* ever so/such niezwykle

evergreen ['evəgri:n] drzewo (krzew) wiecznie zielone

everlasting [ˌevə'lɑ:stiŋ] *lit* wieczny,

trwały

every ['evri] 1. każdy 2. co (*every two months* co dwa miesiące) 3. wszelki ◇ 4. every second/ /other (day) co drugi (dzień)

everybody ['evribodi] 1. każdy 2. wszyscy

everyday ['evridei] codzienny, zwykły

everyone ['evriwʌn] 1. każdy 2. wszyscy

everyplace ['evripleis] *US* wszędzie

everything ['evriθiŋ] wszystko

everywhere ['evriweə] wszędzie

evict [i'vikt] eksmitować

evidence ['evidəns] 1. dowód, dowody ◇ 2. give evidence świadczyć (*in* przed) 3. be in evidence być na widoku, być jasno widocznym

evident ['evidənt] oczywisty, widoczny

evil ['i:vəl] 1. zły (*moralnie*) 2. zło

evocation [,i:və'keiʃən] *form* ewokacja, przywołanie

evocative [i'vokətiv] przywołujący (*of sth* coś)

evoke [i'vouk] *form* przywoływać

evolution [,i:və'lu:ʃən] ewolucja, rozwój

evolve [i'volv] 1. ewoluować, przekształcać (się) (*from A into B* z A w B) 2. rozwijać (się)

ewe [ju:] owca (*samica*)

exacerbate [ig'zæsəbeit] *form* pogarszać

exact [ig'zækt] 1. dokładny 2. *form* wymagać (*sth from sb* czegoś od kogoś)

exacting [ig'zæktiŋ] wymagający

exactly [ig'zæktli] 1. dokładnie 2. zupełnie ◇ 3. "Exactly." „Właśnie." 4. not exactly niezupełnie, nie całkiem

exaggerate [ig'zædʒəreit] 1. przesadzać 2. wyolbrzymiać

exalt [ig'zo:lt] 1. *form* podnosić 2. *lit* pobudzać

exalted [ig'zo:ltid] 1. wysoki 2. egzaltowany

exam [ig'zæm] *nieform* egzamin

examination [ig,zæmi'neiʃən] 1. egzamin 2. analiza 3. badanie, oględziny 4. rozpatrzenie

examine [ig'zæmin] 1. oglądać 2. badać 3. rozpatrywać 4. egzaminować

examiner [ig'zæminə] egzaminator

example [ig'za:mpəl] 1. przykład ◇ 2. for example na przykład 3. set an example stanowić wzór 4. follow sb's example iść za czyimś przykładem 5. make an example of sb ukarać kogoś dla przykładu

exasperate [ig'zæspəreit] dręczyć, rozjątrzać

excavate ['ekskəveit] wykopywać, przeprowadzać wykopaliska

exceed [ik'si:d] przekraczać

exceedingly [ik'si:diŋli] *przest* niezwykle

excel [ik'sel] przodować (*at/in* w)

excellence ['eksələns] 1. doskonałość, przodowanie 2. patrz par excellence

Excellency ['eksələnsi] Ekscelencja (*Your/His Excellency* Wasza/Jego Ekscelencja)

excellent ['eksələnt] znakomity, doskonały

except [ik'sept] 1. z wyjątkiem 2. wyłączyć, zrobić wyjątek ◇ 3. except for wyjąwszy, oprócz

excepted [ik'septid] (*po rzeczowniku*) z wyjątkiem, wyjąwszy

excepting [ik'septiŋ] z wyjątkiem,

(o)prócz

exception [ik'sepʃən] 1. wyjątek (*to* od) ◊ 2. **take exception to** mieć zastrzeżenia do 3. **with the exception (of sth)** z wyjątkiem (czegoś) 4. **without exception** bez wyjątku

exceptional [ik'sepʃənəl] wyjątkowy

excerpt ['eksə:pt] wyjątek (*from sth* z czegoś), fragment

excess I. ['ekses] 1. nadmierny, zbyteczny II. [ik'ses, 'ekses] 2. nadmiar 3. **-s** ekscesy ◊ 4. *form* **in excess of** ponad 5. **to excess** do przesytu

excessive [ik'sesiv] nadmierny

exchange [iks'tʃeindʒ] 1. wymieniać (się) 2. wymiana 3. giełda (*stock exchange* giełda towarowa) 4. *form* wymiana zdań ◊ 5. **in exchange of** w zamian za 6. **telephone exchange** centrala telefoniczna 7. **exchange rate** kurs wymiany

excise I. ['eksaiz] 1. akcyza, opłata akcyzowa II. [ik'saiz] 2. wycinać, amputować

excitable [ik'saitəbəl] ekscytujący się, pobudliwy

excite [ik'sait] 1. ekscytować 2. wzniecać, podniecać

excitement [ik'saitmənt] 1. podniecenie, ekscytacja 2. *lit* atrakcja, podnieta

exclaim [ik'skleim] wykrzykiwać, zakrzykiwać (*at/over* nad)

exclamation [ˌeksklə'meiʃən] okrzyk

exclamation mark [ˌeksklə'meiʃən ˌma:k] wykrzyknik

exclude [ik'sklu:d] 1. pomijać, nie włączać (*sth from* czegoś do) 2. wykluczać (*także sb from sth* kogoś z czegoś)

excluding [ik'sklu:diŋ] z wyjątkiem

exclusion [ik'sklu:ʒən] 1. wydalenie, nie dopuszczanie 2. pominięcie ◊ 3. **to the exclusion of sth** z wyłączeniem czegoś

exclusive [ik'sklu:siv] 1. ekskluzywny 2. wyłączny ◊ 3. **mutually exclusive** wzajemnie się wyłączający

excommunicate [ˌekskə'mju:nikeit] wyklinać, ekskomunikować

excrement ['ekskrəmənt] *form* stolec, ekskrementy

excrete [ik'skri:t] wydzielać

excruciating [ik'skru:ʃieitiŋ] 1. (*ból*) przenikliwy 2. dręczący, przygniatający

excursion [ik'skə:ʃən] 1. wyprawa 2. wycieczka (*to* do), wypad

excusable [ik'skju:zəbəl] wybaczalny, do wybaczenia

excuse I. [ik'skju:s] 1. usprawiedliwienie, wymówka II. [ik'skju:z] 2. usprawiedliwiać (*oneself* się) 3. wybaczać (*sb for sth* komuś coś) 4. zwalniać (*from* z) ◊ 6. **excuse me** przepraszam 5. **will you excuse me for a moment?** czy mogę przeprosić na moment?

execute ['eksikju:t] 1. poddawać egzekucji, tracić 2. wykonywać, przeprowadzać

execution [ˌeksik'ju:ʃən] 1. egzekucja 2. *form* wykonywanie

executioner [ˌeksi'kju:ʃənə] kat

executive [ig'zekjutiv] 1. wyższy urzędnik, menadżer 2. egzekutywa, organ wykonawczy 3. zarządzający, wykonawczy

executor [ig'zekjutə] *praw* egzekutor

exemplary [ig'zempləri] *form* przykładowy

exemplify [ig'zemplifai] **1.** stanowić przykład **2.** podawać przykład(y)

exempt [ig'zempt] **1.** zwolniony (*from* z) **2.** zwalniać (*from* z)

exercise ['eksəsaiz] **1.** ćwiczenie **2.** ruch (fizyczny) **3.** *form* sprawowanie, wywieranie **4.** ćwiczyć **5.** *form* sprawować, wywierać
exercise book ['eksəsaiz ˌbuk] zeszyt

exert [ig'zə:t] **1.** wywierać ◇ **2.** exert oneself wysilać się

exertion [ig'zə:ʃən] wysiłek

exhale [eks'heil] *form* wydychać

exhaust [ig'zo:st] **1.** wyczerpywać **2.** (*także* exhaust pipe) rura wydechowa **3.** spaliny

exhaustion [ig'zo:stʃən] wyczerpanie

exhaustive [ig'zo:stiv] wyczerpujący

exhibit [ig'zibit] **1.** *form* wykazywać **2.** przedstawiać, pokazywać, eksponować **3.** eksponat **4.** dowód rzeczowy

exhibition [ˌegzi'biʃən] **1.** wystawa, ekspozycja **2.** przedstawianie ◇ **3.** make an exhibition of oneself robić z siebie przedstawienie

exhibitionism [ˌegzi'biʃənizəm] *form* ekshibicjonizm

exhibitor [ig'zibitə] wystawca

exhilarate [ig'ziləreit] rozradować (się), rozweselić (się)

exhort [ig'zo:t] *form* nawoływać

exhume [eks'hju:m] *form* ekshumować

exile ['eksail] **1.** wygnanie **2.** wygnaniec **3.** skazywać na wygnanie

exist [ig'zist] istnieć

existence [ig'zistəns] **1.** istnienie **2.** egzystencja

exit ['egzit] **1.** wyjście, wyjazd **2.** wychodzić (*from* z) ◇ **3.** make an exit wychodzić

exodus ['eksədəs] eksodus

exonerate [ig'zonəreit] *form* oczyszczać, uwalniać (*from* od)

exorbitant [ig'zo:bitənt] wygórowany

exorcise (*US* exorcize) ['ekso:saiz] egzorcyzmować

exorcism ['ekso:sizəm] egzorcyzm

exotic [ig'zotik] egzotyczny

expand [ik'spænd] **1.** powiększać (się) **2.** rozszerzać się (*with* w)
expand on/upon uszczegółowić

expanse [ik'spæns] *lit* przestwór, bezmiar

expansion [ik'spænʃən] rozrost, ekspansja

expansionism [ik'spænʃənizəm] ekspansjonizm

expansive [ik'spænsiv] wylewny

expatriate [eks'pætriət] emigrant

expect [ik'spekt] **1.** spodziewać się **2.** oczekiwać ◇ **3.** be expecting (a baby) spodziewać się (dziecka) **4.** "I expect (that)" „sądzę/myślę (, że)"

expectancy [ik'spektənsi] nadzieja, widoki

expectant [ik'spektənt] **1.** wyczekujący **2.** spodziewający się (dziecka)

expectation [ˌekspek'teiʃən] **1.** oczekiwanie **2.** wyczekiwanie, spodziewanie się

expediency [ik'spediənsi] *form* korzyść (to, co korzystne)

expedient [ik'spediənt] *form* **1.** środek **2.** stosowny, dogodny

expedite ['ekspədait] przyśpieszyć

expedition [ˌekspə'diʃən] **1.** ekspedycja 2. wyprawa

expel [ik'spel] 1. wydalać 2. usuwać (*sb from sth* kogoś skądś) 3. *form* wyrzucać

expend [ik'spend] *form* wydatkować, zużywać

expendable [ik'spendəbəl] *form* zbyteczny

expenditure [ik'spenditʃə] 1. wydatki 2. zużycie

expense [ik'spens] 1. nakłady, wydatki 2. -s dieta, zwrot kosztów ◇ 3. at sb's expense czyimś kosztem, na czyjś koszt 2. go to great expense ponosić wielkie koszty

expensive [ik'spensiv] kosztowny, drogi

experience [ik'spiəriəns] 1. doświadczenie 2. (*np. zawodowa*) praktyka 3. (*czegoś*) znajomość 4. przeżycie, fakt 5. przeżywać, doświadczać

experienced [ik'spiəriənst] doświadczony

experiment [ik'sperəmənt] 1. eksperyment, doświadczenie 2. eksperymentować

experimental [ik,sperə'mentəl] 1. eksperymentalny 2. doświadczalny 3. próbny

expert ['ekspə:t] 1. ekspert, specjalista 2. wyspecjalizowany, specjalistyczny

expertise [,ekspə:'ti:z] wiedza/umiejętności specjalistyczne

expiate ['ekspieit] *form* odpokutowywać

expiration [,ekspi'reiʃən] utrata ważności

expire [ik'spaiə] 1. *form* tracić ważność 2. *lit* wyzionąć ducha

expiry date [ik'spaiəri deit] data ważności

explain [ik'splein] wyjaśniać (*sth to sb* coś komuś)

explain away usprawiedliwiać

explanation [,eksplə'neiʃən] 1. wyjaśnienie 2. opis

explanatory [ik'splænətəri] *form* objaśniający, wyjaśniający

explicable [ik'splikəbəl] *form* wytłumaczalny

explicit [ik'splisit] otwarty, szczery, jednoznaczny

explode [ik'sploud] 1. eksplodować, wybuchać 2. wzrastać wybuchowo 3. wybuchać (*with anger* gniewem) 4. dyskredytować

exploit I. [ik'sploit] 1. wykorzystywać 2. eksploatować II. ['eksploit] 3. (*zwykle* -s) wyczyn

exploitation [,eksploi'teiʃən] 1. wyzysk, wykorzystywanie 2. eksploatacja

exploitative [ik'sploitətiv] *form* wyzyskujący

exploiter [ik'sploitə] wyzyskiwacz

exploratory [ik'splorətəri] *form* badawczy, rozpoznawczy

explore [ik'splo:] 1. badać, eksplorować 2. przeszukiwać 3. analizować, przedyskutowywać

explosion [ik'splouʒən] 1. eksplozja, wybuch 2. gwałtowny przyrost

explosive [ik'splousiv] 1. środek/ /materiał wybuchowy 2. wybuchowy 3. rozrywający (się) 4. oszałamiający

exponent [ik'spounənt] 1. przedstawiciel, orędownik 2. *form* wyraziciel 3. *termin* wykładnik

exponential [,ekspə'nenʃəl] 1. *termin* wykładniczy 2. raptowny, zdwojony

exportI. [ik'spo:t] 1. eksportować 2. rozpowszechniać II. ['ekspo:t] 3.

eksport 4. *zwykle* -s artykuły eksportowe

exporter [ik'spo:tə] eksporter

expose [ik'spouz] 1. odsłaniać 2. wystawiać (*to sth* na coś) 3. narażać (się) (*to* na) 4. demaskować

exposé [ek'spouzei] zdemaskowanie

exposition [,ekspə'ziʃən] *form* przedstawienie, wykład

exposure [ik'spouʒə] 1. wystawienie (się), ekspozycja (*to* na) 2. (*w prasie, TV*) pokazywanie, opisywanie 3. zdemaskowanie 5. *termin* zdjęcie, kadr

expound [ik'spaund] *form* przedstawiać, objaśniać

express [ik'spres] 1. wyrażać (się) 2. *termin* przedstawiać (*as* jako) 3. *form* wyraźny 4. ekspresowy 5. ekspres

expression [ik'spreʃən] 1. wyrażenie 2. wyraz (czegoś) 3. przejaw, przykład 4. ekspresja

expressionless [ik'spreʃənlis] bez wyrazu

expressive [ik'spresiv] 1. wyrazisty 2. dotyczący wypowiadania się

expressway [ik'spreswei] *US* autostrada, droga szybkiego ruchu

expropriate [ik'sprouprieit] *form* konfiskować, zabierać

expulsion [ik'spʌlʃən] *form* wydalenie

exquisite ['ekskwizit] 1. przepiękny 2. nadzwyczajny

extend [ik'stend] 1. rozpościerać (się) 2. (*o okresie, powierzchni*) ciągnąć się 3. (*np. o skutkach, prawie*) rozciągać (się) 4. (*np. dom*) powiększać 5. (*ważność, ulicę*) przedłużać 6. (*np. rękę*) wyciągać 7. *form* (*np. zaproszenie, pomoc*) przedstawiać, oferować

extension [ik'stenʃən] 1. dobudówka, powiększenie 2. przedłużenie 3. rozszerzenie 4. (*telefon*) numer wewnętrzny

extensive [ik'stensiv] 1. rozległy 2. ogromny 3. obszerny, szczegółowy

extent [ik'stent] 1. rozmiar ◇ 2. **to a large extent** pod wieloma względami 3. **to *some/a certain*** **extent** w pewnym stopniu 4. **to what extent...** w jakiej mierze... 5. **to that extent** w tej mierze 6. **to the extent that...** w tym stopniu, w jakim...

extenuate [ik'stenjueit] łagodzić

exterior [ik'stiǝriǝ] 1. zewnętrzna powierzchnia 2. powierzchowność, wygląd zewnętrzny 3. zewnętrzny

exterminate [ik'stǝ:mineit] eksterminować, wybijać

external [ik'stǝ:nǝl] 1. zewnętrzny 2. *form* -s aspekty zewnętrzne

extinct [ik'stiŋkt] 1. wymarły 2. nieczynny, wygasły

extinction [ik'stiŋkʃən] 1. wymarcie 2. wygaśnięcie

extinguish [ik'stiŋgwiʃ] *form* 1. gasić 2. zacierać, niweczyć

extinguisher [ik'stiŋgwiʃə] (*też* fire **extinguisher**) gaśnica

extol [ik'stoul] *form* wychwalać, wysławiać

extort [ik'sto:t] wymuszać, zdzierać (*money from* pieniądze z)

extortionate [iks'to:ʃənət] nadmierny

extra ['ekstrə] 1. dodatkowy, dodatkowo 2. niezwykle 3. dodatek 4. opłata dodatkowa 5. statysta

extract I. [ik'strækt] 1. wydobywać 2. wyciągać **II.** ['ekstrækt] 3. wycinek, wyimek 4. wyciąg, ekstrakt

extraction [ik'strækʃən] 1. *form* pochodzenie 2. wydobywanie

extractor [ik'stræktə] (*także* ex-tractor fan) wentylator (okienny)

extra-curricular [,ekstrə kə'rikjulə] *form* nadobowiązkowy

extradite ['ekstrədait] *form* podda-wać ekstradycji

extradition [,ekstrə'diʃən] ekstra-dycja

extramarital [,ekstrə'mæritəl] *form* pozamałżeński

extra-mural [,ekstrə'mjuərəl] zaocz-ny

extraneous [ik'streiniəs] *form* po-boczny

extraordinary [ik'stro:dənəri] 1. nadzwyczajny 2. niezwykły

extravagance [ik'strævəgəns] 1. rozrzutność 2. luksus

extravagant [ik'strævəgənt] 1. roz-rzutny 2. luksusowy, kosztowny 3. *form* zmanierowany, przesadny 4. *form* niepraktyczny 5. ekstrawa-gancki

extravaganza [ik,strævə'gænzə] ek-strawagancja

extreme [ik'stri:m] 1. krańcowy, ekstremalny 2. najdalszy 3. kra-niec, ekstremum ◇ 4. go to ex-tremes with sth, take sth to extremes przesadzać z czymś 5. in the extreme *form* w najwyż-szym stopniu

extremist [ik'stri:mist] ekstremista

extremity [ik'stremiti] 1. *form* kra-niec 2. (*ciała*) kończyna, członek 3. *form* krańcowy stan, ostatecz-ność 4. *form* krańcowość

extricate ['ekstrikeit] wydobywać, uwalniać (*oneself from* się z)

extrovert ['ekstrəvə:t] 1. ekstrawer-tyk 2. ekstrawertyczny

extrude [ik'stru:d] *form* wyciskać

exuberant [ig'zju:bərənt] pełen ży-cia

exude [ig'zju:d] *form* 1. emanować 2. wydzielać

exult [ig'zʌlt] radować się (*at sth* czymś)

exultant [ig'zʌltənt] *form* rozrado-wany

eye [ai] 1. oko (*for* do) 2. mierzyć wzrokiem ◇ 3. before sb's eyes na czyichś oczach 4. cast/run one's eye over sth rzucać okiem na coś 5. catch sb's eye przycią-gać czyjś wzrok 6. cry one's eyes out wypłakiwać oczy 7. have one's eye on sb przyglądać się komuś 8. keep one's eyes open, keep an eye out mieć oczy o-twarte 9. keep an eye on sb mieć na kogoś oko 10. more to it than meets the eye więcej niż by się zdawało 11. open sb's eyes otworzyć komuś oczy 12. see eye to eye zgadzać się (w poglądach) 13. shut/close one's eyes to sth zamykać oczy na coś 14. under/before one's very eyes na czyichś oczach 15. be up to one's eyes in sth siedzieć w czymś po uszy

eyeball ['aibo:l] gałka oczna

eyebrow ['aibrau] 1. brew ◇ 2. raise an eyebrow at (sth) krzy-wić się na (coś), marszczyć brew na (coś)

eye-catching ['aikætʃiŋ] przykuwa-jący wzrok

eyelash ['ailæʃ] rzęsa

eyelid ['ailid] 1. powieka ◇ 2. nie-form not to bat an eyelid nawet nie mrugnąć okiem

eye-opener ['aioupənə] *nieform* re-

welacja
eye-shadow ['aiʃædou] cień do powiek
eyesight ['aisait] wzrok

eyesore ['aiso:] okropieństwo, brzydactwo
eye-witness ['aiwitnis] naoczny świadek

F

F *skrót stos. w piśmie: Fahrenheit*
fable ['feibəl] bajka
fabric ['fæbrik] 1. materiał, płótno 2. *przen* tkanka 3. *form* substancja (budowlana)
fabricate ['fæbrikeit] 1. *form* fabrykować 2. *form* produkować
fabulous ['fæbjələs] 1. fantastyczny 2. *form* baśniowy
facade [fə'sɑ:d] fasada
face [feis] 1. twarz 2. (*góry*) zbocze 3. (*zegara*) tarcza, cyferblat 4. *lit* (*np. miasta*) oblicze 5. (*przeciwstawiać się*) stawiać czoła (*sth* czemuś) 6. (*np. o budynku, oknie*) być skierowanym (*sth* na/w coś, do czegoś), wychodzić (*sth* na coś) 7. (*np. z trudnościami*) mieć do czynienia (*with* z), stawiać czoło 8. (*do czegoś trudnego*) zebrać się 9. (*z prawdą, faktami*) pogodzić się ◊ 10. **face down/up** twarzą/przodem w dół/górę 11. **face to face (with)** twarzą w twarz (wobec, naprzeciw) 12. **to sb's face** prosto w twarz/oczy 13. **show one's face (somewhere)** pokazywać się gdzieś 14. **make/pull a face** stroić/robić miny 15. **lose face** stracić twarz 16. **save face** zachować twarz 17. **fly in the face of** zaprzeczać, sprzeciwiać się 18. **in the face of**

wobec 19. **on the face of it** z pozoru
face up to przyjmować, brać na siebie
face value [feis 'vælju:] wartość nominalna
faceless ['feislis] anonimowy
facet ['fæsət] 1. aspekt 2. faseta (*np. brylantu*)
facetious [fə'si:ʃəs] żartobliwy
facial ['feiʃəl] (dotyczący) twarzy
facile ['fæsail] 1. łatwy, lekki 2. płytki, powierzchowny
facilitate [fə'siliteit] *form* ułatwiać
facility [fə'siliti] 1. *form* zdolność, łatwość 2. urządzenie 3. ułatwienie
facsimile [fæk'simili] 1. kopia 2. fax
fact [fækt] 1. fakt, sprawa 2. zdarzenie ◊ 3. *in (actual)/in point of/as a matter of* fact faktycznie, w rzeczywistości 4. **the fact is** tak naprawdę, po prawdzie 5. **the fact remains** pozostaje faktem 6. **for a fact** na pewno
faction ['fækʃən] frakcja
factor ['fæktə] czynnik
factory ['fæktəri] fabryka
factual ['fæktʃuəl] rzeczowy
faculty ['fækəlti] 1. władze umysłowe i cielesne 2. wydział (uniwersytecki)
fad [fæd] przelotna moda

fade [feid] **1.** płowieć **2.** zanikać **3.** ściemniać się **4.** cichnąć
fade away/out zanikać
faeces (*US* feces) ['fi:si:z] *form* kał
fag [fæg] **1.** harówka **2.** *BR nieform* (*papieros*) pet **3.** *US nieform* (*homoseksualista*) pedał
faggot ['fægət] *US nieform* (*homoseksualista*) pedzio
Fahrenheit ['færənhait] skala Fahrenheita
fail [feil] **1.** (*o czymś*) nie udawać się (*it has failed to materialize* tego nie udało się urzeczywistnić) **2.** (*o kimś*) nie potrafić/zdołać zrobić **3.** (*obowiązki*) zaniedbywać, nie wypełniać **4.** (*egzamin*) oblewać **5.** (*wodza; też: o umiejętnościach*) opuszczać **6.** (*np. o wzroku*) zawodzić
failing ['feiliŋ] **1.** wada **2.** zawodzący, słaby ◇ **3. failing this/that** a jak się nie da (to)
failure ['feiljə] **1.** niepowodzenie, **2.** (*np. przedsięwzięcia*) fiasko **3.** (*obowiązku, obietnicy*) niewypełnienie, brak (*np. failure to appear* brak obecności) **4.** (*urządzenia, serca*) niesprawność **5.** (*banku*) krach **6.** (*np. nerwów*) załamanie się **7.** (*o człowieku*) pechowiec, nieudacznik
faint [feint] **1.** nikły, wątły **2.** mdlejący **3.** mdleć
faintly ['feintli] **1.** słabo **2.** wątle
fair [feə] **1.** uczciwy, fair **2.** (*o wielkości*) pokaźny **3.** (*ocena*) średni **4.** (*np. odgadnięcie*) prawidłowy **5.** (*skóra, włosy*) jasny **6.** *form* (*pogoda*) ładny **7.** *BR* wesołe miasteczko **8.** *BR* targ ◇ **9. be fair** prawdę mówiąc **10. fair enough** dość dobrze

fair play ['feə plei] uczciwość, sprawiedliwość
fairly ['feəli] **1.** dość **2.** uczciwie, naprawdę, fair
fairness ['feənis] **1.** sprawiedliwość ◇ **2. in all fairness, in fairness (to sb)** prawdę mówiąc
fairy ['feəri] wróżka
fairy tale baśń
faith [feiθ] **1.** wiara **2.** religia ◇ **3. break faith with sb** łamać przyrzeczenie **4. break/keep faith with sb** dotrzymywać przyrzeczenie/a **5. in good faith** w dobrej wierze
faithful ['feiθfəl] **1.** wierny **2. the f.** wierni, zwolennicy
faithfully ['feθfəli] ◇ **Yours faithfully** z wyrazami szacunku
fake [feik] **1.** fałszerstwo, imitacja **2.** oszust **3.** symulant **4.** fałszowany **5.** fałszować, naśladować **6.** udawać
falcon ['fo:kən] sokół
fall [fo:l], **fell** [fel], **fallen** [fo:lən] **1.** spadać, padać **2.** (*np. o rządzie, mieście, kimś*) upadać **3.** (*np. o ciszy*) opadać, **4.** (*o nocy, zmroku*) zapadać **5.** dawać się dzielić, rozpadać się (*into* na) **6.** (*stan*) stawać się, zapadać (*także into* w) (*fall silent* ucichać, *fall asleep* zasypiać, *fall into disuse* przestawać być używanym) **7.** (*o żołnierzu*) paść, zginąć **8.** upadek, spadek **9. -s** wodospad **10.** *US* jesień ◇ **11. fall to bits/pieces** rozpadać się na (kawałki, strzępy) **12. fall flat** nie powieść się **13. fall open** otwierać się **14. sb's face falls** twarz się komuś wydłuża/wyciąga
fall about *nieform* padać (ze

śmiechu)
fall apart rozpadać się
fall away odpadać
fall back cofać się, odskakiwać
fall back on uciekać się, wracać, cofać się (do)
fall behind zostawać w tyle
fall for 1. tracić głowę (dla) 2. *nieform* dawać się nabierać (na)
fall in zapadać się
fall in with zgadzać się (z), dostosowywać się (do)
fall off spadać
fall on/upon spadać (na)
fall out 1. wypadać 2. kłócić się (*with* z)
fall over 1. przewracać się ◇ 2. *nieform* be falling over oneself pchać się jeden przez drugiego
fall through nie udawać się
fall to *form* przypadać (*sb* komuś)
fallacious [fə'leiʃəs] *form* błędny, zwodniczy
fallacy ['fæləsi] *form* błąd (logiczny), fałsz (rozumowania)
fallen ['fo:lən] *patrz* fall: III forma
fallible ['fo:ləbəl] *form* 1. omylny 2. niedoskonały
fallout ['fo:laut] opad promieniotwórczy
fallow ['fælou] leżący odłogiem
false [fo:ls] 1. fałszywy 2. sztuczny
false start ['fo:ls stɑ:t] falstart
falsehood ['fo:lshud] 1. *form* fałszywość, fałsz 2. *form* kłamstwo
falsify ['fo:lsifai] fałszować
falsity ['fo:lsəti] fałsz
falter ['fo:ltə] 1. (*o silniku*) krztusić się 2. (*o tempie*) chwiać się, kuleć 3. (*przed decyzją*) wahać się (*in* w) 4. (*przy mówieniu*) zawahać się, zająknąć się 5. (*przy poruszaniu się*) zwalniać

fame [feim] sława
famed [feimd] *lit* słynący (*for* z)
familial [fə'miliəl] *form* rodzinny
familiar [fə'miliə] 1. znajomy (*to* dla) 2. zaznajomiony, obznajomiony (*with* z) 3. poufały
familiarize [fə'miljəraiz] ◇ familiarize oneself zaznajamiać (się) (*with* z)
family ['fæmili] 1. rodzina 2. rodzinny
family tree [,fæmili 'tri:] drzewo genealogiczne
famine ['fæmin] głód
famished ['fæmiʃt] *nieform* głodny jak wilk
famous ['feiməs] słynny, znany (*for* z)
fan [fæn] 1. fan, kibic 2. wachlarz 3. wentylator 4. wachlować się 5. podsycać
fan out rozchodzić się promieniście
fanatic [fə'nætik] 1. fanatyk 2. fanatyczny
fanatical [fə'nætikəl] fanatyczny
fanciful ['fænsiful] 1. fantastyczny, urojony 2. wymyślny
fancy ['fænsi] 1. *form* fantazja 2. *form* sądzić 3. *form* wyobrażać sobie 4. *nieform* mieć ochotę (na), zachciewać się (*he fancies a new house* zachciewa mu się nowego domu) 5. (*o seksie*) *nieform* chcieć (*sb* kogoś) 6. *nieform* (*np. jedzenie*) wymyślny ◇ 7. *nieform* fancy oneself mieć się, uważać się (*as* za) 8. *nieform* fancy oneself mieć się za dobrego 9. *nieform* fancy *that/doing that*! no nie! robić coś takiego 10. *nieform* take a fancy to sb poczuć sympatię kogoś 11. *nieform* sth

takes sb's **fancy** coś przypada komuś do gustu

fancy dress [ˌfænsi 'dres] kostium (*na bal kostiumowy*)

fancy dress ball [ˌfænsi 'dres bo:l] bal kostiumowy

fanfare ['fænfeə] fanfara

fang [fæŋ] kieł

fantasize ['fæntəsaiz] fantazjować (*about* o)

fantastic [fæn'tæstik] **1.** *nieform* fantastyczny (*także:* b. dobry) **2.** dziwaczny

fantasy ['fæntəsi] **1.** fantazjowanie **2.** fantazja

far [fɑ:], **farther** ['fɑ:ðə] lub **further** ['fə:ðə], **farthest** ['fɑ:ðəst] lub **furthest** ['fə:ðəst] **1.** daleko **2.** daleki **3.** odległy ◇ **4. as far as** (a) aż (do/w) (b) na ile **5. go as far as to** (do sth) posunąć się aż do (zrobienia czegoś) **6. by far, far and away** z pewnością **7. not far wrong/out/off** niedaleki od prawdy **8. far from** daleki, raczej niż **9. so far** jak dotąd **10. so far so good** jak na razie dobrze **11.** *form* **in so far, insofar as** na tyle, na ile

faraway ['fɑ:rəwei] **1.** odległy **2.** daleki

farce [fɑ:s] farsa

farcical ['fɑ:sikəl] farsowy

fare [feə] **1.** opłata **2.** *przest* pożywienie **3.** *przest* powodzić się (*badly* źle)

farewell ['feəwel] **1.** pożegnanie **2.** żegnaj

far-fetched [fɑ:'fetʃt] przesadny, naciągnięty

far-flung [ˌfɑ:'flʌŋ] **1.** oddalony **2.** szeroko rozpostarty

farm [fɑ:m] **1.** gospodarstwo rolne,

farma **2.** gospodarować (na roli)

farmer ['fɑ:mə] chłop, rolnik, farmer

farmhand ['fɑ:mhænd] robotnik rolny, parobek

farming ['fɑ:miŋ] rolnictwo, gospodarka

farmland ['fɑ:mlænd] ziemia uprawna

farmyard ['fɑ:mjɑ:d] podwórze

far-off [ˌfɑ:r'of] odległy

far-reaching [ˌfɑ:'ri:tʃiŋ] doniosły, daleko sięgający

far-sighted [ˌfɑ:'saitid] dalekowzroczny

farther ['fɑ:ðə] *patrz* **far**: *stopień wyższy*

farthest ['fɑ:ðəst] *patrz* **far**: *stopień najwyższy*

farthing ['fɑ:ðiŋ] *dawne* ćwierć pensa

fascinate ['fæsineit] fascynować

fascism ['fæʃizəm] faszyzm

fashion ['fæʃən] **1.** sposób **2.** moda **3.** *przest* sporządzać ◇ **4. in fashion** modny **5. out of fashion** niemodny

fashionable ['fæʃənəbəl] modny

fast [fɑ:st] **1.** szybki **2.** (*kolor*) trwały **3.** (*robić coś*) szybko, prędko **4.** (*trwać, stać*) twardo, mocno **5.** (*w religii*) pościć **6.** (*religijny*) post ◇ **7. the watch is fast** zegarek spieszy się **8. hold fast to sth** trzymać się czegoś twardo **9. be fast asleep** twardo spać

fast food jedzenie na poczekaniu (ciepłe)

fasten ['fɑ:sən] **1.** umocowywać, zaciskać **2.** przymocowywać **3.** zaciskać **4.** zapinać

fasten on/upon koncentrować się (*to* na)

fastening ['fɑ:səniŋ] klamra, zamocowanie

fastidious [fæst'tidiəs] wybredny, grymaśny

fat [fæt] **1.** tłuszcz **2.** tłusty **3.** gruby **4.** niezły, duży ◊ **5.** *nieform* a **fat lot** cholernie (dużo)

fatal ['feitəl] **1.** fatalny **2.** śmiertelny

fatalism ['feitəlizəm] fatalizm

fatality [fə'tæliti] **1.** ofiara śmiertelna **2.** *form* fatalizm

fate [feit] los, przeznaczenie

fated ['feitid] ◊ **be fated** mieć przeznaczone (*to do sth* coś zrobić)

fateful ['feitful] brzemienny w skutki

father ['fɑ:ðə] **1.** ojciec **2.** *lit* zrodzić, być ojcem
Father Christmas [,fɑ:ðə 'krisməs] *BR* św. Mikołaj

fatherhood ['fɑ:ðəhud] ojcostwo

father-in-law ['fɑ:ðər in lo:], *lm* **fathers-in-law** ['fɑ:ðəz in lo:] teść

fatherless ['fɑ:ðəlis] bez ojca

fatherly ['fɑ:ðəli] ojcowski

fathom ['fæθəm] **1.** *termin* sążeń (= *1,8 m*) **2.** (*także* **fathom out**) zgłębiać, dociekać

fatigue [fə'ti:g] **1.** wyczerpanie **2.** *form* wyczerpywać **3.** zmęczenie (metalu)

fatten ['fætən] tuczyć (się)
fatten up przybierać na wadze

fatty ['fæti] **1.** tłusty **2.** tłuścioch

fatuous ['fætjuəs] głupi, bujający w obłokach

faucet ['fo:sət] *US* kurek, kran

fault [fo:lt] **1.** wina **2.** (*np. charakteru*) brak **3.** (*maszyny*) defekt **4.** *termin* uskok (tektoniczny) **5.** zarzucać (*(on) sth* coś) ◊ **6. at fault** w błędzie **7. find fault** czepiać się

faultless ['fo:ltlis] bezbłędny, bez zarzutu

faulty ['fo:lti] wadliwy

fauna ['fo:nə] *form* fauna

favour (*US* **favor**) ['feivə] **1.** aprobata, uznanie **2.** przysługa **3.** (*rozwiązanie*) woleć **4.** (*akcji, nieprzyjacielowi*) sprzyjać **5.** (*ucznia*) faworyzować **6.** *form* (*obecnością*) zaszczycać (*with sth* czymś) ◊ **7. in favour of** na rzecz **8. in sb's favour** na czyjąś korzyść **9. be in favour** być aprobowanym, cieszyć się łaską **10. be in favour of sth** być za czymś **11. be out of favour** nie aprobowany, nie cieszący się łaską **12. do sb a favour** wyrządzić komuś przysługę

favourable (*US* **favorable**) ['feivərəbəl] **1.** aprobujący (*to sth* coś) **2.** korzystny **3.** sprzyjający (*to sth* czemuś)

favourite (*US* **favorite**) ['feivərit] **1.** ulubiony **2.** faworyt

favouritism (*US* **favoritism**) ['feivəritisəm] faworyzowanie

fawn [fo:n] **1.** płowy **2.** jelonek **3.** łasić się, przypochlebiać się (*on/upon sb* do kogoś)

fear [fiə] **1.** strach **2.** obawa **3.** bać się **4.** obawiać się **5.** mieć obawy (*for* o) ◊ **6. for fear of** z obawy że

fearful ['fiəful] **1.** straszny ◊ **2. be fearful of** obawiać się o

fearless ['fiəlis] nieustraszony

fearsome ['fiəsəm] *form* straszliwy

feasible ['fi:zəbəl] osiągalny, wykonalny

feast [fi:st] **1.** przyjęcie, uczta **2.** ucztować (*off/on* na) ◊ **3. feast one's eyes on sth** paść oczy czymś

feat [fi:t] wyczyn

feather ['feðə] pióro

feathery ['feðəri] pierzasty

feature ['fi:tʃə] 1. cecha (charakterystyczna) 2. urządzenie, dodatek 3. -s (*twarzy*) rysy 4. (*terenu*) charakterystyczne punkty, rzeźba 5. (*w gazecie*) artykuł wiodący 6. (*w radiu, TV*) audycja specjalna (dokumentacyjna) 7. (*np. w programie*) najważniejszy punkt 8. (*także* feature film) film pełnometrażowy 9. (*o wystawie*) prezentować 10. (*w filmie*) obsadzać/występować w głównej roli (*this film features two French actors* w tym filmie występuje dwóch aktorów francuskich) 11. (*np. w zarzutach*) występować na pierwszym planie (*in* w)

February ['februəri] luty

feces ['fi:si:z] *US* (*BR* faeces) kał

feckless ['feklis] *form* nieporęczny, niezgrabny

fed [fed] *patrz* feed: *II i III forma* **fed up** ◇ *nieform* be fed up with sth mieć dość czegoś

federal ['fedərəl] 1. federalny 2. *US* dotyczący całości USA

federation [ˌfedə'reiʃən] 1. związek 2. federacja

fee [fi:] 1. opłata 2. honorarium, gaża

feeble ['fi:bəl] 1. słaby, wątły 2. kiepski

feed [fi:d], fed [fed], fed 1. karmić 2. (*dziecko, zwierzę*) żywić (się) (*on/off sth* czymś) 3. (*rodzinę*) wyżywiać (się) 4. (*ogień*) podsycać (*on sth* się czymś) 5. (*dane, substancje*) wprowadzać (*into* do) 6. pasza 7. karmienie, pokarm

feedback ['fi:dbæk] 1. odzew 2. sprzężenie zwrotne

feel [fi:l], felt [felt], felt 1. czuć (się) 2. (*myśleć*) sądzić 3. (*mieć* powierzchnię) być w dotyku (*like* jak, *it feels smooth* w dotyku jest gładkie) 4. (*np. wiatr, skutki*) odczuwać 5. (*np. czyjąś obecność*) wyczuwać 6. (*palcami, także: kobietę*) dotykać, obmacywać 7. (*dotykiem*) wyszukiwać (*for sth* coś) 8. (*przy dotyku*) dotknięcie, odczucie ◇ 9. I feel cold zimno mi 10. feel like (doing) sth mieć ochotę na coś 11. have the feel dawać odczucie 12. not feel oneself nie czuć się dobrze

feeling ['fi:liŋ] 1. uczucie 2. czucie 3. odczucie ◇ 4. bad feeling wrogość 5. no hard feelings bez urazy

feet [fi:t] *patrz* foot: *lm*

feign [fein] *lit* udawać

feint [feint] 1. *sport* fingowany cios 2. fingować

feline ['fi:lain] 1. kotowaty 2. koci

fell [fel] 1. *patrz* feel: *II forma* 2. zwalać

fellow ['felou] 1. *nieform* facet, gość 2. członek 3. współ-, współtowarzysz (*fellow passanger* współpasażer) 4. -s bliźni ◇ 5. my dear fellow mój drogi; no stary

fellowship ['feləʃip] 1. braterstwo 2. stowarzyszenie, związek

felony ['feləni] *praw* zbrodnia

felt [felt] 1. *patrz* feel: *II i III forma* 2. filc

felt-tip pen [ˌfelttip 'pen] mazak, pisak

female ['fi:meil] 1. samica 2. kobieta, osobnik płci żeńskiej 3. żeński 4. kobiecy

feminine ['feminin] 1. kobiecy 2. *gram* żeński

femininity [ˌfemi'ninəti] kobiecość

feminism ['feminizəm] feminizm

feminist ['feminist] 1. feministka, feminista 2. feministyczny

feminism ['feminizəm] feminizm

fence [fens] 1. płot, ogrodzenie 2. ogradzać ◊ 2. sit on a fence zachowywać neutralność, nie angażować się
fence in/off odgradzać

fencing ['fensiŋ] 1. szermierka 2. materiał ogrodzeniowy

fend [fend] ◊ fend for oneself dawać sobie samemu radę
fend off 1. odparowywać 2. odbijać

fender ['fendə] US błotnik

ferment I. ['fə:mənt] 1. ferment II. [fə'ment] 2. fermentować

fern [fə:n] paproć

ferocious [fə'rouʃəs] zażarty, zajadły

ferocity [fə'rosəti] zajadłość, zaciekłość

ferret ['ferit] łasica
ferret out nieform wygrzebywać

ferry ['feri] 1. prom 2. transportować

fertile ['fə:tail] 1. żyzny 2. płodny ◊ 3. fertile ground płodny grunt

fertilize (także fertilise) ['fə:tilaiz] 1. zapładniać, zapylać 2. nawozić

fertilizer ['fə:tilaizə] nawóz

fervent ['fə:vənt] żarliwy, namiętny

fervour (US fervor) ['fə:və] form żarliwość, namiętność

fester ['festə] 1. ropieć 2. jątrzyć się

festival ['festivəl] 1. festiwal 2. święto (religijne)

festive ['festiv] świąteczny

festivity [fe'stiviti] 1. uroczystość 2. świętowanie

festoon [fe'stu:n] ◊ be festooned with sth być obwieszonym czymś

fetch [fetʃ] sprowadzać, przynosić

fetch up US lądować

fetching ['fetʃiŋ] korzystny

fête także fete [feit] 1. feta, festyn 2. fetować, owacyjnie przyjmować

fetid ['fetid] form cuchnący

fetish ['fetiʃ] fetysz

fetter ['fetə] lit 1. więzić 2. -s więzy, kajdany

fetus ['fi:təs] patrz foetus

feud [fju:d] waśń, wendeta

feudal ['fju:dəl] feudalny

fever ['fi:və] 1. gorączka, febra 2. rozgorączkowanie

feverish ['fi:vəriʃ] 1. rozgorączkowany, podniecony 2. gorączkujący

few [fju:] 1. (bez a) niewiele ◊ 2. a few kilka, kilkoro 3. no fewer than nie mniej niż 4. *quite a/a good* few ładnych parę 5. few and far between bardzo rzadko

fiancé [fi'onsei] narzeczony

fiancée [fi'onsei] narzeczona

fiasco [fi'æskou] fiasko, niepowodzenie

fib [fib] nieform 1. łgarstwo 2. łgać

fibre (US fiber) ['faibə] 1. włókno 2. błonnik

fibreglass (US fiberglass) ['faibəglɑ:s] włókno szklane

fibrous ['faibrəs] włóknisty

fickle ['fikəl] zmienny, niestały

fiction ['fikʃən] 1. literatura, beletrystyka 2. fikcja

fictional ['fikʃənəl] 1. fikcyjny 2. powieściowy

fictitious [fik'tiʃəs] fikcyjny

fiddle ['fidəl] 1. (np. ołówkiem) bawić się 2. nieform podrabiać, szwindlować 3. nieform szwindel, podróbka 4. nieform skrzypki ◊ 5. play a second fiddle to sb być w czyimś cieniu 6. as fit as a fiddle zdrów jak ryba

fiddle about/around zabawiać się

fidelity [fi'deliti] *form* wierność (*to sb* komuś)

fidget ['fidʒit] kręcić się, wiercić się

fidgety ['fidʒiti] wiercący się, nerwowy

field [fi:ld] 1. pole 2. (*do piłki*) boisko 3. (*węgla, ropy*) pokład 4. (*badań*) dziedzina 5. teren (badań), naturalne środowisko 6. (*badania*) terenowe

field glasses ['fi:ld ˌglɑ:siz] lornetka

field marshal ['fi:ld ˌmɑ:ʃəl] marszałek polny

fiend [fi:nd] 1. *lit* potwór, szatan 2. *nieform* fanatyk

fiendish ['fi:ndiʃ] 1. potworny 2. *nieform* piekielny

fierce [fiəs] 1. zajadły 2. gwałtowny

fiery ['faiəri] 1. rozogniony 2. rozpalony 3. rozpłomieniony

fifteen [ˌfif'ti:n] piętnaście

fifteenth [ˌfif'ti:nθ] piętnasty

fifth [fifθ] 1. piąty

fiftieth ['fiftiəθ] pięćdziesiąty

fifty ['fifti] pięćdziesiąt

fifty-fifty [ˌfifti 'fifti] pół na pół, fifty fifty

fig [fig] figa

fig. *skrót stosowany na piśmie*: **figure** rys.(unek)

fight [fait], **fought** [fɔ:t], **fought** 1. walczyć (*against* przeciwko, *for* o) 2. (*np. na pięści*) bić (się) 3. (*np. uczucie, niesprawiedliwość*) zwalczać 4. kłócić się, sprzeczać się (*sb* z kimś, *about/over* o) 5. (*np. o wolność*) walka (*for sth* o coś) 6. (*burda*) bójka ◇ 7. **put up a fight** stawać do walki 8. **fight one's way** przedzierać się

9. **fight an election** prowadzić kampanię przedwyborczą

fight back 1. odpierać, stosować kontratak 2. powstrzymywać, opanowywać

fight off 1. (*chorobę, przygnębienie*) zwalczać 2. odpierać

fight (sth) out rozstrzygać (coś) na drodze walki

fighter ['faitə] 1. bojownik, wojownik, uczestnik walki 2. myśliwiec

figment ['figmənt] ◇ **a figment of one's imagination** płód (czyjejś) wyobraźni

figurative ['figərətiv] metaforyczny, przenośny

figure ['figə] 1. (*w liczbie*) cyfra 2. (*kalkulacji*) suma 3. (*liczbowe*) dane 4. (*człowiek*) postać 5. (*np. w teatrze*) osobowość 6. (*uosobienie*) symbol, typ (*a mother figure* symbol macierzyństwa) 7. (*o ciele*) figura 8. (*w książce*) rycina, rysunek 9. *nieform* (*sądzić*) dochodzić do przekonania, oceniać 10. (*np. w rozmowach*) pojawiać się (*in* w) 11. *US* (*myśleć*) uważać ◇ 12. **in (double) figures** (dwu)cyfrowy 13. **put a figure on (an increase)** podawać sumę (wzrostu) 14. **figure of speech** figura retoryczna

figure on *nieform US* przemyśliwać

figure out *nieform* wymyślać

figurehead ['figəhed] figurant

filament ['filəmənt] włókno, włókienko, drucik (w żarówce)

filch [filtʃ] *nieform* zwędzić

file [fail] 1. kartoteka 2. (*do akt*) skoroszyt, segregator 3. akta, rejestr 4. *komp* (*danych*) plik 5. pilnik 6. (*np. żołnierzy*) rząd 6. ewidencjonować, włączać (do akt) **7.** (*skargę, sprawę do sądu*) wnosić (*for* o), składać, przedstawiać **8.** (*pilnikiem*) piłować **9.** (*o żołnierzach*) iść w szeregu (pojedynczo) ◇ **10. on file, on the files** w aktach **11. in single file** w szeregu

filial ['filiəl] *form* synowski

filing cabinet ['failiŋ ˌkæbinət] szafa na kartoteki

fill [fil] **1.** napełniać **2.** wypełniać (się) **3.** spełniać ◇ **4. have one's fill of sth** mieć czegoś dość
fill in 1. wypełniać **2. fill sb in** poinformować kogoś **3.** zastępować (*for sb* kogoś) ◇ **4. be filling in time** wypełniać czas
fill out 1. wypełniać **2.** przybierać na wadze
fill up 1. napełniać się **2.** wypełniać

fillet ['filit] filet

filling ['filiŋ] **1.** plomba **2.** nadzienie **3.** sytny
filling station ['filiŋ steiʃən] stacja benzynowa

film [film] **1.** film **2.** powłoka, warstwa, błona **3.** robić zdjęcia, filmować

filter ['filtə] **1.** filtrować **2.** przesączać się, przedzierać się **3.** przedostawać się **4.** filtr
filter out odfiltrowywać

filth [filθ] **1.** brud **2.** plugastwo, sprośność

filthy ['filθi] **1.** brudny, zapaskudzony **2.** plugawy, sprośny

fin [fin] płetwa

final ['fainəl] **1.** końcowy, finałowy, finalny **2.** główny, największy **3.** ostateczny **4.** finał **5.** -s egzaminy końcowe

finalise ['fainəlaiz] *patrz* finalize

finalist ['fainəlist] finalista

finality [fai'næliti] zdecydowanie, stanowczość

finalize (*BR też* **finalise**) ['fainəlaiz] finalizować

finally ['fainəli] **1.** w końcu, ostatecznie **2.** na końcu **3.** wreszcie

finance [fi'næns] **1.** finansować **2.** sfinansowanie, dofinansowanie, pieniądze **3.** finansowość **4.** -s finanse

financial [fi'nænʃəl] finansowy

financier [fi'nænsiə] finansista

finch [fintʃ] zięba, szczygieł, gil, czyżyk

find [faind], **found** [faund], **found 1.** znajdować **2.** zauważać, stwierdzać **3.** znalezisko, zdobycz ◇ **4. find sth (sad)** uznać, że coś jest (smutne), coś się wydaje być (smutne) **5. find oneself (laughing)** stwierdzić, że (się śmieje) **6. be found (in Poland)** występować w (Polsce) **7. he found his way (to a place)** znalazł drogę (dokąd) **8. the letter found its way to her** list dotarł do niej **9. be found *guilty/not guilty*** być uznanym za *winnego/niewinnego*
find out 1. znajdować, stwierdzać **2.** zdemaskować

finding ['faindiŋ] rezultat, stwierdzenie

fine [fain] **1.** znakomicie, doskonale **2.** znakomity, doskonały **3.** (*włos*) delikatny, cienki **4.** (*pył*) drobny **5.** (*szczegół*) najmniejszy **6.** (*dzień*) pogodny, słoneczny **7.** mandat, grzywna **8.** karać grzywną ◇ **9. fine!** znakomicie!, nieźle!
fine art(s) [fain 'ɑːt(s)] sztuki piękne

finery ['fainəri] stroje i kosztowności, precjoza

finesse [fi'nes] finezja

finger ['fiŋgə] 1. palec 2. obmacywać ◇ 3. put one's finger on sth stwierdzić coś, znaleźć powód czegoś 4. not to lay a finger on sb nie tknąć kogoś (nawet) palcem 5. not to lift/raise a finger to do sth nie kiwnąć palcem w bucie, by coś zrobić 6. point the/a finger at sb wytykać kogoś palcem

fingernail ['fiŋgəneil] paznokieć

fingerprint ['fiŋgəprint] 1. odcisk (palca) 2. zdejmować odciski (palców) ◇ 3. take fingerprints zdejmować odciski palców

fingertip ['fiŋgətip] 1. koniuszek (palca) ◇ 2. to one's fingertips w każdym calu 3. at one's fingertips (a) w zasięgu ręki (b) w małym palcu

finicky ['finiki] grymaśny, wybredny

finish ['finiʃ] 1. kończyć (się) 2. kończyć zawody/wyścig 3. koniec, zakończenie 4. wykończenie 5. finisz, meta ◇ 6. put the finishing touches to sth dawać ostateczny szlif czemuś
finish off 1. dokańczać 2. dojadać, dopijać
finish up 1. lądować, kończyć (podróż) 2. dojadać, dopijać
finish with (sth) 1. zerwać (z czymś) 2. skończyć (z czymś)

finished ['finiʃt] 1. gotowy, skończony 2. be finished with kończyć (z czymś)

finishing school ['finiʃiŋ sku:l] pensja (dla panien)

finite ['fainait] form skończony, ograniczony

fir [fə:] jodła

fire ['faiə] 1. ogień 2. (domu) pożar 3. (płonący stos) ognisko 4. (w domu) kominek 5. grzejnik (elektryczny) 6. (artyleryjski) ostrzał, ogień 7. (z broni) strzelać 8. (strzałę) wypuszczać 9. (pytaniami) zasypywać (at sb kogoś) 10. (z pracy) nieform wyrzucać ◇ 11. on fire w ogniu 12. catch fire zapalać się, chwytać ogień 13. set fire to sth podkładać ogień pod coś; zapalać coś 14. open fire on sb otworzyć ogień do kogoś

fire brigade ['faiə bri,geid] straż pożarna

fire engine ['faiər ,endʒin] wóz strażacki

fire escape ['faiər i,skeip] wyjście przeciwpożarowe

fire extinguisher ['faiər ik,stiŋgwiʃə] gaśnica

fire station ['faiə ,steiʃən] remiza (straży pożarnej)

firearm ['faiəa:m] broń (palna)

firebrand ['faiəbrænd] podżegacz

fire-fighting ['faiəfaitiŋ] przeciwpożarowy

fireguard ['faiəga:d] ekran (przed ogniem)

firelight ['faiəlait] światło od ognia

fireman ['faiəmən], lm firemen ['faiəmən] strażak

fireplace ['faiəpleis] kominek

fireproof ['faiəpru:f] ognioodporny, ogniotrwały

fireside ['faiəsaid] ◇ by the fireside przy kominku

firewood ['faiəwud] drewno na podpałkę, drewno opałowe

firework ['faiəwə:k] ogień sztuczny, fajerwerk

firing squad ['faiəriŋ skwod] 1. pluton egzekucyjny ◊ **2. by firing squad** przez rozstrzelanie

firm [fə:m] **1.** firma, przedsiębiorstwo **2.** (*np. materac*) twardy, sztywny **3.** (*np. drabina*) dobrze umocowany, pewny **4.** (*uchwyt, przywódca*) mocny, silny **5.** (*poglądy*) niewzruszony **6.** (*dowody, wiadomości*) pewny, nie do zbicia **7.** (*poziom*) stały ◊ **8. stand firm** trzymać się twardo

first [fə:st] **1.** pierwszy **2.** najpierw **3.** po pierwsze ◊ **4. for the first time** po raz pierwszy **5. a first** wygrana, zdobycz, osiągnięcie, punkt **6. the first** po raz pierwszy (*this is the first I have heard about it* słyszę o tym po raz pierwszy) **7. at first** najpierw **8. at first hand** z pierwszej ręki **9. first thing** przede wszystkim, na początku (*I'll do it first thing in the morning* zrobię to jutro rano, zrobię to zaraz z rana) **10. first things first** trzeba zaczynać od początku **11. not to know the first thing about sth** nie mieć o czymś najmniejszego/zielonego pojęcia **12. from the (very) first** od (samego) początku

first aid [ˌfə:st'eid] pierwsza pomoc

first floor [ˌfə:st'flɔ:] **1.** *US* parter **2.** *BR* pierwsze piętro

first name ['fə:stˌneim] imię (chrzestne)

first night ['fə:stˌnait] premiera

first-born ['fə:stbɔ:n] *lit* pierworodny

first-class [ˌfə:st'klɑ:s] **1.** pierwszorzędny **2.** (*dyplom*) z wyróżnieniem **3.** (*bilet, także: zwykła prze-*syłka *pocztowa, ale droższa i szybsza*) pierwszej klasy

first-hand [ˌfə:st'hænd] z pierwszej ręki

firstly ['fə:stli] po pierwsze

first-rate ['fə:streit] pierwszorzędny

fiscal ['fiskəl] fiskalny, podatkowy

fish [fiʃ], *lm* **fish** *lub* **fishes 1.** ryba **2.** łowić (ryby), wędkować **3.** *nieform* wyławiać **4.** *nieform* zbierać

fisherman ['fiʃəmən] *lm* **fishermen** ['fiʃəmən] rybak

fishery ['fiʃəri] obszar połowu, łowisko

fishing ['fiʃiŋ] rybołówstwo, wędkarstwo

fishing rod ['fiʃiŋ rod] wędka

fishmonger ['fiʃmʌŋgə] *BR* **1.** sklep rybny **2.** sprzedawca ryb

fishy ['fiʃə] **1.** rybi **2.** *nieform* naciągany

fission ['fiʃən] *termin* rozszczepienie, rozbicie (atomu)

fissure ['fiʃə] *form* rozpadlina, szczelina

fist [fist] pięść

fistful ['fistfəl] garść

fit [fit], **fitted, fitted** (*US* **fit, fit**) **1.** pasować (*sb/sth* na kogoś/coś) **2.** (*np. w walizce*) mieścić się (*into* do) **3.** (*np. klucz*) umieszczać, wkładać **4.** (*kuchnię, mebel*) wyposażać (*with* w) **5.** (*opisowi*) odpowiadać **6.** (*człowiek*) zdrowy, sprawny **7.** nadający się, dopasowany (*for* do) **8.** atak (choroby), napad (szału) **9.** przystęp (gniewu) ◊ **10. be a good fit** dobrze leżeć **11. be a tight fit** cisnąć **12.** *form* **see/think fit to do sth** uznawać za stosowne coś zrobić **13. in fits and starts** zrywami, nierówno **14.** *nieform* **sb will have a**

fit ktoś dostanie szału
fit in 1. mieć czas na, uwzględniać 2. (*także* **fit into**) dopasować (się)
fitful ['fitful] niespokojny
fitter ['fitə] mechanik, montażysta, instalator
fitting ['fitiŋ] 1. *form* stosowny 2. akcesoria 3. -s sprzęt (ruchomy), wyposażenie 4. (*u krawca*) przymiarka
five [faiv] pięć
fiver ['faivə] *nieform* piątka
fix [fiks] 1. umocowywać 2. (*wzrok, uwagę*) skupiać (*on/upon* na), zatrzymywać 3. (*datę, ilość*) ustalać 4. (*coś zepsutego*) naprawiać 5. (*np. bilety, sprawę*) załatwiać 6. (*jedzenie*) przygotowywać, robić (*oneself* sobie) 7. (*wynik meczu*) *nieform* ustalać 8. (*wstrzyknięcie*) *śrok* szpryca
fix up załatwiać
fixation [fik'seiʃən] fiksacja, mania
fixed ['fikst] 1. ustalony, stały 2. sztywny 3. utrwalony
fixedly ['fiksədli] z uporem, bez przerwy
fixture ['fikstʃə] 1. (*stały, nieruchomy*) sprzęt, wyposażenie 2. stały akcent, stały element 3. *BR sport* ustalone spotkanie, impreza
fizz [fiz] musować
fizzle out [ˌfizəl 'aut] spełzać na niczym
fizzy ['fizi] musujący
flabbergasted ['flæbəgɑ:stid] oszołomiony
flabby ['flæbi] sflaczały, obwisły
flaccid ['flæksid] *form* zwiotczały
flag [flæg] 1. flaga 2. upadać (na duchu)
flag down zatrzymywać
flagon ['flægən] 1. karafka, dzban 2.

flaszka
flagpole ['flægpoul] maszt (flagowy)
flagrant ['fleigrənt] brutalny
flagship ['flægʃip] okręt flagowy
flagstaff ['flægstɑ:f] maszt (flagowy)
flagstone ['flægstoun] płyta chodnikowa
flail [fleil] wymachiwać
flair [fleə] 1. talent, zmysł (*for* do) 2. wyczucie
flake [fleik] 1. strzęp 2. płatek 3. łuszczyć się, odpadać
flake out *nieform* padać z nóg
flamboyant [flæm'boiənt] 1. przesadny 2. jaskrawy, rzucający się w oczy
flame [fleim] 1. płomień ◇ 2. **burst into flames** buchnąć płomieniem
flaming ['fleimiŋ] 1. płonący 2. płomienny 3. *nieform* przeklęty
flamingo [flə'miŋgou] flaming
flammable ['flæməbəl] łatwo palny
flan [flæn] placek (*np. z owocami*)
flank [flæŋk] 1. bok 2. *wojsk* flanka ◇ 3. **be flanked with/by sb** mieć kogoś z boku
flannel ['flænəl] 1. flanela 2. -s spodnie flanelowe 3. *BR* flanelka (do mycia się)
flap [flæp] 1. trzepotać 2. bić 3. machać 4. ruchoma część, patka, zakładka ◇ 5. *nieform* **be/get in a flap** panikować, podniecać się
flare [fleə] 1. rakieta (świetlna) 2. (*także* **flare up**) rozjarzać się 3. (*także* **flare up**) rozpalać się 4. (*także* **flare out**) rozpościerać się
flared [fleəd] kloszowy
flash [flæʃ] 1. błysk 2. (*intuicji*) przebłysk 3. flesz, lampa błyskowa 4. *US* (*w gazecie*) wiadomość 5. (*o świetle*) błyskać, migotać 6. (*o osobie*) przemykać (*by/past*

obok) **7.** (*przez głowę*) przebiegać (*through* przez) **8.** (*spojrzenie, u-śmiech*) lit posyłać (*at* do) **9.** (*o o-czach*) lit rzucać błyskawice ◊ **10.** *lit* in a flash w mgnieniu oka **11.** *lit* quick as a flash błyskawicznie

flashback ['flæʃbæk] retrospekcja

flashlight ['flæʃlait] **1.** (duża) latarka **2.** lampa błyskowa

flashy ['flæʃi] *nieform* wyzywający

flask [flɑ:sk] **1.** piersiówka **2.** termos

flat [flæt] **1.** płaski **2.** (*nos, paczka*) spłaszczony **3.** (*dętka*) bez powietrza **4.** (*odmowa*) kategoryczny **5.** (*głos*) bezbarwny **6.** (*bateria*) wyładowany **7.** (*ton*) za niski **8.** (*opłata*) ryczałtowy, jednolity **9.** (*leżeć*) płasko **10.** (*o czasie*) dokładnie (*in 10 minutes flat* dokładnie za 10 min.) **11.** *BR* mieszkanie **12.** równina, płaska część **13.** *muz* bemol ◊ **14.** *nieform* work flat out pracować na wysokich obrotach

flatmate ['flætmeit] współmieszkaniec

flatten ['flætən] **1.** spłaszczać (się) **2.** równać z ziemią **3.** *nieform* zwalać z nóg ◊ **4.** flatten oneself przyciskać się (*against* do) flatten out spłaszczać się, wygładzać się

flatter ['flætə] **1.** pochlebiać ◊ **2.** flatter oneself pochlebiać sobie **3.** I am flattered (that) pochlebia mi, że

flattery ['flætəri] pochlebstwo

flaunt [flɔ:nt] obnosić się (*sth* z czymś)

flavour (*US* flavor) ['fleivə] **1.** smak **2.** posmak **3.** doprawiać, przyprawiać

flavouring (*US* flavoring) ['fleivəriŋ] przyprawa (smakowa)

flaw [flɔ:] **1.** błąd, niedopatrzenie **2.** skaza

flawless ['flɔ:lis] nieskazitelny

flax [flæks] len

flaxen ['flæksən] *lit* (*włosy*) słomiany, lniany

flea [fli:] **1.** pchła ◊ **2.** send sb off with a flea in his/her ear nagadać komuś głupot

fleck [flek] cętka

fled [fled] *patrz* flee: *II i III forma*

fledgling ['fledʒliŋ] **1.** pisklę **2.** wykluwający się, początkujący

flee [fli:], **fled** [fled], **fled** uciekać (*from* od), (*a country* z kraju)

fleece [fli:s] **1.** wełna, runo **2.** *nieform* oskubywać

fleet [fli:t] **1.** flota **2.** flotylla

fleeting ['fli:tiŋ] ulotny, przelotny

flesh [fleʃ] **1.** ciało, mięso **2.** miąższ ◊ **3.** in the flesh we własnej osobie **4.** one's own flesh and blood czyjaś (własna) krew (*rodzina*) flesh out wypełniać treścią/szczegółami

flesh-and-blood [fleʃən'blʌd] z krwi i kości

fleshy ['fleʃi] **1.** korpulentny **2.** mięsisty

flew [flu:] *patrz* fly: *II forma*

flex [fleks] **1.** przedłużacz, kabel **2.** naprężać

flexible ['fleksibəl] giętki

flick [flik] **1.** trzepotać, rzucać się **2.** (*popiół*) strzepywać **3.** (*batem*) okładać, wymachiwać **4.** (*strony*) przerzucać **5.** (*palcami*) prztykać **6.** (*przełącznik*) przerzucać, włączać (*on*), wyłączać (*off*) **7.** (*np. ręką*) trzepot, wymach **8.** (*batem*) śmignięcie **9.** (*stron*) przerzucanie **10.** the -s *nieform* kino

flicker ['flikə] 1. migotać 2. przebłyskiwać 3. błyskać 4. migotanie 5.
przebłysk

flier ['flaiə] *patrz* flyer

flight [flait] 1. lot 2. stado 3. ucieczka 4. (*schodów*) bieg 5. wzlot
flight attendant [,flait ə'tendənt]
stewardesa
flight deck ['flait dek] kabina pilota

flimsy ['flimzi] 1. wątły 2. przewiewny, cienki

flinch ['flintʃ] 1. wzdrygać się 2.
wzdragać się (*from* przed)

fling [fliŋ], flung [flʌŋ], flung 1.
rzucać (się) 2. *nieform* przygoda
◇ 3. *nieform* have a fling at sth
zabawiać się, mieć ubaw

flint [flint] 1. krzemień 2. kamień
(do zapalniczki)

flip [flip] 1. kartkować (*through sth*
coś) 2. przerzucać, włączać (*on*),
wyłączać (*off*) 3. przerzucać na
drugą stronę 4. wrzucać ◇ 5. flip
sth open otworzyć coś

flippant ['flipənt] niepoważny, kpiący

flipper ['flipə] 1. noga (upłetwiona),
odnóże pławne 2. płetwa

flirt [flə:t] 1. flirtować 2. zabawiać
się (*with sth* czymś) 3. flirciarz,
flirciarka

flirtation [flə:'teiʃən] flirt

flirtatious [flə:'teiʃəs] kokietliwy

flit [flit] przemykać

float [flout] 1. unosić się 2. opadać,
spływać 3. pływak 4. platforma

floating ['floutiŋ] niezdecydowany,
niestabilny, płynny

flock [flok] 1. stado 2. *przest* trzoda
3. gromadzić się (tłumnie)

flog [flog] 1. chłostać 2. *BR nieform*
sprzedawać, opylać

flood [flʌd] 1. powódź 2. (*rzeczy*)
sterta, potop 3. zalewać (się) wodą 4. (*o rzece*) występować z brzegów 5. (*o tłumie, wspomnieniach*)
napływać 6. (*rynek produktami*)
zalewać (*with sth* czymś) 7. (*o
świetle*) wypełniać, wpływać (*into*
do)

floodgate ['flʌdgeit] 1. zapora, śluza
◇ 2. open the floodgates to sth
zapalać zielone światło dla czegoś

floodlight ['flʌdlait] 1. reflektor 2.
oświetlać reflektorami

floor [flo:] 1. podłoga 2. piętro 3.
dno 4. załamywać kogoś

floorboard ['flo:bo:d] deska podłogowa

flop [flop] 1. opadać (ciężko), klap-
nąć 2. padać 3. *nieform* robić klapę 4. *nieform* klapa, fiasko

floppy ['flopi] 1. miękki, giętki 2.
komp dyskietka

flora ['flo:rə] *form* flora

floral ['flo:rəl] 1. kwiecisty 2. ukwie-
cony

florid ['florid] 1. *lit* kwiecisty 2.
kwitnący, rumiany

florist ['florist] kwiaciarz, kwiaciarka

flounce [flauns] rzucać się

flounder ['flaundə] 1. szarpać się,
miotać się 2. nie wiedzieć, co powiedzieć

flour ['flauə] mąka

flourish ['flʌriʃ] 1. rozkwitać 2. znakomicie się rozwijać 3. wymachiwać 4. wywijas, szeroki gest

flout [flaut] łamać, lekceważyć

flow [flou] 1. płynąć 2. spływać 3.
potok

flower ['flauə] 1. kwiat 2. kwitnąć 3.
rozkwitać

flowerbed ['flauəbed] klomb

flowered ['flauəd] kwiecisty

flowering ['flauəriŋ] *termin* kwietny, kwiatowy

flowerpot ['flauəpot] doniczka

flowery ['flauəri] 1. kwiatowy 2. kwiecisty

flown [floun] *patrz* fly: *III forma*

flu [flu:] grypa

fluctuate ['flʌktjueit] fluktuować

flue [flu:] przewód (kominowy)

fluent [flu:ənt] 1. płynny ◊ 2. be fluent in (English) płynnie mówić po (angielsku)

fluff [flʌf] 1. kłaczki, koty 2. puch 3. napuszać 4. *nieform* chrzanić

fluffy ['flʌfi] puchaty

fluid [flu:id] 1. ciecz, płyn 2. płynny fluid ounce [,flu:id 'auns] uncja płynu (*miara objętości = 0,028 l*)

fluke [flu:k] *nieform* fuks, łut szczęścia

flung [flʌŋ] *patrz* fling: *II i III forma*

fluorescent [,fluə'resənt] 1. fluorescencyjny 2. jarzeniowy

fluoride ['fluəraid] fluorek

flurry ['flʌri] 1. poruszenie, zamieszanie 2. burza 3. podmuch

flush [flʌʃ] 1. rumienić się 2. spłukiwać 3. wypłaszać 4. równo (*with* z) 5. rumieniec ◊ 6. *lit* in the first flush w pierwszym porywie

fluster ['flʌstə] 1. płoszyć 2. popłoch

flute [flu:t] flet (*poprzeczny*)

fluted ['flu:tid] żłobkowany

flutter ['flʌtə] 1. trzepotać 2. podlatywać 3. dygotać 4. trzepot 5. drżenie, dygotanie

flux [flʌks] płynność, niepewny stan

fly [flai], flew [flu:], flown [floun] 1. latać, fruwać 2. (*samolot*) pilotować 3. (*drogą powietrzną*) wysyłać 4. (*o płaszczu, fladze*) powie-

wać 5. rzucać się (*at* na) 6. mucha 7. (*np. w spodniach*) rozporek ◊ 8. time flies czas szybko leci 9. let fly at sb rzucać się na kogoś fly into wpadać w

flyer ['flaiə] lotnik

flying ['flaiiŋ] 1. latający 2. z rozbiegiem 3. przelotny ◊ 4. get off to a flying start mieć błyskotliwy początek

flyover ['flaiouvə] estakada, wiadukt

foal [foul] źrebak

foam [foum] 1. piana 2. gąbka, tworzywo sztuczne piankowe 3. pienić się

fob off [fob] odprawić, potraktować na odczepnego

focal point ['foukəl point] centralny punkt

focus ['foukəs] 1. *fiz* ognisko 2. (*ogółu*) centrum zainteresowania 3. nacisk (*on* na) 4. nastawiać ostrość, łapać ostrość 5. (*światło*) ogniskować 6. (*uwagę*) skupiać ◊ 7. in focus nastawiony na ostrość 8. out of focus nie nastawiony na ostrość

fodder ['fodə] pasza

foe [fou] *przest* wróg

foetus *także* fetus ['fi:təs] płód

fog [fog] mgła

foggy ['fogi] 1. mglisty ◊ 2. *nieform* not to have the foggiest idea nie mieć najmniejszego pojęcia

foible ['foibəl] słabostka, dziwactwo

foil [foil] 1. folia 2. tło (kontrastowe) 3. *sport* floret 4. niweczyć, udaremniać

foist [foist] narzucać (*sth on sb* coś komuś)

fold [fould] 1. zaginać 2. (*namiot, meble*) składać (się) 3. (*ręce, ramiona*) zakładać, splatać 4. (*dzia-*

łalność) zwijać (się), zaprzestawać działalności **5.** *(materiału)* fałda, zagięcie, załamanie ◇ **6. the fold** *lit* owczarnia, zbłądzone owce
fold up 1. składać **2.** zwijać (się)
folder ['fouldə] teczka (aktowa)
folding ['fouldiŋ] składany
foliage ['foulidʒ] liście, listowie
folk [fouk] **1.** lud **1.** ludowy
folklore ['fouklo:] folklor
folks [fouks] **1.** ludzie **2. -s** *US nieform* rodzina, krewni **3.** *nieform* ludziska, kochani
follow ['folou] **1.** podążać (za), iść (za) **2.** *(o wydarzeniu, opisie)* następować **3.** *(o wydarzeniu)* kończyć się **4.** *(z przesłanek)* wynikać **5.** iść *(np. a path* ścieżką), wędrować **6.** *(rady, instrukcji)* stosować się do **7.** orientować się *(sth* w czymś) **8.** *(wydarzenia, program)* śledzić ◇ **9. as follows** jak następuje, w następujący sposób
follow up 1. badać **2.** dołożyć *(sth up with sth* coś do czegoś)
follower ['folouə] zwolennik, uczeń
following ['folouiŋ] **1.** następny **2.** następujący *(sb* po kimś) **3.** poparcie, zwolennicy **4. the f.** co następuje, poniższe, dalszy ciąg
follow-up ['folou ʌp] **1.** uzupełniający, dalszy **2.** kontynuacja
folly ['foli] szaleństwo
fond [fond] **1.** kochający, czuły **2.** głęboki ◇ **3. be fond of** lubić
fondle ['fondəl] pieścić
font [font] chrzcielnica
food [fu:d] jedzenie, pożywienie
foodstuff ['fu:dstʌf] artykuł żywnościowy
fool [fu:l] **1.** dureń **2.** ogłupiać ◇ **3. make a fool (of)** robić durnia (z) **4. play the fool** wygłupiać się,

fool about/around wygłupiać się
foolhardy ['fu:lhɑ:di] *przest* ryzykowny
foolish ['fu:liʃ] **1.** głupi, niemądry **2.** głupkowaty
foolproof ['fu:lpru:f] niezawodny, nie do zepsucia
foot [fut], *lm* **feet** [fi:t] **1.** stopa *(także miara = 30,5 cm)* **2.** podnóże, podstawa ◇ **3. on foot** piechotą, na piechotę **4. on one's feet** na nogach **5. to one's feet** na nogi **6. set foot (in)** postawić nogę (w), zawitać (do) **7. put one's feet up** usadowić się wygodnie **8. put one's foot down** stanowczo postawić sprawę **9.** *nieform* **put one's foot in it** wpakować się (gdzieś) w kaloszach **10. stand on one's own two feet** stać na własnych nogach **11.** *nieform* **foot the bill** pokrywać rachunki
football ['futbo:l] piłka nożna
footballer ['futbo:lə] piłkarz
footbrake ['futbreik] hamulec nożny
footbridge ['futbridʒ] kładka
foothills ['futhilz] podnóże
foothold ['futhould] **1.** oparcie (dla stóp) **2.** pozycja **3.** mocna pozycja
footing ['futiŋ] **1.** oparcie **2.** płaszczyzna
footlights ['futlaits] *teatr* światła rampy, rampa
footman ['futmən], *lm* **footmen** ['futmən] lokaj
footnote ['futnout] przypis
footpath ['futpɑ:θ] ścieżka
footprint ['futprint] ślad *(stopy lub podstawy)*
footstep ['futstep] **1.** krok ◇ **2. follow in sb's footsteps** iść czyimiś

śladami
footwear ['futweə] obuwie
for [fə, fo:] 1. dla 2. na 3. (*pracować*) w, na 4. (*wyjeżdżać*) do, na 5. (*przyczyna*) z (*for fear* ze strachu) 6. (*przeznaczenie, cel*) do 7. (*czyjś wiek*) jak na 8. (*czas, przestrzeń*) przez 9. (*kupować, głosować*) za 10. pomimo 11. jako że, ponieważ ◊ 12. **what for** po co 13. **for the (first) time** po raz (pierwszy) 14. **all for (sth)** całkowicie za (czymś)
forage ['foridʒ] 1. żerować 2. szperać
foray ['forei] 1. wypad 2. wyprawa (*into* do/na teren)
forbade [fə'bæd, fə'beid] *patrz* **forbid**: *II forma*
forbearance [fo:'beərəns] *form* cierpliwość, pobłażliwość
forbearing [fo:'beəriŋ] *form* pobłażliwy
forbid [fə'bid], **forbade** [fə'bæd, fə'beid], **forbidden** [fə'bidən] 1. zakazywać 2. *form* nie pozwalać na, powstrzymywać ◊ 3. **God//Heaven forbid** broń Boże, niech Bóg broni
forbidden [fə'bidən] 1. *patrz* **forbid**: *III forma* 2. zakazany 3. wzbroniony
forbidding [fə'bidiŋ] odstręczający
force [fo:s] 1. siła 2. (*np. światowa*) potęga 3. (*armia*) **the -s** siły (zbrojne) 4. (*nakłaniać siłą*) zmuszać, wymuszać (*także sb into sth* na kimś coś) 5. (*z siłą*) pchać, przesuwać 6. (*zamek*) forsować ◊ 7. **force one's way** przeciskać się 8. **by force of sił** 9. **from force of habit** siłą nawyku 10. **in(to)** **force** w użycie, w użyciu

forced ['fo:st] 1. wymuszony 2. niewolniczy
forceful ['fo:sful] 1. stanowczy 2. mocny 3. przekonywający
forceps ['fo:sips] kleszcze
forcible ['fo:səbəl] 1. siłowy 2. mocny
ford [fo:d] bród
fore [fo:] ◊ **come to the fore** wysuwać się na czoło
forearm ['fo:ra:m] przedramię
foreboding [fo:'boudiŋ] złe przeczucie
forecast ['fo:ka:st] **forecast, forecasted** *lub* **forecast** 1. przewidywać, prognozować 2. prognoza
forecourt ['fo:ko:t] przeddziedziniec, wjazd
forefather ['fo:fa:ðə] *form* przodek
forefinger ['fo:fiŋgə] palec wskazujący
forefront ['fo:frʌnt] ◊ **in the forefront of sth** w awangardzie czegoś, w czołówce czegoś
forego (*także* **forgo**) [fo:'gou] **forewent** [fo:'went], **foregone** [fo:-'gon] *form* zrzekać się
foregoing [fo:'gouiŋ] *form* 1. **the f.** poprzedzająca partia (tekstu) 2. poprzedzający
foregone I. [fo:'gon] 1. *patrz* **forego**: *III forma* II. ['fo:gon] 2. **a foregone conclusion** wynik z góry przesądzony
foreground ['fo:graund] pierwszy plan
forehand ['fo:hænd] *sport* forhend
forehead ['forid] czoło
foreign ['forin] 1. zagraniczny, obcy 2. (*minister*) spraw zagranicznych 3. *form* nieswoisty 4. *form* obcy (*to sb* komuś)
foreigner ['forinə] obcokrajowiec,

cudzoziemiec

foreman ['fo:mən], *lm* **foremen** ['fo:mən] majster

foremost ['fo:moust] **1.** czołowy, główny ◊ **2. first and foremost** przede wszystkim

forename ['fo:neim] *form* imię

forensic [fə'rensik] sądowy, kryminalny

forerunner ['fo:rʌnə] prekursor

foresee [fo:'si:], **foresaw** [fo:'so:], **foreseen** [fo:'si:n] przewidywać

foreseeable [fo:'si:əbəl] **1.** dający się przewidzieć ◊ **2. in the foreseeable future** w najbliższej przyszłości

foreseen [fo:'si:n] *patrz* **foresee: III forma**

foreshadow [fo:'ʃædou] zapowiadać, zwiastować

foresight ['fo:sait] przezorność

forest ['forəst] las

forestall [fo:'sto:l] uprzedzać, wyprzedzać

forestry ['foristri] leśnictwo, gospodarka leśna

foretaste ['fo:teist] przedsmak

foretell [fo:'tel], **foretold** [fo:'tould], **foretold** *lit* przewidywać

forever [fə'revə] **1.** na zawsze **2.** *nieform* przez wieki **3.** *także* **for ever** *nieform* ciągle, bez przerwy

forewarn [fo:'wo:n] przestrzegać

forewent [fo:'went] *patrz* **forego: III forma**

foreword ['fo:wə:d] przedmowa

forfeit ['fo:fit] tracić prawo

forgave [fə'geiv] *patrz* **forgive: II forma**

forge [fo:dʒ] **1.** fałszować, podrabiać **2.** formować, tworzyć **3.** kuźnia **forge ahead** iść do przodu

forger ['fo:dʒə] fałszerz

forgery ['fo:dʒeri] fałszerstwo

forget [fə'get], **forgot** [fə'got], **forgotten** [fə'gotən] **1.** zapominać **2.** dawać sobie spokój (z) ◊ **3. forget oneself** *form* zapominać się

forgetful [fə'getful] **1.** zapominalski **2.** nie zważający (*of* na)

forgettable [fə'getəbəl] nieznaczny

forgivable [fə'givəbəl] wybaczalny

forgive [fə'giv], **forgave** [fə'geiv], **forgiven** [fə'given] wybaczać (*sb for* komuś za)

forgiveness [fə'givnis] wybaczenie

forgiving [fə'giviŋ] wybaczający, pobłażliwy

forgo [fo:'gou] *patrz* **forego**

forgot [fə'got] *patrz* **forget: II forma**

forgotten [fə'gotən] *patrz* **forget: III forma**

fork [fo:k] **1.** widelec **2.** widły **3.** rozwidlenie **4.** rozwidlać się **fork out** *nieform* bulić, wykładać

forked [fo:kt] rozwidlony

forlorn [fə'lo:n] **1.** samotny, opuszczony **2.** zapomniany **2.** beznadziejny, niezniszczalny

form [fo:m] **1.** forma, postać **2.** kształt **3.** formularz, druk **4.** (*szkoła*) klasa **5.** (*koło, góry*) formować (się) **6.** (*firmę*) tworzyć **7.** (*podstawę*) stanowić **8.** (*zwyczaj*) wytwarzać **9.** (*związek*) ustanawiać ◊ **10. on form** w formie **11. off form** nie w formie **12. true to form** typowo

formal ['fo:məl] **1.** formalny **2.** oficjalny **3.** uroczysty **4.** odświętny **5.** regularny

formality [fə'mæliti] **1.** formalność **2.** oficjalność, ceremonialność

formalize ['fo:məlaiz] formalizować

format ['fo:mæt] format

formation [fə'meiʃən] **1.** tworzenie

(się), formowanie (się) 2. formacja 3. *termin* utwór (skalny), formacja/struktura (chmur)

formative ['fo:mətiv] 1. formujący, kształtujący ◊ 2. **formative years** lata kształtujące charakter

former ['fo:mə] 1. były 2. dawny 3. uprzedni ◊ 4. **the former** pierwszy

formerly ['fo:məli] poprzednio

formidable ['fo:midəbəl] 1. groźny, trudny 2. niebywały

formless ['fo:mlis] *form* bezkształtny

formula ['fo:mjələ] 1. formuła, wzór 2. recepta, przepis 3. propozycja 4. *US* mieszanka (mleczna) (*dla niemowląt*)

formulate ['fo:mjəleit] formułować

forsake [fə'seik], **forsook** [fə'suk], **forsaken** [fə'seikən] *lit* 1. opuszczać 2. porzucać

fort [fo:t] 1. fort ◊ 2. *nieform* **hold the fort** trzymać miejsce

forte ['fo:tei] forte, mocna strona

forth [fo:θ] *form* 1. na zewnątrz 2. na widok ◊ 3. **and so forth** i tak dalej 4. **back and forth** tam i z powrotem 5. *patrz hasła czasowników złożonych*

forthcoming ['fo:θkʌmiŋ] *form* 1. nadchodzący 2. szczery, wylewny ◊ 3. **be forthcoming** nadchodzić

forthright ['fo:θrait] dobitny, zdecydowany

forthwith [,fo:θ'wiθ] *form* bezzwłocznie

fortieth ['fo:tiəθ] czterdziesty

fortification [,fo:tifi'keiʃən] fortyfikacja

fortify ['fo:tifai] 1. fortyfikować 2. wzmacniać

fortitude ['fo:titju:d] *form* hart

ducha, męstwo

fortnight ['fo:tnait] dwa tygodnie

fortnightly ['fo:tnaitli] 1. dwutygodniowo 2. co dwa tygodnie

fortress ['fo:tris] forteca

fortuitous [fə'tju:itəs] *form* przypadkowy

fortunate ['fo:tʃənət] 1. mający szczęście 2. pomyślny

fortune ['fo:tʃən] 1. *także* **good fortune** pomyślność 2. **-s** los 3. fortuna ◊ 4. **ill fortune** niepomyślność 5. **tell sb's fortune** przepowiadać los

fortune-teller ['fo:tʃəntelə] wróżka

forty ['fo:ti] czterdzieści

forum ['fo:rəm] forum, płaszczyzna

forward ['fo:wəd] 1. naprzód, do przodu 2. wprzód 3. przesyłać, ekspediować 4. przedni 5. poprzedni

forwarding ['fo:wədiŋ] wysyłkowy/ /ekspedycyjny (*address* adres)

forwent [fo:'went] *patrz* forego

fossil ['fosil] skamieniałość

fossilize *także* **fossilise** ['fosilaiz] kamienieć, zamieniać (się) w kopalinę

foster ['fostə] 1. przybrany 2. przysposabiać, wychowywać (*w przybranej rodzinie*) 3. popierać, pielęgnować

fought [fo:t] *patrz* **fight**: *II i III forma*

foul [faul] 1. brudny, obrzydliwy 2. (*język*) plugawy 3. (*charakter*) paskudny 4. (*chodnik, powietrze*) plugawić, paskudzić 5. *sport* faulować 6. *sport* faul ◊ 7. **fall foul of sb** narażać się komuś

foul up *nieform* spaprać

foul play [,faul 'plei] 1. nieczysta gra 2. przestępstwo

found ['faund] **1.** *patrz* **find**: *II i III forma* **2.** fundować, zakładać **3.** opierać (*on/upon* na)

foundation [faun'deiʃən] **1.** fundament **2.** fundacja **3.** założenie **4.** podstawa (*without foundation* bezpodstawny)

founder ['faundə] **1.** fundator, założyciel **2.** rozpadać się **3.** tonąć, iść pod wodę

foundry ['faundri] huta

fount [faunt] *lit* źródło, krynica

fountain ['fauntin] fontanna
fountain pen ['fauntin pen] pióro wieczne

four [fo:] **1.** cztery ◇ **2.** *on all fours* na czworakach

foursome ['fo:səm] czwórka

fourteen [ˌfo:'ti:n] czternaście

fourteenth [ˌfo:'ti:nθ] czternasty

fourth [fo:θ] czwarty

fowl [faul], *lm* **fowl** *lub* **fowls** ptak (łowny)

fox [foks] **1.** lis **2.** *nieform* wpuszczać w maliny

fracas ['frækɑ:] *form* burda

fraction ['frækʃən] **1.** ułamek **2.** odrobina

fractionally ['frækʃənəli] o ułamki

fracture ['fræktʃə] **1.** złamanie **2.** łamać się

fragile ['frædʒail] kruchy, wątły

fragment I. ['frægmənt] **1.** fragment **II.** [fræg'ment] **2.** fragmentować, rozpadać się na kawałki

fragmentary ['frægməntəri] fragmentaryczny

fragrance ['freigrəns] aromat

fragrant ['freigrənt] aromatyczny

frail [freil] kruchy, wątły

frailty ['freilti] **1.** słabość, słabostka **2.** wątłość

frame [freim] **1.** rama **2.** (*okularów*) -s oprawa **3.** *lit* ciało, postura **4.** (*obraz*) oprawiać **5.** *form* (*twarz*) obramowywać, stanowić oprawę **6.** (*o stylu*) ujmować **7.** *nieform* (*niewinnemu*) przypisywać winę, montować oskarżenie

frame of mind [ˌfreiməv'maind] usposobienie

framework ['freimwə:k] **1.** obramowanie, konstrukcja **2.** ramy, struktura

franchise ['fræntʃaiz] **1.** prawo wyborcze **2.** licencja, koncesja, zezwolenie

frank [fræŋk] szczery

frankly ['fræŋkli] **1.** szczerze **2.** szczerze mówiąc

frantic ['fræntik] **1.** szaleńczy ◇ **2.** *be frantic with* szaleć z

fraternal [frə'tə:nəl] *form* braterski

fraternity [frə'tə:niti] *form* **1.** braterstwo **2.** bractwo

fraternize (*także BR* **fraternise**) ['frætənaiz] bratać się

fraud [fro:d] **1.** defraudacja **2.** oszustwo **3.** hochsztapler

fraudulent ['fro:djulənt] oszukańczy

fraught [fro:t] **1.** brzemienny (*with* w) **2.** spięty, przejęty

fray [frei] **1.** strzępić (się) **2.** nie dopisywać **3.** *nieform* pierwsza linia (boju), walka

freak [fri:k] **1.** dziwadło **2.** wybryk natury **3.** przedziwny ◇ **4.** *be a health freak* mieć świra na punkcie zdrowia

freakish ['fri:kiʃ] cudaczny, dziwaczny

freckle ['frekəl] pieg

free [fri:] **1.** wolny (*of/from* od) **2.** darmowy **3.** uwalniać, zwalniać **4.** wolno, swobodnie ◇ **5.** *be free of/from* sth być pozbawionym czegoś 6. for free za darmo 7. "feel free" „nie krępuj się"

free enterprise [ˌfriː 'entəpraiz] wolna inicjatywa

free kick [ˌfriː 'kik] rzut wolny

free will [ˌfriː 'wil] 1. wolna wola ◊ 2. of one's own free will z własnej (nieprzymuszonej) woli

free-and-easy [ˌfriː ənˈiːzi] bezproblemowy, luźny

freebie ['friːbi] *nieform* darmocha

freedom ['friːdəm] 1. wolność 2. swoboda 3. uwolnienie (*from* od)
freedom fighter bojownik o wolność

free-for-all ['friːfərɔːl] wolna amerykanka

freelance ['friːlɑːns] 1. niezależny 2. niezależnie 3. niezależny współpracownik

freely ['friːli] 1. często 2. obficie 3. swobodnie 4. bez przeszkód 5. szczodrze

free-range [ˌfriː 'reindʒ] *BR* wiejski

freestyle ['friːstail] *sport* styl dowolny

freeway ['friːwei] *US* autostrada (bezpłatna)

freeze [friːz], froze [frouz], frozen ['frouzən] 1. zamarzać 2. zamrażać 3. zastygać 4. mroźna pogoda 5. zamrożenie ◊ 6. it freezes jest mróz

freezer ['friːzə] zamrażarka, zamrażalnik

freezing ['friːziŋ] 1. lodowaty 2. zero (stopni) ◊ 3. I am freezing zamarzam
freezing point ['friːziŋ point] 1. zero (stopni) 2. punkt zamarzania

freight [freit] 1. fracht 2. ładunek, przesyłka
freight train [freit 'trein] pociąg

towarowy

freighter ['freitə] frachtowiec

French [frentʃ] 1. francuski 2. the F. Francuzi
French fries [ˌfrentʃ 'fraiz] frytki
French window [ˌfrentʃ 'windou] drzwi balkonowe/przeszklone

frenetic [frə'netik] frenetyczny, entuzjastyczny

frenzy ['frenzi] szał

frequency ['friːkwənsi] 1. częstość 2. *termin* frekwencja

frequent I. ['friːkwənt] 1. częsty II. [frək'went, 'friːkwənt] 2. uczęszczać (do), bywać (w)

fresco ['freskou] *termin* fresk

fresh [freʃ] 1. nowy 2. świeży 3. słodki 4. odświeżający 5. rześki ◊ 6. fresh from prosto z

freshen ['freʃən] 1. *także* up odświeżać (się) 2. wzmagać się

fresher ['freʃə] *BR* nowy (student)

freshly ['freʃli] świeżo

freshman ['freʃmən], *lm* freshmen ['freʃmən] *US* nowy (student)

freshwater ['freʃwɔːtə] 1. słodka woda 2. słodkowodny

fret [fret] gryźć się (*about/over* czymś)

fretful ['fretful] niespokojny, strapiony

friar ['fraiə] zakonnik (żebrzący)

friction ['frikʃən] 1. tarcie 2. tarcia, nieporozumienia

Friday ['fraidə] piątek

fridge [fridʒ] *BR* lodówka

friend [frend] 1. przyjaciel, (dobry) kolega ◊ 2. be friends with przyjaźnić się z 3. make friends zaprzyjaźniać się

friendly ['frendli] 1. przyjazny 2. zaprzyjaźniony 3. przytulny 4. przyjacielski 5. *sport* spotkanie towarzyskie

friendship ['frendʃip] przyjaźń, (bliskie) koleżeństwo

frieze [fri:z] fryz

frigate ['frigit] fregata

fright [frait] 1. strach, przestrach ◊ 2. **give sb fright** napędzać komuś stracha 3. **take fright** przestraszyć się

frighten ['fraitən] straszyć
  frighten away odstraszać
  frighten sb into wystraszyć (sb kogoś, sth by coś zrobił)
  frighten off odstraszać

frightened ['fraitənd] 1. wystraszony ◊ 2. **be frightened to do sth** bać się coś zrobić

frightful ['fraitful] nieform okropny

frigid ['fridʒid] oziębły

frill [fril] 1. falbanka 2. -s ozdóbki

frilly ['frili] z falbankami

fringe ['frindʒ] 1. grzywka 2. frędzle 3. peryferie 4. kraniec, ubocze

fringed ['frindʒd] 1. ozdobiony frędzlami 2. obramowany (with/by sth czymś)

frisk [frisk] 1. nieform przeszukiwać, przetrzepywać 2. brykać, hasać

frisky ['friski] żywy, rozbawiony

fritter ['fritə] jabłka (warzywa itp.) w cieście
  fritter away marnować, rozpraszać

frivolity [fri'voliti] płochość, pustota

frivolous ['frivələs] 1. płochy, pusty 2. bezsensowny, niepotrzebny

frizzy ['frizi] kędzierzawy

fro [frou] ◊ **to and fro** tam i sam, tędy i owędy

frock [frok] przest sukienka

frog [frog] 1. żaba ◊ 2. **sb has a frog in his throat** nieform

zatyka kogoś

frogman ['frogmən], lm **frogmen** ['frogmən] płetwonurek

frogmarch ['frogmɑ:tʃ] doprowadzać (siłą)

frolic ['frolik] 1. baraszkować, zabawiać się 2. baraszkowanie, zabawa

from [frəm, from] 1. z 2. od

frond [frond] liść (paproci, palmy, wodorostu)

front [frʌnt] 1. przód 2. front 3. odcinek, temat (on the intellectual front na odcinku (w temacie) intelektualnym) 4. (u kogoś) fasada, pozór 5. (np. koło) przedni 6. (o budynku) stać frontem/przodem ◊ 7. **at the front of** przed, na początku 8. **in front** na przedzie, z przodu 9. **in front of (sth)** z przodu (czegoś), przed (czymś) 10. **in front of (sb)** wobec (kogoś)

frontage ['frʌntidʒ] fasada

frontal ['frʌntəl] 1. frontalny 2. przedni, z przodu

frontier ['frʌntiə] granica

front-page [,frʌnt'peidʒ] pierwszostronicowy

frost [frost] 1. mróz 2. szron

frostbite ['frostbait] odmrożenie

frosted ['frostid] mleczny

frosty ['frosti] mroźny

froth [froθ] 1. piana 2. pienić się

frothy ['froθi] spieniony, pienisty

frown [fraun] marszczyć brwi, marszczyć się (at na)
  frown on/upon patrzeć krzywym okiem (na)

froze [frouz] patrz freeze: II forma

frozen ['frouzən] 1. patrz freeze: III forma 2. zamarznięty 3. mrożony 4. przemarzły 5. zmrożony

frugal ['fru:gəl] oszczędny, skromny

fruit [fru:t], *lm zwykle* fruit, *także* fruits 1. owoc ◊ 2. bear fruit wydawać owoce
fruit machine *BR* automat do gry
fruitcake ['fru:tkeik] keks
fruitful ['fru:tful] owocny
fruition [fru:'iʃən] *form* come to fruition spełniać się
fruitless ['fru:tlis] bezowocny
fruity ['fru:ti] 1. owocowy 2. pełny, jędrny
frustrate [frʌ'streit] 1. frustrować, przygnębiać 2. niweczyć
fry [frai] smażyć (się)
frying pan ['fraiiŋpæn] 1. patelnia ◊ 2. out of the frying pan in the fire z deszczu pod rynnę
ft *skrót stosowany w piśmie*: foot (*lub lm*: feet) stopa (=30,5 cm)
fudge [fʌdʒ] krówka (*cukierek*)
fuel ['fjuəl] 1. paliwo 2. tankować, zaopatrywać w paliwo 3. podsycać ◊ 4. add fuel to sth dolewać oliwy do czegoś
fugitive ['fju:dʒitiv] 1. uciekinier 2. zbiegły, uciekający 3. *lit* ulotny
fulfil (*US także* fulfill) [ful'fil] 1. spełniać 2. osiągać 3. zaspokajać potrzeby/oczekiwania ◊ 4. oneself realizować się
fulfilment (*US także* fulfillment) [ful'filmənt] 1. spełnienie 2. samorealizacja
full [ful] 1. pełny 2. wypełniony 3. prosto (*full in the face* prosto w twarz) ◊ 4. full well całkowicie, w pełni 5. in full w pełni 6. to the full w pełni 7. be full on być całkiem otwartym
full moon [ˌful 'mu:n] pełnia
full up nabity, zapchany
full-length [ˌful'leŋθ] 1. całkowity

2. obejmujący pełną postać 3. na całą długość
fullness ['fulnis] 1. *lit* pełnia ◊ 2. in the fullness of time w swoim czasie, we właściwym czasie
full-time [ˌful'taim] 1. pełnowymiarowy, w pełnym wymiarze godzin 2. *sport* koniec gry
fully ['fuli] 1. w pełni 2. całkowicie 3. co najmniej, przynajmniej
fully-fledged [ˌfuli'fledʒd] opierzony, dojrzały, pełnouprawniony
fulsome ['fulsəm] *form* wylewny, przesadny
fumble ['fʌmbəl] 1. grzebać (się) ◊ 2. fumble for words szukać słów
fume [fju:m] 1. (*zwłaszcza* -s) wyziewy, opary 2. szaleć
fun [fʌn] 1. zabawa, radość 2. *nieform* fajny ◊ 3. have fun dobrze/fajnie się bawić 4. sth is fun coś jest fajne 5. sb is fun fajnie z kimś jest 6. for fun, for the fun of it dla zabawy 7. make fun of sb, poke fun at sb nabijać się z kogoś
function ['fʌŋkʃən] 1. funkcja, zadanie 2. *form* funkcja 3. uroczystość, ceremonia 4. działać, pracować 5. funkcjonować (*as* jako)
functional ['fʌŋkʃənəl] 1. funkcjonalny 2. działający, pracujący
functionary ['fʌŋkʃənəri] *form* urzędnik, funkcjonariusz
fund [fʌnd] 1. -s fundusz(e), środki pieniężne 2. zasób 3. finansować
fundamental [ˌfʌndə'mentəl] 1. fundamentalny, podstawowy 2. -s podstawy
funeral ['fju:nərəl] pogrzeb
funereal [fju:'niəriəl] *lit* pogrzebowy
fungus ['fʌŋgəs], *lm* fungi ['fʌŋgai] grzyb

funicular [fju'nikjulə] kolejka linowa

funnel ['fʌnəl] 1. lejek 2. komin 3. przeciskać (się) 4. przekazywać

funnily ['fʌnili] 1. dziwnie, pocieszcznie ◊ 2. **funnily enough** co dziwne

funny ['fʌni] 1. pocieszny, komiczny 2. śmieszny 3. dziwny, podejrzany ◊ 4. **feel funny** czuć się nieswojo/niedobrze

fur [fə:] 1. sierść 2. futro 3. osad, kamień

furious ['fjuəriəs] 1. wściekły 2. zażarty, rozszalały

furled [fə:ld] złożony

furnace ['fə:nis] piec

furnish ['fə:niʃ] 1. wyposażać, meblować 2. *form* dostarczać (*sb with sth* komuś coś)

furnishings ['fə:niʃiŋs] wyposażenie, umeblowanie

furniture ['fə:nitʃə] 1. meble 2. wyposażenie, umeblowanie ◊ 3. **a piece of furniture** mebel

furore [fjuə'ro:ri] (*US* **furor** [fjuə'ro:r]) furora, poruszenie

furrow ['fʌrou] 1. bruzda 2. zmarszczka 3. marszczyć (się)

furry ['fə:ri] 1. kosmaty 2. futrzany

further ['fə:ðə] 1. *patrz* **far**: *stopień wyższy* 2. więcej 3. dalszy 4. *form* wspomagać ◊ 5. *form* **further to** w odniesieniu do 6. **further on** dalej 7. **sth must not go any further** coś nie może być rozpowszechniane

further education [,fə:ðər edju-'keiʃən] *BR* nauka w szkole po-

maturalnej

furtherance ['fə:ðərəns] *form* poparcie, wsparcie

furthermore [,fə:ðə'mo:] co więcej, a przy tym

furthest ['fə:ðəst] *patrz* **far**: *stopień najwyższy*

furtive ['fə:tiv] skryty, ukradkiem

fury ['fjuəri] 1. wściekłość, furia ◊ 2. **in a fury** z wściekłością

fuse [fju:z] 1. bezpiecznik 2. zapalnik, lont 3. przepalać się 4. zespalać (się) 5. stapiać (się)

fuselage ['fju:zila:ʒ] kadłub

fusion ['fju:ʒən] 1. zespolenie, połączenie 2. *termin* synteza termojądrowa

fuss [fʌs] 1. zamieszanie, zawracanie głowy, histeria (*about/over* co do) 2. histeryzować 3. robić dużo zamieszania ◊ 4. **make/kick a fuss (about sth)** robić dużo zamieszania/hałasu (wokół czegoś) 5. **make a fuss of sb** nadskakiwać komuś
fuss over zamartwiać się o, strasznie się przejmować

fussy ['fʌsi] 1. wybredny (*about* co do) 2. przesadny, afektowany

futile ['fju:tail] jałowy

future ['fju:tʃə] 1. przyszłość 2. przyszły

futuristic [fju:tʃə'ristik] futurystyczny, zbyt nowoczesny

fuzz [fʌz] 1. puch 2. **the f.** *nieform* glina, gliniarze

fuzzy ['fʌzi] 1. puszysty, kędzierzawy 2. nieostry, rozmazany

G

gab [gæb] ◇ *nieform* **have the gift of the gab** być wygadanym

gabble ['gæbəl] 1. gęgać 2. trajkotać, mleć językiem 3. paplanina

gable ['geibəl] szczyt

gadget ['gædʒit] urządzenie

gaffe [gæf] gafa

gag [gæg] 1. knebel 2. *nieform* gag 3. kneblować 4. dławić się

gage ['geidʒ] *US patrz* **gauge**

gaggle ['gægəl] stadko

gaiety ['geiəti] wesołość

gaily ['geili] 1. radośnie 2. barwnie

gain [gein] 1. zyskiwać (*from sth* z czegoś), zdobywać 2. przybierać (*in sth* na czymś), zwiększać 3. śpieszyć się 4. wzrost, zysk ◇ 5. *form* **for gain** dla zysku, z wyrachowania **gain on** doganiać, zbliżać się

gait [geit] *form* chód, krok

gala ['gɑ:lə] 1. gala 2. galowy

galaxy ['gæləksi] galaktyka

gale [geil] wicher, wichura

gall [go:l] 1. żółć 2. *nieform* czelność, odwaga

gallant ['gælənt] 1. bohaterski, dzielny 2. szarmancki

gallantry ['gæləntri] 1. odwaga 2. szarmanckość

gall-bladder ['go:lblædə] pęcherzyk żółciowy

gallery ['gæləri] 1. galeria 2. podium, podwyższenie 3. jaskółka, galeria

galley ['gæli] 1. galera 2. kuchnia okrętowa, kambuz

gallon ['gælən] galon (*BR* =4,54 l, *US* =3,79 l)

gallop ['gæləp] 1. galopować 2. galop

gallows ['gælouz], *lm* **gallows** szubienica

galosh [gə'loʃ] kalosz

galvanize (*także* **galvanise**) ['gælvənaiz] galwanizować, pobudzać (*into* do)

gambit ['gæmbit] 1. gambit 2. wejście

gamble ['gæmbəl] 1. uprawiać hazard, grać (*on* na) 2. spekulować, liczyć (*on* na) 3. hazard 4. ryzykowna gra/krok

gambler ['gæmblə] gracz, hazardzista

gambol ['gæmbəl] baraszkować, hasać

game [geim] 1. gra 2. -s zawody, igrzyska 3. spotkanie, mecz 4. zwierzyna (dzika) 5. dzielny, gotowy (*for* do) ◇ 6. **beat sb at his own game** pokonać kogoś jego własną bronią 7. **the game is up** gra skończona 8. **give the game away** zdradzać wszystko

gamekeeper ['geimki:pə] leśniczy

gammon ['gæmən] szynka wędzona (boczek)

gamut ['gæmət] 1. *lit* gama, rozmaitość ◇ 2. **run the gamut of sth** cała gama czegoś

gander ['gændə] gąsior

gang [gæŋ] 1. gang 2. grupa **gang up** *nieform* łączyć się, zbierać się (*on sb* przeciw komuś)

gangrene ['gæŋgri:n] gangrena

gangster ['gæŋstə] gangster

gangway ['gæŋwei] *BR* 1. (*na statku*) przejście 2. schodnia

gaol [dʒeil] *BR patrz* **jail**

gaoler ['dʒeilə] *BR patrz* **jailer**

gap [gæp] 1. przerwa 2. luka 3. szpara 4. rozziew, zróżnicowanie (*between* pomiędzy)

gape [geip] 1. gapić się (z otwartymi ustami) (*at* na) 2. rozwierać się, zionąć

garage ['gɑrɑ:ʒ] 1. garaż 2. warsztat (samochodowy) 3. salon (samochodowy) 4. stacja (samochodowa) 5. garażować

garbage ['gɑ:bidʒ] 1. *US* śmiecie, odpadki 2. *nieform* bzdury
  garbage [gɑ:bidʒ kæn] skrzynia na śmieci

garbled ['gɑ:bəld] zniekształcony, kulawy

garden ['gɑ:dən] 1. ogród 2. uprawiać ogród
  garden party ['gɑ:dən pɑ:ti] przyjęcie na wolnym powietrzu

gardener ['gɑ:dənə] ogrodnik

gargle ['gɑ:gəl] gulgotać, płukać (gardło)

garish ['geəriʃ] jaskrawy

garland ['gɑ:lənd] girlanda

garlic ['gɑ:lik] czosnek

garment ['gɑ:mənt] *form* strój

garnish ['gɑ:niʃ] 1. przybranie (*of* z) 2. przybierać (*with sth* czymś)

garret ['gærit] mansarda, poddasze

garrison ['gærisən] 1. garnizon 2. obsadzać

garrulous ['gærələs] *form* gadatliwy

garter ['gɑ:tə] podwiązka

gas [gæs] 1. gaz 2. *US nieform* benzyna, etylina 3. gazowy
  gas station ['gæssteiʃən] *US* stacja benzynowa

gaseous ['gæsiəz] *form* gazowy

gash [gæʃ] 1. cięcie, rana 2. nacinać, ranić

gasoline ['gæsəli:n] *US* benzyna, etylina

gasp [gɑ:sp] 1. dyszenie 2. dyszeć

gassy ['gæsi] gazowany

gastric ['gæstrik] gastryczny

gastronomic [ˌgæstrə'nomik] *form* gastronomiczny

gastronomy [gæ'stronəmi] *form* gastronomia

gate [geit] 1. brama 2. przejście (do samolotu)

gatecrash ['geitkræʃ] *nieform* wpraszać się, włazić na chama

gateway ['geitwei] 1. wejście, brama ◇ 2. be the gateway to sth dawać zielone światło czemuś

gather ['gæðə] 1. gromadzić (się) 2. zbierać 3. przybierać, nasilać 4. sądzić, mniemać

gathering ['gæðəriŋ] 1. zebranie 2. zbierający się, zapadający

gauche [gouʃ] niezręczny, sztywny

gaudy ['go:di] jaskrawy, jarmarczny

gauge ['geidʒ] 1. wymierzyć 2. oceniać 3. wskaźnik, miernik

gaunt [go:nt] 1. wychudzony, wynędzniały 2. posępny, bezludny

gauntlet ['go:ntlit] 1. rękawica ◇ 2. throw down the gauntlet rzucać rękawicę 3. pick up the gauntlet podejmować wyzwanie 4. run the gauntlet podlegać surowej krytyce

gauze [go:z] gaza

gave [geiv] *patrz* give: II *forma*

gawky ['go:ki] niezgrabny, niezdarny

gawp [go:p] gapić się (*at* na)

gay [gei] 1. *nieform* homo(seksualista) 2. *nieform* homo(seksualny) 3. wesoły, żywy 4. barwny

gaze [geiz] 1. spoglądać 2. spojrzenie

gazelle [gə'zel] gazela

GB *skrót stosow. w piśmie*: Great Britain: Wielka Brytania

gear [giə] 1. przekładnia (zębata) 2

bieg **3.** przerzutka **4.** sprzęt ◇ **5.** be geared to (sth) być nastawionym na (coś), być przygotowanym do (czegoś)
gear up ◇ be geared up to do sth być przygotowanym, by coś robić
gearbox ['giəboks] skrzynia biegów
gee [dʒi:] *US* jej!
geese [gi:s] *patrz* goose: *lm*
gel [dʒel] **1.** zastygać (w galaretę) **2.** przybierać kształtów **3.** żel
gelatine ['dʒeləti:n] żelatyna
gem [dʒem] **1.** kamień szlachetny **2.** klejnot
Gemini ['dʒeminai] Bliźnięta (*znak zodiaku*)
gender ['dʒendə] *gram* rodzaj
gene [dʒi:n] gen
genealogy [ˌdʒi:nə'ælədʒi] *form* genealogia
genera ['dʒenərə] *patrz* genus: *lm*
general ['dʒenərəl] **1.** ogólny **2.** generalny, naczelny **3.** generał ◇ **4.** in general (a) w ogóle (b) w ogólności
general election [ˌdʒenərəl i'lekʃən] wybory powszechne
general practice [ˌdʒenərəl 'præktis] *BR* **1.** medycyna ogólna **2.** poradnia medycyny ogólnej
general practitioner [ˌdʒenərəl præk'tiʃənə] lekarz internista
general public [ˌdʒenərəl 'pʌblik] publiczność masowa, szerokie rzesze (społeczeństwa)
generality [ˌdʒenə'ræliti] *form* **1.** ogólność **2.** ogólnik
generalize (*także* generalise) ['dʒenərəlaiz] generalizować, uogólniać
generate ['dʒenəreit] **1.** *form* wytwarzać **2.** produkować
generation [ˌdʒenə'reiʃən] **1.** poko-

lenie, generacja **2.** produkcja, wytwarzanie
generator ['dʒenəreitə] prądnica, generator
generosity [dʒenə'rositi] hojność, szczodrość
generous ['dʒenərəs] **1.** hojny, szczodry **2.** przychylny
genetic [dʒi'netik] genetyczny
genetics [dʒi'netiks] genetyka
genial ['dʒi:niəl] miły, łagodny
genitals ['dʒenitəlz] genitalia
genitive ['dʒenitiv] dopełniacz
genius ['dʒi:niəs] **1.** geniusz **2.** genialność
genocide ['dʒenəsaid] *form* ludobójstwo
gent [dʒent] *nieform* gość
genteel [dʒen'ti:l] dobry, dobrze ułożony
gentle ['dʒentəl] **1.** łagodny **2.** delikatny
gentleman ['dʒentəlmən], *lm* gentlemen ['dʒentəlmən] **1.** dżentelmen **2.** szlachcic, człowiek szlachetnie urodzony **3.** *grzecznie* pan ◇ **4.** ladies and gentlemen panie i panowie
gentlemanly ['dʒentəlmənli] dżentelmeński
gentry ['dʒentri] *form* szlachta
gents [dʒents] *BR nieform* męska ubikacja
genuine ['dʒenjuin] **1.** prawdziwy, autentyczny **2.** szczery
genus ['dʒi:nəs], *lm* genera ['dʒenərə] *termin* rodzaj
geographer [dʒi'ogrəfə] geograf
geographic(al) [ˌdʒi:ə'græfik(əl)] geograficzny
geography [dʒi'ogrəfi] geografia
geologic(al) [ˌdʒi:ə'lodʒik(əl)] geologiczny

geologist [dʒi'olədʒist] geolog
geology [dʒi'olədʒi] geologia
geometric(al) [ˌdʒiə'metrik(əl)] geometryczny
geometry [dʒi'omitri] geometria
geriatric [ˌdʒeri'ætrik] *termin* geriatryczny
germ [dʒəːm] 1. zarazek 2. zalążek
German ['dʒəːmən] 1. (*język*) niemiecki 2. Niemiec
germinate ['dʒəːmineit] kiełkować
gesticulate [dʒə'stikjuleit] gestykulować
gesture ['dʒəstʃə] 1. gest 2. gestykulować
get [get], **got** [got], *BR* **got** – *US* **gotten** ['gotən] *GRAM* I. 1. dostawać (*też np. grypy*) 2. stawać się, robić się (*it is getting cold* robi się zimno) 3. (*dokąds*) dostawać się, przedostawać się 4. zdobywać, przynosić (*get me this* przynieś mi to) 5. (*jedzenie*) przygotowywać, robić 6. (*czas, pomysł, uczucie*) mieć 7. (*do stanu, punktu*) dochodzić (*to* do) 8. *nieform* (*autobus, myśl, chorobę*) łapać 9. (*w panikę*) wpadać (*in* w) 10. *nieform* wnerwiać, denerwować II. *w konstrukcjach gramatycznych* 11. (*z III formą czasownika*) dawać się, stawać się (*get lost* gubić się) 12. (*z III formą po dopełnieniu*) zdołać (*get sth done* zdołać coś zrobić) 13. (*z przymiotnikiem po dopełnieniu*) czynić, sprawiać (*get sth open* otwierać coś) 14. (*z formą na -ing*) zabierać się do czegoś (*get going* ruszać) 15. (*z bezokolicznikiem po dopełnieniu*) sprawiać (*get sb to do sth* sprawiać, by ktoś coś zrobił) ◇ 16. **sb gets to do sth** (a) ktoś dochodzi do czegoś

(b) komuś udaje się coś 17. **be getting to sb** docierać do kogoś 18. **you get** ma się, jest/są wtedy (*you get many problems then* *ma się/jest* wtedy dużo problemów) 19. **be getting somewhere/nowhere** *dochodzić do czegoś/nie dochodzić do niczego*
get about 1. ruszać się, kręcić się 2. krążyć
get across przekazywać (jasno)
get ahead iść do przodu, robić karierę
get along 1. posuwać się 2. zgadzać się, rozumieć się (dobrze)
get around/round 1. przezwyciężać 2. krążyć 3. zabierać się (*to doing sth* do zrobienia czegoś)
get at 1. dostawać (*sth* do czegoś), sięgać (*sth* do czegoś) 2. *nieform* czepiać się (*sb* kogoś) ◇ 3. **(I do not know) what you are getting at** (nie wiem,) o co ci chodzi
get away 1. odchodzić, odjeżdżać 2. iść na urlop/wakacje 3. uciekać ◇ 4. **get away from it all** odrywać się (od powszedniości)
get away with uniknąć kary za (coś) (*sb gets away with sth* coś uchodzi komuś bezkarnie)
get back 1. wracać (*to* do) 2. dostawać z powrotem 3. cofać się
get by 1. przedostawać się, przemykać się, dawać sobie radę 2. (*o pracy*) uchodzić
get down 1. *nieform* przygniatać, przygnębiać 2. zapisywać, notować
get down to zabierać się (*sth* do czegoś)
get in 1. (*do autobusu*) wsiadać 2. dochodzić do władzy, wcho

dzić do parlamentu 3. dojeżdżać
4. wtrącać
get in on *nieform* ładować się,
wpychać się
get into 1. (*w rozmowę*) wdawać się 2. dochodzić do 3. (*np.
do szkoły*) dostawać się 4. *nieform*
nachodzić (*what has got into him*
co go naszło)
get off 1. (*z autobusu*) wysiadać
2. opuszczać 3. udawać się, wychodzić cało 4. pozbywać się (*sth*
czegoś), usuwać
get off with *nieform* podrywać
get on 1. (*np. do samolotu*) wsiadać 2. (*z kimś*) zgadzać się, dobrze
żyć (*with* z) 3. (*z pracą*) iść dalej
(*with* z) 4. (*w pracy*) posuwać się
naprzód 5. (*w latach*) *nieform* posuwać się 6. (*ubranie*) wkładać ◇
7. *nieform* **getting on for** prawie,
niemal
get out 1. (*z organizacji*) wycofywać się (*of* z) 2. (*z pracy*) wykręcać się (*of* od) 3. (*o wieści*) przedostawać się, rozpowszechniać się
4. (*np. z półki, z kieszeni*) wyciągać, wydostawać, wyjmować 5.
(*plamy*) usuwać 6. *nieform* uciekać (*Get out!* Spływaj!)
get over 1. wychodzić (skądś) 2.
pokonywać
get round *patrz* **get around**
get through 1. przechodzić 2.
przetrwać 3. zużywać 4. docierać
(*to sb* do kogoś)
get together 1. zbierać się, schodzić się 2. zbierać do kupy, organizować
get up 1. wstawać 2. podnosić
się
get up to *nieform* wyprawiać,
majstrować

getaway ['getəwei] ucieczka, zbie-
gnięcie
get-together ['get-tə‚geðə] spotkanie, party
get-up ['getʌp] przebranie, ubiór
geyser ['gi:zə] 1. gejzer 2. *BR* (*w ła-
zience*) piecyk (gazowy)
ghastly ['gɑ:stli] 1. okropny, straszliwy 2. niesamowity 3. *nieform*
strasznie, okropnie
ghetto ['getou] getto
ghost [goust] 1. duch 2. *lit* cień
ghostly ['goustli] nieziemski
giant ['dʒaiənt] 1. olbrzym, kolos 2.
gigant 3. gigantyczny, kolosalny
gibber ['dʒibə] bełkotać
gibberish ['dʒibəriʃ] bełkot
gibe (*także* jibe) [dʒaib] docinek
giblets ['dʒiblits] podroby (drobio-
we)
giddy ['gidi] 1. oszołomiony, mający
zawroty głowy 2. oszałamiający ◇
3. **make sb giddy** oszałamiać
gift [gift] 1. dar 2. zdolność, talent
(*for/of* do)
gifted ['giftid] 1. utalentowany 2.
zdolny
gig [gig] *nieform* występ
gigantic [dʒai'gæntik] gigantyczny
giggle ['gigəl] 1. chichotać 2. chichot
gild [gild], **gilded** *lub* **gilt** [gilt], **gilded** *lub* **gilt** złocić
gill [gil] skrzele
gilt [gilt] 1. *patrz* gild: *II i III forma*
2. złocony 3. złocenie
gimmick ['gimik] *nieform* przynęta,
wabik
gin [dʒin] dżin, jałowcówka
ginger ['dʒindʒə] 1. imbir 2. rudy
ginger ale [‚dʒindʒər 'eil] napój
imbirowy
ginger beer [‚dʒindʒə 'biə] podpi-
wek (imbirowy)

gingerly ['dʒindʒəli] ostrożnie, płochliwie

gipsy (*US także* gypsy) ['dʒipsi] Cygan

giraffe [dʒə'rɑːf] żyrafa

girder ['gəːdə] dźwigar

girdle ['gəːdəl] 1. pas (elastyczny) 2. opasywać

girl [gəːl] 1. dziewczynka 2. dziewczyna ◇ 3. *nieform* the old girl moja stara

girlfriend ['gəːlfrend] 1. dziewczyna, sympatia 2. przyjaciółka

girlhood ['gəːlhud] dzieciństwo (*dziewczyny*)

girlish ['gəːliʃ] dziewczęcy

giro ['dʒaiərou] *BR* 1. (*pieniężny*) przelew 2. zapomoga

girth [gəːθ] *form* obwód

gist [dʒist] ◇ the gist treść, podstawowe tezy, sedno

give [giv], gave [geiv], given ['givən] *GRAM* 1. dawać 2. darowywać 3. *z rzeczownikiem wyrażającym czynność tłumaczy się jako pojedynczy czasownik* (*give a push* pchnąć, *give a sigh* wzdychać) 4. (*mowę*) wygłaszać 5. (*uwagę*) poświęcać 6. (*pomoc*) ofiarowywać 7. (*informację*) podawać 8. (*przyjęcie*) wydawać 9. załamywać się, poddawać się (*legs gave under him* nogi się pod nim ugięły) 10. *nieform* interesować, obchodzić (*I don't give a damn* nic mnie to nie obchodzi) 11. elastyczność ◇ 12. we are given to believe daje się nam do zrozumienia 13. he would give *his right arm/anything* to oddałby wszystko, by 14. he gives as good as he gets (on) odpłaca pięknym za nadobne 15. give or

take plus minus 16. give way (a) łamać się, zapadać się (b) ustępować (*to sth* czemuś) (c) dawać pierwszeństwo przejazdu (d) być zastępowanym

give away 1. oddawać 2. wydawać

give back zwracać

give in 1. ustępować (*to sth* czemuś) 2. ulegać, poddawać się (*to sth* czemuś)

give off wydzielać

give out 1. rozdzielać, roznosić 2. wyczerpywać się

give over 1. przekazywać (*to* na) 2. *BR nieform* przestawać

give up 1. przestawać, zarzucać 2. poddawać się 3. rezygnować 4. ustępować (*miejsca*)

give up on zaniechać, rezygnować całkowicie

give-and-take [ˌgivən'teik] kompromisowość

give-away ['givəwei] zdradzenie (się)

given ['givən] 1. patrz give: III forma 2. dany 3. *form* oddawać się (*to sth* czemuś) 4. biorąc pod uwagę (*that* że)

given name ['givən neim] *US* imię

glacial ['gleisjəl] 1. lodowcowy, glacjalny 2. (*spojrzenie*) lodowy, lodowaty

glacier ['glæsiə] lodowiec

glad [glæd] 1. szczęśliwy (*glad news* pomyślna wiadomość) ◇ 2. be glad that/about cieszyć się, (że) 3. be glad to do sth z przyjemnością coś robić

gladden ['glædən] radować

glade [gleid] *lit* polana

gladiator ['glædieitə] gladiator

glamorous (*także* glamourous

['glæmərəs] olśniewający, zachwycający, powabny

glamour (US glamor) ['glæmə] powab

glance [glɑ:ns] 1. spoglądać, rzucać okiem 2. przeglądać (through/at sth coś) 3. spojrzenie ◊ 4. at a glance od razu, od pierwszego rzutu oka 5. at first glance na pierwszy rzut oka
glance off odbijać się (sth od czegoś), ześlizgiwać się (sth z czegoś)

gland [glænd] gruczoł

glare [gleə] 1. patrzeć się z wściekłością 2. razić 3. wściekłe spojrzenie 4. blask

glaring ['gleəriŋ] 1. jaskrawy 2. rażący

glass [glɑ:s] 1. szkło 2. szklanka, kieliszek 3. -s okulary 4. szklany

glasshouse ['glɑ:shaus] cieplarnia

glassware ['glɑ:sweə] szkło, szkła

glassy ['glɑ:si] 1. szklisty 2. lit gładki

glaze [gleiz] 1. szkliwo 2. emalia 3. szklić 4. emaliować
glaze over (o oczach) zasnuwać się mgłą

gleam [gli:m] 1. lśnić, błyszczeć 2. przebłyskiwać 3. połysk, blask, przebłysk

glean [gli:n] (informację) zdobywać

glee [gli:] zadowolenie, radość

gleeful ['gli:ful] rozradowany

glen [glen] dolina

glib [glib] 1. (wypowiedź) uładzony, gładki 2. (człowiek) elokwentny

glide [glaid] 1. przemykać się, prześlizgiwać się 2. szybować

glider ['glaidə] szybowiec

gliding ['glaidiŋ] szybownictwo

glimmer ['glimə] 1. migotać 2. migotanie 3. przebłysk

glimpse ['glimps] 1. dostrzegać 2. rzut oka, spojrzenie ◊ 3. catch a glimpse dojrzeć

glint [glint] 1. błyszczeć, zabłyskiwać 2. błysk, lśnienie

glisten ['glisən] lśnić

glitter ['glitə] 1. migotać 2. pobłyskiwać 3. migotanie 4. pobłysk

glittering ['glitəriŋ] 1. (spektakl) wspaniały 2. (kariera) błyskotliwy

gloat [glout] napawać się (over sth czymś)

global ['gloubəl] globalny

globe [gloub] 1. the g. glob, kula ziemska 2. globus 3. klosz

globule ['globju:l] form kulka, kuleczka

gloom [glu:m] 1. mrok 2. posępność, ponurość

gloomy ['glu:mi] 1. mroczny 2. posępny, ponury

glorify ['glo:rifai] 1. gloryfikować, wysławiać 2. przechwalać

glorious ['glo:riəs] 1. wspaniały 2. cudowny

glory ['glo:ri] 1. sława, chwała 2. piękno 3. glories gloria 4. glories atrakcje
glory in szczycić się

gloss [glos] połysk
gloss over zatuszowywać, pomniejszać

glossary ['glosəri] słownik terminów, indeks

glossy ['glosi] 1. błyszczący, połyskliwy 2. ilustrowany

glove [glʌv] rękawica, rękawiczka
glove compartment ['glʌv kəmpɑ:tmənt] (w samochodzie) skrytka, schowek

glow [glou] 1. żar, blask 2. (na twarzy) rumieniec 3. (satysfakcji) przypływ 4. (o węglu) żarzyć się

5. (*o twarzy*) pałać, połyskiwać **6.** (*o kolorach*) jarzyć się **7.** być zarumienionym, czerwienić się (*with* od)

glower ['glauə] patrzeć gniewnie (*at* na)

glowing ['glouiŋ] entuzjastyczny

glow-worm ['glouwə:m] robaczek świętojański

glucose ['glu:kouz] glukoza

glue [glu:] **1.** klej **2.** przyklejać

glum [glʌm] przygaszony, chmurny

glut [glʌt] **1.** nasycić **2.** przepełnić **3.** przesyt

glutinous ['glu:tinəs] kleisty

glutton ['glʌtən] **1.** żarłok ◇ **2.** be a glutton for uwielbiać (*sth* coś)

gluttony ['glʌtəni] żarłoczność

glycerine (*US* glycerin) ['glisərin] gliceryna

gnarled ['nɑ:ld] sękaty, powykręcany

gnash [næʃ] zgrzytać

gnat [næt] komar

gnaw [no:] **1.** gryźć, przegryzać **2.** *lit* gryźć, dręczyć (*at/away sb* kogoś)

gnome [noum] gnom

go [gou], **went** [went], **gone** [gon] **1.** (*także o mechanizmie*) iść, chodzić **2.** jechać, udawać się (*dokąd ś*) **3.** (*opuszczać miejsce*) odchodzić, odjeżdżać **4.** przechodzić (*His remark has gone unnoticed* Jego uwaga przeszła niezauważona) **5.** (*np. siwym*) stawać się, robić się **6.** (*o czasie*) upływać, mijać **7.** (*o dzwonku*) brzmieć **8.** (*o wzroku, słuchu*) szwankować **9.** (*o ubraniu, kluczu*) pasować (*with* do) **10.** podejście **11.** (*w grze*) ruch ◇ **12. be going to** (*wyraża czas przyszły*) zamierzać, mieć zamiar (*it is going to rain* będzie pa-

dać) **13.** *nieform* **go and do sth** iść coś zrobić **14. to go** przed nami, jeszcze **15.** *nieform* **as sb goes along** w trakcie **16.** *nieform* **on the go** na chodzie

go about 1. radzić sobie **2.** zajmować się

go after poszukiwać

go against 1. przeciwstawiać się (*sb* komuś) **2.** wychodzić niepomyślnie

go ahead 1. iść naprzód (*with* z) ◇ **2. go ahead!** proszę! dalej!

go along with zgadzać się, aprobować

go around 1. chodzić (*doing sth* aby coś robić) **2.** chodzić, przestawać (*with* z) **3.** (*np. o dowcipie*) krążyć **4.** *patrz także* **go round/about**

go back on wycofywać się (*sth* z czegoś)

go back to 1. wracać **2.** sięgać (wstecz)

go by 1. (*o czasie*) upływać, mijać **2.** (*np. rozumem*) kierować się

go down 1. spadać **2.** wychodzić (*well* dobrze) **3.** zachodzić

go for 1. sięgać (*sth* po coś) **2.** rzucać się (*sb* na kogoś) **3.** tyczyć się, odnosić się (*sth* do czegoś)

go in for 1. zabierać się (*sth* za coś) **2.** chętnie się zajmować, lubić

go into 1. wchodzić (*sth* w coś) **2.** badać

go off 1. odstępować (*sth* od czegoś) **2.** (*o bombie*) wybuchać, wypalać **3.** (*o maszynie, prądzie*) wyłączać się **4.** (*mieć rezultat*) wychodzić **5.** (*np. o mleku*) psuć się **6.** (*o alarmie*) uruchamiać się

go off with uciekać, uchodzić (*sth*

z czymś

go on 1. kontynuować **2.** (*rozmowę*) ciągnąć (dalej) **3.** (*do innego miejsca*) przejechać (*to* do) **4.** (*o maszynie, prądzie*) włączać się **5.** *nieform* (*męczyć*) wiercić dziurę w brzuchu, zamęczać (*at/about* *o/co do**) **6.** (*dziać się*) odbywać się **7.** (*na informacji*) opierać się ◊ **8. go on!** ależ proszę!

go out 1. chodzić (*with sb* z kimś) **2.** gasnąć **3.** wychodzić, wyjeżdżać **4.** wychodzić z użycia

go over przechodzić

go round być wystarczającym

go through 1. przechodzić (przez) **2.** przeglądać **3.** popełniać, spełniać (*with sth* coś)

go to zaczynać

go under 1. tonąć **2.** przepadać

go up 1. iść na górę **2.** wznosić się **3.** (*np. o zbiorniku*) wybuchać, iść (*in flames* z płomieniami)

go with 1. towarzyszyć **2.** pasować

go without obywać się (bez czegoś)

goad [goud] **1.** bodziec, podnieta **2.** podjudzać, podbechtywać (*on/into* do)

go-ahead ['gou əhed] **1.** przedsiębiorczy **2.** *przen* wolna droga, zielone światło

goal [goul] **1.** *sport* bramka **2.** *sport* gol **3.** cel

goalkeeper ['goulki:pə] *sport* bramkarz

goalpost ['goulpoust] *sport* słupek

goat [gout] koza (*także* kozioł)

gob [gob] *BR nieform* gęba, ryj

gobble ['gobəl] pochłaniać, zżerać
gobble down/up pochłaniać

gobbledygook ['gobəldəgu:k] *nie-*

form żargon, nowomowa

go-between ['goubitwi:n] pośrednik

goblet ['goblit] kielich

goblin ['goblin] chochlik

god [god] **1.** (*zwykle* **God**) Bóg **2.** bóg, bożek ◊ **3. my God** o Boże **4. God help (him)** niech go Bóg ma w swojej opiece

godchild ['godtʃaild], *lm* **godchildren** ['god,tʃildrən] chrześniak, chrześniaczka

goddaughter ['goddo:tə] chrześniaczka, córka chrzestna

goddess ['godis] bogini

godfather ['godfɑːðə] ojciec chrzestny

god-fearing ['godfiəriŋ] *form* bogobojny

godforsaken ['godfəseikən] zakazany, zapomniany

godless ['godlis] *form* bezbożny

godly ['godli] *form* pobożny

godmother ['godmʌðə] matka chrzestna

godparent ['godpeərənt] rodzic chrzestny

godsend ['godsend] dar niebios

godson ['godsʌn] chrześniak, syn chrzestny

goggle ['gogəl] **1.** *nieform* wybałuszać oczy (*at* na) **2. -s** gogle

going ['gouiŋ] **1.** *patrz* **go**: *forma na -ing* **2.** idący, chodzący **3.** obecny, obowiązujący **4.** działający, czynny **5.** pójście, chodzenie ◊ **6. be going to** (*wyraża czas przyszły*) zamierzać, mieć zamiar **7. get going** podejmować, zaczynać **8. keep going** ciągnąć dalej

goings-on [,gouiŋz'on] wydarzenia

gold [gould] **1.** złoto **2.** *nieform sport* złoty medal **3.** złocisty

golden ['gouldən] **1.** złoty **2.** złocisty 3. wyjątkowy

goldfish ['gouldfiʃ], *lm* **goldfish** *lub* **goldfishes** złota rybka

goldmine ['gouldmain] żyła złota

golf [golf] 1. golf 2. grać w golfa
golf club ['golfklʌb] 1. kij golfowy 2. klub golfowy
golf course ['golfko:s] pole golfowe

golfer ['goulfə] gracz w golfa

gone [gon] 1. *patrz* go: *III forma* ◇ 2. sb is gone nie ma kogoś

gonna ['gonə] *nieform pisane: ściągnięte* going to zamierzać

gonorrhea [ˌgonə'riə] rzeżączka

good [gud], **better** ['betə], **best** [best] 1. dobry 2. niezły 3. (*dziecko*) grzeczny 4. (*wygląd*) porządny 5. (*zjawisko*) dobro 6. -s (*w handlu*) artykuły, towary ◇ 7. Good! Dobrze! 8. it's a good thing/job (that) jak dobrze (, że) 9. sth does sb good coś dobrze komuś robi 10. a good deal of całkiem dużo 11. a good many całkiem dużo 12. it is no good crying nie ma co płakać 13. be good at (sth) być sprawnym w (czymś) 14. good for you znakomicie 15. for good na dobre 16. as good as prawie 17. make good (a loss) wyrównywać (stratę)

good afternoon [ˌgud ɑːftə'nuːn] *form* dzień dobry (*używane po południu*)

good evening [gud'iːvniŋ] *form* dobry wieczór

Good Friday [gud'fraidi] Wielki Piątek

good morning [ˌgud 'moːniŋ] dzień dobry (*używane rano*)

goods train [ˌgudz'trein] pociąg towarowy

goodbye [gud'bai] do widzenia

good-humoured (*US* **good-humored**) [ˌgud'hjuːməd] dobroduszny, łagodny

good-looking [ˌgud'lukiŋ] przystojny

good-natured [ˌgud'neitʃəd] dobroduszny, życzliwy

goodness ['gudnis] 1. dobro ◇ 2. my goodness mój/dobry Boże 3. "for goodness' sake!" „na litość boską!"

goodnight [gud'nait] dobranoc

good-tempered [ˌgud'tempəd] dobroduszny, przyjacielski

goodwill ['gudwil] życzliwość

goody ['gudi] *nieform* 1. fajnie, pysznie 2. coś pysznego

goof [guːf] *nieform US* skrewić

goose [guːs], *lm* **geese** [giːs] gęś
goose pimples ['guːspimpəlz] gęsia skórka

gooseberry ['guzbəri] 1. agrest ◇ 2. play gooseberry to sb bawić się w przyzwoitkę przy kimś

gooseflesh ['guːsfleʃ] gęsia skórka

gore [goː] 1. bóść 2. skrzepła krew

gorge [goːdʒ] 1. wąwóz 2. (*także:* gorge oneself) obżerać się, napychać się

gorgeous ['goːdʒəs] *nieform* cudowny, wspaniały

gorilla [gə'rilə] goryl

gory ['goːri] krwawy

gosh [goʃ] jejku, ojej

gosling ['gozliŋ] gąsiątko

gospel ['gospəl] 1. ewangelia 2. święty 3. gospel (*muzyka*)

gossamer ['gosəmə] 1. nitka pajęczyny 2. babie lato 3. *lit* pajęczynowy, zwiewny

gossip ['gosip] 1. plotka 2. plotkarz

3. pogawędka 4. plotkować
got [got] **1.** *patrz* **get**: *II i III forma* ◇ **2. have got** *nieform* mieć **3. have got to** *nieform* musieć
gotta ['gotə] *nieform pisane: ściągnięte* (**have/has**) **got to** musieć
gotten ['gotən] *US patrz* **get**: *III forma*
gouge [gaudʒ] żłobić
gouge out wydłubywać
gourd [guəd] dynia
gout [gaut] artretyzm
govern ['gʌvən] **1.** rządzić **2.** kierować, kontrolować
governess ['gʌvənis] guwernantka
government ['gʌvənmənt] **1.** rząd **2.** rządzenie **3.** rządowy
governor ['gʌvənə] **1.** gubernator **2.** rządca, zarządca **3.** dyrektor
gown [gaun] **1.** suknia **2.** toga
grab [græb] **1.** łapać **2.** porywać, chwytać **3.** chwytać (*at* się) ◇ **4. make a grab at/for sth** sięgać, chwytać
grace [greis] **1.** gracja, wdzięk **2.** *form* dodawać uroku **3.** *form* uświetniać ◇ **4. Your/His Grace** (a) Wasza Wysokość (b) Wasza Świątobliwość
graceful ['greisful] **1.** wdzięczny, pełen wdzięku **2.** przyjemny (dla oka) **3.** szarmancki, elegancki
graceless ['greislis] **1.** nieatrakcyjny **2.** *form* niewychowany
gracious ['greiʃəs] **1.** łaskawy **2.** dobry, na wysokim poziomie ◇ **3. Good/Goodness gracious!** Boże jedyny!
gradation [grə'deiʃən] gradacja
grade [greid] **1.** stopień **2.** poziom **3.** (*szkolna*) ocena **4.** *US* (*w szkole*) klasa **5.** *US* (*np. zbocza*) spadek **6.** (*oceniać*) klasyfikować ◇ **7.** *nie-*

form **make the grade** dawać sobie radę
gradient ['greidiənt] nachylenie, spadek
gradual ['grædjuəl] stopniowy
graduate I. ['grædjuət] **1.** absolwent **2.** podyplomowy **II.** ['grædjueit] **3.** kończyć (*from sth* coś) **4.** przechodzić (*from* z/od, *to* do)
graduation [ˌgrædju'eiʃən] **1.** zakończenie (studiów) **2.** promocja
graffiti [grə'fiːti] graffiti, bazgranina na ścianach
graft [grɑːft] **1.** (*roślinę*) szczepić (*onto* na) **2.** (*np. skórę*) przeszczepiać (*to/onto* na) **3.** (*tradycję*) zasadzać (*on/upon* na) **4.** (*rośliny*) szczep **5.** (*np. skóry*) przeszczep **6.** *BR nieform* (*praca*) harówka, mozół **7.** (*nielegalne dochody*) łapówka
grain [grein] **1.** ziarno **2.** zboże **3.** słój, uwarstwienie **4.** *lit* szczypta ◇ **5. go against the grain (with sb)** iść wbrew (czyjejś) naturze
gram (*także* **gramme**) [græm] gram
grammar ['græmə] gramatyka
grammar school ['græmə skuːl] *BR* liceum
grammatical [grə'mætikəl] gramatyczny
gramme [græm] *patrz* **gram**
gramophone ['græməfoun] gramofon
gran [græn] *nieform* babcia
granary ['grænəri] spichlerz
grand [grænd] **1.** (*styl*) imponujący **2.** *nieform* (*plan*) rewelacyjny **3.** (*człowiek*) wielki, znakomity **4.** (*suma*) ogólny **5.** *nieform* (*dolarów lub funtów*) tysiąc
grand piano [ˌgrænd pi'ænou] fortepian (koncertowy)

grandad (*także* **granddad**) ['grændæd] dziadek

grandchild ['grænt∫aild], *lm* **grandchildren** ['græn‚t∫ildrən] wnuk

granddaughter ['grændɔ:tə] wnuczka

grandeur ['grændʒə] *form* 1. wielkość, świetność 2. dostojeństwo

grandfather ['grænfɑ:ðə] dziadek

grandfather clock [‚grænfɑ:ðə 'klɔk] zegar stojący

grandiose ['grændious] pompatyczny, skomplikowany

grandma ['grænmɑ:] *nieform* babcia

grandmother ['grænmʌ:ðə] babcia

grandpa ['grænpɑ:] *nieform* dziadziuś

grandparent ['grænpeərənt] dziadek *lub* babcia

grandson ['grænsʌn] wnuk

grandstand ['grændstænd] główna trybuna

granite ['grænit] granit

granny (*także* **grannie**) ['græni] *nieform* babciunia

grant [grɑ:nt] 1. dotacja 2. *form* przyznawać ◊ 3. **I grant you (that)** przyznaję (, że) 4. **take sth for granted** uznawać coś za oczywiste 5. **take sb for granted** uznawać czyjeś działanie za oczywiste/należne 6. **granted/ /granting that** zakładając, że

granulated ['grænjuleitid] granulowany

granule ['grænju:l] ziarno, granula

grape [greip] winogrono

grapefruit ['greipfru:t], *lm* **grapefruit** *lub* **grapefruits** grapefruit

grapevine ['greipvain] 1. latorośl ◊ 2. **on/through the grapevine** pocztą pantoflową

graph [grɑ:f] wykres, graf

graphic ['græfik] 1. graficzny 2. plastyczny

grapple ['græpəl] zmagać się (*with* z)

grasp [grɑ:sp] 1. chwytać, łapać (*for/at sth* coś) 2. chwyt, uścisk ◊ 3. **have a grasp of sth** panować nad czymś 4. **within sb's grasp** w czyimś zasięgu

grasping ['grɑ:spiŋ] zachłanny

grass [grɑ:s] 1. trawa 2. *nieform* marihuana

grass roots [‚grɑ:s 'ru:ts] doły (partyjne), baza, podstawa

grasshopper ['grɑ:shopə] konik polny, pasikonik

grassland ['grɑ:slənd] łąka, pastwisko

grassy ['grɑ:si] trawiasty

grate [greit] 1. ruszt 2. trzeć 3. skrzypieć, zgrzytać 4. działać na nerwy (*on sb* czyjeś)

grateful ['greitful] wdzięczny

grater ['greitə] tarka

gratify ['grætifai] *form* 1. radować się 2. zaspokajać

grating ['greitiŋ] 1. krata 2. zgrzytający, zgrzytliwy

gratitude ['grætitju:d] wdzięczność

gratuitous [grə'tju:itəs] 1. bezpłatny, gratisowy 2. *form* nieuzasadniony ·

gratuity [grə'tju:iti] 1. napiwek 2. odprawa (pieniężna)

grave [greiv] 1. grób 2. poważny

gravel ['grævəl] żwir

gravestone ['greivstoun] nagrobek

greveyard ['greivjɑ:d] cmentarz

gravitate ['græviteit] *form* grawitować (*towards/to* w stronę)

gravitation [‚grævi'tei∫ən] *termin* grawitacja

gravity ['græviti] **1.** ciężkość, siła ciężkości **2.** powaga

gravy ['greivi] sos

gray [grei] *US patrz* **grey**

graze [greiz] **1.** paść (się) **2.** zadrapywać **3.** ocierać się (*sth* o coś) **4.** zadrapanie

grease [gri:s] **1.** tłuszcz **2.** smar **3.** smarować

greasy ['gri:si] **1.** tłusty **2.** zatłuszczony

great [greit] **1.** wielki **2.** duży **3.** *nieform* znakomity **4.** znakomicie, wspaniale ◇ **5.** *nieform* **great!** cudownie!

great- [greit] pra- (*great-grandma* prababcia)

greatly ['greitli] *form* ogromnie

greed [gri:d] **1.** żądza **2.** chciwość

greedy ['gri:di] chciwy, łapczywy

green [gri:n] **1.** zielony **2.** zazieleniony **3.** zieleń **4.** trawnik **5.** -s zielenina ◇ **6. have *green fingers/*US a green thumb*** mieć smykałkę do ogrodnictwa **7. give sb a green light** zapalać przed kimś zielone światło

greenery ['gri:nəri] zieleń, roślinność

greengrocer ['gri:ngrousə] *BR* **1.** sprzedawca jarzyn i owoców ◇ **2. the greengrocer('s)** warzywniak

greenhouse ['gri:nhaus] szklarnia

greenish ['gri:niʃ] zielonkawy

greet [gri:t] **1.** witać **2.** powitać

greeting ['gri:tiŋ] **1.** powitanie **2.** -s pozdrowienia

gregarious [gri'geəriəs] *form* towarzyski

grenade [gri'neid] granat

grew [gru:] *patrz* **grow**: *II forma*

grey (*US* **gray**) [grei] **1.** szary **2.** popielaty **3.** siwy ◇ **4. be *grey-ing/getting grey*** siwieć

greyhound ['greihaund] chart

greyish ['greiiʃ] szarawy, popielaty

grid [grid] **1.** kratownica, sieć **2.** siatka geograficzna

grief [gri:f] **1.** *form* żałość, zgryzota ◇ **2.** *form* **come to grief** doznawać niepowodzenia **3. good grief** Boże ty mój

grievance ['gri:vəns] **1.** zażalenie **2.** żal, uraza

grieve [gri:v] **1.** *form* opłakiwać, rozpaczać (*for/over* nad) ◇ **2. it grieves sb to do sth** komuś przykro coś robić

grievous ['gri:vəs] *form* przykry, dotkliwy

grill [gril] **1.** ruszt **2.** potrawa z rusztu **3.** piec (*jak na ruszcie*) **4.** *nieform* męczyć kogoś (na przesłuchaniu)

grille [gril] krata, siatka (ochronna)

grim [grim] **1.** ponury **2.** przygnębiający **3.** zacięty, surowy

grimace [gri'meis] **1.** grymas **2.** robić grymasy

grime [graim] nalot brudu

grimy ['graimi] brudny, zapaskudzony

grin [grin] **1.** uśmiechać się (*at* do/na) **2.** uśmiech ◇ **3.** *nieform* **grin and bear it** wytrzymywać, przyjmować za dobrą monetę

grind [graind], **ground** [graund], **ground 1.** (*także* **grind up**) mielić, mleć **2.** wciskać **3.** (*nóż, soczewkę*) szlifować **4.** (*o maszynie*) zgrzytać **5.** harówka
grind down zdeptywać

grinder ['graində] młynek

grip [grip] **1.** chwytać **2.** być pod wrażeniem (*np. książki*) **3.** (*tor-*

by) uchwyt 4. torba (podróżna) ◊ 5. **come/get to grips with** dochodzić do ładu, borykać się (*sth* z czymś) 6. **have a grip on sb/sth** mieć coś/kogoś we władzy 7. **have grip** dobrze trzymać

gripe [graip] *nieform* marudzić, labiedzić

grisly ['grizli] przerażający, straszliwy

gristle ['grisəl] chrząstka

grit [grit] 1. żwir, piasek 2. charakter 3. posypywać piaskiem ◊ 4. **grit one's teeth** zaciskać zęby

groan [groun] 1. jęczeć 2. skrzypieć 3. jęk

grocer ['grousə] 1. sprzedawca/właściciel sklepu spożywczego ◊ 2. **the grocer('s)** sklep spożywczy

grocery ['grousəri] 1. *US* sklep spożywczy 2. -s towary spożywcze

groggy ['grogi] *nieform* oszołomiony, odurzony

groin [groin] pachwina

groom [gru:m] 1. pan młody 2. stajenny 3. oporządzać (*konie*) 4. wyszykowywać się 5. szkolić (*for/as* na)

groomed ['gru:md] ◊ 1. **well groomed** zadbany 2. **badly groomed** zaniedbany

groove [gru:v] rowek

grope [group] 1. szukać po omacku (*for sth* czegoś) 2. iść po omacku 3. starać się znaleźć (*for sth* coś)

gross [gros] I. 1. ogromny 2. (*zachowanie*) prymitywny, grubiański 3. (*budynki, rzeczy*) zwalisty, odrażający 4. (*dochód*) całkowity, ogólny 5. *form* przynosić łącznie II. 6. *lm* gros *lub* grosses gros (= 144)

grotesque [grou'tesk] groteskowy

grotto ['grotou], *lm* **grottos** *lub* **grottoes** grota

ground [graund] 1. *patrz* **grind**: II i III *forma* 2. ziemia, grunt 3. (*połowów*) miejsce 4. (*sportowy*) boisko, plac 5. (*szkoły, budynku*) zwłaszcza -s teren, działka 6. *form często* -s podstawa 7. (*o łodzi*) osiadać na mieliźnie 8. (*o samolocie*) pozostawać na ziemi 9. (*o opinii*) opierać (się) ◊ 10. **gain ground** zyskiwać teren, zataczać szerokie kręgi 11. **break fresh/new ground** otwierać nowe perspektywy, przecierać szlak 12. **stand/hold one's ground** nie ustępować, dotrzymywać pola **ground floor** [,graund 'flo:] *BR* parter

grounding ['graundiŋ] wyszkolenie (*in* w), podstawy

groundless ['graundlis] *form* bezpodstawny

groundsheet ['graundʃi:t] płachta nieprzemakalna

groundsman ['graundzmən], *lm* **groundsmen** ['graundzmən] *BR* dozorca (parku)

groundwork ['graundwə:k] podstawa, przygotowanie

group [gru:p] 1. grupa 2. grupować (*together* się)

grouping ['gru:piŋ] zgrupowanie, grupa

grouse [graus], *lm* **grouse** 1. głuszec, cietrzew, pardwa 2. *nieform* zrzędzić

grove [grouv] zagajnik

grovel ['grovəl] 1. płaszczyć się, poniżać się 2. pełzać, czołgać się

grow [grou], **grew** [gru:], **grown** [groun] 1. rosnąć 2. (*rośliny*) hodować 3. (*brodę*) nosić, zapuszczać **4.** stawać się, dochodzić (*to do sth* do robienia czegoś) **5.** (*o problemie*) narastać **6.** (*o idei*) wyrastać (*out of/from* z) **7.** (*o bogactwie*) wzrastać

grow apart oddalać się

grow into 1. wyrastać (*na kogoś*) **2.** dorastać (*do czegoś*)

grow on *nieform* docierać (*do kogoś*)

grow out of 1. wyrastać (*z czegoś*) **2.** tracić

grow up 1. wyrastać, dorastać **2.** umacniać się ◇ **3.** "grow up!" „nie bądź dzieckiem!"

grower ['grouə] hodowca

growl [graul] **1.** (*o psie*) warczeć **2.** burczeć **3.** (*o grzmocie*) *lit* huczeć **4.** (*psa*) warczenie **5.** (*przy mówieniu*) burczenie **6.** (*grzmotu*) huk

grown [groun] **1.** *patrz* **grow:** *III forma* **2.** dorosły

grown-up [ˌɡroun'ʌp] dorosły

growth [grouθ] **1.** wzrost **2.** narośl

grub [grʌb] **1.** larwa, pędrak **2.** *nieform* żarcie **3.** grzebać, wyszukiwać (*about/around*)

grubby ['grʌbi] brudny

grudge [grʌdʒ] **1.** uraz, żal (*against* wobec) **2.** żałować (*komuś czegoś*), skąpić

grudging ['grʌdʒiŋ] niechętny, nieszczery

gruel [gruəl] wodzianka, kasza na wodzie

gruelling (*US* **grueling**) ['gruəliŋ] wyczerpujący, wykańczający

gruesome ['gru:səm] makabryczny

gruff [grʌf] szorstki, opryskliwy

grumble ['grʌmbəl] **1.** narzekać, utyskiwać (*about* o) **2.** narzekanie, utyskiwanie

grumpy ['grʌmpi] marudzący,

wściekły

grunt [grʌnt] **1.** mruczeć, burczeć **2.** chrząkać **3.** mruczenie, burczenie **4.** chrząkanie

guarantee [ˌɡærən'ti:] **1.** gwarantować **2.** (*obiecywać*) zapewniać **3.** ręczyć, zaręczać (, że) **4.** (*np. na maszynę*) dawać gwarancję (*sth* na coś) **5.** (*producenta*) gwarancja **6.** poręczenie, zapewnienie

guarantor [ˌɡærən'to:] gwarant

guard [ɡɑ:d] **1.** ochraniać **2.** strzec **3.** strażnik, wartownik **4.** ochrona, warta **5.** osłona, pokrywa ◇ **6. be on one's guard** mieć się na baczności, uważać **7. catch sb off guard** zaskakiwać kogoś

guard against wystrzegać się

guarded ['ɡɑ:did] powściągliwy, ostrożny

guardian ['ɡɑ:diən] **1.** opiekun **2.** strażnik

guerilla [ɡə'rilə] partyzant

guess [ɡes] **1.** przypuszczać, domyślać się (*at sth* czegoś) **2.** zgadywać **3.** przypuszczenie **4.** *US nieform* "I guess" zdaje mi się, chyba

guesswork ['ɡeswə:k] domysł

guest [ɡest] gość

guest house ['ɡesthaus] hotelik

guffaw [ɡə'fo:] **1.** ryk (śmiechu) **2.** ryczeć (ze śmiechu)

guidance ['ɡaidəns] pomoc

guide [ɡaid] **1.** przewodnik (turystyczny) **2.** doraźna pomoc, orientacja **3.** *BR* harcerka **4.** (*np. po mieście*) oprowadzać **5.** (*np. za rękę*) prowadzić **6.** kierować (się)

guidebook ['ɡaidbuk] przewodnik

guideline ['ɡaidlain] wytyczna, dyrektywa

guild [ɡild] *form* cech, gildia

guile [gail] *lit* chytrość, przebiegłość

guileful ['gailful] *lit* chytry, przebiegły

guileless ['gaillis] *lit* prostolinijny

guillotine ['giləti:n] gilotyna

guilt [gilt] 1. wina, poczucie winy 2. przewinienie

guiltless ['giltlis] *form* niewinny, wolny od winy, bez winy

guilty ['gilti] 1. winny (*of sth* czegoś) ◇ 2. have a guilty conscience mieć nieczyste sumienie

guinea ['gini] gwinea
guinea pig ['gini pig] świnka morska

guise [gaiz] *form* przebranie, przykrywka

guitar [gi'ta:] gitara

gulf [gʌlf] 1. zatoka 2. przepaść (*between* pomiędzy)

gull [gʌl] mewa

gullet ['gʌlit] przełyk

gullible ['gʌlibəl] łatwowierny

gully ['gʌli] parów

gulp [gʌlp] 1. połykać, przełykać (szybko) 2. brać oddech 3. łyk 4. haust
gulp down pić jednym haustem

gum [gʌm] 1. guma (do żucia) 2. guma arabska 3. dziąsło 4. sklejać

gumboot ['gʌmbu:t] kalosz, gumiak

gumption ['gʌmpʃən] *nieform* smykałka, chłopski rozum

gun [gʌn] 1. pistolet, działo, karabin ◇ 2. *nieform* jump the gun falstartować, pospieszyć się zanadto 3. *nieform* stick to one's guns trzymać sie swojego
gun down postrzelić, zastrzelić

gunboat ['gʌnbout] kanonierka

gunfire ['gʌnfaiə] ogień, obstrzał

gunman ['gʌnmən], *lm* gunmen ['gʌnmən] rewolwerowiec

gunner ['gʌnə] artylerzysta, strzelec

gunpoint ['gʌnpoint] ◇ at gunpoint pod groźbą użycia broni, na muszce

gunpowder ['gʌnpaudə] proch (strzelniczy)

gunshot ['gʌnʃot] wystrzał

gurgle ['gə:gəl] 1. bulgotać 2. gaworzyć, paplać 3. paplanina

gush [gʌʃ] 1. tryskać 2. wytrysk, potok 3. rozpływać się

gust [gʌst] 1. powiew, poryw 2. przypływ, napływ

gusto ['gʌstou] ◇ with gusto z zapamiętaniem, ze smakiem

gusty ['gʌsti] porywisty

gut [gʌt] 1. *termin* jelito 2. -s wnętrzności, kiszki 3. -s *nieform* odwaga, ikra 3. (*rybę*) patroszyć 4. (*wnętrze budynku*) pustoszyć, wypalać 5. *nieform* (*odruch, uczucie*) spontaniczny, impulsywny ◇ 6. *nieform* hate sb's guts nie cierpieć czyjegoś widoku

gutter ['gʌtə] 1. rynsztok 2. rynna 3. (*dziennik*) brukowy

guttural ['gʌtərəl] gardłowy

guy [gai] 1. *nieform* facet 2. *US nieform* -s chłopy, ludziska

guzzle ['gʌzəl] *nieform* pochłaniać

gym [dʒim] *nieform* 1. sala gimnastyczna 2. gimnastyka, wf

gymnasium [dʒim'neiziəm] sala gimnastyczna

gymnast ['dʒimnæst] gimnastyk

gymnastic [dʒim'næstik] gimnastyczny

gymnastics [dʒim'næstiks] gimnastyka

gynaecology (*także* gynecology) [,gainə'kolədʒi] *termin* ginekologia

gypsy (*także* gipsy) ['dʒipsi] Cygan

gyrate [dʒai'reit] *form* wirować, obracać się

H

haberdashery ['hæbədæʃəri] 1. *BR* artykuły pasmanteryjne 2. *US* męskie ubrania

habit ['hæbit] 1. przyzwyczajenie, zwyczaj 2. habit ◊ 3. be in the habit of doing sth, make a habit of doing sth mieć zwyczaj coś robić

habitable ['hæbitəbəl] zdatny do zamieszkania

habitat ['hæbitæt] siedlisko, habitat

habitation [ˌhæbi'teiʃən] 1. zamieszkiwanie 2. *form* mieszkanie

habitual [hə'bitjuəl] 1. zwyczajowy, zwykły 2. zatwardziały, nałogowy

hack [hæk] 1. rąbać, siekać 2. *nieform* wyrobnik literacki, murzyn

hackneyed ['hæknid] wyświechtany

hacksaw ['hækso:] piła do metalu

had [həd, əd, hæd] *patrz* have: II i III *forma*

haddock ['hædək] (*lm także* haddock) łupacz (ryba)

hadn't ['hædənt] *ściągnięte* had not

haemophiliac (*także* hemophiliac) [ˌhi:mə'filiæk] chory na hemofilię

haemorrage (*także* hemorrage) ['heməridʒ] 1. krwotok 2. wykrwawiać się, dostawać krwotoku

hag [hæg] jędza

haggard ['hægəd] wynędzniały, wymęczony

haggle ['hægəl] targować (się) (*with* z)

hail [heil] 1. grad 2. (*taksówkę*) zatrzymywać, przyzywać 3. wysławiać (*sb as* kogoś jako), wynosić pod niebiosa 4. *lit* witać, obwoływać ◊ 5. it hails grad pada

hailstone ['heilstoun] kulka gradu

hailstorm ['heilsto:m] burza gradowa

hair [heə] 1. włos 2. włosy 3. włosek, wyrostek ◊ 4. *nieform* make sb's hair stand on end sprawiać, że włosy komu stają na głowie 5. *nieform* let one's hair down rozluźniać się 6. split hairs dzielić włos na czworo

haircut ['heəkʌt] 1. strzyżenie 2. fryzura

hairdo ['heədu:] *nieform* fryzura

hairdresser ['heədresə] fryzjer

hairdryer (*także* hairdrier) ['heədraiə] suszarka (do włosów)

hairless ['heəlis] nieowłosiony

hairline ['heəlain] 1. linia zarostu 2. jak włos, na włos

hairnet ['heənet] siatka do włosów

hairpin ['heəpin] spinka (do włosów)
    hairpin bend [ˌheəpin 'bend] serpentyna

hair-rising ['heəˌreiziŋ] jeżący włosy

hair's breadth ['heəzbretθ] ◊ by a hair's breadth o włos

hairstyle ['heəstail] fryzura

hairy ['heəri] 1. włochaty, owłosiony 2. *nieform* paskudny

halcyon ['hælsiən] *form* cichy, spokojny

hale [heil] *lit* krzepki

half [hɑ:f], *lm* halves [hɑ:vz] 1. pół, połowa 2.•(*biletu, miary*) połówka 3. (*ugotowany, zagłodzony*) na wpół 4. (*nie całkiem*) na pół (*half Polish* na pół Polak) 5. (*o godzinie*) wpół (*half past five* wpół do szóstej) 6. (*brat*) przyrodni ◊ 7. in half na pół 8. by half o połowę 9. *nieform* too (clever) by

half stanowczo zbyt (sprytny) **10.
go halves** dzielić się po pół
half price ['hɑːf ˌprais] ze zniżką 50%
half-baked [hɑːf'beikt] niedowarzony
half-caste ['hɑːfkɑːst] mieszany rasowo
half-hearted [ˌhɑːf'hɑːtid] połowiczny, bez zapału
halfpenny ['hepni] *przest* półpensówka
half-term [ˌhɑːf'təːm] *BR* ferie
half-time [ˌhɑːf'taim] przerwa (w meczu)
halfway ['hɑːfwei] **1.** w pół drogi **2.** w połowie ◇ **3. meet sb halfway** wychodzić komuś naprzeciw
hall [hoːl] **1.** korytarz, przedpokój, hall **2.** sala (zebrań, koncertowa), aula **3.** (*także* **hall of residence**) dom akademicki
hallelujah (*także* **halleluia, alleluia**) [ˌhæli'luːjə] alleluja
hallmark ['hoːlmɑːk] **1.** cecha charakterystyczna **2.** próba, cecha
hallo [hə'lou] *BR patrz* hello
hallowed ['hæloud] uświęcony, czcigodny
Halloween (*także* **Hallowe'en**) [ˌhalou'iːn] przeddzień Wszystkich Świętych (gdy dzieci udają duchy)
hallucinate [hə'luːsineit] mieć halucynacje
hallucination [həˌluːsi'neiʃən] halucynacja
hallway ['hoːlwei] korytarz, przedpokój
halo ['heilou], *lm* **halos** *lub* **haloes** aureola
halt [hoːlt] **1.** zatrzymywać (się) ◇ **2. come to a halt** zatrzymywać (się)

halting ['hoːltiŋ] wahający się, pełen wahania
halve [hɑːv] **1.** przepoławiać (się) **2.** obcinać o połowę
halves [hɑːvz] *patrz* half: *lm*
ham [hæm] **1.** szynka ◇ **2. ham it up** grać z przesadą
hamlet ['hæmlət] sioło, wioska
hammer ['hæmə] **1.** młotek, młot **2.** wbijać (*sth into* coś do/w) **3.** bębnić (*on* o/w)
hammer away tyrać (*at* nad), pracować
hammer out wypracowywać
hammock ['hæmək] hamak
hamper ['hæmpə] **1.** ograniczać, krępować **2.** koszyk (na jedzenie)
hamster ['hæmstə] chomik
hamstring ['hæmstriŋ] **1.** ścięgno (podkolanowe) **2.** *form* krępować
hand [hænd] **1.** dłoń, ręka **2.** udział **3.** robotnik **4.** wskazówka **5.** wręczać, przekazywać ◇ **6. give/lend sb a hand** pomóc komuś **7. (close) at hand** pod ręką **8. by hand** ręcznie **9. in hand** (a) w ręce (b) w trakcie opracowywania **10. on hand** pod ręką **11. out of hand** z miejsca **12. on the one hand ..., on the other hand ...** z jednej strony ..., (a) z drugiej strony ... **13. get out of hand** wymykać się z rąk **14. try one's hand at sth** brać się za coś **15. "hands off"** nie dotykać, precz z rękami **16. at sb's hand** z czyjejś ręki **17. have sth on one's hands** mieć coś na swojej głowie **18. have sth off one's hands** mieć coś z głowy **19. change hands** przechodzić z rąk do rąk **20. have one's hands full** mieć dużo spraw na głowie

hand down przekazywać
hand in przedstawiać, wręczać
hand on przekazywać (*to sb* komuś)
hand out 1. rozdawać, rozdzielać **2.** (*rad*) udzielać
hand over 1. wręczać **2.** przekazywać (sprawę) (*to sb* komuś)
handbag ['hændbæg] torebka
handbook ['hændbuk] podręcznik, poradnik
handbrake ['hændbreik] hamulec ręczny
handclap ['hændklæp] ◊ *BR* a slow handclap dezaprobata, wygwizdywanie
handcuff ['hændkʌf] zakuwać w kajdanki
handcuffs ['hændkʌfs] kajdanki
handful ['hændful] **1.** garść **2.** garstka **3.** *nieform* psotnik, psotnica
handicap ['hændikæp] **1.** upośledzenie **2.** trudność **3.** *sport* for, handikap **4.** upośledzać, stawiać w trudnym położeniu
handicraft ['hændikrɑ:ft] **1.** rzemiosło, rękodzieło **2.** wyrób rękodzielniczy
handiwork ['hændiwə:k] dzieło (własnych rąk)
handkerchief ['hæŋkətʃif] chustka
handle ['hændəl] **1.** klamka **2.** (*do trzymania*) rączka, uchwyt **3.** (*paczki*) przenosić, przemieszczać **4.** (*radzić sobie*) dawać sobie radę (*sth* z czymś) **5.** (*o urządzeniu*) chodzić (*it handles very well* chodzi bardzo dobrze) **6.** (*zadaniem, pracą*) zajmować się, być odpowiedzialnym (*sth* za coś) **7.** obchodzić się (*sb* z kimś)
handlebar ['hændəlbɑ:] kierownica (*roweru, motocykla*)

handler ['hændlə] treser
handmade [ˌhænd'meid] ręcznie robiony
handout ['hændaut] **1.** datek, wsparcie, zapomoga **2.** folder, ulotka
hand-picked [ˌhænd'pikt] wyselekcjonowany, starannie dobrany
handshake ['hændʃeik] uścisk dłoni
handsome ['hænsəm] **1.** przystojny **2.** postawny **3.** atrakcyjny **4.** pokaźny
hand-to-mouth [ˌhændtə'mauθ] **1.** ledwie starczający **2.** ledwie, ledwie
handwriting ['hændˌraitiŋ] pismo odręczne
handwritten ['hændritən] ręcznie napisany
handy ['hændi] **1.** poręczny, przydatny **2.** *nieform* zręczny (*with* z) **3.** *nieform* pod ręką ◊ **4.** *nieform* come in handy nadawać się doskonale **5.** keep sth handy trzymać coś pod ręką
handyman ['hændimən], *lm* **handymen** ['hændimən] złota rączka, majster do wszystkiego
hang [hæŋ], **I. hung** [hʌŋ], **hung 1.** wisieć **2.** (*coś*) wieszać ◊ **3.** *nieform* get the hang of sth złapać coś, nauczyć się czegoś
hang about/around/round *nieform* kręcić się (gdzieś)
hang on 1. zależeć od **2.** wytrzymywać ◊ **3. hang on for a minute** poczekaj chwileczkę
hang onto trzymać się
hang out rozwieszać
hang round *patrz* hang around
hang up (*słuchawkę*) odkładać
hang up on przerywać (*sb* komuś rozmowę)
hang II. hanged, hanged 3.

(*kogoś*) wieszać (się)

hangar ['hæŋə] hangar

hanger ['hæŋə] wieszak

hanger-on [,hæŋər'on] pochlebca

hang-glider ['hæŋglaidə] lotnia

hanging ['hæŋiŋ] **1.** powieszenie **2.** wieszanie **3.** (*zwykle* -s) draperia, obicie, kotara

hangman ['hæŋmən], *lm* **hangmen** ['hæŋmən] kat

hangover ['hæŋouvə] **1.** kac, kociokwik **2.** przeżytek

hang-up ['hæŋʌp] *nieform* strach, obawa (*about* przed)

hank [hæŋk] *termin* zwój, kłąb

hanker ['hæŋkə] pragnąć (*after/for sth* czegoś)

hankering ['hæŋkəriŋ] pragnienie, potrzeba (*for sth* czegoś)

hanky ['hæŋki] *nieform* chusteczka

haphazard [,hæp'hæzəd] chaotyczny, przypadkowy

happen ['hæpən] **1.** zdarzać się, wydarzać się **2.** przydarzać się (*to sb* komuś) ◇ **3. happen to be somewhere** akurat/przypadkowo być gdzieś **4. as it happens** tak się składa/złożyło

happening ['hæpəniŋ] zdarzenie

happy ['hæpi] **1.** szczęśliwy (*Happy New Year* Szczęśliwego Nowego Roku) **2.** zadowolony (*about/with sth* z czegoś) **3.** (*w życzeniach*) wszystkiego najlepszego z okazji **4.** *form* (*np. porównanie*) fortunny, dobry ◇ **5. be happy to do sth** bardzo chętnie coś zrobić

happy-go-lucky [,hæpigou'lʌki] beztroski

harangue [hə'ræŋ] **1.** tyrada, perora **2.** przekonywać

harass ['hærəs] nękać, prześladować

harassment ['hærəsmənt] prześla-

dowanie, znęcanie się

harbour (*US* **harbor**) ['hɑ:bə] **1.** przystań, port **2.** ukrywać **3.** *lit* żywić

hard [hɑ:d] **1.** twardy **2.** (*życie, zima*) ciężki **3.** (*dzień, pytanie*) trudny **4.** (*wyraz twarzy, ktoś*) surowy (*on sb* wobec kogoś) **5.** (*np. dla zdrowia*) szkodliwy (*on* na) **6.** (*mróz*) duży **7.** (*fakt*) bezsporny **8.** (*np. narkotyk*) mocny **9.** (*polityk*) twardogłowy, skrajny **10.** (*coś robić*) ciężko, trudno **11.** (*próbować*) mocno **12.** (*postępować*) twardo ◇ **13. sb is hard pushed/put/pressed to do sth** ciężko komuś coś zrobić **14. hard done by** *BR* źle potraktowany

hard cash [,hɑ:d'kæʃ] gotówka

hard core [,hɑ:d'ko:] centrum, grupa centralna

hard labour (*US* **hard labor**) [,hɑ:d'leibə] ciężkie roboty

hard luck [,hɑ:d'lʌk] *nieform* a to pech

hard of hearing [,hɑ:dəv'hiəriŋ] niedosłyszący

hard-and-fast [,hɑ:dən'fɑ:st] bezwzględny, ścisły

hardback ['hɑ:dbæk] (książka) w sztywnej oprawie

hardboard ['hɑ:dbo:d] płyta pilśniowa

hard-boiled [,hɑ:d'boild] (gotowany) na twardo

harden ['hɑ:dən] **1.** twardnieć **2.** utwardzać **3.** robić zatwardziałym/twardym

hard-headed [,hɑ:d'hedid] niesentymentalny, trzeźwy

hard-hearted [,hɑ:d'hɑ:tid] nieczuły, o twardym sercu

hardly ['hɑ:dli] *GRAM* **1.** prawie nie

2. ledwo 3. niezbyt

hard-pressed [ˌhɑː'd'prest] znękany

hardship ['hɑːdʃip] problem, ciężar

hard-up [ˌhɑːd'ʌp] bez pieniędzy

hardware ['hɑːdweə] 1. narzędzia metalowe 2. sprzęt (*komputerowy*)

hard-wearing [hɑːd'weəriŋ] trwały

hardy ['hɑːdi] 1. wytrwały, wytrzymały 2. mrozoodporny

hare [heə] 1. zając 2. (*także* hare off/away) zwiewać

harebrained ['heəbreind] głupi

haricot (beans) ['hærikou (biːnz)] fasola szparagowa

harm [hɑːm] 1. krzywda 2. szkoda 3. krzywdzić 4. szkodzić ◊ 5. **sb will come to no harm, no harm will come to sb** kogoś nie spotka krzywda 6. **out of harm's way** bezpieczny 7. **there is no harm (in doing sth)** nie ma nic złego (w zrobieniu czegoś)

harmful ['hɑːmful] szkodliwy

harmless ['hɑːmlis] nieszkodliwy

harmonica [hɑː'mɒnikə] organki, harmonijka

harmonious [hɑː'mouniəs] 1. harmonijny 2. zharmonizowany 3. zgodny

harmonize (*także* **harmonise**) ['hɑːmənaiz] harmonizować (*with* z)

harmony ['hɑːməni] 1. harmonia 2. zgoda

harness ['hɑːnəs] 1. uprząż 2. pasy mocujące 3. zaprzęgać (*to* do) 4. czynić użytecznym

harp [hɑːp] harfa
    harp on narzekać, skarżyć się

harpoon [hɑː'puːn] harpun

harpsichord ['hɑːpsikɔːd] klawesyn

harrowing ['hærouiŋ] męczący,

zdzierający nerwy

harsh [hɑːʃ] 1. ostry 2. szorstki

harvest ['hɑːvəst] 1. **the h.** żniwa 2. plon, zbiór 3. zbierać (plony)

harvester ['hɑːvəstə] kombajn

has [həz, əz, hæz] *patrz* **have**: *3 os. l.poj. czasu ter.*

has-been ['hæzbiːn] *nieform* zapomniana sława

hash [hæʃ] 1. (*mięso siekane smażone z cebulą i ziemniakami*) ◊ 2. *nieform* **make a hash of sth** spartaczyć coś

hasn't ['hæzənt] *ściągnięte:* has not

hassle ['hæsəl] 1. *nieform* mordęga 2. sprzeczka 3. *nieform* mordować, dręczyć

haste [heist] 1. pośpiech ◊ 2. *przest* **make haste** śpieszyć się

hasten ['heisən] 1. *form* przyśpieszać 2. *lit* śpieszyć się 3. pośpieszyć (*to do sth* zrobić coś)

hasty ['heisti] pośpieszny

hat [hæt] 1. kapelusz ◊ 2. **keep sth under one's hat** trzymać coś dla siebie 3. **it is an old hat** to już stara historia 4. **talk through one's hat** opowiadać bzdury

hatch [hætʃ] 1. (*także* hatch out) wykluwać się 2. knuć 3. luk 4. wewnętrzne okno, otwór ◊ 5. **eggs hatch** z jaj wykluwają się młode

hatchet ['hætʃət] 1. toporek ◊ 2. **bury the hatchet** zakopywać topór wojenny

hate [heit] 1. nienawidzić 2. nienawiść ◊ 3. **I hate to (disturb you)** bardzo mi przykro, że (panu przeszkadzam) 4. **I hate to say it** przykro mi to mówić

hateful ['heitful] *przest* nienawistny

hatred ['heitrid] nienawiść

haughty ['hɔːti] wyniosły

haul [ho:l] 1. wyciągać, ciągnąć ◊ 2.
a long haul długi dystans, długa
droga
haul up zaciągać (*before a court*
przed sąd)
haunch ['ho:ntʃ] pośladek, biodro
haunt [ho:nt] 1. nawiedzać 2. prześladować 3. miejsce (chętnie od-
wiedzane)
haunting ['ho:ntiŋ] urzekający,
chwytliwy
have [həv, əv, hæv] (*3. os. l.poj. czasu ter.* has [həz, hæz]), had [həd,
hæd], had
I. *GRAM czasownik bez swojego znaczenia* 1. *przed III formą* — *służy do tworzenia złożonych (perfektywnych) form czasowników* (*he has come* przyszedł,
he seems to have come chyba
już przyszedł (był), *having come*
przyszedłszy) 2. *prawda/niepraw-
da, czy(ż) nie, nie?* (*you have
seen her, haven't you?* widziałeś
ją, prawda?) 3. *BR (przed bezokolicznikiem, często z got)* musieć, trzeba (*do you have (got)
to go there?* czy musisz tam iść?,
*you have to be careful of your
facts* trzeba być ostrożnym z taki-
mi faktami)
II. 4. mieć 5. *z różnymi rzeczownikami* — *nie tłumaczy się lub
może się tłumaczyć w bardzo różny sposób* (*have a walk* spacerować, *I had a boring afternoon* spę-
dziłem nudne popołudnie, *have a
bath* *kąpać się/brać kąpiel*) 6.
(*o jedzeniu*) jeść, pić ◊ 7. **have
sth done** dawać coś zrobić (*have
one's hair cut* dawać obciąć sobie
włosy, *she had her bag stolen* po-
zwoliła sobie ukraść torebkę (skra-

dziono jej torebkę)) 8. **have sb do
sth** sprawiać, że ktoś coś (z)robi
9. **have sth to do** mieć coś do
zrobienia 10. **A has nothing to
do with B** A nie ma nic wspólnego z B 11. **have sb on** nabierać
kogoś
haven ['heivən] przystań, schronienie
haven't ['hævənt] *ściągnięte*: have
not
haversack ['hævəsæk] plecak, chlebak
havoc ['hævək] 1. chaos, zamieszanie 2. spustoszenie ◊ 2. **play/
/wreak havoc with** wprowadzać
chaos, niszczyć, pustoszyć
hawk [ho:k] 1. jastrząb 2. (*przy
sprzedawaniu*) obnosić się (*around*
po) ◊ 3. **watch sb like a hawk**
mieć kogoś na oku
hawthorn ['ho:θo:n] głóg
hay [hei] siano
hay fever ['hei,fi:və] katar sienny
haystack ['heistæk] stóg, kopa (sia-
na)
haywire ['heiwaiə] ◊ *nieform* go
haywire chrzanić się
hazard ['hæzəd] 1. ryzyko, niebezpieczeństwo 2. ryzykować
hazardous ['hæzədəs] niebezpieczny, ryzykowny (*to* dla)
haze [heiz] mgiełka, opary
hazel ['heizəl] 1. leszczyna 2. (*kolor*)
orzechowy 3. (*oczy*) piwny
hazelnut ['heizəlnʌt] orzech laskowy
hazy ['heizi] 1. zamglony 2. niejasny
3. niepewny (*about* co do)
he [hi, hi:] *GRAM* 1. on 2. samiec
(*he-dog* pies samiec)
head [hed] 1. głowa 2. (*np. schodów*) szczyt 3. (*zarządzający, naczelny*) zwierzchnik 4. (*np. szko-

ły) dyrektor, kierownik **5.** **-s** (*monety*) reszka **6.** (*np. szkołą*) zarządzać, kierować **7.** (*spis, listę*) otwierać, być na pierwszym miejscu **8.** (*np. artykuł*) tytułować **9.** zmierzać (*for* do, w stronę) **10.** (*piłkę*) odbijać główką, główkować ◇ **11.** **a/per head** na głowę **12.** **off the top of one's head** prosto z mostu, bez namysłu **15.** *nieform* (**shout**) **one's head off** (krzyczeć) na całe gardło **13.** *nieform* **bite/snap one's head off** zmyć komuś głowę **14.** ***come/be brought*** **to a head** dochodzić do szczytu **15.** **get** (**a fact**) **into one's/sb's head** wbijać sobie/komuś (jakiś fakt) do głowy **16.** **go to one's head** uderzać do głowy **17.** **keep one's head** nie tracić głowy **18.** **lose one's head** tracić głowę **19.** **put heads together** naradzać się **20.** *nieform* **be off one's head** upaść na głowę

head start [ˌhed'stɑːt] przewaga

headache ['hedeik] **1.** ból głowy **2.** problem

headdress ['heddres] przybranie głowy

head-first [ˌhed'fəːst] głową naprzód, na głowę

headgear ['hedgiə] nakrycie głowy

heading ['hediŋ] nagłówek, tytuł

headlamp ['hedlæmp] światło (reflektor) przednie

headland ['hedlənd] cypel

headlight ['hedlait] światło (reflektor) przednie

headline ['hedlain] **1.** nagłówek **2.** **-s** najważniejsze wydarzenia

headlong ['hedloŋ] **1.** na łeb, na szyję **2.** bez namysłu

headmaster ['hedmɑːstə] dyrektor (szkoły)

headmistress ['hedmistrəs] dyrektorka (szkoły)

head-on [ˌhed'on] **1.** czołowy **2.** bezpośredni

headphones ['hedfounz] słuchawki (na uszy)

headquarters ['hedkwoːtəz] **1.** kwatera główna **2.** centrala

headroom ['hedruːm] dopuszczalna wysokość (pojazdu)

headstone ['hedstoun] płyta nagrobna

headway ['hedwei] ◇ **make headway** czynić postępy

headwind ['hedwind] wiatr czołowy

heady ['hedi] **1.** ekscytujący, podniecający **2.** ciężki **3.** (*napój*) uderzający do głowy

heal [hiːl] **1.** goić (się) **2.** leczyć, wyleczyć **3.** zdrowieć
heal up goić się

health [helθ] **1.** zdrowie **2.** powodzenie, dobry stan ◇ **3.** **drink** (**to**) **sb's health** pić (za) czyjeś zdrowie **4.** **be in poor health** być słabego zdrowia

healthy ['helθi] **1.** zdrowy **2.** niezły

heap [hiːp] **1.** sterta, kupa **2.** *także* **-s** kupa, masa (*heap(s) of time* masa czasu) **3.** zwalać (na kupę) **4.** (*pochwałami*) obsypywać
heap up gromadzić

hear [hiə], **heard** [həːd], **heard 1.** słyszeć (*of* o) **2.** słuchać **3.** dowiadywać się, dostawać wiadomości (*about/of* o) **4.** praw rozpatrywać, sądzić **5.** *praw* przeprowadzać
hear out wysłuchać (*sb* kogoś)

hearing ['hiəriŋ] **1.** słuch **2.** przesłuchanie ◇ **3.** **in/within** sb's **hearing** w zasięgu słuchu **4.** **get**

a (fair) hearing rozpatrzyć (bez-
stronnie)
hearing aid ['hiəriŋ eid] aparat
słuchowy
hearsay ['hiəsei] pogłoski
hearse [hə:s] karawan
heart [hɑ:t] 1. serce 2. sedno 3. centrum 4. (*kapusty*) głąb 5. (*w kartach*) kier ◇ 6. at heart w sercu, w głębi serca 7. by heart
na pamięć 8. a change of heart
zmiana nastawienia 9. sb's heart
isn't in sth ktoś podchodzi do
czegoś bez serca 10. in sb's heart
of hearts w głębi duszy 11. sth
breaks sb's heart serce się komuś kraje (z powodu czegoś) 12.
sb's heart sinks duch w kimś u-
pada 13. set one's heart on sth
nastawiać się na coś, wziąć coś do
serca
heartbeat ['hɑ:tbi:t] bicie serca
heartbreak ['hɑ:tbreik] zgryzota,
smutek
heartbreaking ['hɑ:tbreikiŋ] rozdzierający serce
heartbroken ['hɑ:tbroukən] ◇ sb is
heartbroken ktoś ma złamane
serce
heartburn ['hɑ:tbə:n] zgaga
hearten ['hɑ:tən] dodawać otuchy,
pokrzepiać
heartfelt ['hɑ:tfelt] szczery, głęboki
hearth [hɑ:θ] palenisko
heartless ['hɑ:tlis] bez serca, bezlitosny
heartrending ['hɑ:trendiŋ] rozdzierający serce
hearty ['hɑ:ti] 1. serdeczny 2. obfity
heat [hi:t] 1. ciepło, ciepłota 2. (*np.
na kuchence*) ogień 3. (*o pogodzie*) upał, gorąco 4. (*emocji*) u-
niesienie, roznamiętnienie 5. (*o-*

kresu) gorączka, szczyt 6. *sport* e-
liminacje 7. (*także* heat up: *np.
wodę*) ogrzewać, podgrzewać
heated ['hi:tid] rozemocjonowany,
podekscytowany
heater ['hi:tə] 1. grzejnik 2. ogrzewacz (wody)
heath [hi:θ] wrzosowisko
heathen ['hi:ðən] 1. *przest* poganin
2. pogański
heather ['heðə] wrzos, wrzosiec
heave [hi:v] 1. ciągnąć (z wysiłkiem), dźwigać (się) 2. falować
3. mieć mdłości, wymiotować 4.
pociągnięcie (z wysiłkiem), dźwi-
gnięcie ◇ 5. heave a sigh wydawać ciężkie westchnienie
heaven ['hevən] 1. niebo, niebiosa 2.
raj 3. *lit* nieboskłon ◇ 4. heaven
knows Bóg jeden wie 5. (good)
heavens dobry Boże
heavenly ['hevənli] niebiański
heavenward(s) ['hevənwəd(z)] *lit*
do niebios
heavy ['hevi] 1. ciężki 2. duży 3.
lit obciążony (*with sth* czymś) ◇
4. be heavy on sth przesadzać z
czymś, używać czegoś za dużo
heavy-duty [,hevi'dju:ti] o dużej
wytrzymałości
heavy-handed [,hevi'hændid] o
ciężkiej ręce
heavyweight ['heviweit] (zawodnik)
wagi ciężkiej
heckle ['hekəl] przeszkadzać
hectic ['hektik] gorączkowy, rozgorączkowany
he'd [hi:d] *ściągnięte*: he had *lub* he
would
hedge [hedʒ] 1. żywopłot 2. wykręcać się (*on* z) ◇ 3. *nieform* hedge
one's bets ubezpieczać się, ase-
kurować się

hedgehog ['hedʒhog] jeż
hedgerow ['hedʒrou] żywopłot
heed ['hi:d] **1.** *form* powodować się, słuchać ◇ **2. take/pay heed (to sth)** mieć wzgląd (na coś)
heedless ['hi:dlis] *form* nie zważający (*of* na), nieuważny
heel [hi:l] **1.** pięta **2.** obcas ◇ **3. dig one's heels in** zapierać się (przeciw) **4. follow hard on the heels of** następować na pięty, następować szybko po (czymś) **5.** *lit* **take to one's heels** brać nogi za pas
hefty ['hefti] *nieform* zwalisty, wielki
heifer ['hefə] jałówka
height [hait] **1.** wysokość **2.** (duży) wzrost **3.** szczyt **4. -s** wierzchołki ◇ **5. at its height** w okresie największego rozwoju **6. gain height** wznosić się **7. lose height** spadać
heighten ['haitən] wzmagać (się)
heir [eə] dziedzic, spadkobierca
heiress ['eərəs] dziedziczka, spadkobierczyni
heirloom ['eəlu:m] rodzinna pamiątka
held [held] *patrz* hold: II i III forma
helicopter ['helikoptə] helikopter
hell [hel] **1.** piekło **2.** *nieform* cholera (jasna) ◇ **3.** *nieform* **give sb hell** robić piekło komuś **4. "go to hell"** „idź do diabła" **4.** *nieform* **as/like hell** jak cholera
he'll [hi:l] *ściągnięte*: he will
hellish ['heliʃ] *nieform* cholerny
hello [hə'lou] **1.** cześć, dzień dobry **2.** (*do telefonu*) halo **3.** (*aby zwrócić uwagę*) hej
helmet ['helmət] **1.** kask **2.** hełm
helmsman ['helmzmən], *lm* **helmsmen** ['helmzmən] sternik
help [help] **1.** pomagać **2.** pomoc ◇ **3. help oneself** poczęstować się

(*to sth* czymś) **4. sb cannot help (sth)** (a) ktoś nie może poradzić (na coś) (b) ktoś nie może zapobiec (czemuś) **5. "Help!"** „Ratunku!"
helper ['helpə] pomocnik
helpful ['helpful] pomocny
helping ['helpiŋ] porcja
helpless ['helplis] bezradny
hem [hem] **1.** rąbek, skraj **2.** obrębiać
hem in otoczyć (*by sth* przez kogoś, czymś)
hemisphere ['hemisfiə] *form* półkula
hemorrhage (*także* **haemorrhage**) ['heməridʒ] **1.** krwotok **2.** wykrwawiać się, dostawać krwotoku
hemp [hemp] konopie
hen [hen] **1.** kwoka **2.** kura (*samica różnych gatunków ptaków*)
hence [hens] *form* **1.** stąd, dlatego **2.** od dzisiaj
henceforth [,hens'fo:θ] *form* odtąd
henchman ['hentʃmən], *lm* **henchmen** ['hentʃmən] zausznik, fagas
her [hə, hə:] *GRAM* jej, niej, ją, nią (ona *w różnych przypadkach*)
herald ['herəld] **1.** zwiastun, herold **2.** zwiastować **3.** ogłaszać (*as* jako)
heraldry ['herəldri] heraldyka
herb [hə:b] **1.** ziele, zioło **2.** ziołowy
herd [hə:d] **1.** stado **2.** zaganiać
here [hiə] **1.** tu(taj) ◇ **2. here is/are ... oto ... 3. here and there** tu i tam **4. "Here", "Here you are"** „Proszę" **5. "Here's to (your marriage)"** „Za (twoje małżeństwo)"
hereafter [,hiər'ɑ:ftə] **1.** *form* poniżej **2.** *form* od tej chwili **3.** życie pozagrobowe

hereby [ˌhiə'bai] *form* niniejszym
hereditary [hə'reditəri] dziedziczny
heredity [hi'rediti] dziedziczność, dziedziczenie
heresy ['herəsi] herezja
heretic ['herətik] heretyk
heretical [hə'retical] heretyczny
herewith [ˌhiə'wiθ] *form* z niniejszym
heritage ['heritidʒ] dziedzictwo
hermit ['hə:mit] pustelnik
hernia ['hə:niə] *med* przepuklina
hero ['hiərou] 1. bohater 2. idol
heroic [hi'rouik] heroiczny, bohaterski
heroin ['herouin] heroina
heroine ['herouin] bohaterka
heroism ['herouizəm] bohaterstwo, heroizm
heron ['herən] czapla
herring ['heriŋ] (*pl także* herring) śledź
hers [hə:z, həz] *GRAM* jej
herself [hə'self] *GRAM* 1. się, siebie, sobie (*o kobiecie*) 2. sama
he's [hi:z] *ściągnięte*: he is *lub* he has
hesitant ['hezitənt] niepewny, wahający się
hesitate ['heziteit] 1. wahać się 2. nie móc się zdecydować (*to* aby) ◇ 3. don't hesitate to do sth proszę od razu coś (z)robić
hesitation [ˌhezi'teiʃən] 1. zawahanie (się) 2. niezdecydowanie
heterogenous [ˌhetərə'dʒi:niəs] *form* heterogeniczny, różnorodny
het up [ˌhet'ʌp] ◇ *nieform* get het up (about sth) podniecać się (czymś)
hew [hju:], hewed [hju:d], hewed *lub* hewn [hju:n] *form* ciosać, kuć, łamać

hexagon ['heksəgən] sześciokąt
hey [hei] hej
heyday ['heidei] pełnia, okres rozkwitu
hi [hai] 1. *nieform* cześć, siemasz 2. *przest* hej
hiatus [hai'eitəs] *form* luka, puste miejsce
hibernate ['haibəneit] zapadać w sen zimowy
hiccup ['hikʌp] 1. czkawka 2. czkać
hide [haid], hid [hid], hidden ['hidən] 1. ukrywać (się), chować (się) 2. skrywać (*from* przed) 3. przykrywać, zakrywać 4. skóra
hideous ['hidiəs] ohydny, obrzydliwy
hiding ['haidiŋ] 1. ukrycie 2. *nieform* lanie ◇ 3. go into hiding ukrywać się
hierarchy ['haiəra:ki] *form* 1. hierarchia 2. władze
hieroglyphics [ˌhaiərə'glifiks] hieroglify
hi-fi ['haifai] (*skrócone:* high fidelity wysokiej czułości) sprzęt hifi
high [hai] 1. wysoki 2. (*przy mierzeniu*) wysoki (na), (o) wysokości (*a wall 10 m high* ściana wysoka na 10 m, ściana wysokości 10 m) 3. (*pozycja*) wyższy (*high society* wyższe sfery) 4. (*jakość*) doskonały 5. (*okres, księżyc*) pełny, w kulminacji (*in high summer* w środku lata) 6. (*rzucać*) wysoko 7. (*wysoki poziom*) wysokość ◇ 7. it is high time (to) najwyższy czas (, aby) 8. *nieform* in the high 80s w granicach 85–89 9. *nieform* be high (on drugs) być naćpanym być na haju
high school ['hai sku:l] szkoła średnia
high street ['hai stri:t] główna

ulica
high tea [‚hai 'ti:] *BR* podwieczorek, kolacja
high tide [hai 'taid] wysoka fala, przypływ
highbrow ['haibrau] intelektualny, uczony
high-class [‚hai'klɑ:s] wysokiej klasy
high-handed [‚hai'hændid] arbitralny, despotyczny
high-heeled [hai'hi:ld] na wysokich obcasach
highlands ['hailəndz] pogórze, góry
high-level [‚hai'levəl] na wysokim szczeblu
highlight ['hailait] **1.** uwypuklać, uwydatniać **2.** najważniejszy punkt, kulminacja
highly ['haili] **1.** bardzo, wysoce **2.** wysoko **3.** pochlebnie
highly-strung [‚haili'strʌŋ] napięty, nerwowy
high-minded [‚hai'maindid] pryncypialny
Highness ['hainis] ◊ **Your/His Highness** Wasza/Jego Wysokość
high-pitched [‚hai'pitʃt] przeraźliwy, przenikliwy
high-powered [‚hai'pauəd] **1.** potężny, dynamiczny **2.** efektywny
high-rise ['hairaiz] wysokościowy
highrise building wysokościowiec
high-spirited [‚hai'spiritid] pełen energii, żywy, ożywiony
highway ['haiwei] szosa, główna droga
hijack ['haidʒæk] porywać
hike [haik] **1.** wycieczka **2.** wędrować
hilarious [hi'leəriəs] rozśmieszający
hilarity [hi'læriti] wesołość, zabawa
hill [hil] wzgórze
hillside ['hilsaid] zbocze

hilltop ['hiltop] szczyt (wzgórza)
hilly ['hili] pagórkowaty
hilt [hilt] **1.** rękojeść ◊ **2.** *nieform* **(up) to the hilt** na całego
him [im, him] *GRAM* jego, niego, go, jemu, niemu, mu, nim (on *w różnych przypadkach*)
himself [him'self] *GRAM* **1.** się, siebie, sobie (*o mężczyźnie*) **2.** sam
hind [haind] tylny, zadni
hinder ['hində] wstrzymywać
hindrance ['hindrəns] przeszkoda
hindsight ['haindsait] wiedza po fakcie, doświadczenie
Hindu ['hindu:] **1.** Hindus **2.** hinduistyczny
hinge [hindʒ] zawias
hinge on/upon zależeć (od czegoś)
hint [hint] **1.** aluzja, napomknienie **2.** sugestia, wskazówka **3.** wysuwać sugestie (*at* co do) ◊ **4. drop a hint** napomykać **5. take a hint** pojąć aluzję
hip [hip] biodro
hippie ['hipi] hipis
hippo ['hipou] hipcio, hipopotam
hippopotamus [‚hipə'potəməs] hipopotam
hippy ['hipi] hippis
hire ['haiə] **1.** wynajmować **2.** wynajęcie ◊ **3. for hire** do wynajęcia
hire out wypożyczać
hire purchase [‚haiə 'pə:tʃəs] kupno na raty
his [hiz] *GRAM* jego
hiss [his] **1.** syczeć **2.** wygwizdywać **3.** syk
historian [hi'sto:riən] historyk
historic [hi'storik] historyczny, przełomowy
historical [his'torikəl] historyczny
history ['histəri] **1.** historia **2.** dzie-

je ◇ **3. make history** tworzyć
historię **4. go down in history**
przechodzić do historii
histrionic [,histri'onik] *form* histrio-
niczny, teatralny
hit [hit], **hit, hit 1.** uderzyć **2.** trafiać **3.** *nieform* (*o nieszczęściu*) dotykać **4.** trafienie **5.** przebój, hit ◇
6. *nieform* **hit the roof/ceiling**
wściekać się **7.** *nieform* **hit it off**
przypaść sobie do gustu
hit back odgryzać się (*at sb* komuś)
hit on/upon dochodzić (*sth* do
czegoś), wpadać (*an idea* (na pomysł))
hit-and-run [,hitən'rʌn] ◇ **hit-and-
run accident** wypadek samochodowy, którego sprawca zbiegł
hitch [hitʃ] **1.** przytwierdzać **2.** jechać (auto)stopem **3.** problem
hitch up podciągać
hitch-hike ['hitʃhaik] jechać (auto)stopem
hitherto [,hiðə'tu:] *form* dotychczas
hive [haiv] **1.** ul **2.** rojowisko, rozsadnik
HMS *skrót: Her/His Majesty's Ship*
statek Jej/Jego Królewskiej Mości
hoard [ho:d] **1.** gromadzić **2.** zasób
hoarding ['ho:diŋ] **1.** parkan **2.** tablica ogłoszeniowa/reklamowa
hoarse [ho:s] ochrypły
hoary ['ho:ri] *lit* **1.** siwy **2.** omszały,
zamierzchły
hoax [houks] bujda, oszustwo
hobble ['hobəl] **1.** kuleć, utykać **2.**
krępować, pętać
hobby ['hobi] hobby, konik
hobo ['houbou] *US* tramp, włóczęga
hock [hok] białe wino reńskie
hockey ['hoki] hokej
hoe [hou] **1.** motyka **2.** okopywać

hog [hog] **1.** wieprz **2.** *nieform* zagarniać ◇ **3.** *nieform* **go the whole
hog** iść na całego
hoist [hoist] **1.** dźwigać **2.** podnosić
3. wyciągnik, podnośnik
hold [hould], **held**, [held], **held**
GRAM **1.** trzymać (się) (*z różnymi rzeczownikami może się różnie tłumaczyć*) **2.** (*w więzieniu*)
przetrzymywać **3.** (*urząd*) piastować **4.** (*licencję, władzę*) mieć **5.**
(*wybory, spotkanie*) organizować
6. (*rozmowę*) odbywać **7.** znajdować się, tkwić **8.** wydawać (opinię), skłaniać się (*sth* do czegoś) **9.**
uważać za (*np. odpowiedzialnego*)
10. (*uwagę*) zaprzątać, pochłaniać **11.** (*twierdzę*) utrzymywać
12. (*sufit*) podtrzymywać **13.** (*o
pojemniku, sali*) mieścić **14.** (*o zaproszeniu*) mieć ważność, być ważnym **15.** (*o pogodzie, szczęściu*) u-
trzymywać się **16.** uchwyt **17.** (*na
statku*) ładownia, luk **18.** haczyk
(*over sb* na kogoś) ◇ **19. hold
the line, please** proszę nie odkładać słuchawki **20. take hold of**
sth chwytać coś, łapać coś **22. get
hold of sth** znajdować **23. get
hold of sb** (*telefonicznie*) złapać
kogoś
hold back 1. powstrzymywać
(się) **2.** zatrzymywać
hold down mieć, utrzymywać
hold off trzymać na dystans
hold on 1. trzymać się **2.** pocze-
kać (*zwłaszcza przy telefonie*)
hold onto 1. przytrzymywać się
2. trzymać się (kurczowo)
hold out 1. wyciągać **2.** domaga-
się (*for sth* czegoś) **3.** trzymać się
nie ustępować
hold up 1. wstrzymywać **2**

przedstawiać (jako wzór)
holdall ['houldo:l] torba
holder ['houldə] 1. opakowanie 2. właściciel, okaziciel, posiadacz
holding ['houldiŋ] 1. pakiet akcji, aktywa, zasoby 2. dzierżawa 3. powstrzymujący
hold-up ['houldʌp] 1. napad (z bronią) 2. zator
hole [houl] 1. dziura 2. nora 3. dziurawić ◇ 4. *nieform* pick holes (in) szukać dziury (w)
hole up *nieform* zaszywać się, skrywać się
holiday ['holədei] 1. święto 2. wczasy, urlop 3. wakacje
holiday camp ['holədei kæmp] ośrodek wypoczynkowy
holiday maker ['holədei meikə] wczasowicz, urlopowicz
holiness ['houlinəs] 1. świętość ◇ 2. Your/His Holiness Jego/Wasza Świątobliwość
holler ['holə] *US nieform* ryczeć
hollow ['holou] 1. wydrążony, pusty 2. zapadnięty, wklęsły 3. *form* jałowy 4. zagłębienie, dołek
hollow out wydrążać
holly ['holi] ostrokrzew
holster ['houlstə] kabura, pochwa
holy ['houli] święty
homage ['homidʒ] 1. hołd ◇ 2. pay homage to sb składać hołd komuś
home [houm] 1. dom 2. ojczyzna, kraj rodzinny 3. rodzinne miejsce 4. (*jechać*) do domu, (*być*) w domu 5. (*wyrób*) ojczysty, krajowy 6. (*mecz, produkt*) miejscowy ◇ 7. at home w domu, jak w domu 8. make one's home zadomawiać się; osiedlać się 9. bring/drive sth home podkre-

ślać 10. make yourself at home proszę się czuć jak u siebie w domu
home in on uderzać, trafiać
home truth [,houm'tru:θ] bolesna prawda
homecoming ['houmkʌmiŋ] powrót (do domu, ojczyzny)
homeland ['houmlənd] ojczyzna
homeless ['houmlis] bezdomny
homely ['houmli] 1. prosty 2. *US* skromny, zwykły
home-made [,houm'meid] domowy
homesick ['houmsik] stęskniony za domem/ojczyzną
homesickness ['houmsiknəs] nostalgia
homeward(s) ['houmwəd(z)] 1. powrotny 2. ku domowi
homework ['houmwə:k] praca domowa, zadanie domowe
homicide ['homisaid] *US form* morderstwo
homing ['houmiŋ] 1. samonaprowadzający się ◇ 2. homing instinct instynkt powrotu do domu
homogeneity [,homədʒi'ni:iti] jednorodność, homogeniczność
homogeneous [,houmə'dʒi:niəs] jednorodny, homogeniczny
homosexual [,houmə'sekʃuəl] 1. homoseksualny 2. homoseksualista
hone [houn] ostrzyć
honest ['onist] 1. uczciwy 2. szczery
honestly ['onistli] 1. szczerze 2. naprawdę
honesty ['onisti] 1. szczerość 2. uczciwość
honey ['hʌni] 1. miód 2. *US* kochanie, skarbie
honeycomb ['hʌnikoum] plaster
honeymoon ['hʌnimu:n] miesiąc miodowy

honk [hoŋk] trąbić

honor ['onə] *US patrz* honour

honorary ['onərəri] honorowy

honour (*US* honor) ['onə] 1. honor
2. zaszczyt, wyróżnienie 3. -s honory, asysta honorowa 4. honorować, uznawać 5. uhonorowywać,
wyróżniać 6. (*obietnicy, zobowiązania*) przestrzegać, dotrzymywać
◇ 7. in sb's honour na czyjąś
cześć 8. in honour of sth ku czci
czegoś 9. *US* your honour proszę
(wysokiego) sądu

honourable (*US* honorable) ['onə-
rəbəl] 1. prawy, uczciwy 2. czcigodny

hood [hud] 1. kaptur 2. (*wózka*) o-
słona, buda 3. *US* (*samochodu*)
maska

hoodwink ['hudwiŋk] mydlić (komuś) oczy

hoof [hu:f], *lm* hoofs *lub* hooves
[hu:vz] kopyto

hook [huk] 1. haczyk 2. przymocowywać (hakami) 3. zahaczać ◇
4. off the hook (*słuchawka telefoniczna*) odłożony 5. get off
the hook wymigiwać się, wyłgi-
wać się

hook and eye [,hukənd'ai] haftka

hooked ['hukt] 1. zakrzywiony 2.
haczykowaty ◇ 3. be hooked on
sth (a) być przywiązanym do czegoś (b) być uzależnionym od czegoś

hooker ['hukə] *US nieform* dziwka

hook-up ['hukʌp] połączenie, łącze

hooligan ['hu:ligən] chuligan

hoop [hu:p] obręcz

hooray [hə'rei] hura

hoot [hu:t] 1. huczeć, dawać sygnał
(dźwiękowy) 2. (*o sowie*) pohuki-
wać 3. *lit* (*ze śmiechu*) piszczeć 4.

(*dźwiękowy*) sygnał 5. pisk, po-
piskiwanie (*ze śmiechu*) 6. (*sowy*)
pohukiwanie

hooter ['hu:tə] sygnał (dźwiękowy)

hoover ['hu:və] 1. odkurzacz 2. odkurzać

hooves [hu:vz] *patrz* hoof: *lm*

hop [hop] 1. podskakiwać 2. *nieform*
wyskakiwać, wskakiwać 3. skok,
podskok 4. chmiel ◇ 5. *nieform*
hopping mad cholernie wściekły

hope [houp] 1. spodziewać się, oczekiwać (*for sth* czegoś), mieć nadzieję (*for sth* na coś) 2. nadzieja
◇ 3. hold out hopes dawać nadzieję 4. raise one's hopes budzić nadzieję

hopeful ['houpful] 1. pełen nadziei,
optymistyczny 2. obiecujący, dobrze się zapowiadający

hopefully ['houpfuli] 1. z nadzie-
ją 2. *nieform* należy mieć nadzieję, miejmy nadzieję (*Hopefully I'll
win* Mogę mieć nadzieję, że wygram)

hopeless ['houplis] 1. rozpaczliwy 2.
beznadziejny 3. okropny, straszliwy

horde [ho:d] zgraja, horda

horizon [hə'raizən] horyzont

horizontal [,hori'zontəl] poziomy,
horyzontalny

hormone ['ho:moun] hormon

horn [ho:n] 1. róg 2. sygnał (dźwiękowy), klakson 3. *muz* (*także*
French horn) waltornia

hornet ['ho:nit] szerszeń

horny ['ho:ni] 1. rogowy, z rogu 2.
stwardniały, zrogowaciały

horoscope ['horəskoup] horoskop

horrendous [hə'rendəs] horrendal-
ny, straszliwy

horrible ['horəbəl] *nieform* okropny,

straszliwy
horrid ['horid] *nieform* okropny
horrific [hə'rifik] straszliwy, przerażający
horrify ['horifai] przerażać
horror ['horə] 1. przerażenie, zgroza 2. horror
hors d'ouevre [ˌoː'dəːv] przystawka
horse [hoːs] koń
horseback ['hoːsbæk]
horseman ['hoːsmən], *lm* **horsemen** ['hoːsmən] jeździec
horsepower ['hoːspauə] koń mechaniczny
horseracing ['hoːsreisiŋ] wyścigi konne
horseradish ['hoːsrædiʃ] chrzan
horseshoe ['hoːsʃuː] podkowa
horticulture ['hoːtikʌltʃə] ogrodnictwo
hose [houz] 1. wąż, przewód 2. skrapiać, polewać (wężem)
hose down zlać (wodą), zmyć
hosiery ['houziəri] *form* wyroby pończosznicze
hospitable ['hospitəbəl] gościnny
hospital ['hospitəl] szpital
hospitality [ˌhospi'tæliti] gościnność
hospitalize (*także* **hospitalise**) ['hospitəlaiz] *US* hospitalizować
host [houst] 1. gospodarz 2. *form* mnóstwo, gromada 3. gościć 4. goszczący
hostage ['hostidʒ] 1. zakładnik ◇ 2. **be taken/held hostage** być wziętym jako zakładnik
hostel ['hostəl] 1. dom (wycieczkowy, studencki) 2. hotel robotniczy 3. internat 4. schronisko (*dla ubogich*)
hostess ['houstis] 1. gospodyni 2. stewardesa 3. hostesa
hostile ['hostail] 1. wrogi 2. nie-

przyjazny (*to sb* komuś) 3. niesprzyjający
hostility [ho'stiliti] 1. wrogość 2. dezaprobata (*to sth* czegoś) 3. *form* **hostilities** wrogie kroki/posunięcia
hot [hot] 1. gorący 2. upalny 3. (*smak*) ostry 4. zapalczywy ◇ 5. *nieform* **be hot on sth** cholernie dużo wiedzieć
hotbed ['hotbed] *przen* rozsadnik
hot-blooded [ˌhot'blʌdid] krewki, zapalczywy
hotel [hou'təl] hotel
hotelier [hou'teliə] właściciel/dyrektor hotelu
hot-headed [ˌhot'hedid] zapalczywy, w gorącej wodzie kąpany
hothouse ['hothaus] cieplarnia
hotly ['hotli] 1. zapalczywie 2. gorąco
hot-water bottle [ˌhot'woːtəbotəl] termofor
hound [haund] 1. pies myśliwski 2. szczuć, prześladować
hour ['auə] 1. godzina 2. -s czas, okres (pracy) ◇ 3. **at this hour** o tej porze 4. **on the hour** o równej godzinie 5. **in the small hours** po północy, nad ranem
hourly ['auəli] 1. cogodzinny 2. na godzinę, cogodzinny
house I. [haus], *lm* **houses** ['hauzis] 1. budynek, dom 2. (*książek*) wydawnictwo 3. (*mody*) pracownia 4. (*finansowy*) bank 5. *form* (*parlamentu*) izba 6. (*w teatrze*) widownia 7. (*królewska*) dynastia II. ['hauz] 8. mieścić ◇ 9. **be housed** mieszkać
houseboat ['hausbout] łódź mieszkalna
housebreaking ['hausbreikiŋ] wła-

manie
household ['haushould] **1.** rodzina, domownicy **2.** gospodarstwo **3.** gospodarczy, domowy **4.** obiegowy, powszechnie znany
householder ['haushouldə] główny lokator
housekeeper ['hauski:pə] gosposia, pomoc domowa
housekeeping ['hauski:piŋ] **1.** utrzymywanie domu **2.** pieniądze (na utrzymanie domu)
housewife ['hauswaif], *lm* **housewives** ['hauswaivz] gospodyni domowa, pani domu
housework ['hauswə:k] utrzymanie domu (w porządku), prace domowe
housing ['hauziŋ] **1.** zabudowa **2.** budowlany, mieszkaniowy
housing estate ['hauziŋ isteit] osiedle mieszkaniowe
hovel ['houvəl] chałupa, buda
hover ['hovə] **1.** (*o ptaku, owadzie*) unosić się **2.** krążyć **3.** wahać się
hovercraft ['hovəkra:ft], *lm także* **hovercraft** poduszkowiec
how [hau] *GRAM* **1.** jak ◇ **2.** how sb is jak ktoś się ma (*how are you?* jak się masz, dzień dobry) **3.** how much ile (*how much is it?* ile to kosztuje) **4.** how about może by (*how about going to cinema* może byśmy poszli do kina) **5.** how about you a co z tobą **6.** how come jak to się stało **7.** how do you do bardzo mi przyjemnie (*zwrot po przedstawieniu kogoś*)
however [hau'evə] **1.** jednak **2.** jakkolwiek ◇ **3.** *nieform* or however many/much czy ile tam
howl [haul] **1.** wyć **2.** wycie
howl down zakrzyczeć

hr *skrót stosowany w piśmie*: hour godz.
hub [hʌb] **1.** piasta **2.** ośrodek
hubbub ['hʌbʌb] zgiełk, wrzawa
hubcap ['hʌbkæp] kołpak (koła)
huddle ['hʌdəl] **1.** skupiać się, tulić się **2.** kupa
hue [hju:] *lit* odcień, barwa
hue and cry [,hju: ən 'krai] wrzawa, protest
huff [hʌf] ◇ in a huff ze złością
hug [hʌg] **1.** ściskać, przyciskać **2.** uścisk
huge [hju:dʒ] ogromny
huh [hʌ, hə] *nieform US* he, co
hulk [hʌlk] kolos, bryła
hulking ['hʌlkiŋ] niezgrabny
hull [hʌl] kadłub
hullo [hə'lou] halo, hej
hum [hʌm] **1.** szum, brzęczenie **2.** szumieć, brzęczeć **3.** (*melodię*) nucić, mruczeć
human ['hju:mən] **1.** ludzki, człowieczy **2.** istota ludzka
human being [,hju:mən 'bi:iŋ] człowiek
humane [hju:'mein] ludzki
humanism ['hju:mənizəm] humanizm
humanitarian [hju:,mæni'teəriən] **1.** humanitarny **2.** wyznawca humanitaryzmu
humanity [hju:'mæniti] **1.** ludzkość **2.** humanitaryzm **3.** -s przedmioty humanistyczne
humble ['hʌmbəl] **1.** skromny, pokorny **2.** (*urodzenie*) niski
humbug ['hʌmbʌg] **1.** *BR* miętus, miętówka **2.** *przest* humbug, oszustwo
humdrum ['hʌmdrʌm] pospolity, zwyczajny
humid ['hju:mid] wilgotny

humidity [hju:'miditi] wilgoć
humiliate [hju:'milieit] poniżać
humiliation [hju:ˌmili'eiʃən] poniżenie
humility [hju:'militi] pokora, skromność
humor ['hju:mə] *US patrz* humour
humorist ['hju:mərist] humorysta
humorous ['hju:mərəs] 1. humorystyczny, zabawny 2. dowcipny
humour (*US* humor) ['hju:mə] 1. humor 2. poczucie humoru 3. dowcip 4. udobruchać, ugłaskać
hump [hʌmp] 1. garb 2. wybój 3. *nieform* dźwigać, targać
hunch [hʌntʃ] 1. *nieform* przeczucie 2. kulić się
hunchback ['hʌntʃbæk] garbus
hundred ['hʌndrid] sto
hundredth ['hʌndrədθ] setny
hundredweight ['hʌndrədweit], *lm także* hundredweight (*miara*) 1. *BR* 112 funtów (= *51 kg*) 2. *US* 100 funtów (= *45,5 kg*)
hung [hʌŋ] *patrz* hang: *II i III forma*
  hung up ◊ *nieform* be hung up about sth martwić się czymś
hunger ['hʌŋgə] 1. głód 2. *form* łaknąć (*for/after sth* czegoś)
hungry ['hʌŋgri] 1. głodny 2. złakniony (*for sth* czegoś)
hunk [hʌŋk] kawał (*np. mięsa, chleba*)
hunt [hʌnt] 1. polować (*sth* na coś) 2. ścigać 3. przetrząsać, szukać (*for sth* czegoś) 4. polowanie
  hunt down dopaść, upolować
hunter ['hʌntə] myśliwy
hurdle ['hə:dəl] 1. *sport* płotek 2. przeszkoda
hurl [hə:l] 1. rzucać 2. miotać
hurray [hə'rei] hura

hurricane ['hʌrikein] huragan
hurried ['hʌrid] pośpieszny
hurry ['hʌri] 1. śpieszyć się (do) 2. pośpieszyć (*to do sth* coś zrobić) 3. poganiać, przyśpieszać 4. pośpiech ◊ 5. be in a hurry śpieszyć się
  hurry up 1. śpieszyć się 2. przyśpieszać
hurt [hə:t], hurt, hurt 1. ranić (*oneself* się) 2. boleć 3. zraniony 4. uraza
hurtful ['hə:tful] bolesny
hurtle ['hə:təl] pędzić, gnać
husband ['hʌzbənd] mąż
hush [hʌʃ] 1. cii! 2. cisza
  hush up tuszować, uciszać
husk [hʌsk] łupina
husky ['hʌski] 1. ochrypły 2. (*pies*) husky
hustle ['hʌsəl] 1. popychać, przepychać 2. bieganina
hut [hʌt] 1. chata 2. szopa
hutch [hʌtʃ] klatka (*dla gryzoni*)
hyacinth ['haiəsinθ] hiacynt
hyaena (*także* hyena) [hai'i:nə] hiena
hybrid ['haibrid] 1. mieszaniec, hybryda 2. mieszany, hybrydowy
hydrant ['haidrənt] hydrant
hydraulic [hai'dro:lik] hydrauliczny
hydro-electric [ˌhaidrou i'lektrik] hydroelektryczny
hydrofoil ['haidroufoil] wodolot
hydrogen ['haidrədʒən] wodór
hyena (*także* hyaena) [hai'i:nə] hiena
hygiene ['haidʒi:n] higiena
hymn [him] hymn (religijny)
hypermarket ['haipəmɑ:kit] (ogromny) supermarket, dom towarowy
hyphen ['haifən] łącznik, dywiz (*znak graficzny*: -)

hypnosis [hip'nousis] hipnoza
hypnotic [hip'notik] hipnotyczny
hypnotism ['hipnətizəm] hipnoza
hypnotize ['hipnətaiz] hipnotyzować
hypochondriac [,haipə'kondriæk] hipochondryk
hypocrisy [hi'pokriši] obłuda, hipokryzja
hypocrite ['hipəkrit] obłudnik, hipokryta
hypocritical [,hipə'kritikəl] obłudny
hypodermic [,haipə'də:mik] podskórny
hypothesis [hai'poθisis], *lm* **hypotheses** [hai'poθisi:z] *form* hipoteza
hypothetical [,haipə'θetikəl] *form* hipotetyczny
hysteria [hi'stiəriə] histeria
hysterical [hi'sterikəl] histeryczny
hysterics [hi'steriks] atak histerii

I

I [ai] ja
ice [ais] 1. lód 2. lody 3. zamrażać 3. lukrować, pokrywać polewą ◇ 4. **break the ice** przełamywać lody **ice up** obladzać się
ice-box ['aisboks] *US* lodówka
ice-cold ['aiskould] lodowaty
ice-cream [,ais'kri:m] lody
icicle ['aisikəl] sopel
icing ['aisiŋ] 1. polewa, lukier ◇ 2. **the icing on the cake** niekonieczny dodatek
icon ['aikən] ikona
icy ['aisi] 1. lodowaty 2. oblodzony
I'd [aid] *ściągnięte* 1. **I would** 2. **I had**
idea [ai'diə] 1. pomysł 2. ideał 3. pojęcie (*of sth* o czymś) 4. wrażenie (*that* że) ◇ 5. **the idea is to** (do sth) powinno się (zrobić coś) 6. **have no idea** nie mieć pojęcia
ideal [ai'diəl] 1. ideał 2. idealny (*for* do)
idealize (*także* **idealise**) [ai'diəlaiz] idealizować
ideally [ai'diəli] 1. w ideale 2. idealnie
identical [ai'dentikəl] identyczny, jednakowy
identification [ai,dentifi'keiʃən] 1. identyfikacja 2. zaświadczenie tożsamości 3. utożsamianie się (*with* z)
identify [ai'dentifai] 1. identyfikować 2. wyróżniać 3. dostrzegać 4. utożsamiać (*with* z)
identity [ai'dentiti] tożsamość **identity card** [ai'dentiti ka:d] dowód tożsamości
ideological [,aidiə'lodʒikəl] ideologiczny
ideology [,aidi'olodʒi] ideologia
idiocy ['idiəsi] *form* idiotyzm
idiom ['idiəm] 1. idiom, idiomatyzm 2. *form* styl
idiomatic [,idiə'mætik] idiomatyczny
idiosyncrasy [,idiə'siŋkrəsi] osobliwość
idiosyncratic [,idiəsiŋ'krætik] oso-

bliwy, jedyny w swoim rodzaju

idiot ['idiət] idiota

idiotic [ˌidi'otik] idiotyczny, kretyński

idle ['aidəl] 1. bezczynny 2. bezrobotny 3. pusty, czczy
idle away zabijać czas

idler ['aidlə] próżniak

idol ['aidəl] 1. idol 2. bałwan, bożek

idolatry [ai'dolətri] *form* bałwochwalstwo

idolize (*także* **idolise**) ['aidəlaiz] ubóstwiać

idyll ['idil] idylla

i.e. [ˌai'i:] (*skrócone łac. id est*) t.j. (to jest)

if [if] *GRAM* 1. jeżeli 2. czy ◇ 3. if I were you gdybym był na twoim miejscu 4. if anything jeżeli już coś 6. if only (a) oby tylko (b) gdyby tylko 7. as if jak gdyby

igloo ['iglu:] igloo

ignite [ig'nait] zapalać (się)

ignition [ig'niʃən] zapłon

ignoble [ig'noubəl] *form* niegodny

ignominious [ˌignə'miniəs] *form* haniebny, niegodny

ignoramus [ˌignə'reiməs] ignorant

ignorance ['ignərəns] 1. nieświadomość 2. ignorancja

ignorant ['ignərənt] 1. nieświadomy (*of sth* czegoś) 2. ignorancki

ignore [ig'no:] 1. ignorować 2. pomijać

ikon ['aikən] ikona

ill [il], **worse** [wə:s], **worst** [wə:st] 1. chory (*with* na) 2. niedobry, szkodliwy 3. *lit* źle, niedobrze 4. zło 5. -s złe strony ◇ 6. *fall/be taken* ill zachorować 7. speak ill of sb źle się o kimś wyrażać

I'll [ail] *ściągnięte* I will/shall

illegal [i'li:gəl] 1. nielegalny 2. bez-

prawny

illegible [i'ledʒibəl] nieczytelny

illegitimate [ˌili'dʒitimit] 1. nieślubny 2. bezprawny, bez mocy prawnej

ill-fated [ˌil'feitid] niepomyślny, dramatyczny

illicit [i'lisit] nielegalny

illiteracy [i'litərəsi] analfabetyzm

illiterate [i'litərət] 1. niepiśmienny 2. analfabeta

illness ['ilnis] choroba

illogical [i'lodʒikəl] nielogiczny

ill-treat [ˌil'tri:t] maltretować, znęcać się

illuminate [i'lu:mineit] 1. oświetlać 2. rozjaśniać

illumination [iˌlu:mi'neiʃən] 1. oświetlenie 2. -s iluminacja

illusion [i'lu:ʒən] złudzenie, iluzja

illusory [i'lu:səri] *form* iluzoryczny, złudny

illustrate ['iləstreit] 1. ilustrować 2. unaoczniać, obrazować

illustration [ˌilə'streiʃən] 1. ilustracja 2. zobrazowanie

illustrative ['iləstrətiv] *form* poglądowy

illustrious [i'lʌstriəs] znamienity

ill-will [ˌil'wil] wrogość

I'm [aim] *ściągnięte* I am

image ['imidʒ] 1. obraz 2. opinia, odbiór

imagery ['imidʒəri] 1. obrazowanie 2. motywy

imaginable [i'mædʒinəbəl] wyobrażalny

imaginary [i'mædʒinəri] wyimaginowany

imagination [iˌmædʒi'neiʃən] wyobraźnia

imaginative [i'mædʒinətiv] pełen wyobraźni

imagine [i'mædʒin] wyobrażać sobie

imbalance [ˌim'bæləns] nierównowaga

imbecile ['imbisi:l] imbecyl

imbue [im'bju:] przesycać, nasycać

imitate ['imiteit] imitować, naśladować

imitation [ˌimi'teiʃən] 1. imitacja 2. naśladowanie 3. sztuczny

imitative ['imitətiv] form naśladowczy

imitator ['imiteitə] naśladowca

immaculate [i'mækjələt] 1. nieskazitelny 2. bezbłędny, bez zarzutu

immaterial [ˌimə'tiəriəl] bez znaczenia

immature [ˌimə'tjuə] niedojrzały

immeasurable [i'meʒərəbəl] niezmierzalny, bezmierny

immediacy [i'mi:diəsi] form naoczność, bezpośredniość

immediate [i'mi:diət] 1. natychmiastowy 2. naglący 3. najbliższy 4. bezpośredni

immediately [i'mi:diətli] 1. natychmiast 2. od razu (jak) 3. bezpośrednio

immemorial [ˌimi'mɔriəl] 1. odwieczny ◇ 2. from time immemorial od niepamiętnych czasów

immense [i'mens] ogromny, gigantyczny

immensely [i'mensli] niezwykle

immensity [i'mensiti] ogrom

immerse [i'mə:s] zanurzać (się)

immersion [i'mə:ʃən] zanurzenie
immersion heater [i'mə:ʃən hi:tə] grzałka (do wody)

immigrant ['imigrənt] imigrant

immigration [ˌimi'greiʃən] imigracja

imminent ['iminent] bliski, nadciągający

immobile [i'moubail] nieruchomy

immobilize (także immobilise) [i'moubilaiz] 1. unieruchamiać 2. krępować

immodest [i'modist] nieskromny

immoral [i'morəl] niemoralny

immortal [i'mo:təl] nieśmiertelny

immortalize (także immortalise) [i'mo:təlaiz] uwieczniać

immovable [i'mu:vəbəl] 1. nieprzenośny, nieruchomy 2. niewzruszony, nieugięty

immune [i'mju:n] odporny (to/from na)

immunity [i'mju:niti] 1. odporność (against/to na) 2. immunitet, nietykalność (from od)

immunize (także immunise) ['imjunaiz] uodparniać (się) (against przeciw)

immutable [i'mju:təbəl] form niezmienny

impact ['impækt] 1. uderzenie 2. wpływ, wrażenie

impair [im'peə] osłabiać, nadwerężać

impale [im'peil] form nabijać, nasadzać (on na)

impart [im'pa:t] 1. form przekazywać (to sb komuś) 2. dodawać

impartial [im'pa:ʃəl] obiektywny

impassable [im'pa:səbəl] nieprzejezdny, nie do przebycia

impasse ['ompæs] form impas, pat

impassioned [im'pæʃənd] form roznamiętniony

impassive [im'pæsiv] obojętny, spokojny

impatient [im'peiʃənt] 1. niecierpliwy ◇ 2. be impatient with nie mieć cierpliwości do 3. be impatient *to do sth/for sth to happen* nie móc doczekać się

zrobienia czegoś/aby coś się zdarzyło

impatience [im'peiʃəns] niecierpliwość, brak cierpliwości

impeccable [im'pekəbəl] nieskazitelny, doskonały

impede [im'pi:d] *form* hamować, zakłócać

impediment [im'pedimənt] *form* czynnik hamujący, zakłócający (*to* w)

impending [im'pendiŋ] nadciągający

impenetrable [im'penitrəbəl] 1. nieprzenikniony 2. niedostępny

imperative [im'perətiv] 1. niezbędny, naglący 2. *gram* (tryb) rozkazujący 3. *form* nakaz, imperatyw

imperceptible [ˌimpə'septibəl] niedostrzegalny

imperfect [im'pə:fikt] 1. niedoskonały 2. *gram* (aspekt) niedokonany

imperfection [ˌimpə'fekʃən] 1. niedoskonałość 2. skaza

imperial [im'piəriəl] 1. imperialny 2. cesarski 3. (*system miar*) anglosaski

imperialism [im'piəriəlizəm] imperializm

imperil [im'peril] *form* zagrażać

imperious [im'piəriəs] *form* władczy

impersonal [im'pə:sənəl] 1. bezosobowy 2. nieosobowy

impersonate [im'pə:səneit] 1. podszywać się (*sb* pod kogoś) 2. udawać, imitować

impersonation [im.pə:sə'neiʃən] personifikacja, uosobienie

impertinent [im'pə:tinənt] impertynencki

imperturbable [impə'tə:bəbəl] *form* niewzruszony

impervious [im'pə:viəs] 1. niepodatny (*to* na) 2. nieprzenikliwy, nieprzesiąkliwy (*to* dla)

impetuous [im'petjuəs] porywczy

impetus ['impitəs] *form* impet, impuls

impinge [im'pindʒ] *form* oddziaływać (*on/upon* na), wdzierać się (*on/upon* do)

implacable [im'plækəbəl] nieubłagany, nieprzejednany

implant I. [im'plɑ:nt] 1. wszczepiać, przeszczepiać (*in/into* do, w) II. ['implɑ:nt] 2. przeszczep

implausible [im'plo:zəbəl] niewiarygodny

implement ['implimənt] 1. urzeczywistniać, przeprowadzać 2. narzędzie

implementation [ˌimplimən'teiʃən] przeprowadzenie, urzeczywistnienie

implicate ['implikeit] *form* 1. wplątywać, wmieszać (*in* w, do) 2. dawać do zrozumienia

implication [ˌimpli'keiʃən] 1. implikacja 2. domniemanie 3. skojarzenie, aluzja

implicit [im'plisit] 1. implicytny, domniemany, sugerujący 2. absolutny, bez zastrzeżeń

implore [im'plo:] *form* błagać, ubłagiwać

imply [im'plai] 1. sugerować 2. oznaczać 3. implikować, pociągać za sobą

impolite [ˌimpə'lait] niegrzeczny

impolitic [im'politik] niedyplomatyczny

imponderable [im'pondərəbəl] nieważki, nie dający się zważyć

import I. [im'po:t] 1. importować II. ['impo:t] 2. import 3. importowany produkt

importance [im'po:təns] 1. ważność 2. znaczenie, waga

important [im'po:tənt] ważny, znaczący

importance [im'po:təns] 1. ważność 2. znaczenie

importer [im'po:tə] importer

impose [im'pouz] 1. narzucać (*on//upon* na) 2. nakładać, wymierzać 3. powodować 4. narzucać się (*(oneself) on/upon sb* komuś)

imposing [im'pouziŋ] imponujący

imposition [,impə'ziʃən] 1. narzucenie, narzucanie się 2. nałożenie

impossible [im'posəbəl] 1. niemożliwy 2. beznadziejny

impostor (*także* **imposter**) [im'poustə] oszust

impotent ['impətənt] 1. *form* bezsilny 2. impotentny

impound [im'paund] *form* rekwirować, konfiskować, zajmować

impoverish [im'povəriʃ] zubażać

impracticable [im'præktikəbəl] niewykonalny

impractical [im'præktikəl] niepraktyczny

imprecise [,impri'saiz] niedokładny

impregnable [im'pregnəbəl] 1. nie do zdobycia 2. nieprzenikniony (*to* na)

impregnate ['impregneit] impregnować (*with sth* czymś)

impresario [,impri'sa:riou] impresario

impress [im'press] 1. wywierać wrażenie 2. *form* dawać do zrozumienia (*on sb* komuś)

impression [im'preʃən] 1. wrażenie 2. satyryczne przedstawienie ◇ 3. give an impression sprawiać wrażenie 4. make an impres-

sion sprawiać silne wrażenie 5. be under the impression that mieć wrażenie, że

impressionable [im'preʃənəbəl] łatwo ulegający wpływom

impressive [im'presiv] robiący wrażenie

imprint I. ['imprint] 1. znamię 2. odcisk II. [im'print] 3. wrywać się (*on/in* w) 4. odciskać

imprison [im'prizən] uwięzić

imprisonment [im'prizənmənt] (u)więzienie

improbable [im'probəbəl] nieprawdopodobny

impromptu [im'promtju:] *form* improwizowany

improper [,im'propə] niewłaściwy

improve [im'pru:v] 1. poprawiać (się), polepszać (się) 2. doskonalić (*oneself* się) 3. ulepszać (*on sth* coś)

improvement [im'pru:vmənt] polepszenie, ulepszenie

improvise ['imprəvaiz] improwizować

imprudent [,im'pru:dənt] nierozważny (*of sb* z czyjejś strony)

impudent ['impjədənt] bezczelny

impulse ['impʌls] 1. impuls ◇ 2. on impulse nagle

impulsive [im'pʌlsiv] impulsywny, żywiołowy

impunity [im'pju:nity] 1. bezkarność ◇ 2. *form* with impunity bezkarnie

impure [im'pjuə] nieczysty

impurity [im'pjuəriti] zanieczyszczenie

in [in] 1. w 2. (*piśmie, wiosnę*) na 3. (*wewnątrz*) do 4. (*okres czasu*) w ciągu, przez 5. (*po okresie czasu*) za (*in 2 years* za 2 lata) 6. (z *nazwami języków*) po (*in French* po francusku*) **7.** (*o wieku*) w wieku (lat) (*she (was) in her 30's* (miała) ponad 30 lat) **8.** (*dzieci*) u **9.** *tłumaczy się przez dopełniacz rzeczownika* (*2 m in length* 2 m długości) **10.** (*dzięki*) przez (*in doing sth* dzięki zrobieniu czegoś) **11.** (*wchodzić*) do środka (*come in* proszę (wejść)) ◇ **12.** be in (a) (*o pociągu*) przybywać (b) (*w domu*) być obecnym (c) być w modzie **13.** sb is in for sth coś czeka kogoś **14.** in that dzięki temu, że

inability [ˌinəˈbiliti] niemożność

inaccessible [ˌinəˈksesəbəl] niedostępny

inaccuracy [inˈækjərəsi] **1.** niedokładność **2.** nieścisłość

inaccurate [inˈækjərət] niedokładny, nieścisły

inaction [inˈækʃən] bezczynność

inactive [inˈæktiv] bezczynny

inadequacy [inˈædikwəsi] **1.** niski poziom **2.** nieudolność **3.** brak

inadequate [inˈædikwət] **1.** nieodpowiedni **2.** niewystarczający

inadvertent(ly) [ˌinədˈvəːtənt(li)] niechcący

inadvisable [ˌinədˈvaizəbəl] nierozsądny

inalienable [inˈeiljənəbəl] *form* niezbywalny

inane [inˈein] niemądry, bezmyślny

inanimate [inˈænimət] nieżywotny

inapplicable [ˌinˈæplikəbəl] nieodpowiedni

inappropriate [ˌinəˈproupriət] nieodpowiedni

inarticulate [ˌinɑːˈtikjələt] nieartykułowany

inasmuch as (*także* in as much) [ˌinəzˈmʌtʃ] *form* na tyle, na ile;

jako że

inattention [ˌinəˈtenʃən] nieuwaga

inattentive [ˌinəˈtentiv] nieuważny

inaudible [inˈoːdəbəl] niesłyszalny

inaugural [inˈoːgjərəl] inauguracyjny

inaugurate [inˈoːgjəreit] **1.** inaugurować **2.** wprowadzać (na stanowisko)

inborn [ˌimˈboːn] wrodzony

inbred [ˌimˈbred] **1.** *form* wrodzony, zakorzeniony **2.** blisko spokrewniony

inbuilt [ˌimˈbilt] wszczepiony, wbudowany

incalculable [iŋˈkælkjələbəl] nieobliczalny

incapable [iŋˈkeipəbəl] **1.** niezdolny **2.** niezdatny (do niczego)

incapacitate [ˌiŋkəˈpæsiteit] *form* **1.** obezwładniać **2.** uniemożliwiać (*sb from doing sth* komuś zrobienie czegoś)

incapacity [ˌiŋkəˈpæsiti] *form* niezdolność

incarcerate [iŋˈkɑːsəreit] *form* uwięzić

incarnation [ˌiŋkɑːˈneiʃən] wcielenie

incautious [iŋˈkoːʃəs] nieostrożny

incendiary [inˈsendjəri] zapalający

incense I. [ˈinsens] **1.** kadzidło **2.** [inˈsens] **2.** rozjuszać

incentive [inˈsentiv] bodziec

incessant [inˈsesənt] nieustanny

incest [ˈinsest] kazirodztwo

inch [intʃ] **1.** cal (= *2,54 cm*) **2.** posuwać się (ostrożnie)

incidence [ˈinsidəns] zasięg (występowania)

incident [ˈinsidənt] *form* incydent

incidental [insiˈdentəl] **1.** uboczny **2.** towarzyszący

incidentally [,insi'dentəli] przypadkowo, tak w ogóle
incinerator [in'sinəreitə] piec do
spalania śmieci
incision [in'siʒən] *form* nacięcie
incisive [in'saisiv] cięty
incite [in'sait] 1. pobudzać 2. pod-
żegać (*to* do)
inclement [iŋ'klemənt] surowy
inclination [,iŋkli'neiʃən] inklina-
cja, skłonność
incline I. ['iŋklain] 1. stok, pochy-
łość II. [iŋ'klain] 2. skłaniać 3.
form pochylać
inclined [iŋ'klaind] 1. skłonny 2.
nachylony, opadający (*towards*
ku)
include [iŋ'klu:d] 1. zawierać 2.
włączać
included [iŋ'klu:did] włączając,
włącznie (*myself included* ze mną
włącznie)
including [iŋ'klu:diŋ] włączając,
włącznie (*sth* z czymś)
inclusion [iŋ'klu:ʒən] włączenie
inclusive [iŋ'klu:siv] 1. włącznie 2.
globalny, ryczałtowy
incoherent [,iŋkou'hiərənt] niespójny
income ['iŋkʌm] dochód, dochody
incoming ['iŋkʌmiŋ] 1. nadchodzący 2. przybywający 3. wstępujący,
następujący
incoming tide [,iŋkʌmiŋ 'taid]
przypływ
incomparable [iŋ'kompərəbəl] *form*
niezrównany
incompatible [,iŋkəm'pætəbəl] 1.
niezgodny 2. niekompatybilny
incompetent [iŋ'kompitənt] niesprawny
incomplete [,iŋkəm'pli:t] 1. niekompletny 2. niepełny

incomprehensible [,iŋkəmpri'hen-
səbəl] niepojęty (*to* dla)
incomprehension [,iŋkəmpri'hen-
ʃən] niezrozumienie, niepojmowa-
nie
inconceivable ['iŋkən'si:vəbəl] nie-
wyobrażalny
inconclusive [,iŋkən'klu:siv] 1. nie
rozstrzygnięty, niezakończony 2.
nie rozstrzygający
incongruous [iŋ'koŋgru:əs] nie pasujący, wyróżniający się
incongruity [,iŋkoŋ'gru:iti] niedo-
stosowanie (się), niedopasowanie
inconsequential [,iŋkonsi'kwenʃəl]
bez znaczenia
inconsiderable [,iŋkən'sidərəbəl]
niepokaźny, nieznaczny
inconsiderate [,iŋken'sidərət] bezceremonialny, bez względów
inconsistency [,iŋkən'sistənsi] 1.
niezgodność 2. niespójność
inconsistent [,iŋkən'sistənt] 1. nie-
konsekwentny 2. sprzeczny (ze sobą), niespójny 3. niezgodny (*with*
z)
inconspicuous [,iŋkən'spikju:əs]
niezauważalny
incontinence [iŋ'kontinens] nie-
utrzymywanie (*np. moczu*)
inconvenience [,iŋkən'vi:njəns] 1.
niedogodność, niewygoda 2. kłopot 3. przysparzać niewygód 4.
przydawać kłopotów
inconvenient [,iŋkən'vi:njənt] niewygodny, niedogodny
incorporate [iŋ'ko:pəreit] 1. wcielać, włączać (*into/in* do, w) 2. posiadać
incorporated [iŋ'ko:pəreitid] *US*
(działający jako) spółka
incorrect [,iŋkə'rekt] niepoprawny,
niewłaściwy

incorrigible [iŋ'koridʒəbəl] niepoprawny

incorruptible [iŋkə'rʌptəbəl] nieprzekupny

increase I. [iŋ'kri:s] 1. wzrastać, zwiększać (się) II. ['iŋkri:s] 2. wzrost

increasingly [iŋ'kri:siŋli] coraz bardziej

incredible [iŋ'kredəbəl] 1. niewarygodny, niebywały 2. nieprawdopodobny

incredulous [iŋ'kredjələs] niedowierzający, sceptyczny

increment ['iŋkrəmənt] premia, dodatek (płacowy)

incriminate [iŋ'krimineit] inkryminować, obciążać

incubate ['iŋkjubeit] 1. wysiadywać 2. inkubować (się)

incubator ['iŋkjubeitə] inkubator

incur [iŋ'kə:] form 1. zaciągać, robić 2. narażać się (sth na coś)

incurable [iŋ'kjuərəbəl] 1. nieuleczalny 2. niepoprawny

incursion [iŋ'kə:ʃən] wypad, wtargnięcie

indebted [in'detid] 1. zobowiązany (to sb komuś) 2. US zadłużony (to w)

indecency [in'di:sənsi] nieprzyzwoitość

indecent [in'di:sənt] 1. nieprzywoity 2. niegodny, uwłaczający

indecision [indi'siʒən] niezdecydowanie, niepewność

indecisive [,indi'saisiv] niezdecydowany

indeed [in'di:d] 1. faktycznie, naprawdę 2. mówione doprawdy

indefinable [,indi'fainəbəl] nieuchwytny, nieokreślony

indefinite [in'definit] nieokreślony

indefinite article [in'definit ɑ:tikəl] przedimek nieokreślony

indefinitely [in'definitli] aż do odwołania

indelible [in'deləbəl] 1. niezmywalny 2. niezatarty

indemnify [in'demnifai] płacić odszkodowanie

indent [in'dent] 1. obijać, robić wgłębienie 2. (druk) wcinać

independence [,indi'pendəns] 1. niezależność 2. niepodległość

independent [,indi'pendənt] 1. niezależny (of od) 2. niepodległy 3. prywatny

indescribable [,indi'skraibəbəl] nieopisany

indestructible [,indi'strʌktəbəl] niezniszczalny

indeterminate [,indi'tə:minət] nieokreślony

index ['indeks], lm także indices ['indisi:z] 1. indeks 2. indeksować

index finger ['indeks fingə] palec wskazujący

Indian ['indiən] 1. indyjski 2. Hindus 3. indiański 4. Indianin

indicate ['indikeit] 1. wskazywać 2. nadmieniać 3. sygnalizować (zmianę kierunku)

indication [,indi'keiʃən] znak

indicative [in'dikətiv] 1. wskazujący (of na) 2. the i. tryb oznajmujący

indicator ['indikeitə] 1. form wskaźnik 2. kierunkowskaz

indices ['indisi:z] patrz index: lm

indict [in'dait] form postawić w stan oskarżenia (for z powodu)

indictment [in'daitmənt] oskarżenie

indifferent [in'difərənt] 1. obojętny (to na) 2. mierny, przeciętny

indigenous [in'didʒənəs] form rodzimy (*to* dla, w), krajowy

indigestible [ˌindi'dʒestəbəl] niestrawny

indigestion [ˌindi'dʒestʃən] niestrawność

indignant [in'dignənt] oburzony, wzburzony (*at* co do)

indignation oburzenie, wzburzenie

indignity [in'digniti] zniewaga, obraza

indirect [ˌində'rekt] 1. pośredni 2. okrężny 3. nie bezpośredni
indirect object [ˌindərekt 'obdʒəkt] *gram* dopełnienie dalsze

indiscreet [ˌindi'skri:t] niedyskretny

indiscretion [ˌindi'skreʃən] niedyskrecja

indiscriminate [ˌindi'skriminət] 1. niewybredny 2. ogólny, bez wyboru

indispensable [ˌindi'spensəbəl] nieodzowny (*to* dla, w)

indisputable [ˌindi'spju:təbəl] niezaprzeczalny

indistinct [ˌindi'stiŋkt] niewyraźny

indistinguishable [ˌindi'stiŋgwiʃəbəl] nieodróżnialny (*from* od)

individual [ˌindi'vidʒuəl] 1. indywidualny, osobisty 2. jednostka 3. osobnik

individualist [ˌindi'vidʒuəlist] indywidualista

individuality [ˌindividʒu:'æliti] indywidualność

individually [ˌindi'vidʒuəli] indywidualnie, pojedynczo

indivisible [ˌindi'vizəbəl] niepodzielny

indoctrinate [in'doktrineit] indoktrynować

indolent ['indələnt] *form* leniwy

indoor ['indo:] 1. pokojowy, domowy 2. pod przykryciem

indoors [ˌin'do:z] wewnątrz

indubitable [in'dju:bitəbəl] *form* niezaprzeczalny

induce [in'dju:s] *form* 1. wywoływać 2. zachęcać, skłaniać

inducement [in'dju:səmənt] zachęta

indulge [in'dʌldʒ] 1. oddawać się (*in sth* czemuś) 2. dogadzać (*sb/oneself* komuś/sobie) 3. spełniać

indulgence [in'dʌldʒəns] 1. dogadzanie (sobie) 2. słabość 3. luksus 4. oddanie, zaangażowanie

indulgent [in'dʌldʒənt] pobłażliwy

industrial [in'dʌstriəl] 1. przemysłowy 2. zindustrializowany 3. robotniczy

industrialist [in'dʌstriəlist] przemysłowiec

industrialize (*także* **industrialise**) [in'dʌstriəlaiz] industrializować, uprzemysławiać

industrious [in'dʌstriəs] pracowity

industry ['indəstri] 1. przemysł 2. *form* pracowitość

inedible [in'edibəl] niejadalny

ineffective [ˌini'fektiv] nieskuteczny

ineffectual [ˌini'fektʃuəl] nieefektywny

inefficient [ˌini'fiʃənt] 1. niewydajny, nieefektywny 2. energiochłonny

inelegant [in'eligənt] nieelegancki

ineligible [in'elidʒəbəl] *form* nie nadający się (*for* do)

inept [in'ept] niedorzeczny, nieumiejętny

inequality [ˌini'kwoliti] 1. nierówność 2. niejednakowość, niedopasowanie

ineradicable [ˌini'rædikəbəl] *form* nie do wykorzenienia

inert [i'nə:t] bezwładny

inertia [i'nə:ʃiə] apatia

inescapable [,ini'skeipəbəl] nieunikniony

inessential [,ini'senʃəl] nieistotny

inestimable [in'estiməbəl] *form* nieoszacowany

inevitable [in'evitəbəl] nieuchronny, nie do uniknięcia

inexact [,inig'zækt] niedokładny

inexcusable [,inik'skju:zəbəl] niewybaczalny, nieusprawiedliwiony

inexhaustible [,inig'zo:stəbəl] niewyczerpalny

inexorable [in'eksərəbəl] *form* nieubłagany

inexpensive [,inik'spensiv] *form* niedrogi

inexperience [,inik'spiərəns] brak doświadczenia

inexperienced [,inik'spiərənst] niedoświadczony

inexplicable [,iniks'plikəbəl] niewytłumaczalny

inexpressible [,iniks'presəbəl] niewyrażalny

inextricable [,iniks'trikəbəl] nierozerwalny

infallible [in'fælibəl] nieomylny

infamous ['infəməs] niesławny, o złej sławie

infamy ['infəmi] niesława

infancy ['infənsi] niemowlęctwo, dzieciństwo

infant ['infənt] *form* dziecko (małe), niemowlę

infantile ['infəntail] 1. *form* dziecięcy 2. dziecinny

infantry ['infəntri] piechota

infatuated [in'fætʃueitid] zadurzony (*with* w)

infatuation [in,fætʃu'eiʃən] zadurzenie, zaślepienie

infect [in'fekt] infekować, zarażać (*with sth* czymś)

infection [in'fekʃən] zakażenie, infekcja

infectious [in'fekʃəs] zaraźliwy, infekcyjny

infer [in'fə:] 1. wysnuć wnioski, wnioskować (*from* z) 2. sugerować

inference ['infərəns] 1. wniosek 2. wnioskowanie

inferior [in'fiəriə] 1. gorszy (*to* niż) 2. podwładny 3. osoba o niższym statusie

infernal [in'fə:nəl] *przest* piekielny

inferno [in'fə:nou] *lit* piekło, morze ognia

infertile [in'fə:tail] 1. niepłodny, bezpłodny 2. nieurodzajny

infertility [,infə'tiləti] 1. bezpłodność 2. nieurodzajność

infested [in'festid] opanowany (*with* przez)

infidel ['infidəl] niewierny

infidelity [,infi'deliti] zdrada, niewierność

in-fighting ['infaitiŋ] wewnętrzne rozgrywki

infiltrate ['inflitreit] przenikać (*into* do)

infinite ['infinit] nieskończony

infinitive [in'finitiv] *gram* bezokolicznik

infinity [in'finiti] nieskończoność

infirm [in'fə:m] słaby, niedołężny

infirmary [in'fə:məri] *przest* szpital

inflame [in'fleim] rozjuszać, rozogniać

inflamed [in'fleimd] *form* zaogniony, rozogniony

inflammable [in'flæməbəl] łatwopalny

inflammation [,inflə'meiʃən] zapalenie (*także med*)

inflate [in'fleit] nadmuchiwać, nadymać (się)

inflated [in'fleitid] 1. nadmuchiwany 2. nadęty, rozdęty 3. zawyżony

inflation [in'fleiʃən] inflacja

inflationary [in'fleiʃənəri] *form* inflacyjny

inflect [in'flekt] odmieniać (się)

inflexible [in'fleksibəl] niezmienny, sztywny

inflict [in'flikt] wymierzać, narzucać (*sth on/upon sb* coś komuś)

influence ['influəns] 1. wpływ 2. czynnik 3. wpływać, mieć wpływ (*sb* na kogoś)

influential [,influ'enʃəl] wpływowy

influenza [,infu'enzə] *form* grypa

influx ['inflʌks] napływ

inform [in'fo:m] informować, zawiadamiać (*of* o)

informal [in'fo:məl] 1. nieformalny, luźny 2. nieoficjalny

informant [in'fo:mənt] 1. informator 2. donosiciel

information [,infə'meiʃən] informacja, wiadomości

informative [in'fo:mətiv] pełen (nowej) informacji, pouczający

informer [in'fo:mə] donosiciel

infra-red [,infrə'red] podczerwony

infrequent [in'fri:kwent] rzadki, nieczęsty

infringe [in'frindʒ] *form* łamać, naruszać

infringement [in'frindʒmənt] 1. pogwałcenie (*on/upon* czegoś) 2. naruszenie, złamanie

infuriate [in'fjuərieit] rozwścieczać, doprowadzać do furii

ingenious [in'dʒi:njəs] przemyślny, pomysłowy

ingenuity [,indʒi'nju:iti] pomysłowość

ingenuous [in'dʒenjuəs] niewinny, prostolinijny

ingratiate [iŋ'greiʃieit] ◊ ingratiate oneself with (sb) wkradać się w (czyjeś) łaski

ingratitude [iŋ'grætitju:d] niewdzięczność

ingredient [iŋ'gri:diənt] składnik

inhabit [in'hæbit] zamieszkiwać

inhabitant [in'hæbitənt] mieszkaniec

inhale [in'heil] wdychać

inherent [in'hiərənt] 1. nieodłączny (*in* od) 2. wrodzony

inherit [in'herit] dziedziczyć (*from* z, od)

inheritance [in'heritəns] 1. dziedzictwo 2. dziedziczenie

inhibit [in'hibit] powstrzymywać

inhibition [,inhi'biʃən] hamulec, zahamowanie

inhospitable [,inho'spitəbəl] niegościnny

inhuman [,in'hju:mən] nieludzki

inhumane [,inhju:'mein] nieludzki, niehumanitarny

inimitable [i'nimitəbəl] *form* niepowtarzalny

iniquitous [i'nikwitəs] *form* niegodziwy, krzywdzący

iniquity [i'nikwiti] *form* niegodziwość

initial [i'niʃəl] 1. początkowy 2. inicjał 3. parafować

initiate [i'niʃieit] 1. inicjować, zaczynać 2. wprowadzać (*into* w, do)

initiative [i'niʃətiv] 1. inicjatywa 2. prowadzenie, przewaga 3. przedsięwzięcie 4. samodzielność, przedsiębiorczość ◊ 5. take the initiative podejmować przedsięwzięcie, brać inicjatywę 6. use one's initiative działać z własnej inicjatywy 7. on one's own intitative z własnej inicjatywy

inject [in'dʒekt] **1.** wstrzykiwać (*into* w) **2.** wprowadzać

injection [in'dʒekʃən] zastrzyk

injunction [in'dʒʌŋkʃən] *praw* zalecenie

injure ['indʒə] ranić (*oneself* się)

injury ['indʒəri] **1.** rana **2.** obrażenie

injustice [in'dʒʌstis] **1.** niesprawiedliwość ◇ **2. do sb an injustice** być dla kogoś niesprawiedliwym

ink [iŋk] atrament

inkling ['iŋkliŋ] ◇ **have an inkling** przypuszczać

inlaid [,in'leid] wykładany

inland ['inlənd] **1.** w głąb lądu **2.** lądowy

in-laws ['inlo:z] **1.** teściowie **2.** rodzina teściów

inlet ['inlet] **1.** zatoka **2.** odnoga (morska)

inmate ['inmeit] pensjonariusz, mieszkaniec

inn [in] zajazd, karczma

innate [,i'neit] wrodzony

inner ['inə] wewnętrzny

innocence ['inəsəns] **1.** niewinność **2.** naiwność

innocent ['inəsənt] **1.** niewinny **2.** *lit* prostolinijny, naiwny **3.** naiwna osoba

innocuous [in'okjuəs] nieszkodliwy

innovation [,inə'veiʃən] innowacja

innuendo [,inju:'endou] przytyk, aluzja

innumerable [i'nju:mərəbəl] nieprzeliczony

inoculate [in'okjəleit] szczepić (ochronnie) (*with sth against* czymś przeciwko)

inopportune [in'opətju:n] *form* niestosowny

inordinate [in'o:dinit] *form* nie-

umiarkowany, nadmierny

inorganic [,ino:'gænik] nieorganiczny

input ['input] **1.** wprowadzanie **2.** *komp* wejście **3.** *komp* wejściowy

inquest ['iŋkwest] śledztwo, badanie (przyczyny zgonu)

inquire (*także* **enquire**) [in'kwaiə] *form* dowiadywać się, zasięgać informacji
inquire after pytać się (o coś)
inquire into badać, wnikać (w coś)

inquiring [in'kwaiəriŋ] **1.** wnikliwy, dociekliwy **2.** badawczy

inquiry [in'kwaiəri] **1.** zapytanie **2.** dociekanie

inquisitive [iŋ'kwizitiv] ciekawski, wścibski

inroads ['inroudz] ◇ **make inroads (into sth)** dawać się odczuć (gdzieś)

insane [in'sein] szalony

insanitary [in'sænitəri] niehigieniczny

insanity [in'sæniti] szaleństwo

insatiable [in'seiʃəbəl] nieposkromiony, nienasycony

inscribe [in'skraib] *form* ryć, grawerować

inscription [in'skripʃən] napis

inscrutable [in'skru:təbəl] nieprzenikliwy

insect ['insekt] owad

insecticide [in'sektisaid] środek owadobójczy

insecure [,insi'kjuə] niepewny

insecurity [,insi'kjuəriti] niepewność

insensitive [in'sensitiv] niewrażliwy

inseparable [in'sepərəbəl] *form* nieodłączny (*from* od)

insert [in'sə:t] **1.** wsuwać, wkładać **2.** wstawiać

insertion [in'sə:ʃən] 1. wstawka 2. wstawienie

inshore [,in'ʃo:] 1. przybrzeżny 2. przy brzegu

inside [,in'said] 1. wewnątrz 2. zakulisowy 3. wewnętrzny 4. wnętrze 5. -s *nieform* jelita, brzuch ◊ 6. inside out na odwrót, wywrócony

insider [in'saidə] insajder (*człowiek znajdujący się wewnątrz czegoś — w przeciwieństwie do outsidera*)

insidious [in'sidiəs] podstępny, zdradliwy

insight ['insait] wgląd, pojmowanie (*into sth* czegoś)

insignificant [,insi'gnifikənt] nieważny, nie liczący się

insincere [,insin'siə] nieszczery

insinuate [in'sinju:eit] 1. insynuować ◊ 2. insinuate oneself wkręcać się (*into* w, do)

insipid [in'sipid] 1. banalny 2. mdły

insist [in'sist] 1. upierać się (*on* przy) 2. nalegać

insistence [in'sistəns] 1. naleganie 2. upieranie się (*on sth* przy czymś)

insistent [in'sistənt] 1. uporczywy, nalegający 2. natarczywy

insofar as [,insə'fɑ:rəz] *form* na tyle, na ile

insolent ['insələnt] bezczelny

insoluble [in'soljəbəl] nierozwiązalny

insolvent [in'solvənt] *form* niewypłacalny

insomnia [in'somniə] bezsenność

inspect [in'spekt] 1. badać, oglądać 2. kontrolować, przeprowadzać inspekcję

inspection [in'spekʃən] 1. kontrola, inspekcja 2. badanie, oględziny

inspector [in'spektə] 1. inspektor 2. kontroler

inspiration [,inspi'reiʃən] 1. inspiracja, natchnienie 2. pierwowzór 3. źródło pomysłów

inspire [in'spaiə] 1. pobudzać, skłaniać 2. natchnąć, budzić (*sth in sb* coś u kogoś) 3. inspirować

inspired [in'spaiəd] 1. natchniony 2. błyskotliwy

instability [,instə'biliti] niestabilność

install [in'sto:l] 1. instalować 2. umieszczać (*sb as* kogoś jako) ◊ 3. install oneself lokować się

installation [,instə'leiʃən] 1. instalacja 2. zainstalowanie, podłączenie

instalment (*US* installment) [in'sto:lmənt] 1. rata 2. odcinek ◊ 3. in instalments (a) na raty (b) w odcinkach

instance ['instəns] 1. przypadek ◊ 2. for instance na przykład 3. *form* in the first instance przede wszystkim

instant ['instənt] 1. moment 2. natychmiastowy 3. (*kawa*) rozpuszczalny, (*zupa*) w proszku ◊ 4. for an instant przez moment 5. the instant natychmiast (jak) 6. this instant od razu, w tym momencie

instantaneous [,instən'teiniəs] natychmiastowy

instead (of) [in'sted] 1. zamiast, zamiast tego 2. natomiast 3. raczej niż

instep ['instep] śródstopie, wnętrze stopy

instigate ['instigeit] *form* podjudzać, poduszczać

instigation [,insti'geiʃən] *form* podjudzenie, poduszczenie ◊ at sb's

instigation za czyimś podszeptem

instigator ['instigeitə] *form* sprawca (moralny)

instil (*US* **instill**) [in'stil] zaszczepiać, wywoływać (*in sb* u kogoś)

instinct ['instiŋkt] 1. instynkt 2. reakcja

instinctive [in'stiŋktiv] instynktowny

institute ['institju:t] 1. instytut 2. *form* wprowadzać

institution [,insti'tju:ʃən] 1. instytucja 2. zakład

instruct [in'strʌkt] 1. *form* instruować 2. nauczać

instruction [in'strʌkʃən] 1. nauka, nauczanie 2. pouczenie 3. -s instrukcja

instructive [in'strʌktiv] pouczający, kształcący

instructor [in'strʌktə] instruktor

instrument ['instrəmənt] 1. instrument 2. przyrząd 3. narzędzie

instrumental [,instrə'mentəl] 1. instrumentalny ◇ 2. **be instrumental in sth** przyczyniać się do czegoś

insubordinate [,insə'bo:dənit] *form* niesubordynowany

insubordination [,insəbo:di'neiʃən] *form* niesubordynacja, nieposłuszeństwo

insufferable [in'sʌfərəbəl] nieznośny, nie do wytrzymania

insufficient [,insə'fiʃənt] niewystarczający (*for* do)

insular ['insjələ] odizolowany, prowincjonalny

insulate ['insjəleit] izolować (*from/ /against* przed)

insulation [,insjə'leiʃən] izolacja

insult I. [in'sʌlt] 1. obrażać, urażać II. ['insʌlt] 2. obraza 3. wyzwisko

insuperable [in'su:pərəbəl] *form* nieprzezwyciężalny

insurance [in'ʃuə:rəns] 1. ubezpieczenie 2. zabezpieczenie (*against* przeciwko) 3. odszkodowanie

insure [in'ʃuə] 1. ubezpieczać (*oneself* się) 2. zabezpieczać (się) (*against* przeciw)

insurgent [in'sə:dʒənt] powstaniec

insurmountable [,insə'mauntəbəl] *form* niepokonalny, nieprzezwyciężalny

insurrection [,insə'rekʃən] powstanie

intact [in'tækt] nietknięty

intake ['inteik] 1. zużycie, przyjmowanie 2. nabór

intangible [in'tændʒibəl] nieuchwytny, trudny do opisu

integer ['intidʒə] *mat* liczba całkowita

integral ['intigrəl] integralny (*to* dla, w)

integrate ['intigreit] 1. integrować (*oneself* się, *with* z, *into* w) 2. scalać

integrated ['intigreitid] zintegrowany

integrity [in'tegriti] 1. prawość 2. *form* integralność ◇ 3. **a man of integrity** prawy człowiek

intellect ['intəlekt] intelekt, inteligencja

intellectual [,intə'lektʃuəl] 1. intelektualny 2. intelektualistyczny 3. intelektualista

intelligence [in'telidʒəns] 1. inteligencja 2. wywiad

intelligent [in'telidʒənt] inteligentny

intelligible [in'telidʒəbəl] zrozumiały

intend [in'tend] **1.** zamierzać **2.** planować **3.** przeznaczać (*for* na)

intense [in'tens] **1.** gwałtowny, silny **2.** poważny

intensify [in'tensifai] intensyfikować (się), wzmagać (się)

intensive [in'tensiv] intensywny

intent [in'tent] **1.** *form* zamierzenie **2.** uważny **3.** zdecydowany (*on/upon* na, do) ◊ **4. to all intents (and purposes)** pod każdym względem

intention [in'tenʃən] zamiar

intentional [in'tenʃənəl] intencjonalny, rozmyślny

interact [ˌintər'ækt] oddziaływać (*with* wzajemnie na siebie)

interactive [ˌintər'æktiv] *komp* interakcyjny, wzajemny

intercede [ˌintə'si:d] *form* interweniować, wstawiać się (*for A with B* za A u B)

intercept [ˌintə'sept] zatrzymywać, przechwytywać

interchange ['intətʃeindʒ] **1.** wymiana **2.** wjazd (na autostradę)

interchangeable [ˌintə'tʃeindʒəbəl] wymienny

intercome ['intəkom] interkom (*telefon głośno mówiący*)

intercontinental [ˌintəkonti'nentəl] międzykontynentalny

intercourse ['intəko:s] *form* stosunek (płciowy)

interdependent [ˌintədi'pendənt] współzależny

interest ['intərəst] **1.** zainteresowanie **2.** (*konik*) hobby **3.** (*korzyść, potrzeba*) interes (*in* przy, w) **4.** (*w biznesie*) -s udziały **5.** (*wkładu*) oprocentowanie, odsetki **6.** (*ciekawić*) interesować **7.** (*kogoś czymś*) zainteresowywać ◊ **8.**

(**sth**) **of interest** (coś) interesującego **9. in the interests of** na korzyść, w interesie

interested ['intərəstid] **1.** zainteresowany ◊ **2. be interested in** (**a**) interesować się (**b**) zamierzać

interesting ['intərəstiŋ] interesujący

interfere [ˌintə'fiə] **1.** mieszać się (*in* do) **2.** kolidować (*in* z) **3.** przeszkadzać (*in* w) **4.** brać się (*with* do), tykać się (*with sth* czegoś)

interference [ˌintə'fiərəns] **1.** interwencja (*with* w), mieszanie się (*with* do) **2.** interferencja (radiowa)

interim ['intərim] tymczasowy, czasowy

interior [in'tiəriə] **1.** wnętrze **2.** wewnętrzny

interject [ˌintə'dʒekt] *form* wtrącać (się)

interjection [ˌintə'dʒekʃən] **1.** *form* uwaga, wtrącenie (się) **2.** wykrzyknik

interlock [ˌintə'lok] **1.** wiązać (*with one another* się ze sobą), zespalać (się) **2.** zaplatać

interloper ['intələupə] *form* intruz

interlude ['intəlu:d] przerwa, interludium

intermarriage [ˌintə'mæridʒ] małżeństwo mieszane

intermediary [ˌintə'mi:djəri] pośrednik

intermediate [ˌintə'mi:diət] pośredni, średni

interminable [in'tə:minəbəl] nie kończący się

intermission [ˌintə'miʃən] *US* przerwa

intermittent [ˌintə'mitənt] okresowy, przerywany

intern [in'tə:n] *form* internować

internal [in'tə:nəl] wewnętrzny

internally [in'tə:nəli] **1.** wewnątrz **2.** wewnętrzny

international [,intə'næʃenəl] **1.** międzynarodowy **2.** *sport* spotkanie międzynarodowe

internment [in'tə:nmənt] *form* internowanie

interplay ['intəplei] *form* wzajemne oddziaływanie

interpret [in'tə:prit] **1.** interpretować, rozumieć **2.** przekładać, tłumaczyć

interpretation [in,tə:pri'teiʃən] interpretacja

interpreter [in'tə:pritə] tłumacz (ustny)

interelate [,intəri'leit] *form* wiązać (się)

interrogate [in'terəgeit] przesłuchiwać

interrogation [in,terə'geiʃən] przesłuchanie

interrogative [,intə'rogativ] pytający

interrogator [in'terəgeitə] śledczy, przesłuchujący

interrupt [,intə'rʌpt] przerywać

interruption [,intə'rʌpʃən] przerwanie

intersect [,intə'sekt] **1.** przecinać (się) ◊ **2. be intersected** być pociętym

intersection [,intə'sekʃən] **1.** skrzyżowanie (*of A with B* A z B) **2.** przecięcie, punkt przecięcia

interspersed [,intə'spə:st] przemieszany, przetykany (*with sth* czymś)

intertwine [,intə'twain] splatać (się)

interval ['intəvəl] **1.** przerwa **2.** *muz* interwał ◊ **3. at intervals** w odstępach (czasu), miejscami

intervene [,intə'vi:n] **1.** interwenio-

wać (*in* w) **2.** wchodzić w słowo **3.** przeszkadzać **4.** (*o okresie czasu*) przechodzić

intervening [,intə'vi:niŋ] **1.** pośredni **2.** znajdujący się pośrodku

interview ['intəvju:] **1.** wywiad **2.** rozmowa kwalifikacyjna **3.** przeprowadzać wywiad (*sb* z kimś) **4.** przeprowadzać rozmowę kwalifikacyjną (*sb* z kimś)

intestine [in'testin] jelito

intestinal [in'testinəl] jelitowy

intimacy ['intiməsi] intymność (*between/with* pomiędzy/z)

intimate I. ['intimət] **1.** intymny **2.** (*przyjaciel*) serdeczny, bliski **3.** (*więzi*) ścisły **4.** (*wiedza*) rozległy **5.** *lit* (bliski) przyjaciel **II.** [inti'meit] **6.** *form* dawać do zrozumienia ◊ **7.** *form* **be intimate (with sb)** być w intymnych stosunkach (z kimś)

intimidate [in'timideit] zastraszać

intimidation [in,timi'deiʃən] zastraszenie

into ['intu:, 'intə] **1.** do (*into the house* do domu) **2.** w (*far into the night* długo w nocy) **3.** (*tłumaczy się przez dopełniacz rzeczownika*) (*enquiry into the accident* zbadanie wypadku) **4.** na (*tear into 8 pieces* rozerwać na 8 kawałków, *translate into English* tłumaczyć na angielski) ◊ **5.** *nieform* **be into sth** lubić coś

intolerable [in'tolərəbəl] nieznośny, nie do wytrzymania

intolerant [in'tolərənt] nietolerancyjny

intonation [,intə'neiʃən] intonacja

intone [in'toun] *lit* intonować, recytować

intoxicated [in'toksikeitid] **1.** *form*

pijany **2.** upojony (*by/with* czymś)

intoxicating [in'toksikeitiŋ] **1.** *form* alkoholowy **2.** oszałamiający

intoxication [in,toksi'keiʃən] *form* **1.** upojenie alkoholowe **2.** upojenie się, oszołomienie

intractable [in'træktəbəl] **1.** *form* o-porny, uparty **2.** niepodatny

intransitive [in'trænsitiv] *gram* nieprzechodni

intrepid [in'trepid] *lit* nieustraszony

intricacy ['intrikəsi] **1.** skomplikowanie **2.** zawiłość

intricate ['intrikət] zawiły

intrigue I. ['intri:g] **1.** intryga **II.** [in'tri:g] **2.** intrygować

intrinsic [in'trinsik] *form* zasadniczy, podstawowy

introduce [,intrə'dju:s] **1.** przedstawiać (*oneself* się, *to sb* komuś) **2.** wprowadzać (*into/to* do/w)

introduction [,intrə'dʌkʃən] **1.** wprowadzenie (*także: to* do) **2.** przedmowa, wstęp **3.** przedstawienie, prezentacja

introductory [,intrə'dʌktəri] wstępny, wprowadzający

introspection [,intrə'spekʃən] *form* introspekcja

introspective [,intrə'spektiv] *form* rozmyślający (nad sobą)

introvert ['intrəvə:t] *form* introwertyk

intrude [in'tru:d] **1.** przeszkadzać (*on sb* komuś), mieszać się (*on sth* do czegoś) **2.** naruszać (*on sth* coś) **3.** wdzierać się (*on sth* na/do czegoś), nachodzić (*on sb* kogoś)

intruder [in'tru:də] intruz, natręt

intrusion [in'tru:ʒən] **1.** najście **2.** wdzieranie się

intrusive [in'tru:siv] natrętny

intuition [,intju'iʃən] intuicja

intuitive [in'tju:itiv] *form* intuicyjny

inundate ['inʌndeit] **1.** *form* zatapiać **2.** zasypywać (*sb with* kogoś czymś)

invade [in'veid] **1.** najeżdżać, przeprowadzać inwazję **2.** opanowywać **3.** naruszać

invalid I. ['invəlid] **1.** inwalida, kaleka **II.** [in'vælid] **2.** nieważny, nie wiążący **3.** bezpodstawny

invalidate [in'vælideit] *form* **1.** unieważniać **2.** znosić

invaluable [in'væljuəbəl] nieoceniony

invariable [in'veəriəbəl] niezmienny

invasion [in'veiʒən] **1.** inwazja **2.** najście, najazd

invective [in'vektiv] *form* inwektywa, obelga

invent [in'vent] **1.** wynajdować, wymyślać **2.** wynaleźć

invention [in'venʃən] **1.** wynalazek **2.** wynalezienie **3.** wymysł **4.** inwencja, fantazja

inventive [in'ventiv] wynalazczy

inventor [in'ventə] wynalazca

inventory ['invəntəri] *form* inwentarz, spis

inverse [,in'və:s] *form* **1.** odwrotny **2.** inwersja

invert [in'və:t] *form* odwracać

invertebrate [in'və:tibrət] *termin* bezkręgowiec

inverted commas [in,və:tid 'koməz] *BR* cudzysłów

invest [in'vest] **1.** inwestować **2.** *form* obdarzać (*sb with sth* kogoś czymś), nakładać (*sb with sth* coś na kogoś)

investigate [in'vestigeit] przeprowadzać dochodzenie

investigation [in,vesti'geiʃən] dochodzenie

investigator [in'vestigeitə] prowadzący dochodzenie

investment [in'vestmənt] 1. inwestowanie 2. inwestycja

invidious [in'vidiəs] 1. nienawistny 2. nierówny, niekorzystny

invigorating [in'vigəreitiŋ] pobudzający, ożywczy

invincible [in'vinsəbəl] niepokonalny, niezwyciężony

invisible [in'vizəbəl] 1. niewidoczny (to dla) 2. niewidzialny, ukryty

invitation [,invi'teiʃən] zaproszenie

invite [in'vait] 1. zapraszać (sb to//for na) 2. form zachęcać 3. form skłaniać 4. form wyzywać (strach), przyzywać

inviting [in'vaitiŋ] zachęcający

invoice ['invois] faktura

invoke [in'vouk] form 1. praw powoływać się na 2. przywoływać 3. wywoływać

involuntary [in'voləntəri] mimowolny

involve [in'volv] 1. obejmować, wciągać, dotyczyć 2. pociągać za sobą 3. odnosić się (sth do czegoś), tyczyć się (sth czegoś) 4. (w sprawę) wplątywać, wmieszywać (sb in kogoś w/do) ◇ 5. involve oneself angażować się (in/with w)

involved [in'volvd] 1. zaabsorbowany (in/with w/z) 2. wciągnięty, wplątany 3. zawiły, pogmatwany 4. odnośny, zainteresowany, o który chodzi (the man involved człowiek, o którego chodzi) ◇ 5. be involved with sb wiązać się z kimś, zaczynać romansować z kimś

involvement [in'volvmənt] 1. zaangażowanie (in/with w, przy) 2. wciągnięcie, wplątanie 3. odnie-

sienie, stosunki (in/with do) 4. romans (with z)

invulnerable [in'vʌlnərəbəl] 1. niezniszczalny 2. nie do zranienia

inward ['inwəd] 1. wewnętrzny 2. do środka, do wewnątrz 3. dośrodkowy

inwards ['inwədz] do środka, do wewnątrz

iodine ['aiədi:n] 1. jod 2. jodyna

ion ['aiən] fiz jon

iota [ai'outə] jota (not to change an iota nie zmienić się ani na jotę)

irascible [i'ræsibəl] form drażliwy

irate [ai'reit] form rozgniewany

iridescent [,iri'desənt] lit opalizujący

iris ['airis] 1. tęczówka 2. irys, kosaciec

Irish ['airiʃ] 1. irlandzki 2. the I. Irlandczycy

Irishman ['airiʃmən] Irishmen ['airiʃmən] Irlandczyk

Irishwoman ['airiʃwumən] Irishwomen ['airiʃwimin] Irlandka

irksome ['ə:ksəm] dokuczliwy, uciążliwy

iron ['aiən] 1. żelazo 2. żelazko 3. żelazny, nieugięty 4. prasować
   iron out wygładzać, pokonywać

ironic(al) [ai'ronik(əl)] ironiczny

ironically [ai'ronikəli] 1. jak na ironię 2. ironicznie

ironing board ['aiəniŋ bo:d] deska do prasowania

irony ['airəni] ironia

irrational [i'ræʃənəl] 1. irracjonalny, nielogiczny 2. nierozumny

irreconcilable [i,rekən'sailəbəl] 1. form nie do pogodzenia 2. nieprzejednany

irreducible [,iri'dju:sibəl] form nieredukowalny, nieprzekazywalny

irrefutable [ˌiri'fjuːtəbəl] *form* niezbity

irregular [i'regjələ] **1.** nieregularny **2.** nieprawidłowy **3.** nieregulaminowy

irregularity [iˌregjə'læriti] **1.** nieregularność **2.** nieprawidłowość

irrelevance [i'reləvəns] brak związku

irrelevant [i'reləvənt] nieistotny, bez związku (*to* co do), zbyteczny

irreligious [ˌiri'lidʒəs] niereligijny, nie wierzący

irreparable [i'repərəbəl] *form* nieodwracalny, niepowetowany, nie do naprawienia

irreplaceable [ˌiri'pleisəbəl] niezastąpiony

irrepressible [ˌiri'presibəl] nieokiełznany, nie do pognębienia

irreproachable [ˌiri'prəutʃəbəl] nienaganny, bez zarzutu

irresistible [ˌiri'zistəbəl] **1.** nieodparty, nieprzeparty **2.** nie do odparcia

irresolute [i'rezəluːt] *form* niezdecydowany

irrespective [ˌiri'spektiv] *form* niezależnie (*of* od)

irresponsible [ˌiri'sponsibəl] nieodpowiedzialny

irretrievable [ˌiri'triːvəbəl] *form* nieodwracalny

irreverent [i'revərənt] lekceważący, bez szacunku

irrevocable [i'revəkəbəl] *form* nieodwołalny

irrigate ['irigeit] irygować, nawadniać

irritable ['iritəbəl] nerwowy

irritant ['iritənt] *form* środek drażniący

irritate ['iriteit] **1.** irytować **2.** po-

drażniać

irritation [ˌiri'teiʃən] **1.** irytacja **2.** podrażnienie **3.** środek drażniący

is [z, iz] *patrz* be: *3 os. l.poj. czasu ter.* jest

Islam ['izlɑːm] islam

Islamic [iz'læmik] muzułmański

island ['ailənd] wyspa

islander ['ailəndə] wyspiarz

isle [ail] *lit* wyspa, ostrów

isn't ['izənt] *ściągnięte* is not

isolate ['aisəleit] **1.** izolować **2.** wyobcowywać (*także oneself* się) **3.** wyodrębniać

isolation [ˌaisə'leiʃən] odosobnienie, osamotnienie

issue ['iʃuː] **1.** zagadnienie **2.** the i. problem, sprawa **3.** numer **4.** wydawać (*także *sth to sb/sb with sth** coś komuś) **5.** *lit* dobiegać, dochodzić (*from* z) ◇ **6.** at issue pod dyskusją, w centrum dyskusji **7.** make an issue of sth robić z czegoś sprawę

isthmus ['isθməs] *form* przesmyk

it [it] *GRAM* **1.** to **2.** (*użyty zamiast rzeczownika nie odnoszącego się do ludzi*) on, ona, ono **3.** (*często nie tłumaczy się*) (*it is raining* pada) ◇ **4.** it is jest (*it's warm* ciepło (jest dzisiaj)) **5.** it is to (*it is me* to ja)

italics [i'tæliks] kursywa

itch [itʃ] **1.** swędzieć (*you will itch* będzie cię swędziało) **2.** *nieform* mieć chrapkę (*I'm itching to go* świerzbi mnie, aby pójść) **3.** swędzenie **4.** *nieform* chrapka, wielka ochota

itchy ['itʃi] swędzący

it'd ['itəd] *ściągnięte* it would, it had

item ['aitəm] **1.** pozycja **2.** sprawa **3.**

artykuł, wiadomość
itemize (*także* **itemise**) ['aitəmaiz] sporządzać listę
itinerant [i'tinərənt] *form* wędrowny
itinerary [i'tinərəri] plan podróży, marszruta
it'll ['itəl] *ściągnięte* it will
its [its] *GRAM* jego, jej, ich, swój (*zaimek używany zamiast rzeczowników nie odnoszących się do ludzi*)

it's [its] *ściągnięte* it is, it has
itself [it'self] 1. się, siebie 2. sam (*the frame itself* sama rama) ◇ 3. in itself sam w sobie
I've [aiv] *ściągnięte* I have
ivory ['aivəri] kość słoniowa (*także kolor*)
ivy ['aivi] bluszcz

J

jab [dʒæb] 1. wbijać 2. *BR nieform* zastrzyk
jabber ['dʒæbə] *nieform* paplać
jack [dʒæk] 1. podnośnik 2. (*w kartach*) walet
jacket ['dʒækit] 1. marynarka, kurtka 2. (*ziemniaka*) mundurek 3. okładka
jack-knife ['dʒæknaif] *lm* **jacknives** ['dʒæknaivz] 1. składany nóż 2. składać się (*jak scyzoryk*)
jackpot ['dʒækpɔt] najwyższa wygrana, pula
jade [dʒeid] jadeit
jaded ['dʒeidid] sterany
jagged ['dʒægd] poszarpany, wyszczerbiony
jaguar ['dʒægjuə] jaguar
jail (*BR także* **gaol**) [dʒeil] 1. więzienie 2. więzić
jailer (*BR także* **gaoler**) ['dʒeilə] *przest* dozorca więzienny
jam [dʒæm] 1. dżem 2. (*na drodze*) korek, zator 3. (*wpychać*) wtykać 4. (*o maszynie*) zacinać się, zablokowywać (się) 5. (*drogę*) zapychać, blokować 6. (*np. do sza-*

fy) wpychać 7. (*radiostację*) zagłuszać ◇ 8. *nieform* **be in a jam** być w opałach/tarapatach
jangle ['dʒæŋgəl] 1. brzęczeć 2. brzęk
janitor ['dʒænitə] dozorca, portier
January ['dʒænjuəri] styczeń
jar [dʒɑ:] 1. słój, słoik 2. wstrząs 3. wstrząsać, drgać 4. drażnić (*on sb* kogoś) 5. szokować
jargon ['dʒɑ:gən] żargon
jaundice ['dʒɔ:ndis] żółtaczka
jaundiced ['dʒɔ:ndist] *lit* zgorzkniały
jaunt [dʒɔ:nt] wycieczka
jaunty ['dʒɔ:nti] beztroski, swobodny
javelin ['dʒævəlin] *sport* oszczep
jaw [dʒɔ:] 1. szczęka, żuchwa 2. *lit* -s paszcza
jazz [dʒæz] jazz
   jazz up *nieform* podpicować
jazzy ['dʒæzi] 1. jazowy 2. wystrzałowy
jealous ['dʒeləs] zawistny, zazdrosny (*of* o)
jealousy ['dʒeləsi] zawiść

jeans [dʒi:nz] dżinsy

jeep [dʒi:p] dżip, gazik

jell [dʒel] 1. zastygać (w galaretę) 2. przybierać kształtów 3. żel

jelly ['dʒeli] 1. galaretka (*słodka*) 2. marmolada

jellyfish ['dʒelifiʃ] *lm* jellyfish meduza

jemmy ['dʒemi] łom

jeopardize (*także* jeopardise) ['dʒepədaiz] *form* narażać na niebezpieczeństwo

jeopardy ['dʒepədi] *form* niebezpieczeństwo

jerk [dʒɜ:k] 1. szarpać 2. szarpać się, rzucać się 3. szarpnięcie

jerky ['dʒɜ:ki] trzęsący (się), spazmatyczny, konwulsyjny

jersey ['dʒɜ:zi] 1. sweter 2. dżersej

jest [dʒest] *przest* 1. dowcip ◇ 2. in jest żartem

jet [dʒet] 1. odrzutowiec 2. latać (odrzutowcami) 3. strumień, struga 4. gagat

jet-black [ˌdʒet'blæk] kruczoczarny

jettison ['dʒetisən] *form* wyzbywać się

jetty ['dʒeti] nabrzeże, falochron

Jew [dʒu:] Żyd

jewel ['dʒu:əl] klejnot

jewelled (*US* jeweled) ['dʒu:əld] ozdobiony klejnotami

jeweller (*US* jeweler) ['dʒu:ələ] jubiler

jewellery ['dʒu:əlri] biżuteria

Jewess ['dʒuis] *form* Żydówka

Jewish ['dʒu:iʃ] żydowski

jibe (*także* gibe) [dʒaib] docinek

jiffy ['dʒifi] ◇ *nieform* in a jiffy za momencik

jiggle ['dʒigəl] *nieform* kręcić (się), machać

jigsaw (puzzle) ['dʒigso: pʌzəl] puzzle, układanka

jilt [dʒilt] *przest* porzucać

jingle ['dʒiŋgəl] 1. brzęczeć 2. brzęczenie 3. hasło, powiedzonko (*używane w reklamie z muzyką*)

jinx [dʒiŋks] ◇ be a jinx on sb przynosić komuś pecha

jittery ['dʒitəri] *nieform* roztrzęsiony

job [dʒob] 1. praca 2. powinność, zajęcie ◇ 3. have a job doing sth *nieform* namęczyć się, żeby coś zrobić 4. do/make a good job of sth znakomicie sobie z czymś poradzić 5. *nieform* sth is just the job to właśnie to

jobless ['dʒoblis] bezrobotny

jockey ['dʒoki] 1. dżokej ◇ 2. jockey for position walczyć o lepsze miejsce

jocular ['dʒokjələ] *form* 1. żartobliwy 2. dowcipny

jog [dʒog] 1. uprawiać jogging 2. biegać truchtem 3. wstrząsać, trącać 4. trucht ◇ 5. jog one's memory pobudzać pamięć

join [dʒoin] 1. łączyć (się) 2. stawać (*a queue* w kolejce) 3. wstępować (*the army* do wojska) 4. połączenie

join in dołączać się do

join up 1. *BR* zaciągać się, wstępować do wojska 2. łączyć

joiner ['dʒoinə] *BR* stolarz

joint [dʒoint] 1. wspólny 2. (*np. biodrowy*) staw 3. (*połączenie*) złączenie 4. (*pieczeń*) udziec 5. *nieform* (*restauracja*) knajpa 6. *nieform* (*papieros*) pet

joke [dʒouk] 1. dowcip, żart 2. żartować (*about* o) 3. *nieform* przedmiot żartów

joker ['dʒoukə] 1. dowcipniś, żar-

towniś **2.** dżoker
jokingly ['dʒoukiŋli] żartem
jolly ['dʒoli] **1.** wesoły, radosny **2.**
BR nieform bardzo, szalenie
jolt [dʒoult] **1.** szarpać (się) **2.**
wstrząsać (się) **3.** szarpnięcie **4.**
wstrząs
jostle ['dʒosəl] **1.** obijać się (*sth* o
coś) **2.** rozpychać (się), przepychać (się) **3.** walczyć (*for* o)
jot [dʒot] napisać
journal ['dʒə:nəl] **1.** magazyn, czasopismo **2.** dziennik
journalism ['dʒə:nəlizəm] dziennikarstwo
journalist ['dʒə:nəlist] dziennikarz
journalistic [ˌdʒə:nə'listik] dziennikarski
journey ['dʒə:ni] **1.** podróż **2.** *lit* podróżować ◊ **3. break one's journey** przerywać podróż
jovial ['dʒouviəl] jowialny
joy [dʒoi] **1.** radość **2.** źródło radości
joyful ['dʒoiful] radosny, szczęśliwy
joyless ['dʒoilis] ponury
joyride ['dʒoiraid] przejażdżka (*w skradzionym samochodzie*)
jubilant ['dʒu:bilənt] rozradowany, triumfujący
jubilation [ˌdʒu:bi'leiʃən] *form* świętowanie
jubilee ['dʒu:bili] jubileusz
Judaism ['dʒu:deiizəm] judaizm
judge ['dʒʌdʒ] **1.** sędzia **2.** znawca **3.** oceniać **4.** osądzać
judgement ['dʒʌdʒmənt] **1.** ocena, osąd **2.** wyrok ◊ **3. pass judgement (on)** wydawać ocenę/werdykt (co do) **4. reserve judgement** wstrzymywać się z oceną **5. against sb's better judgement** wbrew swojemu przekonaniu

judicial [dʒu:'diʃəl] **1.** *form* sądowniczy, prawny **2.** *lit* krytyczny, oceniający
judiciary [dʒu:'diʃəri] *form* **the j.** władza jurysdykcyjna, sądownictwo
judicious [dʒu:'diʃəs] *form* rozważny, rozsądny
jug [dʒʌg] *BR* dzbanek
juggernaut ['dʒʌgəno:t] *BR* wielka ciężarówka, TIR
juggle ['dʒʌgəl] **1.** żonglować **2.** przestawiać
juggler ['dʒʌglə] żongler
juice [dʒu:s] **1.** sok **2.** sos
juicy ['dʒu:si] **1.** soczysty **2.** *nieform* smakowity
jukebox ['dʒu:kboks] szafa grająca
July [dʒu'lai] lipiec
jumble ['dʒʌmbəl] **1.** chaos, plątanina **2.** (*także* up) mieszać, splątywać
jumble sale ['dʒʌmbəl seil] wyprzedaż (dobroczynna)
jumbo ['dʒʌmbou] **1.** kolosalny **2.** (*także* **jumbo jet**) duży odrzutowiec
jump [dʒʌmp] **1.** skakać (*to* na, do) **2.** przeskakiwać **3.** wzdrygać się **4.** (*do kolejki*) wpychać się (*sth* do czegoś) **5.** skok ◊ **6. keep one jump ahead** prowadzić
jump at palić się (*sth* do czegoś)
jumper ['dʒʌmpə] **1.** *BR* pulower **2.** *US* kombinezon
jumpy ['dʒʌmpi] *nieform* nerwowy, niespokojny
junction ['dʒʌŋkʃən] połączenie, krzyżówka
juncture ['dʒʌŋktʃə] ◊ *form* **at this juncture** w tym momencie
June [dʒu:n] czerwiec
jungle ['dʒʌŋgəl] dżungla

junior ['dʒu:njə] **1.** młodszy **2.** niższy (rangą) **3.** urzędnik niższy rangą **4.** *US* junior (*John Brown Junior*)

junk [dʒʌŋk] *nieform* **1.** rupiecie **2.** starocie

junkie ['dʒʌŋki] *nieform* narkoman

jurisdiction [ˌdʒuəris'dikʃən] jurysdykcja, władza sądownicza

jurist ['dʒuərist] *form* prawnik

juror ['dʒuərə] **1.** członek sądu przysięgłego **2.** juror

jury ['dʒuəri] **1.** sąd przysięgłych **2.** jury

just [dʒʌst] **1.** właśnie **2.** (*przy proszeniu*) tylko, jedynie **3.** (*np. słyszalny*) ledwo **4.** (*np. wiedzieć*) po prostu **5.** (*osoba*) właściwy **6.** (*kara*) sprawiedliwy **7.** (*wyobrażać sobie*) dobrze ◊ **8. just now** (a) przed chwilą (b) w tej chwili **9. just a minute/moment//second** chwileczkę **10. just**

about prawie

justice ['dʒʌstis] **1.** sprawiedliwość **2.** wymiar sprawiedliwości **3.** słuszność **4.** *US* sędzia ◊ **5. bring to justice** być pociągniętym do odpowiedzialności karnej **6. do justice to sth** oddawać sprawiedliwość czemuś

Justice of the Peace [ˌdʒʌstis əv ðə 'pi:s] *BR form* Sędzia Pokoju

justifiable [ˌdʒasti'faiəbəl] uzasadniony, usprawiedliwiony

justification [ˌdʒʌstifi'keiʃən] uzasadnienie, usprawiedliwienie

justify ['dʒʌstifai] uzasadniać, usprawiedliwiać

jut [dʒʌt] wychodzić (na zewnątrz)

juvenile ['dʒu:vənail] **1.** młodociany **2.** dziecinny

juvenile delinquent młodociany przestępca

juxtapose [ˌdʒʌkstə'pouz] *form* porównywać, zestawiać

K

kaleidoscope [kə'laidəskoup] kalejdoskop

kangaroo [ˌkæŋgə'ru:] kangur

karate [kə'rɑ:ti] karate

keel [ki:l] **1.** kil ◊ **2. on an even keel** na równym poziomie

keel over wywracać się

keen [ki:n] **1.** chętny (*on doing sth/to do sth* do zrobienia czegoś) **2.** (*ogrodnik*) zamiłowany **3.** pełen zapału **4.** ostry **5.** (*ochota, zainteresowanie*) wielki

keenly ['ki:nli] **1.** bardzo **2.** z uwagą **3.** ostro

keep [ki:p], **kept** [kept], **kept** *GRAM* **1.** trzymać (*z różnymi rzeczownikami może się różnie tłumaczyć*) **2.** (*pieniądze, kogoś*) zatrzymywać **3.** utrzymywać **4.** (*w kontakcie, żywym*) pozostawać **5.** (*nie dawać*) nie pozwalać (*keep sb from falling* nie pozwalać, by ktoś upadł) **6.** (*słowa*) dotrzymywać **8.** (*uchwyt*) mieć **9.** (*zapiski*) prowadzić **10.** (*o jedzeniu*) dobrze się przechowywać, zachowywać świeżość **11.** (*z formą z -ing*) wciąż coś (robić) (*He keeps interrupt-*

ing On wciąż przerywa) **12.** (*z formą z -ing*) dalej coś robić (*Keep
searching* Szukaj dalej) **13.** (*koszty życia*) utrzymanie ◊ **14. keep
sth to oneself** zatrzymywać coś
dla siebie **15. keep yourself to
yourself** być zamkniętym w sobie **15. how are you keeping?**
jak ci się powodzi? **17. "Keep
out!"** „Wstęp wzbroniony!" **18.
be in keeping with sth** pasować
do czegoś **19. be out of keeping
with sth** nie pasować do czegoś
keep back wstrzymywać
keep down utrzymywać na niskim poziomie
keep off osłaniać się (przed
czymś)
keep on 1. nadal, dalej (*coś robić: keep on walking* nadal iść)
2. wciąż, ciągle (*coś robić: keep
on complaining* ciągle narzekać)
3. ględzić (*about* o)
keep to 1. trzymać się, stosować
się (*sth* do czegoś) **2.** utrzymywać
(*sth* na czymś), redukować (*sth* do
czegoś)
keep up 1. dorównywać (*with
sth* czemuś) **2.** pozostawać (dobrze) poinformowanym (*with* o) **3.**
wciąż (*coś robić*): (*keep up crying*
wciąż płakać) **4.** utrzymywać
keeper [ˈkiːpə] **1.** dozorca ◊ **2. A is
not B's keeper** A nie jest stró-
żem B
keg [keg] beczułka
kennel [ˈkenəl] **1.** buda (*dla psa*) **1.**
-s schronisko (*dla psów*) **2.** -s hodowla psów
kept [kept] *patrz* keep: *II i III* forma
kerb (*US* **curb**) [kəːb] krawężnik
kernel [ˈkəːnəl] jądro (*orzecha*)
kerosene [ˈkerəsiːn] *US* nafta

kestrel [ˈkestrəl] pustułka
ketchup [ˈketʃʌp] keczup
kettle [ˈketəl] czajnik
kettle-drum [ˈketəldrʌm] *muz* kocioł
key [kiː] **1.** klucz (*także w muzyce*)
2. klawisz **3.** legenda **4.** kluczowy
keyboard [ˈkiːbɔːd] klawiatura
keyhole [ˈkiːhoul] dziurka od klucza
keynote [ˈkiːnout] program, hasło
khaki [ˈkɑːki] khaki
kick [kik] **1.** kopnięcie, kopniak **2.**
kopać **3.** machać (nogami) **4.** *nieform* rzucać ◊ **5.** *nieform* **get a
kick *from/out of* sth** podniecać się czymś **6.** *nieform* **for kicks**
dla uciechy/zgrywu
kick about/around *nieform* po-
niewierać się
kick off *nieform* zaczynać
kick out *nieform* wywalać
kick up *nieform* rzucać się (do
czegoś)
kick-off [ˈkikof] początek (meczu
piłkarskiego)
kid [kid] **1.** *nieform* dzieciak **2.** koź-
lę **3.** skóra kozia, zamsz **4.** *nieform*
(*np. brat*) młodszy **5.** *nieform* (*o-
szukiwać*) nabierać **6.** (*natrząsać
się*) nabijać się (*sb* nad kimś) ◊ **7.**
nieform **No kidding!** Słowo daję!
kidnap [ˈkidnæp] **1.** porywać **2.** po-
rwanie, kidnaping
kidney [ˈkidni] nerka
kill [kil] **1.** zabijać **2.** wykańczać **3.**
zdobycz **4.** zabijanie
kill off załatwiać
killer [ˈkilə] *nieform* zabójca
killing [ˈkiliŋ] **1.** zabójczy **2.** zabójstwo ◊ **3.** *nieform* **make a killing**
zbijać forsę
kiln [kiln] piec (garncarski)
kilo [ˈkiːlou] kilo(gram)

kilogram (*także* kilogramme) ['kiləgrəm] kilogram

kilometre (*US* kilometer) ['kiləmi:tə] kilometr

kilt [kilt] kilt (*spódniczka szkocka*)

kin [kin] *przest* krewni

kind [kaind] 1. rodzaj 2. miły, uprzejmy (*to sb* dla kogoś) 3. miło, uprzejmie (*of sb* z czyjejś strony) ◊ 4. *nieform* kind of (pewien) rodzaj (*a kind of fruit* rodzaj owocu) 5. *US nieform* kind of dość 6. of a kind swego rodzaju 7. be *kind enough/so kind as* to do sth być uprzejmym coś zrobić

kindergarten ['kindəga:tən] przedszkole

kind-hearted [,kaind'ha:tid] dobrotliwy, życzliwy

kindle ['kindəl] rozniecać, rozpalać

kindling ['kindliŋ] drewno na rozpałkę

kindly ['kaindli] 1. uprzejmy, życzliwy 2. łaskawie (*kindly take it away* bądź łaskaw zabrać to) 3. uprzejmie, życzliwie ◊ 3. look kindly on sth spoglądać łaskawym okiem na coś 4. not to take kindly to sth nie odnosić się życzliwie do czegoś

kindness ['kaindnis] 1. życzliwość 2. uprzejmość 3. przysługa

kindred ['kindrid] pokrewny, braterski

king [kiŋ] król

kingdom ['kiŋdəm] królestwo

kingfisher ['kiŋfiʃə] zimorodek

kink [kiŋk] skręt, zwój

kinky ['kiŋki] *nieform* perwersyjny

kiosk ['ki:osk] kiosk, budka

kipper ['kipə] wędzony śledź

kiss [kis] 1. całować 2. pocałunek

kit [kit] 1. zestaw 2. ubiór (spor-

towy)

kitchen ['kitʃən] kuchnia

kite [kait] latawiec

kitten ['kitən] kociak

kitty ['kiti] pula, wspólne pieniądze

kiwi ['ki:wi] kiwi (*ptak*)
  kiwi fruit ['ki:wi ,fru:t] kiwi (*owoc*)

knack [næk] talent (**of/for doing* sth* do czegoś)

knave [neiv] *przestarz* szelma

knead [ni:d] miesić

knee [ni:] 1. kolano ◊ 2. bring sb to his knees powalić kogoś na kolana

kneecap ['ni:kæp] rzepka (*kolana*)

knee-deep [,ni:'di:p] po kolana

kneel [ni:l] kneeled *lub* knelt [nelt] 1. klęczeć, 2. klękać (*down*)

knew [nju:] *patrz* know: *II forma*

knickers ['nikəz] *BR nieform* majtki (luźniejsze)

knicks-knacks ['niksnæks] ozdóbki

knife [naif] I. *lm* knives [naivz] 1. nóż II. (*3 os. l.poj. czasu ter.* knifes [naifs]) 2. zasztyletowywać

knight [nait] 1. rycerz 2. (*tytuł szlachecki — nie tłumaczy się*) 3. *szach* skoczek, konik 4. uszlachcać

knighthood ['naithud] szlachectwo

knit [nit], knitted *lub* knit 1. dziergać, robić na drutach 2. zespolony, związany ◊ 3. knit one's brows ściągać/marszczyć brwi

knitting ['nitiŋ] 1. robótka 2. robienie na drutach, dzierganie

knitwear ['nitweə] dzianina

knives [naivz] *patrz* knife: *lm*

knob [nob] 1. gałka 2. pokrętło

knobbly ['nobli] zwęźlony, guzowaty

knock [nok] 1. pukać, stukać (*at/on* do) 2. (*coś*) uderzać, przewracać 3. (*uderzeniem*) rozciągać (*sb un-*

conscious kogoś bez przytomności) **4.** nieform (zmuszać do rezygnacji) wybijać (_sth out of sb_ coś z kogoś) **5.** nieform (_krytykować_) czepiać się **6.** (_stukanie_) pukanie **7.** (_cios_) uderzenie **8.** (_szok_) wstrząs

knock about/around nieform **1.** obijać (się), tłuc (się) **3.** zadawać sie (_with_ z)

knock back _BR_ nieform golnąć, obalić

knock down 1. rozjeżdżać **2.** burzyć, zwalać

knock off 1. zbijać **2.** nieform gwizdnąć, ukraść **3.** nieform wybywać, kończyć

knock out 1. pozbawiać przytomności **2.** wypadać (_z gry_)

knocker ['nokə] kołatka

knock-out ['nokaut] **1.** nokaut **2.** _sport_ eliminacyjny

knoll [noul] _lit_ wzgórek

knot [not] **1.** węzeł (_także miara_ = 1,8 km) **2.** (_ludzi_) grupka **3.** (_żołądka_) ściśnięcie **4.** (_w roślinie_) kolano **5.** (_w drewnie_) sęk **6.** (_zawiązywać_) wiązać węzły **7.** (_obwijać_) obwiązywać

knotty ['noti] nieform poplątany, zawiły

know [nou] **knew** [nju:], **known** [noun] **1.** znać **2.** wiedzieć **3.** słyszeć (_of/about_ o) **4.** rozróżniać (_A from B_ A od B) ◇ **5. let sb know** dać komuś znać (_about_ o czymś) **6. get to know** poznać **7. know better** dobrze zdawać sobie sprawę **8. "you know"** „wiesz/wiecie (wie pan/pani)" **9. you never know** nigdy nic nie wiadomo **10. be in the know** być wtajemniczonym

know-how ['nouhau] nieform wiedza

knowing ['nouiŋ] porozumiewawczy

knowingly ['nouiŋli] **1.** z premedytacją **2.** porozumiewawczo

knowledge ['nolidʒ] **1.** wiedza ◇ **2. to sb's knowledge** zgodnie z czyimiś informacjami **3. to the best of sb's knowledge** o ile mi wiadomo

knowledgeable ['nolidʒebəl] (dobrze) poinformowany

known [noun] **1.** _patrz_ **know**: _III forma_ **2.** znany (_to sb_ komuś) ◇ **3.** nieform **let it be known (that)** dawać do zrozumienia (, że)

knuckle ['nʌkəl] kostka (_dłoni_)

kosher ['kouʃə] koszerny

kudos ['kju:dəs] sława

L

lab [læb] nieform laboratorium

label ['leibəl] **1.** etykieta **2.** etykietować, oznaczać **3.** obdarzać etykietą

labor ['leibə] _US patrz_ **labour**

laboratory [lə'borətəri] laboratorium

laborious [lə'bo:riəs] pracochłonny

labour (_US_ **labor**) ['leibə] **1.** praca **2.** siła robocza **3.** _form_ (_ciężko_) pracować **4.** (_łudzić się_) być ofiarą (_under sth_ czegoś) **5.** (_trudzić_ *się)* męczyć się, pocić się (*at/over* przy/nad) 6. (*np. nad punktem*) rozwodzić się (*sth* nad czymś)

labourer ['leibərə] pracownik (fizyczny)

labyrinth ['læbirinθ] labirynt

lace [leis] 1. koronka 2. sznurowadło 3. podprawiać, zaprawiać
lace up sznurować

lacerate ['læsəreit] *form* przecinać, kaleczyć

lack [læk] 1. brak, niedostatek ◇ 2. **sb lacks sth** komuś brak(uje) czegoś 3. **sb is lacking in sth** komuś brakuje czegoś, ktoś nie ma czegoś 4. **sth is lacking** nie ma czegoś 5. **there is no lack of sth** nie brakuje czegoś

lackey ['læki] pachołek, sługus

laconic [lə'konik] lakoniczny

lacquer ['lækə] 1. lakier 2. lakierować

lacy ['leisi] koronkowy

lad [læd] młodzieniec

ladder ['lædə] 1. drabina 2. **the l.** hierarchia 3. (*w pończosze*) oczko

laden ['leidən] *lit* obładowany (*with sth* czymś)

ladle ['leidəl] 1. chochla 2. nabierać (chochlą)

lady ['leidi] 1. pani 2. lady ◇ 3. **Ladies (room)** toaleta damska

ladylike ['leidilaik] dystyngowany

lag [læg] 1. iść, wlec się (*behind* za) 2. (*o produkcji*) kuleć (*behind*) 3. (*np. rurę*) ociepłać 4. opóźnienie

lager ['lɑ:gə] lager (*rodzaj piwa*)

lagoon [lə'gu:n] laguna

laid [leid] *patrz* lay: II i III forma
laid up (obłożnie) chory

lain [lein] *patrz* lie: III forma

lair [leə] legowisko, pieczara

lake [leik] jezioro

lamb [læm] 1. jagnię 2. *relig* baranek 3. baranina

lame [leim] kulawy

lament [lə'ment] 1. *lit* opłakiwać, biadać 2. biadanie

lamentable [lə'mentəbəl] *form* opłakany

lamp [læmp] lampa

lamp-post ['læmppoust] słup latarni

lampshade ['læmpʃeid] abażur

land [lænd] 1. ziemia 2. (*nie morze*) ląd 3. *lit* (*kraina*) kraj 4. (*na brzegu, księżycu*) wylądować, lądować 5. (*towary*) wyładowywać 6. (*kłopotać*) *nieform* wsadzać (*in* w/do, *sb with sth* komuś coś na głowę)
land up lądować

landed ['lændid] posiadający ziemię

landing ['lændiŋ] 1. podest 2. przystań 3. lądowanie

landlady ['lændleidi] 1. gospodyni 2. właścicielka

landlocked ['lændlokt] otoczony lądem

landlord ['lændlo:d] 1. gospodarz 2. właściciel (*hotelu, pensjonatu*)

landmark ['lændmɑ:k] 1. punkt orientacyjny 3. moment przełomowy, punkt zwrotny

landscape ['lændskeip] 1. pejzaż, krajobraz 2. kształtować (sztucznie pejzaż)

landslide ['lændslaid] 1. miażdżące zwycięstwo 2. obsunięcie się ziemi

lane [lein] 1. alejka, dróżka 2. pasmo 3. tor

language ['læŋgwidʒ] język

languid ['læŋgwid] *lit* flegmatyczny, apatyczny

languor ['læŋgə] *lit* ospałość, apatyczność

lanky ['læŋki] kościsty

lantern ['læntən] latarnia
lap [læp] 1. podołek, kolana 2. *sport* okrążenie, runda 3. okrążać 4. chlapać, pluskać 5. chłeptać
lap up 1. chłeptać łapczywie 2. chłonąć łapczywie
lapel [lə'pel] klapa
lapse [læps] 1. wyskok 2. (*pamięci*) zaćmienie 3. (*uwagi*) odwrócenie, odbiegnięcie 4. (*czasu*) upływ 5. (*ciszę, dialekt*) wpadać (*into sth* w coś) 6. (*o czasie*) upływać 7. (*o ważności*) kończyć się
larceny ['lɑːsəni] *prawne* kradzież
larch [lɑːtʃ] modrzew
lard [lɑːd] smalec
larder ['lɑːdə] spiżarnia
large ['lɑːdʒ] 1. wielki, obszerny ◇ 2. by and large ogólnie 3. at large (a) w całości (b) na wolności
largely ['lɑːdʒli] 1. w większości 2. głównie
large-scale ['lɑːdʒskeil] 1. na dużą skalę 2. o dużej skali
lark [lɑːk] 1. skowronek 2. *BR nieform* ubaw, dowcip
lark about wygłupiać się
larva ['lɑːvə], *lm* larvae ['lɑːviː] larwa
laryngitis [ˌlærin'dʒaitis] zapalenie gardła
lascivious [lə'siviəs] pożądliwy
lash [læʃ] 1. rzęsa 2. (*część bata*) bicz 3. (*cios*) uderzenie biczem 4. (*bić*) biczować 5. *lit* (*o wietrze*) smagać 6. (*umocowywać*) wiązać (*together; to* do)
lash out 1. walić, młócić 2. wybuchać (oburzeniem) (*at/against* wobec/przeciwko)
lass [læs] *SZKOT* dziewczyna
last [lɑːst] 1. ostatni 2. ostatnio 3. na końcu 4. (*o czynności*) trwać,

ciągnąć się 5. (*np. o żywności*) mieć trwałość, trzymać się 6. (*dla kogoś*) wystarczać ◇ 7. last but przedostatni 7. at (long) last (a) nareszcie (b) w końcu
lasting ['lɑːstiŋ] trwały
lastly ['lɑːstli] 1. na końcu 2. w końcu
last-minute [ˌlɑːst'minit] w ostatniej chwili
latch [lætʃ] 1. zasuwa, zamek 2. zamykać (*na zasuwę*)
late [leit] 1. późno 2. późny 3. były 4. śp., (niedawno) zmarły ◇ 5. as late as tak późno jak 6. *nieform* of late ostatnio
latecomer ['leitkʌmə] spóźnialski
lately ['leitli] ostatnio
latent ['leitənt] ukryty
lateral ['lætərəl] boczny
latest ['leitist] 1. *patrz* late: *stopień najwyższy* najpóźniej 2. *nieform* najnowsze wiadomości ◇ 3. at the latest najpóźniej
lathe ['leið] tokarka
lather ['lɑːðə] 1. piana 2. spieniać, pokrywać pianą
Latin ['lætin] 1. łacina 2. łaciński 3. latyński, romański
Latin American [ˌlætin ə'merikən] 1. latynoamerykański 2. Latynos (*mieszkaniec Ameryki Płd.*)
latitude ['lætitjuːd] 1. szerokość (geograficzna) 2. *form* swoboda
latrine [lə'triːn] latryna
latter ['lætə] 1. drugi 2. ostatni ◇ 3. the latter ten drugi, ten ostatni
latter-day [ˌlætə'dei] nowoczesny, współczesny
lattice ['lætis] kratka, kratownica
laudable ['lɔːdəbəl] *form* chwalebny
laugh [lɑːf] 1. śmiać się (*at* z) 2. śmiech

laugh at wyśmiewać
laugh off załatwić rzecz śmiechem
laughable ['lɑːfəbəl] groteskowy, śmieszny
laughing stock ['lɑːfiŋ stok] pośmiewisko
laughter ['lɑːftə] śmiech
launch [loːntʃ] 1. wodować 2. (w przestrzeni kosmicznej) umieszczać 3. (rakietę) wystrzeliwać 4. (akcję) rozpoczynać, puszczać w ruch 5. (nowość) lansować 6. (rakiety) start 7. (mody) (wy)lansowanie 8. (łódź) szalupa
launder ['loːndə] przest prać
laundry ['loːndri] 1. the l. pranie 2. pralnia
laurel ['lorəl] laur, wawrzyn
lava ['lɑːvə] lawa
lavatory ['lævətəri] ubikacja
lavender ['lævində] lawenda
lavish ['læviʃ] 1. hojny 2. szczodry 3. luksusowy 4. obdarowywać (sth on/upon sb kogoś czymś), zarzucać (sth on/upon sb kogoś czymś)
law [loː] 1. prawo 2. ustawa 3. nieform the l. władza, policja 4. prawniczy
   law breaker ['loːbreikə] osoba naruszająca prawo
   law court ['loːkoːt] sąd
law-abiding ['loː əbaidiŋ] praworządny
lawful ['loːful] form legalny
lawless ['loːləs] nieform 1. nielegalny 2. samowolny
lawn [loːn] trawnik
lawnmower ['loːnmouə] kosiarka (do trawników)
lawsuit ['loːsuːt] form proces sądowy, postępowanie sądowe
lawyer ['loːjə] prawnik, adwokat

lax [læks] luźny, nieścisły
laxative ['læksətiv] środek przeczyszczający
lay [lei], laid [leid], laid, forma z -ing: laying [leiŋ] 1. patrz także lie: II forma 2. (dywan, podstawy) kłaść, położyć 3. (stół) nakrywać 4. (jaja) składać 5. (pułapkę) zastawiać 6. (przekleństwo, winę) rzucać, zrzucać (on/upon na) 7. (np. katolik) świecki, laicki 8. (np. zainteresowania) nieprofesjonalny ◊ 9. lay hold of chwytać
   lay aside odkładać
   lay by odkładać
   lay down 1. wyznaczać, ustanawiać 2. kłaść
   lay into rzucać się (sb na kogoś)
   lay off 1. zwalniać 2. nieform przestawać ◊ 3. "lay off!" „odwal się!"
   lay on wystawiać się (na coś)
   lay out 1. wykładać 2. rozplanowywać
layabout ['leiəbaut] nieform nicpoń
lay-by ['leibai] zatoka (drogi)
layer ['leiə] warstwa, powłoka
laying [leiŋ] patrz lay: forma z -ing
layman ['leimən], lm laymen ['leimən] nieprofesjonalista, amator
layoff ['leiof] zwolnienie
layout ['leiaut] rozmieszczenie, rozplanowanie
laze [leiz] leniuchować
lazy ['leizi] leniwy
lb skrót pisany: pound(s) funt(y)
lead I. [liːd], led [led], led 1. prowadzić (into/to na/do) 2. (np. buntowi) przewodzić 3. (nakłaniać) doprowadzać 4. (do czegoś) prowadzenie 5. (wzór) (dobry) przykład 6. (dla psa) smycz 7. (elektryczny) kabel, przewód 8. (w fil-

mie) główna rola **9.** (*do zrobienia czegoś*) wskazówka **10.** (*głos, instrument*) prowadzący, wiodący ◇ **11. take the lead** przejąć prowadzenie **12. lead the way** iść przodem **II.** [led] **13.** (*metal*) ołów **14.** (*w ołówku*) grafit, rysik
lead up to 1. prowadzić (*sth do czegoś*) **2.** zmierzać (*sth do czegoś*)

leaden ['ledən] *lit* **1.** ołowiany **2.** ciężki (jak z ołowiu)

leader ['li:də] **1.** lider, przywódca **2.** lider, prowadzący

leadership ['li:dəʃip] **1.** kierownictwo **2.** cechy dowódcze

leading ['li:diŋ] wiodący, czołowy

leaf [li:f], *lm* **leaves** [li:vz] **1.** liść ◇ **2. in leaf** pokryty liśćmi
leaf through przekartkowywać

leaflet ['li:flit] ulotka

leafy ['li:fi] **1.** liściasty **2.** pokryty zielenią

league [li:g] **1.** liga **2.** związek ◇ **3. in league with (sb)** w sprzymierzeniu z (kimś)

leak [li:k] **1.** przeciekać, uciekać **2.** wyciekać **3.** przedostawać się (*to* do) **4.** przeciek (*także sekretu*)
leak out przedostawać się

leaky ['li:ki] nieszczelny, cieknący

lean [li:n], **leaned** *lub* **leant** [lent] **1.** pochylać się, wychylać się **2.** (*polegać, także: o ścianę*) opierać (się) (*against/on/upon* na) **3.** (*ku teorii*) skłaniać się (*towards* ku) **4.** (*ponaglać*) naciskać (*on/upon sb* (na) kogoś) **5.** (*człowiek*) szczupły **6.** (*mięso, okres czasu*) chudy

leaning ['li:niŋ] **1.** ciągota, skłonność **2.** krzywy, pochylony

leant [lent] *patrz* **lean:** *II i III forma*

leap [li:p], **leaped** *lub* **leapt** [lept] **1.**

skakać (w górę) **2.** przeskakiwać **3.** skok (*in sth* czegoś)
leap at rzucać się (*sth* na coś)
leap year [li:p 'jiə] rok przestępny

learn [lə:n], **learned** *lub* **learnt** [lə:nt] **1.** uczyć się, nauczyć się **2.** dowiadywać się (*of* o)

learned ['lə:nid] uczony

learning ['lə:niŋ] (głęboka) wiedza

learnt ['lə:nt] *patrz* **learn:** *II i III forma*

lease [li:s] **1.** dzierżawa, najem **2.** wynajmować, dzierżawić

leash [li:ʃ] *form* smycz

least [li:st] *GRAM* **1.** *patrz* **little:** *stopień najwyższy* **2.** najmniej **3. the l.** najmniejszy ◇ **4. at least** przynajmniej **5. not in the least** w ogóle **6. to say the least** co najmniej

leather ['leðə] skóra

leathery ['leðəri] **1.** skórzasty **2.** łykowaty

leave [li:v], **left** [left], **left 1. leaves** *patrz* **leaf:** *lm* **2.** zostawiać **3.** (*np. szkołę*) opuszczać **4.** (*np. o pociągu*) odjeżdżać, odchodzić **5.** (*żonę*) porzucać **6.** (*spadek, sprawę*) pozostawiać (*także*) (*sth with/to sb* coś komuś) **7.** (*np. wypoczynkowy*) urlop **8.** (*np. lekarskie*) zwolnienie **9.** (*w wojsku*) przepustka ◇ **10. take one's leave** pożegnać się
leave off pomijać (*sth* coś)
leave out opuszczać

leaves [li:vz] *patrz* **leaf:** *lm*

lecherous ['letʃərəs] lubieżny

lectern ['lektən] pulpit

lecture ['lektʃə] **1.** wykład **2.** wykładać **3.** prawić kazanie

lecturer ['lektʃərə] wykładowca, docent

led [led] *patrz* lead: *II i III forma*

ledge [ledʒ] 1. półka (skalna) 2. parapet

ledger ['ledʒə] księga główna/rachunkowa

leech [li:tʃ] pijawka

leek [li:k] por

leer [liə] 1. lubieżny uśmieszek 2. uśmiechać się lubieżnie (*at* do)

leeway ['li:wei] luz, rezerwa

left [left] 1. *patrz* leave: *II i III forma* 2. lewa strona 3. lewy 4. lewo

left-hand ['lefthænd] 1. lewostronny 2. lewy, z lewej ręki (*uderzenie*)

left-handed [ˌleft'hændid] leworęczny

leftist ['leftist] 1. lewicowiec 2. lewicowy

left-luggage office [ˌleft 'lʌgidʒ ofis] *BR* biuro rzeczy znalezionych

leftover ['leftouvə] 1. pozostały 2. -s resztki

left-wing [ˌleft'wiŋ] lewicowy

left-winger [ˌleft'wiŋə] lewicowiec

leg [leg] 1. noga 2. nogawka 3. etap, część

legacy ['li:gəsi] 1. spadek, legat 2. spuścizna

legal ['li:gəl] 1. legalny 2. prawny

legality [li'gæliti] legalność

legalize ['li:gəlaiz] legalizować

legend ['ledʒənd] legenda

legendary ['ledʒəndəri] legendarny

leggings ['legiŋz] getry

legible ['ledʒibəl] czytelny

legion ['li:dʒən] 1. legion 2. chmara

legislate ['ledʒisleit] *form* ustanawiać prawa

legislation [ˌledʒi'sleiʃən] ustawodawstwo, prawodawstwo

legislative ['ledʒislətiv] *form* legislacyjny, prawny

legislature ['ledʒislətʃə] *form* legislatura

legitimate [li'dʒitimət] 1. legalny 2. (*dziecko*) ślubny 3. uzasadniony, właściwy

leisure ['leʒə] 1. czas wolny ◊ 2. at (sb's) leisure bez pośpiechu

leisurely ['leʒəli] 1. nieśpieszny 2. nieśpiesznie

lemon ['lemən] cytryna

lemonade [ˌlemə'neid] lemoniada

lend [lend], lent [lent], lent 1. pożyczać (*to sb* komuś) 2. użyczać, udzielać 3. przydawać ◊ 4. lend oneself poddawać się (*to sth* czemuś) 5. lend sb a hand pomagać komuś

length ['leŋkθ] 1. długość 2. długi kawałek 3. dłuższy okres ◊ 4. *pisane* at length (a) w końcu (b) szczegółowo

lengthen ['leŋθən] wydłużać

lengthy ['leŋkθi] długi, wydłużony

lenient ['li:niənt] pobłażliwy

lens [lenz] 1. soczewka 2. obiektyw

lent [lent] 1. *patrz* lend: *II i III forma* 2. Lent Wielki Post

lentil ['lentil] soczewica

Leo ['li:ou] Lew (*znak zodiaku*)

leopard ['lepəd] lampart

leotard ['liəta:d] trykot

leper ['lepə] trędowaty

leprosy ['leprəsi] trąd

lesbian ['lezbiən] 1. lezbijski 2. lezbijka

less [les] 1. *patrz* little: *stopień wyższy* 2. mniej 3. odjąwszy ◊ 4. less and less coraz mniej 5. less than co najmniej (nie) 6. no less ni mniej ni więcej 7. no less than nie mniej, niż

lessen ['lesən] zmniejszać (się)

lesser ['lesə] *form* 1. mniejszy 2. pomniejszy

lesson ['lesən] **1.** lekcja **2.** nauka, korzyść

lest [lest] *form* aby nie

let [let], let, let *GRAM* **1.** dawać, pozwalać **2.** puszczać (*in* do środka), (*out* na zewnątrz) **3.** wynajmować **4.** niech (*let her do it* niech to zrobi) ◊ **5.** let us, let's *tłumaczy się przez tryb rozkazujący* (*let us go* chodźmy) **6.** let me pozwól(cie) (*do sth* coś zrobić) **7.** let go of sth, let sth go puszczać coś **8.** let alone a co dopiero **9.** "to let" „do wynajęcia"

let down 1. rozczarowywać, zawodzić **2.** spuszczać

let in przepuszczać

let in for *nieform* wdawać się (*sth* w coś)

let off 1. zwalniać (*sth* z czegoś) **2.** odprawiać **3.** odpalać

let on *nieform* wypaplać, zdradzić (*sekret*)

let out 1. wypuszczać **2.** wydawać

let up lżeć

letdown ['letdaun] *nieform* zawód, rozczarowanie

lethal ['li:θəl] zabójczy (*to* dla)

lethargic [li'θɑ:dʒik] *form* letargiczny

let's [lets] (*ściągnięte: let us*) patrz let 5.

letter ['letə] **1.** list **2.** litera

letterbox ['letəboks] *BR* skrzynka pocztowa

lettering ['letəriŋ] liternictwo

lettuce ['letəs] sałata

let-up ['letʌp] zelżenie

leukaemia (*także* leukemia) [lu:-'ki:miə] białaczka

level ['levəl] **1.** poziom **2.** (*poziom, handel*) równy, na równi (*with* z)

3. (*płaski*) równy, poziomy **4.** (*obszar*) wyrównywać **5.** (*budynek*) zrównywać z ziemią **6.** (*krytykę*) kierować (*sth at/against sb* coś przeciw komuś) ◊ **7.** draw level zrównywać się

level off/out wyrównywać (się)

level crossing [ˌlevəl 'krosiŋ] *BR* przejazd kolejowy (jednopoziomowy)

level-headed [ˌlevəl 'hedid] zrównoważony, zimnokrwisty

lever ['li:və] **1.** dźwignia **2.** uchwyt, rączka **3.** podważać

leverage ['li:vəridʒ] **1.** nacisk **2.** siła dźwigni

levity ['leviti] *form* lekkomyślność, płochość

levy ['levi] **1.** pobranie **2.** pobierać, ściągać

lewd ['lu:d] pożądliwy

liability [laiə'biliti] **1.** podatność **2.** *nieform* ciężar, skaranie boskie **3.** *termin* -s płatności, zobowiązania (pieniężne) **4.** praw odpowiedzialność

liable ['laiəbəl] **1.** *form* podatny (*to* na) **2.** odpowiedzialny (*for* za) ◊ **3.** be liable to móc

liaise [li'eiz] współpracować

liaison [li'eizən] **1.** porozumienie, łączność **2.** *form* związek miłosny

liar ['laiə] kłamca

libel ['laibəl] oszczerstwo, zniesławienie

libellous (*US* libelous) ['laibələs] oszczerczy

liberal ['libərəl] **1.** liberalny **2.** hojny, obfity **3.** liberał

liberate ['libəreit] *form* **1.** uwalniać **2.** oswobadzać, wyzwalać (*from* od, spod)

liberated ['libəreitid] wyzwolony

liberty ['libəti] *form* 1. wolność 2. swoboda ◊ 3. **at liberty (a)** na wolności **(b)** wolny ◊ 4. **take a/ /the liberty of doing sth** pozwalać sobie coś zrobić

Libra ['li:brə] **Waga** (*znak zodiaku*)

librarian [lai'breəriən] bibliotekarz

library ['laibrəri] biblioteka

lice [lais] *patrz* louse: *lm*

licence (*US* **license**) ['laisəns] 1. licencja 2. koncesja 3. prawo (jazdy) 4. zezwolenie 5. abonament ◊ 6. **under licence** na licencji

license ['laisəns] wydawać zezwolenie (licencję)

licensed ['laisənst] 1. upoważniony 2. zarejestrowany 3. koncesjonowany (do sprzedaży alkoholu)

licentious [lai'senʃəs] *form* rozwiązły

lick [lik] 1. lizać 2. *nieform* (*pobić*) przylać, położyć 3. polizanie, liźnięcie ◊ 4. **lick sth into shape** nadawać czemuś ostateczny kształt

lid [lid] 1. pokrywka 2. powieka

lie [lai] I. **lay** [lei], **lain** [lein], *forma z -ing:* **lying** [laiŋ] 1. leżeć 2. znajdować się 3. znajdować się na (pozycji) II. **lied, lied**, *forma z -ing:* **lying** [laiŋ] 4. kłamać 5. kłamstwo **lie down** kłaść się **lie with** *form* spoczywać na **lie in** *nieform* gnić (w łóżku)

lie-down [,lai'daun] *nieform* wypoczynek

lieutenant (*BR*) [lef'tenənt], (*US*) [lu:'tenənt] porucznik

life [laif], *lm* **lives** [laivz] 1. życie 2. żywotność ◊ 3. **come to life** ożywiać się 4. **for life** do końca życia **life expectancy** [,laif iks'pek-

tənsi] długość życia

life imprisonment [,laif im'prizənmənt] dożywotnie więzienie

lifebelt ['laifbelt] pas ratunkowy

lifeboat ['laifbout] łódź ratunkowa

lifeguard ['laifgɑ:d] ratownik

lifejacket ['laifdʒækit] kamizelka ratunkowa

lifeless ['laiflis] 1. bez życia 2. nieżywotny 3. beznamiętny

lifelike ['laiflaik] jak żywy

lifeline ['laiflain] lina ratunkowa

lifelong ['laifloŋ] na (całe) życie

life-size [,laif'saiz] naturalnej wielkości

lifespan ['laifspæn] 1. długość życia, życie 2. żywotność, trwanie

lifetime ['laiftaim] 1. (całe) życie 2. trwanie

lift [lift] 1. podnosić (się) 2. (*np. ograniczenia*) znosić 3. *nieform* (*odpisywać*) zrzynać (*from* z) 4. *nieform* (*ukraść*) zwędzić 5. (*w budynku*) winda 6. (*samochodem*) podwiezienie ◊ 7. **give sb a lift** podwozić kogoś **lift off** startować

ligament ['ligəmənt] wiązadło

light [lait], **lighted** *lub* **lit** [lit] 1. zapalać 2. (*np. dom*) oświetlać 3. (*naświetlenie*) światło 4. (*np. zapałki*) ogień 5. (*kolor, pokój*) jasny 6. (*nie ciężki*) lekki 7. (*widno*) jasno, dzień (*it is light* jasno) ◊ 8. **in the light of** z punktu widzenia **light bulb** ['laitbʌlb] żarówka **light up** 1. rozświetlać (się) 2. *nieform* zapalać

lighten ['laitən] 1. rozjaśniać (się) 2. zmniejszać wagę

lighter 1. *patrz* light: *stopień wyższy* 2. zapalniczka

light-headed [,lait'hedid] oszołomiony

light-hearted [,lait'hɑ:tid] **1.** beztroski **2.** wesoły, humorystyczny

lighthouse ['laithaus] latarnia morska

lighting ['laitiŋ] oświetlenie

lightly ['laitli] beztrosko, lekkomyślnie

lightning ['laitniŋ] **1.** błyskawica **2.** błyskawiczny
  lightning conductor ['laitniŋ kəndʌktə] *BR* piorunochron
  lightning rod ['laitniŋ rod] *US* piorunochron

lightweight ['laitweit] lekki

light-year ['laitjiə] rok świetlny

likable (*także* **likeable**) ['laikəbəl] miły, sympatyczny

like [laik] **1.** jak **2.** (*postępować*) podobnie (do) **3.** (*przypominający*) podobny (do) **4.** *nieform* (*pamiętany, wyobrażany*) tak jak **5.** (*robić z przyjemnością*) lubić **6.** (*przypadać do gustu*) podobać się (*I like your coat* podoba mi się twój płaszcz, *do what you like* rób co ci się podoba) ◇ **7. what sth is like** jakie coś jest (*what did it look like?* jak to wyglądało?) **8. I would like to (do sth)** chciałbym (coś zrobić) **9. if you like** jeżeli chcesz **10. and the like** itp.

likeable ['laikəbəl] miły, sympatyczny

likelihood ['laiklihud] prawdopodobieństwo, możliwość

likely ['laikli] **1.** możliwy **2.** odpowiedni ◇ **3. he is likely to do it** on pewnie to zrobi **4. very/most likely** najprawdopodobniej

like-minded [laik'maindid] podobnie myślący

liken ['laikən] przyrównywać (*A to B* A do B)

likeness ['laiknis] podobieństwo (*to* do)

likewise ['laikwaiz] podobnie

liking ['laikiŋ] upodobanie (*for/to* do)

lilac ['lailək] **1.** bez **2.** liliowy

lilt [lilt] zaśpiew

lily ['lili] lilia

limb [lim] kończyna

limber up ['limbərʌp] ćwiczyć, przygotowywać się

limbo ['limbou] zawieszenie, zapomnienie

lime [laim] **1.** wapno **2.** lipa **3.** (*rodzaj cytryny*) lima, limeta

limelight ['laimlait] światła rampy

limerick ['limərik] limeryk

limit ['limit] **1.** granica **2.** ograniczenie **3.** ograniczać (*oneself* się, *to* do) ◇ **4. off limits** (*teren, obszar*) niedozwolony, zastrzeżony

limitation [,limi'teiʃən] ograniczenie

limited ['limitid] **1.** ograniczony **2.** *BR* o ograniczonej odpowiedzialności

limitless ['limitlis] *lit* nieograniczony

limousine [,limə'zi:n] limuzyna

limp [limp] **1.** kuleć, kuśtykać **2.** kulenie, kuśtykanie **3.** wiotki **4.** bezwładny

line [lain] **1.** linia (*także kolejowa*) **2.** (*na twarzy*) zmarszczka **3.** (*za czymś*) kolejka, ogonek **4.** (*druku*) wiersz, werset **5.** (*np. aktora*) kwestia **6.** (*do bielizny*) linka **8.** (*np. kolejowe, telefoniczne*) połączenie **9.** (*społeczna*) bariera **10.** (*dyskusji*) kierunek, droga **11.** (*np. w polityce*) kierunek postępowania **12.** (*zawodowa*) specjalizacja, branża **13.** (*produktów*) seria, kolekcja **14.** (*królów*) sukcesja **15.** (*obstawiać*) ustawiać (po bokach) **16.** (*pojemnik*) wyściełać **17.** (*o wnętrzu*) stanowić wyściółkę, pokrywać ◇ **18.** in line (with) na równi (z) **19.** in line with zgodnie z **20.** in ... line w zakresie ... (*in the sports line* w zakresie sportu) **21.** hold the line proszę nie odkładać słuchawki

line up 1. ustawiać w szeregu, stać w szeregu **2.** przygotowywać

linear ['liniə] *form* **1.** linearny **2.** liniowy

linen ['linin] **1.** len **2.** bielizna **3.** lniany **4.** bieliźniany

liner ['lainə] **1.** statek transatlantycki **2.** worek foliowy (*na śmieci*)

linesman ['lainzmən], *lm* **linesmen** ['lainzmən] sędzia liniowy

line-up ['lainʌp] *nieform sport* skład, ugrupowanie

linger ['liŋgə] **1.** utrzymywać się (*on* dalej) **2.** bawić (gdzieś)

lingerie ['lonʒəri] *form* bielizna damska

linguistic [liŋ'wistik] językoznawczy

linguistics [liŋ'wistiks] językoznawstwo

lining ['lainiŋ] **1.** podszewka, podbicie **2.** wyściółka

link [liŋk] **1.** łączyć (*with/to* z), (*także up*) **2.** związek (*between/with* pomiędzy/z) **3.** połączenie (*between* pomiędzy) **4.** ogniwo

linkage ['liŋkidʒ] związek

linkage [liŋks] boisko do golfa

linkup ['liŋkʌp] połączenie

lino ['lainou], **linoleum** [li'nouliəm] linoleum

lion ['laiən] lew

lioness ['laiənis] lwica

lip [lip] warga

lip-read ['lipri:d], **lip-read** [lipred], **lip-read** czytać z warg

lip-service ['lipsə:vis] ◇ **pay sb lip-service** składać deklaracje bez pokrycia

lipstick ['lipstik] kredka do ust

liquefy ['likwifai] **1.** stopić **2.** skroplić

liqueur [li'kjuə] likier

liquid ['likwid] **1.** ciecz **2.** ciekły, płynny

liquidate ['likwideit] likwidować

liquor ['likə] *US* alkohol

lisp [lisp] **1.** seplenić **2.** seplenienie

list [list] **1.** lista, spis **2.** wypisywać, wyszczególniać **3.** umieszczać na liście

listen ['lisən] **1.** słuchać (się) (*to sb* kogoś) **2.** nasłuchiwać (*for sth* czegoś)

listen in podsłuchiwać

listener ['lisənə] słuchacz

listless ['listlis] osowiały

lit [lit] *patrz* light: *II i III forma*

litany ['litəni] litania

liter *US* ['li:tə] *patrz* litre

literacy ['litərəsi] umiejętność czytania i pisania

literal ['litərəl] **1.** dosłowny **2.** literalny

literary ['litərəri] **1.** literacki **2.** poetycki

literate ['litərət] **1.** piśmienny **2.** dobrze wykształcony

literature ['litərətʃə] **1.** literatura **2.** piśmiennictwo

litigate ['litigeit] *form* procesować się

litigation [,liti'geiʃən] *form* spór sądowy, sprawa

litre (*US* liter) ['li:tə] litr

litter ['litə] 1. śmieci 2. miot, lęg 3. zaśmiecać (*with sth* czymś)

little ['litəl], less ['les], least ['li:st] 1. mały 2. młodszy (*brat*) 3. niewielki 4. (*bez* a) niewiele, mało (*little money* niewiele pieniędzy) 5. (*z* a) trochę (*a little money* trochę/nieco pieniędzy) ◇ 6. a little (bit) trochę

little finger [ˌlitəl 'fiŋgə] najmniejszy palec

liturgy ['litədʒi] liturgia

live I. [liv] 1. żyć 2. mieszkać 3. (*życie*) prowadzić, spędzać II. [laiv] 4. (*rośliny*) żywy 5. (*transmisja*) bezpośredni 6. (*przewód elektr.*) pod napięciem 7. (*pocisk*) uzbrojony 8. (*przedstawienie*) na żywo live down zmazywać

live on 1. przeżywać, przetrwać 2. żywić się 3. trwać

live up to 1. (*pozycję*) dotrzymywać 2. (*oczekiwania*) spełniać

livelihood ['laivlihud] źródło utrzymania

lively ['laivli] 1. żywy 2. ożywiony

liven up [ˌlaivən 'ʌp] ożywiać (się)

liver ['livə] wątroba

lives ['laivz] *patrz* life: *lm*

livestock ['laivstok] trzoda

livid ['livid] 1. *nieform* rozjuszony 2. zsiniały

living ['liviŋ] 1. żyjący 2. mieszkalny 3. utrzymanie ◇ 4. make a living utrzymywać się 5. do sth for a living utrzymywać się

livingroom ['liviŋ ru:m] pokój dzienny, salonik

lizard ['lizəd] jaszczurka

llama ['lɑ:mə] lama

load [loud] 1. ładować (*into* na, do) 2. (*broń*) załadowywać 3. (*film,

kasetę) wkładać 4. (*na ciężarówce*) ładunek 5. *nieform* (*rzeczy*) kupa

loaded ['loudid] 1. załadowany, obładowany 2. naładowany 3. *nieform* nadziany 4. podchwytliwy

loaf [louf], *lm* loaves ['louvz] bochenek

loan [loun] 1. pożyczać (*sth to sb* coś komuś) 2. pożyczka, kredyt (bankowy) 3. pożyczenie

loathe [louð] nie cierpieć

loathing ['louðiŋ] wstręt, obrzydzenie

loaves ['louvz] *patrz* loaf: *lm*

lobby ['lobi] 1. hall, westybul 2. lobby, grupa nacisku 3. wywierać presję

lobe [loub] płatek (*ucha*)

lobster ['lobstə] homar

local ['loukəl] 1. lokalny 2. miejscowy

locality [lou'kæliti] miejsce

locate [lou'keit] *form* 1. wynajdować 2. lokować

location [lou'keiʃən] 1. umiejscowienie 2. miejsce ◇ 3. on location w plenerze

lochı ['lok] *SZKOT* jezioro

lock [lok] 1. zamykać (na zamek) 2. (*do mechanizmu*) wchodzić (*into* do), blokować się 3. (*w walce*) zwierać się 4. (*w drzwiach*) zamek 5. (*na kanale*) śluza 6. (*włosów*) lok ◇ 7. lock, stock, and barrel wszystko

locker ['lokə] schowek (na bagaż)

locket ['lokit] medalion

locomotive [ˌloukə'moutiv] *form* lokomotywa

locust ['loukəst] szarańcza

lodge [lodʒ] 1. domek (dozorcy) 2. lokować (*with sb* u kogoś), przebywać **3.** utkwić **4.** pozostawać **5.** *form* składać

lodger ['lodʒə] lokator, sublokator

lodging ['lodʒiŋ] **1.** zakwaterowanie **2. -s** wynajęte mieszkanie

loft [loft] strych

lofty ['lofti] **1.** *form* wyniosły **2.** wzniosły

log [log] **1.** kłoda, kloc **2.** dziennik (okrętowy) **3.** zapisywać, wciągać (do dziennika)

loggerheads ['logəhedz] ◇ be at loggerheads kłócić się

logic ['lodʒik] logika

logical ['lodʒikəl] logiczny

logistics [lə'dʒistiks] *form* logistyka

loins [loinz] *lit* **1.** lędźwie **2.** genitalia

loiter ['loitə] marudzić, zwlekać

loll [lol] **1.** rozwalać się **2.** zwieszać (się) **3.** wywieszać (się)

lollipop ['lolipop] lizak

lolly ['loli] *nieform* **1.** lizak **2.** lody na patyku **3.** (*pieniądze*) flota

lone [loun] jedyny, pojedynczy

lonely ['lounli] **1.** samotny **2.** osamotniony

loner ['lounə] samotnik

lonesome ['lounsəm] *US nieform* osamotniony

long [loŋ] **1.** długo **2.** długi **3.** cały **4.** długi (na), długości (*5 feet long* długi na 5 stóp) **5.** tęsknić (*for* za) ◇ **6.** no longer już dłużej nie **7.** as/so long as pod warunkiem, że **8.** before long niedługo **8.** for long (a) za długo (b) na długo **9.** *nieform* "so long" „cześć"

long wave [,loŋ'weiv] długie fale

long-distance [,loŋ 'distəns] długodystansowy

longevity [lon'dʒeviti] *form* długowieczność

longing ['loŋiŋ] tęsknota (*for* za, do)

longitude ['loŋitju:d] długość (geograficzna)

long-life [,loŋ'laif] długotrwały, o przedłużonej trwałości

long-lived [,loŋ'livd] długowieczny

long-range [,loŋ'reindʒ] dalekosiężny, dalekiego zasięgu

long-sighted [,loŋ'saitid] dalekowzroczny

long-standing [,loŋ'stændiŋ] długotrwały

long-term [,loŋ'tə:m] **1.** długoterminowy ◇ **2.** in the long term w ostatecznym rezultacie

long-winded [,loŋ'windid] rozwlekły

loo [lu:] *BR nieform* ubikacja

look [luk] **1.** patrzeć, popatrzeć (*at* na) **2.** spojrzeć (*at* na) **3.** (*zagadnieniu*) przyglądać się (*at sth* czemuś) **4.** (*sprawę*) rozpatrywać (*at sth* coś) **5.** (*o oknie*) wychodzić (*out onto* na) **6.** (*mieć wygląd*) wyglądać (*as if/like* jak(by)) **7.** (*spojrzenie*) wzrok **8.** (*także* -s) (*wyraz*) wygląd ◇ **9.** "look!" „patrz!" **10.** have a look patrzeć, spojrzeć **11.** take a look spoglądać **12.** by the look(s) of z wyglądu

look after 1. zajmować się, opiekować się **2.** doglądać, pilnować

look back wracać pamięcią (*on* do)

look down on patrzeć z góry, patrzeć z wyższością (na kogoś)

look for szukać

look forward to ◇ be looking forward to sth wyglądać czegoś, oczekiwać (z przyjemnością, z niecierpliwością) czegoś

look into badać

look on spoglądać (*sth* na coś)

look out 1. oczekiwać, wypatrywać (*for sb* kogoś) ◊ **2. "look out!"** „uwaga!"
look round pooglądać
look through przeglądać
look up 1. znajdować, wyszukiwać ◊ **2.** *nieform* **look sb up** zaglądać do kogoś **3.** *nieform* **things are looking up** idzie na lepsze
look up to patrzeć z podziwem (*sth* na coś)
lookout ['lukaut] **1.** czujka **2.** miejsce obserwacyjne ◊ **3. be on the lookout for, keep a lookout for** wypatrywać, wyglądać
loom [lu:m] **1.** zarysowywać się, wyłaniać się **2.** nadciągać, zbierać się **3.** krosno ◊ **4. loom large** odgrywać ważną rolę, budzić duże zaniepokojenie
loony ['lu:ni] *nieform* **1.** szajbnięty **2.** szajbus
loop [lu:p] **1.** pętla **2.** obwiązywać **3.** robić pętlę
loophole ['lu:phoul] luka, furtka
loose [lu:s] **1.** luźny **2.** swobodny **3.** (*przest*) rozwiązły ◊ **4. let loose** oswobadzać **5. cut/set loose** oswobadzać się **6. be at a loose end** nie mieć co ze sobą zrobić
loosen ['lu:sən] **1.** rozluźniać (się), poluźniać (się) **2.** poluzowywać
loot [lu:t] **1.** łupić, grabić **2.** *nieform* łup
lop [lop] (*także* **lop off**) odrąbywać (*gałęzie*)
lopsided [,lop'saidid] *nieform* koślawy, krzywy
lord [lo:d] **1.** lord **2.** pan, władca **3. Lord** Pan (Bóg) ◊ **4. "good Lord!"** „dobry Boże!" **5. "my Lord!"** „Boże ty mój!"
Lordship ['lo:dʃip] ◊ **Your/His**

Lordship Jego *Lordowska Mość/Ekscelencja*
lore [lo:] folklor, tradycja
lorry ['lori] *BR* ciężarówka
lose ['lu:z], lost ['lost], lost **1.** gubić **2.** tracić **3.** przegrywać ◊ **4. lose sight of (a)** tracić z oczu (b) tracić z pola widzenia **5. lose time** spóźniać się **6. lose one's way** gubić się
lose out tracić, przegrywać
loser ['lu:zə] **1.** przegrywający **2.** *nieform* pechowiec ◊ **3. be the loser** tracić
loss [los] **1.** strata, utrata **2.** deficyt ◊ **3. be at a loss** nie wiedzieć co robić **4. be at a loss for (words)** nie znajdować (słów)
lost [lost] **1.** *patrz* lose: *II i III forma* **2.** zgubiony (*także*) (*without sb* bez kogoś) **3.** stracony ◊ **4. get lost** gubić się **5.** *nieform* **"get lost!"** „spływaj!"
lost property [,lost 'propəti] rzeczy zagubione
lot [lot] **1.** partia, zestaw **2.** los **3.** *US* parking **4. the l.** *nieform* wszystko (do kupy), wszyscy **5.** *nieform* paczka, grupa ◊ **6. *a lot/lots*** (of) dużo **7. a lot** bardzo (*thanks a lot* dziękuję bardzo)
lotion ['louʃən] balsam, płyn kosmetyczny
loud [laud] **1.** głośny **2.** hałaśliwy (*in* co do) **3.** krzyczący **4.** głośno ◊ **5. out loud** na głos
loudspeaker [,laud'spi:kə] głośnik
lounge [laundʒ] **1.** hall **2.** rozkładać się, rozwalać się
lounge suit ['laundʒsu:t] ubranie na co dzień
louse [laus], *lm* lice [lais] wesz
lousy ['lauzi] *nieform* **1.** wszawy **2.**

do dupy
lout [laut] chuligan
lovable ['lʌvəbəl] uroczy
love [lʌv] 1. kochać 2. (*np. muzykę*) uwielbiać 4. miłość (*for* do) 5. zamiłowanie (*of* do), uczucie 6. (*do kogoś*) kochanie 7. *sport* zero 8. (*np. spotkanie*) miłosny ◇ 9. be in love with kochać 10. fall in love with zakochać się 11. make love (to/with sb) kochać się (z kimś) 12. "love (from)" „ucałowania/uściski (od)", „serdeczne pozdrowienia (od)" 3. sb would love to do sth ktoś bardzo chciałby coś zrobić
love affair ['lʌvəfeə] romans
loveless ['lʌvlis] 1. (*małżeństwo*) bez miłości 2. (*człowiek*) nie kochany
lovely ['lʌvli] cudowny, wspaniały
love-making ['lʌvmeikiŋ] kochanie się (*spółkowanie*)
lover ['lʌvə] 1. kochanek 2. miłośnik
loving ['lʌviŋ] 1. kochający 2. czuły
low [lou] 1. niski 2. (*dekolt*) (nisko) wycięty 3. (*światło*) przyćmiony 4. (*człowiek*) przygnębiony 5. (*latać*) nisko 6. niski poziom ◇ 7. in the low thirties (*temperatura*) powyżej 30° 8. be low on sth mieć mało czegoś
low-cut ['loukʌt] głęboko wycięty, wydekoltowany
lower ['louə] 1. *patrz* low: stopień wyższy 2. niższy 3. dolny 4. (*o przedmiocie*) opuszczać (*oneself* się) 5. (*poziom, ceny*) obniżać, zaniżać 6. (*głos*) zniżać
low-key [,lou'ki:] dyskretny, z rezerwą
lowlands ['louləndz] niziny
lowly ['louli] niski, skromny
loyal ['loiəl] lojalny

loyalty ['loiəlti] 1. lojalność 2. wierność, przywiązanie
lozenge ['lozindʒ] tabletka (do ssania)
Ltd (*skrót pisany:* limited) z ograniczoną odpowiedzialnością
lubricate ['lu:brikeit] smarować
lucid ['lu:sid] 1. *form* przejrzysty, zrozumiały 2. przytomny 3. *lit* jasny
luck [lʌk] 1. *także* good luck szczęście ◇ 2. bad luck pech 3. "bad/hard luck" „ale pech" 4. "*good/best of* luck" „powodzenia"
luckily ['lʌkili] na szczęście
lucky ['lʌki] 1. szczęśliwy (*at* w) 2. przynoszący powodzenie
lucrative ['lu:krətiv] *form* lukratywny
ludicrous ['lu:dikrəs] groteskowy, śmieszny
lug [lʌg] *nieform* taskać, tachać
luggage ['lʌgidʒ] bagaż
lugubrious [lə'gu:briəs] *form* pogrzebowy, żałobny
lukewarm [,lu:k'wo:m] 1. letni 2. niezainteresowany, obojętny
lull [lʌl] 1. przerwa, okres ciszy 2. ukołysać (*into* do) 3. uśpić (*sb* kogoś)
lullaby ['laləbai] kołysanka
lumber ['lʌmbə] 1. *US* drewno (ścięte) 2. *BR* rupiecie 3. gramolić się lumber with obarczać
luminous ['lu:minəs] luminescencyjny, fosforyzujący
lump [lʌmp] 1. kawał, bryła 2. narośl, guz 3. kostka (cukru) 4. traktować jednakowo (*together* wraz z) 5. skupiać (*together* razem), włączać (*with/together* wraz z)
lump sum [,lʌmp 'sʌm] kwota o-

gólna
lumpy ['lʌmpi] 1. wyboisty 2. gru-
dowaty
lunacy ['lu:nəsi] szaleństwo
lunar ['lu:nə] *form* księżycowy
lunatic ['lu:nətik] 1. *nieform* szaleniec 2. szalony
lunch(eon) ['lʌntʃ(ən)] 1. (lekki) o-
biad, lunch 2. *form* spożywać o-
biad
    lunch hour ['lʌntʃauə] przerwa o-
    biadowa
    lunch time ['lʌntʃtaim] pora o-
    biadowa
lung [lʌŋ] płuco
lunge ['lʌndʒ] 1. szarpnąć się (*to-
ward/at* do/na) 2. szarpnięcie
(się)
lurch [lə:tʃ] 1. zataczać się 2. skakać
(*from A to B* od A do B) 3. zato-
czenie się
lure [luə] 1. zwabiać 2. przynęta
lurid ['luərid] 1. drastyczny 2. krzykliwy
lurk [lə:k] czaić się
luscious ['lʌʃəs] 1. smakowity 2.

rewelacyjny
lush [lʌʃ] 1. bujny, wybujały 2. luksusowy
lust [lʌst] pożądanie, żądza (*for sth*
czegoś)
    lust after/for pożądać
lustful ['lʌstful] pożądliwy
lustre ['lʌstə] *lit* 1. połysk 2. blask
lusty ['lʌsti] krzepki, pełen wigoru
lute [lu:t] *lit* lutnia
luxuriant [lʌg'ʒuəriənt] 1. wybujały
2. bujny
luxuriate [lʌg'ʒuərieit] rozkoszować
się (*in sth* w czymś), dobrze się
czuć
luxurious [lʌg'ʒuəriəs] 1. luksusowy
2. pełny, swobodny
luxury ['lʌkʃəri] 1. luksus 2. luksusowy
lying ['laiŋg] *patrz* lie: *forma z -ing*
lynch [lintʃ] linczować
lynx [liŋks] ryś
lyre ['laiə] lira
lyric ['lirik] liryczny
lyrical ['lirikəl] liryczny
lyrics ['liriks] słowa (pieśni)

M

M.A. [,em 'ei] (*skrót* Master of
Arts) magister (nauk humanistycznych)
mac [mæk] *BR nieform* płaszcz przeciwdeszczowy
macabre [mə'kɑ:bə] makabryczny
macaroni [,mækə'rouni] makaron
rurki
machete [mə'tʃeti] maczeta
machine [mə'ʃi:n] 1. maszyna 2. a-
parat 3. obrabiać (maszynowo)

machine gun [mə'ʃi:n gʌn] karabin maszynowy
machinery [mə'ʃi:nəri] 1. urządzenia mechaniczne, maszyny 2. maszyneria, mechanizm
macintosh ['mækintoʃ] płaszcz
przeciwdeszczowy
mackerel ['mækərəl] makrela
mackintosh ['mækintoʃ] płaszcz
przeciwdeszczowy
mad [mæd] 1. zwariowany, niespeł-

na rozumu 2. wściekły 3. opęta-
ny ◇ 4. *nieform* be mad mieć
świra (*about* na punkcie) 5. drive
sb mad doprowadzać kogoś do
wściekłości

madam ['mædəm] (*tylko w lp*) pani

madden ['mædən] rozwścieczać

made [meid] 1. *patrz* make: *II i III
forma* 2. zrobiony (*of* z)

made-to-measure [,meidtə'meʒə]
zrobiony na zamówienie/miarę

madly ['mædli] 1. szalenie 2. szaleń-
czo

madman ['mædmən], *lm* **madmen**
['mædmən] 1. szaleniec 2. wariat

madness ['mædnis] 1. szaleństwo 2.
obłęd

magazine [,mægə'zi:n] magazyn,
miesięcznik

maggot ['mægət] czerw

magic ['mædʒik] 1. magia, czar(y)
2. magiczny, czarodziejski

magical ['mædʒikəl] czarodziejski,
magiczny

magician [mə'dʒiʃən] 1. iluzjonista,
prestidigitator 2. czarownik

magistrate ['mædʒistreit] sędzia pokoju

magnanimous [mæg'næniməs] wielkoduszny

magnate ['mægneit] magnat

magnet ['mægnit] magnes

magnetic [mæg'netik] magnetyczny

magnetism ['mægnətizəm] magne-
tyzm

magnification [,mægnifi'keiʃən] powiększenie

magnificent [mæg'nifisənt] wspaniały

magnify ['mægnifai] 1. powiększać
2. wyolbrzymiać

magnitude ['mægnitju:d] wielkość,
(duży) rozmiar

magpie ['mægpai] sroka

mahogany [mə'hogəni] mahoń

maid [meid] pokojówka, służąca

maiden ['meidən] 1. *lit* panna, dziewica 2. dziewiczy

maiden name ['meidən neim] nazwisko panieńskie

mail [meil] 1. poczta 2. wysyłać
(pocztą) ◇ 3. **by mail** pocztą

mail order [meil 'o:də] zamówienie pocztowe

mailbox ['meilboks] *US* skrzynka
pocztowa

mailman ['meilmən], *lm* **mailmen**
['meilmən] *US* listonosz

maim [meim] okaleczać

main [mein] 1. główny 2. -s sieć
(np. elektryczna, kanalizacyjna)
3. główny wyłącznik (zawór) 4.
główny przewód (rura, kanał) ◇
5. *form* **in the main** zasadniczo

main clause [mein 'klo:z] *gram*
zdanie nadrzędne

main road [mein 'roud] droga/u-
lica główna

mainframe ['meinfreim] *komp* komputer główny (duży)

mainland ['meinlənd] 1. kontynent
2. kontynentalny

mainly ['meinli] głównie, zasadniczo

mainspring ['meinspriŋ] *form* główna przyczyna (sprężyna)

mainstay ['meinstei] *form* podstawa

mainstream ['meinstri:m] 1. główny nurt 2. najważniejszy, uważany
za podstawowy

maintain [mein'tein] utrzymywać
(*sb* kogoś)

maintenance ['meintənəns] utrzymanie

maisonette [,meizə'net] *BR* (małe)
mieszkanie dwupoziomowe

maize [meiz] *BR* kukurydza

majestic [mə'dʒestik] majestatyczny

majesty ['mædʒəsti] 1. majestat ◇ 2. (His/Her/Your) Majesty (Jego/Jej/Wasza) Królewska Mość

major ['meidʒə] 1. główny 2. *muz* dur(owy), majorowy 3. *wojsk* major 4. *praw* pełnoletni 5. *US* specjalizować się (*in* w)

majority [mə'dʒoriti] 1. większość 2. *praw* pełnoletność ◇ 3. be in a/the majority stanowić większość

make [meik], made [meid], made *GRAM* I. 1. (z)robić (*z różnymi rzeczownikami może się tłumaczyć w bardzo różny sposób lub nie tłumaczyć się w ogóle: make a suggestion wysuwać/przedstawiać propozycję, make a start zaczynać*) 2. (*w rachunku*) równać się, wynosić 3. (*w liczeniu*) wychodzić (*he makes it 10 wychodzi mu 10*) 4. (*pieniądze*) otrzymywać, zarabiać 5. (*na zegarze*) jest godzina (*he makes it 3 o'clock u niego jest godzina trzecia*) 6. być, stanowić (*it will make a good gift z tego będzie dobry prezent*) 7. (*o powodzeniu*) stwarzać (sukces) 8. (*cel podróży*) osiągać, dojeżdżać (*sth do czegoś*) 9. (*przyjaciół, wrogów*) przysparzać sobie II. *w konstrukcjach gramatycznych* 10. (*z przymiotnikiem po rzeczowniku*) (u)czynić, sprawiać (*make sb happy czynić kogoś szczęśliwym*) 11. (*z I formą czasown. po rzeczowniku*) sprawiać, nakłaniać (*sb do sth sprawiać, że ktoś coś robi, nakłaniać kogoś do czegoś; make a machine work uruchamiać ma-*

szynę) 12. (*z I formą czasown. po rzeczowniku*) zmuszać (*sb do sth kogoś do czegoś*) III. *rzeczownik, lm* makes 13. (*np. samochodu*) marka ◇ 14. *nieform* make believe udawać 15. *nieform* make it dać sobie radę, zdołać, podołać 16. make do with sth zadowalać się czymś

make for 1. zmierzać (*sth do czegoś*) 2. *nieform* przyczyniać się (*sth do czegoś*)

make of 1. sądzić (*sb o kimś*) 2. rozumieć (*sth z czegoś*)

make off odjeżdżać (szybko)

make out 1. łapać, chwytać 2. przekonywać, uzasadniać 3. przedstawiać (*sb to be sth kogoś jako coś*) 4. (*czek*) wypełniać 5. *US nieform* radzić sobie

make up 1. składać się, stanowić 2. (*bujdy*) wymyślać, wynajdować 3. (*przy makijażu*) malować (*sb/oneself kogoś/się*) 4. (*paczkę*) przygotowywać 5. (*różnicę*) uzupełniać 6. (*po kłótni*) pogodzić się (*także: make it up*) 7. (*braki*) wyrównywać (*for sth coś*)

make-believe [,meikbə'li:v] udawanie, poza

maker ['meikə] producent

makeshift ['meikʃift] doraźny, tymczasowy

make-up ['meikʌp] 1. makijaż 2. charakter 3. skład

making ['meikiŋ] 1. wytwarzanie, produkcja ◇ 2. in the making w zalążku, rozwijający się 3. have the makings of sth mieć zadatki *na coś/czegoś*

maladjusted [,mælə'dʒʌstid] niedostosowany

malady ['mælədi] *przest* choroba

malaise [mə'leiz] *form* niepokój

malaria [mə'læriə] malaria

male [meil] 1. samiec, męski osobnik 2. mężczyzna 3. męski

malevolent [mə'levələnt] *form* nieżyczliwy

malfunction [‚mæl'fʌŋkʃən] 1. źle funkcjonować 2. złe funkcjonowanie

malice ['mælis] złośliwość

malicious [mə'liʃəs] złośliwy

malign [mə'lain] *form* oczerniać, zniesławiać

malignant [mə'lignənt] złośliwy

malinger [mə'liŋgə] symulować chorobę

mall [mo:l] (*także* **shopping mall**) centrum handlowe

mallet ['mælit] młotek drewniany

malnutrition [‚mælnju'triʃən] *form* niedożywienie

malpractice [‚mæl'præktis] *praw* zaniedbanie

malt [mo:lt] 1. słód 2. słodowy

maltreat [‚mæl'tri:t] maltretować, znęcać się

mammal ['mæməl] ssak

mammoth ['mæməθ] 1. mamut 2. gigantyczny

man [mæn], *lm* **men** [men] 1. mężczyzna 2. człowiek 3. *nieform* chłop 4. (*w wojsku*) (*zwykle:* **men**) szeregowy 5. (*szach*) pionek 6. (*maszyny*) obsługiwać

manage ['mænidʒ] 1. zdołać, podołać 2. kierować 3. dawać sobie radę

manageable ['mænidʒəbəl] wykonalny

management ['mænidʒmənt] 1. kierownictwo, zarządzanie 2. kontrola, władza

manager ['mænidʒə] 1. dyrektor,

kierownik 2. menadżer

managerial [‚mæni'dʒiəriəl] kierowniczy

managing ['mænidʒiŋ] **managing director** główny dyrektor

mandarin ['mændərin] mandarynka

mandate ['mændeit] *form polit* 1. poparcie, upoważnienie, mandat 2. zadanie

mandatory ['mændətəri] nakazany prawem

mane [mein] grzywa

maneuver *US* [mə'nu:və] *patrz* **manoeuvre**

manfully ['mænfuli] namiętnie, z determinacją

mangle ['mæŋgəl] 1. szarpać 2. magiel

mango ['mæŋgou] mango

manhandle ['mænhʌndəl] poturbować

manhole ['mænhoul] właz

manhood ['mænhud] 1. męskość 2. dojrzałość

man-hour ['mænauə] roboczogodzina

manhunt ['mænhʌnt] pościg, obława

mania ['meiniə] mania (*for sth* czegoś)

maniac ['meiniæk] maniak

manic ['mænik] maniakalny, szaleńczy

manicure ['mænikjuə] 1. pielęgnować (paznokcie) 2. pielęgnacja (paznokci)

manifest ['mænifest] *form* 1. oczywisty, unaoczniony 2. przedstawiać, przejawiać (*oneself* się)

manifestation [‚mænife'steiʃən] *form* przejaw, objaw

manifesto [‚mæni'festou] manifest

manifold ['mænifould] *lit* różnoraki

manila (*także* **manilla**) [mə'nilə] papier pakowy

manipulate [mə'nipjəleit] manipulować

mankind [ˌmæn'kaind] ludzkość

manly ['mænli] męski

man-made [ˌmæn'meid] przekształcony przez człowieka

manner ['mænə] 1. sposób 2. usposobienie 3. *lit* rodzaj 4. -s maniery ◊ 5. in a manner of speaking że tak powiem

mannerism ['mænərizəm] zmanierowanie, dziwactwo

manoeuvre (*US* **maneuver**) [mə'nu:və] 1. manewr 2. manewrować

manor ['mænə] 1. dwór (obronny) 2. majątek

manpower ['mænpauə] siła robocza

mansion ['mænʃən] rezydencja

manslaughter ['mænslo:tə] *praw* zabójstwo

mantelpiece ['mæntəlpi:s] półka nad kominkiem

mantle ['mæntəl] *przestarz* płaszcz

manual ['mænjuəl] 1. ręczny 2. instrukcja

manufacture [ˌmænjə'fæktʃə] 1. produkować 2. preparować 3. produkcja

manufacturer [ˌmænjə'fæktʃərə] producent

manure [mə'njuə] gnój

manuscript ['mænjəskript] rękopis

many ['meni], **more** [mo:], **most** [moust] *GRAM* 1. wiele, dużo ◊ 2. a good/great many bardzo wiele/dużo 3. how many ile 4. as many as tyle ..., ile

map [mæp] 1. mapa, plan 2. mapować

  map out planować, rozkładać (w czasie)

maple ['meipəl] klon

mar [mɑ:] niszczyć

marathon ['mærəθən] 1. maraton 2. maratoński

marauder [mə'ro:də] maruder, rabuś

marauding [mə'ro:diŋ] rabujący, plądrujący

marble ['mɑ:bəl] 1. marmur 2. kulka 3. -s (gra w) kulki

march ['mɑ:tʃ] 1. marsz 2. pochód 3. maszerować 4. wyprowadzać 5. March marzec

mare ['meə] kobyła, klacz

margarine [ˌmɑ:dʒə'ri:n] margaryna

margin ['mɑ:dʒin] 1. margines 2. przewaga 3. *form* krawędź, brzeg

marginal ['mɑ:dʒinəl] marginesowy

marigold ['mærigould] nagietek

marijuana [ˌmæri'wɑ:nə] marihuana

marina [mə'ri:nə] przystań

marinate ['mærineit] marynować (się)

marine [mə'ri:n] 1. morski 2. *US* żołnierz piechoty morskiej 3. *BR* marynarz

marital ['mæritəl] małżeński

maritime ['mæritaim] morski

marjoram ['mɑ:dʒərəm] majeranek

mark [mɑ:k] 1. ślad, plama 2. (*w teście*) punkt 3. (*w szkole*) stopień 4. (*w rozwoju*) poziom, granica 5. (*np. niemiecka*) marka 6. (*np. o soku*) zostawiać ślady (*sth na czymś*) 7. (*odzież*) oznaczać 8. (*klasówkę*) oceniać 9. (*pozycję*) wyznaczać 10. (*stadium*) stanowić, być 11. (*rocznicę*) uhonorowywać 12. (*o cesze*) cechować ◊ 13. quick off the mark błyskawicznie 15. mark time zabijać czas

marked ['mɑ:kt] wyraźny

marker ['mɑːkə] znak, znacznik

market ['mɑːkit] 1. targ 2. rynek 3. wypuszczać na rynek ◇ 4. on the market dostępny (na rynku)

marketable ['mɑːkitəbəl] rynkowy, dający się sprzedać

marketing ['mɑːkitiŋ] marketing

marksman ['mɑːksmən], lm marksmen ['mɑːksmən] strzelec wyborowy

marmalade ['mɑːməleid] marmolada

maroon [mə'ruːn] kasztanowy

marooned [mə'ruːnd] odcięty od świata

marquee [mɑː'kiː] duży namiot

marquis (także marquess) ['mɑːkwis] markiz

marriage ['mæridʒ] małżeństwo

married ['mærid] 1. żonaty, zamężna (to z) 2. małżeński ◇ 3. get married żenić się, wychodzić za mąż

marrow ['mærou] 1. szpik 2. BR kabaczek

marry ['mæri] 1. pobierać się, żenić się, wychodzić za mąż 2. udzielać ślubu 3. form żenić

marsh [mɑːʃ] bagno

marshal ['mɑːʃəl] 1. zbierać razem 2. marszałek 3. US dowódca (okręgowej policji) 4. BR mistrz ceremonii

marshy ['mɑːʃi] bagnisty

martial ['mɑːʃəl] form wojskowy, militarny
martial arts sztuki walki

martyr ['mɑːtə] męczennik

martyrdom ['mɑːtədəm] męczeństwo

marvel ['mɑːvəl] 1. zadziwiać się (at sth czymś) 2. dziw

marvellous (US marvelous) ['mɑː-vələs] cudowny

marzipan ['mɑːzipæn] marcepan

mascara [mæ'skɑːrə] tusz do rzęs

mascot ['mæskət] maskotka

masculine ['mæskjəlin] 1. męski 2. zmaskulinizowany

mash [mæʃ] tłuc

mask [mɑːsk] 1. maska 2. maskować

masochism ['mæsəkizəm] masochizm

mason ['meisən] kamieniarz

masonry ['meisənri] 1. kamieniarstwo 2. murarka

masquerade [,mæskə'reid] 1. maskarada 2. podawać się (as/under za/jako)

mass [mæs] 1. masa (także fiz) 2. wielka ilość, ogrom 3. (święta) msza 4. (lądowy) masyw 5. (np. kultura) masowy 6. (ludzi, oddziały) zbierać (się), koncentrować (się) 7. the m. masy, pospólstwo
mass media [,mæs 'miːdiə] the m.m. środki masowego przekazu

massacre ['mæsəkə] 1. masakra 2. masakrować

massage ['mæsɑːʒ] 1. masować 2. masaż

massive ['mæsiv] 1. masywny 2. wielki, rozległy

mass-produce [,mæs prə'djuːs] produkować seriami (na masową skalę)

mast [mɑːst] maszt

master ['mɑːstə] 1. pan 2. BR (w szkole) nauczyciel, profesor 3. (ucznia) mistrz 4. (robotników) majster 5. (po studiach) magister (Master of Arts magister (nauk humanistycznych)) 6. Master (dla służby) panicz 7. (tytuł rzemieślnika) mistrz 8. (język, emo-

cje) opanowywać

masterful ['mɑːstəful] władczy

masterly ['mɑːstəli] mistrzowski

mastermind ['mɑːstəmaind] **1.** planować, przeprowadzać **2.** dusza, główny organizator

masterpiece ['mɑːstəpiːs] arcydzieło

mastery ['mɑːstəri] **1.** biegłość (*of/ /over sth* w czymś) **2.** panowanie (*of/over sth* nad czymś)

mat [mæt] **1.** mata, podkładka **2.** dywanik, chodnik

match [mætʃ] **1.** mecz **2.** równy przeciwnik **2.** zapałka **3.** (*myśli*) odpowiadać **4.** (*np. kolorem*) dopasowywać (*with/up* z/do) **5.** pasować (do siebie) **6.** (*szybkością*) dorównywać ◇ **7. be no match for sth** nie równać się z czymś

matchbox ['mætʃbɒks] pudełko zapałek

matching ['mætʃiŋ] odpowiadający, pasujący

matchless ['mætʃlis] *form* niedościgniony

mate [meit] **1.** *nieform* kumpel **2.** *wojsk* mat **3.** partner seksualny **4.** (*seksualnie*) parzyć się

material [mə'tiəriəl] **1.** materiał **2.** materialny

materialism [mə'tiəriəlizəm] materializm

materialistic [mə'tiəriəlistik] materialistyczny

materialize (*także* **materialise**) [mə'tiəriəlaiz] materializować się

maternal [mə'tə:nəl] matczyny, macierzyński

maternity [mə'tə:niti] **1.** macierzyński **2.** położniczy

math [mæθ] **1.** *US nieform* matma **2.** *BR nieform* -s matma

mathematical [ˌmæθə'mætikəl] matematyczny

mathematician [ˌmæθəmə'tiʃən] matematyk

mathematics [ˌmæθə'mætiks] matematyka

matinee (*także* **matinée**) ['mætinei] przedstawienie, popołudniówka

mating ['meitiŋ] rozrodczy, godowy

matrices ['meitrisiːz] *patrz* **matrix**: *lm*

matriculate [mə'trikjəleit] *form* immatrykułować się

matrimony ['mætriməni] *form* małżeństwo

matrimonial [ˌmætri'mouniəl] matrymonialny

matrix ['meitriks], *lm* **matrices** ['meitrisiːz] *form* matryca

matron ['meitrən] **1.** siostra przełożona **2.** siostra, pielęgniarka **3.** matrona

matt [mæt] matowy

matted ['mætid] zmierzwiony, skołtuniony

matter ['mætə] **1.** sprawa **2.** *termin* materia, substancja **3.** *med* ropa **4.** mieć znaczenie, liczyć się (*to sb* dla kogoś) ◇ **5. reading matter** literatura, piśmiennictwo **6. printed matter** druk **7.** **is anything/what is* the matter?* czy coś się dzieje? **8. sth does not matter** nieważne **9. as a matter of** w sprawie; jeśli chodzi o **10. for that matter** jeśli o to chodzi

matter-of-fact [ˌmætərəv'fækt] rzeczowy, chłodny

matting ['mætiŋ] mata

mattress ['mætrəs] materac

mature [mə'tʃuə] **1.** dojrzewać **2.**

dojrzały

maturity [mə'tʃuəriti] dojrzałość, dorosłość

maudlin ['mo:dlin] *form* sentymentalny, rzewny

maul [mo:l] szarpać

mausoleum [,mo:sə'liəm] mauzoleum

mauve [mouv] fiołkowy

maverick ['mævərik] *lit* 1. (*lit*) samotnik, dysydent 2. niezależny, dysydencki

maxim ['mæksim] maksyma

maximize (*także* **maximise**) ['mæksimaiz] maksymalizować

maximum ['mæksiməm] 1. maksymalny 2. maksimum

may [mei], **might** [mait] *GRAM* 1. móc (*it may rain* może padać) 2. wolno (*komuś*) (*he may do it* wolno mu to zrobić, może to zrobić) 4. (*w życzeniu*) oby (*may you be successful* obyś był szczęśliwy) 3. May maj

maybe ['meibi] (być) może

mayn't [meint] *ściągnięte* may not

mayonnaise [,meiə'neiz] majonez

mayor [meə] burmistrz

maze [meiz] 1. labirynt 2. gmatwanina

me [mi, mi:] *GRAM* 1. mnie, mi 2. ja (*Who is it? — That is me.* Kto tam? — Ja.)

mead [mi:d] miód (pitny)

meadow ['medou] łąka

meagre (*US* **meager**) ['mi:gə] skąpy, niewielki

meal [mi:l] posiłek

mealtime ['mi:ltaim] pora posiłku

mean [mi:n], **meant** [ment], **meant** 1. znaczyć, oznaczać (*What does it mean?* Co to znaczy/oznacza?) 2. znaczyć, mieć znaczenie (*to sb*

dla kogoś: *This house means a lot to him* Ten dom wiele dla niego znaczy) 3. mieć na myśli (*by* poprzez: *What do you mean by saing it? *Co masz na myśli/O co ci chodzi*, gdy to mówisz?) 4. chcieć, zamierzać (*I meant to ring you* zamierzałem do ciebie zadzwonić) 5. (*mówić poważnie*) nie żartować (*I am going. I mean it* Wychodzę. Nie żartuję) 6. skąpy 7. podły, małostkowy 8. (*wielkość*) przeciętna, średnia 9. umiar, powściągliwość 10. -s sposób 11. -s *form* środki finansowe, pieniądze ◇ 9. sth is meant to (do sth) coś ma na celu (zrobienie czegoś), 10. sth is meant to be coś ma być 11. sth is meant for sb coś jest przeznaczone dla kogoś 12. sb is meant to do sth ktoś ma coś (z)robić 13. "I mean" to znaczy 14. by all means ależ oczywiście 15. by no means żadnym sposobem 16. by means of przy pomocy, dzięki

meander [mi'ændə] 1. meandrować, wić się 2. kręcić się, wędrować

meaning ['mi:niŋ] 1. znaczenie 2. sens

meaningful ['mi:niŋful] znaczący, posiadający znaczenie

meaningless ['mi:niŋlis] bezsensowny

meant [ment] *patrz* mean: *II i III forma*

meantime ['mi:ntaim] ◇ in the meantime tymczasem, w międzyczasie

meanwhile ['mi:nwail] tymczasem

measles ['mi:zəlz] *med* odra

measly ['mi:zli] *nieform* nędzny

measurable ['meʒərəbəl] *form* dostrzegalny

measure ['meʒə] **1.** mierzyć **2.** miara **3.** porcja

measurement ['meʒəmənt] **1.** wymiar, rozmiar **2.** pomiar **3.** *form* -s kroki ◇ **4. take measures** przedsiębrać kroki

measured ['meʒəd] *lit* **1.** odmierzony **2.** rozważny

meat [mi:t] mięso

mechanic [mi'kænik] mechanik

mechanical [mi'kænikəl] **1.** mechaniczny **2.** techniczny

mechanics [mi'kæniks] **1.** mechanika **2. the m.** technika

mechanism ['mekənizəm] **1.** mechanizm **2.** sposób

mechanize (*także* **mechanise**) ['mekənaiz] mechanizować

medal ['medəl] medal, odznaczenie

medallion [mi'dæliən] medalion

medallist ['medəlist] (*US* **medalist**) medalista

meddle ['medəl] mieszać się (*in/ /with* do)

media ['mi:diə] **the m.** środki masowego przekazu

mediaeval [ˌmedi'i:vəl] średniowieczny

mediate ['mi:dieit] pośredniczyć (*sth* w czymś, *between* pomiędzy)

medical ['medikəl] **1.** lekarski **2.** oględziny lekarskie

medication [ˌmedi'keiʃən] lekarstwo

medicinal [me'disinəl] leczniczy

medicine ['medisin] **1.** medycyna **2.** lekarstwo

medieval [ˌmedi'i:vəl] średniowieczny

mediocre [ˌmi:di'oukə] pośledni, mierny

meditate ['mediteit] **1.** rozmyślać (*on/upon* nad) **2.** oddawać się

medytacji

medium ['mi:diəm] **1.** średni **2.** środek, materiał **3.** medium

meek [mi:k] potulny

meet [mi:t], **met** [met], **met 1.** spotykać (się) (*sb* z kimś/czymś) **2.** (*przy przedstawianiu*) poznawać **3.** (*na dworzec*) wychodzić (*sb* po kogoś) **4.** *US* mieć spotkanie (umówione) (*with sb* z kimś) **5.** (*potrzeby, warunki*) zaspokajać, spełniać **6.** (*problem*) rozwiązywać **7.** (*koszt*) pokrywać **8.** (*na postawę*) natykać się (*sth* na coś) **9.** (*sukcesu, porażki*) zaznawać (*with sth* czegoś) **10.** (*o przedmiocie*) trafiać (na coś) **11.** (*o drodze*) dochodzić (do czegoś)

meeting ['mi:tiŋ] **1.** spotkanie **2.** zebranie

megaphone ['megəfoun] megafon

melancholy ['melənkoli] **1.** melancholia **2.** melancholijny

mellow ['melou] **1.** dojrzały, soczysty **2.** pełny, głęboki **3.** dojrzewać, łagodnieć

melodious [mi'loudiəs] *form* melodyjny

melodrama ['melədrɑ:mə] melodramat

melodramatic [ˌmelədrə'mætik] melodramatyczny

melody ['melədi] *lit* melodia

melon ['melən] melon, arbuz

melt [melt] **1.** topnieć **2.** topić (się) **3.** wtapiać się (*into* w), stapiać się (*into* z)

melt away *przen* topnieć, znikać

melt down topić

member ['membə] **1.** przedstawiciel **2.** członek **3.** poseł, członek parlamentu **4.** członkowski

membership ['membəʃip] członko-

stwo
membrane ['membrein] *form* błona (śluzowa)
memento [mi'mentou], *lm* **mementos** *lub* **mementoes** pamiątka
memo ['memou] *form* memorandum, raport
memoirs ['memwɑ:z] memuary, pamiętniki
memorable ['memərəbəl] *form* pamiętny
memorandum [,memə'rændəm], *lm* **memoranda** *lub* **memorandums** *form* memorandum
memorial [mi'moriəl] **1.** pomnik (*to sb* czyjś) **2.** pamiątkowy, upamiętniający
memorize (*także* **memorise**) ['meməraiz] zapamiętywać
memory ['meməri] **1.** pamięć **2.** wspomnienie ◇ **3. in memory of** ku czci
men [men] *patrz* **man**: *lm*
menace ['menis] **1.** zagrożenie **2.** groźba **3.** zagrażać **4.** grozić
menacing ['menisiŋ] groźny
mend [mend] **1.** naprawiać (się) **2.** cerować ◇ **3.** *nieform* **on the mend** poprawiać się (*po chorobie*)
menial ['mi:niəl] (*praca*) podrzędny
meningitis [,menin'dʒaitis] *med* zapalenie opon mózgowych
menopause ['menəpo:z] menopauza, klimakterium
men's room ['menzru:m] *US* toaleta męska
menstrual ['menstruəl] menstruacyjny
menstruate ['menstrueit] *termin* miesiączkować, menstruować
menstruation [,menstru'eiʃən] *termin* menstruacja
mental ['mentəl] **1.** umysłowy **2.** pamięciowy **3.** chory umysłowo
mentality [men'tæliti] umysłowość, mentalność
mention ['menʃən] **1.** wspominać (*to sb* komuś) **2.** wzmianka ◇ **3. "don't mention it"** „nie ma za co"
mentor ['mento:] *form* mentor
menu ['menju:] **1.** menu **2.** *komp* menu, lista opcji
mercenary ['mə:rsinəri] **1.** najemnik **2.** wyrachowany
merchandise ['mə:tʃəndaiz] towar(y)
merchant ['mə:tʃənt] **1.** kupiec, hurtownik **2.** handlowy
merchant bank [,mə:tʃənt 'bæŋk] bank komercyjny
merciful ['mə:siful] **1.** litościwy, miłosierny **2.** zbawczy
merciless ['mə:silis] bezlitosny
mercury ['mə:kjəri] rtęć
mercy ['mə:si] **1.** litość, miłosierdzie *diamond* **2. without mercy** bez litości **3. at the mercy of sb** na czyjejś łasce
mere ['miə] **1.** tylko **2.** sam (*mere presence* sama obecność) **3.** ledwo
merely ['miəli] tylko, jedynie
merest ['miərist] najmniejszy, czysty
merge ['mə:dʒ] **1.** scalać (się), stapiać (się) **2.** wtapiać się (*into* w)
merger ['mə:dʒə] fuzja
meridian [mə'ridiən] południk
meringue [mə'ræŋ] beza
merit ['merit] **1.** *form* wartość **2.** zaleta **3.** zasługa **4.** *form* zasługiwać (*sth* na coś) ◇ **5. on ones merits** według wartości
mermaid ['mə:meid] syrena
merriment ['merimənt] *form* wesołość

merry ['meri] 1. radosny 2. *nie-form* zawiany, podochocony ◇ 3. Merry Christmas Wesołych Świąt (Bożego Narodzenia)

merry-go-round ['merigouraund] *BR* karuzela

mesh [meʃ] 1. siatka 2. sczepiać się (*with* z)

mesmerize (*także* mesmerise) ['mezməraiz] hipnotyzować, oczarowywać

mess [mes] 1. bałagan 2. problemy, kłopoty 3. mesa
mess about/around *nieform* 1. obijać się, marnować czas 2. cyganić
mess up *nieform* 1. knocić, psuć 2. robić bałagan

message ['mesidʒ] 1. wiadomość 2. przesłanie, idea

messenger ['mesəndʒə] posłaniec

Messrs ['mesəz] panowie

messy ['mesi] 1. brudny, zapaskudzony 2. niechlujny 3. *nieform* niefajny

met [met] *patrz* meet: *II i III forma*

metabolism [mi'tæbəlizəm] metabolizm

metal ['metəl] metal

metallic [mi'tælik] metaliczny

metamorphosis [ˌmetə'mo:fəsis], *lm* metamorphoses [ˌmetə'mo:-fəsi:z] *form* metamorfoza

metaphor ['metəfə] metafora, przenośnia

metaphysics [ˌmetə'fiziks] metafizyka

meteor ['mi:tiə] meteor

meteoric [ˌmi:ti'orik] błyskawiczny

meteorite ['mi:tiərait] meteoryt

meteorological [ˌmi:tiərə'lodʒikəl] *termin* meteorologiczny

meteorology [ˌmi:tiə'rolədʒi] *termin* meteorologia

meter ['mi:tə] 1. licznik 2. *US* metr 3. mierzyć

method ['meθəd] metoda

methodical [mi'θodikəl] metodyczny

methodology [ˌmeθə'dolədʒi] metodyka

meticulous [mi'tikjələs] drobiazgowy, dokładny

metre (*US* meter) ['mi:tə] metr

metric ['metrik] metryczny

metro ['metrou] (*nie w krajach angielskich*) metro

metropolis [mi'tropəlis] metropolia

metropolitan [ˌmetrə'politən] wielkomiejski

mettle ['metəl] *form* (bujny) temperament, krewkość

mew [mju:] miauczeć

miaow [mi'au] 1. miauk 2. miauczeć

mice [mais] *patrz* mouse: *lm*

mickey ['miki] ◇ take the mickey (out of sb) nabierać (kogoś)

microbe ['maikroub] mikrob, drobnoustrój

microchip ['maikrətʃip] płytka półprzewodnika, układ scalony

microphone ['maikrəfoun] mikrofon

mikroprocesor ['maikrəprousesə] mikroprocesor

microscope ['maikrəskoup] mikroskop

microscopic [ˌmaikrə'skopik] 1. mikroskopowy 2. *nieform* mikroskopijny 3. *nieform* drobiazgowy

microwave ['maikrəweiv] kuchenka mikrofalowa

mid [mid] 1. środkowy, średni ◇ 2. in mid air w powietrzu

midday [ˌmid'dei] południe

middle ['midəl] 1. środek 2. talia,

pas **3.** środkowy **4.** pośredni ◇ **5. she was in her middle twenties** miała ok. 25 lat

middle age [ˌmidəl 'eidʒ] średni wiek

the Middle Ages [ˌmidəl 'eidʒiz] średniowiecze

middle class [ˌmidəl 'klɑːs] klasa średnia

middle name [ˌmidəl 'neim] drugie imię *lub* pierwszy człon nazwiska

middle-aged [ˌmidəl 'eidʒd] w średnim wieku

middleman ['midəlmæn], *lm* **middlemen** ['midəlmen] pośrednik

middle-of-the road [ˌmidəl əv ðə 'roud] umiarkowany, centrowy

middling ['midliŋ] średni, przeciętny

midge [midʒ] komar

midget ['midʒit] karzeł

midnight ['midnait] **1.** północ **2.** nocny, (przebiegający) w środku nocy

midriff ['midrif] talia (*pas*)

midst [midst] ◇ **in the midst of** w środku, w trakcie

midsummer [ˌmid'sʌmə] środek lata, kanikuła

midway ['midwei] pomiędzy, w środku

midweek ['midwiːk] **1.** środek tygodnia, dni w środku tygodnia **2.** w tygodniu, w środku tygodnia

midwife ['midwaif], *lm* **midwives** ['midwaivz] położna

might [mait] *GRAM* **1.** mógłby (*polski odpowiednik może występować w wielu formach*) (*I might go there* mógłbym tam iść) **2.** *patrz* **may**: II forma **3.** *lit* moc

mightn't ['maitənt] ściągnięte: **might not**

mighty ['maiti] **1.** *lit* potężny **2.** *US* wielce, bardzo

migraine ['miːgrein] migrena

migrant ['maigrənt] przybysz

migrate ['maigreit] wędrować, migrować

migration [mai'greiʃən] migracja, wędrówka

mike [maik] *nieform* mikrofon

mild [maild] **1.** łagodny **2.** niewielki

mildew ['mildjuː] pleśń

mile [mail] mila (= *1,6 km*)

mileage ['mailidʒ] dystans

mileometer [mai'lomitə] licznik mil

milestone ['mailstoun] kamień milowy

milieu ['miːljəː] *form* otoczenie

militant ['militənt] **1.** wojowniczy, bojowy **2.** bojownik

military ['militəri] **1.** wojskowy, militarny **2. the m.** wojsko

militate ['militeit] *form* zapobiegać (*against sth* czemuś)

militia [mi'liʃə] milicja, straż miejska

milk [milk] **1.** mleko **2.** doić **3.** *nieform* łupić, eksploatować

milkman ['milkmən] **milkmen** ['milkmən] mleczarz

milk-shake [ˌmilk'ʃeik] koktail (mleczny)

milky ['milki] **1.** mleczny **2.** z mlekiem

mill [mil] **1.** młyn **2.** młynek **3.** (*przemysłowy*) zakład(y) **4.** mleć, mielić

millenium [mi'leniəm], *lm* **millenia** [mi'leniə] *form* millenium, tysiąclecie

miller ['milə] młynarz

millet ['milit] proso

milligram (*także* milligramme) ['miligrəm] miligram

millilitre (*US* milliliter) ['milili:tə] mililitr

millimetre (*US* millimeter) ['milimi:tə] milimetr

milliner ['milinə] modyst(k)a

millinery ['milinəri] modniarstwo

million ['miljən] milion

millionaire [,miljə'neə] milioner

millionth ['miljənθ] milionowy

millstone ['milstoun] 1. kamień młyński ◊ 2. a millstone round sb's neck problem nie do przezwyciężenia

milometer [mai'lomitə] licznik mil

mime [maim] 1. pantomima 2. mim 3. naśladować (mimiką)

mimeographe ['mimiəgra:f] *US* 1. powielacz 2. powielać

mimic ['mimik] 1. naśladować, przedrzeźniać 2. mimik

mimicry ['mimikri] 1. naśladownictwo 2. mimika

minaret [,minə'ret] minaret

mince [mins] 1. *BR* mięso siekane 2. siekać 3. dreptać ◊ 4. not to mince *matters/one's words* nie przebierać w słowach

mincemeat ['minsmi:t] 1. *krojone bakalie zmieszane z syropem* 2. *US* mięso siekane

mind [maind] 1. umysł 2. nie mieć nic przeciwko, nie szkodzić (*I don't mind rain* nie mam nic przeciwko deszczowi, deszcz mi nie przeszkadza) 3. proszę uważać na (*Mind the window!* Uwaga na okno!) 4. opiekować się, mieć pieczę ◊ 5. do you mind (*my opening the window/if I open the window*)? czy mogę (otworzyć okno)? 6. "I don't mind" "wszystko mi jedno" 7. sth is on sb's mind coś chodzi komuś po głowie, ktoś nie może przestać myśleć o czymś 8. to sb's mind według kogoś 9. bear sth on mind, keep sth in mind pamiętać 10. change one's mind rozmyślać się, zmieniać decyzję 11. make up one's mind zdecydować się 12. never mind (a) nie szkodzi (b) nie przejmuj się 12. mind you proszę uważać, uważaj

minder ['maində] opiekun

mindful ['maindful] ◊ be mindful of zwaźać (*sth* na coś)

mindless ['maindlis] 1. bezsensowny 2. bezmyślny

mine [main] *GRAM* 1. mój 2. kopalnia 3. mina 4. wydobywać, kopać (*for sth* coś) 5. zaminowywać

minefield ['mainfi:ld] pole minowe

miner ['mainə] górnik

mineral ['minərəl] 1. minerał 2. mineralny

mingle ['miŋgəl] mieszać się (*with* z)

miniature ['minitʃə] 1. miniaturowy 2. miniatura

minibus ['minibʌs] mikrobus

minimal ['miniməl] minimalny

minimize (*także* minimise) ['minimaiz] minimalizować

minimum ['miniməm] 1. minimalny 2. minimum

mining ['mainiŋ] 1. górnictwo 2. górniczy

miniskirt ['miniskə:t] mini(spódniczka)

minister ['ministə] 1. minister 2. duchowny, pastor

ministerial [,mini'stiəriəl] ministerialny

ministry ['ministri] 1. ministerstwo 2. duchowieństwo

mink [miŋk] 1. norka 2. (*futro*) norki

minor ['mainə] 1. pomniejszy 2. podrzędny 3. *muz* molowy, minorowy 4. niepełnoletni

minority [mi'noriti] 1. mniejszość ◊ 2. in a/the minority w mniejszości

minster ['minstə] katedra

minstrel ['minstrəl] bard

mint [mint] 1. mięta 2. miętus, cukierek miętowy 3. mennica 4. bić

minuet [,minju'et] menuet

minus ['mainəs] 1. minus 2. odjąć minus sign ['mainəs sain] znak odejmowania

minute I. ['minit] 1. minuta 2. -s protokół II. [mai'nju:t] 3. drobny, najdrobniejszy

minutely [mai'nju:tli] 1. drobiazgowo 2. nieco

miracle ['mirəkəl] 1. cud 2. cudowny

miraculous [mi'rækjələs] cudowny

mirage ['mirɑ:ʒ] 1. fata morgana 2. miraż

mirror ['mirə] 1. lustro 2. *lit* odbijać, odzwierciedlać

mirth [mə:θ] *lit* radość, wesołość

misadventure [,misəd'ventʃə] *form* (nieszczęśliwy) wypadek

misapprehension [,misæpri'henʃən] błędne mniemanie, złudzenie

misappropriate [,misə'prouprieit] *form* przywłaszczać

misbehave [,misbi'heiv] źle zachowywać się

misbehaviour (*US* misbehavior) [,misbi'heiviə] złe zachowanie się

miscalculate [,mis'kælkjəleit] przeliczyć (się)

miscarriage [,mis'kæridʒ] poronienie

miscarry [,mis'kæri] 1. poronić 2. (*o planie*) upadać, nie wypalać

miscellaneous [,misə'leiniəs] różnorodny

mischief ['mistʃif] 1. figlarność, psotliwość 2. dokazywanie, psota 3. *form* szkoda

mischievous ['mistʃivəs] 1. psotliwy, złośliwy 2. dokuczliwy

misconceived [,miskən'si:vd] źle pomyślany, nieprzemyślany

misconception [,miskən'sepʃən] *form* nieporozumienie, błędne zrozumienie

misconduct [,mis'kondʌkt] wykroczenie, niewłaściwe postępowanie

misconstruction [,miskən'strʌkʃən] nieporozumienie, błędne zrozumienie

misconstrue [,miskən'stru:] *nieform* źle zrozumieć

misdemeanour (*US* misdemeanor) [,misdi'mi:nə] *form* wykroczenie, występek

misdirect [,misdi'rekt] źle kierować

miser ['maizə] skąpiec

miserable ['mizərəbəl] 1. nieszczęśliwy 2. żałosny 3. fatalny

miserly ['maizəli] skąpy

misery ['mizəri] 1. nieszczęście 2. nędza ◊ 3. make sb's life a misery unieszczęśliwiać kogoś

misfire [,mis'faiə] nie wypalać

misfit ['misfit] osoba nie na miejscu

misfortune [mis'fo:tʃən] nieszczęście

misgiving [mis'giviŋ] złe przeczucie

misguided [mis'gaidid] błędny, fałszywy

mishandle ['mishændəl] zaniedbywać, zaprzepaszczać

mishap ['mishæp] (zły) przypadek

misinform [,misin'fo:m] błędnie poinformować (*about* o)

misinformation [ˌmisinfə'meiʃən] błędna informacja

misinterpret [ˌmisin'tə:prit] opacznie rozumieć/interpretować

misjudge [ˌmis'dʒʌdʒ] mylnie osądzać/oceniać

misjudgement [ˌmis'dʒʌdʒmənt] niewłaściwa ocena

mislay [ˌmis'lei], **mislaid** [mis'leid], mislaid zapodziewać

mislead [mis'li:d], **misled** [mis'led], misled mylić, wprowadzać w błąd

mismanage [ˌmis'mænidʒ] niewłaściwie prowadzić

misnomer [ˌmis'noumə] *form* niewłaściwy termin

misplaced [ˌmis'pleist] niewłaściwy, źle skierowany

misprint ['misprint] omyłka druku

misread [ˌmis'ri:d], **misread** [ˌmis'red], misread niewłaściwie odczytywać

misrepresent [ˌmisreprə'zent] fałszywie przedstawiać

miss [mis] 1. panna, miss 2. *BR* (*przy zwracaniu się do kelnerki, ekspedientki itp.*) pani 3. nietrafienie, chybienie 4. (*czegoś*) nie dostrzegać 5. (*do celu*) chybiać 6. (*brakować*) tęsknić (*sb* za kimś) 7. brakować (*sth* czegoś) (*sb misses studying* komuś brak studiowania) 8. (*o szansie, możliwości*) nie skorzystać 9. (*przychodzić za późno*) spóźniać się (*the train* na pociąg) 10. (*spotkanie*) opuszczać ◇ 11. *nieform* give sth a miss darować sobie

miss out opuszczać, pomijać

misshapen [ˌmis'ʃeipən] zniekształcony

missile ['misail] 1. rakieta, pocisk

rakietowy 2. pocisk

missing ['misiŋ] 1. zaginiony 2. brakujący

mission ['miʃən] 1. misja 2. wyprawa 3. delegacja 4. posłannictwo

missionary ['miʃənəri] misjonarz

misspell [ˌmis'spel], **misspelled** *lub* **misspelt** [ˌmis'spelt] zrobić błąd ortograficzny

misspend [ˌmis'spend], **misspent** [ˌmis'spent], misspent marnować

mist [mist] 1. mgła 2. pokrywać (się) mgiełką (*over*)

mistake [mis'teik], **mistook** [mis'tuk], **mistaken** [mis'teikən] 1. pomyłka, błąd 2. *form* mylić (się) 3. mylić (*sth for sth* coś z czymś)

mistaken [mis'teikən] 1. *patrz* mistake: *III* forma 2. mylny ◇ 3. be mistaken about/in mylić się co do

mister ['mistə] *patrz* Mr pan

mistletoe ['misəltou] jemioła

mistook [mis'tuk] *patrz* mistake: *II* forma

mistress ['mistris] 1. pani 2. kochanka 3. nauczycielka

mistrust [ˌmis'trʌst] 1. niewiara 2. nie wierzyć (*sth* w coś), nie dowierzać (*sth* czemuś)

misty ['misti] zamglony

misunderstand [ˌmisʌndə'stænd], **misunderstood** [ˌmisʌndə'stud], misunderstood mylnie rozumieć

misunderstanding [ˌmisʌndə'stændiŋ] 1. nieporozumienie 2. sprzeczka

misuse I. [ˌmis'ju:z] 1. nadużywać II. [ˌmis'ju:s] 2. nadużycie

mite ['mait] (*o dziecku*) kruszyna

mitigate ['mitigeit] *form* łagodzić, mitygować

mitre (*US* **miter**) ['maitə] mitra

mitten ['mitən] rękawica z jednym palcem, mitenka

mix [miks] **1.** (z)mieszać **2.** (*cocktail*) przyrządzać **3.** (zajęcia) łączyć **4.** (*z ludźmi*) przestawać (*with sb* z kimś) **5.** (*na ciasto*) mieszanka, proszek **6.** (*zajęć*) połączenie
mix up mieszać, mylić

mixed ['mikst] **1.** mieszany **2.** koedukacyjny
mixed up 1. zmieszany, pomieszany **2.** zamieszany (*in sth* w coś)

mixer ['miksə] **1.** mikser **2.** betoniarka

mixture ['mikstʃə] **1.** mieszanka **2.** mieszanina

moan [moun] **1.** jęczeć **2.** jęk, jęczenie

moat [mout] fosa

mob [mob] **1.** tłum, tłuszcza **2.** otaczać (tłumem)

mobile ['moubail] **1.** mobilny **2.** ruchliwy **3.** mobil (*dzieło sztuki*)

mobility [mou'biliti] **1.** mobilność **2.** ruchliwość

mobilize ['moubilaiz] mobilizować

moccasin ['mokəsin] mokasyn

mock [mok] **1.** drwić, kpić **2.** przedrzeźniać **3.** udawany, pseudo- **4.** pozorowany

mockery ['mokəri] **1.** drwina **2.** kpina ◇ **3. make a mockery of sth** robić z czegoś kpiny, kpić

modal (verb) ['moudəl (və:b)] (czasownik) modalny

mod cons [,mod'konz] *BR nieform* z wszystkimi wygodami, komfortowy

mode [moud] rodzaj

model ['moudəl] **1.** model **2.** model(ka) **3.** (*jasności*) przykład, wzór **4.** (*mąż*) wzorowy **5.** (*kształt*) modelować **6.** pracować/

/występować jako model(ka) ◇ **7. model oneself** wzorować się (*on/upon* na), brać za model (*on sb* kogoś)

moderate I. ['modərət] **1.** umiarkowany **2.** człowiek umiarkowany **II.** ['modəreit] **3.** uspokajać, miarkować

moderation [,modə'reiʃən] umiar, umiarkowanie

modern ['modən] **1.** współczesny **2.** nowoczesny

modernize (*także* **modernise**) ['modənaiz] modernizować

modest ['modist] skromny

modesty ['modisti] skromność

modicum ['modikəm] *form* minimum

modification [,modifi'keiʃən] modyfikacja

modify ['modifai] modyfikować

modulate ['modjuleit] modulować

module ['modju:l] moduł

mohair ['mouheə] moher

moist [moist] wilgotny

moisten ['moisən] zwilżać

moisture ['moistʃə] wilgoć

molar ['moulə] (ząb) trzonowy

mold(y) ['mould(i)] *US patrz* **mould(y)**

mole [moul] **1.** pieprzyk **2.** kret **3.** *przen* wtyczka

molecule ['molikju:l] *term* cząsteczka, molekuła

molehill ['moulhil] **1.** kretowisko ◇ **2. make mountains out of a molehill** robić z igły widły

molest [mə'lest] *form* napastować (*także seksualnie*)

mollify ['molifai] *form* udobruchiwać

mollusc (*US* **mollusk**) ['moləsk] mięczak

molt [moult] *US patrz* moult

molten ['moultən] stopiony

mom [mom] *US nieform* mamuśka

moment ['moumənt] 1. chwila, moment ◊ 2. at the moment w danej chwili 3. the moment w momencie

momentary ['mouməntəri] chwilowy

momentous [mə'mentəs] *form* doniosły

momentum [mə'mentəm] 1. rozpęd ◊ 2. gain/gather momentum przybierać na sile

monarch ['monək] monarcha

monarchist ['monəkist] *form* monarchista

monarchy ['monəki] monarchia

monastery ['monəstri] klasztor

monastic [mə'næstik] klasztorny

Monday ['mʌndi] poniedziałek

monetary ['mʌnitəri] *form* monetarny, pieniężny

money ['mʌni] 1. pieniądze ◊ 2. make money zarabiać

mongol ['moŋgəl] 1. mongoloid 2. mongoloidalny

mongrel ['mʌŋgrəl] kundel

monitor ['monitə] 1. obserwować, monitorować 2. nasłuchiwać 3. monitor

monk [mʌŋk] zakonnik, mnich

monkey ['mʌŋki] małpa

mono ['monou] 1. mono(foniczny) 2. sprzęt/nagranie mono

monogamy [mə'nogəmi] *form* monogamia, jednożeństwo

monolithic [,monə'liθik] monolityczny

monologue (*US* monolog) ['monəlog] monolog

monopolize (*BR także* monopolise) [mə'nopəlaiz] monopolizować

monopoly [mə'nopəli] monopol (*on/ /of sth* na coś)

monotone ['monətoun] ◊ in a monotone monotonnie

monotonous [mə'notənəs] monotonny

monsoon [mən'su:n] monsun

monster ['monstə] 1. monstrum, potwór 2. monstrualny

monstrosity [mon'strositi] monstrualność

monstrous ['monstrəs] monstrualny, potworny

month [mʌnθ] miesiąc

monthly ['mʌnθli] 1. comiesięczny 2. miesięcznik

monument ['monjəmənt] 1. pomnik, statua (*to sb* czyjaś) 2. zabytek

monumental [,monjə'mentəl] 1. monumentalny 2. gigantyczny

moo [mu:] 1. (*o krowie*) ryczeć 2. ryk

mood [mu:d] 1. nastrój, humor 2. zły nastrój/humor 3. *gram* tryb

moody ['mu:di] 1. kapryśny, mający humory 2. w złym humorze

moon [mu:n] 1. księżyc ◊ 2. be over the moon nie posiadać się z radości 3. once in a blue moon od wielkiego święta

moonless ['mu:nlis] bezksiężycowy

moonlight ['mu:nlait] 1. światło księżyca 2. *nieform* chałturzyć

moonlit ['mu:nlit] księżycowy, rozświetlony księżycem

moor [muə] 1. wrzosowisko 2. cumować

mooring ['muəriŋ] stanowisko cumowania

moorland ['muələnd] *BR* region wrzosowisk

moose [mu:s], *lm* moose łoś

mop [mop] **1.** zmywak do podłogi (*np. z gąbki*) **2.** wiecha (włosów) **3.** zmywać podłogę **4.** wycierać, zbierać
mop up zbierać
mope [moup] upadać na duchu
moped ['moupəd] motorower
moral ['morəl] **1.** morał **2.** -s moralność **3.** moralny ◇ **4. give moral support** podtrzymywać na duchu
morale [mə'rɑːl] morale
moralist ['morəlist] moralista
moralistic [ˌmorə'listik] moralistyczny
morality [mə'ræliti] moralność
moralize (*także* **moralise**) ['morəlaiz] moralizować
morally ['morəli] moralnie
morass [mə'ræs] bagno
moratorium [ˌmorə'toːriəm] *form* moratorium (*on* na, co do)
morbid ['moːbid] chorobliwy
more [moː] *GRAM* **1.** (*stopień wyższy od* **many** *i* **much**) więcej **2.** bardziej (*more interested* bardziej zainteresowany); *przed przymiotnikami lub przysłówkami może się tłumaczyć przez stopień wyższy* (*more beautiful* piękniejszy) **3.** raczej (*more audacious than brave* raczej zuchwały niż śmiały) ◇ **5. more and more** coraz bardziej **6. once more** raz jeszcze **7. more or less** mniej więcej **8. what is more** co więcej
moreover [moːr'ouvə] *form* co więcej
morgue [moːg] kostnica
morning ['moːniŋ] **1.** rano, poranek **2.** ranny, poranny
moron ['moːrən] *nieform* kretyn
moronic [mə'ronik] kretyński
morose [mə'rous] ponury

morphine ['moːfiːn] morfina
morsel ['moːsəl] kąsek, kawałek
mortal ['moːtəl] **1.** śmiertelny **2.** śmiertelnik
mortality [moː'tæliti] śmiertelność
mortar ['moːtə] **1.** moździerz **2.** zaprawa murarska
mortgage ['moːgidʒ] **1.** pożyczka, dług hipoteczny **2.** *termin* obciążać hipoteką, wpisać dług hipoteczny
mortify ['moːtifai] upokarzać
mortuary ['moːtʃuəri] kostnica
mosaic [mou'zeiik] mozaika
Moslem ['mozləm] *patrz* **Muslim**
mosque [mosk] meczet
mosquito [məs'kiːtou], *lm* **mosquitoes** *lub* **mosquitos** moskit, komar
moss [mos] mech
mossy ['mosi] omszały
most [moust] *GRAM* **1.** (*stopień najwyższy od* **many** *i* **much**) najwięcej **2.** najbardziej (*most interested* najbardziej zainteresowany); *przed przymiotnikami lub przysłówkami może się tłumaczyć przez stopień najwyższy* (*most beautiful* najpiękniejszy) **3.** *form* niezwykle, ogromnie **4.** większość ◇ **5. at most** najwyżej **6. for the most part** głównie **7. make the most of sth** korzystać jak najwięcej z czegoś
mostly ['moustli] w większości, przede wszystkim
MOT [ˌem ou 'tiː] (*BR skrót:* **Ministry of Transport (Test)**) obowiązkowy test pojazdów mechanicznych
motel [mou'tel] motel
moth [moθ] **1.** ćma **2.** mól
mothball ['moθboːl] kulka naftaliny

moth-eaten ['moθi:tən] zżarty przez mole

mother ['mʌðə] 1. matka 2. matkować 3. opiekować się jak matka
  mother country ['mʌðə kʌntri] ojczyzna
  mother tongue [,mʌðə 'tʌŋ] język ojczysty

motherhood ['mʌðəhud] macierzyństwo

mother-in-law ['mʌðərinlo:] teściowa

motherless ['mʌðəlis] pozbawiony matki, bez matki

motherly ['mʌðəli] matczyny

mother-of-pearl [,mʌðərəf'pə:l] macica perłowa

mother-to-be [,mʌðətə'bi:] przyszła matka

motif [mou'ti:f] motyw

motion ['mouʃən] 1. ruch 2. wniosek 3. gestykulować (to sb do kogoś), dawać znak (to sb komuś) ◇ 4. go through the motions przechodzić całą procedurę, robić coś pro forma 5. propose/make a motion przedstawiać wniosek 6. be in motion mieć miejsce, być wdrożonym

motionless ['mouʃənlis] nieruchomy

motivate ['moutiveit] 1. (s)powodować (he was motivated by jealousy powodowała nim zazdrość) 2. motywować, dawać motywację

motivation [mouti'veiʃən] motywacja

motive ['moutiv] motyw, powód

motley ['motli] różnorodny

motor ['moutə] 1. silnik, motor (zwłaszcza elektryczny) 2. motorowy

motorbike ['moutəbaik] BR nieform motor, motocykl

motorcar ['moutəka:] BR form samochód

motorcycle ['moutəsaikəl] motocykl

motoring ['moutəriŋ] drogowy, samochodowy

motorist ['moutərist] samochodziarz, automobilista

motorway ['moutəwei] BR autostrada

mottled ['motəld] plamisty

motto ['motou], lm mottoes lub mottos motto

mould (US mold) [mould] 1. ukształtowywać 2. kształtować, lepić 3. forma 4. pleśń ◇ 5. fit into a mould pasować do wzorca

mouldy (US moldy) ['mouldi] spleśniały

moult (US molt) [moult] linieć, pierzyć się

mound [maund] 1. kopiec 2. kupa, góra

mount [maunt] 1. przeprowadzać 2. (wystawę) przygotowywać 3. (o temperaturze, problemach) wzrastać 4. form (na schody) wspinać się 5. (konia) dosiadać 6. (o eksponacie) montować, osadzać 7. (w nazwach) góra
  mount up wzrastać

mountain ['mauntin] góra

mountaineer [,maunti'niə] alpinista

mountaineering [,maunti'niəriŋ] alpinistyka

mountainous ['mauntinəs] 1. górzysty 2. wielki, zwalisty

mountainside ['mauntinsaid] zbocze

mourn [mo:n] 1. boleć (po stracie), nosić żałobę (for po) 2. opłakiwać (for sth coś)

mourner ['mo:nə] żałobnik

mournful ['mo:nful] lit żałobny,

grobowy
mourning ['mo:niŋ] żałoba
mouse [maus], *lm* **mice** [mais] mysz
mousse [mu:s] mus
moustache (*US* **mustache**) [məs-'ta:ʃ] wąs(y)
mousy ['mausi] mysi
mouth [mauθ], *lm* **mouths** [mauðz] 1. usta 2. (*u zwierząt*) pysk 3. wejście, otwór 4. ujście 5. deklamować
mouthful ['mauθful] kęs, haust
mouth-organ ['mauθo:gən] organki
mouthpiece ['mauθpi:s] 1. mikrofon 2. ustnik 3. rzecznik
mouthwash ['mauθwoʃ] płyn do ust
mouth-watering ['mauθwo:təriŋ] apetyczny, pobudzający apetyt
movable ['mu:vəbəl] ruchomy, przenośny
move [mu:v] 1. (po)ruszać (się) 2. (*obiekty*) przemieszczać, przestawiać 3. przeprowadzać (się), przenosić (się) (*he moved to Chicago* przeprowadził się do Chicago) 4. (*pracowników*) przetasowywać, przesuwać 5. (*w okres*) przechodzić, wchodzić (*move into a nuclear age* w. w erę atomową) 6. (*o wydarzeniach*) zachodzić (szybko) 7. *form* skłaniać (*sb to do sth* kogoś, by coś zrobił) 8. (*o uczuciach*) poruszać, wzruszać 9. (*wniosek*) wysuwać, proponować 10. ruch 11. posunięcie 12. przeprowadzka, przenosiny 13. (*w pracy*) przesunięcie, przetasowanie (służbowe) 14. (*do innego okresu*) przejście ◇ 15. **move house** przeprowadzać się
move down schodzić, spadać
move in 1. wprowadzać się 2. przemieszczać (się)

move off odjeżdżać
move on 1. przejeżdżać 2. przechodzić
move out wyprowadzać się (*of sth* skądś)
move up iść w górę
moveable ['mu:vəbəl] ruchomy, przenośny
movement ['mu:vmənt] 1. ruch 2. transport 3. -s posunięcia 4. *muz* część
movie ['mu:vi] 1. film 2. *US* **the -s** kino
moving ['mu:viŋ] 1. poruszający 2. ruchomy
mow [mou], **mowed** *lub* **mown** [moun] 1. strzyc 2. kosić, żąć 3. ścinać
mow down *przen* kosić
mower ['mouə] (*także* **lawn-mower**) kosiarka do trawy
mown [moun] *patrz* mow: *II i III forma*
Mr ['mistə] pan
Mrs ['misiz] pani
Ms [miz] pani
M.Sc. [ˌemes'si:] (*skrót* **Master of Science**) magister (nauk przyrodniczych)
much [mʌtʃ], **more**, [mo:], **most** [moust] *GRAM* 1. dużo, bardzo 2. w większości 3. dużo, wiele ◇ **how much ...?** ile ...? 5. **as much as** tyle, ile 6. **too much** za dużo
muck [mʌk] 1. gnój 2. *nieform* paskudztwo
muck about/around *nieform* wygłupiać się
muck up *nieform* partaczyć
mucky ['mʌki] *nieform* 1. ubabrany 2. świński
mucus ['mju:kəs] *form* śluz
mud [mʌd] błoto

muddle ['mʌdəl] **1.** zamieszanie, bałagan **2.** pomieszanie, zamęt **3.** (po)mieszać, robić bałagan **4.** dezorientować
muddle through błąkać się, iść po omacku
muddle up mieszać, mylić (*with z*)
muddy ['mʌdi] **1.** zabłocony, błotnisty **2.** mulisty **3.** zaciemniać
mudguard ['mʌdgɑ:d] błotnik
muesli ['mju:zli] muzli (*płatki zbożowe z suszonymi owocami*)
muffin ['mʌfin] bułka (*jedzona na gorąco*)
muffle ['mʌfəl] zagłuszać
mug [mʌg] **1.** kubek **2.** *nieform* głupol **3.** *nieform* napadać, łupić
mugger ['mʌgə] chuligan, zbój
muggy ['mʌgi] duszny, wilgotny
mule [mju:l] muł
mull over [mʌl 'ouvə] przemyśliwać
multifarious [ˌmʌlti'feəriəs] *form* różnorodny
multilateral [ˌmʌlti'lætərəl] wielostronny
multinational [ˌmʌlti'næʃənəl] **1.** wielonarodowy **2.** ponadnarodowy **3.** firma ponadnarodowa
multiple ['mʌltipəl] **1.** wielokrotny **2.** w większej ilości **3.** wielokrotność
multiplication [ˌmʌltipli'keiʃən] **1.** mnożenie **2.** rozrost, rozmnażanie się
multiplicity [ˌmʌlti'plisiti] *form* wielość
multiply ['mʌltiplai] **1.** rozmnażać się **2.** mnożyć (*by* przez)
multitude ['mʌltitju:d] *form* wielość
mum [mʌm] *nieform* **1.** mamusia ◇ **2. keep mum** trzymać język za zębami (*about sth* w jakiejś sprawie)

muble ['mʌmbəl] mamrotać
mummify ['mʌmifai] mumifikować
mummy ['mʌmi] **1.** *nieform* mamusia, mamuśka **2.** mumia
mumps [mʌmps] *med* świnka
munch [mʌntʃ] przeżuwać
mundane [ˌmʌn'dein] przyziemny
municipal [mju:'nisipəl] miejski
municipality [mju:ˌnisi'pæliti] samorząd (miejski)
munificence [mju:'nifisəns] szczodrość
munitions [mju:'niʃənz] amunicja
mural ['mjuərəl] malowidło ścienne, fresk
murder ['mə:də] **1.** morderstwo **2.** mordować
murderer ['mə:dərə] morderca
murderous ['mə:dərəs] **1.** morderczy **2.** krwawy
murky ['mə:ki] **1.** mroczny **2.** mętny, zabłocony **3.** *lit* podejrzany
murmur ['mə:mə] **1.** mruczeć **2.** pomruk
muscle ['mʌsəl] **1.** mięsień, muskuł **2.** *nieform* siła, potęga
muscle in wpychać się (*on* na, do)
muscular ['mʌskjələ] **1.** mięśniowy (*muscular effort* wysiłek mięśni) **2.** muskularny
muse [mju:z] **1.** *lit* dumać **2.** *form* muza
museum [mju:'ziəm] muzeum
mush [mʌʃ] *nieform* papka, ciapka
mushroom ['mʌʃru:m] **1.** grzyb **2.** wyłaniać się, mnożyć się
mushy ['mʌʃi] **1.** rozgnieciony, przejrzały **2.** ckliwy
music ['mju:zik] **1.** muzyka **2.** nuty
musical ['mju:zikəl] **1.** muzyczny **2.** muzykalny **3.** melodyjny **4.** mu-

sical
musician [mju:'ziʃən] muzyk
musk [mʌsk] piżmo
Muslim ['muzlim] 1. muzułmanin 2. muzumański
muslin ['mʌzlin] muślin
mussel ['mʌsəl] małż
must [məs(t), mʌst] (*nie ma II i III formy*) *GRAM* 1. musieć 2. *nieform* coś nieodzownego ◊ 3. **must not** nie wolno
mustache [mə'sta:ʃ] *US* wąs
mustard ['mʌstəd] 1. musztarda 2. gorczyca
muster ['mʌstə] 1. zbierać 2. zbierać się, ześrodkowywać się
mustn't ['mʌsənt] *ściągnięte*: **must not**
musty ['mʌsti] stęchły
mutate [mju'teit] *termin* mutować, przekształcać się (*into* w)
mute [mju:t] *form* 1. niemy 2. tłumić
muted ['mju:tid] 1. przytłumiony 2. przygaszony
mutilate ['mju:tileit] 1. okaleczać 2. *przen* psuć (*rozmyślnie*)
mutilated ['mju:tileitid] zniekształcony, okaleczony
mutinous ['mju:tinəs] *form* buntowniczy, rebeliancki

mutiny ['mju:tini] 1. bunt, rebelia 2. buntować się
mutter ['mʌtə] 1. mamrotać 2. mruczenie
mutton ['mʌtən] baranina
mutual ['mju:tʃuəl] 1. wzajemny 2. wspólny
muzzle ['mʌzəl] 1. pysk 2. kaganiec 3. wylot (*lufy*) 4. nakładać kaganiec
my [mai] *GRAM* mój
myopic [mai'opik] krótkowzroczny
myriad ['miriəd] *lit* 1. mnóstwo 2. niezliczony
myself [mai'self] *GRAM* 1. się, siebie, sobie (*mówiący o sobie*) 2. (ja) sam
mysterious [mis'tiəriəs] tajemniczy
mystery ['mistəri] 1. tajemnica 2. tajemniczy
mystic ['mistik] 1. mistyk 2. mistyczny
mysticism ['mistisizəm] mistycyzm
mystify ['mistifai] wprowadzać w błąd, zaskakiwać
mystique [mis'ti:k] mistyka
myth [miθ] mit
mythic(al) ['miθik(əl)] *form* mityczny
mythology [mi'θolədʒi] mitologia

N

N [en] (*skrót.:* **north**) płn (północ(ny))
nab [næb] *nieform* przyłapywać
nadir ['neidiə] *lit* zenit
nag [næg] 1. nudzić, nagabywać 2. zanudzać gderaniem (*at sb* kogoś)

3. dręczyć (*at sb* kogoś)
nail [neil] 1. gwóźdź 2. paznokieć 3. przybijać (gwoździami) ◊ 4. **hit the nail on the head** trafić w samo sedno
nail down 1. przybijać (gwoź-

dziami) **2.** *przen* przygważdżać
nail up przybijać
nail file ['neilfail] pilnik do paznokci
naive (*także* **naïve**) [nai'i:v] naiwny
naked ['neikid] **1.** nagi **2.** goły, nieosłonięty **3.** widoczny gołym okiem **4.** odkryty ◊ **5.** **to/with the naked eye** gołym okiem
name [neim] **1.** nazwisko **2.** imię **3.** nazwa **4.** (*dawać nazwę*) nazywać, nadawać imię (*after/for sb* czyjeś) **5.** (*na stanowisko*) mianować **5.** wymieniać (z nazwy lub nazwiska) ◊ **6.** **by name** (a) po nazwisku (b) nazwiskiem **7.** **in the name of sth** w imię czegoś **8.** **in sb's name** na czyjeś imię/nazwisko **9.** **call sb names** przezywać kogoś
name-dropping ['neimdropiŋ] przerzucanie się nazwiskami sławnych ludzi (*by pokazać własną ważność*)
nameless ['neimlis] **1.** bezimienny **2.** nienazwany **3.** *lit* niewypowiedziany
namely ['neimli] mianowicie, to jest
namesake ['neimseik] imiennik
nanny ['næni] niania
nanny goat ['næni gout] koza
nap [næp] **1.** drzemka **2.** drzemać ◊ **3.** **take a nap** zdrzemnąć się **4.** **be caught napping** być schwytanym znienacka
nape [neip] kark
napkin ['næpkin] serwetka
nappy ['næpi] *BR* pieluszka
narcissus [na:'sisəs], *lm* **narcissus** *lub* **narcissi** [na:'sisi] narcyz
narcotic [na:'kotik] narkotyk
narrate [nə'reit] *form* przedstawiać, opowiadać
narration [nə'reiʃən] *form* narracja,

fabularyzacja
narrative ['nærətiv] narracja
narrow ['nærou] **1.** wąski **2.** (*pogląd*) ciasny, ograniczony **3.** (*większość*) nieznaczny **4.** (*np. o przejściu*) zwężać (się) **5.** (*o różnicy*) zmniejszać się **6.** (*oczy*) przymykać, przymrużać ◊ **7.** **narrow victory** nieznaczne zwycięstwo **8.** **narrow defeat** nieznaczna przegrana **9.** **narrow escape** prawie niemożliwe wyjście z sytuacji **narrow down** zawężać
narrow-minded [ˌnærou 'maindid] ograniczony, o ciasnych horyzontach
nasal ['neizəl] nosowy
nasty ['na:sti] **1.** paskudny, nieprzyjemny **2.** obrzydliwy, do niczego **3.** ciężki
nation ['neiʃən] **1.** naród **2.** kraj
national ['næʃənəl] **1.** narodowy **2.** państwowy, krajowy (*national anthem* hymn państwowy) **3.** obywatel, człowiek określonej narodowości
national service [ˌnæʃənəl 'sə:vis] (*obowiązkowa*) służba wojskowa
nationalise (*także* **nationalize**) ['næʃənəlaiz] nacjonalizować, upaństwawiać
nationalism ['næʃənəlizəm] **1.** nacjonalizm **2.** patriotyzm
nationalist ['næʃənəlist] **1.** nacjonalistyczny **2.** patriotyczny **3.** niepodległościowy **4.** nacjonalista **5.** patriota **6.** bojownik o niepodległość
nationalistic [ˌnæʃənə'listik] nacjonalistyczny, patriotyczny
nationality [ˌnæʃə'næliti] narodowość

nationalize (*także* **nationalise**) ['næʃənəlaiz] nacjonalizować, u-państwawiać

nationwide ['neiʃənwaid] 1. ogólno-krajowy 2. w całym kraju

native ['neitiv] 1. rodzinny 2. rodzi-my (*także to* dla) 3. ojczysty 4. rodowity 5. krajowiec

natter ['nætə] *nieform* 1. pogadać ◇ 2. have a natter pogadać

natural ['nætʃərəl] 1. naturalny 2. urodzony 3. *muz* podstawowy 4. *nieform* urodzony mistrz ◇ 5. natural causes przyczyny natu-ralne

naturalist ['nætʃərəlist] przyrodnik

naturalized (*także* **naturalised**) ['nætʃərəlaizd] naturalizowany

naturally ['nætʃərəli] 1. naturalnie 2. oczywiście

nature ['neitʃə] 1. natura 2. przy-roda 3. istota ◇ 4. by (sb's) nature z natury

naught [nɔːt] *przest* zero

naughty ['nɔːti] 1. niegrzeczny 2. nieładny

nausea ['nɔːsiə] nudności

nauseate ['nɔːsieit] przyprawiać o nudności

nautical ['nɔːtikəl] żeglarski

naval ['neivəl] morski

nave [neiv] nawa

navel ['neivəl] pępek

navigable ['nævigəbəl] żeglowny, spławny

navigate ['nævigeit] 1. żeglować 2. prowadzić, pilotować

navigation [ˌnævi'geiʃən] 1. żegluga 2. nawigacja

navigator ['nævigeitə] nawigator

navy ['neivi] 1. marynarka (wojen-na) 2. (*także* **navy-blue**) grana-towy

nay [nei] *przest* a nie

NB *skrót* nota bene

near [niə] 1. bliski (*to sth* czegoś) 2. blisko (*to sth* (do) czegoś) 3. prawie 4. zbliżać się, dochodzić (*sth* do czegoś) ◇ 5. the nearest (thing) to sth odpowiednik cze-goś

nearby ['niəbai] pobliski

nearly ['niəli] 1. prawie ◇ 2. not nearly dużo za mało

neat [niːt] 1. elegancki 2. porządny 3. nierozcieńczony

nebulous ['nebjələs] *form* mglisty

necessarily ['nesəsərili] nieodzownie

necessary ['nesəsəri] 1. potrzebny, niezbędny 2. *form* konieczny

necessitate [ni'sesiteit] *form* czynić koniecznym

necessity [ni'sesiti] 1. konieczność 2. rzecz nieodzowna/niezbędna ◇ 3. of necessity z konieczności

neck [nek] 1. szyja 2. kołnierz 3. szyjka 4. *przest* pieścić się ◇ 5. neck and neck *nieform* łeb w łeb

necklace ['neklis] kolia, naszyjnik

neckline ['neklain] wycięcie

necktie ['nektai] *US* krawat

necktar ['nektə] nektar

née [nei] (*kobieta*) z domu (*dosł.* u-rodzona)

need [niːd] *GRAM* 1. potrzebować 2. odczuwać potrzebę (*to do sth* robienia czegoś) 3. musieć (*to do sth* robić coś) 4. wymagać, trze-ba (*sth* needs *doing/to be done* coś *trzeba zrobić/wymaga cze-goś*) 5. potrzeba (*for/of sth, to do sth* czegoś, zrobienia czegoś) ◇ 6. need not nie musieć 7. be in need of potrzebować 8. in need w potrzebie 9. there is no need to do sth nie trzeba robić czegoś

needle ['ni:dǝl] **1.** igła **2.** drut (*do robótek*) **3.** *nieform* przypiekać, wbijać szpilki

needless ['ni:dlis] **1.** niepotrzebny ◇ **2. needless to say** nie trzeba dodawać/mówić, oczywiście

needlework ['ni:dǝlwǝ:k] robótki

needn't ['ni:dǝnt] *ściągnięte* **need not**

needy ['ni:di] potrzebujący

negate [ni'geit] *form* negować

negation [ni'geiʃǝn] *form* negacja

negative ['negǝtiv] **1.** negatywny **2.** ujemny **3.** negatyw ◇ **4. in the negative** negatywnie

neglect [ni'glekt] **1.** zaniedbywać **2.** zapominać **3.** zaniedbanie, niedopatrzenie

neglectful [ni'glektful] **1.** niedbały ◇ **2. be neglectful of sth** zaniedbywać coś

negligee (*także* **negligée**) ['negliʒei] (prześwitujący) szlafrok, szlafroczek

negligent ['neglidʒǝnt] niedbały, opieszały

negligible ['neglidʒǝbǝl] nieistotny, mało znaczący

negotiable [ni'gouʃǝbǝl] możliwy do ustalenia/zrealizowania

negotiate [ni'gouʃieit] **1.** negocjować (*with* z) **2.** prowadzić negocjacje (*with sb for* z kimś w sprawie) **3.** *nieform* pokonywać

negotiation [ni,gouʃi'eiʃǝn] -s negocjacje

negotiator [ni'gouʃieitǝ] negocjator

Negress ['ni:gris] *pejor* Murzynka

Negro ['ni:grou], *lm* **Negroes 1.** *termin* Murzyn **2.** *pejor* czarnuch

neigh [nei] rżeć

neighbour (*US* **neighbor**) ['neibǝ] **1.** sąsiad **2.** bliźni

neighbourhood (*US* **neighborhood**) ['neibǝhud] **1.** sąsiedztwo **2.** dzielnica **3.** pobliski, sąsiedni

neighbouring (*US* **neighboring**) ['neibǝriŋ] sąsiedni, sąsiadujący

neighbourly (*US* **neighborly**) ['neibǝli] dobrosąsiedzki, przyjazny

neither ['naiðǝ, 'ni:ðǝ] *GRAM* **1.** żaden (*of* z) **2.** także nie (*he is not going — neither am I* on nie idzie — ja też nie), ◇ **3. neither ... nor ... ani ... ani ...** (*neither he nor she* (ani) on ani ona)

neon ['ni:on] **1.** neon **2.** neonowy, oświetlony neonami

neon light ['ni:on lait] **1.** neon, reklama neonowa **2.** oświetlenie neonowe

nephew ['nevju:, 'nefju:] siostrzeniec, bratanek

nerve [nǝ:v] **1.** nerw **2.** odwaga ◇ **3.** *nieform* **get on sb's nerves** działać komuś na nerwy **4. sb loses his nerves** kogoś nerwy ponoszą **5. have the/a nerve to do sth** mieć tupet coś zrobić **6. a fit/attack of nerves** panika

nerve-racking ['nǝ:vrækiŋ] *nieform* nerwowy, denerwujący

nervous ['nǝ:vǝs] nerwowy

nest [nest] **1.** gniazdo **2.** gnieździć się

nestle ['nesǝl] **1.** wtulać się, przytulać się **2.** usadawiać się, być usadowiony

net [net] **1.** siatka, sieć **3.** (*waga, zysk*) netto **4.** (*zysk, pieniądze*) przynosić na czysto, wynosić netto (*for* dla) **5.** (*rezultat, wynik*) końcowy **6.** łapać w sieć **7.** (*majątek*) zbijać, osiągać

net curtain [,net 'kǝ:tǝn] firanka

netting ['netiŋ] siatka
nettle ['netəl] pokrzywa
network ['netwə:k] 1. sieć 2. układ (*np. krążenia*)
neurosis [njuə'rousis] nerwica .
neurotic [njuə'rotik] neurotyczny, znerwicowany
neuter ['nju:tə] 1. *gram* nijaki 2. *biol* obojnaczy
neutral ['nju:trəl] 1. neutralny 2. (*twarz, oczy*) obojętny, bez wyrazu 3. (*przewód elektr.*) zerowy 4. (*kolor*) bezbarwny, neutralny 5. (*w samochodzie*) bieg jałowy, luz 6. (*w konflikcie*) strona neutralna
neutrality [nju:'træliti] neutralność
neutralize (*także* **neutralise**) ['nju:trəlaiz] blokować
neutron ['nju:trən] *term* neutronowy
never ['nevə] *GRAM* 1. nigdy 2. *nieform* w ogóle nie (*he never came* w ogóle nie przyszedł)
nevertheless [,nevəðə'les] jednak, niemniej
new [nju:] 1. nowy 2. młody 3. świeżo upieczony ◇ 4. **be new to sth** być nowym w czymś 5. **be new to sb** być nowym dla kogoś
new moon [,nju:'mu:n] nów
New Year's Day [,nju:jiəz'dei] Nowy Rok (*dzień*)
New Year's Eve [,nju:jiəz'i:v] Sylwester
newborn ['nju:bo:n] nowonarodzony
newcomer ['nju:kʌmə] przybysz (*to sth* dokądś)
new-fangled [,nju:'fæŋgəld] *nieform* nowomodny
newly ['nju:li] nowo
news [nju:z] **the n.** wiadomości
news agency ['nju:zeidʒənsi] agencja prasowa
newsagent (*także* **newsagent's**) ['nju:zeidʒənt(s)] kiosk
newscaster ['nju:zkɑ:stə] prezenter
newsflash ['nju:zflæʃ] wiadomość z ostatniej chwili
newsletter ['nju:zletə] biuletyn
newspaper ['nju:zpeipə] gazeta
newsprint ['nju:zprint] papier gazetowy
newsreel ['nju:zri:l] kronika filmowa
newt [nju:t] traszka
next [nekst] 1. następny 2. przyszły 3. dalszy, drugi (*the next biggest* drugi co do wielkości) 4. następnie ◇ 5. **next to** (a) przy (b) prawie 6. **after next** za dwa (*after next week* za dwa tygodnie)
next door [,neks'do:] 1. sąsiedni 2. po sąsiedzku, obok
next of kin [,nekstəv'kin] *form* najbliższy krewny
nib [nib] stalówka
nibble ['nibəl] (*jedzenie*) skubać (*at/on sth* coś)
nice [nais] 1. *form* delikatny, subtelny 2. *nieform* przyjemny, fajny 3. *nieform* miły (*to sb* dla kogoś)
nicely ['naisli] dobrze
nicety ['naisiti] subtelność, szczegół
niche [ni:ʃ] 1. nisza, wgłębienie 2. *przen* miejsce
nick [nik] 1. zacinać (*oneself* się) 2. *nieform* podprowadzić, zwędzić 3. nacięcie ◇ 4. **in the nick of time** w ostatniej chwili
nickel ['nikəl] 1. nikiel 2. pięciocentówka
nickname ['nikneim] 1. przezwisko, przydomek 2. przezywać, nadawać przydomek
nicotine ['nikəti:n] nikotyna
niece [ni:s] bratanica, siostrzenica

niggardly ['nigədli] 1. skąpy, szczupły 2. skąpy, powściągliwy

niggle ['nigəl] 1. dokuczać 2. czepiać się

night [nait] 1. noc 2. wieczór ◊ 3. at night (późnym) wieczorem, w nocy 4. day and night, night and day *nieform* dzień i noc

night school ['nait sku:l] szkoła wieczorowa

night shift ['nait ʃift] nocna zmiana

nightcap ['naitkæp] kieliszek przed spaniem

nightdress ['naitdres] koszula nocna

nightfall ['naitfo:l] zmierzch

nightgown ['naitgaun] US koszula nocna

nightie ['naiti] *nieform* koszulka nocna

nightingale ['naitiŋgeil] słowik

nightlife ['naitlaif] życie nocne

nightly ['naitli] wieczorny, wieczorem

nightmare ['naitmeə] 1. zły sen 2. koszmar

nightmarish ['naitmeəriʃ] koszmarny

night-time ['naittaim] noc, ciemność

night-watchman [,nait'wotʃmən] night-watchmen [,nait'wotʃmən] stróż nocny

nil [nil] zero

nimble ['nimbəl] 1. zwinny 2. lotny

nine [nain] dziewięć

nineteen [,nain'ti:n] dziewiętnaście

nineteenth [,nain'ti:nθ] dziewiętnasty

ninetieth ['naintiiθ] dziewięćdziesiąty

ninety ['nainti] dziewięćdziesiąt

ninth [nainθ] dziewiąty

nip [nip] 1. *nieform* wyskakiwać 2. szczypać 3. szczypnięcie, ukąszenie

nipple ['nipəl] 1. sutek 2. US smoczek

nippy ['nipi] 1. żwawy 2. chłodny

nit [nit] 1. gnida 2. BR *nieform* debil

nitrogen ['naitrədʒən] azot

no [nou] GRAM 1. nie 2. (*w odpowiedzi na stwierdzenie z przeczeniem*) tak (*it is not easy — no, it is quite difficult* to nie jest łatwe — tak, to całkiem trudne) 3. żaden 4. *form* wzbronione, zabrania się (*no smoking* palenie wzbronione)

No., *lm* Nos. *skrót* number: nr

nobility [nou'biliti] 1. szlachetność 2. szlachectwo 3. the n. szlachta, wyższe warstwy

noble ['noubəl] 1. szlachetny 2. wspaniały, imponujący 3. szlachcic

nobleman ['noubəlmən] szlachcic

nobody ['noubədi] nikt

nocturnal [nok'tə:nəl] nocny

nod [nod] 1. skinąć (głową) 2. wskazywać (głową) 3. kłaniać się 4. chylić się 5. skinienie głową nod off *nieform* drzemać

nodule ['nodju:l] guzek, węzeł

noise [noiz] 1. dźwięk 2. hałas

noiseless ['noizlis] bezgłośny, cichy

noisy ['noizi] hałaśliwy

nomad ['noumæd] nomad

nomadic [nou'mædik] nomadyczny, wędrowny

no-man's land ['noumænzlænd] ziemia niczyja, pogranicze

nominal ['nominəl] 1. nominalny 2. symboliczny

nominate ['nomineit] mianować (*for/to* na/do)

nomination [ˌnomi'neiʃən] 1. nominacja (*for* na) 2. mianowanie (*to* do)

nominee [ˌnomi'ni:] nominat, elekt

non-alcoholic [ˌnonælkə'holik] bezalkoholowy

nonchalant ['nonʃələnt] nonszalancki

noncommittal [ˌnonkə'mitəl] wymijający, pełen rezerwy

nondescript ['nondiskript] nieokreślony, nijaki

none [nʌn] 1. żaden, ani jeden ◊ 2. **none but** tylko 3. *nieform* **sb will have none of sth** ktoś nie będzie znosił czegoś

nonentity [non'entiti] nikt (ważny)

nonetheless [ˌnʌnðə'les] *form* mimo to

non-event [ˌnoni'vent] *nieform* nic ciekawego, żadne wydarzenie

non-existent [ˌnonig'zistənt] nieistniejący

non-fiction [ˌnon'fikʃən] literatura faktu

non-plussed [ˌnon'plʌst] zakłopotany

nonsense ['nonsəns] 1. nonsens, bzdura 2. głupstwa ◊ 3. **make (a) nonsense of sth** doprowadzać coś do absurdu, czynić coś bezsensownym

nonsensical [non'sensikəl] nonsensowny

non-smoker [ˌnon'smoukə] niepalący

non-starter [ˌnon'stɑ:tə] *BR nieform* niewypał

non-stop [ˌnon'stop] nieprzerwany, nieprzerwanie

non-violent [ˌnon'vaiələnt] pokojowy, bez przemocy

noodles ['nu:dəlz] makaron (nitki)

nook [nu:k] kąt, kącik

noon [nu:n] południe

no-one ['nouwʌn] nikt

noose [nu:s] pętla

nor [no:] *GRAM* 1. także nie (*I don't like it — nor do I* nie podoba mi się to — mnie też nie) ◊ 2. **neither ... nor ...** ani ..., ani ... (*neither he nor she* ani on, ani ona)

norm [no:m] norma

normal ['no:məl] zwyczajny, normalny

normality [no:'mæliti] normalność

normally ['no:məli] 1. normalnie 2. zazwyczaj

north [no:θ] 1. **the n.** (*także* **the North**) północ 2. **na** północ 3. północny

north-east (*także* **North-East**) [ˌno:θ'i:st] 1. północno-wschodni 2. na północny wschód ◊ 3. **to the north-east** na północnym wschodzie

north-eastern [ˌno:θ'i:stən] północno-wschodni

northerly ['no:ðəli] północny

northern ['no:ðən] północny

northward ['no:θwəd] 1. na północ 2. północny

north-west (*także* **North-West**) [ˌno:θ'west] 1. północno-zachodni 2. na północny zachód ◊ 3. **to the north-west** na północnym zachodzie

north-western [ˌno:θ'westən] północno-zachodni

nose [nouz] 1. nos 2. przód 3. (*samolotu*) dziób ◊ 4. **have a nose for sth** mieć nosa do czegoś 5. **pay through the nose for sth** *nieform* płacić straszne pieniądze za coś

nose about/around *nieform* węszyć, myszkować (*for sth* za czymś)

nosebleed ['nouzbli:d] krwotok z nosa

nosedive ['nouzdaiv] 1. nurkować, pikować 2. spadać 3. nurkowanie, pikowanie 4. (gwałtowne) spadanie

nosey ['nouzi] wścibski

nostalgia [nos'tældʒiə] nostalgia (*for* za)

nostalgic [nos'tældʒik] nostalgiczny, cierpiący na nostalgię

nostril ['nostril] nozdrze

nosy ['nouzi] wścibski

not [not] *GRAM* 1. nie (*I do not live here* nie mieszkam tutaj) 2. że nie (*is he sleeping? — I hope not* czy on śpi? — mam nadzieję, że nie) ◇ 3. **not (even) a/one** ani (jeden) 4. **not at all** (a) wcale nie (b) nie ma za co 5. **not that** choć nie; nie żeby (*not that he believed it* choć tak nie sądził; nie żeby tak nie sądził)

notable ['noutəbəl] godny uwagi

notably ['noutəbli] 1. szczególnie 2. w widoczny sposób

notation [nou'teiʃən] zapis

notch [notʃ] 1. nacięcie, szczerba 2. stopień
  notch up *nieform* zapisywać na swoje konto, osiągać

note [nout] 1. notatka 2. (*służbowa*) nota, uwaga 3. (*urzędowe*) pismo 4. *muz* nuta 5. (*głosu*) ton 6. banknot 7. (*w książce*) przypis 8. (*fakt*) zauważać 9. (*wykład*) notować, zapisywać (*down*) ◇ 10. **take note of sth** zauważać coś

notebook ['noutbuk] notes, notatnik

noted ['noutid] *form* znany (*for* z)

notepaper ['noutpeipə] papier listowy

noteworthy ['noutwə:ði] godny uwagi

nothing ['nʌθiŋ] *GRAM* 1. nic (*he does nothing* on niczego nie robi) ◇ 2. **nothing much** niedużo 3. **for nothing** (a) za nic (b) na nic 4. **nothing of the sort** nic podobnego 5. **nothing to do with** nic wspólnego (*sth* z czymś)

notice ['noutis] 1. zauważać 2. (*o fakcie*) ogłoszenie, zawiadomienie 3. (*kogoś o czymś*) uprzedzenie, upomnienie 4. (*z pracy*) rezygnacja ◇ 5. **A brings sth to B's notice** A zwraca uwagę B na coś 6. **sth comes to sb's notice** ktoś coś zauważa, coś dochodzi do czyjejś uwagi 7. **take notice of sth** zauważać 8. **sth escapes/avoids sb's notice** coś umyka czyjejś uwadze 9. **at short notice** w ciągu krótkiego czasu, na krótki termin 10. **until further notice** aż do odwołania 11. **give sb a notice** dać komuś wypowiedzenie, wypowiedzieć komuś pracę 12. **hand in one's notice** złożyć wypowiedzenie 13. **without notice** bez uprzedzenia 14. **give sb 3 days' notice** uprzedzić kogoś 3 dni naprzód

noticeable ['noutisəbəl] widoczny

noticeboard ['noutisbo:d] *BR* tablica ogłoszeń

notification [,noutifi'keiʃən] zawiadomienie

notify ['noutifai] zawiadamiać (*of* o)

notion ['nouʃən] pojęcie, opinia

notoriety [,noutə'raiəti] rozgłos, notoryczność

notorious [nə'to:riəs] 1. notoryczny 2. o złej reputacji ◇ 3. be notorious for sth być znanym z czegoś (godnego nagany)

notwithstanding [ˌnotwiθ'stændiŋ] form pomimo, mimo to, jednakże

nought [no:t] zero

noun [naun] rzeczownik

nourish ['nʌriʃ] 1. odżywiać 2. lit żywić, piastować

nourishing ['nʌriʃiŋ] odżywczy

nourishment ['nʌriʃmənt] pożywienie

novel ['novəl] 1. powieść 2. nowatorski

novelist ['novəlist] powieściopisarz

novelty ['novəlti] 1. nowość 2. nowatorstwo 3. nowinka

November [nou'vembə] listopad

novice ['novis] nowicjusz

now [nau] 1. teraz 2. obecnie 3. no (now this was strange no to było dziwne) ◇ 4. now (that) teraz (gdy) 5. just now (a) właśnie teraz (b) za chwilę (c) dopiero co 6. from now on od chwili obecnej 7. now and again, every now and then, now and then od czasu do czasu 8. now, now już dobrze

nowadays ['nauədeiz] obecnie

nowhere ['nouweə] 1. nigdzie, donikąd ◇ 2. *from/out of* nowhere znikąd 3. sth is getting (sb) nowhere coś prowadzi (kogoś) donikąd

noxious ['nokʃəs] form szkodliwy, trujący

nozzle ['nozəl] ssawka, dysza, wylot

nuance ['nju:ɑ:ns] niuans

nuclear ['nju:kliə] nuklearny, atomowy

nucleus ['nju:kliəs], lm nuclei ['nju:kliai] 1. jądro 2. centrum

nude [nju:d] 1. nagi 2. akt ◇ 3. in the nude nago

nudge [nʌdʒ] 1. trącać się, poszturchiwać 2. przekonywać 3. szturchaniec 4. przekonywanie

nudity ['nju:diti] nagość

nugget ['nʌgit] 1. rodzynek, (interesująca) wiadomość 2. bryłka

nuisance ['nju:səns] 1. coś nieznośnego (this wind is a nuisance strasznie przykry ten wiatr, he can be a nuisance potrafi się naprzykrzyć) ◇ 2. make a nuisance of oneself naprzykrzać się 3. what a nuisance! a niech to!

numb [nʌm] 1. zdrętwiały (with od, z powodu) 2. skostniały 3. kostnieć, powodować kostnienie 4. paraliżować

number ['nʌmbə] 1. numer 2. liczba 3. ilość 4. (mieć liczbę) liczyć (the group numbered 5 people grupa liczyła 5 osób) 5. (np. strony) numerować 6. (zajmować pozycję) zaliczać się (among między) ◇ 7. a number of wiele, wielu 8. wrong number pomyłka

number plate ['nʌmbəpleit] BR tablica rejestracyjna

numeral ['nju:mərəl] form 1. symbol liczbowy 2. liczebnik

numerate ['nju:mərət] ◇ be numerate umieć liczyć

numerical [nju:'merikəl] liczbowy

numerous ['nju:mərəs] 1. liczny 2. liczebny

nun [nʌn] zakonnica

nurse [nə:s] 1. pielęgniarka, siostra 2. pielęgnować 3. żywić

nursery ['nə:səri] 1. przedszkole 2. szkółka (leśna) 3. przedszkolny

nursery rhyme ['nə:səri raim] wierszyk dziecięcy

nursery school ['nə:səri sku:l] przedszkole

nursing ['nə:siŋ] 1. pielęgniarstwo 2. karmiący (piersią)
nursing home ['nə:siŋ houm] (prywatny) szpital

nurture ['nə:tʃə] *form* 1. doglądać, wychowywać 2. dopomagać

nut [nʌt] 1. orzech 2. nakrętka 3. *nieform* świr ◇ 4. *nieform* sb is *nuts/off his nut* komuś szajba odbija

nutcase ['nʌtkeis] *nieform przest* szajbus

nutcracker(s) ['nʌtkrækə(z)] dziadek do orzechów

nutmeg ['nʌtmeg] gałka muszkatołowa

nutrient ['nju:triənt] substancja odżywcza

nutrition [nju:'triʃən] odżywianie się

nutritious [nju:'triʃəs] odżywczy

nutshell ['nʌtʃel] ◇ in a nutshell w kilku słowach

nutty ['nʌti] 1. orzechowy 2. *nieform* wariacki

nuzzle ['nʌzəl] ocierać się (*sb* o kogoś)

NW *skrót stosowany w piśmie*: **North West** płn.-zach.

nylon ['nailən] nylon

O

o [ou] 1. och, ach 2. (*przy dyktowaniu numerów*) zero

oaf [ouf] bęcwał

oak [ouk] dąb

oar [o:] wiosło

oasis [ou'eisis], *lm* **oases** [ou'eisi:z] oaza

oat [out] *zazwyczaj* -s owies

oath [ouθ] *lm* **oths** [ouðz] 1. przysięga ◇ 2. **on oath, under oath** pod przysięgą

oatmeal ['outmi:l] 1. mąka owsiana 2. jasnobeżowy

oats ['outs] owies

obedient [ə'bi:diənt] posłuszny

obese [ou'bi:s] *form* otyły

obey [ə'bei] być posłusznym (*sb* komuś), stosować się (*sth* do czegoś)

obituary [ə'bitjuəri] nekrolog

object I. ['obdʒikt] 1. przedmiot, obiekt 2. cel, zadanie 3. *gram* dopełnienie II. [əb'dʒekt] 4. mieć coś do zarzucenia (*to sb* komuś), mieć obiekcje (*to sth* wobec czegoś) 5. sprzeciwiać się (*to sth* czemuś)

objection [əb'dʒekʃən] 1. wątpliwość (*to* co do), zarzut ◇ 2. **sb has no objection to sth** komuś nie przeszkadza coś

objectionable [əb'dʒekʃənəbəl] *form* niewłaściwy, niestosowny

objective [əb'dʒektiv] 1. cel 2. obiektywny

obligation [,obli'geiʃən] 1. zobowiązanie, obowiązek ◇ 2. **be under an obligation** być zobowiązanym

obligatory [ə'bligətəri] obowiązkowy

oblige [ə'blaidʒ] 1. zobowiązywać 2. wyświadczać przysługę

obliging [ə'blaidʒiŋ] uczynny

oblique [ə'bli:k] 1. pośredni, wymijający 2. ukośny, skośny

obliterate [ə'blitəreit] unicestwiać

oblivion [ə'bliviən] 1. nieświadomość 2. zapomnienie

oblivious [ə'bliviəs] nieświadomy (*of/to sth* czegoś)

oblong ['obloŋ] 1. prostokąt 2. prostokątny

obnoxious [əb'nokʃəs] przykry, nieznośny

oboe ['oubou] obój

obscene [ə'bsi:n] obsceniczny, nieprzyzwoity

obscenity [ə'bseniti] 1. nieprzyzwoitość 2. nieprzyzwoity wyraz

obscure [əb'skjuə] 1. mało znany 2. zawiły, niejasny 3. zamazany, niewyraźny 4. zaciemniać

obsequious [əb'si:kwiəs] służalczy

observable [əb'zə:vəbəl] dostrzegalny

observance [əb'zə:vəns] przestrzeganie

observant [əb'zə:vənt] spostrzegawczy

observation [,obzə'veiʃən] 1. obserwacja 2. spostrzeżenie 3. spostrzegawczość

observatory [əb'zə:vətəri] obserwatorium

observe [əb'zə:v] 1. obserwować 2. *form* dostrzegać 3. *form* zauważać 4. przestrzegać

observer [əb'zə:və] 1. obserwator 2. komentator (polityczny)

obsess [əb'ses] 1. nie dawać spokoju ◇ 2. be obsessed with sth być opętanym czymś

obsession [əb'seʃən] obsesja (*about sth* na punkcie czegoś)

obsessional [əb'seʃənəl] obsesyjny

obsessive [əb'sesiv] obsesyjny

obsolete ['obsəli:t] przestarzały

obstacle ['obstəkəl] przeszkoda

obstetrics [əb'stetriks] położnictwo

obstinate ['obstinət] uparty

obstruct [əb'strʌkt] 1. tarasować 2. blokować

obstruction [əb'strʌkʃən] 1. przeszkoda, zator 2. obstrukcja

obtain [əb'tein] *form* osiągać, uzyskiwać

obtainable [əb'teinəbəl] osiągalny

obtrusive [əb'tru:siv] natrętny, narzucający się

obtuse [əb'tju:s] 1. tępy 2. *term* (*kąt*) rozwarty

obvious ['obviəs] oczywisty

obviously ['obviəsli] 1. oczywiście 2. w sposób oczywisty

occasion [ə'keiʒən] 1. okazja 2. *form* sposobność 3. (specjalne) wydarzenie 4. *form* powodować, wywoływać ◇ 5. on occassion(s) okazjonalnie, czasami

occassional [ə'keiʒənəl] okresowy, okazjonalny

occult [ə'kʌlt] sekretny, magiczny

occupant ['okjəpənt] 1. mieszkaniec 2. osoba (wewnątrz pomieszczenia)

occupation [,okjə'peiʃən] 1. zawód 2. zajęcie 3. okupacja

occupational [,okjə'peiʃənəl] zawodowy

occupier ['okjəpaiə] *form* mieszkaniec, posiadacz

occupy ['okjəpai] 1. zajmować (*oneself in sth* się czymś) 2. trwać

occur [ə'kə:] 1. zdarzać się, następować 2. występować 3. przychodzić (*to sb* do kogoś)

occurrence [ə'kʌrəns] 1. *form* wydarzenie 2. występowanie

ocean ['ouʃən] ocean

o'clock [ə'klok] godzina (*dokładna,*

np. at 2 o'clock o godz. 2^{00})

octagon ['oktəgən] ośmiokąt

octave ['oktiv] oktawa

October [ok'toubə] październik

octopus ['oktəpəs] ośmiornica

oculist ['okjəlist] *US form* okulista

odd [od] **1.** dziwny **2.** niedobrany, nie do pary **3.** *nieform* różny **4.** (*liczba*) nieparzysty **5.** *nieform* kilkadziesiąt (*twenty odd* ponad dwadzieścia, coś koło dwudziestu) **6. the odds** szanse ◇ **7. odd one out** jeden nie pasujący **8. oddly enough** to dziwne **odds and ends** [,odzən'endz] *nieform* różności, klamoty

oddity ['oditi] **1.** dziwactwo **2.** dziwaczność

oddments ['odmənts] różności

odds-on [ədz'on] *nieform* prawie pewne

odious ['oudiəs] nienawistny, wstrętny

odour (*US* **odor**) ['oudə] zapach

of [əv, ov] *GRAM* **1.** tłumaczy się jako dopełniacz drugiego z rzeczowników (*a cup of tea* filiżanka herbaty) (*the leg of a table* noga stołu) **2.** tłumaczy się jako przymiotnik od drugiego z rzeczowników (*the University of Warsaw* Uniwersytet Warszawski) **3.** (*materiał, wybór, czas*) z (*of steel* ze stali, *many of them* wielu z nich, *the war of 1991* wojna z roku 1991) **4.** (*ocena*) ze strony (*how kind of her* jak uprzejmie z jej strony) **5.** (*choroba*) na (*die of cancer* umrzeć na raka) **6.** (*cecha*) tłumaczy się omownie lub przez zestawienie z łącznikiem (*a giant of a man* człowiek-gigant) **7.** (*przed zaimkami*) w (*the six of us* my w

sześciu) **8.** (*przed liczbą*) w wieku (lat) (*a girl of six* dziewczynka w wieku sześciu lat) ◇ **9. a friend of yours** twój przyjaciel **10. the town of (Oxford)** miasto (Oksford)

off [of] **1.** (*wysiadać*) z **2.** (*odpadać*) od, z **3.** (*trzymać (się)*) z dala **4.** (*brzegu, ulicy*) przy **5.** (*światło, silnik*) wyłączony **6.** (*jedzenie*) zepsuty **7.** (*spotkanie*) odwołany ◇ **6. be off** tam, daleko (*he is off in Africa*) jest daleko — w Afryce **7. have (a day) off** mieć (dzień) wolnego **8. have an off day** nie być w formie **9. (10 pounds) off** (10 funtów) rabatu/zniżki **10. off and on** od czasu do czasu **11. have (a coat) off** być bez (płaszcza)

offal ['ofəl] podroby

off-colour [,of'kʌlə] bez kolorów, bezbarwny

offence (*US* **offense**) [ə'fens] **1.** *form* wykroczenie, przestępstwo ◇ **2. give offence** razić, urażać **3. take offence** obrażać się

offend [ə'fend] **1.** obrażać **2.** *form* naruszać, wykraczać (*against sth* przeciwko czemuś) **3.** *form* popełniać

offender [ə'fendə] **1.** *form* przestępca, sprawca wykroczenia **2.** winowajca

offense [ə'fens] *US patrz* **offence**

offensive [ə'fensiv] **1.** obraźliwy **2.** ofensywny **3.** ofensywa ◇ **4. *go on/take* the offensive** przechodzić do ofensywy

offer ['ofə] **1.** oferować **2.** proponować (*sth to sb* coś komuś) **3.** ofiarować, dawać **4.** oferta ◇ **5. on offer (a)** dostępny (na rynku) **(b)**

w specjalnej sprzedaży

offering ['ofəriŋ] 1. propozycja, o-
ferta 2. ofiara

off-hand [of'hænd] 1. bezceremonialny 2. od ręki, od razu

office ['ofis] 1. biuro 2. urząd ◊ 3.
be in/hold office być przy/u
władzy 4. take office obejmować
urząd

officer ['ofisə] 1. oficer 2. (wyższy)
urzędnik ◊ 3. Officer proszę pana
(*forma zwracania się do policjanta*)

official [ə'fiʃəl] 1. oficjalny 2. urzędowy 3. (wyższy) urzędnik

officious [ə'fiʃəs] nadgorliwy

offing ['ofiŋ] ◊ be in the offing
zbliżać się

off-licence ['oflaisəns] *BR* sklep monopolowy

offload [,of'loud] *nieform* przerzucać
(*onto* na)

off-peak [,of'pi:k] pozaszczytowy

off-putting ['ofputiŋ] odstręczający

offset ['ofset] offset, offset 1. wyrównywać, równoważyć 2. druk
offsetowy

offshoot ['ofʃu:t] odrośl

offshore [,of'ʃo:] 1. odbrzegowy 2.
od brzegu

offside [,of'said] 1. *BR* strona zewnętrzna (pojazdu) 2. *sport* spalony, na spalonym

offspring ['ofspriŋ] *form* potomstwo

often ['ofən] 1. często ◊ 2. more often than not zwykle 3. as often
as not dość często

ogle ['ougəl] obmacywać wzrokiem

ogre ['ougə] ogr, potwór

oh [ou] 1. o 2. no 3. och, ach

oil [oil] 1. ropa naftowa 2. olej napędowy, ropa 3. (*do jedzenia*) olej, o-
liwa 4. (*do ciała*) olejek 5. (*malar-*

stwo) -s obraz olejny 6. (*maszynę*)
oliwić 7. (*na ciało*) nakładać ole-
jek/krem

oil paint ['oilpeint]

oil painting ['oilpeintiŋ] obraz o-
lejny

oil slick ['oilslik] plama ropy naftowej (na wodzie)

oil well ['oilwel] szyb naftowy

oilfield ['oilfi:ld] złoże ropy

oilrig ['oilrig] platforma wiertnicza

oily ['oili] 1. zatłuszczony, natłusz-
czony 2. oleisty 3. oślizły

ointment ['ointmənt] 1. maść, krem
◊ 2. a fly in the ointment drob-
nostka psująca przyjemność

OK *patrz* okay: *skrót pisany*

okay [,ou'kei] *nieform* 1. okej 2. dobra, no dobra 3. dobrze 4. w porządku 5. (*oficjalnie*) aprobować
6. the o. (*oficjalna*) aprobata

old [ould] 1. stary 2. dawny ◊ 4. be
(20) years old mieć (20) lat 5.
how old are you? ile lat *pan(i)
ma/masz*? 6. *nieform* any old
jakikolwiek

old maid [,ould'meid] stara panna

old-fashioned [,ould'fæʃənd] 1. staromodny 2. staroświecki

olive ['oliv] 1. oliwka 2. (*także* olive
green) oliwkowy

Olympic [ə'limpik] 1. olimpijski 2.
the Olympics igrzyska olimpijskie, olimpiada

Olympic Games [ə,limpik'geimz]
the O.G. igrzyska olimpijskie

omelette (*US* omelet) ['omlit] omlet

omen ['oumən] omen

ominous ['ominəs] złowieszczy, przerażający

omission [ə'miʃən] 1. opuszczenie,

luka 2. pominięcie
omit [ə'mit] 1. pomijać 2. *form* nie robić, zaniedbywać
omnibus ['omnibəs] zbiór, antologia
on [on] 1. na 2. *tłumaczy się przez narzędnik rzeczownika* (np. *on a bus* autobusem) 3. (*w wyrażeniach czasowych*) w (*on Friday* w piątek, *on May 20th* dwudziestego maja) 4. (*ulicy*) przy, na 5. (*wsiadać*) do 6. (*sobie, powrocie*) przy 7. (*uderzyć się; traktować*) o 8. (*urządzenie*) włączony 9. (*robić coś*) dalej, wciąż ◇ 10. be on (a) trwać, dziać się (b) (*w kinie*) iść, być granym (c) być włączonym 11. on TV w telewizji 12. on telephone przez telefon, przy telefonie 13. from now on od dziś 14. have (a dress) on mieć na sobie (sukienkę) 15. put (a dress) on wkładać (sukienkę) 16. on and on bez przerwy, ciągle 17. on and off z przerwami
once [wʌns] 1. raz 2. kiedyś 3. (gdy) już, po (*once learnt, it is remembered* po wyuczeniu się tego, jest się w stanie to pamiętać) ◇ 4. at once od razu 5. (all) at once naraz 6. (just) for once tym razem 7. once again/more jeszcze raz 8. once upon a time pewnego razu
oncoming ['onkʌmiŋ] nadchodzący, nadciągający
one [wʌn] *GRAM* 1. jeden 2. jedyny 3. pewien 4. (*używany do uniknięcia powtórzenia rzeczownika — nie tłumaczy się*) (np. *this book is not as good as the other one* ta książka nie jest tak dobra jak ta druga) 5. (*tłumaczy się przez konstrukcję nieosobową*):

(np. *one has to be careful* trzeba być ostrożnym) ◇ 6. one by one jeden po/za drugim 7. one another wzajemnie, się, siebie 8. for one przynajmniej (*I for one* przynajmniej ja)
one-man [wʌn'mæn] jednoosobowy
one-off [wʌn'of] 1. *nieform* unikalny egzemplarz 2. jedyny w swoim rodzaju
onerous ['onərəs] *form* ciężki, uciążliwy
one's [wʌnz] *form* 1. swój 2. *ściągnięte* one is: patrz one 5
oneself [wʌn'self] 1. siebie, się 2. sam (*w konstrukcjach nieosobowych*)
one-sided [wʌn'saidid] jednostronny
one-time [wʌn'taim] ongiś, ongisiejszy
one-way [wʌn'wei] 1. jednokierunkowy 2. w jedną stronę
ongoing ['ongouiŋ] zachodzący, trwający
onion ['ʌnjən] cebula
onlooker ['onlukə] widz
only ['ounli] *GRAM* 1. tylko 2. jedynie 3. jedyny ◇ 4. only just ledwo 5. only too bardzo, niezwykle 6. only if tylko wtedy, gdy
onrush ['onrʌʃ] *form* przypływ
onshore [,on'ʃo:] 1. dobrzegowy 2. do brzegu
onset ['onset] początek
onslaught ['onslo:t] atak
onto (*także* on to) ['ontu] 1. (*kłaść*) na 2. (*wsiadać, przytwierdzać*) do
onus ['ounəs] *form* ciężar, obowiązek (*on sb* na kimś)
onward(s) ['onwəd] 1. do dzisiaj, do chwili obecnej (*lub nie tłumaczony*) (*from 1976 onwards* od 1976

roku) **2.** naprzód, wprzód, dalej

oops [u(:)ps] **1.** tego, no **2.** bam, bęc

ooze [u:z] **1.** ciec, wyciekać **2.** wydzielać **3.** ociekać (*with sth* czymś) **4.** błocko, szlam

opal ['oupəl] opal

opaque [ou'peik] **1.** nieprzezroczysty, mętny **2.** *form* nieprzenikniony

open ['oupən] **1.** otwierać (się) **2.** (*o imprezie*) zaczynać się **3.** (*o oknie*) wychodzić (*onto/into* na/do) **4.** (*drzwi, sklep, umysł*) otwarty **5.** podatny (*to* na) ◇ **6. in the open (air)** na dworze, na świeżym powietrzu **7. bring sth into the open** wyciągać coś na światło dzienne

open up 1. otwierać **2.** stwarzać, powstawać

open-ended [,oupən'endid] otwarty (na wszystko)

opening ['oupəniŋ] **1.** początkowy **2.** otwarcie **3.** (*filmu*) początek **4.** (*w płocie*) przejście, luka **5.** (*działania*) możliwość, szansa **6.** miejsce (pracy), praca

opening hours [,oupəniŋ 'auəz] godziny otwarcia/pracy

openly ['oupənli] otwarcie

open-minded [,oupən'maindid] światły, o otwartym umyśle

opera ['opərə] opera

operate ['opəreit] **1.** działać **2.** obsługiwać **3.** operować, przeprowadzać operację

operatic [,opə'rætik] operowy.

operation [,opə'reiʃən] **1.** operacja **2.** działanie **3.** firma ◇ **4. in operation** w użyciu **5. put into operation** stosować

operational [,opə'reiʃənəl] **1.** działający **2.** do użycia, do zastosowania

operative ['opərətiv] **1.** działający **2.** *form* pracownik

operator ['opəreitə] **1.** operator **2.** telefonist(k)a **3.** przedsiębiorca

operetta [,opə'retə] operetka

opinion [ə'pinjən] **1.** opinia **2.** pogląd ◇ **3. be of the opinion** sądzić

opinionated [ə'pinjəneitid] lepiej wiedzący

opium ['oupiəm] opium

opponent [ə'pounənt] przeciwnik, oponent

opportune ['opətju:n] *form* zbawczy, w samą porę

opportunism ['opətju:nizəm] *form* oportunizm

opportunity [,opə'tju:niti] sposobność

oppose [ə'pouz] sprzeciwiać się

opposed [ə'pouzd] **1.** przeciwny (*to sth* czemuś) **2.** przeciwstawny

opposing [ə'pouziŋ] przeciwstawny

opposite ['opəzit] **1.** naprzeciwko **2.** przeciwległy **3.** przeciwny **4.** przeciwieństwo

opposition [,opə'ziʃən] **1.** opozycja **2.** *sport* przeciwnik

oppress [ə'pres] **1.** prześladować, uciskać **2.** działać opresyjnie, przygniatać

oppression [ə'preʃən] **1.** prześladowanie, ucisk **2.** opresja, ucisk

oppressive [ə'presiv] **1.** przygniatający **2.** uciskający

opt [opt] optować (*for sth* za czymś), wybierać (**for/to* sth **coś/ /zrobienie czegoś***)

opt out of rezygnować (*sth* z czegoś), nie udzielać się (*sth* w czymś)

optical ['optikəl] **1.** optyczny **2.** wzrokowy

optician [op'tiʃən] optyk

optimism ['optimizəm] optymizm

optimistic [ˌopti'mistik] optymisty-czny

optimum ['optiməm] *form* optymal-ny

option ['opʃən] możliwość, opcja

optional ['opʃənəl] opcjonalny, do wyboru

opulent ['opjələnt] *form* bogaty

or [o:] *GRAM* 1. lub, albo, czy 2. ponieważ 3. inaczej

oracle ['o:rəkəl] wyrocznia

oral ['o:rəl] 1. ustny, oralny 2. doustny 3. egzamin ustny

orange ['orindʒ] 1. pomarańcza 2. pomarańczowy 3. sok pomarańczowy

orangutang [o:ˌræŋu:'tæn] orangutan

oration [o:'reiʃən] *form* oracja, przemówienie

orbit ['o:bit] 1. orbita 2. krążyć (wokół czegoś)

orchard ['o:tʃəd] sad

orchestra ['o:kistrə] orkiestra

orchestrate ['o:kistreit] 1. aranżować, organizować 2. (z)orkiestrować

orchid ['o:kid] orchidea

ordain [o:'dein] 1. wyświęcać 2. *form* ordynować, postanawiać

ordeal [o:'di:l] ciężkie przeżycie

order ['o:də] 1. kazać, polecać 2. (*towary*) zamawiać 3. (*przedmioty*) porządkować, organizować 4. (*np. w wojsku*) polecenie, rozkaz 4. (*handlowe*) zamówienie 5. (*przedmiotów*) kolejność 6. (*na ulicy*) porządek 7. (*w kościele*) zakon 8. (*jakość*) rząd, poziom ◊ 9. in order to aby 10. in order (a) w kolejności (b) w porządku 11. out

of order (a) nie w kolejności (b) nie w porządku (c) nieregulaminowy 12. in/of the order of rzędu

orderly ['o:dəli] 1. porządny 2. sanitariusz 3. ordynans

ordinarily ['o:dənərili] zwykle

ordinary ['o:dinri] 1. zwykły ◊ 2. out of the ordinary niezwykły

ordination [ˌo:di'neiʃən] wyświęcenie

ore [o:] ruda

organ ['o:gən] 1. organ 2. narząd 3. *muz* organy

organic [o:'gænik] 1. organiczny 2. naturalny

organisation [ˌo:gənai'zeiʃən] *patrz* organization

organisational [ˌo:gənai'zeiʃənəl] *patrz* organizational organizacyjny

organise ['o:gənaiz] *patrz* organize

organism ['o:gənizəm] organizm

organist ['o:gənist] organista

organization (*także* organisation) [ˌo:gənai'zeiʃən] 1. organizacja 2. uorganizowanie

organisational (*także* organisational) [ˌo:gənai'zeiʃənəl] organizacyjny

organize (*także* organise) ['o:gənaiz] 1. organizować 2. porządkować 3. organizować się, zrzeszać się

orgasm ['o:gəzəm] orgazm, szczytowanie

orgy ['o:dʒi] 1. orgia 2. rozpasanie

orient ['o:riənt] ◊ orient oneself *form* orientować się (*to sth* w czymś)

oriental [ˌo:ri'entəl] orientalny, wschodni

orientate ['o:rienteit] ◊ orientate

oneself orientować się

origin(s) ['oridʒin(z)] pochodzenie

original [ə'ridʒinəl] 1. oryginalny 2. początkowy 3. oryginał

originate [ə'ridʒineit] brać początek

originator [ə'ridʒineitə] autor, twórca

ornament ['o:nəmənt] 1. ozdoba 2. ornament 3. ornamentacja

ornamental [,o:nə'mentəl] ozdobny, ornamentalny

ornate [o:'neit] ozdobny

ornithology [,o:ni'θolədʒi] *form* ornitologia

orphan ['o:fən] 1. sierota ◇ 2. be orphaned być osieroconym

orphanage ['o:fənidʒ] sierociniec

orthodox ['o:θədoks] 1. konwencjonalny 2. ortodoksyjny 3. *relig* prawosławny

orthodoxy ['o:θədoksi] 1. konwencjonalny pogląd 2. ortodoksja 3. *relig* prawosławie

orthopaedic [,o:θə'pi:dik] 1. ortopedyczny 2. -s ortopedia

oscillate ['osileit] *form* oscylować (*between* pomiędzy)

ostensible [os'tensibəl] *form* rzekomy

ostentation [,ostən'teiʃən] *form* ostentacja

ostentatious [,ostən'teiʃəs] *form* 1. wystawny (na pokaz) 2. bogaty (na pokaz) 3. ostentacyjny

ostracize (*także* ostracise) ['ostrəsaiz] ◇ *form* be ostracized być ostracyzowanym

ostrich ['ostritʃ] struś

other ['ʌðə] 1. inny 2. drugi, pozostały ◇ 3. the other day/week niedawno 4. (nothing) other than (nic) innego jak 5. every other co drugi 6. one after the

other jeden po drugim

otherwise ['ʌðəwaiz] 1. inaczej 2. w innym razie 3. poza tym, całkiem ◇ 4. or otherwise czy też nie

otter ['otə] wydra

ouch [autʃ] au

ought [o:t] *GRAM* (*bez II i III formy*), zaprzeczenie oughtn't 1. ought to (do sth) powinien (coś zrobić) 2. ought to (have done sth) powinien (był coś zrobić)

oughtn't ['o:tənt] *ściągnięcie*: ought not

ounce [auns] 1. uncja (*=28,35 g*) 2. *nieform* odrobina

our [a:, 'auə] *GRAM* nasz

ours ['auəz] *GRAM* nasz

ourselves [auə'selvz] *GRAM* 1. się, siebie, sobie 2. sami

oust [aust] *form* usuwać, wypierać

out [aut] 1. na zewnątrz 2. (*z czasownikami często tłumaczy się przez*) wy- (np. *pull out* wyciągać) 3. (*przebywać*) poza (domem, pracą), nie w (domu, pracy) 4. (*wyjmować*) z 5. (*światło, ogień*) zgaszony 6. (*kwiat*) rozwinięty, rozkwitły 7. (*propozycja*) nie do przyjęcia 8. (*ubranie, idea*) niemodny 9. (*pomiar*) niewłaściwy ◇ 10. out of (a) z (b) (*wychodzić*) w, do (c) (*jedna rzecz z wielu*) spośród 11. be out of sth nie mieć już czegoś 12. be out of (the rain) nie być (w deszczu) 13. *nieform* be out strajkować 14. *nieform* be out *to do sth /for sth* mieć ochotę *coś zrobić/na coś* 15. out of work bezrobotny

out of date [,autəv'deit] przestarzały

out of doors [,autəv'do:z] na

dworze, na powietrzu

out-and-out [ˌautən'aut] kompletny, zupełny

outback ['autbæk] *AUSTR* the o. głusza, pustkowie

outbreak ['autbreik] wybuch

outbuilding ['autbildiŋ] dobudówka, budynek gospodarczy

outburst ['autbə:st] 1. wybuch 2. eksplozja, przypływ

outcast ['autkɑ:st] wyrzutek

outclass ['autklɑ:s] przewyższać, deklasować

outcome ['autkʌm] wynik

outcry ['autkrai] wrzawa, wybuch oburzenia

outdated [ˌaut'deitid] przestarzały

outdo [ˌaut'du:], **outdid** [ˌaut'did], **outdone** [ˌaut'dʌn] pokonywać, przewyższać

outdoor [ˌaut'do:] 1. wyjściowy 2. zewnętrzny, na wolnym powietrzu

outdoors [ˌaut'do:z] 1. na dworze 2. na dwór

outer ['autə] zewnętrzny
  outer space [ˌautə 'speis] przestrzeń kosmiczna

outermost ['autəmoust] najbardziej zewnętrzny

outfit ['autfit] 1. strój 2. *nieform* agencja, placówka

outgoing [ˌaut'gouiŋ] 1. ustępujący 2. wychodzący 3. przyjazny 4. -s wydatki

outgrow [ˌaut'grou], **outgrew** [ˌaut'gru:], **outgrown** [ˌaut'groun] wyrastać (*sth* z czegoś)

outing ['autiŋ] wycieczka, wyprawa

outlandish [aut'lændiʃ] dziwaczny

outlast [ˌaut'lɑ:st] przetrwać, przeżyć

outlaw ['autlo:] 1. zakazywać 2. wyjmować spod prawa 3. *przest*

banita, rzezimieszek

outlay ['autlei] *form* inwestycja

outlet ['autlit] 1. ujście 2. odpływ

outline ['autlain] 1. przedstawiać w zarysie 2. zarysowywać się 3. zarys, szkic

outlive [ˌaut'liv] przeżyć, przetrwać

outlook ['autluk] 1. poglądy, światopogląd 2. prospekt

outlying ['autlaiiŋ] odległy, prowincjonalny

outmoded [ˌaut'moudid] przestarzały

outnumber [ˌaut'nʌmbə] przewyższać liczebnie

out-of-the-way [ˌautəvðə'wei] odludny

out-patient ['autpeiʃənt] pacjent ambulatoryjny

outpost ['autpoust] placówka

output ['autput] 1. produkcja 2. wytwórczość 3. twórczość 4. *termin* dane wyjściowe/końcowe

outrage ['autreidʒ] 1. gniewać, szokować 2. rozgniewanie, szok 3. skandal 4. okrucieństwo 5. wypadek

outrageous [aut'reidʒəs] szokujący, wzburzający

outright ['autrait] 1. otwarty 2. całkowity 3. otwarcie 4. całkowicie ◇ 5. be killed outright zginąć na miejscu

outset ['autset] 1. at the outset na początku 2. from the outset od początku, od razu

outside [ˌaut'said] 1. zewnętrze, strona zewnętrzna 2. zewnętrzny 3. na zewnątrz 4. poza ◇ 5. outside of poza, tuż za

outsider [ˌaut'saidə] 1. człowiek *niezależny/nie związany z grupą* 2. ktoś poza nawiasem

outsize [ˌautˈsaiz] **1.** większy niż normalnie **2.** o dużych rozmiarach

outskirts [ˈautskə:ts] **the o.** przedmieścia

outsmart [ˌautˈsmɑːt] przechytrzać

outspoken [ˌautˈspoukən] otwarty, szczery

outstanding [ˌautˈstændiŋ] **1.** wybitny **2.** znakomity, rzucający się w oczy **3.** zaległy

outstretched [ˌautˈstretʃt] wyciągnięty

outstrip [ˌautˈstrip] prześcignąć, przewyższyć

outward(s) [ˈautwəd(z)] **1.** na zewnątrz **2.** zewnętrzny ◇ **3. journey outward** podróż *poza miasto/za granicę*

outweigh [ˌautˈwei] *form* przeważać

outwit [ˌautˈwit] przechytrzać

outworn [ˌautˈwo:n] *form* zużyty

oval [ˈouvəl] **1.** owal **2.** owalny

ovary [ˈouvəri] *termin* jajnik

ovation [əˈveiʃən] *form* aplauz, oklaski

oven [ˈʌvən] piekarnik, piecyk, kuchenka

over [ˈouvə] **1.** nad **2.** ponad **3.** (*leżeć, spryskiwać*) na **4.** (*powierzchni*) po **5.** (*most, rzekę*) przez **6.** (*drogi*) po drugiej stronie **7.** (*stole, oknie*) przy **8.** (*często tłumaczony czasownikami z*) prze- (*tip sth over* przewrócić coś) **9.** (*kłócić się*) co do, o **10.** (*okres czasu*) przez, podczas ◇ **11. all over** cały **12. over there** tam **13. over here** tu(taj) **14. be (all) over** zakończyć się (całkowicie) **15. all over again** jeszcze raz, od nowa **16. over and over (again)** znowu i znowu

overall [ˌouvəˈro:l] **1.** ogólny [ˈouvə-ro:l] **2.** fartuch (roboczy) **3.** -s kombinezon, ogrodniczki

overawe [ˌouvərˈo:] przerażać

overbalance [ˌouvəˈbæləns] przeważać

overbearing [ˌouvəˈbeəriŋ] apodyktyczny

overboard [ˈouvəbo:d] za burtę

overcame [ˌouvəˈkeim] *patrz* **overcome:** *II forma*

overcast [ˈouvəkɑ:st] zaciągnięty chmurami

overcharge [ˌouvətʃɑ:dʒ] liczyć//brać za dużo

overcoat [ˈouvəkout] (gruby) płaszcz

overcome [ˌouvəˈkʌm], **overcame** [ˌouvəˈkeim], **overcome 1.** pokonywać ◇ **2. be overcome by sth** być owładniętym czymś

overcrowded [ˌouvəˈkraudid] przeludniony, zatłoczony

overcrowding [ˌouvəˈkraudiŋ] przeludnienie

overdo [ˌouvəˈdu:], **overdid** [ˌouvə-ˈdid], **overdone** [ˌouvəˈdʌn] przesadzać (*sth z czymś*)

overdone [ˌouvəˈdʌn] **1.** *patrz* **overdo 2.** za długo gotowany/smażony

overdose [ˈouvədouz] zbyt duża dawka

overdraft [ˈouvədrɑ:ft] przekroczenie salda

overdraw [ˈouvədro:] **overdrew** [ˈouvədru:] **overdrawn** [ˈouvədro:n] przekroczyć saldo

overdue [ˌouvəˈdju:] **1.** opóźniony **2.** zaległy

overestimate [ˌouvərˈestimeit] przeceniać

overflow I. [ˌouvəˈflou] **1.** przelewać (się) **2.** występować (*the banks z* brzegów) **3.** zapełniać po brzegi, nie mieścić się (*sth* w czymś) **4.** przepełniać ◊ **5. be overflowing with sth** być zatłoczonym **II.** ['ouvəflou] **6.** przelew

overgrown [ˌouvə'groun] zarosły

overhang [ˌouvə'hæŋ], **overhung** [ˌouvə'hʌŋ], **overhung 1.** zwieszać się (*sth* nad czymś) **2.** obwieszać

overhaul [ˌouvə'ho:l] **1.** poddawać przeglądowi **2.** reformować, modernizować **3.** reforma, modernizacja

overhead [ˌouvə'hed] **1.** napowietrzny **2.** nad głową **3.** w górze **4.** -s wydatki bieżące

overhear [ˌouvə'hiə], **overheard** [ˌouvə'hə:d], **overheard** podsłuchiwać

overheat [ˌouvə'hi:t] przegrzewać się

overhung [ˌouvə'hʌŋ] *patrz* **overhang:** *II i III forma*

overjoyed [ˌouvə'dʒoid] zachwycony

overland ['ouvəlænd] **1.** naziemny **2.** lądem

overlap I. [ˌouvə'læp] **1.** zachodzić (na siebie) **2.** nakładać się **II.** ['ouvəlæp] **3.** zachodzenie, część wspólna

overload [ˌouvə'loud] przeciążać

overlook [ˌouvə'luk] **1.** wychodzić (*sth* na coś) **2.** nie dostrzegać, przeoczać **3.** nie zwracać uwagi (*sth* na coś), ignorować

overnight [ˌouvə'nait] **1.** na noc **2.** przez noc **3.** natychmiast **4.** nocny **5.** na krótki pobyt

overpass ['ouvəpa:s] *US* wiadukt, przejazd

overpopulated [ˌouvə'popjəleitid] przeludniony

overpower [ˌouvə'pauə] **1.** przemóc

2. owładnąć

overrate [ˌouvə'reit] przeceniać

override [ˌouvə'raid], **overrode** [ˌouvə'roud], **overridden** [ˌouvə'ridən] **1.** odsuwać na bok **2.** przełamywać, nie stosować się do

overriding [ˌouvə'raidiŋ] naczelny, najważniejszy

overrule [ˌouvə'ru:l] **1.** uchylać **2.** przegłosowywać

overseas [ˌouvə'si:z] **1.** zagraniczny **2.** za granicę

oversee [ˌouvə'si:], **oversaw** [ˌouvə'so:], **overseen** [ˌouvə'si:n] nadzorować, mieć pieczę (nad czymś)

overseer ['ouvəsi:ə] nadzorca

overshadow [ˌouvə'ʃædou] **1.** górować (*sth* nad czymś) **2.** przyćmiewać **3.** rzucać cień (*sth* na coś)

overshoot [ˌouvə'ʃut], **overshot** [ˌouvə'ʃot], **overshot** przenosić, udawać się za daleko

oversight ['ouvəsait] niedopatrzenie

oversimplify [ˌouvə'simplifai] upraszczać

oversize(d) ['ouvəsaiz(d)] nadmiarowy, większy niż zwykle

oversleep [ˌouvə'sli:p] **overslept** [ˌouvə'slept], **overslept** przesypiać, spać za długo

overstate [ˌouvə'steit] przesadzać, wyolbrzymiać

overt [ou'və:t] *form* otwarty

overtake [ˌouvə'teik], **overtook** [ˌouvə'tuk], **overtaken** [ˌouvə'teikən] **1.** prześcigać, zostawiać w tyle **2.** zaskakiwać

overthrow I. [ˌouvə'θrou], **overthrew** [ˌouvə'θru:], **overthrown** [ˌouvə'θroun] **1.** obalać, zrzucać **2.** porzucać, odrzucać **II.** ['ouvəθrou] **3.** obalenie, przewrót

overtime ['ouvətaim] **1.** praca nad-

liczbowa 2. nadliczbowo
overtone ['ouvǝtoun] nuta, sugestia
overtook [,ouvǝ'tuk] *patrz* **overta-ke:** *II forma*
overture ['ouvǝtjuǝ] 1. uwertura ◇ 2. **make overtures to sb** próbo-wać się zbliżyć do kogoś
overturn [,ouvǝ'tǝ:n] 1. przewracać (się) 2. unieważniać 3. obalać, po-zbawiać władzy
overview ['ouvǝvju:] przegląd
overweight ['ouvǝweit] nadwaga
overwhelm [,ouvǝ'welm] przytła-czać, miażdżyć
overwhelming [,ouvǝ'welmiŋ] przy-gniatający
overwork [,ouvǝ'wǝ:k] 1. przepraco-wywać się, zapracowywać (się) 2. wyeksploatowywać 3. przepraco-wanie
overwrought [,ouvǝ'ro:t] spięty, na-pięty

ow [au] au
owe [ou] 1. być winnym (**sth sb/sth to sb** coś komuś) 2. zawdzięczać (*sth to sb* coś komuś)
owing to ['ouiŋtu] dzięki, z powodu
owl [aul] sowa
own [oun] 1. własny 2. (*po zaim-ku dzierżawczym często nie tłu-maczy się*) (*his own bed* jego łóż-ko) 3. mieć, posiadać ◇ 4. **on one's own (a)** sam **(b)** samo-dzielnie
   own up przyznawać się (*to sth* do czegoś)
owner ['ounǝ] właściciel
ownership ['ounǝʃip] własność
ox [oks], *lm* **oxen** ['oksǝn] wół
oxide ['oksaid] tlenek
oxygen ['oksidʒǝn] tlen
oyster ['oistǝ] ostryga
oz *skrót pisany:* **ounce(s)** uncja

P

p [pi:] 1. *skrócone:* **pence/penny pens** 2. *skrócone:* **page** s(trona)
pace [peis] 1. tempo 2. krok 3. cho-dzić (*sth po czymś*) ◇ 4. **keep pace with sth** dotrzymywać cze-muś kroku 5. **at a (good) pace** (dobrym) tempem 6. **do sth at one's own pace** robić coś wła-snym tempem 7. **take (two) paces** przejść/zrobić (dwa) kroki
pace maker ['peismeikǝ] stymu-lator serca
pacifism ['pæsifizǝm] pacyfizm
pacify ['pæsifai] uspokajać
pack [pæk] 1. (*także pack up*) pako-

wać (się) 2. (*w pojemniku*) ukła-dać 3. (*w pomieszczeniu*) być u-pchanym 4. (*rzeczy, ludzi*) paczka 5. (*kart*) talia 6. (*wilków*) stado
   pack off *nieform* wysyłać
package ['pækidʒ] 1. paczuszka 2. *US* paczka 3. zestaw (propozy-cji) 4. paczkować 5. zorganizowa-ny (*package holiday* wczasy zor-ganizowane, *package deal* sprzedaż wiązana)
packaging ['pækidʒiŋ] opakowanie
packed [pækt] 1. zatłoczony 2. na-pchany (*with sth* czymś)
packet ['pækit] paczka, opakowanie

packing ['pækiŋ] opakowanie
packing case ['pækiŋkeis] skrzynia na rzeczy
pact [pækt] 1. pakt 2. traktat
pad [pæd] 1. wyściółka 2. (waty) kłębek, tampon, 3. (higieniczna) podpaska 4. (np. na łokcie) ochraniacz 5. (papierowy) blok 6. (rakiety) miejsce startu/lądowania 7. (do pieczątek) poduszka 8. (łapy kota) poduszeczka 9. nieform (dom) mieszkanko 10. (iść) kroczyć, dreptać 11. (pojemnik) wyściełać
padding ['pædiŋ] wyściółka, podbicie
paddle ['pædəl] 1. wiosło, pagaj 2. chlapanie się 3. wiosłować 4. brodzić
paddock ['pædək] wybieg (dla koni)
paddy ['pædi] pole ryżowe
padlock ['pædlok] kłódka
paediatrician (także pediatrician) [ˌpiːdiəˈtriʃən] pediatra
pagan ['peigən] 1. pogański 2. poganin
page [peidʒ] 1. strona 2. paź
pageant ['pædʒənt] 1. przedstawienie historyczne 2. lit uroczystość, uroczysta scena
pageantry ['pædʒəntri] uroczystość
pagoda [pəˈgoudə] pagoda
paid [peid] 1. patrz pay: II i III forma 2. płatny 3. opłacany
paid-up [ˌpeidˈʌp] pełnopłatny
pail [peil] przest wiadro
pain [pein] 1. ból 2. boleć ◇ 3. be in pain mieć bóle, odczuwać ból 4. take pains to do sth zadawać sobie wiele trudu, by coś zrobić 5. form be at pains to do sth bardzo się starać coś zrobić 6. for one's pains za czyjeś starania 7.

nieform sb is a pain in the neck ktoś denerwuje jak wrzód na tyłku
pained ['peind] urażony, zbolały
painful ['peinful] 1. obolały, bolący 2. bolesny
painkiller ['peinkilə] środek przeciwbólowy
painless ['peinlis] 1. bezbolesny 2. łatwy
painstaking ['peinzteikiŋ] sumienny, drobiazgowy
paint [peint] 1. farba 2. (na)malować (paint sth green pomalować coś na zielono)
paintbrush ['peintbrʌʃ] pędzel (do malowania)
painter ['peintə] malarz
painting ['peintiŋ] 1. obraz 2. malarstwo
paintwork ['peintwə:k] lakier, farba
pair [peə] 1. para 2. łączyć się w pary
pajamas [pəˈdʒɑːməz] US piżama
pal [pæl] przest nieform kolega, kumpel
palace ['pælis] pałac
palatable ['pælətəbəl] form 1. znośny 2. do przełknięcia
palate ['pælit] 1. podniebienie 2. smak
palatial [pəˈleiʃəl] wspaniały
pale [peil] 1. blady 2. jasny 3. lit wątły
paleness ['peilnis] bladość
palette ['pælit] paleta
pall [pæl] 1. wyświechtywać się, nudzić się 2. całun, kir
pallid ['pælid] lit blady
palm [pɑːm] dłoń
palm tree palma
palpable ['pælpəbəl] form widoczny, oczywisty
palpitation [ˌpælpiˈteiʃən] palpita-

cja, dygotanie

paltry ['po:ltri] mizerny

pamper ['pæmpə] rozpieszczać, dogadzać

pamphlet ['pæmflit] broszura

pan [pæn] patelnia

panacea [,pænə'siə] panaceum

panache [pə'næʃ] styl, dobra forma

pancake ['pænkeik] naleśnik

panda ['pændə] panda

pandemonium [,pændə'mouniəm] piekło, rozgardiasz

pander ['pændə] zaspokajać wszystkie zachcianki (*to sb* czyjeś)

pane [pein] szyba

panel ['pænəl] 1. tafla, płyta 2. tablica (*np. rozdzielcza*) 3. komisja, komitet 4. panel

panelled (*US* **paneled**) ['pænəld] 1. wykładany drewnem 2. taflowy

panelling (*US* **paneling**) ['pænəliŋ] boazeria

pang [pæŋ] 1. ukłucie, ból 2. wyrzut

panic ['pænik] 1. panika 2. panikować

panic-stricken ['pænik strikən] ogarnięty paniką

pannier ['pæniə] torba (*na rower*), sakwa

panorama [,pænə'rɑːmə] panorama, widok

panoramic [,pænə'ræmik] panoramiczny

pansy ['pænzi] bratek

pant [pænt] 1. *BR* -s majtki 2. *US* -s spodnie 3. dyszeć

panther ['pænθə] pantera

panties ['pæntiz] majtki

pantomime ['pæntəmaim] *nieform BR* — (*bajkowy musikal dla dzieci, rodzaj szopki*)

pantry ['pæntri] spiżarnia

papal ['peipəl] papieski

paper ['peipə] 1. papier 2. gazeta 3. -s papiery, dokumenty 4. (*w szkole*) część pisemna (egzaminu) 5. (*naukowy*) artykuł, referat 6. (*kwalifikacje*) papierowy, nominalny 7. (*ściany*) tapetować ◊ 8. **on paper** na papier, na papierze **paper clip** ['peipəklip] spinacz

paperback ['peipəbæk] książka w miękkiej/broszurowej oprawie

paperweight ['peipəweit] przycisk do papierów

paperwork ['peipəwəːk] praca papierkowa

papier-mâché [,pæpiei'mæʃei] papier-mâché, papierowy

paprika ['pæprikə] papryka (sproszkowana)

papyrus [pə'paiərəs], *lm* **papyri** [pə-'paiərai] *lub* **papyruses** papirus

par [pɑː] ◊ **on a par with sth** na równi z czymś

parable ['pærəbəl] przypowieść

parachute ['pærəʃuːt] spadochron

parade [pə'reid] 1. parada 2. defilada 3. defiladować 4. popisywać się ◊ 5. **be on parade** defiladować

paradise ['pærədais] raj

paradox ['pærədoks] paradoks

paradoxical [,pærə'doksikəl] paradoksalny

paraffin ['pærəfin] 1. parafina 2. *BR* nafta

paragon ['pærəgən] wzór, model

paragraph ['pærəgrɑːf] akapit

parallel ['pærəlel] 1. równoległy (*with/to sth* do czegoś) 2. (*nadający się*) odpowiedni (*with//to sth* do czegoś), odpowiadający (*with/to sth* czemuś) 3. *termin* (*linia*) (*prosta*) równoległa 4. (*podobieństwo*) paralela (*between* pomiędzy), porównanie (*with* z)

5. (*geograficzny*) równoleżnik 6. (*być odpowiednikiem*) odpowiadać ◇ 7. **have no parallel** nie mieć *równego sobie/odpowiednika*

paralyse (*US* **paralyze**) ['pærəlaiz] paraliżować

paralysis [pə'ræləsis] paraliż

parameter [pə'ræmi:tə] *form* parametr, czynnik

paramilitary [,pærə'militəri] paramilitarny

paramount ['pærəmaunt] 1. najważniejszy ◇ 2. **of paramount importance** o najwyższym znaczeniu

paranoia [,pærə'noiə] paranoja

paranoid ['pærənoid] paranoidalny

parapet ['pærəpit] 1. parapet 2. murek

paraphernalia [,pærəfə'neiliə] przedmioty osobistego użytku

paraphrase ['pærəfreiz] 1. parafraza 2. parafrazować

parasite ['pærəsait] pasożyt

parasitic [,pærə'sitik] pasożytniczy

parasol ['pærəsol] parasol (przeciwsłoneczny)

paratroop ['pærətru:p] 1. powietrznodesantowy 2. **-s** wojska powietrznodesantowe

paratrooper ['pærətru:pə] spadochroniarz

parcel ['pa:səl] paczka, pakunek

parched ['pa:tʃt] 1. wysuszony, wyschły 2. spierzchnięty 3. *nieform* spragniony

parchment ['pa:tʃmənt] pergamin

pardon ['pa:dən] 1. wybaczać 2. wybaczenie 3. (*patrz* 5) „słucham?", „co proszę?" 4. (*także* "pardon me" — *patrz* 6) „przepraszam" ◇ 5. "**I beg your pardon?"**

„słucham?", „co proszę?" 6. "**I (do) beg your pardon"** „przepraszam"

pardonable ['pa:dənəbəl] wybaczalny, do wybaczenia

pare [peə] obierać

parent ['peərənt] 1. rodzic, **-s** rodzice 2. macierzysty

parenthesis [pə'renθisis], *lm* **-ses** [pə'renθisi:z] 1. nawias 2. uwaga nawiasowa

parenthood ['peərənthud] rodzicielstwo

parish ['pæriʃ] 1. parafia 3. parafialny

parishioner [pə'riʃənə] parafianin

parity ['pæriti] *form* równowaga, równość (*between/with* pomiędzy)

park [pa:k] 1. park 2. parkować

parking ['pa:kiŋ] parkowanie

  parking lot ['pa:kiŋ lot] *US* parking

  parking meter ['pa:kiŋ mi:tə] licznik czasu parkowania

parka ['pa:kə] skafander

parkland ['pa:klənd] *BR* park

parlance ['pa:ləns] *form* mowa

parliament ['pa:ləmənt] parlament

parliamentary [,pa:lə'mentəri] parlamentarny

parlour (*US* **parlor**) ['pa:lə] *przest* salon

parochial [pə'roukiəl] parafiański

parody ['pærədi] 1. parodia 2. parodiować

parole [pə'roul] zwolnienie warunkowe

paroxysm ['pærəksizəm] 1. paroksyzm, wybuch 2. napad

parquet ['pa:kei] 1. parkiet 2. parkietowy

parrot ['pærət] 1. papuga 2. powtarzać jak papuga

parry ['pæri] odparowywać

parsimonious [ˌpɑːsi'mouniəs] *form* oszczędny

parsley ['pɑːsli] pietruszka

parsnip ['pɑːsnip] pasternak

parson ['pɑːsən] proboszcz

part [pɑːt] **1.** część **2.** (*w teatrze*) rola **3.** (*np. sporu*) strona **4.** rozdzielać (się), rozchodzić (się) **5.** (*np. walczących, firankę*) rozdzielać, rozłączać **6.** *form* rozstawać się (*from sb* z kimś) **7.** odchodzić (*from sb* od kogoś) ◇ **8. part ... part ...** częściowo ... , a częściowo ... **9. play a (large) part in sth** odgrywać (dużą) rolę w czymś **10. take part in sth** brać udział w czymś **11. for sb's part** jeśli o kogoś chodzi **12. on sb's part** z czyjejś strony **13. in part** częściowo **14. for the most part** przeważnie **15. for the best/better part** przez większą część **part of speech** [pɑːtəv'spiːtʃ] *gram* część mowy **part with** rozstawać się (*sth* z czymś)

partial ['pɑːʃəl] **1.** częściowy **2.** stronniczy ◇ **3.** *form* **be partial to sth** mieć słabość do czegoś, lubić coś

partially ['pɑːʃəli] częściowo

participant [pɑː'tisipənt] uczestnik (*in sth* czegoś)

participate [pɑː'tisipeit] uczestniczyć (*in sth* w czymś)

participation [pɑːˌtisi'peiʃən] uczestnictwo

participle ['pɑːtisipəl] *gram* imiesłów

particle ['pɑːtikəl] **1.** cząstka **2.** partykuła

particular [pə'tikjələ] **1.** szczegól-

ny **2.** poszczególny **3.** wybredny (*about sth* co do czegoś, w czymś) **4. -s** *form* fakty, dane ◇ **5. in particular** w szczególności

particularly [pə'tikjələli] szczególnie

parting ['pɑːtiŋ] **1.** rozstanie (się) **2.** przedziałek **3.** pożegnalny

partisan [ˌpɑːti'zæn] **1.** stronniczy **2.** stronnik **3.** partyzant

partition [pɑː'tiʃən] **1.** przepierzenie **2.** rozbiór, podział **3.** przedzielać (przepierzeniem) **4.** przeprowadzać rozbiór, dzielić

partly ['pɑːtli] częściowo

partner ['pɑːtnə] **1.** partner **2.** wspólnik **3.** być wspólnikiem, partnerem

partnership ['pɑːtnəʃip] **1.** partnerstwo **2.** współudział, uczestnictwo **3.** spółka

partridge ['pɑːtridʒ] kuropatwa

part-time [ˌpɑːt'taim] **1.** niepełnoetatowy **2.** na niepełnym etacie

party ['pɑːti] **1.** partia **2.** przyjęcie **3.** grupa **4.** *praw* strona **5.** partyjny ◇ **6. be a party to sth** skłaniać się ku czemuś, brać udział w czymś

pass [pɑːs] **1.** mijać **2.** przechodzić, przejeżdżać **3.** (*o drodze*) prowadzić **4.** (*np. sól, piłkę*) podawać (*sth to sb* coś komuś) **5.** (*np. linę przez uchwyt*) przeprowadzać **6.** (*okres czasu*) spędzać, przeżywać **7.** (*egzamin*) zdawać **8.** (*kandydata*) dopuszczać, przepuszczać **9.** (*o ilości*) przewyższać **10.** (*prawo*) uchwalać **11.** (*wyrok*) wydawać **12.** (*robić wrażenie*) uchodzić (*for/as* za) **13.** (*w grze*) podanie **14.** (*zezwolenie*) przepustka **15.** (*egzaminu*) zaliczenie **16.** (*w górach*) prze-

łęcz ◇ **17. be passed** być dopusz-
czonym (do obrotu)
pass away *przest* umrzeć
pass by przechodzić, mijać
pass for uchodzić (*sth* za coś)
pass on przekazywać (*sth to sb*
coś komuś)
pass out mdleć
pass over pomijać
pass (a)round puszczać w obieg
pass through przechodzić, doznawać
pass up przepuszczać
passable ['pɑːsəbəl] **1.** do przyjęcia,
możliwy **2.** przejezdny
passage ['pæsidʒ] **1.** przejście **2.**
(*np. oddechowe*) drogi **3.** (*w książce*) ustęp, miejsce **4.** *muz* pasaż
5. (*pociągu*) przejazd **6.** (*do wyż-
szych sfer*) przejście, wejście **7.**
(*po morzu*) przejazd, rejs **8.** (*czasu*) upłynięcie
passenger ['pæsindʒə] pasażer
passer-by [ˌpɑːsə'bai] przechodzień
passing ['pɑːsiŋ] **1.** przelotny, chwilowy ◇ **2. in passing** mimocho-
dem
passion ['pæʃən] **1.** namiętność **2.**
pasja, uczucie **3.** zamiłowanie (*for*
do)
passionate ['pæʃənət] **1.** zapamięta-
ły **2.** namiętny
passive ['pæsiv] **1.** bierny **2.** *gram*
the p. strona bierna
passport ['pɑːspoːt] **1.** paszport **2.**
gwarancja (*to sth* czegoś)
password ['pɑːswəːd] hasło
past [pɑːst] **1.** uprzedni, przeszły **2.**
zeszły **3. the past** przeszłość **4.**
po (*ten past seven* dziesięć (minut)
po siódmej) **5.** obok ◇ **6. be past**
przeminąć **7.** *nieform* he is past
it on to już przeszłość

past participle [pɑːst 'pɑːtisipəl]
gram imiesłów przeszły
past tense [pɑːst 'tens] czas przeszły
pasta ['pæstə] makaron
paste [peist] **1.** papka, klej **2.** pasta
3. sztuczne kamienie **4.** przyklejać
pastel ['pæstəl] **1.** pastelowy **2. -s**
kolory pastelowe **3. -s** pastele
pasteurized ['pɑːstəraizd] pasteryzowany
pastille [pæ'stiːl] pastylka
pastime ['pɑːstaim] rozrywka
pastoral ['pɑːstərəl] **1.** duszpasterski
2. pasterski
pastry ['peistri] **1.** płat tortowy **2.**
ciastko
pasture ['pɑːstʃə] pastwisko
pasty I. ['peisti] **1.** ziemisty **2.** niezdrowy II. ['pæsti] **3.** pasztecik
pat [pæt] **1.** klepać, poklepywać **2.**
klepnięcie **3.** kawałek, odrobina **4.**
standardowy, rutynowy
patch [pætʃ] **1.** łata **2.** (*na oko*) opa-
ska **3.** (*w książce, na głowie*) miejsce **4.** (*w znajomości*) chwila **5.**
(*mokra*) plama **6.** (*śniegu*) płat **7.**
(*ubranie*) łatać
patch up 1. załatać, naprawić **2.**
załagadzać
patchwork ['pætʃwəːk] **1.** z łat **2.**
szachownica
patchy ['pætʃi] **1.** łaciaty, plamisty
2. dziurawy, z lukami
pâté ['pætei] pasztet
patent ['peitənt] **1.** patent **2.** paten-
tować **3.** *form* oczywisty, bezsporny
patent leather [ˌpeitənt 'leðə]
skóra lakierowana
paternal [pə'təːnəl] ojcowski
paternity [pə'təːniti] ojcostwo
path [pɑːθ] **1.** ścieżka **2.** alejka **3.**

droga 4. trasa 5. kierunek

pathetic [pə'θetik] 1. żałosny 2. wzruszający, smutny

pathological [,pæθə'lodʒikəl] 1. patologiczny 2. chorobliwy

pathology [pə'θolədʒi] *termin* medycyna patologiczna, patologia

pathos ['peiθos] *form* patos

patience ['peiʃəns] 1. cierpliwość 2. pasjans ◊ 3. **try sb's patience** nadużywać czyjejś cierpliwości

patient ['peiʃənt] 1. cierpliwy 2. pacjent

patio ['pætiou] taras, weranda

patriot ['pætriət] patriota

patriotic [,pætri'otik] patriotyczny

patriotism ['pætriətizəm] patriotyzm

patrol [pə'troul] 1. patrolować 2. patrol

patrolman [pə'troulmən], *lm* **patrolmen** [pə'troulmən] policjant posterunkowy

patron ['peitrən] 1. patron, mecenas 2. *form* klient, gość
patron saint [,peitrən'seint] patron

patronage ['pætrənidʒ] patronat

patronize (*także* **patronise**) ['pætrənaiz] 1. patronizować, zachowywać się patronizująco 2. *form* mecenasować

patter ['pætə] 1. bębnić, stukać 2. stukot, bębnienie 3. gadanina

pattern ['pætən] 1. wzór, wzorzec ◊ 2. **be patterned on sth** być wzorowanym na czymś

paunch [po:ntʃ] (duży) brzuch

pauper ['po:pə] *przest* nędzarz

pause [po:z] 1. zatrzymywać się 2. przerwa

pave [peiv] 1. utwardzać, wykładać (kamieniami) ◊ 2. **A paves the way to B** A toruje drogę B

pavement ['peivmənt] 1. *BR* chodnik 2. *US* jezdnia

pavilion [pə'viljən] *BR* szatnia

paving stone ['peiviŋstoun] płyta chodnikowa

paw [po:] 1. łapa 2. bić (kopytem), drapać (łapą) (*at sth* o coś) 3. *nieform* macać

pawn [po:n] 1. zastawiać 2. pionek

pawnbroker ['po:nbroukə] właściciel lombardu

pawnshop ['po:nʃop] lombard

pay [pei], **paid** [peid], **paid** 1. płacić, opłacać 2. być opłacanym, przynosić 3. opłacać się 4. składać, ofiarować 5. zarobek
pay back 1. spłacać, zwracać 2. odpłacać
pay off 1. spłacać 2. opłacać się
pay out wydawać
pay packet ['peipækit] koperta z wypłatą
pay up zwracać (pieniądze)

payable ['peiəbəl] płatny ◊ 2. **make a cheque payable to sb** wystawiać czek na kogoś

payday ['peidei] dzień wypłaty

payee [pei'i:] odbiorca wypłaty

payment ['peimənt] zapłata, wypłata

payoff ['peiof] 1. rezultat, wynik 2. rekompensata

payroll ['peiroul] 1. lista płac ◊ 2. **be on sb's payroll** być zatrudnionym przez kogoś

pea [pi:] groszek

peace [pi:s] 1. spokój 2. pokój ◊ 3. **at peace (a)** w pokoju **(b)** w spokoju 4. **make peace with sb** godzić się z kimś

peaceable ['pi:səbəl] pokojowy

peaceful ['pi:sfəl] 1. spokojny, cichy

2. pokojowy

peacetime ['pi:staim] okres pokoju

peach [pi:tʃ] 1. brzoskwinia 2. brzoskwiniowy

peacock ['pi:kok] paw

peak [pi:k] 1. punkt szczytowy (możliwości), maksimum 2. szczyt 3. daszek 4. szczytowy 5. dochodzić do szczytu

peal [pi:l] 1. (*o dzwonach*) bić, brzmieć 2. bicie 3. huk, wybuch

peanut ['pi:nʌt] orzeszek ziemny
  peanut butter [ˌpi:nʌt 'bʌtə] masło orzechowe

pear [peə] gruszka

pearl [pə:l] perła

pearly ['pə:li] perłowy

peasant ['pezənt] chłop

peasantry ['pezəntri] *przest* chłopi, chłopstwo

peat [pi:t] torf

pebble ['pebəl] kamyk, otoczak

peck [pek] 1. dziobać (*at sth* coś) 2. *nieform* ciumkać, muskać (ustami) 3. dziobanie, dziobnięcie 4. *nieform* ciumk, pocałunek

peculiar [pi'kju:liə] 1. osobliwy, szczególny 2. dziwaczny 3. właściwy (*to sth* czemuś)

peculiarity [piˌkju:li'æriti] 1. osobliwość 2. cecha szczególna 3. dziwaczność

pecuniary [pi'kju:niəri] *form* pieniężny

pedal ['pedəl] 1. pedał 2. pedałować

pedant ['pedənt] pedant

pedantic [pi'dæntik] pedantyczny

peddle ['pedəl] 1. handlować (narkotykami) 2. rozpowszechniać

peddler ['pedlə] handlarz (narkotykami)

pedestal ['pedistəl] postument, pedestal

pedestrian [pi'destriən] 1. przechodzień 2. przyziemny, prozaiczny

pedestrian crossing [pi,destriən 'krosiŋ] *BR* przejście dla pieszych

pediatrician (*także* **paediatrician**) [ˌpi:diə'triʃən] pediatra

pedigree ['pedigri:] 1. rodowód 2. pochodzenie 3. rodowodowy

pee [pi:] *nieform* 1. siusiać 2. wysiusianie się, siusianie

peek [pi:k] 1. *nieform* zerkać (*at sb* na kogoś) 2. zerknięcie, spojrzenie

peel [pi:l] 1. skórka 2. obierać 3. obłazić (*off* z)
  peel off 1. ściągać 2. zdejmować

peelings ['pi:liŋz] obierki

peep [pi:p] 1. zerkać, zaglądać (*at sth* na coś) 2. *lit* wychodzić, wyglądać 3. *nieform* zerknięcie, spojrzenie 4. *nieform* dźwięk
  peep hole ['pi:phoul] judasz

peer [piə] 1. przypatrywać się uważnie (*at sth* czemuś) 2. (arystokrata) par 3. *form* rówieśnik, równy (komuś)

peerage ['piəridʒ] 1. stan para 2. the p. parowie

peeved ['pi:vd] *nieform* wnerwiony

peevish ['pi:viʃ] zirytowany

peg [peg] 1. wieszak 2. klamra (do bielizny) 3. mocować klamrami 4. ustalony (*at/to* na)

pejorative [pə'dʒorətiv] *form* pejoratywny

pekinese [ˌpi:ki'ni:z] pekińczyk

pelican ['pelikən] pelikan

pellet ['pelit] kulka, kula

pelt [pelt] 1. obrzucać (*sb with things* kogoś czymś) 2. (*także* **pelt down**) *nieform* (*o deszczu*) lać 3. *nieform* lecieć 4. skóra

pelvis ['pelvis] *med* miednica

pen [pen] 1. pióro, długopis, mazak

2. zagroda, ogrodzenie 3. *lit* pisać
4. (*także* pen up) zamykać
pen name ['penneim] pseudonim
literacki
penal ['pi:nəl] penitencjarny, karny
penalize (*także* **penalise**) ['pi:nə-
laiz] *form* karać
penalty ['penəlti] 1. kara 2. *sport*
(rzut, punkt) karny
penance ['penəns] pokuta
pence [pens] *patrz* penny: *lm*
pencil ['pensil] 1. ołówek 2. kreślić
ołówkiem
pendant ['pendənt] wisiorek
pending ['pendiŋ] *form* 1. zbliżają-
cy się 2. aż do
pendulum ['pendjələm] 1. wahadło
2. tendencja
penetrate ['penətreit] docierać,
przenikać (*sth* *do czegoś/przez
coś*)
penetrating ['penətreitiŋ] przenikliwy
penetration [,penə'treiʃən] przenikliwość
pen-friend ['penfrend] znajomy ko-
respondencyjny
penguin ['peŋgwin] pingwin
penicilin [,peni'silin] penicylina
peninsula [pi'ninsjulə] półwysep
penis ['pi:nis] penis, członek
penitent ['penitənt] *lit* skruszony,
pokutniczy
penitentiary [,peni'tenʃəri] *US* zakład penitencjarny
penknife ['pennaif], *lm* **penknives**
['pennaivz] scyzoryk
pennant ['penənt] bez grosza
penniless ['penilis] bez grosza
penny ['peni], *lm* **pennies** ['peniz]
(*BR* **pence** ['pens]) pens
pension ['penʃən] emerytura
   pension fund ['penʃənfʌnd] *BR*

fundusz emerytalny
pensionable ['penʃənəbəl] *BR* u-
prawniony do emerytury
pensioner ['penʃənə] *BR* emeryt
pensive ['pensiv] zadumany
pentagon ['pentəgən] 1. pięciokąt 2.
the P. Pentagon (*dowództwo armii USA*)
pentathlon [pen'tæθlən] pięciobój
Pentecost ['pentikost] Zielone
Świątki
penthouse ['penthaus] mieszkanie
(*penthouse apartment/suite* apartament)
pent-up [,pent'ʌp] spętany
penultimate [pin'ʌltəmət] *form*
przedostatni
people ['pi:pəl] 1. ludzie 2. (the people) lud 3. naród 4. zaludniać
pep [pep] *nieform* animusz, werwa
   pep talk ['pepto:k] *nieform* mowa
podtrzymująca na duchu
pepper ['pepə] 1. pieprz 2. papryka
3. zasypywać, uderzać 4. mieszać,
przyozdabiać (*with sth* czymś)
peppermint ['pepəmint] 1. mięta 2.
cukierek miętowy, miętus
per [pə:] 1. na (*I earn 6 \$ per hour*
zarabiam 6 dol. za godzinę) 2. za
(*6 \$ per pound* jabłka kosztują 6
dol. za funt)
   per annum [pə:r'ænəm] rocznie
   per cent [pə'sent] procent (*we
should add ten per cent* powinniśmy dodać 10%)
perceive [pə'si:v] *form* 1. dostrzegać, postrzegać 2. widzieć
percentage [pə'sentidʒ] procent, u-
dział procentowy
perceptible [pə'septibəl] *form* dostrzegalny
perception [pə'sepʃən] 1. wnikli-
wość 2. widzenie, dostrzeganie 3.

percepcja

perceptive [pə'septiv] wnikliwy

perch [pə:tʃ] 1. przycupnąć, usadawiać się 2. siadać na grzędzie 3. grzęda 4. miejsce

percolator ['pə:kəleitə] ekspres/maszynka do kawy

percussion [pə'kʌʃən] perkusja

peremptory [pə'remptəri] *form* natarczywy, władczy

perennial [pi'reniəl] 1. odwieczny 2. roślina wieloletnia, bylina

perfect I. ['pə:fikt] 1. doskonały 2. całkowity 3. *gram* dokonany (*past perfect tense* czas przeszły dokonany) II. [pə'fekt] 4. udoskonalać

perfection [pə'fekʃən] doskonałość

perfectionist [pə'fekʃənist] perfekcjonista

perfectly ['pə:fəktli] 1. całkowicie, zupełnie 2. doskonale

perforate ['pə:fəreit] perforować

perforation [,pə:fə'reiʃən] perforacja

perform [pə'fo:m] 1. wykonywać 2. spełniać 3. odgrywać 4. działać

performance [pə'fo:məns] 1. wykonanie, przedstawienie 2. osiągnięcie 3. charakterystyka 4. wykonywanie

performer [pə'fo:mə] 1. wykonawca 2. artysta

perfume ['pə:fjum] 1. perfumy 2. (przyjemna) woń

perfunctory [pə'fʌŋktəri] *form* niedbały, powierzchowny

perhaps [pə'hæps] (być) może

peril ['peril] *lit* 1. niebezpieczeństwo ◇ 2. **at one's peril** na swoją szkodę

perilous ['periləs] *lit* niebezpieczny

perimeter [pə'rimitə] obwód

period ['piəriəd] 1. okres 2. godzina

zajęć 3. *form* miesiączka 4. kropka 5. stylowy, historyczny

periodic [,piəri'odik] periodyczny, okresowy

periodical [,piəri'odikəl] 1. periodyk 2. periodyczny, okresowy

peripheral [pə'rifərəl] *form* 1. drugoplanowy (*to* dla, wobec) 2. peryferyjny

periphery [pə'rifəri] 1. **the p.** peryferia, kraniec 2. **the p.** obrzeża

periscope ['periskoup] peryskop

perish ['periʃ] 1. *lit* ginąć 2. zetleć

perishable ['periʃəbəl] łatwo psujący się

perishing ['periʃiŋ] *BR nieform* 1. silny, przeraźliwy 2. okropnie zimny/zimno ◇ 3. **I am perishing** umieram z zimna

perjure ['pə:dʒə] ◇ *praw* (**oneself**) krzywoprzysięgać

perjury ['pə:dʒəri] *praw* krzywoprzysięstwo

perk [pə:k] *nieform* dodatek (do pensji)
perk up rozchmurzać się

perky ['pə:ki] ożywiony

perm [pə:m] *nieform* 1. trwała (ondulacja) 2. robić sobie trwałą

permanent ['pə:mənənt] *form* 1. trwały 2. stały

permeate ['pə:mieit] *form* przenikać (*through* przez)

permissible [pə'misəbəl] *form* dopuszczalny

permission [pə'miʃən] zezwolenie

permissive [pə'misiv] przyzwalający

permit I. [pə'mit] 1. *form* zezwalać (*sb sth* komuś na coś), (*sb to do sth* komuś na zrobienie czegoś) II. ['pə:mit] 2. zezwolenie

pernicious [pə'niʃəs] *lit* zgubny,

szkodliwy

pernickety (*US* **persnickety**) [pə-'nikiti] *nieform* wybredny, drobiazgowy

perpendicular [,pə:pən'dikjulə] *form* pionowy, prostopadły

perpetrate ['pə:pitreit] *form* popełniać

perpetual [pə'petjuəl] *form* ustawiczny, wieczny

perpetuate [pə'petju:eit] *form* kontynuować

perpetuity [pəpi'tju:iti] *form* wieczność

perplexed [pə'plekst] zmieszany, zakłopotany

perplexing [pə'pleksiŋ] kłopotliwy

perplexity [pə'pleksiti] zmieszanie, zakłopotanie

persecute ['pə:sikju:t] prześladować

persecution [,pə:si'kju:ʃən] prześladowanie

perseverance [,pə:si'viərəns] wytrwałość

persevere [,pə:si'viə] trwać (*with sth* przy czymś), nie poddawać się (*with sth* w czymś)

persist [pə'sist] 1. utrzymywać się 2. obstawać (*in doing sth* przy robieniu czegoś), upierać się

persistent [pə'sistənt] uporczywy

person ['pə:sən] 1. osoba 2. *nieform* miłośnik ◇ 3. in person osobiście

personable ['pə:sənəbəl] sympatyczny

personage ['pə:sənidʒ] *form* osobistość

personal ['pə:sənəl] 1. osobisty 2. *gram* osobowy

personality [,pə:sə'næliti] 1. osobowość 2. osobistość

personally ['pə:sənəli] osobiście

personify [pə'sonifai] personifiko-

wać, uosabiać

personnel [,pə:sə'nel] *form* personel, obsługa

perspective [pə'spektiv] 1. perspektywa 2. pogląd ◇ 3. in perspective z perspektywy

perspicacious [,pə:spi'keiʃəs] *form* bystry, przenikliwy

perspiration [,pə:spə'reiʃən] *form* pot

perspire [pə'spaiə] *form* pocić się

persuade [pə'sweid] przekonywać (*oneself* się, *sb to do sth* kogoś, by coś zrobił)

persuasion [pə'sweiʒən] 1. perswazja 2. *form* przekonanie 3. *form* wyznanie

persuasive [pə'sweisiv] przekonujący

pert [pə:t] zuchwały, impertynencki

pertain [pə'tein] *form* odnosić się (*to* do)

pertinent ['pə:tinənt] *form* odnoszący się (*to sth* do czegoś)

perturbed [pə'tə:bd] *form* zafrasowany

peruse [pə'ru:z] *form* czytać (uważnie)

pervade [pə'veid] *form* szerzyć się, przenikać

pervasive [pə'veisiv] panujący, przygniatający

perverse [pə'və:s] 1. perwersyjny 2. przewrotny 3. uparty

perversion [pə'və:ʃən] 1. zboczenie, perwersja 2. negowanie

perversity [pə'və:siti] przewrotność

pervert I. ['pə:və:t] 1. zboczeniec II. [pə'və:t] 2. *form* przeinaczać, wypaczać 3. demoralizować

perverted [pə'və:tid] 1. zboczony 2. wypaczony, zdegenerowany

pessimism ['pesimizəm] pesymizm

pest [pest] **1.** szkodnik **2.** *nieform* zaraza

pester ['pestə] męczyć, gnębić

pesticide ['pestisaid] środek owadobójczy, pestycyd

pestle ['pesəl] tłuczek

pet [pet] **1.** zwierzę domowe **2.** domowy, ulubiony **3.** umiłowany **4.** pieścić **5.** *nieform* pieścić się

petal ['petəl] płatek

peter out ['pi:təraut] dochodzić do końca

petite [pə'ti:t] drobny

petition [pi'tiʃən] **1.** petycja **2.** *form* skarga, pozew **3.** *form* składać pozew/skargę

petrified ['petrifaid] **1.** skamieniały **2.** *nieform* zastygły (ze strachu)

petrol ['petrəl] *BR* benzyna
   petrol station ['petrəlsteiʃən] *BR* stacja benzynowa

petroleum [pə'trouliəm] ropa naftowa

petticoat ['petikout] półhalka, halka

petty ['peti] **1.** nieważny, drobny **2.** małostkowy
   petty cash [ˌpeti'kæʃ] podręczna gotówka
   petty officer [ˌpeti'ofisə] podoficer

petulant ['petjələnt] nadąsany

pew [pju:] stale, ławka (kościelna)

pewter ['pju:tə] **1.** cyna **2.** cynowy

phantom ['fæntəm] *lit* **1.** zjawa **2.** pozorny, złudny

pharmaceutical [ˌfɑ:mə'sju:tikəl] *form* **1.** farmaceutyczny **2.** -s środki farmaceutyczne

pharmacist ['fɑ:məsist] farmaceuta

pharmacy ['fɑ:məsi] apteka

phase [feiz] **1.** faza **2.** stopniować, wprowadzać stopniowo
   phase in wprowadzać stopniowo
   phase out stopniowo zaprzestawać (używać)

PhD [ˌpi:eitʃ'di:] *skrót:* **Doctor of Philosophy** doktor filozofii

pheasant ['fezənt], *lm* **pheasants** *lub* **pheasants** bażant

phenomena [fi'nominə] *patrz* **phenomenon** *lm*

phenomenal [fi'nominəl] fenomenalny

phenomenon [fi'nominən], *lm* **phenomena** zjawisko

phew [fju:] uff

philanthropist [fi'lænθrəpist] filantrop

philanthropy [fi'lænθrəpi] filantropia

philately [fi'lætəli] filatelistyka

philistine ['filistain] **1.** filister, kołtun **2.** filisterski, kołtuński

philology [fi'lolədʒi] filologia

philosopher [fi'losəfə] filozof

philosophic(al) [ˌfilə'sofik(əl)] filozoficzny

philosophize (*także* **philosophise**) [fi'losəfaiz] filozofować

philosophy [fi'losəfi] **1.** filozofia **2.** idea

phlegm [flem] flegma

phlegmatic [fleg'mætik] *form* flegmatyczny

phobia ['foubiə] fobia

phone [foun] **1.** telefon **2.** telefoniczny **3.** (*także* **phone up**) dzwonić, telefonować (*phone me (up)* zadzwoń do mnie) ◇ **4. by phone** przez telefon **5. on the phone** przy telefonie

phonetic [fə'netik] *gram* fonetyczny

phonetics [fə'netiks] *gram* fonetyka

phoney (*także* **phony**) ['founi] *nieform* **1.** fałszywy **2.** szalbierz

phosphorescent [ˌfosfəˈresənt] *form* fosforyzujący

phosphorus [ˈfosfərəs] *form* fosforyzujący

photo [ˈfoutou] *nieform* fotografia, fotka

photocopier [ˈfoutoukopiə] fotokopiarka

photocopy [ˈfountoukopi] 1. fotokopia, kserokopia 2. kopiować (kserograficznie)

photogenic [ˌfoutəˈdʒenik] fotogeniczny

photograph [ˈfoutəgrɑ:f] 1. fotografia (*zdjęcie*) 2. fotografować

photographer [fəˈtogrəfə] fotograf

photographic [ˌfoutəˈgræfik] fotograficzny

photography [fəˈtogrəfi] fotografia (*dziedzina*)

photostat [ˈfoutəstæt] fotokopia

phrasal verb [ˌfreizəl ˈvə:b] *gram* czasownik złożony

phrase [freiz] 1. zwrot, idiom 2. (*w muzyce*) fraza 3. ubierać w słowa 4. (*w muzyce*) frazować
    phrase book [ˈfreizbu:k] rozmówki

phraseology [ˌfreiziˈolədʒi] *form* frazeologia

physical [ˈfizikəl] 1. cielesny 2. fizyczny 3. materialny ◇ 4. **physical education/training** wychowanie fizyczne

physician [fiˈziʃən] *US* lekarz, internista

physicist [ˈfizisist] fizyk

physics [ˈfiziks] fizyka

physiology [ˌfiziˈolədʒi] fizjologia

physiotherapist [ˌfiziouˈθerəpist] fizykoterapeuta

physiotherapy [ˌfiziouˈθerəpi] fizykoterapia

physique [fiˈzi:k] wygląd, budowa ciała

pianist [ˈpiənist] pianista

piano [ˈpiənou] fortepian

pick [pik] 1. wybierać 2. (*np. kwiaty*) zbierać 3. (*palcami*) brać 4. dłubać (*one's nose* w nosie) 5. (*kłótnię*) zaczynać, wszczynać 6. (*zamek*) otwierać wytrychem 7. siekiera, topór ◇ 8. **take one's pick** wybierać do woli 9. **pick one's way across sth** posuwać się ostrożnie przez coś
    pick at skubać
    pick on *nieform* czepiać się
    pick out 1. rozpoznawać 2. wybierać
    pick up 1. podnosić 2. (*samochodem*) zabierać 3. (*o policji*) zgarniać, zabierać 4. (*język obcy, program*) łapać 5. *nieform* (*np. kobietę*) podrywać 6. (*o gospodarce*) poprawiać się 7. (*prędkości*) nabierać

pickaxe (*US także* **pickax**) [ˈpikæks] kilof

picker [ˈpikə] zbieracz

picket [ˈpikit] 1. pikietować 2. pikieta

pickle [ˈpikəl] 1. marynata 2. *nieform* tarapaty 3. marynować

pickpocket [ˈpikpokit] złodziej kieszonkowy

pick-up [ˈpikʌp] 1. wkładka gramofonowa 2. półciężarówka, pikap

picnic [ˈpiknik] 1. piknik 2. piknikować

pictorial [pikˈto:riəl] obrazkowy

picture [ˈpiktʃə] 1. obraz 2. (*w książce*) obrazek 3. (*fotograficzne*) zdjęcie, ujęcie 4. (*w kraju*) **the p.** sytuacja 5. (*kinematograficzny*) film 6. okaz (*the picture of*

health okaz zdrowia) **7.** *BR* the
-s kino **7.** (*na zdjęciu*) pokazywać
8. (*sobie mentalnie*) wyobrażać ◇
9. *nieform* get the picture wiedzieć, o co chodzi **10.** put sb in
the picture powiedzieć komuś, o
co chodzi

picturesque [ˌpiktʃə'resk] malowniczy

piddling ['pidliŋ] błahy

pidgin ['pidʒin] pidżin, język mieszany

pie [pai] **1.** pasztet w cieście (*z mięsa, ryb*) **2.** owoce/warzywa w cieście

piebald ['paibo:ld] srokaty

piece [pi:s] **1.** kawałek, kawał **2.**
(*broni, łamigłówki*) część, element
3. *z rzeczownikami niepoliczalnymi często nie tłumaczone* (*a piece
of advice* rada, *a piece of furniture*
mebel) **4.** (*utwór*) artykuł, kompozycja **5.** (*zabytkowy*) przedmiot
6. moneta **7.** (*w grach*) figura, pionek ◇ **8.** to pieces na części, na
kawałki **9.** take to pieces rozbierać
piece together łączyć, komple-
tować

piecemeal ['pi:smi:l] kawałek po ka-
wałku

piecework ['pi:swə:k] praca akordowa

pier [piə] molo

pierce [piəs] przebijać

piercing ['piəsiŋ] **1.** (*dźwięk*) przenikliwy **2.** (*krzyk*) rozdzierający

piety ['paiəti] pobożność

pig [pig] świnia

pigeon ['pidʒin] gołąb

pigeon-hole ['pidʒinhoul] przegródka

piggyback ['pigibæk] ◇ give sb a

piggyback wziąć kogoś na barana

piggybank ['pigibaŋk] skarbonka-
świnka

pigheaded [ˌpig'hedid] uparty (jak
osioł)

piglet ['piglit] prosiak

pigment ['pigmənt] *form* barwnik,
pigment

pigsty ['pigstai] chlew

pigtail ['pigteil] kucyk

pike [paik] **1.** szczupak **2.** pika

pilchard ['piltʃəd] sardynka

pile [pail] **1.** sterta, kupa **2.** (*porządny*) stos **3.** *nieform* kupa, zatrzę-
sienie **4.** (*filar*) słup, pal **5.** (*nieform*) -s hemoroidy **6.** (*na dywa-
nie, aksamicie*) włos, włosie, me-
szek **7.** (*rzeczy*) składać/zbierać
(w stos/stertę) **8.** (*np. biurko*) zawalać (*with sth* czymś) **9.** (*do pojazdu*) pakować się, ładować się
pile up 1. zbierać (się) w stos **2.**
gromadzić

pile-up ['pailʌp] *nieform* karambol

pilfer ['pilfə] rąbnąć, podwędzić

pilgrim ['pilgrim] pielgrzym

pilgrimage ['pilgrimidʒ] pielgrzym-
ka

pill [pil] **1.** pigułka, pastylka **2.** the
p. pigułka antykoncepcyjna

pillage ['pilidʒ] *przest* **1.** grabież **2.**
grabić

pillar ['pilə] **1.** słup, filar **2.** podpora
pillar box ['piləboks] *BR* skrzyn-
ka pocztowa

pillion ['piljən] miejsce z tyłu (*na
motocyklu*)

pillow ['pilou] poduszka

pillowcase ['piloukeis] poszewka

pillowslip ['pilouslip] poszewka

pilot ['pailət] **1.** pilot **2.** pilotować **3.**
pilotażowy

pilot light ['pailət lait] wieczny płomyk

pimp [pimp] *nieform* alfons

pimple ['pimpəl] pryszcz

pimply ['pimpli] pryszczaty

pin [pin] **1.** szpilka **2.** przypinać **3.** przytrzymywać, przyszpilać **4.** *nieform* zwalać (*the blame on sb* winę na kogoś) **5.** opierać (*hopes on sb* nadzieje na kimś) ◊ **6. pins and needles** zdrętwienie (ciała)
pin down 1. ustalać (dokładnie) **2.** zmuszać (*to sth* do czegoś)
pin up 1. przypinać **2.** podwijać

pinafore ['pinəfo:] bezrękawnik

pincers ['pinsəz] **1.** szczypce **2.** kleszcze

pinch [pintʃ] **1.** szczypać **2.** *nieform* zwędzić, podprowadzić **4.** cisnąć **4.** szczypnięcie **5.** szczypta ◊ **6.** *nieform* **at a pinch** w ostateczności

pinched ['pintʃt] wyczerpany, znękany

pincushion ['pinkuʃən] poduszeczka do igieł

pine [pain] **1.** sosna **2.** sosnowy **3.** usychać (z żalu, *for sb* za kimś)
pine away umrzeć ze smutku

pineapple ['painæpəl] ananas

ping [piŋ] **1.** brzęczeć **2.** brzęk

pink [piŋk] **1.** różowy **2.** goździk

pinkish ['piŋkiʃ] różowawy

pinnacle ['pinəkəl] **1.** sterczyna **2.** szczyt

pinpoint ['pinpoint] **1.** wskazywać **2.** wykazywać

pin-stripe(d) ['pinstraip] prążkowany

pin-up ['pinʌp] **1.** zdjęcie idola (*aktorki, itp.*) **2.** atrakcyjny

pint [paint] **1.** pół kwarty (*BR = 0,57 l, US = 0,47 l*) **2.** duże piwo, pół litra piwa

pioneer [,paiə'niə] **1.** pionier **2.** wprowadzać (jako pionier)

pious ['paiəs] pobożny

pip [pip] **1.** pestka **2.** sygnał (czasu)

pipe [paip] **1.** rura **2.** fajka **3.** piszczałka (*także w organach*) **4.** -s kobza, dudy **4.** prowadzić rurami **5.** *form* zapiszczeć
pipe down *nieform* uciszyć się
pipe dream ['paipdri:m] mrzonka, utopia
piped music [,paipt'mju:zik] muzyka w tle/podkładzie
pipe up *nieform* (*śpiewanie, przemowę*) rozpocząć

pipeline ['paiplain] rurociąg

piper ['paipə] kobziarz, dudziarz

piping ['paipiŋ] **1.** przewód rurowy **2.** piskliwy
piping hot ['paipiŋhot] wrzący

piquant ['pi:kənt] *form* **1.** pikantny **2.** atrakcyjny, apetyczny

pique [pi:k] urażona duma

piqued ['pi:kt] urażony

piracy ['pairəsi] piractwo

piranha [pi'rɑ:njə] pirania

pirate ['paiərət] **1.** pirat **2.** piracki, nielegalny **3.** kopiować nielegalnie

pirouette [,piru'et] piruet

Pisces ['paisi:z] Ryby (*znak zodiaku*)

piss [pis] *wulg* **1.** szczać **2.** szczyny ◊ **3. have a piss** odlać się
piss off *wulg* ◊ **1. piss off!** odpieprz się! **2. feel pissed off with sth** wpieprzyć się czymś

pissed [pist] *wulg* zalany

pistol ['pistəl] pistolet

piston ['pistən] tłok

pit [pit] **1.** dół, jama **2.** wgłębienie **3.** kopalnia **4.** żwirowisko, glinianka **5.** kanał (orkiestry)

pitch [pitʃ] 1. boisko 2. (*np. dźwię-ku*) wysokość, poziom 3. rzucać (*at* w, do) 4. zwalać się (*to sth* na coś) 5. (*poziom*) ustawiać 6. (*na-miot*) rozbijać 7. smoła

pitch-black [ˌpitʃtˈblæk] czarny jak smoła

pitched battle [ˌpitʃt ˈbætəl] zażarta walka

pitcher [ˈpitʃə] 1. *US* dzbanek 2. (*w baseballu*) rzucający

pitchfork [ˈpitʃfɔːk] widły

piteous [ˈpitiəs] *lit* żałosny

pitfall [ˈpitfɔːl] niebezpieczeństwo, pułapka

pith [piθ] miękisz

pithy [ˈpiθi] jędrny

pitiable [ˈpitiəbəl] żałosny

pitiful [ˈpitifəl] żałosny

pitiless [ˈpitilis] bezlitosny

pittance [ˈpitəns] żałosne wynagrodzenie

pitted [ˈpitid] dziobaty, podziurkowany

pity [ˈpiti] 1. żal, litość 2. szkoda (*what a pity* jaka szkoda) 3. żałować

pivot [ˈpivət] 1. oś 2. centrum 3. obracać/kręcić się (wokół osi)

pixie [ˈpiksi] chochlik

placard [ˈplækəd] transparent, plakat

placate [pləˈkeit] zadowalać

place [pleis] 1. miejsce 2. *nieform* dom, mieszkanie 3. (*meble, ogło-szenie*) umieszczać 4. (*odpowie-dzialność, nacisk*) nakładać, wywierać 5. (*nacisk*) kłaść 6. (*za-mówienie*) składać, zamawiać 7. (*kogoś*) kojarzyć, umiejscawiać ◊ 8. take place mieć miejsce 9. in place we właściwym miejscu, na swoim miejscu 10. out of place nie na swoim miejscu 11. all over the place wszędzie 12. in the first place przede wszystkim, pierwotnie 13. in place of sth w miejsce czegoś

placed [ˈpleist] ◊ be (well) placed być w (dobrym) położeniu

placement [ˈpleismənt] 1. umieszczanie 2. praktyka zawodowa

placid [ˈplæsid] spokojny

plagiarism [ˈpleidʒərism] plagiat

plagiarize (*także* **plagiarize**) [ˈplei-dʒəraiz] popełniać plagiat

plague [ˈpleig] 1. zaraza 2. plaga 3. dręczyć 4. nękać

plaice [pleis], *lm* **plaice** flądra, płastuga

plain [plein] 1. równina 2. (*przed-miot*) nieozdobny 3. (*ubranie*) zwykły, prosty 4. (*fakt, stwierdze-nie*) jasny, oczywisty 5. (*z przy-miotnikiem*) po prostu, zwyczaj-nie 6. (*kobieta*) pospolity
plain sailing [ˌpleinˈseiliŋ] zwykła sprawa

plain-clothes [ˌpleinˈklouðz] nie-umundurowany, w cywilnym u-braniu

plainly [ˈpleinli] 1. najwidoczniej 2. wyraźnie 3. otwarcie

plaintiff [ˈpleintif] *praw* powód

plaintive [ˈpleintiv] żałosny

plait [plæt] 1. zaplatać 2. warkocz 3. lina splatana

plan [plæn] 1. plan, program 2. pla-nować (*także for sth* coś) 3. zamie-rzać (podjąć)
plan out zaplanowywać

plane [plein] 1. *nieform* samolot 2. *termin* (*w geometrii*) płaszczyzna 3. (*hebel:*) strug 4. *lit* (*wyso-kość:*) poziom 5. (*drzewo:*) pla-tan 6. (*drewno*) heblować ◊ 7. by

plane samolotem, powietrzem
planet ['plænit] planeta
planetarium [,plæni'teəriəm] planetarium
planetary ['plænitəri] planetarny
plank [plæŋk] 1. deska 2. punkt programu 3. pokrywać deskami
plankton ['plæŋktən] plankton
planner ['plænə] planista
planning ['plæniŋ] 1. planowanie 2. gospodarka planowa
plant [plɑ:nt] 1. roślina 2. (*przemysłowy*) fabryka, zakład 3. elektrownia 4. (*przemysłowe*) maszyny produkcyjne 5. (*rośliny*) sadzić, obsadzać 6. (*ziemię*) uprawiać 7. (*szpiega, bombę*) umieszczać 7. (*fałszywe dowody*) podkładać, podstawiać
plantation [plɑ:n'teiʃən] plantacja
planter ['plɑ:ntə] plantator
plaque [plæk] 1. tablica 2. plakietka 3. osad
plasma ['plæzmə] osocze
plaster ['plɑ:stə] 1. gips, tynk 2. plaster (opatrunkowy) 3. tynkować ◊ 4. in plaster w gipsie
plaster cast [,plɑ:stə'kɑ:st] opatrunek gipsowy
plaster of Paris [,plɑ:stər əv 'pæris] gips
plastered ['plɑ:stəd] 1. przyklejony (*to sth* do czegoś) 2. nasmarowany (*with sth* czymś) 3. obklejony 4. *nieform* uchlany
plastic ['plæstik] 1. plastik 2. plastikowy 3. *form* plastyczny
plasticine ['plæstisi:n] plastelina
plate [pleit] 1. talerz 2. (*metalowa*) płyta 3. (*z nazwiskiem*) tabliczka 4. (*w książce*) rycina 5. (*dentystyczna*) płytka 6. (*zastawa:*) naczynia (z drogiego materiału), pla-

tery 7. (*w kościele*) taca 8. (*platerować:*) pokrywać
plate glass [,pleit'glɑ:s] szkło taflowe
plateau ['plætou], *lm* plateaus *lub* plateaux 1. płaskowyż 2. punkt krańcowy
platform ['plætfo:m] 1. platforma 2. podwyższenie, estrada 3. peron 4. deklaracja programowa 5. (*w tramwaju*) pomost
platinum ['plætinəm] 1. platyna 2. platynowy
platitude ['plætitju:d] banał
platonic [plə'tonik] platoniczny
platoon [plə'tu:n] pluton
platter ['plætə] *US przest* półmisek
plausible ['plo:zəbəl] przekonujący
play [plei] 1. grać (*sth* w coś, (*against*) *sb* przeciw komuś, *the piano* na fortepianie) 2. (*o dzieciach*) bawić się (*at* w) 3. (*żarty*) robić, stroić 4. *nieform* odgrywać, być 5. udawać (*he played dead* udawał umarłego) 6. (*taśmę, płytę*) przegrywać, przesłuchiwać 7. *lit* (*o świetle*) igrać 8. (*dramaturgiczna*) sztuka 9. (*dzieci*) zabawa 10. (*np. planszowa*) gra ◊ 11. *form* *come/be brought* into play wchodzić do zastosowania 12. play for time grać na czas
play back odtwarzać
play down bagatelizować, pomniejszać
play off rozgrywać (*A against B* A przeciw B)
play up 1. *nieform* nawalać 2. *nieform* dokazywać
play on words [,plei on 'wə:dz] gra słów
play-act ['pleiækt] grać komedię

player ['pleiə] 1. gracz, zawodnik 2. muzyk (*piano player* pianista) 3. *przest* aktor

playful ['pleiful] 1. żartobliwy 2. skłonny do zabawy

playground ['pleigraund] podwórko, plac zabaw

playing card ['pleiiŋkɑ:d] karta do gry

playing field ['pleiiŋfi:ld] boisko, stadion

playmate ['pleimeit] *form* towarzysz zabawy, kolega

playoff ['pleiof] *sport* dogrywka

playpen ['pleipen] kojec (dla dziecka)

plaything ['pleiθiŋ] *form* zabawka

playtime ['pleitaim] (*w szkole*) duża przerwa

playwright ['pleirait] dramaturg

plea [pli:] 1. *form* błaganie ◇ 2. *praw* plea of (non-)guilty (nie)przyznanie się do winy

plead [pli:d], **pleaded** (*lub US* pled [pled]), **pleaded** (*lub US* pled) 1. błagać (*with sb for sth* kogoś o coś) 2. *form praw* bronić, wstawiać się (*for sb* za kogoś) 3. powoływać się (*sth* na coś), przedstawiać (*that sth* że coś) ◇ 4. plead (not) guilty (nie) przyznawać się do winy 5. plead sb's case, plead the case for sb bronić czyjejś sprawy

pleading ['pli:diŋ] 1. błagalny 2. błaganie

pleasant ['plezənt] przyjemny, miły

pleasantry ['plezəntri] *form* uprzejmość

please [pli:z] 1. proszę 2. zadowalać 3. chcieć (*do as you please* rób jak chcesz) ◇ 4. *form* if you please jeśli pan pozwoli 5. *nieform* please yourself jak sobie chcesz

pleased [pli:zd] 1. zadowolony ◇ 2. pleased to meet you bardzo mi miło

pleasing ['pli:ziŋ] *form* zadowalający, przyjemny

pleasurable ['pleʒərəbəl] *form* radosny

pleasure ['pleʒə] 1. radość, przyjemność ◇ 2. it is a pleasure *lub* my pleasure to ja dziękuję 3. with pleasure z przyjemnością 4. do sb the pleasure of doing sth sprawić komuś przyjemność zrobienia czegoś

pleat [pli:t] plisa

pleated ['pli:tid] plisowany

plebeian [pli:'bi:ən] plebejski

plebiscite ['plebisit] plebiscyt

pledge [pledʒ] 1. zobowiązanie, przyrzeczenie 2. deklarować, składać deklaracje 3. zobowiązywać (*oneself to sth* się do (zrobienia) czegoś)

plenipotentiary [,plenipə'tenʃəri] pełnomocnik

plentiful ['plentiful] obfity

plenty ['plenti] dużo (*of sth* czegoś)

plethora ['pleθərə] *form* nadmiar

pleurisy ['pluərisi] *med* zapalenie opłucnej

pliable ['plaiəbəl] podatny

pliers ['plaiəz] kombinerki

plight [plait] *form* dola, trudne położenie

plimsoll ['plimsəl] adidas, tenisówka

plinth [plinθ] cokół

plod [plod] 1. wlec się 2. męczyć się

plodder ['plodə] 1. wytrwały pracownik, 2. kujon

plonk [ploŋk] 1. zwalać 2. *nieform* jabol, jabcok (*wino*)

plop [plop] *nieform* 1. pluśnięcie 2.

pluskać

plot [plot] 1. spisek 2. (*powieści, filmu*) fabuła, akcja 3. (*ziemi*) działka 4. spiskować, konspirować 5. (*położenie*) wyznaczać 6. (*wykres*) przedstawiać graficznie

plough (*US* plow) [plau] 1. pług 2. orać 3. przedzierać się 4. wpadać (*into* na) 5. pompować

ploy [ploi] chwyt

pluck [plʌk] 1. *lit* zrywać 2. *form* ciągnąć, wyciągać 3. skubać 4. grać (*the guitar* na gitarze) 5. odwaga ◇ 6. **pluck up the courage** zbierać się na odwagę

plug [plʌg] 1. wtyczka 2. *nieform* gniazdko 3. korek, zatyczka 4. zatykać 5. *nieform* wychwalać **plug in(to)** podłączać

plum [plʌm] 1. śliwka 2. śliwkowy 3. *nieform* znakomity, rewelacyjny

plumage [ˈpluːmidʒ] upierzenie

plumb [plʌm] 1. sondować, zgłębiać 2. pion 3. pionowy 4. całkowicie ◇ 5. **plumb the depths of sth** docierać na dno czegoś, zgłębiać coś

plumber [ˈplʌmə] hydraulik

plumbing [ˈplʌmiŋ] 1. instalacja hydrauliczna 2. prace hydrauliczne

plume [ˈpluːm] pióro

plummet [ˈplʌmit] spadać w dół

plump [plʌmp] pulchny **plump for** *nieform* decydować się (*sth* na coś) **plump up** ubijać, wytrzepywać

plunder [ˈplʌndə] 1. *nieform* plądrować, łupić 2. plądrowanie, łupienie 3. łup

plunge [plʌndʒ] 1. wpadać 2. (*nóż*) zatapiać 3. (*w ciemności, w chaosie*) pogrążać (się) (*into* w) 4. (*do pracy*) rzucać się (*into* w, do) 5. (*o poziomie, cenie*) spadać 6. (*do

wody) wpadnięcie 7. (*noża*) zatopienie 8. (*ceny*) spadek ◇ 9. **take the plunge** ryzykować

plunger [ˈplʌndʒə] przepychacz do rur

pluperfect [ˌpluːˈpəːfikt] *gram* zaprzeszły (czas)

plural [ˈpluərəl] 1. *form* pluralistyczny 2. *form* wieloosobowy 3. *gram* mnogi 4. *gram* **the p.** liczba mnoga

plus [plʌs] 1. plus 2. dodać 3. więcej niż, ponad 4. dodatni **plus sign** [ˈplʌssain] znak dodawania

plush [plʌʃ] *nieform* luksusowy

plutonium [pluːˈtouniəm] pluton (*pierwiastek*)

ply [plai] 1. zasypywać 2. kursować (*a route* po trasie) 3. wykonywać 4. warstwa (*three-ply* trzywarstwowy)

plywood [ˈplaiwud] sklejka

p.m. [ˌpiːˈem] *skrót:* post meridiem po południu (*7 p.m.* godz 19)

pneumatic [njuːˈmætik] pneumatyczny

pneumonia [njuːˈmouniə] zapalenie płuc

PO [ˌpiːˈou] *skrót* (**Post Office**): urząd pocztowy

poach [poutʃ] 1. kłusować 2. plagiaryzować 3. gotować (jajka w koszulkach) 4. dusić

poacher [ˈpoutʃə] kłusownik

PO B(ox) *skrót* (**Post Office Box**) skrytka pocztowa

pocket [ˈpokit] 1. kieszeń 2. miejsce 3. kieszonkowy 4. wkładać do (swojej) kieszeni ◇ 5. **out of pocket** bez pieniędzy 6. **pick sb's pocket** okradać kogoś **pocket knife** [ˈpokitnaif] scyzoryk

pocket money ['pokitmʌni] kieszonkowe

pocketbook ['pokitbuk] 1. notatnik 2. *US* portfelik

pocketful ['pokitful] (pełna) kieszeń

pockmark ['pokmɑ:k] blizna po ospie

pod [pod] strączek

podgy ['podʒi] *nieform* tłustawy

poem ['pouim] wiersz

poet ['pouit] poeta

poetic(al) [pou'etik(əl)] 1. poetyczny 2. poetycki

poetry ['pouətri] poezja

poignant ['poinjənt] przejmujący, dojmujący

point [point] 1. punkt 2. punkt widzenia 3. (*aspekt*) stroną 4. (*celowość*) sens 5. (*np. igły*) koniec, koniuszek 6. (*kolejowa*) zwrotnica 7. (*czasu*) chwila 8. (*elektryczne*) gniazdko 9. (*kierunek*) wskazywać (*at/to* *na/w kierunku na*) 10. (*broń*) wymierzać (*at sb* w kogoś) 11. (*w stronę*) kierować (się) ◇ 12. **have a point** mieć rację 13. **the point (is that ...)** sedno sprawy (w tym, że ...) 14. **two point six** (*pisane:* 2.6) dwa i sześć dziesiątych (=[2,6]) 15. **be beside the point** nie mieć nic do rzeczy 16. **be to the point** być do rzeczy

point of view [,pointəv'vju:] punkt widzenia

point out 1. pokazywać 2. wskazywać

point-blank [,point'blæŋk] 1. bez ogródek 2. z bliska

pointed ['pointid] 1. zaostrzony 2. znaczący

pointer ['pointə] wskazówka

pointless ['pointlis] bezsensowny

poise [poiz] 1. opanowanie, równowaga 2. utrzymywać w równowadze

poised ['poizd] 1. przygotowany (*for* do, na) 2. zrównoważony, opanowany

poison ['poizən] 1. trucizna 2. truć, otruwać 3. zatruwać

poisonous ['poizənəs] 1. trujący 2. *form* jadowity

poke [pouk] 1. szturchać 2. dłubać 3. wpychać 4. wystawiać (*through* przez) 5. szturchnięcie

poke about/around *nieform* grzebać

poker ['poukə] 1. poker 2. pogrzebacz

poky ['pouki] *nieform* maluśki, przymały

polar ['poulə] 1. biegunowy 2. *form* diametralnie różny

polar bear [,poulə'beə] niedźwiedź polarny

polarity [pə'læriti] przeciwieństwo, sprzeczność

polarize (*także* **polarise**) ['pouləraiz] polaryzować (się)

pole [poul] 1. tyczka, słup 2. biegun ◇ 3. **be poles apart** być krańcowo różny

pole star ['poulstɑ:] gwiazda polarna

pole vault ['poulvo:lt] skok o tyczce

police [pə'li:s] 1. **the p.** policja 2. chronić (siłami policji)

police officer [pə'li:s ofisə] policjant

police station [pə'li:s steiʃən] komisariat

policeman [pə'li:smən], *lm* **policemen** [pə'li:smən] policjant policewoman [pə'li:swumən], *lm* policewomen [pə'li:swimin] policjantka

policy ['polisi] 1. polityka 2. *termin* polisa

polio ['pouliou] polio, paraliż dziecięcy

Polish ['pouliʃ] polski

polish ['poliʃ] 1. pasta, krem 2. polor 3. pastować, kremować 4. polerować
polish off *nieform* załatwić się (*sth* z czymś), zakończyć

polished ['poliʃt] 1. nienaganny 2. pełen poloru, dystyngowany

polite [pə'lait] 1. uprzejmy (*to* dla) 2. wyższy

politic [pə'litiks] 1. dyplomatyczny, rozważny 2. rozsądny 3. -s polityka 4. -s zasady polityczne 5. -s nauki polityczne

political [pə'litikəl] 1. polityczny 2. upolityczniony

politician [,poli'tiʃən] polityk

poll [poul] 1. ankietowanie, badanie 2. głosowanie 3. ankietować 4. zdobywać

pollen ['polən] pyłek (kwiatowy)

pollinate ['polineit] zapylać

polling ['pouliŋ] głosowanie

pollutant [pə'lu:tənt] substancja zanieczyszczająca środowisko

pollute [pə'lu:t] zanieczyszczać

pollution [pə'lu:ʃən] 1. zanieczyszczanie środowiska 2. zanietzyszczenie

polo ['poulou] polo (*gra*)

polo-necked ['polounekt] (*sweter*) z golfem

poly ['poli] *nieform* politechnika

polyester [,poli'estə] poliester

polyethylene *US* [,poli'eθəli:n] polietylen

polygamy [pə'ligəmi] poligamia

polygon ['poligən] wielokąt

polystyrene [,poli'stairi:n] polistyren

polytechnic [,poli'teknik] politechnika

polythene ['poliθi:n] polietylen

pomegranate ['pomigrænit] granat (*owoc*)

pomp [pomp] (*uroczystość*) pompa

pompous ['pompəs] *pejor* pompatyczny

pond [pond] staw

ponder ['pondə] *lit* rozmyślać, rozpatrywać

ponderous ['pondərəs] *lit* 1. ciężki 2. niezgrabny

pong [poŋ] *BR nieform* 1. smród 2. (*śmierdzieć*) jechać (*sth* czymś)

pontiff ['pontif] 1. arcykapłan 2. papież

pontoon [,pon'tu:n] 1. ponton 2. oko (*gra*)

pony ['pouni] kucyk

ponytail ['pouniteil] kucyk, koński ogon

poodle ['pu:dəl] pudel

pooh [pu:] *nieform* fe

pool [pu:l] 1. sadzawka 2. (*pływacki*) basen 3. (*wody*) kałuża 4. (*pieniędzy*) pula 5. wspólny fundusz 6. bilard (*gra*) 7. *BR* the -s totalizator piłkarski 8. (*zasoby*) gromadzić (*razem*)

poor [po:] 1. biedny 2. niedobry 3. ubogi (*in* w)

pop [pop] 1. muzyka pop 2. *nieform* napój (gazowany) 3. tatuś 4. (*korka butelki*) pęknięcie 5. (*o oczach*) wyłazić (na wierzch) 6. *nieform* wrzucać 7. (*np. zza krzaka, na kawę*) wyskakiwać 8. (*jak korek butelki*) pukać ◊ 9. pop! bum!

popcorn ['pɒpkɔ:n] prażona kukurydza

Pope [pɒup] papież

poplar ['pɒplə] topola

popper ['pɒpə] *BR* zatrzask

poppy ['pɒpi] mak

populace ['pɒpjələs] *form* populacja

popular ['pɒpjələ] 1. popularny (*with, among* wśród) 2. *form* powszechny

popularize (*także* **popularise**) ['pɒpjuləraiz] popularyzować

popularly ['pɒpjələli] 1. (*zwany*) popularnie 2. (*przyjmowany*) powszechnie

populate ['pɒpjəleit] zasiedlać

population [ˌpɒpjə'leiʃən] 1. ludność 2. populacja

populous ['pɒpjələs] *form* ludny

porcelain ['pɔ:səlin] porcelana

porch [pɔ:tʃ] 1. *US* weranda 2. ganek

porcupine ['pɔ:kjəpain] jeżozwierz

pore [pɔ:] por
pore over ślęczeć (*sth* nad czymś)

pork [pɔ:k] wieprzowina

porn [pɔ:n] *nieform* pornografia

pornography [pɔ:'nɒgrəfi] pornografia

porous ['pɔ:rəs] porowaty

porpoise ['pɔ:pəs] morświn

porridge ['pɒridʒ] owsianka

port [pɔ:t] 1. port 2. miasto portowe 3. lewa burta, bakburta 4. portwajn 5. (*burta*) lewy

portable ['pɔ:təbəl] przenośny

portal ['pɔ:təl] *lit* portal

portcullis ['pɔ:tkʌlis] krata (*spuszczana w twierdzy*)

portend [pɔ:'tend] *form* zwiastować, wróżyć

portent ['pɔ:tənt] *form* zwiastun, znak

portentous [pɔ:'tentəs] *form* wróżący

porter ['pɔ:tə] 1. portier 2. bagażowy

porthole ['pɔ:thɒul] (*na statku*) bulaj, okienko

portico ['pɔ:tikɒu] *form* portyk

portion ['pɔ:ʃən] 1. część 2. porcja 3. dzielić

portly ['pɔ:tli] *przest* przysadzisty

portrait ['pɔ:trit] portret

portray [pɔ:'trei] 1. przedstawiać 2. portretować

portrayal [pɔ:'treiəl] 1. przedstawienie 2. portret

pose [pɒuz] 1. pozować 2. podawać się (*as* za) 3. przedstawiać 4. *form* zadawać 5. poza

posh [pɒʃ] *nieform* 1. elegancki, modny 2. znakomity, z wyższej klasy

position [pə'ziʃən] 1. pozycja 2. położenie 3. *form* miejsce, posada 4. *form* podejście 5. ustawiać, lokować (*oneself* się) ◇ 6. in position na (właściwym) miejscu 7. be in no position to do sth nie mieć możliwości zrobienia czegoś

positive ['pɒzitiv] 1. absolutnie pewny (*about* co do) 2. (*postawa*) pozytywny 3. (*dowód*) przekonujący, definitywny 4. (*próba, liczba*) dodatni 5. (*o cesze*) zdecydowany 6. *gram* (stopień) równy 7. *mat* liczba dodatnia 8. *fot* pozytyw

positively ['pɒzitivli] 1. zdecydowanie 2. *nieform* naprawdę

possess [pə'zes] 1. *form* posiadać 2. *lit* zawładnąć

possession [pə'zeʃən] 1. posiadanie 2. *także* -s mienie ◇ 3. take possession of sth brać coś w posiadanie

possessive [pə'zesiv] **1.** zaborczy (*about* wobec) **2.** objawiający swój instynkt posiadania (*about* wobec) **3.** *gram* dzierżawczy

possessor [pə'zesə] *form* posiadacz

possibility [‚posi'biliti] możliwość

possible ['posibəl] **1.** możliwy ◇ **2.** as soon as possible jak najszybciej

possibly ['posibli] **1.** możliwie **2.** w ogóle **3.** oczywiście **4.** może

post [poust] **1.** (*także* the p.) *BR* poczta **2.** słup(ek) **3.** *form* stanowisko, pozycja **4.** *BR* (*nadawać*) wysyłać (pocztą) **5.** kierować (na stanowisko) **6.** (*posterunki*) rozmieszczać **7.** ogłaszać
    post office ['poust ofis] **1.** urząd pocztowy **2.** the p. poczta

postage ['poustidʒ] opłata pocztowa
    postage stamp ['poustidʒ stæmp] *form* znaczek (pocztowy)

postal ['poustəl] pocztowy
    postal order ['poustəl ‚o:də] *BR* przekaz pocztowy

post-box ['poustboks] skrzynka pocztowa

postcard ['poustkɑ:d] kartka pocztowa, widokówka

postcode ['poustkoud] *BR* kod pocztowy

postdate [‚poust'deit] postdatować

poster ['poustə] plakat

posterity [pə'steriti] *form* potomność

postgraduate [‚poust'grædju:ət] **1.** podyplomowy **2.** student podyplomowy

posthumous ['postjuməs] pośmiertny

postman ['poustmən], *lm* postmen ['poustmən] listonosz

postmark ['poustmɑ:k] stempel pocztowy

postmaster ['poustmɑ:stə] pocztmistrz, naczelnik poczty

post-mortem [‚poust'mo:təm] sekcja zwłok

postpone [pəst'poun] odkładać, odraczać

postscript ['poustskript] postscriptum

posture ['postʃə] **1.** postawa **2.** *form* pozować

post-war [‚poust'wo:] powojenny

posy ['pouzi] bukiecik, wiązanka

pot [pot] **1.** garnek, rondel **2.** (*do herbaty, kawy*) czajniczek, dzbanek **3.** (*farby*) puszka **4.** (*na kwiaty*) doniczka **5.** *nieform* marihuana **6.** (*kwiaty*) sadzić (w doniczce)

potato [pə'teitou] ziemniak

potent ['potənt] *form* potężny

potency ['poutənsi] **1.** siła, potęga **2.** potencja

potentate ['poutənteit] *form* potentat

potential [pə'tenʃəl] **1.** potencjalny **2.** możliwości, zdolności **3.** potencjał

potentiality [pə‚tenʃ'iæliti] *form* możliwości

pothole ['pothoul] dziura (w jezdni)

potholing ['pothouliŋ] sport speleologiczny

potion ['pouʃən] napój

potted ['potid] **1.** doniczkowy **2.** konserwowany **3.** skrócony

potter ['potə] garncarz
    potter about/around *BR nieform* zabawiać się

pottery ['potəri] **1.** ceramika **2.** garncarstwo **3.** zakład ceramiczny

potty ['poti] **1.** nocnik **2.** *nieform*

stuknięty

pouch [pautʃ] 1. woreczek 2. torba, worek

pouf (*także* **pouffe**) [pu:f] puf

poultry ['poultri] drób

pounce [pauns] rzucać się (*on/upon* na)

pound [paund] 1. funt (*pieniądz bryt. i miara* =0,45 kg) 2. walić (*także* *sth/on sth* w/o coś) 3. tłuc 4. przechowalnia

pour [po:] 1. sypać (się) 2. lać (się) 3. nalewać (*oneself* sobie, *for sb* komuś) 4. napływać (*in/into* do) 5. pompować, wkładać (*into sth* do czegoś) ◇ 6. **it pours** leje
pour out 1. nalewać 2. wyrzucać z siebie

pout [paut] wydymać (wargi)

poverty ['povəti] bieda, ubóstwo

poverty-stricken ['povəti strikən] cierpiący biedę

powder ['paudə] 1. proch, pył, proszek 2. pudrować (*oneself* się)
powder room ['paudəru:m] toaleta damska

powdered ['paudəd] 1. sproszkowany 2. upudrowany

powdery ['paudəri] 1. sproszkowany 2. sypki

power ['pauə] 1. władza 2. (*mowy*) zdolność 3. (*wybuchu, militarna*) siła 4. (*wiatru, wody*) energia 5. *mat* potęga 6. (*prądem*) zasilać ◇ 7. **in/within sb's power** w czyjejś mocy 8. **take power, come to power** dochodzić do władzy 9. **be in power** być u władzy
power station ['pauə steiʃən] elektrownia

powerful ['pauəful] 1. potężny 2. rewelacyjny, wielki

powerless ['pauəlis] bezsilny

practicable ['præktikəbəl] *form* możliwy

practical ['præktikəl] 1. praktyczny 2. zręczny (manualnie) 3. sprawdzian praktyczny
practical joke kawał, dowcip

practice ['præktis] 1. zwyczaj 2. praktyka 3. praktykowanie 4. trening, ćwiczenie ◇ 5. **put sth into practice** stosować coś

practise (*US* **practice**) ['præktis] 1. stosować 2. praktykować 3. uprawiać 4. trenować, ćwiczyć

practised ['præktist] wprawny

practitioner [præk'tiʃənə] praktyk, praktykujący (lekarz)

pragmatic [præg'mætik] pragmatyczny

pragmatism ['prægmətizəm] *form* pragmatyzm

prairie ['preəri] preria

praise [preiz] 1. chwalić 2. *form* sławić 3. pochwała 4. *form* chwała

praiseworthy ['preizwə:ði] *form* godny pochwały

pram [præm] wózek (dziecięcy)

prance [prɑ:ns] 1. paradować 2. tańczyć

prank [præŋk] *przest* psikus

prattle ['prætəl] *nieform* 1. gaworzyć, paplać 2. gaworzenie, paplanina

prawn [pro:n] krewetka

pray [prei] modlić się (*for* o)

prayer ['preiə] modlitwa

preach [pri:tʃ] 1. wygłaszać kazanie 2. głosić

preacher ['pri:tʃə] kaznodzieja

preamble [pri:'æmbəl] *form* wstęp

prearrange [pri:ə'reindʒ] przygotować z góry

precarious [pri'keəriəs] 1. niebezpieczny 2. niepewny

precaution [pri'ko:ʃən] środek o-
strożności/zapobiegawczy
precautionary [pri'ko:ʃənəri] *form*
zapobiegawczy
precede [pri'si:d] *form* poprzedzać
precedence ['presidəns] *form* pierwszeństwo
precedent ['presidənt] *form* precedens
precept ['pri:sept] *form* reguła
precinct ['pri:siŋkt] **1.** *BR* strefa ruchu pieszego **2.** *BR* dzielnica sklepowa **3.** *US* okręg (policyjny) **4.**
form -s siedziba, teren
precious ['preʃəs] **1.** drogocenny **2.**
afektowany **3.** *nieform* znakomity
◇ **4. precious little/few** zupełnie niewiele
precipice ['presipis] przepaść
precipitate [pri'sipiteit] **1.** *form* wywoływać **2.** *chem* osadzać **3.** *chem*
osad **4.** *form* pośpieszny, pochopny
precipitous [pri'sipitəs] stromy,
przepastny
précis ['preisi], *lm* **précis** ['preisiz]
skrót, streszczenie
precise [pri'saiz] **1.** dokładny, precyzyjny ◇ **2. to be precise** dokładnie mówiąc
precisely [pri'saisli] **1.** dokładnie,
precyzyjnie **2.** właśnie **3.** właśnie
tak
precision [pri'siʒən] precyzja, dokładność
preclude [pri'klu:d] *form* nie dopuszczać (*sb from doing sth* aby
ktoś coś zrobił)
precocious [pri'kouʃəs] wcześnie
rozwinięty
preconceived [,pri:kən'si:vd] z góry
powzięty
preconception [,pri:kən'sepʃən] z

góry przyjęta opinia
precondition [,pri:kən'diʃən] *form*
warunek wstępny (*for/of sth* czegoś)
precursor [pri:'kə:sə] *form* prekursor (*of/to sth* czegoś)
predator ['predətə] drapieżnik
predatory ['predətəri] drapieżny
predecessor ['pri:disesə] poprzednik
predestination [pri:,desti'neiʃən]
predestynacja
predestined [,pri:'destind] *form* pre-
destynowany
predetermined [,pri:di'tə:mind]
form z góry ustalony
predicament [pri'dikəmənt] złe położenie
predicate ['pridikət] *gram* orzeczenie
predicative [pri'dikətiv] predyka-
tywny
predict [pri'dikt] przepowiadać
predictable [pri'diktəbəl] przepo-
wiadalny
prediction [pri'dikʃən] przepowied-
nia
predilection [,pri:di'lekʃən] *form*
predylekcja
predispose [,pri:di'spouz] *form* u-
sposabiać (*sb to sth* kogoś do czegoś)
predisposition [,pri:dispə'ziʃən]
form predyspozycja
predominance [pri'dominəns] *form*
przewaga, dominacja
predominant [pri'dominənt] *form*
dominujący
predominantly [pri'dominəntli]
przeważnie
predominate [pri'domineit] *form*
dominować
pre-eminent [pri:'eminənt] dominujący

preen [pri:n] 1. (*pióra*) czyścić ◇ 2. (*oneself*) stroić się

prefab ['pri:fæb] *BR nieform* dom z prefabrykatów

prefabricated [pri'fæbrikeitid] prefabrykowany

preface ['prefis] 1. przedmowa 2. poprzedzać (*with/by sth* czymś)

prefect ['pri:fekt] *BR* prefekt, dyżurny (klasowy)

prefer [pri'fə:] 1. woleć, preferować (*A to B* A od B) 2. chcieć (*sb to do sth* aby ktoś coś zrobił)

preferable ['prefərəbəl] lepszy (*to sth* niż coś)

preference ['prefərəns] 1. preferencja, upodobanie 2. pierwszeństwo, preferencje

preferential [,prefə'ren∫əl] uprzywilejowany

prefix ['pri:fiks] *gram* przedrostek, prefiks

pregnancy ['pregnənsi] ciąża

pregnant ['pregnənt] ciężarny

prehistoric [,pri:hi'storik] prehistoryczny, prymitywny

prejudge [pri:'dʒʌdʒ] oceniać z góry

prejudice ['predʒudis] 1. uprzedzenie 2. preferencja

prejudiced ['predʒudist] 1. uprzedzony (*against sb* wobec kogoś) 2. stronniczy (*in favour of* dla kogoś)

prelate ['prelət] prałat

preliminary [pri'liminəri] 1. wstępny 2. -s wstępne czynności

prelude ['prelju:d] preludium (*to sth* do czegoś)

premarital [,pri:'mæritəl] przedmałżeński

premature ['premət∫uə] przedwczesny

premier ['premjə] 1. premier 2. *form* główny, najważniejszy

premiere ['premieə] premiera

premise ['premis] 1. *form* przesłanka 2. -s siedziba, teren ◇ 3. on the premises na miejscu

premium ['pri:miəm] 1. premia 2. składka, opłata (ubezpieczeniowa) ◇ 3. at a premium (a) w cenie (b) powyżej wartości nominalnej

premonition [,premə'ni∫ən] przeczucie

preoccupation [,pri:okj'pei∫ən] główne zajęcie, troska

preoccupied [pri:'okjəpaid] zajęty (*with sth* czymś)

preparation [,prepə'rei∫ən] 1. przygotowanie 2. *form* preparat

preparatory [pri'pærətəri] *form* przygotowawczy, przygotowujący

preparatory school [pri'pærətəri sku:l] *BR form* prywatna szkoła podstawowa

prepare [pri'peə] przygotowywać (*oneself* się, *for* do)

prepared [pri'peəd] 1. przygotowany (*for sth* na coś) 2. gotowy

prepay [,pri'pei] opłacać z góry

preponderance [pri'pondərəns] *form* przewaga

preposition [,prepə'zi∫ən] *gram* przyimek

preposterous [pri'postərəs] niedorzeczny

prerequisite [,pri:'rekwizit] *form* warunek wstępny/zasadniczy

prerogative [pri'rogətiv] *form* prerogatywa

prescribe [pri'skraib] 1. zapisywać 2. *form* nakładać

prescription [pri'skrip∫ən] 1. recepta 2. przepisane lekarstwa

presence ['prezəns] 1. obecność 2. prezencja 3. coś niewidzialnego

presence of mind [‚prezəns əv'maind] przytomność umysłu

present I. ['prezənt] **1.** obecny **2.** the p. teraźniejszość **3.** *gram* (czas) teraźniejszy **4.** prezent ◇ **5.** for the present w chwili obecnej, na teraz **II.** [pri'zent] **6.** przedstawiać (*A to B* A B) **7.** (*dar, nagrodę*) ofiarowywać, darowywać (*sb with sth* komuś coś) **8.** (*sposobność*) itself nadarzać się ◇ **9.** present oneself (*na spotkanie*) stawiać się

present participle [‚prezənt 'pɑ:tisipəl] imiesłów przymiotnikowy

presentable [pri'zentəbəl] dobrze się prezentujący

presentation [‚prezən'teiʃən] **1.** przedstawianie **2.** prezencja **3.** ceremonia ofiarowania (wręczenia) **4.** inscenizacja

present-day ['prezəntdei] obecny

presenter [pri'zentə] prezenter

presently ['prezəntli] **1.** wkrótce **2.** obecnie

preservation [‚prizə'veiʃən] **1.** zachowanie **2.** stan

preservative [pri'zə:vətiv] środek konserwujący

preserve [pri'zə:v] **1.** zachowywać **2.** *form* konserwować **3.** przetwory (wekowane)

preside [pri'zaid] *form* prezydować, przewodniczyć (*over/at sth* *czemuś/na czymś*)

presidency ['prezidənsi] prezydentura

president ['prezidənt] **1.** prezydent **2.** przewodniczący, prezes

presidential [‚prezi'denʃəl] prezydencki

press [pres] **1.** przyciskać **2.** (*guzik, pedał*) naciskać (*sth/on sth* na

coś) **3.** (*ubranie*) prasować **4.** (*domagać się*) cisnąć (*for sth* o coś) **5.** (*dawać*) wciskać (*sb on/upon sth* coś komuś) **6.** (*sprawę, zażalenie*) kierować na drogę sądową **7.** the p. prasa, dziennikarze **8.** (*guzika*) naciśnięcie **9.** (*prasa*) maszyna drukarska

press conference [pres 'kɔnfərəns] konferencja prasowa

press cutting [pres 'kʌtiŋ] wycinek prasowa

press on kontynuować

pressed ['prest] sb is pressed for sth komuś brak czegoś

pressing ['presiŋ] nagły

pressure ['preʃə] **1.** nacisk **2.** ciśnienie **3.** presja **4.** naciskać, zmuszać (*sb into doing sth* kogoś, by coś zrobił) ◇ **5.** put pressure on sb wywierać nacisk na kogoś

pressure cooker ['preʃə kukə] szybkowar

pressure group ['preʃə gru:p] grupa nacisku

pressurize (*także* pressurise) ['preʃəraiz] skłaniać naciskiem (*sb into doing sth* aby ktoś coś zrobił)

pressurized (*także* pressurised) ['preʃəraizd] ciśnieniowy, hermetyczny

prestige [pre'sti:ʒ] prestiż

prestigious [pre'stidʒiəs] prestiżowy

presumably [pri'zju:məbli] przypuszczalnie

presume [pri'zju:m] przypuszczać, sądzić ◇ **2.** A is presumed (ill) przypuszcza się, że A jest (chory)

presumption [pri'zʌmpʃən] przypuszczenie, mniemanie

presumptuous [pri'zʌmptʃuəs] arogancki, zarozumiały

presuppose [‚pri:sə'pouz] *form* zakładać z góry

presupposition [ˌpriːsʌpəˈziʃən] *form* założenie

pretence (*US* **pretense**) [priˈtens] 1. pretekst, pozór ◇ 2. **make a pretence of doing sth** udawać, że się coś robi

pretend [priˈtend] udawać

pretension [priˈtenʃən] aspiracje, pretensje

pretentious [priˈtenʃəs] pretensjonalny

pretext [ˈpriːtekst] pretekst

pretty [ˈpriti] 1. ładny 2. *nieform* całkiem ◇ 3. *nieform* **pretty much, pretty well** prawie

prevail [priˈveil] 1. panować 2. przeważać (*over* nad)

prevalent [ˈprevələnt] panujący, dominujący

prevent [priˈvent] 1. zapobiegać (*sb from doing sth* aby ktoś coś zrobił) 2. powstrzymywać (*sb from doing sth* kogoś przed zrobieniem czegoś)

prevention [priˈvenʃən] zapobieganie

preventive [priˈventiv] zapobiegawczy

preview [ˈpriːvjuː] 1. pokaz przedpremierowy 2. przegląd (przed wydarzeniem)

previous [ˈpriːviəs] poprzedni

previously [ˈpriːvjəsli] 1. poprzednio 2. wcześniej

pre-war [ˌpriːˈwoː] przedwojenny

prey [prei] 1. żer, zdobycz ◇ 2. **fall prey to** padać ofiarą
prey on żerować (*sth* na czymś)

price [prais] 1. cena 2. wyceniać ◇ 3. **at any price** za jakąkolwiek cenę 4. **at a price** za pewną cenę

priceless [ˈpraislis] bezcenny

prick [prik] 1. nakłuwać, przekłuwać 2. kłuć 3. ukłucie
prick up ◇ **prick up one's ears** nastawiać

prickle [ˈprikəl] 1. kolec 2. kłucie, uczucie kłucia 3. kłuć (*with sth* z powodu czegoś)

prickly [ˈprikli] 1. kłujący 2. drażliwy

pride [praid] 1. duma 2. pycha ◇ 3. **take pride in sth** być dumnym z czegoś 4. **have/take pride of place** mieć główne miejsce 5. **pride oneself** szczycić się (*on sth* czymś)

priest [priːst] 1. ksiądz 2. kapłan, duchowny

priestess [ˈpriːstəs] kapłanka

priesthood [ˈpriːsthud] **the p.** stan kapłański, kapłaństwo

prig [prig] zarozumialec

prim [prim] sztywny

primaeval [praiˈmiːvəl] pierwotny

primarily [ˈpraimərili] zasadniczo, przede wszystkim

primary [ˈpraiməri] 1. główny, zasadniczy 2. podstawowy 3. *US* wybory wstępne

primate [ˈpraimit] 1. prymas 2. małpa naczelna

prime [praim] 1. najwyższy, najważniejszy 2. (*o jakości*) najlepszy 3. (*przykład*) znakomity 4. (*życia*) najlepszy okres 5. (*dawać instrukcje*) instruować, przygotowywać (*sb with sth* kogoś do czegoś) 6. (*przed malowaniem*) gruntować

Prime Minister [ˌpraim ˈministə] premier

primer [praiˈmiːvəl] 1. elementarz 2. grunt, podkład

primeval [praiˈmiːvəl] pierwotny

primitive ['primitiv] 1. prymitywny 2. pierwotny

primrose ['primrouz] pierwiosnek

prince [prins] książę

princely ['prinsli] książęcy

princess [prin'ses] księżna, księżniczka

principal ['prinsipəl] 1. zasadniczy, główny 2. dyrektor

principality [,prinsi'pæliti] księstwo

principally ['prinsipəli] głównie

principle ['prinsipəl] 1. zasada 2. prawo ◇ 3. in principle w zasadzie 4. on principle z zasady, na gruncie zasad

principled ['prinsipəld] pryncypialny

print [print] 1. drukować 2. pisać drukowanymi literami 3. druk 4. odbitka 5. ślad ◇ 6. out of print wyczerpany

printer ['printə] 1. drukarz, drukarnia 2. *komp* drukarka

printout ['printaut] wydruk

prior ['praiə] 1. uprzedni 2. pierwszy, ważniejszy 3. przeor ◇ 4. *form* prior to przed

prioress ['praiəris] przeorysza

priority [prai'oriti] 1. rzecz priorytetowa 2. pierwszeństwo

priory ['praiəri] klasztor

prise (*także* prize) [praiz] otworzyć (wyłamując), oswobodzić

prism ['prizəm] 1. pryzmat 2. graniastosłup

prison ['prizən] więzienie

prisoner ['prizənə] 1. więzień 2. jeniec ◇ 3. be taken prisoner dostawać się do niewoli
    prisoner of war [,prizənərəv'wo:] jeniec wojenny

pristine ['pristi:n] *form* nieskazitelny

privacy ['praivəsi] 1. odosobnienie, osobność 2. życie osobiste/prywatne

private ['praivit] 1. prywatny 2. osobisty 3. osobny, indywidualny 4. odosobniony, pełen rezerwy 5. szeregowiec, szeregowy ◇ 6. in private na osobności
    private parts [,praivit 'pɑ:ts] genitalia

privation [prai'veiʃən] *form* niedostatek, brak

privatize (*także* privatise) ['praivətaiz] prywatyzować

priviledge ['privilidʒ] 1. przywilej 2. zaszczyt, honor

priviledged ['privilidʒd] uprzywilejowany

privy ['privi] *form* wtajemniczony (*to sth* w coś)

prize [praiz] 1. nagroda 2. nagrodzony 3. wyborowy, godny nagrody 4. cenić 5. otworzyć (wyłamując), oswobodzić

pro [prou] 1. *nieform* profesjonalista ◇ 2. the pros and cons argumenty za i przeciw

probability [,probə'biliti] 1. prawdopodobieństwo 2. możliwość ◇ 3. in all probability według wszelkiego prawdopodobieństwa

probable ['probəbəl] prawdopodobny, możliwy

probably ['probəbli] prawdopodobnie

probation [prə'beiʃən] 1. okres próbny, staż 2. zawieszenie wyroku (*pozostawienie skazanego pod nadzorem sądowym*)
    probation officer [prə'beiʃən ,ofisə] kurator sądowy

probationer [prə'beiʃənə] osoba pod nadzorem sądowym

probe [proub] 1. badać 2. sondować 3. wybadywanie, sondowanie
4. *med* sonda

probity ['proubiti] *form* uczciwość

problem ['probləm] 1. problem 2.
trudny ◊ 3. no problem nie ma
problemu

problematic(al) [,problə'mætik(əl)]
form problematyczny

procedural [prə'si:djurəl] procedu-
ralny

procedure [prə'si:dʒə] procedura

proceed [prə'si:d] 1. zabierać się
(*to/with sth* do czegoś) 2. (*dalej*)
przechodzić, iść 3. (*o przygotowaniach*) postępować 4. *form* (*iść*)
podążać, udawać się 5. *form* (*podejmować od nowa*) kontynuować
(*with sth* coś) 6. -s (*pieniężny*)
zysk, dochód

proceedings [prə'si:diŋz] 1. *praw*
postępowanie prawne 2. działania
3. sprawozdania

process ['prousəs] 1. proces 2. przetwarzać ◊ 3. be in the process
of doing sth być w trakcie robienia czegoś

process(ed) cheese [,prousəs(t)
'tʃi:z] topiony ser

procession [prə'seʃən] procesja

proclaim [prə'kleim] *form* ogłaszać

proclamation [,proklə'meiʃən] pro-
klamacja

procrastinate [prə'kræstineit] *form*
zwlekać

procreate ['proukrieit] *form* rozmnażać się, rodzić

procure [prə'kjuə] *form* uzyskać

prod [prod] 1. szturchać 2. popychać, ponaglać 3. szturchnięcie 4.
ponaglanie

prodigal ['prodigəl] *lit* marnotrawny

prodigious [prə'didʒis] *form* zadzi-

wiająco wielki

prodigy ['prodidʒi] 1. cud ◊ 2.
child prodigy cudowne dziecko

produce I. [prə'dju:s] 1. produkować 2. (*skutki, porozumienie*) wytwarzać, wywoływać 3. (*potomstwo, światło*) rodzić, tworzyć 4.
(*dowody*) okazywać, przedstawiać
5. (*przedmiot*) wyciągać 6. (*w teatrze*) inscenizować 7. (*w filmie*)
być producentem (*the film was
produced by A* producentem filmu
był A) II. ['prodju:s] 8. produkt

producer [prə'dju:sə] producent

product ['prodʌkt] 1. wyrób, produkt 2. wytwór

production [prə'dʌkʃən] 1. produkcja 2. inscenizacja 3. okazanie,
przedstawienie

productive [prə'dʌktiv] 1. produk-
tywny 2. owocny

productivity [,prodʌk'tiviti] pro-
duktywność

profane [prə'fein] *form* 1. świecki 2.
nie wtajemniczony 3. bluźnierczy
4. profanować

profess [prə'fes] 1. wyznawać 2.
twierdzić

profession [prə'feʃən] 1. profesja,
zawód 2. pracownicy ◊ 3. by
profession z zawodu

professional [prə'feʃənəl] 1. profe-
sjonalny, zawodowy 4. profesjonalista, fachowiec 5. zawodowiec

professionalism [prə'feʃənəlizəm]
profejonalizm

professor [prə'fesə] profesor

proffer ['profə] *form* 1. przedstawiać
2. ofiarowywać

proficiency [prə'fiʃənsi] biegłość (*in*
w)

proficient [prə'fiʃənt] wprawny, biegły (*in/at* w)

profile ['proufail] **1.** profil **2.** sylwetka ◇ **3. in profile** z profilu
profit ['profit] **1.** zysk **2.** *form* korzystać (*from/by* z)
profitable ['profitəbəl] **1.** dochodowy **2.** korzystny
profound [prə'faund] głęboki
profuse [prə'fju:s] *form* obfity
profusion [prə'fju:ʒən] *form* obfitość
progeny ['prodʒəni] potomstwo
prognosis [pro'gnousis] *form* **1.** prognoza **2.** *med* rokowania
program (*BR: nie komp* programme) ['prougræm] **1.** program **2.**
programować
programer (*BR też* programmer)
['prougræmə] programista
progress I. ['prougres] **1.** postęp(y)
II. [prə'gres] **2.** postępować naprzód **3.** przechodzić (*to sth* do
czegoś) ◇ **4. in progress** w toku
progression [prə'greʃən] *form* **1.**
przejście **2.** progresja
progressive [prə'gresiv] **1.** postępowy, progresywny **2.** stopniowy
prohibit [prə'hibit] zabraniać (*sb
from doing sth* komuś robienia czegoś)
prohibition [ˌprouhi'biʃən] *form* zakaz
prohibitive [prə'hibitiv] zbyt duży
project I. ['prodʒekt] **1.** projekt **2.**
(*naukowe*) studium **II.** [prə'dʒekt]
3. projektować **4.** (*przyszłą liczbę*) oceniać **5.** (*przezrocza*) wyświetlać, pokazywać, rzucać **6.**
form (*o skale*) sterczeć, wystawać
projection [prə'dʒekʃən] **1.** ocena
2. *form* występ, część wystająca
3. projekcja
projector [prə'dʒektə] projektor
proletarian [ˌproulə'teəriən] *termin*
proletariacki

proletariat [ˌproulə'teəriət] *termin*
proletariat
proliferate [prə'lifəreit] *form* mnożyć się, rozprzestrzeniać się
prolific [prə'lifik] *form* płodny
prologue (*US* prolog) ['prouloug]
prolog, wstęp
prolong [prə'loŋ] przedłużać
prolonged [prə'loŋd] przedłużający
się, długi
promenade [ˌpromə'nɑ:d] **1.** promenada **2.** *form* przechadzać się
prominent ['prominənt] **1.** ważny **2.**
prominentny **3.** widoczny
promiscuous [prə'miskjuəs] swobodny, nie przebierający
promiscuity [ˌpromis'kju:iti] promi-
skuityzm
promise ['promis] **1.** obiecywać **2.**
zapowiadać (się) **3.** obietnica **4.**
zapowiedź
promising ['promisiŋ] dobrze się zapowiadający, obiecujący
promontory ['proməntəri] cypel
promote [prə'mout] **1.** propagować
2. promować, awansować
promoter [prə'moutə] **1.** sponsor **2.**
propagator
promotion [prə'mouʃən] **1.** awans
2. promocja **3.** popieranie
prompt ['promt] **1.** pobudzać **2.**
podpowiadać **3.** bezzwłoczny **4.**
nieform dokładnie
prompter ['promtə] sufler
prompting ['promtiŋ] podpowiada-
nie, wskazówka
promptly ['promtli] **1.** natychmiast
2. dokładnie
prone [proun] **1.** *form* (leżący) na
brzuchu **2.** skłonny (*to sth* do czegoś)
prong [proŋ] ząb (*widelca*)
pronoun ['prounaun] *gram* zaimek

pronounce [prə'nauns] 1. wymawiać 2. *form* ogłaszać 3. *form* wygłaszać

pronounced [prə'naunst] wyraźnie się odznaczający

pronouncement [prə'naunsmənt] wypowiedź

pronunciation [prə‚nʌnsi'eiʃən] wymowa

proof [pru:f] 1. dowód 2. (*zwykle* -s) korekta 3. próba

prop [prop] 1. podpierać (*A on/ /against B* A na/o B) 2. podpora 3. podpórka 4. -s rekwizyty
prop up 1. opierać 2. podtrzymywać

propaganda [‚propə'gændə] *pejor* propaganda

propagate ['propəgeit] 1. *form* szerzyć 2. *termin* rozmnażać

propel [prə'pel] 1. wyrzucać 2. popychać

propeller [prə'pelə] 1. śmigło 2. śruba

propensity [prə'pensiti] *form* skłonność (*for/to* do)

proper ['propə] 1. właściwy 2. sam (*not in Cracow proper* nie w samym Krakowie)
proper noun [‚propə 'naun] rzeczownik własny

properly ['propəli] właściwie, odpowiednio

property ['propəti] 1. własność 2. *form* posiadłość 3. właściwość

prophecy ['profisi] proroctwo

prophesy ['profisai] wieszczyć, prorokować

prophet ['profit] prorok

prophetic [prə'fetik] proroczy

proportion [prə'po:ʃən] 1. (pewna) część 2. proporcja 3. -s rozmiary ◇ 4. **in proportion to sth** w stosunku do czegoś

proportional [prə'po:ʃənəl] proporcjonalny (*to sth* w stosunku do czegoś)

proportionate [prə'po:ʃənət] proporcjonalny (*to sth* w stosunku do czegoś)

proposal [prə'pouzəl] 1. propozycja, sugestia 2. oświadczyny

propose [prə'pouz] 1. sugerować, proponować 2. wysuwać, przedkładać 3. wznosić 4. oświadczać się (*to sb* komuś)

proposition [‚propə'ziʃən] 1. stwierdzenie 2. propozycja 3. *nieform* wysuwać seksualne propozycje

propound [prə'paund] *form* przedkładać, proponować

proprietary [prə'praiətəri] prawnie zastrzeżony

proprietor [prə'praiətə] właściciel

propriety [prə'praiəti] *form* przyzwoitość

propulsion [prə'pʌlʃən] *termin* napęd

prosaic [prou'zæik] prozaiczny

prose [prouz] proza

prosecute ['prosikju:t] *praw* ścigać sądownie, oskarżać

prosecution [‚prosi'kju:ʃən] *praw* 1. ściganie/dochodzenie sądowe 2. **the p.** oskarżenie

prosecutor ['prosikju:tə] *US* oskarżyciel

prospect I. ['prospekt] 1. perspektywa (*of/for sth* czegoś) 2. -s szanse powodzenia II. [prə'spekt] 3. prowadzić poszukiwania (*for sth* czegoś) (*np. złota*)

prospective [prə'spektiv] potencjalny

prospectus [prə'spektəs] prospekt

prosper ['prospə] prosperować

prosperity [pro'speriti] powodzenie, koniunktura

prosperous ['prospərəs] dobrze prosperujący

prostitute ['prostitju:t] **1.** prostytutka **2.** prostytuować (*oneself* się)

prostitution [,prosti'tju:ʃən] prostytucja

prostrate I. ['prostreit] **1.** leżący na twarzy **II.** [pro'streit] ◇ **2.** prostrate oneself padać na twarz

protagonist [prə'tægənist] *form* **1.** propagator **2.** bohater, protagonista

protect [prə'tekt] chronić

protection [prə'tekʃən] ochrona, osłona

protective [prə'tektiv] **1.** ochronny **2.** opiekuńczy (*towards sb* wobec kogoś)

protégé(e) ['protiʒei] protegowany

protein ['prouti:n] białko

protest I. [prə'test] **1.** protestować (*about/against/at* wobec) **2.** *US* oprotestowywać **3.** zapewniać (*sth* o czymś) **II.** ['proutest] **4.** protest

Protestant ['protistənt] protestant

protestation [,protə'steiʃən] *form* zapewnienie

protocol ['proutəkol] konwencje protokolarne

protracted [prə'træktid] przełużony

protrude [prə'tru:d] *form* wystawać

protuberance [prə'tju:bərəns] *form* wypukłość

proud [praud] dumny (*of sth* z czegoś)

prove [pru:v], **proved**, **proved** *lub* **proven** [pru:vən] **1.** udowadniać, wykazywać **2.** okazywać się

proverb ['provə:b] przysłowie

proverbial [prə'və:biəl] przysło-

wiowy

provide [prə'vaid] zaopatrywać, dostarczać (*sth for sb* coś komuś), (*sb with sth* komuś coś)

  provide for 1. troszczyć się, dbać (*sb* o kogoś) **2.** *form* przewidywać

provided [prə'vaidid] (*także* **provided (that)**) pod warunkiem, (że)

providence ['providəns] *lit* opatrzność

providential [,provi'denʃəl] opatrznościowy

providing [prə'vaidiŋ] (*także* **providing (that)**) pod warunkiem, (że)

province ['provins] **1.** prowincja, region ◇ **2. in the provinces** na prowincji

provincial [prə'vinʃəl] prowincjonalny

provision [prə'viʒən] **1.** dostarczanie, udzielanie **2.** postanowienie, klauzula **3.** -s prowiant ◇ **4. make provision for sth** zabezpieczyć się na wypadek czegoś **5. make provision for sb** zabezpieczać kogoś

provisional [prə'viʒənəl] tymczasowy, prowizoryczny

proviso [prə'vaizou] **1.** warunek ◇ **2. with the proviso** pod warunkiem

provocation [,provə'keiʃən] prowokacja, zaczepka

provocative [prə'vokətiv] **1.** prowokujący, wyzywający **2.** prowokacyjny, drażniący

provoke [prə'vouk] **1.** prowokować (*sb into doing sth* kogoś, by coś zrobił) **2.** wywoływać

prow [prau] (*statku*) dziób

prowess ['prauis] *form* możliwości,

zdolności

prowl [praul] skradać się

proximity [prok'simiti] *form* bliskość

proxy ['proksi] ◇ **by proxy** przez pełnomocnika

prude [pru:d] *pejor* osoba pruderyjna, świętoszek

prudent ['pru:dənt] rozsądny, roztropny

prudish ['pru:diʃ] pruderyjny

prune [pru:n] 1. śliwka suszona 2. obcinać (gałęzie)

pry [prai] wtrącać się (*into sth* do czegoś)

psalm [sɑ:m] psalm

pseudonym ['sju:dənim] pseudonim

psyche ['saiki] psychika

psychiatric [‚saiki'ætrik] psychiatryczny

psychiatrist [sai'kaiətrist] psychiatra

psychiatry [sai'kaiətri] psychiatria

psychic(al) ['saikik(əl)] 1. *form* psychiczny 2. metapsychiczny, nadnaturalny

psycho ['saikou] *nieform* wariat, psychiczny

psychoanalyse (*US* **psychoanalyze**) [‚saikou'ænəlaiz] stosować psychoanalizę

psychological [‚saikə'lodʒikəl] psychologiczny

psychology [sai'kolədʒi] 1. psychologia 2. *nieform* psychika

psychopath ['saikəpæθ] psychopata

psychosis [sai'kousis] **psychoses** [sai'kousi:z] *med* psychoza

psychotherapy [‚saikou'θerəpi] psychoterapia

PTO (*skrót pisany*: **please turn over**) verte

pub [pʌb] *nieform* pab, bar

puberty ['pju:bəti] dojrzewanie

pubic ['pju:bik] łonowy

public ['pʌblik] 1. ogół, publiczność 2. (*poparcie, opinia*) powszechny 3. (*wydatki*) państwowy, budżetowy 4. (*roboty*) publiczny 5. (*postać, oświadczenie*) oficjalny 6. (*miejsce*) otwarty (dla wszystkich) ◇ 7. **general public** ogół społeczeństwa 8. **in public** publicznie

public company [‚pʌblik 'kʌmpəni] spółka akcyjna

public convenience [‚pʌblik kən'vi:niəns] *BR* toaleta publiczna

public holiday [‚pʌblik 'holidei] święto państwowe

public house [‚pʌblik 'haus] *BR form* bar, pab

public relations [‚pʌblik ri'leiʃnz] 1. służba informacyjna 2. opinia publiczna

public relations officer [‚pʌblik ri‚leiʃənz 'ofisə] rzecznik prasowy

public school [‚pʌblik 'sku:l] 1. *BR* szkoła prywatna (*ekskluzywna, z internatem*) 2. *US* szkoła powszechna (podstawowa)

publican ['pʌblikən] właściciel pabu, barman

publication [‚pʌbli'keiʃən] publikacja

publicise (*także* **publicize**) ['pʌblisaiz] rozreklamowywać

publicist ['pʌblisist] publicysta

publicity [pʌb'lisiti] 1. reklama 2. rozgłos

publicize ['pʌblisaiz] rozreklamowywać

public-spirited [‚pʌblik'spiritid] społecznikowski

publish ['pʌbliʃ] 1. publikować 2. wydawać

publisher ['pʌbliʃə] wydawca

puce [pju:s] purpurowoczerwony

pucker ['pʌkə] marszczyć się, wzdymać się

pudding ['pudiŋ] 1. pudding, budyń 2. *BR nieform* deser

puddle ['pʌdəl] kałuża

puerile ['pjuərail] *form* dziecięcy

puff [pʌf] 1. pociągać, pykać 2. sapać 3. pociągnięcie, pyknięcie 4. sapnięcie 5. kłębek
  puff out wydymać
  puff pastry [,pʌf'peistri] ciasto francuskie

puffed ['pʌft] 1. spuchnięty 2. (*także* **puffed out**) *nieform* zadyszany

puffin ['pʌfin] maskonur (*ptak*)

puffy ['pʌfi] obrzmiały

pull [pul] 1. ciągnąć (*at sth* za coś) 2. (*ramię*) (wy)szarpnąć 3. (*np. z wody*) wyciągać 4. (*firankę*) zaciągać 5. *nieform* (*tłumy*) pociągać (*za sobą*) 6. (*mięśnie*) naciągać 7. ciągnięcie ◇ 8. **pull sth *apart/to pieces*** rozbierać, rozwalać
  pull apart rozdzielać (*sb* kogoś)
  pull away ruszać
  pull down burzyć
  pull in podjeżdżać, zatrzymywać się
  pull off *nieform* 1. ściągać 2. *nieform* dokonywać (*sth* czegoś)
  pull on naciągać
  pull out 1. wyjeżdżać, odjeżdżać 2. wychodzić, wydostawać się (*of sth* z czegoś) 3. wycofywać się (*of sth* z czegoś)
  pull over zjeżdżać na bok
  pull through 1. wychodzić (*an illness* z choroby) 2. wyciągać (*pull sb through an illness* wyciągać kogoś z choroby)
  pull together 1. współpracować

◇ 2. **pull yourself together** weź się w garść
  pull up 1. zatrzymywać się 2. przysuwać

pulley ['puli] blok, krążek

pullover ['puluuvə] pulower

pulp [pʌlp] 1. miazga 2. miąższ 3. pulpa 4. literatura brukowa 5. miażdżyć

pulpit ['pulpit] ambona

pulpy ['pʌlpi] miąższysty

pulsate [pʌl'seit] pulsować

pulse [pʌls] 1. puls, tętno 2. pulsowanie 3. ziarno warzyw strączkowych 4. pulsować

pulverize ['pʌlvəraiz] 1. rozbijać na proszek 2. rozbijać w pył

puma ['pju:mə] puma

pumice ['pʌmis] pumeks

pummel ['pʌməl] bić pięściami

pump [pʌmp] 1. pompa 2. (*rowerowa*) pompka 3. (*benzyny*) dystrybutor 4. (*obuwie*) -s tenisówki 5. (*wodę, pieniądze*) pompować 6. *nieform* (*zasięgać informacji*) naciskać (*sb about sth* kogoś w sprawie czegoś)

pumpkin ['pʌmpkin] dynia

pun [pʌn] kalambur, gra słów

punch [pʌntʃ] 1. uderzać 2. wybijać 3. uderzenie 4. przebijak, dziurkarka 5. poncz

punch-line ['pʌntʃlain] pointa

punch-up ['pʌntʃʌp] *BR nieform* bijatyka

punchy ['pʌntʃi] dobitny

punctual ['pʌnktʃuəl] punktualny

punctuate ['pʌnktʃueit] *form* 1. przerywać (*by/with sth* czymś) 2. stosować interpunkcję

punctuation [,pʌnktʃu'eiʃən] interpunkcja
  punctuation mark [,pʌnktʃu'ei-

ʃən mɑːk] znak interpunkcyjny

puncture [ˈpʌŋktʃə] 1. dziura, przebicie dętki 2. dziurawić

pundit [ˈpʌndit] *nieform* mędrzec, znawca

pungent [ˈpʌndʒənt] ostry

punish [ˈpʌniʃ] karać (*sb for sth* kogoś za coś)

punishable [ˈpʌniʃəbəl] karalny (*by (law)* prawem)

punishment [ˈpʌniʃmənt] kara (*for* za)

punitive [ˈpjuːnitiv] karzący, karny

punk [pʌŋk] 1. punk 2. punkowy

punt [pʌnt] 1. płaskodenna łódź 2. płynąć na pych

punter [ˈpʌntə] *BR nieform* 1. gracz (*na wyścigach konnych*) 2. gość, klient

puny [ˈpjuːni] maleńki

pup [pʌp] 1. szczeniak 2. młode

pupil [ˈpjuːpəl] 1. uczeń 2. źrenica

puppet [ˈpʌpit] 1. marionetka 2. marionetkowy

puppy [ˈpʌpi] szczenię

purchase [ˈpəːtʃəs] *form* 1. nabywać 2. nabycie 3. nabytek

purchaser [ˈpəːtʃəsə] *form* nabywca

pure [pjuə] 1. czysty 2. *nieform* całkowity, zupełny

purée [ˈpjuərei] 1. purée 2. robić purée

purely [ˈpjuəli] całkowicie

purgatory [ˈpəːgətəri] czyściec

purge [pəːdʒ] 1. oczyszczać (*of/from* z) 2. przeprowadzać czystkę 3. oswobadzać (*oneself* się, *of sth* z/od czegoś) 4. czystka

purify [ˈpjuərifai] oczyszczać

purist [ˈpjuərist] purysta

puritan [ˈpjuəritən] 1. purytanin 2. purytański

puritanical [ˌpjuəriˈtænikəl] pury-

tański

purity [ˈpjuəriti] czystość

purple [ˈpəːpəl] purpurowy

purport [pəˈpoːt] *form* 1. twierdzić, zapewniać 2. istota, znaczenie

purpose [ˈpəːpəs] 1. cel 2. celowość ◇ 3. **on purpose** specjalnie, rozmyślnie

purpose-built [ˌpəːpəsˈbilt] specjalnie zbudowany

purposeful [ˈpəːpəsful] celowy

purposeless [ˈpəːpəslis] bezcelowy

purposely [ˈpəːpəsli] celowo, rozmyślnie

purr [pəː] 1. mruczeć 2. pomrukiwać 3. warczeć 4. pomruk

purse [pəːs] 1. *BR* portmonetka 2. *US* torebka 3. ściągać

purser [ˈpəːsə] (*na statku*) oficer finansowy, płatnik

pursue [pəˈsjuː] *form* 1. ścigać 2. oddawać się 3. prowadzić 4. zmierzać (*sth* do czegoś) 5. wnikać (*sth* w coś)

pursuit [pəˈsjuːt] *form* 1. pogoń (*of sth* za czymś) 2. oddawanie się (*of sth* czemuś) 3. zajęcie, hobby

purvey [pəːˈvei] *form* dostarczać

pus [pʌs] *med* ropa

push [puʃ] 1. pchać 2. (*przycisk*) naciskać 3. (*w tłumie*) przepychać się (*between/through przez*) 4. (*np. o inflacji*) popychać (*up//down* w górę/dół) 5. (*przynaglać*) naciskać (*sb into doing sth* na kogoś, by coś zrobił) 6. (*forsować*) nastawać (*for sth* na coś) 7. *nieform* (*w reklamie*) promować 8. *nieform* (*narkotyki*) sprzedawać 9. (*popchanie*) pchnięcie 10. (*przycisku*) naciśnięcie 11. ruch, dążenie (*fo sth* do czegoś) ◇ 12. *BR nieform* **give sb the push** (a) wyle-

wać kogoś (b) rzucać kogoś
push ahead iść naprzód
push aside odpychać
push in wpychać się
push off *nieform* zabierać się
push on jechać dalej
push through przepychać, przeforsowywać
pushchair ['puʃtʃeə] *BR* wózek spacerowy
pushed ['puʃt] ◇ *nieform* be pushed for sth nie mieć czegoś
pusher ['puʃə] *nieform* handlarz narkotykami
pushover ['puʃouvə] *nieform* igraszka, zabawka
pushy ['puʃi] *nieform* idący po trupach
puss [pus] *nieform* kicia
pussy (cat) ['pusi (kæt)] *nieform* kicia
put [put] put, put 1. kłaść, położyć 2. (*ogłoszenie, kogoś w szpitalu*) umieszczać 3. (*w słowa*) ujmować 4. (*pytanie*) kierować (*to sb* do kogoś) 5. (*w sytuacji*) stawiać 6. (*koszt*) szacować 7. (*odpowiedzialność*) nakładać (*sth (up)on sb* coś na kogoś)
put about (*wiadomości*) rozpowszechniać
put across przekazywać, wyrażać
put away odkładać (na miejsce)
put back 1. odkładać 2. opóźniać 3. zwracać, stawiać z powrotem
put by odkładać, oszczędzać
put down 1. położyć 2. tłumić 3. zapisywać 4. usypiać, uśmiercać 5. składać
put forward proponować, przedkładać
put in 1. instalować 2. wkładać (*sth* w coś) 3. składać 4. składać

podanie (*for sth* o coś)
put off 1. gasić 2. odkładać 3. zbijać z tropu 4. odrzucać (*sth od czegoś*)
put on 1. wkładać 2. (*usługi*) organizować 3. (*wagę, pozę*) przybierać (*weight* na wadze) 4. (*urządzenie*) włączać 5. (*obiad, płytę*) nastawiać 6. (*na wyścigach*) stawiać (*sth* na czymś) ◇ 7. *nieform* be putting sb on robić kogoś w konia
put out 1. wystawiać 2. (*informację, ogłoszenie*) wydawać, ogłaszać 3. (*światło*) gasić 4. (*rękę*) wyciągać 5. (*irytować*) peszyć 6. *nieform* (*kończynę*) zwichnąć ◇ 7. **put oneself out** (*kłopotać się*) wyłazić ze skóry
put through 1. łączyć 2. zmuszać (*sth* do czegoś)
put up 1. stawiać 2. (*plakaty*) wieszać 3. (*ceny*) podnosić 4. (*przedsięwzięcie*) finansować 5. (*opór*) stawiać, wydawać 6. (*na noc*) lokować
put up with pogodzić się (*sth* z czymś)
putrid ['pju:trid] *form* zgniły
putty ['pʌti] kit
puzzle ['pʌzəl] 1. zadziwiać 2. łamać sobie głowę (*over sth* nad czymś) 3. układanka, łamigłówka 4. zagadka
pygmy ['pigmi] pigmej, liliput
pyjamas (*US* **pajamas**) [pə'dʒɑ:məz] piżama
pylon ['pailən] maszt, słup (wysokiego napięcia)
pyramid ['pirəmid] 1. piramida 2. ostrosłup
Pyrex ['paireks] szkło żaroodporne
python ['paiθən] pyton

Q

quack [kwæk] 1. kwakać 2. kwakanie 3. znachor

quad [kwod] *skrót — patrz wyrazy*: quadrangle, quadruple, quadruplet

quadrangle ['kwodræŋgəl] (kwadratowy) plac/podwórze

quadruped ['kwodrupəd] *form* zwierzę czworonożne

quadruple ['kwodrupəl] 1. zwiększać (się) czterokrotnie 2. *form* czterokrotnie

quadruplets ['kwodruplits] czworaczki

quagmire ['kwogmaiə] trzęsawisko

quaint [kweint] przedziwny

quake [kweik] 1. trząść się 2. *nieform* trzęsienie

qualification [ˌkwolifiˈkeiʃən] 1. wykształcenie 2. -s kwalifikacje 3. zastrzeżenie

qualified ['kwolifaid] 1. wykwalifikowany, dyplomowany 2. z zastrzeżeniami ◇ 3. be qualified to do sth mieć kwalifikacje, by coś robić

qualify ['kwolifai] 1. otrzymywać dyplom (*as sb* jako ktoś), otrzymywać kwalifikacje 2. modyfikować 3. zdobywać uprawnienia (*for sth* do czegoś) 4. zakwalifikowywać się

qualitative ['kwolitətiv] jakościowy

quality ['kwoliti] 1. jakość 2. wysoka jakość 3. zaleta 4. cecha

qualm [kwɑ:m] skrupuły, wątpliwość

quandary ['kwondəri] ◇ in a quandary w trudnej sytuacji

quantitative ['kwontitətiv] ilościowy

quantity ['kwontiti] 1. ilość ◇ 2. in quantity w dużych ilościach

quarantine ['kworənti:n] 1. kwarantanna 2. odbywać kwarantannę

quarrel ['kworəl] 1. kłótnia 2. obiekcje (*with sth* wobec czegoś) 3. kłócić się 4. *form* kwestionować

quarrelsome ['kworəlsəm] kłótliwy

quarry ['kwori] 1. kamieniołom 2. zdobycz 3. wydobywać

quart [kwo:t] kwarta (*ok. 1 l*)

quarter ['kwo:tə] 1. ćwierć 2. (*część godziny*) kwadrans (*a quarter *to/ /(US) of* three* za kwadrans trzecia, *a quarter past three (US of three)* kwadrans po trzeciej) 3. (*część roku*) kwartał 4. (*waga*) ćwierć funta 5. (*moneta*) ćwierć dolara 6. (*w mieście*) dzielnica 7. (*grupa ludzi*) kręgi 8. (*mieszkanie*) kwatera 9. (*dzielić*) ćwiartować 10. (*żołnierzy*) kwaterować

quarter-final [ˌkwo:təˈfainəl] ćwierćfinał

quarterly ['kwo:təli] 1. kwartalnie 2. kwartalnik

quartermaster ['kwo:təmɑ:stə] kwatermistrz

quartet [kwo:'tet] kwartet

quartz [kwo:ts] 1. kwarc 2. kwarcowy

quash [kwoʃ] unieważniać, anulować

quaver ['kweivə] 1. drgać 2. mówić drżącym głosem

quay [ki:] nadbrzeże

queasy ['kwi:zi] odczuwający mdłości, czujący się niedobrze

queen ['kwi:n] 1. królowa 2. (*w szachach*) królowa, hetman

queer [kwiə] **1.** dziwaczny **2.** *pejor* homoseksualista, pedał

quell [kwel] **1.** tłumić **2.** zduszać

quench [kwentʃ] gasić

querulous ['kwerjuləs] *form* swarliwy

query ['kweri] **1.** zapytanie, zakwestionowanie **2.** zapytać **3.** sprawdzać, kwestionować

quest [kwest] *lit* poszukiwanie (*for sth* czegoś)

question ['kwestʃən] **1.** pytanie **2.** wątpliwość **3.** problem, zagadnienie **4.** pytać (*about sth* o coś) **5.** kwestionować ◊ **6. beyond question** bez żadnej wątpliwości **7. out of the question** wykluczone **8. in question** wspomniany
question mark ['kwestʃənmɑ:k] znak zapytania
question tag ['kwestʃəntæg] pytanie obcięte

questionable ['kwestʃənəbəl] wątpliwy, kwestionowalny

questionnaire [ˌkwestʃən'eə] kwestionariusz

queue [kju:] **1.** kolejka, ogonek **2.** stać/ustawiać się w kolejce (*up*)

quibble ['kwibəl] **1.** spierać się **2.** obiekcja

quick [kwik] **1.** szybki, prędki **2.** krótki ◊ **3. be quick to do sth** od razu zabrać się do zrobienia czegoś **4. (cut) to the quick** (urazić) *głęboko/do głębi*

quicken ['kwikən] przyspieszać

quicksand ['kwiksænd] ruchome piaski

quick-witted [ˌkwik'witid] bystry, pojętny

quid [kwid], *lm* quid *BR nieform* funt

quiet ['waiət] **1.** cichy **2.** spokojny **3.** dyskretny **4.** cisza, spokój ◊ **5. keep quiet** być cicho
quiet down *US* uspokajać (się)

quieten ['kwaiətən] uspokajać (*down* się)

quill [kwil] **1.** pióro (*ptasie*) **2.** kolec

quilt [kwilt] kołdra

quilted ['kwiltid] ocieplany, watowany

quince [kwins] pigwa

quinine [kwi'ni:n] chinina

quintet [kwin'tet] kwintet

quip [kwip] *przest* dowcipne powiedzenie

quirk [kwə:k] **1.** dziwactwo **2.** zrządzenie (losu)

quit [kwit], quitted *lub* quit *nieform* przestawać, rzucać

quite [kwait] **1.** całkiem, dość **2.** zupełnie ◊ **3. quite a** duży, nielichy (*quite a problem* duży problem) **4.** *form* **quite (so)** właśnie tak

quits [kwits] *nieform* **1.** kwita (*with sb* z kimś) ◊ **2. call it quits** kończyć (spór), godzić się

quiver ['kwivə] **1.** dygotać, trząść się **2.** dygotanie

quiz [kwiz] **1.** kwiz **2.** wypytywać

quizzical ['kwizikəl] porozumiewawczy, kpiący

quota ['kwoutə] limit

quotation [kwou'teiʃən] **1.** cytat **2.** *nieform* oferta, stawka
quotation mark [kwou'teiʃən mɑ:k] cudzysłów

quote [kwout] **1.** cytować **2.** (*prawo, fakty*) przytaczać **3.** (*wyceniać*) podawać stawkę (*for sth* za coś) **4.** (*autora*) przytoczenie **5.** (*za pracę*) stawka **6.** *nieform* -s cudzysłów

quotient ['kwouʃənt] iloraz

R

rabbi ['ræbai] rabin

rabbit ['ræbit] królik

rabble ['ræbəl] tłum, ciżba

rabid ['ræbid] 1. zażarty, zaciekły 2. wściekły

rabies ['reibi:z] wścieklizna

raccoon *US* (*BR* racoon) [rə'ku:n] szop

race [reis] 1. rasa 2. wyścig, bieg 3. ścigać się (*sb/against sb* z kimś) 4. (*przy wyścigach*) przygotowywać (do wyścigów) 5. pędzić, mknąć 6. (*o sercu*) walić

racecourse ['reisko:s] *BR* tor wyścigowy

racehorse ['reisho:s] koń wyścigowy

racetrack ['reistræk] tor wyścigowy

racial ['reiʃəl] rasowy

racialism ['reiʃəlizəm] rasizm

racing ['reisiŋ] wyścigi

racism ['reisizəm] rasizm

racist ['reisist] rasista

rack [ræk] 1. półka (na bagaże) 2. bagażnik (dachowy) 3. suszarka (na naczynia) 4. *lit* udręczyć ◇ 5. **rack one's brains** łamać sobie głowę 6. **go rack and ruin** popadać w ruinę

racket ['rækit] 1. (*także* racquet) rakieta 2. *nieform* (wielki) hałas 3. *nieform* oszustwo, szwindel

racoon *BR* (*US* raccoon) [rə'ku:n] szop

racy ['reisi] z werwą, pikantny

radar ['reidɑ:] radar

radiance ['reidiəns] promieniowanie, blask

radiant ['reidiənt] 1. rozpromieniony 2. rozjarzony

radiate ['reidieit] 1. rozchodzić się promieniście 2. promieniować

radiation [ˌreidi'eiʃən] promieniowanie, radiacja

radiator ['reidieitə] 1. grzejnik, kaloryfer 2. chłodnica

radical ['rædikəl] 1. radykał 2. radykalny 3. zasadniczy, fundamentalny

radii ['reidiai] *patrz* radius: *lm*

radio ['reidiou] 1. radio 2. radiowy 3. łączyć się (drogą radiową) ◇ 4. **on the radio** w radiu

radioactive [ˌreidiou'æktiv] radioaktywny

radioactivity [ˌreidiouæk'tiviti] radioaktywność

radiography [ˌreidi'ogrəfi] radiografia, prześwietlenie

radiology [ˌreidi'ələdʒi] radiologia, rentgenologia

radiotherapy [ˌreidiou'θerəpi] radioterapia, naświetlanie

radish ['rædiʃ] rzodkiewka

radius ['reidiəs], *lm* radii ['reidiai] promień

raffle ['ræfəl] loteria

raft [rɑ:ft] 1. tratwa 2. (gumowa) tratwa ratunkowa 3. materac nadmuchiwany

rafter ['rɑ:ftə] krokiew

rag [ræg] 1. szmata 2. -s łachmany 3. *nieform* szmata, brukowiec 4. *nieform* nabijać się 5. *BR* festyn studencki (*na cele dobroczynne*)

ragbag ['rægbæg] *pejor* śmietnik

rage [reidʒ] 1. wściekłość 2. *nieform* (*w modzie*) szaleństwo 3. wściekać się 4. szaleć

ragged ['rægid] 1. (*ubranie*) podarty 2. (*człowiek*) w łachmanach, obdarty 3. (*np. brzeg*) nierówny 4. (*praca*) niestaranna

raging ['reidʒiŋ] wściekły, oszalały
raid [reid] **1.** napadać (*sth* na coś) **2.** plądrować, włamywać się **3.** napad, nalot **4.** obława
rail [reil] **1.** poręcz **2.** wieszak **3.** szyna ◇ **4. by rail** pociągiem
railcard ['reilkɑːd] karta (miesięczna na pociąg)
railing ['reiliŋ] balustrada, ogrodzenie
railroad ['reilroud] *US* **1.** kolej **2.** kolejowy
railway ['reilwei] *BR* **1.** kolej **2.** kolejowy
rain [rein] **1.** deszcz **2.** padać (*it is raining* pada) ◇ **3.** *nieform* **as right as rain** w znakomitym stanie
rainbow ['reinbou] tęcza
raincoat ['reinkout] płaszcz przeciwdeszczowy
raindrop ['rendrop] kropla deszczu
rainfall ['reinfoːl] opady, poziom opadów
rainstorm ['reinstoːm] oberwanie chmury
rainy ['reini] **1.** deszczowy ◇ **2. for a rainy day** na czarny dzień
raise [reiz] **1.** podnosić, unosić **2.** (*pieniądze*) zbierać **3.** (*wspomnienie*) przywoływać **4.** (*dziecko*) wychowywać **5.** (*zwierzęta*) hodować **6.** (*sprawę*) podnosić **7.** *US* (*pieniężna*) podwyżka
raised ['reizd] wyniesiony, wypukły
raisin ['reizin] rodzynka
rajah ['rɑːdʒə] radża
rake [reik] **1.** grabie **2.** *lit przest* rozpustnik **3.** grabić
rake in *nieform* zgarniać
rake up *nieform* **1.** zbierać **2.** *przen* odgrzebywać
rakish ['reikiʃ] zadzierzysty. chwacki

rally ['ræli] **1.** wiec **2.** rajd, wyścig **3.** wymiana (piłek) **4.** zbierać (się) na pomoc **5.** przychodzić do siebie
rally round zbierać się wokół kogoś (do pomocy)
ram [ræm] **1.** walić (jak taranem) **2.** wbijać, walić **3.** tryk, baran ◇ **4. ram home sth** wykazywać dobitnie coś
ramble ['ræmbəl] **1.** wędrówka, wałęsanie się **2.** wałęsać się **3.** mówić od rzeczy (*on*)
rambler ['ræmblə] wędrowiec
rambling ['ræmbliŋ] **1.** rozrzucony, nieregularny **2.** niedorzeczny
ramification [ˌræmifi'keiʃən] rozgałęzienie
ramp [ræmp] rampa, podjazd
rampage ['ræmpidʒ] **1.** panikować, szaleć ◇ **2. go on the rampage** rozszaleć się
rampant ['ræmpənt] szerzący się
rampart ['ræmpɑːt] wał, szaniec
ramshackle ['ræmʃækəl] walący się
ran [ræn] *patrz* run: *II forma*
ranch [ræntʃ] ranczo
rancid ['rænsid] zjełczały
rancour (*US* rancor) ['ræŋkə] *form* uraza, zajadłość
random ['rændəm] **1.** przypadkowy, losowy ◇ **2. at random** na chybił trafił
randy ['rændi] *nieform* podniecony
rang [ræŋ] *patrz* ring: *II forma*
range [reindʒ] **1.** obszar, teren **2.** (*np. działa*) zasięg **3.** (*zainteresowań*) dziedzina **4.** (*obiektów*) wybór **5.** (*cen*) rozpiętość **6.** (*górski*) łańcuch **7.** (*strzelecka*) strzelnica **8.** (*kuchenny*) piec **9.** (*o rozpiętości*) sięgać (*from ... to ...* od ... do ...) **10.** (*o treści*) mieć za-

sięg **11.** *form* (*przedmioty*) ustawiać (w szeregu)

ranger ['reindʒə] strażnik leśny

rank [ræŋk] **1.** stopień, ranga **2. the ranks** szeregowi członkowie, szeregowcy **3.** (*obiektów*) szereg **4.** zaliczać (się) (*as* do), wypadać **5.** (*korupcja*) prawdziwy, czysty **6.** *form* (*woń*) smrodliwy ◇ **7. the rank and file** szeregowi członkowie

rankle ['ræŋkəl] gryźć, leżeć na sercu

ransack ['rænsæk] przetrząsać, przewracać do góry nogami

ransom ['rænsəm] **1.** okup ◇ **2. hold sb to ransom (a)** żądać okupu za coś, **(b)** przyciskać do muru

rant [rænt] wygłaszać tyrady

rap [ræp] **1.** stukać **2.** stuknięcie

rapacious [rə'peiʃəs] *form* chciwy

rape [reip] **1.** gwałcić **2.** gwałt **3.** *form* pogwałcenie, zniewolenie **4.** rzepak

rapid ['ræpid] **1.** prędki **2. -s** porohy

rapier ['reipiə] rapier

rapist ['reipist] gwałciciel

rapport [ræ'po:] zrozumienie, harmonia

rapprochement [ræ'proʃmoŋ] *form* zbliżenie

rapt [ræpt] olśniony, zauroczony

rapture ['ræptʃə] *lit* ekstaza, uniesienie

rapturous ['ræptʃərəs] *lit* entuzjastyczny

rare [reə] **1.** rzadki **2.** krwawy

rarefied ['reərifaid] rozrzedzony

rarely ['reəli] rzadko

rarity ['reəriti] rzadkość

rascal ['rɑ:skəl] *przest* łobuz, hultaj

rash [ræʃ] **1.** zapalczywy, pochopny **2.** wysypka **3.** seria

rasher ['ræʃə] plasterek (*bekonu*)

rasp [rɑ:sp] **1.** chrypieć, zgrzytać **2.** zgrzytanie, chrypienie

raspberry ['rɑ:zbəri] malina

rat [ræt] **1.** szczur **2.** *nieform* podlec ◇ **3. the rat race** wściekłe współzawodnictwo

rate [reit] **1.** tempo **2.** stopa, wysokość **3.** *BR* **-s** podatek lokalowy **4.** mieć opinię, oceniać (*as* jako) **5.** zasługiwać (*sth* na) ◇ **6. at any rate** w każdym bądź razie **7. first rate** pierwszej klasy **8. rate of exchange** kurs wymiany

ratepayer ['reitpeiə] *BR* płatnik podatku lokalowego

rather ['rɑ:ðə] **1.** raczej **2.** dość, całkiem ◇ **3. sb would rather (do sth else)** ktoś wolałby (zrobić coś innego) **4. rather than** a nie; raczej niż

ratification [ˌrætifi'keiʃən] *form* ratyfikacja

ratify ['rætifai] *form* ratyfikować

rating ['reitiŋ] **1.** ocena, zaszeregowanie **2.** klasa **3. -s** klasyfikacja (*ocen, np. programów TV*) **4.** *BR* (szeregowy) marynarz

ratio ['reiʃiou] stosunek, proporcja

ration ['ræʃən] **1.** przydział, racja **2.** racjonować **ration out** wydzielać

rational ['ræʃənəl] **1.** racjonalny **2.** rozsądny

rationale [ˌræʃə'nɑ:l] *form* powody, racje (*of/for sth* czegoś)

rationalise ['ræʃənəlaiz] *patrz* **rationalize**

rationalism ['ræʃənəlizəm] racjonalizm

rationalize (*także* **rationalise**) ['ræʃənəlaiz] **1.** racjonalizować **2.** *BR* usprawniać

rattle ['rætəl] 1. postukiwać, kołatać 2. *nieform* zirytować 3. stukot, stukanie 4. grzechotka

rattlesnake ['rætəlsneik] grzechotnik

ratty ['ræti] 1. szczurzy, szczurowaty 2. *BR nieform* rozsierdzony

raucuous ['ro:kəs] szorstki

ravage ['rævidʒ] 1. druzgotać, niweczyć 2. -s spustoszenia

rave [reiv] 1. wywnętrzać się, wygadywać 2. *nieform* szaleć (z entuzjazmu — *about* wobec) 3. *nieform* szalony entuzjazm 4. *nieform* rozentuzjazmowany

raven ['reivən] 1. kruk 2. kruczoczarny

ravenous ['rævənəs] żarłoczny, wygłodniały

ravine [rə'vi:n] parów

raving ['reiviŋ] *nieform* 1. wariacki, oszalały 2. *nieform* -s brednie

ravish ['ræviʃ] ◇ **be ravished** *lit* być wniebowziętym

ravishing ['ræviʃiŋ] przepiękny

raw [ro:] 1. surowy 2. nieprzetworzony 3. (rana) otwarty, żywy
raw material [ˌro: mə'tiəriəl] 1. surowiec 2. tworzywo

ray [rei] promień

rayon ['reion] wiskoza, sztuczny jedwab

raze [reiz] ◇ *form* **raze to the ground** zrównać z ziemią

razor ['reizə] 1. brzytwa 2. maszynka do golenia
razor blade ['reizə bleid] żyletka

re [ri:] odnośnie, w sprawie

reach [ri:tʃ] 1. (do)sięgać 2. osiągać 3. dochodzić, dojeżdżać 4. kontaktować się (*sb* z kimś) 5. -es partia ◇ 6. **within reach** (a) w zasięgu ręki (b) blisko 7. *bey-

ond/out of** **reach** poza zasięgiem ręki
reach out wyciągnąć (*a hand* rękę)

react [ri'ækt] 1. reagować (*to sth* na coś) 2. postępować (*against sb* wbrew komuś) 3. źle znosić (*to sth* coś) 4. oddziaływać (*with sth* na coś)

reaction [ri'ækʃən] 1. reakcja (*to* na, *against* przeciw) 2. odruch

reactionary [ri'ækʃənəri] 1. reakcyjny 2. reakcjonista

reactor [ri'æktə] reaktor

read [ri:d], **read** [red], **read** [red] 1. czytać, przeczytać (*to sb* komuś) 2. być napisanym, czytać się 3. odczytywać 4. wskazywać 5. studiować ◇ 6. **sth is a (good) read** coś się (dobrze) czyta

readable ['ri:dəbəl] wart przeczytania

reader ['ri:də] 1. czytelnik 2. czytnik 3. lektor, asystent

readership ['ri:dəʃip] liczba czytelników

readily ['redili] 1. ochoczo, skwapliwie 2. łatwo

readiness ['redinis] gotowość (*to do sth* do do zrobienia czegoś)

reading ['ri:diŋ] 1. czytanie 2. recytacja 3. odczyt

readjust [ˌri:ə'dʒʌst] 1. dostosowywać się (*oneself* się) 2. poprawiać

ready ['redi] 1. gotowy (*for* do) 2. przygotowany (*for* do) 3. natychmiastowy 4. *form* przygotowywać (*oneself* się)

ready-made [ˌredi'meid] gotowy, przygotowany

real [riəl] 1. prawdziwy 2. *US* naprawdę ◇ 3. **in real terms** efektywny, rzeczywisty

real estate ['riəl i,steit] *US* nieruchomość, majątek nieruchomy

realism ['riəlizəm] realizm

realist ['riəlist] realista

realistic [riə'listik] realistyczny

reality [ri'æliti] 1. rzeczywistość 2. -s realia ◊ 3. in reality w rzeczywistości

realize (*także BR* **realise**) ['riəlaiz] 1. zdawać sobie sprawę 2. *form* realizować ◊ 3. *form* be realized spełniać się

really ['riəli] 1. *nieform* naprawdę 2. rzeczywiście 3. *z przeczeniem* w zasadzie ◊ 4. "Really!", "Well, really!" „No coś takiego!"

realm [relm] *form* 1. dziedzina, sfera 2. panowanie, królestwo

ream [ri:m] 1. ryza 2. *nieform* (*papieru*) stosy, zwały

reap [ri:p] 1. żąć 2. zbierać

reaper ['ri:pə] żniwiarz, żniwiarka

reappear [,riə'piə] pojawiać się (powtórnie)

reappraisal [,ri:ə'preizəl] *form* ocena

rear [riə] 1. *zwykle* the r. tył 2. (*kolejki*) the r. koniec 3. *nieform* (*pośladki*) tyłek 4. (*np. koło*) tylny 5. (*dziecko, bydło*) chować 6. (*o koniu*) stawać dęba (*także* up)

rearm [ri:'ɑ:m] przezbroić

rearrange [,ri:ə'reindʒ] przestawiać, reorganizować

rearrangement [,ri:ə'reindʒmənt] reorganizacja

reason ['ri:zən] 1. powód, racja 2. uzasadnienie, przyczyna 3. rozum 4. rozsądek 5. rozważać, przemyśliwać ◊ 6. sth stands to reason coś wydaje się rozsądne

reason with przekonywać

reasonable ['ri:zənəbəl] 1. rozsądny

2. racjonalny 3. spory

reasonably ['ri:zənəbli] 1. dość, całkiem 2. rozsądnie

reasoned ['ri:zənd] racjonalny, wyważony

reasoning ['ri:zəniŋ] rozumowanie

reassemble [,ri:ə'sembəl] składać (z powrotem)

reassert [,ri:ə'sə:t] 1. umacniać, wzmacniać 2. potwierdzać się

reassurance [,ri:ə'ʃuərəns] 1. otucha 2. zapewnienie

reassure [,ri:ə'ʃuə] pocieszać, dodawać otuchy

rebate ['ri:beit] 1. rabat 2. zwrot (kwoty nadpłaconej)

rebel I. ['rebəl] 1. rebeliant 2. buntownik II. [ri'bel] 3. buntować się (*against* przeciwko)

rebellion [ri'beljən] 1. rebelia 2. bunt

rebellious [ri'beljəs] buntowniczy

rebirth [ri:'bə:θ] odrodzenie

rebound I. [ri'baund] 1. odbić się 2. mieć efekt odwrotny II. ['ri:-baund] ◊ 3. on the rebound (a) z odbicia (b) jako reakcja

rebuff [ri'bʌf] *form* 1. odmówić, odrzucić 2. odmowa, odrzucenie

rebuild [,ri:'bild], **rebuilt** [,ri:'bilt], rebuilt odbudowywać

rebuke [ri'bju:k] *form* 1. ganić (*for sth* za coś, *sb* kogoś) 2. nagana

rebut [ri'bʌt] *form* obalić zarzuty

recalcitrant [ri'kælsitrənt] *form* oporny, krnąbrny

recall [ri'kɔ:l] 1. przypominać sobie 2. odwoływać 3. przypominanie sobie

recant [ri'kænt] wyrzec się (*wiary, przekonań*)

recap ['ri:kæp] *nieform* 1. podsumowywać 2. podsumowanie

recapitulate [ˌriːkəˈpitʃuleit] *form* podsumowywać

recapitulation [ˌriːkəpitʃuˈleiʃən] *form* podsumowanie

recapture [ˌriːˈkæptʃə] 1. ponownie łapać 2. odzyskiwać 3. *lit* przywoływać 4. odzyskanie

recede [riˈsiːd] 1. uchodzić w dal 2. gasnąć 3. rzednąć

receipt [riˈsiːt] 1. rachunek, pokwitowanie 2. -s wpływy ◇ 3. *form* **on receipt (of sth)** po/przy otrzymaniu (czegoś)

receive [riˈsiːv] *form* 1. otrzymywać 2. przyjmować 3. podejmować

receiver [riˈsiːvə] 1. słuchawka 2. odbiornik 3. odbiorca

recent [ˈriːsənt] niedawny

recently [ˈriːsəntli] niedawno

receptacle [riˈseptəkəl] *form* pojemnik

reception [riˈsepʃən] 1. recepcja 2. przyjęcie 3. *form* przyjmowanie, witanie 4. odbiór

receptionist [riˈsepʃənist] recepcjonista

receptive [riˈseptiv] otwarty (*to sth* na coś)

recess [riˈses] 1. przerwa 2. nisza, wnęka 3. -s zakamarki

recession [riˈseʃən] recesja

recipe [ˈresipi] 1. przepis (kulinarny) 2. recepta (*for sth* na coś)

recipient [riˈsipiənt] *form* odbiorca

reciprocal [riˈsiprəkəl] *form* wzajemny, obopólny

reciprocate [riˈsiprəkeit] *form* odwzajemniać

recital [riˈsaitəl] recital

recitation [ˌresiˈteiʃən] recytacja

recite [riˈsait] recytować

reckless [ˈreklis] lekkomyślny

reckon [ˈrekən] 1. sądzić (*sth is*

reckoned good sądzi się, że coś jest dobre) 2. mieć nadzieję 3. obliczać ◇ 4. *nieform* sb **reckons that** komuś się zdaje, że

reckon on liczyć (*sth* na coś)

reckon with liczyć się (*sth* z czymś)

reckoning [ˈrekəniŋ] 1. wyliczenie ◇ 2. **day of reckoning** dzień obrachunku

reclaim [riˈkleim] 1. odzyskiwać 2. rekultywować, meliorować, osuszać

recline [riˈklain] wyciągnąć się, rozłożyć się

reclining [riˈklainiŋ] rozkładany

recluse [riˈkluːs] samotnik, odludek

recognise [ˈrekəgnaiz] *patrz* **recognize**

recognition [ˌrekəgˈniʃən] 1. rozpoznanie 2. docenianie ◇ 3. **beyond recognition** nie do rozpoznania 4. **in recognition of sth** w uznaniu czegoś

recognizable [ˈrekəgnaizəbəl] rozpoznawalny

recognize (*także* **recognise**) [ˈrekəgnaiz] 1. rozpoznawać 2. doceniać, dostrzegać 3. uznawać 4. nagradzać

recoil [riˈkoil] 1. wzdragać się (*from sth* od czegoś) 2. odskakiwać, szarpać (w tył)

recollect [ˌrekəˈlekt] przypominać sobie

recollection [ˌrekəˈlekʃən] 1. wspomnienie 2. przypomnienie sobie

recommend [ˌrekəˈmend] 1. polecać, rekomendować (*for sb* komuś) 2. zalecać

recommendation [ˌrekəmenˈdeiʃən] 1. rekomendacja 2. zalecenie

recompense [ˈrekəmpens] 1. wynagradzać 2. *form* odszkodowanie

reconcile ['rekənsail] **1.** godzić, pogodzić (*A to/with B* A z B) **2.** pogodzić się (*with/to sb* z kimś) ◊ **3. reconcile oneself** pogodzić się (*to sth* z czymś)

recondition [ˌriːkən'diʃən] remontować

reconnaisance [ri'konisəns] rekonesans

reconnoitre *BR* (*US* **reconnoiter**) [ˌrekə'noitə] badać, przeprowadzać rozpoznanie

reconsider [ˌriːkən'sidə] przemyśleć, zastanowić się (*sth* nad czymś)

reconstitute [riː'konstitjuːt] **1.** przywracać **2.** odświeżać

reconstruct [ˌriːkən'strʌkt] **1.** odbudowywać **2.** rekonstruować

reconstruction [ˌriːkən'strʌkʃən] **1.** odbudowa **2.** rekonstrukcja

record I. ['rekoːd] **1.** zapis, dokument **2.** (*urzędowy*) rejestr, akta **3.** (*gramofonowa*) płyta **4.** *także sport* rekord **5.** (*np. śpiewaka*) osiągnięcia **6.** (*np. polityka*) przeszłość **7.** (*wyczyn*) rekordowy ◊ **8. off the record** nie do protokołu, poza protokołem **9. on record** (a) zaprotokołowany (b) zarejestrowany II. [ri'koːd] **10.** (*zdarzenia*) zapisywać, notować **11.** (*muzykę*) nagrywać **12.** (*o urządzeniu*) pokazywać

record player ['rekoːd pleiə] gramofon, adapter

recorded delivery [riˌkoːdid di'livəri] *BR* (*przesyłka*) za poświadczeniem odbioru

recorder [ri'koːdə] **1.** urządzenie nagrywające **2.** flet prosty

recording [ri'koːdiŋ] **1.** nagranie **2.** nagrywanie, dźwięk

recount I. [ri'kaunt] **1.** *form* relacjonować **2.** *form* opowiadać **3.** powtórnie przeliczyć (*głosy*) II. ['riːkaunt] **4.** powtórnie przeliczenie (*głosów*)

recourse [ri'koːs] ◊ *form* **have recourse to sth** uciekać się do pomocy czegoś

recover I. [ri'kʌvə] **1.** wyzdrowieć (*from sth* z czegoś), odzyskiwać siły (*from sth* po czymś) **2.** otrząsnąć się (*from sth* z czegoś) **3.** odzyskiwać II. [ˌriː'kʌvə] **4.** pokryć na nowo

recovery [ri'kʌvəri] **1.** wyzdrowienie **2.** poprawa **3.** *form* odzyskanie

recreate [ˌriːkri'eit] odtwarzać

recreation [ˌrekri'eiʃən] rekreacja

recruit [ri'kruːt] **1.** rekrutować **2.** werbować (*for* do) **3.** rekrut **4.** nowicjusz

recruitment [ri'kruːtmənt] rekrutacja

rectangle ['rektæŋgəl] prostokąt

rectify ['rektifai] naprawiać

rector ['rektə] pastor, proboszcz (protestancki)

rectory ['rektəri] probostwo

recuperate [ri'kjuːpəreit] *form* dochodzić do sił (*from sth* po czymś)

recur [ri'kəː] powracać, powtarzać się

recurrence [ri'kʌrəns] *form* powtarzanie się, nawrót

recurrent [ri'kʌrənt] *form* powtarzający się, nawracający

recycle [ˌriː'saikəl] przetwarzać

red [red] **1.** czerwony (*także o człowieku*) **2.** rudy **3.** czerwień ◊ **4. be in the red** mieć deficyt **5. sb sees red** kogoś wściekłość rozsadza

red herring [ˌred'heriŋ] wabik,

przynęta, fałszywy ślad
red tape [,red'teip] biurokracja
redden ['redən] czerwienić (się)
reddish ['rediʃ] czerwonawy
redeem [ri'di:m] 1. ratować, okupywać 2. dotrzymywać, spełniać 3. *termin* wykupywać
redemption [ri'dempʃən] *relig* odkupienie
redeploy [,ri:di'ploi] przemieszczać, przeorganizować
red-head ['redhed] *nieform* rudzielec
red-hot [,red'hot] 1. rozgrzany do czerwoności 2. *nieform* zażarty
redirect [,ri:də'rekt] przeadresowywać
red-letter [,red'letə] ◊ **red-letter day** święto
redness ['rednəs] czerwoność
redo [,ri:'du:] przerabiać
redouble [,ri:'dʌbəl] podwajać, zwiększać
redress [ri'dres] *form* 1. naprawiać, rekompensować 2. rekompensata
reduce [ri'dju:s] 1. redukować, zmniejszać 2. doprowadzać, obniżać (*to* do) 3. zmuszać (*to* do)
reduction [ri'dʌkʃən] 1. redukcja 2. ograniczenie
redundancy [ri'dʌndənsi] 1. zbyteczne/zbędne miejsce pracy 2. bezrobocie, redukcja (pracy)
redundant [ri'dʌndənt] zbyteczny, zbędny
reed [ri:d] trzcina
reef [ri:f] rafa
reek [ri:k] 1. śmierdzieć (*of sth* czymś) 2. woń, odór
reel [ri:l] 1. szpula, rolka 2. kołowrotek 3. nawijać 4. zataczać się, chwiać się 5. wirować, kręcić się
re-elect [,ri:i'lekt] powtórnie wy-

bierać
ref [ref] *skrót* **reference** nr, nasz znak
refectory [ri'fektəri] refektarz
refer [ri'fə:] 1. wspominać (*to sth* coś) 2. (*wyrażeniem*) nazywać (*to sb as sth* kogoś czymś) 3. (*o wyrazie*) odnosić się (*to sth* do czegoś) 4. (*do notatek*) zaglądać (*to sth* do czegoś) 5. (*do literatury*) odsyłać (*A to B* A do B) 6. (*do rozsądzenia*) kierować (*A to B* A do B)
referee [,refə'ri:] sędzia
reference ['refərəns] 1. *form* odniesienie, aluzja 2. odniesienie (się), użycie 3. pozycja bibliograficzna 4. referencja 5. podręczny, encyklopedyczny ◊ 6. *form* **in/with reference to** w odniesieniu do
reference book ['refərəns buk] książka podręczna, wydawnictwo encykopedyczne/słownikowe
referendum [,refə'rendəm] referendum
refill I. [,ri:'fil] 1. napełniać (znów) II. ['ri:fil] 2. *nieform* dolewka 3. wkład
refine [ri'fain] 1. oczyszczać, rafinować 2. krystalizować
refined [ri'faind] 1. rafinowany, oczyszczony 2. wyrafinowany 3. dopracowany
refinement [ri'fainmənt] 1. udoskonalenie 2. wyrafinowanie
refinery [ri'fainəri] rafineria
reflect [ri'flekt] 1. odbijać (się) 2. odzwierciedlać 3. rozmyślać, snuć refleksje (*on/over sth* na temat czegoś) 4. reflektować się
reflection [ri'flekʃən] 1. odbicie 2. odzwierciedlenie 3. spostrzeżenie (*on/upon* co do) 4. refleksja, zaduma

reflective [ri'flektiv] refleksyjny, pełen zadumy

reflector [ri'flektə] 1. odbłyśnik 2. światło odblaskowe

reflex ['ri:fleks] 1. odruch 2. -s refleks

reflexive [ri'fleksiv] *gram* zwrotny

reform [ri'fo:m] 1. reforma, reformowanie 2. reformować 3. poprawić (się), reedukować

reformation [,refə'meiʃən] 1. przekształcenie, zreformowanie 2. the R. reformacja

reformer [ri'fo:mə] reformator

refrain [ri'frein] 1. *form* powstrzymywać się (*from doing sth* od zrobienia czegoś) 2. refren

refresh [ri'freʃ] odświeżać

refreshment [ri'freʃmənt] 1. *form* orzeźwienie się 2. -s napoje orzeźwiające i przekąski, bufet

refrigerator [ri'fridʒəreitə] *form* chłodziarka, lodówka

refuel [,ri:'fju:əl] tankować, uzupełniać paliwo

refuge ['refju:dʒ] schronienie

refugee [,refju:'dʒi:] uciekinier, uchodźca

refund I. ['ri:fʌnd] 1. zwrot (pieniędzy) II. [ri'fʌnd] 2. zwracać (pieniądze)

refusal [ri'fju:zəl] odmowa

refuse I. [ri'fju:z] 1. odmawiać (*sb* komuś, *sth* czegoś, *to do sth* zrobienia czegoś) 2. odrzucać, nie przyjmować II. ['refju:z, 'refju:s] 3. *form* odpadki

refute [ri'fju:t] (*teorię*) obalać

regain [ri'gein] odzyskiwać

regal ['ri:gəl] królewski

regalia [ri'geiliə] 1. regalia 2. insygnia

regard [ri'gɑ:d] 1. uznawać (*sth as* coś za, *oneself as* się za) 2. myśleć (*sb with envy* o kimś z zazdrością) 3. *form* obserwować 4. uznanie (*for sb* dla kogoś) ◇ 5. (best) regards (najlepsze) pozdrowienia 6. as regards, with/in regard to *form* co się tyczy 7. in this/that regard pod tym względem

regarding [ri'gɑ:diŋ] 1. dotyczący 2. *form* odnośnie, co do

regardless [ri'gɑ:dlis] *nieform* 1. niezależnie (*of* od) 2. pomimo (tego)

regatta [ri'gætə] regaty

regency ['ri:dʒənsi] regencja

regent ['ri:dʒənt] regent

regime [rei'ʒi:m] reżym

regiment I. ['redʒimənt] pułk II. [redʒi'ment] reglamentować

regimental [,redʒi'mentəl] pułkowy

regimentation [,redʒimen'teiʃən] *form* reglamentacja, ścisła władza

region ['ri:dʒən] 1. region 2. rejon

regional ['ri:dʒənəl] regionalny

register ['redʒistə] 1. lista, rejestr 2. rejestrować się 3. pokazywać 4. okazywać

registered ['redʒistəd] polecony

registrar [,redʒist'rɑ:] 1. urzędnik stanu cywilnego 2. sekretarz

registration [,redʒi'streiʃən] rejestracja

registry ['redʒistri] archiwum
   registry office ['redʒistri ofis] urząd stanu cywilnego

regress [ri'gres] *form* przechodzić regres, przechodzić w gorszy stan

regret [ri'gret] 1. żałować (*sth* czegoś) 2. *form* przepraszać (*sth* za coś), wyrażać żal (z powodu) 3. żal, ubolewanie 4. wątpliwości

regretful [ri'gretful] przepraszający

regrettable [ri'gretəbəl] pożałowania godny

regroup [ˌriːˈgruːp] przegrupowywać (się)

regular [ˈregjulə] 1. regularny 2. (*np. wydarzenie*) stały 3. (*np. gość*) częsty 4. (*np. cena, pora*) normalny, zwykły 5. stały klient, bywalec 6. żołnierz zawodowy

regularity [ˌregjuˈlæriti] regularność

regulate [ˈregjuleit] regulować

regulation [ˌregjuˈleiʃən] 1. przepis, regulamin 2. kontrola 3. przepisowy, regulaminowy

rehabilitate [ˌriːhəˈbiliteit] 1. rehabilitować 2. odnawiać

rehearsal [riˈhəːsəl] próba

rehearse [riˈhəːs] ćwiczyć, mieć próbę

reign [rein] 1. panować 2. panowanie

reimburse [ˌriːimˈbəːs] *form* wynagradzać, rekompensować (*for sth* za coś)

rein [rein] 1. cugiel, wodza 2. -s lejce

reincarnate [ˌriːinˈkɑːneit] przechodzić reinkarnację, wcielać się

reindeer [ˈreindiə], *lm* reindeer renifer

reinforce [ˌriːinˈfoːs] 1. wzmacniać 2. potwierdzać

reinforced [ˌriːinˈfoːst] wzmocniony, utwardzony
   reinforced concrete [ˌriːinfoːst ˈkoŋkriːt] żelazobeton, żelbet

reinforcement [ˌriːinˈfoːsmənt] 1. wzmocnienie 2. umocnienie 3. -s posiłki

reinstate [ˌriːinˈsteit] 1. przywracać 2. przywracać do pracy

reiterate [riːˈitəreit] *form* powtarzać

reject I. [riˈdʒekt] 1. odrzucać 2. nie przyjmować II. [ˈriːdʒekt] 3. odrzut, brak

rejoice [riˈdʒois] *lit* radować się (*in sth* czymś, *in/over sth* z czegoś)

rejuvenate [riˈdʒuːvəneit] odmładzać

relaid [ˌriːˈleid] *patrz* relay II.5.: II i III forma

relapse [riˈlæps] 1. powracać, ponownie zapadać (*in* w) 2. nawrót (*into* do), ponowne wpadnięcie (*into* w) 3. pogorszenie

relate [riˈleit] 1. odnosić się (*to sth* do czegoś), łączyć się (*to sth* z czymś) 2. wiązać, kojarzyć 3. *lit* relacjonować

related [riˈleitid] spokrewniony

relation [riˈleiʃən] 1. odniesienie (*of/to* do), więź (*of/to* z) 2. krewny 3. relacja, stosunek ◇ 4. **in relation to** w relacji do, w odniesieniu do

relationship [riˈleiʃənʃip] 1. stosunek (*between/with* pomiędzy/do) 2. związek (*between/with* pomiędzy/z)

relative [ˈrelətiv] 1. stosunkowy, relatywny 2. odpowiedni 3. *gram* względny 4. *form* odnośnie (*to* do) 5. krewny

relatively [ˈrelətivli] stosunkowo

relax [riˈlæks] 1. odprężać się, relaksować się 2. rozluźniać się 3. zwalniać 4. osłabiać, rozluźniać

relaxation [ˌriːlækˈseiʃən] 1. relaks, odprężenie się 2. osłabienie, rozluźnienie (*of/in sth* czegoś)

relaxed [riˈlækst] rozluźniony

relay I. [ˈriːlei] relayed, relayed 1. bieg sztafetowy 2. przekaźnik 3. nadawać, transmitować 4. przekazywać II. [riːˈlei] relaid, relaid 5. kłaść ponownie

release [riˈliːs] 1. wypuszczać (*from* z) 2. *form* (*z kłopotu*) uwalniać (*from* od) **3.** (*oświadczenie*) wydawać **4.** *form* (*czyjąś rękę*) oswobodzać **5.** (*mechanizm*) zwalniać **6.** (*zwierzęcia*) oswobodzenie **7.** (*prasowe*) oświadczenie **8.** (*wody*) spuszczanie, uwalnianie **9.** (*publikacji*) wersja, wydanie, (nowa) płyta, (nowy) film ◊ **10.** be on release być dostępnym (w kinach)

relegate ['religeit] relegować, odsuwać

relent [ri'lent] łagodnieć

relentless [ri'lentlis] bezlitosny, nieugięty

relevant ['reləvənt] **1.** tyczący się (*to sth* czegoś) **2.** mający znaczenie (*to sth* dla czegoś) **3.** odpowiedni

reliable [ri'laiəbəl] **1.** pewny, niezawodny **2.** odpowiedzialny

reliance [ri'laiəns] zaufanie (*on/ /upon sth* na czymś)

reliant [ri'laiənt] zależny (*on/upon* od)

relic ['relik] **1.** relikt **2.** *relig* relikwia

relief [ri'li:f] **1.** ulga **2.** pomoc

relieve [ri'li:v] **1.** zmniejszyć, ulżyć **2.** uwalniać (*of sth* od czegoś)

relieved [ri'li:vd] uszczęśliwiony, pełen ulgi

religion [ri'lidʒən] religia

religious [ri'lidʒəs] religijny

religiously [ri'lidʒəsli] sumiennie, z czcią

relinquish [ri'liŋkwiʃ] *form* rezygnować (*sth* z czegoś)

relish ['reliʃ] **1.** rozkoszować się **2.** cieszyć się (*sth* czymś, na myśl o czymś: *sb does not relish sth* coś się komuś nie uśmiecha) **3.** upodobanie, radość **4.** przyprawa (*sos lub marynata*)

relive [,ri:'liv] odżyć

relocate [,ri:lou'keit] przenosić

reluctant [ri'lʌktənt] ◊ be reluctant to do sth niechętnie coś robić

rely [ri'lai] **1.** polegać (*on/upon* na) ◊ **2. A can rely on B to do sth** A może się spodziewać, że B coś zrobi

remain [ri'mein] **1.** pozostawać **2.** -s resztki **3.** -s szczątki **4.** -s pozostałości

remainder [ri'meində] the r. reszta

remand [ri'mɑ:nd] **1.** odraczać rozprawę (*he was remanded in custody* odesłano go z powrotem do aresztu) ◊ **2. in remand** w dyspozycji sądu, w areszcie śledczym

remark [ri'mɑ:k] **1.** zauważać, napomykać **2.** komentować (*on sth* coś) **3.** uwaga

remarkable [ri'mɑ:kəbəl] godny uwagi, zadziwiający

remedial [ri'mi:diəl] *form* **1.** leczniczy, rehabilitacyjny **2.** dokształcający

remedy ['remədi] **1.** środek, lekarstwo (*for sth* na coś) **2.** zaradzić

remember [ri'membə] **1.** pamiętać, przypominać (sobie) **2.** przekazywać pozdrowienia

remembrance [ri'membrəns] *form* **1.** pamięć ◊ **2. in remembrance of** ku pamięci, ku czci

remind [ri'maind] przypominać (*of/ /about sth* o czymś, *of sb* kogoś)

reminder [ri'maində] **1.** przypomnienie **2.** upomnienie

reminisce [,remi'nis] *form* wieść, reminiscencje (*about* o)

reminiscence [,remi'nisəns] reminiscencja

reminiscent [,remi'nisənt] *form* przypominający (*of sth* coś)

remission [ri'miʃən] wcześniejsze

zwolnienie

remit [ri'mit] 1. odpuszczać 2. odraczać

remnant ['remnənt] pozostałość

remorse [ri'mɔːs] *form* wyrzuty sumienia

remote [ri'mout] 1. odległy, oddalony (*from* od) 2. odseparowany, oderwany 3. mało prawdopodobny **remote control** [ri‚mout kən-'troul] zdalne sterowanie

remotely [ri'moutli] 1. (*z przeczeniem*) w najmniejszym stopniu 2. w oddaleniu

removable [ri'muːvəbəl] usuwalny

removal [ri'muːvəl] 1. usunięcie 2. transportowy, przewoźny

remove [ri'muːv] 1. zabierać (*from* z) 2. ściągać 3. usuwać (*from* z)

removed [ri'muːvd] odległy

remover [ri'muːvə] zmywacz, wywabiacz

remunerate [ri'mjuːnəreit] *form* wynagradzać

renaissance [rə'neisəns] (*także* **R.**) renesans

rename [‚riː'neim] przemianowywać

rend [rend], **rent** [rent], **rent** *lit* rozdzierać

render ['rendə] *form* 1. czynić, sprawiać (*render sb helpless* sprawiać, że ktoś jest bezradnym; uczynić kogoś bezradnym) 2. oddawać 3. interpretować, wykonywać

rendering ['rendəriŋ] *form* wykonanie

rendezvous ['rondivuː], *lm* **rendezvous** rendezvous, spotkanie

renegade ['renigeid] renegat

renew [ri'njuː] 1. wznawiać 2. odnawiać 3. przedłużać

renewal [ri'njuːəl] 1. wznowienie 2. przedłużenie

renounce [ri'nauns] *form* 1. wyrzekać się 2. zrzekać się

renovate ['renəveit] odnawiać

renown [ri'naun] *lit* sława

renowned [ri'naund] sławny, znany (*for sth* z czegoś)

rent [rent] 1. *patrz* rend: *II i III forma* 2. wynajmować 3. czynsz, opłata wynajmu

rental ['rentəl] 1. opłata za wynajęcie, czynsz 2. dzierżawny (*rental service* usługi wynajmu)

renunciation [ri‚nʌnsi'eiʃən] *form* wyrzeczenie się

reorganize (*także* **reorganise**) [ri-'ɔːgənaiz] reorganizować

rep [rep] *nieform* 1. przedstawiciel 2. repertuar

repaid [ri'peid] *patrz* repay: *II i III forma*

repair [ri'peə] 1. naprawa 2. naprawiać 3. wynagradzać ◇ 4. *nieform* in good/bad repair w dobrym/złym stanie

repartee [‚repɑː'tiː] cięta wymiana zdań

repay [ri'pei], **repaid** [ri'peid], **repaid** 1. zwracać 2. odpłacać, rewanżować się

repayment [ri'peimənt] 1. zwrot (pieniędzy) 2. spłata

repeal [ri'piːl] *praw* 1. odwoływać, uchylać 2. odwołanie, uchylenie

repeat [ri'piːt] 1. powtarzać 2. powtórka 3. powtórny

repeatedly [ri'piːtidli] powtórnie

repel [ri'pel] odpychać, odrzucać

repellent [ri'pelənt] 1. *form* odrażający, wstrętny (*to sb* dla kogoś) 2. środek odstraszający

repent [ri'pent] *form* żałować (*of/ /for* za)

repentance [ri'pentəns] *form* żal

repentant [ri'pentənt] *form* skruszony, żałujący

repercussions [,ri:pə'kʌʃənz] *form* reperkusje

repertoire ['repətwɑ:] repertuar

repertory ['repətəri] *form* repertuar

repetition [,repi'tiʃən] powtórzenie

repetitious [,repi'tiʃəs] powtarzający się

repetitive [ri'petitiv] powtarzający się

rephrase [,ri:'freiz] przeformułowywać

replace [ri'pleis] 1. zastępować (*with sth* czymś) 2. odkładać, umieszczać z powrotem

replacement [ri'pleismənt] 1. zastąpienie 2. zastępstwo

replay I. [,ri:'plei] 1. rozgrywać powtórnie 2. przegrywać, puszczać (znów) II. ['ri:plei] 3. powtórny mecz

replenish [ri'pleniʃ] *form* uzupełniać, (powtórnie) napełniać

replete [ri'pli:t] *form* przepełniony

replica ['replikə] replika, kopia

reply [ri'plai] 1. odpowiadać (*to sth* na coś) 2. odpowiedź (*to sth* na coś)

report [ri'po:t] 1. donosić, zgłaszać 2. (*dla przełożonego*) składać raport/sprawozdanie (*on sth to sb* w sprawie czegoś komuś) 3. (*na policję*) skarżyć się, składać doniesienie (*to* na, do) 4. (*do pracy*) zgłaszać się (*to/for* do) 5. (*pisemny*) raport, sprawozdanie 6. *BR* (*szkolne*) świadectwo 7. *form* (*wybuchu*) odgłos, huk 8. *form* (*plotki*) pogłoski, wieści

reportedly [ri'po:tidli] *form* rzekomo

reporter [ri'po:tə] reporter, spra-

wozdawca

repose [ri'pouz] *lit* odpoczynek, spoczynek

repository [ri'pozitəri] *form* skarbnica, składnica

reprehensible [,repri'hensəbəl] *form* naganny

represent [,repri'zent] 1. reprezentować 2. przedstawiać

representation [,reprizen'teiʃən] 1. przedstawicielstwo, reprezentacja 2. *form* przedstawienie 3. *form* -s sprostowanie, zażalenie

representative [,repri'zentətiv] 1. przedstawiciel, reprezentant 2. reprezentatywny 3. przedstawicielski

repress [ri'pres] 1. tłumić, zduszać 2. represjonować, utrzymywać w posłuchu

repression [ri'preʃən] 1. represja 2. tłumienie (odruchów)

repressive [ri'presiv] represywny

reprieve [ri'pri:v] 1. ułaskawiać 2. ułaskawienie 3. zawieszenie (*czegoś nieprzyjemnego*)

reprimand ['reprimɑ:nd] 1. udzielać reprymendy 2. reprymenda

reprint I. [,ri:'print] 1. przedrukowywać, dodrukowywać II. ['ri:print] 2. dodruk, wydanie (niezmienione)

reprisal [ri'praizəl] odwet, akcja odwetowa

reproach [ri'proutʃ] *form* 1. wyrzut 2. robić wyrzuty (*oneself* sobie, *for/with* za)

reproachful [ri'proutʃful] pełen wyrzutu

reproduce [,ri:prə'dju:s] 1. reprodukować, naśladować 2. mnożyć się

reproduction [,ri:prə'dʌkʃən] 1. reprodukcja 2. kopiowanie 3. rozmnażanie (się)

reproductive [ˌriːprəˈdʌktiv] rozrodczy

reproof [riˈpruːf] *form* nagana, zarzut

reprove [riˈpruːv] *form* ganić (*sb for
sth* kogoś za coś)

reptile [ˈreptail] gad

republic [riˈpʌblik] republika

republican [riˈpʌblikən] **1.** republi-
kański **2.** republikanin

repudiate [riˈpjuːdieit] *form* odrzucać

repugnance [riˈpʌgnəns] *form*
wstręt (*to sb* do kogoś)

repugnant [riˈpʌgnənt] *form* wstrętny (*to sb* dla kogoś)

repulse [riˈpʌls] odrzucać

repulsion [riˈpʌlʃən] *form* odraza,
wstręt

repulsive [riˈpʌlsiv] odrażający

reputable [ˈrepjutəbəl] renomowany

reputation [ˌrepjuˈteiʃən] reputacja, opinia

repute [riˈpjuːt] *form* reputacja

reputed [riˈpjuːtid] uznawany

reputedly [riˈpjuːtidli] rzekomo, podobno

request [riˈkwest] **1.** *form* składać
prośbę (*sth* o coś), upraszać (*an
answer is requested* uprasza się o
odpowiedź) **2.** prośba (*for sth* o
coś) ◇ **3. on request** na życzenie
4. at sb's request na czyjąś prośbę

require [riˈkwaiə] *form* **1.** potrzebować (*for sth* do czegoś) **2.** wymagać ◇ **3.** *form* **sb is required to
do sth** od kogoś się wymaga zrobienia czegoś

requirement [riˈkwaiəmənt] **1.** wymaganie **2.** *form* potrzeba

requisite [ˈrekwizit] *form* **1.** nie-

zbędny, wymagany **2.** rzecz nie-
zbędna

requisition [ˌrekwiˈziʃən] *form* **1.** re-
kwizycja **2.** rekwirować

re-route [ˌriːˈruːt] kierować (inną
trasą)

rescue [ˈreskjuː] **1.** ratować **2.** pomoc, ratunek **3.** akcja ratownicza
◇ **4. go/come to sb's rescue**
przychodzić komuś na ratunek

rescuer [ˈreskjuə] ratownik

research [riˈsəːtʃ] **1.** badania, praca
naukowa **2.** badać, prowadzić badania (naukowe)

researcher [riˈsəːtʃə] badacz

resemblance [riˈzembləns] podobieństwo

resemble [riˈzembəl] przypominać,
być podobnym (*sb* do kogoś)

resent [riˈzent] czuć urazę (*sth* za
coś), mieć za złe (*sth* coś)

resentful [riˈzentful] urażony (*at/
/about* z powodu)

resentment [riˈzentmənt] uraza, re-
sentyment

reservation [ˌrezəˈveiʃən] **1.** zastrzeżenie **2.** rezerwacja

reserve [riˈzəːv] **1.** rezerwować **2.** rezerwa **3.** rezerwat ◇ **4. reserve
the right to do sth** zastrzegać
sobie prawo do zrobienia czegoś

reserved [riˈzəːvd] pełen rezerwy,
powściągliwy

reservoir [ˈrezəvwɑː] **1.** rezerwuar
2. zbiornik

reside [riˈzaid] *form* znajdować się
(*in* w)

residence [ˈrezidəns] *form* **1.** rezydencja **2.** miejsce zamieszkania ◇
3. take up residence zatrzymywać się **4. be in residence** przebywać

resident [ˈrezidənt] **1.** (stały) mieszkaniec **2.** *form* zamieszkały (*in sth* gdzieś) **3.** miejscowy, zamieszkały na miejscu

residential [ˌrezi'denʃəl] **1.** mieszkalny, mieszkaniowy **2.** z internatem **3.** wymagający mieszkania na miejscu

residual [ri'zidjuəl] *form* szczątkowy

residue ['rezidju:] *form* resztki, pozostałości

resign [ri'zain] **1.** rezygnować (*from* z) ◇ **2. resign oneself** godzić się (*to* z)

resignation [ˌrezi'gneiʃən] **1.** wypowiedzenie **2.** rezygnacja

resigned [ri'zaind] pogodzony (*to* z)

resilient [ri'ziliənt] elastyczny, prężny

resin ['rezin] żywica

resist [ri'zist] **1.** stawiać opór, opierać (się) **2.** dawać odpór, odpierać **3.** powstrzymywać się

resistance [ri'zistəns] **1.** opór (*to sth* przeciw czemuś) **2.** odporność

resistant [ri'zistənt] **1.** *form* oporny (*to sth* wobec czegoś) **2.** odporny (*to sth* na coś)

resolute ['rezəljut] *form* zdecydowany

resolution [ˌrezə'lu:ʃən] **1.** rezolucja **2.** postanowienie **3.** zdeterminowanie **4.** *form* rozwiązanie

resolve [ri'zolv] *form* **1.** postanawiać **2.** rozwiązywać **3.** postanowienie

resonant ['rezənənt] głęboki

resonate ['rezəneit] *form* rozbrzmiewać

resort [ri'zo:t] **1.** uciekać się (*to sth* do czegoś) **2.** miejscowość wypoczynkowa ◇ **3. as a last resort** na końcu, wreszcie **4. in the last resort** w ostateczności

resound [ri'zaund] *lit* **1.** rozbrzmie-

wać **2.** napełniać się (*with sth* czymś)

resounding [ri'zaundiŋ] rozgłośny

resource [ri'zo:s] **1.** ucieczka **2. -s** zasoby

resourceful [ri'zo:sful] zmyślny, pomysłowy

respect [ri'spekt] **1.** obdarzać szacunkiem, szanować **2.** respektować **3.** szacunek (*for sb* dla kogoś) ◇ **4. in this respect** pod tym względem **5. in many respects** pod wieloma względami **6.** *form* **with respect to** w odniesieniu do (czegoś) **7. pay one's respects to sb** (a) składać komuś wyrazy uszanowania (b) prawić komuś komplementy

respectable [ri'spektəbəl] **1.** szacowny **2.** przyzwoity

respectful [ri'spektful] pełen szacunku

respective [ri'spektiv] właściwy, odpowiedni

respectively [ri'spektivli] odpowiednio

respiration [ˌrespə'reiʃən] *termin* oddychanie

respiratory [ri'spirətəri] *termin* oddechowy, płucny

respite ['respait] *form* wytchnienie

resplendent [ri'splendənt] *form* olśniewający, pełen splendoru

respond [ri'spond] odpowiadać (*to sth* na coś, *with sth* czymś)

response [ri'spons] **1.** odpowiedź (*to sth* na coś) ◇ **2. in response to** w odpowiedzi na

responsibility [riˌsponsə'biliti] **1.** odpowiedzialność (*for* za) **2.** obowiązek (*to sb* wobec kogoś)

responsible [ri'sponsibəl] odpowiedzialny (*for sth* za coś, *to sb* przed kimś)

responsive [ris'ponsiv] **1.** wrażliwy (*to sth* na coś) **2.** żywo reagujący

rest [rest] **1.** the r. reszta **2.** (*spoczynek*) odpoczynek **3.** (*dla głowy*) podpórka, oparcie **4.** (*spoczywać*) odpoczywać, dawać odpoczynek **5.** form (*o odpowiedzialności*) spoczywać (*with sb* na kimś), należeć (*with sb* do kogoś) **6.** (*głowę*) kłaść, opierać (*on/against* na)

rest on/upon **1.** zależeć (od czegoś) **2.** spoczywać (na czymś)

rest room ['rest ru:m] toaleta

restaurant ['restəront] restauracja

restful ['restful] dający odpoczynek

restitution [,resti'tju:ʃən] *form* restytucja, przywrócenie

restive ['restiv] *form* niespokojny

restless ['restləs] **1.** niespokojny **2.** nie mogący sobie znaleźć miejsca

restoration [,restə'reiʃən] **1.** przywrócenie, restauracja **2.** odnowienie, restauracja

restore [ri'sto:] **1.** przywracać (*to sth* do czegoś) **2.** restaurować

restrain [ri'strein] powstrzymywać (*oneself* się, *from* przed/od)

restrained [ri'streind] powściągliwy

restraint [ri'streint] **1.** ograniczenie **2.** powściągliwość

restrict [ri'strikt] ograniczać (*oneself to sth* się do czegoś)

restricted [ri'striktid] **1.** ograniczony **2.** poufny **3.** o ograniczonym dostępie

restriction [ri'strikʃən] **1.** ograniczenie (*on/of sth* czegoś) **2.** restrykcje

restrictive [ri'striktiv] ograniczający, restrykcyjny

result [ri'zʌlt] **1.** rezultat, wynik **2.**

ocena **3.** dawać w wyniku (*in* to, że), kończyć się (*in sth* czymś) **4.** wynikać (*from* z), być rezultatem (*from sth* czegoś) ◊ **5.** as a result na skutek **6.** in the result ostatecznie

resultant [ri'zʌltənt] wynikający, wynikły

resume [ri'zju:m] **1.** wznawiać, kontynuować (się) **2.** przyjmować

resumption [ri'zʌmpʃən] *form* wznowienie, (ponowne) podjęcie

resurgence [ri'sə:dʒəns] odrodzenie się

resurrect [,rezə'rekt] wskrzeszać

resurrection [,rezə'rekʃən] wskrzeszenie

resuscitate [ri'sʌsiteit] *form* reanimować

resuscitation [ri,sʌsi'teiʃən] *form* reanimacja

retail ['ri:teil] **1.** detal, detaliczna sprzedaż **2.** detaliczny

retailer ['ri:teilə] detalista

retain [ri'tein] zachowywać, zatrzymywać

retaliate [ri'tælieit] brać odwet

retaliation [ri,tæli'eiʃən] odwet

retarded [ri'tɑ:did] opóźniony

retch [retʃ] ◊ he retches zbiera mu się na wymioty

retention [ri'tenʃən] *form* zatrzymanie, pozostawienie

rethink [,ri:'θiŋk], **rethought** [,ri:-'θo:t], **rethought** przemyśleć

reticent ['retisənt] powściągliwy (*about* co do)

retina ['rətinə] (*w oku*) siatkówka

retinue ['rətinju:] świta, orszak

retire [ri'taiə] **1.** iść na emeryturę **2.** *form* wycofywać się **3.** *form* (*iść*` kłaść się spać

retired [ri'taiəd] emerytowany

retirement [ri'taiəmənt] emerytura
retirign [ri'taiəriŋ] **1.** ustępujący, i-
dący na emeryturę **2.** mało towarzyski **3.** emerytalny
retort [ri'to:t] **1.** *form* replikować **2.**
replika
retrace [ri'treis] cofać się (tą samą
drogą)
retract [ri'trækt] *form* **1.** wycofywać
2. cofać się
retreat [ri'tri:t] **1.** odsuwać się **2.**
wycofywać się **3.** odwrót **4.** schronienie, azyl ◊ **5. beat a hasty retreat** uciekać
retrial [ˌri'traiəl] rewizja (*procesu*)
retribution [ˌretri'bju:ʃən] *lit* kara
retrieval [ri'tri:vəl] odzyskiwanie
(*danych*)
retrieve [ri'tri:v] *form* **1.** odzyskiwać
2. naprawiać
retrograde ['retrəgreid] *form*
wsteczny, regresywny
retrospect ['retrəspekt] ◊ **in retrospect** w retrospekcji, po zastanowieniu się
retrospective [ˌretrə'spektiv] **1.** re-
trospektywny **2.** *praw* działający
wstecz
return [ri'tə:n] **1.** powracać, wracać
2. (*przedmioty*) zwracać, oddawać **3.** (*uczucia*) odwzajemniać **4.**
praw (*wyrok*) ogłaszać, wydawać
5. (*do domu*) powrót **6.** (*przedmiotów*) zwrot **7.** (*także* **return
ticket**) (bilet) powrotny **8.** zysk ◊
**9. many happy returns (of the
day)** wszystkiego najlepszego **10.
in return** w zamian
returnable [ri'tə:nəbəl] zwrotny,
podlegający zwróceniu
reunion [ri:'ju:niən] **1.** spotkanie,
zjazd **2.** połączenie
reunite [ˌri:ju:'nait] **1.** połączyć, złą-

czyć **2.** scalać
rev [rev] *nieform* **1.** (*także rev up*)
zwiększać obroty **2.** liczba obro-
tów
reveal [ri'vi:l] odsłaniać, odkrywać
revealing [ri'vi:liŋ] **1.** odkrywczy **2.**
odsłaniający, odkrywający
revel ['revəl] bardzo się cieszyć (*in
sth* czymś)
revelation [ˌrevə'leiʃən] **1.** rewelacja
2. odkrycie
revelry ['revəlri] *przest* hulanka
revenge [ri'vendʒ] **1.** zemsta ◊ **2.
revenge oneself** mścić się (*on*
na)
revenue ['revinju:] dochód
reverberate [ri'və:bəreit] *lit* odbijać
się echem
revere [ri'viə] *form* czcić
reverence ['revərəns] cześć, czczenie
Reverend ['revərənd] wielebny
reverent ['revərənt] pełen czci
reversal [ri'və:səl] **1.** zwrot, (diame-
tralna) zmiana **2.** odwrócenie
reverse [ri'və:s] **1.** odwracać **2.** cofać (się) **3.** tylny bieg **4.** odwrotny ◊ **5. in reverse** odwrotnie, na
odwrót **6. go into reverse** dać
wsteczny bieg, zawracać **7.** *BR* **reverse the charges** dzwonić na
koszt odbiorcy
reversion [ri'və:ʃən] *form* nawrót
(*to* do)
revert [ri'və:t] *form* cofać się, powracać (*to* do)
review [ri'vju:] **1.** dokonywać prze-
glądu **2.** przemyśliwać **3.** recenzować **4.** recenzja **5.** przegląd,
sprawdzenie ◊ **6. under review**
w recenzji, recenzowany
reviewer [ri'vju:ə] recenzent
revise [ri'vaiz] **1.** poprawiać, rewidować **2.** *BR* powtarzać

revision [ri'viʒən] 1. poprawa, poprawienie, rewizja 2. *BR* powtórka

revitalize (*także* revitalise) [,ri-'vaitəlaiz] ożywiać na nowo

revival [ri'vaivəl] ożywienie

revive [ri'vaiv] 1. ożywiać (się) 2. ocucić

revoke [ri'vouk] *form* odwoływać

revolt [ri'voult] 1. bunt, rewolta 2. buntować się

revolting [ri'voultiŋ] odrażający, odstręczający

revolution [,revə'lu:ʃən] 1. rewolucja 2. obrót

revolutionary [,revə'lu:ʃənəri] 1. rewolucyjny 2. rewolucjonista

revolutionize (*także* revolutionise) [,revə'lu:ʃənaiz] rewolucjonizować

revolve [ri'volv] obracać się, kręcić się (*around/round* wokół)

revolver [ri'volvə] rewolwer

revue [ri'vju:] rewia

revulsion [ri'vʌlʃən] odraza

reward [ri'wo:d] 1. nagroda 2. nagradzać

rewarding [ri'wo:diŋ] opłacalny

rewind [,ri:'waind] przewijać

rewrite [,ri:'rait] przepisywać, ulepszać

rhetoric ['retərik] retoryka

rhetorical [ri'torikəl] retoryczny

rheumatic [ru:'mætik] 1. reumatyczny 2. chory na reumatyzm

rheumatism ['ru:mətizəm] reumatyzm

rhino ['rainou] *nieform* nosorożec

rhinoceros [rai'nosərəs] *form* nosorożec

rhododendron [,roudə'dendrən] rododendron, różanecznik

rhubarb ['ru:bɑ:b] rabarbar

rhyme [raim] 1. rymować (się) (*with sth* z czymś) 2. rym 3. rymowanka

rhythm ['riðəm] rytm

rhythmic ['riðmik] rytmiczny

rib [rib] 1. żebro 2. *nieform* żartować

ribald ['ribəld] *przest* sprośny

ribbon ['ribən] 1. wstążka 2. taśma

rice [rais] ryż

rich [ritʃ] 1. bogaty (*in* w) 2. tłusty 3. nasycony, głęboki 4. *lit* -s bogactwa

richly ['ritʃli] 1. bogato 2. obficie 3. wielce, bardzo

rick [rik] stóg, kopa

rickety ['rikiti] rozklekotany, rozpadający się

rickshaw ['rikʃo:] riksza

ricochet ['rikəʃei] rykoszetować (*off* od)

rid [rid] rid *lub* ridded, rid 1. *form* uwalniać, oczyszczać (*of sth* z/od czegoś) 2. uwolniony (*of sth* od czegoś) ◇ 3. *form* rid oneself pozbawiać się (*of sth* czegoś), uwalniać się 4. get rid of sth uwalniać się od czegoś

ridden ['ridən] *patrz* ride: *III* forma

riddle ['ridəl] 1. podziurawić (*with sth* czymś) 2. przeżerać (*with sth* czymś) 3. zagadka

ride [raid], rode [roud], ['ridən] ridden 1. jeździć ((*on*) *sth* na czymś) 2. przejażdżka, jazda ◇ 3. *nieform* take sb for a ride wykołować kogoś

ride up 1. podjeżdżać 2. podsuwać się, podjeżdżać (do góry)

rider ['raidə] 1. jeździec 2. rowerzysta 3. motocyklista 4. aneks

ridge [ridʒ] 1. grzbiet, krawędź 2. karb, wypukłość

ridicule ['ridikju:l] 1. drwić, szydzić (*sb* z kogoś) 2. szyderstwo, drwina

ridiculous [ri'dikjələs] groteskowy, śmieszny

rife [raif] *form* powszechny, rozpowszechniony

rifle ['raifəl] 1. karabin, strzelba 2. ograbiać 3. przeszukiwać (*through sth* coś)

rift [rift] 1. szczelina 2. niezgoda (*between/in* pomiędzy/w)

rig [rig] 1. takielować 2. fałszować, oszukiwać (*sth* w/przy czymś) 3. takielunek 4. instalacja
rig up składać, klecić

rigging ['rigiŋ] otaklowanie

right [rait] 1. (*nie lewy*) prawy 2. właściwy 3. (*oczekiwany*) poprawny 4. (*nie lewa strona*) prawa strona 5. (*do czegoś*) prawo 6. (*stan dobra*) dobro 7. *polit* the right prawica 8. (*iść*) w prawo, na prawo 9. (*dokładnie*) właśnie 10. (*właściwie*) poprawnie 11. *nieform* (np. *o bałaganie*) niezły 12. (*za chwilę*) zaraz, od razu 13. (*odzyskać równowagę*) wyprostować (*oneself* się) 14. (*rekompensować*) naprawiać ◊ 15. be right mieć rację (*about sth* co do czegoś, *to do sth* mieć rację, robiąc coś) 16. *form* be in the right mieć słuszność 17. by rights po sprawiedliwości 18. not to be right nie być w porządku 19. right to aż do 20. get sth right poprawiać coś 21. in one's own right sam 22. on the right z prawej 23. *nieform* right now od razu

right angle ['rait ,æŋgəl] 1. kąt prosty ◊ 2. at right angle pod kątem prostym,prostopadle

right of way [,raitəv'wei] 1. pierwszeństwo (przejazdu) 2. prawo przejazdu, droga

righteous ['raitʃəs] *form* prawy

rightful ['raitful] *form* prawowity

right-hand [,rait'hænd] 1. prawostronny ◊ 2. on the right-hand side z prawej strony 3. right-hand man prawa ręka

right-wing [,rait'wiŋ] 1. prawicowy 2. skrzydło prawicowe

rigid ['ridʒid] sztywny, nieelastyczny

rigorous ['rigərəs] rygorystyczny

rigours (*US* rigors) ['rigəz] *form* the r. trudności, ciężary

rile ['rail] *nieform* irytować, drażnić

rim [rim] 1. brzeg, krawędź 2. obręcz 3. oprawka

rind [raind] skórka

ring [riŋ], I. rang [ræŋ], rung [rʌŋ] 1. dzwonić (*sb* do kogoś, *sth* czymś, *for sb* na kogoś) 2. (*o dźwięku*) *lit* rozbrzmiewać (*with sth* czymś) 3. *BR* telefonować II. ringed, ringed 4. (*robić kółka*) zakreślać (kółkami) 5. (*okrążać*) otaczać (kołem) III. (*rzeczownik*) 6. (*dźwięk dzwonka*) dzwonek 7. (*dźwięku*) brzmienie 8. (*ślubna*) obrączka 9. (*biżuteria*) pierścionek 10. (*pierścień*) kółko, koło 11. *sport* ring 12. (*przestępcza*) siatka, szajka ◊ 13. *nieform* give sb a ring zadzwonić do kogoś
ring back *BR* oddzwonić, przedzwonić
ring off *BR* kończyć (rozmowę telefoniczną)
ring road ['riŋroud] obwodnica
ring up *BR* zadzwonić (*sb* do kogoś)

ringleader ['riŋli:də] prowodyr

rink [riŋk] 1. lodowisko 2. tor wrotkowy

rinse [rinz] 1. płukać 2. opłukanie,

płukanie

riot ['raiət] **1.** zamieszki, rozruchy **2.** burzyć się, robić zamieszki ◊ **3. run riot** szaleć

rioter ['raiətə] chuligan, uczestnik zamieszek

riotous ['raiətəs] **1.** *form* chuligański **2.** burzliwy, żywiołowy

rip [rip] **1.** rozdzierać, oddzierać **2.** wydzierać **3.** rozdarcie
rip off *nieform* obdzierać

ripe [raip] dojrzały

ripen ['raipən] **1.** dojrzewać **2.** czynić dojrzałym

rip-off ['ripof] *nieform* zdzierstwo, złodziejstwo

ripple ['ripəl] **1.** falowanie **2.** szmer **3.** marszczyć się

rise [raiz], **rose** [rouz], **risen** ['rizən] **1.** podnosić się **2.** *form* (*z krzesła; o słońcu*) wstawać **3.** (*o słońcu, księżycu*) wychodzić **4.** *lit* (*zza drzew*) wyrastać **5.** (*o ilości, dźwięku*) wzrastać **6.** (*wyzwaniu*) sprostać, odpowiadać (*to sth* czemuś) **7.** (*o kraju*) burzyć się (*często: up*) **8.** (*np. do władzy*) dochodzić (*to sth* do czegoś) **9.** (*cen*) wzrost **10.** (*płac*) podwyżka **11.** (*zdobycie wyższego statusu*) dojście (do władzy/pieniędzy) ◊ **12. give rise to sth** rodzić coś, powodować coś **13. rise to the occasion** stanąć na wysokości zadania

risk [risk] **1.** ryzyko **2.** ryzykowanie **3.** zagrożenie **4.** ryzykować **5.** podejmować ryzyko ◊ **6. put sth at risk** stanowić zagrożenie czegoś **7. run the risk** narażać się (*of sth* na coś) **8. take a risk** podejmować ryzyko

risky ['riski] ryzykowny

rite [rait] ceremoniał, obrzęd

ritual ['ritjuəl] **1.** rytuał **2.** rytualny

rival ['raivəl] **1.** rywal, konkurent **2.** rywalizujący, konkurencyjny **3.** równać się (*sth* z czymś, czemuś)

rivalry ['raivəlri] rywalizacja

river ['rivə] rzeka

riverbed ['rivəbed] łożysko rzeki

riverside ['rivəsaid] pobrzeże

rivet ['rivit] **1.** nit **2.** przykuwać uwagę

road [roud] **1.** droga ◊ **2. on the road (a)** po drodze **(b)** na drodze **3. by road** drogą

roadblock ['roudblok] **1.** blokada drogi **2.** *przen* szlaban

roadside ['roudsaid] **1.** bok drogi **2.** przydrożny

roadway ['roudwei] *form* jezdnia

roadworthy ['roudwə:ði] przejezdny

roam [roum] włóczyć się, wędrować

roar [ro:] **1.** ryczeć **2.** ryk

roaring ['ro:riŋ] **1.** ogłuszający **2.** *nieform* olbrzymi, straszny ◊ **3.** *nieform* **do a roaring trade in sth** mieć rewelacyjny zbyt czegoś

roast [roust] **1.** piec **2.** prażyć, palić **3.** pieczony **4.** pieczeń

rob [rob] **1.** ograbiać **2.** rabować (*sb of sth* kogoś z czegoś)

robber ['robə] rabuś, napastnik

robbery ['roberi] rabunek, grabież

robe [roub] **1.** szata **2.** toga **3.** peniuar, szlafrok **4.** płaszcz kąpielowy **5.** *form* oblekać

robin ['robin] rudzik, drozd

robot ['roubət] robot

robust [rə'bʌst] kwitnący

rock [rok] **1.** skała **2.** głaz **3.** *US* kamień **4. rock**, muzyka rockowa **5.** kołysać (się), bujać (się) ◊ **6. on the rocks (a)** na mieliźnie **(b)** skończony **(c)** z lodem (*napój alkoholowy*)

rocker ['rokə] 1. *US* fotel bujany ◊ 2. *nieform* be off one's rocker mieć źle w głowie

rockery ['rokəri] ogródek skalny

rocket ['rokit] 1. rakieta 2. *nieform* iść ostro w górę

rocking ['rokiŋ] 1. kołyszący się 2. kołysanie się

rocking-chair ['rokiŋtʃeə] fotel bujany

rocking-horse ['rokiŋho:s] koń na biegunach

rocky ['roki] kamienisty

rod [rod] 1. pręt 2. sworzeń, trzpień

rode [roud] *patrz* ride: *II forma*

rodent ['roudənt] gryzoń

roe [rou] ikra

rogue [roug] *przest* 1. łajdak 2. nicpoń, szelma

roguish ['rougiʃ] *przest* szelmowski

role [roul] rola

roll [roul] 1. toczyć (się) 2. (*na falach*) kołysać się 3. *pisane* (*oczyma*) przewracać 4. (*w kulkę, rulon*) zwijać, rolować 5. (*np. filmu*) rolka 6. (*pieczywo*) bułka 7. (*spis*) lista 8. (*bębna*) werbel

roll by przetoczyć się

roll in *nieform* napływać

roll over przewracać się

roll up 1. zwijać (się) 2. podwijać

roll-call ['roulko:l] odczytywanie listy

roller ['roulə] 1. wałek, walec 2. lokówka

roller-skate ['rouləskeit] 1. wrotka 2. jeździć na wrotkach

rolling ['rouliŋ] 1. pofałdowany 2. chwiejny

rolling pin ['rouliŋpin] wałek (do ciasta)

Roman ['roumən] rzymski

romance ['roumæns] 1. romans 2. romantyka, przygoda

romantic [rə'mæntik] 1. romantyczny 2. romantyk

romanticism [rə'mæntisizəm] romantyzm

romanticize (*także* **romanticise**) [rə'mæntisaiz] uromantyczniać, sentymentalizować

romp [romp] 1. hasać, szaleć 2. szaleństwo, hasanie

rompers ['rompəz] (*dla dziecka*) śpiochy, pajacyki

roof [ru:f] 1. dach 2. sklepienie 3. pokrywać dachem

roofing ['ru:fiŋ] pokrycie dachu

roof-rack ['ru:fræk] bagażnik dachowy

rook [ru:k] 1. gawron 2. *szach* wieża

room [ru:m] 1. pomieszczenie, pokój 2. sala 3. miejsce (*for sth* na coś)

roommate ['ru:mmeit] współlokator

roomy ['ru:mi] przestronny

roost [ru:st] 1. grzęda 2. miejsce gnieżdżenia się 3. gnieździć się

rooster ['ru:stə] *US* kogut

root [ru:t] 1. korzeń 2. podstawa, źródło 3. *mat* pierwiastek 4. (*np. przyczyna*) podstawowy 5. (*o roślinie*) zakorzeniać (się) 6. (*szukać*) grzebać (*through/around* w), przegrzebywać (*through/around sth* coś) ◊ 7. take root zakorzeniać się

root out wykorzeniać, wypłaszać

rooted ['ru:tid] 1. zakorzeniony ◊ 2. rooted to the spot przyrosły do miejsca

rope [roup] 1. lina, sznur 2. przywiązywać (*liną*) (*together* razem, *to sth* do czegoś), obwiązywać ◊ 3. *nieform* know the ropes być dobrze zorientowanym

rope in *nieform* wciągać
rosary ['rouzəri] różaniec
rose [rouz] 1. *patrz* rise: *II forma* 2. róża 3. różowy
rosé ['rouzei] wino różowe
rosette [rou'zet] rozeta
roster ['rostə] 1. lista 2. rozkład dyżurów
rostrum ['rostrəm], *pl także* rostra ['rostrə] mównica, podium
rosy ['rouzi] 1. różowy 2. rumiany
rot [rot] 1. psuć się 2. gnić 3. powodować psucie 4. gnicie, zepsuta część 5. *przest nieform* bzdury
rota ['routə] rotacja, kolejność
rotary ['routəri] obrotowy, rotacyjny
rotate [rou'teit] 1. obracać (się) 2. zmieniać (się) kolejno, prowadzić rotację
rotation [rou'teiʃən] 1. obrót 2. rotacja
rotor ['routə] 1. wirnik 2. płat wirnika 3. wirnikowy
rotten ['rotən] 1. zepsuty, zgniły 2. *nieform* beznadziejny 3. *nieform* paskudny 4. *nieform* cholerny
rotund [rou'tʌnd] okrągły, pękaty
rouge [ru:ʒ] róż
rough [rʌf] 1. nierówny 2. (*powierzchnia, człowiek*) szorstki 3. (*traktowanie*) brutalny 4. (*okres*) ciężki 5. (*obliczenie, rysunek*) przybliżony 6. (*szkic*) surowy 7. (*budowla*) prymitywny 8. (*morze*) wzburzony 9. (*pogoda*) burzliwy 10. (*miasto*) niebezpieczny ◊ 11. sleep rough spać pod gołym niebem 12. rough it żyć w prymitywnych warunkach 13. rough and ready prowizoryczny
rough out szkicować, zarysowywać

roulette [ru:'let] ruletka
round [raund] 1. okrągły, zaokrąglony 2. (*przedmiotu*) wokół, wkoło, dookoła 3. (*o obszarze*) na, po (*round the town* po mieście) 4. (*patrzeć się*) w tył 5. (*w tej okolicy*) tu(taj) 6. (*np. rozmów, w boksie itp.*) runda 7. (*lekarski*) obchód 8. (*w grze*) tura 9. (*przy stawianiu*) kolejka 10. (*amunicji*) ładunek 11. *muz* kanon 12. (*chleba*) kromka 13. (*róg*) okrążać, obchodzić ◊ 14. round about (a) zaraz tu(taj) (b) gdzieś, około 15. in round figures w zaokrągleniu 16. the other way round odwrotnie
round trip podróż tam i z powrotem
round off zaokrąglać, dopełniać
round up 1. zbierać, zganiać 2. (*liczby*) zaokrąglać
roundabout ['raundəbaut] 1. *BR* karuzela 2. *BR* skrzyżowanie okrężne, rondo 3. okrężny
rounded ['raundid] zaokrąglony
roundly ['raundli] bezceremonialnie
round-the-clock [,raundðə'klok] 1. całodobowy, całodzienny 2. całą dobę, dwadzieścia cztery godziny
roundup ['raundʌp] 1. przegląd 2. obława
rouse [rauz] 1. *form* budzić (się) 2. pobudzać 3. wzbudzać ◊ 4. rouse oneself podnosić się
rout [raut] 1. rozgromić 2. pogrom, rozsypka
route [ru:t] 1. trasa 2. linia 3. droga, sposób 4. kierować
routine [ru:'ti:n] 1. rutynowy 2. rutyna 3. normalny porządek (*zajęć*) 4. numer, punkt
rove [rouv] *lit* wędrować

rover ['rouvə] *lit* wędrowiec
row I. [rau] **1.** *nieform* kłótnia, sprzeczka **2.** *nieform* hałas, harmider **3.** *nieform* kłócić się **II.** [rou] **4.** rząd, szereg **5.** przejażdżka łodzią **6.** wiosłować **7.** przewozić łodzią ◇ **8.** in a row pod rząd
rowboat ['roubout] *US* łódź wiosłowa
rowdy ['raudi] hałaśliwy, awanturniczy
rowing ['rouiŋ] wioślarstwo
  rowing boat ['rouiŋbout] łódź wiosłowa
royal ['roiəl] **1.** królewski **2.** *nieform* członek rodziny królewskiej
  Royal Highness [,roiəl'hainis] Królewska Mość
royalist ['roiəlist] rojalista
royalty ['roiəlti] **1.** rodzina królewska **2.** tantiema
rub [rʌb] **1.** trzeć (*together* się nawzajem), pocierać **2.** ocierać (się) (*A on B* A o B) **3.** wcierać **4.** tarcie ◇ **5.** *nieform* rub it in czepiać się czegoś **6.** *nieform* rub sb up the wrong way nadepnąć komuś na odcisk
rubber ['rʌbə] **1.** guma **2.** gumka **3.** gumowy
  rubber band [,rʌbə'bænd] gumka (aptekarska)
  rubber stamp [,rʌbə'stæmp] stempel
rubbery ['rʌbəri] gumowaty
rubbish ['rʌbiʃ] **1.** odpadki, śmiecie **2.** tandeta, chała **3.** *nieform* bzdura
rubble ['rʌbəl] **1.** gruz **2.** kamień łamany
ruby ['ru:bi] rubin
rucksack ['rʌksæk] plecak
rudder ['rʌdə] **1.** ster **2.** płat

sterowy
ruddy ['rʌdi] **1.** *lit* czerstwy **2.** *przest* piekielny
rude [ru:d] **1.** niegrzeczny, opryskliwy **2.** wulgarny **3.** nieprzyjemny, nagły **4.** *lit* prymitywny
rudimentary [,ru:di'mentəri] *form* **1.** rudymentarny, podstawowy **2.** elementarny
rudiments ['ru:dimənts] **the r.** podstawy, zaczątki
rueful ['ru:ful] *lit* smutny
ruff [rʌf] kryza
ruffian ['rʌfiən] *przest* opryszek
ruffle ['rʌfəl] **1.** wzburzać **2.** lamówka
rug [rʌg] **1.** dywanik **2.** pled, koc
rugged ['rʌgid] *lit* **1.** dziki, poszarpany **2.** surowy, mocny
rugger ['rʌgə] *nieform* rugby
ruin ['ru:in] **1.** rujnować **2.** ruina **3.** rujnacja, zrujnowanie się
ruinous ['ru:inəs] rujnujący
rule [ru:l] **1.** reguła **2.** przepis, norma **3.** panowanie **4.** panować, rządzić (*sth/over sth* czymś) **5.** *form* orzekać, postanawiać ◇ **6.** as a rule w zasadzie, z zasady
  rule out 1. wykluczać **2.** odrzucać
ruler ['ru:lə] **1.** władca **2.** linijka
ruling ['ru:liŋ] **1.** panujący, najsilniejszy **2.** werdykt, orzeczenie
rum [rʌm] **1.** rum **2.** *BR przest nieform* dziwaczny
rumble ['rʌmbəl] **1.** turkot **2.** burczenie **3.** turkotać **4.** burczeć **5.** *nieform* przejrzeć
rummage ['rʌmidʒ] szperać, przeszukiwać
rumour (*US* **rumor**) ['ru:mə] **1.** pogłoska, plotka ◇ **2.** he is rumoured (to do sth) wieść głosi

(, że on robi coś)

rump [rʌmp] 1. zad, zadek 2. reszt-ka, kadłub

rump steak [ˌrʌmp'steik] rumsz-tyk

rumple ['rʌmpəl] 1. miąć 2. czo-chrać

rumpus ['rʌmpəs] *nieform* wrzawa, zgiełk

run [rʌn], ran [ræn], run 1. biec, biegać 2. (*o drodze*) biegnąć 3. (*wodzić*) przesuwać 4. *US* (*starać się*) ubiegać się (*for* o) 5. (*biznes*) prowadzić, organizować 6. (*test*) przeprowadzać 7. (*program, ta-śmę, wodę*) puszczać 8. (*sprzęt*) używać 9. (*o maszynie*) chodzić 10. (*o środku komunikacji*) kur-sować 11. (*samochodem*) zawozić 12. (*o rzece, łzach*) płynąć, ciec 13. (*płyn, z nosa*) lecieć 14. (*o gazetach*) umieszczać 15. (*o cy-tacie*) brzmieć 16. (*o liczbie*) wy-nosić 17. (*o sztuce*) iść 18. (*o kontrakcie*) być ważnym 19. bieg 20. (*np. samolotu*) droga, tra-sa 21. (*np. powodzeń*) seria, pa-smo 22. (*samochodem*) przejażdż-ka 23. (*sztuki*) okres wystawiania 24. (*dla zwierząt*) wybieg ◊ 23. be running over time nie mie-ścić się w limicie czasu 24. be on the run (a) uciekać (b) być w odwrocie 25. make a run for it uciekać szybko 26. in the long run w ostatecznym wyniku **run about** biegać **run across** natykać się **run along** *nieform* biegać sobie **run away** uciekać (*from* z, od) **run down** 1. przejechać (*sb* ko-goś) 2. znaleźć (*przestępcę*) 3. zjeżdżać 4. wyczerpywać (się)

run into 1. napotykać 2. wjeż-dżać 3. dochodzić (*sth* do czegoś) 4. zachodzić na siebie **run off** 1. uciekać (*with sb* z kimś) 2. szybko kopiować **run out** 1. kończyć się (*I've run out of money* pieniądze mi się skończyły) 2. wyczerpywać się 3. kończyć ważność **run over** przejeżdżać **run through** 1. przebiegać (*sth* przez coś) 2. powtarzać **run to** 1. podbiegać (*sb* do kogoś) 2. *form* dochodzić (*sth* do czegoś) **run up** 1. wznieść (*sztandar*) 2. gromadzić **run up against** stykać się (*sth* z czymś)

runaway ['rʌnəwei] 1. uciekinier, zbieg 2. samoistnie odjeżdżają-cy 3. niekontrolowany, uciekający spod kontroli

run-down ['rʌndaun] 1. *nieform* zmęczony, wykończony 2. kiepski, paskudny 3. zredukowany, ograni-czony 4. redukcja 5. *nieform* (naj-ważniejsze) fakty (*on* co do)

rung [rʌŋ] 1. *patrz* **ring**: *III forma* 2. szczebel

runner ['rʌnə] 1. biegacz 2. prze-mytnik 3. prowadnica 4. płoza

runner-up [ˌrʌnə'rʌp] zdobywca drugiego miejsca

running ['rʌniŋ] 1. bieganie 2. za-rządzanie, kierowanie 3. biegnący 4. (*woda*) bieżący ◊ 6. (2 days) running (dwa dni) pod rząd 7. be *in/out of* running for sth *być/nie być* poważnym kandy-datem do czegoś

runny ['rʌni] lejący się, cieknący

run-of-the-mill [ˌrʌnəvðə'mil] naj-zwyczajniejszy

run-up ['rʌnʌp] **the r.** okres poprzedzający

runway ['rʌnwei] pas startowy

rupee [ru:'pi:] rupia

rupture ['rʌptʃə] **1.** *med* pęknięcie, przepuklina **2.** *form* zerwanie **3.** *form* nadrywać, zrywać **4.** nabawiać się przepukliny, nadrywać (*oneself* się)

rural ['ruərəl] wiejski

ruse [ru:z] *form* podstęp

rush [rʌʃ] **1.** pędzić, gnać **2.** spieszyć się (*to sth* do czegoś, *sth* z czymś, *at sth* z robieniem czegoś) **3.** (*wieźć*) pospiesznie transportować **4.** (*przyspieszać*) ponaglać, poganiać (*into doing sth* aby coś zrobiono) **5.** (*o cieczy, gazie*) uciekać **6.** (*miasto*) zdobywać

szturmem **7.** (*pora szczytu*) szczyt (dnia) **8.** (*ubieganie się*) gonitwa (*for sth* o coś) **9.** (*uczuć*) przypływ **10.** (*roślina:*) sitowie **11.** (*cieczy*) ucieczka

rush in/into pakować się

rush-hour ['rʌʃauə] godzina szczytu

rusk [rʌsk] sucharek

Russian ['rʌʃən] **1.** (*język*) rosyjski **2.** Rosjanin

rust [rʌst] **1.** rdza **2.** rdzewieć

rustic ['rʌstik] *form* rustykalny, wieśniaczy

rustle ['rʌsəl] **1.** szeleścić **2.** szelest

rusty ['rʌsti] zardzewiały

rut [rʌt] **1.** koleina **2.** ruja

ruthless ['ru:θlis] bezlitosny

rye [rai] żyto

S

s [es] **1.** *skrót* **shilling:** szyling **2.** *skrót* **South:** płd

Sabbath ['sæbəθ] **the S.** Szabas, Sabat

sabotage ['sæbətɑːʒ] **1.** sabotaż **2.** niszczyć przez sabotaż **3.** sabotować

sabre (*US* **saber**) ['seibə] szabla

saccharin(e) ['sækərain] sacharyna

sachet ['sæʃei] saszetka, torebeczka

sack [sæk] **1.** worek, wór **2.** *BR nieform* wyrzucać (z pracy) ◇ **3. get the sack** zostać wyrzuconym z pracy

sacking ['sækiŋ] tkanina workowa

sacrament ['sækrəmənt] sakrament

sacred ['seikrid] **1.** święty **2.** sakralny **3.** uświęcony

sacrifice ['sækrifais] **1.** składać w ofierze **2.** poświęcać **3.** ofiara **4.** poświęcenie

sacrificial [ˌsækri'fiʃəl] ofiarny

sacrilege ['sækrilidʒ] świętokradztwo

sacrosanct ['sækrəsæŋkt] *żart* święty

sad [sæd] smutny

sadden ['sædən] zasmucać

saddle ['sædəl] **1.** siodło **2.** siodełko, siedzenie **3.** osiodłać **4.** brać kłopot na barki (*oneself with sth* sobie z czymś)

saddlebag ['sædəlbæg] juki

sadism ['sædizəm] sadyzm

safari [sə'fɑːri] safari

safe [seif] **1.** bezpieczny (*from sth*

przed czymś) **2.** sejf ◇ **3.** it is
safe to say można spokojnie powiedzieć **4.** *nieform* **play safe** zachowywać się bezpiecznie **5. to be
on the safe side** by się czuć bezpiecznie
safeguard ['seifgɑ:d] *form* **1.** ochraniać **2.** zabezpieczenie (*against*
przed)
safekeeping [ˌseif'ki:piŋ] *form* opieka
safety ['seifti] **1.** bezpieczeństwo **2.**
osłona **3.** zabezpieczający
safety belt ['seiftibelt] pas bezpieczeństwa
safety catch ['seiftikætʃ] bezpiecznik
safety pin ['seiftipin] agrafka
safety valve ['seiftivælv] klapa
bezpieczeństwa
sag [sæg] zwisać, obwisać (*with sth*
od czegoś)
sage [seidʒ] **1.** *lit* mądry **2.** *lit* mędrzec **3.** szałwia
Sagittarius [ˌsædʒi'teəriəs] Strzelec
(*znak zodiaku*)
sago [seigou] sago
said [sed] *patrz* say: II *i* III forma
sail [seil] **1.** żagiel **2.** płynąć **3.** żeglować (*sth* na czymś) ◇ **4. set sail**
wypływać
sail through łatwo się prześli-
znąć
sailing ['seiliŋ] **1.** kurs **2.** żegluga
sailor ['seilə] marynarz
saint [seint] święty
saintly ['seintli] święty
sake [seik] **2.** *nieform* **for *God's/
/heaven's* sake** na litość boską
salad ['sæləd] sałatka
salaried ['sælərid] pobierający pensję
salary ['sæləri] pobory, pensja

sale [seil] **1.** sprzedaż **2.** wyprzedaż
3. aukcja **4.** obroty, zbyt **5.** handlowy ◇ **6. for sale** na sprzedaż
7. on sale do kupienia
salesman ['seilzmən] *lm* salesmen
['seilzmən] sprzedawca, pośrednik
handlowy
saleswoman ['seilzwumən] *lm*
saleswomen ['seilzwimin] sprzedawczyni, pośredniczka handlowa
salient ['seiliənt] *form* główny, najważniejszy
saliva [sə'laivə] ślina
sallow ['sælou] pożółkły
salmon ['sæmən], *lm* salmon *lub*
salmons łosoś
salon ['sælən] **1.** salon (fryzjerski *lub*
kosmetyczny) **2.** salon mody
saloon [sə'lu:n] **1.** limuzyna **2.** *BR*
salon **3.** *US* bar
salt [solt] **1.** sól **2.** solić
salt cellar ['soltselə] solniczka
salty ['solti] słony
salubrious [sə'lu:briəs] *form* zdro-
wotny
salutary ['sæljutəri] zbawczy
salute [sə'lu:t] **1.** salutować, oddawać honory **2.** pozdrawiać **3.** świętować, czcić **4.** salutowanie, honory **5.** pozdrowienie
salvage ['sælvidʒ] **1.** ratować (*from*
z) **2.** ratunek, akcja ratunkowa **3.**
ratunkowy
salvation [sæl'veiʃən] **1.** *także relig* zbawienie, odkupienie **2.** wyba-
wienie
salvo ['sælvou] salwa
same [seim] **1. the s.** taki sam, ten
sam **2. the s.** tak samo ◇ **3. all/
/just the same** mimo wszystko
4. it is all the same to sb komuś
jest wszystko jedno **5. "the same
to you!"** „nawzajem!"

sameness ['seimnis] jednakowość
sample ['sæmpəl] 1. próba 2. próbka 3. próbować
sanatorium [,sænə'to:riəm], lm także sanatoria [,sænə'to:riə] sanatorium
sanctify ['sæŋktifai] uświęcać, poświęcać
sanctimonious [,sæŋkti'mouniəs] świętoszkowaty
sanction ['sæŋkʃən] 1. sankcjonować 2. form sankcja (against przeciwko)
sanctity ['sæŋktiti] świętość
sanctuary ['sæŋktʃuəri] 1. sanktuarium 2. azyl 3. rezerwat
sand [sænd] 1. piasek 2. szlifować (papierem ściernym)
sandal ['sændəl] sandał
sandpaper ['sændpeipə] papier ścierny
sandpit ['sændpit] piaskownica
sandstone ['sændstoun] piaskowiec
sandstorm ['sændsto:m] burza piaskowa
sandwich ['sændwitʃ] 1. kanapka 2. wciskać
sandy ['sændi] piaskowy
sane [sein] 1. zdrowy na umyśle 2. rozsądny
sang [sæŋ] patrz sing: II forma
sanguine ['sæŋgwin] form optymistyczny
sanitarium [,sæni'teəriəm] US sanatorium
sanitary ['sænitəri] 1. czysty 2. sanitarny
sanitary napkin [,sænitəri 'næpkin] US podpaska (higieniczna)
sanitary towel ['sænitəri tauəl] BR podpaska (higieniczna)
sanitation [,sæni'teiʃən] 1. instalacja sanitarna 2. system sanitarny

3. warunki sanitarne
sanity ['sæniti] 1. zdrowe zmysły, zdrowy rozsądek 2. celowość
sank [sæŋk] patrz sink: II forma
Santa Clause ['sæntə klo:z] święty Mikołaj
sap [sæp] 1. sok 2. wyczerpywać
sapling ['sæpliŋ] sadzonka (drzew)
sapphire ['sæfaiə] szafir
sarcasm ['sa:kæzəm] sarkazm
sarcastic [sa:'kæstik] sarkastyczny
sardine [,sa:'di:n] sardynka
sardonic [sa:'donik] sardoniczny
sash [sæʃ] szarfa
sat [sæt] patrz sit: II i III forma
Satan ['seitən] szatan
satchel ['sætʃəl] teczka szkolna
satellite ['sætəlait] 1. satelita 2. sputnik
satin ['sætin] satyna
satire ['sætaiə] satyra
satirical [sə'tirikəl] satyryczny
satirize (także satirise) ['sætiraiz] wykpiwać
satisfaction [,sætis'fækʃən] 1. satysfakcja 2. spełnienie 3. zadowolenie
satisfactory [,sætis'fæktəri] zadowalający
satisfied ['sætisfaid] 1. zadowolony (with sth z czegoś) 2. usatysfakcjonowany
satisfy ['sætisfai] 1. zadowalać 2. spełniać, zaspokajać 3. przekonywać (oneself się)
satisfying ['sætisfaiiŋ] zadowalający
saturate ['sætʃəreit] 1. zarzucać, nasycać (with sth czymś) 2. chem wysycać 3. przemaczać
Saturday ['sætədi] sobota
sauce [so:s] sos
saucepan ['so:spæn] sosjerka

saucer ['so:sə] spodek
saucy ['so:si] *nieform* impertynencki
saunter ['so:ntə] przechadzać się
sausage ['so:sidʒ] kiełbasa
    sausage roll [,so:sidʒ 'roul] zapie-
    kana kiełbasa
sauté ['soutei] smażyć na sposób
    sauté
savage ['sævidʒ] 1. dziki, wściekły 2.
    dzikus 3. atakować 4. poniewierać
save [seiv] 1. ratować (*from* przed,
    od) 2. (*pieniądze, czas*) oszczę-
    dzać (*sb from doing sth* komuś ro-
    bienie czegoś) 3. (*na później*) od-
    kładać 4. *sport* bronić 5. *komp*
    (*dane*) zapisywać 6. *sport* obrona
    ◊ 7. *form* save (for) z wyjątkiem,
    oprócz
savings ['seiviŋz] oszczędność(i)
    savings account ['seiviŋzəkaunt]
    rachunek oszczędnościowy
saviour ['seiviə] *także relig* zbawca,
    wybawca
savour (*US* savor) ['seivə] 1. sma-
    kować 2. zasmakowywać 3. smak
savoury (*US* savory) ['seivəri] 1. pi-
    kantny 2. przypadający do smaku
saw [so:] I. 1. *patrz* see: II *forma* 2.
    piła II. sawed, sawed *lub* sawn
    [so:n] 3. piłować
sawdust ['so:dʌst] trociny
saxophone ['sæksəfoun] saksofon
say [sei], said [sed], said 1. mówić,
    powiedzieć 2. głosić 3. pokazywać
    (*the clock says it's 2 o'clock* zegar
    pokazuje, że jest 2 godz) 4. pra-
    wo głosu, coś do powiedzenia 5.
    na przykład, powiedzmy ◊ 6. sb
    has his say ktoś wygłasza swoją
    opinię 7. sth goes without say-
    ing coś się rozumie samo przez się
    8. that is to say to znaczy 9.
    to say the least ujmując to de-

likatnie 10. *nieform* "You don't
    say!" „Nie mów!"
saying ['seiiŋ] powiedzenie
scab [skæb] 1. strup 2. *nieform* ła-
    mistrajk
scabby ['skæbi] 1. zastrupiały 2.
    nieform parszywy
scaffold ['skæfəld] szafot
scaffolding ['skæfəldiŋ] rusztowanie
scald [sko:ld] 1. parzyć (*oneself* się)
    2. oparzenie
scale [skeil] 1. skala 2. *muz* gama
    3. łuska 4. szala, waga szalowa 5.
    -s waga 6. przechodzić, przesa-
    dzać ◊ 7. to scale według skali
    scale down redukować
scalp [skælp] 1. skóra (na głowie) 2.
    skalp 3. skalpować
scalpel ['skælpəl] skalpel
scaly ['skeili] łuskowaty
scamp [skæmp] 1. nicpoń, hultaj 2.
    fuszerować, partolić
scamper ['skæmpə] odbiegać
scan [skæn] 1. przepatrywać, badać
    (wzrokiem) 2. przeszukiwać, prze-
    prowadzać skaning 3. skandować
scandal ['skændəl] 1. skandal 2.
    plotki
scandalize (*także* scandalise)
    ['skændəlaiz] gorszyć
scandalous ['skændələs] skandalicz-
    ny
scant [skænt] nikły, wątły
scanty ['skænti] skąpy, nikły
scapegoat ['skeipgout] kozioł ofiar-
    ny
scar [skɑ:] 1. blizna, szrama 2. po-
    krywać bliznami/szramami
scarce [skeəs] rzadki, niewystarcza-
    jący
scarcely ['skeəsli] *GRAM* 1. ledwie,
    z ledwością 2. prawie nie, nieomal-
    że

teriałów piśmiennych

stationery ['steiʃənəri] materiały piśmienne

stationmaster ['steiʃənmɑːstə] zawiadowca stacji

statistic(al) [stə'tistik(əl)] statystyczny

statistics [stə'tistiks] statystyka

statue ['stætjuː] posąg

statuesque [ˌstætju'esk] posągowy

statuette [ˌstætju'et] figurka

stature ['stætʃə] 1. postawa 2. ranga (*of international stature* rangi międzynarodowej)

status ['steitəs] status

statute ['stætjuːt] ustawa

statutory ['stætjətəri] *form* ustawowy

staunch [stoːntʃ] 1. wierny 2. *form* tamować

stave off [ˌsteiv'of] zapobiegać, odkładać

stay [stei] 1. pozostawać 2. przebywać, zatrzymywać się (*with sb* u kogoś, *at a hotel* w hotelu) 3. trzymać się (**away from a place/out of sth** z dala od czegoś) 4. pobyt 5. odroczenie ◇ 6. **stay put** uwięznąć, zatrzymywać (się)

stay in pozostawać w domu, nie wychodzić

stay on pozostawać

stay out 1. przebywać poza domem, nie wracać do domu 2. strajkować

stay up zasiedzieć się, nie kłaść się

steadfast ['stedfəst] niezłomny, niezachwiany

steady ['stedi] 1. stały 2. równy 3. rzetelny 4. wyrównywać (się) 5. uspokajać (*oneself* się)

steak [steik] 1. stek 2. duży kawałek

steal [stiːl], **stole** [stoul], **stolen** ['stoulən] 1. kraść 2. *lit* zakradać się

stealth [stelθ] 1. skradanie się, ciche poruszanie się ◇ 2. **by stealth** ukradkiem

stealthy ['stelθi] potajemny

steam [stiːm] 1. para 2. parowy 3. parować 4. gotować na parze 5. wpływać/wjeżdżać (pod napędem parowym)

steamer ['stiːmə] parowiec

steamroller ['stiːmroulə] walec drogowy

steamy ['stiːmi] zaparowany

steel [stiːl] 1. stal 2. stalowy ◇ 3. **steel oneself** przygotowywać się (*for sth* na coś)

steelworks ['stiːlwəːks], *lm* **steelworks** stalownia

steely ['stiːli] stalowy

steep [stiːp] 1. stromy 2. ostry 3. *nieform* za wysoki

steeped ['stiːpt] osadzony (*in sth* w czymś)

steeple ['stiːpəl] wieża, iglica

steer [stiə] 1. prowadzić 2. sterować 3. wół

steering wheel ['stiəriŋwiːl] kierownica

stellar ['stelə] gwiezdny

stem [stem] 1. pień, łodyga 2. nóżka 3. cybuch 4. tamować 4. pochodzić, wynikać (*from sth* z czegoś)

stench [stentʃ] *form* smród, odór

stencil ['stensəl] 1. szablon, matryca 2. matrycować

step [step] 1. krok 2. (*schodów*) stopień 3. -s drabina 4. przydeptywać, nadeptywać 5. przekraczać, przestępować (*over sth* przez coś) 6. (*odchodzić*) odstępować (*back*) ◇ 7. **in step** równym krokiem 8.

be in step with sth dotrzymywać kroku czemuś
step aside/down ustępować (*from sth* z czegoś)
step up intensyfikować
stepbrother ['stepbrʌðə] (*sb's*) syn (czyjegoś) ojczyma lub macochy
stepchild ['steptʃaild], *lm* **stepchildren** ['steptʃildrən] pasierb(ica)
stepdaughter ['stepdo:tə] pasierbica
stepfather ['stepfɑ:ðə] ojczym
stepladder ['steplædə] drabina składana
stepmother ['stepmʌðə] macocha
steppe [step] step
stepping-stone ['stepiŋ stoun] 1. kamień (*do przejścia przez strumyk*) 2. odskocznia
stepsister ['stepsistə] (*sb's*) córka (czyjegoś) ojczyma lub macochy
stepson ['stepsʌn] pasierb
stereo ['steriou] 1. (sprzęt) stereo 2. stereofoniczny
stereotype ['steriətaip] 1. stereotyp 2. traktować szablonowo
sterile ['sterail] 1. sterylny 2. bezpłodny
sterilize (*także* **sterilise**) ['sterilaiz] sterylizować
sterling ['stə:liŋ] (funt) szterling
stern [stə:n] 1. surowy 2. rufa
stew [stju:] 1. dusić 2. potrawka
steward ['stju:əd] 1. steward 2. zarządca, intendent
stewardess [ˌstju:ə'des] stewardessa
stick [stik], **stuck** [stʌk], **stuck** 1. patyk, kij 2. (*dynamitu*) laska 3. (*do czegoś*) wtykać 4. (*np. do słupa*) przyklejać 5. (*o piasku*) przywierać 6. (*o zamku błysk.*) zablokowywać się 7. (*o zdarzeniu*) utkwić (*in sb's mind* komuś w pamięci)
stick out 1. wystawiać 2. wystawać 3. wyróżniać (się)
stick to 1. trzymać się 2. dotrzymywać
stick up 1. przyczepiać 2. wystawać
stick up for stawać (*sb* za kimś), bronić
sticker ['stikə] naklejka
sticking-plaster ['stikiŋplɑ:stə] przylepiec, plaster
stickler ['stiklə] pedant (*for sth* co do)
sticky ['stiki] 1. lepki, kleisty 2. samoprzylepny 3. duszny, parny 4. *nieform* paskudny
stiff [stif] 1. sztywny 2. (*drzwi*) ciężko chodzący 3. (*ciało*) zesztywniały, odrętwiały 4. (*rywalizacja*) ostry 5. (*wódka*) porządny 6. (*wiatr*) silny ◇ 7. *nieform* (**bored**) **stiff** (znudzony) na śmierć
stiffen ['stifən] 1. sztywnieć 2. usztywniać 3. utwardzać
stifle ['staifəl] 1. zduszać 2. dławić, gnieść
stigma ['stigmə] piętno, stygmat
stile [stail] przejście, przełaz
stiletto [sti'letou] ◇ **stiletto heels** (*buty*) szpilki
still [stil] 1. dalej, nadal 2. wciąż 3. jednak 4. jeszcze (*more/better* bardziej/lepiej) 5. (*bez ruchu*) spokojny, nieruchomy
stillborn ['stilbo:n] martwo urodzony, poroniony
stilt [stilt] 1. pal 2. szczudło
stilted ['stiltid] wysilony
stimulant ['stimjələnt] stymulant
stimulate ['stimjəleit] 1. stymulować 2. pobudzać

stimulus ['stimjələs], *lm* **stimuli** ['stimjəlai] **1.** bodziec **2.** podnieta
sting [stiŋ], **stung** [stʌŋ], **stung 1.** żądło **2.** kłucie, pieczenie **3.** użądlić, uciąć **4.** piec **5.** ukłuć, zaboleć
stingy [stindʒi] skąpy
stink [stiŋk], **stank** [stæŋk] *lub* **stunk** [stʌŋk], **stunk 1.** śmierdzieć, cuchnąć **2.** smród
stinking ['stiŋkiŋ] *nieform* cholerny
stint [stint] okres
stipulate ['stipjəleit] żądać, wymagać
stir [stə:] **1.** mieszać **2.** (po)ruszać (się) **3.** dojrzewać **4.** poruszenie, wzburzenie
  stir up 1. wzburzać **2.** wzbudzać
stirring ['stə:riŋ] wzburzający
stirrup ['stirʌp] strzemię
stitch [stitʃ] **1.** zszywać **2.** szew **3.** kolka
stoat [stout] gronostaj
stock [stok] **1.** akcja, udział **2.** (*towarów*) skład **3.** zapasy, rezerwa **4.** (*do zupy*) bulion **5.** (*ludzi, zwierząt*) rasa **6.** (*towar*) mieć na składzie **7.** (*pojemnik*) napełniać **8.** (*wyrażenie*) obiegowy ◇ **9. in stock** na składzie **10. out of stock** wyczerpany **11. take stock** oceniać
  stock up zaopatrywać się (*with sth* w coś)
  stock exchange ['stokikstʃændʒ] **the s.e.** giełda
  stock market ['stokmɑ:kit] **the s.m.** giełda
stockade [sto'keid] palisada
stockbroker ['stokbroukə] makler
stocking ['stokiŋ] pończocha
stocktaking ['stokteikiŋ] inwentaryzacja

stocky ['stoki] krępy
stodgy ['stodʒi] **1.** ciężki **2.** nudny
stoic(al) ['stouik(əl)] *form* stoicki
stoke [stouk] **1.** podrzucać (*sth* do czegoś) **2.** podsycać
stole [stoul] *patrz* **steal:** *II forma*
stolen ['stoulən] *patrz* **steal:** *III forma*
stolid [stolid] flegmatyczny
stomach ['stʌmək] **1.** żołądek, brzuch **2.** *przen* (*z przeczeniem*) przełknąć
stomach-ache ['stʌməkeik] ból brzucha
stomp [stomp] stąpać ciężko
stone [stoun] **1.** kamień **2.** pestka **3.** *BR jednostka wagi* (= 6,35 kg) **4.** obrzucać kamieniami, kamienować **5.** (*owoce*) drylować
stone-cold [ˌstoun'kould] lodowato zimny
stone-deaf [ˌstoun'def] głuchy jak pień
stonework ['stounwə:k] ozdoby kamienne
stony ['stouni] **1.** kamienisty **2.** kamienny
stood [stud] *patrz* **stand:** *II i III forma*
stool [stu:l] stołek
stoop [stu:p] **1.** przygarbiać się (*over sth* nad czymś) **2.** pochylać się, schylać się (*także down*) **3.** zniżać się (*to sth* do czegoś) **4.** (przy)garbienie
stop [stop] **1.** przestawać (*doing sth* coś robić) **2.** kończyć się **3.** zapobiegać **4.** zatrzymywać (się) (*to do sth* aby coś zrobić) (*także o zegarze*) **5.** przystanek ◇ **6. bring to a stop** zatrzymywać **7. come to a stop** zatrzymywać się
  stop off zatrzymywać się

stop up zatykać

stop press [ˌstopˈpres] *BR* wiadomości z ostatniej chwili

stopgap [ˈstopgæp] tymczasowe rozwiązanie, prowizorium

stopover [ˈstopouvə] przerwa

stoppage [ˈstopidʒ] przerwanie pracy, strajk

stopper [ˈstopə] korek

stopwatch [ˈstopwotʃ] stoper

storage [ˈstoridʒ] magazynowanie, przechowywanie

store [stoː] 1. sklep 2. magazyn, skład 3. zapasy 4. magazynować, przechowywać

store up magazynować, przechowywać

storehouse [ˈstoːhaus] 1. *US* magazyn 2. kopalnia

storeroom [ˈstoːrum] magazyn, skład

storey (*US* **story**) [ˈstoːri] piętro

stork [stoːk] bocian

storm [stoːm] 1. burza 2. wpadać jak burza 3. *lit* piorunować, wzburzać się 4. szturmować

stormy [ˈstoːmi] burzliwy

story [ˈstoːri] 1. *US* piętro (*BR* **storey**) 2. opowieść, opowiadanie 3. historia, dzieje 4. artykuł 5. *nieform* bajki

stout [staut] 1. pulchny, tęgi 2. solidny, gruby 3. zdecydowany, dzielny

stove [stouv] piec, kuchenka

stow [stou] chować, odkładać (*także away*)

stowaway [ˈstouəwei] pasażer na gapę

straddle [ˈstrædəl] 1. stawać/siadać okrakiem 2. przekraczać

straggle [ˈstrægəl] 1. rozciągać się 2. być rozwleczonym

straight [streit] 1. prosto 2. prosty 3. szczery 4. czysty, bez niczego ◇ **5. keep a straight face** utrzymywać powagę **6. put/get sth straight** porządkować **7. straight fight** walka między dwoma przeciwnikami **8. straight away** od razu

straightaway [ˌstreitəˈwei] od razu

straighten [ˈstreitən] 1. wyprostowywać (się) 2. wyrównywać **straighten out** porządkowywać

straightforward [ˌstreitˈfoːwəd] 1. prosty 2. bezpośredni

strain [strein] 1. obciążenie 2. (*umysłowy*) stres, napięcie 3. (*mięśni*) nadwerężenie 4. skłonność (*romantic strain* s. do romantyzmu) 5. *lit* -s tony 6. (*zboża*) odmiana 7. (*zasoby*) nadwerężać 8. (*oczy*) wysilać 9. (*mięsień, prawdę*) naciągać 10. (*jedzenie*) odcedzać

strained [ˈstreind] 1. wysilony 2. wyczerpany 3. napięty

strait [streit] 1. cieśnina 2. -s sytuacja, tarapaty

strait jacket [ˈstreitˌdʒækit] kaftan bezpieczenstwa

strait-laced [ˌstreitˈleist] pruderyjny

strand [strænd] 1. pasmo 2. wątek ◇ **3. be stranded** być opuszczonym/zagubionym

strange [streindʒ] 1. dziwny 2. obcy

strangely [ˈstreindʒli] 1. dziwnie ◇ **2. strangely (enough)** (choć to) dziwne

stranger [ˈstreindʒə] 1. obcy 2. nowoprzybyły ◇ **3. sb is a stranger to sth** coś jest obce komuś

strangle [ˈstræŋgəl] 1. udusić 2. zduszać

strangled [ˈstræŋgəld] zduszony

stranglehold ['stræŋgəlhould] ◇ **have a stranglehold on sth** trzymać coś w garści

strap [stræp] **1.** pasek **2.** ramiączko **3.** przymocowywać

strata ['streitə] *patrz* **stratum:** *lm*

stratagem ['strætədʒəm] fortel

strategic [strə'ti:dʒik] strategiczny

strategist ['strætədʒist] strateg

strategy ['strætədʒi] strategia

stratum ['streitəm], *lm* **strata** ['streitə] *form* warstwa

straw [stro:] **1.** słoma **2.** słomka **3.** rurka

strawberry ['stro:bəri] truskawka

stray [strei] **1.** błądzić, błąkać się **2.** zabłąkany

streak [stri:k] **1.** smuga, pasemko **2.** pasmo **3.** znaczyć smugami/pasmami **4.** gnać (jak najprędzej) ◇ **5. a streak of (sth)** tendencja do (czegoś) **6. lucky/winning streak** pasmo szczęścia

stream [stri:m] **1.** nurt, prąd **2.** strumień (*rzeczka, także dymu*) **3.** (*także samochodów, pytań*) potok **4.** (*np. o łzach, pocie*) spływać strumieniami, ociekać **5.** (*o ludziach, pojazdach*) napływać **6.** (*o świetle*) wpływać **7.** (*w szkole*) dzielić (na grupy według zdolności)

streamer ['stri:mə] proporzec

streamline ['stri:mlain] **1.** nadawać opływowy kształt **2.** racjonalizować, robić bardziej efektywnym

street [stri:t] **1.** ulica **2.** uliczny ◇ **3. the man in the street** *przeciętny/szary* człowiek

streetcar ['stri:tkɑ:] *US* tramwaj

strength [streŋθ] **1.** siła **2.** potęga **3.** moc **4.** silny punkt **5.** wytrzymałość

strengthen ['streŋθən] **1.** wzmacniać, umacniać (się) **2.** dawać siłę

strenuous ['strenju:əs] wyczerpujący

stress [stres] **1.** stres, napięcie **2.** akcent (*on sth* na czymś) **3.** naprężenie **4.** podkreślać **5.** akcentować

stretch [stretʃ] **1.** rozciągać (się) **2.** przeciągać się **3.** (*fundusze*) wykorzystywać **4.** wykorzystywać wszystkie możliwości **5.** (*wodny*) obszar **6.** (*czasu*) przeciąg **7.** (*materiał*) rozciągliwy, elastyczny ◇ **8. at a stretch** bez przerwy **stretch out** wyciągać (*oneself* się)

stretcher ['stretʃə] nosze

strew [stru:], **strewed, strewed** *lub* **strewn** [stru:n] **1.** zarzucać **2.** pokrywać (*with sth* czymś)

stricken ['strikən] rażony (*by sth* czymś), dotknięty (*with sth* czymś)

strict [strikt] **1.** surowy **2.** ścisły

strictly ['striktli] **1.** wyłącznie (*for sb* dla kogoś) **2.** ściśle

stride [straid], **strode** [stroud], **stridden** ['stridən] **1.** kroczyć, iść (długimi krokami) **2.** (długi) krok **3.** krok naprzód ◇ **4. take sth in one's stride** brać coś z marszu

strident ['straidənt] **1.** wrzaskliwy, przenikliwy **2.** ostry

strife [straif] *form* konflikty

strike [straik], **struck** [strʌk], **struck 1.** strajk **2.** (*powietrzne*) uderzenie **3.** (*o pracownikach*) strajkować **4.** (*bić*) uderzać (**sth/against sth** *(o) coś/w coś*) **5.** (*o przeciwniku*) atakować **6.** (*wydawać się*) sprawiać wrażenie **7.** (*o zegarze*) bić **8.** (*o błyskawicy*) razić **9.** (*o poro-*

zumieniu) dochodzić (*sth* do czegoś) **10.** (*na ropę, złoto*) natrafiać (*sth* na coś) ◊ **11. strike a match** zapalać zapałkę **12. sb was struck by sth** coś na kimś wywarło ogromne wrażenie **13. be struck blind/dumb** oślepnąć/oniemieć **14. be on strike** strajkować

strike down powalić

strike out zaczynać, zabierać się (*sth* do czegoś)

strike up 1. zawierać, zaczynać **2.** grać, intonować

striker ['straikə] **1.** strajkujący **2.** *sport* napastnik

striking ['straikiŋ] **1.** uderzający **2.** rzucający się w oczy

string [striŋ], **strung** [strʌŋ], **strung 1.** sznurek, linka **2.** sznur, szereg **3.** ciąg **4.** *muz* struna **5.** nawlekać, naciągać ◊ **6. pull strings** pociągać za sznurki, manipulować **7.** *muz* **the strings** smyczki, instrumenty smyczkowe

string bean [ˌstriŋ 'bi:n] fasolka szparagowa

string out rozciągać się

string together zestawiać, składać razem

string up *nieform* wieszać

stringent ['strindʒənt] *form* ostry

stringy ['striŋi] włóknisty, żylasty

strip [strip] **1.** pasek **2.** pas **3.** komiks **4.** rozbierać (się) **5.** zabierać, pozbawiać (*of sth* czegoś)

strip down rozbierać, demontować

strip off ściągać

strip club ['stripklʌb] lokal ze striptisem

strip lighting ['striplaitiŋ] oświetlenie jarzeniowe

stripe [straip] pasek, prążek

stripper ['stripə] *nieform* striptiser(ka)

striptease ['stripti:z] striptis

strive [straiv], **strove** [strouv], **striven** [strivən] *form* **1.** usiłować **2.** walczyć (*for* o)

strode [stroud] *patrz* **stride:** *II forma*

stroke [strouk] **1.** głaskać, gładzić **2.** porażenie (*wylew*) **3.** (*pędzla, pióra*) linia, pociągnięcie **4.** (*zegara, ramion*) uderzenie **5.** (*pływacki*) styl ◊ **6.** **at a/in one** **stroke** za jednym zamachem

stroll [stroul] **1.** przechadzać się **2.** spacer, przechadzka

strong [stroŋ] **1.** silny, mocny **2.** przekonujący **3.** dobitny **4.** w liczbie (*20 strong* w liczbie 20)

stronghold ['stroŋhould] forteca

strong-room ['stroŋru:m] skarbiec

strove [strouv] *patrz* **strive:** *II forma*

struck [strʌk] *patrz* **strike:** *II i III forma*

structural ['strʌktʃərəl] strukturalny

structure ['strʌktʃə] **1.** struktura **2.** budowla **3.** przekształcać, kształtować

struggle ['strʌgəl] **1.** borykać się, usiłować **2.** (*w uścisku*) wyrywać się, szamotać się **3.** (*z kimś*) walczyć **4.** (*o coś*) walka **5.** szamotanina ◊ **6. struggle to do sth** z wysiłkiem coś robić

strum [strʌm] brzdąkać (*sth* w coś)

strung [strʌŋ] *patrz* **string:** *II i III forma*

strut [strʌt] **1.** rozpora **2.** kroczyć (dumnie)

stub [stʌb] **1.** niedopałek **2.** odcinek

(kontrolny) **3.** uderzać się (*sth* w coś)
stub out zduszać
stubble ['stʌbəl] **1.** ściernisko **2.** szczecina
stubborn ['stʌbən] **1.** uparty **2.** oporny
stuck [stʌk] **1.** *patrz* **stick:** *II i III forma* ◊ **2. be stuck** utknąć
stuck-up [,stʌk'ʌp] zarozumiały
stud [stʌd] **1.** guzek, nit **2.** kolczyk **3.** konie rozpłodowe **4.** (*także* **horse stud**) stadnina
studded ['stʌdid] nabijany (*with sth* czymś)
student ['stju:dənt] **1.** student **2.** *US* uczeń **3.** badacz
studied ['stʌdid] wystudiowany
studio ['stju:diou] **1.** pracownia, atelier **2.** studio
studious ['stju:diəs] sumienny, pilny
study ['stʌdi] **1.** studiować **2.** (*mapę, twarz*) badać **3.** nauka, uczenie się **4.** studium, rozprawa **5.** -s (*uniwersyteckie*) studia **6.** pokój do pracy, pracownia
stuff [stʌf] **1.** rzecz, coś **2.** *nieform* majątek, rzeczy **3.** (*niedbale*) wpychać **4.** (*w coś/siebie*) napychać **5.** (*kurczaka*) nadziewać **6.** (*zwierzę*) wypychać ◊ **7.** "get stuffed!" „odwal się!", „wypchaj się"
stuffing [stʌfiŋ] nadzienie, farsz
stumble ['stʌmbəl] potykać się
stumble across/on natykać się
stumbling block ['stʌmbliŋblok] przeszkoda
stump [stʌmp] **1.** odłamek, kikut **2.** człapać ◊ **3. be stumped by sth** nie umieć odpowiedzieć na coś
stun [stʌn] ogłuszać, oszołamiać
stung [stʌŋ] *patrz* **sting:** *II i III forma*

stank [stæŋk] *patrz* **stink:** *II i III forma*
stunt [stʌnt] **1.** wyczyn **2.** popis kaskaderski **3.** zahamować
stunt man ['stʌntmən], *lm* **stunt men** ['stʌntmən] kaskader
stupefy ['stju:pifai] *form* oszałamiać
stupendous [stju:'pendəs] zdumiewający
stupid ['stju:pid] **1.** głupi **2.** *nieform* durny
stupidity [stju:'piditi] **1.** głupota **2.** głupstwo
stupor ['stju:pə] odurzenie, otępienie
sturdy ['stə:di] wytrzymały, silny
stutter ['stʌtə] **1.** jąkać się **2.** jąkanie się
sty [stai] chlew
style [stail] **1.** styl **2.** dobry styl **3.** rodzaj **4.** kształtować, projektować
stylish ['stailiʃ] modny
stylize (*także* **stylise**) ['stailaiz] stylizować
stylus ['stailəs] igła (*gramofonowa*)
suave [swɑ:v] gładki, uprzejmy
subconscious [sʌb'konʃəs] **1.** podświadomy **2.** podświadomość
subcontract I. [,sʌbkən'trækt] **1.** zlecać, podnajmować **II.** [,sʌb'kontrækt] **2.** subkontrakt
subdivide [,sʌbdi'vaid] dzielić
subdue [səb'dju:] **1.** podbijać **2.** przygaszać
subdued [səb'dju:d] przygaszony
subject I. ['sʌbdʒikt] **1.** temat **2.** (*np. w szkole*) przedmiot **3.** *gram* podmiot **4.** *form* poddany (*władcy*) **5.** (*kraj*) podległy ◊ **6. be subject to sth** podlegać czemuś **7. subject to** stosownie do **II.**

[səb'dʒekt] **8.** (*kraj*) uciskać **9.** (*przesłuchaniu*) poddawać (*to sth* czemuś)

subjective [səb'dʒektiv] subiektywny

subjunctive [səb'dʒʌŋktiv] (*także:* **subjunctive mood**) *gram* tryb łączący

sublet [sʌb'let] podnajmować

sublime [səb'laim] *form* wysublimowany

submarine ['sʌbməri:n] okręt podwodny

submerge [səb'mə:dʒ] **1.** zanurzać (się) **2.** zatapiać (*oneself in sth* się w czymś)

submission [səb'miʃən] **1.** uległość **2.** *form* przedłożenie

submissive [səb'misiv] uległy

submit [səb'mit] **1.** ulegać (*to sth* czemuś) **2.** przedkładać

subnormal [ˌsʌb'no:məl] opóźniony (w rozwoju)

subordinate I. [sə'bo:dineit] **1.** *form* podporządkowywać (*A to sth* A czemuś) **II.** [sə'bo:dinət] **2.** podwładny **3.** *form* podporządkowany (*to sth* czemuś)

subordinate clause [sə,bo:dinət 'klo:z] *gram* zdanie podrzędne

subscribe [səb'skraib] **1.** przychylać się (*to sth* do czegoś) **2.** prenumerować, subskrybować (*to sth* coś) **3.** wspomagać, wykładać

subscriber [səb'skraibə] **1.** prenumerator **2.** abonent **3.** ofiarodawca

subscription [səb'skripʃən] **1.** prenumerata **2.** abonament **3.** składka

subsequent ['sʌbsikwənt] *form* późniejszy, następujący

subside [səb'said] **1.** opadać **2.**

zmniejszać się

subsidence [səb'saidəns] osiadanie (gruntu)

subsidiary [səb'sidiəri] **1.** dodatkowy, nieobowiązkowy **2.** (*także* **subsidiary company**) przedsiębiorstwo zależne

subsidize (*także* **subsidise**) ['sʌbsidaiz] dotować, subsydiować

subsidy ['sʌbsidi] dotacja, subwencja

subsist [səb'sist] przetrwać

substance ['sʌbstəns] **1.** substancja **2.** realność, konkretność **3.** the s. esencja, istota **4.** znaczenie, prawdziwa wartość

substandard [ˌsʌb'stændəd] niedopuszczalny, poniżej normy

substantial [səb'stænʃəl] **1.** znaczny, poważny **2.** istotny, ważny

substantiate [səb'stænʃieit] *form* udowadniać, uzasadniać

substitute ['sʌbstitju:t] **1.** zastępować (*for sth* coś) **2.** substytut, namiastka **3.** zastępstwo

subterfuge ['sʌbtəfju:dʒ] podstęp

subterranean [ˌsʌbtə'reiniən] podziemny

subtitle ['sʌbtaitəl] (*na filmie*) podpis, napis

subtle ['sʌtəl] subtelny

subtlety ['sʌtəlti] subtelność

subtract [səb'trækt] odejmować

subtraction [səb'trækʃən] odejmowanie

suburb ['sʌbə:b] **1.** przedmieście ◇ **2.** in the suburbs na przedmieściu

suburban [sə'bə:bən] **1.** podmiejski **2.** prowincjonalny

suburbia [sə'bə:biə] tereny podmiejskie

subversive [səb'və:siv] *form* **1.** wy-

wrotowy **2.** wywrotowiec
subway [ˈsʌbwei] **1.** *BR* przejście podziemne **2.** *US* metro
succeed [səkˈsiːd] **1.** zdołać **2.** mieć powodzenie, wieść się **3.** robić karierę **4.** zastępować **5.** następować (*sth* po czymś) ◊ **6. sb succeeds in doing sth** komuś udaje się zrobienie czegoś
success [səkˈses] **1.** powodzenie **2.** sukces
successful [səkˈsesful] **1.** zakończony powodzeniem **2.** cieszący się powodzeniem **3.** świetny, przodujący ◊ **4. be successful (in doing sth)** odnosić sukcesy (w robieniu czegoś)
succession [səkˈseʃən] **1.** ciąg, seria **2.** sukcesja ◊ **3. in succession** pod rząd
successive [səkˈsesiv] kolejny, następujący
successor [səkˈsesə] następca
succinct [səkˈsiŋkt] zwięzły
succulent [ˈsʌkjulənt] soczysty
succumb [səˈkʌm] ulegać
such [sʌtʃ] *GRAM* **1.** taki ◊ **2. as such** jako taki **3. such and such** taki (to) a taki
suchlike [ˈsʌtʃlaik] i temu podobne
suck [sʌk] **1.** ssać **2.** wysysać, zasysać **3.** wciągać (*into sth* do czegoś)
sucker [ˈsʌkə] **1.** ssawka **2.** *nieform* naiwniak
suckle [ˈsʌkəl] **1.** dawać pierś (do ssania) **2.** ssać pierś
suction [ˈsʌkʃən] ssanie, przyssanie
sudden [ˈsʌdən] **1.** nagły ◊ **2. all of a sudden** nagle, znienacka
suddenly [ˈsʌdənli] nagle
suds [sʌdz] mydliny
sue [sjuː] skarżyć do sądu (*for sth* za coś), dochodzić sądownie

suède [sweid] zamsz
suet [ˈsuːit] łój, tłuszcz
suffer [ˈsʌfə] **1.** cierpieć (**sth/from sth** na coś) **2.** ponosić **3.** ucierpieć
sufferer [ˈsʌfərə] cierpiący (*of sth* na coś)
suffering [ˈsʌfəriŋ] cierpienie
suffice [səˈfais] *form* wystarczać
sufficient [səˈfiʃənt] wystarczający (*for sth* *na coś/do czegoś*)
suffix [ˈsʌfiks] sufiks, przyrostek
suffocate [ˈsʌfəkeit] dusić (się)
sugar [ˈʃugə] **1.** cukier **2.** cukrowy **3.** słodzić (cukrem)
suggest [səˈdʒest] **1.** sugerować **2.** proponować
suggestion [səˈdʒestʃən] **1.** propozycja, sugestia **2.** napomknięcie, ślad
suggestive [səˈdʒestiv] **1.** prowokujący **2.** przywodzący na myśl (*of sth* coś)
suicidal [ˌsuːiˈsaidəl] samobójczy
suicide [ˈsuːisaid] samobójstwo
suit [suːt] **1.** garnitur **2.** (*kobiecy oficjalny*) kostium **3.** (*np. kąpielowy*) ubiór, kostium **4.** *prawne* (*w sądzie*) rozprawa **5.** (*w kartach*) kolor **6.** (*o ubraniu, sytuacji*) pasować (*sth* do czegoś) **7.** (*o dacie, pracy*) odpowiadać ◊ **8. suit oneself** robić jak komu wygodnie
suitable [ˈsuːtəbəl] odpowiedni (*for sth* do czegoś)
suitcase [ˈsuːtkeis] walizka
suite [swiːt] **1.** apartament **2.** komplet, zestaw **3.** *muz* suita
suited [ˈsuːtid] **1.** odpowiedni (*for/ /to sth* do czegoś) **2.** dopasowany, odpowiadający sobie
suitor [ˈsuːtə] *przest* konkurent, starający się (*o pannę*)

sulfur *US* ['sʌlfə] siarka

sulk [sʌlk] 1. dąsać się 2. zły humor

sulky ['sʌlki] nadąsany, zasępiony

sullen ['sʌlən] ponury, posępny

sulphur (*US* sulfur) ['sʌlfə] siarka

sultan ['sʌltən] sułtan

sultana [sʌl'tɑ:nə] rodzynka

sultry ['sʌltri] 1. parny, duszny 2. gorący, namiętny

sum [sʌm] 1. suma 2. sumowanie, rachunek ◇ 3. the sum total ogółem (*na rachunkach*)
    sum up podsumowywać, krótko określać

summarize (*także* **summarise**) ['sʌməraiz] streszczać

summary ['sʌməri] 1. streszczenie 2. doraźny

summer ['sʌmə] 1. lato 2. letni

summerhouse ['sʌməhaus] altana

summertime ['sʌmətaim] lato, pora letnia

summing-up [,sʌmiŋ'ʌp] podsumowanie

summit ['sʌmit] szczyt (*także jako spotkanie*)

summon ['sʌmən] wzywać
    summon up zbierać

summons ['sʌmənz] 1. wezwanie (*także do sądu*) 2. wzywać do stawiennictwa w sądzie

sumptuous ['sʌmptʃuəs] wystawny, świadczący o przepychu

sun [sʌn] 1. słońce ◇ 2. sun oneself wystawiać się na słońce

sunbathe ['sʌnbeið] opalać się, leżeć na słońcu

sunburn ['sʌnbə:n] oparzenie słoneczne

sunburnt ['sʌnbə:nt] 1. (mocno) opalony 2. oparzony słońcem

sundae ['sʌndei] puchar lodowy, deser lodowy

Sunday ['sʌndi] niedziela
    Sunday school ['sʌndisku:l] szkółka niedzielna (*religii*)

sundial ['sʌndaiəl] zegar słoneczny

sundown ['sʌndaun] *US* zachód (słońca)

sundry ['sʌndri] 1. *form* różny ◇ 2. *nieform* all and sundry wszyscy

sunflower ['sʌnflauə] słonecznik

sung [sʌŋ] *patrz* sing: *III forma*

sunglasses ['sʌnglɑ:siz] okulary słoneczne

sunk [sʌŋk] *patrz* sink: *III forma*

sunken ['sʌnkən] 1. zatopiony 2. obniżony 3. zapadnięty

sunlamp ['sʌnlæmp] lampa kwarcowa

sunlight ['sʌnlait] słońce, światło słońca

sunny ['sʌni] słoneczny

sunrise ['sʌnraiz] wschód (słońca)

sunset ['sʌnset] zachód (słońca)

sunshade ['sʌnʃeid] 1. parasolka 2. markiza

sunshine ['sʌnʃain] słońce, światło słońca

sunstroke ['sʌnstrouk] porażenie słoneczne

suntan ['sʌntæn] opalenizna

super ['su:pə] 1. *nieform* fajny 2. super

superannuation [,su:pərænju'eiʃən] emerytura

superb [su:'pə:b] znakomity, rewelacyjny

supercilious [,su:pə'siliəs] wyniosły

superficial [,su:pə'fiʃəl] powierzchowny

superfluous [su:'pə:fluəs] nadmierny, zbyteczny

superhuman [,su:pə'hju:mən] nadludzki

superimpose [,su:pərim'pouz] nakładać (*A on B* A na B)

superintend [ˌsuːpərinˈtend] nadzorować

superintendent [ˌsuːpərinˈtendənt] 1. nadzorca, kierownik, administrator 2. (*w policji*) komisarz

superior [suˈpiəriə] 1. wyższy (rangą), starszy (doświadczeniem) (*to sb* od kogoś) 2. lepszy (*to sth* niż coś) 3. dumny, wyniosły 4. przełożony, zwierzchnik

superlative [suːˈpəːlətiv] 1. *form* najlepszy, największy 2. *gram* stopień najwyższy

supermarket [ˈsuːpəmɑːkit] supermarket

supernatural [ˌsuːpəˈnætʃərəl] 1. nadnaturalny 2. the s. rzeczy nadnaturalne

superpower [ˈsuːpəpauə] supermocarstwo

supersede [ˌsuːpəˈsiːd] zastępować

supersonic [ˌsuːpəˈsonik] naddźwiękowy

superstition [ˌsuːpəˈstiʃən] przesąd

superstitious [ˌsuːpəˈstiʃəs] przesądny

supervise [ˈsuːpəvaiz] nadzorować, opiekować się

supervision [ˌsuːpəˈviʒən] nadzór, opieka

supervisor [ˈsuːpəvaizə] 1. nadzorca, kierownik 2. opiekun (*także* naukowy)

supper [ˈsʌpə] kolacja

supplant [səˈplɑːnt] *form* zastępować

supple [ˈsʌpəl] 1. gibki, zwinny 2. miękki, giętki

supplement [ˈsʌplimənt] 1. uzupełniać (*with/by sth* czymś) 2. dodatek (*to sth* do czegoś) 3. suplement

supplementary [ˌsʌpliˈmentəri] dodatkowy, uzupełniający

supplier [səˈplaiə] dostawca

supply [səˈplai] 1. zaopatrywać (*sb with sth* kogoś w coś) (*A for B* A w B) 2. zaopatrzenie 3. dopływ, doprowadzenie 4. podaż (*supply and demand* podaż i popyt)

support [səˈpoːt] 1. popierać 2. (*dach, siebie*) podpierać (*także oneself* się), podtrzymywać (*także oneself* się) 3. (*rodzinę*) utrzymywać 4. (*dla teorii, dla kogoś*) poparcie 5. (*budynku*) podpora, wspornik 6. (*przedsiębiorstwa*) pomoc finansowa

supporter [səˈpoːtə] 1. kibic 2. poplecznik

suppose [səˈpouz] 1. przypuszczać ◊ 2. "I suppose" „myślę(, że)" 3. suppose/supposing przypuśćmy

supposed [səˈpouzd] 1. domniemany, rzekomy ◊ 2. be supposed to do sth być zobowiązanym do czegoś 3. *nieform* sb is not supposed to do sth komuś nie wolno czegoś robić

supposition [ˌsʌpəˈziʃən] *form* przypuszczenie, domniemanie

suppress [səˈpres] 1. zdławiać, zduszać 2. powstrzymywać, zatajać

supremacy [suˈpreməsi] przewaga, supremacja

supreme [suˈpriːm] 1. najwyższy, główny 2. najznakomitszy

surcharge [ˈsəːtʃɑːdʒ] 1. domagać się opłaty dodatkowej 2. opłata dodatkowa

sure [ʃuə] 1. pewny (*of sth* czegoś) (*także of oneself* siebie) 2. *US nieform* oczywiście ◊ 2. sb is sure to do sth ktoś *na pewno/z pewnością* coś zrobi 3. "be sure to

(do it)" „na pewno (zrób to)"
4. make sure (a) upewniać się
(b) robić wszystko(, żeby) **5.** *nie-form* **for sure** na pewno, pewny **6.**
sure enough faktycznie

surely ['ʃuəli] **1.** na pewno, z pew-nością **2.** *US* oczywiście

surf [sə:f] **1.** piana **2.** uprawiać surfing

surface ['sə:fis] **1.** powierzchnia **2.** wychodzić na powierzchnię
surface mail ['sə:fis meil] poczta zwykła (nielotnicza)

surfboard ['sə:fbo:d] deska surfingo-wa

surfeit ['sə:fit] *form* przesyt

surge [sə:dʒ] **1.** poruszać się, falo-wać **2.** wzrastać **3.** poruszenie **4.** wzrost

surgeon ['sə:dʒən] chirurg

surgery ['sə:dʒəri] **1.** operacja **2.** chirurgia **3.** *BR* przychodnia

surgical ['sə:dʒikəl] chirurgiczny

surly ['sə:li] arogancki, grubiański

surmise [sə'maiz] *form* domyślać się

surmount [sə'maunt] **1.** pokonać, u-porać się (*sth* z czymś) **2.** *form* wznosić się (*sth* na czymś)

surname ['sə:neim] nazwisko

surpass [sə'pɑ:s] *form* przewyższać

surplus ['sə:pləs] **1.** nadwyżka, nad-miar **2.** tworzący nadwyżkę

surprise [sə'praiz] **1.** niespodzianka, zaskoczenie **2.** zdziwienie **3.** nie-spodziany, zaskakujący **4.** zaskaki-wać

surprising [sə'praiziŋ] zaskakujący

surreal(istic) [sə'riəl(istik)] surre-alistyczny, nadrzeczywisty

surrender [sə'rendə] **1.** poddawać (się) (*także: to sth* czemuś) **2.** od-dawać, wyrzekać się **3.** poddanie (się) **4.** zrzeczenie się

surreptitious [ˌsʌrəp'tiʃəs] pota-jemny

surrogate ['sʌrəgeit] *form* **1.** zastęp-czy **2.** namiastka, surogat **3.** za-stępca

surround [sə'raund] otaczać (*także oneself with sth* się czymś)

surrounding [sə'raundiŋ] **1.** ota-czający **2.** -s otoczenie

surveillance [sə'veiləns] *form* obser-wacja, nadzór (policyjny)

survey I. [sə'vei] **1.** przyglądać się, obserwować **2.** (*terenu*) dokony-wać pomiaru (geodezyjnego) **3.** (*domu*) dokonywać oględzin **II.** ['sə:vei] **4.** (*opinii*) badanie **5.** (*te-renu*) pomiar (geodezyjny) **6.** (*do-mu*) oględziny

surveyor [sə'veiə] **1.** inspektor (*bu-dowlany*) **2.** geodeta

survival [sə'vaivəl] **1.** przetrwanie, przeżycie **2.** *form* przeżytek

survive [sə'vaiv] **1.** przeżywać **2.** przetrwać

survivor [sə'vaivə] ocalały, pozosta-ły przy życiu

susceptible [sə'septəbəl] podatny (*to sth* na coś)

suspect I. [sə'spekt] **1.** podejrze-wać **2.** traktować podejrzliwie **II.** ['sʌspekt] **3.** podejrzany

suspend [sə'spend] zawieszać

suspender [sə'spendə] **1.** *BR* pod-wiązka **2.** -s szelki

suspense [sə'spens] **1.** napięcie, po-czucie niepewności ◊ **2. keep sb in suspense** trzymać kogoś w nie-pewności

suspension [sə'spenʃən] zawiesze-nie
suspension bridge [sə'spenʃən bridʒ] most wiszący

suspicion [sə'spiʃən] **1.** podejrzenie

2. przypuszczenie **3.** odrobina ◊
4. be under suspicion być podejrzanym

suspicious [sə'spiʃəs] **1.** podejrzliwy
2. podejrzany

sustain [sə'stein] podtrzymywać
(*także* na siłach)

sustained [sə'steind] ciągły, nieprzerwany

sustenance ['sʌstənəns] *form* pożywienie

SW *skrót pisany*: **south-west** płd.-
zach.

swab [swæb] kłębek, tampon

swagger ['swægə] **1.** kroczyć dumnie
2. dumny krok

swallow ['swolou] **1.** przełykać, połykać **2.** łyk **3.** jaskółka
swallow up pochłaniać

swam [swæm] *patrz* **swim**: *II i III
forma*

swamp [swomp] **1.** moczary, mokra-
dło **2.** zalewać

swampy ['swompi] podmokły, bagnisty

swan [swon] łabędź

swap (*także* **swop**) [swop] **1.** zamieniać (się) (*A for B with sb* A na B
z kimś) **2.** przerzucać się (*with sth*
czymś) **3.** zamiana

swarm [swo:m] **1.** rój **2.** roić się,
mrowić się (*with sth* od czegoś)

swarthy ['swo:ði] smagły, śniady

swat [swot] pacnąć, uderzyć

sway [swei] **1.** chwiać się **2.** poddawać się **3.** *form* wpływ

swear [sweə], **swore** [swo:], **sworn**
[swo:n] **1.** przysięgać **2.** przeklinać, kląć (*at sb* na kogoś)

swear-word ['sweəwə:d] przekleństwo

sweat [swet] **1.** pot **2.** pocić się **3.**
harować

sweater ['swetə] sweter

sweatshirt ['swetʃə:t] bluza

sweaty ['sweti] **1.** wywołujący poty
2. przepocony

swede [swi:d] *BR* rzepa (*ściślej*: odmiana rzepy)

sweep [swi:p], **swept** [swept], **swept**
1. zamiatać **2.** (*rzeczy*) zmiatać,
zrzucać **3.** (*o ramieniu*) ruszać się
łukiem, zataczać łuk **4.** (*o dużej
sile*) porywać, zagarniać **5.** (*o modzie, ideach*) ogarniać **6.** (*o wia-
trach, samochodach*) przelatywać
7. (*wrogów, ograniczenia*) wypierać, pozbywać się **8.** (*o świetle*) o-
miatać **9.** łuk, półkolisty ruch **10.**
wygięcie (łukowate) ◊ **11. clean
sweep** (a) generalna zmiana (b)
totalne zwycięstwo
sweep up zmiatać

sweeper ['swi:pə] zamiatacz

sweeping ['swi:piŋ] **1.** półkolisty **2.**
daleko idący, (zbyt) uogólniający
3. rozległy

sweepstake ['swi:psteik] totalizator

sweet [swi:t] **1.** słodki **2.** przesłodzo-
ny **3.** rozkoszny **4.** *BR* deser **5.**
-s słodycze ◊ **6. have a sweet
tooth** uwielbiać słodycze
sweet corn ['swi:tko:n] *BR* kukurydza (*nie pastewna*)

sweeten ['swi:tən] **1.** słodzić **2.**
przen pozyskać, przekupić

sweetheart ['swi:thɑ:t] **1.** kochanie
2. ukochany, ukochana

swell [swel], **swelled**, **swelled** *lub*
swollen ['swoulən] **1.** puchnąć
(*także* **up**) **2.** wydymać się, wzdymać się (*także* **up**) **3.** rozrastać się
4. *lit* potęgować się **5.** falowanie

swelling ['sweliŋ] opuchlizna

sweltering ['sweltəriŋ] **1.** upalny,
nie do zniesienia **2.** zmordowany

upałem

swept [swept] *patrz* **sweep:** *II i III forma*

swerve [swə:v] **1.** skręcać gwałtownie **2.** skręt, skręcenie

swift [swift] **1.** prędki, szybki **2.** jerzyk

swig [swig] *nieform* **1.** chlapnąć sobie, strzelić sobie **2.** chlapnięcie, łyk

swill [swil] **1.** płukać **2.** pomyje

swim [swim], **swam** [swæm], **swum** [swʌm] **1.** pływać **2.** przepływać **3.** kręcić się **4.** pływanie

swimmer ['swimə] pływak

swimming ['swimiŋ] pływanie

   swimming bath ['swimiŋbɑ:θ] *BR* basen, pływalnia

   swimming pool ['swimiŋpu:l] pływalnia, basen

   swimming trunks ['swimiŋ trʌnks] kąpielówki

swimsuit ['swimsu:t] kostium kąpielowy

swindle ['swindəl] **1.** oszukiwać **2.** oszustwo

swindler ['swindlə] oszust

swine [swain] *nieform* świnia

swing [swiŋ], **swung** [swʌŋ], **swung** **1.** huśtać (się), bujać (się) **2.** ruszać (się) wahadłowym ruchem (*a door swung open* drzwi się otworzyły zamaszyście, *he swung his racket at the ball* zamachnął się rakietą na piłkę) **3.** (*skręcać*) obracać się **4.** (*uderzać*) zamachnąć się (*at sb* na kogoś) **5.** (*o opinii, poglądach*) wahać się **6.** (*czymś*) huśtanie (się) **7.** huśtawka (*sprzęt*) **8.** (*opinii, poglądów*) wahnięcie ◇ **9. to be in full swing** być w pełni rozwoju

swipe [swaip] **1.** uderzyć z zama-

chu (*at sth* coś) **2.** *nieform* podprowadzać, zwędzać **3.** zamachnięcie (się), uderzenie (*at sth* w coś)

swirl [swə:l] **1.** wirować, kręcić (się) **2.** wirowanie, kręcenie się

swish [swiʃ] **1.** chlastać, śmigać **2.** śmiganie, śmignięcie

switch [switʃ] **1.** przełącznik **2.** zmiana, przejście **3.** przechodzić (*from A to B* z A do B) **4.** wymieniać, zmieniać

   switch off wyłączać (się)

   switch over 1. przełączać **2.** zmienić całkowicie

   switch on włączać

switchback ['switʃbæk] kolejka

switchboard ['switʃbo:d] **1.** centralka **2.** tablica rozdzielcza

swivel ['swivəl] obracać się

swollen ['swoulən] **1.** *patrz* **swell:** *III forma* **2.** opuchnięty

swoon [swu:n] omdlewać

swoop [swu:p] **1.** spadać, pikować **2.** robić nalot (*at sb* na kogoś) **3.** pikowanie, spadanie **4.** nalot

swop [swop] *patrz* **swap**

sword [so:d] miecz

swordsman ['so:dzmən], *lm* **swordsmen** ['so:dzmən] fechmistrz

swore [swo:] *patrz* **swear:** *II forma*

sworn [swo:n] **1.** *patrz* **swear:** *III forma* **2.** zaprzysięgły, straszny (*sworn enemies* śmiertelni wrogowie)

swot [swot] *nieform BR* **1.** kuć, uczyć się **2.** kujon

swum [swʌm] *patrz* **swim:** *III forma*

swung [swʌŋ] *patrz* **swing:** *II i III forma*

sycamore ['sikəmo:] **1.** *BR* jawor **2.** *US* platan

sycophant ['sikəfənt] pochlebca

sycophantiv [sikə'fæntik] pochleb-czy

syllable ['siləbəl] sylaba

syllabus ['siləbəs] program (kursu)

symbol ['simbəl] symbol

symbolic(al) [sim'bolik(əl)] symbo-liczny

symbolism ['simbəlizəm] symbolizm

symbolize (*także* **symbolise**) ['sim-bəlaiz] symbolizować

symmetrical [si'metrikəl] syme-tryczny

symmetry ['simitri] symetria

sympathetic [ˌsimpə'θetik] 1. współczujący 2. przychylny (*to sb* dla kogoś) 3. sympatyczny

sympathize (*także* **sympathise**) ['simpəθaiz] 1. współczuć (*with sb* komuś) 2. podzielać (*with sth* coś) 3. sympatyzować (*with sth* z czymś)

sympathizer ['simpəθaizə] sympa-tyk

sympathy ['simpəθi] 1. współczucie (*for sb* dla kogoś) 2. zgoda (*with sb* z kimś) 3. -s sympatia ◊ 4. in sympathy with sb dla poparcia kogoś

symphonic [sim'fonik] symfoniczny

symphony ['simfəni] symfonia

symptom ['simptəm] objaw, symp-tom

symptomatic [simptə'mætik] symp-tomatyczny

synagogue ['sinəgog] synagoga

synchronize (*także* **synchronise**) ['siŋkrənaiz] synchronizować

syndicate ['sindikət] syndykat

syndrome ['sindroum] 1. *med* ze-spół 2. syndrom

synonym ['sinənim] *termin* synonim

synonymous [si'noniməs] synoni-miczny

synopsis [si'nopsis] streszczenie

syntactic [sin'tæktik] *gram* syntak-tyczny

syntax ['sintæks] *gram* składnia

synthesis ['sinθisis] synteza

synthesize (*także* **synthesise**) ['sin-θisaiz] syntetyzować

synthetic [sin'θetik] 1. syntetyczny 2. sztuczny

syphilis ['sifilis] syfilis

syphon ['saifən] *patrz* siphon

syringe ['sirindʒ] strzykawka

syrup ['sirəp] syrop

system ['sistəm] 1. system 2. ustrój 3. sieć, układ

systematic [ˌsistə'mætik] systema-tyczny

systematize (*także* **systematise**) ['sistəmætaiz] systematyzować

T

ta [tɑː] *BR nieform* dzięki, dziękuję

tab [tæb] 1. etykietka, nalepka ◊ 2. *nieform* keep tabs on sb mieć na oku kogoś

tabby ['tæbi] 1. bury, pręgowany 2. buras, kot pręgowany

table ['teibəl] 1. stół 2. tabela, ta-blica 3. stołowy 4. *BR* wnosić, przedkładać ◊ 5. table of con-tents spis treści

tablecloth ['teibəlkloθ] obrus

tablespoon ['teibəlspuːn] duża łyż-

ka (do nabieranie potraw)
tablespoonful ['teibəlspu:nful] duża łyżka
tablet ['tæblit] 1. tabletka 2. tablica
tabloid ['tæbloid] gazeta bulwaro-
wa/sensacyjna
taboo [tə'bu:] 1. tabu, zakaz 2. zakazany, niedozwolony
tabulate ['tæbjəleit] układać w ta-
belach
tacit ['tæsit] *form* milczący
taciturn ['tæsitə:n] małomówny
tack [tæk] 1. gwóźdź (tapicerski),
papiak 2. ścieg fastrygi 3. podejście 4. przybijać
tackle ['tækəl] 1. brać się (*sth* za coś)
2. *sport* blokować 3. radzić sobie
(*sth* z czymś), rozprawiać się (*sth* z
czymś) 4. sprzęt 5. *sport* blokada
tacky ['tæki] *nieform* paskudny
tact [tækt] takt
tactful ['tæktful] taktowny
tactical ['tæktikəl] taktyczny
tactics ['tæktiks] taktyka
tactless ['tæktlis] nietaktowny, bez
taktu
tadpole ['tædpoul] kijanka
tag [tæg] 1. etykieta, znaczek 2. berek
  tag along iść (*sb* za kimś)
tail [teil] 1. ogon 2. -s frak 3. -s reszka 4. *nieform* śledzić
  tail off 1. zmniejszać się 2. ucichać
tailor ['teilə] 1. krawiec (męski) 2.
przysposabiać, dostosowywać
tailor-made [‚teilə 'meid] 1. wykonany na zamówienie 2. wykonany
specjalnie dla kogoś
taint [teint] *form* 1. psuć 2. skaza
take [teik], **took** [tuk], **taken**
[teikən] *GRAM* 1. brać, wziąć 2.
(po)trzymać 3. *z różnymi rze-*

*czownikami może być tłumaczo-
ne w bardzo różny sposób* (*take a
test* zdawać test, *take a step* robić krok) 4. (*czas, coś*) zabierać 5.
(*urząd, władzę*) obejmować, przejmować 6. (*postawę, poglądy*) wykazywać 7. wymagać (*It takes a
lot of courage to go there* Pójście
tam wymaga dużej odwagi) 8. (o-
fertę, odpowiedzialność) przyjmować 9. (*mieszkanie*) wynajmować
10. (*ból*) znosić 11. (*np. temperaturę*) mierzyć, notować 12. (*drogą*) jechać 13. (*słowa*) rozumieć
◇ 14. "I take it (that)" „przyj-
muję(, że)" 15. **take place** mieć
miejsce
take after być podobnym (*sb* do
kogoś)
take apart rozbierać, rozkładać
take away 1. zabierać, odbierać
2. odejmować
take back 1. zwracać 2. przyjmować (z powrotem)
take down 1. rozbierać 2. zapisywać
take in 1. zwodzić 2. przyjmować
3. obejmować
take off 1. (*o samolocie*) startować 2. wyjeżdżać 3. ściągać 4.
brać
take on 1. brać, przyjmować 2.
przybierać 3. stawiać czoło
take out 1. zabierać 2. wyjmować (*of sth* z czegoś) 3. usuwać 4.
uzyskiwać
take over przejmować
take to 1. polubić 2. zaczynać,
zabierać się (*sth* do czegoś)
take up 1. przyjmować, brać się
(*sth* za coś) 2. podejmować 3. kontynuować 4. zajmować, zabierać
takeaway ['teikəwei] *BR* 1. jedzenie

na wynos 2. bar z jedzeniem na wynos

taken ['teikən] *patrz* **take:** *III forma*

takeoff ['teikof] start

takeover ['teikouvə] 1. przejęcie 2. przewrót

takings ['teikiŋz] -s utarg, wpływy

talc ['tælk] (*także* **talcum powder** ['tælkəm paudə]) talk

tale [teil] opowieść, opowiadanie

talent ['tælənt] talent

talented ['tæləntid] utalentowany

talisman ['tælizmən] *form* talizman

talk [to:k] 1. mówić (*to sb about/on sth* do kogoś o czymś), rozmawiać (*to sb* z kimś) 2. omawiać 3. gadać, plotkować 4. rozmowa 5. pogawędka ◇ 6. **talk shop** mówić o pracy 7. **talking of (sth)** mówiąc (o czymś)
talk into przekonywać
talk (sb) out of wyperswadować (komuś) (*sth* coś)
talk over omawiać, dyskutować

talkative ['to:kətiv] gadatliwy

talker ['to:kə] gaduła

tall [to:l] 1. wysoki ◇ 2. **be 170 cm tall** mieć 170 cm wzrostu

tally ['tæli] 1. rachuba, rachunek 2. zgadzać się

talon ['tælən] szpon

tame [teim] 1. oswojony 2. potulny 3. mało ekscytujący 4. oswajać 5. ujarzmiać

tamper ['tæmpə] majstrować, manipulować (*with sth* przy czymś)

tampon ['tæmpən] tampon

tan [tæn] 1. opalenizna 2. jasnobrązowy 3. opalać się

tandem ['tændəm] 1. tandem ◇ 2. **in tandem** razem

tang [tæŋ] ostry zapach

tangent ['tændʒənt] 1. styczna ◇ 2. **go off at a tangent** całkowicie zmieniać kierunek

tangerine [,tændʒə'ri:n] mandarynka

tangible ['tændʒəbəl] konkretny, namacalny

tangle ['tæŋgəl] 1. plątanina 2. gmatwanina 3. zaplątać (się)

tank [tæŋk] 1. zbiornik, cysterna 2. czołg

tankard ['tæŋkəd] kufel (metalowy)

tanker ['tæŋkə] tankowiec, cysterna

tantalize (*także* **tantalise**) ['tæntəlaiz] zwodzić

tantamount ['tæntəmaunt] równoznaczny (*to sth* z czymś)

tantrum ['tæntrəm] histeria

tap [tæp] 1. kurek, kran, zawór 2. stukanie 3. stukać, postukiwać (**sth/on sth** w/o coś) 4. wykorzystywać (*sth* coś)
tap dancing ['tæp da:nsiŋ] stepowanie

tape [teip] 1. taśma 2. kaseta, szpula (z taśmą) 3. tasiemka 4. nagrywać 5. przytwierdzać (taśmą)
tape measure ['teip,meʒə] centymetr *krawiecki*
· **tape recorder** ['teipri,ko:də] magnetofon (szpulowy)

taper ['teipə] 1. (*także:* **taper off**) zwężać się 2. (cienka) świeca

tapestry ['tæpistry] 1. arras, gobelin 2. *lit* mozaika

tar [ta:] 1. smoła, dziegieć 2. smołować

tardy ['ta:di] *form* powolny

target ['ta:git] 1. cel ◇ 2. **on target** zgodnie z założeniami

tariff ['tærif] cło przywozowe

tarmac ['ta:mæk] 1. asfalt, makadam 2. **the t.** powierzchnia smołowa (asfaltowa)

tarnish ['tɑːnɪʃ] **1.** matować, matowieć **2.** brukać

tarpaulin [ˌtɑːˈpɔːlin] brezent

tarragon ['tærəgən] estragon

tarry ['tæri] *form* pozostawać

tart [tɑːt] **1.** ciasto (nadziewane) **2.** *BR nieform* dziwka **3.** ostry, kwaśny

tartar ['tɑːtə] kamień (nazębny)

task [tɑːsk] zadanie, zajęcie

tassel ['tæsəl] pompon

taste [teist] **1.** smak **2.** upodobanie (*for sth* do czegoś) **3.** posmak (*of sth* czegoś) **4.** próbować, kosztować **5.** smakować ◇ **6.** have a taste of sth spróbować coś

tasteful ['teistful] gustowny

tasteless ['teistlis] **1.** niegustowny **2.** niesmaczny **3.** bez smaku

tasty ['teisti] smakowity

tata [tæ'tɑː] *BR nieform* cześć, pa

tattered ['tætəd] obstrzępiony

tatters ['tætəz] ◇ in tatters w strzępach

tattoo [tæ'tuː] **1.** tatuować **2.** tatuaż **3.** parada (wojskowa) **4.** werbel (*sygnał*) **5.** bębnić

tatty ['tæti] *nieform* brudny

taught [tɔːt] *patrz* teach: *II i III forma*

taunt [tɔːnt] **1.** drażnić, drwić **2.** szyderstwo. drwina

Taurus ['tɔːrəs] Byk (*znak zodiaku*)

taut [tɔːt] naprężony

tawdry ['tɔːdri] tandetny

tawny ['tɔːni] brunatny

tax [tæks] **1.** podatek **2.** opodatkowywać

    tax collector ['tækskəˌlektə] poborca podatkowy

    tax return ['tæks ritəːn] deklaracja podatkowa

taxable ['tæksəbəl] podlegający opodatkowaniu

taxation [tæk'seiʃən] **1.** system podatkowy **2.** podatki, opodatkowanie

tax-free [ˌtæks'friː] wolny od podatku

taxi ['tæksi] **1.** taksówka **2.** (*o samolocie*) kołować

    taxi rank ['tæksiræŋk] *BR* postój taskówek

    taxi driver ['tæksidraivə] taksówkarz

    taxi stand ['tæksistænd] *US* postój taskówek

taxpayer ['tækspeiə] podatnik

tea [tiː] **1.** herbata **2.** *BR* podwieczorek

    tea bag ['tiːbæg] herbata ekspresowa, torebka herbaty

    tea leaf ['tiːliːf] **1.** liść herbaty **2.** fus herbaty

teach [tiːtʃ], **taught** [tɔːt], **taught 1.** uczyć **2.** nauczać

teacher ['tiːtʃə] nauczyciel

teaching ['tiːtʃiŋ] **1.** nauczanie **2.** nauka

teacup ['tiːkʌp] filiżanka herbaty

teak [tiːk] tek, drzewo/drewno tekowe

team [tiːm] **1.** zespół **2.** *sport* drużyna

teamwork ['tiːmwəːk] praca zespołowa

teapot ['tiːpot] czajniczek, czajnik (do herbaty)

tear I. [tiə] **1.** łza **II.** [teə], **tore** [tɔː], **torn** [tɔːn] **2.** rozdzierać (się) **3.** wyrywać **4.** pędzić **5.** rozdarcie ◇ **6.** tear (oneself) loose wyszarpnąć (się) **7.** tear sth open rozedrzeć coś

    tear apart rozdzierać

    tear away odrywać (*sb from sth*

kogoś od czegoś)
tear off zrywać
tear up drzeć
tear gas ['tɪəgæs] gaz łzawiący
tearful ['tɪəful] łzawy, płaczliwy
tease [tiːz] drażnić
teaspoon ['tiːspuːn] łyżeczka (do herbaty)
teaspoonful ['tiːspuːnful] łyżeczka (do herbaty)
teat [tiːt] 1. sutek, cycek 2. *BR* smoczek
teatime ['tiːtaɪm] *BR* pora picia herbaty
tea-towel ['tiːtauəl] *BR* ścierka (do naczyń)
technical ['teknɪkəl] 1. techniczny 2. praktyczny 3. fachowy
    technical college ['teknɪkəl ˌkolɪdʒ] *BR* technikum
technicality [ˌteknɪ'kælɪti] 1. -s strona techniczna 2. punkt formalny
technically ['teknɪkəli] 1. formalnie, ściśle biorąc 2. technicznie
technician [tek'nɪʃən] technik
technique [tek'niːk] technika
technological [ˌteknə'lodʒɪkəl] technologiczny
technology [tek'nolədʒi] technika, technologia
teddy ['tedi] (*także* **teddy bear**) miś pluszowy
tedious ['tiːdɪəs] żmudny, nudny
teem [tiːm] 1. roić się (*with people* od ludzi) ◊ 2. *nieform* it is teeming (with rain) leje jak z cebra
teenage ['tiːneɪdʒ] nastoletni
teenager ['tiːneɪdʒə] nastolatek
teens ['tiːnz] *okres wieku od 13 do 19 lat*
tee-shirt ['tiːʃəːt] koszulka trykotowa, podkoszulek

teeter ['tiːtə] 1. chwiać się 2. znajdować się (*on sth* na/nad czymś)
teeth [tiːθ] *patrz* tooth: *lm*
teethe [tiːð] ząbkować
teetotal [tiː'toutəl] abstynencki, nie pijący alkoholu
teetotaller [tiː'toutələ] abstynent
telecommunications [ˌtelɪkəmjuː-ni'keɪʃənz] 1. telekomunikacja 2. telekomunikacyjny
telegram ['telɪgræm] telegram
telegraph ['telɪgræf] 1. telegraf ◊ 2. **by telegraph** telegraficznie
telepathic [ˌteli'pæθɪk] telepatyczny
telepathy [tɪ'lepəθi] telepatia
telephone ['telɪfoun] 1. telefon 2. telefoniczny 3. *form* telefonować ◊ 4. **on the telephone** (a) przy telefonie (b) pod telefonem 5. **by telephone** telefonicznie
    telephone exchange ['telɪfoun ɪksˌtʃeɪndʒ] centrala telefoniczna
telephonist [tɪ'lefənɪst] *BR* telefonist(k)a
telephoto lens [ˌtelɪfoutou 'lenz] teleobiektyw
telescope ['telɪskoup] 1. teleskop 2. składać się teleskopowo
telescopic [ˌteli'skopɪk] teleskopowy
televise ['telɪvaɪz] nadawać (przez telewizję)
television ['telɪvɪʒən] 1. telewizja 2. telewizyjny ◊ 3. **on television** w telewizji
telex ['teleks] 1. dalekopis, teleks 2. nadawać teleksem/dalekopisem
tell [tel], **told** [tould], **told** [tould] 1. mówić, powiedzieć 2. dostrzegać 3. dawać znać, oddziaływać (*on sb* na kogoś) 4. rozróżniać ◊ 5. **tell the time** powiedzieć, która godzina
    tell apart rozróżniać

tell off udzielać nagany, mówić prawdę

teller ['telə] kasjer

telling ['teliŋ] **1.** skuteczny **2.** wymowny, wiele mówiący

telltale ['telteil] ostrzegawczy, wymowny

telly ['teli] *nieform* telewizja, telewizor

temerity [ti'meriti] *form* zuchwałość, czelność

temper ['tempə] **1.** charakter **2.** nastrój, humor **3.** złość, wściekłość **4.** *form* hartować, utwardzać **5.** łagodzić ◇ **6. be in a temper** złościć się, wściekać się **7. lose one's temper** wpadać w złość

temperament ['tempərəmənt] temperament

temperamental [,tempərə'mentəl] **1.** kapryśny **2.** pełen temperamentu

temperance ['tempərəns] umiar

temperate ['tempərət] umiarkowany

temperature ['tempərətʃə] temperatura

tempest ['tempist] *lit* burza

tempestuous [tem'pestjuəs] burzliwy

temple ['tempəl] **1.** świątynia **2.** skroń

tempo ['tempou] *form* tempo

temporal ['tempərəl] **1.** czasowy **2.** doczesny

temporary ['tempərəri] czasowy, tymczasowy

tempt [tempt] **1.** kusić ◇ **2. sb is tempted to do sth** kusi kogoś, by coś zrobił

temptation [tem'teiʃən] pokusa

ten [ten] dziesięć

tenable ['tenəbəl] do utrzymania,

mogący być obroniony

tenacious [ti'neiʃəs] nieustępliwy

tenancy ['tenənsi] dzierżawa, najem

tenant ['tenənt] **1.** najemca (lokalu) **2.** dzierżawca

tend [tend] **1.** skłaniać się (*to do sth* do robienia czegoś) **2.** *form* zajmować się, opiekować się ◇ **3. tend to do sth** zwykle coś robić (*I tend to go to sleep very late* zazwyczaj chodzę późno spać)

tendency ['tendənsi] **1.** tendencja **2.** skłonność

tender ['tendə] **1.** delikatny **2.** czuły **3.** wrażliwy, dotkliwy **4.** oferta (przetargowa) **5.** *form* składać, przedstawiać

tendon ['tendən] ścięgno

tendril ['tendril] (*rośliny*) wić

tenement ['tenimənt] dom czynszowy

tenet ['tenit] *form* zasada, doktryna

tenor ['tenə] **1.** tenor **2.** *form* sens, wymowa **3.** tenorowy

tense [tens] **1.** napięty, naprężony **2.** napinać się, sztywnieć **3.** *gram* czas

tension ['tenʃən] napięcie, naprężenie

tent [tent] namiot

tentacle ['tentəkəl] macka, czułek

tentative ['tentətiv] próbny, tymczasowy

tenterhooks ['tentəhuks] ◇ **(be) on tenterhooks** (siedzieć) jak na szpilkach

tenth [tenθ] dziesiąty

tenuous ['tenjuəs] **1.** wątły **2.** subtelny, słaby

tenure ['tenjə] **1.** czynsz **2.** stała posada

tepid ['tepid] **1.** letni **2.** niemrawy

term [tə:m] **1.** termin **2.** semestr

3. okres, kadencja 4. -s warunki 5. nazywać, określać ◊ 6. in (economical) terms, in terms of (economy) z punktu widzenia (ekonomii), w kategoriach (ekonomicznych) 7. be on (good) terms with sb być w dobrych stosunkach z kimś 8. come to terms with sth pogodzić się z czymś 9. in the long/short term na dłuższą/krótszą metę

terminal ['tə:minəl] 1. śmiertelny 2. śmiertelnie chory 3. stacja końcowa 4. *komp* końcówka, terminal

terminate ['tə:mineit] *form* 1. zakańczać 2. kończyć trasę, dalej nie jechać

terminology [,tə:mi'nolədʒi] terminologia

terminus ['tə:minəs] (duża) stacja końcowa

termite ['tə:mait] termit

terrace ['terəs] 1. *BR* zabudowa szeregowa, szereg (domów) 2. taras 3. *BR* -s miejsca stojące (na stadionie)

terraced ['terəst] 1. z tarasami 2. *BR* szeregowy

terrain [te'rein] teren

terrible ['terəbəl] straszny, okropny

terrific [tə'rifik] 1. *nieform* strasznie fajny 2. straszny

terrify ['terifai] przerażać

territorial [,teri'to:riəl] terytorialny

territory ['teritəri] 1. terytorium 2. teren

terror ['terə] 1. przerażenie 2. terror

terrorism ['terərizəm] terroryzm

terrorize (*także* **terrorise**) ['terəraiz] terroryzować

terror-stricken ['terəstrikən] przerażony

terse [tə:s] oschły, krótki

test [test] 1. sprawdzać (*także: sb on sth* coś u kogoś), testować 2. test 3. sprawdzian 4. egzamin 5. badanie (laboratoryjne)
test case ['testkeis] *praw* precedens sądowy
test match ['testmætʃ] *sport* spotkanie międzynarodowe
test tube ['testtju:b] próbówka

testament ['testəmənt] 1. *relig* testament 2. *form* świadek (*to sth* czegoś)

testicle ['testikəl] jądro

testify ['testifai] *form* 1. *praw* składać zeznania 2. świadczyć (*to sth* o czymś)

testimony ['testiməni] 1. *praw* zeznanie 2. *form* świadectwo (*to sth* czegoś)

tetanus ['tetənəs] *med* tężec

tether ['teðə] 1. przywiązywać ◊ 2. be at the end of one's tether gonić resztkami sił

text [tekst] tekst

textbook ['tekstbuk] podręcznik

textiles ['tekstailz] przemysł tekstylny

texture ['tekstʃə] 1. faktura ◊ 2. in texture w dotyku

than [ðən, ðæn] *GRAM* niż

thank [θæŋk] 1. dziękować 2. -s podziękowania ◊ 3. "*thanks/ /thank you*" „dziękuję" 4. thanks to sth dzięki czemuś 5. thank God/goodness/heavens „Bogu dzięki"

thankful ['θæŋkful] szczęśliwy, uszczęśliwiony

thankless ['θæŋklis] niewdzięczny

Thanksgiving ['θæŋksgiviŋ] święto dziękczynienia
Thanksgiving Day [θæŋks'giviŋ dei] święto dziękczynienia

that [ðət, ðæt], *lm* **those** [ðouz] *GRAM* **1.** ten, tamten, to (*this man or that man?* ten człowiek czy tamten?) **2.** że (*I knew that he lied* wiedziałem, że kłamie) **3.** który, jaki (*this is the book that she lent me* to jest książka, którą mi pożyczyła) **4.** *nieform* (aż) taki, (aż) (*it is not that bad to* nie takie złe) ◊ **5.** "who's that?" „kto tam?" **6.** "what's that?" „co to takiego?" **7.** that is (to say) to jest

thatched ['θætʃt] kryty strzechą

that's [ðəts, ðæts] *skrót* that is

thaw [θɔ:] **1.** odwilż **2.** tajać, odtajać **3.** rozmrażać

the [ðə, ði, ði:] *GRAM* **I.** *najczęściej nie tłumaczy się* **1.** *przed rzeczownikami* (*open the window* otwórz okno) **2.** *przed nazwami własnymi* (*the United States* Stany Zjednoczone, *the Queen* królowa) **3.** *przed nazwiskiem w lm* (*the Smiths* Smithowie) **4.** *przed pewnymi przymiotnikami* (*the British* Brytyjczycy, *the old* starzy (ludzie)) **5.** *przed liczebnikami porządkowymi* (*the 13th* trzynasty, *Elisabeth the Second* Elżbieta II) **6.** *przed określeniem dekad* (*the seventies* lata siedemdziesiąte) **II.** **7.** *najważniejszy* (*it's THE book to read* to najwłaściwsza książka do przeczytania) ◊ **8.** the ... the ... im ... tym ... (*the more the better* im więcej, tym lepiej)

theatre (*US* **theater**) ['θiətə] **1.** teatr **2.** sala operacyjna

theatre-goer ['θiətəgouə] teatroman

theatrical [θi'ætrikəl] teatralny

theft [θeft] kradzież

their [ðeə] *GRAM* ich

theirs [ðeəz] *GRAM* ich

them [ðəm, ðem] *GRAM* ich, nich, je, nie, nimi (oni, one *w różnych przypadkach*)

theme [θi:m] **1.** temat **2.** sygnał (audycji) **3.** tytułowy

theme song ['θi:msoŋ] **1.** melodia przewodnia **2.** sygnał muzyczny

themselves [ðem'selvz] *GRAM* **1.** się, siebie, sobie **2.** sami

then [ðen] **1.** wtedy **2.** później **3.** więc **4.** wtedy, wówczas **5.** jednak ◊ **6.** the then (secretary) ówczesny (sekretarz) **7.** by then do tej/tamtej pory, dotąd **8.** from then on od tej/tamtej pory

theology [θi'olədʒi] teologia

theorem ['θiərəm] *form* twierdzenie

theoretical [θiə'retikəl] teoretyczny

theorize (*także* **theorise**) ['θiəraiz] *form* teoretyzować (*about sth* o czymś)

theory ['θiəri] teoria

therapeutic(al) [,θerə'pju:tik(əl)] terapeutyczny

therapist ['θerəpist] terapeuta

therapy ['θerəpi] terapia

there [ðə, ðeə] *GRAM* **1.** *często nie tłumaczy się* (*there is* jest, *there is not* nie ma, *there is a paper on the table* na stole leży gazeta, *is Tom there, please?* czy zastałem może Toma?) **2.** tam ◊ **3.** from there stamtąd **4.** there she is! a otóż i ona! **5.** "there, there" „no już dobrze", „cicho, cicho" **6.** "there you are" (a) (*podkreślając swoją rację*) „ano właśnie", „a nie mówiłem?" (b) (*dając coś*) „proszę" (c) (*akceptując nieuniknione*) „ale co robić"

thereabouts [,ðeərə'bauts] **1.** w pobliżu ◊ **2.** or thereabouts czy coś koło tego

thereafter [ˌðeər'ɑːftə] *form* później, potem

thereby ['ðeəbai] *form* skutkiem tego, przez to

therefore ['ðeəfɔː] dlatego

therein [ˌðeər'in] *form* w tym

there's [ðəz, ðeəz] *skrócone* there is, there has

thermal ['θəːməl] 1. termiczny 2. ocieplany

thermometer [θə'momitə] termometr

thermos ['θəːməs] (*także* Thermos flask) termos

thermostat ['θəːməstæt] termostat

thesaurus [θi'soːrəs] tezaurus (*głównie: rodzaj słownika synonimów*)

these [ði:z] *patrz* this: *lm*

thesis ['θiːsis], *lm* theses ['θiːsiːz] 1. teza 2. rozprawa, praca

they [ðei] *GRAM* oni

they'd [ðeid] *skrócone* they had, they would

they'll [ðeil] *skrócone* they will, they shall

they're [ðeə] *skrócone* they are

they've [ðeiv] *skrócone* they have

thick [θik] 1. gruby 2. gęsty 3. głęboki (*it was one metre thick* miało metr głębokości) 4. *nieform* przygłupi, ciemny 5. stłumiony ◇ 6. in the thick w samym środku, w wirze

thicken [θikən] 1. gęstnieć 2. zagęszczać

thicket ['θikit] gęstwina

thickness ['θiknis] grubość

thickset [ˌθik'set] krępy

thick-skinned [ˌθik'skind] gruboskórny

thief [θiːf], *lm* thieves [θiːvz] złodziej

thigh [θai] udo

thimble ['θimbəl] naparstek

thin [θin] 1. cienki 2. chudy 3. rzadki 4. przerzedzać się
thin down rozrzedzać, rozwadniać

thing [θiŋ] 1. rzecz 2. coś (*często nie tłumaczone*) 3. -s sprawy ◇ 4. "How are things?" „Jak leci?"

thingamabob ['θiŋəməbob] *nieform* takie coś

think [θiŋk], thought [θoːt], thought 1. myśleć (*of/about sth* o czymś) 2. przypomnieć sobie (*of sth* o czymś) 3. sądzić 4. wymyślić (*of sth* coś) 5. mieć opinię (*of/about sth* o czymś) ◇ 6. "I think so" „tak sądzę"
think over przemyśleć
think up wynajdywać, wymyślać

thinker ['θiŋkə] myśliciel

third [θəːd] trzeci
third party [ˌθəːd 'pɑːti] 1. osoba trzecia ◇ 2. third-party insurance ubezpieczenie od odpowiedzialności cywilnej

thirdly ['θəːdli] po trzecie

third-rate [ˌθəːd'reit] trzeciorzędny

thirst [θəːst] pragnienie

thirsty ['θəːsti] spragniony

thirteen [ˌθəː'tiːn] trzynaście

thirteenth [ˌθəː'tiːnθ] trzynasty

thirtieth ['θəːtiəθ] trzydziesty

thirty ['θəːti] trzydzieści

this [ðis], *lm* these [ðiːz] *GRAM* 1. ten, to 2. obecny, dzisiejszy (*this morning he got up early* dzisiejszego ranka wstał wcześnie) 3. najbliższy (*I'll do it this Sunday* zrobię to w nadchodzącą niedzielę) 4. tutejszy (*this country* tutejszy kraj, nasza ojczyzna) 5. *nieform* taki (*this big* taki duży) 6. to (*this is John* to John: przedstawiam ci Johna *lub* tu mówi John)

thistle ['θisəl] oset

thong [θoŋ] rzemień, pasek

thorn [θo:n] 1. cierń, kolec 2. krzak (z kolcami)

thorough ['θʌrə] 1. drobiazgowy 2. dokładny

thoroughfare ['θʌrəfeə] *form* arteria

those [ðouz] *patrz* that: *lm*

though [ðou] 1. chociaż 2. jednak ◇ 3. as though jak gdyby

thought [θo:t] 1. *patrz* think: *II i III forma* 2. myśl 3. myślenie, zamyślenie 4. pogląd

thoughtful ['θo:tful] 1. zamyślony 2. troskliwy, rozważny

thoughtless ['θo:tlis] bezmyślny

thousand ['θauzənd] tysiąc

thousandth ['θauzəndθ] tysięczny

thrash [θræʃ] 1. bić 2. pobić thrash about/around rzucać się thrash sth out dochodzić do czegoś

thread [θred] 1. nić 2. gwint 3. wątek 4. nawlekać 5. przesuwać się

threadbare ['θredbeə] wytarty, wyświechtany

threat [θret] 1. groźba 2. pogróżka 3. zagrożenie

threaten ['θretən] 1. grozić (*with sth* czymś) 2. zagrażać 3. stwarzać groźbę

three [θri:] trzy

three-dimensional [ˌθri:dai'menʃənəl] trójwymiarowy

three-quarters [ˌθri:'kwo:təz] trzy czwarte

thresh [θreʃ] młócić

threshold ['θreʃhould] *form* próg

threw [θru:] *patrz* throw: *II forma*

thrift [θrift] oszczędność

thrifty ['θrifti] oszczędny

thrill [θril] 1. dreszcz, ekscytacja 2. ekscytować (*sb* kogoś, *to sth* czymś)

thriller ['θrilə] dreszczowiec

thrive [θraiv], **thrived** *lub* **throve** [θrouv], **thrived** *lub* **thriven** ['θrivən] prosperować, rozkwitać (*on sth* przy czymś)

throat [θrout] 1. gardło ◇ 2. he has a sore throat gardło go boli

throb [θrob] 1. dudnić, pulsować 2. dudnienie, puls

throes [θrouz] ◇ in the throes of sth w samym środku czegoś

throne [θroun] tron

throng [θroŋ] *lit* 1. ciżba, rzesza 2. tłoczyć się

throttle ['θrotəl] 1. dusić 2. *techn* przepustnica

through (*US także* thru) [θru:] 1. przez 2. poprzez 3. (*np. wieku*) z powodu 4. (*np. choroby*) w czasie 5. (*pociąg*) bezpośredni, przelotowy 6. (*przejeżdżać*) bezpośrednio ◇ 7. be through with sth skończyć coś 8. be through mieć połączenie, być połączonym (telefonicznie)

throughout [θru:'aut] 1. przez (cały czas) 2. całkowicie

throve [θrouv] *patrz* thrive: *II forma*

throw [θrou], **threw** [θru:], **thrown** [θroun] 1. rzucać, zarzucać, wrzucać 2. *sport* miotać 3. (*jeździca, skórę*) zrzucać 4. (*w depresję*) wpędzać 5. (*siły, pieniądze*) angażować (*sth* coś) 6. (*w histerię*) wpadać (*sth* w coś) 7. *nieform* konsternować, zbijać z tropu throw away 1. wyrzucać 2. odrzucać, przepuszczać

throw out 1. wyrzucać **2.** odrzucać

throw up 1. *nieform* wymiotować, zwracać **2.** wzbijać

throwaway ['θrouəwei] **1.** jednorazowy **2.** zrobiony mimochodem

thrown [θroun] *patrz* **throw:** *III forma*

thru [θru:] *US nieform* — *patrz* **through**

thrush [θrʌʃ] drozd

thrust [θrʌst], **thrust**, **thrust 1.** pchać, wpychać **2.** przepychać się **3.** pchnięcie **4.** *termin* ciąg

thud [θʌd] **1.** głuchy łomot **2.** głucho uderzać

thug [θʌg] zbir, łotr

thumb [θʌm] **1.** kciuk **2.** przekartkowywać ◊ **3. thumb (a lift)** zatrzymywać samochody (na autostopie)

thumbtack ['θʌmtæk] *US* pinezka

thump [θʌmp] **1.** (*także* pięścią) walić **2.** uderzać (z łoskotem) **3.** uderzenie **4.** grzmotnięcie

thunder ['θʌndə] **1.** grzmot, piorun **2.** grzmieć **3.** *lit* piorunować

thunderbolt ['θʌndəboult] uderzenie pioruna

thunderous ['θʌndərəs] grzmiący, burzliwy

thunderstorm ['θʌndəstɔ:m] burza (z piorunami)

Thursday ['θə:zdi] czwartek

thus [ðʌs] **1.** *form* toteż, dlatego **2.** tak, w taki sposób

thwart [θwɔ:t] *form* unicestwić, stać na przeszkodzie

thyme [taim] tymianek

tiara [ti'ɑ:rə] **1.** diadem **2.** tiara

tic [tik] tik

tick [tik] **1.** ptaszek, znaczek **2.** cy-

kanie, tykanie **3.** kleszcz (*owad*) **4.** (*ptaszkiem*) zaznaczać **5.** (*o zegarze*) cykać, tykać ◊ **6.** *BR nieform* **in a tick** za momencik

tick off 1. zaznaczać **2.** *nieform* objeżdżać

tick over iść w miarę dobrze

ticket ['tikit] **1.** bilet **2.** mandat **3.** etykietka **4.** paragon **5.** karta

tickle ['tikəl] **1.** łaskotać **2.** łechtać

ticklish ['tikliʃ] **1.** delikatny, drażliwy **2.** mający łaskotki

tidal ['taidəl] pływowy, przypływowy (*tidal wave* fala przypływu/ /pływowa)

tidbit ['titbit] *US* (dobry) kąsek

tide [taid] **1. the t.** pływ, przypływ, odpływ **2.** fala

tide over pomóc przetrwać

tidy [taidi] **1.** schludny, czysty **2.** *nieform* niezły **3.** (*także* **tidy up**) porządkować, sprzątać

tidy away uprzątać

tie [tai] **1.** wiązać, przywiązywać **2.** (*węzeł*) zawiązywać **3.** (*przez współpracę*) związywać (się) (*to/ /into sth* z czegoś) **4.** *sport* remisować, iść równo (*with sb* z kimś) **5.** *BR* krawat **6.** (*z innymi*) związek, więzy **7.** *sport* remis

tie down ograniczać, mieć związane ręce

tie up 1. zawiązywać, związywać **2.** przywiązywać **3.** wiązać się (*with* z) ◊ **4.** *nieform* **be tied up** mieć cały czas zajęty

tier [tiə] rząd

tiff [tif] sprzeczka

tiger ['taigə] tygrys

tight [tait] **1.** ciasny **2.** (*zamknięcie*) szczelny, hermetyczny **3.** (*węzeł*) mocny **4.** (*skóra*) naciągnięty **5.** (*kontrola*) rygorystyczny, surowy 6. (*plan*) naprężony, niewystarczający 7. (*grupa*) zwarty 8. *nieform* zalany, pijany 9. (*zaciskać*) mocno 10. (*zamykać*) szczelnie, hermetycznie 11. -s rajstopy

tighten ['taitən] 1. zaciskać (się) 2. naprężać (się) 3. naciągać *także:* (*up*) 4. (*także* **tighten up**) wzmacniać, zaostrzać

tight-fisted [,tait'fistid] *nieform* skąpy

tightrope ['taitroup] lina (do akrobatyki)

tile [tail] 1. płytka 2. dachówka 3. kafel

till [til] 1. (*aż*) do 2. kasa 3. *przest* uprawiać

tilt [tilt] 1. przechylać (się) 2. przechylenie, pochylenie

timber ['timbə] 1. drewno 2. belka

time [taim] 1. czas 2. (*na zegarze*) godzina (*what's the time?, what time is it?* która godzina?) 3. okres, epoka 4. (*krótki okres, okazja*) raz (*next time* następny raz) 5. -s przy mnożeniu, wyliczaniu razy (*3 times 30* 3 razy 30) 6. określać porę, wyznaczać (*for* na) 7. określać trwanie, mierzyć ◇ 8. **at a time** naraz, jednocześnie 9. **in time** (a) na czas (b) z czasem (c) do taktu 10. **in** (**a month's**) **time** za (miesiąc) 11. **on time** punktualnie 12. **for the time being** na razie 13. **have a good time** dobrze się bawić

time bomb ['taimbomb] bomba zegarowa

time out ◇ **take time out** robić przerwę

time switch ['taimswitʃ] 1. *BR* minutnik 2. wyłącznik czasowy

time zone ['taimzoun] strefa czasowa

timeless ['taimlis] *form* wieczny, ponadczasowy

timely ['taimli] aktualny, na czas, w porę

timer ['taimə] minutnik

timetable ['taimteibəl] 1. rozkład 2. rozkład jazdy

timid ['timid] nieśmiały

timing ['taimiŋ] 1. poczucie czasu, wyczucie chwili 2. synchronizacja

timpani ['timpəni] *muz* kotły

tin [tin] 1. cyna 2. cynowy 3. *BR* puszka

tinfoil ['tinfoil] folia aluminiowa, staniol

tinge [tindʒ] odcień

tinged [tindʒd] zabarwiony (*with sth* czymś)

tingle ['tiŋgəl] kłuć, szczypać

tinker ['tiŋkə] 1. kotlarz 2. *nieform* dłubać się (*with sth* w czymś)

tinkle ['tiŋkəl] 1. brzęczeć 2. brzęczenie

tinned [tind] *BR* konserwowy

tinny ['tini] 1. jazgotliwy, przenikliwy 2. blaszany

tin-opener ['tinoupənə] *BR* otwieracz do konserw

tinsel ['tinzəl] girlanda bożonarodzeniowa

tint [tint] 1. barwa 2. farbować

tinted ['tintid] 1. kolorowy 2. farbowany

tiny ['taini] malutki

tip [tip] 1. koniec 2. (*ochronny*) skuwka, nasadka 3. (*dla kelnera*) napiwek 4. *BR* śmietnisko, śmieci 5. *BR* (*węgla*) hałda 6. poufna rada 7. przechylać, przekrzywiać 8. (*zawartość*) wysypywać 9. (*kelnerowi*) dawać napiwek

tip off udzielać poufnych informacji

tip-off ['tipof] poufna informacja

tipped [tipt] 1. zakończony (*with sth* czymś) 2. *BR* z filtrem

tipple ['tipəl] *nieform* trunek

tipsy ['tipsi] *nieform* wstawiony, ululany

tiptoe ['tiptou] 1. iść na palcach ◇ 2. **on tiptoe** na czubkach palców

tire ['taiə] 1. *US* opona 2. męczyć (się) (*of sth* czymś)

tired ['taiəd] 1. zmęczony 2. wyczerpany (*of doing sth* robieniem czegoś)

tireless ['taiəlis] niezmordowany, niestrudzony

tiresome ['taiəsəm] męczący

tiring ['taiəriŋ] nużący

tissue ['tiʃu:] 1. tkanka 2. chusteczka higieniczna

tissue paper ['tiʃu: peipə] bibułka

tit [tit] 1. sikorka ◇ 2. **tit for tat** wet za wet

titbit (*US* tidbit) ['titbit] (dobry) kąsek

titillate ['titileit] łechtać, podniecać

titivate ['titiveit] *nieform* wysztafirować

title ['taitəl] tytuł

titled ['taitəld] utytułowany

title-holder ['taitəlhouldə] zdobywca tytułu

titter ['titə] chichotać

tittle-tattle ['titəl ˌtætəl] plotka

titular ['titjulə] tytularny

to [tə, tu, tu:] *GRAM* 1. występuje z bezokolicznikiem, *nie tłumaczone* (*to love* kochać) 2. (*z I formą czasownika*) aby, żeby (*he stopped to look at her* stanął, aby na nią spojrzeć) 3. (*przed rzeczownikiem*) często *nie tłumaczo-*

ne, odpowiada polskiemu celownikowi (*he showed the letter to John* pokazał Johnowi list) 4. do 5. (*wskazywać*) na 6. po (*np. po prawej*), z 7. (*uldze, wtórowi*) ku 8. (*korzyści*) dla 9. (*przy określaniu godziny*) za (*ten to eight* za dziesięć ósma) ◇ 10. **from ... to ... od ... do ...**; z ... do ... 11. **they have been to** (Germany) byli już w (Niemczech) 12. **to and fro** tam i z powrotem, tam i sam

toad [toud] ropucha

toadstool ['toudstu:l] grzyb trujący

toast [toust] 1. (*także* a **piece/slice of toast**) grzanka, tost 2. toast 3. **the t.** gwiazda (*of sth* czegoś) 4. przypiekać, opiekać 5. wznosić toast (*sb* dla kogoś)

toaster ['toustə] opiekacz (do grzanek)

tobacco [tə'bækou] tytoń

tobacconist [tə'bækənist] sklep z papierosami

today [tə'dei] 1. dzisiaj 2. obecnie

toddle ['todəl] dreptać (*jak małe dziecko*)

toddler ['todlə] pędrak, małe dziecko

toddy ['todi] grog

to-do [tə'du:] *nieform* wrzawa, zamieszanie

toe [tou] 1. palec (u nogi) ◇ 2. **toe the line** stosować się do wytycznych

toenail ['touneil] paznokieć (palca nogi)

toffee ['tofi] tofi

together [tə'geðə] 1. razem 2. łącznie ◇ 3. **go together** chodzić w parze

toil [toil] *form* 1. trudzić się 2. trud

toilet ['toilit] 1. toaleta, ubikacja 2.

miska (klozetowa) **3.** toaletowy

toiletries ['toilitriz] przybory toaletowe

token ['toukən] **1.** kupon **2.** żeton **3.** oznaka, symbol **4.** symboliczny ◇ **5. by the same token** tym samym

told [tould] *patrz* tell: *II i III forma*

tolerable ['tolərəbəl] znośny, do wytrzymania

tolerance ['tolərəns] wyrozumiałość, tolerancja

tolerant ['tolərənt] tolerancyjny (*of sth* wobec czegoś)

tolerate ['toləreit] tolerować, znosić

toll [toul] **1.** bić (*the bell* w dzwon) **2.** myto, opłata (*za przejazd autostradą lub mostem*) **3.** straty (*death toll* ilość ofiar śmiertelnych) ◇ **4. take a toll** zbierać żniwo

tomato [tə'mɑːtou] pomidor

tomb [tuːm] grobowiec

tomboy ['tomboi] chłopczyca

tombstone ['tuːmstoun] płyta nagrobna

tomcat ['tomkæt] kocur

tomorrow [tə'morou] jutro

ton [tʌn] tona (*metryczna lub anglosaska: BR =1016 kg; US =907 kg*)

tone [toun] **1.** ton **2.** dźwięk **3.** sygnał **4.** koloryt, tonacja **tone down** tonować

tone-deaf [,toun'def] niemuzykalny, bez słuchu muzycznego

tongs [toŋz] szczypce

tongue [tʌŋ] **1.** język ◇ **2. have one's tongue in one's cheek** przymrużyć oko **3. hold one's tongue** trzymać język za zębami

tongue-tied ['tʌŋtaid] ◇ be **tongue-tied** zapomnieć języka za zębami

tongue-twister ['tʌŋ,twistə] wyra-

żenie trudne do wymówienia

tonic ['tonik] **1.** (*także* **tonic water**) tonik **2.** *med* środek tonizujący **3.** odżywka

tonight [tə'nait] **1.** (dzisiaj) wieczorem **2.** dzisiejszy

tonnage ['tʌnidʒ] tonaż

tonne [tʌn] tona (*metryczna*)

tonsil ['tonsəl] *med* migdałek

tonsillitis [,tonsi'laitis] *med* zapalenie migdałków

too [tuː] **1.** też, także **2.** zbyt, za ◇ **3. all/only too** aż (na)zbyt

took [tuk] *patrz* take: *II forma*

tool [tuːl] **1.** narzędzie ◇ **2.** *BR nieform* **down tools** przestawać pracować

toot [tuːt] **1.** trąbić **2.** zatrąbienie

tooth [tuːθ], *lm* teeth [tiːθ] ząb

toothache ['tuːθeik] ból zęba

toothbrush ['tuːθbrʌʃ] szczoteczka do zębów

toothpaste ['tuːθpeist] pasta do zębów

toothpick ['tuːθpik] wykałaczka

top [top] **1.** góra **2.** (*organizacji, wzgórza*) szczyt **3.** (*na słoiku*) pokrywka, zakrętka **4.** (*zabawka*) bąk **5.** (*stopień*) szczytowy **6.** (*piętro, szczebel*) najwyższy **7.** (*rozmowy*) na najwyższym szczeblu **8.** (*na liście przebojów*) prowadzić, stać na czele **9.** (*liczbę*) przekraczać **10.** (*uwagi*) przebijać, zakasowywać ◇ **11. on top** (*of sth*) (a) na górze (czegoś), ponad (czymś) (b) w dodatku (do czegoś) **12. be on top of sth** dawać sobie radę **13. sth gets on top of sb** coś przytłacza kogoś **top up** uzupełniać

top hat [,top'hæt] cylinder

top-heavy [,top'hevi] przeciążony

na górze

topic ['topik] temat, zagadnienie

topical ['topikəl] aktualny

top-level [,top'levəl] na najwyższym szczeblu

topmost ['topmoust] najwyższy

topping ['topiŋ] wierzch, polewa

topple ['topəl] 1. przewracać się 2. obalać

top-secret [,top'si:krət] ściśle tajny

top-up ['topʌp] *nieform* dolewka

torch [to:tʃ] 1. *BR* latarka 2. pochodnia

tore [to:] *patrz* **tear**: *II forma*

torment I. ['to:mənt] 1. męka, udręka II. [to:'ment] 2. męczyć, dręczyć

tormentor [to:'mentə] dręczyciel

torn [to:n] 1. *patrz* **tear**: *III forma* 2. rozdarty

tornado [to:'neidou] tornado

torpedo [to:'pi:dou] 1. torpeda 2. torpedować

torrent ['torənt] potok

torso ['to:sou] tors

tortoise ['to:təs] żółw

tortoiseshell ['to:təsʃel] szylkret

tortuous ['to:tjuəs] *form* 1. kręty 2. zawiły

torture ['to:tʃə] 1. tortura 2. torturować

Tory ['to:ri] *nieform* torys

toss [tos] 1. rzucać (się) 2. wstrząsać, przewracać 3. rzucać (monetę) 4. szarpnięcie 5. rzucenie (monetą)

toss up losować, rozstrzygać przez rzut monety (*for sth* coś)

tot [tot] *nieform* 1. berbeć, dzidziuś 2. kieliszeczek

total ['toutəl] 1. ogólna liczba 2. ogólny 3. całkowity, totalny 4. podliczać ogółem 5. wynosić ogółem

◇ 6. **in total** ogółem

totalitarian [tou,tæli'teəriən] totalitarny

totter ['totə] 1. zataczać się 2. chwiać się

touch [tʌtʃ] 1. dotykać (się) 2. stykać się, kontaktować się 3. poruszać, wzruszać 4. dotyk 5. akcent 6. podejście 7. odrobina ◇ 8. **be/keep in touch (with sb)** być/pozostawać w kontakcie (z kimś) 9. **be *in/out of* touch (with sth)** *być/nie być* na bieżąco (z czymś) 10. **get in touch with sb** kontaktować się z kimś 11. **lose touch (with sb)** tracić kontakt (z kimś) 12. **to the touch** w dotyku, na dotyk

touch down lądować, wodować

touch on poruszać, wspominać

touchdown ['tʌtʃdaun] lądowanie, wodowanie

touching ['tʌtʃiŋ] wzruszający, poruszający

touchy ['tʌtʃi] drażliwy

tough [tʌf] 1. twardy 2. ciężki

toughen ['tʌfən] 1. wzmacniać, utwardzać 2. twardnieć

toupee ['tu:pei] (mała) peruka

tour [tuə] 1. podróż, objazd 2. wycieczka, zwiedzanie 3. objeżdżać

tourism ['tuərizəm] turystyka

tourist ['tuərist] turysta

tournament ['tuənəmənt] turniej

tousled ['tauzəld] rozczochrany

tout [taut] 1. *nieform* reklamować 2. chodzić (*for sth* za czymś) 3. konik, sprzedawca biletów

tow [tou] 1. holować 2. holowanie, hol ◇ 3. **in/on tow** na holu

toward(s) [tə'wo:d(z)] 1. w kierunku, w stronę 2. (*kogoś*) wobec 3. (*o czasie*) pod (*towards the end*

of September pod koniec września)
4. (*ściany*) w pobliżu 5. (*ofiarować pieniądze*) na, w celu 6. (*w celu o-siągnięcia czegoś*) co do

towel ['tauəl] ręcznik

towelling ['tauəliŋ] tkanina froté

tower ['tauə] 1. wieża 2. górować
tower block ['tauəblok] *BR* wie-żowiec

towering ['tauəriŋ] wyniosły

town [taun] 1. miasto ◊ 2. **go to town** (a) jechać do miasta (b) iść jak burza (*on sth* z czymś)
town hall ['taunho:l] ratusz

towpath ['toupɑ:θ] ścieżka

towrope ['touroup] lina holownicza

toxic ['toksik] *form* toksyczny

toy [toi] zabawka
toy with 1. bawić się 2. chodzić (*sth* koło czegoś)

trace [treis] 1. wyśledzić 2. prześle-dzić 3. odbijać (*przez kalkę*), ko-piować 4. ślad

tracing ['treisiŋ] kopia (*na kalce*)

track [træk] 1. szlak 2. (*wyścigo-wy, kolejowy*) tor 3. (*dźwiękowa*) ścieżka 4. *sport* bieżnia 5. (*zwie-rzyny*) -s ślady, trop 6. (*zwierzy-nę*) tropić ◊ 7. **keep/lose track of sb** *wiedzieć/nie wiedzieć*, co się z kimś dzieje
track down wytropić

tracker ['trækə] tropiciel

tracksuit ['træksu:t] dres

tract [trækt] 1. traktat 2. obszar

tractor ['træktə] traktor

trade [treid] 1. handel 2. zawód, dziedzina 3. handlować 4. prze-handlować (*A for B* A na B) ◊ 5. **by trade** z zawodu
trade in handlować (*sth* czymś)
trade name ['treidneim] nazwa firmowa

trade union [,treid'ju:niən] zwią-zek zawodowy

trade unionist [,treid'ju:niənist] związkowiec, działacz związku za-wodowego

trademark ['treidmɑ:k] 1. znak fir-mowy 2. cecha typowa

trader ['treidə] handlarz, kupiec

tradesman ['treidzmən], *lm* **trades-men** ['treidzmən] handlowiec

tradition [trə'diʃən] tradycja

traditional [trə'diʃənəl] tradycyjny

traffic ['træfik] 1. ruch (drogowy) 2. (*np. narkotykami*) handel 3. (*np. narkotykami*) handlować (*in sth* czymś)
traffic lights ['træfiklaits] świa-tła drogowe

tragedy ['trædʒidi] tragedia

tragic ['trædʒik] tragiczny

trail [treil] 1. ścieżka, szlak 2. ślad 3. smuga 4. ciągnąć (się), wlec (za sobą) 5. tracić (punkty)

trailer ['treilə] 1. przyczepa (*także kempingowa*) 2. zapowiedź

train [trein] 1. pociąg, kolejka 2. tren 3. tresować 4. trenować, ćwi-czyć (*for sth* *do czegoś/na coś*) 5. szkolić (się) (*as sth* na/jako coś) ◊ 6. **by train** pociągiem, koleją

trained ['treind] szkolony, wykwali-fikowany

trainee [trei'ni:] praktykant

trainer ['treinə] 1. trener 2. treser 3. -s trampki

training ['treiniŋ] 1. praktyka, szko-lenie 2. trening ◊ 3. **in training** (a) na treningu (b) w formie

traipse [treips] *nieform* włóczyć się, ciągnąć się

trait [treit] cecha

traitor ['treitə] zdrajca

tram [træm] tramwaj

tramp [træmp] 1. tramp, włóczęga 2. wlec się, stąpać (*sth* po czymś)

trample ['træmpəl] 1. deptać, nadepnąć (*sth* na coś) 2. zdeptywać (*on sth* coś)

trampoline ['træmpəlin] trampolina

trance [trɑːns] trans

tranquil ['træŋkwil] *lit* spokojny

tranquillize (*także BR* **tranquilise**, *US* **tranquilize**) ['træŋkwilaiz] uspokajać

tranquillizer (*także BR* **tranquilliser**, *US* **tranquilizer**) ['træŋkwilaizə] środek uspokajający//trankwilizujący

transact [træn'zækt] *form* przeprowadzać

transaction [træn'zækʃən] tranzakcja

transatlantic [trænzət'læntik] 1. transatlantycki 2. zaatlantycki, europejski (*dla Amerykanina*), amerykański (*dla Europejczyka*)

transcend [træn'send] *form* przekraczać

transcendental [ˌtrænsən'dentəl] transcendentny

transcribe [træns'kraib] transkrybować

transcript ['trænskript] zapis, transkrypcja

transfer I. [træns'fəː] 1. przenosić (*to sth* na coś) 2. (*na konto*) przelać 3. (*odpowiedzialność*) przerzucać II. ['trænsfəː] 4. (*zawodnika, pracownika*) przeniesienie, transfer 5. (*pieniędzy*) przelanie 6. (*na papierze*) kalkomania 7. (*na tkaninę*) naklejka (samoprzylepna)

transform [træns'fɔːm] przekształcać, transformować (*from A into B* z A na/w B)

transformer [træns'fɔːmə] transformator

transfusion [træns'fjuːʒən] transfuzja, przetoczenie

transient ['trænziənt] *form* efemeryczny, przelotny

transistor [træn'zistə] tranzystor

transit ['trænzit] 1. tranzyt ◇ 2. in transit w tranzycie, przejazdem

transition [træn'ziʃən] przejście, zmiana

transitive ['trænzitiv] *gram* przechodni

transitory ['trænzitəri] przejściowy

translate [træns'leit] tłumaczyć, przekładać

translation [træns'leiʃən] tłumaczenie, przekład

translator [træns'leitə] tłumacz

transmission [trænz'miʃən] 1. przenoszenie, przesyłanie 2. transmisja

transmit [trænz'mit] 1. przesyłać, przenosić (*to sb* na kogoś) 2. transmitować, przekazywać

transmitter [trænz'mitə] przekaźnik

transparency [træns'pærənsi] 1. przezroczystość 2. *BR* przezrocze

transparent [træns'pærənt] 1. przezroczysty 2. przejrzysty, oczywisty

transpire [træns'paiə] *form* 1. okazywać się 2. *nieform* zachodzić

transplant I. [træns'plɑːnt] 1. przeszczepiać 2. przesadzać (kwiaty) II. ['trænsplɑːnt] 3. *med* przeszczep

transport I. ['trænspɔːt] 1. transport, przewóz 2. środek transportu II. [træn'spɔːt] 3. transportować, przewozić

transportation [ˌtrænspoː'teiʃən]

US transport

transverse [trænz'və:s] poprzeczny

transvestite [trænz'vestait] transwestyta

trap [træp] 1. pułapka, potrzask 2. chwytać (w potrzask) 3. zamknąć (w pułapce) 4. zwabiać, znęcać (w pułapkę) 5. przechwytywać

trapdoor ['træpdo:] zapadnia

trapeze [trə'pi:z] trapez

trapper ['træpə] traper

trappings ['træpiŋz] atrybuty, ornamenty

trash [træʃ] 1. *US* śmieci 2. *nieform* szmira, kicz

trashcan ['træʃkæn] *US* kubeł na śmieci

trashy ['træʃi] *nieform* bezwartościowy, kiczowaty

trauma ['tro:mə] 1. *med* uraz, trauma 2. stres, cierpienie

traumatic [tro:'mætik] traumatyczny, urazowy

travel ['trævəl] 1. podróżować, jeździć 2. przenosić (się) 3. podróż
travel agency ['trævəl ,eidʒənsi] biuro podróży
travel agent ['trævəl ,eidʒənt] pracownik biura podróży

traveller (*US* **traveler**) ['trævələ] podróżnik
traveller's cheque (*US* **traveler's check**) ['trævələz ,tʃek] czek podróżny

traverse [trə'və:s] *form* przecinać

travesty ['trævəsti] trawestacja, parodia

trawler ['tro:lə] trawler

tray [trei] taca

treacherous ['tretʃərəs] zdradliwy

treachery ['tretʃəri] zdrada

treacle ['tri:kəl] syrop

tread [tred], **trod** [trod], **trodden** [trodən] 1. deptać, nadepnąć 2. wdeptywać 3. stąpać 4. stąpanie 5. bieżnik

treason ['tri:zən] *form* zdrada

treasure ['treʒə] 1. skarb 2. cenić

treasurer ['treʒərə] skarbnik

treasury ['treʒəri] 1. skarbnica 2. skarb państwa

treat [tri:t] 1. traktować 2. leczyć 3. poddawać działaniu, nasycać 4. fundować, stawiać 5. szczególna uroczystość

treatise ['tri:tis] (*naukowa*) rozprawa

treatment ['tri:tmənt] 1. leczenie, terapia 2. traktowanie

treaty ['tri:ti] traktat

treble ['trebəl] 1. potrójny 2. *muz* sopranowy, wiolinowy 3. (*dźwięk*) wysoki 4. *muz* sopran, dyszkant 5. potrajać się 6. trzykrotnie, trzy razy

tree [tri:] drzewo

treetop ['tri:top] korona drzewa

trek [trek] 1. podróżować 2. podróż

tremble ['trembəl] drżeć

tremendous [trə'mendəs] ogromny, niebywały

tremor ['tremə] drżenie

trench [trentʃ] rów, okop

trend [trend] trend, tendencja, kierunek

trendy ['trendi] *nieform* modny

trepidation [,trepi'deiʃən] *form* przestrach, niepokój

trespass ['trespəs] wtargnąć, wchodzić (*on sb's land* na czyjś grunt)

trespasser ['trespəsə] 1. (człowiek) naruszający cudzy teren ◇ 2. "Trespassers will be prosecuted" „Wstęp surowo wzbroniony"

tress [tres] warkocz

trial ['traiəl] 1. rozprawa, proces 2. próba 3. ciężka próba, przeprawa 4. próbny ◇ 5. on trial (a) przed sądem (b) w trakcie prób

triangle ['traiæŋgəl] trójkąt

triangular [trai'æŋgjələ] trójkątny

tribal ['traibəl] plemienny, szczepowy

tribe [traib] plemię, szczep

tribesman ['traibzmən], lm tribesmen ['traibzmən] członek szczepu

tribunal [trai'bju:nəl] trybunał

tributary ['tribjətəri] dopływ

tribute ['tribju:t] 1. hołd 2. danina

trice [trais] ◇ in a trice w mgnieniu oka

trick [trik] 1. oszukiwać, zwodzić 2. sztuczka 3. trik 4. trikowy 5. zwodniczy ◇ 6. play a trick on sb zrobić komuś kawał 7. nieform sth does the trick coś załatwia sprawę

trickery ['trikəri] oszustwo, podstęp

trickle ['trikəl] 1. ciec (strużką), sączyć się 2. strużka, (wątły) strumyczek

tricky ['triki] trudny, podstępny

trifle ['traifəl] 1. drobiazg, bagatela 2. przekładaniec, ciasto biszkoptowe ◇ 3. form a trifle nieco, odrobinę

trifling ['traifliŋ] nieważny, nieznaczny

trigger ['trigə] 1. język spustowy, cyngiel 2. (także: off) wywoływać

trilogy ['trilədʒi] trylogia

trim [trim] 1. schludny, dobrze utrzymany 2. szczupły 3. przycinać 4. przystrajać 5. przystrzyżenie trim away/off wycinać, odcinać

trimming ['trimiŋ] 1. ozdóbka, przystrojenie 2. -s dodatki

trinket ['triŋkit] świecidełko, ozdób-

ka

trio ['tri:ou] trio

trip [trip] 1. wycieczka 2. wyjazd, wyprawa 3. nieform przeżycie 4. potykać się 5. podstawiać nogę ◇ 6. on a trip na wyjeździe, w podróży trip up podstawiać nogę, przewracać

tripartite [trai'pɑ:tait] trójstronny

tripe [traip] 1. (do jedzenia) flaki 2. nieform szmira

triple ['tripəl] 1. potrójny 2. potrajać

triplets ['triplits] trojaczki

tripod ['traipod] statyw

trite [trait] banalny

triumph ['traiəmf] 1. triumf 2. triumfować (over sb nad kimś)

triumphal [trai'ʌmfəl] triumfalny

trivia ['triviə] banały

trivial ['triviəl] nie znaczący, banalny

trod [trod] patrz tread: II forma

trodden ['trodən] patrz tread: III forma

trolley ['troli] 1. wózek 2. barek (ruchomy) 3. US tramwaj

trombone [trom'boun] puzon

troop [tru:p] 1. oddział, wojsko 2. przegrupowywać się

trooper ['tru:pə] żołnierz

trophy ['trofi] trofeum

tropic ['tropik] 1. zwrotnik 2. the tropics tropiki

tropical ['tropikəl] tropikalny

trot [trot] 1. kłusować 2. biec 3. kłus 4. bieg ◇ 5. BR nieform on the trot pod rząd

trouble ['trʌbəl] 1. problem, kłopot 2. zmartwienie 3. konflikt, zaburzenie 4. martwić 5. niepokoić, kłopotać ◇ 6. be in trouble mieć

problemy **7. sth is no trouble**
coś nie przedstawia żadnych problemów **8. take the trouble to
do sth** kłopotać się zrobieniem
czegoś

troubled ['trʌbəld] **1.** zmartwiony,
zakłopotany **2.** zaburzony, za-
chwiany

troublemaker ['trʌbəlmeikə] sprawca kłopotów

troublesome ['trʌbəlsəm] kłopotliwy

trough [trof] **1.** koryto **2.** spadek

troupe [tru:p] trupa

trousers ['trauzəz] spodnie

trout [traut] pstrąg

trowel ['trauəl] **1.** łopatka (ogrodnicza) **2.** kielnia

truancy ['tru:ənsi] wagary

truant ['tru:ənt] **1.** wagarowicz ◇ **2.
play truant** chodzić na wagary

truce [tru:s] rozejm

truck [trʌk] **1.** *US* ciężarówka **2.** *BR*
wagon towarowy, lora

truculent ['trʌkjulənt] wojowniczy

trudge [trʌdʒ] **1.** iść/stąpać z trudem **2.** ciężki marsz

true [tru:] **1.** prawdziwy **2.** równy **3.**
wierny ◇ **4. come true** spełniać
się

truffle ['trʌfəl] trufel

truly ['tru:li] **1.** naprawdę ◇ **2.
yours truly** z poważaniem

trump [trʌmp] (*także* **trump card**)
atut

trumpet ['trʌmpit] **1.** trąbka **2.** trąbić

trumpeter ['trʌmpitə] trębacz

truncate [trʌŋ'keit] obcinać, okaleczać

truncheon ['trʌntʃən] pałka

trundle ['trʌndəl] toczyć (się)

trunk [trʌŋk] **1.** pień **2.** (*człowieka*)

tułów **3.** (*słonia*) trąba **4.** kufer **5.**
US (*w samochodzie*) bagażnik **6.**
-s kąpielówki

trust [trʌst] **1.** wierzyć (*także sb to
do sth* że ktoś coś zrobi) **2.** zaufać
(*sb* komuś), powierzyć (*sb* komuś,
with sth coś) **3.** mieć zaufanie (*sth*
do czegoś) **4.** zaufanie **5.** trust

trustee [trʌs'ti:] **1.** powiernik **2.** zarządca

trustful ['trʌstful] ufny

trusting ['trʌstiŋ] ufny

trustworthy ['trʌstwə:ði] godny zaufania

trusty ['trʌsti] zaufany, ulubiony

truth [tru:θ] prawda

truthful ['tru:θful] prawdziwy

try [trai] **1.** próbować **2.** wypróbowywać **3.** starać się (*for sth* o coś)
4. sądzić (*sb* (*for sth*) kogoś (za
coś)) **5.** próba
try on próbować, przymierzać
try out wypróbowywać

trying ['traiiŋ] dojmujący, ciężki

T-shirt ['ti:ʃə:t] koszulka trykotowa,
podkoszulka

tub [tʌb] **1.** kadź, zbiornik **2.** *US*
wanna

tuba ['tju:bə] *muz* tuba

tubby ['tʌbi] *nieform* przysadzisty

tube [tju:b] **1.** rura, przewód **2.** tubka **3.** *BR* **the t.** metro **4.** dętka

tuber ['tju:bə] bulwa

tuberculosis [tju,bə:kju'lousis]
gruźlica

tubing ['tju:biŋ] rury, system rur

tubular ['tju:bjulə] rurkowy, ruro-
waty

tuck [tʌk] **1.** wpychać, wsadzać **2.**
fałda
tuck away 1. odkładać **2.** chować
tuck in 1. opatulać, zawijać **2.**

wpychać do środka 3. *nieform* napychać się

tuck up opatulać, zawijać

Tuesday ['tju:zdi] wtorek

tuft [tʌft] kępka, pęczek

tug [tʌg] 1. ciągnąć (*at sth* za coś) 2. pociągnięcie 3. (*także* **tug boat**) holownik

tuition [tju'iʃən] 1. nauka 2. czesne

tulip ['tju:lip] tulipan

tumble ['tʌmbəl] 1. toczyć się 2. wpadać (*into sth* w coś) 3. stoczenie się

tumble to *nieform* pokapować się

tumble dryer (*także* **tumble drier**) [ˌtʌmbəl 'draiə] suszarka

tumbler ['tʌmblə] szklanka

tummy ['tʌmi] *nieform* brzuszek

tumour (*US* **tumor**) ['tju:mə] *med* guz, nowotwór

tumult ['tju:mʌlt] *form* wrzawa

tuna (*także* **tuna fish**) ['tju:nə], *lm* **tuna** tuńczyk

tune [tju:n] 1. melodia 2. stroić (*to sth* do czegoś) 3. regulować ◊ 4. **be *in/out of* tune** (a) być nastrojonym/rozstrojonym, brzmieć czysto/fałszywie (b) ***być/nie być*** dostrojonym (*with sth* do czegoś)

tune in dostrajać się (*to sth* do czegoś)

tune up zestrajać instrumenty

tuneful ['tju:nful] melodyjny

tunic ['tju:nik] bluza, góra (*np. dresu*)

tunnel ['tʌnəl] 1. tunel 2. drążyć tunel

turban ['tə:bən] turban

turbine ['tə:bin] turbina

turbulent ['tə:bjələnt] burzliwy

turf [tə:f] 1. darń, murawa 2. pokrywać darnią

turf out *nieform* wyrzucać

turgid ['tə:dʒid] napuszony

turkey ['tə:ki] indyk

turmoil ['tə:moil] niepokój

turn [tə:n] 1. obracać (się), odwracać (się) 2. (*np. gałkę*) kręcić, przekręcać 3. (*zmieniać kierunek*) skręcać 4. (*uwagę, myśli*) zwracać (się) (*to sth* do czegoś) 5. (*przekształcać się*) zmieniać się (*into sth* w coś) 6. (*nabierać cechy*) stawać się 7. (*przydawać cechy*) czynić, robić 8. (*obrócenie się*) obrót 9. (*skręcenie*) skręt 10. (*przekształcenie*) zmiana 11. (*stuleci*) **the t.** przełom 12. (*zmiana*) kolej ◊ 13. **in turn** po kolei 14. **take (it in) turns** zmieniać się 15. **turn sth inside out** (a) przewracać coś (b) wywracać coś (do góry nogami)

turn away 1. odwracać się 2. odsyłać (z kwitkiem)

turn back zawracać

turn down 1. odmawiać 2. ściszać 3. składać

turn in *nieform* iść do łóżka

turn off 1. skręcać 2. gasić, wyłączać

turn on 1. zapalać, włączać 2. *nieform* podniecać, podkręcać 3. wsiadać (*sb* na kogoś)

turn out 1. wychodzić, okazywać się 2. (*światło*) wyłączać 3. (*o fabryce, szkole*) produkować, wypuszczać 4. (*kogoś*) wykluczać, wyrzucać (*of sth* skądś) 5. (*kieszeń*) wywracać 6. (*o widzach*) zjawiać się

turn over 1. przemyśliwać, rozpatrywać 2. przekazywać 3. odwracać

turn round odwracać, obracać
turn up 1. pojawiać się **2.** zwiększać
turning ['tə:niŋ] przecznica
   turning point ['tə:niŋpoint] punkt zwrotny
turnip ['tə:nip] rzepa
turnout ['tə:naut] frekwencja, publiczność
turnover ['tə:nouvə] **1.** fluktuacja (kadr) **2.** obrót, przerób
turntable ['tə:nteibəl] talerz (gramofonu)
turn-up ['tə:nʌp] *BR* mankiet
turpentine ['tə:pəntain] terpentyna
turquoise ['tə:kwoiz] **1.** turkusowy **2.** turkus
turret ['tʌrit] wieżyczka
turtle ['tə:təl] żółw
tusk [tʌsk] kieł
tussle ['tʌsəl] **1.** szamotać się, szarpać się **2.** szamotanina, szarpanina
tut [tʌt] no no
tutor ['tju:tə] **1.** nauczyciel **2.** korepetytor **3.** uczyć, dawać korepetycje **4.** prowadzić seminarium
tutorial [tju'to:riəl] **1.** seminarium **2.** seminaryjny
tuxedo [tʌk'si:dou] *US* smoking
TV [ˌti:'vi:] **1.** TV ◇ **2. on TV** w telewizji
twaddle ['twædəl] *nieform* bzdury
twang [twæŋ] **1.** brzęk, brzęknięcie **2.** brzęczeć, brzdąkać (*sth* *czymś/w coś*)
tweed [twi:d] tweed
tweet [twi:t] *nieform* ćwierkać
tweezers ['twi:zəz] pinceta
twelfth ['twelfθ] dwunasty
twelve [twelv] dwanaście
twentieth ['twentiəθ] dwudziesty
twenty ['twenti] dwadzieścia

twice [twais] dwa razy, dwukrotnie
twiddle ['twidəl] kręcić, obracać (*with sth* czymś)
twig [twig] gałązka
twilight ['twailait] zmierzch, zmrok
twin [twin] **1.** bliźniak **2.** bliźniaczy, podwójny
twine [twain] **1.** sznur, linka **2.** okręcać
twinge [twindʒ] **1.** szarpiący ból **2.** uczucie, odczucie
twinkle ['twiŋkəl] **1.** mrugać **2.** migotać **3.** migotanie, błysk
twirl [twə:l] kręcić (się), obracać (się)
twist [twist] **1.** wykręcać (się), obracać (się) **2.** odkręcać, nakręcać **3.** wić się **4.** obrót, skręt **5.** wykręcenie
twit [twit] *nieform* dureń
twitch [twitʃ] **1.** tik, skurcz **2.** drgać **3.** szarpać
twitter ['twitə] ćwierkać, świergotać
two [tu:] **1.** dwa ◇ **2. in two** na dwoje
two-faced [ˌtu:'feist] dwulicowy
two-way [ˌtu:'wei] **1.** dwustronny **2.** nadawczo-odbiorczy
tycoon [tai'ku:n] magnat
type [taip] **1.** rodzaj **2.** typ **3.** druk, czcionka **4.** pisać (na maszynie), drukować **5.** wpisywać
typecast ['taipkɑ:st], **typecast**, **typecast** grać zawsze ten sam typ postaci
typewriter ['taipraitə] maszyna do pisania
typewritten ['taipritən] napisane na maszynie
typhoid ['taifoid] tyfus, dur (brzuszny)
typhoon [tai'fu:n] tajfun
typhus ['taifəs] tyfus, dur plamisty

typical ['tipikəl] typowy (*of sth* dla
czegoś), charakterystyczny
typically ['tipikəli] 1. zazwyczaj 2.
typowo
typify ['tipifai] uosabiać

typist ['taipist] maszynistka
tyrannical [ti'rænikəl] tyrański
tyranny ['tirəni] tyrania
tyrant ['tairənt] tyran
tyre (*US* tire) ['taiə] opona

U

ubiquitous [ju:'bikwitəs] *form*
wszechobecny
udder ['ʌdə] wymię
ugly ['ʌgli] 1. brzydki 2. paskudny
UK [ju:'kei] (*skrót:* (the) United Kingdom) Zjednoczone Królestwo (Wielkiej Brytanii i Płn. Irlandii)
ulcer ['ʌlsə] wrzód
ulterior [ʌl'tiəriə] 1. dalszy ◇ 2. ulterior motive ukryty motyw
ultimate ['ʌltimət] 1. ostateczny 2.
najwyższy
ultimately ['ʌltimətli] ostatecznie
ultimatum [ˌʌlti'meitəm] *form* ultimatum
ultraviolet [ˌʌltrə'vaiələt] ultrafioletowy
umbilical cord [ʌmˌbilikəl 'ko:d] pępowina
umbrella [ʌm'brələ] parasol
umpire ['ʌmpaiə] 1. sędzia 2. sędziować
umpteen ['ʌmp'ti:n] *nieform* tysiąc,
niezliczona ilość
umpteenth [ˌʌmp'ti:nθ] *nieform* setny, niezliczony
UN [ju:'en] (*skrót:* United Nations) ONZ
unabashed [ˌʌnə'bæʃt] nie zbity z
tropu
unabated [ˌʌnə'beitid] nie słabnący,

niezmniejszony
unable [ʌn'eibəl] ◇ be unable to
do sth nie potrafić zrobić czegoś,
nie móc zrobić czegoś
unacceptable [ˌʌnək'septəbəl] nie
do przyjęcia
unaccompanied [ˌʌnə'kʌmpənid] 1.
bez opieki 2. bez towarzyszenia
instrumentu
unaccountable [ˌʌnə'kauntəbəl]
form 1. nie wyjaśniony, nie do wyjaśnienia 2. niewytłumaczalny
unaccustomed [ˌʌnə'kʌstəmd] 1.
nieprzywykły 2. niezwyczajny
unanimous [ju:'næniməs] jednogłośny
unarmed [ʌn'ɑ:md] nieuzbrojony
unassuming [ˌʌnə'sju:miŋ] bezpre-
tensjonalny, skromny
unattached [ˌʌnə'tætʃ] 1. nie związany (*to sth* z czymś) 2. samotny,
nie związany małżeństwem
unattended [ˌʌnə'tendid] bez opieki
unauthorized [ʌn'o:θəraizd] nieupoważniony, bez upoważnienia
unavoidable [ˌʌnə'voidəbəl] nie do
uniknięcia
unaware [ˌʌnə'weə] ◇ be unaware
of sth być nieświadomym czegoś,
nie zdawać sobie sprawy z czegoś
unawares [ˌʌnə'weəz] ◇ catch/take
sb unawares zastawać kogoś nie-

przygotowanym

unbearable [ʌn'beərəbəl] nie do zniesienia

unbeatable [ʌn'bi:təbəl] nie do pokonania, nie do prześcignięcia

unbelievable [ˌʌnbi'li:vəbəl] niewiarygodny

unborn [ʌn'bo:n] nienarodzony

unbounded [ʌn'baundid] bezgraniczny

unbroken [ʌn'broukən] bez zakłóceń, bez przerwy

unbutton [ʌn'bʌtən] rozpinać

uncalled-for [ʌn'ko:ld fo:] nieproszony

uncanny [ʌŋ'kæni] zadziwiający, zagadkowy

unceasing [ʌn'si:siŋ] nieustanny

unceremonious [ˌʌnseri'mouniəs] bezceremonialny

uncertain [ʌn'sə:tən] niepewny

uncertainty [ʌn'sə:tənti] niepewność, wątpliwość

unchallenged [ʌn'tʃæləndʒd] niekwestionowalny, niekwestionowany

unchecked [ʌn'tʃekt] niepohamowany

uncivilized (także **uncivilised**) [ʌn'sivilaizd] 1. barbarzyński 2. *nieform* nieludzki

uncle ['ʌŋkəl] wuj(ek), stryj(ek)

unclear [ʌŋ'kliə] 1. niejasny ◇ 2. be **unclear about** sth nie wiedzieć czegoś

uncomfortable [ʌŋ'kʌmfətəbəl] 1. niewygodny 2. niepewny, źle się czujący

uncommitted [ˌʌŋkə'mitid] 1. neutralny, niezaangażowany 2. nie związany (*to* sth z czymś)

uncommon [ʌŋ'komən] niepospolity, rzadki

uncomprehending [ˌʌŋkompri'hendiŋ] nie pojmujący

uncompromising [ʌŋ'komprəmaiziŋ] bezkompromisowy

unconcerned [ˌʌŋkən'sə:nd] niezainteresowany, nie troszczący się

unconditional [ˌʌŋkən'diʃənəl] bezwarunkowy

unconscious [ʌŋ'konʃəs] 1. nieprzytomny 2. nie zdający sobie sprawy (*of* sth z czegoś) 3. podświadomy 4. podświadomość

uncontrolled [ˌʌŋkən'trould] niekontrolowany, niepowstrzymany

uncork [ʌŋ'ko:k] odkorkować

uncountable [ʌŋ'kauntəbəl] niepoliczalny

uncouth [ʌŋ'ku:θ] nieokrzesany

uncover [ʌŋ'kʌvə] odkrywać

undaunted [ʌn'do:ntid] *form* niezastraszony, nie powstrzymany

undecided [ˌʌndi'saidid] niezdecydowany

undeniable [ˌʌndi'naiəbəl] niezaprzeczalny

under ['ʌndə] 1. pod 2. w (*okolicznościach*) 3. zgodnie z (*prawem, umową*) 4. za (*panowania*) 5. (*wydatki*) poniżej 6. (*o wieku*) poniżej ... lat (*under 18* poniżej 18 lat) ◇ 7. under (discussion) w trakcie (omawiania)

undercarriage ['ʌndəkæridʒ] *BR* podwozie

underclothes ['ʌndəklouðz] bielizna

undercover ['ʌndəkʌvə] tajny

undercurrent ['ʌndəkʌrənt] ukryty nurt

undercut [ˌʌndə'kʌt], **undercut**, **undercut** 1. sprzedawać taniej (*sb* niż ktoś) 2. podcinać

underdeveloped [ˌʌndədi'velopt] słabo rozwinięty

underdog ['ʌndədog] the u. słabsza strona

underdone [ˌʌndə'dʌn] niedopieczony, niedogotowany

underestimate [ˌʌndər'estimeit] niedoceniać

underfed [ˌʌndə'fed] niedożywiony

underfoot [ˌʌndə'fut] pod stopami, pod nogami

undergo [ˌʌndə'gou], underwent [ˌʌndə'went], undergone [ˌʌndə'gon] przechodzić, poddawać się

undergraduate [ˌʌndə'grædjuət] student

underground ['ʌndəgraund] 1. podziemny, w podziemiu 2. 3. BR the u. metro

undergrowth ['ʌndəgrouθ] poszycie

underhand [ˌʌndə'hænd] potajemny, skryty

underlie [ˌʌndə'lai], underlay [ˌʌndə'lei], underlain [ˌʌndə'lein] znajdować się u podstaw

underline [ˌʌndə'lain] podkreślać

underling ['ʌndəliŋ] podwładny

undermine [ˌʌndə'main] podkopywać

underneath [ˌʌndə'ni:θ] 1. pod 2. pod spodem 3. dolny, spodni 4. spód

underpaid [ˌʌndə'peid] niedopłacany

underpants ['ʌndəpænts] majtki, kalesony

underpass ['ʌndəpɑ:s] 1. BR przejście podziemne 2. przejazd

underprivileged [ˌʌndə'privilidʒd] upośledzony, nie mający przywilejów

underrate [ˌʌndə'reit] nie doceniać

underside ['ʌndəsaid] the u. spód

understaffed [ˌʌndə'stɑ:ft] ◊ be understaffed mieć za mało personelu

understand [ˌʌndə'stænd], understood [ˌʌndə'stud], understood rozumieć, pojmować

understandable [ˌʌndə'stændəbəl] zrozumiały

understanding [ˌʌndə'stændiŋ] 1. rozumienie, pojmowanie 2. zrozumienie, zgoda 3. porozumienie 4. wyrozumiały

understatement [ˌʌndə'steitmənt] niedomówienie

understood [ˌʌndə'stud] patrz understand: II i III forma

understudy ['ʌndəstʌdi] dubler

undertake [ˌʌndə'teik], undertook [ˌʌndə'tuk], undertaken [ˌʌndə'teikən] form 1. podejmować się 2. zobowiązywać się (sth do czegoś)

undertaker [ˌʌndə'teikə] przedsiębiorca pogrzebowy

undertaking [ˌʌndə'teikiŋ] 1. przedsięwzięcie 2. form zobowiązanie

undertone ['ʌndətoun] 1. nuta, odcień ◊ 2. in an undertone półgłosem

undertook [ˌʌndə'tuk] patrz undertake: II forma

undervalue [ˌʌndə'vælju:] niedoceniać

underwater [ˌʌndə'wo:tə] 1. podwodny 2. podmorski

underway [ˌʌndə'wei] ◊ be underway być w trakcie, trwać

underwear ['ʌndəweə] bielizna

underweight [ˌʌndə'weit] niedowaga

underwent [ˌʌndə'went] patrz undergo: II forma

underworld ['ʌndəwə:ld] podziemie, świat przestępczy

underwriter [ˌʌndə'raitə] agent ubezpieczeniowy

undesirable [ˌʌndi'zaiərəbəl] niepożądany

undid [ʌn'did] *patrz* undo: *II forma*

undies ['ʌndiz] *nieform* bielizna

undo [ʌn'du:], **undid** [ʌn'did], **undone** [ʌn'dʌn] 1. rozwiązywać,
rozpinać 2. niszczyć, zaprzeczać

undoing [ʌn'du:iŋ] *form* klęska, ruina

undone [ʌn'dʌn] 1. *patrz* undo: *III
forma* 2. rozwiązany

undoubted [ʌn'dautid] niezaprzeczalny

undreamed-of [ʌn'dri:mdəv] (*także*
undreamt-of [ʌn'dremtəv]) niespotykany (w marzeniach)

undress [ʌn'dres] rozbierać (się)

undue [ʌn'dju:] *form* nadmierny

undulate ['ʌndjəleit] *form* falować

unduly [ʌn'dju:li] nadmiernie

unearth [ʌn'ə:θ] odkopywać, wydobywać na światło dzienne

unearthly [ʌn'ə:θli] 1. nieziemski 2.
nieludzki

unease [ʌn'i:z] niepokój

uneasy [ʌn'i:zi] niespokojny, niepewny

unemployed [ˌʌnim'plɔid] bezrobotny

unemployment [ˌʌnim'plɔimənt]
bezrobocie

unending [ʌn'endiŋ] nie kończący
się

unequivocal [ˌʌnik'wivəkəl] *form*
niedwuznaczny, jasny

unerring [ʌn'ə:riŋ] nieomylny

uneven [ʌn'i:vən] nierówny

uneventful [ʌni'ventful] jednostajny, bez wydarzeń

unexpected [ˌʌniks'pektid] niespodziewany

unfailing [ʌn'feiliŋ] *form* niezawodny

unfair [ʌn'feə] niesprawiedliwy (*to
sb* wobec kogoś)

unfaithful [ʌn'feiθful] niewierny (*to
sb* wobec kogoś)

unfamiliar [ˌʌnfə'miliə] 1. nieznajomy 2. nie zaznajomiony (*with sth*
z czymś)

unfasten [ʌn'fɑ:sən] rozpinać

unfavourable (*US* **unfavorable**)
[ʌn'feivərəbəl] 1. niekorzystny 2.
nie sprzyjający

unfeeling [ʌn'fi:liŋ] nieczuły

unfit [ʌn'fit] 1. nie w formie 2. niezdatny (*for sth* do czegoś)

unfold [ʌn'fould] 1. rozwijać (się) 2.
odsłaniać

unforeseen [ˌʌnfə'si:n] nieprzewi-
dziany

unforgettable [ˌʌnfə'getəbəl] nieza-
pomniany

unforgivable [ˌʌnfə'givəbəl] niewybaczalny

unfortunate [ʌn'fɔ:tʃənət] 1. nieszczęśliwy, nie mający powodzenia 2. nieszczęsny, niedobry

unfounded [ʌn'faundid] bezpodstawny

unfurnished [ʌn'fə:niʃt] nie ume-
blowany

ungainly [ʌn'geinli] *form* niezgrabny

unhappy [ʌn'hæpi] 1. nieszczęśliwy
2. niezadowolony (*about sth* z czegoś) 3. nieszczęsny, pożałowania
godny

unharmed [ʌn'hɑ:md] nienaruszony, bez uszczerbku

unhealthy [ʌn'helθi] 1. niezdrowy
2. chorobliwy

unheard-of [ʌn'hə:dəv] niesłychany

unicorn ['ju:nikɔ:n] jednorożec

unification [ˌju:nifi'keiʃən] zjednoczenie, unifikacja

uniform ['ju:nifo:m] 1. mundur 2. jednolity

uniformity [juni'fo:miti] ujednolicenie

unify ['ju:nifai] jednoczyć, unifikować

unilateral [ju:ni'lætərəl] jednostronny

uninhabitable [ˌʌnin'hæbitəbəl] nie nadający się do zamieszkania

uninhabited [ˌʌnin'hæbitid] niezamieszkany, niezamieszkały

union ['ju:njən] 1. związek 2. *form* połączenie
  the Union Jack [ðə ˌju:njən 'dʒæk] flaga *Wielkiej Brytanii*

unique [ju:'ni:k] 1. unikalny, unikatowy 2. wyłączny, ograniczony (*to sth* do czegoś) 3. *nieform* wyjątkowy

unisex ['ju:niseks] obupłciowy, dla obu płci

unison ['ju:nisən] ◇ **in unison** zgodnie, unisono

unit ['ju:nit] 1. jednostka 2. całość 3. grupa, zespół

unite [ju:'nait] jednoczyć (się)

united [ju:'naitid] zjednoczony
  the United Kingdom [ðə ju:'naitid 'kiŋdəm] Zjednoczone Królestwo (Wielkiej Brytanii i Płn. Irlandii)
  the United Nations (Organisation) [ðə ju:'naitid 'neiʃənz (ˌogənai'zeiʃən)] Organizacja Narodów Zjednoczonych
  the United States (of America) [ðə ju:'naitid 'steits (əv əmerikə)] Stany Zjednoczone (Ameryki Płn.)

unity ['ju:niti] jedność

universal [ju:ni'və:səl] 1. powszechny 2. uniwersalny

universe ['ju:nivə:s] **the u.** wszechświat

university [ju:ni'və:siti] uniwersytet

unjust [ʌn'dʒʌst] niesprawiedliwy

unjustified [ʌn'dʒʌstifaid] niezrozumiały, niewyjaśniony

unkempt [ʌŋ'kempt] źle utrzymany, rozczochrany

unkind [ʌŋ'kaind] niedobry, okrutny

unknown [ʌn'noun] nieznany, nieznajomy

unlawful [ʌn'lo:ful] *form* bezprawny

unleash [ʌn'li:ʃ] *form* 1. uwalniać 2. spuszczać ze smyczy

unless [ʌn'les] jeżeli nie, o ile nie

unlike [ʌn'laik] 1. w przeciwieństwie do, w odróżnieniu od 2. niepodobny (*sb* do kogoś)

unlikely [ʌn'laikli] 1. nieprawdopodobny, mało prawdopodobny ◇ 2. **sth is unlikely to be (finished)** jest mało prawdopodobne, że coś się (skończy)

unlit [ʌn'lit] 1. niezapalony 2. nieoświetlony

unload [ʌn'loud] 1. wyładowywać 2. pozbywać się (*sth on sb* czegoś wobec kogoś)

unlock [ʌn'lok] otwierać

unlucky [ʌn'lʌki] 1. pechowy ◇ 2. **be unlucky** nie mieć szczęścia

unmade [ʌm'meid] nieposłany

unmarked [ʌm'ma:kt] 1. nieoznaczony 2. nieruszony

unmistakable [ˌʌmmis'teikəbəl] łatwy do poznania, niewątpliwy

unmitigated [ʌm'mitigeitid] *form* niepoprawny, całkowity

unnecessary [ʌn'nesəsəri] zbędny, niepotrzebny

unnerve [ʌn'nə:v] odbierać odwagę

unnoticed [ʌn'noutist] niezauważony

UNO ['ju:nou] (*skrót:* **the United Nations Organization**) ONZ

unobtrusive [ˌʌnəb'tru:siv] *form* nie narzucający się

unofficial [ˌʌnə'fiʃəl] nieoficjalny

unorthodox [ʌn'o:θədoks] *form* nieortodoksyjny

unpack [ʌn'pæk] rozpakowywać

unpaid [ʌn'peid] 1. bezpłatny 2. niezapłacony

unpalatable [ʌn'pælətəbəl] *form* 1. nie do przełknięcia 2. nie do przyjęcia

unparalleled [ʌn'pærəleld] niezrównany

unpleasant [ʌn'plezənt] nieprzyjemny

unplug [ʌn'plʌg] wyłączać (z sieci)

unprecedented [ʌn'presidentid] *form* bezprecedensowy

unpredictable [ˌʌnpri'diktəbəl] nie do przewidzenia

unprofitable [ʌn'profitəbəl] niezyskowny

unqualified [ʌn'kwolifaid] 1. niewykwalifikowany, bez kwalifikacji 2. kompletny

unquestionable [ʌn'kwestʃənəbəl] niekwestionowany

unravel [ʌn'rævəl] 1. rozplątywać (się) 2. rozwikływać

unreal [ʌn'riəl] nierzeczywisty

unrealistic [ˌʌnriə'listik] nierealistyczny

unreasonable [ʌn'ri:zənəbəl] nierozsądny

unrecognizable (*także* **unrecognisable**) [ʌn'rekəgnaizəbəl] nierozpoznawalny, nie do odróżnienia

unrelated [ˌʌnri'leitid] nie związany (*to sth* z czymś)

unrelenting [ˌʌnri'lentiŋ] 1. nie-

ustanny 2. bez skrupułów

unreliable [ˌʌnri'laiəbəl] nieodpowiedzialny

unremitting [ˌʌnri'mitiŋ] *form* nieustanny, niestrudzony

unreserved [ˌʌnri'zə:vd] całkowity, bez zastrzeżeń

unrest ['ʌnrest] niepokój

unrewarding [ˌʌnri'wo:diŋ] nie dający satysfakcji

unripe [ʌn'raip] niedojrzały

unrivalled [ʌn'raivəld] niezrównany

unroll [ʌn'roul] rozwijać

unruly [ʌn'ru:li] nieposłuszny, niesforny

unsafe [ʌn'seif] 1. niebezpieczny 2. niepewny, zagrożony

unsatisfatory [ˌʌnsætis'fæktəri] niezadawalający

unsavoury (*US* **unsavory**) [ʌn'seivəri] odrażający

unscathed [ʌn'skeiðd] nie draśnięty

unscrew [ʌn'skru:] odkręcać

unscrupulous [ʌn'skru:pjuləs] bez skrupułów

unseen [ʌn'si:n] nie widziany

unsettled [ʌn'setəld] 1. nieustabilizowany 2. rozkojarzony 3. *form* nierozstrzygnięty

unshakable [ʌn'ʃeikəbəl] niezachwiany

unshaven [ʌn'ʃeivən] nieogolony

unsightly [ʌn'saitli] nieładny, mało atrakcyjny

unskilled [ʌn'skild] niewykwalifikowany

unsophisticated [ˌʌnsə'fistikeitid] nieskomplikowany, prosty, niewyrafinowany

unsound [ʌn'saund] 1. błędny 2. zagrożony

unspeakable [ʌn'spi:kəbəl] niewypowiedziany

unspecified [ʌn'spesifaid] niewy-szczególniony

unstable [ʌn'steibəl] 1. niestabilny 2. źle przymocowany 3. rozchwiany

unsteady [ʌn'stedi] 1. niepewny 2. roztrzęsiony 3. niestabilny

unstuck [ʌn'stʌk] ◊ come unstuck (a) odklejać się (b) ponosić fiasko

unsuccessful [ˌʌnsək'sesful] 1. nieudany 2. bezowocny 3. (człowiek) bez powodzenia

unsuitable [ʌn'su:təbəl] nieodpowiedni (for sth do czegoś)

unsuited [ʌn'su:tid] 1. nieodpowiedni (to/for sth do czegoś) 2. niedobrany

unsure [ʌn'ʃuə] niepewny (about/of sth czegoś)

unsympathetic [ˌʌnsimpə'θetik] nieczuły, nie współczujący

untangle [ʌn'tæŋgəl] rozplątywać

untapped [ʌn'tæpt] nienaruszony

untenable [ʌn'tenəbəl] form nie do obrony, nie do utrzymania

unthinkable [ʌn'θiŋkəbəl] nie do pomyślenia

untidy [ʌn'taidi] niechlujny, zaniedbany

untie [ʌn'tai] rozwiązywać

until [ʌn'til] 1. (aż) do 2. dopóki

untimely [ʌn'taimli] przedwczesny

untold [ʌn'tould] form niewypowiedziany

untoward [ˌʌntə'wo:d] form niekorzystny, niedobry

untranslatable [ˌʌntrænz'leitəbəl] nieprzetłumaczalny

untreated [ʌn'tri:tid] 1. nieleczony 2. nieoczyszczony

unused I. [ʌn'ju:zt] 1. nieużywany II. [ʌn'ju:st] 2. nieprzywykły (to sth do czegoś)

unusual [ʌn'ju:ʒuəl] niezwykły

unsually [ʌn'ju:ʒuəli] 1. niezwykle 2. co niezwykłe

unveil [ʌn'veil] 1. odsłonić 2. form ukazać

unwary [ʌn'weəri] nieostrożny, nie spodziewający się (niczego złego)

unwelcome [ʌn'welkəm] 1. nieproszony 2. niepożądany, przykry

unwell [ʌn'wel] chory, niedysponowany

unwieldy [ʌn'wi:ldi] 1. nieporęczny 2. niemrawy

unwilling [ʌn'wiliŋ] niechętny (to do sth aby coś zrobić)

unwind [ʌn'waind], unwound [ʌn'waund], unwound 1. odprężyć się 2. rozwijać

unwise [ʌn'waiz] niemądry

unwitting [ʌn'witiŋ] form bezwolny, nieświadomy

unworkable [ʌn'wə:kəbəl] (plan) niepraktyczny, nie do przeprowadzenia

unworthy [ʌn'wə:ði] form niegodny

unwound [ʌn'waund] patrz unwind: II i III forma

unwrap [ʌn'ræp] rozpakowywać

unwritten [ʌn'ritən] niepisany

unzip [ʌn'zip] rozpinać

up [ʌp] 1. w górę, w górze 2. (wstawać) do góry 3. (podchodzić) (tuż) do 4. (droga) rozkopany 5. wyraża ruch lub pozycję w górę (lub na północ), często nie tłumaczone (up in the sky na niebie, up here tutaj) ◊ 6. be up (a) wstać (z łóżka) (b) skończyć się, dochodzić do końca 7. be up to (sth) dochodzić do (czegoś), wynosić (ileś) 8. be up to doing sth czuć się na siłach coś zrobić 9. sth is up to sb coś zależy od kogoś

10. **up to/until** aż do 11. *nieform* **sth is up** coś się święci 12. **ups and downs** wzloty i upadki

up-and-coming [ˌʌpən'kʌmiŋ] wybijający się w górę

upbringing ['ʌpbriŋiŋ] wychowanie

update [ʌp'deit] modernizować, aktualizować

upheaval [ʌp'hi:vəl] niepokój, przewrót (społeczny)

upheld [ʌp'held] *patrz* **uphold**: *II i III forma*

uphill [ˌʌp'hil] 1. do góry, w górę 2. ciężki, jak pod górę

uphold [ʌp'hould], **upheld** [ʌp'held], **upheld** podtrzymywać, utrzymywać

upholstered [ʌp'houlstəd] tapicerowany

upholstery [ʌp'houlstəri] tapicerka

upkeep ['ʌpki:p] koszty utrzymania

upland ['ʌplænd] 1. wysoko położony 2. -s tereny wysoko położone

upon [ə'pɒn] 1. *form* na 2. po 3. za (*row upon row* rząd za rzędem)

upper ['ʌpə] 1. górny 2. wierzch (buta) ◇ 3. **have the upper hand in sth** mieć przewagę w czymś
    upper class [ˌʌpə 'klɑ:s] warstwa wyższa, burżuazja

uppermost ['ʌpəmoust] 1. najwyższy, najwyżej 2. najważniejszy

upright ['ʌprait] 1. wyprostowany 2. pionowy 3. prawy, uczciwy

uprising ['ʌpraiziŋ] powstanie

uproar ['ʌprɔ:] 1. wrzawa, tumult 2. zamieszanie

uproot [ʌp'ru:t] wykorzeniać (się)

upset I. [ʌp'set], **upset**, **upset** 1. denerwować 2. (*plany*) niweczyć, dezorganizować 3. (*przedmiot*) przewracać II. ['ʌpset] 4. zdener-

wowany, zirytowany 5. (*żołądek*) rozstrojony 6. (*żołądka*) rozstrój

upshot ['ʌpʃot] *form* **the u.** wynik, rezultat

upside down [ˌʌpsaid'daun] do góry nogami

upstairs [ˌʌp'steəz] 1. na górę, do góry (*w domu*) 2. na górze (*w domu*) 3. górny 4. góra

upstart ['ʌpstɑ:t] nowicjusz

upstream [ˌʌp'stri:m] 1. w górę (rzeki) 2. w górze (rzeki)

upsurge ['ʌpsə:dʒ] *form* wzrost

uptake ['ʌpteik] ◇ *nieform* **be quick/slow on the uptake** szybko/wolno coś łapać

uptight ['ʌptait] *nieform* spięty

up-to-date [ˌʌptə'deit] 1. nowoczesny 2. zorientowany

uptown [ˌʌp'taun] *US* 1. od centrum (śródmieścia) 2. dzielnice poza śródmieściem

upturn ['ʌptə:n] hossa, zwyżka

upturned [ˌʌp'tə:nd] 1. zadarty 2. odwrócony

upward ['ʌpwəd] górny, do góry

upwards ['ʌpwədz] 1. do góry, w górę ◇ 2. **upwards of** ponad

uranium [ju'reiniəm] uran

urban ['ə:bən] miejski

urbane [ə:'bein] *form* kurtuazyjny, uprzejmy

urchin ['ə:tʃin] *przest* łobuz

urge [ə:dʒ] 1. popęd, żądza 2. przynaglać 3. *form* zalecać, kłaść nacisk (*sth* na coś)

urgency ['ə:dʒənsi] nagła potrzeba

urgent ['ə:dʒənt] 1. pilny, naglący 2. natarczywy

urinal ['juərinəl] pisuar

urinate ['juərineit] *form* oddawać mocz

urine ['juərin] mocz

urn [ə:n] **1.** urna **2.** termos (na kawę)

us [əs, ʌs] *GRAM* nas, nam, nami (my w różnych przypadkach)

US(A) [ju: 'es ('ei)] (*skrót:* (the) **United States (of America)**) USA

usable ['ju:zəbəl] zdatny do użycia

usage ['ju:sidʒ] **1.** użycie (języka) **2.** znaczenie

use I. [ju:z] **1.** używać, stosować **2.** wykorzystywać **II.** [ju:s] **3.** użycie, wykorzystanie **4. the u.** możliwość użycia ◇ **5. make use of sth** wykorzystywać coś **6. in use** w użyciu **7. out of use** nie używany **8. sth is of *no use/use*** coś jest *do niczego/użyteczne* **9. it is no use (doing sth)** nie ma sensu (coś robić)

use up zużywać

used [ju:zd] *GRAM* **1.** zużyty, używany **2.** przyzwyczajony (*to sth* do czegoś)

used to ['ju:stu, 'ju:stə] **1.** mieć (dawniej) zwyczaj, zwykle (dawniej) (*do sth* coś robić: *I used to sleep until 8* zwykłem spać do godz. 8, *he didn't use to work* on nie miał zwyczaju pracować, *did you use to smoke?* paliłeś kiedyś?) ◇ **2. get used to sth** przywykać do czegoś

useful ['ju:sful] użyteczny

useless ['ju:slis] **1.** bezużyteczny **2.**

nieform beznadziejny (*at sth* w czymś)

user ['ju:zə] użytkownik

usher ['ʌʃə] **1.** prowadzić na miejsce **2.** bileter

usherette ['ʌʃərət] bileterka

usual ['ju:ʒuəl] **1.** zwyczajny **2.** zwyczajowy ◇ **3. as usual** jak zwykle

usually ['ju:ʒuəli] zazwyczaj

usurp [ju:'zə:p] *form* uzurpować

usury ['ju:ʒəri] lichwa

utensil [ju:'tensil] *form* przybór, przyrząd

uterus ['ju:tərəs] *med* macica

utilitarian [ju:tili'teəriən] *form* **1.** użytkowy **2.** utylitarny

utility [ju:'tiliti] **1.** użyteczność **2.** (*także* **public utility**) usługa komunalna, przedsiębiorstwo użyteczności publicznej

utilize (*także* **utilise**) ['ju:tilaiz] *form* posiłkować się, stosować

utmost ['ʌtmoust] **1.** najwyższy ◇ **2. do one's utmost** robić co się da

utopian [ju:'toupiən] utopijny

utter ['ʌtə] **1.** wypowiadać, wydawać **2.** całkowity, kompletny

utterance ['ʌtərəns] *form* wypowiedź

U-turn ['ju: tə:n] **1.** zawrócenie (samochodu) ◇ **2. do a U-turn** zawracać

V

vacancy ['veikənsi] **1.** wolne stanowisko **2.** wolne miejsce

vacant ['veikənt] **1.** wolny **2.** nie za-

jęty **3.** rozproszony

vacate [və'keit] zwalniać

vacation [və'keiʃən] **1.** wakacje **2.**

US urlop

vaccinate ['væksineit] zaszczepiać

vaccine ['væksi:n] szczepionka

vacuum ['vækjuəm] **1.** próżnia **2.** pustka **3.** *nieform* odkurzacz **4.** odkurzać

vacuum cleaner ['vækjuəm ˌkli:-nə] odkurzacz

vagina [və'dʒainə] *med* pochwa

vagrant ['veigrənt] włóczęga

vague [veig] **1.** mętny, niejasny **2.** niewyraźny

vain [vein] **1.** próżny **2.** daremny ◇ **3. in vain** nadaremno, na próżno

valentine ['væləntain] (*także* **valentine card**) kartka z życzeniami na św. Walentego (*14 lutego*)

valet ['vælit] lokaj

valiant ['væljənt] bohaterski, dzielny

valid ['vælid] **1.** ważny **2.** uzasadniony

validate ['vælideit] potwierdzać

validity [væ'liditi] ważność

valley ['væli] dolina

valour (*US* **valor**) ['vælə] bohaterstwo, odwaga

valuable ['væljuəbəl] **1.** cenny **2.** **-s** przedmioty wartościowe

valuation [ˌvælju'eiʃən] **1.** wycena **2.** ocena

value ['vælju:] **1.** wartość **2.** zaleta **3.** cenić **4.** wyceniać

value-added tax [ˌvælju: 'ædid tæks] (*także* **VAT**) *BR* podatek od wartości dodanej (*wliczany w cenę towarów*)

valued ['vælju:d] ceniony

valueless ['væljulis] bezwartościowy

valve [vælv] zawór

vampire ['væmpaiə] wampir

van [væn] furgonetka

vandal ['vændəl] wandal

vandalism ['vændəlizəm] wandalizm

vandalize (*także* **vandalise**) ['vændəlaiz] niszczyć (po chuligańsku)

vanguard ['vængɑ:d] awangarda

vanilla [və'nilə] wanilia

vanish ['væniʃ] **1.** znikać **2.** ginąć

vanity ['væniti] próżność

vanity case ['vænitikeis] kosmetyczka

vanquish ['væŋkwiʃ] *lit* pokonywać (doszczętnie)

vantage point ['vɑ:ntidʒ point] dobry punkt (obserwacyjny)

vapour (*US* **vapor**) ['veipə] para

variability [ˌveəriə'biliti] zmienność

variable ['veəriəbəl] **1.** zmienny **2.** zmienna

variance ['veəriəns] ◇ *form* **be at variance with sth** kłócić się z czymś, stać w sprzeczności z czymś

variant ['veəriənt] **1.** wariant, odmiana **2.** wariantowy

variation [ˌveəri'eiʃən] **1.** wariacja (*także muz*) **2.** zmienność

varicose veins [ˌværikous 'veinz] żylaki

varied ['veərid] **1.** *patrz* **vary**: *II i III forma* **2.** różnorodny

variegated ['veəriəgeitid] różnokolorowy

variety [və'raiəti] **1.** różnorodność **2.** rodzaj, odmiana **3.** variété

various ['veəriəs] różnorodny, rozmaity

variously ['veəriəsli] rozmaicie

varnish ['vɑ:niʃ] **1.** pokost, werniks **2.** lakier **3.** pokostować, werniksować

vary ['veəri] **1.** różnić się, wahać się **2.** zmieniać się (*with sth* wraz z czymś) **3.** różnicować

vase [vɑ:z] wazon

vast [vɑːst] vast

vastly ['vɑːstli] ogromnie, niebywale

vat [væt] beczka, kadź

VAT [ˌviːei'tiː, væt] *BR* (*skrót:* **value-added tax**) podatek od wartości dodanej (*wliczany w cenę towarów*)

vault [voːlt] **1.** skarbiec **2.** krypta **3.** sklepienie **4.** przeskakiwać

VCR [ˌviːsiː'ɑː] (*skrót:* **video cassette recorder**) magnetowid, video

VD [ˌviː'diː] (*skrót:* **venereal disease**) choroba weneryczna

VDU [ˌviːdiː'juː] (*skrót:* **video display unit**) monitor

veal [viːl] cielęcina

veer [viə] zbaczać (nagle), zmieniać kierunek

vegetable ['vedʒitəbəl] **1.** jarzyna, warzywo **2.** roślinny

vegetarian [ˌvedʒi'teəriən] **1.** jarosz, wegetarianin **2.** jarski, wegetariański

vegetate ['vedʒiteit] wegetować

vegetation [ˌvedʒi'teiʃən] **1.** roślinność **2.** wegetacja

vehemence ['viːəməns] zaciekłość, porywczość

vehement ['viːəmənt] **1.** gwałtowny **2.** zaciekły, porywczy

vehicle ['viːikəl] **1.** pojazd **2.** *form* środek, narzędzie (*for sth* do czegoś)

veil [viːl] **1.** welon **2.** zasłona **3.** zasłaniać welonem

veiled [viːld] zawoalowany

vein [vein] **1.** żyła **2.** żyłka (*liścia*) **3.** styl, duch

velocity [və'losɪti] *termin* prędkość

velvet ['velvit] aksamit

velvety ['velvəti] aksamitny

vending machine ['vendiŋməˌʃiːn] automat, maszyna do sprzedaży

vendor ['vendə] **1.** *termin* sprzedawca **2.** kiosk

veneer [vi'niə] **1.** warstwa **2.** fornir, laminat **3.** fornirować, okładać

venerable ['venərəbəl] *form* czcigodny

venereal disease [viˌniəriəl di'ziːz] choroba weneryczna

venetian blind [viˌniːʃən 'blaind] żaluzja (nastawna)

vengeance ['vendʒəns] **1.** zemsta, pomsta ◊ **2. with a vengeance** *nieform* zawzięcie

vengeful ['vendʒful] *lit* mściwy

venison ['venisən] dziczyzna

venom ['venəm] jad

venomous ['venəməs] jadowity

vent [vent] **1.** otwór wentylacyjny, wylot **2.** *form* wyładowywać ◊ **3. give vent to sth** dawać upust czemuś

ventilate ['ventileit] wentylować

ventilator ['ventileitə] wywietrznik

ventriloquist [ven'triləkwist] brzuchomówca

venture ['ventʃə] **1.** (ryzykowne) przedsięwzięcie **2.** puszczać się na ryzyko **3.** ośmielać się **4.** ryzykować

venue ['venjuː] *form* miejsce

veranda (*także* **verandah**) [və'rændə] weranda

verb [vəːb] *gram* czasownik

verbal ['vəːbəl] **1.** werbalny, słowny **2.** czasownikowy

verbatim [vəː'beitim] *form* **1.** dosłowny **2.** dosłownie

verbose [və'bous] *form* rozwlekły

verdict ['vəːdikt] werdykt

verge [vəːdʒ] **1.** krawędź ◊ **2. on the verge of (doing sth)** na granicy (zrobienia czegoś) verge on/upon graniczyć (*sth* z czymś)

verification [verifi'keiʃən] 1. sprawdzenie 2. potwierdzenie

verify ['verifai] 1. sprawdzać, weryfikować 2. potwierdzać

veritable ['veritəbəl] prawdziwy, istny

vermin ['və:min] 1. szkodnik 2. robactwo

vermouth ['və:məθ] wermut

vernacular [və'nækjələ] 1. dialekt, język miejscowy 2. miejscowy

versatile ['və:sətail] wszechstronny

verse [və:s] 1. wiersz 2. zwrotka, strofa 3. werset

versed ['və:st] ◇ *form* versed in sth wykształcony

version ['və:ʃən] wersja

versus ['və:səs] 1. przeciw 2. wobec

vertebra ['və:tibrə], *lm* vertebrae ['və:tibrei] krąg

vertebrate ['və:tibrət] *termin* kręgowiec

vertical ['və:tikəl] pionowy

vertigo ['və:tigou] zawrót głowy

verve [və:v] werwa

very ['veri] 1. bardzo 2. (*przed rzeczownikami*) sam (*to the very end* do samego końca) 3. (*przed rzeczownikami*) właśnie ten (*the very expression was used* tego właśnie wyrażenia użyto) ◇ 4. very much bardzo 5. *form* very well bardzo dobrze, świetnie 6. sb cannot very well do sth ktoś nie za bardzo może coś zrobić

vessel ['vesəl] *form* 1. *lit, med* naczynie 2. okręt, jednostka pływająca

vest [vest] 1. *BR* podkoszulek 2. *US* kamizelka

vested ['vestid] 1. *form* nabyty, wyposażony, przekazany (*in sb* komuś) ◇ 2. vested interest żywotny interes

vestibule ['vestibju:l] *form* westybul

vestige ['vestidʒ] *form* ślad, pozostałość

vestry ['vestri] zakrystia

vet [vet] 1. *BR nieform* weterynarz 2. sprawdzać drobiazgowo

veteran ['vetərən] 1. weteran 2. kombatant, uczestnik wojny

veterinarian [,vetəri'neəriən] *US* weterynarz

veterinary ['vetərinəri] weterynaryjny

veterinary surgeon [,vetərinəri 'sə:dʒən] *BR form* weterynarz

veto ['vi:tou] 1. weto 2. prawo weta 3. zakładać weto (*sth* wobec czegoś)

vex [veks] *form* irytować

vexed ['vekst] 1. zirytowany 2. trudny, zawikłany

VHF [,vi:eitʃ'ef] (*skrót:* very high frequency) UKF, VHF

via ['vaiə] przez

viable ['vaiəbəl] możliwy do wykonania

viaduct ['vaiədʌkt] wiadukt

vibrant ['vaibrənt] 1. dynamiczny, przesycony energią 2. rozjarzony, jaskrawy 3. emocjonalny

vibrate [vai'breit] wibrować

vicar ['vikə] wikariusz, pastor

vicarage ['vikəridʒ] wikariat, plebania

vicarious [vi'keəriəs] pośredni, zastępczy

vice [vais] 1. wada 2. przestępstwo, występek 3. imadło

vice- [vais] wice, vice

vicinity [vi'siniti] bliskość, pobliże

vicious ['viʃəs] 1. podstępny, występny ◇ 2. vicious circle

błędne koło

victim ['viktim] ofiara

victimize (*także* **victimise**) ['viktimaiz] represjonować

victor ['viktə] *przest* zwycięzca

Victorian [vik'to:riən] wiktoriański

victorious [vik'to:riəs] zwycięski

victory ['viktəri] zwycięstwo

video ['vidiou] 1. video, wideo 2. nagranie wideo 3. nagrywać na wideo

video recorder ['vidiouri,ko:də] magnetowid, video

vie [vai] *form* rywalizować (*with sb for sth* z kimś o coś)

view [vju:] 1. pogląd, opinia (*of sth* na coś) 2. widok 3. zapatrywać się (*sth* na coś), odbierać 4. *form* oglądać ◇ 5. in view na widoku 6. in view of ponieważ, wobec 7. be on view być wystawionym 8. with a view to sth z myślą o czymś

viewer ['vju:ə] 1. widz 2. rzutnik

viewfinder ['vju:faində] wizjer

viewpoint ['vju:point] 1. punkt widzenia 2. punkt widokowy

vigil ['vidʒil] czuwanie

vigilant ['vidʒilənt] *form* czujny

vigorous ['vigərəs] energiczny

vigour (*US* **vigor**) ['vigə] energia

vile [vail] niegodziwy

villa ['vilə] willa

village ['vilidʒ] wioska

villager ['vilidʒə] wieśniak, mieszkaniec wsi

villain ['vilən] 1. łotr 2. czarny charakter

vindicate ['vindikeit] *form* rekompensować, wybronić

vindictive [vin'diktiv] mściwy

vine [vain] latorośl, winorośl

vinegar ['vinigə] ocet

vineyard ['vinjəd] winnica

vintage ['vintidʒ] (*wino, samochód*) z najlepszego okresu

vintage wine [,vintidʒ 'wain] wino z dobrego rocznika

vinyl ['vainəl] winyl(owy)

viola [vi'oulə] *muz* wiola, altówka

violate ['vaiəleit] 1. gwałcić 2. *form* zakłócać 3. bezcześcić

violence ['vaiələns] 1. przemoc 2. gwałtowność

violent ['vaiələnt] 1. gwałtowny 2. z użyciem siły 3. nagły 4. zbyt jaskrawy

violet ['vaiələt] 1. fiołek 2. fiolet 3. fioletowy

violin ['vaiəlin] skrzypce

violinist [,vaiə'linist] *muz* skrzypek

VIP [,vi:ai'pi:] (*skrót nieform:* very important person) znakomitość

viper ['vaipə] żmija

virgin ['və:dʒin] 1. dziewica 2. dziewiczy

Virgo ['və:gou] Panna (*znak zodiaku*)

virile ['virail] męski

virtual ['və:tʃuəl] faktyczny, właściwy

virtually ['və:tʃuəli] właściwie, na dobrą sprawę

virtue ['və:tʃu:] 1. cnota 2. zaleta ◇ 3. *form* by virtue of dzięki, na mocy

virtuoso [,və:tʃu'ousou] wirtuoz

virtuous ['və:tʃuəs] cnotliwy

virulent ['virulənt] 1. jadowity 2. złośliwy

virus ['vaiərəs] wirus

visa ['vi:zə] wiza

visibility [,vizi'biliti] widoczność

visible ['vizibəl] widoczny

vision ['viʒən] 1. obraz 2. wizja 3. widzenie

visionary ['viʒənəri] 1. wizjoner 2. wizjonerski, dalekowzroczny

visit ['vizit] 1. odwiedzać 2. odwiedziny, pobyt

visitor ['vizitə] 1. gość, zwiedzający ◇ 2. **visitors' book** książka gości

visor ['vaizə] 1. przyłbica 2. (*czapki*) daszek *czapki* 3. (*przy kasku*) osłona twarzy

vista ['vistə] *lit* obraz, perspektywa

visual ['viʒuəl] wzrokowy, wizualny **visual aid** [ˌviʒuəl 'eid] (wizualna) pomoc szkolna **visual display unit** [ˌviʒuəl diˈsplei juːnit] monitor

visualize (*także* **visualise**) ['viʒuəlaiz] unaoczniać (sobie), wyobrażać (sobie)

vital ['vaitəl] 1. niezbędny, zasadniczy 2. żywotny, witalny ◇ 3. **vital statistics** wymiary (kobiece)

vitamin ['vitəmin] witamina

vitiate ['viʃieit] *form* psuć, kazić

viva ['vaivə] egzamin ustny

vivacious [vi'veiʃəs] żywy, energiczny

vivid ['vivid] żywy

vocabulary [və'kæbjuləri] słownictwo

vocal ['voukəl] 1. rozgłośny 2. wokalny 3. -s część wokalna **vocal cords** [ˌvoukəl 'koːdz] struny głosowe

vocalist ['voukəlist] wokalista

vocation [vou'keiʃən] powołanie

vocational [vou'keiʃənəl] zawodowy

vociferous [və'sifərəs] *form* krzykliwy

vodka ['vodkə] wódka

vogue [voug] 1. moda ◇ 2. **in vogue** w modzie, modny

voice [vois] 1. głos 2. **a v.** prawo głosu 3. *gram* strona 4. wyrażać, wy-

głaszać ◇ 5. **at the top of one's voice** najgłośniej (, jak się da)

void [void] *lit* 1. pustka 2. *praw* (*także* **null and void**) nieważny, unieważniony

volatile ['volətail] 1. *chem* lotny 2. szybko zmieniający się

volcanic [vol'kænik] wulkaniczny

volcano [vol'keinou] wulkan

volition [və'liʃən] ◇ **form of one's own volition** z własnej woli, nieprzymuszenie

volley ['voli] 1. salwa, kanonada 2. *sport* wolej 3. *sport* odbijać wolejem

volleyball ['voliboːl] siatkówka, piłka siatkowa

volt [voult] wolt

voltage ['voultidʒ] napięcie

volte-face [ˌvolt'faːs] *form* radykalny zwrot

voluble ['voljubəl] *form* wymowny

volume ['voljuːm] 1. książka 2. tom 3. objętość 4. ilość, zakres 5. natężenie głosu

voluminous [və'ljuːminəs] *form* obszerny

voluntary ['voləntəri] ochotniczy, dobrowolny

volunteer [ˌvolən'tiə] 1. ochotnik 2. zgłaszać się *na ochotnika/dobrowolnie* (*for sth* do czegoś) 3. *form* oferować

voluptuous [və'lʌpʃuəs] *form* ponętny

vomit ['vomit] 1. zwracać, wymiotować 2. wymiociny

voracious [və'reiʃəs] *lit* żarłoczny

vortex ['voːteks], *lm* **vortexes** *lub* **vortices** ['voːtisiːz] *form* wir

vote [vout] 1. głos 2. głosowanie, wybory 3. **the v.** liczba głosów 4. **the v.** prawo głosu 5. głoso-

wać (*for/against* za/przeciw) ◇ **6.
vote of confidence** wotum zaufania
voter ['voutə] wyborca
vouch for [vautʃ 'fə] ręczyć, zaręczać (*sth* za coś)
voucher ['vautʃə] bon, bloczek
vow [vau] **1.** ślubować **2.** ślub, przysięga
vowel ['vauəl] samogłoska
voyage ['voiidʒ] podróż

voyager ['voiidʒə] podróżnik
vs. (*skrót:* **versus** ['və:səs]) **1.** przeciw **2.** wobec
vulgar ['vʌlgə] wulgarny
vulnerable ['vʌlnərəbəl] wrażliwy
(*to sth* na coś), podatny (na zra-
nienie)
vulture ['vʌltʃə] sęp
vying ['vaiiŋ] *patrz* vie: *forma na -
ing*

W

w ['dʌbəlju:] *skrót* **West** zach.
wad [wæd] **1.** plik, sterta **2.** kłębek,
zwitek
waddle ['wædəl] kiwać się (jak kaczka), telepać się
wade [weid] brodzić
wade through przedzierać się
(*sth* przez coś)
wafer ['weifə] wafel
waffle ['wofəl] **1.** gofr **2.** piędzenie **3.**
piędzić
waft [woft] snuć się
wag [wæg] machać
wage [weidʒ] **1.** (*także* wages) zarobek, pensja **2.** prowadzić
wager ['weidʒə] *przest* zakład
waggle ['wægəl] ruszać (się)
wagon (*BR także* waggon) ['wæ-
gən] **1.** wóz **2.** *BR* wagon towarowy
wail [weil] **1.** zawodzić **2.** zawodzenie
waist [weist] talia, stan
waistband ['weistbænd] pasek
waistcoat ['weistkout] *BR* kamizelka
waistline ['weistlain] obwód pasa

wait [weit] **1.** czekać (*for sb* na kogoś), oczekiwać (*for sb* kogoś) **2.**
obsługiwać (*on sb* kogoś) **3.** oczekiwanie ◇ **4. sb cannot wait to
do sth** ktoś się nie może doczekać,
by coś zrobić **5. "just you wait"**
„tylko poczekaj!", „zobaczysz!" **6.
"wait a (minute)"** „chwileczkę"
waiter ['weitə] kelner
waiting ['weitiŋ] **1.** oczekiwanie ◇
2. *BR* **"no waiting"** „zakaz po-
stoju"
waiting list ['weitiŋlist] lista o-
czekujących
waiting room ['weitiŋru:m] poczekalnia
waitress ['weitris] kelnerka
waive [weiv] *form* uchylać, zawieszać
wake [weik], **woke** [wouk] *lub*
waked, woken ['woukən] *lub*
waked 1. budzić (się) **2.** kilwater
◇ **3. in the wake of sth** w ślad
za czymś
wake up 1. zbudzić (się) **2.** u-
świadamiać sobie (*to sth* coś)
waken ['weikən] *lit* budzić się

Wales ['weilz] Walia

walk [wo:k] 1. chodzić, iść, spacerować 2. wyprowadzać na spacer 3. przechadzka, spacer 4. szlak, trasa ◇ 5. from all walks of life ze wszystkich warstw
walk out 1. wychodzić, opuszczać (*of sth* z czegoś) 2. strajkować
walk out on rzucać (*sb* kogoś)

walkabout ['wo:kəbaut] ◇ go walkabout wychodzić do ludzi, mieszać się z ludźmi

walker ['wo:kə] 1. spacerowicz ◇ 2. be a good/bad walker dobrze/ /źle chodzić

walkie-talkie [,wo:ki'to:ki] *nieform* radiotelefon

walking ['wo:kiŋ] chodzenie, spacer
walking stick ['wo:kiŋstik] laska

walkout ['wo:kaut] strajk

walkover ['wo:kouvə] walkower, łatwe zwycięstwo

walkway ['wo:kwei] droga dla pieszych

wall [wo:l] 1. ściana, mur 2. ścianka ◇ 3. *nieform* drive sb up the wall rozwścieczać kogoś, przypierać kogoś do muru

walled ['wo:ld] otoczony murem

wallet ['wo:lit] portfel

wallop ['woləp] *nieform* łupnąć, trzasnąć

wallow ['wolou] 1. oddawać się (*in sth* czemuś) 2. tarzać się

wallpaper ['wo:lpeipə] 1. tapeta 2. tapetować

walnut ['wo:lnʌt] orzech włoski

walrus ['wo:lrəs] mors

waltz [wo:ls] 1. walc 2. tańczyć walca

wan [won] *lit* wybladły

wand [wond] różdżka czarodziejska

wander ['wondə] 1. wędrować (*sth* po czymś) 2. błądzić, błąkać się

wane [wein] 1. blednąć, przygasać ◇ 2. the moon is waning księżyca ubywa, księżyc maleje

wangle ['wæŋgəl] *nieform* wyciągać

want [wont] 1. chcieć (*sb to do sth* aby ktoś coś zrobił) 2. trzeba (*sth wants doing* coś trzeba zrobić) 3. potrzebować 4. *form* brak 5. -s potrzeby ◇ 6. for want of sth z braku czegoś 7. sb is wanted ktoś jest poszukiwany

wanting ['wontiŋ] *form* be found wanting nie znajdować się na wysokim poziomie

wanton ['wontən] *form* bezmyślny, bezsensowny

war [wo:] 1. wojna 2. wojować ◇ 3. go to war zaczynać wojnę

warble ['wo:bəl] *form* śpiewać

ward [wo:d] 1. oddział, sala 2. *BR* część okręgu wyborczego 3. wychowanek, dziecko pod kuratelą **ward off** odganiać, odstraszać, odsuwać

warden ['wo:dən] 1. strażnik, dozorca 2. pilnujący 3. dyrektor, zarządca

warder ['wo:də] *BR* strażnik więzienny

wardrobe ['wo:droub] 1. szafa 2. ubiory

ware [weə] wyrób (*glass ware* wyroby ze szkła)

warehouse ['weəhaus], magazyn

warfare ['wo:feə] *form* wojna, działania wojenne

warhead ['wo:hed] głowica bojowa

warlike ['wo:laik] *form* wojowniczy, bojowy

warm [wo:m] 1. ciepły 2. ciepło 3. ogrzewać (*oneself* się), ocieplać 4.

nabierać sympatii (*to sb* do kogoś) 5. zainteresować się bardziej (*to sth* czymś) ◇ 6. I am warm ciepło mi

warm up 1. podgrzewać 2. rozgrzewać się

warm-blooded [‚wo:m'blʌdid] ciepłokrwisty

warm-hearted [‚wo:m'hɑ:tid] dobrze usposobiony

warmonger ['wo:mʌŋgə] podżegacz wojenny

warmth [wo:mθ] ciepło

warn [wo:n] ostrzegać, uprzedzać

warning ['wo:niŋ] 1. ostrzeżenie 2. znak ostrzegawczy 3. ostrzegawczy

warp [wo:p] 1. paczyć się 2. krzywić 3. wypaczenie, skrzywienie

warpath ['wo:pɑ:θ] ścieżka wojenna

warrant ['worənt] 1. *prawne* nakaz 2. gwarancja 3. *form* gwarantować

warranty ['worənti] gwarancja

warren ['worən] nora (królicza)

warrior ['woriə] *przest* wojownik

warship ['wo:ʃip] okręt wojenny

wart [wo:t] kurzajka, brodawka

wartime ['wo:taim] okres wojny

wary ['weəri] ostrożny

was [wəz, woz] *patrz* be: *II forma: 1 i 3 os.* lp

wash [woʃ] 1. myć 2. prać 3. obmywać, wymywać 4. pranie ◇ 5. give sth a wash wymyć/wyprać coś 6. have a wash umyć się

wash away zmywać (się)

wash up 1. zmywać 2. wymywać, wyrzucać

washable ['woʃəbəl] nadający się do prania

washbasin ['woʃbeisən] umywalka

washed-out [‚woʃt'aut] 1. wyblakły 2. wymęczony, wyprany

washer ['woʃə] 1. pracz(ka) 2. podkładka, uszczelka 3. *nieform* pralka

washing ['woʃiŋ] pranie, rzeczy do prania

washing machine ['woʃiŋ mə‚ʃi:n] pralka

washing powder ['woʃiŋ ‚paudə] *BR* proszek do prania

washing-up [‚woʃiŋ'ʌp] zmywanie

washing-up liquid [‚woʃiŋ'ʌp ‚likwid] płyn do naczyń

washout ['woʃaut] *nieform* dno, fiasko

washroom ['woʃrum] *US* toaleta

wasn't ['wozənt] *ściągnięte*: was not

wasp [wosp] osa

wastage ['weistidʒ] *form* marnotrawstwo

waste [weist] 1. marnować, tracić 2. (*czasu, pieniędzy*) strata 3. (*przemysłowe, kuchenne*) odpadki 4. *form* -s pustkowia 5. (*ziemia*) jałowy 6. (*produkt*) odpadowy, zużyty

wastebasket ['weistbɑ:skit] *US* kosz na śmieci

wasted ['weistid] niepotrzebny

wasteful ['weistful] marnotrawny

wasteland ['weistlænd] pustkowie, odłóg

wastepaper [‚weist'peipə] śmieci, papier do wyrzucenia

wastepaper basket/bin [‚weist'peipə ‚bɑ:skit/bin] kosz na śmieci

watch [wotʃ] 1. zegarek 2. (*wojskowa*) warta 3. (*na morzu*) wachta 4. (*podejrzanego*) obserwacja 5. oglądać 6. (*podejrzanego, zmiany*) obserwować, śledzić 7. przyglądać się, baczyć ◇ 8. keep watch (a) pilnować, uważać (*on sth* na coś) (b) pilnować, trzymać straż 9. *nieform* "Watch it!" „U-waga!"

watch out uważać, pilnować się

watch over doglądać, pilnować

watchband ['wotʃbænd] pasek do zegarka

watchdog ['wotʃdog] 1. pies łańcuchowy 2. nadzorca

watcher ['wotʃə] obserwator

watchful ['wotʃful] przezorny, wnikliwy

watchmaker ['wotʃmeikə] zegarmistrz

watchman ['wotʃmən], *lm* watchmen ['wotʃmən] strażnik, stróż

watchstrap ['wotʃstræp] pasek do zegarka

watchword ['wotʃwə:d] hasło

water ['wo:tə] 1. woda 2. podlewać 3. łzawić, ciec 4. ślinić się ◊ 5. *form* make/pass water oddawać mocz

water down rozwadniać

water lily ['wo:təlili] nenufar, lilia wodna

water-borne ['wo:təbo:n] przenoszony drogą wodną

watercolour (*US* watercolor) ['wo:təkʌlə] akwarela

watercress ['wo:təkres] rzeżucha

waterfall ['wo:təfo:l] wodospad

waterfront ['wo:təfrʌnt] wybrzeże, ulica przybrzeżna

watering can ['wo:təriŋkæn] polewaczka

waterlogged ['wo:təlogd] 1. nasiąknięty/przesycony wodą 2. przepełniony wodą

watermelon ['wo:təmelən] arbuz

waterproof ['wo:təpru:f] 1. nieprzemakalny 2. płaszcz przeciwdeszczowy 3. impregnować, uszczelniać

watershed ['wo:təʃed] 1. dział wodny 2. przełom, punkt krytyczny

waterside ['wo:təsaid] the w. wybrzeże

watertight ['wo:tətait] 1. wodoszczelny 2. niezbity

waterway ['wo:təwei] droga wodna

waterworks ['wo:təwə:ks], *lm* waterworks stacja wodociągowa, wodociąg

watery ['wo:təri] 1. wodnisty 2. niemrawy

watt [wot] wat

wave [weiv] 1. fala 2. machnięcie, pomachanie 3. machać 4. falować

wave aside zbywać machnięciem

waveband ['weivbænd] zakres fal

wavelength ['weivleŋθ] długość fal

waver ['weivə] 1. wahać się 2. doświadczać niepewności

wavy ['weivi] falisty

wax [wæks] 1. wosk 2. woskowina 3. smar (do nart) 4. woskować, pastować 5. *lit* stawać się ◊ 6. the moon is waxing księżyca przybywa, księżyc rośnie

waxwork ['wækswə:k] 1. figura woskowa 2. -s muzeum figur woskowych

waxy ['wæksi] nawoskowany, woskowy

way [wei] 1. droga, dojście 2. strona, kierunek 3. przejście 4. sposób 5. -s zwyczaje 6. (dobre) podejście (*with sb* do kogoś) 7. daleko (*way below sth* daleko niżej czegoś) ◊ 8. by the way przy okazji 9. *form* by way of jako 10. make way for sb robić komuś miejsce 11. make one's way somewhere *przechodzić/przedostawać się* gdzieś 12. be in the way stać na drodze, przeszkadzać 13. in a

way w pewien sposób, w pewnym sensie 14. **on the way** po drodze 15. **sb is on his/her way (somewhere)** ktoś *jedzie/udaje się* (gdzieś) 16. **under way** w trakcie 17. **this way (a)** w ten sposób (b) tędy 18. **way in/out** wejście/wyjście 19. **way of life** sposób życia

waylay ['weilei], **waylaid** ['weileid], **waylaid** zatrzymywać

wayward ['weiwəd] kapryśny

WC [ˌdʌblju:'si:] (skrót **water closet**): WC, toaleta

we [wi, wi:] my

weak [wi:k] 1. słaby 2. wątły

weaken ['wi:kən] 1. osłabiać 2. słabnąć

weakling ['wi:kliŋ] nieform słabeusz

weakness ['wi:knis] 1. słabość 2. słaby punkt

wealth [welθ] 1. bogactwo 2. dobrobyt 3. form wielka ilość

wealthy ['welθi] majętny

wean [wi:n] 1. odstawiać od piersi 2. odzwyczajać (from/off sth od czegoś)

weapon ['wepən] broń

wear [weə], **wore** [wo:], **worn** [wo:n] 1. nosić, ubierać się (sth w coś) 2. nosić się, zużywać się 3. wycierać (się), przecierać (się) 4. ubranie 5. zużycie, wytarcie ◊ 6. **wear and tear** zużycie
wear away wycierać (się)
wear down 1. ścierać (się) 2. wyczerpywać
wear off słabnąć
wear on lit ciągnąć się
wear out 1. wycierać się, zużywać się 2. wyczerpywać się

wearing ['weəriŋ] wyczerpujący

wearisome ['wiərisəm] form wyczerpujący, nużący

weary ['wiəri] 1. znużony, wyczerpany 2. nużyć się (of sth czymś)

weasel ['wi:zəl] łasica

weather ['weðə] 1. **the w.** pogoda 2. wietrzeć 3. form przetrwać ◊ 4. **under the weather** nieswój, nie bardzo
weather forecast ['weðə ˌfo:ka:st] prognoza pogody

weather-beaten ['weðəbi:tən] 1. zahartowany (na pogodzie) 2. zniszczony na powietrzu

weathercock ['weðəkok] kurek (na dachu)

weatherman ['weðəmən], lm **weathermen** ['weðəmən] nieform meteorolog

weave [wi:v], **wove** [wouv], **woven** ['wouvən] 1. tkać 2. przechodzić 3. oprzęd, splot

weaver ['wi:və] tkacz(ka)

web [web] pajęczyna

webbed ['webd] płetwiasty

we'd [wid, wi:d] ściągnięte: **we had/ /would**

wedding ['wediŋ] ślub, wesele

wedge [wedʒ] 1. zaklinowywać 2. klin 3. kawałek

Wednesday ['wenzdi] środa

wee [wi:] SZKOT tyci(uchny)

weed [wi:d] 1. chwast 2. plewić
weed out wyplewiać, usuwać

weedkiller [ˌwi:dkilə] środek chwastobójczy

weedy ['wi:di] 1. zachwaszczony 2. BR nieform mizerny

week [wi:k] 1. tydzień ◊ 2. **a week tomorrow** od jutra za tydzień 3. **a week ago yesterday** tydzień przed dniem wczorajszym

weekday ['wi:kdei] dzień powszedni

weekend ['wi:kend] weekend, koniec

tygodnia

weekly ['wi:kli] **1.** cotygodniowy, co tydzień **2.** tygodniowy **3.** tygodnik

weep [wi:p], **wept** [wept], **wept** *lit* **1.** płakać ◇ **2. have a weep** zapłakać

weepy ['wi:pi] płaczliwy

weigh [wei] **1.** ważyć **2.** rozważać
weigh down 1. przeciążać **2.** uginać się *pod ciężarem*
weigh out rozważać
weigh up 1. rozważać **2.** badać

weight [weit] **1.** waga **2.** ciężar **3.** odważnik **4.** obciążać ◇ **5. lose weight** tracić na wadze

weightless ['weitlis] nieważki, nie mający ciężaru

weight-lifter ['weitliftə] ciężarowiec

weight-lifting ['weitliftiŋ] podnoszenie ciężarów

weighty ['weiti] poważny, ważki

weir [wiə] jaz

weird [wiəd] dziwaczny

welcome ['welkʌm] **1.** witać, przywitać **2.** powitanie **3.** mile/chętnie widziany, zapraszany ◇ **4.** "welcome (to sth)" „witamy (gdzieś)" **5.** "you are welcome" „nie ma za co", „proszę bardzo" **6.** sb is welcome to do sth ktoś zawsze może coś zrobić **7. make sb welcome** sprawić, by ktoś się czuł jak w domu

welcoming ['welkʌmiŋ] zapraszający, przywalający

weld [weld] **1.** spawać **2.** spaw

welder ['weldə] spawacz

welfare ['welfeə] **1.** dobro **2.** opieka społeczna
welfare state [,welfeə 'steit] the w.s. państwo opiekuńcze

well [wel] **better** ['betə], **best** [best] **1.** no, więc **2.** dobrze **3.** bardzo **4.** studnia **5.** szyb ◇ **6. be well** dobrze się mieć **7. as well** także **8. as well as** tak jak, w równym stopniu jak **9. sth may well be** coś bardzo prawdopodobnie może się zdarzyć **10. well done (a)** znakomicie **(b)** dobrze zrobiony **well up** napływać

we'll [wi:l] *ściągnięte*: we will, we shall

well-advised [,weləd'vaizd] rozsądny

well-behaved [,welbi'heivd] dobrze wychowany

well-being [,wel'bi:iŋ] dobre samopoczucie

well-earned [,wel'ə:nd] ciężko zarobiony, dobrze zasłużony

well-founded [,wel'faundid] *form* uzasadniony

well-heeled [,wel'hi:ld] *nieform* nadziany

wellington ['weliŋtən] (*także* **wellington boot**) kalosz

well-intentioned [,welin'tenʃənt] mający dobre intencje

well-kept [,wel'kept] dobrze utrzymany

well-known [,wel'noun] (dobrze) znany

well-mannered [,wel'mænəd] o dobrych manierach

well-meaning [,wel'mi:niŋ] życzliwy, mający dobre chęci

well-off [,wel'ɔf] *nieform* **1.** bogaty **2.** dobrze zaopatrzony (*for* w coś)

well-read [,wel'red] oczytany

well-spoken [,wel'spoukən] *form* poprawnie mówiący

well-timed [,wel'taimd] na czasie, w porę

well-to-do [,weltə'du:] *przest* zamożny

wellwisher ['welwiʃə] sympatyk, człowiek dobrze życzący

well-worn [‚wel'wo:n] wytarty

Welsh [welʃ] walijski

Welshman ['welʃmən], lm Welshmen ['welʃmən] Walijczyk

wench [wentʃ] przest dziewucha

went [went] patrz go: II forma

wept [wept] patrz weep: II i III forma

were [wə, wə:] patrz be: lm czasu przeszł. prost.

we're [wiə] ściągnięte we are

weren't [wə:nt] ściągnięte were not

werewolf ['weəwulf] wilkołak

west [west] 1. the w. zachód 2. na zachód 3. zachodni

westerly ['westəli] zachodni

western ['westən] 1. zachodni 2. western

westerner ['westənə] człowiek z zachodu

westward ['westwəd] 1. na zachód 2. zachodni

wet [wet], wet, wet 1. mokry 2. wilgotny 3. moczyć (oneself się) 4. zwilżać ◇ 5. nieform wet blanket psujący zabawę

we've [wi:v] ściągnięte we have

whack [wæk] 1. walić, grzmocić 2. nieform dola, udział

whacked [wækt] nieform wypompowany

whale [weil] wieloryb

whaling ['weiliŋ] wielorybnictwo

wharf [wo:f], lm wharves [wo:vz] przystań, nabrzeże

what [wot] GRAM 1. co 2. jaki, który ◇ 3. what a (man)! co za człowiek, cóż to za człowiek! 4. what about... a może byśmy ...?, co byś powiedział na ...? 5. what if ... a co będzie, jak ... 6. what

with ... z tym ...

whatever [wot'evə] 1. cokolwiek 2. jakikolwiek ◇ 3. nothing whatever nic w ogóle

what's [wots] ściągnięte what is, what has

whatsoever [‚wotsou'evə] w ogóle

wheat [wi:t] pszenica

wheedle ['wi:dəl] ◇ 1. wheedle sb into doing sth zachęcić kogoś, by coś zrobił 2. wheedle sth out of sb wyciągać coś od kogoś

wheel [wi:l] 1. koło 2. toczyć 3. kołować 4. (także wheel round) obracać się

wheelbarrow ['wi:lbærou] taczka

wheelchair ['wi:ltʃeə] wózek inwalidzki

wheeze [wi:z] 1. świszczeć, sapać 2. świszczenie, sapanie

when [wen] GRAM kiedy, gdy

whenever [wen'evə] kiedykolwiek

where [weə] GRAM 1. gdzie, dokąd ◇ 2. where from skąd

whereabouts ['weərəbauts] 1. miejsce pobytu/położenia 2. gdzie, dokąd

whereas [‚weə'ræz] gdy

whereby [‚weə'bai] form poprzez który, dzięki któremu

wherein [‚weə'rin] przest w którym, w czym

whereupon [‚weərə'pon] form toteż, wobec czego

wherever [weə'revə] gdziekolwiek

wherewithal ['weəwiðo:l] form the w. środki

whet [wet] zaostrzać (one's appetite for sth czyjś apetyt na)

whether ['weðə] GRAM czy (he does not know whether to accept or not nie wie, czy przyjąć ofertę, czy nie)

which [witʃ] *GRAM* 1. który, jaki 2. co, to (*he shouted, which irritated her* krzyczał, a to ją zirytowało)

whichever [witʃ'evə] jakikolwiek, którykolwiek

whiff [wif] powiew, podmuch

while [wail] 1. podczas gdy, w czasie gdy 2. chwila ◇ 3. for a while na chwilę
while away spędzać czas

whilst [wailst] podczas gdy

whim [wim] kaprys

whimper ['wimpə] 1. kwilić 2. skamleć, skowyczeć 3. kwilenie, skowyt

whimsical ['wimzikəl] kapryśny

whine [wain] 1. wyć, jazgotać 2. jęczeć 3. wycie, jazgot

whip [wip] 1. bicz 2. *porządkowy (pilnujący dyscypliny) w klubie parlamentarnym* 3. biczować, chłostać 4. zrywać, nakładać szybko 5. ubijać
whip up pobudzać

whipped [wipt] bity

whip-round ['wipraund] *BR nieform* zrzutka, składka

whir [wə:] *patrz* **whirr**

whirl [wə:l] 1. wirować, obracać 2. wirowanie, wir

whirlpool ['wə:lpu:l] wir

whirlwind ['wə:lwind] 1. trąba powietrzna 2. trwający chwilę

whirr (*także* **whir**) [wə:] 1. furkotać, buczeć 2. furkot, buczenie

whisk [wisk] 1. zabierać szybko 2. ubijać 3. trzepaczka (do piany)

whisker ['wiskə] 1. wąs 2. -s bokobrody

whisky (*US* **whiskey**) ['wiski] whisky

whisper ['wispə] 1. szeptać 2. szept

whistle ['wisəl] 1. gwizdać 2. świstać 3. gwizd 4. gwizdek

white [wait] 1. biały 2. siwy 3. z mlekiem 4. biały (człowiek) 5. białko ◇ 6. go white (a) blednąć (b) siwieć 7. white lie nieszkodliwe kłamstwo

white-collar [,wait'kolə] umysłowy, administracyjny (pracownik)

white-hot [,wait'hot] rozpalony do białości

whiten ['waitən] bieleć, wybielać

whitewash ['waitwoʃ] 1. wapno, mleko wapienne 2. mydlenie oczu 3. bielić (wapnem)

whiting ['waitiŋ] witlinek (*ryba*)

whittle ['witəl] away/down kurczyć, redukować

whizz [wiz] *nieform* 1. bzykać 2. *nieform* geniusz (*at sth* w czymś)

whizz-kid (*także* **whiz-kid**) ['wizkid] *nieform* czarodziej

who [hu:] *GRAM* 1. kto 2. który

who'd [hu:d] *ściągnięte* who had, who would

whoever [hu:'evə] 1. ktokolwiek, kto by nie 2. któż

whole [houl] 1. cały 2. w całości 3. *nieform* całkiem 4. całość ◇ 5. on the whole w ogóle, ogółem biorąc 6. as a whole w całości

whole-hearted [,houl'ha:tid] serdeczny, szczery

wholemeal ['houlmi:l] gruboziarnisty, razowy

wholesale ['houlseil] 1. hurt 2. hurtowy, hurtowo 3. masowy

wholesaler ['houlseilə] hurtownik

wholesome ['houlsəm] zdrowy

wholewheat ['houlwi:t] *US* pełnoziarnisty

who'll [hu:l] *ściągnięte* who will, who shall

wholly ['houli] całkowicie

whom [hu:m] *GRAM form* 1. kogo,

komu, kim (kto w różnych przypadkach oprócz mianownika: *for whom?* dla kogo?) **2.** który, którego, której... (który w różnych przypadkach, liczbach i rodzajach oprócz mianownika: *the girl whom I kissed* dziewczyna którą pocałowałem)

whooping cough ['hu:piŋkof] koklusz

whopper ['wopə] *nieform* kolos

whopping ['wopiŋ] *nieform* olbrzymi, ogromny

whore [ho:] **1.** *pejor* dziwka **2.** nierządnica

who're [hu:ə] *ściągnięte* who are

who's [hu:z] *ściągnięte* who is, who has

whose [hu:z] *GRAM form* **1.** którego, której, których **2.** czyj

who've [hu:v] *ściągnięte* who have

why [wai] **1.** dlaczego, czemu ◇ **2.** *US* "why" „ależ", „o"

wick [wik] knot

wicked ['wikid] **1.** zły, niegodziwy **2.** paskudny

wicker ['wikə] wiklina, plecionka

wickerwork ['wikəwə:k] wiklina, plecionka

wicket ['wikit] *sport* bramka (*w krykiecie*)

wide [waid] **1.** szeroki (*3 meters wide* szeroki na 3 m) **2.** duży **3.** szeroko **4.** (*także* wide-open) szeroko rozwarty **5.** z dala od celu

wide-angle [waid'æŋgəl] szerokokątny

wide-awake [,waidə'weik] całkowicie rozbudzony

widen ['waidən] **1.** poszerzać (się) **2.** rozszerzać się

wide-ranging [,waid'reindʒiŋ] na szeroką skalę

widespread ['waidspred] rozpowszechniony

widow ['widou] wdowa

widowed ['widoud] owdowiały

widower ['widouə] wdowiec

widowhood ['widouhud] wdowieństwo

width [widθ] szerokość

wield [wi:ld] dzierżyć

wife [waif], *lm* wives [waivz] żona

wig [wig] peruka

wiggle ['wigəl] **1.** podrygiwać **2.** szarpać

wigwam ['wigwæm] wigwam

wild [waild] **1.** dziki **2.** (*ludzie, pogoda*) rozszalały **3.** (*pomysł*) dziwaczny **4.** (*zgadywanie*) na oślep, na chybił trafił **5.** the w. (*roślin*) dziki stan **6.** the wilds pustkowia, odludzie

wilderness ['wildənis] **1.** pustkowie, pustynia **2.** zdziczały teren

wild-goose chase [,wild'gu:stʃeis] *nieform* poszukiwanie wczorajszego dnia

wildlife ['waildlaif] przyroda/zwierzęta (żyjące w stanie naturalnym)

wildly ['waildli] **1.** dziko **2.** szalenie **3.** z energią **4.** na chybił trafił

wilful ['wilful] **1.** świadomy, rozmyślny **2.** stanowczy, uparty

will [wil] **I.** *GRAM – czasownik bez swojego znaczenia, nieodmienny* **1.** będzie (*często nie tłumaczy się: he will think about it* pomyśli o tym, będzie o tym myślał) **2.** (*w pytaniach, sugestiach*) czy może ...?, czy zechcesz ...? (*will you have sth to drink?* czy napijesz się czegoś?, może byś się czegoś napił?) **3.** (*przy przypuszczeniach*) zapewne, na pewno (*that will be* *for you* to pewnie dla ciebie) **4.** (*wyraża uporczywość*) ciągle, zawsze (*he will repeat it all the time* a on w kółko będzie to powtarzał) **II.** *wyraz odmienny* **5.** zmuszać (się) (wysiłkiem woli) **6.** wola, życzenie **7.** testament, ostatnia wola

willful ['wilful] *patrz* **wilful**

willing ['wiliŋ] chętny (*to do sth* do zrobienia czegoś)

willow ['wilou] wierzba

will-power ['wilpauə] siła woli

willy-nilly [,wili'nili] chcąc czy nie chcąc

wilt [wilt] więdnąć, usychać

wily ['waili] chytry

win [win], **won** [wʌn], **won** [wʌn] **1.** wygrywać **2.** zwyciężać (*sth* *coś/w czymś*) **3.** zdobywać **4.** wygrana, zwycięstwo
win over/round zdobywać

wince [wins] **1.** krzywić się **2.** skrzywienie się

winch [wintʃ] **1.** blok **2.** wciągać (blokiem)

wind I. [wind] **1.** wiatr **2.** oddech, dech **3.** (*w brzuchu*) gazy, wzdęcie **4.** (*instrument*) dęty **5.** pozbawiać tchu **II.** [waind], **wound** [wound], **wound 6.** (*o rzece*) wić się **7.** owijać **8.** (*zegarek*) nakręcać
wind back przewijać do tyłu
wind down 1. redukować **2.** zwalniać (obroty) **3.** otwierać
wind forward przewijać do przodu
wind up 1. kończyć **2.** zwijać **3.** lądować **4.** nakręcać **5.** zamykać

windbreak ['windbreik] wiatrołom

windfall ['windfo:l] uśmiech szczęścia

windmill ['winmil] wiatrak

window ['windou] okno

window-box ['windouboks] skrzynka na kwiaty (*na oknie*)

window-frame ['windoufreim] rama okienna

window-pane ['windoupein] szyba

window-shopping ['windouʃopiŋ] oglądanie wystaw/witryn

window-sill ['windousil] parapet

windpipe ['windpaip] tchawica

windscreen ['windskri:n] *BR* szyba przednia
windscreen wiper ['windskri:n ,waipə] *BR* wycieraczka

windshield ['windʃi:ld] **1.** *US* szyba przednia **2.** osłona szklana

windsurfer ['windsə:fə] **1.** deska windsurfingowa **2.** windsurfingowiec

windswept ['windswept] *lit* chłostany wiatrem

windy ['windi] wietrzny

wine [wain] wino

wing [wiŋ] **1.** skrzydło **2.** the wings kulisy **3.** *BR* błotnik

winger ['wiŋə] skrzydłowy

wingspan ['wiŋspæn] rozpiętość skrzydeł

wink [wiŋk] **1.** mrugnięcie **2.** mrugać (*at sb* do kogoś) **3.** *lit* migotać

winner ['winə] zwycięzca

winning ['winiŋ] **1.** zwycięski **2.** -s wygrana

winter ['wintə] **1.** zima **2.** zimowy **3.** zimować

wintertime ['wintətaim] zima, pora zimowa

wintry ['wintri] zimowy

wipe [waip] **1.** wycierać **2.** ścierać, kasować **3.** starcie
wipe out wymieść, zmiatać
wipe up ścierać, wycierać

wiper ['waipə] wycieraczka (*do szyb*)

wire ['waiə] **1.** drut, kabel **2.** *US* telegram 3. wiązać (drutem) (*to sth* do czegoś) 4. (*także* **wire up**) łączyć, podłączać 5. *US* telegrafować

wireless ['waiəlis] *BR przest* radio

wiring ['waiəriŋ] instalacja elektryczna

wiry ['waiəri] 1. suchy, żylasty 2. sztywny

wisdom ['wizdəm] 1. mądrość 2. the w. celowość
 wisdom tooth ['wizdəmtu:θ] ząb mądrości

wise [waiz] 1. mądry ◊ 2. **be none/ /no wiser** nie być mądrzejszym
 wise guy ['waizgʌi] *nieform* mądrala

wisecrack ['waizkræk] *nieform* dowcipas

wish [wiʃ] *GRAM* 1. życzenie, pragnienie 2. *form* pragnąć (*for sth* czegoś), życzyć sobie (*to do sth* aby coś zostało zrobione) 3. chcieć, żałować (*I wish I were rich* chciałbym być bogaty; szkoda, że nie jestem bogaty) 4. życzyć ◊ 5. **best wishes** wszystkiego najlepszego 6. **with best wishes** serdeczne pozdrowienia 7. **wish sb well/success** życzyć komuś dobrze/sukcesu

wishful thinking [,wiʃful 'θiŋkiŋ] pobożne życzenia, chciejstwo

wishy-washy ['wiʃi woʃi] *nieform* rozwodniony, mdły

wisp [wisp] 1. pasmo, wiecheć 2. kosmyk

wistful ['wistful] nostalgiczny, melancholijny

wit [wit] 1. dowcip 2. **-s** przytomność umysłu, inteligencja ◊ 3. **have the wit to do sth** mieć na tyle przytomności umysłu, aby coś

zrobić

witch [witʃ] wiedźma, czarownica
 witch doctor ['witʃdoktə] znachor, czarownik

witchcraft ['witʃkrɑ:ft] czary

witch-hunt ['witʃhʌnt] polowanie na czarownice

with [wið, wiθ] 1. z 2. *często nie tłumaczone, odpowiada narzędnikowi* (*wipe it with a wet rag* wytrzyj to mokrą ścierką) 3. wraz z (*kimś, nastaniem czegoś*) 4. (*w tym samym czasie*) gdy 5. przy, w przypadku, wziąwszy pod uwagę 6. (*zostawić*) u (*kogoś*)

withdraw [wið'dro:], **withdrew** [wið'dru:], **withdrawn** [wið'dro:n] wycofywać (się) (*from sth* z czegoś)

withdrawal [wið'dro:əl] 1. wycofanie (się) 2. cofnięcie 3. odsunięcie się 4. głód (narkotyczny) 5. wypłata

withdrawn [wið'dro:n] 1. *patrz* **withdraw**: *III forma* 2. zamknięty (w sobie)

withdrew [wið'dru:] *patrz* **withdraw**: *II forma*

wither ['wiðə] 1. (*także* **wither away**) zamierać 2. usychać

withered ['wiðəd] pomarszczony, uschnięty

withering ['wiðəriŋ] miażdżący

withhold [wið'hould], **withheld** [wið'held], **withheld** *form* powstrzymywać, wstrzymywać

within [wið'in] 1. wewnątrz 2. w ramach (*within budget* w ramach budżetu) 3. w (odległości) (*within 40 km from Oxford* w odległości 40 km od Oksfordu) 4. w zasięgu (*within sight* w zasięgu wzroku) 5. w przeciągu, za (*within 5 minutes* za 5 minut)

without [wið'aut] bez

withstand [wið'stænd], **withstood** [wið'stud], **withstood** *form* wytrzymywać

witness ['witnis] 1. świadek (*to sth* czegoś) 2. *form* być świadkiem ◊ 3. *form* be/bear witness to sth stanowić świadectwo czegoś

witness-box ['witnisboks] *BR* miejsce dla świadka

witness-stand ['witnisstænd] *US* miejsce dla świadka

witter ['witə] *nieform* paplać, ględzić

witticism ['witisizəm] dowcip, dowcipna uwaga

witty ['witi] dowcipny

wives [waivz] *patrz* **wife**: *lm*

wizard ['wizəd] czarnoksiężnik

wizardry ['wizədri] czaroksięstwo, magia

wizened ['wizənd] *lit* pomarszczony

wobble ['wobəl] trząść się, chwiać się

woe [wou] *lit* nieszczęście

woeful ['wouful] żałosny

woke [wouk] *patrz* **wake**: *II forma*

woken ['woukən] *patrz* **wake**: *III forma*

wolf [wu:lf], *lm* **wolves** [wu:lvz] 1. wilk 2. (*także* **wolf down**) *nieform* pożerać

woman ['wumən], *lm* **women** ['wimin] kobieta

womanhood ['wumənhud] 1. kobiecość 2. kobiety

womanizer (*także* **womaniser**) ['wumənaizə] kobieciarz

womankind ['wumənkaind] *form* kobiety

womanly ['wumənli] kobiecy

womb [wu:m] macica

women ['wimin] *patrz* **woman**: *lm*

won [wʌn] *patrz* **win**: *II i III forma*

wonder ['wʌndə] 1. być ciekawym, zastanawiać się (*I wonder whether he will come* *ciekawe/ciekaw jestem*, czy on przyjdzie) 2. podziwiać (*at sth* coś) 3. dziw (*it is a wonder that* to dziw, że) 4. zadziwienie 5. cudowny ◊ 6. no wonder nic dziwnego

wonderful ['wʌndəful] cudowny

wonderfully ['wʌndəfuli] cudownie, wspaniale

wonderment ['wʌndəmənt] zadziwienie

wonky ['wʌŋki] *BR nieform* chwiejny, rozklekotany

won't [wount] *ściągnięte* will not

woo [wu:] 1. *przest* zalecać się (*sb do* kogoś) 2. *lit* ubiegać się (*sb o* kogoś)

wood [wud] 1. drewno 2. las

wooded ['wudid] zadrzewiony

wooden ['wudən] drewniany

woodland ['wudlænd] teren lesisty

woodpecker ['wudpekə] dzięcioł

woodwind ['wudwind] instrumenty dęte

woodwork ['wudwə:k] 1. stolarka 2. stolarstwo

woodworm ['wudwə:m] kornik

woody ['wudi] 1. zdrewniały 2. lesisty

woof [wuf] *nieform* hau

wool [wul] 1. wełna ◊ 2. pull the wool over sb's eyes zamydlać komuś oczy

woollen (*US* **woolen**) ['wulən] 1. wełniany 2. wełniana rzecz

woolly (*US* **wooly**) ['wuli] 1. wełniany 2. mglisty 3. wełniana rzecz

word [wə:d] 1. słowo, wyraz 2. *nieform* a word słówko (*with sb* z kimś) 3. wiadomość 4. the word hasło (*to do sth* do zrobienia czegoś) **5.** wyrażać ◊ **6. word for word** słowo w słowo, dosłownie **7. in a word** jednym słowem **word processing** ['wə:d ˌprousesiŋ] (komputerowe) przetwarzanie tekstu

wording ['wə:diŋ] forma słowna, styl

word-play ['wə:dplei] gra słów

wordy ['wə:di] wielosłowny, rozwlekły

wore [wo:] *patrz* wear: *II forma*

work [wə:k] **1.** pracować **2.** (*kogoś*) zapracowywać **3.** (*ziemię*) uprawiać **4.** (*urządzenie*) obsługiwać **5.** (*także* **work on:** *o urządzeniu*) działać (*sth* zgodnie z czymś) **6.** (*o metodzie*) przynosić dobre rezultaty **7.** (*oneself*) wprawiać się (*into sth* w czymś) **8.** przesuwać się **9.** praca, zajęcie **10.** dzieło **11.** (*zegara*) werk, mechanizm **12.** **-s** zakład, przedsiębiorstwo **13. -s** roboty, prace ◊ **14. at work** przy pracy, w pracy **15. work to rule** pracować tylko zgodnie z przepisami **16. work loose** poluzowywać się

work out 1. wypracowywać, opracowywać **2.** wyliczać **3.** wynosić (*at sth* coś) **4.** wychodzić

work up 1. podniecać się (*into sth* aż do czegoś) **2.** zbierać **3.** przechodzić (*to sth* do czegoś), wypracowywać

work of art [ˌwə:kəv'ɑ:t] dzieło sztuki

workable ['wə:kəbəl] użyteczny, wykonalny

workaholic [ˌwə:kə'holik] osoba, która nie widzi świata poza pracą

workbench ['wə:kbentʃ] warsztat, stół do pracy

workday ['wə:kdei] **1.** dzień pracy **2.** dzień powszedni

worked up [ˌwə:kt'ʌp] podekscytowany

worker ['wə:kə] **1.** pracownik **2.** robotnik

workforce ['wə:kfo:s] **the w.** siła robocza

working ['wə:kiŋ] **1.** pracujący **2.** roboczy (*working hours* godziny pracy) **3.** praktyczny **4. -s** działania

working class [ˌwə:kiŋ 'klɑ:s] klasa robotnicza

workload ['wə:kloud] obciążenie

workman ['wə:kmən], *lm* **workmen** ['wə:kmən] pracownik

workmanship ['wə:kmənʃip] rzemiosło, wykonanie

workout ['wə:kaut] zaprawa (*sportowa*)

workshop ['wə:kʃop] warsztat

worktop ['wə:ktop] powierzchnia robocza

world [wə:ld] **1.** świat **2.** (ogólno)światowy ◊ **3. in the world** na świecie

world-class [ˌwə:ld'klɑ:s] światowej klasy

world-famous [ˌwə:ld'feiməs] o światowej sławie

worldly ['wə:ldli] **1.** ziemski, doczesny **2.** światowy

world-wide [ˌwə:ld'waid] światowy, o światowym zasięgu

worm [wə:m] **1.** robak ◊ **2. worm one's way** (a) przesuwać się (z trudem) (b) wkradać się

worn [wo:n] **1.** *patrz* wear: *III forma* **2.** wytarty **3.** zużyty

worn-out [ˌwo:n'aut] **1.** znoszony **2.** wykończony

worried ['wʌrid] zatroskany, zanie-

pokojony (*about sth* co do czegoś)
worry ['wʌri] 1. martwić się 2. niepokoić (się) 3. zmartwienie, kłopot
worrying ['wʌriŋ] niepokojący
worse ['wə:s] 1. *patrz* bad, badly: *strona wyższa* gorszy, gorzej ◇ 2. be none the worse for sth nie tracić na czymś 3. for the worse na gorsze
worse off 1. uboższy 2. gorszy
worsen ['wə:sən] pogarszać (się)
worship ['wə:ʃip] 1. czcić, składać cześć 2. uwielbiać, adorować 3. cześć 4. uwielbienie ◇ 5. *BR* Your/His Worship (a) (*np. do burmistrza*) proszę pana (b) (*w sądzie*) Wysoki Sądzie
worshipper (*US* worshiper) ['wə:-ʃipə] 1. wierny 2. adorator, wielbiciel
worst [wə:st] 1. *patrz* bad, badly: *strona najwyższa* najgorszy, najgorzej ◇ 2. at (the) worst w najgorszym razie
worsted ['wustid] samodział
worth [wə:θ] 1. wart (*it is worth having, it is worth while to have it* warto to mieć) 2. wartość (*20 pounds' worth of books* książki wartości 20 funtów, książki za 20 funtów)
worthless ['wə:θlis] bezwartościowy
worthwhile [ˌwə:θ'wail] opłacający się
worthy ['wə:ði] *form* 1. godny, znakomity 2. wart (*of sth* czegoś)
would [wəd, wud] *GRAM* 1. (*tłumaczy się przez tryb warunkowy*) -by (*he would do it* zrobiłby to) 2. *wyraża czas przyszły w stosunku do przeszłości* (*she said that she would do it* powiedziała, że

to zrobi) 3. (*określa chęć zrobienia czegoś*) zechciałby (*she would not surrender* nie zechce się poddać, nie poddałaby się) 4. (*wyraża czynności zwyczajowe*) (jak) zwykle (*he would wash up on Sundays* zwykł myć naczynie w niedzielę, zwykle mył naczynia w niedzielę) ◇ 5. "I would like to ..." „Chciałbym ..." 6. "Would you like ...?" „Czy nie zechciałby Pan/Pani ...?"
would-be ['wudbi:] niedoszły
wouldn't ['wudənt] *ściągnięte* would not
would've ['wudəv] *ściągnięte* would have
wound I. [wound] 1. *patrz* wind: *II i III forma* II. [wund] 2. rana 3. ranić
wove [wouv] *patrz* weave: *II forma*
woven ['wouvən] *patrz* weave: *III forma*
wow [wau] *nieform* oj, no no
wrangle ['ræŋgəl] 1. kłócić się 2. kłótnia
wrap [ræp] 1. owijać 2. okrycie
wrap up 1. owijać 2. opatulać się, ubierać się ciepło 3. *nieform* kończyć
wrapped up [ræpt'ʌp] zadurzony (*in sb* w kimś)
wrapper ['ræpə] 1. opakowanie, papierek (od cukierka) 2. *BR* okładka, obwoluta
wrapping ['ræpiŋ] opakowanie
wrath [ro:θ] *lit* gniew
wreak [ri:k] 1. *form* wyrządzać 2. *lit* wywierać (*sth on sb* coś na kogoś), odpłacać
wreath [ri:θ] wieniec
wreck [rek] 1. rujnować 2. rozbijać 3. wrak 4. *nieform* wrak człowieka

wreckage ['rekidʒ] szczątki

wren [ren] strzyżyk

wrench [rentʃ] 1. szarpać (*wrench sth open* otwierać coś szarpnięciem) 2. (*nogę*) skręcić 3. (*np. oczy*) odrywać 4. szarpnięcie 5. (*nogi*) skręcenie 6. (*narzędzie*) klucz nastawny 7. a w. ból (rozstania)

wrest [rest] *lit* wyrywać

wrestle ['resəl] walczyć (wręcz), bić się

wrestler ['reslə] *sport* zapaśnik

wrestling ['reslin] *sport* zapasy

wretched ['retʃid] 1. *form* nieszczęśliwy 2. *nieform* nieszczęsny, cholerny

wriggle ['rigəl] 1. wiercić (się), kręcić (się) 2. przedostawać się (wiercąc) 3. kręcenie, ruch falisty
   wriggle out of *nieform* wykręcać się (*sth* z czegoś)

wring [rin], wrung [rʌn], wrung 1. (*także* wring out) wykręcać 2. *lit* załamywać (*hands* ręce) 3. ukręcać

wrinkle ['rinkəl] 1. zmarszczka 2. marszczyć (się)

wrinkled ['rinkəld] 1. pomarszczony 2. pomięty

wrist [rist] przegub

wristwatch ['ristwotʃ] zegarek ręczny

writ [rit] *praw* pismo urzędowe, nakaz

write [rait], wrote [rout], written ['ritən] 1. pisać 2. wypisywać, wystawiać
   write down zapisywać
   write off 1. wysyłać listy/pisma 2. spisywać na straty 3. wyksięgowywać
   write out 1. zapisywać 2. wypisywać
   write up zapisywać na czysto

write-off ['raitof] (pojazd) spisany na straty

writer ['raitə] pisarz

write-up ['raitʌp] omówienie

writhe [raið] wić się

writing ['raitin] 1. pisanie 2. pismo 3. -s dzieła, utwory ◇ 4. in writing na piśmie
   writing paper ['raitin peipə] papier listowy

written ['ritən] 1. *patrz* write: III forma 2. pisemny 3. napisany

wrong [ron] 1. zły, niedobry 2. źle, niedobrze 3. (*człowiek*) niewłaściwy 4. (*strona materiału*) lewy 5. zło 6. krzywdzić ◇ 7. be wrong about sth mylić się *co do czegoś/w czymś* 8. sb was wrong to do sth ktoś źle zrobił, że coś uczynił 9. get sth wrong pomylić się z czymś 10. go wrong (a) mylić się (b) (ze)psuć się 11. be in the wrong źle robić

wrongdoer ['rondu:ə] *form* krzywdziciel, sprawca zła

wrongdoing ['rondu:in] *form* niewłaściwe postępowanie, nadużycie

wrongful ['ronful] krzywdzący, nieuczciwy

wrote [rout] *patrz* write: II forma

wrought [ro:t] 1. misterny 2. kuty

wrung [rʌn] *patrz* wring: II i III forma

wry [rai] 1. kwaśny 2. skrzywiony, skwaszony

X

xenophobia [ˌzenəˈfoubiə] *form* kse-
nofobia
Xerox [ˈziəroks] **1.** kserograf **2.** odbitka kserograficzna **3.** kserografować, kserować
Xmas [ˈkrisməs, ˈeksməs] (*skrót stosowany w piśmie:* **Christmas**)

nieform Boże Narodzenie
X-ray [ˈeksrei] **1.** promień rentgena
2. prześwietlenie rentgenowskie **3.**
zdjęcie rentgenowskie **4.** prześwietlać się (promieniami rentgena)
xylophone [ˈzailəfoun] ksylofon

Y

yacht [jot] jacht
yachting [ˈjotiŋ] żeglarstwo
Yank [jæŋk] **1.** *BR* Amerykaniec **2.**
wyszarpywać
Yankee [ˈjæŋki:] *pejor* jankes
yap [jæp] **1.** ujadać **2.** *nieform* kła-
pać jadaczką
yard [jɑːd] **1.** jard (*91 cm*) **2.** podwórko **3.** zakład
yardstick [ˈjɑːdstik] miara
yarn [jɑːn] **1.** nić **2.** *nieform* bajda,
bajka
yawn [joːn] **1.** ziewać **2.** *lit* ziać, rozwierać się **3.** ziewnięcie **4.** *nieform*
a y. nudziarstwo
yd, *lm* **yds** *skrót stosowany w piśmie:* **yard**
yeah [jeə] *nieform* aha, no
year [jiə] **1.** rok (*seventy-year-old
man* siedemdziesięciolatek, sie-
demdziesięcioletni mężczyzna) ◇
2. all (the) year round okrągły
rok
yearly [ˈjiəli] **1.** roczny, coroczny **2.**
rocznie, corocznie
yearn [jəːn] *lit* tęsknić (*for sb* za
kimś)
yearning [ˈjəːniŋ] tęsknota

yeast [jiːst] drożdże
yell [jel] **1.** wrzeszczeć **2.** wrzask
yellow [ˈjelou] **1.** żółty **2.** żółknąć
yellow fever [ˌjelou ˈfiːvə] żółta
febra
yelp [jelp] **1.** zaskowytać **2.** zakrzyk-
nąć **3.** zakrzyknięcie
yen [jen] ochota, chętka (*for sth* do
czegoś)
yes [jes] **1.** tak **2.** (*w odpowiedzi
na przeczące pytanie*) nie (– *You
didn't do it?* – *Oh yes, I did.* – Nie
zrobiłeś tego? – O nie, zrobiłem.)
yesman [ˈjesmən], *lm* **yesmen**
[ˈjesmən] potakiwacz
yesterday [ˈjestədi] **1.** wczoraj ◇
2. the day before yesterday
przedwczoraj
yet [jet] **1.** jeszcze **2.** przynajmniej
3. (a) jednak **4.** dotąd, do tej pory ◇ **5. as yet** jak dotąd
yew [juː] cis
yield [jiːld] **1.** ustępować (*to sb*
przed kimś/komuś, *to sth* wobec
czegoś) **2.** oddawać **3.** dawać **4.**
zysk, plon
yoghurt (*także* **yogurt**) [ˈjogət] jogurt

yoke [jouk] jarzmo

yolk [joulk] żółtko

yonder ['jondə] *lit* 1. tam 2. tamten

you [ju:] *GRAM* 1. ty (*w różnych przypadkach*) 2. wy (*w różnych przypadkach*) 3. pan, pani 4. panowie, panie 5. *nieform — tłumaczy się bezosobowo* (*then you have problems* wtedy ma się problemy wiadomo)

you'd [ju:d] *ściągnięte* you had, you would

you'll [ju:l] *ściągnięte* you will

young [jʌŋ] 1. młody 2. młode (*zwierzęcia*)

youngish ['jʌŋgiʃ] dość młody

youngster ['jʌŋstə] dziecko, chłopiec

your [jo:] *GRAM* 1. twój 2. wasz 3. pana, pani 4. swój, własny

you're [jo:] *ściągnięte* you are

yours [jo:z] *GRAM* 1. twój 2. wasz 3. pana, pani ◇ 4. yours, yours sincerely/faithfully z poważaniem

yourself [jo:'self], *lm* **yourselves** [jo:'selvz] *GRAM* 1. się, siebie, sobie (*w odniesieniu do 2. os.*) 2. sam

youth [ju:θ] 1. młodość 2. młody człowiek 3. the y. młodzież

youth hostel ['ju:θ hostəl] schronisko młodzieżowe

youthful ['ju:θful] 1. młodzieńczy 2. młody

you've [ju:v] *ściągnięte* you have

Z

zany ['zeini] *nieform* dziwaczny

zeal [zi:l] *form* zapał

zealous ['zeləs] *form* zapalony, fanatyczny

zebra ['zebrə] zebra

zebra crossing [,zebrə 'krosiŋ] zebra, przejście dla pieszych

zenith ['zeniθ] *lit* zenit

zero ['ziərou] 1. zero 2. zerowy

zest [zest] *lit* 1. radość życia 2. przyjemność

zigzag ['zigzæg] 1. zygzak 2. poruszać się zygzakiem

zinc [ziŋk] cynk

Zionism ['zaiənizəm] syjonizm

zip [zip] 1. (*także* **zip fastener**) zamek błyskawiczny 2. zamykać (na zamek błyskawiczny)

zip code ['zipkoud] *US* kod pocztowy

zipper ['zipə] *US* zamek błyskawiczny

zodiac ['zoudiæk] the z. zodiak

zombie ['zombi] żywy trup

zone [zoun] strefa

zoo [zu:] zoo, ogród zoologiczny

zoology [zou'olədʒi] zoologia

zoom [zu:m] 1. *nieform* mknąć 2. szybować

zoom lens ['zu:mlenz] obiektyw z transfokatorem (*zmienną ogniskową*)

zoom in najeżdżać

zucchini [zu'ki:ni] *US* cukinia

Początek
polskiego

SŁOWNIK
polsko-angielski

A

a and
abażur (lamp)shade
abecadło alphabet, ABC
abonament 1. (*radiowy*) licence 2. (*telefoniczny, na koncert*) subscription
abonent (*telefoniczny*) subscriber
aborcja abortion
absolutnie absolutely
    absolutnie pewny positive (*czegoś* about sth)
absolutny 1. (*władca, reguła*) absolute 2. (*wiara*) implicit
absolwent graduate
abstrakcja abstraction
abstrakcyjny abstract
abstynencja abstinence
abstynencki teetotal
abstynent 1. abstinent 2. (*alkoholowy*) teetotaller
absurdalny absurd
aby 1. to (*chciał, aby na to popatrzyła* he wanted her to look at it) 2. in order to (*pracujemy, aby mieć pieniądze* we work in order to have money) ◇ 3. tak aby so that/as
ach ah, o, oh
adapter record player
adaptować adapt (*dla/na* for)
adiutant aide
administracja administration
    administracja państwowa *BR* Civil Service

administracyjny administrative
administrator administrator
admirał admiral
adoptować adopt
adres 1. address (*pod adresem* at/to an address) 2. (*na paczce*) directions
    pod adresem c/o
adresować address
adwokat 1. lawyer 2. *US* attorney 3. (*mogący występować w sądach niższej instancji*) *BR* solicitor 4. (*mogący występować w sądach wyższej instancji*) *BR* barrister
aerozol spray, aerosol
afera case, shady business/deal
afisz 1. (*np. teatralny*) bill 2. poster
Afryka Africa
Afrykańczyk African
afrykański African
agencja agency
    agencja prasowa news agency
agent agent
agrafka safety pin
agresja aggression
agrest gooseberry
agresywny aggresive
aha *nieform* yeah, aha
akacja 1. (*pospolita*) locust (tree) 2. (*tropikalna*) acacia
akademia academy
akademicki academic

akademik dormitory, *nieform* dorm
akapit paragraph
akcent 1. (*wyrazowy*) accent, stress
(*na czymś* on sth) **2.** (*nacisk*) emphasis
akcentować accent, stress
akceptacja acceptance
akcja 1. (*także wojskowa*) action
2. (*kampania*) drive **3.** (*powieści, filmu*) plot **4.** (*przedsiębiorstwa*)
share, stock
akcja odwetowa reprisal
akcja ratownicza rescue
akord 1. *muz* chord ◇ **2. pracować
na akord** work by the job
akordeon accordion
akr acre (= *4047 m²*)
akrobatyka acrobatics
aksamit velvet
aksamitny velvety
akt 1. (*działanie*) act, **2.** (*obraz*)
nude **3.** (*w sztuce, operze*) act **4.**
(*prawny*) act
akta 1. (*rejestr*) file **2.** (*urzędowe*)
record ◇ **3. w aktach** on file, on
the files
aktor actor
aktorka actress
aktualny 1. (*obecny*) current **2.** (*lokator*) sitting **3.** (*temat*) timely,
topical
aktywnie actively, vigorously, energetically
aktywny 1. active **2.** (*działalność, organizacja, sytuacja*) alive
akurat 1. just ◇ **2. akurat być
gdzieś** happen to be somewhere
akustyczny acoustic
akwarela watercolour
akwarium aquarium
alarm alarm
alarmować sound/raise the alarm
albo 1. or ◇ **2. albo ... albo ...**

either ... or ... **3. albo (też)** or else
album album
ale 1. but ◇ **2.** (*akceptując nieuniknione*) „**ale co robić**" "there you
are" **3. ale jednak** but then **4.**
„**ale pech!**" *nieform* "hard luck!"
5. „**ależ oczywiście!**" "by all
means!" **6.** „**ależ proszę!**" "go
on!"
aleja avenue
alejka 1. alley **2.** (*w parku*) lane,
path
alergia allergy
alergiczny allergic
alfabet alphabet
alimenty alimony
alkohol alcohol, *US* liquor
alkoholik alcoholic, drinker
alkoholowy alcoholic
alpejski alpine
alpinista climber, mountaineer
alpinistyka climbing, mountaineering
altówka *muz* viola
alt alto
alternatywa alternative (*dla* to)
aluminium *BR* aluminium, *US* aluminum
aluzja 1. allusion (*(co) do* to), implication **2.** (*do czegoś nieprzyjemnego*) innuendo ◇ **3. robić a-
luzję do czegoś** drive at sth
amator 1. (*miłośnik*) amateur **2.**
(*nie profesjonalista*) layman
ambasada embassy
ambasador ambassador
ambicja 1. ambition (*ma ambicję,
by* his/her ambition is to) **2.** (*honor*) self-respect
ambitny ambitious, aspiring (*co do
czegoś* to sth)
ambona pulpit
Ameryka America

amerykański American
Amerykanin American
amnestia amnesty
amoniak ammonia
amortyzator shock absorber
amper amp(ere)
amputacja amputation
amunicja ammunition, (*dużego kalibru*) munitions
analityczny analytic(al)
analiza 1. analysis 2. (*np. chem*) breakdown 3. (*umysłowa*) examination
analizować 1. analyze 2. (*możliwości*) explore 3. (*badać*) scrutinize
analogia analogy (*do/z* to/with)
analogiczny analoguous (*do* to)
ananas pineapple
anegdota anecdote
anemia anaemia
anemiczny anaemic
angażować 1. (*siły, pieniądze*) throw 2. (*także: zatrudniać*) engage
   angażować się 1. *form* engage (*w* in/on) 2. commit oneself (*w coś* to sth) ◇ 3. **nie angażować się** sit on a fence
Angielka Englishwoman
angielski 1. English 2. British
angina sore throat, *form* quinsy
Anglik Englishman
anglikański Anglican
ani 1. any 2. *z przeczeniem* a (*nie powiedział ani słowa* he did not say a word) ◇ 3. **ani ... ani ...** neither ... nor ... 4. **ani jeden** not a/one, none 6. **ani trochę** any
anioł angel
ankieta poll, enquiry
anonimowy anonymous, *skrót* anon
antena *US* antenna, *BR* aerial
antologia 1. anthology 2. (*utwory*

zebrane) omnibus
antropologia anthropology
antybiotyk antibiotic
antyczny antique
antyk antiquity
antykoncepcja contraception
antykwariat second-hand bookshop
antylopa antelope
aparat 1. device, apparatus 2. (*abstrakcyjny*) machine
   aparat fotograficzny camera
   aparat słuchowy hearing aid
apartament suite
apelacja (*w sądzie*) appeal
apelować (*także w sądzie*) appeal (*do kogoś* to sb)
apetyczny 1. (*smakowity*) appetizing 2. (*powabny*) piquant
apetyt appetite
aplauz 1. *form* ovation 2. acclaim, applause
apopleksja apoplexy
apostoł apostle
aprobata assent, blessing
aprobować 1. (*oficjalną decyzją*) approve 2. *nieform* okay 3. (*pomysł, plan*) go along with
apteczka first-aid kit
apteka 1. *BR* chemist's, *US* drugstore 2. *form* pharmacy
aptekarz pharmacist, *BR* (dispensing) chemist, *US* druggist
arabski Arabian
arbitralny 1. arbitrary 2. (*nie liczący się z czymś*) high-handed
arbuz (water)melon
archeolog archaeologist
archipelag archipelago
architekt architect
architektura architecture
archiwum archive, registry
arcybiskup archbishop
arcydzieło masterpiece

arena arena

areszt 1. detention ◇ 2. w areszcie śledczym in remand 3. w areszcie in custody

aresztować arrest

aresztowanie arrest

aresztowany arrested, under arrest

argument 1. argument (*za* for, *przeciwko* against) 2. (*głosy*) case (*za/przeciw* for/against) ◇ 3. argumenty za i przeciw the pros and cons

arkusz sheet

armata cannon

armia army

arogancki 1. arrogant 2. surly

aromatyczny aromatic, fragrant

arteria 1. (*żyła*) artery 2. *form* (*ulica*) thoroughfare

artykuł 1. article 2. (*handlowy*) item 3. (*utwór*) piece 4. (*naukowy*) paper 5. (*w gazecie*) story
  artykuł żywnościowy foodstuff
  artykuł handlowy *form* commodity
  artykuł wiodący (*w gazecie*) feature
  artykuł *wstępny/od redakcji* editorial
  artykuły pasmanteryjne *BR* haberdashery
  artykuły (*w handlu*) goods

artyleria artillery

artysta 1. artist 2. (*wykonawca*) performer
  artysta kabaretowy entertainer

artystka *patrz* artysta

artystyczny art, artistic

arystokracja aristocracy

arystokrata aristocrat

arytmetyczny arithmetic

arytmetyka arithmetic

as ace

asfalt asphalt, tarmac

asortyment choice

aspekt 1. aspect, dimension (*czegoś to* sth) 2. facet, (*sytuacji*) side 3. *gram* aspect
  aspekty zewnętrzne *form* externals

aspiracja aspiration, (*wygórowana*) pretension

aspiryna aspirin

astma asthma

astrolog astrologer

astrologia astrology

astronauta astronaut

astronom astronomer

astronomia astronomy

astronomiczny astronomical

asystent 1. assistant (*czyjś to* sb) 2. (*na uniwersytecie*) *BR* reader

atak 1. attack 2. (*gwałtowny*) onslaught 3. (*choroby*) fit 4. (*choroby, aktywności*) bout 5. (*serca*) seizure
  atak histerii/śmiechu hysterics

atakować 1. attack 2. (*rzucać się*) charge 3. (*o przeciwniku*) strike 4. (*o chorobach*) affect

atestowany (*o żywności*) attested

atlantycki 1. Atlantic ◇ 2. Ocean Atlantycki the Atlantic (Ocean)

atlas atlas

atletyka ◇ lekka atletyka athletics

atmosfera atmosphere

atmosferyczny atmospheric

atom atom

atomowy 1. atomic 2. (*broń*) nuclear

atrakcja 1. attraction 2. (*to, co się podoba*) appeal 3. (*rozrywka*) diversion
  atrakcje 1. (*miejscowości*) sights 2. (*cywilizacji*) glories

atrakcyjny 1. appealing, attractive

2. desirable, handsome ◇ **3.** a-
trakcyjne miejsce beauty spot
atrament ink
atut 1. trump (card) **2.** *przen* asset,
card
au ouch, ow
audiencja audience
audiowizualny audio-visual
audycja broadcast, programme
audycja specjalna (*w radiu,
TV*) feature
aukcja auction, sale
aula hall
Australia Australia
Australijczyk Australian
australijski Australian
austriacki Austrian
autentyczny authentic, genuine
auto (motor)car
autobus 1. bus ◇ **2. autobusem** by
bus
autobus piętrowy double-decker
autograf 1. autograph ◇ **2. rozdawać autografy** autograph
autokar *BR* coach, *US* bus
automat (*pistolet, pralka*) automatic
automat do biletów ticket machine
automat do gry slot machine,
BR fruit machine
automat do sprzedaży vending
machine, dispenser
automat telefoniczny public
phone, pay-phone
automatyczny automatic

autonomia autonomy
autonomiczny autonomous
autor author, writer
autorytet authority
autostop 1. hitchhiking ◇ **2. podróżować autostopem** hitch-
hike
autostrada *BR* motorway, *US* (super)highway
autostrada bezpłatna *US* freeway
autostrada dla szybkiego ruchu *US* expressway
awangarda 1. avant-garde **2.** vanguard ◇ **3. w awangardzie czegoś** in the forefront of sth
awangardowy avant-garde
awans 1. (*w pracy, społeczeństwie*)
advancement **2.** (*w pracy*) promotion
awansować 1. (*kogoś*) promote **2.**
(*dostać awans*) obtain promotion
awantura row
awaria breakdown, failure
Azja Asia
Azjata Asian
azjatycki Asian
azot nitrogen
azyl 1. (*także polityczny*) asylum **2.**
(*bezpieczne miejsce*) retreat, sanctuary
aż 1. as many/much as **2.** (*w przeszłości*) back (*aż do XV w.* back to
the 15th c.)
aż do **1.** till, until **2.** up to/until

B

babcia 1. grandmother **2.** *nieform* grand(ma)

babka 1. *patrz* **babcia 2.** (*ciasto*) cake

baczność 1. (*także wojsk*) attention ◊ **2. mieć się na baczności** look out, be on one's guard

bać się 1. be afraid (*czegoś* of sth) ◊ **2. bać się coś zrobić** be frightened to do sth

badacz researcher, student

badać 1. (*mapę, twarz*) study **2.** (*o lekarzu*) examine **3.** (*naukowo*) research **4.** (*kandydata, chorego*) screen **5.** (*problem*) look into **6.** (*wzrokiem*) scan **7.** (*bilans*) audit **8.** (*dokładnie*) scrutinize **9.** (*nieznany kraj*) explore **10.** (*opinię publiczną*) canvass
   badać trzeźwość (*kierowcy*) breathalyze

badanie 1. (*medyczne*) examination **2.** (*opinii*) survey, poll **3.** (*naukowe*) research
   badanie laboratoryjne test

badawczy 1. (*spojrzenie*) searching **2.** form (*wyprawa*) exploratory

bagaż *BR* luggage, *US* baggage

bagażnik 1. (*w samochodzie*) *BR* boot, *US* trunk **2.** (*rowerowy*) carrier
   bagażnik dachowy (roof-)rack

bagażowy 1. (*człowiek*) porter **2.** (*np. wagon*) *BR* luggage, *US* baggage

bagnisty marshy, swampy

bagno bog, marsh

bajka 1. (*baśń*) fairy tale **2.** (*zwierzęca*) fable

bakłażan *BR* aubergine, *US* eggplant

bakterie bacteria

bal (*tańce*) ball
   bal kostiumowy fancy dress ball

balet ballet

balkon 1. balcony **2.** (*w kinie*) circle **3.** (*w teatrze*) dress-circle

balon balloon

balsam 1. (*kosmetyczny*) lotion **2.** (*leczniczy*) balm

balustrada 1. (*na schodach, balkonie*) balustrade **2.** (*metalowa*) railing

bałagan 1. disorder, *bardziej nieform* mess ◊ **2. robić bałagan** mess up

bałwan 1. (*głupiec*) dunce **2.** (*fala*) breaker **3.** (*śniegowy*) snowman

bambus bamboo

banalny banal, trivial

banał banality

banan banana

banda gang, band

bandaż bandage

bandażować bandage

bandera ensign

bandyta gangster, criminal

bank bank

bankier banker

bankiet banquet

banknot (bank)note, *US* bill

bankowiec 1. banker **2.** (*urzędnik*) bank employee, *BR* bank clerk

bankructwo bankruptcy

bankrut bankrupt

bankrutować bankrupt, go bankrupt

bańka 1. (*np. mydlana*) bubble **2.** (*na mleko*) can

bar 1. (*z alkoholem*) bar, *BR form* public house, *nieform* pub, *US* saloon **2.** (*z jedzeniem*) café **3.** (*sa-*

moobsługowy) cafeteria 4. (z jedzeniem na wynos) takeaway
barak barracks
baran 1. ram 2. (znak zodiaku) Aries ◊ 3. **wziąć kogoś na barana** give sb a piggyback
baranek lamb
baranina mutton, (młoda) lamb
barbarzyński 1. (okrutny) barbaric 2. (bardzo okrutny) barbarous 3. uncivilized
bardziej 1. more (bardziej zainteresowany more interested) 2. better (ktoś lubi A bardziej niż B sb likes A better than B) ◊ 3. **tym bardziej, że** the more so that
bardzo 1. very 2. (very) much (nie (za) bardzo podobała mu się ta książka he did not like the book (very) much) 3. a lot (dziękuję bardzo thanks a lot) 4. (np. wykształcony) highly ◊ 5. **bardzo wiele/dużo** a good/great many 6. **nie bardzo (się czuć)** (feel) under the weather
bariera barrier
bark shoulder
barka barge
barman BR publican, US bartender
barmanka barmaid
barokowy baroque
barometr barometer
barwa 1. colour, (skóry) colouring 2. (np. szkła) tint
barwić dye
barwnik 1. form pigment 2. dye
barwny 1. (nie czarno-biały) coloured 2. (pełen barw) colourful 3. (żywy) gay
baryton baritone
bas bass
basen 1. (pływacki) (swimming) pool 2. (portowy) dock

basowy bass
baśń fairy tale
bat whip
batalion battalion
bateria (elektryczna) battery, cell
bawełna cotton
bawełniany cotton
bawić 1. (kogoś) amuse, entertain 2. (gdzieś) linger, stay
bawić się 1. (o dzieciach) play (w at) 2. (przedmiotami) toy (czymś with sth) ◊ 3. **bawić się w przyzwoitkę przy kimś** play gooseberry to sb
baza 1. (także wojsk) base 2. (społeczna) grass roots
bażant pheasant
bąbel 1. bubble 2. (na ciele) blister
bąbelek ◊ **z bąbelkami** bubbly
bądź 1. or ◊ 2. **bądź ..., bądź ...** either ... or ...
bąk (zabawka) top
bąknąć mumble
beczeć (o owcach) bleat
beczka 1. barrel 2. (duża do wody) butt 3. (drewniana na alkohol) cask 4. (metalowa na paliwo) drum 5. (mała) keg ◊ 6. **z beczki** (piwo) draught
bekon bacon
belka beam
bełkotać 1. gabble, gibber 2. (przy pijaństwie) slur
benzyna BR petrol, US gasoline, nieform gas
beret beret
beton concrete
betonowy concrete
bez 1. (czegoś) without 2. (roślina) lilac
bez (czarny) elder
bezbarwny colourless
bezbolesny painless

bezbronny defenceless
bezcenny priceless, invaluable
bezcłowy duty-free
bezczelny impudent, *nieform*
cheeky
bezczynny 1. inactive **2.** (*leniwy*)
idle
bezdeszczowy dry
bezdomny homeless
bezinteresowny selfless
bezlitosny 1. merciless, pitiless **2.**
(*zima, krytyka*) cruel **3.** (*proces,
osoba*) relentless
bezmyślny 1. (*zajęcie*) mindless
2. (*wygląd*) blank **3.** (*postępek*)
thoughtless
beznadziejny 1. hopeless **2.** (*wysiłek, oczekiwanie*) forlorn **3.** *nieform* (*ktoś*) useless (*w czymś* at
sth)
bezpieczeństwo 1. safety **2.** (*o-
chrona*) security
bezpiecznik 1. (*elektryczny*) fuse
2. (*w broni*) safety catch
bezpieczny 1. safe (*przed czymś*
from sth) **2.** (*budynek*) secure
bezpłatnie free (of charge)
bezpłatny 1. free (of charge) **2.** (*np.
dla recenzenta*) complimentary
bezpłodny 1. sterile **2.** (*ziemia, rośliny*) barren
bezpośredni 1. direct, immediate
2. (*człowiek*) straightforward **3.**
(*pociąg*) through **4.** (*transmisja*)
live **5.** (*następca*) immediate
bezpośrednio 1. directly, immediately **2.** (*pochodzić*) direct(ly) **3.**
(*przejeżdżać*) through
bezradny helpless
bezrobocie unemployment
bezrobotny jobless, unemployed,
out of work
bezsenność insomnia

bezsenny sleepless
bezsensowny 1. senseless, meaningless **2.** (*osoba, zajęcie*) aimless
3. (*postępki*) mindless **4.** (*bezcelowy*) pointless
bezsilny powerless
bezsporny (*fakt*) hard, *form* patent
bezstronny 1. disinterested **2.** (*pogląd*) detached
bezwstydny 1. shameless **2.** (*kłamstwo*) barefaced
bezwzględny 1. ruthless **2.** (*np.
szczerość*) brutal **3.** (*reguła*) hard-
and-fast
bezżenny celibate
beż beige
beżowy buff
bęben drum
bębenek uszny eardrum
białko 1. (*jajka*) white **2.** (*substancja*) protein
biały 1. white (*także o człowieku*) ◊
2. w biały dzień in broad daylight
biały ser cottage cheese
Biblia the Bible
biblioteka library
bibliotekarz librarian
bibuła blotting paper
bibułka tissue paper
bicie 1. beating **2.** (*dzwonów*) peal
bicie serca heartbeat
bić 1. beat **2.** (*o dzwonach*) peal
3. (*o zegarze*) strike **4.** (*rekord*)
break **5.** (*pieniądz*) mint, coin **6.**
(*w rzeźni*) slaughter ◊ **7. bić pokłony** bow down
bić się 1. (*np. na pięści*) fight **2.**
(*w zapasach, także: z problemem*)
wrestle
biec 1. *patrz* **biegać 2.** (*o drodze*)
run
bieda poverty

biedny poor

bieg 1. run **2.** (*rzeki, dziejów*) course **3.** (*schodów*) flight **4.** (*w samochodzie*) gear
   bieg jałowy (*w samochodzie*) neutral
   bieg krótkodystansowy sprint
   bieg przełajowy cross-country
   bieg sztafetowy relay

biegacz runner

biegać 1. run **2.** (*dla zabawy*) run about **3.** (*szybko*) sprint **4.** (*truchtem*) jog, trot ◊ **5. biegać na posyłki** go on an errand, run errands

biegłość mastery (*w czymś* of/over sth), proficiency (*w* in), fluency (*w* at)

biegły 1. adept (*w* at/in), proficient (*w* in/at), fluent (*w* at) **2.** *BR form* chartered

biegun pole

biegunka diarrhoea

bielizna 1. (*osobista*) underclothes, underwear, *nieform* undies **2.** (*wszelka*) linen
   bielizna damska *form* lingerie

bierny passive

bieżąco ◊ *być/nie być* **na bieżąco** (*z czymś*) be *in/out of* touch (with sth)

bieżący 1. (*woda*) running **2.** (*miesiąc, rok*) current

bieżnik tread

bilans 1. (*księgowy*) balance **2.** *przen* final account

bilet ticket
   bilet okresowy season ticket
   bilet powrotny return (ticket)

bileter 1. (*na dworcu*) collector **2.** (*w kinie*) usher

bileterka usherette

biodro hip

biografia biography

biolog biologist

biologia biology

biologiczny biological

bis encore

biskup bishop

bistro bistro

bitwa battle, combat

bity (*śmietana*) whipped

biuletyn bulletin, newsletter

biurko desk

biuro 1. office, bureau **2.** (*np. turystyczne*) agency
   biuro konsultingowe consultancy
   biuro podróży travel agency
   biuro rzeczy znalezionych *BR* left-luggage office
   biuro zarządu boardroom

biurokracja bureaucracy

biurowy (*praca*) clerical

biust bust

biustonosz *form* brassiere, *nieform* bra

bizon buffalo, bison

biżuteria jewellery

blacha sheet

blady pale

blask 1. (*chwały, rozgłosu, uwagi*) blaze **2.** (*nagły*) dazzle **3.** (*słońca, rażący*) glare **4.** (*sławy*) lustre

blat (*stołu*) top

blednąć 1. (*o twarzy*) go white **2.** (*o emocjach*) wane **3.** (*o kolorze*) fade

bliski 1. near (*czegoś* to sth) **2.** (*np. śmiechu*) close (*czegoś* to sth) **3.** (*podobieństwo*) close **4.** (*przyjaciel*) intimate **5.** (*przyszłość*) short-term

blisko 1. near (*do* to sth), within reach **2.** (*podchodzić*) close ◊ **3. ma blisko 50 lat** he is approaching 50 **4. z bliska** close to/up bliskość 1. (*duchowa*) affinity 2. (*miejsca*) vicinity

blizna scar

blizna po ospie pockmark

bliźniak 1. twin 2. *BR* (*dom*) semi-detached house

Bliźnięta Gemini

blok 1. block 2. (*papieru*) pad 3. (*w polityce*) bloc 4. (*maszyna*) pulley

blokada 1. blockade 2. (*drogi, granicy*) closure 3. *med* congestion 4. *sport* tackle

blokować 1. block 2. (*drogę*) jam 3. (*przejście*) bar 4. *sport* tackle

blokować się (*o mechanizmie*) lock

blond blonde

blondyn(ka) blond(e)

bluza 1. tunic 2. (*np. dresu*) sweat-shirt 3. (*piżamy*) top

bluzka blouse

błagać beg, plead (*kogoś o coś* with sb for sth), *form* implore (*kogoś o coś* sb to do sth)

błazen *nieform* clown

błąd 1. mistake, error ◇ 2. wprowadzać w błąd mislead

błądzić 1. stray 2. wander 3. *form* (*mylić się*) err

błędny 1. mistaken, *form* erroneous 2. (*pomysł, wyrok*) false 3. (*wysiłek*) misguided 4. (*polityka*) unsound

błędna informacja misinformation

błędne koło vicious circle, circularity

błędne mniemanie misapprehension

błędne zrozumienie misconception, misconstruction

błękitny blue

błogosławić bless

błogosławieństwo blessing

błona 1. film 2. (*śluzowa*) membrane

błonica diphtheria

błonnik fibre

błotnik 1. *BR* wing, *US* fender 2. (*roweru*) mudguard

błotnisty muddy

błoto 1. dirt, mud 2. (*gęste*) sludge

błysk 1. shine 2. (*światła*) flash, glint 3. (*w oczach*) twinkle

błyskać (*światłem*) flash, glint

błyskawica lightning

błyskawicznie with lightning speed

błyskawiczny 1. lightning 2. (*dojście do władzy*) meteoric

błyszczący glossy, shiny

błyszczeć 1. shine (*także przen: w czymś* at sth) 2. (*o powierzchni*) glint 3. (*w czymś*) sparkle

bo because, as

bochenek loaf

bocian stork

boczek bacon

boczny 1. (*tor, droga*) side 2. *form* lateral 3. (*spojrzenie*) sidelong, sideways

boczna droga byway

bodziec stimulus, incentive

bogactwo wealth

bogaty rich, *form* opulent, *nieform* well-off

bogini goddess

bohater 1. hero 2. (*w książce*) character, protagonist

bohaterka heroine

bohaterski heroic, valiant

bohaterstwo 1. heroism 2. (*w bitwie*) valour

boisko 1. (*do piłki*) (playing) field 2. (*sportowe*) ground

boja buoy

bojler boiler

bojownik fighter, champion (*o coś* of sth)
bojowy 1. (*do walki*) combat, war 2. (*zaczepny*) militant
bok 1. side 2. (*zwierzęcia, budynku*) flank ◊ 3. **na bok** aside 4. **z boku** sidelong, sideways
boks boxing
bokser boxer
boksować się *sport* box
boleć 1. hurt (*to boli* it hurts) 2. (*o ranie, oczach*) smart (*od czegoś* from sth) ◊ 3. **głowa mnie boli** I have a headache
boleć po stracie mourn
bolesny 1. painful, hurtful 2. (*obolały*) sore
bolesna prawda home truth
boleść distress
bomba 1. bomb 2. (*wydarzenie*) bombshell
bomba zegarowa time bomb
bombardować 1. bomb (out) 2. (*zasypywać*) bombard (*czymś* with sth)
bombowiec bomber
borsuk badger
borykać się 1. struggle, grapple 2. come/get to grips with
boski divine
bosman boatswain, bosun
boso barefoot
bosy barefoot
botaniczny botanic(al)
botanika botany
bowiem because
boży God's
  Boże Narodzenie Christmas
bób broad beans
bóbr beaver
bóg 1. (*także* Bóg) god (*zwykle* God) ◊ 2. „o Boże!" "my God", "my Lord!" 3. „Bóg zapłać" "bless you"
bój fight, combat
bójka brawl, fight *nieform* scrap
ból 1. pain 2. (*długotrwały*) ache ◊ 3. **odczuwać ból** be in pain
ból brzucha stomachache
ból gardła sore throat
ból głowy headache
ból zęba toothache
bór forest
bóstwo 1. *form* (*bóg*) deity 2. (*natura Boga*) divinity
bóść butt, gore
brać 1. take, (*czasami*) have (*brać kąpiel* have a bath) 2. (*pracę, do pracy*) take on 3. (*o rybie*) bite 4. (*palcami*) pick 5. (*zasługi*) claim 6. (*władzę, odpowiedzialność*) assume 7. (*do wojska*) conscript 8. (*cenić*) charge (*za coś* for sth) ◊ 9. **brać na siebie** face up to
brać się 1. take up (*za coś* sth) 2. (*zdecydowanie*) tackle (*za coś* sth) 3. (*niepotrzebnie*) interfere (*do* with) ◊ 4. **brać się za (coś)** try one's hand at (sth), (*zagadnienie*) come on to
brak 1. lack, *form* scarcity 2. (*niedostatek*) shortage 3. (*słabość*) shortcoming 4. (*np. charakteru*) fault 5. (*niewypełnienie obowiązku, obietnicy*) failure ◊ 6. **z braku czegoś** for lack of sth, for want of sth 7. **odczuwać brak czegoś** miss sth 8. **brak zaufania** distrust 9. **brak związku** irrelevance
brakować 1. lack, be short of (*brakuje mu chleba* he lacks bread, he is short of bread) 2. (*czuć brak psychiczny*) miss (*brakuje mi ciebie* I miss you) ◊ 3. **mało brakowało, żebym upadł** I almost

fell down **4. nie brakuje czegoś**
there is no lack of sth
brakujący missing
brama 1. gate **2.** *przen* gateway
bramka *sport* goal
bramkarz 1. *sport* goalkeeper **2.**
(*na dyskotece*) bouncer
bransoletka bracelet
branża (*zawodowa*) line
brat brother
   brat cioteczny/stryjeczny (first)
   cousin
   brat lub siostra *form* sibling
   brat przyrodni halfbrother
   brat zakonny friar
bratać się fraternize
bratanek nephew
bratanica niece
bratek pansy
braterski 1. brotherly, *form* fraternal **2.** (*duch*) kindred
braterstwo 1. brotherhood, *form*
fraternity **2.** (*duchowe*) fellowship
bratowa sister-in-law
brawura bravado
brąz bronze
brązowić brown
brązowy brown
brew 1. eyebrow, *form* brow ◊ **2.**
marszczyć brwi frown
brezent tarpaulin
bridż bridge
broda 1. chin **2.** (*zarost*) beard ◊ **3.**
z brodą bearded
brodaty bearded
brodzić wade
bronić 1. defend, stand up (*czegoś* for sth) **2.** *form praw* plead
3. *sport* (*bramki*) save ◊ **4.** *form*
bronić czyjejś sprawy plead
sb's case, plead the case for sb
broń 1. arms **2.** weapon **3.** (*palna*)
firearm

broszka brooch
broszura booklet, brochure, pamphlet
browar brewery
bród ford
brud 1. dirt **2.** (*odrażający*) filth **3.**
(*warunki życia*) squalor
brudny 1. dirty (*także przen*) **2.**
(*odrażający*) filthy **3.** (*w złym stanie*) squalid **4.** (*ulica, także: myśl*)
sordid
brudzić (się) dirty, soil
bruk paving stones
brukselka brussel(s) sprout
brunatny tawny
brunet *US* brunet
brunetka brunette
brutalny 1. brutal, brutish **2.** (*naruszenie praw*) flagrant **3.** (*traktowanie*) rough
bryła 1. (*np. ziemi*) clod, lump **2.**
mat solid
brydż bridge
brygada brigade
brylant diamond
Brytyjczyk 1. Briton, *US* Britisher
◊ **2. Brytyjczycy** the British
brytyjski British
brzeg 1. shore **2.** (*rzeki, jeziora*)
bank **3.** (*morza*) coast, seashore **4.**
(*pojemnika*) rim **5.** (*np. lasu*) edge
◊ **6. wypełniony po brzegi (a)**
(*o sali*) filled to capacity **(b)** (*o
naczyniu*) filled to the brim **7. do**
brzegu, na brzeg ashore
brzeg morza the seaside
brzęczeć 1. (*o owadach*) buzz, hum
2. (*sztućcami, talerzami*) clatter
3. (*szkłem, metalem*) clink, chink
4. (*rzeczami z metalu*) jangle **5.**
(*o brzęczyku*) ping **6.** (*o cięciwie*)
twang **7.** (*monotonnie*) drone on
brzęczyk buzzer

brzęk 1. (*owadów*) buzz, hum 2. (*sztućców, talerzy*) clatter 3. (*szkła, metalu*) clink, chink 4. (*rzeczy z metalu*) jangle 5. (*brzęczyka*) ping 6. (*cięciwy*) twang
brzmieć 1. (*np. o dzwonku*) go 2. (*o głosie*) sound 3. (*o cytacie*) run 4. (*o dzwonach*) peal ◊ 5. brzmieć czysto/fałszywie be *in/out of* tune
brzmienie 1. (*dźwięku*) ring 2. (*głosu*) sound
brzoskwinia peach
brzoza birch
brzuch stomach, *BR nieform* belly, *form* abdomen
brzuszny abdominal
brzydki ugly
brzydnąć grow/become ugly
brzydzić się feel disgust (*czegoś* for sth)
buda 1. *pejor* hovel 2. (*psia*) kennel
budka 1. (*na ulicy*) stand, kiosk 2. (*do mieszkania*) shack
    budka (telefoniczna) (phone) booth, call box
budowa 1. construction 2. (*ciała*) build ◊ 3. w budowie under construction
budować build, *form* construct
budowla structure
budowlany building
budowniczy 1. builder 2. *przen* architect
budynek building, house, *form* edifice
    budynek gospodarczy outbuilding
budyń pudding
budzić 1. wake (up) (*kogoś* sb) 2. (*otuchę, obawy*) create, cause ◊ 3. coś budzi czyjąś radość *nieform* sth makes one's day

budzić się wake
budzik alarm clock
budżet budget
budżetowy *form* budgetary
bufet buffet
bujać (się) rock, swing
bujny luxuriant
buk beech
bukiet bunch, (*oficjalny*) bouquet, (*mały*) posy
bulion 1. (*zupa*) broth 2. (*do zupy*) stock
bulwar boulevard
bułka 1. roll 2. (*słodka*) bun
    bułka tarta breadcrumb
bunt mutiny, rebellion, revolt
buntować się revolt, rebel (*przeciwko* against)
burak 1. (*ćwikłowy*) beetroot 2. (*pastewny*) beet
burmistrz mayor
bursztyn amber
bursztynowy amber
burta 1. (*lewa*) port, (*prawa*) starboard ◊ 2. za burtą/burtę overboard
bury tabby
burza 1. storm 2. (*sprzeciwów*) flurry
    burza gradowa hailstorm
    burza piaskowa sandstorm
    burza z piorunami thunderstorm
burzliwy 1. stormy (*także przen*), *form* tempestuous 2. (*pogoda*) rough 3. (*okres, woda*) turbulent 4. (*tłum*) riotous
burzyć demolish, knock down, pull down
    burzyć się 1. riot 2. (*o kraju*) rise
busz 1. bush 2. (*australijski*) scrub
but 1. shoe 2. (*wysoki lub wzmacniany*) boot 3. (*damski na*

wysokim obcasie) court shoe

butan Calor gas

butelka bottle

by 1. (*tłumaczy się przez tryb warunkowy*) should, would **2.** *patrz* **aby**

być 1. be **2.** make (*z niego będzie dobry mąż* he will make a good husband) **3.** (*zajmować miejsce*) come (*być pierwszym/ostatnim* come first/last) ◇ **4. on był w (Paryżu)** he has been to (Paris), he was in (Paris) **5. będzie czy-** **tał** he will read, he is going to read **6. coś ma być** sth is meant to be **7. być może** perhaps

bydło cattle

byk 1. bull **2.** (*znak zodiaku*) Taurus

były former, ex-

bynajmniej not at all, by no means

bystry 1. (*lotny*) bright **2.** (*oczy, umysł*) sharp **3.** (*umysł*) quick-witted

bywać frequent (*w czymś* sth)

bzdura nonsense, *nieform* claptrap, rubbish

C

cal inch

całkiem 1. (*zupełnie*) completely, wholly **2.** (*dość*) quite, rather ◇ **3. całkiem dużo** a good deal of, a good many **4. nie całkiem** not exactly

całkowicie 1. wholly, fully **2.** completely ◇ **3. być całkowicie za (czymś)** be all for (sth)

całkowity 1. entire, complete **2.** (*zdziwienie*) utter

całość 1. whole **2.** unit ◇ **3. w całości** as a whole

całować kiss

cały 1. (*nieprzerwany*) entire, whole **2.** (*nierozbity*) unbroken, intact **3.** long (*cały dzień* all day long) ◇ **4. cały czas** all along **4. na całym świecie** all over the world

cebula onion

cecha 1. (*charakterystyczna*) feature **2.** (*naturalna*) trait **3.** (*wyróżniająca*) characteristic **4.** (*oznaka*) stamp

cechować mark

cedr cedar

cedzić colander

cegła brick

cel 1. (*obiekt starań*) aim, purpose **2.** (*strzelania*) target ◇ **3. *w celu/celem*** zrobienia czegoś in order to do sth

cela cell

celnik customs officer

celowo purposely

celowość purpose

celowy advisable, purposeful

Celsjusza, skala Centigrade scale

cement cement

cena 1. price ◇ **2. za wszelką cenę** at any price, at all costs

cenić value, prize

cennik price list

cenny valuable

cent cent

centrala headquarters
  centrala telefoniczna telephone exchange

centralizacja centralization

centralka (*telefoniczna*) switch-board

centralny 1. (*także ogrzewanie*) central **2.** centre

centrum 1. centre **2.** (*także obiektu, miasta*) core
centrum handlowe (shopping) mall, shopping centre

centymetr 1. centimetre **2.** (*miarka*) tape-measure

cera 1. (*twarzy*) complexion **2.** (*na dziurze*) darn

ceramiczny ceramic

ceramika 1. (*artystyczna*) ceramics **2.** (*garnki*) pottery

cerata oilcloth

ceregiela ◇ **1. bez ceregieli** without ceremony **2. nie robić z czymś ceregieli** make no bones about sth

ceremonia ceremony

ceremonialny *form* ceremonious

cerować darn, mend

cesarstwo empire

cesarz emperor

cesarzowa empress

chałupa hovel, shanty

cham *rzad* churl

chaos chaos, (*bałagan*) confusion

chaotyczny chaotic, disorganized

charakter 1. character **2.** (*zdecydowany*) grit **3.** (*właściwości*) nature ◇ **4. mieć charakter** be in character **5. w charakterze** in a capacity of

charakterystyczny 1. characteristic (*dla* of) **2.** (*typowy*) typical (*dla* of)

charakterystyka 1. character **2.** performance

charakteryzować 1. characterize **2.** (*kosmetykami*) put makeup on

chata cottage, hut

chcieć 1. want (*aby ktoś coś zrobił* sb to do sth, *czegoś* sth), prefer (*aby ktoś coś zrobił* sb to do sth) **2.** wish **3.** mean **4.** please (*rób, jak chcesz* do as you please) ◇ **5. chciałbym** (**coś zrobić**) I should/would like to (do sth) **6. ktoś bardzo chce coś zrobić** sb is eager to do sth **7. ktoś bardzo chciałby coś zrobić** sb would love to do sth **8. nie chce mi się** I can't be bothered **9. strasznie chcieć** *nieform* die (*czegoś* for sth) **10. chcąc nie chcąc** willy-nilly **11. jak sobie chcesz** *nieform* please yourself **12. zapałka nie chce się palić** the match will not burn **13. chce mu się jeść** he feels like eating

chciwość greed

chciwy greedy

chemia chemistry

chemiczny chemical

chemik chemist

chemikalia chemicals

chęć 1. wish, desire ◇ **2. mieć chęć na zrobienie czegoś** feel like doing sth **3. mieć dobre chęci** mean well **4. z chęcią** with pleasure

chętnie 1. eagerly, readily ◇ **2. chętnie się czymś zajmować** go in for sth

chętny keen (*do zrobienia czegoś* on doing sth/to do sth), willing (*do zrobienia czegoś* to do sth)

chichot 1. giggle **2.** (*złośliwy*) snigger

chichotać 1. giggle **2.** (*złośliwie*) snigger **3.** (*nerwowo*) titter

chirurg surgeon

chirurgia surgery

chirurgiczny surgical
chlapać splash
chleb 1. bread ◇ 2. chleb z masłem bread and butter
chlebak haversack
chlew (pig)sty
chłodnica radiator
chłodny 1. (*także o zachowaniu*) cool 2. (*dzień*) chilly
chłodziarka *form* refrigerator
chłodzić chill
    chłodzić się (*o gorącej rzeczy*) cool (down)
chłop 1. (*facet*) *nieform* man, chum 2. (*wieśniak*) farmer, peasant
chłopak 1. boy 2. (*sympatia*) boyfriend
chłopiec boy
chłopski 1. peasant ◇ 2. chłopski rozum gumption
chłód chill, cold
chmiel hop
chmura cloud
chmurzyć się cloud
chochla 1. ladle ◇ 2. nabierać chochlą ladle
chociaż although, though
choć 1. although, though, *form* albeit ◇ 2. choć nie not that (*choć nie sądził tak* not that he believed it)
choćby even if/though
chodnik 1. *BR* pavement, *US* sidewalk 2. (*dywanik*) mat
chodzenie 1. going 2. walking
chodzić 1. go (*patrz też iść*) 2. walk (*po drodze* the road) 3. (*spotykać się*) go out (*z kimś* with sb) 4. (*o maszynach, komunikacji*) run 5. (*o urządzeniu*) handle (*chodzi bardzo dobrze* it handles very well) 6. (*po małej powierzchni*) pace (*po czymś* sth) 7. (*ubierać się*) wear

(*w czymś* sth) ◇ 8. coś chodzi komuś po głowie sth is on sb's mind 9. chodź (no) come along 10. chodzić w parze go together 11. jeśli chodzi o coś as far as sth is concerned 12. jeśli o to chodzi for that matter
choinka Christmas tree
cholera 1. (*choroba*) cholera 2. *nieform* hell, damn ◇ 3. jak/czemu/co/gdzie do cholery how//why/what/where the hell 4. jak cholera *nieform* as/like hell
cholernie 1. *nieform* damn(ed) ◇ 2. cholernie dużo *nieform* a fat lot 3. cholernie dużo wiedzieć *nieform* be hot on sth 4. cholernie wściekły *nieform* hopping mad
cholerny 1. *BR nieform* bloody 2. *nieform* damn
chomik hamster
choroba 1. illness, sickness 2. (*także przen*) disease ◇ 3. mieć chorobę morską be seasick
    choroba weneryczna venereal disease
chorobliwy morbid
chorować be ill, suffer
chorowity sickly
chory 1. ill (*na* with), (*przed rzeczownikiem*) sick 2. unwell 3. (*pacjent*) patient
    chory na chorobę lokomocyjną airsick
    chory na hemofilię haemophiliac
    chory na padaczkę epileptic
    chory na reumatyzm rheumatic
    chory umysłowo mental
chować 1. (*także chować się*) hide 2. (*głęboko*) bury 3. (*w spokojne miejsce*) tuck away 4. (*wychowywać*) rear

chór 1. chorus 2. (*kościelny*) choir
chóralny choral
chrapać snore
chronić protect
    chronić się 1. take cover 2. shelter
chroniczny 1. chronic
chrupki crisps, *US* (*ziemniaczane*) chips
chrust brushwood
chrypieć croak, rasp
chrypienie croak, rasp
Chrystus Christ
chryzantema chrysanthemum
chrzan 1. horseradish ◊ 2. do chrzanu *nieform* crummy
chrząkać grunt
chrząszcz beetle
chrzcić baptize, christen
chrzest baptism
chrześcijanin Christian
chrześcijański Christian
chrześcijaństwo Christianity
chudy 1. thin, *nieform* skinny 2. (*mięso, okres czasu*) lean
chuligan hooligan, mugger
chuligański *form* riotous
chusteczka 1. *patrz* chustka 2. *nieform* hanky
chustka 1. handkerchief 2. (*na głowę*) kerchief 3. (*higieniczna*) tissue, Kleenex
chwalić 1. praise 2. (*oficjalnie*) commend
    chwalić się boast (oneself) (*czymś* of sth)
chwała 1. glory 2. *form* praise
chwast weed
chwiać się 1. sway 2. (*jak pijany*) reel 3. (*tuż przed upadkiem*) teeter 4. (*także o rządzie*) totter
chwila 1. moment, while ◊ 2. na chwilę for a while 3. od chwi-

li obecnej from now on 4. przed chwilą just now 5. w tej chwili just now 6. w danej chwili at the moment 7. w kilka chwil in/within seconds 8. w ostatniej chwili in the nick of time, last-minute 9. za chwilę just *now/a minute*
chwilowy momentary, passing
chwyt 1. grasp 2. (*wybieg*) ploy
chwytać 1. *patrz także* łapać 2. catch, lay/catch hold of 3. (*do niewoli*) capture 4. (*rozumieć*) make out, catch on (*coś* to sth) 5. (*szansę, sposobność*) grab (at) 6. (*mocno*) grasp 7. (*szybko i mocno*) seize
    chwytać się 1. grab 2. (*ze strachu*) clutch (*czegoś* at sth)
chyba 1. perhaps ◊ 2. chyba że (nie) unless
chytrość cunning
chytry 1. cunning 2. (*oszukańczy*) sly
ciało 1. (*całe*) body 2. (*mięśnie*) flesh
ciasny 1. (*ubranie*) tight 2. (*przejście, poglądy*) narrow
ciastko 1. cake 2. *BR* biscuit, *US* cookie
ciasto 1. cake 2. (*na naleśniki itp.*) batter 3. (*do pieczenia*) dough
    ciasto nadziewane tart
    ciasto biszkoptowe trifle
    ciasto francuskie puff pastry
ciąć 1. cut 2. (*na drobne kawałki*) shred
ciąg 1. sequence 2. *termin* thrust 3. (*nieszczęść*) string ◊ 4. w ciągu (*o okresie*) in, in the course of 5. w ciągu krótkiego czasu at short notice
ciągle 1. (*nieprzerwanie*) continu-

ously, on and on **2.** (*ustawicznie*) continually, again and again, time and again **3.** keep on (*ciągle narzekać* keep on complaining)

ciągłość continuity

ciągły 1. (*nieprzerwany*) continuous **2.** (*ustawiczny*) continual

ciągnąć 1. pull (*coś* sth) (*za coś* at sth), form draw **2.** (*przesuwać z wysiłkiem*) drag **3.** (*ciężkie rzeczy liną*) haul **4.** (*z wysiłkiem, gwałtownie*) tug (*za coś* at sth) **5.** (*kontynuować*) go on (*talking* rozmowę)

ciągnąć się 1. continue **2.** (*o czynności*) last **3.** (*o okresie, powierzchni*) extend **4.** (*nużyć*) drag on

ciągnik tractor

ciąża pregnancy

cicho 1. quietly ◇ **2.** być cicho be/keep quiet **3.** cicho! hush!, there, there!

cichy 1. quiet, silent **2.** (*miejsce, okres*) peaceful **3.** (*głos*) soft

ciec 1. (*o rzece, łzach*) run **2.** (*kroplami*) drop **3.** (*wyciekać*) ooze **4.** (*przeciekać*) leak **5.** (*wątłą strużką*) trickle

ciecz fluid, liquid

ciekawie curiously

ciekawość 1. curiosity (*czegoś* for sth) ◇ **2.** z ciekawością curiously

ciekawy 1. curious (*czegoś* about sth) **2.** (*budzący ciekawość*) interesting ◇ **3.** być ciekawym wonder

ciekły fluid, liquid

cielę calf

cielęcina veal

ciemno dark

ciemność darkness, dark

ciemny 1. dark (*także: włosy,*

skóra) **2.** (*bez światła*) dim, dusky **3.** (*kolor*) dull, dusky

cienki 1. thin **2.** (*włos*) fine

cień 1. (*osłona przed słońcem*) shade **2.** (*np. człowieka*) shadow **3.** (*np. prawdy, wątpliwości*) element

cień do powiek eye-shadow

ciepło 1. warmth ◇ **2.** ciepło jest dzisiaj it is warm today **3.** ciepło mi I am warm

ciepły 1. warm **2.** (*kolor*) soft

cierpiący 1. (*psychicznie*) in anguish **2.** (*człowiek*) sufferer (*na coś* of sth)

cierpiący biedę poverty-stricken

cierpiący na anemię anaemic

cierpiący na niestrawność dyspeptic

cierpiący na nostalgię nostalgic

cierpieć 1. suffer (*na coś* *sth/from sth**) ◇ **2.** nie cierpieć (a) dislike (b) detest

cierpienie 1. suffering **2.** (*psychiczne*) anguish (*z powodu* at/over) **3.** (*krańcowe*) distress

cierpliwość 1. patience ◇ **2.** nie mieć cierpliwości do be impatient with **3.** nadużywać czyjejś cierpliwości try sb's patience

brak cierpliwości impatience

cierpliwy patient (*dla/wobec* with)

cieszyć się 1. (*zdrowiem, przewagą*) enjoy **2.** be glad (*że* that)

cieszący się popytem in demand

cieszący się powodzeniem successful

cieśla carpenter

cieśnina 1. strait **2.** (*w nazwach*) sound

ciężar 1. weight **2.** (*duży*) *także przen* burden **3.** (*ciężka rzecz*) heavy thing

ciężarny 1. pregnant ◊ **2. być ciężarnym** (*o kobiecie, samicy*) carry

ciężarówka 1. *BR* lorry, *US* truck **2.** (*wielka*) *BR* juggernaut

ciężki 1. heavy **2.** (*życie, zima*) hard **3.** (*problem, polityka, działanie*) tough **4.** (*denerwujący*) trying ◊ **4. ciężka próba** trial **5. ciężkie przeżycie** ordeal

ciężko 1. heavily **2.** (*coś robić*) hard ◊ **3. ciężko chodzący** (*o drzwiach*) stiff **4. ciężko komuś coś zrobić** sb is hard pushed/ /put/pressed to do sth

ciężkość gravity

ciocia auntie

cios (*także przen*) blow (*dla* to)

ciotka aunt

cisnąć 1. (*o ubraniu*) be a tight fit **2.** (*przynaglać*) pinch **3.** (*kogoś*) spur

cisza quiet, silence

ciśnienie pressure

ciśnienie krwi blood pressure

ciuchy *nieform* clobber

cło 1. (*urząd i opłata*) customs **2.** (*pieniądze*) duty

cło przywozowe tariff

cmentarz 1. cemetery **2.** (*przy kościele*) churchyard

cnota virtue

co 1. what **2.** every (*co dwa miesiące* every two months, *co drugi* every second) ◊ **3. po co** what for **4. co to takiego?** what's that? **5. co do** (a) (*na początku zdania*) as for/to (b) as regards, as to

codziennie daily, day by day

codzienny 1. everyday **2.** (*gazeta*) daily **3.** (*ubranie*) casual

cofać 1. (*decyzję*) withdraw **2.** (*samochód*) back, reverse ◊ **3. cofać wskazówki zegara** put/turn the clock back

cofać się 1. go back, get back **2.** (*nagle, w strachu*) fall back **3.** (*o samochodzie*) back **4.** (*z przerażeniem*) shrink **5.** (*tą samą drogą*) retrace **6.** (*do czegoś*) fall back on (sth) **7. cofać się myślą** cast one's mind back

cokolwiek 1. anything **2.** whatever (*cokolwiek się stanie* whatever happens)

coraz 1. *z przymiotnikiem w stopniu wyższym* and (*coraz bardziej* more and more, *coraz mniej* less and less) ◊ **2. coraz gorzej** from bad to worse

coroczny 1. annual **2.** yearly

coś 1. something **2.** (*rzecz nieokreślona*) stuff, thing ◊ **3. coś w rodzaju** something of, sort of

córka daughter

córka chrzestna goddaughter

cuchnąć stink

cuchnący stinking, *form* fetid

cucić bring round/to

cud 1. miracle **2.** (*o człowieku*) prodigy

cudownie wonderfully

cudowny 1. wonderful, miraculous **2.** (*piękny*) glorious, lovely

cudowne dziecko child prodigy

cudzołóstwo adultery

cudzoziemiec foreigner, alien

cudzy 1. somebody else's (*to cudza książka* this is somebody else's book, this book is not mine/ /yours) **2.** (*nie rodzimy*) foreign

cudzysłów quotation mark

cukier sugar

cukierek *BR* sweet, *US* candy

cukinia *BR* courgette, *US* zucchini

cukrzyca diabetes

cukrzycowy diabetic

cyferblat face
cyfra figure, *form* digit
cyfrowy 1. digital ◊ 2. sześciocy-
    frowy six-figure
Cygan gipsy, gypsy
cygaro cigar
cykl cycle
cyklon cyclone
cykoria chicory
cylinder 1. cylinder 2. (*na głowę*)
    top hat
cyna 1. (*metal*) tin 2. (*do lutowa-
    nia*) solder
cynamon cinnamon
cyngiel trigger
cynk zinc
cynowy 1. (*naczynia*) pewter 2.
    (*chemicznie*) tin
cypel headland
cyprys cypress
cyrk circus
cytat quotation, citation
cytować quote
cytryna lemon
cywil civilian
cywilizacja civilization
cywilizowany civilized
cywilny 1. civil ◊ 2. w cywilnym
    ubraniu plain-clothes
czaić się lurk
czajniczek 1. pot 2. (*do herbaty*)
    teapot
czajnik 1. kettle 2. (*do herbaty*)
    teapot
czapka cap
czapla heron
czar(y) 1. magic 2. (*czarodziejstwo*)
    witchcraft 3. (*zaklęcie*) charm,
    spell
czarno 1. black ◊ 2. czarno-biały
    black and white 3. czarno na
    białym in black and white
czarnoskóry black

czarny 1. (*także o człowieku*) black
    ◊ 2. czarna plama (*w pamięci*)
    blank 3. czarny jak smoła pitch-
    black
    czarna porzeczka blackcurrant
    czarny rynek black market
czarodziej wizard
czarodziejski magic(al)
czarować charm
czarownica witch
czarownik 1. magician 2. (*np. w A-
    fryce*) witch doctor
czarterowy charter
czas 1. time 2. *gram* tense ◊ 3.
    od czasu do czasu now and
    again/then, every now and then 4.
    od tego czasu since, ever since,
    since then 5. *przed czasem/po
    czasie* *ahead of/behind* sched-
    ule 6. w czasie during, (*np. cho-
    roby*) through 7. w czasie gdy
    while 8. marnować czas waste
    time, *nieform* mess about/around
    9. na czas timely, in time 10.
    najwyższy czas (, aby) (it is)
    high time (to) 11. we właści-
    wym czasie in due course 12.
    czas wolny leisure 13. nie mie-
    ścić się w limicie czasu be run-
    ning over time 14. w swoim cza-
    sie in the fullness of time 15.
    zabijać czas (a) idle away (b)
    mark time
    czasem, czasami on occassion,
    occasionally
czasopismo periodical, journal
czasownik verb
czasowy interim, temporal, tempor-
    ary
czaszka skull
cząstka 1. particle 2. (*np. pomarań-
    czy*) segment
czcionka type

czek cheque, *US* check
  czek podróżny traveller's cheque
czekać 1. wait (*na kogoś* for sb) ◊ **2.**
  coś czeka kogoś sb is in for sth
czekolada chocolate
czekoladka chocolate
czemu why
czepiać się 1. cling (*czegoś* to/on
  sth) **2.** (*kogoś*) find fault (*kogoś*
  with sb)
czereśnia cherry
czernić blacken
czerpać 1. (*wiedzę*) *form* derive **2.**
  (*wodę*) scoop
czerwiec June
czerwony red
czesać comb
czeski Bohemian, (*język*) Czech
cześć 1. reverence, worship ◊ **2.**
  cześć! hello, *nieform* hi **3. na**
  cześć czegoś in honour of sth, in
  memory of sth **4. na czyjąś cześć**
  in sb's honour
często often
częstość frequency
częstotliwość *termin* frequency
częstować 1. treat (*kogoś czymś* sb
  to sth) ◊ **2. częstuj się** help yourself
częsty 1. frequent **2.** (*np. gość*) regular
częściowo 1. in part, partially,
  partly ◊ **2. częściowo ..., a czę-**
  ściowo ... part ... part ...
częściowy partial, part
część 1. part **2.** (*porcja*) portion
  3. (*broni, łamigłówki*) piece **4.**
  (*udział*) share **5.** (*drogi, boiska*)
  section **6.** (*ludności*) segment **7.**
  muz movement ◊ **8. na części**
  to pieces **9. przez większą część**
  for the best/better part
  część mowy part of speech

część składowa 1. constituent
  part **2.** component
część wspólna overlap
część wystająca *form* projection
część zapasowa spare
czkać hiccup
czkawka hiccup
członek 1. member **2.** (*męski*) penis
  3. (*ciała*) limb ◊ **4. członkowie**
  (szeregowi) the ranks
  członek parlamentu Member of
  Parliament, MP
  członek sądu przysięgłych
  juror
  członki (*ciała*) extremities
członkostwo membership
członkowski member
człowiek 1. man, human being ◊
  2. człowiek *z ulicy/szary* the
  man in the street
czołg tank
czołgać się crawl
czoło 1. forehead ◊ **2. stać na**
  czele (*np. listy przebojów*) top
  3. stawiać czoło (*przeciwstawiać*
  się) face (*czemuś* sth), stand up
  (*komuś* to sb)
czołowy 1. foremost, leading **2.**
  (*zderzenie*) head-on
czołówka 1. (*w filmie*) credit ◊ **2. w**
  czołówce czegoś in the forefront
  of sth
czosnek garlic
czterdziesty fortieth
czterdzieści forty
czternasty fourteenth
czternaście fourteen
czterokrotny *form* quadruple
cztery four
czterysta four hundred
czubek 1. tip ◊ **2. na czubkach**
  palców on tiptoe
czuć 1. feel **2.** (*zapach*) smell **3.**

(*strach*) experience 4. (*wyczuwać*) sense

czuć się 1. be (*jak się czujesz?* how are you?) **2.** feel ◇ **3. czuć się niedobrze** feel sick **3. czuć się nieswojo/niedobrze** feel funny **4. nie czuć się dobrze** not feel oneself **5. czuć się jak w domu** be comfortable

czujny alert, *form* vigilant

czułek 1. antenna **2.** tentacle

czułość 1. (*np. wrażliwość*) sensitivity **2.** (*matki*) tenderness

czuły 1. (*urządzenie*) sensitive **2.** (*kochający*) tender, loving **3.** (*podatny*) delicate

czuwać sit up (*przy kimś* by sb)

czwartek Thursday

czwarty fourth

czworaki ◇ **na czworakach** on all fours

czworokąt quadrangle

czwórka 1. four **2.** (*ludzi*) foursome

czy 1. or (*tak czy nie* yes or no) **2.** if (*nie wiem, czy John tu jest* I don't know if John is here) **3.** whether (*nie wie, czy przyjąć ofertę, czy nie* he does not know whether to accept the offer or not) ◇ **4. czy też nie** or otherwise

czyj whose

czyli 1. consequently, that is **2.** (*podsumowując*) all in all

czyn *lit* deed

czynić 1. render, make (*czynić kogoś szczęśliwym* make sb happy) **2.** (*przydawać cechy*) turn (*z kogoś coś* sb into sth) **3.** (*z imiesłowem po dopełnieniu*) get (*czynić coś* get sth done)

czynnik 1. factor **2.** *form* parameter **3.** *termin* agent

czynnik hamujący *form* impediment

czynność act, activity

czynny 1. active **2.** (*urzędujący*) acting **3.** (*otwarty*) open

czynsz rent, rental

czyrak boil

czystość purity

czysty 1. (*ciało, reputacja*) clean **2.** (*powierzchnia, sumienie*) clear **3.** (*niezapisany*) blank **4.** (*przypadek*) merest **5.** (*nauka, dziewica*) pure **6.** (*drink*) straight **7.** (*schludny*) tidy ◇ **8. być czystym** (*o sumieniu*) be in the clear

czyścić 1. (*sprzątać*) clean (*także* clean up) **2.** (*szorować*) scour **3.** (*chemicznie*) dry-clean **4.** (*gąbką*) sponge **5.** (*pióra*) preen

czyściec purgatory

czytać 1. read ◇ **2. coś się dobrze czyta** sth is a good read

czytanie reading

czytelnik reader

czytelny legible

Ć

ćma moth

ćwiczenie 1. exercise **2.** (*w szkole, wojsku*) drill **3.** (*wprawianie się*) practice

ćwiczyć 1. (*w szkole, wojsku*) drill **2.** (*wprawiać się*) practise **3.**

(*powtarzać*) rehearse
ćwierć quarter

ćwierćfinał quarter-final

D

dach roof
daktyl date
dal distance
dala ◇ 1. z dala (a) (*trzymać się*) back (b) apart (*od* from) 2. z dala od celu wide of the mark
dalej 1. farther, (*abstrakcyjnie*) further 2. keep on (*dalej iść* keep on walking) 3. still ◇ 4. iść dalej (a) (*z pracą*) get on (*z* with) (b) continue (*z* with)
daleki 1. far 2. (*kontynent*) distant 3. (*kuzyn*) remote ◇ 4. być dalekim od zrobienia czegoś be far from doing sth
daleko 1. far 2. (*do wiosny*) a long way (*do czegoś* to/from sth)
dalekopis 1. telex ◇ 2. nadawać teleksem/dalekopisem telex
dama 1. (*tytuł*) dame 2. (*wielka pani*) lady
damski for ladies, ladies' (*toaleta*) damska ladies' room
danie course, dish
dany given
dane 1. data 2. (*liczbowe*) figure
dar gift
darmo ◇ za darmo for free
darować give
daszek (*czapki*) peak
data date
data ważności expiry date
dawać 1. give 2. (*rady, uczucie*) offer 3. (*rezultaty, pieniądze*) yield ◇ 4. dawać coś zrobić have (*da-

wać obciąć sobie włosy* have one's hair cut) 5. dawać komuś coś zrobić let (*dawać komuś coś zrobić* let sb do sth) 6. dawać w wyniku result 7. dawać wiarę form credit 8. dawać znak signal (*komuś* to sb)
dawca donor
dawka 1. dose ◇ 2. zbyt duża dawka overdose
dawny 1. old 2. (*np. muzyka*) early 3. (*były*) former
dąb oak
dąć (*na gwizdku*) blow
dążenie aspiration
dążyć 1. aspire (*do czegoś* to sth) 2. seek (*do (osiągnięcia) czegoś* sth)
dbać 1. take care (*o coś* of sth) 2. (*materialnie*) provide for (*o kogoś* sb)
debata debate
dech 1. (*oddychanie*) wind ◇ 2. bez tchu out of breath 3. pozbawiać tchu wind
decydować (*także decydować się*) decide (*na* on/upon)
decydujący decisive
decyzja 1. decision (*w sprawie* on//about) ◇ 2. zmieniać decyzję change one's mind
defekt 1. defect, failure 2. breakdown 3. (*maszyny*) fault ◇ 4. z defektem defective
deficyt 1. deficit ◇ 2. mieć deficyt be in the red

definicja definition
deformacja 1. (*kalectwo*) deformity
2. (*abstrakcyjnie*) deformation
deka (*także deko*) decagram
deklaracja 1. declaration **2.** (*stwierdzenie*) claim
deklaracja podatkowa tax return
deklarować 1. declare **2.** pledge
dekolt 1. (*piersi*) bare neck and shoulders **2.** (*w sukience*) neckline
dekoracja 1. scenery **2.** (*w teatrze*) set
dekret decree
delegacja 1. (*delegaci*) delegation, deputation **2.** (*wyjazd*) assignment, business trip
delegat delegate
delegować delegate
delfin dolphin
delikatesy (*sklep*) deli, *form* delicatessen
delikatnie delicately, gently
delikatny 1. delicate **2.** (*osoba, wietrzyk*) soft **3.** (*sugestia*) gentle **4.** (*ktoś, także mięso*) tender
demaskować 1. (*przekonanie*) debunk **2.** denounce (*kogoś jako* sb as)
demokracja democracy
demokrata democrat
demokratyczny democratic
demonstracja demonstration
demonstrować demonstrate
demoralizować demoralize
denerwować upset, irritate
denerwować się be/get nervous
denerwujący *nieform* nerve-racking
dentysta dentist
departament department
depesza telegram, cable(gram)
depeszować cable
deptać 1. (*zadeptywać*) *także przen*
trample **2.** (*przydeptywać*) tread
deser dessert, *BR* sweet
deska 1. (*cienka*) board **2.** (*gruba*) plank
deska do prasowania ironing board
deska surfingowa surfboard
deszcz 1. rain **2.** *przen* shower ◇ **3.** **pada deszcz** it *rains/is raining* **4.** **z deszczu pod rynnę** out of the frying-pan into the fire
deszczowy rainy
detal 1. detail **2.** (*w sprzedaży*) retail
detaliczny (*sprzedaż*) retail
detergent detergent
dewizy (*pieniądze*) foreign currency
dezodorant deodorant
dętka tube
dęty (*instrument*) wind
diabelski devilish
diabeł 1. devil ◇ **2.** **idź do diabła** go to hell
dialog dialogue
diament diamond
dieta 1. diet **2.** (*pieniądze*) expenses, per diem ◇ **3.** **być na diecie** diet
dla 1. for **2.** (*dla korzyści*) to **3.** (*z powodu czegoś*) for the sake of
dlaczego why
dlatego therefore, *form* thus
dławić 1. (*opozycję*) crush **2.** (*kogoś*) stifle
dławić się choke, suffocate
dłoń 1. hand **2.** (*wewnętrzna część*) palm
dłubać 1. pick (*w nosie* one's nose) **2.** (*dziury*) poke
dług 1. debt **2.** *lm* **długi** arrears ◇ **3.** **mieć długi** be in debt
długi long
długo 1. long ◇ **2.** **na długo** for

long

długopis ballpoint (pen), *BR* biro

długość 1. length **2.** (*geograficzna*) longitude ◇ **3.** długości long (*długości 5 stóp* 5 feet long)

długotrwały long-standing

dłuto chisel

dłużnik debtor

dmuchać blow

dno 1. bottom **2.** (*morza, rzeki*) bed **3.** (*morza, doliny, lasu*) floor

do 1. to **2.** (*wchodzić*) into (*do domu* into the house) **3.** (*wychodzić*) out **4.** (*wyrażające przeznaczenie, cel*) for **5.** (*w określeniach czasu*) by (*to będzie zrobione do wtorku* it will be done by Tuesday) **6.** (*wewnątrz*) in **7.** (*wsiadać, przytwierdzać*) on(to) **8.** (*wyjeżdżać*) for **aż do** till, until

doba 1. day (and night), twenty-four hours ◇ **2. całą dobę** round-the-clock

dobiegać ◇ **dobiegać końca** come/ /draw to an end

dobitny strong

dobór choice

dobra okay, OK

dobranoc goodnight

dobro 1. (*stan dobra*) right **2.** (*zjawisko*) good, goodness ◇ **3. dla czyjegoś dobra** to sb's advantage

dobrobyt wealth

dobroczynność charity

dobroczynny 1. charitable **2.** beneficial (*dla* for sb, to sth)

dobroć goodness

dobroduszny good-humoured

dobrowolny voluntary

dobry 1. good **2.** (*odpowiedź*) correct **3.** (*oczy*) strong **4.** (*argument, rada*) sound **5.** (*handel*) brisk ◇ **6. na dobre** for good

dobry wieczór *form* good evening

dzień dobry *patrz* dzień

dobrze 1. (*robić coś*) well **2.** (*w porządku*) okay **3.** (*we właściwy sposób*) all right ◇ **4. dobrze mu/jej tak** it serves sb right **5. no już dobrze** there, there **6. Dobrze!** Good! **7. dobrze zdawać sobie sprawę** know better

doceniać 1. appreciate ◇ **2. nie doceniać** underrate

docent lecturer

dochodowy profitable

dochodzenie 1. investigation ◇ **2. przeprowadzać dochodzenie** investigate

dochodzić 1. come (*do czegoś* to sth), reach (*do czegoś* sth) **2.** (*do stanu, punktu*) get (*do* to) **3.** (*do decyzji*) arrive (*do czegoś* at sth) **4.** (*do porozumienia*) strike (*do czegoś* sth) **5.** (*o liczbie: wynosić*) amount (*do* to) **6.** (*np. do władzy*) rise (*do czegoś* to sth) **7.** (*o liczbie*) approach ◇ **8. dochodzić do ładu** come/get to grips (*z czymś* with sth) **9. dochodzić do końca (a)** be up **(b)** draw to *an end/a close* **10. dochodzić sądownie** sue **11. dochodzić do siebie** come round

dochód 1. income **2.** (*duży*) revenue

dociekanie inquiry

dociekliwy inquiring

docierać 1. get round (*do kogoś* to sb) **2.** (*przenikać*) penetrate **3.** (*o informacji*) come in **4.** (*do publiczności*) come across ◇ **5. docierać do kogoś** be getting to sb **6. list dotarł do niej** the letter found its way to her

doczekać się 1. wait (*(do) czegoś to/until sth*) ◊ **2. ktoś się nie może doczekać** sb cannot wait to do sth

dodać 1. (*w dodawaniu*) plus **2.** *patrz* **dodawać**

dodatek 1. addition **2.** (*np. do gazety*) supplement (*do czegoś* to sth) **3.** (*do książki*) appendix **4.** (*coś nadzwyczajnego*) extra

dodatki (*do ubioru*) accessory
dodatek do pensji *nieform* perk
dodatek płacowy increment
dodatek specjalny special
dodatek za obsługę service charge

dodatkowo extra

dodatkowy 1. additional **2.** extra **3.** supplementary **4.** (*zajęcie*) side

dodatni 1. (*próba, liczba*) positive **2.** (*znak*) plus

dodawać add

dodawanie addition

dofinansowanie 1. finance **2.** (financial) support

doganiać gain on

dogodny convenient

dogrywka *sport* playoff

doić milk

dojazd (*droga*) approach (*do* to)

dojeżdżać 1. reach **2.** (*do celu podróży*) make **3.** (*do pracy*) commute (*z* from)

dojrzałość maturity

dojrzały 1. (*człowiek, zwierzę*) adult **2.** (*także wino, ser*) mature **3.** (*owoc*) ripe

dojrzeć 1. catch a glimpse (*kogoś* of sb) **2.** *patrz* **dojrzewać**

dojrzewać 1. mature **2.** (*o owocach*) ripen

dojrzewanie 1. (*człowieka*) puberty

2. (*owoców*) ripening

dojście 1. (*droga*) approach **2.** *form* (*do budynku*) access

dokąd where

dokładnie 1. precisely, exactly **2.** (*o czasie*) flat (*dokładnie za 10 min* in 10 min flat) **3.** (*punktualnie*) sharp (*dokładnie o 10* at 10 sharp) ◊ **4. dokładnie mówiąc** to be precise **5. dokładnie tak** absolutely

dokładność accuracy, precision

dokładny 1. exact, precise **2.** (*przygotowania*) careful **3.** (*osoba, maszyna*) accurate **4.** (*kontrola*) close, thorough

dokonywać accomplish, achieve

dokonanie accomplishment

doktor 1. (*lekarz*) doctor **2.** (*tytuł naukowy*) Doctor

dokuczać bother

dokuczliwy 1. (*dziecko*) mischievous **2.** irksome

dokument document

dola *form* (*los*) plight

dolar dollar

dolec *nieform* buck

dolegać trouble, ail

dolegliwość 1. ailment **2.** disorder

dolina valley

dolny 1. lower **2.** (*najniższy*) bottom **3.** (*pod spodem*) underneath

dołączać 1. attach **2.** append **dołączyć się** join (*do czegoś* in sth)

dom 1. (*własny*) home **2.** (*budynek*) house ◊ **3. w domu** home, at home **4. z domu** (*o kobiecie*) née **5. do domu** home **6. jak w domu** (like) at home **7. proszę się czuć jak u siebie w domu** make yourself at home

dom kultury community centre

dom poprawczy *BR* borstal
dom wycieczkowy hostel
dom akademicki 1. hall of residence 2. hall
dom czynszowy tenement
dom studencki hostel
dom towarowy department store
dom wariatów *przen* bedlam
domagać się 1. demand 2. (*swoich praw*) claim 3. call for
domek 1. *patrz* dom 2. (*kempingowy*) bungalow 3. (*mały drewniany*) cabin
dominacja 1. dominance (*nad/w* over) 2. *form* predominance
domino domino
dominować 1. *form* predominate 2. dominate (*nad czymś* sth)
dominujący 1. *form* predominant 2. dominant, prevalent
domofon intercom
domowy 1. (*obowiązki*) domestic 2. (*np. ciasto*) home-made 3. (*np. prace*) household ◊ 4. po domowemu casually
domysł guesswork
domyślać się guess (*czegoś* at sth)
doniczka (flower)pot
doniczkowy potted
doniesienie 1. report ◊ 2. doniesienia (*prasowe*) coverage
donikąd 1. nowhere ◊ 2. coś prowadzi (*kogoś*) donikąd sth is getting (sb) nowhere
doniosły far-reaching
donosić report
dookoła round, around
dopasowany 1. skin-tight 2. (*zdatny*) fit (*do* for)
dopasowywać 1. slot (*A do B* A into B) 2. (*np. o kolorach*) match (*z/do* with/up)
dopatrywać see (*czegoś* to sth)

dopatrywać się find out
dopełniacz genitive
dopełnienie *gram* object
dopełnienie bliższe *gram* direct object
dopełnienie dalsze *gram* indirect object
dopiero 1. just ◊ 2. a co dopiero let alone 3. dopiero co just now
dopingować cheer on
dopisywać 1. add 2. serve well ◊ nie dopisywać a) (*wzrok*) fail b) (*nerwy*) fray
dopływ 1. (*rzeki*) tributary 2. (*np. pieniędzy*) supply
dopóki until
doprawiać (*jedzenie*) flavour
doprowadzać 1. amount (*do* to) 2. (*do szału, do długów*) drive (*do* into) 3. (*nakłaniać*) lead
doprowadzić bring about (*do czegoś* sth)
doprowadzenie supply
dopuszczać 1. let (*kogoś do zrobienia czegoś* let sb do sth) 2. (*kandydata*) pass ◊ 3. nie dopuszczać bar (*do* from)
dopuszczalny allowable
dopytywać się ask after (*o kogoś* sb)
doradca adviser
doradzać advise (*coś* on sth), *form* counsel
dorastać grow up
doraźny 1. (*rozwiązanie*) ad hoc 2. (*tymczasowy*) makeshift
dorosły adult, grown-up
dorównywać 1. (*tempem*) keep up (*czemuś* with sth) 2. (*szybkością*) match 3. (*poziomem*) catch up (*komuś* with sb) 4. (*jakością*) equal
dorsz cod

dorzecze basin
dosięgać reach
doskonale fine, perfectly
doskonałość excellence, perfection
doskonały excellent, perfect
dosłownie literally
dosłowny literal
dostarczać provide (*coś komuś* *sth for sb/sb with sth*)
dostarczanie provision
dostatek *form* affluence
dostatni 1. affluent 2. *przest* comfortable
dostawa delivery
dostawać 1. get, receive 2. (*dosięgać*) get at 3. (*chorobę, apetyt*) develop ◇ 4. **dostawać z powrotem** get back
    dostawać się (*dokądś*) get (*do* to/into)
dostawca supplier
dostęp access
dostępny 1. accessible, available ◇ 2. **dostępny na rynku** on the market
dostojny dignified
dostosowywać adapt, adjust
dostosowany adjusted, adapted
dostrzec tell
dostrzegać 1. recognize, perceive 2. *form* (*ujrzeć*) observe 3. (*dojrzeć*) catch *sight/a glimpse* of 4. (*osobę*) spot ◇ 5. **nie dostrzegać** (a) (*czegoś*) miss (b) (*problem*) overlook
dosyć *patrz* **dość**
dość 1. rather, fairly 2. enough 3. quite ◇ 4. **mieć czegoś dość** (a) be sick of sth (b) *nieform* be fed up with sth
doświadczalny experimental
doświadczenie 1. hindsight 2. (*pamięć*) experience 3. (*czynność*) ex-

periment
    brak doświadczenia inexperience
doświadczony experienced
dotacja grant, subsidy
dotąd 1. by then, yet ◇ 2. **jak dotąd** as yet, so far
dotkliwy (*np. ból*) keen, *form* grievous
dotknięty 1. cursed (*czymś* with sth) 2. stricken (*czymś* with sth)
dotować subsidize
dotrzymywać 1. (*słowa*) keep 2. (*obietnicy, zobowiązania*) honour 3. (*obietnicy*) stick to ◇ 4. **dotrzymywać czemuś kroku** keep pace with sth
dotychczas yet, *form* hitherto
dotyczący regarding (*czegoś* sth), relating (*czegoś* to sth)
dotyczyć (*odnosić się*) concern (*kogoś* sb)
dotyk 1. (*dotykanie*) touch ◇ 2. **być w dotyku** feel (*jak* like – *w dotyku jest gładkie* it feels smooth) 3. **w dotyku** to the touch
dotykać 1. touch 2. (*palcami*) feel
doustny oral
dowcip 1. (*cecha*) humour, wit 2. (*anegdota*) joke
dowcipny 1. humorous 2. witty
dowiadywać się 1. learn (*o* of) 2. *form* inquire (*o czymś* about sth) 3. hear (*od kogoś* from sb)
dowodzić 1. (*wojskiem*) command 2. (*fakt*) demonstrate
dowód proof, evidence
dowód tożsamości identity card
dowódca chief, commandant
dowództwo (*wojskowe*) command
doznanie sensation
doznawać 1. *form* encounter 2. (*stadium*) pass through

dozorca 1. caretaker 2. (*parku*) warden 3. (*bramy*) janitor
dożywotni ◇ dożywotnie więzienie life imprisonment
dół 1. bottom 2. (*zagłębienie*) pit ◇ 3. na dół downward(s) 4. w dół (a) down (b) (*rzeki*) downstream (c) (*poruszać się*) downward(s) 5. w dole (a) bottom (b) (*rzeki*) downstream 6. z dołu from below
drabina ladder
drabina składana stepladder
dramat drama
dramaturg playwright, dramatist
dramatyczny dramatic
drapacz chmur skyscraper
drapać scratch (*się* oneself)
drapieżnik predator
drapieżny predatory
drażnić (*kogoś*) annoy, irritate
dreszcz 1. chill 2. (*emocji*) thrill
dreszczowiec thriller
drewniak (*chodak*) clog
drewniany wooden
drewno 1. wood 2. (*do budowy*) timber 3. (*opałowe*) firewood
dręczyć 1. torment, plague 2. (*o wątpliwościach*) nag (*kogoś* at sb)
drętwieć go dead
drgać 1. jar 2. (*o głosie*) quaver 3. (*o części ciała*) twitch
drobiazg trifle
drobnoustrój microbe
drobny 1. slight 2. (*ruch, obiekt*) dainty 3. (*pył*) fine 4. (*kobieta*) petite 5. (*szczegół*) minute
drobne (*pieniądze*) (small) change
droga 1. road 2. (*dojście*) way 3. (*np. samolotu*) run 4. (*prawo przejazdu*) right of way ◇ 5. po drodze on the way 6. dawać

wolną drogę give way 7. stać na drodze be in the way 8. drogi (*np. oddechowe*) passage
droga bez przejazdu cul-de-sac
droga dla pieszych walkway
droga główna main road
drogeria *BR* chemist's, *US* drugstore
drogi 1. dear 2. (*kosztowny*) costly, expensive ◇ 3. „Drogi Panie" "Dear Sir"
drogowskaz signpost
drogowy 1. road 2. (*wykroczenie*) motoring
drożdże yeast
drób poultry
dróżka alley, lane
drugi 1. second 2. (*następny*) latter 3. other ◇ 4. po drugie second(ly)
drugorzędny second-class
druk 1. print 2. (*rodzaj czcionki*) type 3. (*formularz*) form 4. (*na liście*) printed matter
drukarka printer
drukarnia 1. press 2. printer
drukarz printer
drukować 1. print 2. type
drut 1. wire 2. (*do roboty na drutach*) needle ◇ 3. robić na drutach knit
drużyna *sport* team
drzazga sliver, splinter
drzeć tear
drzemać nap, doze
drzemka nap
drzewo 1. tree 2. (*drewno*) wood
drzwi 1. door 2. (*przejście*) doorway
duch 1. spirit 2. (*zjawa*) ghost
duchowieństwo clergy
duchowny clergyman
duchowy spiritual
duma pride

dumny proud (*z czegoś* of sth)
dupa 1. *BR* arse, *US* ass ◊ **2. do dupy** lousy
dur *muz* major
    dur brzuszny typhoid
    dur plamisty typhus
dureń 1. fool ◊ **2. robić durnia (z kogoś)** make a fool (of sb)
durszlak colander
dusić 1. smother, choke **2.** (*potrawę*) stew
    dusić się 1. choke (*czymś* on sth) **2.** suffocate
dusza 1. soul **2.** (*człowieka*) spirit
duszny 1. (*pokój*) airless **2.** (*pogoda*) sticky
dużo 1. much, many **2.** a good/great deal **3.** *a lot/lots* (of) **4.** plenty (*czegoś* of sth)
duży 1. big, large **2.** great **3.** (*mróz*) hard **4.** (*odpowiedzialność*) heavy
dwa 1. two ◊ **2. za dwa** after next (*za dwa tygodnie* after next week) **dwa razy** double, twice
dwadzieścia twenty
    dwadzieścia cztery godziny round-the-clock
dwanaście twelve
dwieście two hundred
dwoje 1. two ◊ **2. na dwoje** in two
dworzec (railway) station
dwór 1. (*króla*) court ◊ **2. na dwór** outdoors **3. na dworze (a)** in the open (air), out of doors **(b)** (*króla*) at court
dwudziesty twentieth
dwujęzyczny bilingual
dwukropek colon
dwukrotnie twice
dwunasty twelfth
dwurzędowy double-breasted
dwustronny 1. (*droga*) two-way **2.** (*rozmowy*) bilateral

dwutlenek dioxide
dwuznaczny ambiguous
dydaktyczny *form* didactic
dyfteryt diphtheria
dyktando dictation
dyktator dictator
dyktatura dictatorship
dyktować dictate
dylemat dilemma
dyliżans (stage)coach
dym smoke
dymić się smoke
dynamiczny 1. dynamic **2.** (*działalność*) energetic
dynamika dynamics
dynastia dynasty
dynia pumpkin
dyplom 1. diploma ◊ **2. otrzymywać dyplom** qualify (*jako ktoś* as sb)
dyplomacja diplomacy
dyplomata diplomat
dyplomatyczny diplomatic
dyplomowany qualified
dyrekcja direction, management
dyrektor 1. director, manager **2.** (*np. szkoły*) head
dyrektywa guideline
dyrygent conductor
dyscyplina 1. discipline **2.** *sport* event
dysk 1. *med* disc **2.** *komp* disc, disk **3.** *sport* discus
dyskietka *komp* floppy (disc)
dyskoteka discotheque, *nieform* disco
dyskretny 1. discreet **2.** (*o barwach*) quiet
dyskusja discussion
dyskusyjny arguable, debatable
dyskutować debate, discuss
dysponować dispose (*czymś* of sth)
dyspozycja ◊ **do czyjejś dyspo-**

zycji at sb's disposal
dystans 1. distance **2.** mileage
dysydent 1. *form* dissident **2.** *form* dissenter
dysza nozzle
dyszeć pant, gasp
dywan carpet
dywizja *wojsk* division
dyzenteria dysentery
dyżur 1. duty ◊ **2. na ostrym dyżurze** (*oddział*) casualty
dyżurny 1. on duty **2.** (*w klasie*) *BR* prefect
dzbanek 1. jug **2.** (*do herbaty, kawy*) pot
dziać się be on, go on (*co się dzieje?* what's going on?)
dziadek grandfather
dziadek do orzechów nutcracker(s)
dział division
działacz activist
działać 1. act **2.** (*o urządzeniu*) work **3.** (*o firmie, urządzeniu*) operate **4.** (*o maszynie, sercu*) function ◊ **5. działać komuś na nerwy** *nieform* get on sb's nerves
działający 1. going **2.** operational ◊ **3. działający wstecz** *prawne* retrospective
działalność activity
działanie 1. operation, action ◊ **2. wprowadzać coś w działanie** put sth in action
działka 1. *BR* (*ogródek*) allotment **2.** (*ziemi*) plot
działo cannon, gun
dzianina knitwear
dziarski dashing
dziąsło gum
dziczyzna venison
dziecięcy childlike
dziecinny 1. childish **2.** (*poczucie*

humoru) juvenile
dzieciństwo childhood
dziecko 1. child
małe dziecko *form* infant
dziedzic 1. (*posiadacz*) squire **2.** (*spadkobierca*) heir
dziedzictwo inheritance
dziedziczny hereditary
dziedziczyć inherit
dziedzina 1. area **2.** (*zainteresowań*) range **3.** (*badań*) field
dzieje history
dziekan dean
dzielenie division
dzielić 1. divide (*przez* by/into) **2.** share (*z kimś* with sb) **3.** (*oddzielać*) separate
dzielić się **1.** share **2.** divide
dzielnica 1. (*w mieście*) quarter, district **2.** (*mieszkaniowa, przemysłowa*) estate
dzielnica sklepowa *BR* precinct
dzielny 1. (*odważny*) gallant **2.** (*opór*) stout
dzieło work
dzieło sztuki work of art
dziennik 1. (*gazeta*) daily **2.** (*pamiętnik, gazeta*) journal **3.** (*pamiętnik*) diary **4.** (*wiadomości*) the news
dziennik okrętowy log
dziennikarz journalist
dzienny daily
dzień 1. day **2.** daylight ◊ **3. dzień dobry** (a) hello (b) *form* how do you do (c) (*rano*) good morning (d) *form* (*po południu*) good afternoon **4. za dnia** by day
dzień pracy/roboczy workday
dzień wypłaty payday
dzierżawczy *gram* possessive
dzierżawić lease
dziesiąty tenth

dziesięciobój *sport* decathlon
dziesięć ten
dziewczęcy girlish
dziewczyna 1. girl **2.** (*sympatia*) girlfriend
dziewczynka girl
dziewiąty ninth
dziewica virgin
dziewięć nine
dziewięćdziesiąt ninety
dziewięćdziesiąty ninetieth
dziewięćset nine hundred
dziewiętnasty nineteenth
dziewiętnaście nineteen
dzięcioł woodpecker
dzięki 1. (*komuś*) owing to, by courtesy of **2.** (*czemuś*) by means of, thanks to **3.** (*dziękuję*) thanks
dziękować 1. thank ◇ **2. dziękuję** thanks, thank you
dzik boar
dziki 1. wild **2.** (*brutalny*) savage
dzikus savage
dziobać peck
dziób 1. (*samolotu*) nose **2.** (*ptaka*) bill, beak **3.** (*okrętu*) bow
dzióbek (*czajnika*) spout
dzisiaj today
  dzisiaj wieczorem tonight
dzisiejszy 1. this (*dzisiejszego ranka wstał wcześnie* this morning he got up early) ◇ **2. do dnia dzisiejszego** to date **3. dzisiejszego wieczoru** tonight
dziś today
dziura 1. hole **2.** (*miejscowość*) dump, hole **3.** (*w zębie*) cavity **4.** (*w dętce*) puncture
dziurawić 1. hole **2.** (*dętkę*)

puncture
dziurawy 1. (*nieszczelny*) leaky **2.** (*niedopracowany*) patchy
dziurka hole
  dziurka od guzika buttonhole
  dziurka od klucza keyhole
dziurkarka punch
dziwactwo oddity
dziwaczny 1. queer, weird **2.** (*pomysł*) wild
dziwić surprise
  dziwić się be surprised
dziwka 1. *pejor* whore **2.** *wulg* bitch
dziwnie strangely
dziwny 1. strange ◇ **2. to** (*dość*) **dziwne** strangely enough, oddly enough
dzwon bell
dzwonek 1. bell **2.** (*kwiatek*) bluebell **3.** (*dźwięk dzwonka*) ring
dzwonić 1. ring (*do kogoś* sb, *czymś* sth, *na kogoś* for sb) **2.** (*telefonicznie*) call (*do kogoś* sb)
dzwonnica belfry
dźwięk 1. sound **2.** (*metalu*) clang **3.** (*hałas*) noise **4.** (*instrumentu*) tone
dźwiękowy 1. sound **2.** (*sprzęt*) audio
dźwig 1. (*żuraw*) crane **2.** (*winda*) lift
dźwigać hoist
dźwignia lever
dżdżownica earthworm
dżem jam
dżentelmen gentleman
dżins (*materiał*) denim
  dżinsy denims, jeans
dżungla jungle

E

echo echo
edukacja education
edycja edition
efekt 1. effect ◇ 2. dla efektu, na efekt for effect
efektowny spectacular
efektywny effective, efficient
egoista egoist
egoistyczny self-centred
egzamin 1. examination (*z czegoś* in sth), *nieform* exam 2. (*np. na prawo jazdy*) test 3. (*ustny*) oral, viva egzaminy końcowe (magisterskie) finals
egzekucja execution
egzemplarz copy
egzotyczny exotic
egzystencja existence
ekipa 1. team 2. *pejor* bunch
ekolog 1. ecologist 2. environmentalist
ekologia ecology
ekonomia 1. (*nauka*) economics 2. (*gospodarka*) economy
ekonomiczny economic
ekran screen
Ekscelencja Excellency (*(Wasza/ /Jego Ekscelencja)* (Your/His) Excellency)
ekspansja expansion
ekspedient(ka) (shop) assistant
ekspedycja expedition
ekspert expert
eksperyment experiment
eksploatacja 1. (*wyzyskiwanie*) exploitation 2. (*np. samochodu*) use
eksploatować 1. (*surowce*) exploit 2. (*samochód*) use
eksplodować 1. explode 2. (*w gniewie*) erupt
eksplozja explosion

eksponat exhibit
eksponować exhibit
eksport export
eksporter exporter
eksportować export
eksportowane produkty exports
ekspozycja 1. exhibition 2. (*na promieniowanie*) exposure (*on* to)
ekspres 1. (*pociąg*) express 2. (*do kawy*) percolator, espresso
ekspresowy 1. (*pociąg*) express 2. (*kawa*) espresso
ekstradycja extradition
ekwipować (się) equip
ekwipunek equipment
ekwiwalent equivalent
elastik elastic
elastyczność elasticity
elastyczny 1. elastic 2. (*materiał*) stretch 3. (*o człowieku*) resilient 4. (*materac*) springy
elegancki 1. elegant 2. (*o zachowaniu*) graceful 3. (*ubrany*) neat 4. (*o wyglądzie*) smart
elektrolit electrolyte
elektroniczny electronic
elektronika electronics
elektrownia plant, power station
elektryczność electricity
elektryczny electric(al)
elektryk electrician
element 1. element 2. (*broni, łamigłówki*) piece
elementarny 1. elementary 2. (*niewykształcony*) rudimentary
eliminacja 1. elimination 2. *sport* heat
eliminacyjny *sport* knock-out
eliminować eliminate
elita elite
elitarny elite, select

emaliowany enameled
emeryt *BR* pensioner
emerytalny retiring
emerytowany retired
emerytura 1. (*pieniądze*) pension **2.** (*stan*) retirement ◇ **3.** iść na emeryturę retire
emigracja emigration
emigrant expatriate, emigrant
emigrować emigrate (*do/z* to/from)
emisja *form* emission
emitować *form* emit
emocja emotion
emocjonalny 1. emotional **2.** (*głos, muzyka*) vibrant
encyklopedia encyclopedia
encyklopedyczny 1. encyclopedic **2.** reference
energetyczny (*przemysł*) electrical
energia 1. energy **2.** (*fizyczna*) vigour **3.** (*wiatru, wody*) power
energiczny 1. energetic **2.** (*fizycznie*) vigorous **3.** (*szybki*) brisk **4.** (*psychicznie*) vivacious
entuzjasta enthusiast
entuzjastyczny 1. enthusiastic (*co do* about) **2.** glowing
entuzjazm 1. enthusiasm (*co do* for) **2.** (*zapał*) drive
epidemia epidemic
epoka *form* epoch
epokowy epoch-making, trail--blazing
era 1. era ◇ **2.** naszej ery AD **3.** przed naszą erą BC
erekcja erection
erotyczny erotic

erotyka eroticism
erotyzm eroticism
erozja erosion
esencja 1. essence **2.** (*herbaciana*) brew
eskadra squadron
eskorta escort
estakada (*dla samochodów*) flyover
estetyczny 1. aesthetic **2.** (*przyjemny*) pleasing to the eye
estrada 1. platform **2.** (*dla orkiestry*) bandstand
etap 1. stage **2.** (*podróży*) leg
etat 1. full job, *form* permanent position ◇ **2.** być na etacie be on (sb's) payroll **3.** na niepełnym etacie part-time
etui (*np. na okulary*) case
etyczny ethical
etyka ethic
etykieta 1. (*np. dworska*) etiquette **2.** (*na zakupie*) label, tag
etykietka label, tab, ticket
etylina *BR* petrol, *US* gasoline
Europa Europe
Europejczyk European
europejski European
ewakuować evacuate
ewangelia gospel
ewentualność *form* contingency, *form* eventuality
ewentualny 1. prospective, **2.** likely, possible
EWG the Common Market
ewidencja 1. record, file(s) ◇ **2.** w ewidencji on record
ewolucja evolution

F

fabryka 1. factory **2.** (*zwłaszcza US*) plant
fabularny (*film*) feature
facet *nieform* chap, guy, fellow
fachowiec professional
fachowy 1. professional **2.** (*język*) technical
fagot bassoon
fajka pipe
fajnie 1. *nieform* goody ◊ **2. fajnie z kimś jest** sb is fun
fajny 1. *nieform* fun, super, *US* cute ◊ **2. coś jest fajne** sth is fun **3. strasznie fajny** *nieform* terrific
fakt fact
faktura 1. texture **2.** (*dokument*) invoice
faktycznie 1. *in (actual)/in point of/as a matter of* fact **2.** actually, indeed
faktyczny actual, effective, virtual
fala 1. wave **2.** *przen* tide
fale radiowe airwaves
falochron breakwater, jetty
falstart false start
fałsz 1. *form* falsehood **2.** falsity
fałszerstwo 1. fake **2.** (*przestępstwo*) forgery
fałszerz forger
fałszować 1. (*pieniądze, dokumenty*) forge **2.** (*pieniądze, pismo*) counterfeit **3.** (*jedzenie*) adulterate **4.** (*informacje*) falsify
fałszowany fake, counterfeit
fałszywość *form* falsehood
fałszywy 1. false **2.** *form* spurious **3.** (*podrabiany*) counterfeit **4.** (*postawa*) misguided
fałszywy ślad red herring
fan 1. fan **2.** *nieform* (*zagadnienia*) buff

fantastyczny 1. fantastic **2.** (*także wspaniały*) fabulous **3.** (*opowieści*) fanciful
fantazja fantasy, *form* fancy
farba 1. paint **2.** (*pokrywa farby*) paintwork
farbować dye
farma farm
fartuch 1. apron **2.** (*roboczy*) overall
fasada facade
fasola bean(s)
fasola szparagowa 1. haricot (beans) **2.** string bean(s)
fasolka po bretońsku konserwowana baked beans
fatalny 1. fatal **2.** (*np. pogoda*) miserable
fauna *form* fauna
fax facsimile, fax
faza phase, stage
federacja federation
federalny federal
ferie holidays, *BR* half-term
festiwal festival
fiasko 1. fiasco **2.** (*np. przedsięwzięcia*) failure **3.** *nieform* flop
figa fig
figi (*damskie*) briefs, *BR* knickers
figura 1. (*o ciele*) figure **2.** (*w grach*) piece ◊ **3. ważna figura** VIP, *nieform* a big shot
figurka statuette
fikcyjny 1. (*udający prawdę*) fictional **2.** (*fałszywy*) fictitious
filar pillar
filatelistyka philately
filc felt
filet fillet
filia branch
filigranowy dainty

filister philistine
filisterski philistine
filiżanka 1. cup **2.** (*miara*) cupful
film 1. film **2.** (*kinowy*) picture, movie
    film pełnometrażowy/fabularny feature film
    film rysunkowy cartoon
filmować film, shoot
filmowy film
    aparat filmowy *BR* cine-camera, *US* motion-picture camera
filozof philosopher
filozofia philosophy
filozoficzny philosophic(al)
filtr filter
finalista finalist
finał final
finałowy final
finanse finances
finansować finance
finansowy financial
fioletowy violet
fiołek violet
fiołkowy mauve
firanka 1. net curtain **2.** (*zasłona*) curtain
firma 1. business, company **2.** firm **3.** (*handlowa*) corporation
fizjologia physiology
fizyczny 1. physical **2.** (*pracownik*) blue-collar
fizyk physicist
fizyka physics
flaga flag
flaki (*do jedzenia*) tripe
flanela flannel
flaszka bottle
flądra plaice
flet flute
    flet prosty recorder
flirtować flirt
flora *form* flora

flota fleet
foka seal
folder brochure, handout
folia foil
    folia aluminiowa tinfoil
fonia 1. (*w TV*) sound ◇ **2. na fonii** on the air
fontanna fountain
foremka mould
forma 1. form **2.** (*np. do ciasta, odlewu*) mould ◇ **3. nie być w formie** have an off day **4. w formie** on form **5. nie w formie** off form
formacja formation
formalnie 1. formally **2.** (*ściśle*) technically
formalność formality
formalny formal
formularz form
forsa *nieform* dough
fortepian piano
fotel armchair, easy chair
fotograf photographer
fotografia 1. (*zdjęcie*) photograph, *nieform* photo **2.** (*sztuka*) photography
fotograficzny photographic
fotografować photograph, shoot
fotokopia photocopy
fotokopiarka photocopier
fracht freight
fragment 1. fragment **2.** (*książki, filmu*) excerpt (*z* from)
frakcja faction
francuski French
Francuz 1. French ◇ **2. Francuzi** the French
frekwencja 1. *termin* frequency **2.** (*uczestnictwo*) attendance, turnout
front (*wojsko, polityka, meteorologia*) front
fruwać fly

frytki *BR* chips, *US* French fries
fryzjer(ka) 1. (*męski*) barber **2.** (*damski*) hairdresser
fryzura haircut, *nieform* hairdo
fundacja foundation
fundament foundation
fundusz(e) funds
funkcja function
funkcjonariusz 1. official **2.** (*poli-cji*) officer **3.** *form* functionary
funkcjonować 1. function (*jako* as) ◊ **2. źle funkcjonować** malfunction
funt pound
furgonetka van
furtka 1. gate **2.** (*wyjście z sytuacji*) loophole
futro fur

G

gabinet 1. (*ministrów*) cabinet **2.** (*lekarski*) consulting room
gad reptile
gadać talk
gadatliwy talkative
gala gala
galaretka jelly
galeria gallery
galon gallon (*BR* 4,54 l, *US* 3,79 l)
gałązka 1. twig **2.** (*rośliny*) spray **3.** (*z liśćmi*) sprig
gałąź branch
gałka 1. ball **2.** (*do drzwi*) knob
gałka muszkatołowa nutmeg
gałka oczna eyeball
ganek porch
gang gang
gangrena gangrene
gangster gangster
gapić się gawp (*na* at)
garaż garage
garb hump
garbaty hunchbacked
garbić się slouch
gardło 1. throat ◊ **2. gardło go boli** he has a sore throat
gardzić disdain, *form* scorn
garnek pot

garnitur suit
garnizon garrison
garść 1. hand **2.** (*miara*) handful, fistful
gasić 1. (*światło, ogień*) put out **2.** (*np. radio*) turn off **3.** (*ogień*) *form* extinguish **4.** (*pragnienie*) quench
gasnąć 1. go out **2.** (*o silniku auta*) stall
gastronomia *form* gastronomy
gastronomiczny *form* gastronomic
gaśnica (fire) extinguisher
gatunek species
gawędzić chat
gawron rook
gaz gas
gaza gauze
gazela gazelle
gazeta (news)paper
gazowany gassy
gazowy gas, *form* gaseous
gąbka sponge
gąsienica caterpillar
gąsior gander
gdyby if
gdyby nie unless
gdyż since, because

gdzie *GRAM* where
gdzie indziej elsewhere
gdziekolwiek 1. elsewhere, anywhere 2. wherever
gdzieś somewhere
generacja generation
generalny general
generał general
generator generator
genialny 1. of genius 2. *żart* genial
genitalia genitals
geniusz genius
geograf geographer
geografia geography
geograficzny geographic(al)
geolog geologist
geologia geology
geologiczny geological
geometria geometry
geometryczny geometric(al)
gepard cheetah
gest gesture
getry leggings
gęba *nieform* gob
gęstnieć 1. (*o krwi, farbie*) coagulate 2. thicken
gęstość density
gęstwina thicket
gęsty 1. (*mgła, dym*) dense 2. (*o włosy, las*) thick
gęś goose
giełda exchange (*giełda towarowa* stock exchange)
giętki flexible
gigant giant
gigantyczny 1. enormous 2. gigantic, mammoth
gil finch
gimnastyczny gymnastic
gimnastyka gymnastics
gimnastykować się do exercises
gin gin
ginąć 1. die, *lit* perish 2. (*znikać*)

disappear, vanish
ginekolog *termin* gynaecologist
gips 1. plaster of Paris ◊ 2. w gipsie in plaster
gitara guitar
gleba soil
glina clay
gliniany 1. earthen 2. (*naczynie*) earthenware
globalny 1. global 2. (*cena*) inclusive
glukoza glucose
gładki 1. smooth 2. (*włosy, futro*) sleek
gładko smoothly, cleanly
gładzić caress, stroke
głaskać stroke
głaz boulder, rock
głąb 1. (*kapusty*) heart 2. (*głębokość*) depth ◊ 3. w głąb lądu inland
głębia depth
głęboki 1. deep (*było głębokie na metr* it was one metre deep) 2. (*pytanie, szok*) profound
głęboko deep
głębokość 1. depth ◊ 2. mieć głębokość (2 stóp) be (2 feet) deep
głodny hungry
głodować starve
głodzić starve (*się* oneself)
głos 1. voice 2. (*przy głosowaniu*) vote 3. (*ptaka*) call ◊ 4. na głos aloud
głosić 1. (*przekonania*) affirm 2. (*doktrynę*) preach
głosować vote (*za/przeciw* for//against)
głosowanie 1. vote 2. poll
tajne głosowanie ballot
głośnik (loud)speaker
głośno 1. (*na głos*) aloud 2. (*hałaśliwie*) loud

głośny 1. loud 2. (*sławny*) famous

głowa 1. head ◇ 2. **coś przychodzi do głowy** sth crosses the mind 3. **mieć coś na swojej głowie** have sth on one's hands 4. **mieć coś z głowy** have sth off one's hands 5. **kręcić głową** shake one's head

głód 1. hunger 2. (*populacji*) famine

głóg hawthorn

główka (*kapusty*) head

głównie mainly, largely

główny 1. main 2. (*czynnik, funkcja*) major 3. (*cel, charakter*) principal

głuchoniemy deaf-mute

głuchy 1. deaf (*na* to) 2. (*dźwięk*) dull

głupi 1. stupid 2. (*łagodnie*) silly

głupio foolishly, stupidly

głupota stupidity

głupstwo stupidity

   głupstwa nonsense

głuszec grouse

gmach building, *form* edifice

gnać 1. rush 1. (*o ludziach, pojazdach*) career

gniazdko (*elektryczne*) point, socket

gniazdo nest

gnić 1. decay 2. (*także przen*) rot

gnieść 1. (*kanty*) crease, rumple 2. (*w kulkę*) crumple

gniew anger (*na* towards/with, *z powodu* at)

gniewać 1. anger 2. (*bardzo*) outrage

   gniewać się be angry (*na kogoś* with sb)

gnój 1. manure, muck 2. (*o człowieku*) *nieform* bastard

godło emblem

godność dignity

godny *form* worthy (*czegoś* of sth)

   godny pochwały *form* praiseworthy

   godny podziwu admirable

   godny uwagi 1. notable 2. noteworthy 3. remarkable

godz. (*skrót*) hr

godzić reconcile

   godzić się 1. resign (*z oneself to*) 2. make peace (*z kimś* with sb)

godzina 1. hour 2. (*na zegarze*) time, o'clock (*która godzina?* what's the time?, what time is it?, *jest druga (godzina)* it's two o'clock)

   godzina policyjna curfew

   godzina szczytu rush-hour

gofr waffle

gogle goggles

goić (się) heal

gol *sport* goal

golenie shaving

   golenie się shave

goleń shin

golf 1. (*gra*) golf ◇ 2. (*sweter*) z golfem polo-necked

golić (się) shave

golonka knuckle

gołąb pigeon

goły 1. bare 2. (*ciało, żarowka, płomień*) naked

gonić (się) chase (*za* after)

goniec (*w szachach*) bishop

gonitwa (*ubieganie się*) rush (*o coś* for sth)

gorąco 1. (*o pogodzie*) heat 2. (*dyskutować*) hotly ◇ 3. **gorąco mi** I am hot 4. **gorąco (jest)** it is hot

gorący hot

gorączka fever

gorszy 1. (*strona wyższa od* zły) worse 2. inferior (*niż* to)

goryl gorilla

gorzej (*strona wyższa od* źle) worse

gorzki bitter

gorzko bitterly

gospoda inn

gospodarczy 1. (*ekonomiczny*) economic **2.** (*przydomowy*) household

gospodarka 1. (*ekonomia*) economy **2.** (*na roli*) farming

gospodarować (*na roli*) farm

gospodarstwo 1. (*domowe*) household **2.** (*rolne*) farm

gospodarz 1. (*przyjęcia*) host **2.** (*domu*) landlord

gospodyni 1. (*przyjęcia*) hostess **2.** (*domowa*) housekeeper, housewife **3.** (*domu*) landlady

gościć host

gościnny hospitable

gość 1. guest, visitor **2.** *nieform* (*facet*) fellow **3.** (*w restauracji*) diner

gotować 1. (*jedzenie*) cook **2.** (*wodę*) boil

gotować się boil

gotowanie cooking

gotowany 1. boiled ◇ **2. gotowany na twardo** hard-boiled

gotowość readiness (*do zrobienia czegoś* to do sth)

gotowy 1. ready (*do* for) **2.** (*do użycia*) ready-made **3.** (*skończony*) finished

gotówka (hard) cash

goździk 1. carnation **2.** (*przyprawa*) clove

góra 1. mountain, (*w nazwach*) mount **2.** (*przedmiotu, stroju*) top **3.** (*schodów*) upstairs ◇ **4. do góry nogami** upside down **5. do góry (a)** upward(s) **(b)** (*schodów*) upstairs **(c)** (*wstawać*) up **6. na górę** (*schodów*) upstairs **7. w górę (a)** up **(b)** upwards **8. w *górę/w górze* rzeki** upstream **9. z góry** (*płatne*) in advance

górnictwo mining

górniczy mining

górnik 1. miner **2.** (*węglowy*) coal-miner

górny 1. (*powierzchnia*) upper **2.** (*szczytowy*) top **3.** (*o części domu*) upstairs

górować 1. overshadow (*nad czymś* sth) **2.** tower

górski mountain

górzysty mountainous

gówno 1. *wulg* shit ◇ **2. gówno mnie to obchodzi** I do not give/care a damn

gra 1. *sport* game **2.** (*np. planszowa*) play ◇ **3. gra słów** word-play

grabić 1. (*rabować*) loot, pillage **2.** (*grabiami*) rake

grabie rake

gracz 1. player **2.** (*hazardowy*) gambler

grać 1. play (*w coś* sth, *przeciw komuś* sb) **2.** (*w teatrze*) act **3.** (*na pieniądze*) gamble (*na* on) ◇ **4. być granym** (*w kinie*) be on **5. grać główną rolę** star

grad 1. hail ◇ **2. grad pada** it hails

graficzny graphic

grafika engraving

gram gram(me)

gramatyczny grammatical

gramatyka grammar

gramofon record player

granat 1. (*owoc*) pomegranate **2.** (*broń*) grenade

granatowy blue-black

granica 1. border, borderline (*pomiędzy* between) **2.** frontier, boundary **3.** (*abstrakcyjnie*) limit ◇ **4. za granicą** abroad **5. za granicę** abroad

graniczny borderline

graniczyć 1. border (*z czymś* *sth/

/on sth*) **2.** (*abstrakcyjnie*) verge on/upon (*z czymś* sth)
granit granite
grapefruit grapefruit
gratulacje congratulations
gratulacyjny congratulatory
gratulować congratulate
grdyka Adam's apple
grill barbecue
grobowiec tomb
grobowy *lit* mournful
groch pea(s)
gromada group, *form* host
gromadzić 1. accumulate **2.** heap up, pile up
   gromadzić się gather, assemble
grono cluster
grosz 1. grosz, (*niemiecki*) groschen **2.** *przen* penny ◊ **3. bez grosza** penniless
groszek pea(s)
grozić 1. menace **2.** threaten (*czymś* with sth)
groźba menace, threat
groźny dangerous, menacing
grób grave
grubo thick
grubość thickness
gruby 1. thick **2.** (*człowiek, książka*) fat
gruczoł gland
grudka clod
grudzień December
grunt 1. ground **2.** (*pod malowanie*) primer
grupa 1. group **2.** (*ludzi, rzeczy, roślin*) clump
grupka 1. (*ludzi*) knot **2.** (*rzeczy, roślin*) cluster
grupować group (together)
   grupować się band together
gruszka pear
gruz rubble

gruźlica tuberculosis
grymas 1. grimace ◊ **2. robić grymasy** grimace
grypa flu, *form* influenza
gryzoń rodent
gryźć bite
   gryźć się fret (*czymś* about/over sth)
grzałka 1. (*np. w bojlerze*) element **2.** (*do szklanki*) immersion heater
grzanka toast
grzbiet 1. (*człowieka*) back **2.** (*wzgórza*) crest **3.** (*książki*) spine
grzebień comb
grzech sin
grzechotka rattle
grzechotnik rattlesnake
grzecznie politely
grzeczność courtesy
grzeczny 1. courteous, polite **2.** (*dziecko*) good
grzejnik 1. heater **2.** (*kaloryfer*) radiator
   grzejnik (elektryczny) (electric) fire
   grzejnik wody *BR* geyser
grzeszyć sin
grzmieć thunder
grzmot thunder
grzyb 1. mushroom **2.** *termin* fungus
   grzyb trujący toadstool
grzywa mane
grzywka fringe
grzywna 1. (*mandat*) fine ◊ **2. nakładać grzywnę** fine
gubernator governor
gubić lose
   gubić się get lost
guma rubber
   guma do żucia (chewing) gum
gumka 1. (*do zmazywania*) rubber, *US* eraser **2.** (*do majtek*) elastic

gumowy rubber
gust taste
guwernantka governess
guz 1. (*na czole*) bump **2.** *med* tumour
guzik button
gwałcić 1. (*kobietę*) rape **2.** (*porozumienia*) violate
gwałt rape
gwałtowny violent
gwarancja 1. (*na sprzęt*) warranty **2.** (*producenta*) guarantee

gwarantować ensure, guarantee
gwiazda star
gwiazdka 1. (*w druku*) asterisk **2.** (*filmowa*) starlet
gwinea guinea
gwint thread
gwizd whistle
gwizdać 1. whistle **2.** (*na gwizdku*) blow
gwizdek whistle
gwóźdź nail

H

haczyk 1. hook **2.** hold (*na kogoś* over sb)
haftka hook and eye
haftować embroider
hak hook
hala 1. (*sportowa, dworcowa*) hall **2.** (*w fabryce*) workshop
   hala targowa covered market, shopping mall
halka slip, (*półhalka*) petticoat
hall 1. hall **2.** (*w hotelu*) lounge
halo (*do telefonu*) hello
hałas noise
hałasować make a noise
hałaśliwy 1. loud **2.** noisy **3.** rowdy
hałda (slag) heap
hamować 1. brake **2.** (*rozwój*) set back
hamujący impending, inhibiting
hamulec brake
   hamulec nożny footbrake
   hamulec ręczny handbrake
handel 1. trade, commerce **2.** (*np. narkotykami*) traffic
handlarz dealer, trader

handlować trade (*czymś* in sth)
handlowiec tradesman
handlowy 1. commercial **2.** (*flota*) merchant **3.** (*dzielnica*) shopping
hangar hangar
hańba 1. disgrace **2.** *form* dishonour
harcerka BR (girl) guide
harcerz scout
harfa harp
harmonia harmony
harmonijka harmonica, mouth organ
harmonijny harmonious
harmonogram schedule
hasło 1. (*tajne*) password **2.** (*slogan*) watchword **3.** (*w krzyżówce*) clue **4.** (*w słowniku*) entry ◇ **5.** **hasło dnia** catch-phrase
hazard gamble
hej 1. hey **2.** (*aby zwrócić uwagę*) hello
hektar hectare
helikopter helicopter, *nieform* chopper
hełm helmet

herb coat of arms
herbata tea
 herbata ekspresowa tea bag
herbatnik *BR* biscuit, *US* cookie
hermetyczny 1. (*kabina*) pressurized 2. (*zamknięcie*) tight
hetman *szach* queen
hiacynt hyacinth
hierarchia *form* hierarchy
higiena hygiene
hipopotam hippopotamus, *nieform* hippo
hipoteka *termin* mortgage
hipoteza *form* hypothesis
histeria 1. hysteria 2. (*dziecka*) tantrum
histeryczny hysterical
historia 1. history ◊ 2. **tworzyć historię** make history
historyczny 1. (*ważny w historii*) historic 2. historical
historyk historian
hobbista amateur, person with a hobby
hobby hobby
hodować 1. breed 2. (*rośliny, brodę*) grow 3. (*zwierzęta*) raise
hodowla breeding
hojny generous
hokej hockey
hol 1. tow ◊ 2. **na holu** in/on tow
holenderski Dutch
holować tow
hołd 1. homage, tribute ◊ 2. **składać hołd komuś** pay homage to sb
homar lobster
homoseksualista 1. homosexual 2. *nieform* gay
homoseksualny 1. homosexual 2. *nieform* gay, *pejor* queer
honor 1. honour 2. **oddawać**

honory salute
honorarium fee
honorowy honorary
hormon hormone
horyzont 1. horizon ◊ 2. **o ciasnych horyzontach** narrow-minded
hotel hotel
 hotel robotniczy hostel
hotelik guest house
hrabia count, *BR* earl
hrabina countess
huczeć 1. (*o dziale, głosie*) boom 2. (*o morzu*) roar 3. (*ciągle*) drone
huk 1. (*działa, głosu*) boom 2. (*grzmotu, śmiechu*) peal 3. (*grzmotu*) growl 4. *form* (*wybuchu*) report
hulajnoga scooter
humanistyka arts
humanitarny humane, humanitarian
humanitaryzm humanity
humanizm humanism
humor 1. humour 2. (*nastrój*) mood, temper
hura hurray, hooray
huragan hurricane
hurt wholesale
hurtownia wholesale firm
hurtownik wholesaler
hurtowy wholesale
huśtać (się) swing, sway
huśtawka 1. (*dźwigniowa*) seesaw 2. swing
huta foundry
hydrant hydrant
hydrauliczny hydraulic
hydraulik plumber
hymn 1. (*narodowy*) anthem 2. (*religijny*) hymn

I

i and
idea message, idea
idealnie ideally
idealny ideal (*do* for)
ideał 1. ideal ◊ 2. w ideale ideally
identyczny identical
ideologia ideology
ideologiczny ideological
idiom 1. idiom 2. phrase
idiomatyczny idiomatic
idiota idiot
idiotyczny idiotic
idol 1. idol 2. hero
igła 1. needle 2. (*gramofonu*) stylus
ignorować ignore, overlook (*coś* sth)
igrzyska games
   igrzyska olimpijskie Olympic
   Games, the Olympics
ikra roe
ile 1. as many/much as 2. how
   many/much ◊ 3. ile lat pan(i)
   ma? how old are you?
iloczyn product
iloraz quotient
ilościowy quantitative
ilość 1. quantity, amount 2. number (*w ilości pięciu* five in number)
   ◊ 3. duża ilość czegoś a (great)
   number of sth 4. w dużych ilościach in quantity
ilustracja illustration
ilustrować illustrate
ilustrowany illustrated
im 1. them ◊ 2. im ... tym ... the
   ... the ... (*im więcej, tym lepiej* the
   more the better)
imieniny nameday
imiesłów *gram* participle
imię 1. name 2. (*zwł. przed nazwiskiem*) Christian name, *US*
   given name, *form* forename ◊ 3.

w czyimś imieniu in/on sb's behalf, on behalf of sb
imitacja imitation
imperialny imperial
imperium empire
imponujący 1. imposing 2. (*głos*)
   commanding 3. (*styl*) grand
import import
importować import
importowany imported
impotent impotent
impreza 1. event 2. (*przyjęcie*) *BR*
   nieform do
improwizacja improvisation
impuls 1. impulse 2. *form* impetus
impulsywny impulsive
inaczej 1. otherwise 2. (*bo też*) or
   (else)
inauguracja inauguration
incydent *form* incident
Indianin Indian
indeks index
industrializacja industrialisation
indyk turkey
indywidualnie individually
indywidualność individuality
indywidualny individual
infekcja infection
infekować infect
inflacja inflation
informacja information
informator 1. (*człowiek*) informant
   2. (*książka*) reference book
informować inform
ingerencja intervention
inicjatywa initiative
inny another, other
inscenizacja production, staging
inspekcja inspection
inspektor inspector
inspiracja inspiration

instalacja installation
  instalacja hydrauliczna plumbing
instalować 1. install 2. (*gaz, elektryczność*) put in
instrukcja 1. manual 2. instructions
instrument instrument
instynkt instinct
instytucja institution
instytut institute
insulina insulin
integralność *form* integrity
integralny integral (*dla* to)
intelekt intellect
intelektualista intellectual
intelektualny intellectual
inteligencja 1. intelligence, intellect 2. (*klasa*) intelligentsia
inteligentny intelligent
intencja intention
intensyfikacja intensification
intensywny 1. intensive 2. (*kolor*) deep
interes 1. (*firma*) business 2. (*korzyść, potrzeba*) interest (*przy/w* in) 3. (*transakcja*) bargain ◊ 4. w interesach on business
interesować interest
  interesować się be interested in
interesujący interesting
internat hostel, dormitory
  szkoła z internatem boarding school
internista (general) practitioner, *form* physician
interpretacja interpretation
interpretować interpret
interpunkcja punctuation
interwencja interference (*w* with)
interweniować intervene (*w* in)
intryga intrigue
intuicja intuition

intymność intimacy (*pomiędzy/z* between/with)
intymny intimate
inwalida invalid
inwazja 1. invasion ◊ 2. **przeprowadzać inwazję** invade
inwestować invest
inwestycja investment
inżynier engineer
Irlandczyk Irishman
  Irlandczycy the Irish
Irlandka Irishwoman
irlandzki Irish
ironia irony
ironiczny ironic(al)
irytować irritate
iskra spark
istnieć exist
istniejący existing, in being
istnienie existence
istny veritable
istota 1. (*natura*) nature, essence 2. (*stworzenie*) *lit* being ◊ 4. **w istocie** actually
  istota ludzka human being
istotny essential
iść 1. (*patrz także* chodzić) 2. go 3. walk 4. (*za kimś*) follow (*za kimś* sb) 5. (*dalej*) proceed 6. (*o sztuce*) run 7. (*w kinie*) be on 8. (*rzeką, drogą*) follow (*ścieżką* a path) 9. (*o drodze*) go, run 10. (*w górę*) go up, (*o roślinach*) climb ◊ 11. **iść do łóżka** go to sleep, *nieform* turn in 12. **iść z kimś do łóżka** go to bed with sb 13. **iść dalej** (*np. z pracą*) get on (*z* with), continue (*z* with) 14. **komuś dobrze idzie** sb is doing well 15. **komuś źle idzie** sb has bad luck 16. **idzie na lepsze** *nieform* things are looking up
itd. etc.

itp. and so on, etc.

izba 1. (*np. lekarzy*) college 2. *form* (*parlamentu*) house 3. (*pokój*) chamber

izolacja insulation

izolować 1. (*chorego*) isolate 2. (*kabel*) insulate (*przed* from/against)

iż that

J

ja 1. I 2. me (*- Kto tam? - Ja.* Who is it? - That's me.)

jabłko apple

    jabłka w cieście fritters

jabłoń apple tree

jacht yacht

jad venom

jadalnia dining room

jadalny edible, eatable

jadowity venomous

jagoda berry

    czarna jagoda *BR* bilberry, *US* blueberry

jajecznica scrambled eggs

jajko egg

    jajko na twardo hard-boiled egg

    jajko na miękko soft-boiled egg

jak 1. how 2. as, like ◇ 3. **jak najszybciej** as soon as possible 4. **jak zwykle** as usual 5. „**Jak leci?**" "How are things?" 6. **jak następuje** as follows

    jak gdyby as if/though

    jak ... tak i ... (just) as ... so ...

jakby 1. as it were 2. if, when (*jakbyś miał czas...* if you had time...)

jaki 1. what, which 2. that 3. (*około*) some, about

jakikolwiek 1. any 2. whatever, whichever

jakiś some, any (*długi na jakieś 5 cm* some 5 cm long)

jakkolwiek however

jako 1. as, like 2. in a capacity (of) 3. *form* by way of

    jako że 1. *nieform* seeing that/as 2. since

jakoś somewhat, somehow

jakościowy qualitative

jakość quality

jałowcówka gin

jałowiec juniper

jałowy 1. barren 2. (*przedsięwzięcie*) futile 3. (*ląd*) waste, arid

jama 1. (*w ciele*) cavity 2. pit

jamnik dachshund

jankes *pejor* Yankee

jard yard

jarosz vegetarian

jarski vegetarian

jarzeniowy fluorescent

jarzyna vegetable

jarzynowy vegetable

jaskinia cave

jaskółka 1. swallow 2. (*ostatni balkon*) gallery

jaskrawy 1. (*światło*) glaring 2. (*kolor*) gaudy

jasno 1. (*mówić*) clearly 2. (*świecić*) bright(ly) 3. (*widno*) light (*robi się jasno* it is getting light)

jasność 1. brightness, clearness 2. brilliance

jasnowidz clairvoyant

jasnowidzący clairvoyant

jasny 1. bright 2. (*fakt, stwierdze-*

nie) plain **3.** (*kolor, pokój*) light **4.** (*myślenie*) clear **5.** (*skóra, włosy*) fair

jastrząb hawk

jaszczurka lizard

jawny open, undisguised

jawor *BR* sycamore

jazda 1. (*w samochodzie*) drive, driving **2.** (*konna*) ride, riding

jazzowy jazzy

jądro 1. *med* testicle **2.** (*orzecha*) kernel **3.** *termin* nucleus

jąkać się stammer, stutter

jąkanie się stammer, stutter

jechać 1. go **2.** (*drogą*) take **3.** (*samochodem*) drive **4.** (*na rowerze*) ride, cycle ◊ **5. jechać dalej** push on **6. ktoś jedzie** (*dokądś*) sb is on his/her way (somewhere)

jeden 1. one (*z* of) **2.** (*z dwóch*) either (*z* of) ◊ **3. jeden obok drugiego** side by side **4. jeden po drugim** one after *another/the other* **5. jeden po/za drugim** one by one

jedna (*z liczebnikami porządkowymi*) a (*jedna siódma* a seventh)

jedno ◊ **komuś jest wszystko jedno** it is all the same to sb

jedenasty eleventh

jedenaście eleven

jednak 1. however, nevertheless **2.** though **3.** yet **4.** after all **a jednak** yet

jednakowo equally

jednakowy equal, identical

jednakże *form* notwithstanding

jednoczesny simultaneous

jednoczyć unify

jednoczyć się unite

jednogłośny unanimous

jednokierunkowy one-way

jednolity 1. uniform **2.** (*opłata*) flat

3. (*substancja*) smooth

jednoosobowy single

jednorazowy 1. throwaway ◊ **2. jednorazowego użytku** disposable

jednorodny homogeneous

jednostajny uneventful

jednostka 1. *form* entity **2.** (*ludzka*) individual **3.** (*miary, armii*) unit

jednostka pływająca vessel

jednostronny 1. one-sided **2.** (*deklaracja*) unilateral

jedność unity

jednoznaczny clear-cut, explicit

jedwab silk

jedwabny silk

jedynie 1. only, solely **2.** alone (*jedynie duma* pride alone)

jedyny 1. only **2.** sole **3.** (*samotny*) lone

jedyny w swoim rodzaju unique, the only of its kind

jedzenie food, (*czynność*) eating

jedzenie na poczekaniu (*ciepłe*) fast food

jedzenie na wynos *BR* takeaway

jeleń 1. (*gatunek*) deer **2.** (*samiec*) stag

jelito bowel, intestine

jelito grube colon

jemioła mistletoe

jeniec prisoner

jeniec wojenny prisoner of war

jesienny autumnal

jesień autumn, *US* fall

jeszcze 1. yet **2.** (*np. lepszy*) even **3.** else (*co jeszcze* what else) **4.** still (*jeszcze bardziej/lepiej* still more//better)

jeszcze raz once again

jeść 1. eat, have ◊ **2. jeść na mieście** eat out

jeśli if

jezdnia form roadway, US pavement
jezioro lake
jeździć 1. go, travel **2.** (na koniu, rowerze) ride (na czymś (on) sth)
jeździec 1. (konny) horseman **2.** (motocyklowy) rider
jeż hedgehog
jeżeli if
  jeżeli nawet even if/though
  jeżeli nie unless
jeżyna blackberry
jęczeć 1. (głośno) groan **2.** (cicho) moan
jęczmień barley
jęk 1. (głośny) groan **2.** (cichy) moan
język 1. (w ustach) tongue **2.** (np. polski) language **3.** (mowa) speech ◇ **4. trzymać język za zębami** hold one's tongue
  język angielski English

język ojczysty mother tongue
językowy linguistic, relating to language
językoznawstwo linguistics
jod iodine
jodła fir
jodyna iodine
jogurt yoghurt
jubilat person celebrating his/her jubilee
jubiler jeweller
jubileusz jubilee
jury jury
jutro 1. tomorrow ◇ **2. do jutra** nieform see you (later)
jutrzejszy tomorrow
już 1. already **2.** as early as (już dwa dni temu as early as two days ago)
  już dłużej nie no longer
  już dość enough is enough

K

kabaret cabaret
kabel cable, cord
kabina 1. (ciężarówki) cab **2.** (samolotu) cabin **3.** (pilota) cockpit **4.** (w szatni, toalecie) cubicle
kac hangover
kaczka duck
kaczor drake
kadłub 1. body **2.** (samolotu) fuselage **3.** (statku) hull
kadencja term
kadra staff
kafel tile
kaftan bezpieczeństwa strait jacket
kaganiec 1. muzzle ◇ **2. nakładać**

kaganiec muzzle
kajak kayak
kajdanki 1. handcuffs ◇ **2. zakuwać w kajdanki** handcuff
kakao cocoa
kaktus cactus
kalafior cauliflower
kaleczyć hurt, cut
kaleka cripple, disabled person
kalendarz calendar
kalendarzowy calendar
kalesony underpants
kaliber techn calibre
kalka carbon paper
kalkulować calculate
kaloria calorie

kaloryfer radiator
kalosz gumboot
kał excrement
kałuża puddle
kamera camera
kamienica tenement house, block (of flats)
kamieniołom quarry
kamienisty stony, rocky
kamienny stone, stony
kamień 1. stone, US rock 2. (*do zapalniczki*) flint 3. (*nazębny*) tartar 4. (*szlachetny*) gem
kamizelka *BR* waistcoat, *US* vest
  kamizelka ratunkowa lifejacket
kampania campaign
  prowadzić kampanię campaign (*za* for)
kamyk pebble
kanalizacja drainage
kanał 1. (*naturalny, także w telewizji*) channel 2. (*sztuczny*) canal 3. (*kanalizacyjny*) sewer
  Kanał la Manche the (English) Channel
kanapa settee
kanapka (*do jedzenia*) sandwich
kanarek canary
kanciasty angular
kanclerz chancellor
kandydat candidate
kandydatura candidacy
kangur kangaroo
kanister can
kant 1. (*krawędź*) edge 2. (*spodni*) crease 3. (*oszustwo*) fraud
kapać drip
kapeć slipper
kapela band
kapelan chaplain
kapelusz hat
kapitalista capitalist
kapitalistyczny capitalist

kapitalizm capitalism
kapitał capital
kapitan captain
kapitulacja capitulation
kaplica chapel
kapłan priest
kapłanka priestess
kapral corporal
kaprys whim
kapsułka capsule
kaptur hood
kapturek dopochwowy (*antykoncepcyjny*) cap
kapusta cabbage
kapuśniak 1. (*zupa*) cabbage soup 2. (*deszcz*) drizzle
kara punishment (*za* for)
  kara śmierci capital punishment
karabin gun
karać punish (*kogoś za coś* sb for sth)
karafka decanter
karaluch cockroach
kardynał cardinal
kareta coach
karetka ambulance
kariera 1. success, achievement ◊ 2. **robić karierę** succeed
kark nape, neck
karmić feed
  karmić się feed (*czymś* on sth), live (*czymś* on sth)
karmienie feeding
karnawał carnival
karny 1. *praw* penal 2. (*uderzenie*) punitive 3. (*zdyscyplinowany*) disciplined 4. *sport* penalty
karo diamond
karoseria body(work)
karp carp
karta 1. card 2. (*papieru*) sheet
  karta do gry (playing) card
  karta kredytowa credit card

kartka 1. card 2. (*papieru*) sheet
    kartka **pocztowa** postcard
kartofel potato
kartoflanka potato soup
kartoflany potato
karton carton
karuzela   merry-go-round,   *BR*
    roundabout
karykatura 1. caricature 2. cartoon
kasa 1. cashier's desk 2. (*w teatrze,
    kinie*) box office 3. (*w dużym skle-
    pie*) checkout 4. (*w banku*) till
kaseta cassette
kasjer(ka) 1. cashier 2. (*w banku*)
    teller
kask (crash) helmet
kasować 1. *komp* delete 2. (*bilet*)
    cancel 2. (*dźwięk*) wipe
kasyno casino
kasza grits
    kasza **manna** semolina
    kasza **na wodzie** gruel
kaszanka black pudding, *US* black
    sausage
kaszel cough
kaszleć cough
kasztan chestnut
kasztanowy auburn, chestnut
kat executioner
katalizator *techn* catalyst
katalog catalogue
katar cold (in the head)
    katar **sienny** hay fever
katarynka barrel organ
katastrofa 1. catastrophe 2. (*okrę-
    towa*) shipwreck
katedra 1. cathedral 2. (*naukowa*)
    chair
kategoria category
katolicki (Roman) Catholic
katolik (Roman) Catholic
kaucja 1. bail ◊ 2. **składać kaucję**
    bail out

kawa coffee
kawaler unmarried man, bachelor
kawaleria cavalry
kawał 1. piece, lump 2. *nieform*
    chunk 2. (*dowcip*) practical joke
kawałek 1. piece, bit 2. (*mydła*)
    cake ◊ 3. **na kawałki** to pieces
kawiarnia coffee shop, café
kazać 1. order (*aby ktoś coś zrobił* sb
    to do sth) 2. (*w wojsku*) command
kazanie sermon
kaznodzieja preacher
każdy 1. each (*z* of), every 2. (*z
    dwu*) either 3. everybody, every-
    one
kąpać 1. bath
    kąpać **się** 1. have/take a bath 2.
    (*dla przyjemności*) bathe
kąpiel 1. (*np. w morzu*) *BR* bathe
    2. (*mycie*) bath
kąpielisko (*pływalnia*) baths
kąpielówki swimming trunks
kąt 1. (*geometryczny*) angle 2. (*róg*)
    corner 3. (*zakątek*) nook
kciuk thumb
keczup ketchup
keks fruitcake
kelner waiter
kelnerka waitress
kemping campsite
kępa clump
kępka (*włosów, trawy*) tuft
kibic fan, supporter
kichać sneeze
kiedy when
    od **kiedy** since when
kiedykolwiek whenever
kiedyś once, sometime
kieliszek glass
    kieliszek **do jajek** eggcup
kieł 1. fang 2. (*słonia, dzika*) tusk
kiełbasa sausage
    zapiekana **kiełbasa** sausage roll

kiełkować germinate, sprout
kiepski feeble
kier heart
kierować 1. direct **2.** (*samochód*) drive **3.** (*pytanie*) put (*do kogoś* to sb) **4.** (*uwagę*) address **5.** (*dużą organizacją*) govern **6.** (*firmą*) manage
kierować się 1. (*iść*) make (*do czegoś* for sth) **2.** (*powodować się*) guide **3.** (*w stronę*) point
kierowca driver
kierownica 1. (*samochodu*) steering wheel **2.** (*roweru*) handlebar
kierownictwo 1. leadership **2.** (*firmy*) management ◇ **3. przejmować kierownictwo** take charge
kierowniczy managerial
kierownik 1. manager **2.** (*np. szkoły*) head
kierunek 1. direction **2.** trend **3.** (*dyskusji*) line ◇ **4. w kierunku** toward(s)
kierunkowskaz indicator
kieszeń pocket
kij stick
kij od miotły broomstick
kilka 1. several **2.** *nieform* a couple of
kilkadziesiąt dozens
kilkanaście a dozen or so
kilkaset several hundred
kilo(gram) kilo(gram)
kilometr kilometre
kiła syphilis
kino cinema
kinowy cinematic
kiosk 1. kiosk **2.** (*na ulicy*) stand **3.** (*z gazetami*) newsagent
kipieć boil
kisić pickle
kisiel jelly dessert
kiszki guts

kit putty
kiwać 1. wag **2.** (*głową*) nod
kiwi 1. (*ptak*) kiwi **2.** (*owoc*) kiwi fruit
klakson horn
klamka 1. handle **2.** (*gałka*) doorknob
klamra buckle
klapa 1. (*marynarki*) lapel **2.** (*niepowodzenie*) *nieform* flop ◇ **3. robić klapę** *nieform* flop
klapa bezpieczeństwa safety valve
klarnet clarinet
klasa 1. class **2.** (*w szkole*) *BR* form, *US* grade **3.** (*pomieszczenie*) classroom
klaskać clap
klasówka test, school work
klasyczny classical, classic
klasyfikacja classification
klasztor 1. (*męski*) monastery **2.** (*żeński*) convent
klatka cage, hutch
klatka piersiowa chest
klauzula clause
klawesyn harpsichord
klawiatura keyboard
klawisz key
kląć swear (*na kogoś* at sb)
kleić 1. glue **2.** bond (*ze sobą* together, *do to*)
klej glue, cement
klejnot 1. jewel **2.** *przen* gem
klepać clap, pat
klęczeć kneel
klękać kneel down
klęska 1. (*przegrana*) defeat **2.** (*katastrofa*) disaster
klient 1. *form* patron **2.** (*w sklepie*) customer, shopper **3.** (*adwokata, banku*) client
klimat climate

klimatyczny climatic
klimatyzacja air-conditioning
klimatyzowany air-conditioned
klin wedge
kliniczny *med* clinical
klinika clinic
klocek (toy/building) block
klomb (flower)bed
klon maple
klosz shade
klub club
klucz 1. key (*także w muzyce*) 2. (*do śrub*) *BR* spanner, *US* wrench
kluczowy key
kluska dumpling
kładka footbridge
kłamać lie
kłamca liar
kłamstwo lie
kłaniać się 1. bow (*komuś* to sb) 2. nod
kłaść 1. put 2. (*nacisk*) place 3. (*dywan, podstawy*) lay
kłaść się 1. lie down ◊ 2. nie kłaść się (*spać*) sit up late, stay up
kłąb (*dymu*) billow, cloud
kłębek 1. (*waty*) pad, wad 2. (*wełny*) ball
kłopot 1. trouble, worry ◊ 2. w przypadku trudności/kłopotów in difficulty/difficulties
kłopotać embarrass, trouble
kłopotać się be troubled (*czymś* with sth), concern (*czymś* with sth)
kłopotliwy troublesome, embarrassing
kłos ear
kłócić set against
kłócić się 1. quarrel 2. (*sprzeczać się*) fight (*z kimś* sb) (*o* about/over) 3. (*o kolorach,*

ideach) clash
kłódka padlock
kłótnia quarrel, argument
kłucie 1. prickle 2. (*w oczach*) sting
kłuć prick
kłusować 1. poach 2. (*o koniu*) trot
kłusownik poacher
knajpa *nieform* joint
knedel dumpling
knot wick
koalicja coalition
kobiecy 1. female 2. (*czar*) feminine
kobieta woman
kobra cobra
kobyła mare
koc blanket
kochać love, be in love (*kogoś* with sb)
kochać się make love (*z kimś* to/with sb)
kochanek lover
kochanie darling, sweetheart, dear
kochanka mistress
kochany dear
kociokwik hangover
kocioł cauldron
kod code
kod pocztowy *BR* postcode, *US* zip code
kodeks code
koedukacyjny mixed, co-educational, *nieform* co-ed
kofeina 1. caffeine ◊ 2. pozbawiony kofeiny decaffeinated
kogut *BR* cock, *US* rooster
koja berth
kojarzyć 1. (*kogoś*) place 2. (*także kojarzyć się*) associate (*z* with)
kok bun
kokarda bow
koklusz whooping cough
kokos coconut
koks coke

koktail 1. (*alkoholowy*) cocktail 2. (*mleczny*) milk-shake
kolacja supper
kolano 1. knee ◇ 2. kolana lap
kolba butt
kolczyk earring
kolec 1. thorn 2. (*kaktusa*) spine
kolega 1. colleague 2. (*dobry*) friend 3. (*szkolny*) classmate
kolegium 1. (*rodzaj sądu*) municipal/police court 2. (*nauczycielskie*) college
kolej 1. (*pociągi*) BR railway, US railroad 2. (*zmiana*) turn ◇ 3. po kolei in turn
kolejka 1. (*po coś*) BR queue, US line 2. train ◇ 3. *stać/ustawiać się* w kolejce queue (up) kolejka linowa cable car, funicular
kolejno by turns, one after another
kolejność 1. order, sequence ◇ 2. *w/nie w* kolejności *in/out of* order
kolejny successive, consecutive
kolejowy BR railway, US railroad
kolekcja collection
koleżanka *patrz* kolega
koleżeński friendly
kolęda carol
kolka 1. (*niemowlęcia*) colic 2. stitch
kolonia 1. colony 2. summer camp (for children)
kolonialny colonial
kolor 1. colour 2. (*w kartach*) suit ◇ 3. koloru coloured (*sukienka koloru kremowego* cream-coloured dress)
kolorowy 1. (*człowiek*) coloured 2. (*TV, zdjęcie*) colour 3. (*szkło*) tinted
kolosalny colossal, giant
kolumna column

kołdra quilt
kołnierz collar
koło 1. (*okrąg*) circle 2. (*w pojeździe*) wheel 3. (*około*) about 4. (*blisko*) near ◇ 5. w koło around
kołowrotek reel
kołowy circular
kołysać (*także kołysać się*) rock, swing
komandor commander
komandos commando
komar mosquito, gnat
kombajn harvester
kombi BR estate car, US station wagon
kombinacja combination
kombinat combine
kombinerki pliers
kombinezon overalls
komedia comedy
komenda 1. command 2. (*polecenie*) order
komendant commander
komenderować (*wojskiem*) command
komentarz commentary, comment (*o/co do* on)
komentować comment (*coś* on/ /upon sth), remark (*coś* on sth)
komercyjny commercial
komiks cartoon, (comic) strip
komin chimney
kominek fire(place)
kominiarz chimneysweep
komisariat police station
komisarz 1. commissioner 2. (*w policji*) superintendent
komisja board, commission
komitet panel, committee
komora chamber
komornik bailiff
komórka 1. cell 2. (*pomieszczenie*) storeroom

kompania *wojsk* company
kompas compass
kompatybilny compatible (*z* with)
kompetencja competence
kompetentny competent
kompleks complex
kompleksowy complex
komplement compliment
komplet 1. (*przedmiotów*) set 2. (*mebli*) suite
kompletny 1. complete 2. (*zdumienie*) utter
komplikacja complication
komplikować complicate
kompot stewed fruit
kompozycja 1. composition 2. (*utwór*) piece
kompozytor composer
kompromis compromise
komputer computer
   komputer główny (duży) mainframe
komunia communion
komunikacja communication
komunikacyjny communicative
komunikat 1. announcement 2. (*oficjalny*) communiqué
komunista communist
komunistyczny communist
komunizm communism
koncentracja concentration
koncentrować 1. concentrate 2. (*ludzi, oddziały*) mass
   koncentrować się 1. mass 2. centre (*na czymś* around/on sth)
koncepcja idea, conception
koncern (*przemysłowy*) concern
koncert 1. concert, performance 2. *muz* concerto (*koncert na fortepian* piano concerto)
koncesja licence
kondensator condenser
kondom condom

konduktor 1. conductor 2. *BR* (*w pociągu*) guard
kondygnacja storey
konewka watering can
konfederacja confederation
konferencja conference
   konferencja prasowa press conference
konfiskata confiscation
konflikt 1. conflict 2. (*interesów*) clash ◇ 3. wchodzić w konflikt clash (*z* with), conflict (*z* with)
konfrontacja confrontation
kongres congress
koniak brandy, cognac
koniczyna clover
koniec 1. end 2. (*kija*) tip 3. (*np. igły*) point ◇ 4. w końcu in the end, finally 5. na końcu at the end, finally
koniecznie 1. absolutely 2. (*na pewno*) certainly
konieczność necessity
konieczny *form* necessary
konik 1. hobby 2. *szach* knight
   konik polny grasshopper
koniokrad *US nieform* rustler
koniunktura boom, prosperity
konkretny 1. concrete 2. (*namacalny*) tangible
konkurencja competition
konkurencyjny 1. (*cena*) competitive 2. rival
konkurent 1. rival, competitor 2. *przest* (*zalotnik*) suitor
konkurować compete (*z/przeciwko* with/against, *o* for)
konkurs competition, contest
konopie hemp
konsekwencja 1. (*skutek*) consequence 2. (*stanowczość*) consistency
konsekwentny consistent

konserwa 1. (*jedzenie*) *canned/*BR* tinned* food 2. (*puszka*) *BR* tin, *US* can

konserwatorium conservatory

konserwatywny conservative

konserwatyzm conservatism

konserwowany potted

konserwowy canned, *BR* tinned

konspiracja conspiracy

konstrukcja 1. framework 2. (*budynku*) shell

konstrukcyjny structural

konstruktywny constructive

konstytucja constitution

konstytucyjny constitutional

konsul consul

konsulat consulate

konsultacja consultation

konsultant consultant

konsultować się consult (*ze sobą* each other)

konsument consumer

konsumpcja *form* consumption

kontakt 1. contact 2. (*elektryczny*) switch ◇ 3. być/pozostawać w kontakcie z kimś be/keep in touch with sb ◇ 4. tracić kontakt (z kimś) lose touch (with sb)

kontaktować się contact, get in touch (*z kimś* with sb)

kontener container

konto account

kontrabas double bass

kontrakt contract

kontrast contrast (*pomiędzy* between)

kontrastować 1. contrast 2. be in contrast (*z czymś* with/to sth)

kontrola 1. control 2. (*sprawdzenie*) check (*czegoś* on sth) 3. (*biletów*) inspection

kontrola lotów air-traffic control

kontroler controller, inspector

kontrolować 1. (*sytuację*) control 2. (*bilety*) inspect

kontrowersja controversy

kontuar counter

kontur *lit* contour

kontynent continent

kontynentalny continental

kontynuacja 1. continuation 2. (*także filmu*) sequel (*czegoś* to sth)

kontynuować 1. continue 2. carry on, go on

konwalia lily of the valley

konwencja convention

konwencjonalny conventional

konwój convoy

koń horse

koń mechaniczny horsepower

końcowy final

końcówka 1. end 2. *komp* terminal

kończyć 1. stop, end, finish 2. (*rozmowę*) close ◇ 3. kończyć (rozmowę telefoniczną) *BR* ring off 4. kończyć ważność run out

kończyć się stop, end, finish

kończyna limb

koński horse

kooperacja cooperation, collaboration

koordynacja coordination

koordynować co-ordinate

kopać 1. (*łopatą*) dig 2. (*nogą*) kick

kopalnia mine

koparka excavator

koperta envelope

kopia 1. copy 2. (*duplikat*) duplicate

kopiarka copier

kopiec mound

kopiować 1. copy 2. (*kserograficznie*) photocopy

kopulować copulate

kopuła dome
kopyto hoof
kora bark
koral 1. (*zwierzę, wyroby*) coral **2.** (*paciorek*) bead
korek 1. cork **2.** (*w butelce*) stopper **3.** (*do wanny*) plug **4.** (*na drodze*) jam
korekta 1. (*czytanie*) proof-reading **2.** (*wydruk*) proofs
korepetycja private lesson
korepetytor 1. tutor ◊ **2.** dawać korepetycje tutor
korespondencja correspondence
korespondent correspondent
korespondować correspond (*z* with)
korkociąg corkscrew
korodować corrode
korona crown
koronka lace
koronkowy lacy
koronować (*króla*) crown
korozja corrosion
korpus corps
kort *sport* court
korytarz 1. hall, hallway **2.** (*długi, np. w pociągu*) corridor
koryto trough
korzeń root
korzystać 1. benefit (*z czegoś* from sth), *form* profit (*z* from/by) ◊ **2.** korzystać jak najwięcej z czegoś make the most of sth
korzystny profitable, favourable
korzyść 1. benefit ◊ **2.** na czyjąś korzyść in sb's favour
kos blackbird
kosa scythe
kosaciec iris
kosić mow
kosmetyczka 1. (*pojemnik*) vanity case, *BR* spongebag **2.** (*człowiek*) beautician
kosmetyczny cosmetic
kosmetyk cosmetic
kosmiczny (*przestrzeń*) *form* cosmic
kosmonauta astronaut, (*radziecki*) cosmonaut
kosmos cosmos
kostium 1. costume **2.** (*kobiecy oficjalny*) suit **3.** (*np. kąpielowy*) suit **4.** (*przebierańca*) fancy dress
kostium kąpielowy swimsuit, *US* bathing suit
kostka 1. cube **2.** (*mydła*) bar **3.** (*u nogi*) ankle **4.** (*u ręki*) knuckle **5.** (*cukru*) lump **6.** (*do gry*) dice
kosz basket
kosz na śmieci *BR* dustbin, *US* wastebasket
koszary barracks
koszmar nightmare
koszmarny nightmarish
koszt 1. cost ◊ **2.** na czyjś koszt at sb's expense
koszty utrzymania cost of living
kosztorys estimate
kosztować 1. (*wynosić*) cost **2.** (*próbować*) taste
kosztowny expensive
koszula shirt
koszula nocna nightdress, *US* nightgown
koszulka nocna *nieform* nightie
koszulka trykotowa T-shirt, tee-shirt
koszyk basket
koszykówka basketball
kościelny church
kościół church
kość 1. bone **2.** *techn* chip
kot cat
kotlet chop, cutlet
kotły *muz* timpani

kowal smith
kowboy cowboy
koza goat
kozaczek (*wysoki but*) boot
kozioł goat
Koziorożec Capricorn
kożuch (*ubiór*) sheepskin
kółko 1. wheel 2. (*pierścień*) ring
kpić mock
kpina mockery
kra floating ice
krab crab
kradzież 1. theft 2. (*ze sklepu*) shoplifting
kraj 1. country, *lit* land ◊ 2. w całym kraju nationwide
krajać 1. cut (up) 2. (*na plasterki, kromki*) slice 3. (*mięso*) carve 4. (*w kostkę*) dice
krajobraz landscape
krajowy (*wyrób*) home, domestic
krakers cracker
kraksa *nieform* smash
kran tap, *US* faucet
kraniec extreme, *form* extremity
krańcowy extreme
krasnoludek dwarf
kraść steal
krata bars, grating
krater crater
kratka (*na materiale*) check
kratka ściekowa drain
kraul *sport* crawl
krawat *BR* tie, *US* necktie
krawcowa dressmaker
krawędź 1. edge 2. (*balkonu*) ridge 3. (*szklanki*) rim
krawężnik kerb
krawiec (*męski*) tailor
krąg 1. circle 2. (*w kręgosłupie*) vertebra
krążenie circulation
krążyć 1. circle, go around 2. get

about/around 3. (*o krwi, wodzie*) circulate
kreacja creation
kreda chalk
kredens cupboard
kredka 1. crayon 2. (*do ust*) lipstick
kredyt 1. credit 2. (*bankowy*) loan
krem cream
kres end (*czemuś* to/of sth)
kreska 1. stroke 2. (*ukośna*) *nieform* slash
kreślić 1. (*rysunek*) draw 2. (*naprędce*) sketch
kret mole
kretyn cretin, *nieform* moron
krew 1. blood ◊ 2. z zimną krwią in cold blood
krewetka shrimp
krewny 1. relation, relative ◊ 2. najbliższy krewny *form* next of kin
kręcić 1. (*np. gałkę*) turn 2. (*film*) shoot 3. (*wokół osi*) spin 4. revolve (*wokół* around/round)
kręcić się 1. (*wokół osi*) spin 2. revolve (*wokół* around/round) 3. (*gdzieś*) *nieform* hang about//around/round
kręgiel skittle
kręgle bowling
kręgosłup backbone, spine
krochmal starch
krochmalić starch
kroczyć 1. (*iść*) pad 2. (*długimi krokami*) stride
krok 1. pace, step 2. (*w ubraniu*) crotch ◊ 3. przejść/zrobić (dwa) kroki take (two) paces
krokodyl crocodile
kromka slice
kronika *form* chronicle
kronika filmowa newsreel
kropić 1. (*wodą*) sprinkle ◊ 2.

kropi it is spitting
kropka 1. dot, spot **2.** (*po zdaniu*) period
kropla drop
krowa cow
król king
królestwo kingdom
królewski royal
królik rabbit
królowa queen (*także w szachach*)
krótki short, brief
krótko briefly, shortly
krótkofalowy short wave
kruchy 1. (*przedmiot*) fragile **2.** (*ludzie, przedmioty*) frail **3.** (*np. ciastko*) crisp
kruk raven
kruszyć (*także* **kruszyć się**) crumble
krużganek cloister
krwawić bleed
krwawy bloody
krwotok 1. haemorrage **2.** (*z nosa*) nosebleed
kryć cover
kryć się hide
kryjówka 1. hiding place **2.** (*na skarby*) cache
kryminał 1. (*więzienie*) prison **2.** (*powieść*) thriller
kryształ crystal
kryterium criterion (*czegoś* for/of sth)
krytyczny critical (*wobec* of)
krytyk critic
krytyka criticism
krytykować criticize (*kogoś za coś* sb for sth)
kryzys crisis
krzak bush
krzem silicon
krzemień flint
krzepki vigorous, brawny

krzepnąć 1. (*o krwi*) coagulate **2.** (*o krwi, kleju*) congeal
krzesło chair
krzew shrub
krztusić się 1. (*o ludziach*) choke **2.** (*o silniku*) falter
krzyczeć 1. cry, shout **2.** (*głośno, przenikliwie*) scream
krzyk 1. cry, shout **2.** (*głośny, przenikliwy*) scream
krzywda 1. harm **2.** (*niesprawiedliwość*) injustice
krzywdzić 1. harm **2.** (*wyrządzać zło*) wrong
krzywić się 1. scowl, wince **2.** frown (*na coś* at sth)
krzywizna curvature
krzywy 1. (*zakrzywiony*) crooked **2.** (*wieża*) leaning **3.** (*uśmiech, krzesło*) lopsided
krzyż (*także relig*) cross
krzyżówka 1. crossword **2.** (*ulic, linii kol.*) junction
krzyżyk (*także relig*) cross
kserograf Xerox (copier), photocopier
kserografować Xerox, photocopy
kserokopia photocopy
ksiądz priest
książeczka booklet
książeczka czekowa *BR* chequebook, *US* checkbook
książeczka oszczędnościowa savings book
książeczka do nabożeństwa prayer book
książę duke, prince
książka book
książka gości visitors' book
książka kucharska cook/cookery book
książka telefoniczna (telephone) directory

księgarnia bookshop, *US* bookstore
księgowy accountant
księżna duchess, princess
księżniczka princess
księżyc 1. moon ◊ 2. **księżyc maleje** the moon is waning 3. **księżyc rośnie** the moon is waxing
księżycowy *form* lunar
kształcenie education
kształcić educate
kształt 1. form, shape ◊ 2. **przybierać kształt** shape up
kształtować shape (*w* into)
kształtujący formative
kto 1. who ◊ 2. **kto tam?** who's that?
ktokolwiek whoever
ktoś 1. anyone 2. somebody, someone
którędy which way
który 1. which, that 2. (*o ludziach*) who
którykolwiek 1. any (*którykolwiek będzie się nadawał* any will do) 2. whichever
któryś 1. (*jakikolwiek*) any 2. (*bliżej nieokreślony*) some 3. (*jeden z dwóch*) either (*z* of)
któż whoever
ku 1. (*uldze, wtórowi*) to ◊ 2. **ku czci** in honour (*czegoś* of sth)
kubek 1. cup, mug 2. (*plastikowy*) beaker
kubeł na śmieci *BR* litterbin, *US* trashcan
kucać crouch, squat
kucharz cook
kuchenka 1. oven 2. (*mikrofalowa*) microwave
kuchnia 1. (*pomieszczenie*) kitchen 2. (*zajęcie*) cooking 3. (*narodowa*) cuisine
kuć 1. form (*kamień*) hew 2. form

(*żelazo*) strike 3. *nieform BR* (*uczyć się*) swot
kufel tankard
kufer trunk
kukułka cuckoo
kukurydza *BR* maize, *US* (Indian) corn
kula 1. (*geometryczna*) sphere 2. (*karabinowa*) bullet 3. (*inwalidy*) crutch
kula ziemska the globe
kulawy lame
kuleć 1. limp 2. (*o tempie*) falter
kulka pellet
kult cult
kultura culture
kulturalny 1. (*wyedukowany*) cultivated 2. cultural, cultured
kumpel *nieform* buddy, mate
kundel mongrel
kupa pile, heap
kupiec dealer, trader
kupno 1. purchase ◊ 2. **kupno na raty** hire purchase
kupon coupon
kupować buy
kupujący buyer, shopper
kura hen
kuracja treatment
kurczę chicken
kurczyć (się) 1. (*o metalu*) contract 2. (*o materiałach*) shrink
kuropatwa partridge
kurs course
kurs wymiany exchange rate
kursować (*o środku komunikacji*) run
kursywa italics
kurtka jacket
kurtyna curtain
kurwa 1. whore ◊ 2. „**o kurwa!**" "fuck it!"
kurz dust

kusić tempt
kuter cutter
kuzyn cousin
kuźnia forge, smithy
kwadrans quarter (*za kwadrans trzecia* a quarter to three, (*US*) a quarter of three)
kwadrat square
kwadratowy square
kwalifikacje 1. qualifications ◊ 2. mieć kwalifikacje be qualified to do sth
kwarantanna quarantine
kwarcowy quartz
kwarta quart
kwartalnik quarterly

kwartał (*część roku*) quarter
kwas acid
kwaśnieć go/turn sour
kwaśny sour
kwatera (*żołnierza*) quarter
    kwatera główna headquarters
kwestia question, problem
kwestionariusz questionnaire
kwiaciarka florist
kwiat 1. flower 2. (*na drzewie*) blossom
kwiecień April
kwit check, receipt
kwitnąć 1. flower 2. (*o drzewach*) blossom
kwota sum

L

laboratorium laboratory, *nieform* lab
lać 1. pour 2. *nieform* (*o deszczu*) pelt (down) 3. *nieform* (*bić*) belt ◊ 4. leje it pours
    lać się pour
lada counter
lakier 1. varnish, (*nitro*) lacquer 2. (*warstwa*) paintwork
lakierować varnish, (*nitro*) lacquer
lalka doll
lampa lamp
    lampa błyskowa flash(light)
larwa grub, larva
las forest, wood(s)
laska 1. cane, walking stick 2. (*dynamitu*) stick
lata *patrz* rok
latać fly (*lataj LOT-em* fly LOT)
latający flying
latarka flashlight, *BR* torch

latarnia 1. lamp 2. (*na wozie*) lantern
    latarnia morska lighthouse
latawiec kite
lato summer, summertime
    babie lato 1. (*pora roku*) Indian summer 2. (*latające nitki pajęczyny*) gossamer
latryna latrine
latynoamerykański Latin American
laufer *szach* bishop
laur laurel
laureat (prize-)winner, (*podniośle*) laureate
lawa lava
lawina avalanche
ląd 1. land ◊ 2. lądem overland 3. na lądzie on land
lądować 1. (*na brzegu, księżycu*) land 2. (*o samolocie*) touch down

lądowanie 1. (*o statku, samolocie itp.*) landing 2. (*o samolocie*) touchdown

lądowy 1. inland, land ◊ 2. drogą lądową (a) by land, overland (b) (*poczta*) surface

lecieć 1. *patrz także* latać 2. fly 3. (*płyn, z nosa*) run 4. *nieform* (*śpieszyć się*) dash, belt ◊ 5. Jak leci? "How are things?"

lecz but

leczenie cure, treatment

leczniczy medicinal

leczyć cure, treat
leczyć się 1. (*o chorobie, ranie*) heal 2. be treated (*u kogoś* by sb)

ledwie scarcely, hardly

ledwo 1. barely, hardly 2. (*np. słyszalny*) just

legalny 1. legal 2. legitimate

legenda 1. legend 2. (*na mapie*) key

legendarny legendary

legitymacja (identity) card

lejek funnel

lekarski medical

lekarstwo 1. (*farmaceutyk*) medicine, drug 2. (*środek*) cure, remedy (*na coś* for sth)

lekarz doctor
lekarz internista general practitioner
lekarz specjalista consultant

lekceważenie disregard

lekceważyć 1. (*nie zważać*) disregard 2. (*wzgardzać*) slight 3. (*prawo*) flout

lekcja 1. lesson, class 2. (*zadanie*) homework

lekki 1. light 2. (*nietrudny*) facile
lekka atletyka athletics

lekko lightly, light

lekkoatletyczny athletic

lekkomyślność *form* levity

lekkomyślny reckless

lemoniada lemonade, *BR* squash

len 1. (*roślina*) flax 2. (*włókno*) linen

lenistwo laziness

leniwy lazy

leń lazy person, idler

lepić 1. (*garnki*) mould 2. (*kleić*) glue

lepiej 1. better (*lepiej pójdę* I had better go) ◊ 2. komuś powodzi się lepiej sb is better off

lepszy 1. better 2. preferable (*niż coś* to sth), superior (*niż coś* to sth)

leśnictwo forestry

leśniczy forester

letni 1. (*związany z latem*) summer 2. (*nie gorący*) lukewarm, tepid

lew 1. lion 2. (*znak zodiaku*) Leo

lewo left

leworęczny left-handed

lewostronny left-hand

lewy 1. left 2. (*ruch*) left-hand 3. (*o burcie*) port 4. (*strona materiału*) wrong ◊ 5. idź na lewo turn left, go to the left

lezbijka lesbian

lezbijski lesbian

leżak deckchair

leżanka couch

leżeć 1. *patrz też* kłaść 2. lie 3. (*o ubraniu*) fit (*dobrze* well) 4. (*znajdować się*) be situated

licencja 1. licence ◊ 2. na licencji under licence

liceum college, *BR* grammar school

licho ◊ jak/czemu/co/gdzie u licha how/why/what/where on earth

lichy shoddy, poor

licytacja 1. auction ◊ 2. na licytacji by/at auction

liczba 1. number ◇ **2. w liczbie**
strong (*w liczbie 20* 20 strong)
liczba całkowita integer
liczba dodatnia *mat* positive
number
liczba mnoga *gram* the plural
ogólna liczba total
liczbowy numerical
licznik 1. counter **2.** (*gazu, prądu*)
meter **3.** (*w samochodzie*) *nieform*
clock
licznik czasu parkowania parking meter
licznik mil/kilometrów mileometer, milometer
liczny numerous
liczyć 1. (*mieć liczbę*) number (*grupa liczyła 5 osób* the group
numbered 5 people), **2.** (*podliczać*) count (*do* to/up to) **3.** (*polegać*) count (*na* upon) **4.** (*w restauracji, kawiarni*) charge (*za coś*
for sth) ◇ **5. liczyć za dużo** overcharge **6. liczyć punkty** *sport*
score
liczyć się 1. (*być włączanym*)
count (*jako* as) **2.** (*mieć ważność*)
matter (*dla kogoś* to sb) ◇ **3. nie
liczyć się z czymś** not pay any
attention to sth, disregard sth **3.
ktoś nie liczy się** sb counts for
nothing
liga 1. league **2.** *sport* division
likier liqueur
likwidować liquidate
lilia lily
lilia wodna water lily
liliowy lilac
limit 1. (*pracy*) quota ◇ **2. nie mieścić się w limicie czasu** be running over time
lina rope, cable
lina holownicza towrope

lina ratunkowa lifeline
linia 1. line **2.** (*komunikacji*) route
3. (*pędzla, pióra*) stroke ◇ **4. w
prostej linii (a)** (*potomek*) direct **(b)** (*prosto*) as the crow flies
linia lotnicza airline
linijka ruler
liniowy linear
linka 1. string **2.** (*do bielizny*) line
linoleum lino
lipa lime
lipiec July
lis fox
list letter
list lotniczy airletter
list polecony registered letter
lista 1. list **2.** *form* schedule **3.** (*spis*)
roll **4.** (*wyborcza*) register
lista oczekujących waiting list
lista opcji *komp* menu
lista płac payroll
lista przebojów chart
listonosz postman, *US* mailman
listopad November
liściasty deciduous
liść leaf
litera 1. letter ◇ **2. wielka litera**
capital (letter)
literacki literary
literatura 1. literature **2.** (*cokolwiek do czytania*) reading matter
literatura piękna fiction
literatura brukowa pulp
literatura faktu non-fiction
litość 1. compassion, pity ◇ **2. bez
litości** without mercy **3. na litość boską!** for goodness' sake!
litr litre
lizać lick
lizak lollipop, *nieform* lolly
lniany linen
lodowaty ice-cold, icy
lodowiec glacier

lodowisko (skating) rink
lodowy glacial
lodówka *BR* fridge, *US* ice-box, *form* refrigerator
lody 1. *patrz też* lód 2. ice, ice-cream
lody na patyku lolly
logiczny 1. logical 2. (*wywód*) consistent
logika 1. logic 2. (*wywodu*) consistency
lojalny loyal
lokal 1. restaurant, (*kawiarnia*) cafe, (*np. nocny*) club 2. (*mieszkanie*) apartment, *BR* flat
lokalny local
lokata (*w banku*) deposit
lokator tenant, lodger
lokomotywa engine, locomotive
lokówka roller
lombard pawnshop
lord lord
lornetka glasses, *form* binoculars
los 1. (*koleje losu*) lot, fortune 2. (*przeznaczenie*) fate ◇ 3. zły los doom
losowy random
lot 1. flight ◇ 2. lotem by air
lotnia hang-glider
lotnictwo aviation
lotniczy 1. (*linia*) air 2. (*fotografia*) aerial
lotnik flier, flyer
lotnisko airport
lotniskowiec aircraft carrier

lotny 1. *chem* volatile 2. (*umysł*) nimble
lód 1. *patrz też* lody 2. ice ◇ 3. przełamywać lody break the ice
lśnić (się) 1. glisten 2. (*o oczach*) gleam
lub or
lubić 1. (*robić z przyjemnością*) like, enjoy (*coś robić* doing sth) 2. (*kogoś*) be fond of ◇ 3. nie lubić czegoś dislike sth
lud 1. (*naród*) people 2. (*prosty*) folk
ludność population
ludowy folk
ludzie 1. *patrz* człowiek 2. people
ludzki 1. human 2. (*dobry*) humane
ludzkość humanity, mankind
lufa barrel
luka 1. gap 2. (*w prawie*) loophole 3. (*niedopatrzenie*) omission 4. (*w płocie*) opening ◇ 5. zapełniać lukę bridge the gap
luksus 1. luxury 2. (*niepotrzebny wydatek*) extravagance 3. (*dogadzanie sobie*) indulgence
lusterko mirror
lustro mirror
luty February
luz 1. leeway *także przen* 2. (*bieg w samochodzie*) neutral
luźny 1. (*zachowanie*) lax 2. (*zawias, ubranie*) loose 3. (*lina*) slack
lwica lioness

Ł

łabędź swan
łaciński Latin

łacina Latin
ładnie fine, well (*ładnie wyglądać*

look fine/well)

ładny 1. pretty **2.** (*pogoda*) *form* fair

ładować (*także się*) **1.** load (*na* into, do) **2.** (*baterię*) charge

ładunek 1. cargo, freight **2.** (*amunicji*) round **3.** (*elektryczny, wybuchowy*) charge **4.** (*na ciężarówce*) load

łagodnie gently, mildly, softly

łagodny 1. gentle **2.** (*pogoda, papieros, ktoś*) mild **3.** (*osoba, wietrzyk*) soft **4.** *termin* (*choroba*) benign **5.** (*rząd, naród*) benevolent

łagodzić 1. (*np. szok*) soften **2.** (*ból*) soothe **3.** (*trudność*) ease **4.** (*zderzenie*) cushion

łajdak *przest* scoundrel

łajno dung

łakomy greedy

łamać 1. break **2.** (*szyfr*) crack **3.** *form* (*porozumienie, prawo*) breach ◇ **4. łamać sobie głowę** rack one's brains

łamany broken (*łamany angielski* broken English)

łamigłówka puzzle

łańcuch chain

łapa paw

łapać 1. catch **2.** *nieform* (*autobus, myśl, chorobę*) get **2.** (*język obcy, program*) pick up **3.** (*na błędzie lub oszustwie*) catch out (*kogoś* sb) **4.** (*jedzenie, szansę*) grab **5.** (*mocno*) grasp (*coś* for/at sth) **6.** (*mocno i szybko*) seize **7.** (*okazję, interes*) snap up

łapać (*ryby*) fish

łapownictwo bribery

łapówka 1. bribe ◇ **2. dawać łapówkę** bribe

łaska 1. favour, grace ◇ **2. nie cieszyć się łaską** be out of favour **3.**

z łaski by favour/courtesy

łaskawie kindly (*zabrać to łaskawie* kindly take it away)

łaskawość *form* clemency

łaskawy 1. charitable (*dla* towards) **2.** gracious

łaskotać tickle

łaskotki ◇ **mający łaskotki** ticklish

łata patch

łatać (*ubranie*) patch

łatwość ease, *form* facility

łatwo 1. easily **2.** (*dostępny*) readily

łatwopalny flammable, inflammable

łatwy easy

ława bench

ławica (*ryb*) school

ławka 1. bench **2.** (*kościelna*) pew

łazić tramp

łazienka bathroom

łączenie 1. (*zwieranie*) consolidation **2.** (*w całość*) integration

łącznie 1. together **2.** (*wraz z czymś*) complete (with sth)

łączność 1. communication **2.** *form* (*duchowa*) communion **3.** (*w organizacji*) liaison

łączyć 1. join (*A z B* A to B, *razem A i B* A and B (together/up)) **2.** (*rury, telefonicznie, środkiem komunikacji*) connect (*kogoś z czymś* sb to/with sth) **3.** (*jak ogniwa łańcucha*) link (*z* with/to) **4.** (*wysiłki, wiedzę*) combine **5.** (*kogoś telefonicznie*) put through **6.** (*w jedną całość, np. w małżeństwie*) unite

łączyć się 1. join, unite, combine **2.** (*logicznie*) relate (*z czymś* to sth)

łąka meadow

łeb 1. head ◇ **2. na łeb na szyję** headlong **3. łeb w łeb** *nieform*

neck and neck (*z kimś* with sb)
łkać sob
łobuz *przest* rascal
łodyga 1. (*główna*) stalk **2.** (*poboczna*) stem
łokieć elbow
łono *przest* bosom
łonowy pubic
łopata shovel
łopatka 1. (*anatomicznie*) shoulder blade **2.** (*mięso*) shoulder **3.** (*ogrodnicza*) trowel
łosoś salmon
łoś 1. (*europejski*) elk **2.** (*amerykański*) moose
łowić 1. catch **2.** (*ryby*) fish
łożysko (*rzeki*) (river)bed
    łożysko kulkowe ball bearing
łódź 1. boat **2. łodzią** by boat
    łódź ratunkowa lifeboat
łóżeczko niemowlęce *BR* cot, *US* crib

łóżko 1. bed ◇ **2. słać łóżko** make the bed **3. iść do łóżka** go to bed (*z kimś* with sb)
    łóżko składane camp/folding bed
łudzić 1. beguile **2.** delude (*się* oneself) **3.** deceive (*się* oneself)
łuk 1. (*do strzelania*) bow **2.** (*w geometrii*) arc **3.** (*budowlany*) arch
łup plunder
łupież dandruff
łuska scale
łydka calf
łyk swallow
łysy bald
łyżeczka 1. spoon **2.** (*miara*) spoonful
łyżka 1. spoon **2.** (*miara*) spoonful
łyżwa 1. skate ◇ **2. jeździć na łyżwach** skate
łza tear

M

macać feel
machać 1. wave **2.** (*ogonem*) wag **3.** (*ramionami*) flap
machnięcie wave
macica womb, *med* uterus
macierzyński 1. (*uczucia*) maternal **2.** (*urlop*) maternity
macierzyństwo motherhood
macierzysty 1. maternal **2.** *przen* parent
maciora sow
macocha stepmother
maczać dip, *nieform* dunk (*w czymś* in sth)
magazyn 1. (*budynek*) warehouse,

US storehouse **2.** (*pomieszczenie*) storeroom **3.** (*gazeta ilustrowana*) journal **4.** (*gazeta, program*) magazine
magia magic
magiczny magic, magical
magiel mangle
magister master (*magister nauk humanistycznych* Master of Arts, *magister nauk przyrodniczych* Master of Science)
magnes magnet
magnetofon (*kasetowy*) cassette recorder, (*szpulowy*) tape recorder
magnetowid video recorder, VCR

magnetyczny magnetic
mahoń mahogany
maj May
majątek 1. assets **2.** (*posiadłość*) estate
majeranek marjoram
majonez mayonnaise
major major
majster 1. master **2.** (*brygadzista*) foreman
majtek deckhand
majtki 1. briefs **2.** (*damskie*) panties **3.** (*męskie*) underpants
mak poppy
makaron 1. pasta **2.** (*nitki*) noodles **3.** (*rurki*) macaroni
makijaż make-up
makler broker, stockbroker
makowiec poppyseed cake
makrela mackerel
maksimum maximum
maksymalny maximum, maximal
malaria malaria
malarstwo painting
malarz painter
maleć diminish, become small
maleńki tiny, puny
malina raspberry
malować 1. paint (*malować coś na zielono* paint sth green) **2.** (*przy makijażu*) make up (*kogoś/się* sb/oneself)
malowanie painting
malowniczy picturesque
malutki tiny
mało 1. (*z niepoliczalnymi rzeczownikami*) little (*niewiele pieniędzy* little money) **2.** (*z policzalnymi rzeczownikami*) few (*mało ludzi* few people)
małpa 1. monkey **2.** (*człekokształtna*) ape
małpa naczelna primate

mały little, small
małżeński marital, *form* conjugal
małżeństwo marriage
małżonek *form* spouse
małżonka *form* spouse
mama mother, *nieform* ma
mamrotać mumble, mutter
mamusia *nieform* mum, *nieform* mummy
mandarynka mandarin, tangerine
mandat 1. ticket **2.** *form polit* mandate
manekin dummy
manewr manoeuvre
manewrować manoeuvre
mango mango
manifest manifesto
manifestacja manifestation, demonstration
manipulować manipulate
mankiet 1. cuff (*US: też w spodniach*) **2.** *BR* (*w spodniach*) turn-up
manna (*kasza*) semolina, *US* cream of wheat
mańkut left-handed (person)
mapa map
maraton marathon
marchewka carrot
margaryna margarine, *BR nieform* marge
margines margin
marihuana marijuana
marka 1. (*produktu*) brand **2.** (*np. niemiecka*) mark **3.** (*np. samochodu*) make
marmolada marmalade
marmur marble
marnotrawstwo *form* wastage
marnować waste
marny sorry, poor
marsz march
marszałek marshal

marszczyć (się) 1. furrow **2.** (*o no-sie, farbie*) wrinkle **3.** (*krzywić się*) frown (*na at*) **4.** (*o twarzy, materiale*) pucker

martwić 1. trouble (*kogoś/się* sb//oneself) **2.** distress

martwić się 1. worry ◇ **2. nie martwić się o coś** not to bother with/about sth

martwy dead

marynarka 1. (*garnituru*) jacket **2.** (*flota, zwł. wojenna*) navy

marynarz sailor

marzec March

marzenie dream (*o* of/about)

marznąć feel cold

marzyć dream (*o* of/about)

masa 1. mass **2.** (*duża ilość*) heaps (*masa czasu* heap(s) of time) **3.** (*o świetle, mgle, chmurach*) bank

masaż massage

maska 1. (*w samochodzie*) *BR* bonnet, *US* hood **2.** mask

maskotka mascot

masło butter

masować massage

masowy (*np. kultura*) mass

masyw (*lądowy*) mass

maszerować march

maszt 1. mast **2.** (*na flagi*) flagpole

maszyna machine

    maszyna do pisania typewriter

    maszyna do szycia sewing machine

    maszyna drukarska press

maszyneria machinery

maszynistka typist

maszynka machine, device

    maszynka do golenia 1. razor **2.** (*elektryczna*) shaver

    maszynka do mięsa mincer

maszynowy machine

maść ointment

mat *szach* (check)mate

mata (*na podłodze*) matting

matematyczny mathematical

matematyk mathematician

matematyka mathematics

materac mattress

    materac nadmuchiwany air mattress

materia *termin* matter

materializm materialism

materialny 1. material **2.** (*świat*) physical

materiał 1. material **2.** (*tkanina*) cloth **3.** (*tkany*) fabric

    materiały piśmienne stationery

matka mother

    matka chrzestna godmother

matowy 1. matt **2.** (*szkło, żarowka*) frosted

matura high school diploma

mauzoleum mausoleum

mazak felt-tip pen

mądrość wisdom

mądry wise

mąka flour

mąż 1. husband ◇ **2. mąż stanu** statesman **3. wychodzić za mąż** get married, marry

mdleć faint, pass out

mdlić ◇ **kogoś mdli** sb is sick

mdłości nausea

mdły (*o jedzeniu*) insipid

mebel a piece of furniture

    meble furniture

mecenas patron, sponsor

mech moss

mechaniczny mechanical

mechanik mechanic

mechanika mechanics

mechanizm 1. mechanism, machinery **2.** (*zegara*) work

mecz match, *BR* game

medal medal

medalik medal
meduza jellyfish
medycyna medicine
medyczny medical, clinical
meldować się (*w hotelu*) check in/into
meldunek report
melioracja drainage
melodia tune, *lit* melody
melodramat melodrama
melon melon
menadżer executive, manager
menstruować *termin* menstruate
mentalność mentality
meta finish
metafora metaphor
metal metal
metaliczny metallic
meteorologia *termin* meteorology
meteorologiczny *termin* meteorological
metoda method
metr *BR* metre, *US* meter
metro 1. *BR* the underground, *US* subway 2. (*nie w krajach angielskich*) metro
metropolia metropolis
mewa (sea)gull
męczyć 1. (*dokuczać*) torment 2. (*wyczerpywać*) tire
męczyć się 1. tire (*czymś* of sth) 2. be tormented (*czymś* by sth)
mędrzec *lit* sage
męka torment
męski 1. (*płeć*) male 2. (*nie kobiecy*) masculine
męstwo bravery
mętny 1. (*nieprzejrzysty*) opaque 2. (*nieprecyzyjny*) vague
mężczyzna man
mglisty 1. foggy 2. (*słowa*) woolly
mgła fog, mist
mianowicie namely

miara 1. measure 2. (*kryterium*) standard ◇ 3. **w pewnej mierze** to a certain extent
miasto town, (*duże*) city
miauczeć mew, miaow
miazga pulp
miąć crease, rumple
miecz sword
mieć 1. have, *BR nieform* have got 2. (*zdrowie, przewagę*) enjoy 3. (*licencję, władzę*) hold 4. (*z bezokolicznikiem*) be to (*she is to leave the room* ona ma opuścić pokój) 5. (*przed określeniem wieku*) be (*on ma 30 lat* he is 30) 6. (*w pytaniach*) should (*czy mam to zgasić?* should I switch it off?) ◇ 7. **A ma coś wspólnego z B** has sth to do with B 8. **jak się masz** how are you? 9. **nie ma (mąki)** there is not (any flour) 10. **nie ma czegoś** sth is lacking 11. **nie ma go** he is away 12. **ktoś nie ma czegoś** sb is lacking in sth 13. **nie ma co** don't mention it, not at all
miednica 1. basin, bowl 2. *med* pelvis
miedź copper
miejsce 1. place 2. (*puste miejsce*) space, room (*na coś* for sth) 3. (*do siedzenia*) seat 4. (*wydarzenia*) scene 5. (*w hotelu*) accommodation 6. (*zamieszkania*) address 7. (*połowów*) ground 8. (*w książce*) passage ◇ 9. **mieć miejsce** take place 10. **na swoim miejscu** in place 11. **nie na swoim miejscu** out of place 12. **wolne miejsce** (*w hotelu*) vacancy 13. **robić komuś miejsce** make way for sb 14. **na miejscu** (a) (*od razu*) on the spot (b) (*na poczekaniu*) on the premises 15. **z miejsca** (*od razu*)

off the cuff
miejsca stojące standing room
miejsce przeznaczenia destination
miejsce sypialne sleeper
miejsce urodzenia birthplace
miejsce zamieszkania 1. abode, place of residence **2.** (*stałego*) *form* domicile
miejscowość place, locality
miejscowość wypoczynkowa resort
miejscowy 1. local **2.** (*mecz, produkt*) home
miejski 1. (*władze*) municipal **2.** (*obszar*) urban
mielić 1. (*kawę*) grind (up) **2.** (*zboże*) mill
mielizna shallow
mienie possessions
miernik gauge
mierzyć 1. measure **2.** (*gaz, światło*) meter **3.** (*np. temperaturę*) take **4.** (*celować*) aim (*w* at)
miesiąc month
miesiąc miodowy honeymoon
miesiączka *form* period
miesiączkować *termin* menstruate
miesięcznik monthly
mieszać 1. mix (up), stir **2.** (*w całość*) blend (*jedno z drugim* one with something else) **3.** (*jajka*) scramble **4.** (*mylić*) confuse, muddle
mieszać się interfere (*do* in), intrude (*do czegoś* on sth)
mieszaniec 1. hybrid **2.** (*rasowy*) crossbreed
mieszanina mixture
mieszanka 1. mixture **2.** (*ze złączonymi składnikami*) blend **3.** (*na ciasto*) mix **4.** (*stylów*) composite
mieszanka mleczna (*dla nie-*

mowląt) *US* formula
mieszany mixed
mieszczanin bourgeois
mieszczański bourgeois
mieszkać 1. live ◊ **2. mieszkać na dziko** squat
mieszkalny 1. living **2.** (*dzielnica*) residential
mieszkanie 1. *BR* flat, *US* apartment **2.** *nieform* place
mieszkanie własnościowe condominium
mieszkanie z wyżywieniem bed and board
mieszkaniec inhabitant
stały mieszkaniec resident
mieszkaniowy housing, residential
mieścić 1. (*o pojemniku, sali*) hold **2.** (*o budynku, pojeździe*) seat
mieścić się (*np. w walizce*) fit (*do* into)
mięczak 1. mollusc **2.** (*jadalny*) cockle
między 1. between (*między A i B* between A and B) **2.** among (*między przyjaciółmi* among friends)
międzyczas ◊ **w międzyczasie** in the meantime
międzynarodowy international
miękki 1. soft **2.** (*mięso*) tender
mięknąć soften
mięsień muscle
mięsny meat
mięso 1. flesh **2.** (*jako jedzenie*) meat
mięso siekane *BR* mince, *US* ground meat
mięta (pepper)mint
migać *patrz* **migotać**
migawka (*aparatu*) shutter
migdał almond
migdałek *med* tonsil
migotać 1. glimmer **2.** (*o świetle*)

flash **3.** (*światłem*) blink **4.** (*o o-czach*) twinkle

migracja migration

migrena migraine

mijać pass (by)

mikrobus minibus

mikrofon 1. microphone, *nieform* mike **2.** (*telefonu*) mouthpiece

mikser blender, mixer

mila mile (= *1,6 km*)

milczeć be/keep silent

miliard billion

milicja militia

miligram milligram(me)

mililitr millilitre

milimetr millimetre

milion million

milionowy millionth

militarny military

miło kind (*z czyjejś strony* of sb)

miłosierdzie *form* charity

miłosny love

miłość love (*do* for)

miłośnik lover

miły 1. likeable, kind **2.** pleasant **3.** *nieform* nice (*dla kogoś* to sb)

mimo 1. (*nie zważając*) despite, in spite of ◊ **2. mimo to** *form* non-etheless, notwithstanding **3. mimo wszystko** all/just the same **mimo że** though, *form* although

mina 1. (*na twarzy*) face **2.** (*wy-buchowa*) mine ◊ **3. robić miny** make faces

mineralny mineral

minerał mineral

mini(spódniczka) miniskirt

miniaturowy miniature

minimalny minimal, minimum

minimum minimum

miniony (*czas*) past

minister 1. minister **2.** *BR* secret-ary

ministerstwo 1. ministry **2.** *BR* office (*Ministerstwo Spraw We-wnętrznych* Home Office)

minus minus

minuta minute

miodowy honey

miotać 1. (*np. wyzwiska*) hurl **2.** *sport* throw
    miotać się 1. (*być niespokojo-nym*) be restless **2.** (*rzucać się*) toss, flounder

miotła broom

miód honey
    miód pitny mead

miseczka bowl

misja mission

misjonarz missionary

miska basin, bowl
    miska klozetowa toilet

miss miss

mistrz 1. (*w sporcie*) champion **2.** (*ucznia*) master

mistrzostwo championship
    mistrzostwa championship

mistrzowski masterly

mit myth

mitologia mythology

mityczny *form* mythic(al)

mizerny 1. (*kwota*) paltry **2.** (*fi-zycznie*) *BR nieform* weedy

mlaskać *nieform* slurp

mleczarnia dairy

mleczny 1. dairy **2.** (*szkło*) frosted **3.** (*kolor*) milky

mleć *patrz* **mielić**

mleko 1. milk ◊ **2. z mlekiem** (*ka-wa*) white

młodość youth

młody 1. young **2.** (*ziemniak, wino*) new
    młodszy 1. younger **2.** junior (*jest młodszy od niej o 7 lat* he is 7 years her junior)

młodzieniec youth

młodzież youth, young people

młot hammer

młotek hammer

   młotek drewniany mallet

młyn mill

młynek 1. (*do kawy*) grinder **2.** mill

mniej 1. (*z rzeczownikami niepoliczalnymi*) less **2.** (*z rzeczownikami policzalnymi*) fewer ◇ **3. mniej więcej** more or less **4. nie mniej niż** no less/fewer than

mniejszość 1. minority ◇ **2. w mniejszości** in a/the minority

mniejszy smaller, *form* lesser

mniemać gather, presume

mniemanie presumption

mnogi (*liczba*) *gram* plural

mnożenie multiplication

mnożyć multiply (*przez* by)

   mnożyć się 1. reproduce **2.** *form* proliferate

mnóstwo *lit* myriad

mobilizować mobilize

moc 1. strength, *lit* might ◇ **2. w czyjejś mocy** in/within sb's power **3. na mocy** *form* by virtue of

mocarstwo power

mocno 1. (*próbować*) hard **2.** (*trwać, stać*) fast **3.** (*zaciskać*) tight

mocny 1. strong **2.** (*np. narkotyk*) hard **3.** (*uchwyt, przywódca*) firm **4.** (*węzeł*) tight

mocz 1. urine ◇ **2. oddawać mocz** *form* make/pass water, urinate

moczyć 1. dip (*w/do* in/into) **2.** wet

   moczyć się 1. wet oneself **2.** soak

moda 1. fashion, **2.** vogue ◇ **3. być w modzie** be in, be in vogue **4. wychodzić z mody** (*o ubraniu*) go out of fashion

model model

modernizacja 1. overhaul **2.** modernization

modernizować 1. modernize **2.** overhaul

modlić się pray (*o* for)

modlitwa prayer

modnie fashionably

modny 1. fashionable, **2.** in fashion, in vogue

modrzew larch

modyfikacja modification

moher mohair

mokry wet

molo pier

momencik ◇ **za momencik** *nieform* in a jiffy, *BR nieform* in a tick

moment 1. instant, moment ◇ **2. w tym momencie** this instant **3. przez moment** for an instant **4. za moment** *nieform* in a jiffy

monarcha monarch

monarchia monarchy

moneta 1. coin **2.** piece (*moneta 20-pensowa* 20p piece)

monitor monitor, visual display unit (VDU), display

monopol monopoly (*na coś* on/of sth)

monotonny monotonous

montaż assembly

montować 1. assemble **2.** (*namiot, łóżko*) erect

moralnie morally

moralność morality

moralny moral

mord murder

morda 1. (*zwierzęcia*) snout **2.** (*człowieka*) mug

morderca 1. murderer **2.** (*płatny*) assassin

morderstwo 1. murder **2.** (*kogoś ważnego*) assassination **3.** *US form*

homicide
mordować 1. murder **2.** (*kogoś ważnego*) assassinate
morfina morphine
morski 1. (*zwierzę*) marine **2.** (*prawo*) maritime **3.** (*np. bitwa*) naval
morze 1. sea ◇ **2. morzem** by sea **3. na/w morzu** at sea **4. nad morzem** at the seaside, by the sea
mosiądz brass
moskit mosquito
most bridge
most wiszący suspension bridge
mostek 1. (*anatomicznie*) breastbone **2.** (*kapitański*) bridge
motel motel
motocykl motorcycle, *nieform* cycle
motocyklista rider
motor 1. motor **2.** (*motocykl*) *nieform* bike
motorower moped, *nieform* bike
motorowy motor
motorówka motorboat, powerboat
motyka hoe
motyl butterfly
motyw 1. motive **2.** (*literacki*) motif
mowa speech
moździerz mortar
może 1. (*w pytaniach: sugestia*) shall (*może byśmy tam poszli?* shall we go there?) **2.** maybe, perhaps (*lubisz mnie? może* do you like me? perhaps) ◇ **3. a może byśmy ...?** what about...? (*może byśmy poszli do kina* what about going to cinema)
możliwie 1. possibly ◇ **2. możliwie najszybciej** as soon as possible
możliwość 1. (*sposobność*) ability **2.** (*zdarzenia*) possibility, probability **3.** (*wybór*) option

możliwości capacity (*w zakresie* for), potential
możliwy (*do zrealizowania*) possible, probable
można 1. can, may (*czy można wejść?* may/can I come in?, *tego nie można zrobić* this cannot be done) ◇ **2. jak (tak) można** how dare you
móc 1. (*potrafić*) can, be able to **2.** (*mieć pozwolenie*) may ◇ **3. móc coś zrobić** (*mieć pozwolenie*) be allowed to do sth **4. nie móc zrobić czegoś** be unable to do sth
mógłby might
mój 1. my (*to moja książka* it is my book) **2.** (*samodzielnie*) mine (*ta książka jest moja* this book is mine)
mól clothes-moth
mówca speaker
mówić 1. say **2.** (*np. po angielsku*) speak **3.** (*rozmawiać*) talk (**do kogoś/z kimś* o czymś* to sb about/on sth) **4.** (*opowiadać*) tell
mózg brain
mózgowy *techn* cerebral
mroczny 1. gloomy, dim **2.** (*uwaga*) dark
mrok 1. gloom **2.** darkness
mroźny frosty
mrożonki convenience food
mrożony frozen
mrówka ant
mróz 1. frost ◇ **2. jest mróz** it freezes
mruczeć 1. murmur **2.** (*o kocie*) purr
mrugać 1. wink (*do kogoś* at sb) **2.** (*oczyma*) blink **3.** (*o świetle*) twinkle
mrzonka pipe dream
msza mass

mścić take revenge (*się na kimś* on sb), *form* avenge (*się* himself)

mucha fly

muł 1. (*zwierzę*) mule 2. (*błoto*) silt, sludge

mundur uniform

mur wall

murarz bricklayer

murowany brick

Murzyn 1. black 2. *termin lub pejor* Negro

musieć 1. must 2. have, *BR* have got (*z to: musi tam pójść* he has (got) to go there) 3. need (*robić coś* to do sth) ◊ 4. nie musieć (a) need not (*nie musisz tego robić* you needn't do it) (b) not have to (*nie musisz tego robić* you don't have to do it)

muszka (*krawat*) bow tie

muszla 1. bowl 2. (*mięczaka*) (sea) shell

musztarda mustard

muzeum museum

muzikal musical

muzułmanin Muslim

muzułmański Muslim

muzyczny 1. musical 2. (*sprzęt*) audio

muzyk musician

muzyka music

my we

myć 1. (*mydłem*) wash 2. (*np. warzywa*) clean up 3. (*sprzątać*) clean

myć się 1. wash 2. *US* bathe

mydło soap

mylić 1. confuse (*A z B* A with B) 2. mistake (*coś z czymś* sth for sth) 3. mislead

mylić się 1. be mistaken (*co do czegoś* about/in sth) 2. be wrong (*co do czegoś* about sth)

mysz mouse

myśl 1. thought ◊ 2. mieć na myśli mean

myśleć 1. think (*o czymś* of/about sth) 2. regard (*myśleć o kimś z zazdrością* regard sb with envy) ◊ 3. myślę (, że) I expect (that), I believe (that), I suppose (that)

myślenie thought, thinking

myśliwy hunter

myślnik (*w pisowni*) dash

N

na 1. on, *form* upon 2. (*kłaść*) onto 3. into (*rozerwać na 8 kawałków* tear into 8 pieces, *tłumaczyć na angielski* translate into English) 4. (*wyjeżdżać, pracować*) for 5. (*na ulicy*) in, *US* on 6. (*przy wymiarach*) by (*dwa metry na trzy* two metres by three) 7. (*o ilości*) by 8. (*wskazywać*) to 9. (*na tle*) against 10. (*o miejscu w przybliżeniu*) at 11. (*leżeć, spryskiwać*) over 12. (*być chorym*) of (*umrzeć na raka* die of cancer) 13. (*na piśmie, na wiosnę*) in 14. (*przy określaniu stawek*) a (*50 funtów za godzinę* 50 pounds an hour), per (*zarabiam 6 dol. za godzinę* I earn 6 \$ per hour)

nabierać 1. (*łyżką*) scoop 2. (*prędkości*) pick up 3. *nieform* (*oszukiwać*) kid

nabożeństwo *relig* service
nabój 1. (*kula*) bullet 2. cartridge
nabrzeże jetty, wharf
nabycie 1. (*otrzymanie*) acquisition
2. (*kupno*) purchase
nabyty acquired
nabywać 1. (*umiejętności*) acquire
2. (*kupować*) *form* purchase
nabywca buyer, *form* purchaser
nachodzić 1. intrude (*kogoś* on sb)
2. (*o uczuciu*) come over 3. *nieform* get into (*co go naszło* what
has got into him)
nachylać się lean, bend
nachylenie slope
nachylony inclined
nacisk 1. pressure 2. (*znaczenie*)
emphasis, accent ◇ 3. kłaść nacisk emphasize (*na coś* sth) 4.
wywierać nacisk put pressure
(*na kogoś* on sb)
naciskać 1. (*guzik, pedał*) press (*na
coś* sth/on sth) 2. (*przycisk*) push
3. (*ponaglać*) lean (*kogoś* on/upon
sb), push (*kogoś, by coś zrobił* sb
into doing sth)
nacjonalizm nationalism
naczelnik head
naczelnik poczty postmaster
naczelny 1. chief 2. (*dyrektor*) general 3. (*potrzeba*) overriding
naczynie 1. *lit, med* vessel 2. (*żaroodporne*) casserole
naczynia 1. crockery 2. (*kuchen-
ne/stołowe*) dishes
nad over, above
nadający się 1. (*zdatny*) fit ◇ 2.
nadający się do prania washable
nadal 1. still 2. keep on (*nadal iść*
keep on walking)
nadawać 1. (*list*) post, send 2. set
(*nadawać sprawie bieg* set the ball

rolling) 3. (*kierunek*) give 4. (audycję*) broadcast 5. (*tytuł*) confer
6. (*prawa*) grant
nadawca sender
nadbrzeże quay
nadchodzący 1. coming, *form*
forthcoming 2. (*poczta*) incoming
nadchodzić 1. (*o ludziach, datach*)
approach 2. (*zbliżać się*) advance
3. (*o informacji*) come in 4. (*o
czymś regularnym*) come round
naddźwiękowy supersonic
nadeptywać 1. (*na coś*) stamp 2.
(*przydeptywać*) step 3. (*ciężko*)
tread ◇ 4. nadepnąć komuś na
odcisk *nieform* rub sb up the
wrong way
nadjechać draw up
nadliczbowy overtime
nadmiar 1. excess 2. (*towarów*) surplus
nadmiernie unduly
nadmierny 1. excessive 2. *form* undue 3. (*zbyteczny*) superfluous 4.
(*opłaty, ceny*) extortionate
nadmorski seaside
nadużycie 1. (*władzy*) abuse 2.
form wrongdoing
nadwaga overweight
nadwyżka surplus
nadzieja 1. hope ◇ 2. dawać nadzieję hold out hopes 3. mieć
nadzieję hope (*otrzymania czegoś* for sth) 4. miejmy nadzieję *nieform* hopefully (*miejmy nadzieję, że wygram* Hopefully I'll
win) 4. tracić nadzieję despair
(*zrobienia czegoś* of doing sth)
nadziewać (*kurczaka*) stuff
nadzorca overseer
nadzór 1. supervision 2. (*policyjny*)
form surveillance
nadzwyczajny 1. (*program*) spe-

cial **2.** (*wydarzenie*) extraordinary

nafta *BR* paraffin, *US* kerosene

nagi 1. nude, naked **2.** (*drzewa, półki*) bare

nagle abruptly, suddenly

nagłówek 1. heading **2.** (*w gazecie*) headline

nagły 1. sudden **2.** (*o zmianie*) sharp **3.** (*działanie*) abrupt **4.** (*śmierć*) violent

nago in the nude

nagradzać reward, award

nagranie 1. recording **2.** (*wideo*) video

nagrobek gravestone

nagroda 1. prize **2.** reward, award

nagrodzony prize, awarded

nagrywać 1. (*muzykę*) record **2.** (*na magnetofon*) tape **3.** (*na wideo*) video

naiwny naive

najazd invasion

najbliższy 1. this (*zrobię to w najbliższą niedzielę* I'll do it this Sunday) ◊ **2. najbliższy krewny** *form* next of kin

najem lease

najemnik mercenary

najeść się have enough (*czegoś* of sth)

najeżdżać 1. (*kamerą*) zoom in **2.** (*o wojsku*) invade

najeżony ◊ **być najeżonym** bristle (*czymś* with sth)

najlepszy 1. (*o jakości*) prime **2.** *form* superlative

najpierw first, at first

najprawdopodobniej very/most likely

nakaz 1. dictate **2.** *praw* warrant **3.** *form* imperative

nakazywać dictate (*komuś* sb/to sb)

naklejka 1. sticker **2.** (*samoprzylepna na tkaninę*) transfer

nakład 1. (*gazety*) circulation **2.** printing

nakłady expense

nakładać 1. (*jedzenie*) dish up **2.** (*np. masło*) spread **3.** (*odpowiedzialność*) put (*coś na kogoś* sth (up)on sb) **4.** (*odpowiedzialność*) place **5.** superimpose **6.** (*karę, grzywnę*) impose

nakręcać (*zegarek*) wind (up)

nakrętka 1. (*na słoik, butelkę*) cap **2.** (*na śrubę*) nut

nakrycie 1. covering **2.** (*głowy*) headgear

nakrywać 1. (*do stołu*) set **2.** (*stół*) lay

nalegać insist

naleśnik pancake

nalewać pour (*sobie* oneself)

należeć belong (*do* to)

należność (*za usługi*) charge

należny *form* due (*komuś* to sb)

należyty due

nalot 1. (*powietrzny*) raid **2.** (*policyjny*) swoop

naładowany 1. (*broń*) loaded **2.** (*bateria*) charged

namawiać coax

namiętność passion

namiętny passionate

namiot tent

namysł 1. second thoughts ◊ **2. bez namysłu** headlong

naokoło round, *US* around

napad 1. attack **2.** (*choroby*) bout **3.** (*śmiechu*) paroxysm

napadać assault, attack

naparstek thimble

napastnik 1. attacker, assailant **2.** *sport* striker

napełniać 1. fill (up) **2.** (*pojemnik*)

stock ◇ **3. napełniać znów** refill
napełniać się fill up
napęd 1. *termin* propulsion **2.** *komp*
(*do dyskietek*) drive
napędowy driving
napić się drink (up)
napięcie 1. (*prądu*) voltage **2.** (*li-
ny, okresu*) tension **3.** (*umysłowy*)
strain
napięty strained, tense
napis 1. inscription **2.** (*na filmie*)
subtitle
napisać write (down)
napisany 1. written **2.** (*na maszynie*) typewritten
napiwek 1. gratuity **2.** (*dla kelnera*)
tip ◇ **3. dawać napiwek** (*kelnerowi*) tip
napływ 1. spate **2.** influx **3.** gust
napływać 1. (*o ludziach, informa-
cjach*) pour (*do* in/into) **2.** (*o ludziach, pojazdach*) stream **3.** (*o
tłumie, wspomnieniach*) flood
napotykać run into
napój 1. drink **2.** (*lekarski, trujący*)
potion **3.** (*gazowany*) *nieform* pop
naprawa repair
naprawdę 1. actually, indeed **2.** *nieform* really
naprawiać 1. (*buty, zło*) repair **2.**
(*sukienkę*) mend **3.** (*coś zepsutego*) fix **4.** (*rekompensować*) right
naprzeciw face to face (with), fa-
cing
naprzeciwko opposite
naprzód 1. forward ◇ **2. iść naprzód** go ahead (*z* with)
napychać (*w coś/siebie*) stuff
narada consultation, council
naradzać się put heads together,
form confer
narastać grow
narastający cumulative, growing

naraz (all) at once
narażać 1. expose (*się/kogoś* one-
self/sb, *na coś* to sth), **2.** (*na niebezpieczeństwo*) jeopardize
narażać się run the risk
narciarski ski
narciarz skier
narcyz daffodil
nareszcie at last
narkoman (drug) addict
narkomania addiction
narkotyk narcotic, drug
narkotyzować dope, drug
narodowość nationality
narodowy national
narodzenie birth
naród people, nation
narracja *form* narration
narta 1. ski ◇ **2. jeździć na nar-
tach** ski
naruszać 1. (*prawa*) encroach (*czegoś* on/upon sth) **2.** (*prawo, umowę*) *form* breach **3.** (*czyjś spokój*)
invade
naruszenie breach, infringement
narząd organ
narzeczona fiancée
narzeczony fiancé
narzekać complain (*na* of)
narzekanie grumble
narzędzie 1. tool, *form* implement
2. (*do osiągnięcia czegoś*) instrument
narzucać impose (*(się) na* (oneself)
on/upon)
nasienie 1. semen **2.** (*rośliny*) seed
3. (*sperma*) sperm
naskórek cuticle
nastawiać 1. (*maszynę*) adjust **2.**
(*włączać*) switch on **3.** (*zegar*)
set **4.** (*obiad, płytę*) put on **5.**
(*pułapkę*) set
nastawienie 1. (*uprzedzenie*) bias

2. (*przyrządu*) setting
następca successor
następnie next
następny next, following
następować 1. succeed (*po czymś* sth) **2.** (*o wydarzeniu, opisie*) follow
następstwo after-effect
następujący 1. following (*po kimś* sb) **2.** successive, *form* subsequent
nastolatek teenager
nastoletni teenage
nastrój mood
nasycać 1. saturate (*czymś* with sth) **2.** (*cechą*) imbue
nasypywać pour
nasz 1. *GRAM* our **2.** *GRAM* ours
naszyjnik necklace
naśladować 1. imitate **2.** *form* emulate
naświetlanie radiotherapy
naświetlenie (*filmu*) exposure
natarcie assault, attack
natchnienie inspiration
natężenie intensity
 natężenie głosu volume
natomiast instead, but
natrafiać 1. (*na problemy*) come up against **2.** (*na ropę, złoto*) strike (*na coś* sth)
natrętny intrusive, obtrusive
natura nature
naturalnie 1. (*oczywiście*) naturally **2.** (*swobodnie*) casually
naturalny 1. natural **2.** (*swobodny*) casual **3.** (*niesyntetyczny*) organic
natychmiast immediately, promptly
natychmiastowy 1. immediate **2.** (*śmierć*) instanteneous **3.** (*odpowiedź, wynik*) instant
nauczać teach
nauczanie teaching

nauczyciel teacher
nauczycielka 1. (woman) teacher, *przest* schoolmistress **2.** mistress
nauczyć teach
 nauczyć się learn
nauka 1. teaching **2.** (*uczenie się*) study **3.** (*ogólnie*) scholarship **4.** (*ścisła*) science
naukowiec academic, scientist
naukowy academic, scientific
nawa nave
nawet even
nawias 1. (*okrągły*) parenthesis **2.** (*prostokątny*) bracket
nawigacja navigation
nawlekać 1. (*igłę*) thread **2.** (*paciorki*) string
nawoływać *form* exhort
nawóz fertilizer
nawzajem! the same to you!
nazwa name
 nazwa firmowa brand/trade name
nazwisko 1. name, surname ◊ **2.** **na czyjeś imię/nazwisko** in sb's name **3.** **po nazwisku** by name
nazywać 1. name, call **2.** (*wyrażeniem*) refer (*kogoś czymś* to sb as sth) ◊ **3.** **nazywam się X** my name is X
negatyw negative
negatywny 1. negative **2.** (*opinia*) derogatory
negocjacje negotiations
nekrolog obituary
nerka kidney
nerw nerve
nerwica neurosis
nerwowy nervous, irritable
netto (*waga, zysk*) net
neutralność neutrality
neutralny neutral
nędza destitution, misery

nędzny 1. dismal 2. (*stan, los*) sorry

niania nanny

nic 1. nothing (*on niczego nie robi* he does nothing) 2. anything (*on niczego nie robi* he does not do anything) ◊ 3. **coś jest do niczego** sth is of no use 4. **nic podobnego** nothing of the sort 5. **na/za nic** for nothing

nić thread

nie 1. (*przy zaprzeczaniu zdań*) no (*tak czy nie?* yes or no?) 2. (*przy zaprzeczaniu wyrazów*) not (*nie mieszkam tutaj* I do not live here) 3. (*w odpowiedzi na przeczące pytanie*) yes (– *Nie chcesz tam iść?* – *Nie, chcę.* – You do not want to go there? – Oh yes, I do.) 4. (*cząstka przecząca wyrazów*) un- (*niechciany* unwanted), -less (*niepotrzebny* needless) ◊ 5. **o ile nie** unless

niebawem shortly

niebezpieczeństwo danger, hazard

niebezpieczny 1. dangerous, hazardous 2. unsafe

niebieski blue

niebo 1. sky 2. (*raj*) heaven ◊ 3. **na niebie** in the sky

niech let (*niech ona to zrobi* let her do it)

niechcący unintentionally

niechęć 1. dislike 2. animosity ◊ 3. **powziąć niechęć do (kogoś)** take a dislike to (sb)

niechętny unwilling (*do zrobienia czegoś* to do sth)

niecierpliwość impatience

niecierpliwy impatient

nieco 1. (a) bit, *form* somewhat 2. (*o ilości*) some, any

nieczuły unfeeling

nieczynny 1. dead 2. (*sklep*) closed

3. (*wulkan*) extinct

niedaleki near

niedawno recently

niedawny recent

niedługo before long, shortly

niedobry 1. bad 2. (*warunki*) poor 3. (*niemiły*) unkind

niedobrze 1. badly 2. wrong

niedojrzały 1. (*człowiek*) immature 2. (*owoc*) unripe

niedokładny 1. inaccurate 2. (*mętny*) imprecise

niedopałek butt, stub

niedopatrzenie neglect, oversight

niedopuszczalny intolerable

niedoskonały imperfect

niedostatek 1. lack, deficiency 2. *form* privation

niedostępny inaccessible

niedoświadczony inexperienced

niedowaga underweight

niedrogi *form* inexpensive

niedużo nothing much

nieduży smallish

niedziela Sunday

niedzielny Sunday

niedźwiedź bear

niegodny *form* unworthy (*czegoś* of sth)

niegrzeczny 1. bad 2. impolite 3. (*dziecko: dokuczliwy*) naughty

niejadalny inedible

niejaki 1. a certain 2. (*przed nazwiskami*) a (*niejaki pan Smith* a Mr Smith)

niejasny 1. unclear 2. vague

niejeden not a few

niekompletny incomplete

niekorzystny 1. disadvantageous (*dla kogoś* to sb) 2. (*opinia*) unfavourable

niekorzyść ◊ **na czyjąś niekorzyść** to sb's disadvantage

niektóry some
nielegalny unlawful, illegal
nieletni 1. under age 2. adolescent
nieliczny sparse
nieludzki inhuman
niemal nearly, almost
niemądry unwise
Niemiec German
niemiecki German
niemiły unpleasant, disagreeable
niemniej nevertheless
niemodny unfashionable, out of fashion
niemowa dumb person
niemowlę baby, *form* infant
niemożliwy impossible
niemy 1. dumb, *form* mute 2. (*np. film*) silent
nienawidzić hate
nienawistny odious
nienawiść hate, hatred
nienormalnie abnormally
nienormalny abnormal
nieobecność absence
nieobecny absent
nieoczekiwany unexpected
nieodpowiedni 1. (*wyraz*) inadequate 2. unsuitable (*do czegoś* for sth)
nieodwracalny irreversible
nieodzowny 1. essential (*do* for/to) 2. indispensable (*dla* to)
nieoficjalny 1. unofficial 2. (*ubranie, zebranie*) informal
nieogolony unshaven
nieograniczony *lit* limitless
nieostrożny careless
niepalący (*człowiek*) non-smoker
nieparzysty (*liczba*) odd
niepełnoetatowy part-time
niepełnoletni *form* minor
niepełny incomplete
niepewność insecurity, uncertainty

niepewny 1. uneasy, uncertain ◊ 2. niepewny siebie self-conscious
niepodległość independence
niepodległy independent
niepodobny unlike (*do kogoś* sb)
niepodzielny indivisible
niepogoda bad weather, *form* (the) elements
niepokoić bother, trouble, worry niepokoić się worry
niepokojący disturbing, worrying
niepokój 1. unease, anxiety 2. discomfort
niepomyślny 1. (*wiadomości*) bad 2. (*warunki*) adverse
nieporozumienie misunderstanding, difference
nieporządek disorder, *nieform* mess
nieporządny disorderly
nieposłuszny 1. disobedient ◊ 2. być nieposłusznym disobey
niepotrzebny needless, unnecessary
niepoważny flippant
niepowodzenie failure, fiasco
niepożądany unwelcome
nieprawda ◊ to nieprawda it is not true
nieprawdziwy untrue, false
nieprzechodni *gram* intransitive
nieprzemakalny waterproof
nieprzenikniony impregnable (*na* to)
nieprzenośny immovable
nieprzerwany uninterrupted, non-stop
nieprzezroczysty opaque
nieprzyjaciel enemy
nieprzyjacielski enemy
nieprzyjazny hostile (*komuś* to sb)
nieprzyjemny unpleasant, nasty
nieprzytomny unconscious
nieprzyzwoity obscene, indecent
nieraz quite often, again and again

nierdzewny stainless
nierówność inequality
nierówny 1. (*szorstki*) rough 2. (*powierzchnia*) uneven 3. (*np. brzeg*) ragged
nieruchomy 1. immovable 2. motionless 3. (*bez ruchu*) still
nieskończoność infinity
nieskończony infinite, endless
niesmaczny tasteless
niesmak 1. dismay, distaste ◊ 2. napełniać niesmakiem appal
niespodzianka surprise
niespodziewany unexpected
niespokojny restless, uneasy
niespotykany *form* singular
niesprawiedliwość injustice
niesprawiedliwy 1. unjust 2. unfair (*wobec kogoś* to sb) ◊ 3. być dla kogoś niesprawiedliwym do sb an injustice
niesprawny inefficient
niestaranny (*praca*) ragged
niestety 1. unfortunately 2. (*na początku lub końcu zdania*) I am afraid
niestrawność indigestion
niestrawny indigestible
nieswój under the weather
nieszczelny leaky
nieszczery insincere
nieszczęście bad luck, misfortune
nieszczęśliwy 1. unhappy 2. (*pechowy*) unlucky 3. (*przygnębiony*) miserable
nieść się 1. *patrz* nosić 2. (*o głosie*) carry
nieślubny (*syn*) illegitimate
nieśmiały 1. shy 2. timid
nieśmiertelny immortal
nieświadomy 1. ignorant (*czegoś* of sth) ◊ 2. być nieświadomym czegoś be unaware of sth

nieświeży 1. not fresh 2. (*powietrze, chleb*) stale
nietoperz bat
nietrafienie miss
nietypowy 1. (*rozmiar*) non--standard 2. (*człowiek*) atypical
nieuchronny inevitable
nieuczciwy dishonest
nieudany incompetent
nieufny distrustful
nieuleczalny incurable
nieunikniony inevitable, unavoidable
nieupoważniony unauthorized
nieuprzejmy impolite
nieurodzajny infertile
nieustanny continuous, incessant
nieuzasadniony without good reason, *form* gratuitous
nieużywany unused
nieważny 1. insignificant 2. (*paszport*) invalid 3. *praw* void
niewątpliwie no doubt, doubtless
niewątpliwy unmistakable
niewdzięczny ungrateful, thankless
niewidoczny invisible (*dla* to)
niewidomy blind
niewidzialny invisible
niewiele 1. (*z rzeczownikami niepoliczalnymi*) little, not much 2. (*z rzeczownikami policzalnymi*) few, not many
niewielki 1. little 2. (*ilość*) slight 3. (*zainteresowanie*) mild
niewierny unfaithful (*wobec kogoś* to sb)
niewierzący (*człowiek*) unbeliever
niewinność innocence
niewinny 1. innocent 2. *form* guiltless
niewłaściwy 1. (*odpowiedź*) incorrect 2. (*do warunków*) improper 3. (*człowiek*) wrong

niewola captivity
niewolnictwo slavery
niewolnik slave
niewygodny 1. (*miejsce*) uncomfortable **2.** (*data*) inconvenient
niewykwalifikowany 1. unqualified **2.** (*robotnik*) unskilled
niewypłacalny *form* insolvent
niewyraźny 1. indistinct **2.** (*pamięć, kształt*) vague
niewystarczający 1. (*do potrzeb*) insufficient (*do* for) **2.** (*do zamierzeń, celów*) inadequate
niezaangażowany uncommitted
niezadowalający unsatisfatory
niezadowolenie dissatisfaction, discontent
niezadowolony 1. unhappy (*z czegoś* about sth) **2.** discontented, dissatisfied
niezależnie 1. regardless (*od* of) **2.** *form* irrespective (*od* of)
niezależność independence
niezależny 1. independent (*od* of) **2.** (*dziennikarz*) freelance
niezamężny single
niezapłacony unpaid
niezapominajka forget-me-not
niezatrudniony unemployed
niezbędny necessary, *form* requisite
niezbyt hardly
niezdatny unfit (*do czegoś* for sth)
niezdecydowany undecided, indecisive
niezdrowy 1. unhealthy **2.** (*serce, oko*) bad
niezgodny 1. incompatible **2.** inconsistent (*z* with)
niezgrabny 1. clumsy, awkward **2.** *form* ungainly
niezliczony countless
niezły 1. good **2.** (*znośny*) creditable **3.** (*zysk, ilość*) healthy **4.**

(*o cesze*) fair
niezmienny 1. invariable, unchangeable **2.** *form* immutable
nieznaczny 1. inconsiderable **2.** (*większość*) narrow
nieznajomy 1. (*człowiek*) stranger **2.** (*o zjawisku*) unfamiliar, unknown
nieznany unknown
nieznośny intolerable
niezupełnie not exactly/quite
niezwykle 1. unusually **2.** (*bardzo*) immensely **3.** (*przed przymiotnikiem*) *form* most
niezwykły 1. unusual **2.** (*piękno*) extraordinary **3.** *nieform* sensational
nieżonaty single
nigdy never
nigdzie 1. nowhere **2.** (*przy przeczeniach, pytaniach*) anywhere
nijaki *gram* neuter
nikiel nickel
nikły scanty, scant
nikotyna nicotine
nikt 1. nobody, no-one **2.** (*przy przeczeniach*) anybody, anyone
niniejszy 1. this, present ◊ **2.** niniejszym *form* hereby ◊ **3.** niniejszym stwierdza się, że this is to certify that
niski 1. (*człowiek*) short **2.** (*jakość, góra*) low **3.** (*głos*) deep
nisko (*latać*) low
niszczenie destruction
niszczyciel destroyer
niszczyć 1. demolish, destroy **2.** (*powierzchnię*) mar
nitka *patrz* **nić**
niweczyć 1. (*plany, nadzieję*) frustrate **2.** (*plany*) upset
niziny lowlands
niż 1. than **2.** (*atmosferyczny*) de-

pression

no 1. well, ah, oh ◇ **2. no dobra** okay **3. no już dobrze** there, there **4. no no (a)** (*z podziwem*) *nieform* wow **(b)** (*niewierzące*) come on **5. no *to co/i co z tego***? so (what)? **6. no właśnie** there you are

noc 1. night **2.** (*okres*) night-time ◇ **3. na/przez noc** overnight

noclegowy sleeping

nocnik potty

nocny 1. night **2.** (*zwierzę, wizyta*) nocturnal

noga 1. leg ◇ **2. na nogach** on one's feet **3. na nogi** to one's feet **4. ze skrzyżowanymi nogami** cross-legged

nogawka leg (*nogawka spodni* trouser leg)

nokaut knock-out

nominacja nomination (*na* for)

nonsens nonsense

nonsensowny nonsensical

nora hole, burrow

norka (*zwierzę*) mink
norki (*futro*) mink

norma 1. norm **2.** (*w społeczeństwie*) the rule

normalnie as a matter of course, normally

normalny 1. normal **2.** (*np. cena, pora*) regular

nos nose

nosiciel carrier

nosić 1. (*dziecko*) carry, *form* bear **2.** (*brodę*) grow **3.** (*ubranie*) wear
nosić się (*o ubraniu*) wear

nosorożec *form* rhinoceros, *nieform* rhino

nosze stretcher

nota (*służbowa*) note

notariusz 1. (*mogący występować tylko w sądach niższej instancji*) public notary **2.** (*do spisywania testamentów, umów*) *BR* solicitor

notatka note

notatnik notebook

notes notebook

notować note, take (down)

nowatorski novel

nowina news

nowoczesność modernity

nowoczesny up-to-date, modern

nowość novelty

nowotwór *med* tumour

nowy 1. new ◇ **2. od nowa** all over again
Nowy Rok New Year's Day

nożyce (*ogrodowe*) shears

nożyczki scissors

nów new moon

nóż knife

nr *skrót* No.

nuda boredom

nudności nausea

nudny dull, boring

nudzić (*kogoś*) bore (*czymś* with sth)
nudzić się be bored

nuklearny atomic, nuclear

numer 1. number **2.** (*czasopisma*) issue
numer wewnętrzny (*telefoniczny*) extension

nurek diver

nurkować dive (*w* into)

nurt current

nuta 1. *muz* note **2.** (*w głosie*) overtone

nylon nylon

nylonowy nylon

O

o 1. (*pisać*) about 2. (*opierać się*) against 3. (*kłócić się*) over 4. (*przyrost liczbowy*) by (*o jeden procent* by one per cent) 5. (*uderzyć się; traktować*) on 6. (*zdziwienie*) ah, oh 7. (*czas*) at (*o drugiej* at two (o'clock))

oba 1. both (of) 2. either (*znajdują się po obu stronach pomieszczenia* they are on either sides of the room)

obalać 1. (*rząd, system*) overturn 2. (*teorię*) demolish

obalenie 1. (*teorii*) demolition 2. (*rządu*) overthrow

obawa 1. fear ◊ 2. mieć obawy fear (*o* for)

obawiać się 1. fear 2. be fearful (*o kogoś* of sb) ◊ 3. obawiam się (, że) I am afraid (that)

obcas 1. heel ◊ 2. na wysokich obcasach high-heeled

obchodzić 1. (*róg, problem*) skirt 2. (*uroczystość*) celebrate, commemorate 3. (*interesować się*) care (*coś kogoś nie obchodzi* sb doesn't care about sth) ◊ 4. guzik kogoś coś obchodzi sb doesn't care a bit obchodzić się treat, handle (*z czymś* sth)

obchód 1. (*uroczystość*) celebration 2. (*lekarski*) round

obciążać 1. weight 2. (*zapłatą*) charge (*czymś kogoś* sth to sb) 3. (*rachunek*) debit

obciążenie 1. (*maszyny*) workload 2. (*psychiczne*) strain

obciążony *lit* heavy (*czymś* with sth)

obcinać 1. cut 2. (*wydatki*) cut back (*coś* on sth) ◊ 3. obcinać o

połowę halve

obcisły (skin-)tight

obcokrajowiec foreigner

obcy 1. (*osoba, miejsce*) strange 2. *form* foreign (*komuś* to sb) 3. (*człowiek*) stranger

obdarzać 1. *form* bestow (*kogoś czymś* sth on/upon sb), *form* confer (*kogoś czymś* sth on/upon sb) ◊ 2. obdarzać szacunkiem respect

obdarzony endowed (*czymś* with sth)

obecnie now, nowadays

obecność presence

obecny 1. present, current 2. this (*obecny miesiąc* this month) ◊ 3. być obecnym (*w domu*) be in

obejmować 1. (*ramionami*) embrace 2. (*włączać*) involve 3. (*okres czasu*) span 4. (*przepisy*) cover 5. (*urząd, władzę*) take

obejście 1. (*gospodarcze*) farmstead 2. (*zachowanie*) *form* bearing

obficie abundantly

obfity 1. abundant, copious 2. *form* profuse

obiad 1. (*obfity wieczorem*) dinner 2. (*lekki w południe*) lunch

obiecywać promise

obieg circulation

obiekt object

obiektyw 1. lens ◊ 2. obiektyw z transfokatorem zoom lens

obiektywny objective, impartial

obierać 1. (*ziemniaki*) peel 2. (*owoce*) skin

obietnica promise

obijać (*np. kubek*) chip obijać się 1. (*o kubku*) chip 2. (*próżnować*) *nieform* mess

about/around
objaśniać explain
objaśniający *form* explanatory
objaw 1. symptom **2.** *form* manifestation
objawiać się appear
objawienie revelation
objazd (*drogowy*) *BR* diversion *US* detour
objęcie (*władzy*) assumption
  objęcia embrace
objętość volume
oblegać besiege
oblewać (się) (*wodą*) douse
oblężenie siege
obliczać calculate
obliczenie calculation
obligacja (*pożyczki*) bond
oblodzony icy
obłęd madness
obłuda hypocrisy
obmywać wash
obniżać lower
  obniżać się (*o standardzie*) slip
obniżka (*ceny*) discount
obniżony 1. (*cena*) cut-price **2.** (*poziom*) sunken
obojczyk collarbone
obojętność indifference
obojętny indifferent (*na to*)
obok 1. (*w określeniach miejsca*) by **2.** (*mieszkać*) next door
obora cowshed
obowiązek duty, obligation
obowiązkowy obligatory, compulsory
obowiązujący (*prawo*) effective
obowiązywać (*o decyzji, ofercie*) stand
obozować camp (out)
obój oboe
obóz 1. camp ◊ **2. rozbijać obóz** set up camp

obracać 1. turn (round) **2.** (*szybko*) whirl
  obracać się 1. turn **2.** (*o gałce*) rotate **3.** (*o planetach, kole*) revolve **4.** (*szybko*) spin
obradować 1. *form* deliberate **2.** *form* (*o parlamencie*) sit
obrady 1. *form* deliberations **2.** (*parlamentu*) sitting
obraz 1. (*malowany*) painting, picture **2.** (*umysłowy*) image **3.** (*w telewizji*) vision
obraza insult
obrazek (*w książce*) picture
obraźliwy offensive
obrażać insult, offend
  obrażać się take offence
obrażenie (*ciała*) injury
obrączka (*ślubna*) (wedding) ring
obręb ◊ **w obrębie** within
obrona 1. defense (*przed* against) **2.** *sport* save
  obrona własna self-defence
obronny defensive
obrońca 1. defender **2.** (*w sądzie*) advocate
obrotowy rotary
obroża collar
obrót 1. (*obrócenie się*) turn **2.** (*silnika, maszyny*) revolution
  obroty (*handlowe*) sale
obrus tablecloth
obrzucać 1. pelt (*kogoś czymś* sb with things) **2.** (*przekleństwami*) heap
obrzydliwy disgusting
obrzydzenie 1. loathing ◊ **2. z obrzydzeniem** in disgust
obsada 1. (*w filmie*) cast **2.** (*łodzi*) crew
obsadzać 1. (*aktora*) cast **2.** (*garnizonem*) garrison
obserwacja 1. observation **2.** (*po-

dejrzanego) watch, *form* surveillance

obserwator observer, watcher

obserwatorium observatory

obserwować 1. observe **2.** (*podejrzanego, zmiany*) watch

obsługa 1. (*w kawiarni, hotelu*) service **2.** (*ludzie*) *form* personnel

obsługiwać 1. (*klientów*) serve **2.** (*maszynę*) operate **3.** (*system*) control

obsypywać 1. (*pyłem*) cover **2.** (*pochwalami, krytyką*) heap **3.** (*prezentami, pocałunkami*) shower

obszar 1. area **2.** (*wodny*) stretch ◇ **3. na obszarze** in area

obszernie amply

obszerny 1. large **2.** (*dyskusje*) extensive

obudowa casing

oburzenie indignation, displeasure

oburzony indignant

obuwie shoes, *form* footwear

obwodnica bypass, *BR* ring road

obwoluta dust jacket

obwód 1. circumference **2.** (*elektryczny*) circuit ◇ **3. mam 90 cm obwodu piersi** I have 90 cm round the chest **4. obwód pasa** waistline **5. w obwodzie** around (*2 m w obwodzie* 2 meters around)

oby (*w życzeniu*) may (*obyś był szczęśliwy* may you be successful)

obyczaj custom

obyczajowy customary

obydwa both

obywatel 1. (*własnego kraju*) citizen **2.** (*obcego kraju*) national (*obywatele USA w Polsce* American nationals in Poland)

obywatelski civil

obywatelstwo citizenship

ocalać rescue

ocean ocean

ocena 1. (*opinia*) estimation, evaluation **2.** (*szkolna*) grade **3.** (*oszacowanie*) estimate

oceniać 1. (*osądzać*) evaluate, assess **2.** (*szacować*) estimate **3.** (*klasówkę*) mark **4.** (*rywalizację*) judge

ocet vinegar

och ah, oh

ochlapywać splash

ochładzać cool

ochładzać się cool off

ochota 1. desire ◇ **2. mieć ochotę na coś** feel like (doing) sth

ochotniczy voluntary

ochotnik volunteer

ochraniać guard

ochrona 1. protection **2.** (*osobista*) bodyguard **3.** (*budynku*) guard

ochrona przyrody conservation

ochronny protective

ochrypnąć grow hoarse

ocieplać warm

ocieplać się get warm

ocieplany (*kurtka*) quilted

ocierać (*także* **ocierać się**) **1.** (*twarz*) wipe **2.** (*trzeć*) rub (*A o B* A on B) **3.** (*nogę*) chafe

oczarowany enchanted

oczekiwać 1. hope (*czegoś* for sth), expect (*na coś* sth) **2.** wait (*kogoś* for sb) ◇ **3. oczekiwać z przyjemnością czegoś** be looking forward to sth

oczekiwanie 1. expectation **2.** anticipation

oczko 1. (*w igle, ziemniaku*) eye **2.** (*w pończosze*) *BR* ladder, *US* run

oczyszczać 1. (*reputację, miejsce*) clear **2.** (*ranę, miejsce*) cleanse (*z/od* of/from) **3.** (*substancję*) purify **4.** (*od winy*) absolve (*z* from/of)

oczyszczanie 1. (*substancji, duszy*) purification **2.** (*niepotrzebnych rzeczy*) clearance

oczyszczony (*cukier*) refined

oczywisty 1. evident, obvious **2.** (*fakt, stwierdzenie*) plain

oczywiście 1. certainly, naturally **2.** obviously, of course

od 1. (*o odległości*) from (*20 km od Wrocławia* 20 km from Wrocław) **2.** (*o czasie*) for (*od dwóch miesięcy* for two months) **3.** (*odpadać*) off (*odpadł od ściany* he fell off the wall) ◊ **4. od ... do ...** from ... to ... **5. od (czasu)** since

od- 1. (*z czasownikami często tłumaczone:*) back (*oddzwonić* call b.) **2.** (*z wieloma czasownikami często tłumaczone:*) away (*odwracać się* turn away)

odbicie 1. (*w lustrze*) reflection **2.** (*jedzeniem*) belch
odbicie się (*piłki*) bounce

odbiegać deviate (*od* from)

odbierać 1. (*bagaże, dziecko*) collect (*z* from) **2.** (*telefon*) answer **3.** (*sądzić*) view

odbieranie collection

odbijać 1. (*dźwięk, światło*) reflect **2.** (*piłkę*) bounce **3.** (*rakietką*) bat **4.** (*kopiować*) copy
odbijać się 1. bounce **2.** reflect **3.** (*o świetle*) catch (*w* in) ◊ **4. odbiło mu się** he belched

odbiorca receiver

odbiornik 1. receiver **2.** (*np. radiowy*) set

odbiór 1. (*paczki*) form receipt **2.** (*radia*) reception

odbitka 1. print **2.** (*kserograficzna*) photocopy, Xerox

odbudowa reconstruction

odbudowywać reconstruct

odbyt *med* anus

odbywać 1. (*karę, praktykę*) serve **2.** (*rozmowę*) hold
odbywać się be held, take place

odcedzać (*jedzenie*) strain

odchodzić 1. get away (*of* from) **2.** (*np. o pociągu*) leave (*ze stacji* the station) **3.** (*opuszczać miejsce*) go (*z/od* away from) **4.** (*od polityki*) deviate (*od* from) **5.** (*odstawać*) come (*od* off/away)

odchudzać się slim

odchylać się deflect

odcień 1. (*barwy, znaczenia*) shade **2.** (*barwy, uczucia*) tinge

odcięty cut off

odcinać 1. cut off (*od* from) **2.** (*połączenie, stosunki*) sever **3.** (*dopływ*) shut off
odcinać się dissociate (*od* from)

odcinek 1. segment (*także mat*) **2.** (*z gazety*) coupon **3.** (*filmu*) episode **4.** (*powieść*) instalment ◊ **5. odcinek dla posiadacza** counterfoil **6. odcinek kontrolny** stub

odcisk 1. (*palca*) fingerprint **2.** (*na nodze*) corn **3.** (*ślad*) imprint

odczepiać detach

odczucie feeling

odczuwać 1. feel **2.** (*coś ukrytego*) sense, be aware (*coś* of sth)

odczyt 1. (*licznika*) reading **2.** (*wykład*) lecture

odczytywać read

oddalać (*sprawę*) form disallow
oddalać się 1. go away **2.** (*psychicznie*) grow apart

oddalenie distance

oddalony remote (*od* from)

oddanie (się) devotion (*dla kogoś* to sb)

oddany devoted (*komuś/czemuś* to sb/sth)

oddawać 1. (*przedmioty*) return, give back 2. (*rozdawać*) give away 3. (*do szkoły*) send 4. (*do szpitala*) put 5. (*głos przy wyborach*) cast 6. (*terytorium*) surrender 7. (*przekazywać myśl*) express ◇ 8. **oddawać honory** salute 9. **oddawać mocz** *form* make/pass water

oddawać się indulge (*czemuś* in sth)

oddech breath (*w oddechu* on the breath)

oddychać breathe

oddychanie *termin* respiration

oddział 1. (*filia*) branch 2. (*grupa*) contingent 3. (*wojskowy*) troop 4. (*w szpitalu*) ward

oddziaływać 1. (*dawać znać*) tell (*na kogoś* on sb) 2. interact (*wzajemnie na siebie* with) 3. (*o chemikaliach*) react (*na coś* with sth)

oddziaływanie action

oddzielać 1. segregate 2. separate (*A od B* A from B)

oddzielać się separate

oddzielny separate (*od* from)

odejmować 1. take away 2. (*pieniądze*) deduct 3. *mat* subtract ◇ 4. **odjąć** minus (*trzy odjąć dwa* three minus two)

odejmowanie *mat* subtraction

odejście 1. leave 2. (*z polityki*) withdrawal

oderwany 1. (*abstrakcyjny*) abstract 2. (*odległy*) remote

odezwa proclamation

odgłos echo, sound

odgradzać fence in/off

odgrywać 1. perform 2. (*rolę*) play

odjazd departure

odjeżdżać 1. depart (*do* for) 2. (*np. o pociągu*) leave 3. (*oddalać się*) draw 4. (*opuszczać miejsce*) go

odklejać unstick, unglue

odklejać się come unstuck

odkładać 1. (*na specjalną okazję*) set aside 2. (*słuchawkę*) replace 3. (*na później*) save 4. (*wakacje, zebranie*) postpone 5. (*na miejsce*) put away ◇ 6. **proszę nie odkładać słuchawki** hold the line

odkopywać dig out (*z* of)

odkorkowywać uncork

odkręcać 1. (*nakrętkę*) twist off 2. (*śrubę*) unscrew

odkrycie discovery

odkryty (*wrogość*) naked

odkrywać 1. reveal 2. (*robić odkrycie*) discover 3. (*odsłaniać tajemnicę*) uncover

odkrywca discoverer

odkształcać się buckle

odkurzacz vacuum cleaner, *nieform* vacuum

odkurzać 1. (*zbierać kurz*) dust 2. (*odkurzaczem*) vacuum

odlatywać fly away

odległość 1. distance ◇ 2. **w odległości** away (*jezioro w odległości dwóch mil* a lake two miles away)

odległy remote, distant (*od* from)

odlewać 1. pour off 2. (*posąg*) cast

odłamek 1. splinter 2. (*kubka, kamienia*) chip

odłączać 1. detach (*od* from) 2. (*urządzenie z sieci*) unplug

odłączać (się) *form* disengage (*z* from)

odmawiać 1. deny (*komuś czegoś* sth to sb), refuse (*czegoś komuś* sb sth) ◇ 2. **odmawiać posłuszeństwa** seize up

odmiana 1. change 2. variant,

variety 3. *gram* inflection ◇ 4. **dla odmiany** for a change
odmieniać (się) inflect
odmienny *form* diverse
odmowa denial, refusal
odmrażać 1. get (sth) frostbitten (*odmroził sobie rękę* he got his hand frostbitten) 2. (*lodówkę*) defrost
odmrożenie chilblain, frostbite
odnajdywać discover
odnawiać 1. (*licencję, stosunki*) renew 2. (*budynek*) renovate
odniesienie 1. (*także* **odniesienie się**) relation (*do* of/to) ◇ 2. **w odniesieniu do** in connection/reference with, in relation to
odnosić 1. (*dokąd*) carry (away) 2. (*sukces*) achieve 3. relate (*do czegoś* to sth) 4. (*do osoby*) apply 5. (*o wyrazie*) refer (*do czegoś* to sth)
odnosić się 1. be applicable, relate (*do czegoś* to sth) 2. (*do osoby*) apply 3. (*o wyrazie*) refer (*do czegoś* to sth)
odnoszący się applicable, concerning
odnośnie 1. *form* regarding 2. *form* relative (*do* to)
odpadać 1. (*od grupy, z uniwersytetu*) drop out (*z/od czegoś* of sth) 2. (*ze ściany*) fall away
odpadki 1. rubbish, *US* garbage 2. (*przemysłowe, kuchenne*) waste
odpalać let off
odpędzać drive away/off
odpinać unfasten
odpisywać 1. (*na list*) answer, reply 2. (*ściągać*) copy (*od kogoś* from sb)
odpływ 1. ebb 2. (*ujście*) outlet
odpoczynek rest

odpoczywać rest
odporność immunity (*na* against/ /to)
odporny 1. immune (*na to/from*) 2. resistant (*na coś* to sth)
odpowiadać 1. answer (*na coś* sth, *za coś* for sth) 2. reply (*na coś* to sth) 3. (*przenośnie*) form respond (*na coś* to sth, *czymś* with sth) 4. (*być zgodne*) correspond (*czemuś* to/with sth) 5. (*o dacie, pracy*) suit 6. (*opisowi*) fit
odpowiadający 1. matching 2. (*zgodny*) parallel ◇ 3. **odpowiadający sobie** suited
odpowiedni 1. suitable (*do czegoś* for sth), appropriate (*do czegoś* for/to sth) 2. (*dokumenty, język*) relevant
odpowiednik counterpart, equivalent (*czegoś* of sth)
odpowiednio 1. respectively 2. (*we właściwy sposób*) properly
odpowiedzialność 1. responsibility (*za* for) ◇ 2. **z ograniczoną odpowiedzialnością** *BR* limited, Ltd., *US* incorporated, Inc.
odpowiedzialny 1. (*ponoszący odpowiedzialność*) responsible (*za coś* for sth, *przed kimś* to sb) 2. (*wiarygodny*) reliable ◇ 3. **być odpowiedzialnym za coś** be in charge of sth
odpowiedź 1. answer (*na coś* to sth) 2. reply (*na coś* to sth) 3. response (*na coś* to sth) ◇ 4. **w odpowiedzi na** in reply/response to
odprawa 1. (*informowanie*) briefing 2. (*odpłata*) gratuity
odprawa celna custom
odprawa odlatujących check-in (counter/desk)

odprawiać (*kogoś*) form dispatch

odprężenie *form polit* détente
  odprężenie się relaxation

odprowadzać 1. (*poza dom*) see off
  2. (*np. do drzwi*) see (*kogoś do drzwi* sb to the door)

odpychać 1. push aside 2. (*psychicznie*) repel

odra *med* measles

odraczać postpone

odrażający repulsive, revolting

odrąbywać lop off, chop off

odrębny distinct
  odrębną przesyłką (*na poczcie*) under separate cover

odrobina 1. bit 2. (*mała ilość*) touch 3. (*np. wódki*) dash

odroczenie adjournment

odróżniać 1. differentiate ◊ 2. odróżniać A od B know A from B
  odróżniać się contrast (*od* with)

odróżnienie 1. distinction ◊ 2. w odróżnieniu od unlike

odruch reaction, reflex

odrywać 1. tear away (*kogoś od czegoś* sb from sth) 2. (*np. oczy*) wrench
  odrywać się break off

odrzucać 1. (*wyrzucać*) throw away, throw out 2. (*nie przyjmować*) reject 3. (*odpychać*) brush aside

odrzucenie rejection

odrzut 1. (*przedmiot*) reject 2. (*broni*) recoil

odrzutowiec jet

odsetki (*w banku*) interest

odskakiwać 1. recoil 2. (*o drzwiach, ludziach*) spring

odskocznia (*gimnastyczna*) springboard

odsłaniać 1. reveal 2. (*obnażać*) bare

odstawiać put away

odstęp 1. distance ◊ 2. w odstępach (*czasu*) at intervals

odsuwać 1. push away, move away 2. (*na gorsze stanowisko*) relegate
  odsuwać się draw (*away/back*)

odsyłać 1. send back 2. (*do literatury*) refer (*A do B* A to B)

odszkodowanie 1. (*polisa*) insurance 2. (*zasądzane*) damages

odszukiwać find

odświętny (*ubranie, jedzenie*) special

odtąd since

odtrutka antidote

odtwarzać (*na magnetofonie*) play back

oduczać się (*nawyku*) break

odwaga 1. bravery, courage ◊ 2. nabierać odwagi take courage

odważnik weight

odważny brave, courageous

odwet reprisal, retaliation

odwieczny immemorial, perennial

odwiedzać 1. visit 2. (*znajomego*) see, call on/upon

odwiedziny visit

odwijać unwrap

odwilż thaw

odwirowywać spin

odwołanie 1. (*seansu*) cancellation 2. (*prawa*) repeal ◊ 3. aż do odwołania until further notice
  odwołanie się 1. (*w sądzie*) appeal ◊ 2. składać odwołanie (*do sądu*) appeal (*do* to, *przeciw* against)

odwoływać 1. (*mecz*) call off 2. (*spotkanie*) cancel 3. (*z urzędu*) recall
  odwoływać się (*w sądzie*) appeal (*do* to)

odwozić take (*kogoś* sb back)

odwracać 1. (*stronę*) turn over

2. (*proces, politykę*) reverse **3.** (*uwagę*) divert
odwracać się turn (away)
odwrotnie by/in contrast, the other way round
odwrotny 1. reverse ◊ **2. odwrotny do ruchu wskazówek zegara** *BR* anticlockwise *US* counterclockwise
odwrócenie 1. reversal **2.** (*uwagi*) lapse
odwrócony upturned
odwrót 1. (*wojska*) retreat ◊ **2. na odwrót (a)** by/in contrast **(b)** on the contrary
odwzajemniać (*uczucia*) return
odzież clothing
odznaczać się stand out
odznaczenie decoration, medal
odznaka badge
odzwyczajać wean (*od czegoś* from/off sth)
odzwyczajać się break, lose
odzyskanie *form* recovery
odzyskiwać recover, regain
odzywać się speak
odżywczy (*jedzenie*) nourishing, nutritious
odżywiać nourish
odżywianie (się) nutrition
odżywka tonic
ofensywa 1. offensive ◊ **2. przechodzić do ofensywy** *go on/take* the offensive
oferować offer
oferta 1. offer **2.** (*przetargowa*) tender
oferty pracy (*w gazetach*) *form* Situations Vacant
ofiara 1. (*napadu*) victim **2.** (*wypadku*) casualty **3.** (*dla idei*) sacrifice
ofiara śmiertelna fatality

ofiarność dedication
ofiarny dedicated
ofiarowywać 1. offer **2.** (*w donacji*) donate **3.** (*pomoc*) give
oficer officer
oficjalny 1. official **2.** (*oświadczenie*) formal **3.** (*o człowieku*) standoffish
ogarniać 1. *lit* engulf **2.** (*o modzie, ideach*) sweep
ogień 1. fire **2.** (*z broni*) fire, (*artyleryjski*) (gun)fire **3.** (*np. zapałki*) light **4.** (*np. na kuchence*) heat **5.** (*np. w przedstawieniu*) spirit ◊ **6. w ogniu** on fire
ogień sztuczny firework
ogier stallion
oglądać 1. look at **2.** examine **3.** *form* view, inspect **4.** (*patrzeć uważnie:*) watch
oglądać się 1. (*do tyłu*) look back **2.** (*na siebie*) look at oneself **3.** (*wokoło*) look round
ogłaszać 1. (*np. przez głośniki*) announce **2.** (*formalnie*) declare (*kogoś zwycięzcą* sb a winner) **3.** *form* proclaim **4.** *praw* (*wyrok*) return
ogłoszenie 1. announcement **2.** (*reklamowe*) advertisement **3.** (*o fakcie*) notice
ogniotrwały fireproof
ognisko 1. (*płonący stos*) fire **2.** (*optyczne*) focus
ogniwo link
ogolony shaven
ogołacać *form* denude
ogon tail
ogonek 1. (*po coś*) *BR* queue, *US* line **2.** (*owocu*) stalk
ogólnie 1. by and large, generally ◊ **2. ogólnie mówiąc** broadly speaking
ogólnokrajowy nationwide

ogólnopolski Polish
ogólnoświatowy world
ogólny 1. general **2.** (*dochód*) gross **3.** (*suma*) grand **4.** (*teoria*) broad
  ogólna liczba total
ogół the public
  ogół społeczeństwa the general public
  ogółem (all) in all, on the whole
  w ogóle 1. in general, on the whole ◇ **2. w ogóle nie (a)** not in the slightest **(b)** seem (*w ogóle nie mogę zasnąć* I can't seem to get to sleep)
ogórek cucumber
ograniczać 1. limit (*się do czegoś* oneself to sth) **2.** restrict (*się do czegoś* oneself to sth) **3.** confine (*do* to)
ograniczenie 1. restriction (*czegoś* on/of sth) **2.** limitation **3.** (*liczby*) reduction
  ograniczenie prędkości speed limit
ograniczony 1. limited, restricted **2.** (*pogląd*) narrow **3.** (*człowiek*) narrow-minded
ogrodnictwo gardening
ogrodnik gardener
ogrodzenie fence
ogrom enormity, immensity
ogromnie vastly, *form* greatly
ogromny 1. huge **2.** immense, enormous
ogród garden
  ogród zoologiczny zoo
ogródek *BR* allotment
ogryzek core
ogrzewać 1. warm (*się* oneself) **2.** (*np. wodę*) heat
ogrzewanie heating
  centralne ogrzewanie central heating

ogrzewacz (*wody*) heater
ohydny hideous
oj *nieform* wow
ojciec 1. father ◇ **2. bez ojca** fatherless
  ojciec chrzestny godfather
ojcostwo fatherhood, *form* paternity
ojczym stepfather
ojczysty 1. (*język*) native **2.** (*wyrób*) home
ojczyzna (*o kraju*) home
ok.(oło) c(irca)
okaz 1. specimen **2.** picture (*okaz zdrowia* the picture of health)
okaziciel holder, *form* bearer
okazja 1. chance, occassion **2.** (*dobry zakup*) bargain ◇ **3. przy okazji** by the way
okazywać 1. show **2.** (*dowody*) produce **3.** (*uczucia*) demonstrate
  okazywać się prove, turn out (*okazało się, że* it turned out that)
okiennica shutter
oklaski applause
oklaskiwać applaud
okładka 1. (*na książkę*) cover **2.** jacket **3.** (*płyty*) sleeve
okno window
oko 1. eye (*także: do* for) **2.** (*sieci*) mesh ◇ **3. na czyichś oczach** under/before one's very eyes **4. na pierwszy rzut oka** at first glance ◇ **5. w mgnieniu oka** in a trice **6. przymrużyć oko** have one's tongue in one's cheek **7. przymykać oczy na coś** turn a blind eye to sth **8. rzucać okiem na coś** cast/run one's eye over sth, glance **9. tracić z oczu** lose sight of
okolica 1. region, area **2.** (*sąsiedztwo*) neighbourhood
okolicznik *gram* adjunct

okoliczności circumstances
około 1. round 2. about 3. circa
okop trench
okradać rob
okrąg circle
okrągły round
okres 1. period 2. (*przy władzy*) term 3. (*polowań*) season 4. (*czasu*) space
okres próbny 1. probation ◊ 2. w okresie próbnym on aprroval
okres rozkwitu heyday
okresowy 1. (*powtarzalny*) periodical 2. (*niestały*) occassional
określać 1. determine 2. (*datę, swoje zajęcie*) state
określenie determination, *form* epithet
określony definite, stated
okręg 1. (*wyborczy*) constituency 2. (*policyjny*) *BR* constabulary, *US* precinct
okręt ship
okręt kosmiczny spacecraft
okręt podwodny submarine
okręt wojenny battleship
okrężny indirect, roundabout
okropnie awful (*wyglądać okropnie* look awful)
okropny 1. (*wielki*) awful 2. (*straszliwy*) horrible, terrible 3. (*wygląd, sytuacja*) ghastly
okrucieństwo cruelty
okrutny cruel
okrywać cover
okrzyk 1. shout 2. (*z silnej emocji*) cry
okulary glasses
okulary słoneczne sunglasses
okulista oculist
okup ransom
okupacja occupation
olbrzymi giant, gigantic

olej 1. (*do jedzenia*) oil 2. (*obraz*) oil paint
olej napędowy oil
olejek (*do ciała*) oil
olimpiada the Olympics
olimpijski Olympic
oliwa (*do jedzenia*) oil
oliwić (*maszynę*) oil
oliwka olive
olśniewający 1. (*barwy*) brilliant 2. (*ludzie, miejsca*) glamorous
ołowiany *lit* leaden
ołów lead
ołówek pencil
ołtarz altar
omawiać 1. discuss, talk (over) 2. (*w książce*) cover
omawiany under discussion, discussed
omdlenie faint
omdlewać 1. faint 2. (*z miłości*) swoon
omijać 1. (*miasto, trudność*) bypass 2. (*problem*) sidestep
omlet omelette
omówienie report, description
omyłka mistake, error
omyłka druku misprint
on 1. he 2. him (*to on* that is him)
ona 1. she 2. her (*to ona* that is her)
ondulacja 1. perm ◊ 2. robić ondulację perm
one *patrz* oni
ongiś one-time
oni 1. they 2. them (*to oni* that is them)
ono it
ONZ (*skrót*) UN (United Nations)
opad 1. fall 2. (*deszczu*) rainfall 3. (*śniegu*) snowfall 4. (*promieniotwórczy*) fallout
opadać 1. fall 2. (*o poziomie*) drop 3. (*np. o ciszy*) fall 4. (*o morzu*)

ebb **5.** (*o głosie, liczbie*) sink
opadający inclined (*ku* towards)
opakowanie 1. packaging, wrapping **2.** (*jedno, w papier*) wrapper **3.** (*jedno, sztywne*) container
opal opal
opalać się sunbathe, tan
opalenizna (sun)tan
opalony sunburnt
opał fuel
być w opałach *nieform* be in a jam
opanowanie 1. (*siebie*) self-control **2.** (*języka*) command **3.** (*państwa*) conquest
opanowany 1. composed **2.** infested (*przez* with)
opanowywać 1. (*trudności, państwo*) conquer **2.** (*emocje*) fight back **3.** (*niebezpieczeństwo*) control
oparcie 1. footing **2.** (*dla głowy*) rest **3.** (*krzesła*) back
oparzenie 1. burn **2.** (*płynem, parą*) scald **3.** (*słoneczne*) sunburn
opatrunek dressing
opatrunek gipsowy plaster cast
opatrywać (*o ranie*) dress
opera 1. opera **2.** (*budynek*) opera house
operacja 1. *med i wojsk* operation **2.** (*med*) surgery
operator operator
operetka operetta
operować operate (*kogoś* on sb)
opieka 1. (*rodziców, lekarska*) care **2.** (*troska*) charge (*nad* of) **3.** (*przełożonego*) supervision ◇ **4.** bez opieki (a) (*ludzie*) unaccompanied (b) (*rzeczy*) unattended
opieka społeczna welfare
opiekacz (*do grzanek*) toaster
opiekować się 1. take care (*czymś*

of sth) **2.** (*dzieckiem*) look after **3.** (*o przełożonym*) supervise
opiekun 1. guardian **2.** (*przełożony*) supervisor **3.** (*dzieci*) childminder
opiekuńczy protective (*wobec kogoś* towards sb)
opierać 1. (*np. głowę*) rest **2.** (*twierdzenie*) back up
opierąć (się) **1.** (*polegać, także: o ścianę*) lean (*na* against/ /on/upon) **2.** (*przeciwstawiać się*) resist (*czemuś* sth) **3.** (na *faktach*) base
opinia 1. (*pogląd*) opinion, view (*na coś* of sth) **2.** (*wartość*) reputation ◇ **3.** mieć opinię (a) (*mieć wartość*) rate (b) (*mieć pogląd*) think (*o czymś* of/about sth), hold
opinia publiczna public opinion
opis 1. description **2.** account (*czegoś* of sth)
opisywać describe
opium opium
opłacać 1. pay ◇ **2.** opłacać z góry prepay
opłacać się pay (off)
opłakany *form* lamentable
opłakiwać mourn (*coś* for sth)
opłata 1. fee **2.** (*za podróż*) fare **3.** (*za usługi*) charge
opłata ubezpieczeniowa premium
opłata dodatkowa extra charge
opłata pocztowa postage
opłata wynajmu rent
opłata za wstęp admission
opłata za wynajęcie rental
opłatek wafer
opodatkowanie taxation
opodatkowywać tax
opona *BR* tyre, *US* tire
oporny (*człowiek, plama*) stubborn

opowiadać 1. tell **2.** (*historie*) relate
opowiadanie 1. (*drukowane*) story **2.** (*ustne*) tale
opowieść story, tale
opozycja opposition
opór 1. resistance (*przeciw czemuś* to sth) ◊ **2. stawiać opór** resist
opóźnienie delay
opóźniony 1. late, overdue **2.** (*w rozwoju*) retarded
opracowywać 1. work out **2.** (*w szczegółach*) elaborate
oprawa 1. (*książki*) binding **2.** (*obrazu*) frame **3.** (*okularów*) frames **4.** (*klejnotu*) setting
oprawiać 1. (*obraz*) frame **2.** (*książkę*) bind
oprawka 1. (*okrągłego przedmiotu*) rim **2.** (*żarówki*) holder
oprocentowanie (*wkładu*) interest
oprogramowanie software
oprócz 1. besides **2.** *form* save (for)
optyczny optical
optyk optician
optymalny optimal, *form* optimum
optymistyczny optimistic
optymizm optimism
opuchnięty swollen
opuszczać 1. leave **2.** (*o przedmiocie*) lower (*się*) oneself) **3.** (*spotkanie*) miss **4.** (*wodza; też: o umiejętnościach*) fail
opuszczenie 1. (*miejsca, kogoś*) abandonment **2.** (*pominięcie*) omission
opuszczony 1. (*dom, osoba*) abandoned **2.** (*pominięty*) left out, omitted
orać plough
orangutan orangutan
oranżada lemonade
orbita orbit

orchidea orchid
order medal
ordynarny coarse
organ 1. organ **2.** (*urzędowy*) authority **3.** (*wykonawczy*) executive
organiczny organic
organizacja organization
    Organizacja Narodów Zjednoczonych United Nations (Organisation)
organizacyjny organizational
organizator organizer
organizm organism
organizować 1. organize **2.** (*spotkanie, imprezę*) arrange
organki mouth-organ
organy *muz* organ
orgazm orgasm
orientacja 1. orientation **2.** (*polityczna*) (political) tendencies **3.** (*coś do pomocy*) guidance ◊ **4. mieć dobrą orientację w czymś** be well informed about//on sth **5. stracić orientację** lose oneself, be lost
orientacyjny (*cena*) approximate
orientować się 1. (*w przestrzeni*) orient oneself **2.** (*w wyjaśnieniach, akcji*) follow (*w czymś* sth) **3.** (*mieć wiadomości*) be informed
orkiestra orchestra
ortografia spelling
ortopedyczny orthopaedic
oryginalny original
oryginał original
orzech nut
    orzech kokosowy coconut
    orzech laskowy hazelnut
    orzech włoski walnut
orzechowy 1. (*kolor*) hazel **2.** (*smak*) nutty
orzeczenie 1. *gram* predicate **2.**

(*sądowe*) ruling
orzeł eagle
orzeszek ziemny peanut
osa wasp
osad 1. sediment **2.** (*czajnika, języ-ka*) fur **3.** (*na zębach*) plaque **4.** (*minerałów*) deposit
osadzać się 1. (*o minerałach*) deposit **2.** (*o kurzu*) settle **3.** *chem* precipitate
oset thistle
osiadać 1. settle **2.** (*na mieliźnie*) ground
osiadły settled
osiągać 1. (*cel, rezultat*) achieve **2.** (*porozumienie, rezultat*) reach **3.** (*cel podróży*) make **4.** (*sukces*) score
osiągalny attainable
osiągnięcie 1. achievement **2.** *form* attainment
osiedle 1. (*mieszkaniowe*) estate **2.** (*mieścina*) settlement
osiem eight
osiemdziesiąt eighty
osiemdziesiąty eightieth
osiemnasty eighteenth
osiemnaście eighteen
osiemset eight hundred
osika asp
osioł ass, donkey
oskarżać 1. accuse **2.** *praw* prosecute **3.** (*o wykroczenie*) charge (*o* with)
oskarżenie 1. accusation **2.** *praw* indictment **3.** (*o przestępstwo*) charge
oskarżony accused, defendant
oskarżyciel 1. accuser **2.** *praw* prosecutor
oskrobywać scrape
oskrzela *med* bronchial tubes
osłabiać 1. weaken **2.** (*siłę uderze-*

nia) break **3.** (*władzę*) relax
osłabienie 1. weakening **2.** (*władzy*) relaxation
osłona 1. cover **2.** (*przed deszczem*) shelter **3.** (*przed uderzeniem*) shield (*przed czymś* against sth) **4.** (*kogoś wpływowego*) protection **5.** (*maszyny*) guard **6.** (*maszyny, wózka*) hood
osłona koła hubcap
osłonka (*kiełbasy*) skin
osoba 1. person ◇ **2. osoba na czyimś utrzymaniu** dependant, dependent **3. we własnej osobie** in the flesh
osoba fizyczna natural person
osoba prawna corporate body/ /person/institution
osoba trzecia third party
osobistość personality
osobisty 1. personal **2.** (*własność*) private
osobiście in person, personally
osobliwość 1. curiosity **2.** idiosyncrasy
osobliwy peculiar
osobnik individual
osobność 1. privacy ◇ **2. na osobności** in private
osobno 1. separately **2.** apart
osobny 1. private **2.** (*mieszkanie*) self-contained
osobowość personality
osobowy 1. personal **2.** (*pociąg*) local
ospa smallpox
ospa wietrzna chickenpox
ostatecznie ultimately, definitely
ostateczność ◇ **w ostateczności** in the last resort
ostateczny 1. (*decyzja*) final **2.** (*sukces*) ultimate
ostatni last

ostatnio lately, recently

ostro abruptly, sharply

ostrość 1. (*uwag*) sharpness ◇ **2.** nastawiać ostrość focus

ostrożnie carefully, with care

ostrożność caution, care

ostrożny careful, cautious

ostry 1. sharp **2.** (*zmysł, nóż, wiatr*) keen **3.** (*wypowiedź*) pungent **4.** (*smak*) hot **5.** (*kąt, wzrok, choroba*) acute **6.** (*dźwięk*) shrill **7.** (*wzrost*) steep

ostryga oyster

ostrze 1. blade **2.** (*np. noża*) edge ostrze

ostrzegać warn, caution

ostrzeliwać (*np. miasto*) shell

ostrzeżenie warning, caution

ostrzyć sharpen

oswajać tame

oswojony tame

oszacować estimate

oszaleć go mad

oszczep 1. *sport* javelin **2.** spear

oszczędnie thriftily, sparingly

oszczędność 1. economy **2.** (*wielka*) thrift
oszczędności savings

oszczędny 1. economical, thrifty **2.** sparing (*w czymś* with sth)

oszczędzać 1. (*pieniądze, czas*) save (*komuś robienie czegoś* sb from doing sth) **2.** economize (*na* on) **3.** (*np. życie*) spare

oszukiwać 1. deceive **2.** cheat (*w czymś* at sth)
oszukiwać się deceive oneself

oszukiwanie deceit

oszust cheat, swindler

oszustwo 1. deceit, deception **2.** (*dla pieniędzy*) fraud

oś 1. (*samochodu*) axle **2.** (*maszyny*) pivot **3.** (*ziemi*) axis

ość bone

oślepiać dazzle

oślepnąć become blind

ośmielać encourage
ośmielać się dare (*coś zrobić* (to) do sth)

ośmiornica octopus

ośrodek centre
ośrodek wypoczynkowy holiday camp

oświadczać się propose (*komuś to* sb)

oświadczenie statement

oświadczyny proposal

oświata education

oświatowy educational

oświecenie enlightenment

oświetlać 1. (*np. dom*) light **2.** (*jasno*) illuminate

oświetlenie 1. lighting **2.** (*jasne*) illumination **3.** (*jarzeniowe*) strip light

otaczać 1. surround (*się czymś* oneself with sth) **2.** (*o wrogach*) close in (*kogoś* on/upon sb) **3.** (*płotem*) enclose (*w* in, *czymś* with sth) **4.** (*kołem*) ring

otaczający surrounding

oto here is/are (*oto ona* here she is)

otoczenie 1. environment **2.** (*ludzie*) form milieu

otoczony surrounded

otóż 1. (*właśnie*) that (*otóż to* that is it) **2.** then (*otóż wiedz, że* know, then, that) **3.** there (*a otóż i ona!* there she is!)

otrząsnąć się recover (*z czegoś* from sth)

otrzymanie 1. *form* receipt ◇ **2.** po/przy otrzymaniu (*czegoś*) *form* on receipt (of sth)

otrzymywać get, receive

otwarcie 1. (*bez ogródek*) openly,

directly 2. (*początek*) opening

otwarty 1. (*drzwi, sklep, umysł*) open **2.** (*tolerancyjny*) receptive (*na coś* to sth) **3.** (*atak*) direct **4.** (*rana*) raw **5.** (*wrogość, odmowa*) outright ◇ **6. otwarty dla wszystkich** (*o miejscu*) public

otwieracz do konserw *BR* tin-opener, *US* can-opener

otwierać 1. open **2.** (*drzwi*) answer **3.** (*spis, listę*) head **4.** (*zamek*) unlock

otwierać się open

otwór 1. opening **2.** (*w podłodze*) hatch **3.** (*w maszynie, podłużny*) slot **4.** (*wentylacyjny*) vent

owad insect

owalny oval

owca sheep

owczarek sheepdog

owies oats

owijać 1. wrap (up) **2.** (*okręcać*) wind

owoc fruit

owocowy 1. (*placek*) fruit **2.** (*smak*) fruity

owsianka porridge

ozdabiać decorate

ozdoba ornament, decoration

ozdobny decorative

oziębiać (*także* **oziębiać się**) chill

oziębły 1. cold **2.** (*człowiek*) cool **3.** (*kobieta*) frigid

oznaczać 1. mean (*Co to oznacza?* What does it mean?) **2.** (*o znaku, geście*) signify **3.** (*odzież*) mark **4.** (*sugerować*) imply

oznaczenie marking

oznaczenie kodowe code name

oznajmiać 1. (*oficjalnie*) announce **2.** (*mówić zdecydowanie*) declare

oznaka 1. emblem **2.** (*klubowa*) badge

Ó

ósmy eighth

ów that

ówczesny 1. the then **2.** (*komuś*) contemporary

P

pa bye, *BR nieform* cheerio

pacha 1. armpit **2.** (*w ubraniu*) armhole

pachnąć smell

pachwina groin

pacierz prayer

pacjent 1. patient **2.** (*ambulatoryj-*

ny) out-patient

paczka 1. (*pocztowa*) parcel **2.** (*papierosów*) packet **3.** (*rzeczy, ludzi*) pack

padaczka epilepsy

padać 1. fall **2.** (*nagle, niespodziewanie*) drop **3.** (*o deszczu*) rain

(pada it is raining) **4.** (*o śniegu*) snow (*(śnieg) pada* it is snowing)
pagórek hill
pajac puppet
pająk spider
pajęczyna (cob)web
pakować pack (up)
pakować się 1. pack (up) **2.** (*do pojazdu*) pile
pakt pact
palacz 1. smoker **2.** (*w piecu*) stoker
palący 1. burning **2.** (*człowiek*) smoker ◊ **3. dla palących** smoking
palec 1. (*u ręki*) finger **2.** (*u nogi*) toe **3.** (*wskazujący*) index finger ◊ **4. iść na palcach** tiptoe **5. nawet palcem nie ruszyć** not to lift/raise a finger to do sth
palenie 1. smoking ◊ **2. palenie wzbronione** no smoking
paletka bat
palić 1. burn **2.** (*papierosy*) smoke **3.** (*ogrzewać*) heat **4.** (*w piecu*) stoke, heat **5.** (*kawę*) roast
palić się be burning
paliwo fuel
palma palm tree
palnik burner
pałac palace
pałka 1. (*policyjna*) truncheon, baton **2.** (*kij*) club
pamiątka souvenir
pamiątkowy memorial
pamięć 1. memory ◊ **2. na pamięć** by heart
pamiętać remember
pan 1. (*w zwykłej rozmowie*) you (*jak pan się ma?* how are you?) **2.** (*bardzo grzecznie – jak kelner do gościa*) sir (*dzień dobry panu* good morning, sir) **3.** (*grzecznie – jak dobrze urodzony do do-*

brze urodzonego) gentleman **4.** (*przed nazwiskiem, tytułem*) mister, (*skrót*) Mr (*pan Smith/prezydent* Mr Smith/President) **5.** (*władca*) master ◊ **6. Szanowny/Drogi Panie** Dear Sir
pan młody (bride)groom
Pan Bóg Lord
panowie 1. you **2.** (*oficjalnie, w tytułach*) Messrs
pancerny armoured
pancerz armour
panda panda
panewka socket
pani 1. (*w zwykłej rozmowie*) you **2.** (*bardzo grzecznie, także do osoby ze szlachty*) madam **3.** (*przed nazwiskiem, tytułem*) Mrs, Ms **4.** (*szlachetnie urodzona*) lady **5.** (*dla służby*) mistress ◊ **5. panie i panowie** ladies and gentlemen **6. Szanowna/Droga Pani** Dear Madam
panie you
panieński 1. maiden ◊ **2. nazwisko panieńskie** maiden name
panika panic
panna 1. (*przy zwracaniu się*) miss **2.** (*dziewczyna*) girl, *lit* maiden **3.** (*znak zodiaku*) Virgo
panna młoda bride
stara panna spinster
panować 1. reign **2.** (*o zwyczajach*) prevail **3.** (*kontrolować*) control (*się* oneself)
panowanie 1. reign **2.** (*kontrola*) control (*nad* of/over) **3.** (*opanowanie*) mastery (*nad czymś* of/over sth)
pantera panther
pantofel slipper
pantomima mime
panujący 1. (*sytuacja*) command-

ing 2. (*król*) ruling 3. (*opinia*) prevalent

państwo state
  państwo demokratyczne democracy

państwowy 1. (*wizyta*) state 2. (*wydatki*) public

papier paper
  papier ścierny sandpaper
  papier listowy notepaper
  papier pakowy manila
  papier wartościowy *termin* security

papierek 1. (piece of) paper 2. (*od cukierka*) wrapper

papierniczy ◇ **artykuły papiernicze** stationery

papieros cigarette

papierowy paper

papieski papal

papież (the) Pope

papka paste

paproć fern

papryka 1. (*strąki*) pepper 2. (*sproszkowana*) paprika

papuga 1. parrot 2. (*falista*) budgerigar

para 1. (*dwójka*) pair 2. (*wodna*) steam 3. (*ludzi*) couple ◇ 4. **nie do pary** odd

parada parade

paradoks paradox

parafia parish

parafialny parish

parafina paraffin

paragon ticket

paragraf 1. (*część wyodrębniona*) section 2. (*znak*) section mark

paraliż paralysis
  paraliż dziecięcy polio

parametr *form* parameter

parapet (window-)sill

parasol(ka) 1. umbrella 2. (*prze-*

ciwsłoneczny) sunshade

park park

parkan *BR* hoarding

parkiet parquet

parking *BR* car park, *US* (parking) lot

parkować park

parkowanie parking

parlament parliament

parlamentarny parliamentary

parować steam

parowy steam

parówka frankfurter

parszywy *nieform* scabby, lousy

parter 1. *BR* ground floor, *US* first floor ◇ 2. **na parterze** downstairs

parterowy 1. (*dom*) one-story 2. (*pokój*) downstairs

partia 1. (*polityczna*) party 2. (*towaru*) consignment, lot

partner 1. partner 2. (*aktora*) co-star 3. (*w interesach*) associate

partyjny party

partytura *muz* score

partyzant guerilla

parzyć 1. burn (*się* oneself) 2. (*płynem*) scald (*się* oneself) 3. (*herbatę, kawę*) make, brew
  parzyć się (*seksualnie*) mate

parzysty (*liczba*) even

pas 1. belt 2. (*lądu*) strip 1. (*część ciała*) waist, middle 4. (*elastyczny*) girdle
  pas bezpieczeństwa safety belt, seat-belt
  pas ratunkowy lifebelt
  pas startowy runway

pasażer 1. passenger 2. (*na gapę*) stowaway

pasek 1. belt 2. (*koloru*) stripe 3. (*część spodni, spódnicy*) waistband 4. (*papieru*) strip 5. (*do*

przytraczania) strap **6.** (*do zegarka*) watchstrap, watchband
pasierb stepchild, stepson
pasierbica stepchild, stepdaughter
pasja passion
pasjans patience
pasmo 1. (*włosów*) strand **2.** (*drogi*) lane **3.** (*np. powodzeń*) run **4.** (*częstotliwości*) band
pasować 1. fit (*na kogoś/coś, do kogoś/czegoś* sb/sth) **2.** (*o ubraniu, sytuacji*) suit (*do czegoś* sth, *komuś* sb) **3.** (*być dopasowanym*) match
pasożyt parasite
pasta 1. (*do jedzenia*) paste **2.** (*do butów, podłogi*) polish **3.** (*kanapkowa*) spread
　　pasta do zębów toothpaste
pasteryzowany pasteurized
pasterz shepherd
pastor minister
pastować 1. (*podłogę*) wax **2.** (*buty*) polish
pastwisko pasture
pastylka pill
pasza (*karma*) feed
paszport passport
pasztet pâté
　　pasztet w cieście pie
paść 1. *patrz* padać **2.** (*zwierzęta*) graze
　　paść się graze
patelnia (frying) pan
patent patent
patos *form* pathos
patriota patriot, nationalist
patriotyczny patriotic, nationalist
patriotyzm patriotism, nationalism
patrol patrol
patron 1. (*opiekun*) sponsor **2.** (*święty*) patron saint
patronat sponsorship

patronować sponsor
patrzeć 1. look, have a look ◇ **2. patrzeć krzywym okiem** frown (*na* on/upon) **3. patrzeć spod oka** squint (*na coś* at sth) **4. patrzeć z góry** look down (*na kogoś* on sb) **5. patrzeć z podziwem** look up (*na kogoś* to sb)
patyk stick
paw peacock
pawian baboon
paznokieć nail
pazur claw
październik October
pączek 1. (*na drzewie*) bud **2.** (*do jedzenia*) doughnut
pchać 1. push **2.** (*bezwzględnie, grubiańsko*) shove **3.** (*mocno, nagle*) thrust **4.** (*pchnąć (jak) nożem*) stab ◇ **5. pchać się przez tłum** force one's way through the crowd
pchła flea
pchnięcie 1. (*popchanie*) push **2.** (*bezwzględne, grubiańskie*) thrust **3.** (*mocne, nagłe*) shove **4.** (*(jak) nożem*) stab
　　pchnięcie kulą shot put, putting the shot
pech 1. bad luck ◇ **2. ale pech** bad/hard luck
pechowy unlucky
pedagog educationalist
pedagogiczny pedagogical
pedał 1. pedal **2.** (*homoseksualista*) *pejor* queer, *US nieform* fag
pediatra pediatrician
pedikiurzystka chiropodist
pejzaż landscape
pekińczyk pekinese
peleryna cloak, (*krótka*) cape
pełnia 1. (*życia*) heyday **2.** (*księżyca*) full moon ◇ **3. w pełni** fully,

in full
pełno full (*czegoś* of sth)
pełnoletni 1. adult, *praw* major ◊
2. być pełnoletnim be of age
pełnoletność adulthood, *praw* majority
pełnomocnik 1. plenipotentiary ◊
2. przez pełnomocnika by proxy
pełnopłatny paid-up
pełny 1. full **2.** (*dźwięk*) rich, mellow **3.** (*bez przerw*) solid
penicylina penicilin
penis penis
pens penny
pensy 1. (*monety*) pennies **2.** (*suma pieniędzy*) pence
pensja 1. salary **2.** (*tygodniowa, robotnika*) wages
pensjonat boarding house
perfumy 1. scent **2.** (*drogie*) perfume
periodyk periodical
perkusja percussion
perła pearl
peron platform
personalny personal
personel staff, *form* personnel
perspektywa 1. prospect (**na coś/
/czegoś** of/for sth) **2.** (*widoku*) perspective ◊ **3. z perspektywy** in perspective
peruka wig
peryferie outskirts
peryferyjny peripheral
pestka 1. (*duża: śliwki*) stone **2.** (*mała: jabłka*) pip
pestycyd pesticide
pesymistyczny pessimistic
pesymizm pessimism
pewien 1. one **2.** (*bliżej nieokreślony*) some **3.** *form* a certain
pewnie 1. (*stać*) firmly ◊ **2. on**

pewnie to zrobi he is likely to do it **3. to pewnie dla ciebie** that will be for you
pewno ◊ **1. na pewno** surely, certainly **2. na pewno** (*zrób to*) be sure (to do it) **3. coś na pewno się** (*zdarzy*) sth is certain to (happen)
pewność 1. certainty ◊ **2. pewność siebie** (self-)confidence **3. z pewnością** admittedly, doubtless, surely **4. ktoś z pewnością coś zrobi** sb is sure to do sth
pewny 1. certain, sure (*czegoś* of sth, *siebie* of oneself) **2.** (*maszyna, osoba*) reliable **3.** (*pozycja, stan*) secure **4.** (*drabina, dowody, wiadomości*) firm ◊ **5. coś jest pewne** sth is a certainty **6. pewny siebie** (self-)confident
pęcherz 1. (*po oparzeniu*) blister **2.** (*moczowy*) bladder
pęcherzyk żółciowy gall-bladder
pęczek 1. (*włosów, trawy*) tuft **2.** (*rzodkiewki*) bunch
pęd 1. (*pędzenie*) rush **2.** (*rośliny*) sprout, shoot
pędny ◊ **materiał pędny** fuel
pędzel brush
pędzić rush, dash
pęk bunch
pękać 1. burst (*z* with) **2.** (*o drewnie, płaszczu*) split **3.** (*mieć szczeliny*) crack
pęknięcie 1. (*na powierzchni*) crack (*na* in) **2.** (*drewna*) split **3.** *med* rupture
pępek navel
pępowina umbilical cord
pętla 1. (*zapętlenie*) loop **2.** (*do wieszania*) noose
piana 1. foam **2.** (*na powierzchni*) froth **3.** (*z mydła*) lather

pianino piano
pianista pianist
piasek sand
  ruchome piaski quicksand
piaskowiec sandstone
piaskownica *BR* sandpit, *US* sandbox
piastować 1. (*nadzieję*) cherish 2. (*urząd*) hold
piątek Friday
piątka five
piąty fifth
picie 1. drinking ◇ 2. coś do picia drink
pić 1. drink 2. (*ogólnie*) have ◇ 3. pić (za) czyjeś zdrowie drink (to) sb's health
piec 1. (*ciasto*) bake 2. (*kuchenny*) range, stove 3. (*mięso*) roast 4. (*do ogrzewania*) furnace 5. (*o oczach*) sting
piechota 1. (*wojsko*) infantry ◇ 2. piechotą, na piechotę on foot
piecyk (*kuchenny*) oven
  piecyk gazowy do wody water heater, *BR* geyser
pieczątka stamp
pieczenie 1. (*w oczach*) sting 2. (*ciasta*) baking 3. (*mięsa*) roasting
pieczeń roast
pieczony roast
pieczywo bread
pieg freckle
piekarnia bakery, the baker('s)
piekarnik oven
piekarz baker
piekielny *przest* infernal
piekło hell
pielęgniarka nurse
pielgrzym pilgrim
pielucha *BR* nappy, *US* diaper
pieniądz (*moneta*) coin
  pieniądze 1. money ◇ 2. bez

  pieniędzy out of pocket
pieniężny *form* pecuniary
pień trunk
pieprz pepper
pierś 1. (*kobiety*) breast 2. (*klatka piersiowa*) chest
pierścionek ring
pierwiastek 1. *chem, także przen* element 2. *mat* root
pierwotny primeval
pierwszeństwo priority
  pierwszeństwo przejazdu right of way
pierwszorzędny first-rate, first--class
pierwszy 1. first ◇ 2. być na pierwszym miejscu (*listy*) head 3. pan pierwszy! after you!
pierzyna eiderdown, *BR* duvet
pies dog
pieszczota caress
pieszo on foot
pieszy on foot, *form* pedestrian
pieścić 1. pet 2. (*miłośnie*) caress, *nieform* pet
  pieścić się caress, *nieform* pet
pieśń song
pietruszka parsley
pięciobój pentathlon
pięć five
pięćdziesiąt fifty
pięćdziesiąty fiftieth
pięćset five hundred
piękno beauty
piękność beauty
piękny beautiful
pięść fist
pięta heel
piętnasty fifteenth
piętnaście fifteen
piętro floor, storey, *US* story
piguła pill
  piguła antykoncepcyjna the

pill
pigułka nasenna sleeping pill
pijacki drunken
pijak drunkard, drunk
pijany drunken, drunk
pik (*w kartach*) spade
pikantny 1. *form* piquant 2. savoury
piknik picnic
pilnik 1. file 2. (*do paznokci*) nail file
pilnować 1. (*drzwi*) guard 2. (*doglądać*) watch over, look after
pilnować się watch out
pilny 1. studious 2. (*wiadomość*) urgent
pilot pilot
piła saw
piła do metalu hacksaw
piłka ball
piłka nożna 1. (*nasza*) soccer 2. (*gra podobna do rugby*) football
piłka ręczna handball
piłka siatkowa volleyball
piłkarz (*w piłkę nożną*) footballer
piłować 1. (*piłą*) saw 2. (*pilnikiem*) file
pinceta tweezers
pinezka *BR* drawing pin, *US* thumbtack
pingwin penguin
pion 1. (*do mierzenia*) plumb 2. (*w grze*) counter 3. (*w firmie*) section, department
pionek 1. (*w grach*) piece, pawn 2. *szach* man
pionowy vertical, *form* perpendicular
piorun thunder
piorunochron *BR* lightning conductor, *US* lightning rod
piosenka song
piosenkarz singer

pióro 1. pen 2. (*ptaka*) feather
pióro wieczne fountain pen
piracki pirate
pirat pirate
pisać 1. write 2. (*komponować*) set (*muzykę do czegoś* sth to music) 3. (*na maszynie*) type ◇ 4. **pisać drukowanymi literami** print
pisak felt-tip pen
pisanie writing
pisarz author, writer
pisk 1. squeal, squeak 2. (*kół*) screech
pisklę fledgling, chick
pismo 1. writing 2. (*alfabet*) script 3. (*urzędowe*) note ◇ 4. **Pismo Święte** the Scripture 5. **na piśmie** in writing
pistolet gun, pistol
pistolet maszynowy (sub)machine gun
piszczeć 1. squeal 2. (*o drzwiach*) squeak 3. (*o oponach*) screech
piśmiennictwo literature
piwnica cellar
piwo beer
piwo gorzkie bitter
piżama pyjamas, pajamas
plac 1. square 2. (*sportowy*) ground
plac zabaw playground
placek 1. (*z piekarnika*) pie, cake, 2. (*z patelni*) fritter, flat cake
placówka 1. (*przedstawicielska*) agency, office 2. (*handlowa, wojskowa*) outpost
plaga plague
plakat poster
plama 1. (*brudu*) mark 2. (*trudno zmywalna*) stain 3. (*mokra*) patch 4. (*tłusta*) smear 5. (*na reputacji*) blot
plamić stain
plamka 1. *patrz też* **plama** 2. spot,

speck
plan 1. plan **2.** (*zająć*) schedule **3.** (*projekt*) blueprint **4.** (*miasta*) map
planeta planet
planetarny planetary
planować 1. plan **2.** (*zamierzać*) intend **3.** (*zajęcia*) schedule
planowanie planning
plantacja plantation
plastelina plasticine
plaster 1. (*pszczeli*) honeycomb **2.** (*opatrunkowy*) (sticking-)plaster
plasterek slice
plastik plastic
plastikowy plastic
plastyczny 1. (*trójwymiarowy*) graphic **2.** (*podatny*) *form* plastic
platforma 1. platform **2.** (*podwyższenie*) dais
platforma wiertnicza oilrig
platyna platinum
platynowy platinum
plaża beach
plątać się 1. (*o niciach*) tangle **2.** (*o człowieku*) bumble
plebania vicarage
plebiscyt referendum
plecak rucksack, *US* backpack
plecy (*człowieka*) back
plemienny tribal
plemię tribe
plemnik sperm
pleść 1. (*np. włosy*) *BR* plait, *US* braid ◇ **2. pleść głupoty** talk nonsense
pleśń mould
plik 1. (*banknotów*) wad **2.** *komp* (*danych*) file
plomba (*dentystyczna*) filling
plon 1. harvest, crop ◇ **2. zbierać** (**plony**) harvest
plotka rumour, gossip

plotki scandal
pluć spit
plus 1. plus **2.** (*zaleta*) asset ◇ **3. plus minus** give or take
pluskwa (bed)bug
pluton 1. *chem* plutonium **2.** *wojsk* platoon
pluton egzekucyjny firing squad
płaca 1. pay **2.** (*tygodniowa*) wages
płacić 1. pay **2.** (*za rachunek*) settle (*za coś* sth) ◇ **3. płacić czekiem** pay by cheque **4. płacić gotówką** pay (in) cash
płacz cry
płakać 1. cry **2.** *lit* weep
płaski flat
płasko (*leżeć*) flat
płaskowyż plateau
płastuga plaice
płaszcz coat
płaszcz kąpielowy (bath)robe
płaszcz przeciwdeszczowy raincoat
płaszczyzna 1. *termin* (*w geometrii*) plane **2.** (*stosunków*) footing
płat 1. (*śmigła*) blade **2.** (*śniegu*) patch
płatek 1. (*np. śniegu*) flake **2.** (*kwiata*) petal **3.** (*uszny*) lobe
płatki zbożowe cereal
płatki kukurydziane cornflakes
płatny 1. (*rachunek*) payable **2.** (*wakacje*) paid ◇ **3. płatne gotówką z góry** cash down **4. płatne przy odbiorze** cash on delivery **5. płatne przy zamówieniu** cash with order **6. płatny przez odbiorcę** *US* collect
płaz amphibian
płciowy sexual
płd. (*skrót:* **południowy**) Sth
płeć sex

płetwa 1. fin 2. (*dla płetwonurka*) flipper

płn. (*skrót: północny*) N

płodzić *lit* spawn

płomień 1. flame ◊ 2. w płomieniach ablaze

płonąć blaze

płonący flaming

płonica scarlet fever

płot fence

płotek *sport* hurdle

płotka (*płoć*) roach

płoza runner

płód *med* foetus

płótno 1. (*materiał*) fabric 2. (*obrazu*) canvas

płuco lung

pług plough

pług śnieżny snowplough

płukać 1. rinse 2. (*gardło*) gargle

płyn fluid
 płyn do naczyń washing-up liquid
 płyn kosmetyczny lotion
 płyn po goleniu aftershave
 płyn zmiękczający conditioner

płynąć 1. (*o człowieku*) swim 2. (*o statku*) sail 3. (*o cieczy, prądzie*) flow 4. (*o rzece, łzach*) run

płynność flux

płynny 1. liquid 2. (*sytuacja, ruchy*) fluid 3. (*mowa*) fluent ◊ 4. płynnie mówić po (angielsku) be fluent in (English)

płyta 1. (*metalowa, drewniana*) sheet 2. (*kamienna, drewniana*) slab 3. (*gramofonowa*) record 4. (*metalowa, pokrywa*) plate 5. (*kompaktowa*) disc, *US* disk 6. (*chodnikowa*) paving stone
 płyta nagrobna tombstone

płytka (*kafelek*) tile

płytki shallow

pływać 1. swim 2. (*o statku*) sail

pływający 1. swimming 2. (*mogący pływać*) buoyant

pływak (*człowiek*) swimmer

pływalnia swimming pool

pływanie swimming

po 1. after (*Przyszedł po obiedzie* He came after dinner) 2. (*o małej powierzchni*) on (*chodzi po podłodze* she is walking on the floor) 3. (*o większej powierzchni*) (all) over (*po Europie* over Europe) 4. (*krążyć na obszarze*) round (*po mieście* round the town) 5. (*w określeniach czasu*) past (*dziesięć po siódmej* ten past seven) 6. (*posyłać*) for 7. (*za*) behind 8. (*z nazwami języków*) in lub nie tłumaczy się (*to jest napisane po angielsku* this is written in English, *mówi po polsku* he speaks Polish) 9. *sport* all (*po trzy* three all)

pobić 1. beat up 2. (*w zawodach*) beat

pobierać 1. (*opłaty*) levy 2. (*pieniądze, pensję*) draw
 pobierać się marry

pobliski neighbouring, nearby

pobłażliwy indulgent

poborowy conscript

pobory salary

pobożność piety

pobożny pious, devout

pobór (*do wojska*) conscription

pobranie ◊ opłata za pobraniem *BR* cash on delivery, *US* collect on delivery (*skrót:* COD)

pobudka (*motyw*) impulse

pobudzać 1. stimulate 2. (*do działania*) incite 3. (*emocjonalnie*) rouse

pobudzający 1. invigorating 2. (*dający energię*) bracing

pobyt visit, stay
pocałować kiss, give sb a kiss
pocałunek kiss
pochłaniacz absorber
pochłaniać 1. swallow up **2.** (*jedzenie*) gobble **3.** (*zainteresowanie*) catch **4.** (*książki*) devour **5.** (*uwagę*) hold
pochodny derivative
pochodzenie 1. origin(s) **2.** (*z kraju, rodziny*) descent ◊ **3. z pochodzenia** by birth
pochodzić 1. come (*z* from/of) **2.** (*z rodziny*) derive **3.** (*z okresu*) date from
pochód march
pochwa 1. *med* vagina **2.** (*na broń*) holster **3.** (*np. na nóż*) sheath
pochwała 1. praise ◊ **2. godny pochwały** *form* praiseworthy
pochylać się stoop, lean
pochylony 1. leaning ◊ **2. być pochylonym** (*o piśmie, dachu*) slant
pochyły inclined
pociąć 1. cut **2.** (*długimi cięciami*) slash
pociąg 1. (*kolej*) train **2.** (*do czegoś*) attraction ◊ **3. pociągiem** by train/rail
 pociąg ekspresowy express
 pociąg towarowy goods train
 pociąg z miejscami sypialnymi sleeper
pociągać 1. pull **2.** (*napój*) sip **3.** (*kogoś psychicznie*) attract
 pociągać za sobą 1. *nieform* (*tłumy*) pull **2.** (*powodować*) involve, imply
pociągnięcie 1. (*za rękaw*) tug **2.** (*pędzla, pióra*) stroke **3.** (*nosem*) sniff
pocić się sweat
pociecha comfort, consolation

pocierać rub
pocieszać comfort, console (*czymś* by/with sth)
pocieszenie consolation
pocisk 1. (*rakietowy*) missile **2.** (*karabinowy*) bullet **3.** (*artyleryjski*) shell
począć (*dziecko*) conceive
początek 1. start, beginning **2.** (*czegoś nieprzyjemnego*) onset **3.** (*zaczęcie*) start **4.** (*filmu*) opening ◊ **5. na początku** at/in the beginning **6. od (samego) początku** from the very beginning **7. od początku** from the beginning
początkowy 1. initial **2.** (*pierwotny*) original
poczekalnia waiting room
poczekanie ◊ **na poczekaniu** on the spot, off the cuff
poczęcie conception
poczta 1. mail, *BR* post **2.** (*budynek*) (the) post office ◊ **3. pocztą** by mail
 poczta lotnicza airmail
 poczta zwykła (nielotnicza) surface mail
pocztowy postal, mail
pocztówka postcard
poczucie (*obowiązku, humoru*) sense
pod 1. under **2.** (*wiatr*) against **3.** (*ukryty pod powierzchnią*) beneath **4.** (*o okresie czasu*) toward(s)
podanie 1. application **2.** (*w grze*) pass ◊ **3. składać podanie** put in (*o coś* for sth)
podarować present
podarty (*ubranie*) ragged
podarunek present, gift
podatek 1. tax **2.** (*zwł. od importu*) duty

podatek dochodowy income tax
podatek od wartości dodanej
BR value added tax, VAT
podatek spadkowy death duty/
/tax
podatkowy *termin* tax-, fiscal
podawać 1. (*informację*) give **2.** (*jedzenie*) serve out/up **3.** (*np. sól, piłkę*) pass (*coś komuś* sth to sb)
podawać się pose (*za* as)
podaż supply (*podaż i popyt* supply and demand)
podbiegać run to (*do kogoś* sb)
podbijać conquer
podbój conquest
podbródek chin
podchodzić 1. come up **2.** (*do problemu*) approach (*do czegoś* sth)
podczas 1. during **2.** (*okresu czasu*) over ◇ **3. podczas gdy** while
podczerwony infra-red
poddany *form* subject
poddasze attic, garret
poddawać 1. (*miasto*) surrender **2.** (*pomysł*) suggest **3.** subject (*czemuś* to sth)
poddawać się 1. surrender (*czemuś* to sth) **2.** (*policji*) give up (*komuś* to sb) **3.** (*operacji*) undergo ◇ **4. nie poddawać się** (a) (*opisowi*) defy (b) (*w wysiłkach*) persevere (*w czymś* with sth)
podejmować 1. (*gości*) receive **1.** (*przerwaną czynność*) take up
podejmować się (*zrobienia czegoś*) attempt (*czegoś* sth), *form* undertake
podejrzany 1. (*o przestępstwo*) suspect **2.** (*typ*) suspicious **3.** (*wartość*) dubious ◇ **4. być podejrzanym** be under suspicion
podejrzenie suspicion
podejrzewać suspect (*kogoś o coś*

sb of sth)
podejrzliwy suspicious
podejście 1. (*do problemu*) approach (*do* to) **2.** (*próba*) go **3.** (*sposób obchodzenia się*) touch
podeszwa sole
podgórski upland
podgrzewać warm up, heat (up)
podjeżdżać 1. ride up **2.** (*przybliżać się*) draw **3.** (*o samochodzie*) pull in **4.** (*o ubraniu: do góry*) ride up
podkład 1. (*farby*) primer **2.** (*muzyczny*) backing **3.** (*kolejowy*) *BR* sleeper, *US* tie
podkładać 1. put under **2.** (*fałszywe dowody*) plant **3.** (*nogę*) trip ◇ **4. podkładać ogień pod coś** set fire to sth
podkładka 1. (*pod nakrętkę*) washer **2.** (*na stole*) mat
podkoszulek *BR* vest, *US* T-shirt, tee-shirt
podkowa horseshoe
podkreślać 1. (*także na piśmie*) underline **2.** (*kłaść nacisk*) stress, emphasize
podległy (*człowiek, kraj*) subject
podlegać 1. be subject (*czemuś* to sth) **2.** (*przepisom*) be covered
podlegający amenable (*czemuś* to sth)
podlewać water
podłoga floor
podłoże ground, foundation
podłużny 1. (*wydłużony*) elongate **2.** (*nie poprzeczny*) longitudinal
podły 1. (*nie wielkoduszny*) mean **2.** despicable, *nieform* crummy
podmiejski suburban
podmiot *gram* subject
podmuch 1. (*wiatru*) flurry **2.** (*wybuchu*) blast

podniebienie palate
podniecać 1. excite, *nieform* turn on **2.** (*seksualnie*) titilate
  podniecać się 1. get excited **2.** (*wściekać się*) work up (*aż do czegoś* into sth)
podniecenie excitement
podnieta stimulus, *lit* excitement
podnosić 1. lift (up) **2.** (*małą, lekką rzecz*) pick up **3.** (*kogoś, sprawę*) raise **4.** (*ceny*) put up ◇ **5. podnosić do kwadratu** square **6. podnosić do *sześcianu/trzeciej potęgi*** cube
  podnosić się 1. lift **2.** (*o człowieku, lądzie, dźwięku*) rise **3.** (*o człowieku*) stand up, get up
podnoszenie ciężarów weight-lifting
podnośnik 1. hoist **2.** (*samochodu*) jack
podobać się 1. like (*podoba mi się twój płaszcz* I like your coat, *rób, co ci się podoba* do what you like) **2.** enjoy (*książka mu się podobała* he enjoyed the book)
podobieństwo 1. similarity (*pomiędzy* between, *do* with) **2.** resemblance, likeness (*pomiędzy* between, *do* with)
podobnie 1. similarly, likewise **2.** (*postępować*) like
podobno reputedly, they say (that) (*podobno jest głupi* reputedly, he is stupid; they say that he is stupid)
podobny 1. similar (*do czegoś* to sth), like (*do czegoś* sth) ◇ **2. być podobnym** resemble (*do kogoś* sb), be similar (*do kogoś* to sb)
podoficer noncommissioned/petty officer
podpaska (higieniczna) *BR* sanitary towel, *US* sanitary napkin

podpierać support (*oneself* się)
podpis 1. signature **2.** (*na filmie*) subtitle **3.** (*pod rysunkiem*) caption
podpisywać (się) sign
podporządkowanie subordination
podporządkowany *form* subordinate (*czemuś* to sth)
podporządkowywać *form* subordinate (*A czemuś* A to sth)
  podporządkowywać się conform (*czemuś* to sth)
podpowiadać prompt
podrabiać forge, counterfeit
podrabiany counterfeit
podrażnienie irritation
podręcznik textbook, handbook
podręczny 1. handy **2.** (*bagaż*) hand **3.** (*o książce*) reference
podróż 1. travel **2.** (*lądowa*) journey **3.** (*morska, kosmiczna*) voyage ◇ **4. podróż tam i z powrotem** round trip
podróżnik traveller
podróżny traveller
podróżować travel
podrzeć tear up
podrzucać 1. (*do góry*) toss **2.** (*narkotyki*) plant **3.** (*do pieca*) stoke (*do czegoś* sth) **4.** (*samochodem*) drop off
podskakiwać 1. hop **2.** (*o drzwiach, ludziach*) spring **3.** (*ze strachu*) start
podsłuchiwać listen in, eavesdrop
podstawa 1. basis **2.** (*rzeczy, podejścia*) base **3.** (*góry*) foot **4.** (*fakt, zasada*) foundation, grounds ◇ **5. być u podstawy czegoś** be behind sth **6. na podstawie czegoś** on the basis of sth
  podstawy (*wiedzy*) the rudiments

podstawka 1. (*pod coś*) support, rest **2.** (*spodek*) saucer

podstawowy 1. basic **2.** (*najprostszy*) elementary **3.** (*najważniejszy*) fundamental **4.** (*wykształcenie*) primary

podstęp trick, deception

podstępny tricky, deceptive

podsumowanie summary, *form* recapitulation

podsumowywać sum up, *form* recapitulate

podszewka lining

podświadomość subconscious

podświadomy subconscious

podtrzymywać 1. support **2.** (*sufit*) hold **3.** (*przy życiu*) sustain **4.** (*wyrok*) uphold **5.** (*na duchu*) buoy up

poduszka 1. (*przy spaniu*) pillow **2.** (*do siedzenia*) cushion **3.** (*do pieczątek*) pad

poduszkowiec hovercraft

podwajać double

podważać 1. (*przedmiot*) lever **2.** (*prawdziwość*) challenge, dispute

podwiązka garter, *BR* suspender

podwieczorek *BR* (high) tea

podwodny underwater

podwozie 1. (*samochodu*) chassis **2.** (*samolotu*) undercarriage

podwójnie doubly, double

podwójny 1. double **1.** (*kopia*) duplicate

    podwójny podbródek double chin

podwórko 1. yard **2.** (*do zabawy*) playground

podwórze 1. (*na wsi*) farmyard **2.** (*dużego domu, zamku*) court, courtyard

podwyżka (*płac*) rise, *US* (*pieniężna*) raise

podwyższać raise

podwyższenie platform

podwyższony (*ląd*) elevated

podział 1. division (*na* into) **2.** (*np. kraju*) partition **3.** (*np. w partii*) split (*czegoś* in sth)

podzielać share

podzielić 1. divide **2.** (*równo*) share out

    podzielić (się) share

podziemie 1. underworld **2.** (*także: polityczne*) underground ◊ **3. w podziemiu** underground

podziemny underground

podziękowania acknowledgement

podziw 1. admiration ◊ **2. godny podziwu** admirable

podziwiać admire

poeta poet

poetycki poetic(al)

poezja poetry

pogadać have a talk

pogarda 1. scorn, contempt ◊ **2. mieć kogoś/coś w pogardzie** hold sb/sth in contempt **3. godny pogardy** contemptible

pogardliwy scornful

pogardzać scorn, despise (*kogoś za coś* sb for sth)

pogarszać make (sth) worse

    pogarszać się deteriorate

pogląd view, opinion

pogłębiać deepen

pogłoska rumour

    pogłoski hearsay

pogoda 1. weather **2.** (*dobra pogoda*) good weather

pogodny 1. (*człowiek*) cheerful **2.** (*dzień*) fine, *form* fair

pogodzić reconcile (*A z B* A to/with B)

    pogodzić się 1. put up with (*z czymś* sth), reconcile (*z czymś*

oneself to sth, *z kimś* oneself
with/to sb) **2.** (*po kłótni*) make
up (*pogodzili się* they made it up)
3. (*z prawdą, faktami*) accept
pogoń *form* pursuit (*za czymś* of
sth)
pogotowie 1. emergency, readiness
2. (*ratunkowe, policyjne, strażac-
kie*) emergency service **3.** (*karetka*) ambulance **4.** (*budynek*)
emergency ward
pogróżka threat
pogrzeb funeral
pogrzebać (*pod ziemią*) bury
pogrzebacz poker
pogrzebowy (*atmosfera*) *lit* funereal
poinformować inform
pojawiać się 1. appear, turn up **2.**
(*np. w rozmowach*) figure (*w* in)
pojawienie się appearance
pojazd vehicle
pojedynczo singly, individually
pojedynczy single
pojedynek duel
pojemnik 1. container, *form* receptacle **2.** (*na chleb, zboże, papier
do drukarki*) bin **3.** (*metalowy, np.
aerozolu*) can
pojemność capacity
pojęcie 1. idea (*o czymś* of sth) **2.**
(*także w filozofii*) notion, concept
◇ **3. nie mieć pojęcia** have no
idea **4. nie mieć zielonego pojęcia** (o czymś) be in the dark
(about sth) **5. to jest dla mnie
nie do pojęcia** *nieform* it beats
me
pojmanie capture
pojmować - **1.** understand, *form*
(*często z przeczeniem*) comprehend **2.** (*jeńca*) capture
pojutrze (the day) after tomorrow

pokarm feed
pokaz 1. (*siły, psów*) show **2.** (*i-
gnorancji*) display **3.** (*wykazanie*)
demonstration
pokazywać 1. show **2.** (*bogactwo,
obraz*) display **3.** (*na wystawie*)
exhibit **4.** (*wskazywać*) point out
pokazywać się 1. appear **2.** (*o
nowym wyrobie*) come out
pokaźny (*o wielkości*) fair
poker poker
pokład 1. (*na statku*) deck **2.** (*węgla, ropy*) field ◇ **3. na pokładzie** on board
pokojowy 1. (*naród*) peaceful **2.**
(*temperatura*) room **3.** (*gra*) indoor
pokojówka (chamber)maid
pokolenie generation
pokonywać 1. (*coś trudnego lub
niebezpiecznego*) overcome **2.**
(*zbrojnie*) defeat **3.** (*odległość*)
cover
pokora humility
pokorny humble
pokost varnish
pokój 1. (*pomieszczenie*) room **2.**
(*na świecie*) peace ◇ **3. w pokoju** (*spokojny*) at peace
pokój dzienny livingroom, *BR*
sitting-room
pokój przyjęć consulting room
pokój ze śniadaniem (*w hote-
lach*) bed and breakfast
pokroić cut up
pokrowiec (*np. na okulary*) case
pokrycie 1. (*powłoka*) covering **2.**
(*pieniężne*) cover (*czegoś* for sth)
pokryć blanket ◇ **2. pokryć** (*coś*)
bezczelnością brazen (sth) out
3. pokryć na nowo recover
pokryty covered
pokrywa 1. (*śniegu*) blanket **2.** (*na

maszynę) cover
pokrywać 1. cover **2.** (*powłoką np. farby*) coat (*czymś* with sth)
pokrywać się 1. (*plamami, potem*) break out (*czymś* in sth) **2.** (*zachodzić*) coincide (*z* with)
pokrywka 1. lid **2.** (*na słoiku*) top
pokrzywa nettle
pokwitowanie receipt
Polak Pole
polana clearing
polarny polar
pole field, *sport też* course
polecać 1. (*chwalić*) recommmend (*komuś coś* sth to sb) **2.** (*nakazać*) order (*komuś coś zrobić* sb to do sth)
polecenie 1. (*służbowe*) order ◇ **2. godny polecenia** commendable
polecona poczta *BR* recorded delivery, *US* certified mail
polegać 1. depend (*na* on), rely (*na* on/upon) **2.** (*sprowadzać się do czegoś*) consist (*na* in)
polepszać 1. improve (*także się*) **2.** (*szanse, wartość*) enhance ◇ **3. komuś się polepsza** sb is better
polepszenie improvement
polewa 1. (*jedzenia*) topping **2.** (*lukrowa*) icing
polewaczka watering can
polewać 1. water **2.** (*tłuszczem*) baste
polędwica sirloin, tenderloin
policja police
policjant policeman, police officer
policjantka policewoman
policyjny police
policzek cheek
polisa policy
politechnika polytechnic, *nieform* poly
polityczny political

polityk politician
polityka policy
polizać lick
polka 1. Polka Pole, Polish woman **2.** (*taniec*) polka
polny field
polować hunt (*na coś* sth)
polowanie hunt
polski Polish
polubić take (*kogoś/coś* to sb/sth)
połączenie 1. link (*pomiędzy* between), form union **2.** (*koleją*) connection **3.** (*linia kolejowa, telefoniczna*) line **4.** (*ludzi*) reunion ◇ **5. mieć połączenie (a)** (*telefoniczne*) be through **(b)** (*np. kolejowe*) have a connection
połączyć 1. combine, join **2.** (*z rodziną*) reunite ◇ **3.** (*telefonicznie*) **być połączonym** be through
połowa 1. half ◇ **2. o połowę** by half **3. w połowie** halfway
położenie 1. position ◇ **2. być w (dobrym) położeniu** be (well) placed **3. w niekorzystnym położeniu** at a disadvantage
położna midwife
położniczy maternity
położyć 1. *patrz też* **kłaść 2.** put (down) **3.** (*dywan, podstawy*) lay
połów catch
połówka half
południe 1. (*dnia*) noon **2.** (*geograficzne*) south ◇ **3. na południe** southward(s), south (*od czegoś* of sth) **4. przed południem** (*w godz 0–12*) in the morning (*skrót:* a. m.) **5. po południu** in the afternoon (*skrót:* p. m.)
południk meridian
południowy 1. south **2.** (*wiatr, obszar, kierunek*) southerly
południowo-wschodni south-

-east(ern)
południowo-zachodni south-
-west(ern)
połykać swallow
połysk gloss, shine
pomagać 1. help **2.** (*osobie, kra-
jowi*) aid **3.** (*przy pracy*) assist
(*przy/w* with/in)
pomarańcza orange
pomarańczowy orange
pomarszczony 1. (*skóra, liście*)
withered **2.** (*skóra*) wrinkled
pomiar measurement
pomidor tomato
pomidorowy tomato
pomieszanie confusion
pomieszczenie room
pomiędzy among(st)
pomijać 1. omit, ignore **2.** (*nie włączać*) miss out **3.** (*temat*) pass
over **4.** (*zwierzchnika*) bypass
pomimo 1. in spite of, despite ◊ **2.**
pomimo (**tego**) regardless
pomnik monument
pomoc 1. help **2.** (*głodującym*) aid
3. (*ratownicza*) rescue **4.** (*rada,
pieniądze*) assistance (*dla* to) ◊ **5.**
przy pomocy by means of, with
the aid of
pomoc domowa housekeeper
pomoc społeczna social work/
/service
pomocniczy auxiliary, ancillary
pomocnik helper
pomocny helpful
pomost 1. bridge **2.** (*w tramwaju*)
platform
pompa 1. pump **2.** (*uroczystość*)
pomp
pompka (*rowerowa*) pump
pompować (*wodę, pieniądze*) pump
pomylić się get (*z czymś* sth) wrong
pomyłka 1. mistake, error **2.** (*przez

nieuwagę) blunder **3.** (*telefoniczna*) wrong number
pomysł idea
pomysłowy 1. (*wynalazek*) clever
2. (*np. metoda*) ingenious
pomyślany ◊ **1.** źle pomyślany
misconceived **2.** dobrze pomyślany sensible
pomyślność prosperity, welfare
pomyślny 1. fortunate **2.** (*wiatr*)
favourable **3.** (*perspektywa*)
bright
ponad 1. above **2.** *także przen* over
3. (*nad*) on top (*czymś* of sth)
poniedziałek Monday
ponieważ 1. because, as, since **2.**
(*nie na początku zdania*) form for
poniżej 1. below, under ◊ **2.** poniżej ... lat (*o wieku*) under (*poniżej 18 lat* under 18)
ponosić 1. (*odpowiedzialność, koszty*) bear **2.** (*skutki*) suffer **3.** (*o koniu*) shy ◊ **4.** kogoś coś ponosi
sb is bubbling with sth
ponownie 1. again **2.** (*często tłumaczy się przez niesamodzielną
część wyrazu*) re- (*ponownie łapać*
recapture)
ponury 1. gloomy, grim **2.** (*miejsce,
pogoda*) bleak,
pończocha stocking
poparcie 1. (*dla teorii, kogoś*) support **2.** (*aprobata*) following ◊ **3.**
dla poparcia kogoś in sympathy
with sb
poparzyć burn (*się* oneself)
popatrzeć look (*na* at)
popełniać 1. (*przestępstwo, grzech*)
commit **2.** (*błąd*) make
popęd urge
popielaty grey, gray
popielniczka ashtray
popierać 1. support **2.** (*partię, ze-

spół) back 3. (*wniosek*) second
popiół ash
popłoch 1. stampede **2.** (*stan psychiczny*) fluster
popołudnie afternoon
popołudniowy afternoon
poprawa 1. improvement **2.** (*artykułu*) revision **3.** (*ekonomiczna*) recovery
poprawiać 1. get right, improve (*coś* sth) **2.** (*artykuł treściowo*) revise **3.** (*artykuł językowo*) correct **4.** (*ubranie, ustawienie*) adjust
poprawienie 1. (*zasadnicze*) revision **2.** (*formalne*) correction
poprawka 1. (*prawna*) amendment (*do* to) **2.** (*krawiecka*) alteration
poprawny 1. correct **2.** (*oczekiwany*) right
poprosić ask (*o coś* for sth)
poprzeczny (*nie wzdłuż*) transverse, diagonal
poprzedni previous
poprzednik predecessor
poprzednio previously, formerly
poprzedzać 1. *form* precede **2.** (*przedmową*) preface (*czymś* with/by sth)
poprzedzający previous
poprzek ◇ **w poprzek** across
poprzez 1. *patrz też* **przez 2.** through
populacja population
popularność popularity
popularny popular (*wśród kogoś* with/among sb)
popychać 1. push **2.** shove
por 1. (*warzywo*) leek **2.** (*otwór*) pore
pora 1. time, season ◇ **2. do tej pory** yet, so far **3. o tej porze** at this time **4. od tej/tamtej pory** from then on **5. w porę** duly,

timely
pora roku season
porada (a piece of) advice, *form* counsel
poradnia 1. counselling service **2.** (*lekarska*) dispensary, the doctor's
poradzić 1. advise, give advice (*komuś* to sb) **2.** manage (*sobie z czymś* sth) ◇ **3. znakomicie sobie z czymś poradzić** do/make a good job of sth
poranek morning
poranny morning
porażenie (*wylew*) stroke
porażenie prądem electric shock
porażenie słoneczne sunstroke
porcelana china
porcja 1. portion **2.** (*alhoholu*) measure **3.** (*przy posiłku: nabranie*) helping
poręcz rail, banister
pornografia pornography, *nieform* porn
poronić miscarry, abort
poronienie miscarriage, abortion
porozmawiać have a talk (*patrz także* **rozmawiać**)
porozumienie agreement, *nieform* understanding
poród delivery, childbirth
porównanie 1. comparison ◇ **2. w porównaniu (z/do)** in/by comparison (with/to), compared (with/to)
porównawczy comparative
porównywać compare (*coś z czymś* sth with/to sth)
port 1. (*osłonięte miejsce*) harbour **2.** (*miejsce przeładunku*) port
port lotniczy airport
portfel wallet, *US* billfold
portier *BR* porter, *US* doorman
portmonetka *BR* purse, *US* wallet

portowy port

portret 1. (*opis*) portrayal **2.** (*obraz*) portrait

porucznik lieutenant

poruszać 1. move **2.** (*zagadnienie*) cover, touch (up)on **3.** (*wzruszać*) touch, move
    poruszać się 1. move **2.** (*ruszać się delikatnie*) stir

poruszający 1. (*także poruszający się*) moving **2.** (*wzruszający*) touching

poruszenie 1. (*umysłowe, emocjonalne wzburzenie*) agitation, commotion **2.** (*wzburzone działania*) stir, surge

poruszony agitated

porywacz 1. (*ludzi*) kidnapper **2.** (*samolotu*) hijacker

porywać 1. (*o wietrze*) catch **2.** (*ludzi*) kidnap **3.** (*samolot*) hijack

porządek 1. (*na ulicy*) order ◊ **2.** w porządku in order **3.** nie w porządku out of order **4.** „W porządku!" "Okay!", "All right!" **5.** ktoś *jest/nie jest* w porządku sb *is/is not* right
    porządki (*sprzątanie*) cleaning

porządkować 1. put/get straight (*sth* sth) **2.** (*sprzątać*) tidy, clean **3.** (*wyrównywać*) straighten out, order

porządkowanie 1. (*wyrównywanie*) alignment **2.** (*sprzatanie*) cleaning

porządnie cleanly

porządny 1. (*obywatel*) decent **2.** (*schludny*) neat **3.** (*posiłek*) square

porzeczka currant

porzucać 1. (*miejsce, partię*) desert **2.** (*żonę*) leave

posada *form* position, (full) job

posadzka floor

posąg statue

poseł 1. deputy, member of the parliament **2.** (*wysłannik*) envoy

posiadacz 1. *form* possessor **2.** (*konta, paszportu, rekordu*) holder **3.** (*tytułu, dokumentu*) *form* bearer

posiadać 1. own, *form* possess ◊ **2.** nie posiadać się z radości be over the moon

posiadanie possession

posiadłość 1. (*dom z ziemią*) *form* property **2.** (*ziemia*) estate

posiłek meal

posługiwać się use, *form* employ

posłuszeństwo 1. obedience ◊ **2.** odmawiać posłuszeństwa (*o maszynie, ręce*) go dead, seize up

posłuszny 1. obedient ◊ **2.** być posłusznym obey (*komuś* sb)

pospolity 1. (*np. kwiat*) common **2.** (*człowiek: mało oryginalny*) plain **3.** (*mało interesujący*) commonplace

post fast

postać 1. shape, form **2.** (*człowiek*) figure

postanawiać 1. choose (*coś zrobić* to do sth) **2.** *form* resolve (*coś zrobić* on doing sth, *nie zrobić czegoś* against (doing) sth)

postanowienie 1. (*w przepisach*) provision **2.** (*coś zrobić*) resolution

postarać się arrange (*o coś* for sth)

postawa 1. posture **2.** (*umysłowa*) attitude **3.** (*ciała*) stature

postawić 1. patrz stawiać ◊ **2.** postawić w stan oskarżenia *form* indict (*z powodu* for)

postęp 1. progress **2.** (*wiedzy*) advance

postępować 1. deal (*z czymś* with sth) **2.** (*zachowywać się*) act (*wo-*

bec towards), react (*wbrew komuś* against sb) **3.** (*o przygotowaniach*) proceed

postępowanie 1. dealing ◇ **2.** niewłaściwe postępowanie misconduct

postępowanie prawne *praw* proceedings

postępowanie sądowe *form* lawsuit

postępowy progressive

postój taskówek *BR* taxi rank, *US* taxi stand

postscriptum postscript

postulat postulate

postulować postulate

posunięcie move

posuwać się 1. get along **2.** (*w latach*) *nieform* get on **3.** (*ostrożnie*) inch ◇ **4. posuwać się naprzód** a) (*z wiedzą*) advance b) (*w pracy*) get on

posyłać send (*po kogoś* for sb)

posypywać sprinkle

poszczególny particular

poszewka pillowslip, pillowcase

poszukiwać 1. go after **2.** (*słów*) search (*czegoś* for sth) **3.** (*pracy, miejsca do mieszkania*) *form* seek ◇ **4. ktoś jest poszukiwany** sb is wanted

poszukiwanie 1. search ◇ **2. w poszukiwaniu czegoś** in search of sth

poszwa case, tick

pościć (*w religii*) fast

pościel bedclothes

pośladek buttock

poślizg skid

poślizgnąć się slip

pośpiech 1. hurry **2.** haste ◇ **3. bez pośpiechu** at (sb's) leasure

pośpieszny 1. (*spojrzenie, posiłek*)

hurried **2.** (*działanie*) hasty **3.** (*pociąg*) fast

pośpieszyć się be quick (*z czymś* about sth)

pośredni indirect, intermediate

pośrodku in the middle (*czegoś* of sth)

pośród amid(st)

poświadczać *form* attest

poświęcać 1. devote (*się czemuś* oneself to sth) **2.** (*ofiarować*) sacrifice **3.** (*wyświęcać*) consecrate **4.** (*uwagę*) give

poświęcać się dedicate (*czemuś* to sth, *coś komuś* sth to sb)

poświęcenie 1. devotion (*czemuś* to sth) **2.** (*ofiara*) sacrifice **3.** (*wyświęcenie*) consecration

poświęcenie się dedication

pot 1. sweat ◇ **2. oblewać się potem** *be in/break into* a sweat

potem after, *form* thereafter

potencjalny 1. potential **2.** (*student, klient*) prospective

potencjał potential

potęga power (*także mat*), strength

potęgować intensify, *form* compound

potępiać blame, condemn

potępienie blame, condemnation

potężny powerful

potoczny colloquial

potok 1. (*wody, samochodów, pytań*) stream **2.** (*łez, deszczu, mowy*) torrent

potomek descendant

potomstwo *form* offspring

potop 1. flood **2.** (*deszczu*) deluge

potrafić 1. can, be able to (*ona to potrafi zrobić* she can do it) ◇ **2. nie potrafić zrobić czegoś** be unable to do sth **3. potrafić się zająć czymś** take care of sth

potrawa dish
  potrawy (*w restauracji*) cuisine
potrawka stew
potrącać 1. (*z ceny*) deduct **2.** (*w przejściu*) hit
potrójny triple
potrzeba 1. it is necessary (*coś zrobić* to do sth) **2.** sb needs (*czegoś* sth: *potrzeba nam spokoju* we need quiet) **3.** need (*czegoś* for/of sth, *zrobienia czegoś* to do sth), necessity (*czegoś* for sth) **4.** form requirement ◊ **5. nagła potrzeba** urgency
potrzebny necessary
potrzebować 1. need (*czegoś* sth), be in need (*czegoś* of sth) **2.** form require (*A do B* A for B) ◊ **3. strasznie potrzebować** *nieform* be dying (*czegoś* for sth)
potrzymać take
potulny meek
potwierdzać 1. (*otrzymanie paczki*) acknowledge, sign for **2.** (*spotkanie*) confirm **3.** (*wyniki*) verify
  potwierdzać się reassert
potwierdzający *form* affirmative
potwierdzenie 1. (*otrzymania listu*) acknowledgement **2.** (*daty*) confirmation **3.** (*wyników*) verification **4.** (*przyjęcia do pracy*) acceptance
potworny monstrous
potwór monster
potyczka skirmish
potykać się stumble (*o coś* over sth), trip
pouczać educate
pouczający 1. informative **2.** instructive
poufny confidential
powaga 1. seriousness **2.** (*groźby*) gravity

poważnie badly, seriously
poważny 1. serious (*co do* about) **2.** (*bardzo poważny*) solemn **3.** (*brak, uszkodzenie*) severe **4.** (*sytuacja, osoba, wydarzenie*) grave
powiązanie connection
powiedzenie saying
powiedzieć 1. (*wypowiadać słowa*) say (*powiedział, że wyjeżdża* he said he was leaving) **2.** (*przekazywać informację komuś*) tell (*powiedział (mi), że wyjeżdża* he told me he was leaving) ◊ **3. powiedzieć, która godzina** tell the time
powieka (eye)lid
powierzać entrust (*coś komuś* sth to sb), trust (*komuś coś* sb with sth)
powierzchnia surface
  powierzchnia robocza worktop
  powierzchnia wewnętrzna interior
  powierzchnia zewnętrzna exterior
powierzchowny superficial
powieściopisarz novelist
powieściowy fictional
powieść novel
powietrze 1. air ◊ **2. powietrzem** (*latać*) by plane **3. bez powietrza** (*dętka*) flat **4. na powietrzu** out of doors **5. w powietrzu** (*o samolocie*) airborne **6. pozbawiać powietrza** deflate (*coś* sth)
powietrzny 1. (*atak*) air **2.** (*fotografia, bombardowanie*) aerial
powiew 1. (*przeciągu*) draught **2.** (*wiatru*) gust
powiększać 1. enlarge **2.** (*np. dom*) extend **3.** (*o lornetce*) magnify
  powiększać się expand
powiększenie 1. enlargement **2.** ex-

tension **3.** magnification ◇ **4. robić powiększenie** enlarge

powinien 1. should, ought to (*powinieneś to zrobić* you *should/ /ought to* do it) ◇ **2. powinna była coś zrobić** she *should/ /ought to* have done sth

powitać greet

powitanie greeting

powłoka 1. layer **2.** (*ochronna*) casing **3.** (*farby*) coat **4.** (*cienka, oleju, kurzu*) film

powodować 1. cause **2.** motivate (*powodowała nim zazdrość* he was motivated by jealousy) **powodować się** go by, *form* heed

powodzenie 1. prosperity, success ◇ **2. nie mający powodzenia** unfortunate **3. powodzenia!** *good/best of* luck! **4. mieć powodzenie** succeed

powodzić się ◇ **1. jak ci się powodzi?** how are you? **2. komuś się dobrze powodzi** sb is doing well

powojenny post-war

powoli slow

powolny slow

powołanie calling, vocation

powoływać (*do wojska*) call up **powoływać się 1.** refer (*na coś* to sth) **2.** (*odwoływać się*) plead (*na coś* sth)

powód 1. reason (*zrobienia czegoś* for doing sth) **2.** cause (*do* for) **3.** (*zbrodni*) motive ◇ **3. z powodu** because of, due to

powódź flood

powóz carriage

powracać return, come back

powrotny return

powrót 1. return ◇ **2. z powrotem** (*iść*) back

powstanie insurrection, uprising

powstawać 1. stand up, rise **2.** (*o problemie*) arise **3.** (*o możliwościach*) open up **4.** (*zaczynać istnieć*) come into being

powstrzymywać 1. restrain (*przed/ /od* from) **2.** prevent (*kogoś przed zrobieniem czegoś* sb from doing sth) **3.** (*spowalniać*) check **4.** (*siłą, np. wroga*) resist **powstrzymywać się 1.** restrain oneself (*przed/od* from) ◇ **2. powstrzymywać się przed zrobieniem czegoś** stop short of doing sth

powszechnie universally, commonly

powszechny 1. (*pospolity*) common **2.** (*na świecie*) universal **3.** (*poparcie, opinia*) public

powszedni 1. everyday ◇ **2. powszedni dzień** workday

powtarzać 1. repeat **2.** (*do egzaminu*) *BR* revise **powtarzać się** (*o zdarzeniach*) recur

powtórnie repeatedly

powtórny repeat(ed) **powtórny mecz** replay

powyżej 1. above ◇ **2. powyżej 30** in the low thirties

powyższy above

poza 1. (*za*) beyond **2.** (*za*) outside (of) **3.** (*pozowanie*) pose ◇ **4. poza tym** besides, otherwise

pozbawiać 1. deprive (*kogoś czegoś* sb of sth) **2.** (*całkowicie, praw, majątku*) strip (*czegoś* of sth)

pozbawiony 1. *form* devoid (*czegoś* of sth) ◇ **2. pozbawiony wszystkiego** deprived **3. być pozbawionym czegoś** be free of/from sth

pozbywać się 1. (*niechcianego*) get rid of, *nieform* do away with **2.**

(*czego się nie da utrzymać*) dispose of

pozdrawiać 1. (*gestem*) salute ◇ **2. pozdrów ode mnie swoją żonę** (please) remember me to your wife **3. pozdrawiamy z Londynu** we are sending our greetings from London

pozdrowienie 1. acknowledgement **2.** (*gest*) salute
pozdrowienia 1. greetings, *form* compliments ◇ **2. przekazywać pozdrowienia A od B** remember A to B **3. przesyłać pozdrowienia** send one's greetings

poziom 1. level **2.** (*jakości*) standard **1.** (*np. dźwięku*) pitch
poziom życia standard of living
poziom opadów rainfall

poziomka wild strawberry

poziomy (*płaski*) level

poznawać 1. get to know, experience **2.** (*przy przedstawianiu*) meet (*miło Pana poznać* nice to meet you) **3.** (*rozpoznawać*) recognize

pozorny apparent, *form* seeming

pozostałość remainder, remnant

pozostały 1. remaining **2.** (*niezużyty*) leftover

pozostawać 1. stay **2.** (*w stanie, miejscu*) remain **3.** (*nie iść z innymi*) stay behind ◇ **4. być/pozostawać w kontakcie z kimś** be/keep in touch with sb **5. pozostawać w domu** stay in

pozostawiać 1. (*spadek, sprawę*) leave ◇ **2. pozostawiać wiele do życzenia** leave *a lot/a great deal* to be desired

pozór 1. (*u kogoś*) front **1.** appearance, pretence ◇ **2. na pozór** to/ /by all appearances

pozory 1. appearance **3. z pozoru** on the face of it

pozwalać 1. allow (*coś komuś robić* sb to do sth) **2.** let (*pozwól mu to zrobić* let him do it) ◇ **3. nie pozwalać** keep (*nie pozwalać, by ktoś upadł* keep sb from falling) **4. pozwolić sobie** (*kupić coś*) afford (*na coś* sth) **5. pozwalać sobie coś zrobić** take a/the liberty of doing sth **6. jeśli pan pozwoli** *form* if you please

pozwolenie 1. permission ◇ **2. mieć pozwolenie na coś** be allowed sth

pozycja 1. position **2.** (*na liście*) item
pozycja bibliograficzna reference

pozytyw *fot* positive

pozytywny positive

pozywać take to court (*kogoś* sb)

pożar fire

pożądany desirable

pożądanie 1. desire **2.** (*seksualne*) lust

pożegnać się say one's good-byes (*pożegnaliśmy się* we said our good-byes)

pożegnanie farewell

pożyczać 1. loan **2.** (*komuś*) lend (*komuś* to sb) **3.** (*od kogoś*) borrow (*od kogoś* from/off sb)

pożyczka loan

pożytek benefit

pożywienie food

pójść *patrz* iść

póki unless

pół- semi-, half-

pół 1. half ◇ **2. na pół** (a) (*nie całkiem*) half (*na pół Polak* half Polish) (b) (*przeciąć*) in two/half **3. pół na pół** fifty-fifty

półbuty shoes
półciężarówka pick-up
półfinał semi-final
półka 1. shelf **2.** (*na bagaże*) rack
półksiężyc crescent
półkula *form* hemisphere
półmisek dish
północ 1. (*w nocy*) midnight **2.** (*geograficzna*) north ◇ **3.** na północ northward, north (*od czegoś* of sth)
północny 1. north **2.** (*wiatr, obszar, kierunek*) northerly
  północno-wschodni north--east(ern)
  północno-zachodni north--west(ern)
półszlachetny semi-precious
półwysep peninsula
późno late
  później 1. after (*Później nie czuł się dobrze* He wasn't well after) **2.** later on, afterwards ◇ **3.** wcześniej lub później sooner or later
późny late
prababcia great-grandmother
praca 1. work **2.** (*ciężka prymitywna*) labour **3.** (*zatrudnienie*) employment, job **4.** (*doktorska*) thesis
  praca akordowa piecework
  praca domowa 1. (*sprzątanie*) chore, housework **2.** (*szkolna*) homework
  praca nadliczbowa overtime
  praca naukowa research
pracochłonny laborious
pracodawca employer
pracować 1. work **2.** *form* (*ciężko fizycznie*) labour **3.** (*o maszynie, sercu*) function
pracowity 1. (*dzień*) busy **2.** (*człowiek*) diligent, industrious

pracownia 1. (*artysty, fotograficzna*) studio **2.** workshop
pracownik 1. employee **2.** (*zwykle fizyczny*) worker
pracujący working
prać wash
pradziadek great-grandfather
pragnąć 1. hanker (*czegoś* after/for sth) **2.** *form* wish (*czegoś* for sth)
pragnienie 1. wish, hankering **2.** (*wody*) thirst
praktyczny 1. practical **2.** (*znajomość angielskiego*) working
praktyk practitioner
praktyka 1. (*praktykanta*) training **2.** (*np. zawodowa*) experience **3.** (*lekarska*) practice
pralka washing machine, washer
pralnia laundry
  pralnia chemiczna (dry-)cleaner
pranie 1. (*rzeczy*) laundry **2.** (*rzeczy i czynność*) washing, wash ◇ **3.** nadający się do prania washable **4.** w praniu in the wash
prasa press, (*gazety*) the press
prasować (*ubranie*) press, iron
prawda 1. truth ◇ **2.** prawdę mówiąc be fair
prawdopodobieństwo 1. probability ◇ **2.** według wszelkiego prawdopodobieństwa in all probability
prawdopodobnie probably
prawdopodobny 1. probable ◇ **2.** mało prawdopodobny unlikely
prawdziwy 1. true **2.** (*nieudawany*) real **3.** (*złoto*) genuine
prawica *polit* the right
prawidłowy (*np. odgadnięcie*) fair, correct
prawie almost, nearly
  prawie nie hardly, scarcely

prawniczy legal
prawnik lawyer
prawny legal
prawo 1. law 2. (*do czegoś*) right 3. (*przyrody*) principle ◇ 4. na/w **prawo** (*iść*) right, to the right 5. na równych prawach on equal terms
  prawa obywatelskie civil rights
  prawo autorskie copyright
  prawo jazdy *BR* driving licence, *US* driver's license
  prawo wyborcze franchise
praworządny law-abiding
prawosławie *relig* orthodoxy
prawosławny *relig* orthodox
prawostronny right-hand
prawy 1. (*nie lewy*) right 2. (*o burcie*) starboard 3. (*człowiek*) upright ◇ 4. **z prawej** on the right
prąd 1. current 2. (*ruch wody*) stream
  prąd stały direct current (*skrót:* DC)
  prąd zmienny alternating current (*skrót:* AC)
prądnica generator
prążek stripe
prążkowany striped, pin-stripe(d)
precedens precedent
precyzja 1. (*wykonania*) precision 2. (*wypowiedzi*) clarity
precyzyjnie precisely
precyzyjny 1. precise 2. (*myślenie*) clear
precz ◇ 1. „(Idź) precz" "Go away" 2. „Precz z X!" "Down with X!"
prefabrykowany prefabricated
preferencja 1. preference 2. (*dla kogoś*) prejudice
preferować prefer (*A od B* A to B)
premia bonus, premium
premier premier, Prime Minister

premiera first night, premiere
prenumerata subscription
prenumerator subscriber
prenumerować subscribe
preparat *form* preparation
preria prairie
prestiż prestige
prestiżowy prestigious
pretekst pretext
pretensja pretension
prezent present, gift
prezentować 1. (*kogoś, broń*) present ◇ 2. **prezentować się dobrze/źle** have a good/unattractive appearance, be of good/poor appearance
prezerwatywa condom, sheath
prezes president
prezydencki presidential
prezydent president
prędki 1. quick 2. (*zdarzenie, ruch*) rapid 3. (*odpowiedź, zemsta*) swift
prędkość 1. speed 2. *termin* velocity
prędkościomierz speedometer
prędko fast
problem 1. problem 2. (*ważny*) issue 3. (*do omówienia*) question ◇ 4. **coś nie przedstawia żadnych problemów** sth is no trouble 5. **mieć problemy** be in trouble
proboszcz 1. parson 2. (*protestancki*) rector
procent 1. per cent (*powinniśmy dodać 10%* we should add ten per cent) 2. (*ilość*) percentage
proces 1. (*np. chemiczny*) process 2. (*sądowy*) *form* lawsuit
procesja procession
proch 1. powder 2. (*strzelniczy*) gunpowder
producent producer

produkcja production
produkować 1. produce **2.** (*prąd, ciepło*) generate **3.** (*w fabryce*) manufacture
produkt product
    produkt uboczny byproduct
profesor 1. professor **2.** *BR* (*w szkole*) master
profil profile
profilaktyczny prophylactic
prognoza 1. forecast **2.** form prognosis
    prognoza pogody weather forecast
program 1. program, *BR* programme **2.** (*zajęć*) schedule **3.** (*nauczania*) curriculum **4.** (*występu*) bill
programować program
progresywny progressive
projekcja projection
projekt 1. project **2.** (*architektoniczny*) design
    projekt ustawy (*w parlamencie*) bill
projektant designer
projektor projector
projektować 1. (*domy, pojazdy*) design **2.** (*planować*) project
projektowanie (*budynku*) design
prokurator public/state prosecutor
proletariat *termin* proletariat
prom ferry
    prom kosmiczny space shuttle
promenada promenade
promieniotwórczy radioactive
promieniować radiate
promieniowanie radiation
promień 1. (*światła, nadziei*) ray **2.** (*światła*) beam **3.** (*okręgu*) radius
promocja 1. promotion **2.** (*ze szkoły*) graduation
propaganda *pejor* propaganda

proponować 1. suggest **2.** (*plan, działanie*) propose **3.** (*wniosek*) move
proporcja proportion, ratio
proporcjonalny proportional (*w stosunku do czegoś* to sth), (*rzadsze*) proportionate (*w stosunku do czegoś* to sth)
propozycja 1. suggestion ◊ **2. wysuwać/przedstawiać propozycję** make a suggestion
prorok prophet
prosić 1. (*o informację*) ask (*kogoś o coś* sb about sth) **2.** (*o przysługę*) ask (*kogoś o coś* sb for sth, *prosić o czyjeś pozwolenie* ask sb's permission) **3.** (*zapraszać*) ask (*kogoś na obiad* sb to dinner) **4.** (*błagać*) beg (*o* for)
proszę 1. please (*nie rób tego, proszę* please do not do it, *proszę za mną* follow me, please) **2.** (*dając coś*) here you are, there you are ◊ **3. proszę bardzo** (you're) welcome **4. Co, proszę?** Pardon?, I beg your pardon? **5. proszę mi pozwolić** allow me (*coś zrobić* to do sth) **6. proszę pana (a)** (*do osoby wyżej postawionej*) Sir **(b)** (*do policjanta*) Officer
prosiak piglet
proso millet
prosto 1. (*iść*) straight **2.** due (*na wschód* east) **3.** full (*prosto w twarz* full in the face)
prostokąt rectangle
prostokątny rectangular
prostopadły form perpendicular
prostota 1. simplicity ◊ **2. z prostotą** simply
prosty 1. simple **2.** (*nie krzywy*) straight **3.** (*ubranie, jedzenie*) plain

prostytutka prostitute
proszek 1. powder **2.** (*na ciasto*)
mix ◊ **3. w proszku (a)** (*mleko*) powdered **(b)** (*kawa, zupa*) instant
proszek do prania washing powder
prośba 1. request (*o coś* for sth) ◊
2. na czyjąś prośbę at sb's request **3. składać prośbę** *form* request (*o coś* sth)
protest protest
protestancki Protestant
protestant Protestant
protestować protest (*wobec* about/
/against)
proteza 1. *termin* prosthesis **2.** (*zębów*) denture
protokół 1. record **2.** (*z posiedzenia*) minutes ◊ **3. poza protokołem** off the record
prototyp prototype
prowadnica runner
prowadzący 1. (*człowiek w zawodach*) leader **2.** (*głos, instrument*) lead
prowadzenie 1. (*do czegoś*) lead **2.** (*kogoś, czegoś*) conduct **3.** (*pojazdu*) driving ◊ **4. przejąć prowadzenie** take the lead
prowadzić 1. lead (*na/do* into/to)
2. (*życie*) live **3.** (*biznes*) run **4.** (*np. za rękę*) guide **5.** (*o drodze*) pass **6.** (*listę przebojów*) top **7.** (*zapiski*) keep **8.** (*działalność, zadanie*) conduct **9.** (*wojnę*) wage
prowincja 1. province **2.** (*negatywnie*) backwater
prowincjonalny provincial
prowizja commission
prowizoryczny provisional
prowokacja provocation
proza prose

prozaiczny 1. prosaic **2.** (*nie wzniosły*) pedestrian
próba 1. (*zrobienia czegoś*) attempt (*czegoś* at sth) **2.** (*przedstawienia*) rehearsal **3.** (*laboratoryjna*) trial **4.** (*sprawdzenie*) proof **5.** (*przesłuchanie artysty*) audition ◊ **6. mieć próbę** rehearse
próbka sample
próbny 1. (*nierozstrzygnięty*) experimental, tentative **2.** (*jazda*) trial
próbować 1. try, attempt **2.** (*ubranie*) try on **3.** (*kosztować*) taste
próchnica caries
prócz *patrz* oprócz
próg 1. threshold ◊ **2. *na czyimś/u czyjegoś* progu** on sb's doorstep
próżnia vacuum
pruć unpick, unstitch
pruć się run, come unpicked/unstitched
prymas primate
prymitywny 1. primitive **2.** (*budowla*) rough **3.** (*zachowanie*) gross
pryskać splash, spatter
prysznic 1. shower ◊ **2. wziąć prysznic** shower
prywatny 1. private **2.** (*szkoła, radio*) independent
prząść spin
przebicie (*dętki*) puncture
przebiegać 1. run through (*przez coś* sth) **2.** (*ulicę*) run over (*przez coś* sth) **3.** (*przez głowę*) flash (*przez* through) **4.** (*wzrokiem*) skim (*coś* through sth)
przebierać (*rzeczy*) sort
przebierać się 1. (*w ubranie*) change **2.** (*odświętnie*) dress up

przebijać 1. (*dziurę*) pierce, punch 2. (*tunel*) blast
przebiśnieg snowdrop
przebitka carbon copy
przebój hit
przebudowywać rebuild
przebywać 1. stay 2. (*przeprawiać się*) cross 3. (*odległość*) cover
przecedzać sieve
przeceniać 1. (*zbyt cenić*) overrate, overestimate 2. (*zniżać cenę*) reduce the price
przechadzać się stroll, saunter
przechadzka stroll
przechodni 1. *gram* transitive 2. (*pokój*) connecting
przechodzić 1. (*iść dalej*) go on (*do* to) 2. (*mijać*) pass (*obok* by) 3. (*dalej*) proceed 4. (*operację, zmiany*) undergo 5. (*sprawdzian, test*) stand 6. (*nie przyciągać uwagi*) go (*Jego uwaga przeszła niezauważona* His remark has gone unnoticed) 7. (*o wniosku*) be carried 8. (*o czasie*) go by 9. (*o czymś nieprzyjemnym*) go through (*przez coś* sth)
przechodzień passer-by
przechowalnia (*bagażu*) *BR* left-luggage office, *US* checkroom
przechowywać keep, store
przechowywanie storage
przechylać (*przekrzywiać*) tip, tilt
przechylać się tilt, slope
przeciąg 1. (*czasu*) stretch 2. (*powietrza*) draught ◇ 3. w przeciągu within
przeciągać (*działalność*) drag out
przeciągać się 1. (*o działalności*) drag out 2. (*wyprostowywać się*) stretch
przeciekać (*o gazie, płynie*) leak
przecież 1. after all 2. though

przeciętna 1. average 2. (*wielkość*) mean
przeciętnie on (an) average
przeciętny 1. average ◇ 2. przeciętny człowiek the man in the street
przecinać 1. (*także pole, talię*) cut 2. *form* traverse 3. (*drogę*) cross 4. (*linię*) intersect
przecinać się 1. (*o drogach*) cross 2. (*o liniach*) intersect
przecinek comma
przeciw 1. (*komuś*) against 2. *form* versus (*skrót:* vs.)
przeciwdziałać counter (*czemuś* by/with sth), counteract
przeciwieństwo 1. (the) opposite, (the) contrary 2. contrast (*do* to) ◇ 3. w przeciwieństwie do in contrast to, unlike 4. stanowić przeciwieństwo be a contrast
przeciwko 1. against ◇ 2. nie mieć nic przeciwko mind
przeciwległy opposite
przeciwnie 1. contrary (*do* to) 2. on the contrary
przeciwnik 1. adversary 2. (*polityczny, sportowy*) opponent
przeciwny 1. opposed (*czemuś* to sth) 2. (*kierunek*) opposite ◇ 3. coś przeciwnego the contrary
przeciwstawiać contrast (*coś czemuś* sth with/to sth)
przeciwstawiać się 1. stand up (*komuś* to sb) 2. (*prawu, ludziom*) defy
przecznica turning
przeczucie 1. premonition ◇ 2. złe przeczucie misgiving
przeczyć 1. (*zaprzeczać*) deny 2. (*faktom*) contradict (*sobie* oneself)
przed 1. (*godziną*) before 2. (*da-

tą) *form* prior to **3**. (*budynkiem, kimś*) in front of (*czymś* sth), *form* before **4**. (*wcześniej*) ahead (*przed kimś* of sb)

przeddzień eve

przede wszystkim above all, first of all

przedimek *gram* article
  przedimek nieokreślony *gram* indefinite article
  przedimek określony *gram* definite article

przedłużać 1. prolong **2**. (*ważność, ulicę*) extend
  przedłużać się continue

przedłużacz *BR* flex, *US* cord

przedłużenie (*ważności*) extension

przedmieście 1. suburb ◇ **2**. **na przedmieściu** in the suburbs

przedmiot 1. object **2**. (*także handlowy*) article **3**. (*np. w szkole*) subject

przedni 1. (*np koło*) front **2**. (*widok*) frontal

przedostatni last but, *form* penultimate

przedostawać się 1. (*dokądś*) get, make one's way (*do drzwi* to the door) **2**. (*o wiadomości*) get out **3**. (*o tajnej wiadomości*) leak (*do* to)

przedpokój hall(way)

przedpołudnie morning

przedpołudniowy morning, before noon

przedramię forearm

przedrzeźniać 1. mock **2**. (*zabawnie*) mimic

przedsiębiorca 1. businessman **2**. (*prywatny*) operator
  przedsiębiorca budowlany developer, contractor
  przedsiębiorca pogrzebowy undertaker

przedsiębiorstwo business, firm

przedsięwzięcie 1. enterprise, undertaking **2**. (*ryzykowne*) venture

przedstawiać 1. (*przy poznawaniu*) introduce (*się komuś* oneself to sb) **2**. (*fakty jasno*) set out **3**. (*o symbolu*) represent **4**. (*np. porównania, rozróżnienia*) draw **5**. (*dowody*) produce **6**. (*argumenty, propozycje*) bring forward **6**. (*żądania*) hand in

przedstawiciel (*firmy*) representative, agent

przedstawicielstwo (*firmy*) agency

przedstawienie 1. (*w teatrze, operze*) performance **2**. (*w teatrze, także przen*) spectacle **3**. (*kogoś przy poznawaniu*) introduction **4**. (*opis*) portrayal, depiction

przedszkole kindergarten, nursery, *US* day-care center

przedtem before

przedwczesny premature

przedwcześnie too early, prematurely

przedwczoraj the day before yesterday

przedwiośnie early spring

przedwojenny pre-war

przedyskutowywać discuss, explore

przedział 1. (*liczbowy*) bracket **2**. (*w pociągu*) compartment

przedziałek parting

przegląd 1. (*wiadomości*) roundup **2**. (*prasy*) review

przeglądać go through, look through
  przeglądać się (*w lustrze*) look at oneself

przegrana defeat

przegrywać 1. (*wybory*) lose **2**. (*taśmę, płytę*) play

przegub wrist
przejaw display, *form* manifestation
przejawiać 1. display **2.** manifest (*się* oneself)
przejazd 1. (*jechanie*) passage **2.** *US* overpass, *BR* flyover **3.** (*kolejowy, drogowy*) crossing ◊ **4. przejazdem** in transit
przejazd kolejowy (*jednopoziomowy*) *BR* level crossing, *US* grade crossing
przejezdny passable, roadworthy
przejeżdżać 1. (*dalej*) move on **2.** (*do innego miejsca*) go on **3.** (*kogoś samochodem*) run down
przejęcie 1. (*władzy*) seizure **2.** (*firmy*) takeover
przejęty 1. (*rozemocjonowany*) worked up **2.** (*zaniepokojony*) disturbed
przejmować 1. (*urząd, władzę*) take, seize **2.** (*pracę, firmę*) take over **3.** (*strachem, radością*) overwhelm
przejmować się 1. take (*sth*) to heart ◊ **2. nie przejmować się** *nieform* take it/things easy **3. nie przejmuj się** never mind **4. strasznie się przejmować** (a) *nieform* be in a state (b) fuss over
przejrzeć (*dostrzegać*) see through
przejrzysty 1. clear **2.** (*prześwitujący*) sheer **3.** (*motyw, pretekst*) transparent
przejście 1. passage **2.** (*w samolocie, kinie*) aisle **3.** (*w murze*) doorway **4.** (*zmiana*) transition
przejście dla pieszych *BR* pedestrian crossing, zebra crossing, *US* crosswalk
przejście podziemne underpass, *BR* subway
przejściowy transitory

przekazanie 1. handover, transfer **2.** (*przekazanie uprawnień*) devolution
przekazywać 1. transmit **2.** (*kogoś, władzę*) hand over **3.** (*wiedzę, tradycje*) hand down **4.** (*uczucia*) communicate (*coś komuś* sth to sb), convey **5.** (*wiadomość*) break **6.** (*odpowiedzialność, obowiązki*) delegate ◊ **7. przekazywać w spadku** *form* bequeath
przekleństwo 1. (*też religijne*) curse (*na* on/upon) **2.** (*językowe*) swear-word
przeklęty cursed, damned
przeklinać 1. curse (*kogoś za coś* sb for sth) **2.** (*używać przekleństw*) swear
przekład translation
przekładać 1. (*tłumaczyć*) translate **2.** (*przestawiać*) move
przekładnia (*zębata*) gear
przekonanie 1. conviction **2.** belief (*co do czegoś* in sth) ◊ **3. w przekonaniu, że** in the belief that **4. z przekonaniem** with assurance, confidently
przekonany ◊ **być przekonanym o czymś** be convinced of sth
przekonywać 1. persuade (*się* oneself, *kogoś, by coś zrobił* sb to do sth) **2.** convince (*kogoś o czymś* sb of/about sth)
przekonujący (*także* **przekonywający/przekonywujący**) convincing, persuasive
przekraczać 1. (*liczbę, wielkość*) exceed **2.** (*przejeżdżać*) cross **3.** (*granice, doświadczenie*) form transcend **4.** (*szybkość*) speed ◊ **5. przekroczyć saldo** overdraw
przekręcać 1. (*np. gałkę*) turn (*także* **przekręcać się**) **2.** (*czyjeś-*

słowa) distort

przekroczenie ◇ **1. przekrocze-**
nie salda overdraft **2. przekro-**
czenie szybkości speeding

przekrój cross-section

przekształcać 1. transform (*także*
się) **2.** (*funkcję budynku*) convert
przekształcać się evolve (*z A w*
B from A into B)

przekształcenie 1. transformation
2. (*budynku*) conversion

przekupstwo bribery

przekupywać bribe

przekwitać (*o kwiecie, urodzie*)
fade

przelatywać 1. burst **2.** (*o wia-*
trach, samochodach) sweep

przelew (*pieniędzy*) transfer

przelewać 1. pour (*z A do B* from
A to B) **2.** (*łzy, krew*) shed **3.** (*na*
konto) transfer
przelewać się overflow, brim over

przeliczać count out
przeliczyć się miscalculate

przeliterowywać spell out

przelotny 1. fleeting **2.** *form* transient **3.** (*znajomość*) casual **4.** (*u-*
czucie, moda) passing

przelotowy (*pociąg*) through

przełącznik switch

przełęcz (*w górach*) pass

przełom breakthrough

przełożony superior

przełyk gullet

przełykać 1. swallow **2.** (*szybko*)
gulp

przemakać 1. (*o ubraniu*) soak
(through) (*buty mu przemakają*
his shoes soak through) **2.** (*o lu-*
dziach) get soaked

przemarzać 1. freeze through **2.** (*o*
ludziach: czuć zimno) be chilled

przemawiać 1. speak **2.** (*oficjalnie*)
address (*do kogoś* sb)

przemiana change

przemieszczać 1. (*obiekty*) move
2. (*ludzi, towary*) carry
przemieszczać się move in

przemijać pass, go by

przemoczyć soak, drench

przemówienie speech

przemycać smuggle

przemykać 1. (*o uczuciu*) flit **2.** (*o*
osobie) flash (*obok/mimo* by/past)
przemykać się get by

przemysł industry

przemysłowiec industrialist

przemysłowy industrial

przemyślenie consideration, re-
thinking

przemyśleć reconsider, think over

przemyt smuggling, contraband

przemytnik smuggler

przeniesienie (*zawodnika, pracow-*
nika) transfer

przenikać penetrate (**do czegoś/*
/przez coś* sth)

przenikliwość penetration

przenikliwy 1. clear-sighted **2.**
(*dźwięk*) shrill, piercing **3.**
(*dźwięk, spojrzenie*) penetrating

przenosić 1. (*także: chorobę*) carry
2. (*dźwięk, uczucia*) transmit (*na*
kogoś to sb) **4.** (*pracowników*)
transfer (*na coś* to sth)
przenosić się 1. (*o dźwiękach*)
travel **2.** (*przeprowadzać się*) move

przenoszenie (*choroby, danych*)
transmission

przenośnia metaphor

przenośny 1. (*język*) figurative **2.**
(*radio*) portable

przepadać 1. fail **2.** (*lubić*) dote (*za*
kimś/czymś on sb/sth)

przepaść 1. abyss **2.** *przen* chasm

przepędzać drive away

przepis 1. rule **2.** (*formalny, oficjalny*) regulation **3.** (*kulinarny*) recipe

przepisywać 1. (*kopiować*) copy **2.** (*poprawiać*) rewrite

przepływać 1. swim **2.** (*o czasie*) go

przepona diaphragm

przepowiadać 1. predict ◇ **2.** **przepowiadać los** tell sb's fortune

przepraszać apologize (*kogoś* to sb, *za coś* about/for sth)
przepraszam 1. (*po zrobieniu czegoś*) (I'm) sorry, *form* I (do) beg your pardon **2.** (*przed zrobieniem czegoś*) excuse me

przeprawa (*przez rzekę*) crossing

przeprowadzać 1. (*zadanie, eksperyment*) carry out **2.** (*działalność, zadanie*) conduct **3.** (*np. porównania, rozróżnienia*) draw
przeprowadzać się (*przenosić się*) move (*przeprowadził się do Chicago* he moved to Chicago)

przeprowadzka move

przepuklina *med* hernia, rupture

przepustka 1. (*dokument*) card **2.** (*w wojsku*) leave **3.** (*zezwolenie*) pass

przepuszczać 1. let (*kogoś obok siebie* sb past, *kogoś do środka (domu)* sb through (into the house)) **2.** (*kandydata*) pass **3.** (*o świetle, wodzie*) let in

przepychać (*także* **przepychać się**) (*w tłumie*) push (*przez* between/through), thrust

przerabiać 1. (*ubranie*) alter **2.** (*dom, kuchnię*) redo **3.** (*wypracowanie*) rewrite **4.** (*materiał w szkole*) do, get through

przerażać horrify, terrify

przerażający horrific, terrifying

przerażenie horror, terror

przerażony terror-stricken, terrified

przeraźliwy 1. terrible **2.** (*dźwięk*) shrill

przerób turnover

przeróbka alteration

przerwa 1. (*w pracy, zajęciach*) break **2.** (*w meczu, przedstawieniu*) *BR* interval, *US* intermission **3.** (*w meczu*) half-time **4.** (*w rozmowie*) pause **5.** (*w podróży*) stopover **6.** (*w obradach*) recess ◇ **7. bez przerwy** at a stretch, on end **8. robić przerwę (a)** (*w pracy*) have a break **(b)** (*w zwykłych zajęciach*) take time out (*by coś zrobić* to do sth) **9. z przerwami** on and off

przerywać 1. interrupt **2.** (*znajomość*) break **3.** (*przyjęcie, bójkę*) break up **4.** (*rozmowę telef.*) cut off

przerywany 1. (*kreska, krzyk*) broken **2.** (*deszcz, hałas*) intermittent ◇ **3. nie przerywany** (*okres czasu*) solid

przerzucać 1. (*ponad czymś*) throw over **2.** (*z miejsca na miejsce*) throw from place to place **3.** (*winę, odpowiedzialność*) shift **4.** (*przełącznik*) flick **5.** (*strony*) flick
przerzucać się 1. alternate (*między* between) **2.** change over (*od//do* from/to)

przerzutka (*w rowerze*) gear

przesadny exaggerated, *form* extravagant

przesadzać 1. exaggerate, overdo (*z czymś* sth) **2.** (*płot*) scale **3.** (*kwiatek*) transplant

przesąd superstition

przesądny superstitious

przesądzać decide

przesiadać się change (*z pociągu na pociąg* trains, *z pociągu na autobus* from train to bus)
przesiadka change
przeskakiwać jump (*przez coś* over sth)
przesłanka *form* premise
przesłona *fot* aperture
przesłuchanie 1. (*przed komisją*) hearing 2. (*na policji*) interrogation
przesłuchiwać 1. (*taśmę, płytę*) play 2. (*na policji*) interrogate
przesmyk *form* isthmus
przespać się take a nap
przestarzały outdated, antiquated
przestawać 1. stop (*robić coś* doing sth) 2. *form* cease (*robić coś* doing sth/to do sth) 3. give up (*palić* smoking) 4. (*z ludźmi*) mix (*z kimś* with sb)
przestawiać 1. (*obiekty*) move, rearrange 2. (*np. z jednego paliwa na drugie*) convert (*z czegoś na coś* from sth to sth)
przestępca criminal, *form* offender
przestępczy criminal
przestępstwo crime, *form* offence
przestraszyć frighten
  przestraszyć się take fright
przestrzegać 1. (*radzić*) advise (*przeciwko* against) 2. (*ostrzegać*) caution 3. (*obietnicy, zobowiązania*) honour 4. (*zwyczaju, prawa*) observe
przestrzeganie 1. adherence (*czegoś* to sth) 2. (*prawa, zwyczaju*) observance
przestrzenny *form* spatial
przestrzeń space
  przestrzeń kosmiczna (outer) space
  przestrzeń powietrzna airspace

przesunięcie move
przesuwać 1. (*przedmioty*) shift, move 2. (*pracowników*) move 3. (*wodzić*) run 4. (*z siłą*) force
  przesuwać się 1. (*o przedmiotach*) shift 2. billow 3. (*po niebie, wodzie*) drift
przesyłać 1. (*pocztą*) send (off), *form* forward 2. (*podanie, sprawozdanie*) send in 3. (*towar*) ship 4. (*wiadomości*) communicate
przesyłka 1. (*pocztowa*) delivery 2. (*towarów*) consignment 3. (*pieniężna*) *form* remittance
przesypywać pour (*z A do B* from A to B)
przeszczep *med* transplant
przeszkadzać 1. (*komuś*) disturb, trouble 2. (*w czymś*) interfere (*w* in) 3. (*przy przejściu*) be in the way
przeszkoda 1. obstacle 2. (*osoba, rzecz*) hindrance ◊ 3. **bez przeszkód** freely
przeszło over
przeszłość (the) past
przeszły past
prześcieradło sheet
prześladować 1. persecute, oppress 2. (*problem, myśl*) haunt
prześwietlać (się) (*promieniami rentgena*) X-ray
prześwietlenie radiography
  prześwietlenie rentgenowskie X-ray
przetarg auction
przetrwać survive
przetwarzać 1. process 2. (*surowce wtórne*) recycle
przetwarzanie processing
przetwory (*wekowane*) preserves
przewaga 1. predominance 2. (*we współzawodnictwie*) advantage 3.

(*wojskowa, przemysłowa*) supremacy **4.** (*w sporcie*) head start ◊ **6. mieć przewagę w czymś** have the upper hand in sth
przeważać 1. prevail (*nad* over) **2.** (*tracić równowagę*) overbalance
przeważnie predominantly
przewidywać 1. anticipate **2.** (*zwł. pogodę*) forecast
przewidywanie 1. anticipation ◊ **2. zgodnie z przewidywaniami** duly
przewijać 1. rewind **2.** (*do przodu*) wind forward **3.** (*do tyłu*) wind back
przewodniczący 1. (*mężczyzna*) chairman, (*kobieta*) chairwoman **2.** chairperson, chair
przewodniczyć chair, *form* preside (*czemuś/na czymś* over/at sth)
przewodnik 1. guide **2.** (*elektryczny*) conductor
przewodzić 1. (*np. buntowi*) lead **2.** (*elektryczność*) conduct
przewozić transport
przewód 1. (*elektryczny*) lead, cable **2.** *med* duct **3.** (*rurka*) tube **4.** (*kominowy*) flue
przewóz transport
przewracać 1. (*coś*) knock (down) **2.** (*przypadkiem*) upset **3.** (*ubranie*) turn (*coś na drugą stronę* sth inside out) ◊ **4. przewracać do góry nogami** turn upside-down
przewracać się 1. overturn **2.** (*na drodze*) fall over **3.** (*zwalać się*) come down
przewrót 1. (*rządu*) overthrow **2.** (*wojskowy*) takeover **3.** (*społeczny*) upheaval
przewyższać 1. outstrip, *form* surpass **2.** (*liczebnie*) outnumber
przez 1. (*czas, przestrzeń*) for (*przez*

dwa lata for two years, *przez 20 metrów* for 20 meters) **2.** (*most, rzekę*) over **3.** (*płaszczyznę*) across (*przez pole* across the field) **4.** (*ze stroną bierną*) by (*podzielić 6 przez 2* divide 6 by 2) **5.** (*obiekty*) through (*przez okno* through the window) **6.** (*o trasie*) via (*jechać przez Paryż* go via Paris) ◊ **7. przez ciebie** because of you **8. przez to** *form* thereby
przeziębiać się catch a cold
przeziębienie cold
przeziębiony ◊ **on jest przeziębiony** he has got a cold
przeznaczać 1. intend (*na* for) **2.** (*czas*) spare (*na coś* for sth) **3.** (*pieniądze, zasoby*) allocate (*coś komuś* sth to sb, *na* for)
przeznaczenie destiny
przeznaczony ◊ **1. coś jest przeznaczone dla kogoś** sth is meant for sb **2. komuś przeznaczone jest sb** is doomed to
przezrocze slide, *BR* transparency
przezroczysty transparent
przezwyciężać get around/round
przeżegnać się (*w chrześcijaństwie*) cross oneself
przeżycie 1. (*np. głodu*) survival **2.** (*emocji*) experience
przeżyć (*kogoś, coś*) outlive
przeżywać 1. (*trwać*) survive **2.** (*uczucie*) experience
przędza yarn, thread
przodek ancestor
przodujący successful, foremost
przód 1. front ◊ **2. do przodu** forward **3. iść do przodu** get ahead **4. iść przodem** lead the way **5. na przedzie** in front **6. z przodu** (*czegoś*) in front of (sth)
przy 1. (*w określeniach miejsca*) by

2. (*obok*) next to, beside **3.** (*miejsce, w przybliżeniu*) at **4.** (*brzegu*) off **5.** (*sobie; powrocie*) on **6.** (*stole, oknie*) over **7.** (*ulicy*) on

przybierać 1. (*wyraz, jakość, nazwisko*) assume **2.** (*prędkość, na sile*) gather **3.** (*np. sałatkę*) dress **4.** (*wagę, pozę*) put on (*na wadze* weight)

przybijać 1. (*gwoździami*) nail ◇ **2. przybijać do brzegu** make land, (*w porcie*) make port

przybliżenie approximation (*do* to/of)

przybliżony approximate

przybór *form* utensil

przybrany (*rodzic*) foster

przybrzeżny coastal

przybycie arrival

przybysz newcomer (*dokądś* to sth)

przybywać 1. (*po podróży*) arrive **2.** (*pierwszym, drugim*) come

przychodnia 1. health centre, clinic **2.** (*przyszpitalna*) outpatients' clinic

przychodzić 1. come **2.** (*do kogoś, po kogoś*) call for (*po kogoś* sb) **3.** (*o myśli, idei*) occur (*do kogoś* to sb) ◇ **4. przychodzić do siebie** bounce back **5. przychodzić na świat** arrive **6. nic nie przyjdzie z płaczu** it is no good crying

przychylny sympathetic (*dla kogoś* to sb)

przyciągać 1. attract **2.** (*zainteresowanie*) draw ◇ **3. przyciągać czyjąś uwagę** attract/catch sb's attention

przyciskać 1. press **2.** clamp down on **3.** (*w uścisku*) hug **przyciskać się** flatten oneself (*do czegoś* against sth)

przyczepa (*samochodu*) trailer

przyczepa kempingowa *BR* caravan

przyczepiać (się) stick

przyczyna 1. cause, reason ◇ **2. z przyczyny** on account of

przyczyniać się contribute (*do* to), make a contribution (*do czegoś* to sth)

przydatność usefulness

przydatny useful, handy

przydrożny roadside

przydział 1. (*środków*) allotment (*czegoś* of sth) **2.** (*miejsca*) allocation **3.** (*do pracy*) assignment **4.** (*żywności*) ration

przyglądać się 1. (*zagadnieniu*) look (*at sth* czemuś) **2.** (*oceniając*) have one's eye (*komuś* on sb)

przygoda 1. adventure **2.** (*miłosna*) affair

przygotowanie preparation

przygotowania arrangements

przygotowany ready (*do czegoś* for sth), prepared (*na coś* for sth)

przygotowawczy (*szkoła*) *form* preparatory

przygotowywać 1. prepare (*do* for), make ready (*(się) do czegoś* oneself for sth) **2.** (*jedzenie*) fix, get **3.** (*na wyjazd*) equip (*kogoś do czegoś* sb for sth) **4.** (*maszynę, urządzenie*) set up **5.** (*paczkę, pakunek*) make up **przygotowywać się 1.** prepare oneself (*do* for), **2.** (*na zawody*) limber up

przyimek *gram* preposition

przyjaciel friend

przyjacielski friendly, amicable

przyjaciółka 1. friend **2.** (*ukochana*) girlfriend

przyjazd arrival

przyjazny friendly, amiable

przyjaźnić się be friends (*z kimś* with sb)
przyjaźń friendship
przyjemność 1. pleasure ◇ **2. sprawić komuś przyjemność** do sb the pleasure (*zrobienia czegoś* of doing sth) **z przyjemnością 1.** with pleasure ◇ **2. z przyjemnością coś robić** be glad to do sth
przyjemny 1. (*człowiek*) pleasant **2.** (*dający przyjemność*) enjoyable **3.** *nieform* nice **4.** (*dla oka*) graceful
przyjeżdżać arrive
przyjęcie 1. party **1.** (*oficjalne*) reception **3.** (*akceptacja*) acceptance **4.** (*dopuszczenie*) admission (*do* of/to) ◇ **5. do przyjęcia** acceptable, admissible **6. nie do przyjęcia** unacceptable
przyjmować 1. accept **2.** (*ofertę, odpowiedzialność*) take **3.** (*pracę, kogoś, odpowiedzialność*) take on **4.** (*gościa*) receive **5.** (*do szpitala*) admit (*do* to) **6.** (*plan, pogląd*) adopt ◇ **7. nie przyjmować (a)** (*daru*) refuse **(b)** (*odpowiedzialności*) abdicate **(c)** (*monety*) reject
przyjmować się (*o modzie*) catch on
przyklejać stick, glue
przykład 1. example **2.** (*do naśladowania*) model **3.** (*okaz*) specimen ◇ **4. iść za czyimś przykładem** follow sb's example **5. na przykład** for instance, for example **6. stanowić przykład** exemplify
przykręcać screw
przykro ◇ **1. przykro mi** I am sorry **2. bardzo mi przykro** I

hate (*że panu/pani przeszkadzam* to disturb you)
przykrość ◇ **1. z przykrością** with regret **2. z przykrością informuję Pana, że...** I regret to inform you that... **3. narazić się na przykrości** get into trouble **4. zrobić komuś przykrość** depress sb, disturb sb
przykry disagreeable, unpleasant
przykrywać cover (up)
przylądek cape
przylegać 1. (*znajdować się obok*) form adjoin **2.** (*być przytwierdzonym*) adhere (*do* to)
przylepiać stick, plaster
przylepiec sticking-plaster
przylot arrival
przyłączać 1. attach **2.** (*urządzenie elektr.*) connect
przyłączać się join
przymiarka (*u krawca*) fitting
przymierzać try on
przymiotnik adjective
przymrozek light frost
przymus compulsion, constraint
przymusowy compulsive
przynajmniej at least
przynęta 1. (*też na wędce*) bait **2.** *przen* lure ◇ **3. zakładać przynętę** bait
przynosić 1. bring, fetch **2.** (*pieniądze*) bring in **3.** (*zysk*) earn **4.** (*zarobek*) pay ◇ **5. przynosić na czysto** (*zysk, pieniądze*) net
przypadać 1. go to, *form* fall to (*komuś* sb) ◇ **2. przypadać sobie do gustu** *nieform* hit it off
przypadek 1. *gram, med* case **2.** chance, accident **3.** (*występowanie*) instance ◇ **4. *przypadkiem/przez przypadek*** by chance **5. w przypadku (cze-**

goś) in case (of)

przypadkowo incidentally, accidentally

przypadkowy accidental, coincidental

przypalać (się) 1. (*ubranie, brodę*) singe **2.** (*jedzenie*) burn

przypinać pin (up)

przypis (*w książce*) (foot)note

przypisywać 1. (*autorstwo*) ascribe (*coś czemuś* sth to sth) **2.** (*zasługi*) credit (*komuś coś* sb with sth, sth to sb) **3.** (*powiedzenie, cechę*) attribute

przypływ 1. incoming tide **2.** (*satysfakcji*) glow **3.** (*uczuć*) rush

przypominać 1. (*komuś*) remind (*o czymś* of/about sth, *kogoś* of sb) **2.** (*być podobnym*) resemble ◊ **3.** **przypominać sobie** remember, recall

przypominający resembling

przypomnienie 1. (*komuś*) reminder **2.** (*sobie*) recollection

przyprawa spice
przyprawy seasoning

przyprawiać season, spice ◊ **2.** **przyprawiać o nudności** nauseate

przyprowadzać bring

przypuszczać 1. suppose, assume ◊ **2.** **przypuszcza się (, że A jest chory)** (A) is presumed (ill)

przypuszczalnie presumably

przypuszczenie guess, presumption

przyroda 1. nature ◊ **2.** **przyroda w stanie naturalnym** wildlife

przyrodni half (*brat przyrodni* half brother, *siostra przyrodnia* half sister)

przyrodniczy natural

przyrodnik naturalist

przyrost growth

przyrost naturalny birth rate

przyrostek *gram* suffix

przyrząd instrument

przyrzekać promise

przysięga oath

przysięgać swear

przysłowie proverb

przysłowiowy proverbial

przysłówek adverb

przysmak delicacy

przysparzać 1. cause ◊ **2.** **przysparzać sobie** (*przyjaciół, wrogów*) make

przyspieszać *patrz* przyśpieszać

przystanek stop

przystań 1. harbour **2.** (*ciche miejsce*) haven

przystawać 1. (*zatrzymywać się*) halt **2.** (*zgadzać się*) capitulate (*na* to)

przystępować 1. (*zaczynać, np. negocjacje*) enter into (*do czegoś* sth) **2.** make (*do komunii* one's communion)

przystojny good-looking, handsome

przystosowanie adaptation

przystosowywać (się) adapt (*do* to)

przysuwać (*krzesło*) pull up
przysuwać się (*przybliżać się*) draw (near)

przyswajać 1. (*zmiany, informacje*) absorb **2.** (*pomysły, zwyczaje*) assimilate

przyszłość future

przyszły 1. future **2.** (*miesiąc*) next

przyszywać sew

przyśpieszać 1. hurry, speed up **2.** (*pojazdem*) accelerate

przytaczać (*cytaty*) quote

przytomny 1. (*nie zemdlony*) conscious **2.** (*przenikliwy*) clear-sight-

ed ◊ 3. pozbawiać przytomności knock out 4. przytomność umysłu presence of mind
przytrzymywać 1. hold down 2. (*ciężarem*) pin
przytrzymywać się hold onto
przytulać 1. clasp 2. (*z miłością*) cuddle, nestle
przytulać się *nieform* cuddle up (*do kogoś* against sb), nestle
przytulny cosy, snug
przywiązanie (*uczucie*) attachment
przywiązany (*do kogoś*) attached
przywiązywać (*związywać*) bind, tie
przywiązywać się get attached (*do kogoś* to sb)
przywilej priviledge
przywozić bring
przywódca leader
przywracać 1. (*terytoria, wiarę*) restore (*do czegoś* to sth) 2. (*do pracy*) reinstate
przywrócenie 1. (*do stanu oryginalnego*) restoration 2. (*praw*) *form* restitution
przywykać get used (*do czegoś* to sth)
przyznanie się admission (*do czegoś* of sth)
przyznawać 1. acknowledge 2. (*nagrodę*) award 3. (*niechętnie*) concede ◊ 4. muszę przyznać, że... I must admit that...
przyznawać się 1. (*do czegoś złego*) admit (*do czegoś* sth) ◊ 2. (nie) przyznawać się do winy (*w sądzie*) plead (not) guilty
przyzwoitość decency
przyzwoity 1. decent 2. (*społecznie, też: zapłata*) respectable
przyzwyczajać 1. accustom (*się/ /kogoś do czegoś* oneself/sb to sth)

◊ 2. przyzwyczaił się do tego he got accustomed to it, he got used to it
przyzwyczajenie habit
przyzwyczajony ◊ być przyzwyczajonym do czegoś be accustomed to sth
pseudonim pseudonym
psi *form* canine
psiakrew! damn it!
pstrąg trout
pstry mottled
pstrykać 1. (*palcami*) click 2. (*zdjęcia*) *nieform* snap
psuć 1. (*urządzenie*) damage 2. (*charakter, zabawę, dzieci*) spoil 3. (*ludzi*) corrupt 4. (*reputację*) blemish
psuć się 1. (*o maszynie*) break (down) 2. (*o jedzeniu*) go bad 3. (*np. o mleku*) spoil, go off 4. (*o zębie, drewnie*) rot
psychiatra psychiatrist
psychiatria psychiatry
psychiatryczny psychiatric
psychiczny *form* psychic(al)
psychika psyche
psycholog psychologist
psychologia psychology
psychologiczny psychological
psychopata psychopath
pszczoła bee
pszenica wheat
ptak bird
ptak łowny fowl
ptak drapieżny bird of prey
publicysta publicist
publiczność 1. (the) public 2. (*na koncercie, w kinie*) audience
publiczny public
publikacja publication
publikować publish
puch down

puchar cup
puchnąć swell
pudel poodle
pudełko box
   pudełko zapałek matchbox
puder powder
puderniczka compact
pudło box
pukać knock (*do drzwi* on/at the door, *o coś* against sth)
pula pool
pulower pullover, *BR* jumper
puls pulse
pulsować pulse
pułap ceiling
pułapka trap
pułk regiment
pułkownik colonel
puma puma
pumeks pumice
punkt 1. point 2. (*w teście*) mark 3. (*w przedstawieniu*) routine ◊ 4. najważniejszy punkt (*np. w programie*) feature, highlight
   punkt kontroli checkpoint
   punkt krytyczny critical point, watershed
   punkt kulminacyjny climax
   martwy punkt deadlock
   punkt orientacyjny landmark
   punkt widokowy viewpoint
   punkt widzenia 1. point of view, viewpoint ◊ 2. z punktu widzenia czegoś in the light of sth
   punkt zwrotny turning point

punktualnie on time
punktualny punctual
purée purée
pustka 1. vacuum 2. (*w pamięci*) blank 3. (*odludzie*) desolation
pusty 1. empty 2. (*pień*) hollow 3. (*człowiek*) frivolous
pustynia desert
puszcza forest, (*tropikalna*) jungle
puszczać 1. let (*do środka* in) 2. (*program, taśmę, wodę*) run 3. (*wypuszczać*) let go (*coś* of sth), let (sth) go ◊ 4. puszczać w obieg pass (a)round
   puszczać się 1. embark (*na coś* on/upon sth) 2. (*seksualnie*) nieform sleep around
puszka 1. *BR* tin, *US* can 2. (*farby*) pot
puszysty downy, fluffy
puścić się 1. break into ◊ 2. puścić się prosto make a beeline (*do* for)
puzon trombone
pycha pride
pył dust, powder
   pył wodny spray
pyłek kwiatowy pollen
pysk 1. (*u zwierząt*) mouth 2. (*twarz*) *wulg* mug
pyszny tasty, delicious
pytać ask (*kogoś o coś* sb about sth)
pytanie 1. question ◊ 2. zadawać pytanie ask a question
pyton python

R

rabarbar rhubarb
rabat 1. discount ◊ 2. 10 funtów

   rabatu 10 pounds off
rabować rob (*kogoś z czegoś* sb

of sth)

rabunek robbery

rachuba ◊ **tracić rachubę** lose count

rachunek 1. (*liczenie*) calculation **2.** (*w restauracji, za światło*) bill, *US* check **3.** (*konto*) account **4.** (*pokwitowanie*) receipt

rachunek bieżący current account

rachunek oszczędnościowy savings account

racja 1. (*motyw*) reason **2.** (*porcja*) ration ◊ **3. mieć rację** be right (*co do czegoś* about sth) **4. z racji** (**czegoś**) due to sth

racjonalizm rationalism

racjonalizować rationalize

racjonalny rational, reasonable

raczej 1. rather, to be precise **2.** on the other hand, instead (of) (*raczej niczego nie trzeba robić* nothing should be done instead) ◊ **3. raczej ... niż ...** rather ... than ..., more ... than ... (*jest raczej niski niż wysoki* he is more short than tall)

rada 1. advice (*jedna rada* a bit//piece of advice) **2.** (*miejska*) *BR* council **3.** (*ministrów*) cabinet ◊ **4. dawać** (**sobie**) **radę** cope (*z czymś* with sth), manage

radar radar

radca (prawny) counsellor

radio 1. radio ◊ **2. w radiu** on the radio

radioaktywność radioactivity

radioaktywny radioactive

radiotelefon walkie-talkie

radiowóz patrol car

radiowy radio

radny councillor

radosny 1. joyful, cheerful **2.** (*np.*

muzyka) merry

radość 1. joy ◊ **2. nie posiadać się z radości** be over the moon

radośnie gaily

radykalny radical

radzić 1. advise ◊ **2. radzić sobie** cope (*z czymś* with sth), tackle (*z czymś* sth)

radzić się consult, take (sb's) advice

rafa reef

rafineria refinery

raj paradise

rajd 1. (*w góry*) trip **2.** (*np. samochodowy*) rally

rak 1. (*słodkowodny*) crayfish, crawfish **2.** (*choroba*) cancer **3.** (*znak zodiaku*) Scorpio ◊ **4. czerwony jak rak** red as a lobster

rakieta 1. (*np. tenisowa*) racket, racquet **2.** (*broń*) missile **3.** (*strategiczna, kosmiczna*) rocket

rakietowy (*np. atak*) rocket, missile

rama 1. frame ◊ **2. w ramach** within (*w ramach budżetu* within budget)

ramy framework

ramiączko (shoulder-)strap

ramię 1. arm **2.** (*część*) shoulder ◊ **3. ramię w ramię** arm in arm, side by side

rana wound, injury

randka date

ranga rank

ranić 1. injure (*się* oneself) **2.** (*też przen*) wound, hurt (*się* oneself)

ranny 1. (*poranny*) morning **2.** (*raniony*) wounded, injured

rano morning

raport 1. report ◊ **2. składać raport** report (*komuś* to sb)

rasa 1. race **2.** (*krowy*) stock **3.** (*psa, kota*) breed

rasowy 1. racial **2.** (*pies, koń*) pedigree

rata 1. instalment ◊ **2. na raty** in instalments

ratować save (**przed czymś/od czegoś** from sth), rescue

ratowniczy emergency

ratownik (*na basenie*) lifeguard

ratunek 1. rescue ◊ **2. „Ratunku!"** "Help!"

ratunkowy emergency

ratusz town hall

raz 1. once **2.** (*krótki okres, okazja*) time (*następny raz* next time) ◊ **3. jeszcze raz** once more **4. na razie** for the time being **5. od razu** at once, straight away **6. po raz (pierwszy)** for the first time **7. w innym razie** otherwise **8. w każdym razie** in any case **9. w każdym bądź razie** at any rate

razem 1. together **2.** (*podsumowując*) in all ◊ **3. razem z** alongside

razić (*oślepiać*) glare

rażący glaring

rąbać chop

rączka (*przy walizce*) handle

rdza rust

rdzeń core
    rdzeń kręgowy spinal cord

rdzewieć rust

reagować react (*na coś* to sth)

reakcja reaction (*na to, przeciw* against)

reaktor reactor

realistyczny realistic

realizować 1. *form* realize **2.** (*czeki*) cash
    realizować się fulfil oneself

realny real, actual

reanimować *form* resuscitate

reanimacja *form* resuscitation

recenzent reviewer

recenzja review

recenzować review

recepcjonista receptionist, *US* clerk

recepta 1. recipe (*na coś* for sth) **2.** (*apteczna*) prescription

redagować edit

redakcja 1. (*redagowanie*) editorship **2.** (*biuro*) editorial office **3.** (*ludzie*) editorial staff, editors ◊ **4. do redakcji** to the editor

redakcyjny editorial

redaktor (*także* **redaktor naczelny**) editor

redukcja 1. reduction **2.** (*zatrudnienia*) cutback (*w* in)

redukować reduce, (*działalność*) cut down (*coś* on sth)

referat (*naukowy*) paper

refleksja reflection

reflektor 1. (*silny*) floodlight ◊ **2. reflektor przedni** headlamp, headlight

reforma reform

regał units, (a piece of) unit furniture

region area, region

regionalny regional

regulacja adjustment

regulamin regulation

regularny 1. regular **2.** (*w kształcie*) formal

regulować 1. (*urządzenie*) adjust **2.** (*system*) control **3.** (*proces, maszynę*) regulate

reguła rule

rejestr (*urzędowy*) record

rejestracja registration

rejestrować się register (*do pracy* for work)

rejon region

rejs passage, voyage

rekin shark

reklama 1. (*w gazecie*) advertise-

ment 2. (*w telewizji*) commercial
3. (*kampania*) publicity
reklama neonowa neon light
reklamacja complaint
reklamować 1. advertise 2. (*występ*) bill 3. (*składać reklamację*) make a complaint (*coś* about sth)
reklamówka carrier bag
rekompensata compensation
rekompensować compensate (*za* for)
rekonstrukcja reconstruction
rekord record
rekordowy 1. (*wyczyn*) record 2. (*zbiór*) bumper
rektor (*uniwersytetu*) *BR* vice-chancellor, *US* president, chancellor
relacja connection, relation
relaks relaxation
relaksować się relax
religia religion
religijny religious
remanent stock-taking, inventory
remis *sport* draw, tie
remont repair, renovation
renesansowy renaissance
renifer reindeer
renta pension
  renta inwalidzka disability pension
rentowny cost-effective
reorganizacja reorganization, rearrangement
reorganizować rearrange, reorganize
repertuar repertoire
reporter correspondent, reporter
represja repression
reprezentacja representation
reprezentant representative
reprezentować represent
reprodukcja reproduction, copy
republika republic

resort department, agency
restauracja restaurant
  restauracja dworcowa buffet
  restauracja hotelowa dining room
reszta 1. (the) rest 2. (*z zapłaty*) change
resztki (*jedzenia*) leftovers
reumatyczny rheumatic
reumatyzm rheumatism
rewanż 1. return 2. *sport* return game/match
rewanżować się repay (*za coś* sth)
rewelacja revelation
rewelacyjny superb, powerful
rewidować (*szukać*) search
rewizja search
rewolucja revolution
rewolwer revolver
rezerwa 1. reserve ◊ 2. **z rezerwą** (*odnosić się*) low-key
rezerwacja booking, reservation
rezerwat reserve, sanctuary
rezerwować *BR* book (*dla/na* for) *US* reserve
rezultat 1. result, effect (*na* on) 2. *sport* score ◊ 3. **w rezultacie** in consequence, in effect 4. **być rezultatem** result (*czegoś* with sth)
rezygnacja 1. resignation 2. (*z pracy*) notice 3. (*z rezerwacji*) cancellation
rezygnować 1. resign (*z* from) 2. (*z rezerwacji*) cancel 3. (*z palenia*) give up (*z czegoś* sth)
reżim regime
reżyser director
reżyseria direction
reżyserować direct
ręcznie by hand
ręcznik towel
ręczny manual
ręka 1. (*ramię*) arm 2. (*dłoń*) hand

◊ 3. przechodzić z rąk do rąk change hands 4. trzymać coś pod ręką keep sth handy 5. wolna ręka blank cheque 6. z czyjejś ręki at sb's hand

rękaw 1. sleeve ◊ 2. bez rękawów sleeveless

rękawiczka glove

rękopis manuscript

robak 1. worm 2. *US* bug, *BR nieform* insect

robić 1. (*zadanie domowe*) do 2. (*jedzenie, wrażenie*) make 3. (*pracować*) work 4. (*żarty*) play ◊ 5. robić, co się da z (*czymś*) make the best of (sth) 6. coś dobrze komuś robi sth does sb good

robić się 1. become 2. (*kwaśne, siwe*) turn, go

roboczy (*ubranie, dzień*) working

robot robot

robotnik worker

rocznica anniversary

rocznie per annum, yearly

roczny annual, yearly

rodak compatriot, countryman

rodzaj 1. sort, kind, type (*rodzaj samolotu* a sort of plane) 2. (*produktu*) variety 3. *gram* gender ◊ 4. coś w rodzaju sort of

rodzajnik article
    rodzajnik określony definite article
    rodzajnik nieokreślony indefinite article

rodzeństwo brothers and sisters, *form* siblings (*lm*)

rodzic parent
    rodzic chrzestny godparent

rodzić 1. (*dziecko*) have a baby, *form* give birth (*dziecko* to a baby) 2. (*owoce, płody*) bear 3. (*potomstwo, światło*) produce 4. przen

give rise (*coś* to sth)
    rodzić się be born

rodzimy native (*dla* to), *form* indigenous (*dla* to)

rodzina family

rodzinny family

rodzynek (*także* rodzynka) 1. raisin 2. (*bezpestkowa*) currant

rogal(ik) croissant

rok 1. year ◊ 2. mieć 20 lat be 20 years old 3. miała ok. 25 lat she was in her middle twenties 4. lata siedemdziesiąte (*przy określaniu dekad*) the (19)70s
    rok przestępny leap year

rokowania *med* prognosis

rola 1. role, function 2. (*w teatrze, też przen*) part ◊ 3. odgrywać (dużą) rolę w czymś play a (large) part in sth

roleta blind, shutter

rolka (*np. filmu*) roll

rolnictwo agriculture, farming

rolnik farmer

romans 1. romance 2. (*miłostka*) (love) affair

romantyczny romantic

rondo 1. *BR* roundabout, *US* traffic circle 2. (*kapelusza*) brim

ropa 1. (*naftowa*) oil 2. *med* matter, pus

ropieć fester

ropucha toad

rosa dew

Rosjanin Russian

rosnąć grow

rosół clear soup

rosyjski Russian

roszczenie claim

roślina plant

roślinność greenery, vegetation

roślinny vegetable

rower 1. bicycle, *nieform* bike ◊ 2.

jechać na rowerze cycle
rowerzysta cyclist
rozbawiać amuse
rozbicie 1. (*atomu*) *termin* fission **2.** (*statku*) shipwreck
rozbierać 1. undress **2.** (*maszynę*) dismantle, take to pieces
rozbierać się undress
rozbieżność 1. discrepancy (*pomiędzy* between/in) ◇ **2.** rozbieżność opinii disagreement
rozbijać 1. break, smash (*także się*) **2.** (*opozycję*) crush **3.** (*statek*) wreck **4.** (*namiot*) pitch
rozbrojenie disarmament
rozbudowa build-up
rozchodzić się 1. separate **2.** (*o tłumie*) disband **3.** (*rozrywać się*) come (*apart*) **4.** (*o małżeństwie*) break up **5.** (*o mgle*) clear **6.** (*o towarze*) sell
rozchorować się *BR* fall ill, *US* fall sick
rozciągać (*uderzeniem*) knock (*kogoś bez przytomności* sb unconscious)
rozciągać (się) 1. stretch **2.** (*ramiona, o okresie czasu*) spread **3.** (*np. skutki, prawo*) extend **4.** (*np. o moście*) span (*nad czymś* sth)
rozcieńczać dilute, thin
rozcinać 1. slit **2.** (*głęboko*) slash **3.** (*oddzielać*) sever
rozczarowanie disappointment, disillusion
rozczarowywać disappoint, let down
rozczarowywać się be disappointed
rozdawać 1. give out **2.** (*majątek*) give away **3.** (*karty*) deal out **4.** (*wręczać*) hand out
rozdział chapter

rozdzielać 1. (*np. walczących, firankę*) part **2.** (*rzeczy*) sort out ◇ **3. rozdzielać włos na czworo** split hairs
rozdzielać się 1. separate **2.** (*rozchodzić się*) part **3.** (*o rzeczach, grupie*) split (out)
rozejm truce
roześmiać się break out into laughter
rozgałęźnik adapter, adaptor
rozglądać się look round
rozgłośnia (radio) station
rozgniewać się get angry
rozgotowywać boil to (a) pulp
rozgrywka *sport* contest, match
rozgrzeszać absolve
rozgrzeszenie *form* absolution
rozgrzewać się warm up
rozgwiazda starfish
rozkaz (*np. w wojsku*) command, order
rozkazywać command
rozklejać się (*o butach*) come off
rozkład 1. (*zajęć, dnia*) timetable **2.** (*gnicie*) decay, decomposition **3.** (*rozmieszczenie*) distribution
rozkład jazdy 1. timetable ◇ **2. zgodnie z rozkładem (jazdy)** on schedule
rozkładać 1. (*np. ręce*) spread **2.** (*mapę*) unfold, spread open **3.** (*związek chem.*) break down
rozkładać się 1. (*o substancjach*) decompose **2.** (*o instytucjach, roślinach*) decay **3.** (*w fotelu*) recline
rozkosz delight, pleasure
rozkoszny 1. delightful **2.** (*uczucie, dziecko*) sweet
rozkwitać 1. bloom, blossom **2.** (*o osobie, stylu*) flourish
rozległy extensive

rozlewać slop (*się* over), spill

rozluźniać (się) relax

rozluźnienie relaxation (*czegoś* of/ /in sth)

rozładowywać 1. unload **2.** (*sytuację*) defuse

rozłam *form* breach

rozmach breadth

rozmaity various

rozmawiać talk (*z kimś* to sb), have a conversation

rozmiar 1. (*też: butów*) size (*noszę buty o rozmiarze 27* I take 27 size shoes) **2.** (*w przestrzeni*) dimension **3.** (*wielkość*) extent ◇ **4. o dużych rozmiarach** (*np. ubranie*) outsize

rozmieniać 1. (*pieniądze*) change ◇ **2. mieć rozmienić 5 dolarów** have change for 5 $

rozmieszczenie arrangement

rozmowa 1. conversation, talk **2.** (*telefoniczna*) call

rozmówki phrase book

rozmrażać (*jedzenie, lodówkę*) defrost

rozmyślać meditate (*nad* on/upon) **rozmyślać się** change one's mind

roznosić 1. (*napoje*) give out **2.** (*chorobę*) spread, transmit

rozpacz despair

rozpaczać despair (*nad czymś* at sth)

rozpad breakdown, disintegration

rozpadać się 1. (*o małżeństwie, planach*) break down, *form* founder **2.** (*o instytucji*) collapse **3.** (*o podziałach, kategoriach*) fall (*na* into) **4.** (*psuć się*) come (to pieces) ◇ **5. rozpadać się na kawałki** fall to bits/pieces

rozpakowywać unpack, unwrap

rozpalać kindle

rozpalać się catch fire, flare

rozpalony 1. burning, fiery **2.** (*pogoda, miejsce*) blazing

rozpatrywać 1. (*sprawę*) look (*coś* at sth), consider **2.** (*plan, pomysł*) examine

rozpatrzenie examination

rozpęd momentum, impetus

rozpiętość 1. (*skrzydeł*) span **2.** (*cen*) range

rozpinać 1. undo **2.** (*z guzików*) unbutton

rozplątywać disentangle

rozpłakać się burst into tears

rozpoczynać 1. start, *form* commence **2.** (*akcję*) launch **rozpoczynać się** *form* commence

rozporek fly

rozporządzenie decree, *form* edict

rozpowszechniać circulate, *form* disseminate **rozpowszechniać się** (*o wieści*) get out

rozpowszechniony widespread

rozpoznanie recognition

rozpoznawać 1. (*poznawać*) recognize **2.** (*rozróżniać*) distinguish

rozprawa 1. (*w sądzie*) suit, trial **2.** (*działanie*) crackdown (*z czymś* on sth) **3.** (*napisana*) thesis, treatise

rozprowadzać distribute

rozpruwać unstitch

rozpuszczać (*także* **rozpuszczać się**) dissolve

rozpuszczalny 1. soluble **2.** (*kawa*) instant

rozpychać (*także* **rozpychać się**) jostle

rozrastać się swell

rozróżniać 1. tell (apart), distinguish (*pomiędzy* between) **2.** differentiate (*pomiędzy* between, *A od B* A from/and B)

rozruch start
  rozruchy riot
rozrusznik starter
rozrywać 1. (*coś*) tear open, rip open **2.** (*kogoś*) distract
  rozrywać się burst
rozrywka amusement, distraction, entertainment
rozrywkowy entertainment
rozrzucony scattered
rozsądek sense, reason
rozsądny 1. reasonable, sensible ◇ **2. coś wydaje się rozsądne** sth stands to reason
rozstanie (*także* **rozstanie się**) parting
rozstawać się 1. (*kimś*) part with **2.** (*czymś*) dispense with
rozstrzeliwać shoot
rozstrzygający conclusive
rozstrzygnięcie solution
rozsypywać spill
rozszerzać broaden, widen
  rozszerzać się 1. (*o źrenicach*) dilate **2.** (*np. o oczach*) widen **3.** (*o metalu, dętce*) expand (*w* with)
rozszerzenie 1. broadening **2.** (*uprawnień*) extension
roztargniony absent-minded
roztrzęsiony 1. (*nerwowy*) shaky **2.** (*krzesło*) unsteady
roztwór *termin* solution
rozum reason
rozumieć 1. understand (*nie rozumiem* I do not understand) **2.** (*punkt widzenia*) see **3.** (*często z przeczeniem*) *form* comprehend ◇ **4. mylnie rozumieć** misunderstand
  rozumieć się 1. understand each other ◇ **2. coś się rozumie samo przez się** sth goes without saying
rozumienie understanding, comprehension
rozumny rational, reasonable
rozumowanie reasoning
rozwalać pull (*coś* sth) *apart/to pieces*, *nieform* bust
  rozwalać się 1. burst **2.** (*w fotelu*) lounge, sprawl
rozważać 1. consider, contemplate **2.** (*też: na wadze*) weigh out
rozważanie deliberation, consideration
rozwiązanie (*problemu*) answer (*do czegoś* to sth), solution (*czegoś* to sth)
rozwiązany undone
rozwiązywać 1. (*problem*) solve, resolve **2.** (*organizację*) form dissolve **3.** (*kokardę*) undo, untie
rozwijać (się) 1. (*dopracowywać*) develop, evolve **2.** (*np. bandaż*) unroll, unwind
rozwlekły wordy
rozwodzić się 1. divorce (*z kimś* sb) **2.** (*np. nad punktem*) labour (*nad czymś* sth)
rozwód divorce
rozwódka divorcée
rozwój 1. development, evolution ◇ **2. być w pełni rozwoju** to be in full swing
rozżarzony blazing, burning
ród 1. ancestry, family ◇ **2. z dobrego rodu** from a good family
róg 1. (*pokoju, ulicy, też: sport*) corner **2.** (*krowy*) horn
rów ditch
rówieśnik person of the same age, *form* peer
równać się 1. equal **2.** (*w rachunku*) make ◇ **3. nie równać się z czymś** be no match for sth
równanie equation
równie equally

również also
równik (the) equator
równikowy equatorial
równina plain
równo 1. equally **2.** (*niewystająco*) flush (*z* with)
równoległy horizontal, parallel (*do czegoś* with/to sth)
równoleżnik parallel
równomierny even
równość 1. equality **2.** *form* parity (*pomiędzy* between/with)
równouprawnienie equality of rights
równowaga 1. balance ◇ **2. być w równowadze** balance **3. tracić równowagę** be off balance
równoznaczny equivalent (*z czymś* to sth)
równy 1. (*powierzchnia*) even **2.** (*ilościowo, jakościowo*) equal (*czemuś* to sth) **3.** (*niechwiejny*) steady **4.** (*poziom, handel*) level **5.** (*stopień*) *gram* positive ◇ **6. na równych prawach** on equal terms
róża rose
różaniec rosary
różnica difference
różnić (*skłócać*) set against
różnić się 1. (*być niepodobnym*) differ (*od* from, *w* in) **2.** (*być zróżnicowanym*) vary
różnorodność diversity, variety
różnorodny 1. various **2.** (*zróżnicowany*) varied
różny different (*od* from/to/than)
różowy pink
rtęć mercury
rubin ruby
ruch 1. motion, movement **2.** (*poruszenie się, też: w grze*) move **3.** (*w grze*) go

ruch drogowy traffic
ruchliwość mobility
ruchliwy mobile, busy
ruchomy 1. (*mogący być ruszany*) movable, moveable **2.** (*w ruchu*) moving
ruda ore
rudy (*także o człowieku*) red
rufa 1. stern ◇ **2. na rufie** astern
ruina ruin
rujnować ruin
ruletka roulette
rum rum
rumianek camomile
rumieniec blush, flush
rumsztyk rump steak
runda (*np. rozmów, w boksie itp.*) round
rura pipe, tube
rura wydechowa exhaust (pipe)
rurka (*do picia*) straw
rurociąg pipeline
ruszać 1. move **2.** (*przewracać*) disturb **3.** (*samochodem*) pull away
ruszać się move
ruszt (*do smażenia*) grill
rusztowanie scaffolding
rwać 1. tear **2.** (*linę, uchwyt*) break **3.** (*ząb*) take out **4.** (*owoce, kwiata*) pluck
rwać się 1. tear **2.** (*o linie, uchwycie*) break (*także przen*)
ryba 1. fish **2. Ryby** (*znak zodiaku*) Pisces
rybak fisherman
rybi fishy
rybny fish
rycerski chivalrous
rycerz knight
rycina (*w książce*) plate, figure
ryczeć 1. roar **2.** (*o krowie*) moo **3.** (*o ośle*) bray **4.** (*o syrenie, radiu*) blare

ryj 1. snout 2. (*usta*) *BR nieform* gob

ryk 1. roar 2. (*krowy*) moo 3. (*osła*) bray 4. (*syreny, radia*) blare

rym rhyme

rynek market

rynkowy market, marketable

rynna drainpipe

rysa scratch
rysy (*twarzy*) features

rysik (*w ołówku*) lead

rysować draw

rysunek drawing

ryś lynx

rytm 1. rhythm 2. (*w muzyce*) beat

rytmiczny rhythmic

rywal rival

rywalizacja competition (*o* for), rivalry

ryzyko risk, hazard

ryzykować 1. (*powiedzenie czegoś*) hazard 2. (*życiem*) risk

ryzykowny risky, hazardous (*dla* to)

ryż rice

rzadki 1. uncommon 2. (*nieczęsty*) infrequent 3. (*nieliczny, wyjątkowy*) rare 4. (*brakujący*) scarce 5. (*o lesie*) thin

rzadko rarely, seldom

rzadkość rarity

rząd 1. (*państwa*) government, *US* administration 2. (*żołnierzy*) file 3. (*wielkość*) order 4. (*krzeseł*) row

rządowy government

rządzić 1. (*państwem*) govern 2. rule (*czymś* sth/over sth)

rzecz 1. thing ◊ 2. być do rzeczy be to the point 3. na rzecz in favour of 4. w rzeczy samej actually

rzecznik spokesperson, spokesman

rzeczownik noun

rzeczownik własny proper noun

rzeczowy businesslike, factual

rzeczywistość reality

rzeczywisty actual

rzeczywiście really

rzeka river

rzekomo reputedly

rzekomy alleged, supposed

rzemieślnik craftsman

rzemiosło craft, handicraft

rzepa turnip

rzepak rape

rzepka (*kolanowa*) kneecap

rzetelny reliable, steady

rzewny maudlin

rzeźba 1. sculpture 2. (*terenu*) feature

rzeźbiarz sculptor

rzeźnia slaughterhouse

rzeźnik 1. butcher 2. (*sklep*) the butcher's

rzeżączka gonorrhea

rzeżucha watercress

rzęsa (eye)lash

rzodkiewka radish

rzucać 1. throw 2. (*mocno*) hurl 3. (*gwałtownie*) dash 4. (*spojrzenie*) cast 5. (*sympatię*) walk out on 6. (*miotać coś, kogoś*) pitch (*w, do* at) 7. (*np. sprawy*) drop 8. (*przekleństwo*) lay 9. (*pracę*) *nieform* quit ◊ 10. rzucać monetę toss

rzucać się 1. (*atakować*) fly (*na* at) 2. (*do pracy*) plunge (*w, do* into) 3. (*robić skok*) spring, dash, make a dash 4. (*miotać się, np. o rybie*) thrash about/around

rzut 1. throw ◊ 2. rzut oka glimpse
rzut rożny *sport* corner
rzut wolny *sport* free kick

rzymski Roman

rżeć neigh

rżnąć (*ciąć*) saw, cut

S

sacharyna saccharin(e)
sad orchard
sadza soot
sadzawka pool
sadzić 1. (*rośliny*) plant 2. (*w doniczce*) pot
sakrament sacrament
saksofon saxophone
sala 1. room 2. (*duża, oficjalna*) chamber 3. (*w szpitalu*) ward
sala gimnastyczna gymnasium, *nieform* gym
sala koncertowa hall
sala operacyjna (operating-) theatre
sala posiedzeń (sądu) courtroom
salon 1. (*w hotelu, na statku*) lounge 2. (*w mieszkaniu*) living room, *BR* sitting-room 3. (*fryzjerski, mody*) salon
salon wystawowy showroom
sałata lettuce
sałatka (*warzywna*) salad
sam 1. -self (*on sam* he himself, *ona sama* she herself, *my sami* ourselves, *oni sami, one same* themselves, *sama rama* the frame itself) 2. (*bez towarzystwa*) alone, on one's own 3. (*jedynie*) mere (*jej sama obecność* her mere presence) 4. (*minimum, podstawy*) bare
samica 1. female 2. she (*samica wiewiórki* she-squirrel)
samiec 1. male 2. he (*pies samiec* he-dog)
samo- self-
samobójca suicide
samobójstwo suicide
samochodowy 1. (*części*) *BR* car, *US* automobile 2. (*wypadki*) monitoring
samochód *BR* car *US* auto, automobile
samodzielnie by oneself, on one's own
samodzielność initiative
samodzielny independent
samogłoska vowel
samolot 1. *nieform* plane, *BR* aeroplane, *US* airplane ◇ 2. samolotem by plane
samoobrona self-defence
samoobsługowy self-service
samopoczucie feeling
samorząd self-government
samorząd miejski municipality
samotnie alone
samotność solitude, loneliness
samotny 1. (*bez towarzystwa*) solitary, 2. (*osamotniony*) lonely
sanatorium sanatorium
sandał sandal
sanie 1. sledge 2. (*konne*) sleigh
sanitariusz orderly
sanitarny sanitary
sankcja *form* sanction (*wobec* against)
sanki sledge
sapać puff, wheeze
sardynka sardine
satelita satellite
satyra satire
satyryczny satirical
satysfakcja 1. satisfaction ◇ 2. nie dający satysfakcji unrewarding
sąd 1. court 2. (*stwierdzenie*) claim 3. (*logiczny*) proposition ◇ 3. proszę (wysokiego) sądu *BR* Your Worship, *US* your honour 4. przed sądem on trial
sąd apelacyjny court of appeal

sąd przysięgłych jury
sąd wojenny court-martial
sądowy (*medycyna*) forensic
sądzić 1. (*myśleć*) think, feel, believe 2. (*w sądzie*) try (*kogoś* sb, *za coś* for sth) 3. (*osądzać*) judge ◇ 4. sądzę I expect (*że* that)
sąsiad neighbour
sąsiadujący neighbouring
sąsiedni 1. neighbouring, next door ◇ 2. w sąsiedniej bramie next door
sąsiedztwo neighbourhood
sążeń *termin* fathom
scena 1. scene 2. (*teatralna*) stage
scenariusz 1. screenplay 2. *przen* scenario
sceniczny stage
scenografia 1. (*projekt*) set design 2. (*na scenie*) set, scenery
sceptyczny sceptical
schab joint (of pork)
schabowy ◇ kotlet schabowy pork chop
schemat scheme, diagram
schnąć dry
schody 1. (*wewnętrzne*) staircase 2. (*zewnętrzne*) stairway 3. (*ruchome*) escalator
schodzić 1. get down, go down 2. move down, descend (*z czegoś* sth) schodzić się get together
schorzenie ailment, disease
schowek 1. (*w samochodzie*) glove compartment 2. (*na bagaż*) locker
schron shelter
schronienie shelter, refuge
schronisko hostel
schylać się 1. bend 2. (*nisko*) stoop (down) 3. (*głowę*) bow
scyzoryk pocket knife
seans (*w kinie*) show
sedno 1. (*problemu*) crux ◇ 2. sed-

no sprawy (w tym, że) the point (is that)
segment 1. segment 2. (*mebli*) unit
sejf safe
sejm 1. (*polski*) Sejm 2. parliament
sekcja 1. section 2. (*zwłok*) autopsy 3. (*np. firmy*) division
sekret secret
sekretariat secretariat
sekretarka secretary
sekretarz secretary
seks sex
seksowny sexy
seksualny sexual
sektor (*też: ekonomii*) sector
sekunda 1. second ◇ 2. w ciągu sekund in/within seconds
selekcja selection
seler celery
semafor semaphore
semestr term
seminarium seminar
sen 1. sleep 2. (*marzenie*) dream (*o* of/about)
senat senate
senator senator
senny sleepy
sens 1. meaning, sense 2. (*celowość*) point ◇ 3. mieć sens make sense 4. nie ma sensu robienie czegoś there is no/little sense in doing sth 5. w pewnym sensie in a way
sensacja sensation
sensacyjny sensational
sensowny advisable, sensible
sentymentalny sentimental
seplenić lisp
ser (*żółty*) cheese biały ser cottage cheese
serce 1. heart ◇ 2. bez serca heartless 3. ktoś nie ma serca do czegoś sb's heart isn't in sth 4. w

głębi serca at heart 5. **wziąć coś do serca** take sth to heart

serdeczny 1. hearty **2.** (*przyjaciel*) intimate ◇ **3. serdeczne pozdrowienia** love (*od kogoś* from sb), all the best

seria 1. series **2.** (*zdarzeń*) succession **3.** (*produktów*) line **4.** (*np. powodzeń*) run

serial 1. serial **2.** (*telewizyjny*) soap opera

sernik cheesecake

serwetka 1. (*na stół*) tablecloth **2.** (*do twarzy*) napkin

serwis (*naczynia*) service

seryjny serial

sesja session, sitting

setka (a) hundred

setny hundredth

sezon 1. season ◇ **2. *nie w/w* sezonie** *out of/in* season

sędzia 1. (*też: przy konkursach*) judge **2.** *sport* referee **3.** (*w tenisie, piłce ręcznej*) umpire **sędzia liniowy** linesman

sędziować 1. *sport* referee **2.** (*w tenisie, piłce ręcznej*) umpire

sędziwy ancient

sęk (*w drewnie*) knot

sęp vulture

sfera sphere

siać sow

siadać 1. sit (down). **2.** (*o owadach*) settle

siano hay

siarka sulfur, sulphur

siatka 1. net **2.** (*druciana, na płot*) netting **3.** (*materiał siatkowy*) mesh

siatkówka 1. (*w oku*) retina **2.** *sport* volleyball

siebie 1. oneself (*polub siebie* try to like yourself) **2.** each other, one another (*pomagają sobie* they help each other) ◇ **3. od siebie** apart **4. przed siebie** straight on

sieć 1. (*rybacka*) net **2.** (*telefoniczna, radiowa*) network **3.** (*np. elektryczna, gazowa*) mains ◇ **4. sieć sklepów** chain

siedem seven

siedemdziesiąt seventy

siedemdziesiąty seventieth

siedemnasty seventeenth

siedemnaście seventeen

siedzenie seat

siedziba 1. base ◇ **2. mieć siedzibę** be based (*w* in)

siedzieć 1. sit ◇ **2. siedzieć w czymś po uszy** be up to one's eyes in sth

siekać chop

siekiera pick

sierota orphan

sierp sickle

sierpień August

sierść fur

sierżant sergeant

się 1. *tłumaczenie zależy od czasownika – należy sprawdzać przy odpowiednich hasłach* (*biją się* they are fighting) **2.** oneself (*umyj się* go and wash yourself) **3.** each other, one another (*lubią się* they like each other) **4.** *w konstrukcji bezosobowej tłumaczy się stroną bierną* (*mówi się, że...* it is said that...)

sięgać 1. get at (**po coś/do czegoś** sth), reach (**po coś/do czegoś** for sth) **2.** (*o rozpiętości*) range (*od ... do ...* from ... to ...) ◇ **3. sięgać wstecz** go back (*do czegoś* to sth)

sikorka tit

silnik 1. engine **2.** (*elektryczny*) motor

silny 1. strong **2.** (*upał*) intense **3.** (*dialekt*) broad **4.** (*uchwyt, przywódca*) firm **5.** (*ból*) bad

siła 1. (*fizyczna, charakteru, mostu*) strength **2.** (*wiatru, silnika, militarna*) power **3.** (*wybuchu, uderzenia, burzy*) force ◊ **4. siłą** by force of **5. przybierać na sile** gain/gather momentum

siła ciężkości gravity

siła robocza manpower

siły contingent

siły bezpieczeństwa security (forces)

siły powietrzne air force

siły zbrojne (*armia*) (the) (armed) forces

siniak bruise

siny blue

siodełko saddle

siodło saddle

siostra 1. sister **2.** (*pielęgniarka*) nurse

siostrzenica niece

siostrzeniec nephew

siódmy seventh

sito sieve

siwieć be *greying/getting grey*

siwy grey, white

skafander parka, anorak

skakać 1. jump (*na, do* to) **2.** (*mocno*) leap **3.** (*dużymi skokami*) bound **4.** (*na skakance*) skip

skakanka skipping rope

skala 1. scale ◊ **2. na dużą skalę** large-scale **3. na szeroką skalę** wide-ranging

skalny rocky

skała boulder, rock

skandal outrage, scandal

skarb treasure

skarb państwa treasury

skarbonka (*świnka*) piggybank

skarbowy financial, fiscal

skarga 1. complaint ◊ **2. składać skargę** make/lodge a complaint

skarpetka sock

skarżyć (*do sądu*) sue (*kogoś za coś* sb for sth)

skarżyć się 1. complain (*komuś* to sb, *na coś* of/at/about sth) **2.** (*na policję*) report

skazywać 1. condemn (*na* to) **2.** (*w sądzie*) convict

skąd(ś) where ... from, from where

skąpiec miser

skąpy 1. (*nie hojny*) mean, miserly **2.** (*niewielki*) scanty

skierować 1. (*na drogę*) direct **2.** (*mierzyć*) aim **3.** (*mowę*) address

skinąć 1. beckon (*do kogoś* to sb), motion **2.** (*głową*) nod

sklejać glue, gum

sklejka plywood

sklep shop, *US* store

sklep firmowy chain store

sklep mięsny the butcher's

sklep monopolowy *BR* off-licence

sklep rybny *BR* fishmonger

sklep spożywczy the grocer('s), *US* grocery

sklepienie 1. (*tunelu*) roof **2.** (*w budynku*) vault

sklepikarz shopkeeper

skład 1. (*zestaw*) make-up **2.** (*np. chemiczny*) composition **3.** (*towarów*) stock, store **4.** *nieform sport* line-up ◊ **5. na składzie** in stock

składać 1. (*papier, meble, scyzoryk*) fold up **2.** (*namiot*) take down **3.** (*jaja*) lay **4.** (*pieniądze*) deposit **5.** (*zamówienie*) place **6.** (*wizytę, życzenia*) pay ◊ **7. składać w ofierze** sacrifice

składać się 1. consist (*z czegoś* of

sth) **2.** (*pieniężnie*) club together
3. make up (*na coś* sth) **4.** (*o namiocie, meblach*) fold
składany collapsible, folding
składnia *gram* syntax
składnik 1. constituent **2.** (*ciasta*)
ingredient
składowy component, constituent
skłaniać 1. induce **2.** *form* invite (*do
czegoś* sth)
   skłaniać się 1. tend (*do zrobienia czegoś* to do sth) **2.** (*ku teorii*)
lean (*ku* towards)
skłonność inclination, tendency
   skłonności (*polityczne*) leaning
skłonny inclined, prone (*do czegoś*
to sth)
skoczek 1. (*spadochronowy*) para-
chutist **2.** *szach* knight
skojarzenie association, connotation
skok 1. jump **2.** (*silny*) leap (*czegoś
in sth) **3.** (*duży*) bound
   skok o tyczce pole vault
skomplikowany complicated, complex
skoncentrowany concentrated
skończony 1. finished **2.** (*mistrz*)
consummate ◇ **3. być skończo-
nym** be done for
skończyć 1. finish (*coś* sth), (*z
czymś* with sth) **2.** be through (*z
czymś* with sth)
   skończyć się be up
skoro since
skoroszyt 1. binder **2.** (*do akt*) file
skorpion scorpion
skorupa 1. (*ślimaka, jaja*) shell **2.**
(*też: ziemska*) crust
skorupka 1. shell **2.** (*jajka*) eggshell
skorzystać 1. make use (*z czegoś*
of sth) **2.** (*wykorzystać*) take the
advantage (*z czegoś* of sth) ◇ **3.**

nie skorzystać (*z szansy, możliwości*) miss
skośny oblique
skowronek lark
skóra 1. skin **2.** (*zwierzęca przetwo-
rzona*) hide **3.** (*zwierzęca barwio-
na*) leather ◇ **4. skóra i kości** a
bag of bones, all skin and bones
skórka 1. (*chleba*) crust **2.** (*ziemnia-
ków, pomarańczy*) peel **3.** (*szynki,
sera*) rind
skórzany leather
skracać 1. shorten **2.** (*mowę, utwór*)
abbreviate
skraj 1. (*lasu*) edge **2.** (*miasta*) outskirts **3.** (*sukienki*) hem
skrajny extreme
skrawek 1. scrap **2.** (*papieru*) slip **3.**
(*warzywa, owocu*) chip
skręcać 1. (*zmieniać kierunek*) go,
turn (*na lewo* to the left,) *w prawo* to the right) **2.** (*nogę*) wrench
   skręcać (się) 1. (*o włosach*) curl
2. convulse
skrępowany ill at ease, uneasy
skrobać 1. scrape **2.** (*pisać*) scribble
skromność modesty
skromny 1. (*człowiek*) humble **2.**
(*też: dom, posiłek*) modest
skroń temple
skrócony 1. shortened **2.** (*o książce*) abridged
skrót 1. (*książki*) abbreviation **2.**
(*przejście*) short-cut ◇ **3. iść na
skróty** (*np. przez pole*) cut (*przez
across/through*) **4. w skrócie** in
short
skrupuły 1. qualm ◇ **2. bez skrupułów** unscrupulous
skrupulatny scrupulous
skrytka (*w samochodzie*) glove compartment
skrzep clot

skrzydło wing
skrzynia 1. box 2. (*duża*) chest
skrzynia biegów gearbox
skrzynka 1. box 2. (*duża*) chest 3.
case 4. (*piwa*) crate
skrzynka na kwiaty (*na oknie*)
window-box
skrzynka pocztowa 1. (*do wrzucania listów*) post-box, *BR* pillar
box, *US* mailbox 2. (*dla adresata*)
letterbox, *US* mailbox
skrzypce violin
skrzypek violinist
skrzypieć creak, grate
skrzywienie (*też: charakteru*) warp
skrzywienie się scowl, wince
skrzyżowanie (*ulic*) cross(-roads)
(*pomiędzy* between), intersection
(*A z B* of A with B)
skunks skunk
skup purchase, buying up
skupiać 1. (*oddziały, władzę*) concentrate 2. (*traktować podobnie*)
lump (*razem* together) 3. (*uwagę*)
focus
skupiać się 1. concentrate (*na czymś* on sth) 2. (*o ludziach*)
bunch (together/up) 3. (*dla ciepła, otuchy*) huddle
skurcz spasm, twitch
skuteczny effective, efficient
skutek 1. effect, result ◇ 2. na skutek as a result 3. skutkiem tego
form thereby
skuter scooter
skwarek (*także* skwarka) crackling
skwapliwie readily
slajd slide, transparency
slogan byword, catch-phrase
słabnąć 1. weaken 2. (*np. o wzroku*) fail
słabo weakly, faintly
słabość 1. weakness 2. (*kruchość*)

frailty ◇ 3. mieć słabość do
czegoś *form* be partial to sth
słaby 1. weak 2. (*wzrok, słuch*) failing 3. (*wątły*) feeble 4. (*ze starości, choroby*) infirm
sława 1. fame, *lit* renown ◇ 2. o złej
sławie infamous
sławny renowned, famous
słodki 1. sweet 2. (*woda: niesłona*)
fresh
słodycz sweetness
słodycze *BR* sweets, *US* candy
słodzić 1. sweeten 2. (*cukrem*)
sugar
słoik jar
słoma straw
słomka straw
słonecznik sunflower
słoneczny 1. sunny 2. (*promienie*)
solar
słony salty
słoń elephant
słońce sun
słowiański *BR* Slavonic, *US* Slavic
słowik nightingale
słownictwo vocabulary
słownik dictionary
słowny verbal
słowo 1. word ◇ 2. w kilku słowach in a nutshell 3. słowo w
słowo word for word 4. Słowo
daję! *nieform* No kidding!
słowa (*pieśni*) lyrics
słój 1. (*drewna*) grain 2. (*szklany*)
jar
słuch 1. hearing 2. (*muzyczny*) ear
◇ 3. poza zasięgiem słuchu out
of earshot
słuchacz listener
słuchać 1. listen (*kogoś* to sb) ◇ 2.
słucham? pardon?
słuchać się 1. listen (*kogoś* to sb)
2. obey ◇ 3. nie słuchać się dis-

obey

słuchawka 1. earphone **2.** (*telefoniczna*) receiver **3.** (*na uszy*) headphones

sługa servant

słup 1. pillar **2.** (*namiotu, telegraficzny*) pole **3.** (*latarni*) lamp-post

słupek 1. (*chroniący przed samochodami*) bollard **2.** *sport* goalpost

słuszność 1. fairness, justice ◇ **2.** **mieć słuszność** be right, *form* be in the right

słuszny 1. right **2.** (*traktowanie, nagroda*) just, fair

służąca maid

służący servant

służba 1. service **2.** (*służący*) staff ◇ **3.** *na/nie na* **służbie** on/off duty

służba informacyjna public relations

służba wojskowa 1. military service **2.** (*obowiązkowa*) national service

służby specjalne secret service

służbowy 1. (*adres, wyjazd*) business **2.** (*godziny, meble*) office **3.** (*wygląd*) official **4. drogą służbową** through official channels

służyć 1. serve **2.** (*odpowiadać*) agree (*komuś* with: *to jej nie służy* it does not agree with her)

słychać ◇ **1. słychać coś** sth can be heard **2. co słychać?** how are you?, what's new?

słynny famous

słyszeć hear (*coś* sth, *o czymś* of sth)

smaczny 1. good, tasty ◇ **2. to jest bardzo smaczne** it tastes very good

smak 1. taste **2.** (*jedzenia*) flavour

◇ **3. bez smaku** tasteless **4. ze smakiem** with gusto

smakować taste (*czymś* of sth)

smalec lard

smar 1. grease **2.** (*do nart*) wax

smarować 1. (*maszynę*) lubricate, grease **2.** (*tłuszczem, kremem*) smear **3.** (*np. dżemem*) spread **4.** (*masłem*) butter

smażyć (się) fry

smoczek 1. (*do uspokajania*) *BR* dummy, *US* pacifier **2.** (*na butelkę*) *BR* teat, *US* nipple

smok dragon

smoking dinner jacket, *US* tuxedo

smoła tar, pitch

smród stink, *form* stench

smuga 1. (*światła*) band **2.** (*brudna*) smudge

smukły slim

smutek sorrow

smutny sad

smycz (*dla psa*) lead, leash

smyczek (*np. skrzypiec*) bow **smyczki** *muz* the strings

snop sheaf

snuć się 1. (*chodzić*) wander about/ /around **2.** (*o zapachu, dźwięku*) waft ◇ **3. snuć refleksje** reflect (*na temat czegoś* on/over sth) **4. snuć rozważania** speculate (*o czymś* about/on sth)

sobą *patrz* **siebie**

sobie *patrz* **siebie**

sobota Saturday

socjalistyczny socialist

socjologia sociology

soczewka lens

soczysty 1. juicy **2.** (*kolor*) mellow

sodowy (*woda*) soda

soja soya (bean)

sojowy soya

sojusznik ally

sok juice
sokół falcon
solić salt
solidarność solidarity
solidny 1. (*ludzie, budynki*) solid **2.** (*poważny*) businesslike **3.** (*kij, kabel*) stout
solista soloist
solniczka salt cellar
solo solo
solowy solo
sopel icicle
sopran 1. (*głos*) soprano **2.** *muz* treble
sortować sort
sos 1. sauce **2.** (*mięsny*) gravy
sosna pine
sowa owl
sól salt
spacer walk, stroll
spacerować walk, stroll
spać 1. sleep, be asleep ◊ **2. iść spać** go to sleep, go to bed **3. spać jak zabity** *nieform* be dead to the world **4. twardo spać** be fast asleep
spadać 1. fall **2.** (*szybko*) drop **3.** (*o cenach, ilości*) go down **4.** (*tracić wysokość*) lose height **5.** (*o drzewach, samolotach, pieniądzu*) come down **5.** (*o poziomie, cenie*) plunge
spadek 1. fall **2.** (*ilości, wielkości, potęgi*) decrease (*in/of sth czegoś*) **3.** (*cen*) plunge **4.** (*z wysokości*) drop (*spadek 50-metrowy* a 50 metre drop) **5.** (*zbocza*) gradient **6.** (*po śmierci*) legacy
spadkobierca heir, *praw* beneficiary
spadochron parachute
spadochroniarz paratrooper
spagetti spaghetti

spalać burn (*coś* sth down/up) (*także się*)
spalanie burning, *form* combustion
spaliny exhaust (fumes)
spalony 1. *sport* offside ◊ **2. na spalonym** *sport* offside
spawać weld
specjalista 1. expert, specialist ◊ **2. lekarz-specjalista** consultant
specjalistyczny expert, specialist
specjalizacja specialization
specjalizować się specialize (*w czymś* in sth)
specjalnie 1. (*nie przypadkowo*) on purpose **2.** (*szczególnie*) specially
specjalność speciality, *US* specialty
specjalny special
specyficzny specific
spektakl 1. spectacle **2.** (*w teatrze*) show
spełniać 1. (*potrzeby, oczekiwania, wymogi*) satisfy **2.** (*funkcje, obietnice, prośby*) fulfil **3.** (*oczekiwania*) live up to **4.** (*potrzeby, warunki*) meet **5.** (*rozkaz*) carry out **spełniać się 1.** (*o marzeniach, prognozach*) come true **2.** (*o obawach, planach*) *form* be realized
spełnienie 1. (*życzeń*) fulfilment **2.** (*zadowolenie*) satisfaction **3.** (*planów*) accomplishment
sperma semen
spędzać 1. (*pieniądze, czas*) spend **2.** (*życie*) live **3.** (*okres czasu*) pass **4.** (*płód*) abort
spieprzyć *nieform* screw up, *BR* cock up
spieszyć się *patrz* **śpieszyć się**
spięcie short-circuit
spiker announcer
spinacz (paper) clip
spinka 1. (*do mankietu*) cufflink **2.** (*do włosów*) hairpin

spirala 1. spiral 2. (*drutu, dymu*) curl 3. (*np. w bojlerze*) element

spirytus spirit

spis 1. list, *form* inventory 2. (*telefonów*) directory

spis treści table of contents

spisek plot

spisywać 1. copy down/out ◇ 2. spisywać na straty write off

spiżarnia larder, pantry

spleśniały mouldy

spłaszczony (*nos, paczka*) flat, flattened

spłata repayment

spłukiwać 1. (*toaletę*) flush 2. (*pranie, naczynia*) rinse

spływać 1. (*o cieczy, włosach, ubraniu*) flow (down) 2. (*powoli*) float ◇ 3. „spływaj!" "beat it!"

spoczynek rest, *lit* repose

spoczywać 1. (*odpoczywać*) rest, *lit* repose 2. (*o odpowiedzialności*) form rest (*na kimś* with sb), lie (*na kimś* with sb) 3. (*leżeć*) rest (*na czymś* on/upon sth)

spod from (under)

spodek saucer

spodenki 1. (*majtki*) underpants 2. (*kąpielowe*) *BR* (bathing) trunks

spodnie trousers

spodziewać się 1. expect, hope (*że ktoś coś zrobi* sb to do sth) ◇ 2. ona spodziewa się (*dziecka*) she is expecting (a baby)

spoglądać 1. look on (*na kogoś z obojętnością* sb with indifference) 2. (*długo, z podziwem*) gaze

spojrzeć look (*na coś* at sth), have/take a look (*na coś* at sth)

spojrzenie 1. glance, look 2. (*długie, z podziwem*) gaze 3. (*szybkie*) glimpse (*na coś* at sth) ◇ 4. rzucić spojrzenie na kogoś take/have/cast a glance at sb

spokojny 1. (*też: dzień, jezioro*) calm 2. (*też: miejsce, czas*) peaceful 3. (*bez ruchu*) still 4. (*też: kolor*) quiet 5. (*ktoś*) composed

spokój 1. (*cisza*) calm 2. (*nieprzeszkadzanie*) peace ◇ 3. dawać sobie spokój forget (*z czymś* sth) 4. nie dawać spokoju obsess 5. w spokoju at peace

społeczeństwo society

społeczność community

społeczny social

sponsor sponsor, promoter

sponsorować sponsor

sporo 1. a good/great deal 2. a lot/lots, plenty (*czegoś* of sth)· ◇ 3. całkiem sporo *nieform* quite a bit (of)

sport sport

sportowiec 1. sportsman 2. (*kobieta*) sportswoman

sportowy 1. (*impreza, broń*) sporting 2. (*ubranie, samochód*) sports

spory 1. (*ilość*) reasonable 2. great

sposobność opportunity

sposób 1. way, *form* manner 2. (*działanie, metoda*) means ◇ 3. w jakiś sposób somehow 4. w następujący sposób as follows 5. w pewien sposób in a way 6. w ten sposób this way

spostrzegać notice

spostrzeżenie observation, reflection (*co do* on/upon)

spośród (*jedna rzecz z wielu*) out of, from (among)

spotkanie 1. meeting, *form* encounter 2. (*wyznaczone*) appointment 3. (*rodziny, kolegów*) reunion 4. *sport* event

spotykać (się) meet (*z kimś/czymś* sb/sth)

spowiadać się confess
spowiedź confession
spoza 1. (*zza*) from behind **2.** (*z zewnątrz*) from outside
spożywać 1. *form* consume ◊ **2. spożywać śniadanie** *form* breakfast **3. spożywać obiad** *form* lunch(eon)
spód 1. bottom **2.** (*np. stołu, buta*) underneath
spódnica skirt
spójnik *gram* conjunction
spółdzielczy co-operative
spółdzielnia co-operative
spółgłoska consonant
spółka 1. (*firma*) company (*skrót:* Co.) **2.** (*z kimś*) partnership
spółkować copulate (*z kimś* with sb)
spór quarrel, *form* contention
spóźniać się 1. be late **2.** (*opuszczać coś*) miss (*spóźnić się na pociąg* miss the train) **3.** (*o zegarku*) lose
spóźnienie delay
spóźniony late, *form* belated
spragniony thirsty
sprawa 1. thing, everything (*wszystkie sprawy zostały załatwione* everything has been arranged) **2.** (*np. pieniężne*) matter **3.** (*zagadnienie*) problem, question (*mam pewną sprawę* I have a problem, I have something to talk about) **4.** business (*to nie twoja sprawa* that is none of your business) **5.** (*obiekt zainteresowania*) concern (*czyjaś* of sb) **6.** (*sądowa*) case **7.** (*zdarzenie*) affair (*zatuszować sprawę* to cover up an affair) ◊ **8. zdawać sobie sprawę** realize (*z czegoś* sth), be aware (*z czegoś* of sth) **9. nie zdawać sobie spra-**

wy be unaware (*z czegoś* of sth) **10. robić z czegoś sprawę** make an issue of sth
sprawca perpetrator
nieznany sprawca unknown person
sprawca kłopotów troublemaker
sprawca wykroczenia *form* offender, perpetrator
sprawca zła *form* wrongdoer
sprawdzać 1. check (*kogoś/coś* on/ /with sb/sth) **2.** (*paszport, bilety, bagaże*) inspect
sprawdzian test
sprawiać 1. cause **2.** (*z bezokolicznikiem po dopełnieniu*) get (*sprawiać, by ktoś coś zrobił* get sb to do sth) **3.** (*z przymiotnikiem po dopełnieniu*) get (*sprawić, że coś się zamknie* get sth shut) **4.** (*z bezokolicznikiem po rzeczowniku*) make (*sprawić, że ktoś jest szczęśliwy* make sb happy) ◊ **5. sprawiać wrażenie** give an impression (*że* that)
sprawiedliwość 1. justice ◊ **2. oddać komuś sprawiedliwość** give sb (his) due
sprawiedliwy just, fair
sprawny 1. (*efektywny*) competent **2.** (*fizycznie*) fit ◊ **3. być sprawnym w** (*czymś*) be good at (sth)
sprawować (*władzę*) *form* exercise
sprawozdanie 1. report, account **2.** (*telewizyjne*) commentary
sprawozdania proceedings
sprawozdawca commentator
sprężać compress
sprężarka compressor
sprężyna spring
sprint sprint
sprostać (*wyzwaniu*) rise (*czemuś*

to sth)

sprowadzać bring, fetch

sprowadzać się 1. amount (*do czegoś* to sth) **2.** come down to **3.** boil down (*do czegoś* to sth)

spróbować 1. try (*zrobić coś* to do sth) **2.** (*kosztować*) have a taste (*czegoś* of sth)

spryt cleverness, cunning

sprytny cunning, crafty

sprzączka clasp

sprzątaczka charwoman

sprzątać 1. clean up, tidy **2.** (*miejsce*) clear (*z czegoś* of sth)

sprzeciwiać się object (*czemuś* to sth)

sprzeczać się argue (*z kimś* with sb), have an argument (*z kimś* with sb)

sprzeczka argument, misunderstanding

sprzeczność 1. contradiction ◇ **2. stać w sprzeczności z czymś** *form* be at variance with sth

sprzed from before

sprzeczny contradictory

sprzedawać 1. sell (*komuś A (za B)* A to sb (for B)) **2.** (*dowcip*) crack

sprzedawca (*w sklepie*) (shop) assistant

sprzedawczyni saleswoman

sprzedaż 1. sale ◇ **2. na sprzedaż** for sale

sprzedaż wymienna barter

sprzęgło clutch

sprzęt 1. equipment **2.** (*w domu, ruchomy*) fittings **3.** *komp* hardware

sprzęt elektroniczny electronics

sprzęt stereo stereo

sprzyjać favour

sprzyjający 1. favourable (*czemuś* to sth) ◇ **2. nie sprzyjający** un-

favourable

sprzymierzeniec ally

spuchnięty puffed

spuszczać 1. lower **2.** (*też: powietrze*) let down **3.** (*wodę*) flush (*wodę w toalecie* flush the toilet) **4.** (*ścieki, substancje*) *form* discharge **5.** (*ze smyczy*) unleash

sputnik satellite

spychacz bulldozer

srać shit

srebrny silver

srebro silver

srebro stołowe silverware

srebrzysty silver, silvery

sroka magpie

ssać 1. suck ◇ **2. ssać pierś** suckle

ssak mammal

ssanie suction

ssawka 1. (*ośmiornicy*) sucker **2.** (*odkurzacza*) nozzle

stabilność stability

stabilny stable, constant

stacja (*też: kolejowa*) station

stacja benzynowa filling station, *BR* petrol station, *US* gas station

stacja końcowa terminal

stacja obsługi *US* service station

stacjonarny stationary

staczać 1. roll **2.** (*walkę*) put up, wage

staczać się roll down

stać 1. *patrz też* **stawać 1.** stand **2.** (*trwać*) stand by (*przy kimś* sb) ◇ **3. stać za czymś** be behind sth

stadion stadium

stadium stage

stado 1. herd **2.** (*wilków, psów*) pack **3.** (*ptaków, owiec*) flock

stajnia stable

stal steel

stale constantly

stalowy 1. steel 2. (*kolor*) steely
stalówka nib
stałość constancy
stały 1. (*stabilny*) stable 2. (*praca, wzrost cen*) steady 3. (*regularny*) regular 4. (*nie płynny*) solid 5. (*tempo, temperatura*) even 6. (*uczucie, przyjaciel, temperatura*) constant 7. (*budynek, pozycja, praca, pracownik*) permanent 8. (*komitet, dowcip*) standing
stamtąd from there
stan 1. condition 2. (*wojny, umysłu, ekonomii*) state ◊ 3. w dobrym/złym stanie (*o domu, aucie*) nieform in good/bad repair
stan konta (*bankowego*) balance
standard standard
standardowy standard
stanik 1. (*biustonosz*) bra 2. (*sukienki*) bodice
stanowczy forceful, domineering
stanowić 1. constitute 2. (*podstawę*) form
stanowisko 1. (*miejsce, praca, pogląd*) position 2. (*miejsce: w walce, pracy*) *form* post 3. (*pogląd*) opinion ◊ 4. wolne stanowisko (*pracy*) vacancy
Stany Zjednoczone (Ameryki Płn.) (the) United States (of America), *nieform* the States
starać się 1. aim (*o at/for*) 2. (*dawać z siebie wszystko*) do one's best 3. try (*o coś for sth*)
starannie 1. carefully 2. (*pracować*) conscientiously
staranny diligent, conscientious
starcie 1. (*z policją*) clash 2. (*sprzeczka*) brush
starczy senile
starość old age
starożytność (the) antiquity

starożytny ancient
start 1. (*w zawodach*) start 2. (*samolotu*) takeoff 3. (*rakiety*) launch
startować 1. (*o samolocie*) take off 2. (*w zawodach*) start 3. (*o rakiecie*) lift off
staruszek old man
staruszka old woman
stary old
   stara panna old maid
   stary człowiek senior citizen
   starzy (ludzie) the old
   starszy 1. (*np. brat*) elder, elderly (*Breughel Starszy* Breughel the Elder) 2. (*stażem, wiekiem*) senior (*on jest 10 lat od niej starszy* he is ten years her senior)
starzeć się age
statek ship
   statek kosmiczny spaceship
statut constitution, *form* charter
statystyczny statistic(al)
statystyka statistics
statyw tripod
staw 1. (*wody*) pond 2. (*np. biodrowy*) joint
stawać 1. (*podnosić się*) stand (up) 2. (*o sprawie*) come up 3. (*w wyborach*) stand (*do wyborów (parlamentarnych)* for (Parliament)) 4. (*psuć się*) break down 5. (*mieć wybór*) confront (*przed/wobec czegoś* with sth) 6. (*w kolejce*) join (*w czymś* sth) ◊ 6. stawać dęba (*o koniu*) rear (up) 7. stawać na baczność stand to attention 8. stawać naprzeciw confront
stawać się 1. become 2. (*nabierać cechy*) turn (*stawać się kwaśnym* turn sour), go (*stawać się szalonym* go mad) 3. (*robić się*) get (*on staje się zimny* he is get-

ting cold), grow 4. (*urzeczywist-niać się*) come (*stawać się prawdą* come true)

stawiać 1. (*ścianę*) put up 2. (*przy zakładzie*) bet (*na* on) 3. (*opór*) put up 4. (*w sytuacji*) put 5. (*wazon, kolację*) stand 6. (*zadanie*) set 7. (*częstować*) treat ◇ 8. stawiać w trudnym położeniu handicap 9. stawiać z powrotem put back 10. stawiać pod znakiem zapytania cast doubt on sth

stawiać się 1. (*przed sądem*) appear 2. (*na lotnisku*) check in/into

stawka (*za pracę*) quote, *nieform* quotation

staż probation

stąd 1. (*z tego miejsca*) from here 2. (*dlatego*) *form* hence

stek steak

stempel rubber stamp
    stempel pocztowy postmark

stemplować stamp

step steppe

ster rudder

sterczeć 1. (*np. o skale*) jut (out), *form* project 2. (*o części ubrania*) bulge

stereofoniczny stereo

sternik helmsman

sterta heap, pile

sterylny sterile

stewardesa air hostess, flight attendant

stężony concentrated

sto hundred

stocznia shipyard

stodoła barn

stoisko stand

stok slope

stokrotka daisy

stolarz 1. cabinet maker 2. (*cieśla*) carpenter

stolica capital

stołek stool

stołowy table

stołówka cafeteria, canteen

stop alloy

stopa 1. (*nogi*) foot 2. (*przyrostu*) rate

stopień 1. (*schodów*) step 2. (*w szkole*) mark, grade 3. (*naukowy, na termometrze*) degree 4. (*wojskowy*) rank ◇ 5. w pewnym stopniu to *some/a certain* extent 6. w tym samym stopniu equally ◇ 7. mieć stopień naukowy have a degree
    stopień najwyższy *gram* superlative (degree)
    stopień wyższy *gram* comparative (degree)

stopniowo gradually

stopniowy gradual

stos 1. stack 2. (*porządny*) pile
    stos pacierzowy *form* spinal column

stosować 1. use 2. (*np. proszek, regułę*) apply 3. (*praktykować*) practise
    stosować się 1. (*do planu, umowy*) keep to (*do czegoś* sth) 2. adhere (*do czegoś* to sth) 3. (*do prawa, życzenia*) conform (*do* to) 4. (*do rady, instrukcji*) follow (*do czegoś* sth)

stosowany applied

stosunek 1. (*też mat*) ratio 2. relation, relationship (*pomiędzy/do* between/with) ◇ 3. w stosunku do czegoś in proportion to sth 4. być w (dobrych) stosunkach z kimś be on (good) terms with sb
    stosunek płciowy 1. *form* (sexual) intercourse ◇ 2. mieć sto-

sunek płciowy have sex (*z kimś* with sb)

stosunkowo relatively

stosunkowy relative

stowarzyszenie association, society

stożek cone

stożkowy conical

stół table

strach 1. fear, dread (*przed* of) ◊ **2. mieć stracha** be afraid (*przed czymś* of sth)

strach na wróble scarecrow

stracony lost

stragan booth, stall

strajk strike

strajkować strike, be on strike

straszliwy horrible

strasznie 1. awfully **2.** (*potrzebować czegoś*) badly

straszny 1. awful **2.** (*napędzający strach*) terrible

straszyć frighten

strata 1. (*czasu, pieniędzy*) waste **2.** (*życia, krewnego*) loss

strategiczny strategic

straż guard

straż miejska militia

straż morska coastguard

straż pożarna fire brigade

strażak fireman

strażnik 1. guard **2.** (*moralności*) guardian **3.** (*więzienny*) BR warder

strefa zone

strefa czasowa time zone

stres stress, strain

streszczenie abstract, summary

stromy steep

strona 1. (*lewa, prawa*) side **2.** (*kartki*) page **3.** (*aspekt*) point **4.** (*kierunek*) way **5.** (*np. sporu*) part, *praw* party ◊ **6. mocna strona** forte **7. strona ujemna**

disadvantage **8. w jedną stronę** (*bilet*) one-way **9. w obie strony** (*bilet*) return **10. w stronę** toward(s) **11. strona zewnętrzna** outside **12. po drugiej stronie** across **13. zła strona** drawback **14. ze strony** (*przy ocenie*) of (*jak uprzejmie z jej strony* how kind of her)

strop ceiling

strój 1. dress, *form* garment **2.** (*narciarski*) outfit ◊ **3. strój wieczorowy** evening dress

stróż watchman

strug (*hebel*) plane

struga (*wody*) squirt, jet

struktura 1. structure **2.** (*społeczeństwa*) framework

strumień 1. (*rzeczka, także dymu*) stream, *US* creek **2.** (*wody, gazu*) jet

struna 1. *muz* string **2.** (*np. głosowa*) cord

strup scab

struś ostrich

strych loft

stryj(ek) uncle

strzał shot

strzał(k)a arrow

strzec guard

strzec się beware (*czego* of sth)

strzelać 1. shoot (*do kogoś* at sb) **2.** (*o silniku*) splutter

strzelba shotgun

strzelec 1. shot **2.** (*znak zodiaku*) Sagittarius

strzyc 1. (*włosy*) cut **2.** (*trawnik*) mow

strzykawka syringe

strzyżenie haircut

strzyżyk wren

student(ka) student

studia studies

studiować study, do/take a degree (*coś* in sth)

studium 1. (*naukowe*) project 2. (*rozprawa*) study

studnia well

studzić (się) 1. cool down 2. (*gniew*) cool

stukać 1. (*do drzwi*) knock (*do at/on*) 2. (*palcami*) tap

stulecie 1. (*rocznica*) centenary 2. (*wiek*) century

stwarzać 1. create 2. (*możliwości*) open up

stwierdzać 1. find out 2. (*potwierdzać*) certify, state ◇ 3. stwierdzać jasno make sth/oneself clear

stwierdzenie 1. statement 2. (*nieznanego*) discovery

stworzenie 1. (*świata*) creation 2. (*istota*) creature

styczeń January

stygnąć cool down

styk contact

stykać się 1. (*kontaktować się*) touch, come into contact 2. (*z problemami*) run up (*z czymś* against sth)

styl 1. style 2. (*pływacki*) stroke
styl dowolny *sport* freestyle
styl grzbietowy *sport* backstroke
styl motylkowy *sport* butterfly

stylowy period

stymulator serca pace maker

stypendium scholarship

stypendysta scholar

subiektywny subjective

sublokator lodger

substancja 1. substance 2. *termin* matter
substancja chemiczna chemical
substancja odżywcza nutrient
substancja stała solid

subtelny subtle

sucharek (*słodki*) rusk

suchy 1. dry 2. (*dźwięk*) brittle

sufit ceiling

sugerować suggest (*żeby ktoś coś zrobił* that sb should do sth), propose

sugestia proposal, suggestion

suita *muz* suite

suka bitch, she-dog

sukces 1. success ◇ 2. odnosić sukcesy (w robieniu czegoś) be successful (in doing sth)

sukienka dress

suknia dress
suknia wieczorowa evening dress

suma 1. sum 2. (*kalkulacji*) figure

sumienie conscience

sunąć slide

supeł knot

supermocarstwo superpower

surowica serum

surowiec raw material

surowy 1. (*wyraz twarzy, ktoś*) hard (*wobec kogoś* on sb) 2. (*kontrola*) tight 3. (*nie pobłażliwy*) severe 4. (*surowiec*) crude 5. (*jedzenie, pogoda*) raw 6. (*szkic*) rough 7. (*dyscyplina, ojciec*) strict

surówka (*do jedzenia*) salad

susza drought

suszarka 1. (*do włosów*) (hair)dryer 2. (*elektr. do prania*) tumble dryer 3. (*na naczynia*) rack

suszyć (się) dry

sutek nipple

suwak 1. (*zamka*) slider 2. (*zamek błyskawiczny*) zip (fastener)

suwerenny sovereign

sweter sweater

swędzieć itch (*będzie cię swędziało* you will itch)

swoboda freedom

swobodny 1. free, at ease **2.** (*ubranie, nieformalne*) casual
swój one's (own) (*weź swój ołówek* take your own pencil, *zabieraj swoje łapy* take your paws away)
syczeć hiss
syfilis syphilis
sygnał 1. signal (*także: świetlny*) **2.** (*dźwiękowy*) hoot **3.** (*w telefonie*) tone **4.** (*klakson*) horn
  sygnał czasu pip
  sygnał dźwiękowy (*np. w radiu*) signature tune
Sylwester New Year's Eve
sylwetka profile, silhouette
symbol symbol
symboliczny 1. symbolic(al) **2.** (*np. zapłata*) nominal
symfonia symphony
sympatia 1. sympathy, liking **2.** (*dziewczyna*) girlfriend, (*chłopak*) boyfriend
sympatyczny 1. likable, likeable **2.** sympathetic
syn son
  syn chrzestny godson
synagoga synagogue
synowa daughter-in-law
syntetyczny synthetic
synteza synthesis
sypać (się) 1. pour **2.** (*np. o trocinach*) spray
sypialnia bedroom
syrena 1. (*z bajek*) mermaid **2.** siren
syrop syrup
system system
systematyczny systematic
sytuacja situation
szabla sabre
szachownica chessboard
szachy chess
szacować assess, estimate

szacunek 1. respect (*dla kogoś* for sb), *form* esteem **2.** (*oszacowanie*) estimate, estimation ◇ **3. z wyrazami szacunku** (*w liście*) Yours faithfully
szafa wardrobe
szafir sapphire
szafka cabinet
szaleć 1. (*wariować*) be crazy/mad **2.** (*też o burzy*) rage **3.** (*o dzieciach*) run riot
szalenie madly
szaleństwo 1. (*choroba*) madness, *form* insanity **1.** (*w modzie*) nieform (the) rage
szalik scarf
szalony mad, insane
szalupa launch
szał 1. frenzy **2.** (*moda*) craze ◇ **3. ktoś dostanie szału** *nieform* sb will have a fit **4. doprowadzać kogoś do szału** make/drive sb crazy
szałas shed
szałwia sage
szampan champagne
szampon shampoo
szanować respect
szanowny (*w liście*) dear (*Szanowni Państwo* Dear Sirs)
szansa chance (*zrobienia czegoś* of doing sth), prospect
  szanse the odds
szantaż blackmail
szantażować blackmail
szarańcza locust
szarlotka apple cake
szarpać (się) jerk, jolt
szary 1. grey **2.** (*nieciekawy*) dull
szatan Satan, the devil
szatnia cloakroom
szczątki 1. debris **2.** (*okrętu*) wreckage

szczebel 1. rung ◊ **2. na najwyższym szczeblu** top-level

szczecina (*zarostu*) stubble

szczególnie particularly, especially

szczególny 1. especial, particular **2.** (*okazja*) special

szczegół detail

szczegółowo in detail

szczegółowy detailed

szczekać bark

szczelina 1. crack (*pomiędzy* between, *w* in) **2.** (*wąska, w płocie*) chink **3.** (*wąska, w skale, ścianie*) crevice

szczelnie (*zamykać*) tight

szczelny (*zamknięcie*) tight

szczenię 1. puppy, pup **2.** (*wilka*) cub

szczep 1. (*plemię*) tribe **2.** (*rośliny*) graft

szczepić 1. (*ochronnie*) inoculate (*czymś przeciwko* with sth against), vaccinate **2.** (*roślinę*) graft (*na* onto)

szczepionka vaccine

szczerość sincerity

szczery 1. frank, sincere **2.** (*otwarty*) outspoken

szczerze frankly, honestly, sincerely

szczęka jaw

szczęście 1. happiness **2.** (*pomyślność*) (good) luck ◊ **3. mający szczęście** fortunate **4. na szczęście** luckily **5. mieć szczęście** be lucky **6. nie mieć szczęścia** be unlucky

szczęśliwy 1. happy (*Szczęśliwego Nowego Roku* Happy New Year) **2.** (*mający szczęście, w kartach*) lucky (*w* at)

szczoteczka do zębów toothbrush

szczotka brush

szczupak pike

szczupły 1. slender **2.** (*chudy, mocny*) lean **3.** (*atrakcyjnie*) slim

szczur rat

szczygieł finch

szczypać nip, pinch

szczypiorek spring onion

szczyt 1. peak **2.** (*góry, polityczny*) summit **3.** (*np. schodów*) head **4.** (*okresu*) heat **5.** (*organizacji, wzgórza*) top **6.** (*domu*) gable

szczytowy 1. (*poziom*) peak **2.** (*stopień*) top

szef 1. boss, chief ◊ **2. szef kuchni** chef

szelest rustle

szeleścić rustle

szelki *BR* brace, *US* suspenders

szept whisper

szeptać whisper

szereg 1. row **2.** (*kłamstw, pytań*) string ◊ **3. iść w szeregu (pojedynczo)** (*o żołnierzach*) file **4. w szeregu** in single file **5. stać w szeregu** line up

szeregowiec private

szermierka fencing

szeroki 1. wide (*szeroki na 3 m* 3 metres wide) **2.** (*uogólnienie, ramiona*) broad

szeroko wide, broadly

szerokokątny (*obiektyw*) wide-angle

szerokość 1. width, breadth **2.** (*geograficzna*) latitude

szerszeń hornet

szesnasty sixteenth

szesnaście sixteen

sześcian cube

sześcienny cubic

sześć six

sześćdziesiąt sixty

sześćdziesiąty sixtieth

sześćset six hundred

szew 1. seam **2.** (*pojedynczy*) stitch ◊ **3. bez szwu** seamless

szewc shoemaker

szkarlatyna scarlet fever

szkic 1. sketch **2.** (*pisemny*) rough draft

szkielet skeleton

szklanka glass

szklany glass

szklarz glazier

szkliwo 1. (*na zębie*) enamel **2.** glaze

szkło glass

szkła kontaktowe contact lenses

szkocki 1. (*mieszkaniec*) Scottish **2.** (*whisky*) Scotch **3.** (*język, prawo*) Scots

szkoda 1. pity (*jaka szkoda!* what a pity!) **2.** (*nie fizyczna*) harm **3.** (*zniszczenie*) damage

szkodliwy 1. harmful **2.** (*np. na zdrowie*) hard (*na* on)

szkodnik pest

szkodzić 1. damage **2.** (*o jedzeniu*) *nieform* disagree (*komuś* with sb) ◊ **3. nie szkodzić** mind (*deszcz mi nie szkodzi* I don't mind rain) **4. nie szkodzi** never mind

szkolenie training

szkolić (się) 1. school **2.** train (*na/jako coś* as sth)

szkolnictwo education

szkolny school (*książka szkolna* schoolbook)

szkoła 1. school ◊ **2. w szkole** at school

szkoła średnia high school

Szkot Scotsman

Szkotka Scotswoman

szlachectwo knighthood, nobility

szlachetność nobility

szlachetny noble

szlachta the nobility

szlafrok bathrobe, dressing gown

szlag *nieform* damn (it)

szlak 1. track, trail ◊ **2. przecierać szlak** break fresh/new ground

szmaragd emerald

szmata rag

szmatka cloth

szmer ripple

szminka lipstick

szmuglować smuggle

sznur 1. cord **2.** (*gruby*) rope **3.** (*korali*) string

sznurek string

sznurowadło (shoe)lace, *US* shoestring

szok shock

szop raccoon, racoon

szopa shed, hut

szorować scour down/out/off, scrub

szorstki 1. (*powierzchnia, człowiek*) rough **2.** (*powierzchnia*) coarse **3.** (*człowiek*) curt

szorty shorts

szosa highway

szósty sixth

szpak starling

szpara 1. crack, chink **2.** (*w maszynie*) slot

szparag asparagus

szpieg spy

szpilka 1. pin **2.** (*przytyk*) dig

szpilki (*buty*) stiletto heels

szpinak spinach

szpital hospital

szpital psychiatryczny asylum

szprot(k)a sprat

szprycha spoke

szpul(k)a spool, reel

szron (white) frost

sztab *wojsk* staff

sztorm (sea) storm

sztruks corduroy

sztruksy cords

sztuczny 1. artificial 2. (*zęby, rzęsy*) false 3. (*skóra, biżuteria*) imitation
sztuczne zęby dentures

sztuka 1. art 2. (*dramaturgiczna*) play 3. (*jednostka*) piece 4. (*przy liczeniu*) each (*kosztują po 5 dolarów sztuka* they cost 5 $ each) 5. (*sztuczka*) trick
sztuki piękne fine art(s)

sztywny 1. stiff 2. (*prawo, ludzie, substancja*) rigid 3. (*np. materac*) firm

szufelka (*śmietniczka*) dustpan

szufla 1. scoop 2. (*łopata*) shovel

szuflada drawer

szukać look for (*czegoś* sth), search (*czegoś* for sth)

szum hum, buzz

szumieć buzz, hum

szwagier brother-in-law

szwagierka sister-in-law

szwankować (*o wzroku, słuchu*) fail

szyb 1. shaft 2. (*naftowy*) (oil) well

szyba (window-)pane

szyba przednia *BR* windscreen, *US* windshield

szybki brisk

szybko 1. (*robić coś*) fast 2. (*wkrótce*) soon

szybkość 1. speed ◇ 2. z szybkością 80 km/h at 80 kmph

szybkowar pressure cooker

szybowiec glider

szyć sew

szydełkować crochet

szyfr 1. cipher, code 2. (*do zamku*) combination

szyja 1. neck ◇ 2. na łeb na szyję headlong

szyjka (*butelki*) neck

szyk chic

szykować (się) prepare

szyling shilling (*skrót:* s)

szympans chimpanzee

szyna 1. rail 2. (*przy złamaniu*) splint

szynka ham

szyper skipper

szyszka cone

Ś

ściana wall

ściągać 1. (*np. sznurek*) tighten, draw tight 2. (*ubranie*) take off, strip off 3. (*odpisywać*) crib (*coś od kogoś* sth from sb) 4. (*podatki*) collect 5. (*usta*) purse 6. (*brwi*) knit

ściek 1. sewer 2. (*np. melioracyjny*) drain
ścieki sewage

ścierać 1. wipe (up) 2. (*z twarzy*) dab (*z* from)

ścierać się (*np. o zębach*) wear down

ścierka 1. (*do naczyń*) dishcloth 2. (*do kurzu*) duster

ścieżka 1. path 2. (*dźwiękowa*) track

ścięgno sinew

ścigać 1. chase 2. (*wroga*) hunt
ścigać się race (*z kimś* *sb/ /against sb*)

ścinać cut down

ściskać 1. squeeze 2. (*w ramionach*) embrace, hug 3. (*ze strachu*) clutch 4. (*komuś dłoń*) shake 5. (*uciskać, ograniczać*) constrict

ścisły 1. (*np. polecenie*) strict 2. (*więzi*) intimate

ściśle strictly

ślad 1. (*odcisk, np. stopy*) print 2. (*trop*) trail 3. (*pozostałość*) trace 4. (*na skórze*) spot 5. (*wskazówka*) clue

śledczy 1. (*prowadzący śledztwo*) interrogator 2. (*o czynnościach*) interrogation

śledzić 1. (*podejrzanego, zmiany*) watch 2. (*wydarzenia, program*) follow

śledziona spleen

śledztwo inquest, interrogation

śledź 1. herring ◊ 2. wędzony śledź kipper

ślepota blindness

ślepy blind

ślepa ulica/zaułek dead end

śliczny pretty, lovely

ślimak 1. (*skorupkowy*) snail 2. (*nagi*) slug

ślina 1. (*w ustach*) saliva 2. (*wypluta*) spit

śliski slippery

śliwka plum

śliwka suszona prune

ślizgacz speedboat

ślizgać (się) slide

ślub wedding

ślubny 1. (*przygotowania*) wedding 1. (*dziecko*) legitimate

ślusarz locksmith

śluza 1. (*urządzenie*) sluice 2. (*odcinek wody*) lock

śmiać się laugh (*z czegoś* at sth)

śmiały 1. daring 2. (*też: kolor*) bold

śmiech laughter

śmieć 1. (*mieć czelność*) dare ◊ 2. jak śmiesz how dare you

śmieci 1. rubbish, *US* trash, garbage 2. *form* refuse

śmierć 1. death ◊ 2. na śmierć *nieform* to death

śmierdzący smelly

śmierdzieć stink (*czymś* of sth)

śmiertelny 1. (*wróg, cios*) mortal 2. (*wypadek, obrażenia*) fatal, deadly 3. (*cisza, bladość*) deathly

śmieszny 1. (*zabawny*) funny 2. (*pogardliwie*) laughable 3. (*groteskowy*) ridiculous

śmieszyć amuse

śmietana cream

śmietanka (*też: kosmetyczna*) cream

śmietniczka dustpan

śmietnik 1. (*pojemnik*) *BR* dustbin, *US* garbage can 2. (*miejsce*) rubbish dump, *US* garbage dump

śmietnisko rubbish heap, *BR* tip

śmigło screw

śniadanie breakfast

śnić dream (*o* of/about)

śnieg 1. snow 2. (*z deszczem*) sleet ◊ 3. śnieg pada it is snowing

śnieżka snowball

śnieżyczka snowdrop

śpiący sleepy

śpiączka coma

śpieszyć się 1. hurry up, be in a hurry 2. (*o zegarku*) gain 3. (*pędzić*) bustle 4. rush (*do czegoś* to sth, *z czymś* sth, *z robieniem czegoś* at sth)

śpiew singing

śpiewać sing

śpiewak singer

śpiwór sleeping bag

średni 1. (*przeciętny*) average 2. (*wzrost, wielkość, temperatura*) medium 3. (*o szkole*) secondary ◊ 4. w średnim wieku middle-

aged
średnia (*wielkość*) mean
średnica diameter
średnik semi-colon
średnio on (an) average
średniowiecze (the) Middle Ages
średniowieczny mediaeval, medieval
środa Wednesday
środek 1. (*centrum*) centre 2. (*przestrzeni, czasie*) middle 3. (*działanie*) means 4. (*lekarstwo*) cure (*na* for) 5. (*przekazu*) medium ◇ 6. **w środku** in the midst of
środek chwastobójczy weed killer
środek czyszczący cleaner
środek konserwujący preservative
środek myjący cleanser
środek odkażający antiseptic
środek owadobójczy insecticide
środek przeciwbólowy painkiller
środek przeczyszczający laxative
środek uspokajający sedative
środek wybuchowy explosive
środki masowego przekazu the (mass) media
środki pieniężne funds
środkowy central, middle
    Europa Środkowa Central Europe
środowisko (*też: naturalne*) environment
śródstopie instep
śruba 1. bolt 2. (*wkręt*) screw 3. (*okrętu*) propeller
śrubokręt screwdriver
świadczenie benefit
świadczyć give evidence, testify (*o czymś* to sth)

świadectwo 1. certificate 2. (*zeznanie*) form testimony (*czegoś* to sth) ◇ 3. **stanowić świadectwo czegoś** form be/bear witness to sth
świadek 1. witness (*czegoś* to sth) ◇ 2. **być świadkiem** form witness
    świadek naoczny eye-witness
świadomość consciousness
świadomy 1. conscious 2. (*wykroczenie*) deliberate
świat 1. world ◇ 2. **na świecie** in the world
światło light
    światła drogowe traffic lights
    światło dzienne daylight
    światło postojowe sidelight
światły open-minded
światopogląd outlook
światowy 1. (*zasięg*) world, worldwide 2. (*człowiek*) worldly ◇ 3. **o światowej sławie** world-famous
świąteczny 1. (*okazja*) festive 2. (*ubranie, obiad*) special
świątynia temple
świder drill
świeca candle
    świeca iskrowa spark plug
świecić (się) shine
świecki 1. secular 2. (*np. katolik*) lay
świecznik candlestick
świerk spruce
świerszcz cricket
świetnie excellent, form very well
świetny (*pomysł*) bright, *BR* nieform brilliant
świeżo freshly, newly
świeży fresh
święto 1. holiday 2. (*religijne*) festival ◇ 3. **od wielkiego święta** once in a blue moon
    święto państwowe public holi-

day
święty 1. holy **2.** (*o książce*) sacred **3.** (*przed imieniem*) saint (*święty Jan* Saint John)
święty Mikołaj Santa Clause
świnia 1. pig **2.** (*o człowieku*) nieform swine ◇ **3. być świnią** be beastly
świnka *med* mumps
świnka morska guinea pig
świt 1. dawn ◇ **2. przed świtem** before daylight
świtać dawn

T

tabela table
tabletka tablet
tablica 1. (*ogłoszeniowa, sportowa*) board **2.** (*szkolna*) blackboard
tablica nagrobkowa headstone
tablica rejestracyjna *BR* number plate, *US* licence plate
tablica rozdzielcza dashboard, switchboard
tabliczka 1. (*mydła, czekolady*) bar **2.** (*z nazwiskiem*) plate **3.** (*nagrobna*) brass
taca 1. tray **2.** (*w kościele*) plate
taczka wheelbarrow
tafla (*szkła*) sheet
tajemnica 1. mystery, secret ◇ **2. w tajemnicy** in secret
tajemniczy mysterious
tajfun typhoon
tajny 1. secret **2.** (*operacja*) undercover ◇ **3. ściśle tajny** top-secret
tak 1. yes **2.** (*w odpowiedzi na stwierdzenie z przeczeniem*) no (– *To nie jest łatwe.* – *Tak, to całkiem trudne* – It is not easy. – No, it is quite difficult) **3.** so (*tak myślę* I think so) **4.** (*wzmacniające*) so (*tak bardzo* so much) ◇ **5. tak jak** as (*róbcie tak jak ja* do as I do) **6. tak naprawdę (to)...** the fact (is)... **7. tak samo** the same, equally **8. tak więc** so

taki 1. so (*on jest taki duży* he is so big) **2.** (*o wcześniejszych zdarzeniach, też: wzmacniające*) such (*czemu tak się spieszysz?* why are in such a hurry?) ◇ **3. taki sobie** nieform so-so
taksówka taxi, cab
taksówkarz taxi driver
takt 1. tact **2.** *muz* (*kreska taktowa*) bar, (*rytm*) beat ◇ **3. bez taktu** tactless **4. do taktu** in time
taktyczny tactical
taktyka tactics
także 1. too (*on także to lubi* he likes it, too) **2.** also (*on także to lubi* he also likes it) **3.** either (*on także tego nie lubi* he does not like it, either)
także nie nor (– *Nie podoba mi się to.* – *Mnie także nie* – I don't like it. – Nor do I), neither (– *On nie idzie.* – *Ja także nie* – He is not going. – Neither am I)
talent talent, gift (*do* for/of)
talerz plate
talerz gramofonu turntable
talia 1. (*kart*) pack, *US* deck **2.** (*pas*) waist

talk tal(cum powder)
tam 1. there **2.** (*pokazując*) over there ◊ **3. tam i tu** here and there
tama dam
tampon 1. (*waty*) swab **2.** (*dopochwowy*) tampon
tamten that
tancerka dancer
tancerz dancer
tani cheap
taniec dance
tankować fuel, refuel
tankowiec tanker
tańczyć dance
tapczan bed
tapeta wallpaper
tapetować paper
tapicerka upholstery
tapicerowany upholstered
taras patio, terrace
tarcie friction
tarcza 1. (*zegara*) face **2.** (*licznika, telefonu*) dial **3.** (*rycerza*) shield **4.** (*księżyca*) disc **5.** (*strzelnicza*) target
targ market
targować (się) bargain (*z* with, *o* for)
tarka grater
tasiemka tape
tasować shuffle
taśma 1. (*magnetyczna, przylepna*) tape **2.** (*maszyny do pisania*) ribbon
tata *nieform* dad
tatuś daddy
tchórz coward
tchórzliwy cowardly
teatr theatre
teatralny dramatic, theatrical
technicznie technically
techniczny 1. (*umiejętności*) mechanical **2.** technical

technik engineer, technician
technika 1. (*w sztuce, sporcie*) technique **2.** (*wytwarzanie urządzeń*) technology
technikum *BR* technical college
technologia technology
teczka 1. briefcase **2.** (*aktowa*) folder **3.** (*szkolna*) satchel
teka (*ministra*) portfolio
tekst 1. text **2.** (*sztuki, filmu*) script
tektura cardboard
telefon 1. telephone, phone ◊ **2. przez telefon** on telephone **3. przy telefonie** on (the) telephone
telefonicznie by telephone
telefoniczny phone, telephone
telefonować 1. call (sb) up, *form* telephone **2.** *BR* ring
telegraf telegraph
telegraficznie by telegraph
telegrafować telegraph, *US* wire
telegram telegram, *US* wire
teleks 1. telex ◊ **2. nadawać teleksem** telex
teleobiektyw telephoto lens
teleskopowy telescopic
telewidz televiewer
telewizja 1. television, *nieform* telly ◊ **2. w telewizji** on television, on TV
telewizor 1. TV set, *nieform* telly ◊ **2. w telewizorze** on television, on TV
telewizyjny television
temat theme, subject
temblak sling
temperament temperament
temperatura temperature
temperówka sharpener
tempo 1. pace, rate **2.** *form* tempo
temu ago (*dwa lata temu* two years ago)

ten 1. this, that ◇ **2. ten drugi/o-statni** the latter **3. ten sam** the same

tendencja tendency, trend

tenisówka plimsoll, sneaker

tenor tenor

teologia theology

teoretyczny theoretical

teoria theory

terapia therapy

teraz now, at present

teraźniejszy *gram* present

teren 1. area **2.** (*szkoły, budynku*) ground(s) **3.** (*geograficzny*) terrain **4.** (*terytorium*) territory
teren lesisty woodland
teren walki battleground
tereny podmiejskie suburbia

terenowy 1. (*badania*) field **2.** (*samochód*) all-terrain

termin 1. term ◇ **2. na krótki termin** at short notice **3. termin ostateczny** deadline

terminologia terminology

terminowy (*zapłata*) prompt

termometr thermometer

termos (vacuum) flask

termostat thermostat

terror terror

terroryzm terrorism

terroryzować terrorize

terytorium territory

test test

testament 1. (*ostatnia wola*) will **2.** *relig* testament

teściowa mother-in-law

teść father-in-law
teściowie in-laws

teza (*wywodu*) main idea, drift

też 1. *patrz* **także 2.** so (*On ich zna, i ja też.* He knows them, and so do I.)

tęcza rainbow

tęczówka iris

tędy this way
tędy i owędy to and fro, here and there

tęgi stout

tępy 1. (*nie lotny*) dumb, *nieform* dense **2.** (*nie ostry*) blunt

tęsknić miss (*za kimś* sb), long (*za kimś* for sb)

tęsknota longing (*za* for, do)

tętnica artery

tętno pulse

tężec *med* tetanus

TIR *BR* juggernaut

tkać weave

tkanina fabric

tkanka tissue

tkwić 1. be **2.** (*wystawać*) stick out **3.** (*polegać*) consist in **4.** (*w miejscu*) stay motionless, stay up

tlen oxygen

tło background

tłok 1. (*ludzi*) crush **2.** (*maszyny*) piston

tłuc 1. (*walić*) pound **2.** (*szkło*) break **3.** (*warzywa*) mash
tłuc się (*hałasować*) make a noise

tłum crowd

tłumacz 1. (*pisemny*) translator **2.** (*ustny*) interpreter

tłumaczenie translation

tłumaczyć 1. translate **2.** (*wyjaśniać*) explain (*oneself* się)

tłusty 1. fat **2.** (*druk*) bold **3.** (*zatłuszczony*) greasy

tłuszcz fat, grease

to 1. it **2.** this, that (*to czy tamto?* this or that?) **3.** (*w pozycji orzeczenia*) is (*pieniądze to pieniądze* money is money), (*3 i 3 to 6* 3 and 3 is 6) **4.** this (is) (*to John* this is John, *to dobry przykład* this is a good example) ◇ **5. to jest** (*czy-*

li) that is (to say), namely

toaleta 1. toilet **2.** (*ubiór*) dress
  toaleta damska the Ladies
  toaleta męska *BR* the Gents, *US* men's (room)
  toaleta publiczna *BR* public convenience, *US* washroom, restroom

toast 1. toast ◇ **2. wznosić toast** toast (*dla kogoś* sb)

toczyć (*coś*) wheel
  toczyć się 1. roll **2.** (*powoli*) trundle **3.** (*mieć miejsce*) take place **4.** (*odbywać się*) go on

tok ◇ **1. w toku** in progress, under way **2. w toku załatwiania** under discussion

tolerancja tolerance

tolerować tolerate, bear

tom volume

ton 1. tone **2.** (*głosu*) note

tona ton(ne)

tonaż tonnage

tonąć 1. (*o statku, butach*) sink **2.** (*o człowieku*) drown

topić 1. (*metal*) melt down **2.** (*kogoś*) drown
  topić się 1. (*o metalu, tłuszczu*) melt **2.** (*o człowieku*) drown

topiony ser process(ed) cheese

topnieć melt

topola poplar

tor 1. (*kolejowy*) track **2.** (*wyścigowy, pocisku*) track
  tor wyścigowy racetrack, speedway

torba 1. (*papierowa, na zakupy*) bag **2.** (*kangura*) pouch
  torba na zakupy carrier bag
  torba podróżna bag, grip

torebka (hand)bag
  torebka herbaty tea bag

tornister satchel

torować ◇ **1. torować sobie drogę** push one's way (*przez coś* through sth) **2. torować komuś drogę** make way for sb

tort layer cake

tortura torture

tost (a piece/slice of) toast

totalizator sweepstake
  totalizator piłkarski *BR* pool

też *form* whereupon, *form* thus

towar *form* commodity
  towary merchandise, goods
  towary spożywcze groceries

towarowy (*pociąg*) *BR* goods, *US* freight

towarzyski 1. (*człowiek*) sociable **2.** (*spotkanie*) social

towarzystwo 1. (*ludzi*) company **2.** (*też: stowarzyszenie*) society

towarzysz 1. companion **2.** (*komunistyczny*) comrade

towarzyszyć accompany

tracić 1. (*ojca, pracę, zainteresowanie*) lose **2.** (*pieniądze, czas, energię*) waste **3.** (*skazańca*) execute ◇ **4. nie tracić na czymś** be none the worse for sth **5. nie tracić głowy** keep one's head

tradycja tradition

tradycyjny traditional

trafiać 1. (*w cel*) hit, home in on **2.** (*napotykać*) meet **3.** (*znaleźć się*) find oneself ◇ **3. trafić w samo sedno** hit the nail on the head

trafienie hit

trafny apt

tragarz 1. (*na dworcu*) porter **2.** bearer

tragedia tragedy

tragiczny tragic

trakt ◇ **1. być w trakcie robienia czegoś** be in the process of doing sth **2. w trakcie** in the midst of,

under way
traktat pact, treaty
traktor tractor
traktować treat
traktowanie treatment
trampki sneakers, plimsolls
tramwaj tram, *US* streetcar
transakcja transaction
transformator transformer
transfuzja transfusion
transmisja transmission
transmitować transmit, relay
transport transport, *US* transportation
transporter *wojsk* carrier
transportować transport
tranzystor transistor
tranzyt transit
trasa 1. route 2. (*np. samolotu*) run 3. (*statku*) course
tratwa raft
trawa grass
trawić digest
trawienie digestion
trawnik lawn
trąba 1. trumpet 2. (*słonia*) trunk **trąba powietrzna** whirlwind
trąbić 1. (*na klaksonie*) sound, honk 2. (*o słoniu*) trumpet
trąbka trumpet
trądzik acne
trefl club
trener coach, trainer
trening practice, training
trenować 1. (*zawodnika*) coach, train 2. (*o zawodniku*) practise
treser trainer
treść content
triumf triumph
triumfować triumph (*nad kimś* over sb)
trochę 1. some 2. a little (*trochę pieniędzy* a little money) 3. a bit

(*posuń się trochę* move away a bit) ◊ 4. **na trochę** for a bit 5. **po trochę** bit by bit
troje three
trolejbus trolley bus
tron throne
trop 1. track, trail 2. (*woń*) scent ◊ 3. **na czyimś tropie** on the scent of sb, on sb's track 4. **na dobrym/złym tropie** on the right/wrong track 5. **nie zbity z tropu** unabashed
tropić track
troska 1. (*zainteresowanie*) concern (*o* for) 2. (*rodziców, lekarska*) care
troszczyć się 1. (*o dzieci*) care (*o coś* about/for sth) 2. (*o potrzeby*) cater (*o coś* for/to sth)
trójka three
trójkąt triangle
trójkątny triangular
trucizna poison
trud 1. (*praca*) toil 2. (*kłopot*) trouble ◊ 3. **zadawać sobie wiele trudu, by coś zrobić** take pains to do sth
trudno 1. (*coś robić*) hard ◊ 2. **trudno!** too bad!
trudność difficulty
trudny 1. difficult (*dla kogoś* for sb) 2. (*dzień, pytanie*) hard 3. (*sytuacja*) awkward
trufel truffle
trujący poisonous
trumna coffin
trup corpse
truskawka strawberry
trwać 1. (*nie kończyć się*) be on (*spotkanie jeszcze trwa* the meeting is still on), continue 2. (*o czynności, jedzeniu*) last 3. (*np. przy decyzji*) stand by (*przy czymś* sth) 4. (*wytrzymywać*) endure

trwałość 1. durability ◇ 2. **mieć trwałość** (*np. o żywności*) last 3. **o przedłużonej trwałości** long-life

trwały 1. lasting 2. (*wytrzymały*) durable 3. (*o kolorach*) fast
  trwała 1. (*ondulacja*) *nieform* perm ◇ 2. **robić sobie trwałą** perm

tryb 1. *gram* mood ◇ 2. **tryb postępowania** procedure

trykot leotard

trzask 1. (*np. zatrzasku*) snap 2. (*pioruna*) crash 3. (*np. z bicza*) crack

trzaskać 1. (*drzwiami*) slam, bang 2. (*o biczu*) crack
  trzasnąć *nieform* wallop

trząść (się) 1. shake 2. (*na drodze*) bump, jolt 3. (*o powierzchni ziemi*) quake

trzcina 1. (*bambusa, cukrowa*) cane 2. (*sitowie*) reed

trzeba 1. (*przed bezokolicznikiem*) have (got) to (*trzeba być ostrożnym* you have to be careful) 2. need (*trzeba pieniędzy* one needs money, *coś trzeba zrobić* sth needs *doing/to be done**) ◇ 3. **nie trzeba dodawać/mówić** needless to say

trzeci 1. third ◇ 2. **po trzecie** thirdly

trzeć 1. rub (*się nawzajem* together) 2. (*ser, marchewkę*) grate

trzepaczka beater
  trzepaczka (do piany) whisk

trzepać 1. (*ubranie*) dust 2. (*dywan*) beat 3. (*klepnąć*) slap (*w coś* sth)

trzeszczeć crack, crackle

trzeźwy sober

trzęsienie (*ziemi*) earthquake, *nie-form* quake

trzmiel bumblebee

trzoda livestock

trzy three
  trzy czwarte three-quarters

trzydziesty thirtieth

trzydzieści thirty

trzykrotnie treble

trzymać 1. keep 2. hold
  trzymać się 1. stay (*z dala od czegoś* *away from a place/out of sth*) 2. (*uchwytu*) hold on (*czegoś* to sth) 3. (*reguły, planów*) keep to 4. (*przywierać*) cling (*kogoś* to sb) ◇ 5. **trzymaj się** *nieform* take care

trzynasty thirteenth

trzynaście thirteen

trzysta three hundred

tu 1. here 2. (*przy pokazywaniu*) over here

tuba *muz* tuba

tubka tube

tulipan tulip

tułów (*człowieka*) trunk

tunel tunnel

tuńczyk tuna

tupać stamp

tura 1. turn 2. (*w grze*) round 3. (*posiłków*) sitting

turkus turquoise

turniej tournament

turyst(k)a tourist

turystyczny tourist

turystyka tourism

tusz 1. Indian ink 2. (*do rzęs*) mascara

tutaj *patrz* tu

tutejszy local

tuzin dozen

twardo 1. (*postępować*) hard 2. (*trwać, stać*) fast 3. (*śpiący*) soundly

twardy 1. hard **2.** (*np. materac*) firm **3.** (*człowiek, mięso*) tough

twaróg curd(s)

twarz 1. face ◇ **2. leżący na twarzy** prostrate **3. prosto w twarz** to sb's face **4. twarzą w twarz (wobec czegoś)** face to face (with sth)

twierdzenie 1. statement **2.** *mat* theorem

twierdzić claim, argue (*że* that)

tworzyć 1. create **2.** (*osad, firmę, organizację*) form **3.** (*produkty*) produce

tworzyć się form

tworzywo 1. (*sztuczne*) plastic **2.** (*materiał*) raw material

twój 1. your **2.** (*nie przed rzeczownikiem*) yours (*twój przyjaciel* a friend of yours)

twórca 1. creator **2.** (*np. aktor*) performer **3.** (*pomysłu*) originator

twórczość (creative) output, creativity

twórczy creative, artistic

ty you

tyczka pole

tyć put on weight

tydzień 1. week ◇ **2. za tydzień** in a week **3. od jutra za tydzień** a week tomorrow **4. w środku tygodnia, w tygodniu** midweek

tyfus 1. (*brzuszny, rzekomy*) typhoid (fever) **2.** (*plamisty*) typhus

tygodnik weekly

tygodniowy weekly

tygrys tiger

tyle 1. so much/many, as much//many (as that) (*tyle zjadłeś?* you have eaten so much?, you have

eaten as much as that?) ◇ **2. A ma dwa razy tyle lat co B** A is twice the age of B **3. nie tyle ... co ...** not so much ... as ... (*jesteś nie tyle kłamcą, co durniem* you are not so much a liar as a fool)

tylko 1. only **2.** alone (*tylko Mary* Mary alone)

tylny 1. (*np. koło*) rear **2.** (*siedzenie, droga*) back **3.** (*noga*) hind **4.** (*bieg*) reverse

tył 1. back ◇ **2. do tyłu, w tył** back, backward **3. w tyle** behind **4. z tyłu** back

tyłek behind

tym 1. all (*tym bardziej/lepiej* all the more/better) ◇ **2. tym razem** (just) for once **3. tym samym** by the same token **4. im ... tym ...** the ... the ... (*im szybciej, tym gorzej* the sooner the worse)

tymczasem in the meantime, meanwhile

tymczasowy 1. temporary **2.** (*naprawa*) makeshift

tymianek thyme

tynk plaster

typ 1. type **2.** sort ◇ **3. *nie w/w* typie (czegoś)** *out of/in* character (for sth)

typowy typical (*dla czegoś* of sth), characteristic

tysiąc thousand

tysiąclecie *form* millenium

tysięczny thousandth

tytoń tobacco

tytuł 1. title **2.** (*artykułu*) heading

tytułowy 1. title **2.** (*piosenka*) theme

U

u 1. (*dzieci*) in **2.** (*przy drzwiach*) by, at ◇ **3.** u Mary (a) (*w mieszkaniu*) at Mary's (b) (*zostawione*) with Mary

ubezpieczać 1. insure (*się* oneself) **2.** (*dom, życie*) cover

ubezpieczenie 1. insurance **2.** (*życia, domu*) cover
   ubezpieczenia społeczne/socjalne social security
   ubezpieczenie od odpowiedzialności cywilnej third-party insurance

ubiegać się 1. (*prosić*) appeal (*o* for) **2.** (*współzawodniczyć*) compete (*o* for) **3.** (*o nagrodę*) contend (*z kimś o coś* with sb for sth)

ubierać dress
   ubierać się 1. dress oneself **2.** (*do wyjścia*) get dressed **3.** (*nosić*) wear (*w coś* sth)

ubijać 1. (*jajka*) beat **2.** (*poduszki*) plump up **3.** (*na stałe*) whip **4.** (*na pianę*) whisk

ubikacja 1. lavatory, (*nieform*) loo **2.** toilet

uboczny 1. (*zajęcie*) side **2.** (*skutek*) incidental

ubogi 1. poor (*także: w* in) **2.** (*bez rzeczy, pieniędzy*) badly off

ubóstwo poverty

ubranie 1. clothes, *form* clothing ◇ **2.** ubranie codzienne casuals

ucho 1. ear ◇ **2.** nastawiać uszu keep one's ears cocked **3.** z oślimi uszami dog-eared

uchodzić 1. (*o gazach, cieczach*) escape **2.** (*o pracy, wytworze*) get by **3.** (*być znanym*) pass (*za* for/as) **4.** (*uciekać*) go off with (*z czymś* sth)

uchwalać (*prawo*) pass

uchwyt 1. (*trzymanie*) hold **2.** (*do trzymania*) handle **3.** (*torby*) grip **4.** (*oszczepu, broni*) butt

uchylać 1. (*decyzję*) overrule **2.** (*wyrok*) praw repeal
   uchylać się evade (*od czegoś* sth)

uchylanie się evasion (*od* of)

uchylony (*drzwi*) ajar

uciążliwy drudging, burdensome

ucichać (*o głosie*) tail off

uciecha 1. fun ◇ **2.** dla uciechy *nieform* for kicks

ucieczka 1. escape (*z, od* from) **2.** (*cieczy*) rush **3.** (*z niebezpieczeństwa*) flight **4.** (*z wypadku*) getaway

uciekać 1. flee (*od* from) **2.** (*np. z więzienia*) escape (*z* from, *do* to) **3.** (*o cieczy, gazie – szybko*) rush **4.** (*o cieczy, gazie – powoli*) leak **5.** (*o uczuciu*) drain **6.** (*z wypadku*) get away **7.** (*z kimś*) run off
   uciekać się fall back (*do* on), resort (*do czegoś* to sth)

uciekinier 1. fugitive **2.** (*spod ucisku*) refugee **3.** (*dziecko*) runaway

ucinać 1. (*ranić (się)*) cut **2.** (*o owadach*) sting

ucisk oppression

uczciwie fairly

uczciwość 1. honesty **2.** fair play

uczciwy 1. (*człowiek*) honest **2.** (*transakcja*) above board **3.** (*traktowanie*) fair

uczennica 1. *patrz* uczeń **2.** *także* schoolgirl

uczeń 1. pupil, schoolchild, *US* student **2.** (*mistrza*) disciple

uczestnictwo 1. participation **2.** (*w konkursie*) entry **3.** (*w koncercie*) attendance

uczestniczyć 1. participate (*w czymś* in sth) **2.** (*regularnie*) attend

uczestnik 1. participant (*czegoś* in sth) **2.** (*w zawodach*) competitor

uczęszczać attend (**do czegoś/na coś** sth), go to

uczony 1. (*człowiek*) scholarly, learned **2.** (*naukowiec*) scholar

uczta feast

uczucie 1. feeling, *form* sentiment **2.** (*emocja*) emotion **3.** (*pozytywne uczucie*) affection **4.** (*winy, strachu*) twinge

uczuciowy 1. emotional **2.** (*o pozytywnych uczuciach*) affectionate **3.** (*sentymentalny*) sentimental

uczulenie allergy (*na to*)

uczulony 1. allergic (*na to*) **2.** (*na krzywdę*) conscious (*na coś* of sth)

uczyć teach

uczyć się learn

uczynny 1. attentive **2.** (*do pomocy*) co-operative

udar (*serca*) heart attack

udar słoneczny sunstroke

udaremniać foil

udawać 1. pretend, *nieform* make believe **2.** (*uczucie, odruch*) fake udawać się **1.** (*mieć sukces*) succeed **2.** (*iść*) *form* proceed ◇ **3.** nie udało się it failed, it did not manage to come off, it did not come off **4.** udawać, że się coś robi make a pretence of doing sth **5.** komuś udaje się zrobienie czegoś sb succeeds in doing sth **6.** nie udawać się fall through

uderzać 1. hit **2.** (*bić*) strike (*o/w coś* *sth/against sth*) **3.** (*coś*) knock **4.** (*o sercu*) beat **5.** (*potrącać*) catch **6.** (*wpadać*) bang (*o

against*) **7.** (*wielokrotnie*) batter **8.** (*o falach, wietrze*) buffet **9.** (*w cel*) home in (*w coś* on sth) **10.** (*o drobnych przedmiotach*) pepper **11.** (*silnie pięściami*) punch ◇ **12. uderzać do głowy** go to one's head

uderzać się stub (*w coś* sth)

uderzenie 1. (*także do drzwi*) knock (*do drzwi* at the door) **2.** (*cios*) blow **3.** (*powietrzne*) strike **4.** (*serca, skrzydeł*) beat **5.** (*zegara, ramion*) stroke **6.** (*zderzenie*) impact **7.** (*pioruna*) thunderbolt

uderzeniowy (*oddział*) crack

udo thigh

udoskonalać perfect

udoskonalenie refinement

udowadniać prove

udręczyć afflict (*chorobą* with/by an illness)

udręka 1. affliction **2.** (*męczarnia*) anguish, torment

udusić strangle

udusić się **1.** suffocate, choke **2.** (*z braku tlenu*) be asphyxiated

udział 1. share **2.** (*wkład*) contribution (*w* to) **3.** (*akcje*) stock ◇ **4. brać udział** (a) appear, take part (*w czymś* in sth) (b) (*w zawodach*) enter, compete

udziec (*pieczeń*) joint

udzielać 1. (*lekcji, kredytu*) give **2.** (*poparcia*) afford **3.** (*pełnomocnictw*) delegate **4.** (*rady, poparcia*) lend ◇ **5. udzielać ślubu** marry **6. udzielać nagany** reproach **7. udzielać pochwały** commend (*za* for)

ufny trustful, trusting

uganiać się chase (*za czymś* after sth)

uginać bend (*także się*)

uginać się 1. be bowed ◊ 2. u-
ginać się pod ciężarem weigh
down 3. nogi się pod kimś ugi-
nają legs buckle under sb
ugrupowanie 1. (*w społeczeństwie*)
elements 2. *nieform sport* line-up
3. (*grupy społecznej*) sector
ugrzęznąć bog down
ujawniać disclose
ujawniać się (*o faktach*) come
out
ujawnienie *form* disclosure
ujemny negative
ujęcie 1. (*przestępcy*) seizure 2. (*fotograficzne*) picture, shot
ujmować 1. (*o stylu*) frame 2. (*w
słowa*) put
ujmować się strike a blow (*za
for*)
ujście 1. (*rzeki*) estuary, mouth 2.
(*uczuć*) outlet
ukarać 1. punish ◊ 2. kogoś dla
przykładu make an example of
sb
ukazywać show, *form* unveil
ukazywać się 1. appear 2. (*zza
chmur*) show 3. (*o nowym produk-
cie*) come out
ukąszenie 1. (*owada*) bite 2. (*ugry-
zienie*) nip
układ 1. *form* configuration 2. (*rzeczy*) arrangement (*czegoś for sth*)
3. (*między krajami*) convention 4.
(*żył*) network
układ scalony microchip
układać 1. (*w pojemniku*) pack
2. (*porządnie rzeczy*) arrange 3.
(*wiersz*) compose
układanka jigsaw (puzzle), puzzle
ukłon (*powitanie*) bow
ukłucie 1. prick 2. (*zazdrości*) stab
ukochany darling, sweetheart
ukończenie completion

ukos 1. na ukos diagonally, ob-
liquely ◊ 2. ukosem (*patrzeć*)
sidelong
ukośnie on a/the slant
ukośny diagonal, oblique (*spojrzenie*) sidelong
ukradkiem 1. (*iść*) by stealth 2.
(*spoglądać*) furtive
ukraść steal
ukrycie 1. (*schowanie*) concealment
2. (*miejsce ukrycia*) hiding (place)
ukryty 1. invisible, *form* covert 3. (*o
zdolnościach*) latent
ukrywać 1. hide, *bardziej form* conceal (*przed from*) 2. (*błąd, bezpra-
wie*) cover up
ukrywać się go into hiding
ukształtowany shaped
ukształtowywać shape
ul (bee)hive
ulegać 1. yield, *form* succumb 2.
(*naciskom*) *lit* bow 3. (*wrogowi,
sile*) submit (*czemuś to sth*)
uległość submission
ulepszać improve (*coś on sth*), *form*
ameliorate
ulepszenie improvement
ulewa downpour, shower
ulewny showery
ulga 1. relief 2. (*zniżka*) reduction
ulgowy (*cena*) half-price, reduced
ulica street
uliczny street
ulotka 1. (*reklamowa*) handout 2.
(*broszurka*) leaflet
ultrafioletowy ultraviolet
ulubiony 1. favourite 2. (*zwierzę*)
pet
ulżyć relieve
ułamek fraction
ułamek dziesiętny decimal
(fraction)
ułamek sekundy split second

ułatwiać make (sth) easier *form* facilitate

ułatwienie facility

umacniać 1. strengthen 2. (*siłę*) consolidate 3. (*autorytet*) reassert

umacniać się grow up

umacnianie consolidation

umawiać się 1. arrange (*umówiłem się z nim, że przyjdzie po ciebie* I've arranged with him to come for you) 2. (*na spotkanie*) make an appointment (*z kimś* with sb)

umeblowanie furniture

umiarkowanie moderation

umiarkowany 1. temperate 2. (*polityk, opinia*) middle-of-the road 3. (*poglądy*) moderate

umieć be able to, can (*ona umie to zrobić* she can do it)

umiejętność skill

umierać die (*na* of)

umieszczać 1. install (*kogoś jako* sb as) 2. (*meble, ogłoszenie*) place 3. (*np. klucz*) fit 4. (*o czasopiśmie*) carry 5. (*ogłoszenie, kogoś w szpitalu*) put 6. (*szpiega, bombę*) plant 7. (*w tej samej grupie, w nawiasie*) bracket (*razem z* together/with)

umieszczanie placement

umieszczony situated

umocnienie reinforcement

umocowywać 1. fix 2. (*np. pasy*) fasten

umowa 1. agreement (*zgodnie z umową* under an agreement) 2. (*oficjalna, prawna*) contract 3. (*kupna sprzedaży*) deal ◊ 4. zawierać umowę *form* contract

umożliwiać make (sth) possible, *form* enable

umyć wash

umyć się have a wash

umysł 1. mind ◊ 2. mieć przytomność umysłu have the wit (*by coś zrobić* to do sth)

umysłowowość mentality

umysłowy 1. mental 2. (*pracownik*) white-collar

umywalka basin, sink, washbasin

uncja ounce, *skrót* oz

uniemożliwiać prevent (*komuś zrobienie czegoś* sb from doing sth), *form* make (sth) impossible

uniesienie 1. elation 2. (*o emocjach*) heat

unieszczęśliwiać kogoś make sb's life a misery

unieważniać 1. (*umowę, proces*) *form* invalidate 2. (*czek, umowę*) cancel 3. (*oficjalną decyzję*) overturn

unieważniony *praw* void

uniewinniać acquit

uniewinnienie acquittal

unikać 1. evade (*czegoś* sth) 2. (*czego się nie lubi*) escape (*czegoś* from sth) 3. (*obowiązku*) duck 4. (*rozgłosu*) shun

unikalny (*także* unikatowy) unique

unikalny egzemplarz *nieform* one-off

uniwersalny universal

uniwersytecki 1. (*książka*) academic 2. (*budynek*) university

uniwersytet university

unosić raise

unosić się 1. rise 2. (*na wodzie*) drift 3. (*na wodzie, także o głosach*) float 4. (*w powietrzu*) hover 5. (*denerwować się*) lose one's temper

uodporniać (się) immunize (*przeciw* against)

upadać 1. (*np. o rządzie, mieście,*

kimś) fall **2.** (*o firmie*) crash **3.**
(*o planie*) miscarry **4.** (*na duchu*)
flag, mope
upadek 1. fall **2.** (*firmy*) crash **3.**
(*dyktatora*) downfall
upalny hot, sweltering, *nieform*
scorching
upał (*o pogodzie*) heat
uparty 1. stubborn, *form* obstinate **3.** (*przy dążeniu do czegoś*)
dogged ◇ **4. uparty jak osioł**
pigheaded
upewniać assure
upewniać się make certain/sure
upierać się insist (*przy czymś* on
sth), persist (*przy czymś* in sth)
upływ (*czasu*) lapse
upływać (*o czasie*) lapse
upodobanie 1. liking (*do czegoś*
for/to sth) **2.** preference, taste (*do
czegoś* for sth)
upojenie intoxication
upokarzać humiliate, mortify
upominek souvenir
upomnienie 1. notice **2.** (*z biblio-
teki*) reminder
uporać się surmount (*z czymś* sth)
uporczywy 1. insistent **2.** (*zapach*)
persistent
upośledzenie handicap
upoważniać entitle (*do* to), *form*
empower
upór 1. obstinacy ◇ **2. z uporem**
fixedly, stubbornly
upraszczać simplify, oversimplify
uprawa cultivation, crop
uprawiać 1. (*ziemię*) plant, work **2.**
(*grunt*) cultivate **3.** (*sport*) practise
uprawny arable, cultivated
uproszczenie simplification
uprzedni 1. past **2.** (*zapłata*) advance **3.** (*lata*) former **4.** (*uprze-

dzenie, wiedza*) prior
uprzedzać 1. warn ◇ **2. uprzedzać
kogoś 3 dni naprzód** give sb 3
days' notice
uprzedzenie 1. (*kogoś o czymś*) notice **2.** (*negatywne*) prejudice
uprzejmie 1. kind (*z czyjejś strony*
of sb) **2.** (*postępować*) kindly
uprzejmość kindness
uprzejmy 1. kind (*dla kogoś* to sb),
polite (*dla* to) ◇ **2. być uprzejmym coś zrobić** be kind enough
to do sth, be so kind as to do sth
uprzemysławiać industrialize
uprzywilejowany priviledged
uran uranium
uraz 1. (*do kogoś*) grievance, grudge
2. *med* trauma
uraza 1. animosity (*do* to/towards),
resentment ◇ **2. bez urazy** no
hard feelings
urażać insult, give offence
urażony 1. resentful (*z powodu* at/
/about), piqued ◇ **2. być urażonym** be affronted
urlop 1. holiday, *US* vacation **2.** (*np.
wypoczynkowy*) leave
urlop okolicznościowy compassionate leave
urna urn
urna wyborcza ballot box
uroczy lovable
uroczystość ceremony, festivity
uroczysty solemn, formal
urodzić give birth
urodzić się be born
urodziny 1. birth **2.** (*uroczystość*)
birthday
urodzony born
urojony fanciful
urok 1. (*też: magiczny*) charm **2.** (*co
się podoba*) appeal
urozmaicać diversify

uruchamiać 1. activate 2. (*silnik*) start ◊ 3. uruchamiać system komputerowy *komp* boot
uruchamiać się (*np. o alarmie*) go off
urywek 1. (*rozmowy*) snatch 2. (*wiadomości*) snippet
urząd office, *US* bureau
urząd celny customs
urząd pocztowy post office
urząd stanu cywilnego registry office
urządzać 1. arrange, *form* convene 2. *nieform* set up (*kogoś* sb)
urządzać się 1. establish oneself 2. (*w nowym domu*) set up
urządzenie 1. device, appliance 2. *nieform* contraption, contrivance 3. (*sportowe*) facility
urzędnik clerk, *form* functionary wyższy urzędnik 1. (*w rządzie*) officer 2. (*w firmie*) official, executive
urzędnik administracji państwowej civil servant
urzędnik stanu cywilnego registrar
urzędowy official
usiłować 1. attempt (*coś zrobić* to do sth), make an attempt (*coś zrobić* at sth) 2. *form* strive, endeavour
usiłowanie attempt, *form* endeavour
usługa service
uspokajać (*także się*) 1. calm, calm down 2. cool down, quieten (down)
uspokajający 1. calming 2. (*środek*) sedative
usposobienie manner, *form* disposition
usprawiedliwiać 1. excuse (*się* one-

self) 2. (*postępek*) justify
usprawiedliwienie 1. (*siebie*) excuse 2. (*postępku*) justification
usprawniać make (sth) effective
usta mouth
ustalać 1. (*fakty*) establish (*jako* as) 2. (*cenę, warunki*) determine 3. (*datę, cenę*) set 4. (*datę, ilość*) fix 5. (*spotkanie*) make an arrangement
ustalenie arrangement
ustalony 1. fixed 2. (*niezmienny*) set
ustalone spotkanie/impreza *BR sport* fixture
ustanawiać 1. establish 2. (*reguły, kierunek*) lay down 3. (*precedens, przykład*) set
ustawa 1. law, statute 2. (*prawny*) act
ustawać cease
ustawiać 1. position 2. (*poziom*) pitch ◊ 3. ustawiać w szeregu line up
ustawienie disposition, *nieform* set-up
ustawodawstwo legislation
ustawowy *form* statutory
ustęp 1. (*w książce*) passage 2. (*ubikacja*) toilet
ustępować 1. (*poddawać się*) yield (**przed kimś/komuś** to sb), give in (*czemuś* to sth) 2. (*miejsca*) give way (*czemuś* to sth) 3. (*o mgle*) clear ◊ 4. nie ustępować hold out, stand/hold one's ground 5. on nie ustępuje niczemu he is second to nothing
ustępstwo concession
ustny oral
ustrój 1. (*polityczny*) system 2. (*biologiczny*) organism
usunięcie removal

usuwać 1. remove (*z* from) **2.** (*uczucia, głód*) erase **3.** (*z życia, głód*) eliminate (*z* from) **4.** (*ze stanowiska/szkoły*) expel (*kogoś skądś* sb from sth)

usuwanie 1. removal **2.** (*odpadków*) disposal

usychać 1. wilt, wither ◊ **2.** usychać (*z żalu*) pine (*za kimś* for sb)

usypiać 1. (*narkotykami*) drug **2.** (*dziecko, uśmiercać zwierzę*) put down **3.** (*zasypiać*) go to sleep

usytuowany centred (*wokół/w* in), situated

uszczelka washer

uszczelniać seal

uszkadzać damage

uszkodzenie damage (*czegoś* to sth)

uśmiech 1. smile **2.** (*szeroki, też: głupi*) grin

uśmiechać się 1. smile (*na coś* at sth, *do kogoś* to sb) **2.** (*szeroko*) grin (*do/na* at)

uświadamiać sobie realize (*coś* sth), be aware (*coś* of sth)

utalentowany gifted, talented

utknąć be stuck

utkwić (*też: w pamięci*) stick

utrata loss

utrudniać make (sth) difficult

utrwalać fix

utrwalony fixed

utrzymanie 1. maintenance **2.** (*koszty życia*) keep **3.** (*w hotelu*) board

utrzymywać 1. maintain (*kogoś* sb) **2.** (*np. pracę*) keep **3.** (*rodzinę*) support **4.** (*poziom czegoś*) keep up **5.** (*twierdzę*) hold **6.** (*twierdzić*) *form* contend ◊ **7.** źle utrzymany unkempt

utrzymywać się 1. (*w życiu*) do sth for a living, make a living **2.** (*o bólu*) persist **3.** (*o uczuciach, gustach*) linger (*dalej* on) **4.** (*o decyzji, ofercie*) stand **5.** (*o pogodzie, szczęściu*) hold

utworzenie creation

utworzyć create, form

utwór 1. piece **2.** (*zwł. muzyczny*) composition

utwór solo/solowy solo

utykać hobble

uwaga 1. (*skupienie*) attention **2.** (*zauważenie*) comment, remark **3.** (*służbowa*) note ◊ **4.** brać coś pod uwagę make allowances for sth, take sth into account, take account of sth **5.** zwracać uwagę pay attention (*na coś* to sth) **6.** zwracać czyjąś uwagę na coś bring sth to sb's attention, draw sb's attention to sth **7.** uwaga! look out!, *nieform* Watch it!, Watch out!

uwalniać 1. free, relieve (*od czegoś* of sth) **2.** (*kraj*) *form* liberate

uwalniać się 1. (*oswobadzać się*) break *free/sb's hold* **2.** get rid (*od czegoś* of sth)

uwarunkowanie condition(s), background

uważać 1. (*być ostrożnym*) watch out, be on one's guard **2.** (*mieć, sądzić*) consider (*kogoś/coś za* sb//sth as), hold ◊ **3.** uważaj! mind you! **4.** proszę uważać na mind (*Proszę uważać na okno!* Mind the window!)

uważny attentive

uwertura overture

uwielbiać 1. adore, worship **2.** (*muzykę*) love

uwielbienie adoration, worship

uwięzić imprison, confine (*w to*)

uwolnienie 1. freedom (*od* from), release 2. (*kraju*) liberation

uwzględniać 1. consider 2. (*włączać*) allow for, make allowance for 3. (*w obliczeniach*) keep count

uzależnienie 1. dependence 2. (*narkotykowe*) addiction (*od* to)

uzależniony 1. dependent (*od czegoś* on sth) 2. (*narkotykowo*) addicted (*od* to) ◇ 3. być uzależnionym od czegoś depend on sth

uzasadniać justify

uzasadnienie justification

uzasadniony justifiable

uzbrojenie arms, armament

uzbrojony 1. armed 2. (*pocisk*) live

uzdolniony gifted, talented

uzdrowisko spa

uzgadniać 1. (*np. zeznania*) make (sth) agree 2. (*wysiłki*) coordinate

uziemienie earth

uznanie 1. appreciation, acknowledgement 2. credit (*za* for), regard (*dla kogoś* for sb) ◇ 3. ktoś zasługuje na uznanie za coś sth does sb credit 4. w uznaniu czegoś in recognition of sth

uznawać 1. acknowledge 2. (*mieć*) regard (*A za B* A as B, *się za C* oneself as C) 3. (*przyjmować*) accept ◇ 4. uznawać

coś za oczywiste take sth for granted 5. być uznanym za winnego/niewinnego be found *guilty/not guilty*

uzupełniać 1. (*dodawać*) supplement (*czymś* with/by sth) 2. (*brakującą ilość*) complete 3. (*różnicę*) make up difference 4. (*paliwo*) refuel

uzupełniający (się) complementary (*do* to)

uzupełnienie complement

uzyskiwać 1. get, *form* obtain 2. (*poparcie, głosy*) secure 3. (*licencję*) take out

użądlić sting

użycie 1. use ◇ 2. w użyciu in use 3. wychodzić z użycia go out 4. zdatny do użycia usable

użyteczność usefulness

użyteczny 1. useful 2. (*plan*) workable ◇ 3. coś (nie) jest użyteczne sth is of (no) use

użytek 1. use ◇ 2. dla czyjegoś użytku for sb's consumption

użytkownik user

użytkowy *form* utilitarian

używać 1. use, *form* employ 2. (*sprzęt*) run

używany 1. used 2. (*samochód*) second-hand ◇ 3. nie używany out of use

V

vice vice-

video 1. video 2. (*magnetowid*) VCR (video casette recorder),

video recorder

video klip clip

W

w 1. (*wewnątrz*) in **2.** (*miejsce, w przybliżeniu*) at (*w domu/szkole* at home/school) **3.** (*przy określeniach dnia*) on (*w piątek* on Friday, *dwudziestego maja* on May 20th) **4.** (*czasem w określeniach pory dnia*) by (*w nocy* by night) **5.** (*czasem o świętach*) at (*w dniu Bożego Narodzenia* at Christmas) **6.** (*okolicznościach*) under **7.** (*pracować w firmie*) for (*pracuje w DOLMELu* he works for DOLMEL) **8.** (*uderzyć się*) on (*w głowę* on the head) ◊ **9. nie być w** (*domu, pracy*) be out **10. w ciągu** (*o okresie czasu*) in **11. w czasie** (*o okresie*) during

wachlarz fan

wachlować się fan

wada 1. defect (*czegoś* of/in sth) **2.** (*pomysłu*) disadvantage **3.** (*człowieka*) shortcoming **4.** (*człowieka: poważna*) vice

waga 1. (*do ważenia*) scales **2.** (*ważność*) importance **3.** (*czyjaś*) weight **4.** (*znak zodiaku*) Libra ◊ **5. przybierać na wadze** put on weight **6. tracić na wadze** lose weight

wagary truancy

wagon 1. (*osobowy*) *BR* carriage, *US* car **2.** (*towarowy*) *BR* wagon, *US* (freight) car

wagon dla palących smoker

wahać się 1. (*nie być pewnym*) hesitate **2.** (*być niestabilnym*) vary **3.** (*przed decyzją*) falter (*w* in)

wahadło pendulum

wahanie (się) hesitation

wakacje holidays, vacation(s)

walc waltz

walczyć 1. fight (*przeciwko* against, *o coś* for sth) **2.** (*także z sumieniem, przesądem*) struggle **3.** (*bić się*) scramble (*o coś* for sth) **4.** (*wręcz*) wrestle

walec 1. cylinder **2.** (*drogowy*) roller

walet (*w kartach*) jack

walić 1. pound **2.** (*pięścią*) bang (*w* on) **3.** (*o sercu*) thump

walić się (*o budynku*) tumble (down), collapse

Walia Wales

Walijczyk Welshman

walijski Welsh

walizka suitcase

walka 1. battle (*między* between, *o* for, *przeciwko* against) **2.** (*np. o wolność*) fight **3.** (*o przetrwanie*) struggle **4.** (*zmagania*) scramble

walny general, plenary

waluta currency

wał 1. (*rzeczny*) rampart **2.** (*mechaniczny*) shaft

wałek roller

wałek do ciasta rolling pin

wałęsać się ramble

wanilia vanilla

wanna *BR* bath, *US* bathtub

wapno lime

wapń calcium

warcaby *BR* draughts, *US* checkers

warczeć growl, snarl

warga (*w ustach*) lip

wariant variant

wariat madman, *nieform* psycho

warkocz *BR* plait, *US* braid

warstwa 1. layer **2.** *form* stratum **3.** (*cienka*) film **4.** (*społeczna*) class

Warszawa Warsaw

warsztat 1. workshop **2.** (*samochodowy*) garage

wart(y) 1. worth (*coś jest warte zachodu* sth is worth the effort) **2.** worthy (*czegoś* of sth)

warta guard

warto worth (*warto to mieć* it is worth having, it is worth while to have it)

wartość 1. value **2.** worth (*książki wartości 20 funtów* 20 pounds' worth of books)

wartownik sentry, guard

warty *patrz* wart

warunek 1. condition ◊ **2.** warunek wstępny/zasadniczy *form* prerequisite
　warunki 1. (*możliwości*) circumstances **2.** (*życia*) conditions ◊ **3.** w tych warunkach in/under the circumstances

warunkować condition

warzywo vegetable

wasz your, yours

wat watt

wata cotton wool

wazon vase

ważki weighty

ważność 1. (*powaga*) importance **2.** (*produktu, dokumentu*) validity ◊ **3. mieć ważność (a)** (*o zaproszeniu*) hold **(b)** (*o paszporcie*) be valid **4. tracić ważność** *form* expire

ważny 1. important **2.** (*przepis*) effective **3.** (*dokument*) valid ◊ **4. być ważnym (a)** (*zaproszenie*) hold **(b)** (*paszport*) be valid

ważyć weigh (*się* oneself)

wąchać 1. smell (*coś* at sth) **2.** (*dla przyjemności*) sniff (*coś* at sth)

wąs (*kota*) whisker
　wąsy moustache

wąski narrow

wątły 1. (*pudełko, wymówka*) flimsy

2. (*oddech, ślad, nadzieja*) faint **3.** (*ludzie, gospodarka*) frail

wątek 1. thread ◊ **2. zebrać wątki** gather up the thread

wątpić doubt (*o czymś* sth)

wątpienie ◊ **bez wątpienia** no doubt, doubtless

wątpliwość 1. (*niepewność*) uncertainty **2.** (*zarzuty*) objection (*co do* to) ◊ **3. bez żadnej wątpliwości** beyond question **4. mieć wątpliwości** doubt (*co do czegoś* sth) **5. nie mieć wątpliwości co do czegoś** have no doubt about sth

wątpliwy doubtful, questionable

wątroba liver

wątróbka liver

wąwóz gorge

wąż 1. snake **2.** (*gumowy*) hose

wbijać 1. stick (*A do B* A into B) **2.** (*przybijać*) hammer (*coś do sth* into) **3.** (*słup*) drive

wbrew 1. contrary to **2.** (*prawu*) against

wcale at all
　wcale nie not at all

wchłaniać absorb

wchodzić 1. go into, enter (*do czegoś* sth) **2.** (*do mechanizmu*) lock (*do* into) **3.** (*na pokład*) embark (*na* on)

wciągać 1. (*oddech*) draw **2.** (*wmieszać kogoś*) involve **3.** (*na listę*) enter (*kogoś na coś* sb (up) in sth) **4.** (*na siłę*) drag (*kogoś gdzieś* sb into sth)

wciąż 1. still, again and again, time and again **2.** (*z formą z -ing*) keep (*On wciąż przerywa* He keeps interrupting)

wciskać 1. squeeze (**w coś/do czegoś** into sth, *się do czego* into sth) **2.** (*dawać*) press (*coś komuś sb on/upon sth*)

wczasy holidays

wczesny early

wcześnie early

wczoraj yesterday

wdawać się get into

wdowa widow

wdowiec widower

wdzięczność gratitude

wdzięczny 1. grateful (*za coś* for sth) **2.** (*w ruchach*) graceful ◊ **3. być wdzięcznym** appreciate (*za coś* sth)

wdzięk 1. charm **2.** (*ruchów*) grace

według according to

wegetacja vegetation

wegetarianin vegetarian

wegetariański vegetarian

wejście 1. entrance **2.** (*czyjeś, do budynku*) entry **3.** (*do jaskini*) mouth

weksel bill of exchange

welon veil

wełna wool

wełniany woollen, woolly

wentylator fan

weranda veranda

wermut vermouth

wersja version

weryfikacja verification

wesele wedding

wesołość gaiety, gayness

wesoły 1. gay, jolly ◊ **2. Wesołych Świąt Bożego Narodzenia** Merry Christmas

westchnąć sigh

westchnienie sigh

wesz louse

weteran veteran

weterynarz *BR form* veterinary surgeon, *US* veterinarian

wewnątrz 1. inside, *form* within **2.** (*pociągu, samolotu, statku*) on board ◊ **3. do wewnątrz** inward(s)

wewnętrzny 1. (*kieszeń, ściana*) inside **2.** (*rozgrywki, użytek*) internal **3.** (*spokój, życie*) inner

wezwanie 1. (*oficjalne*) summons **2.** (*potrzeba*) call

węch (*zmysł*) smell

wędka fishing rod

wędkarstwo fishing

wędkarz angler

wędkować fish

wędrować 1. wander (*po czymś* sth) **2.** (*iść: rzeką, drogą*) follow **3.** (*o zwierzętach, ludziach*) migrate

wędrowny 1. (*lud*) nomadic **2.** (*ptak*) migrant

wędrówka migration

wędzić smoke

wędzony smoked

węgiel 1. (*paliwo*) coal **2.** (*pierwiastek*) carbon **3.** (*drzewny*) charcoal

węglowodan carbohydrate

węgorz eel

węzeł knot (*także miara = 1,8 km*)

wgłębienie hollow, pit

wiać blow

wiadomo 1. it is known ◊ **2. o ile mi wiadomo** as far as I know

wiadomość 1. (a piece of) news **2.** (*prasowa*) item **3.** (*informacja*) message

wiadomości 1. bulletin **2.** information ◊ **3. dostawać wiadomości** hear (*od kogoś o czymś* from sb about/of sth)

wiadro 1. bucket **2.** (*pojemność*) bucketful **3.** (*na śmieci*) *BR* dustbin, *US* garbage can

wiadukt (*dla samochodów*) *BR* flyover, *US* overpass

wiara 1. belief 2. (*zaufanie*) confidence 3. (*także religijna*) faith ◇ 4. **nie do wiary** beyond belief

wiatr wind

wiatrak windmill

wiąz elm

wiązać 1. tie, bind 2. (*zagadnienia*) relate, associate ◇ 3. **wiązać koniec z końcem** make ends meet **wiązać się** tie up (*z* with), associate oneself (*z* with)

wiązanka bunch

wice- 1. assistant (*zastępca dyrektora* assistant director) 2. vice-

wicher gale

wić się 1. (*o rzece*) wind 2. (*w bólu*) writhe

widać it is seen

widelec fork

wideo *patrz* video

widły pitchfork

widmo spectrum

widocznie apparently

widoczność visibility

widoczny 1. visible 2. (*oczywisty*) evident, obvious 3. (*dostrzegalny*) noticeable 4. (*fakt*) clear

widok 1. view 2. (*to co widać*) scene, (*też: zasięg wzroku*) sight ◇ 3. **na widoku** on display

widokówka postcard

widowiskowy spectacular

widownia (the) audience

widz 1. (*przedstawienia*) spectator 2. (*telewizyjny*) viewer

widzenie ◇ **do widzenia** goodbye

widziany ◇ **mile/chętnie widziany** welcome

widzieć see

wiec rally

wieczność eternity

wieczny eternal

wieczorny evening

wieczór 1. evening, night ◇ 2. **wczoraj wieczorem** last night 3. **wieczorem** in the evening, at night

wiedza 1. knowledge ◇ 2. **wiedza specjalistyczne** expertise

wiedzieć 1. know ◇ 2. **nie wiedzieć co robić** be at a loss 3. **nie wiedzieć czegoś** be unclear about sth

wiejski country

wiek 1. age (*w wieku* at the age of) 2. (*stulecie*) century ◇ 3. **w wieku (lat)** of (*dziewczyna w wieku 16 lat* a girl of 16), aged (*dziewczyna w wieku 16 lat* a girl aged 16)

wielbłąd camel

wielce greatly

wiele 1. (*przed niepoliczalnymi*) much, (*przed policzalnymi*) many 2. a good/great deal

Wielkanoc Easter

wielki 1. big, large 2. (*też: wartościowy*) great 3. (*wspaniały*) grand 4. (*ochota, zainteresowanie*) keen
Wielka Brytania Great Britain
Wielki Piątek Good Friday
Wielki Post Lent

wielkość 1. (*butów*) size 2. (*wartość*) greatness 3. (*zadania*) magnitude ◇ 4. **naturalnej wielkości** life-size

wielokrotny multiple

wieloryb whale

wielostronny multilateral

wieniec wreath

wieprzowina pork

wieprzowy pork

wiercić 1. bore 2. (*wiertarką*) drill **wiercić się** fidget

wierność 1. form fidelity (*komuś to* sb) 2. (*zasadom*) loyalty

wierny 1. (*opis*) accurate **2.** (*mąż*) faithful **3.** (*człowiek wierzący*) worshipper
 wierni the faithful
wiersz 1. poem **2.** (*druku*) line
wiertarka drill
wierzący believer (*w coś* in sth)
wierzba willow
wierzch 1. top ◊ **2. wierzchem** (*na koniu*) on horseback
wierzchołek 1. top **2.** *mat form* apex
wierzyć 1. believe (*komuś* sb) **2.** (*ufać*) trust (*że ktoś coś zrobi* sb to do sth)
wieszać 1. hang **2.** (*plakaty*) put up
wieszak 1. hanger **2.** (*kołek*) peg
wieś country
wietrzyć air
wiewiórka squirrel
wieźć carry
wieża 1. tower **2.** *szach* rook
wieżowiec high-rise building, *BR* tower block
więc then
więcej more
więdnąć wilt, fade
większość 1. most **2.** (*ludzi*) majority **3.** (*książki, towarów*) bulk ◊ **4. w większości** mostly **5. stanowić większość** be in a/the majority
większy 1. larger, bigger ◊ **2. większy niż zwykle** oversize(d)
więzienie 1. prison **2.** (*budynek*) *BR* gaol, *US* jail
więzień prisoner
więzy 1. (*z innymi*) ties **2.** (*silne*) bonds
więź 1. relation (*z* of/to) **2.** (*silna*) bond
wigilia eve
 wigilia Bożego Narodzenia

Christmas Eve
wikary curate
wiklina wickerwork
wiklinowy wicker
wilgoć 1. (*niezdrowa*) damp **2.** (*w powietrzu*) humidity **3.** (*zdrowa*) moisture
wilgotny 1. (*niezdrowo*) damp **2.** (*klimat, drewno*) humid **3.** (*zdrowo; też oczy, ręka*) moist **4.** (*droga, pora roku*) wet
wilk wolf
willa 1. (*pałacyk*) villa **2.** (*domek*) house
wina 1. (*obwinianie*) blame **2.** (*postępek*) fault **3.** (*uczucie*) guilt ◊ **4. ktoś ponosi winę** sb is to blame (*za coś* for sth) **5. nie z czyjejś winy** beyond sb's control
winda *BR* lift, *US* elevator
winny 1. guilty (*czegoś* of sth) ◊ **2. być winnym** (*pieniądze*) owe (*coś* sth, *komuś* *sb/to sb*)
wino wine
 wino jabłkowe cider
 wino z dobrego rocznika vintage wine
winogrono grape
wiodący leading
wiola *muz* viola
wiolinowy *muz* (*klucz*) treble (clef)
wiolonczela cello
wioska village
wiosło oar
wiosłować row
wiosna 1. spring, springtime ◊ **2. na wiosnę** in spring
wioślarz rower, oarsman
wirnik rotor
wirówka spin dryer
wirus virus
wisieć hang
wiśnia cherry

wiśniowy cherry
witać (się) 1. greet **2.** (*z radością*) welcome
witamina vitamin
witraż stained glass window
wiza visa
wizja 1. vision ◊ **2. na wizji** on the air
wizjer (*w aparacie fot.*) viewfinder
wizualny visual
wizyta 1. visit **2.** (*u lekarza*) consultation ◊ **3. składać wizytę** pay a call (*komuś* on sb)
wjazd 1. (*miejsce*) entrance, *zwł.* US entry **2.** (*na autostradę*) interchange
wjeżdżać 1. drive in(to) (*do garażu* the garage) **2.** (*o pociągu*) pull in (*na dworzec* at the station) **3.** (*najeżdżać*) run into
wklęsły 1. (*nie wypukły*) concave **2.** (*zagłębiony*) hollow
wkład 1. contribution (*do* to) **2.** (*w banku*) deposit **3.** (*do długopisu*) refill
wkładać 1. put in (*w coś* sth) **2.** (*do dziury*) insert (*do czegoś* into sth) **3.** (*ubranie*) put on **4.** (*film, kasetę*) load
wkładka insertion
wkładka antykoncepcyjna diaphragm
wkładka gramofonowa pick-up
wkoło (*przedmiotu*) round
wkrótce soon, shortly
wlec drag, trail (*coś za sobą* sth)
wlec się 1. (*też: o czasie*) drag **2.** (*zostawać*) lag (*za* behind)
wlewać pour (*A do B* A into B)
władca 1. ruler **2.** (*kraju*) sovereign
władza 1. authority (*nad* over) **2.** (*także: polityczna*) power ◊ **3. dochodzić do władzy** take

power, come to power **4. być u władzy** be in power **5. mieć władzę** (*kraj*) control (*nad czymś* sth)
władze authorities
włamanie burglary
włamywacz burglar
włamywać się break into
własność 1. (*abstrakcyjnie*) ownership **2.** (*rzeczy*) property
własny own
właściciel owner, *form* proprietor
właściwie properly
właściwość property
właściwy 1. proper **2.** (*osoba*) adequate (*do* to) **3.** (*odpowiedź*) correct
właśnie 1. (*dokładnie*) right **2.** precisely, exactly ◊ **3. właśnie teraz** just now
włączać 1. (*światło, urządzenie*) turn on, switch on **2.** (*jedno w drugie*) include **3.** (*do akt*) file ◊ **4. nie włączać** exclude (*A do B* A from B)
włączać się 1. (*do zebrania*) join (*do czegoś* sth) **2.** (*o swietle, maszynie*) come on
włącznie 1. inclusive **2.** included (*ze mną włącznie* myself included)
włochaty hairy
włos 1. hair ◊ **2. o włos** by a hair's breadth
włosy 1. hair ◊ **2. coś sprawia, że włosy stają na głowie** *nieform* sth makes sb's hair stand on end
włosek hair
włóczęga tramp
włóczyć się roam (*po czymś* sth)
włókno fibre
włókno szklane fibreglass
wmawiać talk into (*wmawiać coś w kogoś* talk sb into sth)

wnętrze 1. (*budynku, pojemnika*) inside 2. (*kraju, mebla*) interior
wnętrzności *form* entrails
wnikliwy perceptive, penetrating
wniosek 1. conclusion 2. (*na zebraniu*) motion ◇ 3. przedstawiać wniosek propose/make a motion 4. wyciągać wnioski conclude
wnosić 1. (*do budynku*) carry in(to) 2. (*skargę, sprawę do sądu*) file
wnuczka granddaughter
wnuk 1. grandchild 2. (*męski*) grandson
wobec 1. (*kogoś*) toward(s), as to 2. (*problemu, wydarzenia*) in view of
woda water
    woda kolońska cologne
    woda sodowa (soda) water
    słodka woda freshwater
Wodnik (*znak zodiaku*) Aquarius
wodny 1. water 2. (*zwierzę, sport*) aquatic
wodociąg waterworks
wodociągowy 1. (*woda*) tap 2. (*rura*) water
wodolot hydrofoil
wodorost seaweed
wodospad waterfall
wodoszczelny waterproof, watertight
wodór hydrogen
województwo (Polish administrative) province
wojna war
    wojna domowa civil war
wojsko army
wojskowy military
wokoło round, about, *US* around
wokół (*przedmiotu*) round, *US* around
wola 1. (*chęć, życzenie*) will ◇ 2. z własnej/nieprzymuszonej woli of one's own free will

woleć 1. prefer 2. (*rozwiązanie*) favour ◇ 3. ktoś wolałby zrobić coś innego sb would rather do sth else
wolno 1. (*można*) may (*wolno ci to zrobić* you may do it) 2. (*powoli*) slow ◇ 3. nie wolno must not (*nie wolno tego ruszać* you must not touch it)
wolność 1. freedom 2. (*kraju*) *form* liberty ◇ 3. na wolności at liberty
wolny 1. (*też: nie zajęty*) free (*od* of/from) 2. (*powolny*) slow ◇ 3. wolny od podatku tax-free
wolt volt
wołać 1. cry (*do kogoś* to sb) 2. call (*kogoś* sb) 3. (*wzywać*) cry (*o coś* out for sth)
wołowina beef
woń 1. (*silna, nieprzyjemna*) reek 2. (*przyjemna*) perfume
worek 1. bag 2. sack
wosk wax
wozić (*ludzi, towary*) carry
wódka vodka
wódz chieftain
wół ox
wówczas then
wóz cart, wagon
    wóz strażacki fire engine
wózek 1. barrow 2. (*w sklepie*) trolley 3. (*dziecięcy*) pram, (*spacerowy*) *BR* pushchair
wpadać 1. (*do wody*) plunge 2. (*z wizytą*) *nieform* drop in (*do kogoś* on sb) 3. (*w panikę*) get (*w* in) 4. (*wbiegać*) burst (*dokądś* into sth) 5. (*uderzać*) bump (*na coś* in/against sth) 6. (*na pomysł*) hit (*na coś* on/upon sth) ◇ 7. wpadać w poślizg skid
wpatrywać się gaze, stare (*w coś*

at sth)

wpis (*w księdze*) entry

wpisywać (*o danych*) enter (*do* in), sign in

wpisywać się 1. (*w książce*) sign in **2.** (*zapisywać się*) enrol (*na coś* in sth)

wpłacać pay (sth) in (*do banku* the bank)

wpłata payment

wpływ 1. influence, impact ◇ **2.** mieć wpływ influence (*na kogoś* sb)

wpływać 1. influence (*na kogoś* sb), affect (*na kogoś* sb) **2.** (*o statku*) put in(to) (*do Gdyni* at Gdynia) **3.** (*o pieniądzach*) come in **4.** (*o świetle*) stream

wpół ◇ **1.** (*o godzinie*) wpół do szóstej half past 5 **2.** na wpół (*ugotowany, zagłodzony*) half

wprawa skill

wprawiać 1. make (*kogoś w zakłopotanie* sb perplexed) **2.** (*w ruch*) set (in)

wprawiać się (*nabierać wprawy*) practice (*w czymś* sth)

wprost 1. (*powiedzieć*) directly ◇ **2.** na wprost (a) (*prosto*) straight on (b) (*naprzeciw*) opposite

wprowadzać 1. (*do pokoju*) show in (*do czegoś* sth) **2.** (*zmiany*) introduce (*do/w* into/to) **3.** (*o danych*) enter (*A do B* A in B) ◇ **4.** wprowadzać coś do akcji put sth in action **5.** wprowadzać w życie (*prawo*) enforce

wprowadzać się move in

wprowadzający (*uwagi*) introductory

wpuszczać 1. (*do pokoju*) let in **2.** (*w powierzchnię*) set

wracać 1. (*na scenę, do tematu*)

come back **2.** (*do pracy*) go back to **3.** (*też: o bólu*) return

wrak wreck

wraz z(e) along with, with

wrażenie 1. (*efekt*) impact **2.** (*odczucie*) impression ◇ **3.** mieć wrażenie, że be under the impression that **4.** wywierać wrażenie impress (*na kimś* sb)

wrażliwość sensibility

wrażliwy 1. sensitive (**na/co do** to/about) **2.** (*wiek, część ciała*) tender

wreszcie finally

wręczać hand in

wrodzony inborn, innate

wrogi hostile

wrogość hostility

wrona crow

wrotka 1. roller-skate ◇ **2.** jeździć na wrotkach roller-skate

wróbel sparrow

wróg enemy

wróżka 1. (*w bajkach*) fairy **2.** (*przepowiadająca*) fortune-teller

wróżyć ◇ wróżyć komuś przyszłość tell sb his fortunes

wrzask scream, shriek, yell

wrzawa 1. uproar **2.** *form* tumult, *nieform* rumpus

wrzeć boil

wrzesień September

wrzeszczeć shriek, yell, scream

wrzos heather

wrzód ulcer

wrzucać throw (*A do B* A into B)

wsadzać 1. put into **2.** (*wkładać niedbale*) tuck, cram

wschodni east, easterly

wschodzić 1. (*o słońcu*) rise, come up **2.** (*o nasionach*) sprout

wschód 1. east **2.** (*słońca*) sunrise ◇ **3.** na wschód east(ward)

wsiadać 1. (*do autobusu*) get in 2. (*np. do samolotu*) get on 3. (*na statek*) embark 4. (*na konia*) mount (a horse)

wsiąkać sink in

wskakiwać 1. *nieform* hop 2. (*do wody*) dive

wskazany (*właściwy*) desirable

wskazówka 1. (*zegara*) hand 2. (*do zrobienia czegoś*) clue, cue, hint

wskazywać 1. show ((*na*) *coś* sth) 2. (*kierunek*) point (*na/w coś* at/to sth) 3. (*wykazywać*) point out, indicate

wskaźnik 1. gauge 2. *form* indicator

wspaniały magnificent, superb, glorious

wsparcie support, backing

wspinać się climb (*na coś* sth/to sth/up sth)

wspominać 1. mention (*komuś* to sb) 2. (*odnosić się*) refer (*coś to* sth) 3. (*w pamięci*) recall

wspomniany mentioned, in question

wspomnienie memory, recollection

wspólnie together, jointly

wspólnik partner

wspólny 1. common (*dla* to) 2. (*przyjaciel, zainteresowania*) mutual 3. (*grupowy*) collective 4. (*społeczny*) communal ◇ 5. mieć coś wspólnego (z) have sth in common (with)

Wspólny Rynek Common Market

współczesny contemporary, current

współczucie compassion, sympathy (*dla kogoś* for sb)

współczuć sympathize (*komuś* with sb), pity (*komuś* sb)

współdziałać co-operate (*z* with)

współdziałanie co-operation

współistnieć coexist

współistnienie coexistence

współpraca co-operation, collaboration

współpracować co-operate (*z* with), collaborate

współpracownik collaborator

współrzędna *techn* co-ordinate

współśrodkowy concentric

współudział partnership

współzawodnictwo competition

wstawać 1. stand up 2. (*z łóżka*) get up 3. *form* (*z krzesła*) rise

wstawiać 1. (*wkładać*) put in (*do czegoś* sth) 2. (*jedno w drugie*) insert

wstawiać się *form praw* plead (*za kogoś* for sb)

wstążka ribbon

wstecz backwards

wsteczny 1. (*poglądy*) backward-looking 2. (*bieg*) reverse ◇ 3. wsteczny bieg reverse (gear)

wstęp 1. introduction 2. (*na imprezę*) admission ◇ 3. „Wstęp wzbroniony" "keep out"

wstępny 1. introductory 2. (*działania*) preliminary

wstępować 1. (*do kogoś*) call (*gdzieś* at sth) 2. (*do organizacji*) enter 3. (*też: do wojska*) join

wstępujący (*urzędnik*) incoming

wstręt disgust, loathing

wstrętny disgusting, loathing

wstrząs 1. shock 2. (*pojazdu*) jolt wstrząs elektryczny electric shock wstrząs mózgu concussion

wstrząsać 1. (*podrzucać*) jog 2. (*czyimiś poglądami*) shake 3. (*szokować*) shock wstrząsać się jolt

wstrząsający shocking

wstrzymywać 1. delay, hold up, *form* withhold ◊ 2. wstrzymywać oddech hold one's breath wstrzymywać się (*od głosu*) abstain

wstyd 1. shame 2. (*hańba*) disgrace ◊ 3. przynosić komuś wstyd be a disgrace to sb

wstydliwy shy, bashful

wstydzić się be ashamed (*czegoś* of sth)

wsuwać 1. insert 2. (*coś do kieszeni*) slip

wszechstronny versatile

wszelki every

wszędzie everywhere

wszyscy 1. all 2. everybody, everyone

wszystko 1. everything 2. all (*wszystko, co robisz, to ... all you do is ...*) ◊ 3. wszystko (mi) jedno I don't mind, I don't care

wszystkiego 1. altogether (*dostawać wszystkiego 300 dolarów tygodniowo* to get $ 340 a week altogether) ◊ 2. wszystkiego najlepszego (a) (*na urodziny*) all the best (b) (*pozdrowienia*) best wishes 3. wszystkiego najlepszego z okazji (*w życzeniach*) happy (*wszystkiego najlepszego z okazji urodzin* Happy birthday)

wścieklizna rabies

wściekłość 1. fury, rage ◊ 2. doprowadzać kogoś do wściekłości drive sb mad 3. z wściekłością in a fury

wściekły 1. furious, mad 2. (*chory*) rabid

wśród among

wtargnąć encroach (*na* on/upon)

wtargnięcie (*wojsk*) incursion

wtedy then

wtem suddenly

wtorek Tuesday

wtórny derivative, secondary

wtrącać (*coś do rozmowy*) get in wtrącać się 1. (*w rozmowie*) break in (*w* on) 2. (*w sprawy*) pry (*do czegoś* into sth)

wtyczka (*elektr.*) plug

wtykać 1. (*do czegoś*) stick 2. (*wpychać*) jam

wuj(ek) uncle

wulkan volcano

wulkaniczny volcanic

wy you

wybaczać 1. excuse (*komuś coś* sb for sth) 2. forgive (*komuś coś* sb for sth)

wybielacz bleach

wybierać 1. choose 2. (*z podobnych rzeczy*) select, pick out 3. (*na wyborach*) elect (*jako/na przewodniczącego* as president, *do czegoś* to sth) 4. (*numer tel.*) dial wybierać się 1. (*np. w drogę*) get ready (*coś zrobić* to do sth) 2. (*coś uczynić*) intend (*coś zrobić* to do sth)

wybijać 1. (*ludzi*) exterminate 2. (*dziurę*) punch 3. (*drzwi*) batter down 4. *nieform* (*zmuszać do rezygnacji*) knock (*coś z kogoś* sth out of sb) ◊ 5. wybijać rytm beat time

wybitny distinguished, outstanding

wyborca constituent, voter

wyborczy electoral

wybór 1. selection 2. (*wybranie*) choice 3. (*obiektów*) range ◊ 4. bez wyboru indiscriminate 5. do wyboru optional

wybory election

wybory powszechne general election

wybrany chosen

wybryk 1. prank ◊ **2. wybryk natury** freak

wybrzeże coast, seashore

wybuch 1. explosion **2.** (*bomby*) blast **3.** (*wojny, choroby*) outbreak **4.** (*gniewu, emocji*) outburst

wybuchać 1. explode (*także: gniewem* with anger) **2.** (*o bombach*) go off **3.** (*o walkach, chorobach*) break out **4.** (*śmiechem*) burst into

wybuchowy explosive

wybudować build

wychodzić 1. go out, walk out **2.** (*mieć rezultat*) work out **3.** (*o zdjęciach, księżycu, książce*) come out **4.** (*być rezultatem*) come (*z* *out of/of**) **5.** (*na dworzec*) meet (*po kogoś* sb) **6.** (*o oknie*) look (*na* out onto) **7.** (*w liczeniu*) make (*wychodzi mu 10* he makes it 10) ◊ **8. wychodzić komuś naprzeciw** meet sb halfway **9. wychodzić na powierzchnię** surface **10. wychodzić na swoje** come into one's own **11. wychodzić cało** (*z wypadku*) escape (*z czegoś* sth)**12. wychodzić z siebie** be beside oneself (*z gniewu* with anger) **11. wychodzić za mąż** get married, marry **13. nie wychodzić z domu** stay in

wychowanie 1. upbringing **2.** (*dobre*) breeding
wychowanie fizyczne physical education/training

wychowany ◊ **1. dobrze wychowany** well-mannered, well-bred **2. źle wychowany** ill-mannered, ill-bred

wychowawca (*klasy*) *BR* form tu-

tor, *US* homeroom teacher

wychowywać bring up

wychylać (*kieliszek*) down
wychylać się lean

wyciąg 1. (*z ziół*) extract **2.** (*bankowy*) (bank) statement
wyciąg narciarski ski lift

wyciągać 1. pull through (*wyciągać kogoś z choroby* pull sb through an illness) **2.** (*ramiona*) stretch out (*się* oneself) **3.** reach out (*rękę* a hand) **4.** (*np. z półki*) get out **5.** (*pieniądze, wnioski, broń*) draw **6.** (*przedmiot*) produce **7.** (*wyłudzać*) nieform wangle

wyciągnięty (*ręka*) outstretched

wycie howl

wycieczka 1. tour **2.** (*krótka*) trip, form excursion

wyciekać leak

wycieraczka 1. (*przed drzwiami*) doormat **2.** (*szyby*) wiper

wycierać 1. wipe (up) **2.** (*naczynia*) dry up **3.** (*ciało*) dry (*w ręcznik* on a towel)
wycierać się 1. (*po kąpieli*) dry oneself **2.** (*o ubraniu*) wear away/ /out

wycięcie 1. opening **2.** (*dekoltu*) neckline

wycinać 1. cut out **2.** (*to, co niepotrzebne*) trim away/off

wycinek 1. (*sektor*) sector **2.** (*z gazety*) cutting

wyciskać 1. squeeze **2.** (*sok*) press

wycofanie (się) withdrawal

wycofywać take back, *form* retract
wycofywać (się) 1. withdraw (*z czegoś* from sth) **2.** (*ze zobowiązania*) pull out (*z czegoś* of sth) **3.** (*o armii*) retreat **4.** (*z organizacji*) get out **5.** (*z żądań*) back down **6.** (*z bójki*) back off

wyczekiwać anticipate (*na coś* sth)

wyczerpanie exhaustion

wyczerpany 1. tired (*robieniem czegoś* of doing sth), weary 2. (*o nakładzie*) out of print 3. (*o towarze*) out of stock

wyczerpujący 1. tiring, wearing 2. (*dokładny*) comprehensive, exhaustive

wyczerpywać (*człowieka, pieniądze, temat*) exhaust
wyczerpywać się 1. wear out 2. (*o paliwie, człowieku*) give out 3. (*o baterii*) run down

wyczuwać 1. (*coś ukrytego*) sense, detect 2. (*zapach, niebezpieczeństwo*) scent

wyczyn 1. accomplishment, achievement 2. (*dla kogoś słabego*) effort

wyć howl

wydajność 1. efficiency 2. *techn* capacity

wydajny efficient

wydanie 1. (*poprawione, uzupełnione*) edition 2. (*niezmienione*) reprint

wydarzać się come about, happen

wydarzenie event

wydatki expense(s), expenditure
wydatki bieżące overheads

wydawać 1. issue (*coś komuś* *sth to sb/sb with sth*) 2. (*pieniądze*) spend 3. (*książkę*) publish 4. (*dźwięk*) let out 5. (*oświadczenie*) release 6. (*przyjęcie*) give 7. (*wyrok*) pass, return 8. (*zbrodniarza*) give away
wydawać się 1. appear ◊ 2. wydawać się być seem

wydawca publisher

wydawnictwo publishing house

wydłubywać pick out

wydłużony elongated

wydma dune

wydobywać 1. get (*z czegoś* out of sth) 2. (*informację, surowce*) extract 3. (*węgiel, złoto*) mine 4. (*w kamieniołomie*) quarry

wydostawać (*np. z półki*) get out
wydostawać się 1. get out 2. pull out (*z czegoś* of sth)

wydra otter

wydruk printout

wydział 1. department 2. (*fabryki*) division 3. (*uniwersytecki*) faculty

wydzielać 1. (*zapach, substancję, ciepło*) give off, form emit 2. (*przydzielać*) allot (*komuś* to sb) 3. (*pot, mocz*) form excrete

wyeliminowywać cut out (*z* of)

wygadywać się (*tajemnicę*) blab out

wyginać bend, arch

wygląd 1. looks, appearance ◊ 2. z wyglądu by the look(s)

wyglądać 1. (*mieć wygląd*) look (*jak(by)* *as if/like*) 2. (*przez okno*) look out 3. (*czegoś*) be looking forward (to sth)

wygłaszać 1. (*mowę*) give 2. (*werdykt, opinię*) form pronounce

wygłupiać się fool about/around

wygnanie banishment, exile

wygoda 1. (*brak troski*) comfort 2. (*brak problemów*) convenience

wygodny 1. (*np. miękki*) comfortable 2. (*np. pod ręką*) convenient

wygotowywać się boil dry, boil away

wygrana 1. (*nagroda*) prize 2. (*miejsce*) win

wygrywać win

wyjaśniać explain (*komuś coś* sth to sb), clarify

wyjaśnienie explanation, clarification

wyjazd 1. way out 2. (*też: na auto-strade*) exit
wyjątek 1. exception (*do* to) 2. (*tekstu*) excerpt ◇ 3. z wyjątkiem except (*czegoś* sth/for sth), excluding
wyjątkowy exceptional
wyjeżdżać 1. go out 2. (*pojazdem*) pull out, drive (*z czegoś* out of sth)
wyjmować 1. take out (*z czegoś* of sth) ◇ 2. wyjmować spod prawa outlaw
wyjście 1. (*z oficjalnego budynku*) exit, way out 2. (*z sytuacji*) solution
wyjście przeciwpożarowe fire escape
wyjściowy (*ubranie*) outdoor
wykałaczka toothpick
wykazywać 1. (*postawę, poglądy*) take 2. (*udowadniać*) prove 3. (*unaoczniać*) demonstrate
wykluczać 1. exclude (*sb from sth* kogoś z czegoś) 2. (*jedna rzecz drugą*) rule out
wykluczać się cancel out
wykluczony out of the question
wykład lecture
wykładać 1. (*rzeczy*) lay out 2. (*naukowo*) lecture
wykładowca lecturer
wykładzina 1. (*podłogowa*) (floor) covering 2. (*dywanowa*) carpet
wykonalny workable, manageable
wykonanie 1. (*np. sztuki*) performance 2. (*robota*) workmanship
wykonawca 1. (*artysta*) performer 2. (*robót budowlanych*) contractor
wykonawczy executive
wykonywać 1. (*muzykę*) perform 2. (*plan, ruch*) execute
wykonywanie 1. (*muzyki*) perform-

ance 2. (*planu, testamentu*) form execution
wykończenie 1. finish 2. (*domu, wnętrza*) decoration
wykop excavation
wykopywać excavate
wykorzystanie use
wykorzystywać 1. use, make use (*coś* of sth) 2. (*zasoby*) tap (*coś* sth) 3. (*sposobność*) exploit
wykres diagram
wykręcać 1. wring 2. (*numer tel.*) dial 3. (*kostkę*) sprain
wykręcać (się) 1. twist 2. nie-form wriggle out of (*z czegoś* sth)
wykręcenie 1. twist 2. (*kostki*) sprain
wykroczenie *form* offence
wykrycie detection
wykrywać detect
wykrzyknik exclamation, interjection
wykształcenie 1. education 2. (*kwalifikacje*) qualification ◇ 3. mieć wykształcenie uniwersyteckie have a degree (*w zakresie* in)
wykształcony educated, cultivated
wykupywać buy up
wykwalifikowany 1. qualified 2. (*robotnik*) skilled
wylądowywać (*na brzegu, księżycu*) land
wyleczyć cure (*z* of)
wylewać 1. empty, pour out ◇ 2. wylewać kogoś *BR nieform* give sb the push
wylewać się spill
wyliczać compute, work out
wyliczenie count, result
wylot 1. opening, vent 2. (*węża*) nozzle 3. (*ulicy*) end 4. (*lufy*) muzzle

wyładowany (*bateria*) flat
wyładowywać 1. unload 2. (*na brzeg*) land
   wyładowywać się (*o baterii*) run down
wyłaniać się emerge
wyłazić 1. get out ◇ 2. wyłazić na wierzch (*o oczach*) pop out
wyłączać 1. (*światło*) turn out/off 2. (*z sieci*) unplug ◇ 3. wyłączać sprzęgło declutch
   wyłączać się 1. switch off 2. (*o maszynie, prądzie*) go off
wyłącznie solely, exclusively
wyłącznik switch
   wyłącznik automatyczny cut-out
wyłączny 1. (*zastrzeżony*) exclusive 2. (*jedyny*) unique
wymagać 1. (*żądać*) demand (*od kogoś* of sb) 2. (*domagać się*) require 3. (*potrzebować*) call for ◇ 4. od kogoś się wymaga zrobienia czegoś *form* sb is required to do sth
wymagający demanding, exacting
wymaganie requirement, demand
wymagany required
wymarzony dream
wymawiać pronounce
wymazywać 1. (*gumką, z taśmy*) erase 2. (*z pamięci*) blot out
wymiana 1. (*np. żarówki*) change 2. (*pieniędzy, zdań*) exchange 3. (*piłek*) rally
wymiar 1. (*też mat*) dimension 2. (*np. ciała*) measurement
   wymiar sprawiedliwości justice
wymieniać 1. (*pieniądze*) change 2. (*z nazwy/nazwiska, datę*) name
   wymieniać (się) exchange
wymienny 1. interchangeable 2. (*pieniądze*) convertible

wymierzać 1. aim (*w kogoś* at sb) 2. (*o pomiarze*) measure 3. (*mandat*) impose
wymiociny vomit
wymiotować be sick, vomit, *nie-form* throw up
wymioty ◇ zbiera mi się na wymioty I am going to be sick
wymowa 1. pronunciation 2. (*faktów*) *form* tenor
wymowny articulate, eloquent
wymykać się 1. escape ◇ 2. coś się komuś wymknęło sb let slip sth 3. wymykać się z rąk get out of hand
wymysł invention
   wymysły 1. (*przekleństwa*) abuse ◇ 2. obrzucać wymysłami abuse
wymyślać 1. invent 2. (*bujdy*) make up 3. scold (*kogoś za coś* sb for (doing) sth)
wymyślić think up
wymywać wash, give sth a wash
wynagrodzenie salary
wynajęcie ◇ do wynajęcia (a) (*samochód*) for hire (b) (*dom*) to let
wynajdować 1. find out, *form* locate 2. (*wymówkę*) invent
wynajmować 1. (*na dłużej*) rent 2. (*na krócej*) hire 3. (*mieszkanie komuś*) let
wynalazca inventor
wynalazek invention
wynaleźć invent
wynik 1. result, outcome 2. *sport* score ◇ 3. dawać w wyniku result (*coś* in sth)
wynikać 1. result (*z* from) 2. (*z przesłanek*) follow
wynosić 1. carry out 2. (*mianować*) elevate (*do* to/into) 3. (*w rachun-*

ku) make for) ◊ **4. wynosić ogó-łem** total

wynosić się 1. get away, get out **2.** *nieform* clear out (*z czegoś* of sth)

wyobraźnia imagination

wyobrażać sobie imagine, *form* envisage

wyobrażenie 1. image ◊ **2. do wyobrażenia** conceivable

wyodrębniać isolate

wypadać 1. (*o włosach, zębach*) fall out **2.** (*w klasyfikacji*) rank **3.** (*przedstawiać się*) come off (*dobrze/źle* well/badly) **4.** (*wybiegać*) rush (*z czegoś* out of sth) ◊ **5. komuś (nie) wypada coś zrobić** it is (not) proper/right for sb to do sth **6. wypadać korzystnie/niekorzystnie w porównaniu** compare favourably/ /unfavourably (*z czymś* with sth)

wypadek 1. accident **2.** (*zderzenie*) crash ◊ **3. w wypadku (, gdy)** *form* in the event (that)

wypatrywać look out (*kogoś* for sb)

wypełniać 1. (*także* **wypełniać się**) fill **2.** (*kwestionariusz*) fill in, complete **3.** (*czek*) make out **4.** (*obowiązki*) fulfill **5.** (*rozkazy*) carry out ◊ **6. nie wypełniać** (*obowiązków*) fail

wypełniony full

wypędzać drive out, chase

wypijać drink (down)

wypisywać 1. (*czek*) write **2.** (*świadectwo*) write out **3.** (*ze szpitala*) discharge

wypisywać się sign out

wypluwać spit (out)

wypłacalny *form* solvent

wypłata 1. (*komuś*) payment **2.** (*z konta*) withdrawal

wypływać 1. flow (out) **2.** (*o człowieku*) swim out **3.** (*o statku*) put out (*na morze* to sea) **4.** (*na powierzchnię*) come up (to the surface)

wypoczynek rest

wypoczywać rest

wyposażać 1. equip (*w* with) **2.** (*pokój, budynek*) furnish

wyposażenie 1. (*sprzęt*) equipment **2.** (*pokoju, domu*) furnishings **3.** (*mechaniczne, dodatkowe*) accessory

wypowiadać 1. (*dźwięki*) utter **2.** (*wojnę*) declare ◊ **3. wypowiadać komuś pracę** give sb a notice

wypowiadać się speak up

wypowiedzenie 1. *form* utterance **2.** (*pracy*) resignation

wypowiedź pronouncement

wypracowanie composition, essay

wyprawa 1. expedition **2.** (*kosmiczna, wojenna*) mission

wyprawiać 1. (*wysyłać*) send, forward **2.** (*wyczyniać*) *nieform* get up to **3.** (*skórę*) tan **4.** (*bal*) give

wyprostowywać (się) 1. straighten **2.** (*odzyskać równowagę*) right (*się* oneself)

wyprostowany erect, upright

wyprowadzać 1. lead out **2.** (*siłą*) march **3.** (*na spacer*) walk

wyprowadzać się move out

wyprzedawać 1. (*w potrzebie*) sell off **2.** (*w sklepie*) sell out (**coś/się z czegoś** of sth)

wyprzedaż sale)

wyprzedzać overtake

wyprzedzanie overtaking

wypukły raised, *techn* convex

wypuszczać 1. (*z niewoli, płytę, wodę*) release (*z* from) **2.** (*powie-*

trze, oddech) let out **3.** (*produkty, absolwentów*) turn out **4.** (*kulę*) fire

wypychać 1. push out **2.** (*wyrzucać*) bundle **3.** (*zwierzę*) stuff

wyrastać 1. grow (*z* out of/from) **2.** outgrow (*z czegoś* sth)

wyraz 1. word **2.** (*oznaka*) expression ◊ **3. bez wyrazu** expressionless, bland **4. wyrazy uszanowania** *form* compliments

wyraźnie clearly

wyraźny 1. distinct, clear **2.** (*poprawa*) marked

wyrażać 1. express **2.** (*opinie, emocje*) voice ◊ **3. wyrażać żal** regret (*z powodu* sth)

wyrażać się express

wyrażenie expression

wyrok 1. judgement **2.** *praw* sentence

wyrób 1. product **2.** ware (*wyroby ze szkła* glassware)

wyroby cukiernicze confectionery

wyroby pończosznicze *form* hosiery

wyrób rękodzielniczy handicraft

wyrównanie 1. (*rzeczy*) alignment **2.** (*pieniężne*) settlement

wyrównany (*szanse, pojedynek*) even

wyrównywać 1. (*szereg*) straighten **2.** (*braki*) make up **3.** (*wzniesienia*) level **4.** (*rachunki*) settle up (*rachunki z kimś* with sb)

wyrównywać się level off/out

wyróżniać distinguish, honour

wyróżniać się stand out

wyróżnienie 1. (*pochwała*) distinction **2.** (*honor*) honour

wyruszać set off/out

wyrywać 1. (*kartkę*) tear **2.** (*ząb*) take out **3.** (*torebkę*) snatch (*coś komuś* sth from sb)

wyrządzać 1. do ◊ **2. wyrządzić komuś przysługę** do sb a favour

wyrzekać się 1. (*kogoś*) disown **2.** give up, *form* renounce

wyrzucać 1. (*kamień*) throw **2.** (*śmieci, pieniądze*) throw away **3.** (*kogoś skądś*) turn out (*z czegoś* of sth) **4.** (*z pracy*) dismiss, *nieform* fire ◊ **5. wyrzucać z siebie (a)** (*uczucia*) pour out **(b)** (*płyn*) spout

wyrzut 1. *form* reproach ◊ **2. robić wyrzuty** reproach (*sobie* oneself, *komuś za coś* sb for/with sth) **3. wyrzuty sumienia** *form* remorses

wysiadać (*np. z autobusu*) get off

wysiadywać (*jaja*) incubate

wysiłek 1. effort ◊ **2. bez wysiłku** effortless **3. z wysiłkiem coś robić** struggle to do sth

wyskakiwać 1. jump out (*z czegoś* of sth) **2.** (*np. zza krzaka, na kawę*) pop (*zza czegoś* out from sth) (*na coś* in for sth)

wysłuchać hear out (*kogoś* sb)

wysoce highly

wysoki 1. high **2.** (*o ludziach, drzewach, masztach*) tall **3.** (*o pozycji, urzędniku*) senior ◊ **4. wysoki (na)** (*przy mierzeniu*) high (*wysoki na 20 metrów, 20 metrów wysoki* 20 metres high)

wysoko 1. highly **2.** (*rzucać*) high

wysokościowy (*budynek*) high-rise

wysokość 1. height **2.** (*n.p.m.*) altitude **3.** (*dźwięku*) pitch **4.** (*przyrostu*) rate ◊ **5. mieć 1,5 m wysokości (a)** (*o ludziach*) be 1,5 metres tall **(b)** (*o przedmiotach*) be 1,5 metres high

wyspa island

wyspecjalizowany 1. expert **2.** *BR* specialist

wystarczać 1. be enough, be adequate, *form* suffice **2.** (*o rezultacie, wyniku*) do

wystarczający adequate (*dla* for), sufficient (**na coś/do czegoś** for sth)

wystawa 1. exhibition, display **2.** (*sklepu*) shop window

wystawca exhibitor

wystawiać 1. (*za drzwi*) put out **2.** (*na wystawie*) display **3.** (*czek, receptę*) write **4.** (*na niebezpieczeństwo*) expose (*na* to) **5.** (*sztukę*) stage **6.** (*głowę przez okno*) poke (*przez* through) ◊ **7. wystawiać czek na kogoś** make a cheque payable to sb

wystawiony displayed, on show

występ 1. performance **2.** (*muru*) *form* projection

występować 1. (*w sztuce*) appear (*w* in), make an appearance **2.** (*istnieć*) occur **3.** (*o rzece*) overflow (*z brzegów* the banks) **4.** (*o pocie, wysypce*) break out **5.** be found (*dąb występuje w Polsce* the oak can be found in Poland)

występowanie (*istnienie*) occurrence

wystrzegać się guard against

wystrzelić 1. (*strzałę*) shoot **2.** (*z broni*) fire **3.** (*np. o wzroście*) shoot up

wysuwać 1. (*np. szufladę*) pull out **2.** (*pomysł*) *nieform* come up with **3.** (*wniosek*) propose ◊ **4. wysuwać żądania** *form* lay claim to

wysyłać 1. send, *form* dispatch **2.** (*przesyłkę*) send off **3.** (*drogą po-*

wietrzną) fly **4.** (*sygnał radiowy*) beam ◊ **5. wysyłać pocztą** mail, *BR* post

wysypka rash

wysypywać 1. empty **2.** (*przechylając*) tip

wyszywać embroider

wyścig 1. race **2.** (*samochodowy*) rally

wyślizgiwać się (*o rzeczach, z ubrania*) slip

wyśmiewać laugh at (*(się z) kogoś* sb)

wyświetlać 1. (*film*) screen **2.** (*przezrocza*) project

wytarty 1. (*ubranie*) worn, threadbare **2.** (*też: slogany*) well-worn

wytężony intensive

wytrawny (*wino*) dry

wytrwały persistent

wytrych skeleton key

wytrysk 1. spurt **2.** *med* ejaculation

wytrzymałość 1. (*przedmiotu*) strength **2.** (*człowieka*) endurance ◊ **3. o dużej wytrzymałości** (*maszyna*) heavy-duty

wytrzymały 1. enduring **2.** (*na zimno*) hardy **3.** (*materiał*) durable

wytrzymywać 1. (*ból*) endure **2.** (*ciężar*) bear **3.** (*sprawdzian, test*) stand (up) (*coś* to/under sth)

wytwarzać 1. produce, create **2.** (*owoce, liście*) bear **3.** (*zwyczaj*) form

wytwarzanie production, making

wytwór product, *lit* creation

wytwórczość output

wytwórnia factory

wytyczna guideline, *form* directive

wywabiacz remover

wywiad 1. (*wojskowy*) intelligence **2.** (*rozmowa*) interview

wywiązywać się 1. (*o chorobie, sympatii*) develop (*z czegoś* from sth) ◇ **2. wywiązywać się z czegoś** (*z funkcji, zadań*) deal adequately with sth

wywierać 1. (*wrażenie, skutek, efekt*) have **2.** (*nacisk, wpływ*) exert

wywietrznik ventilator

wywoływacz developer

wywoływać 1. (*film*) develop **2.** (*np. reakcję*) set up, trigger **3.** (*entuzjazm, uczucia*) invoke **4.** (*skutki, porozumienie*) produce

wywodzić się 1. derive (*z* from) **2.** (*z okresu*) date back (*z* to)

wywracać 1. turn over, knock over **2.** (*kieszeń*) turn out ◇ **3. wywracać coś do góry nogami** turn sth upside down
wywracać się 1. fall down, tumble **2.** (*o statku*) keel over, capsize

wywyższać lift up, elevate
wywyższać się give oneself airs

wyzdrowieć recover (*z czegoś* from sth)

wyzdrowienie recovery

wyznaczać 1. (*miejsce, czas, też: na stanowisko*) form appoint **2.** (*do pracy*) assign **3.** (*reguły, kierunek*) lay down **4.** (*położenie*) plot

wyznanie 1. (*religia, też: wyznawanie*) confession **2.** (*stwierdzenie*) declaration

wyznawać 1. (*jak na spowiedzi*) confess (*coś* sth) **2.** (*sekret*) confide **3.** (*religię*) profess

wyznawca 1. (*poglądu*) adherent **2.** (*religii*) confessor

wyzwalać (*spod ucisku*) liberate (*od/spod czegoś* from sth)

wyzwisko insult

wyzysk exploitation

wyż (*atmosferyczny*) high pressure

wyższy 1. (*o pozycji*) high (*wyższe towarzystwo* high society) **2.** (*urzędnik*) senior
szkoła wyższa college
stopień wyższy *gram* comparative
wyższy urzędnik executive

wyżyna upland

wzajemnie one another, each other

wzajemny mutual, *form* reciprocal

wzbogacać enrich

wzbudzać 1. stir up **2.** (*posłuch*) command

wzburzać churn up
wzburzać się *lit* storm

wzburzający 1. outrageous **2.** stirring

wzburzenie stir

wzburzony 1. disturbed **2.** (*morze*) rough

wzdłuż along

wzgląd ◇ **1. ze względu na coś** for the sake of sth **2. w tym względzie** in this respect
względy 1. consideration (*wobec/dla* for) ◇ **2. bez względów** inconsiderate

względny relative

wzgórze hill

wziąć *patrz* **brać**

wzięty popular, (much) in demand

wzmacniacz amplifier

wzmacniać 1. strengthen, reinforce **2.** (*we wzmacniaczu*) amplify

wzmagać (się) intensify, *form* escalate

wzmianka mention

wzmocnienie 1. reinforcement **2.** (*dźwięku*) amplification

wzmożony increased

wznak ◊ **na wznak** on the back, prostrate

wznawiać 1. (*ataki*) renew **2.** (*działalność*) resume

wzniesienie 1. *form* elevation ◊ **2. wzniesienie się** (*w powietrze*) blast-off

wznosić 1. set up **2.** (*toast*) propose ◊ **3. wznosić okrzyki na cześć** cheer

wznosić się 1. soar **2.** (*o budynku, okrzykach*) go up **3.** (*o samolocie, słońcu*) climb

wznowienie 1. renewal **2.** (*książki*) reprinting, new impression

wzorowy (*mąż*) model

wzorzec pattern, model

wzór 1. (*na materiale*) pattern **2.** (*jasności*) model **3.** *mat, chem* formula

wzrastać 1. increase **2.** (*o bogactwie*) grow **3.** (*o ilości, dźwięku*) rise **4.** (*o temperaturze, proble-*

mach) mount

wzrok 1. (*zmysł*) (eye)sight **2.** (*spojrzenie*) look ◊ **3.** *w zasięgu/ /poza zasięgiem* wzroku *in/ /out of* sight

wzrokowy visual, optical

wzrost 1. increase **2.** (*cen*) rise **3.** (*miast*) growth ◊ **4. duży wzrost** height **5. mieć 170 cm wzrostu** be 170 cm tall

wzruszać 1. (*o uczuciach*) move **2.** (*ramionami*) shrug (one's shoulders) ◊ **3. coś mało wzrusza kogoś** sth leaves sb cold

wzruszający pathetic, touching

wzruszenie 1. feeling, emotion **2.** (*ramionami*) shrug

wzywać 1. call out **2.** (*lekarza*) call **3.** (*policję*) call in **4.** (*domagać się*) call on/upon (*aby ktoś coś zrobił* sb to do sth) **5.** (*oficjalnie*) summon

Y

yeti Abominable Snowman

Z

z 1. (*z czegoś, skądś*) from (*jestem z Polski* I am from Poland) **2.** (*z kimś, z czymś*) with **3.** (*wysiadać*) off (*wysiadać z pociągu* get off the train) **4.** (*wyjmować z pojemnika, kieszeni*) out (of) **5.** (*o materiale, wyborze, czasie*) of (*ze stali* of

steel, *wielu z nich* many of them

za 1. (*z tyłu*) behind **2.** (*wołać, iść*) after **3.** (*przy określeniu godziny*) to (*za dziesięć ósma* ten to eight) **4.** (*po okresie czasu*) in (*za 2 lata* in 2 years) **5.** (*zbyt*) too (*za duże* too big) **6.** (*przy określaniu sta-*

wek) a, per (*jabłka kosztują 6 dol. za funt* 6 \$ per pound) **7.** (*panowania*) under **8.** (*trzymać*) by (*za rękę* by the hand) **9.** (*kupować, głosować*) for ◊ **10. być za (czymś)** believe in (sth) (*być za kompromisem* believe in compromises), favour sth **11. za nic** for nothing **12. od jutra za tydzień** a week tomorrow

zaangażowanie involvement (*w* in/with)

zaawansowany (*student, wiek*) advanced

zabawa 1. fun, amusement **2.** (*dzieci*) play ◊ **3. dla zabawy** for fun, for the fun of it

zabawiać 1. entertain **2.** amuse (*się* oneself)

zabawiać się 1. have fun **2.** (*robieniem np. zdjęć*) dabble (*w* in)

zabawka toy

zabawny amusing, funny

zabezpieczać 1. (*prawa, przyszłość*) safeguard **2.** *form* secure (*przeciwko* from/against) **3.** (*finansowo*) make provision (*kogoś* for sb)

zabezpieczać (się) insure (*przeciw* against)

zabezpieczenie 1. safeguard (*przed* against) **2.** insurance (*przeciwko* against) **3.** (*prawne*) security

zabieg (*leczniczy*) treatment

zabiegać canvass (*o* for)

zabierać 1. (*czas, coś*) take **2.** (*czas, miejsce*) take up **3.** (*wszystko z powierzchni*) strip **4.** (*z miejsca*) remove (*z* from) **5.** (*na obiad, do kina*) take out **6.** (*dziecko ze szkoły*) take away **7.** (*samochodem*) pick up

zabierać się 1. set about (*do zro-*

bienia czegoś doing sth), take (*do czegoś* to sth) **2.** (*odchodzić*) *nieform* push off

zabijać kill

zabójca killer

zabójczy lethal (*dla* to)

zabójstwo killing, *praw* manslaughter

zabraniać 1. prohibit (*komuś robienia czegoś* sb from doing sth) ◊ **2. zabrania się palenia** *form* no smoking

zabudowa (*mieszkalna*) housing

zabudowany built-up

zaburzenie disturbance

zabytek monument, historic building

zabytkowy historic

zachęcać encourage (*do czegoś* to sth)

zachmurzać się cloud over

zachmurzenie cloud

zachodni 1. west **2.** westerly

zachodzić 1. (*o słońcu*) set, go down **2.** (*o zdarzeniach*) coincide (*na* with) **3.** (*zdarzać się*) happen ◊ **4. zachodzić (na siebie)** overlap **5. zachodzić w ciążę** conceive

zachorować *fall/be taken* ill, come down with (*zachorowała na grypę* she came down with flu)

zachowanie (*energii*) preservation

zachowanie (się) 1. behaviour ◊ **2. złe zachowanie się** misbehaviour

zachowywać 1. (*pokój, godność*) preserve **2.** (*niezależność*) retain

zachowywać się behave (*wobec kogoś* towards sb) ◊ **3. źle zachowywać się** misbehave

zachód 1. west **2.** (*słońca*) sunset ◊ **3. coś jest warte zachodu** sth is worth the effort **4. na zachód**

west, westward
zachwycać delight
  zachwycać się admire (*czymś* sth)
zachwyt delight, admiration
zaciągać 1. pull **2.** (*firankę*) pull, draw **3.** (*w wymowie*) drawl **4.** (*długi*) form incur
  zaciągać (się) 1. (*np. do wojska*) enlist (*do* in/into) **2.** (*papierosem*) draw on
zacinać 1. nick (*się* oneself)
  zacinać (się) 1. (*ranić się*) cut **2.** (*o maszynie*) jam
zaciskać 1. (*uchwyt*) fasten **2.** (*wargi*) compress **3.** (*zęby, pięści*) clench
  zaciskać (się) tighten
zacofany backward(-looking)
zaczarowany enchanted
zaczepiać 1. (*mówić*) accost (*kogoś* sb) **2.** (*prowokować*) provoke **3.** (*także zaczepiać się*) (*przymocowywać*) hitch
zaczerpywać 1. (*oddech*) draw **2.** (*wodę*) scoop
zaczynać 1. start (*coś robić* to do sth), begin **2.** (*zapoczątkowywać, uruchamiać*) start (sth) off **3.** (*rozmowy*) initiate **4.** (*coś nowego, ekscytującego*) embark (*coś* on sth)
  zaczynać się 1. start, begin **2.** (*o chorobie*) set in **3.** (*o imprezie*) open
zad rump
zadanie task, assignment
  zadanie domowe homework
zadatek (*przy kupnie*) deposit
zadawać 1. (*pracę, lekcję, zagadkę*) give **2.** (*pytanie*) ask ◊ **3.** zadawać komuś wiele bólu cause sb much pain

zadawać się associate (*z kimś* with sb), knock about/around (*z kimś* with sb)
zadeklarować declare (*się* oneself)
zadowalać satisfy, please
  zadowalać się content (*czymś* with sth), settle for
zadowolenie satisfaction
zadowolony 1. pleased, satisfied (*z czegoś* with sth) ◊ **2.** zadowolony z siebie complacent (*co do* about)
zadziwiać astonish, amaze
  zadziwiać się marvel (*czymś* at sth)
zadzwonić (*telefonicznie*) call (*do kogoś* sb), *BR* ring up (*do kogoś* sb)
zagadka puzzle, riddle
zagadnienie topic, issue, question
zagajnik grove, copse
zagęszczony (*płyn*) concentrated
zaginąć get lost
zaginiony missing
zaglądać 1. look **2.** (*ukradkiem*) peep **3.** (*do notatek*) refer (*do czegoś* to sth) ◊ **4. zaglądać do kogoś** *nieform* look sb up
zagranica 1. foreign countries ◊ **2. z zagranicy** from abroad
zagraniczny foreign
zagrażać threaten, endanger
zagroda farm
zagrożenie 1. threat, menace ◊ **2. stanowić zagrożenie czegoś** put sth at risk
zahaczać hook
zahamowanie (*kompleks*) inhibition
zaimek *gram* pronoun
zainteresowanie interest
zainteresowany 1. interested ◊ **2. nie zainteresowany** uninter-

ested, disinterested
zając hare
zajęcie 1. activity **2.** (*zadanie*) task **3.** (*praca*) job, work **4.** (*hobby*) pursuit ◇ **5. na zajęciach** in class **zajęcia** (*w szkole*) class(es)
zajęty 1. (*też: urządzenie*) busy **2.** (*miejsce*) occupied **3.** (*telefon*) *BR* engaged, *US* busy ◇ **4. mieć cały czas zajęty** *nieform* be tied up **5. nie zajęty** free
zajmować 1. (*czas, miejsce*) take up **2.** (*kogoś, też: miejsce*) occupy (*się czymś* oneself in sth)
    zajmować się 1. deal with **2.** (*opiekować się*) look after, take care of sth **3.** (*kierować*) take charge (*czymś* of sth), be in charge (*czymś* of sth) **4.** (*zadaniem, pracą*) handle
zakaz ban (*czegoś* on sth), *form* prohibition
    zakaz postoju *BR* no waiting
zakazywać forbid (*czegoś* sth), ban (*czegoś* from sth)
zakaźny contagious
zakażać 1. (*kogoś*) infect **2.** (*coś*) contaminate
zakażenie 1. (*kogoś*) infection **2.** (*czegoś*) contamination
zakąska hors-d'oeuvres
zakład 1. (*instytucja*) institution **2.** (*przemysłowy*) plant **3.** (*zakładanie się*) bet (*o* on) **4.** (*uniwersytecki*) department, institute
    zakład fryzjerski the barber's
zakładać 1. (*nogi, ręce*) cross (*nogę na nogę* legs) **2.** (*interes*) start (up), establish **3.** (*przypuszczać*) assume **4.** (*miasto*) found
    zakładać się bet (*z kimś o* sb sth)
zakładnik hostage
zakłócać disturb

zakłócenia (*radiowe, TV*) static
zakłócić się fall in love (*w kimś* with sb)
zakochany in love
zakon (*w kościele*) order
zakonnica nun
zakonnik monk
zakończenie 1. end(ing), conclusion ◇ **2. na zakończenie** in conclusion
zakończony 1. complete **2.** (*np. laska*) tipped (*czymś* with sth)
zakończyć finish, complete
zakopywać bury (*się* oneself)
zakres 1. scope **2.** (*pracy*) volume **3.** (*odpowiedzialności*) span **4.** (*skala radiowa*) dial
    zakres fal waveband
zakręcać 1. (*skręcać*) turn **2.** (*pokrywkę*) screw (*A na B* A on B) **3.** (*wodę*) turn (sth) off
zakręt bend, corner
zakrętka 1. (*na słoiku*) top **2.** (*na butelkę*) cap
zakrystia vestry
zakrywać hide, cover
zakup buy, *form* purchase
    zakupy shopping
zakupić buy, *form* purchase
zakwalifikowywać się 1. qualify **2.** *sport* get through (*do czegoś* to sth)
zakwitać break into flower/bloom
zalany 1. flooded **2.** (*pijany:*) *nieform* tight
zalecać recommend
    zalecać się *przest* woo (*do kogoś* sb), *przest* court
zalecenie recommendation
zalegać (*z opłatą*) be in arrears
zaległości 1. (*z pracą*) backlog **2.** (*z opłatami*) arrears
zaległy overdue

zaległa zapłata back pay
zaleta 1. advantage **2.** (*czyjaś*) virtue
zalew (*morski*) bay
zalewać 1. flood **2.** (*też przen*) swamp
zależeć 1. depend (*od* on/upon) ◇ **2. komuś zależy na *czymś/ /zrobieniu czegoś*** sb is keen *on sth/to do sth*, sb is anxious *for sth/to do sth* **3. coś zależy od kogoś** sth is up to sb **4. coś nie zależy od kogoś** sth is beyond/outside sb's control **5. (to) zależy** it depends
zależność 1. dependence (*od* on/ /upon) ◇ **2. w zależności od** depending on
zależny reliant (*od* on/upon), dependent (*od* on/upon)
zaliczać 1. (*przedmiot*) pass **2.** (*osiągnąć, np. szybkość*) clock up
zaliczać (się) 1. (*klasyfikować*) rank (*do* as) **2.** (*być zaliczanym*) count **3.** (*zajmować pozycję*) number (*między* among)
zaliczenie (*egzaminu*) pass
zaliczka (*wypłata*) advance
załamanie 1. (*materiału*) fold **2.** (*nerwowe*) breakdown (*także załamanie się*)
załamywać 1. (*o planie, człowieku, rozmowach*) break down **2.** *lit* wring (*ręce* hands) **3.** (*człowieka*) crush
załamywać się (*o fali*) break
załatwiać 1. (*zorganizować*) arrange (*coś* for sth) **2.** (*np. bilety, sprawę, pracę, mieszkanie*) fix, fix up (*załatwił sobie pracę* he fixed himself up with a job) **3.** (*rozwiązać sprawę*) *nieform* clinch **4.** (*pozbyć się, zabić*) kill off **5.** (*proble-*

my) sort out
załatwiać się 1. be through (*z czymś* with sth) **2.** (*w ubikacji*) relieve oneself
załączać (*w liście*) enclose
załącznik (*w liście*) enclosure
załoga crew
założenie 1. (*organizacji*) establishment **2.** (*przesłanka*) assumption
założyciel founder
zamach 1. attempt (*na* on) ◇ **2. za jednym zamachem** *at a/in one* stroke
zamach stanu coup (d'état)
zamarzać freeze
zamawiać 1. (*towary*) order **2.** (*artykuł, symfonię*) commission
zamazywać daub (*czymś* with sth)
zamazywać (się) blur
zamek 1. (*obronny*) castle **2.** (*w drzwiach*) lock
zamek błyskawiczny zip, *BR* zip fastener, *US* zipper
zameldować report
zameldować się 1. report **2.** (*w hotelu*) *BR* book in/into (*w* at)
zamęt confusion, muddle
zamężna married (*z* to)
zamian ◇ **w zamian za** in exchange of, in return for
zamiana exchange
zamiar 1. intention ◇ **2. mieć zamiar coś zrobić** be going to do sth
zamiast instead (of)
zamiatać sweep
zamieć (*śnieżna*) blizzard
zamieniać (się) 1. (*rzeczy*) change **2.** exchange
zamierzać intend, be going (*coś zrobić* to do sth)
zamierzenie purpose, *form* intent
zamieszanie 1. confusion **2.** fuss ◇

3. robić dużo zamieszania fuss

zamieszkały form resident (*gdzieś* in sth)

zamieszkanie ◇ **1. miejsce zamieszkania** place of residence **2. nie nadający się do zamieszkania** uninhabitable

zamieszki 1. riots ◇ **2. robić zamieszki** riot

zamieszkiwać inhabit

zamknięcie 1. catch (*przy drzwiach* on the door) **2.** (*fabryki*) shutdown

zamożny well-off, *przest* well-to-do

zamówienie 1. (*u artysty, pisarza*) commission **2.** (*handlowe*) order ◇ **3. robiony na zamówienie** custom-made

zamrażać freeze

zamrażalnik freezer

zamrażarka (deep) freezer

zamsz suède, kid

zamykać 1. (*także zamykać się*) shut, close **2.** (*firmę, fabrykę*) shut down, close down **3.** (*na zamek*) lock **4.** (*na zamek błysk.*) zip **5.** (*słoik, okno, szczelnie*) seal ◇ **6. zamknij gębę** shut your mouth/face **7. zamknij się** shut up

zamyślić się meditate, be lost in thought

zamyślony thoughtful

zaniechać give up (*coś* on sth), *form* desist (*czegoś* from sth)

zanieczyszczenie pollution, contamination

zanieczyszczanie środowiska pollution

zaniedbanie neglect

zaniedbany 1. shabby, untidy **2.** (*budynek*) derelict, in disrepair

zaniedbywać 1. neglect **2.** (*obo-*

wiązki) fail

zanikać 1. fade **2.** (*o zwyczajach*) die out

zanim before

zanosić take (*coś gdzieś* sth to somewhere)

zanotować note down, take (sth) down

zanurzać dip, immerse

zanurzać się dive (*w* into), submerge

zaobserwować notice, sight

zaoczny extra-mural

zaopatrywać supply (*kogoś w coś* sb with sth), provide

zaopatrywać (się) equip (*w* with)

zaopatrzenie supply

zapach 1. smell **2.** (*silny*) odour **3.** (*przyjemny*) scent

zapadać 1. drop off (*w sen* to sleep) **2.** (*np. o słońcu, w sen*) sink **3.** (*o nocy, zmroku*) fall

zapadać się 1. (*o dachu*) fall in **2.** (*o balonie*) collapse **3.** (*o podłodze, kładce*) give way

zapalać 1. (*światło, silnik*) turn on, switch on **2.** (*papierosa*) *nieform* light up

zapalać się catch fire

zapalenie (*też med*) inflammation

zapalenie płuc pneumonia

zapalniczka lighter

zapał 1. ardour (*do* for) ◇ **2. bez zapału** half-hearted

zapałka 1. match ◇ **2. zapalać zapałkę** strike a match

zapamiętywać memorize

zapasowy spare

zapasy 1. store **2.** (*rezerwa*) stock **3.** *sport* wrestling

zapaśnik *sport* wrestler

zapewne surely

zapewniać 1. (*otrzymanie czegoś*) ensure **2.** (*mówić*) assure (*o czymś* of sth) **3.** (*obiecywać*) guarantee ◇ **4. zapewniać sobie** (*poparcie, głosy*) secure

zapewnienie 1. assurance **2.** (*obietnica*) guarantee

zapinać 1. fasten, do up **2.** (*na guziki*) button **3.** (*na klamrę*) buckle

zapis 1. record **2.** (*nutowy*) notation **1.** (*testamentowy*) *form* bequest

zapisywać 1. put down, take down **2.** (*lekarstwo*) prescribe **3.** (*wykład*) note (down) **4.** (*zdarzenia*) record **5.** *komp* (*dane*) save **6.** (*np. do szkoły*) enrol

zapisywać się enrol (*na/do czegoś* in sth)

zaplanowywać plan out

zaplatać 1. (*warkocze*) *BR* plait, *US* braid **2.** (*palce*) interlock

zaplątać (się) tangle, entangle

zapłata payment

zapłon ignition

zapobiegać 1. prevent (*aby ktoś coś zrobił* sb from doing sth) **2.** (*zdarzeniu*) stop **3.** (*nieszczęściu*) avert

zapominać forget

zapomoga relief, giro, handout

zapora 1. (*tama*) dam **2.** (*na drodze*) barricade

zapotrzebowanie demand (*na* for)

zapowiadać 1. (*audycję, pociąg*) announce **2.** (*zdarzenie*) signal **3.** (*spotkanie*) call

zapowiadać się promise

zapowiedź 1. (*spikera*) announcement **2.** (*wielkości*) promise **3.** (*programu*) trailer

zapraszać invite (*na* sb to/for)

zaproszenie invitation

zaprowadzać 1. (*do pokoju*) show **2.** (*pomysł*) carry

zaprzątać (*uwagę*) hold

zaprzeczać 1. (*słownie*) deny **2.** (*czynom*) undo **3.** (*logicznie*) contradict

zaprzestanie abandonment

zaprzestawać 1. (*produkcję*) cease **2.** (*pracować*) abandon

zaprzyjaźnić się make friends

zapuszczać 1. (*silnik*) start up **2.** (*brodę*) grow

zapytać ask, query

zapytanie query, inquiry/enquiry

zarabiać 1. earn **2.** (*pieniądze*) make ◇ **3. ledwo zarabiać na życie** eke out a living

zaraz 1. (*za chwilę*) in a minute ◇ **2. „zaraz"** "*let's/let me* see"

zarazek germ

zaraźliwy infectious, contagious

zarażać infect (*czymś* with sth)

zardzewiały rusty

zarejestrowany (*samochód*) licensed

zarezerwowany booked

zaręczać vouch for (*za coś* sth)

zaręczać się get engaged

zaręczony engaged (*z kimś* to sb)

zaręczyny engagement

zarobek 1. pay **2.** (*pracownika niewykwalifikowanego*) wage **3.** (*pracownika wykwalifikowanego*) salary

zarobki earnings

zarodek embryo

zarośla undergrowth, brush(wood)

zarozumiały conceited

zarówno 1. alike ◇ **2. zarówno ...,** **jak i ...** both ... and ... (*zarówno ty, jak i ja* both you and me)

zarys 1. outline ◇ **2. przedstawiać w zarysie** outline

zarysowywać sketch, rough out

zarysowywać się loom

zarząd board, administration

zarządca 1. administrator 2. (*szkoły, szpitala*) governor

zarządzać 1. administer, manage 2. (*oficjalnie*) decree 3. (*akcją*) form direct

zarządzanie administration, management

zarządzenie regulation, law

zarzucać 1. throw 2. (*podłogę*) strew 3. (*coś na ramię*) sling 4. find fault (*komuś* with sb) 5. (*wykroczenie*) charge (*komuś* sb, *coś* with sth) 6. (*prezentami*) lavish (*kogoś czymś* sth on/upon sb)

zarzut 1. objection, blame ◊ 2. robić zarzuty blame 3. bez zarzutu blameless, faultless

zasada 1. principle 2. (*moralna*) standard 3. *chem* alkali, base ◊ 4. na gruncie zasad on principle 5. na zasadzie ... on a ... basis (*na zasadzie starszeństwa* on a seniority basis) 6. w zasadzie, z zasady as a rule, in principle

zasadniczo mainly, chiefly, primarily

zasadniczy 1. primary, principal 2. basic (*dla* to)

zasadzka ambush

zasiadać 1. sit down 2. (*brać, udział*) sit (*w komitecie* on a committee)

zasięg 1. range, scope ◊ 2. w zasięgu within (*w zasięgu wzroku* within sight) 3. mieć zasięg (*o treści*) range 4. o światowym zasięgu world-wide

zasilać (*np. prądem*) power

zasilacz adapter, adaptor

zasiłek benefit

zaskakiwać 1. startle, surprise 2. (*o zamku*) click into place

zaskoczenie surprise

zasłaniać 1. cover (*oneself* się) 2. (*zasłoną*) curtain off 3. (*widok, światło*) block 4. (*osłaniać*) shelter

zasłona 1. veil 2. (*w pokoju*) curtain

zasłona dymna smokescreen

zasługa merit, credit

zasługiwać 1. deserve (*na coś* sth, *za coś* for sth) 2. (*na pochwały*) earn (*na coś* sth) 3. form merit (*na coś* sth)

zasłużony meritorious, creditable

zasób 1. (*cennych obiektów*) hoard 2. (*wiedzy*) fund

zasoby resources

zaspa (*śniegu*) (snow)drift

zaspać oversleep

zaspokajać 1. (*potrzeby, żądania, wymogi*) satisfy 2. (*potrzeby, warunki*) meet, fulfil

zastanawiać się 1. wonder (*zastanawiam się, czy on przyjdzie* I wonder whether he will come) 2. (*przemyśliwać*) reconsider (*nad czymś* sth)

zastanowienie się 1. second thoughts ◊ 2. po zastanowieniu się on second thoughts

zastępca 1. deputy ◊ 2. być zastępcą be second in command

zastępczy surrogate

zastępować 1. replace (*czymś* with sth) 2. (*być zastępcą*) deputize (*kogoś* for sb) 3. (*być następcą*) succeed 4. (*nowymi urządzeniami*) supersede 5. (*stosować namiastki*) substitute (*coś* for sth)

zastępstwo substitute, replacement

zastosowanie application

zastrzelić shoot (*kogoś* sb)

zastrzeżenie 1. reservation, qualification ◊ **2. bez zastrzeżeń** unreserved **3. z zastrzeżeniami** qualified

zastrzeżony (*telefon*) classified

zastrzyk 1. injection **2.** (*energii*) boost

zasuwa latch, bolt

zasuwać 1. (*firanki*) draw **2.** (*zasuwę*) shoot **3.** (*szufladę*) push (sth), shut

zasychać dry up

zasypiać fall asleep

zasypywać 1. cover **2.** (*otwór*) fill in **3.** (*pytaniami*) ply **4.** (*obsypywać*) shower

zaszczyt priviledge, honour

zaś on the other hand

zaśmiewać się chortle

zaświadczenie certificate
zaświadczenie tożsamości identification, credentials
zaświadczenia z pracy credentials

zataczać się 1. totter, stagger **2.** (*o statku*) reel

zatłoczony crowded (*czymś* with sth), overcrowded

zatłuszczony greasy

zatoka 1. gulf, bay **2.** *med* sinus
zatoka drogi lay-by

zatopiony 1. (*okręt*) sunken **2.** (*pochłonięty*) engrossed (*w* in)

zator 1. obstruction **2.** (*na drodze*) jam

zatrucie poisoning

zatrudniać employ (*jako* as)
zatrudniać (się) sign on (*u kogoś* with sth)

zatrudnienie employment

zatrudniony 1. (*pracownik*) employee ◊ **2. być zatrudnionym** be employed

zatruwać poison

zatrzask 1. (*przy drzwiach, torebce*) catch **2.** (*przy ubraniu*) press--stud

zatrzymanie (*areszt*) detention, arrest

zatrzymywać 1. (*unieruchamiać*) stop, bring to a stop **2.** (*pieniądze, kogoś*) keep **3.** (*wzrok, uwagę*) fix **4.** (*aresztować*) seize, form detain **5.** (*samochód*) flag down ◊ **6. zatrzymywać dla siebie** keep to oneself (*coś* sth) **7. zatrzymywać samochody** (*na autostopie*) thumb (a lift)

zatrzymywać (się) 1. stop, come to a stop **2.** halt, come to a halt **3.** (*o pojeździe*) pull in/up **4.** (*o pociągu, statku*) call (*na stacji* at a station) **5.** (*na chwilę*) pause **6.** (*w podróży*) stop off **7.** (*zamieszkiwać*) stay (*u kogoś* with sb, *w hotelu* at a hotel)

zatwardzenie 1. constipation ◊ **2. mieć zatwardzenie** be constipated

zatwierdzać 1. authorize **2.** (*czek*) clear

zatykać 1. (*korkiem, wannę*) plug **2.** (*dziurę*) clog up (*czymś* with sth), stop up ◊ **3. zatykać komuś dech** take sb's breath away
zatykać się block up

zaufanie 1. confidence, trust ◊ **2. godny zaufania** trustworthy **3. mieć zaufanie** trust (*do czegoś* sth) **4. nie mieć zaufania** distrust (*do kogoś* sb)

zauważać 1. find **2.** (*wzrokiem*) notice, take notice of **3.** (*słownie*) remark **4.** (*fakt*) note ◊ **5. ktoś coś zauważa** sth comes to sb's notice

zawadzać 1. (*przeszkadzać*) hamper

2. (*potrącać*) catch (*o coś* sth)
zawał (*serca*) heart failure
zawarcie conclusion
zawartość contents
zawdzięczać owe (*coś komuś* sth to sb)
zawiadamiać 1. inform (*o* of) **2.** *form* notify (*o* of) **3.** (*przez głośniki*) announce
zawiadomienie 1. notification **2.** (*przez głośniki*) announcement **3.** (*o fakcie*) notice
zawiadowca stacji stationmaster
zawias hinge
zawiązywać (*węzeł*) do up, tie (up)
zawierać 1. (*o pojemniku*) contain **2.** (*o spisie*) include **3.** (*załączniki*) enclose **4.** (*przyjaźń*) strike up **5.** (*tranzakcję, traktat*) form conclude
zawieszać 1. (*na ścianie*) hang **2.** (*w obowiązkach*) suspend
zawieszenie suspension
zawieszenie broni ceasefire
zawieszenie wyroku probation
zawijać 1. (*prezent*) wrap (up) **2.** (*kogoś*) tuck up/in **3.** (*statku*) call (*gdzieś* at a place)
zawiły intricate, complex *nieform* knotty
zawiść jealousy
zawodnik 1. player **2.** competitor
zawodowiec professional
zawodowy 1. (*aktor, zawodnik*) professional **2.** (*choroba*) occupational **3.** (*szkoła*) vocational **4.** (*związek*) trade
zawody contest, competition
zawodzić 1. (*dźwiękowo*) wail **2.** (*rozczarowywać*) let down **3.** (*o urządzeniu*) fail
zawozić 1. take **2.** (*samochodem*) drive

zawód 1. job, *form* occupation **2.** (*stolarza, robotnika*) trade **3.** (*lekarza, prawnika*) profession **4.** (*rozczarowanie*) disappointment, *nieform* letdown ◊ **5. z zawodu** by profession, by trade
zawór 1. valve **2.** (*gazowy*) tap
zawracać 1. turn back **2.** (*samochodem*) do a U-turn
zawsze 1. ever, always ◊ **2. na zawsze** forever
zazdrosny jealous (*o* of), envious
zazdrościć envy
zazdrość 1. envy, jealousy ◊ **2. godny zazdrości** enviable
zaznaczać 1. mark **2.** (*dać do zrozumienia*) stress
zaznajamiać się *form* acquaint (*z* with), make sb's acquaintance
zazwyczaj usually, typically
ząb 1. tooth **2.** (*widelca*) prong
zbawienie (*także relig*) salvation
zbędny unnecessary, redundant
zbieg runaway
zbieg okoliczności 1. coincidence **2.** concurrence **3.** *lit* circumstance
zbiegać 1. (*uciekać*) escape, run away **2.** (*po schodach*) run down
zbiegać się 1. (*o ludziach*) crowd **2.** (*o drogach*) converge
zbierać 1. gather **2.** (*np. znaczki*) collect (up) **3.** (*np. kwiaty*) pick **4.** (*pieniądze*) raise **5.** (*w wiązkę, naręcze*) bunch (together/up) **6.** (*odwagę*) summon up **7.** (*śmietanę, szumowiny*) skim **8.** (*nagrody, zasługi*) reap
zbierać się 1. collect **2.** (*na spotkaniu*) get together **3.** (*o wojsku*) muster ◊ **4. komuś zbiera się na wymioty** sb feels sick
zbiornik 1. (*wodny*) reservoir **2.**

(*naczynie*) cistern, tank

zbiorowy collective

zbiór 1. (*kolekcjonera*) collection **2.** (*przedmiotów*) set **3.** (*po żniwach*) crop, harvest **4.** *mat* class

zbiórka 1. (*harcerzy, wojska*) meeting, assembly **2.** (*np. podatki*) collection ◊ **3. zbiórka!** fall in!

zbliżać się 1. (*też: o datach*) approach (*do kogoś* sb) **2.** (*o zdarzeniu*) be coming up **3.** (*przybliżać się*) draw **4.** (*o wartości, linii*) approximate (*do* to) **5.** (*o wrogach, ciemności*) close in (*do* on/upon)

zbliżenie 1. approach **2.** *form* rapprochement **3.** *fot* close-up

zbocze 1. slope, side ◊ **2. w dół** (*zbocza*) downhill

zboczenie perversion

zboczeniec pervert

zboże grain, cereal, *BR* corn

zbrodnia crime (*przeciwko* against), *praw* felony

zbrodniarz criminal

zbroja armour

zbrojenie się armament

zbrojny armed

zbyt 1. demand, sale **2.** too (*zbyt duży* too big)

zbyteczny 1. irrelevant **2.** (*nadmierny*) redundant, superfluous

zbywać (*kogoś*) dismiss

zdanie 1. sentence **2.** (*pogląd*) opinion, view

　zdanie nadrzędne main clause

　zdanie podrzędne subordinate clause

　zdanie składowe clause

zdarzać się (*przypadkowo*) happen, *form* occur

zdarzenie event, happening

zdawać 1. (*egzamin*) take, *BR* sit **2.** (*egzamin, pomyślnie*) pass ◊ **3.**

zdawać sobie sprawę z czegoś be aware of sth, realize sth **4. nie zdawać sobie sprawy z czegoś** be unaware of sth

zdawać się 1. seem (*zdaje się to być ważne* it seems (to be) important, *zdaje mi się, że pamiętam to* I seem to remember that) ◊ **2. tak mi się zdaje** I think so, so it seems to me

zdążać 1. (*nie spóźniać się*) be on time **2.** (*mieć czas*) have enough time (*coś zrobić* to do sth) **3.** (*o wypadkach*) drift, go

zdecydować 1. make up one's mind ◊ **2. nie móc się zdecydować** hesitate (*aby* to)

zdecydowanie (*ze zdecydowaniem*) definitely

zdecydowany 1. (*coś zrobić*) determined **2.** (*ton, postępowanie*) definite **3.** (*zdeterminowany*) set (*na coś* on sth)

zdejmować 1. (*ubranie*) take off **2.** (*z pozycji*) remove

zdenerwowany upset, on edge

zderzać się collide (*z* with)

zderzak *BR* bumper, *US* fender

zderzenie collision

zdjęcie 1. (*fotograficzne*) picture, *nieform* (snap)shot ◊ **2. zrobić zdjęcie** take a photograph **3. robić zdjęcia** film

　zdjęcie rentgenowskie X-ray

zdobycie conquest

zdobycz 1. find, *form* acquisition **2.** (*ofiara*) prey **3.** (*złowiona*) catch

zdobywać 1. get, *form* acquire **2.** (*majątek, dostęp, uczucia*) gain **3.** (*miasto, kraj*) capture **4.** (*sukces*) score **5.** (*medal, nagrodę*) win

zdobywca conqueror

　zdobywca tytułu title-holder

zdolność 1. ability, capability (*do czegoś* for sth) **2.** (*mowy*) power **3.** (*talent*) capacity, gift
zdolności capability, potential
zdolny 1. able, capable (*do* of) **2.** (*utalentowany*) clever, gifted
zdołać 1. succeed, manage (*zdołać coś zrobić* get sth done) ◇ **2. nie zdołać** (*nie potrafić zrobić*) fail
zdrada 1. treachery **2.** (*małżeńska*) adultery **3.** (*zasad*) betrayal **4.** (*stanu, kraju*) form treason
zdradzać betray
zdrajca traitor
zdrowie 1. health ◇ **2. na zdrowie!** a) (*przy kichaniu*) bless you! b) (*przy toaście*) Cheers!
zdrowy 1. healthy **2.** (*jedzenie, postawa*) wholesome **3.** (*np. umysł*) sound ◇ **4. zdrowy na umyśle** sane ◇ **5. zdrowy rozsądek** common sense
zdumienie astonishment, amazement
zdumiewający amazing, stupendous
zdychać die
zdzira *wulg* bitch
zdziwienie surprise
zebra 1. zebra **2.** (*przejście*) zebra (crossing)
zebranie meeting
zegar clock
zegar słoneczny sundial
zegarek 1. (*na rękę*) watch ◇ **2. jak w zegarku** like clockwork **3. zegarek spóźnia się** the watch is slow **4. zegarek spieszy się** the watch is fast
zegarmistrz watchmaker
zejście descent
zelówka sole
zemsta revenge

zepsuty 1. (*maszyna*) broken, broken-down **2.** (*jedzenie*) off **3.** (*zgniły*) rotten
zero 1. (*temperatura, mat.*) zero **2.** (*przy podawaniu dużych liczb*) nought **3.** (*przy podawaniu numerów*) o **4.** sport nil
zerowy zero
zerwanie break (*z* with)
zespołowy (*praca*) group
zespół 1. complex **2.** (*ludzi*) team **3.** *med* syndrome
zestaw 1. (*do montowania, pierwszej pomocy*) kit **2.** (*przedmiotów*) set **3.** (*mebli*) suite
zestawiać 1. (*składać*) put (sth) together **2.** (*porównywać*) contrast **3.** (*książkę, sprawozdanie*) compile
zeszły 1. (*tydzień*) past ◇ **2. zeszłego** before (*zeszłej nocy* the night before)
zeszyt (exercise) book
zewnątrz ◇ **1. na zewnątrz** outside **2. z zewnątrz** from the outside
zewnętrzny 1. (*wpływ*) external **2.** (*schody, ubikacja*) outdoor **3.** (*ściana*) outside, outer **4.** (*uczucia, cechy*) outward(s)
zez squint
zeznanie 1. *praw* testimony ◇ **2. składać zeznania** *form praw* testify
zezwalać *form* permit (*komuś na coś* sb sth) *komuś na zrobienie czegoś* sb to do sth)
zezwolenie permit, licence
zgadywać guess
zgadzać się 1. agree (*na coś* with sth) **2.** (*o przełożonym*) approve **3.** (*z kimś*) get on (*dobrze* well) **4.** (*o liczbach*) correspond (*z* to/

/with) ◇ 5. nie zgadzać się disagree (*z* with, *co do* about)

zgaga heartburn

zginać 1. bend, crook
zginać się 1. (*na dwoje*) double up 2. bend

zginąć die

zgłaszać 1. report ◇ 2. zgłaszać coś do oclenia declare sth 3. zgłaszać (swoją) kandydaturę apply (*na/do* for/to)
zgłaszać się 1. (*do pracy*) report (*do* to/for) 2. (*w sprawie*) approach (*do kogoś* to sb) ◇ 3. zgłaszać się *na ochotnika/dobrowolnie* volunteer (*do czegoś* for sth)

zgłoszenie 1. entry 2. (*do pracy*) application (*do/na* for)

zgniatać 1. squash 2. (*na miazgę*) crush

zgniły rotten

zgoda 1. consent (*na* to) 2. agreement (*co do* on/upon) 3. (*urzędowa*) assent

zgodnie 1. in unison ◇ 2. zgodnie z (a) according to (b) (*według*) by (*według mojego zegarka* by my watch, *zgodnie z prawem* by law)

zgodny 1. (*np. sprzęt*) compatible (*z* with) ◇ 2. być zgodnym z czymś be consistent with sth

zgon death, *form* demise

zgrabny 1. shapely 2. (*zręczny*) deft

zgromadzenie assembly

zgroza horror

zgrzytać 1. (*zębami*) gnash 2. (*o zawiasach*) grate 3. (*o maszynie*) grind

zguba 1. lost thing 2. (*niepowodzenie*) blight (*czegoś* on/upon sb/sth), doom

ziarno 1. grain 2. (*kawy*) bean

ziele herb

zieleń green, greenery

zielony 1. green
zielone światło 1. go-ahead ◇ 2. zapalać przed kimś zielone światło give sb a green light
Zielone Świątki Pentecost

ziemia 1. earth 2. (*planeta*) the Earth 3. (*powierzchnia*) ground 4. (*gleba*) soil 5. (*nie morze*) land

ziemniak potato

ziemski 1. the Earth('s) 2. (*z tego świata*) earthly

ziewać yawn

ziewnięcie yawn

zięba finch

zięć son-in-law

zima winter, wintertime

zimno 1. cold ◇ 2. zimno komuś sb is cold 3. zimno mi I feel cold

zimny 1. cold 2. (*człowiek oziębły*) cool

zimorodek kingfisher

zimować winter

zimowy winter

ziołowy herb

zjadać eat up

zjawiać się turn out, *nieform* show up

zjawisko phenomenon

zjazd 1. convention 2. (*z autostrady*) *BR* slip road 3. (*rodzinny*) reunion

zjednoczenie unification

zjednoczony united
Zjednoczone Królestwo Wielkiej Brytanii i Płn. Irlandii the United Kingdom (of Great Britain and Northern Ireland), *skrót* (the) UK

zjełczały rancid

zjeżdżać 1. go down, *nieform* do down 2. (*na bok*) pull over 3. (*z* *drogi*) get out of the way

zjeżdżalnia slide

zlecać 1. commission **2.** (*nakazywać*) order

zlecenie commission

zlew sink

zlewozmywak sink

złamać 1. break **2.** (*opór*) batter down

złamanie (*np. kości*) break, fracture

złapać 1. catch (*coś* at sth, *pociąg* the train) **2.** (*zrozumieć*) nieform get the hang (*coś* of sth)

zło 1. ill **2.** (*moralne*) *form* evil **3.** (*zły postępek*) wrong

złodziej thief

   złodziej kieszonkowy pickpocket

   złodziej sklepowy shoplifter

złom scrap (metal)

złościć annoy, get on (sb's) nerves

   złościć się be in a temper, be angry

złość 1. anger, temper **2.** (*na przekór*) spite

złośliwość malice

złośliwy 1. mischievous, malicious **2.** (*nowotwór*) malignant

złoto gold

złoty 1. golden **2.** (*pieniądz*) zloty

złoże 1. (*minerałów*) deposit **2.** (*ropy*) oilfield

złożony 1. (*skomplikowany*) complex **2.** (*z różnych składników*) *form* composite

złudzenie illusion

zły 1. bad **2.** (*niewłaściwy, np. odpowiedź*) wrong **3.** (*moralnie*) evil **4.** (*wściekły*) angry (*na* at/with, *z powodu* about, *za* for)

zmarły 1. dead **2.** (*eufemizm*) deceased, *form* defunct ◊ **3.** niedawno zmarły (the) late

zmarszczka 1. (*na twarzy*) line, wrinkle **2.** (*też: papieru*) crinkle

zmartwienie trouble, worry

zmartwiony troubled, worried

zmawiać (*pacierz*) say

   zmawiać się connive

zmęczenie tiredness, exhaustion

zmęczony tired, exhausted

zmiana 1. (*też: ubrania, żarówki*) change **2.** (*działalności*) changeover **3.** (*przekształcenie*) turn **4.** (*nocna, dzienna*) shift

zmieniać 1. change **2.** (*nieznacznie*) alter **3.** (*chwilowo*) vary (*wraz z czymś* with sth)

   zmieniać się 1. change, alter, vary **2.** (*o sytuacji*) shift **3.** (*przekształcać się*) change into (*z* out), turn (*w coś* into sth) **4.** (*pracować na zmianę*) take (it in) turns

zmienna variable

zmienność changeability, variability

zmienny 1. changeable **2.** variable **3.** (*prąd*) alternating

zmierzać 1. make (*do drzwi* for the door) **2.** (*o pojeździe*) be bound (*do czegoś* for sth) **3.** (*o wypadkach*) drift **4.** (*iść do nieszczęścia*) head (*do* for) **5.** (*w rozmowie*) lead up to ◊ **6.** nie wiem, do czego on zmierza I do not know what he is driving at

zmierzch dusk, twilight

zmieszany perplexed

zmniejszać 1. reduce **2.** (*ból, cierpienie*) alleviate **3.** (*ilość*) cut

   zmniejszać (się) 1. (*o ilości*) decrease **2.** (*rozmiarami, powagą*) diminish

zmoknięty wet (through)

zmrok (*pora dnia*) dark

zmuszać 1. compel **2.** (*z bezokolicz-*

nikiem po rzeczowniku) make (*kogoś do czegoś* sb to sth) **3.** (*nakłaniać siłą*) force ◊ **4. nie może się zmusić** she can't bring herself to do sth

zmysł 1. sense ◊ **2. bez zmysłów** senseless

zmysłowy sensual

zmyślać invent

zmywacz remover

zmywać 1. wash up ◊ **2. zmywać naczynia** do the dishes

zmywać się 1. (*o plamach*) wash away **2.** *nieform* clear off

zmywarka do naczyń dishwasher

znaczący important

znaczek (*odznaka*) badge

znaczek pocztowy *form* postage stamp

znaczenie 1. (*wyrazu*) meaning **2.** (*ważność*) importance, significance ◊ **3. bez znaczenia** of no account, immaterial **4. mający znaczenie** relevant (*dla czegoś* to sth) **5. mieć znaczenie (a)** mean (*dla kogoś* to sb: *Ten dom wiele dla niego znaczy* This house means a lot to him) **(b)** count, matter

znacznie considerably, much

znaczny considerable, substantial

znaczyć 1. mean ◊ **2. to znaczy** that is to say

znać know

znajdować find (out)

znajdować się 1. be (*W mieście znajduje się stocznia* There is a shipyard in the town) **2.** (*w sytuacji*) come out

znajomość 1. knowledge **2.** (*też: języka*) command **3.** (*kogoś*) familiarity

znajomy 1. (*kolega*) acquaintance

(*czyjś* of sb) **2.** (*znany*) familiar (*dla* to)

znak 1. sign ◊ **2. dawać znak** sign, signal (*komuś* to sb)

znak dodawania plus sign

znak drogowy signpost

znak firmowy trademark

znak interpunkcyjny punctuation mark

znak odejmowania minus sign

znak zapytania question mark

znakomicie fine

znakomity fine, admirable, splendid

znany 1. known (*komuś* to sb) **2.** (*sławny*) famous (*z* for)

znawca authority

znęcać się maltreat

zniechęcać discourage

znikać disappear, vanish

zniszczenie destruction

zniszczyć destroy

zniżać (*głos, cenę*) lower

zniżać się 1. go down **2.** descend (*do* to) **3.** (*o głosie*) drop **4.** (*robić coś*) stoop (*do czegoś* to sth)

zniżka reduction, discount

znosić 1. (*zanieść na dół*) take down, bring down **2.** tolerate (*to jest nie do zniesienia* this cannot be tolerated) **3.** (*tolerować*) stand (*nie mogę tego znieść* I can't stand it) **4.** (*uchylać*) lift **5.** (*jajka*) lay ◊ **6. ktoś nie znosi czegoś** sb cannot bear sth **7. źle znosić** react (*coś* to sth)

znoszony worn-out

znowu again

znów again

zobaczyć see

zobowiązanie obligation

zobowiązany 1. (*prawem*) bound (*do czegoś* to do sth) ◊ **2. być zo-**

bowiązanym be under an obligation

zobowiązywać 1. oblige 2. pledge (*do czegoś* to sth)
zobowiązywać się undertake (*do czegoś* sth)

zoo zoo

zoologia zoology

zorganizowany 1. organized 2. (*nie indywidualny*) package (*wczasy zorganizowane* package holiday), guided (*wycieczka zorganizowana* guided tour)

zorientowany knowledgeable, up-to-date

zostawać 1. (*uczniem*) become 2. (*być mianowanym*) be appointed 3. (*pozostawać*) remain, stay

zostawiać 1. leave 2. (*porzucać*) abandon ◇ 3. zostawiać ślady (*np. o soku*) mark 4. zostawiać w tyle overtake

zraniony hurt

zresztą anyway

zręczny 1. skilful, *nieform* handy (*do czegoś* with sth) 2. (*nie fizycznie*) clever, artful

zrobiony 1. made (*z czegoś* of sth) ◇ 2. zrobiony na zamówienie//miarę made-to-measure

zrozumiały 1. understandable, comprehensible ◇ 2. być zrozumiałym make sense

zrozumienie 1. understanding 2. (*docenienie*) appreciation

zróżnicowany diversified, varied

zryw 1. burst 2. spurt

zrywać 1. (*owoce, kwiaty*) pick, *lit* pluck 2. (*znajomość, porozumienie*) break (*with* z kimś) 3. (*ubranie*) tear off 4. (*z nałogiem*) finish (*z czymś* with sth)
zrywać się 1. (*do biegu*) bolt 2.

(*szybko*) scramble 3. (*podrywać się*) start

zrzucać 1. (*z góry*) drop 2. (*winę*) lay (*na* on/upon) 3. (*skórę*) shed 4. (*jeźdźca, skórę*) throw

zsiadać get off, *form* dismount (*z* from)
zsiadać się curdle

zsyp chute

zszywać 1. sew up 2. (*też: ranę*) stitch 3. (*zszywaczem*) staple

zszywacz stapler

zszywka staple

zupa soup

zupełnie 1. quite 2. absolutely, perfectly, exactly

zupełny complete, absolute

zużycie 1. (*energii*) consumption 2. (*ubrania*) wear 3. (*powietrza, jedzenia*) intake

zużyty 1. (*podniszczony*) worn 2. (*skonsumowany*) consumed

zużywać 1. use up 2. (*czas, energię, paliwo*) consume

zwalczać 1. fight 2. (*uczucie, niesprawiedliwość, chorobę*) fight (off)

zwalniać 1. (*spowalniać*) slow up//down 2. (*z obowiązku, pracy*) excuse (*z* from), exempt (*z* from) 3. (*ze szpitala, więzienia*) discharge (*z czegoś* from sth) 4. (*mechanizm*) release 5. (*uchwyt*) relax 6. (*posadę, pokój*) give up, *form* vacate
zwalniać się 1. be excused (*z czegoś* from sth), get (sth) off (*zwolnić się na dzień* get a day off) 2. (*prosić*) request permission to be absent

zwarcie short-circuit

zwarty 1. (*np. ziemia*) close 2. (*o grupie*) tight

zwężać (się) 1. (*np. o przejściu*) narrow 2. (*o przedmiocie*) taper

związany 1. connected (*z* with) 2. (*umową*) bound (*czymś* by sth) ◊ 3. **być związanym** be associated (*z* with), be connected (*z* with) 4. **nie związany** unrelated (*z czymś* to sth)

związek 1. (*uczuciowy, między dwoma pojęciami*) relationship (*pomiędzy* between, *z* with) 2. (*relacja*) connection (*pomiędzy* between, *z* with), link (*pomiędzy* between, *z* with) 3. (*z innymi*) tie 4. (*polityczny, zawodowy*) union 5. (*stowarzyszenie*) association 6. (*chemiczny*) compound ◊ 7. **bez związku** irrelevant (*co do* to)

związkowiec trade unionist

związywać 1. tie up 2. (*obligować*) bind

    związywać się (*przez współpracę*) tie

zwichnąć (*kończynę*) sprain, dislocate, *nieform* put out

zwichnięcie sprain

zwiedzać 1. (*muzeum*) visit 2. (*miasto*) go sightseeing

zwiedzanie sightseeing

zwierzchnik superior, head 2. (*zarządzający, naczelny*) head

zwierzę animal

zwierzęcy animal

zwierzyna (*dzika*) game

zwiększać 1. (*także* **zwiększać się**) increase 2. (*szanse, wartość*) enhance 3. (*gaz, ciepło*) turn up 4. (*obroty silnika*) rev

zwijać 1. (*w pętlę*) coil up 2. (*w kulkę, rulon*) roll

    zwijać się 1. curl up, coil 2. (*o gazecie*) roll up

zwilżać moisten, dampen

zwisać droop, sag

zwlekać delay, loiter

zwłaszcza especially

zwłoka delay

    zwłoki corpse

zwolennik 1. follower 2. advocate ◊ 3. **być zwolennikiem** advocate

zwolnienie 1. (*z obowiązków*) dismissal 2. (*z pracy*) layoff 3. (*ze szpitala, wojska*) discharge 4. (*np. lekarskie*) leave

zwolniony exempt (*z* from)

zwój 1. coil 2. (*drutu, dymu*) curl 3. (*papieru*) scroll

zwracać 1. (*przedmioty*) return, give back 2. (*pieniądze*) pay back, repay 3. (*wymiotować*) vomit, *nieform* throw up

    zwracać się 1. turn (*do czegoś/kogoś* to sth/sb) 2. (*skręcać*) bear (*w prawo* to the right)

zwrot 1. (*słowny*) phrase 2. (*sytuacji*) reversal 3. (*przedmiotów*) return 4. (*pieniędzy*) refund

    zwrot w tył about-turn

zwrotka verse

zwrotnica point

zwrotnik tropic

zwrotny 1. (*przedmiot*) returnable 2. *gram* reflexive

zwycięstwo 1. victory 2. *sport* win

zwycięzca winner

zwyciężać win (**coś/w czymś** sth)

zwyczaj 1. habit 2. practice 3. custom

zwyczajny 1. (*działalność*) usual 2. (*życie*) normal 3. (*człowiek, roślina*) common

zwykle 1. usually, ordinarily ◊ 2. **zwykle coś robić** tend to do sth (*zwykle chodzę późno spać* I tend to go to sleep very late) 3. **jak zwykle** as usual

zwykły 1. simple **2.** ordinary **3.** (*życie*) everyday **4.** (*np. cena, pora*) regular **5.** (*ubranie*) plain **6.** (*np. kwiat*) common
zwyżka rise

zygzak zigzag
zysk 1. gain, profit ◇ **2. dla zysku** *form* for gain
zyskiwać gain (*z czegoś* from sth)

Ź

źle 1. (*myśleć o kimś*) badly **2.** wrong ◇ **3. ktoś źle zrobił** sb was wrong to do sth

źrebak colt
źrenica pupil
źródło 1. source **2.** (*wody*) spring

Ż

żaba frog
żabka *sport* breaststroke
żaden 1. any (*ona nie ma żadnego krzesła* she hasn't got any chair) **2.** no (*ona nie ma żadnego krzesła* she has no chair) **3.** none (*żaden z nich* none of them) **4.** (*z dwóch*) neither (*nie chciał żadnego (z nich)* he wanted neither) **5.** (*z dwóch*) either (*nie chciał żadnego* he didn't want either)
żagiel sail
żaglówka sailing boat
żal 1. (*uczucie smutku*) pity (*odczuwać niewiele żalu wobec czegoś* feel little pity for sth) **2.** (*np. za grzechy*) *form* repentance **3.** (*uraza*) grudge (*wobec* against) **4.** (*ubolewanie*) regret
żaluzja shutter
żałoba 1. mourning ◇ **2. nosić żałobę** mourn (*po* for)

żałobny 1. (*twarz, śpiew*) *form* lugubrious **2.** (*wygląd*) *lit* mournful
żałosny 1. (*np. wyraz twarzy*) doleful **2.** (*godny pożałowania*) pitiful **3.** (*z powodu braku czegoś*) miserable **4.** (*stan rzeczy*) *form* lamentable
żałować 1. pity (*kogoś* sb), be sorry for (*czegoś* sth) **2.** regret (*czegoś* sth: *będziesz tego żałował* you will regret it) **3.** (*skąpić*) grudge
żar glow
żarcie *nieform* grub
żargon jargon, slang
żarliwość *form* fervour
żarliwy fervent
żarłoczny ravenous
żarówka (light) bulb
żart 1. joke ◇ **2. żartem** in jest, jokingly
żartobliwy 1. facetious **2.** (*wesoły*)

playful
żartować joke (*o* about)
żarzyć się (*o węglu*) glow
żąć 1. (*zbierać plony*) reap **2.** (*ścinać*) mow
żądać 1. demand (*czegoś od kogoś* sth from/of sb) **2.** (*domagać się*) command **3.** (*swoich praw*) claim
żądanie demand
żądło sting
żądza 1. (*także seksualna*) lust (*czegoś* for sth) **2.** (*pieniędzy*) appetite (*czegoś* for sth) **3.** (*władzy*) greed
że that (*wiedziałem, że kłamie* I knew that he lied)
żebrać beg (*o* for)
żebrak beggar
żebro rib
żeby (in order) to (*z I formą czasownika*) (*stanął, żeby na nią spojrzeć* he stopped (in order) to look at her)
żeglarski nautical
żeglarstwo 1. yachting ◊ **2.** uprawiać żeglarstwo go boating
żeglarz seaman
żeglować sail (*na czymś* sth)
żeglowny (*statek, kanał*) navigable
żegluga 1. (*prowadzenie/ruch statku*) navigation **2.** (*pływanie*) sailing
żegnać się 1. say good-bye ◊ **2.** żegnaj! farewell!
żel gel (*żel do włosów* hair-gel)
żelatyna gelatine
żelazko iron
żelazny iron
żelazo iron
żelazobeton reinforced concrete
żelbet reinforced concrete
żeliwny cast-iron

żenić form (*godzić dwie rzeczy*) marry
żenić się get married, marry
żeński 1. gram feminine **2.** (*płeć*) female **3.** (*internat*) girl(s'), womens'
żer prey
żerować prey (*na czymś* sth)
żeton 1. counter **2.** (*przy grze*) chip **3.** (*np. w szatni*) token
żłobek nursery, *BR* crèche
żmija viper (*także przen*)
żmudny tedious
żołądek stomach
żołądź acorn
żołnierz soldier
żona wife
żonaty married
żongler juggler
żonglerka sleight of hand
żonglować juggle
żonkil daffodil
żółciowy bilious
żółć bile
żółtaczka jaundice
żółtko yolk
żółty yellow
żółta febra yellow fever
żółw 1. tortoise **2.** (*morski*) turtle
żrący (*substancja*) caustic
żreć (*o rdzy*) eat
żubr wisent, (European) bison
żuchwa jaw
żuć chew
żuk beetle
żuraw crane
żużel 1. slags **2.** (*na bieżni*) cinders
żwawy brisk
żwir gravel, grit
życie 1. life **2.** (*okres trwania*) lifespan ◊ **3. bez życia** lifeless **4. bez środków do życia** destitute **5. na (całe) życie** lifelong

całe życie lifetime
życie nocne nightlife
życie osobiste/prywatne privacy
życiorys curriculum vitae, CV
życzenie wish, request
życzenia 1. congratulations ◊ **2. składać życzenia** congratulate (*z okazji* on)
życzliwie kindly
życzliwość kindness
życzliwy 1. good-natured, kind-hearted **2.** kind, kindly
życzyć wish (*komuś dobrze/sukcesu*) wish sb well/success
żyć 1. live **2.** (*nie umierać*) be alive
Żyd Jew
żydowski Jewish
Żydówka *form* Jewess
żyjący living
żylaki varicose veins
żylasty 1. (*mięso*) stringy **2.** (*człowiek*) wiry
żyletka razor blade
żyła vein

żyłka 1. vein **2.** (*talent*) acumen
żyrafa giraffe
żyto rye
żywica resin
żywić 1. feed (*czymś* on/off sth) **2.** (*nadzieję*) cherish **3.** (*urazę, chęć*) nurse **4.** (*miłość, złość*) form bear
żywić się live on
żywioł ◊ **1. żywioły** (*natury*) elements **2. być w swoim żywiole** be in one's element
żywiołowość (*np. w przedstawieniu*) spirit
żywiołowy boisterous, impulsive
żywność food
żywo 1. eagerly ◊ **2. na żywo** (*przedstawienie*) live
żywopłot hedge(row)
żywotność life
żywotny 1. (*ruchliwy*) spry **2.** (*interes*) vital
żywy 1. living, alive, live **2.** (*człowiek, umysł*) lively **3.** (*kolor*) vivid ◊ **4. jak żywy** lifelike
żyzny fertile

Skład komputerowy za pomocą systemu TₑX
wykonał Janusz S. Bień przy współpracy Autorów.
Naświetlanie diapozytywów: Art-Graph Studio
Druk i oprawa: Prasowe Zakłady Graficzne
Bydgoszcz, ul. Wojska Polskiego 1